Experiment Krolloper

Studien zur Kunst des neunzehnten Jahrhunderts
Band 7

Forschungsunternehmen der Fritz Thyssen Stiftung
Arbeitskreis Kunstgeschichte

*Hans Curjel*

# Experiment Krolloper
# 1927-1931

*Aus dem Nachlaß herausgegeben
von Eigel Kruttge*

*Prestel-Verlag München*

ISBN 3791300768
Druckerei Bardtenschlager, Reutlingen 1975

# Inhalt

Ernst Bloch: Die Oper, ganz anders ... 7
Hans Curjel: Vorwort ... 9
Einführung des Herausgebers ... 11

Die Berliner Krolloper – Versuch einer Theaterreform ... 15
   Legende – Definition – Vorgeschichte ... 16
   Gründung und Beginn ... 19
   Die Kroll-Idee ... 22
   Der personelle Aufbau ... 30
   Die Sängerfrage ... 33
   Der Spielplan ... 36
   Das Musikalische ... 41
   Das Szenische ... 46
   Die Regie ... 51
   Aufführungsbeispiele ... 57
   Resonanz ... 69
   Der Kampf um die Krolloper ... 77
   Epilog ... 82

Dokumentation ... 133
   Volksbühne I ... 137
   Verträge des Preußischen Fiskus mit der Volksbühne ... 145
   Bühnenvolksbund und Landesbühne ... 153
   Das Haus ... 157
   Berliner Opernprobleme ... 167
   Autonomie der Krolloper ... 193
   Monographisches ... 203
   Aufführungskritiken ... 215
   Klemperers Sinfoniekonzerte ... 319
   Literarisches um Kroll ... 339
   Schließungstendenzen ... 385
   Volksbühne II ... 395
   Preußischer Landtag ... 413
   Klemperers Prozeß ... 462
   Kampf um Kroll ... 465
   Epilog ... 494

Register ... 501

Verzeichnis der Tafeln ... 6
Die Premieren der Krolloper ... 8

# Verzeichnis der Tafeln

Farbtafeln

| | |
|---|---|
| Dülberg, Entwurf zu Beethoven, Fidelio | 181 |
| Dülberg, Entwurf zu Beethoven, Fidelio | 189 |
| Dülberg, Entwurf zu Mozart, Don Giovanni | 229 |
| Dülberg, Entwurf zu Strawinsky, Petruschka | 245 |
| Dülberg, Entwurf zu Weber, Der Freischütz | 261 |
| Neher, Entwurf zu Bizet, Carmen | 277 |
| Moholy-Nagy, Entwurf zu Offenbach, Hoffmanns Erzählungen | 293 |
| Moholy-Nagy, Entwurf zu Offenbach, Hoffmanns Erzählungen | 301 |
| Neher, Entwurf zu Milhaud, Der arme Matrose | 317 |
| Teo Otto, Entwurf zu Schönberg, Erwartung | 333 |
| Schlemmer, Entwurf zu Schönberg, Die glückliche Hand | 357 |
| Schlemmer, Entwurf zu Schönberg, Die glückliche Hand | 373 |
| Teo Otto, Entwurf zu Debussy, Jeux | 397 |
| Teo Otto, Entwurf zu Mozart, Die Hochzeit des Figaro | 405 |
| Neher, Entwurf zu Janáček, Aus einem Totenhaus | 421 |
| Dülberg, Entwurf zu Wagner, Tristan und Isolde | 437 |

Einfarbige Abbildungen         nach Seite 24, 60, 84

Ernst Bloch
Die Oper, ganz anders

Die Krolloper unter Klemperers Leitung mit Hans Curjel als Dramaturg gehört vollständig ins Bild der bewegt kühnen zwanziger Jahre in Berlin und hat es mitgeprägt. Altes wurde dort aufgeführt, als sei es neu, und Neues als eine Ahnung drin, daß eine Aktualität nicht zu der billigen gehöre. Auch Ausgrabungen fehlten nicht in diesem so höchst modernen Institut, so eine Reprise von Marschners zu Unrecht vergessener Oper ›Hans Heiling‹ – das dicht zur Premiere von Strawinskys ›Oedipus Rex‹. Ebenso wurde im Konzert eine Art epatanten Potpourris aus der ›Dreigroschenoper‹ buchstäblich zum Besten gegeben. Klemperers eine Art, sein konservativ schöpferischer Sinn, verband sich in der Krolloper vortrefflich mit seinem anderen Wesen, der Liebe zur Zukunft in der Vergangenheit, der Affinität zum Experiment, wenn es könnerisch war. Und ebenso mit der Liebe zum bedeutend Leichten; so gab es eine wundervolle Aufführung der ›Perichole‹ von Offenbach, mit deren Übersetzer Karl Kraus als ketzerisch zufriedenem Gast. Bezeichnenderweise war das Publikum in dieser Oper ausgewechselt, es war nicht das übliche mit seinem kulinarischen Behagen als Maß für alle Operndinge, sondern erfrischte Jugend strömte herzu. Anders wiederum der scharfe Matrosentanz im ›Fliegenden Holländer‹ schlug ein, als wäre er gar nicht von dem üblichen Zerrbild Richard Wagners komponiert, sondern als hätte die Bootsmannspfeife im Tanz das zu berichtigen, gemäß dem Aufschrei, dem höchst respektvoll gemeinten: Rettung Wagners durch Karl May. Dann aber wieder ›Fidelio‹, nie wurde die Marseillaise in ihm dermaßen wieder oder auch zum ersten Mal so nach- wie vorreproduziert wie hier. Alles in allem: die Krolloper setzte Maßstäbe und gab ein Modell, das heute leider nur in die Erinnerung gehört statt in die Verpflichtung zur anstoßenden Nachfolge.

März 1974

## Die Premieren der Krolloper

| Datum | Komponist | Werk | Dirigent | Regie | Bühnenbild |
|---|---|---|---|---|---|
| 19. 11. 27 | Beethoven | Fidelio | Klemperer | Klemperer | Dülberg |
| 27. 11. 27 | Smetana | Der Kuß | Zemlinsky | Schulz-Dornburg | Teo Otto |
| 10. 12. 27 | Verdi | Luisa Miller | Zweig | Schulz-Dornburg | Teo Otto |
| 11. 1. 28 | Mozart | Don Giovanni | Klemperer | Klemperer | Dülberg |
| 4. 2. 28 | Gounod | Der Arzt wider Willen | Zweig | Schulz-Dornburg | Teo Otto |
| 25. 2. 28 | Strawinsky | Oedipus Rex<br>Mavra<br>Petruschka | Klemperer | Klemperer | Dülberg |
| 28. 3. 28 | Puccini | Der Mantel<br>Schwester Angelica<br>Gianni Schicchi | Zemlinsky | Schulz-Dornburg | Teo Otto |
| 26. 4. 28 | Auber | Der schwarze Domino | Zweig | Rabenalt | Teo Otto |
| 21. 5. 28 | Weber | Der Freischütz | Zemlinsky | Dr. Heyn a. G. | Dülberg |
| 30. 6. 28 | Hindemith | Cardillac | Klemperer | Niedecken-Gebhard | Dülberg |
| 5. 9. 28 | Strauss | Salome | Zemlinsky | Legal | Winckler-Tannenberg |
| 6. 10. 28 | Cimarosa | Die heimliche Ehe | Zweig | E. Keller | E. Keller |
| 11. 10. 28 | Strawinsky | Geschichte vom Soldaten | Klemperer | Jacob Geis a. G. | Traugott Müller |
| 31. 10. 28 | Bizet | Carmen | Zweig | Legal | Neher |
| 2. 12. 28 | Křenek | Der Diktator<br>Das geheime Königreich<br>Schwergewicht oder<br>Die Ehre der Nation | Klemperer | Legal | Strnad |
| 23. 12. 28 | Strauß | Die Fledermaus | Zemlinsy | Franz Gross a. G. | Gross |
| 15. 1. 29 | Wagner | Der fliegende Holländer | Klemperer | Fehling a. G. | Dülberg |
| 12. 2. 29 | Offenbach | Hoffmanns Erzählungen | Zemlinsky | Legal | Moholy-Nagy |
| 27. 3. 29 | Gluck | Iphigenie auf Tauris | Zweig | Walter Volbach a. G. | Teo Otto |
| 8. 6. 29 | Hindemith | Neues vom Tage | Klemperer | Legal | Traugott Müller |
| 27. 9. 29 | Ravel<br>Milhaud<br>Ibert | Spanische Stunde<br>Der arme Matrose<br>Angélique | Zemlinsky | Gründgens | Neher |
| 21. 10. 29 | Marschner | Hans Heiling | Zweig | Legal | Rochus Gliese |
| 10. 11. 29 | Mozart | Die Zauberflöte | Klemperer | Dülberg | Dülberg |
| 30. 12. 29 | Smetana | Die verkaufte Braut | Zemlinsky | Legal | Preetorius |
| 4. 3. 30 | Křenek | Leben des Orest | Klemperer | Legal | nach Entwürfen von<br>de Chirico: Teo Otto |
| 24. 4. 30 | Auber | Die Stumme von Portici | Zweig | Ernst Pohl a. G. | Pohl |
| 17. 5. 30 | Verdi | Rigoletto | Zemlinsky | Dülberg | Dülberg |
| 7. 6. 30 | Schönberg | Erwartung<br>Glückliche Hand | Zemlinsky<br>Klemperer | Rabenalt<br>Rabenalt | Teo Otto<br>Schlemmer |
| 4. 10. 30 | Rossini | Der Barbier von Sevilla | Zweig | Rabenalt/Reinking | Rabenalt/Reinking |
| 7. 12. 30 | Brecht/Weill | Der Jasager | Berliner Schüler unter der Leitung von | | Prof. Martens |
| 12. 12. 30 | Charpentier<br>Ravel<br>Debussy<br>Hindemith | Louise<br>Spanische Stunde<br>Jeux<br>Hin und Zurück | Zemlinsky<br>Zemlinsky<br>Zweig<br>Klemperer | Hoffmann-Harnisch<br>Gründgens<br>Labau<br>Curjel | Teo Otto<br><br>Teo Otto<br>Moholy-Nagy |
| 25. 1. 31 | Mozart | Die Hochzeit des Figaro | Klemperer | Gründgens | Teo Otto |
| 23. 2. 31 | Puccini | Madame Butterfly | Zemlinsky | Curjel | Moholy-Nagy |
| 27. 3. 31 | Offenbach | Perichole | Zweig | Hans Hinrich | Teo Otto |
| 20. 4. 31 | Verdi | Falstaff | Klemperer | Natascha Satz a. G. | Teo Otto |
| 29. 5. 31 | Janáček | Aus einem Totenhaus | Zweig | Curjel | Neher |

# Vorwort

Die Krolloper, Gegenstand unserer Dokumenten- und Quellensammlung, war ein vieldiskutiertes Operninstitut im Berlin der späten zwanziger und beginnenden dreißiger Jahre unseres Jahrhunderts. Sie gehörte zum Komplex der Preußischen Staatstheater, die mit der Revolution von 1918 dem aus ihr hervorgegangenen Freistaat Preußen als Erbschaft der von der ehemaligen Generalintendanz der Königlichen Schauspiele betreuten Theater zugefallen waren. Das republikanische Kultusministerium als zuständige Behörde entschied sich zunächst zur Schaffung zweier Verwaltungskörper: einer Intendanz der Staatsoper, die von 1919 an von Max von Schillings, nach dessen Rücktritt 1924 für ein kurzes Interregnum von einem Dreier-Kollegium geleitet wurde, und einer Intendanz der Staatlichen Schauspiele, der Leopold Jessner von 1919 bis 1930 vorstand. Heinz Tietjen, 1925 als Intendant der Städtischen Oper in der Charlottenburger Bismarckstraße nach Berlin berufen, rückte als erklärter Vertrauensmann des Ministeriums rasch zum Generalintendanten der Staatsopern Unter den Linden und im Kroll-Haus auf und erhielt wenig später die Gesamtverantwortung für alle Preußischen Staatstheater einschließlich Kassel und Wiesbaden.

Die Krolloper, wie ihr populärer, aus einer Tradition stammender Name lautete – ihre offizielle Bezeichnung war ›Staatsoper am Platz der Republik‹ – existierte nur kurze vier Jahre, vom Herbst 1927 bis genau zum 3. Juli 1931, dem Tag, an dem sie, umgeben von vielen Freunden und mächtigeren Feinden aus politischen, wirtschaftlichen und verwaltungstechnischen Gründen geschlossen wurde. Ihre Zeit fiel in eine Periode größter geistiger, politischer, sich vielfach überschneidender Spannungen, in den Widerschein schroffster, auch persönlich gefärbter Gegensätze und in die Jahre der gefährlich anwachsenden Arbeitslosigkeit, die dem 1933 hereinbrechenden Nazi-Regiment den Weg bereitete.

Die leitende, aber nicht als Diktator auftretende künstlerische Gestalt der Krolloper war der Musiker und Dirigent Otto Klemperer, der in der ersten Spielzeit als dem Generalintendanten Tietjen unterstellter Operndirektor, von der zweiten Saison an als verantwortlicher Generalmusikdirektor amtierte.

Die Vorgeschichte der Krolloper ist von den Anfängen her einigermaßen verwickelt; das hat zu manchen Verwechslungen und falschen Vorstellungen geführt. Den Namen erhielt das Institut von dem 1844 entstandenen Krollschen Etablissement. Seine verschiedenen Einrichtungen – Biergarten, Restaurants, Festsäle mit Bühneneinbau, mit der Zeit um ein großes Theatergebäude erweitert – dienten ganz unterschiedlichen Zwecken, gesellschaftlichen wie künstlerischen Veranstaltungen. Berühmt waren die Kroll-Bälle. In der zweiten Hälfte des 19. Jahrhunderts ist ›Kroll‹ zu einem festen Pol des Berliner Lebens geworden, ungeachtet der Störung durch Brände und finanzielle Krisen.

1896 erwarb das Königliche Kronfideikommiß, dem der Boden des Etablissements gehörte, das Theatergebäude. Es erhielt den Namen ›Neues Königliches Opernhaus‹ und wurde der Generalintendanz der Hoftheater eingegliedert. Während der Sommermonate wurden Opern und Operetten gespielt. Das ›Neue Königliche Opernhaus‹ galt auch als Ausweichquartier, wenn im Opernhaus Unter den Linden kleinere oder länger dauernde Renovationen und Umbauten vorgenommen werden mußten. Gastspiele auswärtiger

Ensembles von künstlerischem Rang fanden statt, nicht nur für Opern mit berühmten Gästen, gelegentlich auch für interessante Schauspielaufführungen. Zeitgenössische Opern, die man zunächst in diesem nicht so exponierten Theater zur Diskussion stellen wollte, kamen hier ins Rampenlicht.

Von 1901 bis 1903 dirigierte Richard Strauss im Kroll-Theater Konzerte des verstärkten Berliner Tonkünstler-Orchesters mit modernen Werken. Gustav Mahlers IV. Symphonie gelangte in diesem Zyklus unter Leitung des Komponisten zur Aufführung.

1914 war das alte Haus zum Abbruch bestimmt; auf seinem Areal plante man den Neubau eines prunkvollen Opernhauses. Der Kriegsausbruch verhinderte die völlige Abtragung; der Rest des Gebäudes wurde als Lazarett eingerichtet.

1920 überließ das Kultusministerium die Halbruine gegen geringe Pacht der Berliner Volksbühne, die sich verpflichtete, das Haus aus eigenen Mitteln neu aufzubauen, um darin für ihre vielen Mitglieder von der Staatsoper Unter den Linden Vorstellungen zu erhalten. Aber die finanziellen Kräfte der Volksbühne schwanden mit der Inflation dahin, so daß Kultus- und Finanzministerium die Fertigstellung des Baues übernahmen. Ein neuer, langfristiger Vertrag regelte die Situation. Am 1. Januar 1924 wurde das Haus als Filiale der Oper Unter den Linden eröffnet. Aber künstlerische und organisatorische Schwierigkeiten schufen Unzufriedenheit auf Seiten der Volksbühne wie auch der Oper Unter den Linden.

Während dieser Zeit war im Berliner Musikleben der Stern Otto Klemperers aufgegangen. Das Kultusministerium sah die Möglichkeit, mit ihm einen neuen Weg einzuschlagen. Das hieß bedingte Autonomie des Kroll-Hauses, das jetzt den Namen ›Staatsoper am Platz der Republik‹ erhielt, hieß neuer Aufbau eines Kunstinstituts, das sich auf die große organisierte Besucherschaft der Volksbühne stützen sollte.

Es wurde auf lange Sicht geplant. Klemperer erhielt einen zehnjährigen Vertrag, um seine Ideen zu verwirklichen. Aber das neuartige Unternehmen begann tragischerweise unter wirtschaftlich wie politisch ungünstigen Vorzeichen. Nach knapp vier Jahren kam das Ende.

Diese Jahre von 1927 bis 1931 umgreifen das in der Theatergeschichte ›Krolloper‹ genannte Phänomen.

(1972)                                                                                                                    Hans Curjel

## Einführung des Herausgebers

Hans Curjel ist am 3. Januar 1974 im 78. Lebensjahr plötzlich gestorben, ein knappes halbes Jahr nach Otto Klemperer, dessen Leben am 6. Juli 1973 erlosch.

Eng verbunden im Zentralpunkt ihres Wirkens, dem Experiment Krolloper, hatten beide das Erscheinen des seit langem geplanten Dokumentarwerkes zu erleben gehofft, jeder auf seine Art.

Curjel als Autor hatte mich etwa drei Jahre vor seinem Tod zu Hilfe gerufen, weil die Arbeit ins Stocken geraten war. Vielseitige Interessen und wechselnde Tagesaufgaben lenkten den eminenten Anreger, Künstler und Wissenschaftler Curjel immer wieder von der großen Aufgabe ab, wenn nicht überhaupt das persönliche, stark emotionale Engagement unterschwellig trotz des großen zeitlichen Abstandes eine wissenschaftlich nüchterne Behandlung des enormen Stoffes blockiert hat.

Bei der flüchtigen Durchsicht des Nachlasses in Zürich fand ich etwa zehn verschiedene, teils schon nach Kapiteln formulierte Entwürfe für das Kroll-Buch. Obwohl intensiv Mithandelnder des Geschehens in Berlin, war der Autor von Anfang an um möglichste historische Objektivität bemüht; wie viele Jahre dieses Bemühen zurückreicht, war einer lakonischen Notiz zu entnehmen: »Umstände haben frühere Darstellung, geplant 1932, verhindert.«

Am Tag nach Curjels Tod erreichte mich ein vom 30. Dezember 1973 datierter letzter Brief, der in seiner Kern-Sentenz mehr über das Wesen dieses Mannes aussagt, als mit noch so gut gemeinten Worten nachzuzeichnen wäre. »Lieber Freund, ... Wir werden wohl im kommenden Jahr noch manche Probleme besprechen und lösen müssen – und immer unter dem Zeichen der Kameradschaft, unter dem unsere Beziehungen schon seit Jahrzehnten stehen. Dafür bin ich sehr dankbar... Die Zeiten: wie soll man sich zur generellen Déroute, die alle nur denkbaren Gebiete erfaßt hat und epidemisch um sich greift, stellen? Wie ist die Entflechtung der unendlich vielen Probleme anzupacken, zu erreichen? ... Wann ist das Ende des ›als ob‹? Alle diese bedrängenden Fragen können natürlich nicht mit Kapitulation beantwortet werden, sondern nur mit Vorstellungen, mit inneren Bildern, die zu neuen Wegen führen, die aber vermutlich völlig anders aussehen als das, was uns bisher als Zukunft erschien... Über unsere gemeinsamen Probleme, Kroll, schreibe ich Ihnen in den ersten Tagen des neuen Jahres...«

Seit dem spontanen ersten Hilferuf hatte es viele Briefe und Telefongespräche zum Thema Kroll gegeben, vor allem lange Diskussionen und Material-Sichtung in Curjels Wohnung mit dem beglückend weiten Ausblick in Zollikon, bis es im Sommer 1972 zur systematischen Durchsicht des schon in Druckfahnen vorliegenden Dokumentarbandes kam. Ende Februar 1973 gab es bei Curjel ein als Abschluß gedachtes Gespräch, an dem auch Dr. Ernst Coenen für die Fritz Thyssen Stiftung teilnahm. Der von Curjel sorgfältig unter vielen Aspekten zusammengestellten Dokumentation sollte eine literarische Umgestaltung der auf Band und als Manuskript vorliegenden sechsstündigen Sendung ›Die Berliner Krolloper‹ vorausgehen, die Ende November/Anfang Dezember 1962 im dritten Programm des Westdeutschen Rundfunks erstmals ausgestrahlt wurde, mit Hans Curjel als dem bestinformierten Autor und mir als verantwortlichem Redakteur am Mikrofon.

Die Vorarbeiten für diese Sendung hatten mehr als zwei Jahre beansprucht, wobei es Dr. Curjel gelang, eine Reihe wichtiger, mit Kroll verbundener Persönlichkeiten für Gespräche zu gewinnen, unter ihnen Ernst Bloch, Gustaf Gründgens, Teo Otto, Heinrich Strobel, Hans-Heinz Stuckenschmidt und Heinz Tietjen. Schon im Februar 1961 hatte ich in London mit Otto Klemperer einen längeren Fragenkatalog zum Thema Kroll aufgenommen. Im Auftrag des Westdeutschen Rundfunks konnte ich später die ursprünglich auf zwei Samstag-Abende – mit Wiederholungen am Sonntag Nachmittag – verteilte Sendung leicht überarbeiten und für drei Termine zu je zwei Stunden einrichten, die im Februarprogramm von 1971 ihren Platz erhielten. Nach dem Gespräch in Zürich hatte sich Hans Curjel zunächst bereit erklärt, die Bearbeitung des Sende-Manuskripts selbst vorzunehmen. Dann aber schwankte er und war schließlich damit einverstanden, daß ich als der ursprüngliche Sendungs-Redakteur diese Aufgabe übernahm. Deren Schwierigkeiten waren natürlich auch mir nicht verborgen, handelte es sich doch darum, teils sehr locker geführte Gespräche ins Lesbare zu übertragen und den notwendigen Wegfall der den Spielplan der Krolloper illustrierenden Musikbeispiele zu überbrücken.

Nach dem Tod von Hans Curjel ist mir als verpflichtende Aufgabe zugefallen, was ich von mir aus nie zu beanspruchen gewagt hätte: sowohl die Erben, deren Sprecher der Sohn Dr. Caspar R. Curjel war, Professor of Mathematics, University of Washington, Seattle USA, wie die Thyssen Stiftung und der Prestel Verlag äußerten den dringenden Wunsch, daß ich das so weit gediehene Werk für die Drucklegung zum Abschluß bringen sollte.

Dankbar für das geschenkte Vertrauen bin ich mir der nun notwendigen Eingrenzung dieses Unterfangens durchaus bewußt. Mit Otto Klemperers Welt zwar seit mehr als fünfzig Jahren verbunden, Zeuge seiner künstlerischen Arbeit in Köln, Wiesbaden und Berlin, seit seiner Rückkehr aus der Emigration von den fünfziger Jahren an oft zu von ihm geleiteten Aufführungen in Köln, London, Zürich, Luzern oder München, kann ich die internen Kenntnisse Curjels aus der Kroll-Zeit und seine vielfache Verflechtung in den geistig-kulturellen wie politischen Aufbruch jener Jahre keinesfalls ersetzen: sein geplanter Textband mit zwanzig Kapiteln blieb ungeschrieben. Es ist schwer zu begreifen, daß trotz der vielen Entwürfe und Ansätze der Sendungstext für den WDR die einzige größere Darstellung der Krolloper geblieben ist.

Bei der vorgelegten Neufassung habe ich mich bemüht, so weit wie möglich Curjels Text bestehen zu lassen. Was er selbst plante, als er an die Überarbeitung gehen wollte, habe ich allerdings in erheblichem Maße getan: aus den glücklicherweise erhaltenen Protokollen der Gesprächs-Aufnahmen möglichst viele Passagen eingearbeitet, die bei der Sendung nicht verwendet werden konnten – sechs Stunden waren für den Rundfunk schon eine reichlich lange Zeit gewesen. Curjels Kapitel-Überschriften habe ich unverändert übernommen und auf einen Zwischentitel von 1971 ›Der Schauspielregisseur in der Oper‹ wieder verzichtet, trotz der starken Ausstrahlung der Regie-Arbeit von Gründgens und Fehling bei Kroll. Auch für die große Materialsammlung ist Curjels Konzept unangetastet geblieben, zumal wenn er auf Änderungsvorschläge bewußt nicht eingegangen war, wie bei der Anregung, die Pressestimmen über Klemperers Sinfoniekonzerte nicht ausschließlich auf Kritiken Heinrich Strobels zu beschränken, um wenigstens mit einem Konzert die bei den Opern so informative Vielfarbigkeit des Berliner Echos zu zeigen. Zur Auswahl des Bildmaterials konnte ich ergänzende Anregungen geben.

Die weit verzweigten Nachwirkungen des Experiments Krolloper bis in unsere Tage aufzuspüren, wäre einer besonderen Darstellung wert. Hier mag nur eine Verbindungslinie angedeutet sein: die von Siegfried Wagner mit Befremden, ja Ablehnung quittierte Aufführung des ›Fliegenden Holländer‹ unter Klemperer, mit der Regie von Jürgen

Fehling in Ewald Dülbergs szenischem Rahmen, wurde tatsächlich ein Ansatzpunkt für die Erneuerung und Reinigung im Bayreuth der Wagner-Enkel. Und es liegt eine seltsame Tragik im Scheitern einer mehrfach geplanten Zusammenarbeit zwischen Klemperer und Wieland Wagner vor dessen frühem Tod, sei es für ›Meistersinger‹ in Bayreuth, ›Tristan‹ beim Holland-Festival oder ›Lohengrin‹ für Covent Garden in London.

Dabei hat kaum jemand die künstlerische Persönlichkeit von Otto Klemperer hellsichtiger erkannt und ihre Wesenszüge präziser formuliert als Wieland Wagner, durch seltsame Fügung sein Vorgänger im Ordenskapitel des POUR LE MÉRITE für Wissenschaften und Künste. »Die Urphänomene des Apollinischen und des Dionysischen manifestieren sich in diesem Dirigenten in ihrer ursprünglichen Einheit. Ratio und Eros – klare Disposition und elementares tänzerisches Gefühl – verbinden sich bei ihm mit einem kompromißlosen, fanatischen Willen, den Geist des Werkes in seiner reinsten Form zu interpretieren. Griechische Antike, jüdische Überlieferung, christliches Mittelalter, deutsche Romantik und die Sachlichkeit unseres Jahrhunderts bilden in diesem Mann eine Synthese, die den Dirigenten Klemperer zu einem singulären künstlerischen Phänomen macht.«

Befreiung vom Schlendrian und der üblichen Routine des traditionellen Opernbetriebs waren von vornherein Otto Klemperers Ziel bei den Verhandlungen über den Kroll-Plan. Deutlich waren schon die ersten personellen Bedingungen, die Klemperer bei den Vertragsgesprächen mit Professor Kestenberg und Generalintendant Tietjen gestellt hatte.

Seit der frühen Begegnung in Hamburg wünschte sich Klemperer Ewald Dülberg, in den zwanziger Jahren Professor an der Kunstakademie in Kassel und der Bauhochschule in Weimar, als szenischen Partner, ungeachtet von dessen nur sporadischer Bühnentätigkeit am Hamburger Stadttheater und an der Berliner Volksbühne. Die geistige Konsequenz und fachliche Vielseitigkeit dieses Mannes harrt noch der Wiederentdeckung für die Kunstgeschichte der ersten Jahrhunderthälfte. Hans Curjel, den Klemperer zunächst als Dramaturgen wünschte, war in seiner Vaterstadt Karlsruhe musikalisch vorgebildet, als Kunsthistoriker von Heinrich Wölfflin beeinflußt, hatte nach einjährigem Engagement als Schauspielkapellmeister bei Louise Dumont in Düsseldorf eine Position an der Kunsthalle in Karlsruhe, als ihn der entscheidende Ruf nach Berlin erreichte. Trotz wichtiger literarischer Arbeiten vor und nach den Berliner Jahren – das Buch über Hans Baldung Grien von 1923, die 1962 erfolgte Ausgabe der ›Geschichte meines Lebens‹ von Henry van de Velde, die zum 70. Geburtstag 1966 erschienene Sammlung vermischter Schriften zum Verständnis der neuen Musik, ›Synthesen‹, seien als Beispiele genannt –: daß bis in die letzten Lebenstage Curjels Gedanken um das Experiment Krolloper kreisen, läßt deutlich genug erkennen, wo er den Höhepunkt seines Lebensweges sah.

›Die Berliner Krolloper‹ fand nicht nur bei der Erstsendung im dritten Programm des Westdeutschen Rundfunks ein unerwartet starkes Presse- und Hörer-Echo; in einer Reihe späterer Publikationen ist Curjels Darstellung jener vier Jahre Opernaufbau mehr oder weniger ausführlich zitiert worden. Bei Stephan Stompors sehr informativem Aufsatz im dritten Band des Jahrbuchs von Walter Felsensteins Komischer Oper »Die Idee kann man nicht töten ... Otto Klemperer und die Berliner Krolloper, 1927–31« muß man allerdings schon vom Erscheinungsdatum 1963 her auf eine unabhängige Parallele zu Curjels Arbeit schließen. Außer dem von Curjel selbst genannten Werk von Siegfried Melchinger über Caspar Neher hat beispielsweise Walter Panofsky in seinem 1966 edierten Buch ›Protest in der Oper. Das provokative Musiktheater der zwanziger Jahre‹ mehrfach auf das nicht publizierte Sende-Manuskript Bezug genommen. Am ausführlichsten sind die Zitate und Hinweise in der auf erstaunlich umfassendem Quellenstudium beruhenden Dissertation des Amerikaners John Sargent Rockwell, University of California in Berkeley: ›The Prussian Ministry of Culture and the Berlin State Opera, 1918–1931.‹

Rockwell, dessen Arbeit bisher nur in Xerox-Vervielfältigung vorliegt, hat 1968 Dr. Curjel in Zürich aufgesucht, um von ihm Ergänzungen zum WDR-Text zu erhalten. Er nahm ein Gespräch auf, erhielt aber im wesentlichen nur den Hinweis auf die geplante ausführliche Geschichte der Krolloper.

Man mag dem als Nothelfer eingesprungenen Herausgeber verzeihen, wenn nach dem schon ausgesprochenen Dank für das entgegengebrachte Vertrauen die Liste der am Werden dieses Bandes Beteiligten sehr unvollständig bleibt.

Der Westdeutsche Rundfunk, dessen Copyright-Vermerk auf dem Sende-Manuskript steht, hat für die Umarbeitung und Drucklegung auf die unumgängliche Genehmigung des Autors verwiesen, die im Namen der Erben ausdrücklich erteilt wurde. Aber ohne den primären Einsatz des Kölner Funkhauses läge die Arbeit nicht vor. Und wenn man bedenkt, wie viele Gesprächspartner der Sendung von 1962 vor Otto Klemperer und Hans Curjel die Schwelle zum endgültigen Schweigen schon überschritten haben, begreift man, was die Bewahrung im rechten Augenblick beim fortschreitenden Schwinden der lebendigen Erinnerung an die Zeit der Krolloper bedeutet.

Ein summarischer Dank gebührt allen, die ihre Erlaubnis zur Einfügung der vielen Illustrationen gaben; nach Möglichkeit ist beim Bildmaterial jeweils die Quelle der Herkunft vermerkt.

Besondere persönliche Konstellationen als Voraussetzung für das endliche Zustandekommen dieses Buches mögen noch erwähnt sein.

Dem Philosophen Ernst Bloch, Jahrgang 1885 wie Otto Klemperer, gebührt herzlicher Dank für seine Bereitschaft, den Band einzuleiten. Sein Erstlingswerk ›Geist der Utopie‹ war einst Voraussetzung für jene mehr als ein halbes Jahrhundert überdauernde Freundschaft mit Klemperer. In Blochs Rundfunk-Gespräch mit Curjel wird das deutlich.

Professor Ludwig Grote, lange Jahre noch als Berater der Fritz Thyssen Stiftung tätig, ehe er im März 1974 starb, war an dem Kroll-Projekt stark interessiert, weil seine einstige Arbeit in Weimar ihn mit den Männern des Bauhauses in engen Kontakt gebracht hatte, auch mit den für Kroll herangezogenen Bühnenbildnern. Grote betrachtete übrigens die von Curjel geführten, nicht wiederholbaren Erinnerungsgespräche über die kurzen Jahre der Krolloper als unentbehrliche Ergänzung für die vielfältige Dokumenten-Sammlung.

Dr. Ernst Coenen, für zahlreiche Publikationen der Fritz Thyssen Stiftung initiativ geworden, fühlt sich nach persönlicher Erfahrung und Erinnerung aus den entscheidenden Berliner Jahren dem ›Experiment Krolloper‹ besonders verbunden.

Wenn es Hans Curjel nicht vergönnt war, sein über vier Jahrzehnte hin als Plan gesehenes grundlegendes Werk über die Krolloper wirklich zu schreiben, weil leidenschaftliches persönliches Verflochtensein in das Geschehen und kühle wissenschaftliche Distanz sich in einem gelebten Leben kaum vereinen lassen: wir dürfen dankbar sein, daß er das so ausgedehnte dokumentarische Material zusammengetragen und nach klaren Gesichtspunkten geordnet hat, dem nun als skizzenhafte Geschichte des Versuchs einer Theaterreform am Platz der Republik in Berlin die Neufassung von Curjels Rundfunk-Manuskript vorangestellt werden konnte.

Für den schließlich verantwortlich gewordenen Herausgeber ist diese Arbeit mehr als ein Nachruf auf drei in ihrer Persönlichkeit sehr verschieden geprägte Männer, denen er freundschaftlich nahestehen durfte, ist bleibendes Zeichen der Verbundenheit mit Otto Klemperer, Ewald Dülberg und Hans Curjel.

(August 1974)                                                                 Eigel Kruttge

# Die Berliner Krolloper

Versuch einer Theaterreform

Nach dem Manuskript von Hans Curjel
für den Westdeutschen Rundfunk

Ursendung am 24. November und 1. Dezember 1962

Gesprächspartner:

OTTO KLEMPERER, seit seiner Berufung nach Berlin Zentralgestalt der neuen Staatsoper
FRANZ W. BEIDLER, Enkel Richard Wagners und jüngerer Mitarbeiter von Leo Kestenberg,
    Musikreferent im preußischen Kultusministerium
ERNST BLOCH, nach langjährigem Kontakt mit Klemperer zum engeren Freundeskreis der
    Krolloper gehörig
MOJE FORBACH als Repräsentantin des Sängerensembles
GUSTAF GRÜNDGENS, bei Kroll erstmals für Opernregie verpflichtet
HANS W. HEINSHEIMER, aus der Sicht eines für das Neue aufgeschlossenen Musikverlages
FRED HUSLER, für die stimmliche Kontrolle der Sänger tätig
ERNST KŘENEK als einer der bei Kroll aufgeführten jungen Komponisten
TEO OTTO, von Ewald Dülberg als Assistent nach Berlin mitgebracht, entscheidender Impuls für den Weg des Bühnenbildners
MAX STRUB, Konzertmeister der Staatskapelle, Kroll-Sektion
HEINRICH STROBEL und HANS HEINZ STUCKENSCHMIDT als junge Exponenten der Berliner
    Musikkritik während der Kroll-Jahre
HEINZ TIETJEN, verantwortlicher Generalintendant der preußischen Staatstheater

# Legende – Definition – Vorgeschichte

Kroll, was das ist, was das war – ein Wort, ein Opertheater, ein Begriff – ist vom Halbdunkel der Geschichte umgeben. Ein Etablissement unter den Bäumen des Berliner Tiergartens, Ort der Unterhaltung und bürgerlicher Geselligkeit, elegante Bälle in üppigen Sälen – ein typisches Stück 19. Jahrhundert zunächst. In unserem Säkulum am Ende der zwanziger Jahre ein Opernhaus, Schauplatz bühnenreformatorischer, revolutionärer Aufführungen und leidenschaftlicher künstlerischer Auseinandersetzungen; geliebt von den einen, gehaßt von den anderen. Nach dem Reichstagsbrand 1933 provisorisches Quartier des Pseudo-Reichstages der Naziperiode – heute eine abgeräumte Ruine, deren Stelle kaum zu finden ist.

Was Krolloper hieß, ist legendär geworden. Für die ältere Generation, die ihre Aufführungen noch erlebte, eine tief eingeprägte Erinnerung; für die Musiker und Theatermenschen unserer Tage – wenn überhaupt – ein auf Erzählungen und vagen Gerüchten beruhendes historisches Faktum, ein Hörensagen von künstlerischen Zuständen und Vorgängen, die hohe Wellen geschlagen haben.

Die eigentliche Krolloper, die ein Stück Theater- und Musikgeschichte geworden ist, war zur Zeit der Weimarer Republik ein von 1927 bis 1931 bestehendes, dem Preußischen Ministerium für Wissenschaft, Kunst und Volksbildung unterstelltes Operninstitut, in dessen musikalischem Zentrum Otto Klemperer stand. Vorher diente das Gebäude dem traditionellen Berliner Opernhaus, der Staatsoper Unter den Linden, als Filiale, während des Umbaus der Lindenoper als vorübergehende Unterkunft. Der offizielle Name der Krolloper war: Staatsoper am Platz der Republik, eine Bezeichnung, die ebenso unpopulär blieb wie die Republik selbst. So konnte auch die an sich sinnvolle Abbreviatur ›Republikoper‹, die gelegentlich gebraucht wurde, sich nicht durchsetzen. Im Zuge dramatischer Kämpfe, die sich schon im Vorfeld der nationalsozialistischen Tyrannei abspielten, ging die Krolloper im Juli 1931 unter.

Das Haus, in dem sich diese Dinge ereigneten, hat wechselvolle Entwicklungen durchgemacht. Es ist nicht eigentlich als Theater gebaut worden. Der Breslauer Unternehmer Joseph Kroll – sein Name blieb am Gebäude haften – errichtete es 1844 als Gehäuse eines feenhaften Wintergartens mit kleiner Bühne. Da gab es Maskenfeste, chinesische oder italienische Nächte; Walzerkönige, Gesangsvirtuosen – die an Popularität den Filmstars und Schnulzensängern von heute kaum nachstanden – füllten die Programme, die das Berliner Publikum in Massen anzogen. Aber trotz aller Sensationen führten wirtschaftliche Krisen zu mehrfachem Besitzwechsel. 1852 wurde ein großes Bühnenhaus zugefügt, das die Abhaltung anspruchsvoller Operngastspiele erlaubte, bei denen man sich bis zu zyklischen Wagneraufführungen vorwagte. Inzwischen hatte das Ministerium des Königlichen Hauses den Baukomplex erworben. Jetzt erschien der Name ›Neues Königliches Opernhaus‹. Um 1914 plante man, an seine Stelle ein neues, prunkvolles Opernhaus zu setzen. Aber mit Kriegsausbruch im August 1914 wurden die schon begonnenen Abbrucharbeiten eingestellt und in der Halbruine Lazarette eingerichtet.

Das ist der vielleicht nicht zufällige Hintergrund. Die nach Kriegsende 1918 sich ergebenden kulturellen Vorgänge zeichnen sich in der Geschichte der Krolloper sehr deutlich ab. Auf den verlorenen Krieg und den politischen Umsturz folgte eine radikale Änderung der kultur- und kunstpolitischen Voraussetzungen, die Berlin, früher Hochburg wilhelminischen Geschmacks, zu einem besonders aktiven Zentrum moderner Kunst machten. In der Novembergruppe sammelten sich die bisher oppositionellen modernen Künstler, Architekten, Maler, Dichter, Musiker. In Theatern, Konzerten und Ausstellungen kamen die neuesten Kunstströmungen zu Wort. Ein großartiger kultureller und künstlerischer Optimismus, der die bisher klassenbedingten Schranken niederlegte, beherrschte das Feld.

Die aus zwei Gruppen zu einer mächtigen Organisation zusammengeschlossene, politisch der Sozialdemokratie nahestehende Berliner Freie Volksbühne, die in ihrem eigenen, räumlich hervorragend gestalteten Haus am Bülowplatz modernes Schauspiel pflegte und auch Konzerte mit alter und neuer Musik veranstaltete, kam auf den Gedanken, die Krollruine wieder aufzubauen, um ihrem Mitgliederkreis Opernvorstellungen und andere Gastspiele bieten zu können. Die Volksbühne erklärte sich bereit, die notwendigen finanziellen Mittel aus eigenen Kräften aufzubringen; das preußische Kultusministerium als die zuständige Instanz gab seinerseits die Zustimmung. Der Gedanke selbst war der Phantasie und den Überlegungen eines Mannes entsprungen, den die Revolution schon am 1. Dezember 1918 als Musikreferenten und Korreferenten für Theaterfragen ins preußische Kultusministerium gebracht hatte: Leo Kestenberg. Ursprünglich Pianist, Schüler und Sekretär Ferruccio Busonis, war er seit langem der Volksbühne als musikalischer Berater und Organisator von Konzerten verbunden. Im Ministerium galt er als einer der Hauptexponenten des damals aktuellen Gedankens, soziale Kunstpflege auf die Gebiete der Musik und des Theaters auszudehnen. Zugleich ist Kestenberg Begründer der gesamten, bis in die heutige Zeit nachwirkenden Musikerziehungsreform. Für die Entstehung der Kroloper wurde Kestenberg, der von den Dirigentenleistungen Otto Klemperers bei Berliner Konzerten und Opernabenden in Köln und Wiesbaden entscheidende Eindrücke empfangen hatte, zur Schlüsselfigur.

Als erster Gesprächspartner schildert der Schweizer Dr. Franz Beidler, Enkel Richard Wagners aus der Ehe von dessen Tochter Isolde, Persönlichkeit und Tendenz von Leo Kestenberg, der ein intelligenter Idealist und zugleich ein in allen Verwaltungskniffen versierter Diplomat gewesen ist: »Ich hatte das Glück, fast sechs Jahre lang sein jüngerer Mitarbeiter zu sein. Ich bewundere und liebe ihn heute wie damals. Seine Persönlichkeit war gekennzeichnet durch ein wunderbares Gleichgewicht der Kräfte, des Verstandes und der musisch-künstlerischen Kräfte. Dazu von einer Fülle, von einer Rundung und Geschlossenheit des Geistes, ein selten großartiger Mann, dazu von einer unglaublichen Beherrschtheit und Gebändigtheit. Ich möchte sagen, daß sein Wirken aus zwei Grundquellen gespeist wurde. Die eine möchte ich eine reformatorische nennen. Er war ja Schüler und Sekretär von Ferruccio Busoni und daher mit dessen musikreformerischen Bestrebungen durchaus vertraut, und er hat versucht, sie in die Tat umzusetzen. Damit knüpfte er, wie Busoni, sehr stark an Liszt an – als dessen Nachfahre sich Kestenberg übrigens auch als Pianist in unserer Zeit betrachtete –, an Franz Liszts musikreformatorische Bestrebungen im 19. Jahrhundert während der Tätigkeit auf der Weimarer Altenburg mit dem Ziel, den Musikerstand als ganzes sozial und geistig zu heben. Das wäre die eine Grundquelle. Die andere Grundquelle möchte ich die revolutionäre nennen. Kestenberg war, wie ich, Sozialdemokrat und offizieller Vertreter der Partei, der Sozialdemokratischen Partei Deutschlands, im Unterrichtsministerium in Berlin. Aber er war nicht nur Sozialdemokrat, sondern er war wirklich Sozialist aus seiner tiefen Überzeugung, durchdrungen von der Kulturmission des Sozialismus. Er kam von der unabhängigen sozialdemokratischen Partei her, wie ich auch. Da gab es eine Gruppe von kulturpolitischen Sozialisten – ich nenne nur einen Namen: Otto Rühle – die entwarfen ein Kulturprogramm der USPD, und die musikreformerische Tätigkeit von Kestenberg ist zu einem Teil von diesen Gedankengängen und Wünschen her beeinflußt worden. Ich möchte sie in zwei Leitsätze zusammenfassen. Der erste Satz: ›Die Kunst dem Volke‹, aber nun nicht in dieser unverbindlichen bürgerlichen Form wie wir sie oft treffen, sondern Volk als das Volk einer klassenlosen Gesellschaft verstanden, einer sozialistischen Gesellschaft. Dann der zweite Leitsatz: ›Erziehung zur Menschlichkeit mit und durch Musik‹, also Musik nicht als Unterhaltung, nicht als bürgerliche Belustigung, sondern als Bildungsmittel für den Menschen überhaupt.«

Der Elan, mit dem die Volksbühne zur Verwirklichung ihrer Krollpläne ans Werk gegangen war, wurde durch eine Reihe von Schwierigkeiten gebrochen. Die Inflation schwächte die finanziellen Kräfte der auf Gemeinnützigkeit aufgebauten Volksbühne; sie mußte beim Ministerium um Hilfe nachsuchen, die gewährt wurde. Aber es entstanden in einer unübersichtlichen wirtschaftlichen Situation Verträge zwischen Volksbühne und Ministerium, deren komplizierte Bestimmungen, zu denen beide auf ihren Vorteil bedachten Vertragspartner drängten, den Grundstoff für Konflikte legten, die schon bald nach der Eröffnung der Krolloper im Jahr 1927 zu höchst unliebsamen Kontroversen führten. Auch innerhalb der Volksbühne selbst kam es zu schwerwiegenden Kämpfen, in denen eine Wandlung der Mentalität zum Ausdruck kam. Im Anschluß an eine politisch linksorientierte Inszenierung Erwin Piscators zeigte es sich – oder es wurde von der Volksbühnenleitung so dargestellt –, daß ein großer Teil der Mitglieder die Gefolgschaft zum politisch und vor allem auch zum künstlerisch fortschrittlichen Theater verweigerte. Sie wollten neutrales, zahmes Theater – mit einem Wort konventionelle und damit anspruchslose Kunst. Das hätte ein warnendes Sturmzeichen sein können für Leo Kestenbergs hochfliegenden Plan, später im Krollhaus sozial gezieltes Musiktheater mit routinefreier Neugestaltung traditioneller Meisterwerke und bewußtem Eintreten für zeitgenössische Kunst aufzubauen.

In solcher Atmosphäre gegenwärtiger und kommender Konflikte wurde das von dem angesehenen Theaterarchitekten Oscar Kaufmann von Grund auf umgebaute Krollhaus am 1. Januar 1924 eröffnet. Ein architektonisch ansprechendes, geräumiges Theater mit einem holzverkleideten Zuschauerraum von ca. 2200 Sitzen und brauchbaren Bühnenanlagen. Die Opernaufführungen, für Volksbühnenmitglieder zu sehr niedrigen Preisen zugänglich, wurden vom künstlerischen Apparat der Staatsoper Unter den Linden im Filialbetrieb bestritten. Es handelte sich um übliche, oft mangelhafte Repertoirevorstellungen.

Die Volksbühne hatte bald Anlaß, sich über abgespielte Vorstellungen zu beschweren. Sie hatte damit gerechnet, Staraufführungen zu erhalten und war nun enttäuscht. Auf der anderen Seite bedeutete der Filialbetrieb für die Lindenoper eine Belastung, so daß deren Operndirektor, Franz Ludwig Hörth, von sich aus vorschlug, im Krollhaus einen selbständigen Opernbetrieb einzurichten.

Bis zum Herbst des Jahres 1926 traten zwei entscheidende Ereignisse ein: Heinz Tietjen, der seit 1925 in Zusammenarbeit mit Bruno Walter als Intendant mit großem Erfolg die Städtische Oper leitete, wurde mit Zustimmung des damaligen Berliner Oberbürgermeisters Dr. Böß zum Generalintendanten der beiden Berliner staatlichen Opernhäuser ernannt, unter Beibehaltung seiner leitenden Funktion im Haus an der Bismarckstraße. Etwa gleichzeitig wurde Otto Klemperer mit der Aufgabe nach Berlin berufen, ab Herbst 1927 am Platz der Republik ein selbständiges Operninstitut zu leiten: die Krolloper. Leo Kestenbergs von langer Hand vorbereiteter Plan realisierte sich. In den 1961 noch zu seinen Lebzeiten erschienenen Lebenserinnerungen ›Bewegte Zeiten‹ schreibt er: »Ich trug also Minister Becker die Absicht vor, den Generalmusikdirektor des Staatstheaters in Wiesbaden, Otto Klemperer, zum omnipotenten Generalmusikdirektor der Krolloper zu machen. Auch diesmal akzeptierte Becker meinen Vorschlag, und ich konnte nun die vorbereitenden Schritte einleiten.«

## Gründung und Beginn

An den Verlauf der Engagementsverhandlungen erinnert sich Otto Klemperer nach mehr als drei Jahrzehnten: »Im Jahre 1926, im Frühjahr, kam Ministerialdirektor Kestenberg nach Wiesbaden und fragte mich, ob ich die Leitung der Krolloper übernehmen würde. Ich bejahte, und damit war eigentlich das Engagement geschlossen. Es wurde im September durch eine Unterredung mit Intendant Tietjen in Mainz bestätigt. Noch im September wurde im Kultusministerium in Berlin ein zehnjähriger Vertrag geschlossen, von 1927 bis 1937. Ich hatte nur drei Bedingungen. Die erste war: Einrichtung von Konzerten. Ich halte das für riesig wichtig, weil ich glaube, daß ein Opernorchester die Opern viel schöner spielt, wenn es zugleich gelegentlich mit sinfonischer Musik erzogen wird. Dann sagte ich, ich möchte als Bühnenbildner Professor Ewald Dülberg, der zur Zeit in Kassel tätig war, und den Kunsthistoriker Dr. Hans Curjel aus Karlsruhe als Dramaturgen haben. – Beides wurde mir von Intendant Tietjen bewilligt.«

Das Engagement Klemperers war gleichbedeutend mit der Gründung der Krolloper. Typisch die unbürokratischen, improvisatorischen Formen, unter denen sich die Verhandlungen abspielten. Entscheidend war das gegenseitige Vertrauen und die Gleichgestimmtheit der Ziele, die Klemperer schon seit Jahren aufgezeigt hatte: Regeneration und Reform der Oper an Haupt und Gliedern. Kestenberg, obzwar nur Korreferent – federführend, wie man damals altväterlich sagte, war als Theaterreferent Ludwig Seelig – wirkte als gemeinsamer Vertrauensmann Klemperers und des Ministeriums. Tietjen, der kommende Generalintendant, vervollständigte die Einheit der Situation, indem er, vom Minister gutachtlich befragt, sich uneingeschränkt für Klemperer aussprach.

Otto Klemperer trug schon als junger Kapellmeister die Zeichen kommender Größe. Sein musikalischer Impetus erschien als ein Elementarereignis, seine seltene musikalische Intelligenz befähigte ihn schon in jungen Jahren, das Gewebe der Musik als wunderbaren Lebensprozeß zu evozieren und eine Synthese von geistiger Klarheit und tiefer emotioneller Leidenschaft aufleuchten zu lassen. Mehr noch: in der Unerbittlichkeit, mit der Klemperer von sich selbst wie von seinen musikalischen Mitarbeitern das Äußerste an Genauigkeit und Intensität verlangte, trat eine künstlerisch-moralische Kraft zutage, die ihn zum Reformator prädestinierte. Hilfe von bedeutenden Musikern ist ihm zuteil geworden: Mahler hat unter dem Eindruck seiner Persönlichkeit ihm die Laufbahn geebnet. Pfitzner hat ihn schon kurz vor dem ersten Weltkrieg als Operndirigenten an seine Seite nach Straßburg gerufen. Auch zu Männern der Geisteswissenschaft – zu den Philosophen Georg Simmel, Max Scheler, Ernst Bloch und zu dem Romanisten Ernst Robert Curtius – entstanden fruchtbare freundschaftliche Beziehungen, die für die weitgespannte Künstlerschaft Klemperers aufschlußreich sind.

Nach siebenjähriger Tätigkeit am Opernhaus in Köln, wo er sich als Chefkapellmeister – später Generalmusikdirektor von Oberbürgermeister Adenauers Gnaden – mit dem Routinebetrieb auseinandersetzen mußte, fand Klemperer 1924 einen Wirkungskreis am Wiesbadener Staatstheater. Der dortige kultivierte Intendant Carl Hagemann verstand prinzipiell Klemperers Kritik am üblichen Opernbetrieb. So kamen in Wiesbaden in Zusammenarbeit mit Klemperers Freund, dem Bühnenbildner und Maler Ewald Dülberg, zwei exemplarische Aufführungen zustande, ›Fidelio‹ und ›Don Giovanni‹, die in einem gereinigten Gesamtstil – bei ›Fidelio‹ mit einer puristisch-abstrakten Bühne – eine Vorstellung dessen vermittelten, was Klemperer unter der Regeneration der Oper verstand.

Hier war der Ansatzpunkt für die Arbeit in Berlin gegeben. Die Perspektiven schienen günstig. Klemperer hatte sich in der Reichshauptstadt mit einer beträchtlichen Reihe von

Konzerten schon einen großen Namen geschaffen, so daß man ihn als Opernchef in Berlin gespannt erwartete.

Der größte Teil der einflußreichen Kritiker brachte dem kommenden Operndirektor und seinen Reformen große Sympathie entgegen. »Die alte Oper hat abgewirtschaftet«, erklärte selbst Max Marschalk, der konventionell denkende Kritiker der ›Vossischen Zeitung‹.

Das Kultusministerium in Berlin förderte die modernen Kunstströmungen, die nach 1918 zunächst in der Novembergruppe aktiviert wurden, jener Vereinigung von Malern, Bildhauern, Architekten, Dichtern, Schriftstellern und Musikern, der Männer wie Gropius und Kestenberg angehörten. Am Staatlichen Schauspielhaus entwickelte Leopold Jessner einen radikal modernen Aufführungsstil, die Lindenoper brachte die Uraufführung von Alban Bergs ›Wozzeck‹, im Kronprinzenpalais hielt modernste europäische Kunst ihren Einzug, und selbst die Akademie der Künste öffnete unter ihrem Präsidenten Max Liebermann der jungen Kunst die Tore. Auf Kestenbergs Initiative wurden Franz Schreker, Arnold Schönberg und Paul Hindemith nach Berlin berufen.

Auch bei der Volksbühne, die eine tragende Säule der Krolloper werden sollte, schien alles gut zu stehen. Die Zahl der Mitglieder war so groß, daß die neue Staatsoper mit zahlreichen Wiederholungen ihrer Einstudierungen rechnen konnte. Daraufhin war im Gegensatz zum mörderischen Repertoiresystem der 40 bis 50 ›stehenden‹ Opern mit wenigen, künstlerisch stabil bleibenden Opern auszukommen und reichlich Zeit für neue Einstudierungen zu gewinnen.

Allerdings – und hier liegt ein Keim für spätere Konflikte – war die Volksbühne nicht um ihre Zustimmung zum Engagement des neuen Operndirektors gefragt worden, Klemperers, zu dessen Aufgabe nach Kestenbergs Idee die vermehrte Pflege der zeitgenössischen Oper gehören sollte.

Einigkeit herrschte darüber, daß die Krolloper ein selbständiger künstlerischer Organismus sein sollte, wenn auch, dem seltsam improvisatorischen Vorgehen gemäß, über diesen wichtigen Punkt keine schriftlichen Präzisionen getroffen wurden – völlig unverständlich im Abstand vom damaligen Geschehen. Klemperer stellte in den Monaten vor der Eröffnung ein krolleigenes Sängerensemble zusammen, bei dem er in starkem Maße junge, unverbrauchte Kräfte heranzog, die in Berlin unbekannt waren, während er als mit ihm selbst koordinierte Dirigenten so angesehene Künstler wie den Prager Opernchef Alexander von Zemlinsky und Fritz Zweig verpflichtete, der damals an der Berliner Städtischen Oper tätig war.

Daß die Krolloper unter der Gesamtverantwortung des neuen Generalintendanten Tietjen stand, beschränkte die künstlerische Selbständigkeit nicht, weil Tietjen – so sehr er auch auf dem schwierigen Boden der vom Parlament und der Öffentlichkeit kritisch betrachteten Staatstheaterverwaltung lavierte – die künstlerische Physiognomie der Krolloper anerkannte und auf seine Art unterstützte. Trotzdem zeigte es sich bald, daß von der Verwaltung und vom Budget aus gesehen die Selbständigkeit nur partiell war, wodurch sich gefährlicher Konfliktstoff anhäufte. Als Relikt aus der wilhelminischen Ära hatte sich die beamtete Verwaltung aller preußischen Staatstheater erhalten, die jeweils über den Finanzminister dem Landtag den Gesamtetat zur Bewilligung vorlegte. In die Verantwortung des Generalintendanten fiel also nicht nur die künstlerische Arbeit: Tietjen war auch das alleinige Bindeglied für das von Klemperer nach rein ideellen Gesichtspunkten ausgewählte und auf seinen Vorschlag berufene Kroll-Team zu einer im Hintergrund maßgebend wirkenden Behörde.

In einem langen, von Erinnerungstäuschungen begreiflicherweise nicht freien Gespräch hat sich Heinz Tietjen zur Etatfrage geäußert: »Es gab gar keinen Kroll-Etat. Es gab gar keinen Linden-Etat, es gab gar keinen Gendarmenmarkt-Etat. Es gab den Etat für die preußischen Staatstheater. Wir haben uns selbst Kontrolletats aufgestellt. Das hieß also: nehmen wir mal den großen Kuchen, und nun wurden Scheiben geschnitten, und da habe ich mein Amt vielleicht mißbraucht in einer gewissen Weise, denn ich war ja Staatsbeamter und durfte ja nun nicht Dinge machen, die gegen die Staatsintentionen waren. Ich habe mich immer wieder berufen – mir selbst gegenüber, und den Abgeordneten gegenüber habe ich es ausgesprochen, daß die Weimarer Republik auf dem Boden sozialer Kunstausübung stand, und wir alle, soweit wir Verantwortlichkeiten, also Ämter, echte Ämter trugen und den Beamteneid geschworen hatten, die verfluchte Pflicht und Schuldigkeit hatten, unser Bestes zu tun. Und das Beste, was zu tun war für Kroll, war es am Leben zu erhalten. Es war verdammt schwer: dieser Kroll-Etat, der gar nicht existierte. Aber der kleine interne Etat, den Sie, Curjel, dann nachher als mein stellvertretender Operndirektor mir gegenüber zu verantworten hatten, war ja, das werden Sie zugeben müssen, immerhin so, daß Klemperer arbeiten konnte. Es war so, daß ich dem Linden-Etat etwas weggenommen hatte, was ich aber verantworten konnte.«

Wenn dennoch – abgesehen von der Selbständigkeitsfrage – die allgemeinen Vorzeichen relativ günstig lagen: der praktische Arbeitsbeginn der Krolloper war mit schweren Komplikationen verbunden. Der Umbau des Opernhauses Unter den Linden, der bis zum Sommer 1926 hätte beendet sein sollen, verzögerte sich, so daß das Ensemble der Lindenoper und sein ganzer künstlerischer Apparat, der Abonnementsverpflichtungen abzuleisten hatte, Anfang September 1927 noch im Krollhaus spielen mußte. Das Kroll-Ensemble war obdachlos. Mit Mühe fanden sich Räume für Soloproben im früheren Staatstheater-Verwaltungsgebäude in der Oberwallstraße, wo es noch nach Bürokratie und Akten roch, und kilometerweit davon entfernt im Bellevuepark eine verlassene, hölzerne Ausstellungshalle, die in eine Probebühne umgebaut wurde. Alles war verzettelt, alles enervierend. Aber trotz oder vielleicht wegen dieser Erschwerung bildete sich bei dem Kroll-Ensemble rasch ein Zusammengehörigkeitsgefühl, das, solange die Krolloper existierte, eine der entscheidenden Grundlagen gewesen ist. Die Opern, die für die Eröffnung der Krolloper bestimmt worden waren – ›Fidelio‹, Smetanas ›Kuß‹, Verdis Jugendwerk ›Luisa Miller‹ und ›Don Giovanni‹ – gewannen unter den primitivsten Probenumständen, ohne jede Hilfe der Atmosphäre eines Theaterraumes, erste Gestalt. Mag sein, daß diese Primitivität, die die äußerste Konzentration auf den musikalischen und abstrakten szenischen Ausdruck verlangte, besonders stimulierend gewirkt hat.

Gleichsam als Vorspiel zur ersten Kroll-Saison dirigierte Klemperer 1927 sein erstes Konzert mit der Staatskapelle, aus der eine Spezialformation von 106 Mitgliedern für die Krolloper gebildet worden war. Drei Werke standen auf dem Programm: Bachs dritte Suite in D-Dur, Mozarts d-Moll-Klavierkonzert, gespielt von Artur Schnabel, und Janáčeks ›Sinfonietta‹, ein Spätwerk, zu dessen Berliner Erstaufführung Janáček selbst gekommen war und sich vor dem begeisterten Publikum für einen großen Erfolg bedanken konnte.

Am nächsten Tag erzählte er von seiner in Arbeit befindlichen Dostojewski-Oper, die fast vier Jahre später in der Krolloper zur deutschsprachigen Uraufführung gelangte.

Mit der ›Fidelio‹-Premiere am 19. November 1927, der Eröffnungsvorstellung der Krolloper, begannen höchst schwierige Monate. Zwei künstlerisch konträre Opernorganismen – Linden- und Krolloper – mußten sich in ein Haus teilen. Stumm, fast ohne Kontakte, arbeitete man verbissen nebeneinander. An vier Abenden spielte die Lindenoper, an drei Abenden die Krolloper. Der Probenplan war ein Geduldspiel und ein wahres Minenfeld. Erst im April 1928, mit dem Umzug des Linden-Ensembles in den vollendeten Umbau Unter den Linden, wurde die Krolloper Herrin im eigenen Haus.

Die ›Fidelio‹-Premiere, der in einigen Abständen die weiteren Neueinstudierungen der

Krolloper folgten, stand im Zeichen ungewöhnlicher Hochspannung. Für Proben und die technische Einrichtung des ›Fidelio‹ war das Haus sieben Abende geschlossen – für den Theaterroutinier ein Alptraum! Als die Ouvertüre erklang und der Vorhang sich über der ersten Szene hob, hörte und sah man: hier wird nicht festliche Oper gespielt, hier handelt es sich um musikalisches, dramatisches und bildliches Bekenntnis. In den Blättern der Staatsoper, die zu den Premieren neben den laufenden Programmen herauskamen, erschien zum Geleit ein Essay des Philosophen Ernst Bloch, der mit den Worten begann: »Nirgends brennen wir genauer« – ein Satz, der geradezu zum Motto für die Krolloper wurde.

Die erste Reaktion war Konsternierung selbst bei denjenigen, die nach einer leitenden Tätigkeit Klemperers in Berlin gerufen hatten. Dieses Maß unerbittlicher Genauigkeit hatte man nicht erwartet. Man verwechselte Stil und Dogmatismus, man war von den zeitlosen Kuben irritiert, mit denen Ewald Dülberg die Bühne aufgebaut hatte. Man hielt für Regie-Exerzitium, was Verzicht auf die pathetisch-sentimentale Operngeste war. Man vermißte gefühlsmäßige Wärme oder was man sich darunter vorstellte. Ein Kritiker, der sich in den Dienst künstlerischer und politischer Hetze stellte, setzte seinen Bericht unter die Schlagzeile: »Fidelio auf Eis«.

Doch einige wenige – sie um so intensiver – sahen die Dinge anders. Oscar Bie, der Doyen der Berliner Opernkritiker schrieb: »Trotz aller mühsamen Vorbereitung, die uns sogar einige Abende der bedrängten Krolloper kostete, kocht das Temperament in Klemperer unvermindert weiter. Man erlebt seine durchdringende Willenskraft. Ich höre ihm so aufmerksam zu, als hätte ich ›Fidelio‹ nie gesehen. Es ist die undefinierbare Stärke darin, alles neu zu gestalten, weil es vom Innersten erfaßt ist. Wie im Großen, so ist im Kleinen die modellierende Kraft der Musik in jeder Phrase, jeder Stellung, jedem mimischen Dialog auf das Klarste durchgeformt. Ton und Gebärde sind ein einziges Kunstwerk geworden, von einer persönlichen Intelligenz gestaltet, von einem heißen Willen durchlebt.«

Und Heinrich Strobel, damals am Beginn seiner Kritiker-Laufbahn, meinte: »Eine reformatorische Tat. Sie wirkte reinigend. Sie fegte Schlamperei und Mimenroutine hinweg, die seit Jahrzehnten das Kunstwerk überwucherten. Ein ›Fidelio‹ ohne theatralisches Pathos, ohne bombastisches Geschluchze, ohne biedermännische Banalitäten, ohne naturalistische Peinlichkeiten.«

Und die Verantwortlichen, die übergeordneten Amtsstellen, das Ministerium? Abgesehen von Kestenberg, der die Verwirklichung seiner Pläne vor sich sah, hielten sich die Oberen in einer Neutralität, die taktisch bedingt war. Später zeigte es sich, daß damals schon die nicht nur auf Sparsamkeit bedachte Oberrechnungskammer, der die modernen Ziele der Krolloper als unliebsame Störfaktoren erschienen, auf eine Beseitigung des gerade ins Leben getretenen Operninstituts lossteuerte.

## Die Kroll-Idee

In der Krolloper wurde von diesen unterirdisch aufziehenden Gefahren kaum etwas bemerkt. Daß scharfe gegnerische Stimmen hervortraten und daß in politischen Kreisen schon von Anfang an demagogisch mit Mißdeutungen und Unterstellungen operiert wurde, war angesichts des eingeschlagenen neuen Weges nicht zu verwundern. Das widerspruchsvolle erste Echo wurde nicht tragisch genommen und die Arbeit mit großer Intensität fortgesetzt, um die Idee zu verwirklichen, zu der man sich bekannt hatte.

Was war nun eigentlich diese Kroll-Idee? Ein doktrinäres Programm, von dem aus eine Strategie hätte entwickelt werden können, gab es nicht, ebensowenig wie es Fanatismus gab oder jene später so gern zur Schau getragene Besessenheit. Es gab Arbeitsprinzipien, die bei aller Intensität, mit der sie verfolgt und in ihren Konsequenzen erweitert wurden, sich deshalb in einer gewissen Ruhe entwickelten, weil keine spektakulären Wirkungen angestrebt wurden.

Diese Gelassenheit, die ohne Posaunentöne auskommt, ist in den Worten zu verspüren, mit denen Otto Klemperer zur Frage der Grundidee Stellung nimmt: »Eine eigentliche Grundidee kann ich nicht nennen, nur indirekt. In der Tatsache meiner Berufung sah ich, daß man die Absicht hatte, mit mir das Theater aufzubauen. Ich haßte die landläufigen Repertoirevorstellungen der Opernhäuser. Ich fand sie unprobiert, zum Teil zu luxuriös und dachte mir, darin Wandel zu schaffen, mit anderen Worten: ich dachte mir, es wäre schön, ein Theater zu haben, das kein Repertoiretheater war, sondern ein Theater für alle Tage, in dem nicht nur zwei oder drei mal im Jahr eine gute Vorstellung war, sondern an jedem Tag eine Vorstellung, die ihren Standard hielt und sich sehen ließ. Dazu gehörte ein wesentlich kleineres Repertoire und wesentlich längere Probenzeit.«

Wie sind die Ideen und Arbeitsprinzipien entstanden? Grundlage war die Überzeugung von der Lebensfähigkeit der Theatergattung ›Oper‹, was in den zwanziger Jahren, als in vielen künstlerisch fortgeschrittenen Kreisen der Slogan umging »Die Oper ist tot«, keineswegs selbstverständlich war. Dieser Auffassung stand die Tatsache gegenüber, daß die Operngeschichte von den Werken Glucks bis zu den stilistisch ganz anders strukturierten Opern Bergs, Strawinskys und Hindemiths Bühnenwerke von ungebrochener Lebendigkeit und Wirkungskraft hervorgebracht hat.

Der Idee der Notwendigkeit genereller Regeneration lag Kritik an den bestehenden Umständen zugrunde, mit der Klemperer und die Krolloper nicht allein stand. Daß die Oper sich in einer Krise befinde – nicht der latenten, die angeblich immer existiert, sondern in einer akuten Krise –, diese Meinung war weit verbreitet und begründet. Begründet vor allem durch die Erstarrung in unlebendig gewordenen Formen, die der Gegenwart von damals nichts mehr sagen konnten. Im Aufführungsstil herrschte das Pathetische neben dem Süßlichen, das verschwommen Mystische neben krasser Banalität. Die Oper wurde in einem Dunst verabreicht, der eine Art Narkotikum und Lockspeise war, für die Brechts Charakterisierung »kulinarisch« noch gelinde ist.

Im szenischen und musikalischen Verhalten des Sängers kamen alle diese Peinlichkeiten zum Vorschein. Er war der Schablone ausgeliefert und verfallen, trieb mit der Stimme psychologischen Mißbrauch und spielte sich mit sentimentalem oder herrischem Tremolo in den Vordergrund. Daß die kollektive künstlerische Gemeinschaft, das Ensemble, die wichtigste Voraussetzung des wunderbaren Gewebes, aus dem die Oper besteht, dadurch aufs schwerste geschädigt wurde, liegt auf der Hand.

Auch die optische Aufmachung der Oper, die im Gegensatz zum viel fortschrittlicheren Schauspiel am Altmodisch-Konventionellen festhielt oder – wenn sie sich neu gebärdete – aufdringlich expressionistisch daherkam, trug zum unerfreulichen Bild der meisten Aufführungen bei. Es war mehr als der von Gustav Mahler gebrandmarkte Schlendrian, der zum Niedergang der Oper geführt hatte; es war der mangelnde Geschmack, der mit allgemeiner künstlerischer Heuchelei Hand in Hand ging.

Zudem erschwerten gesellschaftliche Veränderungen die Situation der Oper. Sie war als eine repräsentative Einrichtung europäischer Höfe und der ihnen zugewandten Gesellschaftsschichten entstanden, als Fest gedacht und verwirklicht. Sie trug diesen Stempel bis zum ersten Weltkrieg. Nach 1918 waren die Höfe verschwunden, aber die alte Oper blieb zurück, obwohl seit langem Werke geschaffen worden waren, deren Leidenschaft des Herzens und des Geistes und damit der Musik längst nicht mehr mit einer wie auch immer gearteten festlich-äußerlichen Repräsentation etwas zu tun hatte.

Es wäre falsch zu verschweigen, daß es in jener Zeit des Verfalls auch gute Aufführungen gegeben hat. Aber es waren die Ausnahmen, die bei Premieren oder unter besonderen Bedingungen – unter Führung von Männern wie Ernst von Schuch, Richard Strauss oder Bruno Walter – zustande kamen. Der große Reformversuch Gustav Mahlers in Wien ist im Muff versunken und Adolphe Appias frühe geniale Bühnenvisionen, das bislang Höchste an Opern-Reinigung, sind, abgesehen von einigen wenigen Realisierungen, von den Fachleuten als Versuche eines Außenseiters gebrandmarkt oder verwässert worden.

Als Verteidiger der offensichtlich in der Krise befindlichen konservativen Opernform erschien der vom Kritiker zum Intendanten avancierte Paul Bekker, der zu seinen Kritikerzeiten der große Förderer Franz Schrekers gewesen war. »Von einer Opernkrise zu reden, war eine der größten Frivolitäten, die in den letzten Jahren verübt worden sind«, schrieb er rückblickend 1931. Er glaubte, die Oper sei der Veränderung und dem künstlerischen Experiment unzugänglich, Prunk, Verklärung und Rausch seien ihr unabänderlich eingeboren. Er zielte damit auf die neuen Wege, die Strawinsky, Berg, Hindemith und Weill gingen, und zugleich, wie aus einem imaginären Brief an Kestenberg hervorgeht, auf die Krolloper, die ihm wie vielen anderen nicht paßte.

Die Prinzipien oder, wenn man will, die Ideen, nach denen der Aufbau der Krolloper und ihrer Vorstellungen erfolgte, sind die positiven Konsequenzen, die aus den Symptomen der Krise gezogen wurden, in der sich trotz aller Beschönigungsversuche die Oper befand. Man kann sie auf wenige Hauptpunkte konzentrieren.

Als Klemperer zum Operndirektor berufen wurde, war damit ausgesprochen, daß in einem besonderen, mit der Person Klemperers verbundenen Sinn in der Oper der Primat der Musik hergestellt werden sollte. Dies war damals keineswegs selbstverständlich. In den meisten Fällen durchkreuzten sich Direktions-, Musik-, Regie-, Verwaltungs-Interessen oder höchst persönliche Beweggründe. Bei Kroll sollte die Musik oberstes Kriterium sein. Musik von ihrem geistig-emotionalen Zentrum aus. Nicht orgiastische Überwältigung des Hörers und Zuschauers, nicht artistische Virtuosität, kein großer oder kleiner Firlefanz, keine musikalisch falsche Theatralik, sondern Sauberkeit, Genauigkeit, zusammen mit allem Sturm der Leidenschaften. Vom Kriterium der musikalischen Reinheit waren alle bei der Aufführung beteiligten Faktoren bestimmt. Nicht in *dem* Sinn, daß sich alles nach den Impulsen der Musik zu bewegen oder zu wiegen hatte; im Gegenteil: derartige primitiv tänzerische Spielerei hatte keine Geltung. Musikalische Durchdringung bedeutete Ableitung, Übertragung aus den Zentren des Musikalischen. Für Klemperer und die Krolloper bedeutete Omnipotenz nicht Diktatur, sondern geistig-künstlerische Verpflichtung. Sie blieb auch bestehen, nachdem Klemperer am Schluß der ersten Saison als Operndirektor zurücktrat, um sich auf die Tätigkeit als Generalmusikdirektor – wie es im Vertrag hieß »in vollem Umfang« – zu konzentrieren.

Größten Nachdruck legte Klemperer auf den Ensemble-Gedanken. Der Sänger muß in der Oper über seine individuell sich auswirkende Kraft hinaus mit seinen Partnern zu einer inneren Einheit verschmelzen. Dazu braucht es musikalische Übung, Konstanz und Zeit. Ein Ensemble kann nur entstehen, wenn die Sänger in vielen Variationen und Kombinationen – das heißt in verschiedenen Werken – zusammenwirken und sich in innerem Kontrapunkt verbinden. Nur aus solcher Synthese von Stabilität und Variation kann die in sich lebendige Aufführung entstehen. Das Beste an Sängern ist zur Erreichung dieses Zieles gerade gut. Aber Primadonnen-Mentalität widerspricht künstlerisch und praktisch – wegen der vielen Abwesenheiten – der Ensemblebildung. So große Bedeutung in der Krolloper auf die Stimme gelegt wurde, so hatte der Ensemble-Gedanke doch Vorrang.

1  Der ›Kroll-Garten‹, Krolls Etablissement, vor 1900

2 ›Neue Oper‹, Bühnenhaus in Krolls Etablissement, um 1900

3  Die Krolloper, Staatsoper am Platz der Republik, 1930

4 Innenraum der Krolloper von Oskar Kaufmann, nach dem Umbau von 1924

Zu den unmittelbar mit der Praxis verbundenen Prinzipien gehörte auch die Überzeugung, mit verhältnismäßig bescheidenen finanziellen Mitteln auskommen zu können. Das bezog sich nicht auf die Sänger oder die Kollektivgruppen (Chor und Orchester), die vollgültig sein mußten, sondern auf die Inszenierungskosten. Es war keine Frage der Sparsamkeit, um bei den Subventions-Instanzen gutes Wetter zu machen; es war eine grundsätzliche Einstellung, die den Prunk in der Oper – weil seine Wirkung längst verbraucht schien – ablehnte. Zugleich war es die Überzeugung, daß bescheidene Mittel es erleichterten, der Versuchung zur Üppigkeit, von der die Oper immer bedroht ist, zu widerstehen und zudem die Phantasie zu neuen, ungewohnten Lösungen anzuregen. Großen Wert legte man auf lebendigen Kontakt mit dem allgemeinen zeitgenössischen künstlerischen und geistigen Leben. Von hier aus dachte man, die Oper aus der Isolierung herauszuführen und geistige Schichten für die Oper zu gewinnen, die sich nur zu oft über die Oper lustig machten. Was die Pflege zeitgenössischer Musik betrifft, so begnügte man sich nicht mit der routinemäßigen Aufführung der einen oder anderen Novität, sondern suchte den Kontakt mit den Komponisten selbst. Bei der Wahl der zeitgenössischen Werke, die zur Aufführung gelangten, wurde allerdings ein strenger Maßstab angelegt, der im Prinzip nur das Primäre, nicht die noch so wirkungsvollen Derivate gelten ließ.

Unter allen Operntheatern jener Zeit war die Krolloper das einzige Institut, das von vornherein mit vielen Wiederholungen jeder einzelnen Einstudierung rechnen konnte. Die Variante des Ensuite-Spielplanes, die sich aus diesem Umstand ergab, war organisatorisch der wichtigste Grundpfeiler der Krolloper.

Otto Klemperer hat in einem im Januar 1931 im ›Berliner Tageblatt‹ erschienenen Artikel diese Grundlagen beschrieben: »Mein erstes öffentliches Auftreten als Dirigent geschah unter der Ägide Max Reinhardts, der mir 1906 vertretungsweise die Direktion von Offenbachs ›Orpheus‹ anvertraute. Im Mai und Juni dieses Jahres dirigierte ich im Neuen Theater (jetzt heißt es Theater am Schiffbauerdamm) etwa 50 Aufführungen dieses Werkes als Serie.

Mein erster Eindruck des musikalischen Theaters war somit der einer bis ins kleinste musikalisch und szenisch vorbereiteten und ausgearbeiteten Vorstellung, die organisatorisch serienweise genutzt wurde. Der große praktische Sinn der Serie wurde mir schon damals eindeutig klar. Mein Weg führte mich an das Opernrepertoiretheater – schärfster Gegensatz zum Serientheater –, wo alljährlich etwa 40 bis 60 ›stehende‹ Werke, das heißt nahezu probenlos gegebene Stücke, aufgeführt wurden, gemeinhin unterbrochen von einer Reihe sorgfältig vorbereiteter Premieren. Prag, Hamburg, Straßburg, Köln, Wiesbaden – 20 Jahre Erfahrung als Operndirigent lehrten mich, daß dieser Typus des Repertoire- und Betriebstheaters unmöglich als Ganzes bejaht werden kann. Daß es unmöglich verantwortet werden kann, nur drei bis vier qualitativ hochstehende Aufführungen im Jahr zu machen und alles übrige, die überwältigende Mehrheit der Abende, dem grauen Alltag auszuliefern.

Da trat 1926 der preußische Kultusminister Dr. Becker mit dem Auftrag an mich heran, Kroll zu übernehmen. Dieses Haus war als eine Art Serientheater gedacht. Wenn irgendwo, so mußte es hier möglich sein, meine Idee der Oper zu verwirklichen, die Idee der Oper für alle Tage, der All-Tags-Oper. Das schreckliche Leitmotiv des deutschen Operntheaters: ›Wir haben nicht genug Zeit‹, war in unserem Haus endlich überwunden. So konnten wir jeder Inszenierung *die* Festigkeit geben, die ihr selbst im Alltag und gerade bei den sehr zahlreichen Wiederholungen blieb. Das wirkte sich auch in bezug auf das künstlerische Gesicht des Spielplans fruchtbar aus.«

Die Ehe mit der Volksbühne, die allein dieses variierte Serienprinzip erlaubte, hatte aber eine problematische Seite. Sie warf die Frage nach der populären Oper, nach der

›Volksoper‹ auf. Eigentlich handelte es sich um Schlagworte. Dadurch daß die Volksbühne auf einen Bestand von über 100 000 Mitgliedern angewachsen war, hatte sie sich aus einer kulturellen Vereinigung in einen Interessenverband verwandelt, der seine Hauptaufgabe darin sah, den Mitgliedern, deren kulturelles Durchschnittsniveau naturgemäß gesunken war, billige Vorstellungen zu bieten. Wenn in Kreisen der Volksbühne von populärer Oper gesprochen wurde, so war damit die landläufige Repertoire-Oper und die ebenso landläufige musikalische und szenische Realisierung gemeint.

Tietjen, der als Generalintendant zwischen den Lagern stand, hat das so formuliert: »Klemperer führte das Haus in einer – ich möchte mal sagen – exklusiven Weise zeitgenössischer Auffassungen des Kunstbetriebes. Und das Repertoire war so, daß die Volksbühnen-Mitglieder anfingen zu murren. Sie gingen lieber für ihre zwei Vorstellungen, die sie sich geldmäßig leisten konnten im Jahr, in eines der beiden anderen Opernhäuser in einen Rang höher und hörten und sahen sich die ›Butterfly‹ an oder ›Tiefland‹ oder ›Tosca‹ statt ›Neues vom Tage‹ von Hindemith oder eine revolutionäre Inszenierung von ›Hoffmanns Erzählungen‹, eine Inszenierung bei der ich selber gestutzt habe, als sie mir vorgelegt wurde im Entwurf – Bühnenbilder und was der Regisseur wollte – das gebe ich sehr offen zu, so revolutionär war diese Inszenierung, die man von der Volksbühne her nicht goutieren wollte.«

Die Krolloper, die allerdings keinerlei direkten Kontakt zu den organisierten Abnehmerscharen hatte, rechnete nicht damit, daß weite Kreise der Volksbühnenkonsumenten die ›Plüschoper‹ vorgezogen hätten.

Einer der klarsehenden deutschen Kulturpolitiker jener Jahre, Harry Graf Kessler, hat in der Beantwortung einer Rundfrage des ›Berliner Börsen-Couriers‹ vom Februar 1929, die sich im Zusammenhang der um die Krolloper entstandenen Diskussionen mit der Frage der Erneuerung der Oper befaßte, die Situation treffend charakterisiert: »Klemperer weist in seiner Tätigkeit an der Krolloper einen Weg, der meines Erachtens von der größten Bedeutung nicht bloß für die deutsche Musik, sondern auch für das deutsche Drama ist. Er befreit uns von dem ganzen Muff, mit dem eine spießbürgerliche, hohl-sentimentale Zeit die deutschen Opernbühnen verpestet und für lebendig empfindsame Menschen unerträglich gemacht hat. Mag man die eine oder andere Leistung der letzten Jahre höher oder weniger hoch einschätzen, so stammt doch die Opposition im wesentlichen aus den Kreisen, die sich mit dem Aussterben der Gartenlauben- und Butzenscheiben-Romantik nicht abfinden können. In wenigen Jahren wird man nicht mehr begreifen, wie es möglich gewesen ist, diese verstaubte Opposition ernst zu nehmen.«

## Der personelle Aufbau

Das Gremium, das die Krolloper leitete, funktionierte kollegial nach demokratischen Prinzipien, nicht autoritär, was bei der außerordentlichen, nach außen oft diktatorisch wirkenden Persönlichkeit Klemperers überraschend war. Es war aus Männern zusammengesetzt, die im Pinzipiellen homogen dachten und urteilten. Aber es waren keine Jasager. In den Regiesitzungen und den vielen improvisierten Gesprächen traten vielerlei, oft sehr konträre Meinungen zutage, wobei jeder jeden respektierte und durch besonders glückliches Zusammenspiel verschiedener Temperamente ein für die Auseinandersetzung fruchtbares Gleichgewicht entstand. Wenn die Meinungen sehr differierten, wurde abgestimmt und auf Grund der Mehrheit entschieden. Auch Klemperer blieb manches Mal in der Minderheit.

Die oberste Spitze war der Generalintendant. Auch in der Zusammenarbeit mit ihm herrschten kollegiale Methoden vor, wobei sich Tietjen nicht nur als gewiegter Diplomat erwies, sondern auch zur Realisierung der modernen Tendenzen der Krolloper beitrug. Eine andere übergeordnete Instanz, die in die praktische künstlerische Arbeit der Krolloper hätte eingreifen können, gab es nicht. Entscheidend in der ganzen Situation war, daß miteinander, nicht, wie so oft an den Theatern, gegeneinander gearbeitet wurde. Die Folge davon wiederum war, daß in den vier Jahren des Bestehens der Krolloper so gut wie keine Intrige zustande kam.

Als Operndirektor übernahm Klemperer die künstlerische Verantwortung nicht nur für seine eigenen Vorstellungen, sondern auch für die der anderen an der Krolloper tätigen Dirigenten und Regisseure. Es ging ihm nicht darum, in die Arbeit seiner Kollegen hineinzureden, sondern er sah seine Aufgabe darin, auftretende Schwierigkeiten überwinden zu helfen, künstlerische Probleme gemeinsam zu besprechen und Anregungen für den Gesamtplan zu geben. Am Ende der ersten Saison trat Klemperer vom Amt des Operndirektors zurück. Seiner feurigen und zugleich schwerblütigen Natur war die unvermeidliche administrative Last zu groß. »Es kam nun die zweite Saison. Mir wurden die Administrationsgeschäfte viel zu viel. Sie hinderten mich, meine künstlerische Tätigkeit rein auszuführen. Ich teilte also dem Kultusministerium mit, ich möchte als Operndirektor zurücktreten, und man wählte als meinen Nachfolger Ernst Legal, der aus Kassel kam. Legal wirkte als Direktor und als Regisseur.«

Das ist Klemperers knapper Kommentar zu seinem Rückzug auf das Amt des Generalmusikdirektors »in vollem Umfang«, aus der Sicht des Generalintendanten Tietjen ergänzt: »Man hat Fehler gemacht. Der Hauptfehler ist der gewesen, daß man voraussetzte, Klemperer wisse, wie sieht denn nun so ein Monstrum einer staatlichen Verwaltung aus und was habe ich da zu tun. Das wußte er nicht, und er ist auch daran eigentlich gescheitert, daß er es nicht wußte. Also sine culpa ist er da hineingeschlittert in den Operndirektor, und es erwies sich sehr bald als notwendig, ihm eine Hilfe, eine Entlastung nach der Verwaltungsseite zu geben. Das war zuerst Legal, den ich von Kassel herüberholte, und später Sie, Dr. Curjel.«

Der vom Schauspiel kommende Kasseler Staatstheaterintendant Ernst Legal übernahm also im Sommer 1928 das Amt als Operndirektor bei Kroll; als Legal Anfang 1930 die Nachfolge Jessners am Staatlichen Schauspielhaus antreten mußte, trat ich als verantwortlicher Stellvertreter in Funktion. Der Rücktritt Klemperers zeitigte nicht die von vielen Seiten befürchteten Folgen für die Krolloper. Die Arbeit der ersten Saison, bestimmt durch die Homogenität des leitenden Gremiums, hatte das Institut in sich gefestigt, seine künstlerische Marschroute klargelegt und damit den Boden für die weitere Entwicklung bereitet. Und Klemperers innere Beteiligung am Schicksal des Instituts wie auch an den Leistungen im einzelnen blieb die gleiche. Ebenso seine Bereitschaft, die Verantwortung für das Ganze mitzutragen.

Neben ihm wirkten während der ganzen Lebensdauer der Krolloper Alexander von Zemlinsky und Fritz Zweig als Dirigenten. Am 14. Mai 1885 geboren, stand Klemperer altersmäßig zwischen seinen Kollegen Zemlinsky (1872) und Zweig (1893). Abgesehen von Ausnahmefällen gab es keine Gastdirigenten – mit der einzigen Ausnahme, daß Richard Strauss einmal ›Salome‹ dirigierte. Zemlinsky, Lehrer, Freund und Schwager Arnold Schönbergs, selbst ein angesehener Komponist, der vor seiner Kroll-Tätigkeit lange Jahre in Prag hochgeschätzter Opernchef am Deutschen Landestheater war, und Fritz Zweig, vorher schon in Berlin Kapellmeister an der Volksoper und der Städtischen Oper, waren Klemperer künstlerisch koordiniert, was an den ihnen gestellten Aufgaben in Erscheinung trat. So leitete Zemlinsky Schönbergs ›Erwartung‹, Milhauds ›Armen Matrosen‹ und die vielumstrittenen avantgardistischen Aufführungen von ›Hoffmanns Erzählungen‹ und ›Butterfly‹; Zweig, ein höchst subtiler Kenner der französischen Oper, dirigierte neben vielen anderen Werken die Erstaufführung von Janáčeks nachgelassener Oper ›Aus einem Totenhaus‹ und Offenbachs ›Perichole‹ in der Bearbeitung von Karl Kraus. Dem inneren Kreis gehörten noch als Bühnenbildner Ewald Dülberg an, vorher Professor an der Kasseler Kunstakademie und der Weimarer Bauhochschule, als Dramaturg ich selbst. Dülberg als unerbittlich genaue, radikale Kraft im Sektor von Bühne und Regie, ich als musikalisch-literarischer Mitarbeiter, der dem gesamten Feld der modernen Kunst nahestand, in den beiden letzten Kroll-Jahren auch als Regisseur.

Die Regiefrage war anfangs nur zum Teil gelöst, obwohl für einige Inszenierungen Fachregisseure wie Schulz-Dornburg und Niedecken-Gebhard zur Verfügung standen. Klemperer selbst hat immer einen starken Akzent auf sinnvolle, disziplinierte Regie gelegt, und das Urteil von Kennern wie Bie und Strobel über seine eigene Leistung in der Szenenführung bei der umstrittenen ›Fidelio‹-Premiere rechtfertigt in Ausnahmefällen die Doppelfunktion als Dirigent und Regisseur. Ähnlich verhielt es sich, wenn Dülberg nicht nur Bühnenbild und Kostüme entworfen hatte, sondern auch Regie führte. Aber es blieb bei Anfängen, die nicht die Regel sein konnten.

Von Legal war eine gemäßigtere, weniger moderne Führung und vielleicht etwas mehr Intendantentum erwartet worden. Nach anfänglichem kurzen Schwanken identifizierte sich Legal jedoch vorbehaltlos mit der Krolloper-Idee und mit der im Haus herrschenden menschlichen Atmosphäre, und die begonnene Regeneration der Oper wurde bis zur Revolutionierung gesteigert.

Zwei grundsätzlich neue Maßnahmen haben entscheidend dazu beigetragen: die Heranziehung bedeutender Schauspielregisseure zur Inszenierung von Opern und, nicht minder folgenreich, der Entschluß, Vertreter radikaler moderner Malerei mit der bühnenmäßigen Ausstattung zu betrauen. Auf dem Gebiet der Regie waren es vor allem Jürgen Fehling und Gustaf Gründgens, auf dem Gebiet der Bühnengestaltung die Bauhausmeister László Moholy-Nagy und Oskar Schlemmer sowie der italienische Führer der ›pittura metafisica‹, Giorgio de Chirico, von denen entscheidende Impulse ausgingen. Aber auch die Elite der jungen deutschen Bühnenbildner von Beruf leistete Wesentliches für die Krolloper: Caspar Neher vor allem, Traugott Müller und Teo Otto nicht zu vergessen, den Dülberg als seinen Assistenten mitgebracht hatte.

Im Sektor Ballett war die Krolloper nicht selbständig. Das Ballett unter Terpis, später unter von Laban war dem Linden- und dem Krollhaus gemeinsam, aber in der künstlerischen Mentalität auf die Lindenoper eingestellt. Die Kroll-Männer hielten nicht viel von dem, was man damals ›das Tänzerische‹ nannte; es war in modernem Aufputz das alte vermoderte Ballett. So kam es bei Kroll nur zu zwei Ballett-Aufführungen, zu ›Petruschka‹ von Strawinsky und ›Jeux‹ von Debussy.

Für Chor und Orchester waren für die Krolloper eigene Formationen gebildet worden, zum Teil durch Abspaltung von den übergroßen entsprechenden Kollektivgruppen der Lindenoper. Der 32 Damen und 37 Herren umfassende Krollchor, der auch bei Sinfoniekonzerten mitwirkte, stand zuerst unter der Leitung Walter Wohllebes, nach dessen Ausscheiden unter der Führung des der Wiener Schule entstammenden, Schönberg nahestehenden Karl Rankl. Beide hatten sich völlig mit Klemperers künstlerischen Methoden identifiziert. Wenn aber – was bei einigen Aufführungen der Fall war – der der älteren Generation angehörende Hugo Rüdel die Chordirektion führte, zeigte es sich, daß auf dem Feld der absoluten Qualität zwischen der alten und der neuen Methode kein Unterschied vorhanden war.

Beim Orchester gab es wegen der Aushilfen mehr Überschneidungen mit dem Orchester der Lindenoper, obwohl von den Kroll-Dirigenten genau auf die Einhaltung der stabilen Orchesterbesetzung pro Oper gesehen wurde. Als Konzertmeister wirkten Josef Wolfsthal und Max Strub. Wolfsthal, ein Schüler Carl Fleschs, starb in jungen Jahren, 1931, im Lauf der letzten Saison; ein Geiger hohen Ranges, als Solist am Beginn einer großen Karriere.

Nicht zu vergessen endlich die Gruppe der Korrepetitoren, bei deren Proben mit den Solisten Klemperer sehr oft erschien, um Anleitung, Aufmunterung und auch strenge Korrektur zu geben. So wirkte wahrhaft alles ineinander. Als Studienleiter stand an der Spitze der Korrepetitoren der Wiener Dr. Ernst Jokl, ein zwar bequemer, aber vorzüglicher Musiker, ein hochgebildeter, geistreicher Mensch und ein bezaubernder Spaßvogel und Bonmot-Erfinder, von dem das heiter-melancholische Wort stammt, er habe seine Zukunft hinter sich.

## Die Sängerfrage

Das Sänger-Ensemble umfaßte eine verhältnismäßig große Zahl von jüngeren Kräften – nicht Anfänger. Unter ihnen befanden sich: Rose Pauly, Käte Heidersbach, Moje Forbach, Jarmila Novotna, Tilly Blättermann, Irene Eisinger, Marie Schulz-Dornburg, Else Ruziczka, Hans Fidesser, Eric Wirl, Charles Kullmann, Fritz Krenn, Karl Hammes, Mathieu Ahlersmeyer, Willi Domgraf-Faßbaender, Iso Golland, Martin Abendroth, Albert Peters. Nur wenige von ihnen, wie Rose Pauly, Karl Hammes und Fritz Krenn kannte Klemperer schon aus seiner Arbeit in Köln und Wiesbaden.

Während der ersten Monate des Bestehens der Krolloper war die Sängerfrage ständig Gegenstand der Kritik und vieler Diskussionen. Man machte Klemperer den Vorwurf, mehr oder weniger provinzielle Kräfte engagiert zu haben, und verglich – sehr zu Unrecht – die neuen Kroll-Sänger mit den für die beiden anderen Opernhäuser in Berlin verpflichteten internationalen Stars. Kein Zweifel: die Sänger der Krolloper hatten es unter diesen Umständen nicht leicht. Aber der größere Teil von ihnen setzte sich durch.

Hinter der gegen Klemperer geführten Polemik, dem man überdies Vergewaltigung und Überbeanspruchung der Stimmen vorwarf – auch dies zu Unrecht – standen allerdings zwei diametral verschiedene Meinungen über die Funktion der Stimme in der Oper. Die eine Auffassung räumte der Stimme, dem ›bel canto‹ in verschiedenster Gestalt, auch bei Wagner und auch bei Strauss die erste Stelle ein. Nach anderer Auffassung – Klemperer vertrat diese – ist die Stimme auch in ihrer herrlichsten Ausprägung die selbstverständliche Voraussetzung zur musikalisch-dramatischen Realisierung der Oper. Durch neue gesangliche Ausdrucksformen, durch den deklamatorisch expressiven Stil Schönbergs und seiner Schule oder durch Hindemiths instrumentale Führung der Gesangsstimme, haben sich neue Proportionen zwischen Stimme und Werk gebildet. Die Stimme ist in einem neuen Sinn unmittelbar ins Ganze verwoben und erhält dadurch andere, in gewisser Beziehung tiefere Funktionen. Klemperer neigte dieser Auffassung zu, die Alban Berg theoretisch fundierte.

Was bei den Polemiken über die Sänger übersehen wurde, war die Tatsache, daß es sich um einen künstlerischen Apparat handelte, bei dem sich die Kräfte erst kennenlernen und langsam aufeinander einspielen mußten. Dazu kam die Auseinandersetzung mit den von Klemperer und den anderen Kroll-Dirigenten verlangten künstlerischen Prinzipien, musikalisch und in bezug auf die ganze künstlerische Haltung. Endlich das scharfe Scheinwerferlicht, in das sich die neuen Sänger in Berlin gestellt sahen.

Einige von ihnen – wie Käte Heidersbach, Jarmila Novotna oder Willi Domgraf-Faßbaender – waren schnell in ihrer besonderen Qualität anerkannt. Trotz solcher überzeugender Entdeckungen für das Sängerensemble bei Kroll waren natürlich nicht alle Engagements in gleichem Maße glücklich, und so wiederholte sich der Vorwurf, in der Krolloper werde das Sängerische vernachlässigt. Heinrich Strobel schildert rückschauend diese Problematik: »Das ist der allgemeine Vorwurf gewesen, und wahrscheinlich werden die meisten der heute noch Überlebenden, die sich an die Krolloper erinnern, diesen Vorwurf noch immer teilen. Da müssen wir aber gerecht sein. Wenn man ein so stark aus einer geistigen, künstlerischen Konzeption kommendes Theater machen will, wie es die Krolloper war, dann kann man nicht mit den Opernstars und den Opernkanonen rechnen, denn die machen, was sie wollen; aber in der Krolloper wollte man, daß das gemacht wird, was der Regisseur und Herr Klemperer gewollt haben. Das können Sie nicht mit den Primadonnen machen. Das Unglück war nun, daß diese Primadonnen männlichen und weiblichen Geschlechts unaufhörlich an den anderen beiden Opernhäusern in Berlin aufgetreten sind, an der Lindenoper und an der Städtischen Oper, und daß das Publikum diese Vergleichsmöglichkeit hatte. Und bei der Vergleichsmöglichkeit ist für das Opernpublikum natürlich die Stimme und der große Gesangszirkus und, sagen wir ruhig: auch die Vollendung des Gesanges vor allem maßgebend; was auf der Bühne geschieht, das interessiert die Leute nach meinen Erfahrungen relativ wenig.«

In der Hand des noch über Jahrzehnte hinweg renommierten Gesangspädagogen Fred Husler lag die Betreuung beinahe des ganzen bei Kroll verpflichteten Sängerensembles. Es ist klar, daß im Erinnerungsgespräch mit ihm, wo es um künstlerische und gesangstechnische Dinge geht, die Arbeitsatmosphäre bei Kroll verlebendigt wird. Husler bestätigt aber, daß seine schöne Aufgabe schwer war, weil die Auswahl der Sänger ja nicht unbedingt nach Stimme und stimmlichen Fähigkeiten getroffen wurde, eigentlich mehr nach der Art ihrer Persönlichkeit, nach Intelligenz, Musikalität.

Unter den später erfolgreichsten und bekanntesten Krollsängern wird Jarmila Novotna genannt mit ihrer langjährigen Verpflichtung an der ›Met‹ in New York, Käte Heidersbach, die dann von der Lindenoper aus das sehr beliebte, ja berühmte Evchen der Bayreuther ›Meistersinger‹-Aufführungen wurde, auch die sehr ausgeprägten Persönlichkeiten von Moje Forbach und Marie Schulz-Dornburg, die später in der Lindenoper akzeptiert worden waren.

Vom ursprünglich Moskauer russisch-jüdischen Theater ›Habimah‹ – es teilte sich später zwischen Palästina und USA –, dessen Berliner Aufführungen, vor allem des ›Dybuk‹, unvergeßlich sind für jeden, der sich von der ganz besonderen Atmosphäre dieser Spielgruppe faszinieren ließ, war Iso Golland an die Krolloper gekommen. Auch Husler nennt ihn, der später in die Sowjetunion zurückging und dort ein sehr gerühmter Pädagoge wurde, als Sänger von höchst eindrucksvollem Persönlichkeitscharakter. Der junge amerikanische Tenor Charles Kullmann, der noch als Studierender der Berliner Musikhochschule für Kroll engagiert wurde, wo er zu den glücklichsten stimmlichen Entdeckungen gehörte, ist hier nicht genannt, weil er gewiß in der Kontrolle seines Hochschulprofessors blieb. Kullmanns Karriere führte auch für lange Jahre an die Metropolitan Opera in New York. Aber niemand aus dem Kroll-Ensemble wäre im damaligen und heutigen Sinne als Star zu bezeichnen gewesen. »Stars? Nein, so was gab es nicht und konnte es gar nicht geben. Wenn ich mich recht erinnere, waren ja auch die Verträge danach ausgestellt, nämlich nicht auf ein bestimmtes Rollenfach, sondern es hieß darin ›nach Verwendbarkeit‹, und ich muß sagen, eine recht weise Praxis. Die künstlerischen Leiter der Krolloper wurden von den Sängern keinesfalls als Tyrannen empfunden, wie manchmal behauptet wurde, sondern einfach als Autorität anerkannt. Man ordnete sich der Idee unter. Es war ein zusammengeschworenes Team. Das Unternehmen, dem die Sänger angehörten, hatte zwar viele Freunde, aber auch starke Feinde, und das allein schon ließ sie ja doch zusammenhalten. Sie sollten und wollten doch etwas beweisen. Ihre Kameradschaftlichkeit war etwas ganz einzigartiges. Es kamen keine Intrigen auf. Ich sehe vor mir zum Beispiel noch vor den Proben zu einer Aufführung der ›Verkauften Braut‹, wie drei Bräute sich in meinem Übungszimmer befinden: Novotna, Heidersbach und Caecilie Reich. Ich sehe sie noch, wie sie in aller Selbstlosigkeit diskutierten, wer nun für die Premiere die Richtige sei. Die Heidersbach meinte, die Novotna wäre ja nun einmal die Original-Tschechin; die Novotna meinte, ja, aber die Heidersbach hätte nun einmal die passendere lyrische Stimme, sie selbst sei ja doch mehr eine Koloratursängerin; und die Reich – sie führte wieder irgendwas anders gegen sich selbst ins Feld zu Gunsten des Ganzen. Wo kommt so etwas heute noch vor?«

Nach den Konsequenzen für die Sänger aus den künstlerischen Arbeitsprinzipien der Krolloper befragt, gibt Husler zu: »Es wurde ja bis zum äußersten gegangen. Die Proben waren endlos, und die Sänger wurden zweifellos stark strapaziert, aber wie die Zukunft zeigte: es hat keinem was geschadet. ›Werktreue‹ war einer der Punkte, auf die an der Krolloper betont Wert gelegt wurde. Dieser Begriff ›Werktreue‹ stand eigentlich bei unserer ganzen Arbeit obenan. Was verstanden wir darunter? Ja, erst einmal Treue gegen das, was der Komponist im Werk vorgeschrieben hatte. Aber mehr wie das: die Musik durfte dem Sänger nicht Vorwand sein, seine schöne Stimme auszuströmen oder private Gefühle auszuleben; und oft ist ja das bei Sängern auch nur noch ein Klischee, ja oft noch eine Selbstimitation des Klischees. Vielleicht kann ich es an einem ganz kleinen Beispiel ein wenig erläutern. Bei Verdi kann eine punktierte Achtelnote ein starker dramatischer Ausdruck sein, eben durch die Punktierung. Vernachlässigt das der Sänger, was sehr oft geschieht, und er ist aber einigermaßen begabt, so wird er diese Unterlassung ganz automatisch zu ersetzen suchen durch ein privates Gefühl, das ungefähr dem entspricht, was jetzt im Augenblick auf der Bühne oben vor sich geht. Ja, das ist natürlich keine Darstellung aus dem Geiste der Musik und auch nicht ›Werktreue‹.«

Nachdem sich der Gedanke herauskristallisiert hat, daß auch vom Sängerischen her Exaktheit keine Einengung, sondern Basis für den wirklichen Ausdruck ist – eine Bindung, die zur eigentlichen künstlerischen Freiheit führt – distanziert sich Husler von den Gewohnheiten mancher Fachkollegen, den Text des Komponisten nicht als unbedingt verbindlich zu nehmen, und schließt seinen Rückblick mit der Feststellung: »Das Sängerpersonal der Kroll stellte ein Ensemble dar, wie ich es in meiner langen Praxis vorher nie und nachher schon gar nicht mehr erlebt habe. Die Kroll war eine harte und hohe Schule für die Sänger, und ich kann sagen, sie bestimmte auch meinen ganzen späteren Weg.«

Aus dem Sängerteam der Krolloper stand nach über drei Jahrzehnten nur Moje Forbach für ein Erinnerungsgespräch zur Verfügung, eine profilierte Künstlerin, die im Spielplan sehr vielseitig einzusetzen war; das ist schon an wenigen Beispielen aus ihrem Rollenverzeichnis abzulesen: ›Erwartung‹ von Schönberg, die Frau in Milhauds ›Der arme Matrose‹, Senta im ›Fliegenden Holländer‹, Elvira in ›Don Giovanni‹.

Das Bestehen auf Werktreue, Genauigkeit, Exaktheit projiziert sich in Frau Forbachs Gedächtnis als echte, beglückende Freiheit für die Sänger: »Man war nicht in einer Diktatur. Man konnte frei singen. Man war in keinem Zwang.«

Aus der langen Vorbereitungszeit für die Neueinstudierung ergab es sich, daß nur die allerersten Klavierproben mit dem Korrepetitor allein gehalten wurden. Dann übernahm Klemperer selbst die Proben, damals noch ein vollendeter Pianist – was schon Gustav Mahler einst dem jungen Musiker attestiert hatte.

Aber auch Zemlinsky und Zweig gingen in einem frühen Stadium an die Arbeit mit den

Sängern, so daß vor der ersten Probe mit Orchester alles bis ins kleinste Detail klar studiert war.

Die stimmliche Beanspruchung der Sänger war allerdings groß: »Klemperer ließ uns fast in jeder Probe alles mit voller Stimme singen. Schonen konnte man sich nicht. Das hat man gar nicht gekonnt bei Klemperer, weil er so viel Temperament hatte und einen so mitriß. Es war unmöglich, mit halber Stimme zu singen und zu markieren.«

Dazu erzählt Moje Forbach als kleine Anekdote, was sich bei der Generalprobe zum ›Fliegenden Holländer‹ zwischen dem Tenor Eyvind Laholm und Klemperer abspielte: »Laholm hat also auch versucht, etwas zu markieren und sich zu schonen, und Klemperer hat immer wiederholt: ›Herr Laholm, singen Sie, singen Sie.‹ Da ist Laholm vor die Rampe gegangen und hat gesagt: ›Herr Klemperer, ich habe jetzt noch zwei h's, wollen Sie sie jetzt hören oder heute abend?‹«

In der Entwicklung eines musikalischen Darstellungsstiles sah man in der Krolloper eine Hauptaufgabe. Die traditionellen Operngesten, die früher, unter anderen Umständen entstanden waren und denen kanonische Gültigkeit zuteil wurde – dekorative Armbewegungen, schabloniertes Mienenspiel, Spielbein-Standbein-Wechsel und energische Ausfall-Stellungen, die atemtechnisch begründet wurden –, erschienen den Menschen der zwanziger Jahre als Schematismus, der nur zu oft die Grenzen des Lächerlichen erreichte. Ausgehend von Eindrücken expressionistischer bildender Kunst war von einigen Regisseuren versucht worden, eine emotionale, dynamische Darstellungsform zu entwickeln. In der Krolloper versuchte man einen anderen Weg zu beschreiten. Nicht die zu rasch ins Ekstatische verfallende körperliche Ausdeutung klanglicher und rhythmischer Vorgänge der Musik, sondern das Entstehen des musikalischen Grundgestus war das Ziel. Das heißt Grundhaltungen, die nach der Richtung der Bewegung oder nach der Richtung der Stille, der Versunkenheit variiert wurden. Einfache Stellungen, einfacher Stellungswechsel, ein Minimum von gestischer Sprache, aber in ihm ein Maximum von innerem Beteiligtsein und damit eine völlig unschematische musikalisch-körperliche Erfülltheit. Als Ziel stand eine natürliche Einheit, eine Durchdringung von Musik und Gestus vor Augen. Für den Sänger ergaben sich durch diese Forderung neue Aufgaben.

## Der Spielplan

Wenn man auf den Spielplan der Krolloper, das heißt auf die Reihe der zur Aufführung gelangten Werke zurückblickt, so sieht er normal aus: die übliche Dreiteilung in Standardopern des Hauptrepertoires, Einstudierungen seltener gespielter Werke und Modernes. In der Praxis war der Aufbau des Spielplanes deshalb mit Schwierigkeiten verbunden, weil die Krolloper auf die Disposition der beiden anderen Berliner Opernhäuser – Lindenoper und Städtische Oper – Rücksicht nehmen mußte. Es gab sogenannte Sperrlisten, mit deren Hilfe die drei Opernhäuser aufeinander abgestimmt werden sollten. Spielplan-Kollisionen waren trotzdem nicht zu vermeiden, weil die Zahl der zur Verfügung stehenden Hauptopern verhältnismäßig klein ist, viel kleiner als die entsprechende Zahl im Schauspiel, das allein schon auf eine Riesenliste von Klassikern zurückgreifen kann. Da Lindenoper und Städtische Oper ihr stehendes Repertoire hatten, war die Krolloper natürlich immer im Hintertreffen. So wurde zum Beispiel die nachgesuchte Bewilligung zur Aufführung der ›Meistersinger‹ oder des ›Rosenkavalier‹, von denen eine starke Resonanz beim Volksbühnenpublikum der Krolloper zu erwarten gewesen wäre, nicht gegeben.

Wenn man genauer hinschaut, so hatte der Kroll-Spielplan doch besondere Züge. Eine Reihe der populärsten Werke – ›Tiefland‹ (damals noch ein Wunschtraum der Opernbesucher), ›Mignon‹, ›Bajazzo‹ und Verwandtes – wurde nicht gegeben. Kunsterzieherische Schulmeisterei war nicht der Grund, aber man wollte doch versuchen, ohne Konzessionen an den schlechten Geschmack auszukommen.

Die aufgeführten Standardwerke – ›Fidelio‹, ›Don Giovanni‹, ›Zauberflöte‹, ›Freischütz‹, ›Barbier von Sevilla‹, ›Holländer‹, ›Rigoletto‹, ›Verkaufte Braut‹, ›Carmen‹, ›Hoffmanns Erzählungen‹ – gehören der Gattung der primären Werke an. Sie stellen Grundtypen dar, sind als solche ihrem Wesen nach original und zugleich typologisch und künstlerisch vollendet. Zudem bei aller Zeitverbundenheit im Augenblick der Entstehung dem Wesen nach zeitlos, Spiegelung geistiger und emotionaler Grundvorgänge. Die Resonanz dieser primären Werke läßt sich an den Aufführungsziffern ablesen, die im Durchschnitt zwischen sechzig und achtzig Wiederholungen lagen.

Bei der Wahl der Werke, die nicht zum Standard-Repertoire gehören, ging man von ähnlichen Gesichtspunkten aus: musikalische Qualität und künstlerische Originalität; also wiederum primäre künstlerische Intensität, die auch in solchen gleichsam sekundären Opernwerken lebendig sein kann. Zur Reihe dieser Typen gehörten unter anderen Cimarosas von Stendhal so hoch eingeschätzte ›Heimliche Ehe‹ als Typus der frühen italienischen Opera buffa, Aubers Konversationsoper ›Der schwarze Domino‹, Puccinis ›Triptychon‹ mit den drei Einaktern ›Der Mantel‹, ›Schwester Angelica‹ und ›Gianni Schicchi‹, die Zusammenfassung dreier Varianten des Verismo. Mit zwei Einstudierungen wurde der Versuch gemacht, Analogien zur Gegenwart aufzuzeigen: mit Aubers politisch pointierter Geschichtsoper ›Die Stumme von Portici‹ und mit Marschners ›Hans Heiling‹, in dem man eine Präfiguration des Surrealismus glaubte sehen zu können. Die Besucher gingen aber bei diesen Bestrebungen ebensowenig mit wie bei der Aufführung von Charpentiers ›Louise‹, dieser typischen Pariser Volksoper, der auch ein Gustav Mahler in Wien nicht zu nachhaltigem Erfolg verhelfen konnte.

Auch mit eigentlichen Ausgrabungen hatte die Krolloper wenig Glück. Smetanas Spätwerk ›Der Kuß‹ konnte ebensowenig durchgesetzt werden wie Gounods Molière-Oper ›Der Arzt wider Willen‹ oder Verdis Jugendwerk ›Luisa Miller‹. Es ist wahrscheinlich, daß es hier wie überhaupt an der informativen Zusammenarbeit zwischen Krolloper und Volksbühne fehlte, durch die den Besuchern die musikalischen Werte solcher Werke hätten aufgezeigt werden können. Zweifellos hat aber auch eine Rolle gespielt, daß gerade diese Werke aufführungsmäßig nicht entschlossen genug die Grenzen des Konventionellen sprengten.

Nur – oder vielleicht sogar – zwei Operetten wurden an der Krolloper aufgeführt. Die eine – ›Fledermaus‹ – war ein völlig untauglicher Versuch der Popularisierung durch konventionelle Harmlosigkeit; trotz über siebzig Wiedergaben in der zauberhaften musikalischen Interpretation durch Zemlinsky war die Aufführung ein ständiger Anlaß berechtigter Reklamationen. Zu den denkwürdigen Kroll-Aufführungen gehört dagegen Offenbachs ›Perichole‹ in der Bearbeitung von Karl Kraus, der sich an den Proben mit dem aus Sängern und Schauspielern gemischten Ensemble beteiligte.

Die Pflege der zeitgenössischen Oper gilt als das große Ruhmesblatt der Krolloper. Hierzu ist zunächst zu sagen, daß proportional das zeitgenössische Schaffen im Spielplan der Krolloper nicht oder nur wenig mehr Raum einnahm als an irgendeinem der großen Operninstitute jener Zeit. Sodann, daß Novitäten von Komponisten wie Pfitzner, Schreker, Schillings, d'Albert, Korngold, Graener – um Autoren der verschiedensten Generationen und Stilrichtungen zu nennen – den beiden anderen Berliner Opernhäusern überlassen wurden und, vor allem, daß man die Jagd nach sensationellen Uraufführungen und der damit verbundenen Publizität nicht mitmachte. Im Gegenteil: nach außen konnte es scheinen, daß man bei der Annahme moderner Werke eher zauderte.

Heinrich Strobel meint rückschauend dazu: »In meiner Erinnerung ist es kein moderner Spielplan gewesen, obwohl man unaufhörlich der Krolloper ihren modernen Spielplan vorgeworfen hat. Denn es sind ja eine ganze Reihe von üblichen Repertoire-Opern gespielt worden, ob das ›Butterfly‹ ist, ob ›Fidelio‹ oder ›Figaro‹, ob ›Hoffmanns Erzählungen‹ . . . Trotzdem ist natürlich – von damals aus gesehen – ein enormer Modernismus am Werk gewesen. Die Tatsache, einen Strawinsky-Abend mit ›Oedipus Rex‹, ›Mavra‹ und ›Petruschka‹ in dieser Art überhaupt einmal auf die Bühne zu bringen, das war eine der ganz großen Leistungen. Wenn uns damals – auch mir, seien wir ehrlich – jemand gesagt hätte, daß dreißig Jahre später ›Oedipus Rex‹ noch gespielt wird, dann hätte ich gesagt: Na, das möchte ich doch bezweifeln. Genau das Gegenteil ist eingetreten. Der ›Oedipus‹ ist mit einer Dummheit und Bosheit von der ganzen Berliner Presse – zwei oder drei Ausnahmen zählen nicht – verrissen worden, so daß man geglaubt hat, das ist nun wirklich das Letzte, es fällt ihm schon gar nichts mehr ein. Heute ist es ein Repertoirestück geworden. Daß man ›Erwartung‹ und ›Glückliche Hand‹ von Schönberg aufgeführt hat, das war ebenfalls eine enorme Leistung. Heute wird die ›Erwartung‹ viel gespielt – das ist auch schon fast ein Repertoirestück geworden, mindestens für Konzertaufführungen. Aber einmal mußte man das riskieren, und das hat Kroll riskiert, und dasselbe gilt für das ›Totenhaus‹ von Janáček.«

Die Entscheidungen über die zeitgenössischen Werke, die bei der Krolloper zur Aufführung gelangten, wurden nicht nach Geschmack, Gefallen oder persönlicher Bindung getroffen, sondern auf Grund von objektiven, fast mit wissenschaftlichem Einschlag geführten Untersuchungen. Natürlich zuerst auf Grund der musikalischen und dramatischen Qualitäten, dann aber auch im Hinblick auf die Stellung und Funktion der in Frage kommenden Werke innerhalb des gesamten Kunstschaffens jener Jahre.

Zu diesem Punkt äußert sich Hans Heinz Stuckenschmidt, der damals eine Zeitlang als Musikkritiker an der ›Berliner Zeitung am Mittag‹ tätig gewesen ist, einem Boulevardblatt, das aber im Kunst- und Theaterteil hohes Niveau hatte. »Ich möchte sagen, es gab überhaupt keine Einrichtung öffentlicher Art in Deutschland, die so stark wie die Krolloper mit den allgemein künstlerischen Ideen zusammenhing. Denn hier war ja nicht nur ein wirklich europäischer Herzschlag zu spüren, und zwar ein anderer als der des merkantilen Kosmopolitismus, der im Konzertbetrieb herrschte. Hier wurden ästhetische und geistesgeschichtliche Fragen des Tages und der Epoche in Tat, in Anschauung umgesetzt. Ein Phänomen wie das des Neoklassizismus der zwanziger Jahre wurde eben mit der Inszenierung von Strawinskys ›Oedipus Rex‹ aufs Forum getragen. Die seit Ernst Křeneks ›Jonny spielt auf‹ umstrittene Zeitoper, also die Oper mit aktuellem, mondänem, meinethalben vulgärem Einschlag, fand auf dem musikalischen Niveau, das ihr Paul Hindemith in ›Neues vom Tage‹ gab, eine nicht mehr zufällige, sondern typische Fassung. Und in dieser typischen Weise wurde sie auch realisiert. Dabei blieb der Unterschied eines musikalischen Theaters, das mit Schauspielern arbeitet, wie also der ›Dreigroschenoper‹, und eines Theaters von agierenden Sängern wie Klemperers Krolloper, deutlich, ja er wurde durch die Inszenierung noch betont. Es waren ja damals die Jahre einer beginnenden Annäherung der Oper an das moderne Schauspiel und an die modernsten Formen seiner Darstellung. Was Bruno Walter mit Karl Heinz Martin versuchte, was aber bei diesem wichtigen Einzelfall geblieben war, das führte man am Platz der Republik, wo ja mit Ernst Legal ein moderner Schauspieler bestimmend mitwirkte, konsequent fort. Die Entdeckung von Männern wie Jürgen Fehling und Gustaf Gründgens als Opernregisseure sehr prononcierten Stils, und, was mir noch wichtiger scheint, sehr prononcierter Technik, ist tatsächlich ein Verdienst der Männer, die an der Krolloper führend waren. Was dann Carl Ebert nur allzu kurze Zeit in der Charlottenburger Städtischen Oper machen konnte, war, historisch gesehen, eine Fortsetzung des Stils, der bei Kroll manifest geworden war. Und nach 1945 konnten manche Opernregisseure fast unmittelbar an diese durch politische Mächte unterbrochene, gottlob nicht zerstörte Tradition anknüpfen, wobei ich auch Wieland Wagners radikale Entrümpelungsversuche der Bayreuther Szene in einem inneren Zusammenhang mit Fehlings ›Holländer‹-Inszenierung bei Kroll sehen möchte. Die Beziehungen zur modernen bildenden Kunst waren vielfach und wurden auch bewußt gepflegt. Daß überhaupt Maler wie Giorgio de Chirico für Křeneks ›Leben des Orest‹ und Lászlo Moholy-Nagy für ›Hoffmanns Erzählungen‹ herangezogen wurden, beweist die allgemeine Tendenz der Krolloper, die modernen Geister der verschiedensten Fakultäten zur Schaffung eines neuen Musiktheaters zu vereinigen.«

Die in der Krolloper aufgrund komplexer Betrachtung und Beurteilung erfolgten Annahmen moderner Werke betrafen Opern und – sagen wir gleich, weil auch neben dem Typus Oper stehende Werke erschienen – Werke des musikalischen Theaters, die sich nach mehr als dreißig Jahren zumeist als die zentralen und fast alle auch als die bleibenden erwiesen haben.

Das Schaffen Igor Strawinskys stand im Mittelpunkt: das Opernoratorium ›Oedipus Rex‹, ›Mavra‹, die zauberhafte, selten gespielte Buffo-Oper im Zwielicht von neuem Klassizismus und russischer Folklore, das Ballett ›Petruschka‹ und natürlich ›Die Geschichte vom Soldaten‹.

Von Paul Hindemith kamen Hauptwerke zur Aufführung: ›Cardillac‹, den Klemperer schon in Wiesbaden herausgebracht hatte, in Uraufführung die lustige – oder wenigstens lustig gemeinte – Oper ›Neues vom Tage‹ und ihre Urzelle, der musikalische Sketch ›Hin und Zurück‹.

Ernst Křenek war in der Saison 1928/29 mit den drei Einaktern ›Der Diktator‹, ›Das geheime Königreich‹, ›Schwergewicht oder Die Ehre der Nation‹ und in der Spielzeit 1929/30 mit der Oper ›Das Leben des Orest‹ vertreten. Nach seinen damaligen Eindrücken befragt, äußerte Křenek: »Ich will versuchen, das aus meiner Erinnerung herauszuholen, was noch drin ist nach so langer Zeit. Wenn ich mich recht erinnere, war das in den Jahren etwa 1928 und 1930; also die Zwischenzeit war ausgefüllt, wie man weiß, von sehr bewegenden Ereignissen, und die haben manches aus der Erinnerung verdrängt, aber immerhin kann ich mich doch an diese schönen Aufführungen sehr gut erinnern. Besonders die Szenenbilder sind mir noch in lebhafter Erinnerung. Für ›Leben des Orest‹ hat Giorgio de Chirico die Dekoration gemacht in seinem bekannten Stil, der die Antike in einer Art von surrealistischer Stilisierung dargestellt hat, was zu meinem Opernwerk ganz gut gepaßt hat, obwohl es bei anderen Aufführungen anders aufgefaßt wurde. Ich erinnere mich noch, auf einem gemalten Prospekt war irgend so ein griechischer Berg mit einem Tempel drauf, aber der Tempel war etwas abgerutscht und stand in einem Winkel gegen den Horizont, und jemand macht eine etwas boshafte Bemerkung im Parterre und sagte: Aha, da fängt der Abbau der Krolloper an. – Aber sonst war die Dekoration sehr eindrucksvoll, und so war auch die ganze Aufführung. Wenn ich mich recht erinnere, hat Ernst Legal Regie geführt, und es war interessant zu beobachten, daß da vielleicht immer ein gewisser Gegensatz bestand zwischen einer sehr fortschrittlichen Auffassung des Opernwerkes, wie sie in der Anlage der Dekorationen zum Ausdruck kam, und einer etwas weniger fortschrittlichen Gesinnung der Regie. Aber auch das war vielleicht im Sinne der damaligen Zeit und eben ein Ausdruck der ganzen Geisteshaltung dieser Periode.«

Aus dem Kreis der Pariser Jungfranzosen gelangte Darius Milhauds Kurzoper ›Der arme Matrose‹ zur Aufführung zusammen mit Ravels ›L'Heure Espagnole‹ und Jacques

Iberts komischer Oper ›Angélique‹, dem harmlosesten der in der Krolloper aufgeführten modernen Werke.

Von größtem Gewicht war Janáčeks nachgelassene Oper ›Aus einem Totenhaus‹, vor allem aber Arnold Schönbergs Monodram ›Erwartung‹ und das Drama mit Musik ›Die glückliche Hand‹, damals ein großes Wagnis allein schon wegen der musikalischen Schwierigkeiten, aber auch spielplantechnisch.

Aus der Sicht des Verlegers berichtet der damals in Wien tätige Hans Heinsheimer: »Gerade die Tatsache, daß man nicht gesagt hat, ein Abend muß 84 Minuten oder 92 Minuten sein, sondern daß man gesagt hat, bitte schön, diese Kombination von nicht ganz 50 Minuten oder ungefähr ist genug – das zeigt ja wieder, daß das eben ein Theater war, das immer originelle und eigenartige, manchmal auch falsche, aber jedenfalls originelle Gedanken hatte. Für uns hat es natürlich sehr viel bedeutet, daß man diese beiden Werke von Schönberg nicht mit irgendeinem Ballettschinken, etwa mit der ›Puppenfee‹ kombiniert hat, oder mit irgendeinem Einakter von Bittner, sondern daß man sich damit begnügt hat. Und es wurde auch in Kauf genommen, daß das kein enormer Kassenerfolg sein konnte. Denn es ist ja anzunehmen, daß die Anzahl der Menschen, die sich damit begnügen, und die außerdem die Intensität haben, so etwas zu verstehen, auch im Berlin von damals beschränkt war.«

Von Kurt Weills Bühnenwerken, der mit Hindemith und Křenek zum Dreigestirn der jungen Generation gehörte, wurde in der Krolloper nur die Schuloper ›Der Jasager‹ aufgeführt als Gastspiel junger Schüler der Akademie für Kirchen- und Schulmusik im Rahmen einer Sonntags-Matinee.

Damit kommen wir zu den Ablehnungen, die für die Geschichte der Krolloper nicht minder aufschlußreich sind.

Ein typisches Beispiel ist zunächst Jaromir Weinbergers modern-volkstümliche Oper ›Schwanda, der Dudelsackpfeifer‹. Das Werk wurde der Krolloper unter Betonung der Wahrscheinlichkeit eines besonderen Erfolges im Kreise der Volksbühnenbesucher empfohlen. Generalintendant Tietjen sah mit dieser Oper die große Chance für uns gegeben. Das für die Annahme verantwortliche Gremium lehnte das Werk indessen mit der Begründung ab, die Musik sei bei aller Virtuosität und Wirkungskraft pseudo-folkloristisch und die Aufführung mit den Grundsätzen der Krolloper nicht vereinbar. In ganz Deutschland und Österreich wurde das Werk ein großer Erfolg; aber obgleich die Krolloper gerade damals hohe Einnahmen hätte gut brauchen können, wurde die Ablehnung nie bereut. Der Ablehnung verfielen auch George Antheils Amerika-Oper ›Transatlantic‹, Josef M. Hauers ›Salambo‹ (nach Flaubert), obwohl die Anregung zur Komposition auf den Dramaturgen der Krolloper zurückging, und Kurt Weills vor der ›Dreigroschenoper‹ geschriebene Oper ›Na und‹. Die negativen Entscheidungen waren um so prekärer, als zu diesen drei Komponisten enge persönliche, zum Teil freundschaftliche Beziehungen bestanden.

Die schwierigste Entscheidung negativer Art betraf Brecht–Weills ›Mahagonny‹, über das hartnäckige, aber faire Kämpfe innerhalb der Krolloper ausgefochten wurden. In diesem Fall setzte sich die Meinung Klemperers durch, der neben ideologischen Bedenken die ursprüngliche Kurzopernfassung, die in Baden-Baden großen Eindruck gemacht hatte, mit Recht für die bessere hielt. Man dachte an eine Studio-Aufführung, die Autoren zogen aber eine En-suite-Serien-Aufführung der großen Fassung im Theater am Kurfürstendamm vor. Auch hier, ohne daß die gegenseitigen freundschaftlichen Beziehungen getrübt wurden.

Und nach dem Hinweis, daß Brecht und Weill das »kleine« Mahagonny ja auf Initiative des Kroll-Dramaturgen zur abendfüllenden Oper ausgeweitet hatten, bestätigt auch Hans Heinsheimer vom Verlag aus das lange Hin und Her um die Entscheidung und wie es schließlich zur Aufführung am Kurfürstendamm unter Zemlinsky gekommen ist. »Und ich kann es auch nachträglich verstehen. Das ist nicht nur eine ideologische Frage, es war auch eine Frage des Stils. Es ist ja überhaupt zweifelhaft, ob dieses Werk eine Oper im Sinne des Operntheaters ist, ob man es mit Opernsängern aufführen soll oder mehr mit Diseusen und Operettensängern. Man hat eben solche Entscheidungen akzeptiert. Man hat dabei nicht das Gefühl gehabt, damit wird der Wert des Werkes negiert; man hat verstanden, das paßt nicht in diese besondere Kombination von artistischen und anderen Erwägungen. Man hat hinterher bestimmt kein schlechtes Gefühl gehabt, war der Krolloper nicht gram; man hat weiter versucht, das richtige Material für diese ganz besondere, und ich muß sagen: einmalige Kombination von Menschen zu finden.«

Die Einrichtung eines Opernstudios war Gegenstand vieler Überlegungen. Auch konkrete Pläne wurden ventiliert: nicht nur Aufführungen zeitgenössischer Werke, sondern ausgesprochene Aufführungsexperimente wie Händels ›Alcina‹ in dramatisch und optisch moderner Übertragung, Mozarts ›Figaro‹ ohne Dekorationen und die verwegene Idee, Wagners ›Tristan‹ unter Konzentration auf die großen musikalischen Partien mit einem Sprecher aufzuführen. Man stelle sich den Aufruhr vor, den solche Unternehmungen hervorgerufen hätten.

Der gesamte Spielplan sollte nicht nur in bezug auf die zur Aufführung gelangten Werke, sondern im Zusammenhang mit ihren szenischen Realisierungen betrachtet werden. Dann erst erscheint er so, wie ihn die Augen- und Ohrenzeugen wahrnahmen: als Versuch der verschiedenartigsten Konfrontation von musikalisch-dramatischem Geschichtsgut und Gegenwart, oder – von einem anderen Aspekt aus gesehen – als Versuch eines Brückenschlages vom Zeitlosen zum Zeitgebundenen, zum aktuell Lebendigen.


## Das Musikalische

Daß der Musik in der Arbeit der Krolloper ein entscheidender Vorrang eingeräumt war, wurde schon betont. Aber im Zusammenhang und im Gegensatz zu Zeitströmungen jener Jahre sind von den Musikern der Krolloper, Klemperer an der Spitze, Auffassungen in die musikalische Praxis übertragen worden, die zu vielen Diskussionen Anlaß gegeben haben.

Obwohl die musikalische Opernpraxis der zwanziger Jahre nicht im gleichen Maß von der expressionistischen Welle erfaßt worden war wie die bildende Kunst und Literatur, zeichnen sich auch in ihr die Einwirkungen der emotionalen Impulse ab. Die Neigung zum Ekstatischen, zum gefühlsmäßig Poetischen, zur ziselierenden Beseelung der musikalischen Details herrscht vor – mit einem Wort der Zug zum eigentlich Romantischen, einer Erbschaft des 19. Jahrhunderts. Es war die Zeit der großen Dirigenten vom Schlage Wilhelm Furtwänglers und Bruno Walters, die als in ihrer Art geniale Exponenten dieser Tendenzen ungeheure Resonanz hervorriefen. In der Krolloper, wo man gegen titanische und poetische Romantik mißtrauisch war, wurden grundsätzlich andere musikalische Ideen und Ziele verfolgt. In der Praxis wurden sie als objektives Musizieren bezeichnet. Der in ihren Auswirkungen oft gefährlich banalisierenden verschwommenen Romantik wurde das Exakte, Klare, Einfache gegenübergestellt. »Wenn die Musik – kompositorisch wie wiedergebend – sich dem objektivierten Ausdruck zugewendet hat, so steht dies in unmittelbarem Zusammenhang mit der Tatsache, daß heute das Streben nach objektiver Einsicht und nach Erkenntnis objektiver Bindungen zum Zeichen der Zeit geworden ist«, hieß es in einem von mir verfaßten Aufsatz, der unter dem Titel ›Espressivo und objektivierter

Ausdruck‹ zur Premiere von Hindemiths ›Cardillac‹ im Juni 1928 erschienen ist. Im Gefolge dieser in der Krolloper vertretenen Auffassung sind begreiflicherweise Mißverständnisse entstanden, in deren Verlauf vor allem Klemperer vorgeworfen wurde, er musiziere intellektuell, kalt und abweisend.

Dr. Kruttge, der Klemperers Wirken nicht nur in Berlin erlebt und aufmerksam verfolgt hat, sondern auch Zeuge seiner Arbeit an der Kölner Oper und in Wiesbaden gewesen ist, äußerte auf die Frage, ob die Neigung zur künstlerischen Objektivität damals schon bei ihm vorhanden gewesen sei: »Wenn Sie Neigung zur künstlerischen Objektivität das Zurücktreten einer persönlichen Darstellung hinter dem Werk nennen, unbedingt. Allerdings immer in einer für Klemperer typischen Mischung, erfüllt von einer brennenden Intensität, um nicht zu sagen Leidenschaft, mit einer Klarheit des Formgefühls und einer Objektivität der Formspannung, wie ich sie damals als junger Mensch nirgend anders erlebt habe, auch nicht bei den großen Dirigenten jener Zeit, von Nikisch angefangen. Und ich stand nicht allein mit dieser Auffassung, die von den meisten meiner Studienkollegen im Köln-Bonner Raum geteilt wurde. Die künstlerische Objektivität entsprang schon damals bei Klemperer einem sehr großen und sehr klaren Kunstverstand, der aber durchaus nicht intellektuell filtriert wirkte, sondern immer unmittelbar als Ausstrahlung einer sehr starken, im Prinzip einfachen Natur. Bei aller Intensität seines Musizierens ist es eigentlich über die Zeiten hinweg ein Kennzeichen von Klemperers Kunst geblieben, daß Leidenschaft niemals die Form überbrandete, niemals überwucherte, daß das Feuer das Gerüst nie aufzehrte. Während man vom Kern der Erscheinung eigentlich sagen muß, daß Klemperers Art der Darstellung etwas Zeitloses, etwas zeitlos Objektives an sich hat, gab es bei ihm auch periodische Erscheinungen, die sich gegenseitig aufhoben, ehe sie auf höherer Stufe zu einer neuen Einheit führten.

Gewiß kann man an Merkmalen ablesen, wo auch Otto Klemperers Interpretationen begreiflicherweise zeitgebunden gewesen sind. Etwa wenn er, anknüpfend an Mahlers oder sogar Weingartners Retuschen in den Partituren der Meisterwerke, zur Verdeutlichung des Klangbildes erhebliche Instrumentationsänderungen vornehmen zu müssen glaubte – Dinge, die man in solcher Form heute keinesfalls mehr goutieren würde. Als ich später einmal Gelegenheit hatte, mit Klemperer über diesen Punkt zu sprechen, sagte er: ›Ich habe eigentlich immer dasselbe gewollt, nur damals habe ich das noch nicht so gekonnt, das heißt: die Originalpartitur ohne jede Retusche zum Klingen zu bringen.‹ Aber ich weiß andererseits aus den letzten zwei Kölner Jahren – als ich an der Oper unter Klemperer Mitarbeiter sein durfte – daß er sich schon damals um Originalpartituren, um Urtextausgaben bemüht hat. Er ist den landläufigen Ausgaben, dem eingerichteten, überbezeichneten Stimmenmaterial möglichst aus dem Wege gegangen, und manchmal ist nächtelang daran gearbeitet worden, nach aufgefundenen Originalpartituren die Orchesterstimmen genauestens einzurichten, zu bezeichnen und von falschem Schwulst zu reinigen. Als zeitgebunden kann man auch betrachten, wie sich in den Jahren der ›neuen Sachlichkeit‹ bei Klemperer der Stil der objektiven Werkdarstellung gewandelt hat, zu einer manchmal extremen Betonung des Anti-Sentimentalen, sehr verständlich als Reaktion auf einen romantischen Gefühlsüberschwang, der sogar an sehr prominenter Stelle damals üblich war. Da ist er vielleicht eine Zeitlang in der Gefahr gewesen, das echte Gefühl zu sehr zu unterdrücken. Die Formspannung, die innere Leidenschaft, war zwar immer da, aber das freischwingende Gefühl blieb vielleicht etwas auf der Strecke. Ich erinnere mich aus den Orchesterproben, daß gewisse Vibrati von ihm strikt abgelehnt wurden, gewisse Crescendi, die vielleicht natürlich waren, unter den Tisch fielen. Im Blick auf Klemperers weit gespannten Lebensbogen gibt es die bewegende Feststellung, wie sich bei ihm die Dinge immer wieder auf der Basis der klaren Formkraft, der einfachen, unverstellten großen Sicht des Werkes zurechtpendeln. Es ist dann bezeichnend für den Altersstil von Klemperer, daß Freiheit des Gefühls in der strengen Bindung der Form zu völlig gelöst wirkendem Gleichgewicht gelangt.«

Von der Frage der Werktreue ist in unserer Darstellung schon einmal die Rede gewesen. Die Forderung nach einem Maximum authentischer Wiedergabe gehört zu den Grundlagen der musikalischen Arbeit der Krolloper. Willkürliche, individuelle Interpretation, auch wenn sie noch so reizvoll gewesen wäre, jede Art musikalischer Selbstbefriedigung war verpönt, was natürlich niemals die Unterdrückung der lebendigen Persönlichkeit des Dirigenten oder Sängers bedeutete. Im Gegenteil: alles war darauf gerichtet, die musikalische Substanz der Werke überzeugend in Klang umzusetzen. Die beiden neben Klemperer wirkenden Dirigenten Alexander von Zemlinsky und Fritz Zweig haben, jeder nach Maßgabe seiner musikalischen Natur, in ausgezeichneter Weise diese Forderung zu der ihren gemacht.

In der konkret praktischen Arbeit führte dies zur kritischen Untersuchung traditioneller Aufführungsgewohnheiten. Die Folge war das Verschwinden unzähliger, den originalen musikalischen Zustand verfälschender Fermaten, Ritardandi, Accelerandi, der Verzicht auf effektvolle, aber unnatürliche Rubati. Man versuchte, den originalen Text möglichst von Bearbeitungen und Zusätzen zu befreien. Das hieß bei ›Fidelio‹ Wegfall der auf Gustav Mahler zurückgehenden Einfügung der dritten Leonore-Ouvertüre zwischen der Kerkerszene und dem Finale des zweiten Aktes, bei Rossinis ›Barbier von Sevilla‹ Wiederaufnahme der originalen Secco-Rezitative anstelle des seinerzeit üblicher- und fälschlicherweise gesprochenen Dialoges. Das Hauptbeispiel des Rückgriffes auf einen ursprünglichen Zustand war die Aufführung von Wagners ›Fliegendem Holländer‹ in der Urfassung.

Wie es dazu kam, berichtet Otto Klemperer: »Herr Dr. Richard Strauss hatte gelegentlich einer ›Salome‹-Aufführung, die er bei uns dirigierte, gehört, daß wir eine ›Holländer‹-Neueinstudierung planten, und riet uns, die Urfassung zu nehmen, die viel stärker wäre als die 1852 durch Wagner besorgte Uminstrumentation. Diese Stimmen waren in Zürich, wurden uns von Zürich geliehen, und wir gaben die Urfassung. Die verschiedenen Fassungen und die verschiedenen Wendungen sind sehr wesentlich. Die Ouvertüre schließt in donnerndem Fortissimo ohne jedes Erlösungsmotiv. Beim Eintritt des Holländers im zweiten Akt ertönt ein Posaunenschlag, in der revidierten Fassung nur ein Pizzicato der Streicher. – Wir gaben die Oper in drei Akten, wie es von Wagner ursprünglich gedacht ist. Jetzt wird die Oper häufig in einem Akt – was noch geht – oder in zwei Akten – was schlecht geht – gespielt.«

Neben solchen prinzipiellen Entscheidungen, die sich auf die Physiognomie der Krolloper aufs stärkste auswirkten, wurde den musikalischen Alltagsfragen größte Sorgfalt entgegengebracht. Es gab Proben *nach* den Premieren, um den musikalischen Qualitätsstand zu gewährleisten. Stabilität der Solisten- und auch der Orchesterbesetzung galt als Grundgesetz. Man verzichtete auf dringend angebotene Gastspiele großer, populärer Sänger unter Berufung darauf, daß die Stimme zwar herrlich, die Intonation jedoch bedenklich sei, und man setzte einmal – um ein Beispiel zu nennen – eine Vorstellung der ›Salome‹ ab, weil für den erkrankten Kontrafagottisten kein studierter Ersatz zu finden war, und der sonst in solchen Fällen übliche Ausweg, ein starkes Harmonium zu nehmen, untragbar schien.

Trotz aller Strenge, mit der auf solche Dinge Bedacht genommen wurde, herrschte nicht die Atmosphäre des Drills, wie überhaupt Wichtigtuerei und tierischer Ernst deshalb nicht aufkommen konnten, weil der Sinn für menschliche Schwäche und für Humor immer präsent gewesen ist.

Dafür ist eine kleine Episode bezeichnend, an die sich der Konzertmeister des Kroll-Orchesters, Max Strub, erinnert: »Klemperer hatte die unbequeme Forderung, daß der Konzertmeister und die gleichbleibende Orchesterbesetzung alle Proben, auch sämtliche Aufführungen, zu spielen hatte. Aber es kam so, daß nach der ›Holländer‹-Premiere Klemperer sofort abreisen mußte. Die Erstaufführung hatte sich wohl etwas verspätet, und als er dann nach Wochen zurückkam, fand er mich nicht am Pult. Er ließ mich gleich am nächsten Tage ins Regiezimmer kommen und sagte: ›Was mir passiert ist, Strub! Ich komme nach Wochen zurück, dirigiere wieder den ›Holländer‹, den ich mit Ihnen einstudiert habe, wollte Ihr Tremolo in der Ouvertüre mit unendlicher Vitalität hören, und Sie waren nicht da!‹ Beschämt sagte ich zu ihm: ›Was mir passiert ist, Herr Klemperer, ich spielte die zweite Aufführung nach der Premiere, und Sie waren nicht da.‹«

Obwohl es im Hause Unter den Linden schon eine langjährige Konzert-Tradition gegeben hatte, unter wechselnden Dirigenten, mit öffentlicher Generalprobe am Mittag des Konzerttages, spielten die von Klemperer dirigierten Sinfoniekonzerte für die musikalische Atmosphäre bei Kroll eine wichtige Rolle. Sie waren integrierender Bestandteil des Spielplans, dem sie deshalb organisch eingefügt werden konnten, weil dank der Opernproben mit Klavier, die sich über Wochen erstreckten, genügend Zeit für die Konzertproben zur Verfügung stand. In diesem Zusammenhang ist zu sagen, daß der künstlerische Apparat der Krolloper in allen seinen Sparten zwar stark beansprucht, niemals jedoch hektisch überansprucht wurde.

Das Studium sinfonischer Werke bedeutete für die Staatskapelle, das heißt für die Kroll-Formation, eine Intensivierung und Veredelung der musikalischen Leistung, die sich auch auf die Opernaufführungen auswirkte. Das Orchester wies eine besonders glückliche Zusammensetzung auf. Den großen Stamm bildeten ältere Musiker, die noch unter Richard Strauss, Carl Muck und anderen bedeutenden Orchestererziehern gearbeitet hatten. Neben ihnen saßen jüngere Musiker, die den älteren mit Respekt begegneten; Orchesterbürokratie gab es nicht, obwohl die meisten der Musiker Staatsbeamte waren.

Über die Arbeitsatmosphäre und die Beziehung zwischen dem Orchester und Klemperer berichtet Max Strub: »Die Mitglieder des Orchesters waren von vornherein angerührt durch das Vorhaben. Es war eine Art Neugierde, möchte ich sagen, die sich in Arbeitsinteresse umsetzte und die gefährliche Gleichgültigkeit, der jedes Orchester ausgesetzt ist, im Keime erstickte. Das Interesse wurde auch geweckt durch die ungewohnten Formen von Bühnenbild, Kostümen, Regie. Die Krollsektion der Staatskapelle fühlte sich als Mitträger wirklich einbezogen in den Gesamtplan dieses neuen Musiktheaters.

Die Anforderungen waren allerdings ungeheuer; es gab Spannungen und Kräche in Hülle und Fülle, aber in Anbetracht der Ergebnisse fielen sie nicht ins Gewicht. – Die Genauigkeit stand natürlich im Vordergrund unserer Probenarbeit, aber sie war nicht dazu angetan, die Klangergebnisse zu mindern. Wenn man natürlich einen genießerischen Klang erwartet hat, so kam ein Publikum dieser Art nicht auf seine Kosten. – Schon aus dem ersten Sinfoniekonzert erinnere ich mich an die großartige Aufführung der D-Dur-Suite von Bach. Anhand der Original-Partitur hatten wir die Bindebogen knapp nach Bachs Andeutungen ergänzt. Ich höre noch die Air, die wir Streicher ohne jedes aufgesetzte Vibrato spielen sollten, nur mit einem intensiven, inneren Beben... Ich sehe Klemperer am Pult vor mir, mit einem Minimum an Bewegung, aber die Ausdrucks-Konzentration schien seine ganze geistige und physische Kraft zu beanspruchen.«

Es war nicht allein der Aufbau der Programme, der den Sinfoniekonzerten Klemperers in der Krolloper ihren Charakter gab, durch den sie sich von den anderen großen und künstlerisch bedeutenden Berliner Orchesterkonzerten abhoben. Das klassische Musikgut von Bach bis Bruckner und die Klassiker der Frühmoderne – Mussorgsky, Strauss, Mahler, Debussy, Ravel – bildeten ihren Grundstock. Einschließlich solcher Standardwerke, die im Geruch des Abgespieltseins standen. Das Faszinierende war die Fähigkeit Klemperers, diese Werke wie neu erscheinen zu lassen. Das Salz der Konzerte aber war die Einbeziehung der zeitgenössischen Musik in einem ungewohnten Umfang. So gab es beispielsweise neben einer Reihe von Einzelaufführungen einen geschlossenen Strawinsky-Abend, bei dem ›Les Noces‹ (›Russische Bauernhochzeit‹), damals ein ungeheuer radikal wirkendes Werk, gespielt wurde. Strawinsky selbst wirkte als Solist seines Concerto für Klavier und Orchester mit; in der nächsten Saison spielte er den Klavierpart im neuen ›Capriccio‹ kurz nach der Pariser Uraufführung. Von der konzertanten Erstaufführung der Ballettmusik für Streichorchester ›Apollon Musagète‹ mag hier noch ein kurzes Zitat aus dem schier unerschöpflichen Anekdoten-Gedächtnis von Max Strub eingefügt sein, der in dem Werk den auch solistisch hervortretenden Geigenpart spielte: »Strawinsky selbst saß in einer der Parkettreihen und verfolgte intensiv die Probe. An einer Stelle rief er plötzlich: ›Hören Sie, Klemperer, nehmen sie pünktlich Metronom 108, Sie haben 112! Klemperer korrigierte sofort das minimal abweichende Tempo, und in der Pause löste unser witziger Jokl das Problem mit den Worten: ›Ach, wissen Sie, der Strawinsky hat halt ein Metronom verschluckt, und jedesmal wenn er ein anderes Tempo hört, stößt es ihm auf.‹«

Wenn man sich bei Kroll wie im Opernspielplan auch für die Konzerte nicht an der üblichen Jagd nach Uraufführungen beteiligte, so kamen doch eine Reihe von Werken führender und dem Institut freundschaftlich verbundener Komponisten noch im Jahre des Entstehens in die Programme. Das gilt, wie bei Strawinsky, auch für Paul Hindemith: Die Bratschenkonzerte op. 36 Nr. 4 und op. 48, deren Solopart Hindemith selbst spielte, die Konzertmusik für Klavier, Blechbläser und Harfen op. 49, Solist: Walter Gieseking, ein halbes Jahr nach der festlichen Uraufführung in Chicago, Kompositionsauftrag der amerikanischen Mäzenatin Elizabeth Sprague Coolidge gleich vielen anderen wesentlichen Werken der neuen Musik, zu denen auch Strawinskys ›Apollon‹ gehörte. Selbst Raritäten wie Hindemiths speziell für Donaueschingen geschriebene Konzertmusik für Blasorchester op. 41 fanden ihren Platz in Klemperers Programmen. Von Kurt Weill wurde die Kantate ›Lindberghflug‹ mit dem Text von Bert Brecht und die ›Kleine Dreigroschenmusik‹ aufgeführt, in der Weill nach dem sensationellen Bühnenerfolg in Aufrichts Theater am Schiffbauerdamm acht Stücke aus der ›Dreigroschenoper‹ auf Klemperers Veranlassung zu einer instrumental etwas erweiterten Orchestersuite verbunden hatte. Ernst Křenek war mit der kleinen Sinfonie von 1928, Eduard Erdmann mit seinem Klavierkonzert op. 15 in den Programmen vertreten, Joseph Matthias Hauer mit einer Sinfonietta und dem Kammer-Oratorium ›Wandlungen‹ auf Hölderlin-Texte, das an einem Abend mit der zweiten Sinfonie von Mahler kombiniert wurde. Für das Finale der Sinfonie stand der große Philharmonische Chor zur Verfügung, dessen Leitung Otto Klemperer nach dem Tode des Gründers, Siegfried Ochs, 1929 übernahm.

Bei den Konzerten befand sich das Orchester in einer auf der Bühne aufgestellten, geschmacklos konventionellen Konzertsaaldekoration. Einmal wurde der Versuch gemacht, diesem peinlichen optischen Eindruck zu entgehen. Dülberg baute in den weiten Rundhorizont ein offenes Podium mit kleinen Resonanzwänden. Ein erster Versuch, dessen Weiterführung aber von der entsetzten Berliner Kritik verhindert wurde, die mit Recht auf entscheidende akustische Mängel hinwies. Wichtiger waren die Bestrebungen, durch den Aufbau bestimmter Programme mit der Mischung von alten und neuen Werken zu neuen Formen des Konzerts zu gelangen. Heinrich Strobel hat die Wirkung eines solchen speziellen Konzertabends in einer Kritik beschrieben, die am 8. Februar 1929 erschienen ist: »Jetzt bricht Klemperer konsequent mit dem Typus: vom traditionellen ›Symphoniekonzert‹, das, äußerstes Abbild einer bestimmten musikgenießerischen Einstellung des

Hörers, vom Betrieb zahlenmäßig um so mehr gesteigert wird, als es an innerer Bedeutung verliert, ist nur mehr der Name übrig. Es wirkt kein Riesenorchester mit, es wird keine problematische Bekenntnissymphonik gespielt. Wie es bei produktiver Musikpflege eigentlich in jedem Konzert sein müßte, dominieren die zeitgenössischen Arbeiten, ein älteres Werk ist organisch den neuen eingegliedert. Aus diesem Programm mit Bachs 6. Brandenburgischem Konzert und Hindemiths Violinkonzert, mit Weills ›Kleiner Dreigroschenmusik‹ und Strawinskys ›Pulcinella-Suite‹ spricht eine neue, gegenwärtige Musikgesinnung. Es ist kein gesellschaftliches Konzert, in welchem den Hörern die Anschauung eines ihnen letzterdings gleichgültigen Autors oder Interpreten aufgezwungen wird – sondern Hörer, Künstler und Aufführende fühlen durch die Gegenwärtigkeit des Erlebnisses sich zu einem aktiven Ganzen verbunden. Und es gibt hier auch eine Unmittelbarkeit, eine Frische des Reagierens, wie man sie sonst nicht erlebt.«

Und im Abstand von drei Jahrzehnten sagt Heinrich Strobel: »Für mich ist die ganze Berliner Zeit vom Orchesterkonzert her gesehen eigentlich beschränkt auf die Klemperer-Konzerte. Denn hier, unabhängig von der Zufälligkeit, die ja jedes Theaterspiel mit sich bringt, hat Klemperer seine Persönlichkeit und seine strenge und zugleich leidenschaftliche Werkdarstellung in einer Weise realisiert an alten wie an modernen Werken, die unvergeßlich bleibt, neben der für mich alles andere abgefallen ist, auch heute noch in der Erinnerung, obwohl es mir jetzt fernliegt, einen Bruno Walter oder einen Furtwängler dagegen auszuspielen.«

## Das Szenische

Als Absage an den üblichen, historisch verstaubten Theater-Dekorationsstil war in Berlin schon vor dem ersten Weltkrieg bei Max Reinhardt der Einbruch freier Maler erfolgt, mit Namen wie Edvard Munch, Lovis Corinth, Max Slevogt, Emil Orlik, Karl Walser für den Entwurf der Szene. Um 1920 wurden auf Berliner Schauspielbühnen grundsätzlich neue szenische Ideen verwirklicht. Jessner brachte mit Emil Pirchan im Staatlichen Schauspielhaus ›Wilhelm Tell‹ auf einer Treppenbühne heraus, dem frühen Beispiel abstrakter Bühnenarchitektur. Caspar Neher zeigte zusammen mit Bertolt Brecht einen neuen antinaturalistischen Realismus von unerhörter Direktheit. Traugott Müller entwickelte mit Piscator einen freien konstruktivistischen Bühnenstil, der bei Aufführungen in der Volksbühne und später im Piscatortheater großes Aufsehen erregte.

Dieser radikalen Erneuerung der Szene gegenüber blieb die Opernbühne in einer merkwürdigen Rückständigkeit. Auch von Diaghilews Pariser Taten, der schon um 1920 Picasso, Braque, Matisse für die Bühne seines ›Ballet Russe‹ herangezogen hatte, war in Berlin keine Wirkung zu verspüren. Es blieb in der Oper bei einem zwar etwas aufgelockerten, schwung- und geschmackvollen dekorativen Bühnenbild, dem eine ganz auf den Sänger abgestellte Regie entsprach. Die Krolloper, neben der primären Betonung des Musikalischen auf eine Erneuerung des Szenischen gezielt, stand vor großen Aufgaben. Höchst günstig wirkte es sich aus, daß man an keinen Fundus, an keine ›stehende‹ Aufführungen und auch an keine altgedienten Regisseure gebunden war. Man konnte von Grund auf neu beginnen.

Wenn aber die Lösung der szenischen Probleme mit unerschütterlicher Entschlossenheit und größter geistiger Reinheit angestrebt wurde, war dies vor allem das Verdienst Ewald Dülbergs.

Dülberg ist einer der großen Vergessenen der deutschen Kunst jener Zeit – Maler, Holzschneider, Bühnenbildner, Entwerfer von Glasgemälden und Webereien –, 1888 geboren und schon 1933 gestorben. Ein ebenso leidenschaftlicher wie denkender Künstler und Mensch, der an der Intensität seines Geistes, an der Konsequenz, die bis zum äußersten ging, verbrannte. Von 1921 bis 1926 wirkte er als Lehrer an der Kunstakademie in Kassel und dann bis 1928 an der Weimarer Bauhochschule, trotz seiner Jugend als Lehrer ein Vermittler alter Weisheit. Die Bühne war ein Teil seines Lebens.

In einem kurz vor dem Tod verfaßten ›Versuch einer Selbstdarstellung‹ schrieb Dülberg: »Meine ganze Theatertätigkeit gründet sich auf eine Art von Raumsehnsucht, bei der ich primär – was schon die handschriftlichen Regiebemerkungen zu meinen ersten Entwürfen hinlänglich beweisen – nicht etwa den Raum an sich, sondern die Bewegung des Menschen in einem für diese Bewegung geschaffenen Raum im Auge habe.«

Und Otto Klemperer, mit Dülberg in einer tragisch endenden Freundschaft verbunden, schrieb in einem Nachruf, der im Juli 1933 in Wien publiziert wurde: »Dieser Maler, Graphiker, Bühnenarchitekt war im Grunde ein Musiker. Ein Musiker ganz besonderer Art. Zurückgezogen, nur das Entscheidende gelten lassend, dem Bürger oft hochmütig erscheinend, in Wahrheit demütig seinem Gesetz folgend. Ein guter Soldat. Völlig furchtlos. Er hatte es eben nicht leicht. Dieser im Rheinland geborene Mensch, der französisches Emigrantenblut in den Adern hatte, wurde in strengster katholischer Observanz erzogen. Wenn er auch im Lauf seines Lebens alles andere als ein praktizierender Katholik war, so war er durchaus ein katholischer Mensch. Das Hauptjugendwerk, sechs Passions-Holzschnitte, redet eine deutliche Sprache. Früh regte sich der Sinn fürs Theater. Hamburg sicherte sich den Vierundzwanzigjährigen im Jahre 1912. Unvergeßlich Goethes ›Faust‹ im kleinen Theater in Altona, Webers ›Oberon‹ oder gar Offenbachs ›Orpheus‹ in Hamburg. Unvermeidlicher Bruch mit dem Betriebstheater. Kurze Zeit Lehrer an der Hamburger Kunstgewerbeschule. Dann wieder ans Theater. Diesmal Ausstattungschef der Berliner Volksbühne am Bülowplatz. ›Merlin‹ von Immermann. Konzessionslose Stilisierung, stärkster Beifall und Widerspruch. Wiederum Bruch mit der konzessionsbereiten Direktion. Hier tat der Körper zum erstenmal nicht mehr mit. Ernsthafter Vorsatz, das Theater nunmehr endgültig zu lassen. Lehrer an der Odenwaldschule, wo seine schönsten Tiere heute noch die Wände zieren. Später Professor an der preußischen Akademie in Kassel. Kampf mit dem Philistertum und Ministerium. Inzwischen hatte die Oper wieder gelockt. Ich bat Dülberg nach Wiesbaden, wo er zusammen mit Carl Hagemann und mir ›Fidelio‹ und ›Giovanni‹ brachte. Wundervoll. ›Fidelio‹ vielleicht zu heftig, aber ›Giovanni‹ ganz überzeugend. Dann kam der Kampf. Man kann sagen der Endkampf in Berlin. In der Staatsoper am Platz der Republik, der sogenannten Krolloper. Welch ein Kampf! Nicht mit dem Publikum. Dieses jubelte vom ersten Tag an. Aber die treulosen ›Oberen‹, die uns gerufen. Diese jubelten durchaus nicht. Dülberg ging seinen geraden Weg.«

Schon die erste Begegnung in Hamburg, wo Otto Klemperer, von Gustav Mahler dringend empfohlen, seit 1910 Kapellmeister am Stadttheater war, hatte die enge Freundschaft mit Ewald Dülberg begründet. »Im Direktionsbüro von Dr. Löwenfeld hingen zwei sehr eindrucksvolle Entwürfe zu ›Tristan‹ von Dülberg. Es kam leider nicht mehr zu einer Aufführung«: schicksalhafte Parallele zum Ende von Dülbergs Arbeit für die Krolloper. Ehe die entscheidende Zusammenarbeit bei Kroll zustande kam, deren organisatorische Voraussetzung der große Mitgliederstamm der Berliner Volksbühne sein sollte, hatte Dülberg ja zuerst kurze Zeit als Ausstattungschef im Theater der Volksbühne am Bülowplatz gearbeitet, als dessen Direktor der Schauspieler Friedrich Kayssler 1918 berufen wurde.

Nachdem die schon für 1923 von seiten des preußischen Kultusministeriums angeregte Verpflichtung Klemperers an die Staatsoper Unter den Linden in den Verhandlungen mit dem amtierenden Intendanten Max von Schillings gescheitert war, schien sich ein Jahr später eine neue Chance abzuzeichnen, als Klemperer Generalmusikdirektor der im Berliner Theater des Westens arbeitenden ›Großen Volksoper‹ werden sollte. Wenn Klemperer 1961 im Londoner Gespräch über Dülberg sagte: »Ich wußte genau, wer er war und versuchte, ihn bei jeder Gelegenheit mit mir zusammenzubringen«: die Eröffnungspremiere der Spielzeit 1924/25 in der ›Großen Volksoper‹ sollte mit der ›Zauberflöte‹ die erste gemeinsame Aufgabe von Klemperer und Dülberg in Berlin sein. Das ist aus Briefen von Dülberg ebenso zu belegen wie die Annahme, daß – wie schon 1923 – auch bei diesem Plan Leo Kestenberg im Hintergrund aktiv geworden war. Als aber die zur Sicherung des Unternehmens vorausgesetzte Finanzquelle eines rumänischen Ölmagnaten sich als nicht ausreichend fündig erwies, mußte der Plan wieder aufgegeben werden, obwohl Klemperers zum Ende der Spielzeit 1923/24 von ihm gekündigte Kölner Position inzwischen durch Eugen Szenkar besetzt war, den er in Berlin an der Kantstraße hatte ablösen sollen.

Wer damals im preußischen Kultusministerium, dem ja alle Staatstheater unterstanden, die Weiche zum Staatstheater Wiesbaden gestellt hat mit dem für Klemperer besonders günstigen Vertrag – nur jeweils sechs Monate pro Jahr –, ist unschwer zu erraten. »Schließlich kam der Moment, wo wir zusammen arbeiten konnten... durch die Freundlichkeit des Intendanten Hagemann...«, eines verständnisvollen Theatermannes und klugen Regisseurs, wurden in Wiesbaden ›Fidelio‹ und ›Don Giovanni‹ quasi zur Generalprobe für die gemeinsame Arbeit von Klemperer und Dülberg in Berlin. Die Ausführung seiner Entwürfe für die Krolloper überwachte Dülberg in den Werkstätten bis ins kleinste Detail. Im Theater selbst gab es mit ihm tagelange Dekorations- und Beleuchtungsproben. Dülbergs Hauptarbeiten für Kroll, die zu Marksteinen in der Geschichte der Opernszene geworden sind, waren: ›Fidelio‹, ›Oedipus Rex‹, ›Der Fliegende Holländer‹ und ›Rigoletto‹. Bei ›Tristan‹ kam es nur noch zu Entwürfen. Die Zeit für Kroll und das Lebensmaß für Dülberg gingen zu Ende.

Die Bühnenideen des Schweizers Adolphe Appia, der schon vor 1900 zu reinen stilisierten und gegen 1910 zu streng architektonischen, stereometrischen Bühnenräumen gelangt war, sind für Dülberg die Basis gewesen. Was er aber zu ›Fidelio‹ und den anderen Inszenierungen schuf – ›Freischütz‹, ›Zauberflöte‹, ›Don Giovanni‹ und ›Cardillac‹ sind noch zu nennen – ging über den fast um eine Generation älteren Appia weit hinaus. Dülberg gelang die Synthese von kubischer Abstraktion, struktureller Klarheit, strenger farbiger Komposition und Lichtraum – nie als Selbstzweck, immer in unmittelbarem Zusammenhang mit dem Opernwerk, dem die Konzeption galt. Im Zusammenhang mit dem musikalisch-dramatischen Ablauf, den Menschen oder Menschengruppen, deren Denken, Fühlen, deren Schicksal sich im Bühnenraum ereignet.

Als seinen Assistenten brachte Dülberg den jungen Teo Otto nach Berlin mit, der dann einer der bedeutendsten Bühnengestalter werden sollte. Ein sicherer Instinkt hat Dülberg geleitet, als er seinen Schüler schon früh zu relativ selbständiger Arbeit heranzog.

Während der ganzen Existenzzeit des Instituts, von den ersten schwierigen Anfängen im Herbst 1927 bis zur letzten Vorstellung Anfang Juli 1931 hat Teo Otto an der Krolloper intensiv mitgearbeitet. »Ich muß sagen, es ist eigentlich meine bestimmende Zeit gewesen«, so beginnt Teo Otto das Erinnerungsgespräch, in dem er zunächst schildert, wie er 1923 nach Kassel kam und an der Kunstakademie Schüler Professor Dülbergs wurde. »Die Verhältnisse waren damals noch ziemlich stark berührt von der Inflation und von der Misere der zwanziger Jahre, der ökonomischen und der politischen Misere.«

Ottos erste selbständige Bühnenarbeiten galten zunächst einem Laientheater mit leicht politischem Einschlag, einer Art Gewerkschaftstheater, aber auch schon dem Staatstheater in Kassel. Als das Bauhaus von Weimar nach Dessau in den neuen Gropius-Bau übergesiedelt war, ging Dülberg 1926 an die dann von Bartning geleitete Bauhochschule in Weimar und nahm Teo Otto als seinen Assistenten mit. Aber noch in die Kasseler Zeit fiel Ottos Mitarbeit an Dülbergs szenischen Lösungen für ›Fidelio‹ und ›Don Giovanni‹ in Wiesbaden. Als besonders schwierig ist Otto die Realisierung der ›Don Giovanni‹-Entwürfe im Gedächtnis. »Dülberg, als ein ungemein exakter und präziser Mann, legte Wert darauf, daß diese ganzen Perspektiven geometrisch-mathematisch konstruiert wurden. Ich habe damals manchmal geradezu Zustände bekommen. Aber immerhin, es ging, und er nahm mich mit nach Berlin. Wenn man so 23 ist, nimmt man solche Dinge oft als selbstverständlich, aber ich muß doch im Nachhinein sagen, es ist ein außerordentlicher Vertrauensbeweis gewesen sowohl vom Institut wie von Dülberg. Und ich mußte gleich ziemlich einspringen. Es waren nicht immer die dankbarsten Aufgaben, das verstand sich am Rande. Aber es hat mir außerordentliche Freude gemacht, und mein Vorsatz, nur ein Jahr am Theater zu bleiben, fiel damit weg.«

Die Frage nach der Funktion des Bühnenbildes bei Kroll ist nicht leicht zu beantworten. »Das ist nicht eine Funktion gewesen, wo man sich hinsetzt und entwirft nun ein Bühnenbild und macht bis tief in die Nacht hinein Blätter oder Bilder, sondern das war eine ganz besondere Seite: es redete jeder jedem hinein, und diese Art von Teamwork, diese ständige kritische Beleuchtung, war ja das Großartige dabei. Denn etwas machte das ja nicht nur erträglich, sondern fruchtbar: wir spürten doch alle, daß es sich hier um ein Institut besonderer Art handelte. Aber man kann nicht sagen, daß wir nun antraten, um nach einem bestimmten Programm zu arbeiten.«

Statt des üblichen, vorwiegend dekorativen Charakters gab es für das Bühnenbild bei Kroll doch ausgesprochen neue Ansätze in verschiedener Richtung. »Es ist die großartigste Schule gewesen, die ich mir denken kann. Und ich muß zu meinem Bedauern sagen, viel wesentlich Neues ist im Laufe der Jahre innerhalb der Theater an Experiment, an Experimentierfreudigkeit nicht hinzugekommen. Zwei Dinge schälten sich heraus: die Leidenschaft fürs formal Neue – oft auch um jeden Preis, etwas, was ja den sogenannten zwanziger Jahren anhaftete –, dann aber auch die völlig neue Sicht einer Realität. Und beide Faktoren waren typisch für die Krolloper und waren für mein Gefühl neu. Denn sie waren an anderen Theatern so ausgeprägt nicht zu finden. Es lebten ein neuer, außerordentlicher Realismus und das formale Experiment nebeneinander an diesem Institut.

Die technischen Mittel waren beschränkt, aber man hat sie auch damals schon oft weitgehend ignoriert. Es war typisch für die Krolloper, daß wir ein naturalistisches technisches Requisit, den illusionsfördernden Rundhorizont, fast kaum gebrauchten.

Auch die finanziellen Mittel waren sehr beschränkt. Wir waren im Rahmen der Berliner Bühnen, kann man sagen, ein einfaches und armes Theater. Das hat sich aber in keiner Weise negativ ausgewirkt, im Gegenteil: das hat damals der Suche nach neuen Möglichkeiten in puncto Material, in puncto Wirkungen einen großen Auftrieb gegeben.

Von der Krolloper gingen gewaltige Impulse aus in die Theaterwerkstätten zur Erweiterung, Erneuerung des Bühnenmaterials, in Verwendung von Eisen, von Drahtkonstruktionen, von Beizen, Lacken – Dinge, die man bis dato noch nicht kannte. Die übliche Form, vom Handwerklichen aus gesehen, war ja, daß man Dekorationen aus Leinwand, Leimfarben, Holz und Latten machte.«

*Hans Curjel:* »Insofern stand die Bühnentechnik von Kroll eigentlich in direktem Zusammenhang mit dem, was sich in der bildenden Kunst damals ereignete.«

*Teo Otto:* »Es gab da ohne Frage Parallelen, und ich glaube mich auch mancher Diskussion erinnern zu können, Curjel, wo wir selber darüber sprachen. Und eben aus diesen Gesprächen gab es dann auch manchmal außerordentlich fruchtbare Anregungen, und auch vor allen Dingen eine Steigerung des Mutes und der Bereitschaft, solche Dinge zu riskieren. Die Krolloper war eine große Sache des Riskierens und des Mutes.«

Mit dem Beginn des zweiten Krolljahres im Herbst 1928 endete die für die Errichtung der Krolloper so wichtige monopole Stellung Dülbergs aus zwei Gründen. Einmal erforderte Dülbergs Gesundheitszustand eine Entlastung; sodann erwies es sich als befruchtend, andere Bühnengestalter und freie Künstler der Arbeit bei Kroll zu verbinden. So kam zunächst Caspar Neher, der mit ›Carmen‹ begann, dann zu Milhauds ›Armen Matrosen‹ eine aufs einfachste reduzierte, unerhört dichte Bühne schuf und mit der Bühnengestaltung zu Janáčeks nachgelassener Oper ›Aus einem Totenhaus‹ in großartiger Weise seine Tätigkeit an der Krolloper abschloß.

Neben ihm erschien aus dem Kreis der zünftigen Bühnenbildner Piscators Mitarbeiter Traugott Müller, der Wiener Architekt Oskar Strnad und Rochus Gliese, beide schon von Reinhardt her in Berlin bekannt, dann Wilhelm Reinking, der zusammen mit dem Regisseur Arthur Maria Rabenalt nach Anfängen in Würzburg am Hessischen Landestheater in Darmstadt erstaunlich zeitgemäße Inszenierungen zustande gebracht hatte. Gegen die von Reinking und Rabenalt zuvor schon in Mannheim ausprobierte Form der Aufführung von Rossinis ›Barbier von Sevilla‹, mit aufklappbarer Bühne in eine Fantasie-Gegenwart übertragen, glaubte Tietjen noch nach der Generalprobe Einspruch erheben zu müssen. Die stärksten Wirkungen gingen aber von den Aufführungen aus, bei denen als Szeniker die Bauhausmeister László Moholy-Nagy und Oskar Schlemmer mitwirkten, sowie der italienische Begründer der ›pittura metafisica‹, Giorgio de Chirico.

Unter diesen Aufführungen war ›Hoffmanns Erzählungen‹ mit Moholys Bühne am meisten umstritten. Nichts mehr von romantischem Milieu, sondern ein konstruktivistisches Gefüge aus Stangen in verschiedenen Materialien, Einbeziehung von surrealistischen automatischen Figuren, Filmeinblendungen, Lichtspiele, die ersten Stahlmöbel auf einer Opernbühne und eine sich verschiebende, bewegliche Szene. Eine neue Romantik, welche die Fantasie entzündete und ins Unwahrscheinliche schweifen ließ. Nur zu begreiflich, daß sich Angriffe und Zustimmung überstürzten.

Moholy setzte seine Tätigkeit in der Krolloper mit den Bühnen zu Hindemiths Sketsch ›Hin und Zurück‹ und zu Puccinis ›Madame Butterfly‹ fort. Bei dieser durch Moholys Formenwelt in eine unerwartete Atmosphäre gehobenen Oper gab es wieder eine gleitende Bühne und Schattenspiele, die sich ganz natürlich entwickelten und zu einer faszinierenden Überschneidung von Schönheit und Unheimlichkeit führten.

Schlemmer schuf die Szene zu Schönbergs Drama mit Musik ›Die glückliche Hand‹, Chirico die Bühne zu Křeneks ›Leben des Orest‹. Die Arbeit dieser Künstler wäre nicht realisierbar geworden ohne die selbstlose Mitarbeit Teo Ottos, der durch seine ständige Tätigkeit in den Werkstätten mit allen szenischen Voraussetzungen bei Kroll aufs engste vertraut war.

*Hans Curjel:* »Teo Otto, Sie hatten vom Teamwork bei Kroll gesprochen. Es war ja noch in einem ganz besonderen Sinn speziell Sie betreffend Teamwork. Sie haben doch eine ganze Reihe von Malern und Szenikern beraten, die man eigentlich nicht Bühnenbildner nennen kann, haben entscheidend mitgeholfen zur Realisierung teils nur andeutender Entwürfe.«

*Teo Otto:* »Ja, es waren darunter der großartige Moholy-Nagy, dann Schlemmer, um ein paar Namen zu nennen; dann waren Chirico und Strnad dabei, und es hat mir eine außerordentliche Freude gemacht. Ich kann nicht behaupten, daß der eine oder andere Bühnenbildner gewesen ist oder immer das Entsprechende mitbrachte. Aber die Dinge im Sinne dieser Männer zu interpretieren, war äußerst anregend. Ich erinnere mich, daß Moholy-Nagy zum Beispiel eine faszinierende Mischung war von Liebenswürdigkeit und unerbittlicher Zähigkeit. Ich meine, er machte nicht die geringste Konzession. Das war auch sehr gut und steuerte zum Experiment hin. Sie erinnern sich an eine besondere Weise – ›Hoffmanns Erzählungen‹ – in der damalig doch sensationellen Aufführung – viel kritisiert. Anders war es bei Schlemmer, der liebenswürdiger, verbindlicher war und weitgehend sozusagen an die eigene Erfindungskraft appellierte; dann nachher die Dinge kritisch abnahm oder noch einmal versuchte, noch einmal darauf drängte, einen neuen Anlauf zu nehmen, um die beabsichtigte Wirkung zu erreichen. Denn sie waren ja nicht einfach. Moholy-Nagy lieferte im allgemeinen geometrische Zeichnungen, also Detailzeichnungen mit Farbangaben, kaum fertige Entwürfe. Bei Schlemmer war es etwas mehr. Er lieferte farbige Entwürfe, aber auch Stellen, die schraffiert waren, wo er dann auch spezielle Angaben und Notizen machte, und es verlangte ein großes Feingefühl. Anders war es bei Chirico, wo man doch die außerordentlich schwierige Aufgabe hatte, so in das Wesen dieses großartigen Künstlers sich hineinzuversetzen, um winzige kleine Bildchen, die kaum übertragbar waren, nun neu zu gestalten, zu übersetzen auf die gewaltigen Maße, so daß es trotzdem die Handschrift von Chirico blieb. Man mußte also manchmal etwas noch im Sinne von Chirico dazu tun, erfinden.«

## Die Regie

Bei der Regie ging es zunächst grundsätzlich um die Überwindung der herkömmlichen Operngebärden, die – oft an der Grenze zum Lächerlichen – auch heute noch in Aufführungen großer und kleiner Theater geistern.

An die Stelle der sentimental-pathetischen oder neckischen Gesten, der unnatürlichen Haltungen, die unter der Begründung, die Atmung verlange es, in unsinnige Turnerei ausarten, sollte natürliche Haltung, einfache Belebung und organischer Zusammenhang der Einzelgestalten und Gruppen treten. Die Relation von Gebärden und Musik sollte nicht mit abgezählten Schritten oder tänzerischen Mätzchen dargestellt werden, sondern in Bewegungen und Haltungen, die der Musik in einem weiteren und allgemeinen Sinn analog sind. Und von hier aus sollte das Kostüm, das einen wesentlichen Faktor für die Regie darstellt, einfach sein, nie überladen, und unter Verzicht auf sogenannte historische Treue der gegenwärtigen Kleidung angenähert werden. Worunter nicht ›Hamlet im Frack‹ verstanden wurde, sondern eine freie Stilisierung des Kostüms, in dem sich der Sänger im Gegensatz zum streng historischen Gewand natürlicher bewegen kann.

In der Anfangszeit von Kroll hatten Klemperer und Dülberg für die Regie eine gelegentliche Personalunion vorgesehen, wie sie einst in Wien zwischen Gustav Mahler und Alfred Roller bestand, ein Zusammenwirken, dem hier wie dort exemplarische Aufführungen zu verdanken waren, wenn man von dem Milieu-Unterschied zwischen einer k.-u.-k.-Hofoper und einem republikanischen Volksbühnentheater absieht.

Zur Regiefrage äußert Klemperer: »Ein sehr wichtiger Punkt ist das Verhältnis der Opernregie zum Dirigenten. Mozart sagte einmal in einem Brief: ›Die Poesie muß immer die gehorsame Tochter der Musik sein.‹ Genauso muß die Opernregie immer im engen Konnex mit dem Dirigenten bleiben. Daß sie sich immer in einer Person vereinigt, ist nicht unbedingt nötig und nicht unbedingt möglich. Die großen Komponisten haben es getan. Wagner, Mahler, auch Strauss haben Einfluß auf die Szene genommen. – Wie ich mir diesen Zusammenhang denke, ist schwer zu sagen. Es müßte ein Einverständnis erzielt werden zwischen Bühnenbildner, Regisseur und Dirigent, damit eine harmonische Aufführung zustande kommt. Ewald Dülberg hat zum Beispiel in der ›Zauberflöte‹ die Regie selbst geführt und die Dekorationen gemacht. Ich habe mich ihm gern untergeordnet als Dirigent, weil wir absolut in den Zielen und Zwecken harmonierten; auf dieses Einverständnis zwischen den Bühnenbildnern, den Regisseuren und den Dirigenten haben wir bei Kroll immer den größten Wert gelegt.«

Aber so großartige Eindrücke entstanden – etwa in der Aufführung von Strawinskys ›Oedipus Rex‹ –, die szenisch allein in Klemperers und Dülbergs Händen lag: Klemperer selbst hatte ja nie einen Exclusiv-Anspruch auf Personalunion in Sachen Regie gestellt. Nachdem sich gezeigt hatte, daß die einer gegenwartsnahen Auffassung der Oper verbundenen Fachregisseure nur selten so konsequent und erfolgreich waren, wie man im leitenden Kroll-Team erwartete, kam es zur Heranziehung von ›opernfremden‹ Schauspielregisseuren. Unter ihnen waren der an Bert Brecht geschulte Jacob Geis und der ja vom Schauspiel kommende Ernst Legal, seit Herbst 1928 Operndirektor bei Kroll. Entscheidendes wurde aber erst durch das Wirken von Jürgen Fehling und Gustaf Gründgens geleistet. Beide waren von der Oper unbelastet, beide haben sich mit außerordentlicher Intensität der Aufgabe angenommen. »Zunächst erschien Fehling, der – wie wir wissen – am Schauspielhaus engagiert war. Er hatte noch nie eine Oper gemacht, ist ungemein musikalisch und arbeitete sich schnell ein«, soweit Klemperers knapper Erinnerungstext. Fehling, ein Mensch von explosiver Leidenschaft, inszenierte Wagners ›Fliegenden Holländer‹; nichts war ihm sakrosankt. Aber er war weder zynisch noch verspielt, noch auf spektakulären Regie-Effekt bedacht, sondern inszenierte allein vom Substantiellen her. So kam eine Aufführung von historischer Bedeutung zustande. Nach dem Verlauf der Inszenierungsarbeit mit Jürgen Fehling befragt, berichtet Moje Forbach, Darstellerin der Senta, wie der Regisseur gleich damit begonnen hat, die Gestalten so auf die Bühne zu stellen, wie er sie sah, ohne jede Rücksicht auf Positionen, die nur vom Gesang her begründet waren. Einwendungen der Sänger, daß man in den von ihm verlangten Stellungen ja nicht richtig atmen könne, tat Fehling kurz ab: »Es ist ganz egal, es ist schließlich eine Person, es ist ja ein Mensch, der lebt.«

Den wallenden Opernschritt hat Fehling seiner Senta als erstes abgewöhnt. Und als Endresultat der Probenarbeit vermerkt Frau Forbach – die später ganz zum Schauspiel überging –, daß alle Sänger sich auf die Intentionen von Fehling einstellten, die sie als überzeugend anerkennen mußten. Dülbergs zeitlos-zeitgemäße Kostüme waren ganz im Sinne von Fehlings Regie, völlig frei von traditioneller Opernroutine, wie sie sich damals noch im ängstlich konservierten Bayreuther Stil forterbte. Das Senta-Kostüm schildert Moje Forbach: »Da hatte ich einen blauen Pullover an und einen grauen Rock aus einem ganz dicken Tuch, der fast stand – und eine knallrote Perücke, glatt nach hinten gekämmt zu einem Knoten. Das war natürlich außergewöhnlich, denn bis jetzt hatte ich ja immer Blüschen und Miederchen und Röckchen und Schürzlein an. Aber das paßte eben dazu, paßte zur Inszenierung, zum Bühnenbild, zur Art der Darstellung und auch zur Musik, die Klemperer machte – das war doch der Ur-›Holländer‹, der war ja viel härter.«

Als Gustaf Gründgens 1929 zum erstenmal an der Krolloper Regie führte, stand er noch am Beginn seiner Laufbahn. Er war bei Max Reinhardt am Deutschen Theater tätig. Seine erste Arbeit bei Kroll waren drei französische Einakter, die Zemlinsky dirigierte: ›L'Heure Espagnole‹ von Ravel, Darius Milhauds ›Pauvre Matelot‹ und Iberts ›Angélique‹. Neher entwarf die Bühnenbilder. Gründgens begann damit, daß er die drei nicht einfachen Stücke musikalisch genau studierte. Das Gespräch mit Gründgens gibt Einblick in sein künstlerisches Vorgehen, auch in die Arbeitsatmosphäre bei Kroll.

*Hans Curjel:* »Herr Gründgens, haben Sie eigentlich von der Oper irgend etwas gehalten, bevor Sie begannen, Opern zu inszenieren?«

*Gustaf Gründgens:* »Gar nichts. Ich hatte gar keine Beziehung zur Oper. Ich hatte eine große Beziehung zur Musik durch meine Mutter, die eine wunderbare Sängerin war, nicht aktiv, eine Schülerin von Lilli Lehmann. Und ich konnte als Junge alle die Brahms-, Schumann- und Schubert-Lieder singen. Dann wollte ich Oratoriensänger und dann schließlich Kapellmeister werden und habe an den Pfosten vom Treppengeländer mir ein imaginäres Orchester gebildet. All das konnten Sie aber doch nicht wissen. Und ich frage mich jetzt, wie sind Sie damals auf die Idee gekommen, mich für eine Opernregie zu engagieren?«

*Hans Curjel:* »Das war eigentlich ein ganz zufälliges Zusammentreffen. Sie haben in Berlin eine Nachtvorstellung inszeniert, und zwar war das die erste deutsche Aufführung des ›Orphée‹ von Cocteau, erinnern Sie sich noch daran?«

*Gustaf Gründgens:* »Ja, sehr gut, sehr gut. Ich habe neulich noch mit Cocteau darüber gesprochen, weil der immer in seinem Buch geschrieben hat, die sei von Reinhardt gewesen. Er soll es in der nächsten Auflage einmal ändern, da ich sie inszeniert habe. Es war eine wirklich interessante Regieaufgabe, die ich gestellt bekam. Ich kam ja damals verhältnismäßig spät nach Berlin und wurde so ziemlich in Komödien verbraucht. Das war die erste ernsthafte Arbeit, die ich machen durfte.«

*Hans Curjel:* »Das war eine Nachtvorstellung, und in dieser Nachtvorstellung in Berlin waren eigentlich nur Theatermenschen.«

*Gustaf Gründgens:* »Ja, in der Hauptsache.«

*Hans Curjel:* »Und das war eine ganz besondere Atmosphäre, und ich erinnere mich, daß wir nach der Vorstellung – Otto Klemperer und ich – hinter die Bühne gingen und Sie zum erstenmal bei dieser Gelegenheit sahen.«

*Gustaf Gründgens:* »Ja, aber nichts von Ihren häßlichen Plänen mit mir äußerten.«

*Hans Curjel:* »Aber die häßlichen Pläne, die hegte ich damals in aller Intensität, weil ich nämlich diese Inszenierung irgendwie musikalisch fand, vom Wort her musikalisch, vom Zusammenhang her musikalisch und vom ganzen Aufbau. Hatte eigentlich die Krolloper, die ja damals ungefähr schon ein Jahr existierte und immerhin ein paar sehr beachtete Aufführungen herausbrachte, in Kreisen des Schauspiels einen gewissen Ruf?«

*Gustaf Gründgens:* »Ja, durchaus, weil's dort eigentlich zum erstenmal war, daß die Sänger auch zu Schauspielern erzogen wurden. Man saß also nicht nur Stimmen gegenüber, sondern merkte, da wird versucht, auch eine schauspielerische Gestaltung hineinzubringen.«

*Hans Curjel:* »Und nachdem es dann schließlich so weit war – es dauerte, glaube ich, fast ein Jahr, bis wir Sie fragen konnten, bei uns etwas zu inszenieren – da kamen als erstes die drei Einakter ›L'Heure Espagnole‹ von Ravel, ›Pauvre Matelot‹ von Milhaud und ›Angélique‹ von Ibert. Was haben Sie nun da für Erfahrungen gemacht, als Sie zum erstenmal diese merkwürdigen Typen, die Sänger, in die Hand bekamen?«

*Gustaf Gründgens:* »Ich war von brennender Neugierde erfüllt, was das sein würde. Es war für mich ein Abenteuer. Ich wußte immer, daß das niemals mein dominierendes Gebiet sein würde, aber ich war so fasziniert von dem Neuen; Singen, das tat ich furchtbar gern und hörte ich furchtbar gern. Nun hatte ich das Glück, daß ich gleich in dem ersten Stück, das ich vornahm, nämlich im ›Pauvre Matelot‹, eine Sängerin traf, die eine ganz außerordentliche Schauspielerin war, Moje Forbach. Und das hat mir schon sehr geholfen; und die anderen Sachen waren halt sehr spielerisch und lagen mir an sich. Ich habe eigentlich sehr viel gelernt durch Opernregie, weil der Sänger gezwungen ist, das, was er ausdrückt, genau in den Takten auszudrücken, die ihm dafür zur Verfügung stehen. Während also, sagen wir mal, ein Gretchen im Gebet sechs Minuten braucht, ein anderes vier Minuten, und das andere macht hier eine Fermate und da eine Fermate, hat mich diese Orddung, die die Musik also fordert, fasziniert und auch eigentlich meine späteren Inszenierungen, den Stil der Inszenierungen, bestimmt.«

*Hans Curjel:* »Sie haben damals mit Caspar Neher zusammengearbeitet. Er machte zu ›Pauvre Matelot‹ die Bühnenbilder.«

*Gustaf Gründgens:* »Ja, ganz recht.«

*Hans Curjel:* »Haben Sie da noch eine spezielle Erinnerung?«

*Gustaf Gründgens:* »Wissen Sie, Neher hat mich mein ganzes künstlerisches Leben begleitet. Ich glaube, dies war meine erste Begegnung mit ihm, und wir hatten gleich von Anfang an einen guten Ton miteinander, und wenn ich sage: guten Ton, meine ich, daß Neher ebensowenig wie ich jemand war, der Probleme von der Wand riß, nur um Diskussionsstoff zu haben.«

*Hans Curjel:* »Die nächste Arbeit sollte ›Barbier von Sevilla‹ sein. Leider kam es nicht dazu. Und ich erinnere mich an ein Zusammentreffen, wo wir uns gegenseitig Schmähungen an den Kopf warfen. Aber die Schmähungen, mit denen Sie mich bedachten, haben wesentliche Nachwirkungen gehabt. Als wir dann ›Figaro‹ auf den Spielplan setzten, war mein erstes, Sie zu fragen. Wie war das nun mit ›Figaro‹?«

*Gustaf Gründgens:* »Ja, alles was mit Mozart zu tun hat, trifft mich also mitten ins Herz. Ich habe zwar ›Figaro‹ in konventionellen Vorstellungen gesehen. Da ich mich aber nie als Opernregisseur fühlte, bin ich nie auf den Gedanken gekommen, zu einer Inszenierung Stellung zu nehmen. Ich hab's halt gesehen, ich hab' halt die Musik gehört. Und als ich jetzt dran ging, war es für mich, glaube ich, das Glück, daß ich keine Ahnung hatte, wie man Mozart inszeniert oder wie man ›Figaro‹ inszeniert. Ich hatte nicht Traditionen zu überwinden, und ich hatte nicht etwas anderes zu machen, sondern ich stand doch einem für mich völlig neuen Gebiet gegenüber. Und ich habe das so gemacht, wie ich's mir vorgestellt habe. Ich will damit sagen, ich bin nicht mit einer Idee gekommen, also es war nichts Ausgedachtes, sondern ich habe mich mit dem Werk angefreundet und habe gesehen, wie wird das und wie wird das – und so kam die Aufführung zustande, die, glaube ich, wie ich rückblickend sagen muß, unkonventionell war, oder besser gesagt: unüblich. Und das war eben eine wunderbare Arbeit mit Teo Otto und mit einem großen Verständnis von Klemperer, vor dem wir alle immer ein bißchen zitterten, weil er ja ein Typ des modernen Dirigenten war mit einer szenischen Phantasie, die etwas weiter zurücklag.«

*Hans Curjel:* »Das war natürlich manchmal ein gewisser Konfliktstoff. Aber auf der anderen Seite ging wahrscheinlich gerade von der musikalischen Intensität, von der musikalischen Sauberkeit, mit der er die Sache realisierte, eine besondere Faszination aus.«

*Gustaf Gründgens:* »Ja, das war unbeschreiblich. Ich kann den Eindruck nie vergessen, wie dieser bärenstarke, lange Mann sich zu dem Spinett zwang und die Rezitative darauf begleitete.«

*Hans Curjel:* »Otto machte damals die Bühnenbilder, Teo Otto, den man ja inzwischen in der ganzen Welt kennt, und er war damals wie Sie vollkommen unverbraucht und machte nicht irgend etwas, was an die Konvention anschloß. Hatten Sie mit Otto das irgendwie ausgearbeitet?«

*Gustaf Gründgens:* »Herrgott, wissen Sie, auch da muß ich mich wiederholen. Es geht mir mit Otto ähnlich wie mit Neher. Man kann mit mir also keine intellektuellen Gespräche führen, und der Otto ist gar nicht der Mensch dazu. Wir sitzen zusammen: das habe ich mir so gedacht und so gedacht, und so wird das also ohne viel geistige Hochstapelei, kommt's halt also so hin, wie wir es uns gedacht hatten. Ich wüßte gar nicht, was sollte ich da besonders rühmen, diese Einfachheit von Otto? Zwischen ihm und dem Werk steht keine Anmaßung, keine ›Persönlichkeit‹ in Anführungsstricheln, nicht wahr, ein normaler Mann, der sich mit dieser Materie beschäftigt und der sie kennt und der sie völlig beherrscht.«

*Hans Curjel:* »Sie haben ja damals mit Otto zusammen die Schiebebühne benützt. Die

Leute haben damals alle geschrieben: Die Drehbühne. Wir hatten gar keine Drehbühne, sondern eine Schiebebühne, und das war natürlich doch was ziemlich Neues.«

*Gustaf Gründgens:* »Ja, das war also, weil man immer schrie: um Gottes willen, in die letzten Takte der Musik bewegt sich die Bühne. – Das Geräusch! Es gab gar kein Geräusch, das kleine Duettchen von Marzelline-Susanne spielte im Korridor, und vom ersten Akt in den zweiten Akt gab es einen sehr hübschen Anschluß: es ging gleich weiter, hinüber in das Zimmer der Gräfin.«

*Hans Curjel:* »Es war eigentlich kein Gag.«

*Gustaf Gründgens:* »Nein, das wäre mir nicht im Traume eingefallen, das hätte ich nicht gewagt. Es wurde einfach der Platz der Handlung sehr sichtbar: man wußte, aha, also das ist das Grafenzimmer, hier schließt direkt das Susannenzimmer an, und über den Korridor ist das Gräfinnenzimmer; so ergab es sich dann immer wieder: der Korridor blieb auch im zweiten Aktschluß, so daß es ziemlich klar wurde, wie die Türverhältnisse waren, wo Cherubin versteckt war, der Graf auftauchte. Man sah ihn den Korridor herunterkommen, was also die Gefahr des Entdecktwerdens erhöhte, weil wir ihn etwas früher sahen als er sang.«

*Hans Curjel:* »Es waren eben natürliche Bühnenvorgänge.«

*Gustaf Gründgens:* »Ja, das möchte ich, jedenfalls war es mein Wunsch, und so ist es wohl auch gewesen.«

Was über die ›Figaro‹-Inszenierung im Gespräch mit Gustaf Gründgens präsent ist, wird aus der Erinnerung von Teo Otto stellenweise ergänzt und anders beleuchtet.

*Hans Curjel:* »Teo Otto, Ihre entscheidende Arbeit im letzten Jahr bei Kroll war ›Figaro‹.«

*Teo Otto:* »Ja, die entscheidende Arbeit war ›Figaro‹. Und ich erinnere mich noch, daß es zunächst eine sehr merkwürdige Begegnung war mit Gründgens. Er inszenierte den ›Figaro‹ mit einer gewissen Skepsis mir gegenüber. Ich habe das später bei Gründgens übrigens immer wieder erlebt, daß am Anfang eine Skepsis steht, dann eine Begegnung und dann eine ungeheuer fruchtbare Zusammenarbeit folgt. Wir haben ja später manche Sache zusammen gemacht und nicht zuletzt den nun berühmten ›Faust I‹ und ›Faust II‹. – Was aber hervorragend war, und warum nach meiner Meinung der ›Figaro‹ damals das große und außerordentliche Ereignis wurde: wir diskutierten doch lange und immer wieder darüber nach dem alten Grundsatz: ist es so, wie es bisher aufgeführt wurde, richtig, oder warum soll man es anders aufführen. Und wir sind den Dingen auf den Grund gegangen. Wir stellten die Frage, was kann es für ein Schloß sein, wie ist der Graf, ist er ein Mann, der eine große Aktivität an den Tag legt, oder verludert er im Grunde genommen das Erbe der Väter? Ist es so, daß er die äußeren Attribute wie Repräsentation etc. stark zur Geltung bringt, aber zu Hause eine gigantische Schlampe ist? Soll das Ganze nicht leicht den Ludergeruch des Angeschlagenen, des Verkommenen haben? Soll man das nicht etwas mehr ins Spanische bringen? Es war also jenes Neusehen einer Realität, das ich persönlich so fruchtbar gefunden habe, und das ja eine große Parallele in der ›Dreigroschenoper‹ hatte und später dann zur Vollendung gebracht wurde, viele Jahrzehnte später, an Instituten wie dem Züricher Schauspielhaus und vor allen Dingen bei Giorgio Strehler, der ja davon weitgehend lebt. Dieses gewissenhafte Untersuchen der soziologischen, der ökonomischen, der gesellschaftlichen Hintergründe führte dazu, daß ›Figaro‹ tatsächlich neu gesehen wurde. Sie erinnern sich ja selbst des damaligen Riesenerfolges von ‹Figaro›.«

*Hans Curjel:* »Zwei Punkte bei ›Figaro‹ sind mir in besonderer Erinnerung. Gründgens hatte damals den Vorschlag gemacht, einen anderen Bühnenbildner zu nehmen, und zwar Schütte, der bei Reinhardt arbeitete und das Ideal des Rokoko auf die Szene stellte mit viel Ornament, mit plastischem Ornament. Sie haben das ganz anders gemacht.«

*Teo Otto:* »Ich muß bekennen, ich hatte den ›Figaro‹ noch nie gesehen. Ich sah ihn erst später in der Städtischen Oper. Es ist ja manchmal von großem Vorzug, wenn man etwas nicht sieht. Ich ging also vollkommen neu heran. Und sehr bewegt und angeregt von den Diskussionen, die auch nicht zuletzt mithalfen, jene leichte Skepsis zu überwinden, kamen wir dann sehr schnell in ein sehr fruchtbares Gespräch und fanden dann den Weg.«

*Hans Curjel:* »Gründgens hat sich damals ziemlich gewehrt gegen Ihre Konzeption. Haben Sie das selbst gemerkt?«

*Teo Otto:* »Ich habe es hie und da gespürt. Ich spürte es noch einmal bei der Dekorationsprobe, und von da ab hörte es auf. Aber ich meine, für den Bühnenbildner an einem Theater, und besonders an der Krolloper, waren die Voraussetzungen vor allen Dingen gute Nerven. Und die brachte ich immerhin mit, ein ziemliches Durchstehvermögen. Die Vorbehalte habe ich am Anfang gemerkt, und das hat die Arbeit nicht gerade leicht gemacht. Aber ich habe sie als Antrieb benutzt, und es datiert ja seit daher eine immer wiederkehrende Zusammenarbeit mit Gründgens.«

*Hans Curjel:* »Um so großartiger war damals das Bekenntnis von Gründgens: ›Jetzt verstehe ich, was eigentlich der Sinn dieser ganzen Zusammenarbeit gewesen ist.‹ Und er hat sich damals vollkommen zu dieser Art der optischen Inszenierung bekannt.«

*Teo Otto:* »Diese Eröffnung freut mich. Ich habe es nicht gewußt, aber das macht mich im Nachhinein glücklich.«

*Hans Curjel:* »Der andere Erinnerungspunkt um ›Figaro‹ ist der damals ungewohnte Einsatz der Schiebebühne – heute oft bis zum Überdruß angewendet –.«

*Teo Otto:* »Die Verwendung der Schiebebühne war damals sachlich begründet. Es war wichtig, das kleine Zimmer, den Korridor und das Zimmer der Gräfin zu kombinieren. Es mußte herauskommen, daß der Raum ein Durchgangsraum war. Es mußte das Makabre und Gefährliche, das Knisternde der Situation spürbar werden, und es war auf diese Weise glänzend gelungen. Es war keineswegs ein Gag. Wie überhaupt gerade das Merkmal von Gründgens war, daß er all diese billigen Einfälle ignorierte. Für mein Gefühl gehört er zu denen, die in erstaunlicher Weise bar bezahlen und nicht mit Wischi-Waschi kommen.«

Nach der aus Teo Ottos Gedächtnis ergänzend projizierten Darstellung der Arbeit an ›Figaro‹ hier noch die Antwort von Gustaf Gründgens auf die Frage nach besonderen Erinnerungsmomenten aus der Kroll-Zeit: »Ich will zwei Sachen sagen, die ich nicht vergessen kann. Als ich die ›Spanische Stunde‹ inszenierte, war eine sehr namhafte Sängerin für die Premiere vorgesehen. Und ich war immer etwas irritiert, weil auf der Seite ein so zauberhaftes Mädchen saß mit einer Dueña hinter sich und einem Notenblatt vor sich, und ich fragte mich immer, wer ist das – und da wurde mir gesagt, das sei eine junge Sängerin, die eventuell später einmal, wenn diese berühmte Sängerin nicht könnte, die Partie nachsingen sollte. Sie hieß Jarmila Novotna. Und als der Tag kam, da die berühmte Sängerin einmal nicht zur Probe gehen konnte, weil sie ein Gastspiel hatte, hatte ich die zauberhafte Jarmila auf der Bühne. Und Gott sei Dank konnte ich es durchsetzen, daß *sie* die Premiere sang und nicht die berühmte Sängerin. Und das war ganz zauberhaft, das zu sehen – wie ich eben auch nie wieder einen Cherubin gehört habe, der mir so die Tränen in die Augen getrieben hat, wie Jarmila Novotna. Und das andere, was ich erzählen könnte, wäre eine Schlußgeschichte mit Klemperer, mit dem ich ja außer ›Figaro‹ bei Kroll später Unter den Linden ›Cosi fan tutte‹ und ›Rosenkavalier‹ gemacht habe. Wir trafen uns einmal, wie er finster durch den Tiergarten stürmte, wieder beladen mit Problemen, und wir reden und reden, bis er schließlich sagte: ›Wissen Sie, Gründgens, was das Schlimmste ist – daß man niemals einen ordentlichen Opernregisseur findet!‹«

## Aufführungsbeispiele

Es ist die Tragik jeder Theateraufführung, daß sie wie ein Traum vorüberzieht. Die Musik verhallt, das Sichtbare verschwindet. Nichts von der unermeßlichen Arbeit, nichts von den Tränen, nichts von den Freuden bleibt faßbar. Von den Aufführungen der Krolloper berichtet kein Tonband, keine Televisionsaufzeichnung. Und doch blieb etwas: Die Erinnerung der Teilnehmer, die Legende, die zu den Nachgeborenen spricht, die gedruckten Dokumente aus der Zeit. Mit ihrer Hilfe versuchen wir, transitorisches Geschehen zurückzurufen.

›Fidelio‹: an der Eröffnungspremiere schieden sich die Geister. Mit ›Fidelio‹ begann der Aufstieg zu Neuem, der Anfang des Leidensweges.

Wir lassen einen anonymen Zeitgenossen, der seine Eindrücke in der Berliner ›Montagspost‹ niedergelegt hat, zu Wort kommen. Hinter seinen Initialen verbirgt sich wahrscheinlich der damalige Gerichtsberichterstatter der ›Vossischen Zeitung‹ – Sling-Schlesinger. »Nach dem ersten Akt sehr lebhafter Beifall von der Seite derer, die ahnten, was Klemperer will. Die anderen zischten nicht, aber sie zischelten im Foyer: Ist das Beethoven? Sind das Stimmen? Nach dem zweiten Akt ein Hingerissensein auch derer, die nach dem ersten zaudernd und schwankend waren. Was war geschehen? Als in der ersten Szene Leonore sichtbar wurde, konnte man wissen, worauf es ankam. Man erlebte zum erstenmal den Fidelio als die tragisch bewegte, geistige Erscheinung eines Jünglings. Daß die Neigung Marzellines verständlich wurde, konnte nebenbei als Plus gebucht werden. Das Minus der gesanglichen Leistung konnte nicht überhört werden. Aber man konnte, man mußte sich den Ruck geben: das ist diesmal nicht das Wesentliche.

Wesentlich war die Austreibung der Routine. Die Bühne strotzt nicht mehr von den konventionellen Realismen, die von Seiten der Reaktion als Idealismus gepriesen werden. Die Szene von Ewald Dülberg ist kubisch gegliedert. Gewaltige Klötze stellen die Festung dar. Die Beleuchtung redet uns nicht mehr gutes oder schlechtes Wetter vor. Sie stellt den Lokalakkord fest. Im Gefängnishof: weiß, grau, schwarz, blau. Die Gefangenen sind nicht mehr die Horde von verkommenen Verbrechern, die merkwürdig schön singen. Es sind die gefesselten Kinder der Revolution, und Florestan ist ihr Bruder. Er ist kein spanischer Edelmann mehr, dem Bart und die Locken ins Unendliche gewachsen sind; man sieht auch keinen Kammersänger mehr, der sich den Hunger ins Gesicht geschminkt hat. Sondern: da steht der gefangene, leidende Mensch. Und wenn am Ende alles gut wird, so küssen sich keine Choristen: eine gegliederte Masse steht da. Kein orgiastischer Unfug wird vorgemimt: die Freude nach langer Nacht findet reinen, bezwingenden, chorischen Ausdruck.«

Und der junge Kritiker Heinrich Strobel schrieb: »Es gibt eine geniale Intuition. Wenn während der acht Takte der Bratschen und Celli vor dem kanonischen Ensemble im ersten Akt plötzlich weißes Leuchten die unbeweglich stehende Gruppe überstrahlt, wenn sich nach dem ersten Trompetensignal eine Lichtflut in den Kerker ergießt, wenn Florestan am Schluß in die Mitte des Bildes springt und den Hymnus auf das Weib anstimmt. Der Geist dieser Aufführung formt auch den Dialog neu. Er wird Teil des großen Organismus.«

Das erste moderne Werk der ersten Spielzeit, Strawinskys »Oedipus Rex« nach Worten von Jean Cocteau, schlug hohe Wellen: die neoklassizistische und doch so harte, atonal durchschossene Musik, die Abgerücktheit der lateinischen Worte des Texts, die unpathetische Monumentalität der Bühne, die gleichsam liturgische Strenge der sparsamen, lapidaren Bewegungen des Chores und der Solisten. Angesichts dieser Aufführung schrieb Oscar Bie: »Der Archaismus ist nur eine Konvention, die zum Stil und zur Haltung dieser Kunst gehört. Er äußert sich in der Schichtung der Soli und Chöre von antiker Bedeutung, in der imitatorischen Verknüpfung der Linien, in der Gelöstheit der Stimme bis zur Koloratur. In diesem Gewande steckt der modernste Körper. Er ist gezüchtet in allen Übungen heutiger Harmonik, Rhythmik und in allem Verzicht auf äußere Klangfarbe. Klemperer kann und soll ohne Sentiment arbeiten. Er faßt Instrumente und Chöre mit harter, starker Hand.«

Eine groteske Premieren-Situation: eine Festvorstellung für den Verein Berliner Kaufleute und Industrieller, die in Frack und Abendkleid sichtlich verlegen und verstimmt der Aufführung folgten. In »Ablehnsesseln«, wie der Spaßvogel Dr. Jokl bemerkte. Aber auf der Galerie befand sich die Jugend und mit ihr die sonst im Parkett sitzenden Freunde der Krolloper und der modernen Kunst überhaupt. Es kam zum lauten Kampf zwischen Mißfallen und begeisterter Zustimmung. Strawinsky folgte in höchster Spannung und Nervosität dieser szenischen Uraufführung seines Werkes.

Als Wagner-Verhöhnung wurde von bestimmter Seite die Aufführung des ›Fliegenden Holländer‹ bezeichnet. Beabsichtigt war nur, die reine künstlerische Substanz des Werkes hör- und sichtbar zu machen. Wegen der Wiedergabe des ›Holländers‹ in der unsentimentalen Urfassung des Dresdner Revolutionärs wurde der Dramaturg im preußischen Landtag einem peinlichen Verhör unterzogen. Was war das eigentliche Sakrileg? Daß der Holländer keinen Bart trug, die Mädchen keine Zöpfchen und daß sie, statt das Spinnrad schnurren zu lassen, Fischernetze durch die Finger gleiten ließen, daß Sentas Zimmer ein kleiner, schmuckloser Raum in einem Blockhaus war, durch wechselndes Licht in die Atmosphäre des Meeres getaucht. Und daß Klemperer als Dirigent, Jürgen Fehling als Regisseur und Dülberg als Bühnenarchitekt die harten Seiten Wagners lebendig werden ließen. – Die ›Holländer‹-Aufführung wurde groteskerweise zu einem Politikum. Am Morgen der Premiere rief der Berliner Polizeipräsident persönlich in der Krolloper an, es seien für den Abend gegnerische Demonstrationen geplant, er empfehle polizeilichen Schutz. Wir lachten. Am Abend aber besetzten 50 teils uniformierte, teils zivilträgende Polizisten exponierte Stellen und die Türen des Zuschauerraumes. In der Pause erfolgten einige Festnahmen.

Siegfried Wagner, damals noch der Verantwortliche in Bayreuth, nahm an der Generalprobe und an der Premiere teil, konnte sich uns gegenüber aber weder zu einem klaren Nein noch zu einem klaren Ja entschließen, wenngleich sein Besuch leicht anekdotisch gewürzt war. Die nach der Generalprobe auf der Bühne in Kostüm und Maske versammelten Darsteller begrüßte der Wagner-Erbe: »Nu, ihr seht ja alle zum Piepen aus«, während Klemperer ihm freundlich einen Stuhl anbot: »Bitte, Herr Wagner, ent-setzen Sie sich.«

Im Rückblick auf seine damaligen Eindrücke hat sich Richard Wagners Enkel Franz Beidler sehr offen ausgesprochen. »Zum ›Holländer‹ muß ich folgendes sagen: Ich habe viele Dutzende von Aufführungen dieses Werkes gehört. Die Krollsche steht weit oben an. Warum? Weil die ganze dramatische Wucht des Werkes mit einer Sinnfälligkeit herauskam, wie sonst nie. Ich weiß nicht, ob Sie das Wort von Franz Lachner, dem Münchener Generalmusikdirektor im vergangenen Jahrhundert kennen. Als der, an sich ein dezidierter Anti-Wagnerianer, ein klassizistischer Mann, zum erstenmal die Partitur des ›Holländer‹ zu Gesicht bekam, sagte er: auf jeder Seite, die man aufschlägt, weht einem der Sturmwind entgegen. Der Sturmwind, der einem entgegenweht, war in dieser Aufführung wie nirgends sonst zu spüren. Dann auch das Spukhafte, das dämonisch Spukhafte. Sie wissen, Liszt hat auf den ›Holländer‹ gesagt, seit Byron hat kein Poet ein gleiches Phantom in düsterer Nacht aufgerichtet. Bei den gewöhnlichen Theateraufführungen wirkt dieser Satz übertrieben. Auf *die* Aufführung kam einem dieser Satz wirklich ins Gedächtnis; und dann vor allem die Zeitlosigkeit! Die Aufführung konnte zu allen Zeiten spielen: dadurch kam das heraus, was Wagner ja immer betont hat, mit seinem Werk immer wollte, nämlich das allgemein Menschliche durch die Kunst nahezubringen über alles Detail hinweg. Selbstverständlich mußte das Haus Wahnfried bei seiner ganzen Einstellung die Kroll-Aufführung ablehnen. Siegfried Wagner soll – das ist ziemlich sicher – das bekannte Wort von Herrn Goebbels blöderweise auf diese Aufführung angewendet haben: Kulturbolschewismus. Aber wenn man sich überlegt – Bayreuth pflegte die Tradition, die von Cosima Wagner geschaffene, total erstarrte, völlig konventionelle Tradition mit dem Stichwort Weihe. Die ›Holländer‹-Aufführung in Bayreuth war ausgezeichnet durch das minuziöse historische Detail, in der ganzen Inszenierung, in den Kostümen mit Spitzenhäubchen usw., darin ganz in den Pfaden der Meininger wandelnd. Und das Ganze ist eine fast biedermeierhafte Inszenierung gewesen. Daß diese revolutionär großartige, ganz im Sinne Wagners erfolgte Inszenierung und Wiedergabe bei Kroll dort nicht gefallen konnte, das ist fast selbstverständlich, so bedauerlich es war. Erinnern Sie sich aber daran, wie man in Bayreuth einen Mann wie Adolphe Appia behandelt hat! Fünfzig Jahre zu spät hat man nun das, was Appia fünfzig Jahre vorher machen wollte, dort realisiert.«

Hindemiths Opernwerke haben im Spielplan der Krolloper einen großen Platz eingenommen. Sie erschienen als Beispiele des neuen musikalischen Theaters, als Musizieropern im Gegensatz zum Musikdrama, als ›Kalte Kunst‹, wie man heute sagen würde. Kalt als Positivum, als Gegensatz und Überwindung des musikalischen Schwulstes.

Zur Uraufführung kam die lustige Oper ›Neues vom Tage‹. Damals schon im engeren Kroll-Kreis als problematisch erkannt, aber trotzdem aus künstlerischer Solidarität mit dem Einsatz der besten Kräfte herausgebracht. Voll überzeugte der Sketsch ›Hin und Zurück‹, für den Moholy-Nagy eine automatisch abschnurrende szenische Gestalt fand, und vor allem ›Cardillac‹ in der straffen ersten Fassung. Klemperer dirigierte, Fritz Krenn sang die Titelpartie, in der von Dülberg entworfenen Szene führte Niedecken-Gebhard Regie. Die Aufführung wurde von vielen Seiten als eine Korrektur der Dresdner Uraufführung empfunden, die halb musikdramatisch angelegt gewesen ist.

Die Krolloper war Treffpunkt der jungen Komponisten. Manche Musikerfreundschaft ist dort entstanden. Von Paris kam Darius Milhaud, einer der Komponisten aus dem Kreis der Sechs, damals ein junger Mann wie Hindemith, Křenek und Weill. ›Le pauvre Matelot‹, eines der originellsten und in seiner Knappheit intensivsten Bühnenwerke Milhauds gelangte in der lapidaren Inszenierung von Gründgens und Neher zur Aufführung.

Alfred Einstein schrieb in seiner Kritik: »Die Oper in ihrer Urform nähert sich gleichsam wieder von hinten herum. Die Singstimme, in den Rhythmus eingebaut. Ein neues Tor zur Volksoper hat sich aufgetan; vielleicht vom ›König Oedipus‹ her, vom Experiment. Verachtet mir das Experiment nicht... Dazu eine suggestive feinfühlige Wiedergabe, primitivste, doch bannende Inszenierung; die Frau: Moje Forbach, hysterisch und heroisch; der Mann: Eric Wirl. Es ehrt das Publikum, daß es den Wert gerade dieses Stückes sofort erkannte.«

Für Ernst Křenek, damals Mittelpunkt des Interesses von Freunden moderner Oper, gab es im Spielplan zwei Premierenabende: die drei zusammengehörigen Einakter ›Der Diktator‹, mit Anspielungen auf Mussolini, ›Das geheime Königreich‹, Beitrag zu einer neuen symbolhaften Romantik, und die Farce ›Schwergewicht oder die Ehre der Nation‹; ein Jahr später ›Das Leben des Orest‹. Seit dem Erscheinen seiner Oper ›Jonny spielt auf‹ war Křenek ungeheuer erfolgreich. Mit großem Talent und ebensolcher Intelligenz erprobte er im Experiment verschiedene formale Möglichkeiten der Oper. Immer mit einem Schuß innerer Polemik gegen die Ideen, die gerade auch im Kreis der Krolloper für wesentlich gehalten wurden. So kam es, daß uns das Opernschaffen Křeneks in einem Zwielicht erschien. Aber auch hier wurde zur Realisierung das Beste für gut befunden. Wir engagierten für die Bühnenbilder von Křeneks ›Leben des Orest‹ einen der berühmtesten italienischen Maler jener Zeit, Giorgio de Chirico, der zwei Tage, nachdem er die Einladung erhalten hatte, schon in Berlin erschien. Otto Klemperer dirigierte das Werk.

Im Gespräch mit Ernst Křenek wird die damals viel diskutierte Frage der Gesangsoper berührt, von Brecht als »Kulinarische Oper« gekennzeichnet. Křeneks Standpunkt wird deutlich: »Ich habe in jener Zeit die Anschauung vertreten, die auch zum Teil von Paul Bekker dargestellt wurde in seinen Schriften, daß die Oper im wesentlichen ein Gesangswerk ist, daß also der Sänger im Mittelpunkt steht und die Stimme, die Entfaltung der Stimme das wesentliche Mittel ist, um den Ausdrucksgehalt der Oper an den Tag zu bringen; daß demzufolge die anderen Elemente sich unterordnen müßten, auch das Orchester und auch die ganze musikalische Faktur, der ganze Kontrapunkt oder was sonst die Elemente der Musik sind. Als ich mit ›Jonny spielt auf‹ begonnen hatte, mich in diesem Stil auszudrücken, habe ich mich auch in Aufsätzen und Vorträgen in dieser Form geäußert, auch gegen die Brechtsche Theorie polemisiert. Das war eben die Problemstellung in diesen späteren zwanziger Jahren. Ich kann hier sagen, daß ich mich von diesem Standpunkt weg entwickelt habe und heute, wenn überhaupt, andere Theorien formulieren würde.«

Ein ganz außergewöhnlicher und wirklich gefährlicher Premierenabend galt der Aufführung der beiden einaktigen Werke von Arnold Schönberg ›Erwartung‹ und ›Die glückliche Hand‹, als op. 17 und 18 in enger Nachbarschaft zu den Fünf Orchesterstücken op. 16 aus dem Jahre 1909. Zemlinsky dirigierte das Monodram ›Erwartung‹, dessen einzige Rolle Moje Forbach sang. ›Die glückliche Hand‹, ein Mischwerk mit kurzen Soli, Chor und symbolischen Lichtfolgen leitete Klemperer. In beiden Stücken führte Arthur Maria Rabenalt Regie. Die Bühne zu ›Erwartung‹ entwarf Teo Otto – eine Wandeldekoration; die beiden szenischen Orte der ›Glücklichen Hand‹ schuf der Bauhausmeister Oskar Schlemmer. Die musikalischen Schwierigkeiten beider Werke schienen zu jener Zeit fast unüberwindlich, hatte doch Schönberg auf die Uraufführung lange warten müssen, bis 1924: im Neuen Deutschen Theater zu Prag war schon Zemlinsky Dirigent der ›Erwartung‹, Stiedry dirigierte in der Wiener Volksoper ›Die glückliche Hand‹.

Bei den Proben mit Moje Forbach berichtete Zemlinsky von der Uraufführung, daß der schon über Jahrzehnte mit Schönbergs Stil vertrauten Marie Gutheil-Schoder von der Wiener Oper in Prag alle Einsätze mit einem in die Bühne eingebautem Harmonium zugespielt werden mußten. Ohne solche Stütze hielt er eine Bewältigung der Partie zunächst für unmöglich. Die Klavierproben brach Zemlinsky oft nach kurzer Zeit ab mit pessimistischen Bemerkungen: »Das kann man nicht lernen, das ist unmöglich.« Stolz, es dann doch gelernt zu haben, erinnert sich Moje Forbach an die Generalprobe: »Das sind ja zehn Bilder mit einer Person. Ich wurde immer mit einem laufenden Band über die Bühne gezogen, raste dann hinter der Szene zurück, stand wieder auf dem Band und sang weiter. Und als ich das hinter mich gebracht hatte und glückselig war, hat der Herr Schönberg gesagt: ›So, und jetzt noch einmal das Ganze.‹ ›Nein, das kann ich nicht... Es tut mir leid‹, war meine Antwort. Da hat er mich entsetzlich beschimpft und gesagt, daß ich überhaupt keine Ahnung hätte, welche Ehre es wäre, einen Schönberg zu singen: ›Sie werden es noch eines Tages erleben, daß Sie dankbar sein müssen, daß Sie den Schönberg gesungen haben‹, – und da habe ich es halt noch einmal gemacht.«

Schönberg war schwer zufriedenzustellen. Teo Otto, der ja nicht nur die bewegte Szene für ›Erwartung‹ schuf, auch Schlemmer bei der Realisierung der Entwürfe für ›Die glückliche Hand‹ half, stellt aus der Arbeit für ›Perichole‹ eine seltsame Affinität zwischen dem Offenbach-Bearbeiter Karl Kraus und dem doch in ganz anderen Sphären wirkenden Schönberg fest: »Der Welt zutiefst mißtrauend, kreuzten beide zunächst und eindringlich mit ihren Rechtsanwälten auf, um die Dinge festzulegen und um zu sehen, was kriege ich hier geliefert.«

5 Otto Klemperer, Generalmusikdirektor, 1929

6   Ernst Legal, Direktor, um 1930

7   Heinz Tietjen, Generalintendant, um 1930

8   Fritz Zweig, Kapellmeister, um 1930

9   Alexander von Zemlinsky, Kapellmeister, 1930

10   Hans Curjel, Dramaturg, um 1930

11  Igor Strawinsky, Ewald Dülberg und Otto Klemperer, Krolloper 1927

12  Leoš Janáček mit Otto Klemperer
    anläßlich der Uraufführung
    seiner Bläsersuite ›Jenufa‹, 1927

13 Paul Hindemith, 1930

14 Arnold Schönberg, um 1930

13

14

15 Darius Milhaud, 1933

16 Kurt Weill, 1928

15

16

17  Ewald Dülberg, ca. 1928

19  Teo Otto, um 1930

18  Caspar Neher, um 1950

20 László Moholy-Nagy, ca. 1923

21 Giorgio de Chirico, um 1950

22 Oskar Schlemmer, ca. 1928

23  Gustaf Gründgens, ca. 1930

24  Jürgen Fehling, um 1930

Schönberg konnte sich vor allem mit der Schlemmerschen Bühne – die heute als ein Meisterwerk gilt – nicht befreunden, weil sie keineswegs den Vorstellungen entsprach, die er in einem Brief an Legal genau fixiert hatte. Nach harten Auseinandersetzungen verließ Schönberg unter Protest die Hauptprobe, die zugestandenermaßen noch technische Mängel aufwies. Das leitende Gremium überprüfte die Probleme noch einmal von Grund auf. Eine der Generalprobe vorhergehende Nachtprobe wurde angesetzt, zu der sich mit Wissen des Generalintendanten das gesamte Personal – Solisten, Chor, Orchester und der große technische Betrieb – in klarer Erkenntnis der Bedeutung der Aufführung ohne Umschweife bereit erklärte: ein in seiner Art höchst seltener Fall. Schönberg wurde zur Teilnahme an der Nachtprobe eingeladen. Um Mitternacht begann die Probe. Schönberg erschien und harrte mit allen anderen bis vier Uhr morgens aus. Die Probleme waren – soweit auf der Bühne überhaupt lösbar – in gemeinsamer Anstrengung gelöst.

Zustimmung und Begeisterung bei den Freunden. In den Zeitungen der Gegner war indessen zu lesen: Schönberg-Heuchelei, Schönberg-Ulk, verbunden mit politischen Drohungen. Die Hüter des Budgets regten sich am meisten darüber auf, daß ›Erwartung‹ nur 28 Minuten, ›Die glückliche Hand‹ nur 21 Minuten gedauert hatte.

## Resonanz

Die Krolloper war ein im wörtlichen Sinn aufgeschlossenes Institut, das einem weiten Kreis von Freunden und Sympathisierenden offenstand. Geheimniskrämerei, damals wie heute im Theaterbetrieb üblich, gab es nicht. Die Oper wurde als generelles Theaterphänomen – nicht als musikalischer Spezialfall – angesehen, dem die Kräfte von vielen Seiten zuströmen müssen, nicht nur professionell abgegrenzt. Ein kontinuierlicher, aber keineswegs organisierter Gedankenaustausch verband das Leitungsgremium mit einem auf natürliche Weise gebildeten Umkreis, der auch den wirklich immer interessierten Kern der Besucher darstellte, vor allem für die Premieren, der zugestandenen Freikarten wegen von böswilligen Zungen als die »Curjelschen Freischaren« bezeichnet, in einem tieferen Sinn nicht ohne Bedeutung, denn sie trugen zur besonderen Atmosphäre um die Krolloper bei.

Zunächst natürlich Musiker. Und hier vor allem Kurt Weill, den man fast als einen Berater bezeichnen könnte. Aber auch mit Strawinsky, mit Hindemith, Milhaud, Josef Matthias Hauer, Paul Dessau, George Antheil gab es einen mehr oder weniger ständigen Austausch. Oft in gegenseitig sehr kritischer Form, und wenn die Krolloper irgendwelche Werke dieser Musiker aufzuführen ablehnte, wurde die Kameradschaft dadurch nicht erschüttert.

Von den Bühnenbildnern, die nicht in festem Engagementverhältnis zur Krolloper standen, haben Caspar Neher und Traugott Müller zu dem engeren Umkreis gehört. Vor allem aber ist Moholy-Nagy zu nennen, der 1928 vom Dessauer Bauhaus nach Berlin übergesiedelt war. Vom Bauhaus her kam neben Oskar Schlemmer auch der Architekt Walter Gropius mit dem Arbeitskreis der Krolloper in Berührung.

In einer Umfrage des ›Berliner Börsen-Courier‹ vom 19. Februar 1929 über die »Erneuerung der Oper« – als das erste Donnergrollen gegen die Existenz der Krolloper vernehmlich wurde – setzten sich Gropius, Hindemith und Weill mit Nachdruck für die Krolloper ein.

Gropius schrieb über »Entwicklungsfeindliche Mächte«, Hindemith über die »Notwendigkeit des Experiments«, Weill über »Gesellschaftsbildende Oper«.

Bei Hindemith heißt es: »Klemperer und sein Theater sind für uns unentbehrlich. Unser nicht von Gesundheit strotzendes Musikleben braucht eine Stelle, an der versucht werden kann, unseren Opernbetrieb auf eine andere Grundlage zu stellen. Der Musiker braucht ein Theater wie dieses, das ihm wie kein anderes auf der Welt die Garantie bietet, daß sein Stück so aufgeführt wird, wie er es haben will.«

Und Weill sagt: »Auf allen Gebieten vollzieht sich heute ein Umschichtungsprozeß, der unter Beseitigung des ›gesellschaftlichen‹ Charakters die gesellschaftsbildenden Kräfte der Kunst betont. Die Erscheinung Klemperers stellt eine der wesentlichsten Kräfte in diesem Umschichtunsgprozeß dar. Da man an der Qualität seiner Leistungen keine Kritik üben kann, wendet man sich gegen die Zielrichtung seiner Arbeit.«

Die ganze künstlerische, geistige und auch menschliche Aura der Krolloper wird im Gespräch mit dem Philosophen Ernst Bloch gegenwärtig.

*Hans Curjel:* »Sie gehörten zu dem Kreis von Menschen, die der Krolloper nahestanden. Erzählen Sie, wie kam es zu Ihrer heute noch bestehenden Freundschaft mit Otto Klemperer?«

*Ernst Bloch:* »Ja, eine schöne Frage mit einer schönen Erinnerung, zu der sie mich anregt. Ich kannte Klemperer vom Namen her schwach in sehr früher Zeit, ich glaube, es war 1917, oder 16 oder gar 15. Er war zu der Zeit Kapellmeister in Straßburg, und ich gab ein Manuskript ab von einem Buch, das dann ›Geist der Utopie‹ hieß, in dem es eine Philosophie der Musik gibt. Es war ein Erstlingswerk. Der Verleger, ein zu Recht vorsichtiger Mann, schickte ohne mein Wissen dieses Manuskript an Georg Simmel, der Professor in Straßburg war, um sein Urteil über die philosophischen Partien zu hören. Aber die Philosophie der Musik war Simmel zu entlegen – er glaubte nicht, daß seine Kenntnisse dafür ausreichen – und so gab er sie dem jungen Kapellmeister, mit dem er bekannt war, Otto Klemperer in Straßburg. Klemperer hat das gelesen und gab sein placet dazu. Also, ich erzähle das nur, um die Frage zu beantworten, wie ich Klemperer kennenlernte: dieses ist der sehr schöne und, glaube ich, auch bezeichnende Eingang, das Eingangstor zu meiner Bekanntschaft mit Klemperer, die sich dann auf eine persönliche in Berlin ausgeweitet hat, im Romanischen Café, wie es sich damals gehörte, wobei an dem Tisch, wenn ich mich recht erinnere, als eine ganz schöne Folie ein anderer Musiker noch saß bei unserer ersten oder zweiten Zusammenkunft: Wilhelm Furtwängler.«

*Hans Curjel:* »Es scheint mir bezeichnend, daß Klemperer schon in frühen Jahren mit Kreisen außerhalb der Musik Berührung hatte – man sagt normalerweise mit Intellektuellen – in diesem Falle mit einem sehr positiven Vorzeichen. Bei der Krolloper war es ja auch so. Sie erinnern sich sicher an andere Persönlichkeiten Ihrer Sphäre, die mit Kroll in Kontakt standen.«

*Ernst Bloch:* »Ja, mit großem Vergnügen, und mit einer nachwirkenden Erinnerung: Brecht, Weill, Benjamin, das war unser engerer Kreis damals gewesen, und diese Frage geht doch schließlich auf weiteres hinaus: wieso auch für Gestalten, die – ich denke an Benjamin – von Hause aus keine sehr intensive Beziehung zur Musik hatten, die solchen Typen eher als eine – cum grano salis gesagt – unintelligente Kunst erscheinen konnte, eine wortlose, – wieso hier durch die Art von Klemperer, durch den Typ von Klemperer, durch dieses schwer zu beschreibende Exakte – die Verbindung von Exaktheit und Wissenschaft war natürlich hier gegeben – eine Beziehung sehr leicht möglich war und hergestellt wurde. So also – es gibt noch andere Wege und andere Erklärungen dafür – so zog es die Intelligenz, die an sich zwar hochgradig musisch, aber nicht primär musikalisch war, zu der Krolloper hin, die so etwas ganz Eigenartiges auch wahrscheinlich in der Geschichte des Theaters und vor allem der Oper darstellte, die doch eine mehr dekorative als intelligente Kunstform bisher war.«

*Hans Curjel:* »Man müßte der Frage eigentlich noch weiter nachgehen, was die Intellektuellen bei der Krolloper angezogen hat.«

*Ernst Bloch:* »Und zwar einzigartig angezogen hat, wenn ich Sie recht verstehe, also ohne Vergleich mit anderem. Es ist, wie ich schon sagte, leichter, von einem Literaturtheater angezogen zu sein als von einer Oper. Es ist überhaupt etwas Neues. Und das hängt wieder natürlich mit der Person zusammen und mit denen, die diese Oper gemacht haben, was ja nicht nur Klemperer ist. Denn hier war etwas anderes, war auch ein Stück Gnade dabei, daß sich der genius loci gebildet hat, aber ›Verdienst der Werke‹ war auch dabei, daß so etwas geschaffen wird. Es wäre eine interessante Aufgabe zu definieren, was es war. Avantgarde ist ein schwaches Wort, ein Schlagwort dafür. Das allein würde nicht ausgereicht haben, und es definiert auch Klemperer nicht, im Gegenteil, er hat sich, wenn ich mich recht erinnere, mit einem gewissen Degout von einer solchen Bezeichnung abgewandt. Vielleicht mehr abgewandt als es in Ordnung war. Immerhin, es lag ihm nicht: Avantgarde und nichts sonst dahinter. Von Hanns Eisler, der damals auch in der Nähe war, stammt, glaube ich, der hübsche Satz: ›Es gibt nichts, was so schnell zu altem Eisen wird wie die Avantgarde – wenn es nämlich sonst nichts ist.‹ Bei Kroll war es eine Avantgarde mit Schärfe, mit Exaktheit, wie ich schon sagte, wenn sich das von einer Garde sagen ließe, mit Tiefgang, mit Tradition, also die abgestempelten Begriffe, die Gegensätze sind, wie Avantgarde und Tradition, diese Gegensatzhaftigkeit hat sich aufgehoben. Man wußte nicht recht, wo man sich befindet. Es galt hier auch der andere Satz, daß das Neue, das gute Neue, niemals ganz neu ist. Das ging hier auf Genauigkeit, Exaktheit, Solidarität, Forschen-Wollen, wie die Partitur wirklich aussieht, das verband sich mit Vorstoß ins Neue und Unbekannte, in die Fantasie greifende, noch dazu auf eine einzigartige Weise, also eine Einheit über alle Künste und Wissenschaften hinweg: die Einheit des Schöpferischen erschien.«

*Hans Curjel:* »Und es war eine Art Schnittpunkt an sich divergenter Linien. Sie haben früher schon darüber gesprochen, wie es eigentlich kam, daß ein Operninstitut auf der einen Seite ›Oedipus Rex‹ oder ›Die Geschichte vom Soldaten‹ spielte und auf der anderen Seite den doch etwas plüschartigen ›Hans Heiling‹.«

*Ernst Bloch:* »Ja nun, ›Hans Heiling‹, das Wort ›plüschartig‹ höre ich da gar nicht gern, da ich eine sträfliche Liebe zu dem abgebrochenen Wiesen-Heinrich Marschner habe, ich freute mich, daß er kam. Immerhin also, ein ›Oedipus Rex‹ und ›Hans Heiling‹, die sind ja im Typ etwas ganz Gegensätzliches, Strawinsky und Marschner auch ganz; aber auch andere Gegenspieler gehören dazu, die große Heiterkeit, ›Der Barbier von Sevilla‹... Also der Bogen war ungeheuer geeint in der Aura der Krolloper, so daß man überall Morgenwind wittern konnte, auch im ›Hans Heiling‹ und überall. Bei ›Oedipus Rex‹, wenn ich da das Wort Antike sage im Gegensatz zum Morgenwind, ist das ja nicht ganz blasphemisch, ist auch die Antike drin, das war schon geeint in einer schwer zu definierenden, aber sehr interessanten Aufgabe: wie kann man tatsächlich das verstehen, daß ein solcher Bogen ohne Bruch in der Krolloper möglich war? Was sind die Ingredienzien dieser Aura gewesen: eben die Person dessen, der das dirigiert und zusammenhält, und die Person derer, die das in Form brachten oder verwandte Impulse hinzufügten, wozu viele Gespräche gehörten, die wir doch dauernd gemeinsam geführt haben, wir Peripheren, die wir uns doch sehr zentralistisch dort fühlen konnten.«

*Hans Curjel:* »Es war ja aber auch nicht nur das Geistige; es war noch etwas anderes dabei. Es wurde nicht tierisch ernst gearbeitet. Man strebte nicht nach einer Art von Perfektion, wie sie heute aus bestimmten Gründen üblich ist, wie sie verlangt wird. Im Gegenteil: das Menschliche spielte ja auch eine Rolle, und zwar nicht das Menschliche in den einfachen Kategorien, sondern das Menschliche mehr auf der Ebene der raschen Wendung zum Komischen, zum Witz, zum Erkennen der Groteskheit einer Situation, und da auch gerade wieder der Qualität einer Situation. Sie haben früher mal Geschichten erzählt, die Sie selber bei Kroll in den Proben erlebt haben.«

*Ernst Bloch:* »Ja, also Geschichten, die geradezu Stichworte sind, nicht, als Erinnerung wie so eine Probe aussah. Ich hatte das Vergnügen, in den Proben dabei zu sein, also ›in action, in making‹ das zu sehen, zum Beispiel ›Fliegender Holländer‹. Überhaupt ›Fliegender Holländer‹, den haben wir vorhin vergessen in dem Bogen zwischen ›Hans Heiling‹ und ›Oedipus Rex‹ – eine sehr interessante Sache, wo es nicht nur Wagner-Abscheu gibt, sondern Wagner-Probleme wieder gibt. Nun, wenn Sie das als Erinnerung meinen, was beim ›Fliegenden Holländer‹ passierte: am Schluß tritt der Holländer auf, wo er die Erkennungsszene provoziert mit dem sehr vollmundigen Gesang: ›Befragt die Meere aller Zonen, befragt den Seemann, der den Ozean durchstrich‹ und so fort, also ... ›den Fliegenden Holländer nennt man mich‹. Klemperer klopft ab: ›Was schreien Sie denn so, Herr Krenn (so hieß der Sänger), was brüllen Sie denn so? Es weiß ja ohnehin jeder, daß Sie der Fliegende Holländer sind, es steht ja schon auf dem Theaterzettel: Fliegender Holländer – Herr Krenn.‹ Also eine entzückende Sache, zugleich mit einer immanenten Kritik an dem Werk selbst, wo die große Überraschung durch den Theaterzettel ja schon aufgehoben wird. Also, das ist doch eine entzückende Art, Leben in die Bude zu bringen und zugleich ein Problem zu zeigen: wie singt man denn das, nachdem es schon auf dem Theaterzettel steht. Eine schöne Erinnerung. Oder auch die Heiterkeit. Vielleicht erinnern Sie sich an die Sache mit der von uns damals hochgeschätzten und heute noch hochgeschätzten und geliebten Moje Forbach. Die sang eben im ›Holländer‹, wenn ich mich nicht irre, die Senta und blieb nun da oben auf einer Note stehen, ich weiß nicht mehr bei welcher Szene. Klemperer klopft wieder ab. Erstarrt alles, nicht. ›Na, wie lange wollen Sie dieses g noch aushalten, Frau Forbach?‹ – ›Ja, entschuldigen Sie, darüber steht doch ad libitum.‹ – ›Hm, ad libitum, ja, was heißt denn »ad libitum«?‹ – ›Ja, ich denke, nach Belieben?‹ – ›Und nach wessen Belieben?‹ – Da machte die Moje Forbach einen Hofknicks, wie man ihn nur in einer Molière-Aufführung in der Comédie Française am Odéon-Platz in Paris sehen kann, wo der Reifrock noch dazu gehört –, tiefe Verneigung nach rückwärts: ›Nach Ihrem, Herr General!‹ – Was also nicht nur eine Anekdote von Klemperer ist, sondern auch von der Moje Forbach und vielleicht ein Gleichnis gibt für das hübsche Zusammenspiel durch die lösende Verbindung, Einheit des Wissens, die möglich ist, gegen das, was Sie tierischen Ernst nennen.«

*Hans Curjel:* »Noch einmal zur Frage der Auswirkung der Kroll-Jahre; über den ständigen Kontakt im peripheren Freundeskreis hinaus – dem übrigens auch Adorno angehörte, damals noch als Theodor Wiesengrund-Adorno – haben Sie wichtige Beiträge in den ›Blättern der Staatsoper‹ für unsere Premieren geschrieben. Auch in Ihren späteren Schriften taucht – soviel ich weiß – die Krolloper gelegentlich auf, nachdem sie lange verschwunden war. Da wäre doch wahrscheinlich zu fassen, was die Krolloper für den geistigen Menschen bedeutet hat.«

*Ernst Bloch:* »Ja, wie ich es schon versucht habe zu fassen: die Musikerziehung, die man noch in den späteren Jahren dann erlangt und die desto kostbarer ist nach einer langen Geschichte von Opernbesuch und Musikkenntnis – die bekam sozusagen den Punkt auf ihr i. Das wurde pointiert durch die Krolloper. Es ging was anderes auf, was ich hier gesehen habe, also auch ein Zugang, ein anderer Zugang zur Musik, nicht in die Neue Sachlichkeit hinein als Gegenschlag zur Romantik, sondern ein Drittes – ich sage ja, es müßte noch definiert werden. Hier steckt ein Problem, das in einem kurzen Gespräch sich als Problem vielleicht nur angeben läßt, obwohl man schwer eine Lösung finden kann. Also die strikte Alternative: Romantik oder Neue Sachlichkeit, die in der Zeit damals lag, die war hier aufgehoben. Es war ein Drittes jenseits von beiden eingetreten, ja, etwas noch nicht Gekommenes, nicht etwa die rückwärts gewandte Romantik und nicht etwa die um jeden Preis aktuelle Gegenwärtigkeit, wie's in der Neuen Sachlichkeit war, sondern ein vorwärts Gewandtes, nun mehr philosophisch überlegt. – Ja, und noch die Verbindung mit Jungenhaftigkeit, die schließlich auch darin steckte, um auf den ›Holländer‹ zu kommen, wenn das vielleicht zu unserem Thema hinzugehört – ich nehme ihn nur als Beispiel dafür. Eine Wiederkehr von einem Jungenserlebnis habe ich insgesamt bei der Krolloper haben können. Daß das nämlich – und da sind ja auch Verbindungen zu Weill und Brecht darin – zu unserer Jungenhaftigkeit, die nie verschüttet war, zurückführte. Zum Beispiel: ich mußte mit dreizehn Jahren im Abonnement in Mannheim einen Platz absitzen und die ›Götterdämmerung‹ hören, 6 Stunden, und habe eine so entsetzliche Erinnerung gehabt. Am Schluß nur war ich etwas erheitert, weil's brannte. Ein Theaterbrand. Das war aber auch nichts. Es war rot, die ›Götterdämmerung‹. Und ging sechs Jahre lang nicht mehr in eine Oper. Dann hörte ich in einem Konzert, wo ich auch mitgeschleppt wurde, von einem Lehrergesangverein den Matrosenchor aus dem ›Holländer‹. Ich haßte Wagner, muß ich noch sagen. Es galt dann nur noch Mozart, Haydn, Beethoven. Selbst Beethoven war schon etwas zu stark für die jungenhafte Kühle, die knabenhafte Kühle. Aber ich hörte nun hier den Matrosenchor aus dem ›Holländer‹ mit der Bootsmannspfeife und der großartigen None g-a in die nächste Oktave hinein, und nun wurde mir alles klar: das ist eine Seeräubergeschichte, das ist Captain Mariet, das ist Michiman Easy – von hier aus, von der Bootsmannspfeife aus, habe ich Wagner wieder ertragen. Das war also die Rettung Wagners durch Captain Mariet oder Clark Russell oder Karl May. Also diese Jungenhaftigkeit, die Pionierlinie, die war gegeben in meiner Erinnerung und – wie gesagt – so was wie die Bootsmannspfeife mit ihrem Ruf, mit ihrer Aufforderung, mit dem Gellen ins Unbekannte noch hinein, das habe ich bei der Krolloper – ich spreche übertragen, ich spreche allegorisch, nicht, ich möchte nicht gepreßt werden – als einen neuen Akzent in der Musik, vor allem in der Oper erfahren. Der feudale Schlendrian ging weg. Aus dem Feudalismus ist ja nun die Oper geboren, und es gab eine Wiedergeburt aus jungenhafter Frische. – In der Krolloper wurde Wagner entgiftet, zum ersten Mal. Das, was später in Bayreuth versucht worden ist, oder auch zu einem gewissen Sieg geführt werden konnte. Die Prämissen lagen in der Art, wie zum Beispiel eben dieser ›Fliegende Holländer‹ dargeboten wurde, ohne Bart, ohne Butzenscheibe, ohne falsches Pathos. Es war, nicht ohne Bedeutung, auch die erste Fassung vom ›Holländer‹, die damals über die Bretter ging, also die Welt des frühen Wagner, die erschien, in der noch nicht die Vollmündigkeit der sechziger, siebziger, der achtziger Jahre und das Hoftheater triumphieren konnte. Kühle, Klarheit, Frische: Rettung Wagners durch diese Frische, weg von allem Lenbachtum, von Draperie, von Unechtheit und Verlogenheit, ist begonnen worden, und das möchte ich dankbar pointieren, ist begonnen worden in der Krolloper.«

Der musikalische, literarische und wissenschaftliche Umkreis der Krolloper wurde in den Premieren als Teil des großen Publikums sichtbar. Manchmal auch in den Generalproben. Es war weder eine Clique noch eine Claque, wie mißmutige Kritiker es unterstellten, sondern ein Zirkel von Intellektuellen, der sich von Albert Einstein bis zum damaligen Berliner Nuntius Eugenio Pacelli, dem späteren Papst Pius XII., und vom General von Seeckt bis Bertolt Brecht spannte.

Aus der Rückschau schildert Hans Heinz Stuckenschmidt die Atmosphäre solcher Aufführungen: »In jeder Aufführung und sogar in jeder Probe der Krolloper war eine Atmosphäre geistiger Hochspannung. Es ist ganz einzigartig und schwer zu beschreiben, wie man diese Abende oder Vormittage als Stunden empfand, in denen hier das Herz des Weltgeistes schlug. Dieses Theater war auf eine zauberische Weise mehr als ein Kunsttempel. Man fühlte, daß seine künstlerischen Äußerungen engagiert waren in einem allgemeineren Sinne. Es war ein Volksbühnentheater höherer und geistigerer Zusammensetzung; man glaubte, moderne soziale Ideen, glaubte aber auch eine Art moderner Religiosität zu spüren, eine Aura von Kult und Gläubigkeit, die von der Person Klemperers selbst auszustrahlen schien. Tatsächlich traf man in diesen Premieren auch Menschen der verschiedensten geistigen Zugehörigkeit. Priester wie den Kaplan Fahsel oder den Pater Muckermann, Politiker wie Stresemann und seine Familie, Schauspieler und Schauspielkritiker wie Paul Wegener und Alfred Kerr, Literaten wie Hermann von Wedderkop, Galeriebesitzer wie Alfred Flechtheim, Opernfeinde wie den damals schon ganz der Politik gehörenden Hanns Eisler, Opernenthusiasten wie Thomas Mann, und es kam wohl kaum vor, daß jemand von dem, was da gezeigt wurde, gleichgültig gelassen war. Man applaudierte wild, man protestierte pfeifend und gröhlend, aber man schwieg nicht. Man war getroffen. Und dabei war dieses völlig moderne europäische Theater imprägniert vom Geist Berlins, nur an der Spree auf diese Weise möglich und denkbar. Eine Epoche. Unvergeßlich und unwiederbringlich wie die des Bauhauses oder, um eine berlinische Analogie zu beschwören, das Theater Erwin Piscators. Wer dabei war, hat den Geist des 20. Jahrhunderts gespürt.«

Außerhalb Berlins war die Resonanz der Krolloper schwächer, als bei dem in der Reichshauptstadt erregten Aufsehen anzunehmen gewesen wäre. Vor allem fiel auf, daß im Kreis der Opernfachleute nur geringes Interesse zutage trat. Vielleicht war die in der Krolloper herrschende Arbeitsatmosphäre der normalen Betriebsmentalität zu fremd, vielleicht spielte auch Angst mit hinein vor geistigen und künstlerischen Konsequenzen, die von den bei Kroll verwirklichten Prinzipien hätten ausgehen können. Ohnedies: auf der Linie der Krolloper war gewiß keine Karriere im üblichen Sinn zu machen.

Aber bei schöpferischen Menschen des Auslandes war Neugier im besten Sinn vorhanden, die durch gelegentliche Informationen in Fachzeitschriften angeregt und befriedigt wurden. Auch darüber gibt Hans Heinz Stuckenschmidt Auskunft: »Als Klemperers Krolloper ihre volle Aktivität entfalten konnte, 1928 und 1929, lebte ich in Prag. Damals hatte ich viel geistigen Kontakt mit den modernen tschechischen Musikern und Schriftstellern, und ich erinnere mich, wie begierig man den Spielplan der Krolloper verfolgte. Auch in Wien und Paris interessierte man sich für Klemperers Oper, und ich weiß, daß die New Yorker Zeitschrift ›Modern Music‹ mich damals um besondere Berichte über einige ihrer Premieren bat, wie die von Křeneks ›Leben der Orest‹, die ich auch unter dem Titel ›Hellenic Jazz‹ ausführlich besprach. Wenn ich nicht irre, ist 1929 auch Sergej Prokofieff anläßlich eines Berliner Aufenthaltes nicht in die Staatsoper Unter den Linden oder in die Städtische Oper, sondern ins Krollhaus gegangen. Der amerikanische Komponist Roger Sessions versäumte, wenn er in Berlin war, keine wichtige Aufführung am Platz der Republik.«

Und die Resonanz in der Publizistik, die Kritik in den Berliner Zeitungen, den deutschen Provinzblättern und in Zeitschriften? Sie ist kaum ein Ruhmesblatt in der Geschichte der Musikkritik, wenn auch einzelne Kritiker verschiedener Generationen gegen die negative Haltung und die Besserwisserei der Mehrheit aufgetreten sind. Bei der Beurteilung der Pressereaktion muß man bedenken, daß in den Jahren von Kroll das Zeitungswesen noch bei weitem nicht so organisiert war und keineswegs über so enorme Informationsmöglichkeiten verfügte wie heute. Die Krolloper hielt zum Beispiel während ihrer vierjährigen Lebenszeit nicht eine einzige Pressekonferenz ab, obwohl nach heutiger Beurteilung mehr als reichlich Anlaß dazu gewesen wäre. Wohl suchten einzelne Kritiker persönlichen Kontakt mit den Männern der Krolloper. Jedoch der weitaus größere Teil stand fern und blieb daher fremd. Und von Kroll aus geschah nichts, diese dann in ihren Auswirkungen oft gefährliche Situation zu ändern.

Um so mehr ist zu würdigen, was Kritiker wie Oscar Bie, Heinrich Strobel, Klaus Pringsheim, Hans Heinz Stuckenschmidt, Bernhard Diebold, Hermann Springer, Josef Rufer für das Verständnis der Kroll-Idee geleistet haben. Nicht zu vergessen die beiden wichtigsten modernen Musikzeitschriften: das in Mainz erscheinende ›Melos‹ und der in Wien herausgegebene ›Anbruch‹. In beiden Zeitschriften sind Essays von Mersmann, Strobel, Adorno und anderen gedruckt worden, die noch heute nicht nur lesbar, sondern durchaus lehrreich sind.

Aber eine entscheidende Prämisse der Kroll-Idee war nicht erfüllt: die Breitenresonanz in den Besuchermassen der Volksbühnenmitglieder, Voraussetzung des Serienspielplanes, entsprach nicht den Erwartungen. Zur Volksbühnenleitung, die schon bei Klemperers Berufung nicht gehört worden war, bestand so gut wie keine direkte Verbindung. Im Rückblick ist es einfach unverständlich, daß die übergeordneten Stellen, Kultusministerium und Generalintendanz, von sich aus ständig mit den Organen der Volksbühne im Gespräch, die eigentlich unerläßlichen Kontakte zum Opernteam nicht herbeiführten, vielleicht sogar nicht wünschten. Mag sein, daß das Prinzip der Gewaltentrennung dahinter stand oder politische Absicht, die Situation stets offen zu halten, um jederzeit die Entscheidungsfreiheit über Sein oder Nichtsein der Krolloper in der Hand zu haben. Eine Klausel in Klemperers Vertrag auf zehn Jahre von 1927 an weist deutlich genug darauf hin, daß aus der Sicht des Ministeriums die selbständige Krolloper als Experiment galt, dessen Erfolg und Dauer nicht im voraus abzuschätzen war: im Fall einer Schließung des Instituts sollte Klemperer als »Generalmusikdirektor in vollem Umfang« an die Staatsoper Unter den Linden übernommen werden. Was im wirren Geflecht von sachlichen und persönlichen Motiven die hintergründig entscheidende Rolle gespielt hat, wird sich kaum mehr einwandfrei klären lassen. Allerdings, ein Triumvirat von Schlüsselfiguren bleibt im Verlauf der Dinge erkennbar, mit Leo Kestenberg, Heinz Tietjen und Siegfried Nestriepke. Kestenberg, nachweislich schon Jahre vorher um die Berufung von Klemperer nach Berlin bemüht, sah in den Verhandlungen von 1926 das Ziel seiner Wünsche erreicht.

Aber nach so inkommensurablen Premieren wie Pfitzners ›Palestrina‹ und Schrekers ›Irrelohe‹ unter Klemperer in Köln hatte ›Don Giovanni‹ in Wiesbaden wohl nicht genügt, um für Kestenberg die Linie klarzulegen, auf der Klemperer seine Opernarbeit in Berlin halten würde. Und der mit der Mentalität des Besucherstamms vertraute musikalische Berater der Volksbühnenleitung hat anscheinend keinen Versuch gemacht, Klemperer und sein Team über die sozialen Ziele und Voraussetzungen der großen Organisation zu informieren oder gemeinsame Aussprachen über Spielplan und Aufführungen zustandezubringen. Hat Kestenberg, in jenen Jahren wegen seiner Tendenzen in Kulturpolitik und Musikerziehung einem steigenden politischen Druck von rechts ausgesetzt, vorzeitig resigniert? In seinen 1961 publizierten Aufzeichnungen ›Bewegte Zeiten‹ schreibt er: »Klemperer eröffnete die Krolloper im Jahre 1927 mit ›Fidelio‹... Die ganze Aufführung war von einem neuen Stil beseelt, sowohl künstlerisch-musikalisch wie auch regie- und bühnenbildmäßig. Aber schon diese erste Aufführung ließ leider erkennen, daß Publikum und Presse nicht gewillt waren, auf den alten liebgewordenen, routinemäßigen Aufführungsstil zu verzichten. Schon von diesem Tage an begann die verhängnisvolle Problematik der Krolloper, die sich im Laufe der nächsten Jahre immer mehr und mehr verstärken sollte... Es war bedauerlich, daß gerade das Volksbühnenpublikum, welches der eiserne Bestand der Krolloper sein sollte, vollkommen versagte...«

Dieses Versagen wird von Kestenbergs Mitarbeiter Franz Beidler im Gespräch noch unterstrichen mit der harten Feststellung, daß die Sozialdemokraten – nicht nur in Deutschland – künstlerisch oft einem spießbürgerlichen Standpunkt zuneigen. In jenen bewegten Jahren waren die jungen Menschen, vor allem aus Kreisen der bürgerlichen Linken und der Sozialisten, primär politisch engagiert, darüber kam dann eben die Kultur zu kurz.

*Franz Beidler:* »Infolgedessen hat die Krolloper nicht das Interesse gefunden, das sie verdient hätte. Immerhin, es gab einen ganzen Kreis von jungen Sozialisten, aus der Arbeiterjugend, aus dem Arbeiter-Sängerbund, der durch dick und dünn zur Krolloper stand; aber man muß sagen, daß auch linksliberale Bürgerliche außerordentlich viel Verständnis für die Bestrebungen und Leistungen der Krolloper hatten.«

Für seine kulturellen Ziele fand Kestenberg, laut Beidler, selbst bei seinen Parteifreunden nur zum Teil positives Echo.

Über Heinz Tietjen, der seit seinem Amtsantritt als Intendant der Berliner Städtischen Oper zu einer einzigartigen Machtposition im deutschen Theaterwesen aufrückte, gibt es im Beidler-Gespräch eine vielleicht einseitig formulierte, jedenfalls aufschlußreiche Bemerkung: »Tietjen war für den Kreis um Kestenberg eine Enttäuschung. Denn er bewegte sich durchaus im traditionellen Rahmen von alter Oper und hatte im Grunde für die Gedankengänge und für die Ziele, die wir um Kestenberg mit der Krolloper verfolgten, kein Verständnis.«

Von Seelig, dem Theater-Referenten im Berliner Kultusministerium, vor dem Landtag als »das beste Pferd im Stalle des deutschen Theaters« gepriesen, wurde Tietjen in Berlin, obwohl er mit Bruno Walter in der Städtischen Oper an der Bismarckstraße eine scharfe Konkurrenz zur Staatsoper Unter den Linden aufbaute, bald von Kultusminister Becker zu wichtigen Entscheidungen beratend gehört, noch ehe er als Generalintendant den drei Berliner Opernhäusern, später allen preußischen Staatstheatern übergeordnet wurde und zudem ein beamtetes Referat im Ministerium selbst verwaltete. So will Tietjen schon 1925 auf eine Frage von Becker für die Berufung von Otto Klemperer nach Berlin votiert haben.

Mit einer gewissen Scheu das grelle Rampenlicht der großen Öffentlichkeit meidend, lavierte Tietjen äußerst geschickt mit schwer zu durchschauenden Verbindungen, deren sachliche und politische Divergenzen ihn keineswegs zu stören schienen. Wegen seines klug im Hintergrund gehaltenen Spiels taucht eines Tages in der Boulevardpresse die rhetorische Frage auf: »Hat Tietjen je gelebt?« Der Arbeit bei Kroll mit verbindlicher Freundlichkeit zugetan, hat der Generalintendant gewiß nicht die Interessen der beiden anderen Opernhäuser in Berlin vernachlässigen dürfen. Was aber auch er unterlassen hat: für Kroll die entscheidenden Kontakte zur Volksbühne herzustellen. Eine paradoxe Situation: Dr. Siegfried Nestriepke, als Generalsekretär der Volksbühne Tietjens ständiger Gesprächspartner, hatte seinen Amtssitz im gleichen Haus am Platz der Republik wie die Krolloper. Tietjen, der sich noch als achtzigjähriger auf die »Pflicht und Schuldigkeit« beruft, die aus dem preußischen Beamteneid herzuleiten war, hat auch echt bürokratische Methoden nicht verschmäht: statt ein Gespräch im gleichen Gebäudekomplex herbeizuführen, ließ er »auf dem Dienstweg« etwaige Einwände gegen den Spielplan oder von Nestriepke gesammelte Mitgliederbeschwerden über Kroll-Vorstellungen ins Ministerium schicken, um sie dann der Opernleitung zur Stellungnahme und eventueller Einzelbeantwortung zuzusenden.

Da ist nichts mehr zu spüren vom informellen gegenseitigen Vertrauensverhältnis bei Vorplanung und Beginn. Von Tietjen wurde Dr. Nestriepke 1962 charakterisiert als »ein Mann mit sehr hohen Ambitionen, sehr rührig, ein hochanständiger und gebildeter Mann, mit dem man sehr, sehr gut damals verhandeln konnte...«, während von Stimmen aus den zwanziger Jahren Nestriepke verantwortlich gemacht wird für die weitgehende Öffnung der Volksbühne in Richtung auf die unpolitischen Ziele der bürgerlichen Mittelklasse, weg von einer vorwiegend proletarischen Mitgliedschaft. Und Thomas Manns Schwager Klaus Pringsheim nennt im ›Vorwärts‹ den Volksbühnenkurs unter Nestriepke hoffnungslos reaktionär. In der Kontaktfrage bleibt nachträglich auch die Haltung des Kroll-Leitungsgremiums unverständlich; allerdings war es, personell knapp besetzt, mit den laufenden künstlerischen Aufgaben oft mehr als voll beschäftigt. So beschränkte man sich auf die wenigen gegebenen Zugangsmöglichkeiten zum Volksbühnenpublikum: auf die Abend-Programme und auf die bei den Premieren zur Verteilung gelangenden ›Blätter der Staatsoper‹.

Was aber im Institut selbst viel zu spät bemerkt wurde: für die Lebensdauer der Krolloper war letzten Endes nicht das Maß der Resonanz bei Publikum und Presse ausschlaggebend, sondern eine andere Öffentlichkeit, das Zusammenspiel zweier Instanzen, für die weder künstlerische Fragen existierten noch Ansprüche auf soziale Kunstpflege. Auf der Ebene der Staatlichen Finanzverwaltung und des preußischen Landtages zählten nur Etatprobleme und politische Opportunität.

## Der Kampf um die Krolloper

In dieser anderen Öffentlichkeit, das heißt in den Bezirken der preußischen Finanzverwaltung und der politischen Parteien spielte sich der eigentliche Kampf um die Existenz der Krolloper ab. Von den Exponenten entschiedener Gegnerschaft wurde der zum Teil in seiner Art großartige Meinungsstreit, wie er sich in Tagespresse und Zeitschriften dokumentierte und zu Landtagsdebatten führte, nach Bedarf mobilisiert und für gezielte Zwecke ausgenützt. Wenn man heute von den reichlich erhaltenen Dokumenten aus den Lauf der Ereignisse überblickt, so erscheint er als ein raffiniertes Spiel merkwürdig ineinander und gegeneinander wirkender Kräfte.

Schon vor der Verselbständigung der Krolloper unter Klemperer, also vor 1927, hatte die Oberrechnungskammer aus Ersparnisgründen Einwendungen gegen den staatlichen Opernbetrieb im Krollhaus erhoben, wobei gewiß auch die Abneigung der alten Beamtenschaft gegen die soziale Kunstpolitik des Kultusministeriums eine Rolle spielte. Nach Klemperers Amtsantritt wurden, bedingt durch die steigende Wirtschaftskrise, immer drastischere Maßnahmen vorgeschlagen, die nun offen auf Schließung der Krolloper tendierten.

Aber auch von der Volksbühne aus ergab sich eine für Kroll verhängnisvolle Entwicklung. Mit der Wirtschaftskrise von 1929 und der dadurch rapide steigenden Arbeitslosigkeit begann ein erheblicher Mitgliederschwund. Für die Volksbühne war damit die Gefahr gegeben, daß sie ihre vertraglichen Verpflichtungen zur Abnahme einer sehr großen Zahl von Plätzen in der Krolloper nicht mehr erfüllen könne. Nach einem Prozeß zwischen Ministerium und Volksbühne kam es zu Verhandlungen, bei denen unter dem Druck der Oberrechnungskammer und des Finanzministeriums das Kultusministerium auf die Möglichkeit einer Schließung der Krolloper, die Volksbühne auf einen finanziell weniger belastenden Vertrag und vor allem auf die Zusage zielte, nach der allfälligen Schließung Krolls für eine beschränkte Mitgliederzahl in den Genuß von Vorstellungen in der repräsentativen Lindenoper zu kommen. Also weg von der modernen Krolloper und Anschluß an die bürgerliche Opernkonvention.

Diese Wünsche der Volksbühne entsprachen einem Zug der Zeit. Mit der wirtschaftlichen Depression gegen Ende der zwanziger Jahre entstand eine kulturpolitische Lage, in der alle Erscheinungsformen der Moderne rüde bekämpft wurden. In Dessau wendet sich der Kampf gegen das Bauhaus, in Berlin gegen das Kronprinzenpalais, die Pflegestätte moderner bildender Kunst und – eben gegen die Krolloper. Es sah aber nur so aus, als handle es sich um Geschmacksfragen, um die Rückkehr in die gesicherte Welt früherer künstlerischer Anschauungen und Wünsche.

Klemperer selbst hat aus der Perspektive des Rückblicks absolut keine besondere Absicht bei der Einordnung zeitgenössischen Schaffens in den Spielplan gesehen. Wenn nicht die Sperrliste für gewisse Standardwerke zugunsten der beiden anderen Opernhäuser gewesen wäre – »wir hätten gern noch mehr volkstümliche Werke gespielt im Hinblick auf die Volksbühne. Aber grundsätzlich richteten wir uns nur und ausschließlich nach der Qualität.«

Daß der international erfolgreichste Reichsaußenminister der Weimarer Republik mit seiner Familie zu den Premierengästen im Krollhaus zählte, war als Sympathiebeweis nicht zu unterschätzen. In Vorahnung der kommenden Dinge hat Klemperer auf die Nachricht von Gustav Stresemanns Tod am 3. Oktober 1929 geäußert: »Das ist ein Schicksalstag auch für uns.«

»Noch vor Ende der Spielzeit 1929/30 machte uns Herr Tietjen die unerfreuliche Mitteilung, daß die Krolloper im kommenden Jahr geschlossen werden müßte. Wir waren außer uns, beschlossen aber trotzdem gerade in der letzten Saison die äußerste Anstrengung aller unserer Kräfte. Tietjen hat auch nicht den leisesten Grund angegeben. Er teilte uns einfach die Tatsache mit, die wir ebenso schweigend wie erregt aufnahmen.«

Einige der zunächst offenbar verschwiegenen Grundtatsachen, die zur Schließung der Krolloper führten, erscheinen erst nach drei Jahrzehnten im Gespräch mit Heinz Tietjen, soweit sie nicht schon in den Akten des Kroll-Untersuchungsausschusses vermerkt sind. Da ist, rein äußerlich gesehen, zunächst die verkehrstechnisch sehr ungünstige Lage am Rand des Tiergartens, von einem bösartigen Skribenten als »Schmiere im Walde« gekennzeichnet.

Auf die Frage nach der Stellungnahme der Volksbühne zur selbständigen Krolloper unter Klemperer antwortet Tietjen ausweichend: »Die Volksbühne war damals gut und reichlich dotiert, hatte eine ungeheure Mitgliederzahl und konnte hineinsteigen in irgendwelche Unternehmungen, die vielleicht von außen her noch gefährlich erschienen oder unbekannt waren, nämlich in einen großen Opernbetrieb mit einer Verantwortung in geldlicher Beziehung. Es war in der Filialbespielung ursprünglich vorgesehen, daß sie am Anfang 360 000, später dann 240 000 Plätze abnahm. Die Mitgliederzahl war so groß, daß auf jedes Mitglied der Volksbühne durchschnittlich nur ein zweimaliger Opernbesuch pro Jahr kam.«

Wenn Dr. Nestriepke vor dem Untersuchungsausschuß des Landtages betont hat, daß seine Volksbühnenmitglieder für Neuerungen in Aufführungsstil und Werkwahl weniger zugänglich waren als ein bürgerlich-intellektuelles Publikum, und hierin einen zusätzlichen Grund für den katastrophalen Rückgang des Mitgliederbestandes sah, so war das vorher dem Kultusministerium und dem Generalintendanten genauso bekannt wie die wachsenden finanziellen Schwierigkeiten.

Auf den Einwurf, das Krollgremium habe von diesen sachlichen Hintergründen fast nichts erfahren, nichts gewußt, gibt Tietjen zu: »Ja, da sind Fehler vorgekommen, sowohl von unserer Seite als auch von der Volksbühnenleitung. Ich glaube, erzieherisch ist man zu forsch vorgegangen; nicht von Klemperers Seite aus: der stand auf seinem großartigen Standpunkt einer modernen Kunstbetätigung...«

»Aber immerhin war ich am Rande angelangt, als die Volksbühne so restlos versagte, dann auch mit Zahlungen, denn – Sie wissen es ja selbst – daß von den ursprünglich 360 000 Plätzen am Schluß nur noch vielleicht 50 000 übrigblieben. Ja, aber wo blieb das Geld?

Herr Dr. Nestriepke ist ja persönlich zu dem Finanzminister Höpker-Aschoff gegangen – das war doch weiß Gott ein Canossa-Gang – um ihm zu sagen: Herr Minister, wir sind am Ende, wir können nicht mehr. Und der Minister hat die Mittel für Kroll gesperrt. Das war das Ende.«

Nach Gründen außer dem finanziellen Desaster gefragt, antwortet Tietjen: »Diese finanziellen Gründe waren zunächst die wichtigeren, denn ohne Geld konnte man nicht arbeiten. Die anderen Gründe sind viel einfacher zu erklären, denn sie sind ja viel unkomplizierter. Das war das liebgewordene ›ancien régime‹ in der Kunst. Die Leute waren einfach zu faul mitzudenken und mitzugehen – auch das sogenannte bessere Publikum hätte schließlich die Mühe aufbringen müssen, mal sich ›Neues vom Tage‹ von Hindemith anzusehen. Sie haben es nicht getan. Schon wenn sie den Titel lasen: Schönberg – – ausgeschlossen! Ja, aber wußten sie denn etwas von Schönberg? Nichts wußten sie. Und sie gingen dem On-dit nach und dieser Presse, die dann so bissig wurde. Das Publikum hat so restlos der Kroll-Idee gegenüber versagt in seiner Gesamtheit, daß eine Weiterführung von Kroll in der damaligen Zeit nur mit ungeheuren Mitteln möglich gewesen wäre. Wenn das sogenannte Dritte Reich nicht gekommen wäre und wir hätten weiterarbeiten können, so wären Mittel erforderlich gewesen, wie sie ein voll zu subventionierendes Operntheater mit sozialer Kunstpflege benötigte. Das wäre möglich gewesen, denn die Kroll-Idee ist nicht totzukriegen, und nach meinem Dafürhalten lebt sie noch heute.«

Als Tietjens Gesprächspartner ergänzt Hans Curjel den Gedankengang des ehemaligen Generalintendanten: »Die Tragödie der Krolloper bedeutete natürlich für das Personal, von den obersten bis zu den untersten Rängen, eine ungeheure seelische Belastung. Dadurch daß wir die Details nicht kannten, daß wir keinen Zugang zu den Dingen hatten, fühlten wir uns in gewisser Beziehung verraten. Und so kam es auch, daß wir Kestenberg gegenüber – wenigstens in den letzten zwei Jahren – ein großes Mißtrauen hatten. Es hat sich später herausgestellt, daß dieses Mißtrauen eben falsch war, weil Kestenberg selbst sich in einer ungeheuer schwierigen Situation befand.

Was nun die Kroll-Idee betrifft, so wäre über die künstlerischen Ziele zu sagen: das Wesentliche bei Kroll war, daß man wirklich um die Sache und allein um die Sache gearbeitet hat. Daß alles im Vordergrund steht, was persönlich ist: Dinge, die heute üblich sind, gab es nicht.

Natürlich war Klemperer ein überragender Mensch, ein überragender Dirigent. Aber wenn man ihn um zwei Uhr nachmittags bat, weil es notwendig geworden war, ›Perichole‹ zu übernehmen und zu dirigieren, so hat er gar keine Schwierigkeiten gemacht und sich hingesetzt, ohne daß er auf dem Zettel stand, hat noch nicht einmal verlangt, daß ein Anschlag gemacht wurde.

Das war, scheint mir, eines der wesentlichen Momente bei Kroll...«

Politische Interessen, deren erste Symptome schon kurz nach der Eröffnung der Krolloper sichtbar geworden waren, begannen rücksichtslos hervorzutreten. Auch hier wurde das Moderne, das Unkonformistische mit dem Linkspolitischen identifiziert. Und jetzt bezeichnete man Kroll als die »rote Oper« und bekämpfte sie mit dem Argument: Kulturbolschewismus. Und dies, obwohl die Kommunisten natürlicherweise gerade zu den Gegnern der Krolloper zählten, die weit davon entfernt war, deren kunstpolitischen Zielen zu entsprechen.

Schon in dieser ersten Phase des Kampfes gegen die Krolloper leistete das preußische Kultusministerium keinen nennenswerten Widerstand. Es ließ die Ereignisse sich entwickeln.

Das erste Ergebnis des Kampfes war, daß sich der Landtag intensiv mit der Krolloper beschäftigte. Hier verliefen die Dinge verhältnismäßig langsam. Anfang des Jahres 1930 stellte ein Abgeordneter der Zentrumspartei den Antrag, die Krolloper zu schließen und die Verträge mit der Volksbühne zu revidieren. Da die Mühlen der Bürokratie langsam mahlen, kam es zunächst zu keinen Beschlüssen.

Aber bei den fortschrittlich gesinnten Kunstfreunden, im Kreise der Künstler und Intellektuellen, die in der Moderne gesunde, produktive Kräfte sahen, kam es zu heftigen Protesten gegen die sich abzeichnenden Schließungspläne. Je heftiger die Angriffe der Gegner, je gefährlicher die Situation wurde, um so stärker wurde die geistige Hilfe von seiten der großen Menge der Sympathisierenden. Auch hier ging es quer durch die parteiliche Festlegung der Tageszeitungen.

Der Fall Kroll wurde über die Oper hinaus eine Angelegenheit des Theaters im allgemeinen. So schrieb der damals besonders beachtete Herbert Ihering: »Die Krolloper ist die einzige kunstpolitische Leistung, die der neue Staat vollbracht hat. Das einzige Staatstheater, das diesen Namen verdient. Die einzige Bühne, an der sich künstlerische, pädagogische, geistige und soziale Tendenzen restlos durchdringen. Ein Mittelpunkt, ein Beispiel, eine Kraftquelle. Die Krolloper zeigt in Berlin, wie gerade die bescheidenen Mittel nicht hemmend, sondern fördernd auf die Leistung wirken ... Diesen Gedanken auch in der Provinz fruchtbar zu machen, weist sie den Weg.«

In Zeitungen und Zeitschriften erschienen Rundfragen, bei denen sich Männer wie Thomas Mann, Hans Poelzig, Richard Coudenhove-Kalergi, der Begründer der Pan-Europa-Bewegung, und Komponisten wie Hindemith, Weill und Strawinsky mit größtem Nachdruck für die Erhaltung der Krolloper aussprachen.

In der Wochenschrift ›Tagebuch‹ kam Igor Strawinsky zu Wort: »Schon in Paris, wo eine große Zahl von Künstlern die Entwicklung der Krolloper mit außerordentlichem Interesse verfolgt, habe ich gehört, daß man beabsichtigt, dieses Operninstitut zu schließen. Jetzt, bei meinem Aufenthalt in Berlin, erfahre ich zu meinem größten Bedauern, daß wirklich eine Entscheidung gefallen ist, die zur Schließung der Krolloper führt. Ich kann eine solche Maßnahme nicht verstehen und will sie nicht glauben. Ich kenne die Arbeit der Krolloper seit ihrem Bestehen, ich habe zahlreiche Aufführungen meiner Werke gehört, ich habe dort Aufführungen klassischer und anderer moderner Opern gesehen. Ich hatte nach diesen praktischen Erfahrungen das Gefühl, daß es in Europa eine einzige Stelle gab, an der von Grund auf an der so notwendigen Erneuerung der Oper gearbeitet wird, mit ernstestem Willen, bestem Erfolg und weitreichender Resonanz. Eine Stelle, zu der man kameradschaftliches Vertrauen haben kann. Und dieses von innen heraus lebendige, in seiner Arbeit saubere Institut, diesen einmaligen, nicht wieder zu belebenden Organismus will man umbringen? – Unmöglich!«

Unerwarteterweise kam der Krolloper eine Hilfe, an die man nicht gedacht hatte. Nach den ersten Landtags-Verhandlungen über eine Schließung Krolls schrieb der preußische Ministerpräsident Otto Braun am 12. März 1930 einen Brief an Kultusminister Grimme, Dr. Beckers Nachfolger. »Ich bin aber zur Überzeugung gelangt, daß es zweckmäßig ist, nicht die Krolloper, sondern, wenn irgend möglich, die Städtische Oper eingehen zu lassen. Wie ernsthafte Aufsätze von berufener musikkritischer und finanzsachverständiger Seite zeigen, versteht es die Öffentlichkeit verschiedener Parteien nicht, daß man eine Bühne wie die Krolloper eingehen lassen will, deren Aufgabe es ist, eine soziale Musikpflege mit einem künstlerisch hohen Niveau und angemessenen, niedrigen Preisen zu treiben.«

Vor allem aber machte Otto Klemperer, der sich auch nach seinem im Sommer 1928 erfolgten Rücktritt von der Operndirektion als zentrale Gestalt der Krolloper für das Ganze verantwortlich fühlte, die größten Anstrengungen, um das Unheil abzuwenden. Er glaubte sich von den Persönlichkeiten, die seine Berufung nach Berlin betrieben hatten, verraten und wirkte, ohne irgendeine Unterstützung von ihrer Seite zu erwarten, an der Ausarbeitung von Organisations- und Finanzplänen mit, die die Weiterexistenz der Krolloper mit Hilfe großer Besucherverbände ermöglichen sollten.

»Ich tat alles nur Menschenmögliche, um die Schließung der Krolloper zu verhindern. Denn ich hing an dieser wie an einem Lebensplan. Ich ließ mich soweit hinreißen, daß ich einen Prozeß gegen die preußische Regierung anstrengte, der sich nur indirekt mit der Krolloper befaßte. Es handelte sich um den in meinem Vertrag befindlichen Satz, ich sollte im Falle, daß die Krolloper geschlossen würde, als Generalmusikdirektor ›in vollem Umfang‹ an der Linden-Oper wirken. Dies ›in vollem Umfang‹ wurde von mir anders ausgelegt wie von Herrn Tietjen. Es kam zu keiner Vereinbarung, und ich verlor den Prozeß. – Auch andere Anstrengungen machte ich. Ich sprach in Rom mit dem damaligen Staatssekretär Pacelli (der als päpstlicher Nuntius in Berlin mehrfach bei Premieren und Konzerten in der Krolloper gewesen war) und bat ihn um seine Hilfe. Er empfahl mir, mit Reichskanzler Dr. Brüning zu sprechen und mit Dr. Kaas (dem Vorsitzenden der Zentrumsfraktion im Reichstag). Ich tat beides. Namentlich die Unterhaltung mit Dr. Brüning war sehr aufschlußreich. Er sagte mir: ›Ich würde Ihnen gern helfen, ich kann es aber nicht tun, denn ich bin froh, daß wenigstens die eine Staatsoper geschlossen wird. Nach dem Versailler Vertrag hatten wir gar nicht das Recht, die Linden-Oper umzubauen. Wir haben das getan und unsere Schulden nicht bezahlt. Somit tut es mir furchtbar leid, in dieser Angelegenheit nicht eingreifen zu können.‹

Dr. Kaas machte ich den Vorschlag, die Krolloper als Reichsoper weiter zu belassen. Er erklärte, das wäre denkbar unmöglich. Ein Vorschlag, der später von Dr. Goebbels verwirklicht wurde mit einem anderen Theater, mit der Städtischen Oper.

Mein letzter Versuch war, mit der Volksbühne zu einer Vereinbarung zu kommen, daß sie das Theater vollkommen übernehmen sollte. Auch das kam nicht zustande.«

Seltsame Politik im Hintergrund, einen Klemperer bis in diese späte Phase ohne Information zu lassen über Nestriepkes bald ein Jahr zurückliegenden Canossa-Gang zum Finanzminister.

Inzwischen waren die Dinge im preußischen Landtag wieder in Fluß geraten. Ein eigens eingesetzter »Untersuchungs-Ausschuß Krolloper« hatte die Aufgabe, den ganzen Fragenkomplex, ein Dickicht von Verträgen, Absprachen und unterirdischen Kombinationen klarzulegen. In langen Sitzungen wurden die leitenden Ministerialbeamten, die Vertreter der Volksbühne, Tietjen, andere leitende Personen der Theaterseite und Otto Klemperer vernommen, wobei es zu heftigen Auseinandersetzungen mit Klemperer kam, der kein Blatt vor den Mund nahm. Von Kunst wurde nur am Rand gesprochen. Die Verhandlungen bewegten sich auf weichem, unsicherem Boden.

Praktisch war die Krolloper zu einem Zank- und Verhandlungsobjekt der politischen Parteien geworden. Vom Schwung, vom künstlerischen Unternehmungsgeist, mit dem die Krolloper knapp vier Jahre vorher ins Leben gerufen worden war, war auch der letzte Rest verschwunden.

Noch ehe der Ausschuß seine Verhandlungen abgeschlossen hatte, kam der Schließungsantrag des Zentrums vor das Plenum des preußischen Landtages. Am 25. März 1931 wurde der Antrag mit 213 Stimmen der Rechtsparteien und des Zentrums bei Stimmenthaltung der Sozialdemokraten angenommen. Auf der Zuschauertribüne hörten Otto Klemperer und ein Teil des künstlerischen Personals der Krolloper dem Todesurteil für ihr Institut zu.

Der Kommentar des ›Berliner Tageblatts‹ lautete: »Der Landtag hat damit den Absichten des Finanzministers und des Kultusministers getreulich Beihilfe geleistet. Der Staat zerschlägt in einem Augenblick der Depression ein Institut, das vor kaum vier Jahren mit dem Willen zur Dauer ins Leben gerufen wurde, bei dessen Gründung man mit Perioden der Depression unbedingt rechnen mußte; ein Institut, das mit verhältnismäßig geringen Mitteln bis in freundlichere Zeiten hinein hätte gerettet werden können.«

Das Kultusministerium hatte vor einer Mentalität und einer Strömung kapituliert, die unter dem Vorwand von Sparmaßnahmen den moralisch-künstlerischen Geist zum Verschwinden bringen wollte, den die Krolloper zu dem ihrigen gemacht hatte. Man versäumte es, den Anfängen zu wehren, die das Kommen des Ungeistes der dreißiger Jahre ankündigten.

Wie weit die Zeit schon vorgeschritten war, wurde mit erschreckender Deutlichkeit klar, als Klemperer auf dem Nachhauseweg in der Nähe der Krolloper am hellichten Tag von einer Gruppe junger Nationalsozialisten angepöbelt und angegriffen wurde. Nur durch einen glücklichen Zufall gelang es, Klemperer in ein vorbeikommendes Taxi zu drängen und so den Griffen der verhetzten Männer zu entreißen, von denen kaum anzunehmen war, daß je einer von ihnen die Krolloper besucht hatte.

# Epilog

In der Atmosphäre unmittelbarer Bedrohung verlief die Spielzeit 1930/31, »die wohl unsere beste war« – meint Klemperer.

Es erscheint heute geradezu als eine Paradoxie, daß sich in dieser Abschlußzeit eine innere Stabilisierung der Krolloper entwickelte, die gewiß auch damit zusammenhing, daß bei allen Beteiligten das außergewöhnliche Gefühl der Zusammengehörigkeit selbstverständlich geworden war. Die Lust an der Arbeit – unerläßliche Voraussetzung künstlerischer Theaterarbeit überhaupt – ließ nicht nach, im Gegenteil: sie wuchs an. Der Weg lag jetzt klar vor Augen: Entwicklung aus dem Geist der Gegenwart, Freiheit von Dogmatismus, Sicherheit in der Verwirklichung verschiedener, jedoch organisch echter Stilformen.

Die Neueinstudierungen der letzten sechs Monate der Existenz der Krolloper, von Januar bis Juni 1931, spiegeln diesen Konsolidierungsprozeß.

Die Reihe begann mit der berühmten Einstudierung von Mozarts ›Figaro‹ unter der musikalischen Leitung Klemperers, mit der Regie von Gründgens in der von Teo Otto entworfenen Bühne. Nichts mehr von musealem, »entzückendem« Rokokoschnörkel, keine stilechten, sondern gleichsam symbolisch vereinfachte Kostüme, eine optische Szene, die das Abbröckeln gesellschaftlicher Bindungen zeigte, eine Musik der in sich verflochtenen Freuden und Leidenschaften.

Es folgte, von Zemlinsky dirigiert, Puccinis ›Madame Butterfly‹ in Moholys beweglicher Bühnengestaltung, Regie Curjel. Keine Konzession an den sentimentalen Geschmack, sondern eine musikalische und szenische Reinigung, die ein exaktes musikalisches Meisterwerk hervortreten ließ.

Unter Zweigs musikalischer Leitung schloß sich die Erstaufführung von Jacques Offenbachs Operette ›Perichole‹ in der Bearbeitung von Karl Kraus an. Auch hier ein grundsätzlicher Schritt: nicht die Operette der banalen Unterhaltung, sondern diejenige der Ironie, der geistreichen Spiritualität und Triebhaftigkeit. Die menschliche Schwäche im Gewand des Charmanten und Intelligenten.

Die letzte von Klemperer musikalisch geleitete Einstudierung war Verdis Spätwerk ›Falstaff‹, zwar keines der konventionellen, aber eines der großen klassischen Meisterwerke des Opernspielplans. Teo Otto versetzte die Aufführung, die vom musikalischen Atem

Klemperers erfüllt zu einem fließenden Organismus geworden war, in eine Welt, die derjenigen des englischen Malers Hogarth analog schien. Für die Regie war die junge Russin Natascha Satz eingeladen worden.

Schließlich die letzte Premiere der Krolloper: Janáčeks nachgelassene epische Oper nach Dostojewskis Roman ›Aufzeichnungen aus einem Totenhaus‹.

Es war der Gedanke aufgeworfen worden, statt mit diesem dunklen Werk die Spielzeit mit Richard Straussens ›Rosenkavalier‹ zu beschließen. Man blieb aber bei Janáčeks, in diesem Moment für die Krolloper gleichsam symbolischen Werk, das kompromißlos auf musikalischen Prinzipien beruht, die dem verwandt sind, was in der Literatur innerer Monolog genannt wird. Dem Bühnenbildner Caspar Neher gelang eine magisch-realistische Szene, primitiv, einfach und von innerer Größe. Fritz Zweig dirigierte, Regie Hans Curjel.

Die letzten Monate spielten sich unter steigender Anteilnahme des Publikums ab, das mehr und mehr zu verstehen und auch zu genießen schien, was Klemperer und den Männern von Kroll – mit den Sängerinnen und Sängern – als künstlerisches Ziel vorschwebte. – Trotzdem scheiterten auch die noch im letzten Moment unternommenen Rettungsversuche: eine Verschmelzung der Krolloper mit dem Rundfunk, der aller Wahrscheinlichkeit nach ein großes stabiles Kontingent von Besuchern hätte stellen können, und die Stützung durch einen von Max Reinhardt, Hans Poelzig und Walter von Molo, dem damaligen Präsidenten der Dichterakademie, gegründeten Kreis der »Freunde der Krolloper«.

Am 3. Juli 1931 fand dann – unter musikalischer Leitung von Fritz Zweig, da Klemperer eine seit langem vorliegende Gastverpflichtung in Südamerika zu erfüllen hatte – die letzte Vorstellung der Krolloper statt: ›Figaros Hochzeit‹. Wir hatten diese Oper angesetzt, nicht nur weil sie zu den größten Meisterwerken aller Zeiten zählt, sondern auch weil in ihr der Geist des Widerspruchs lebt, leicht wie ein Hauch und schneidend wie ein blitzender Gedanke!

Stuckenschmidt beschrieb die letzten Stunden der Krolloper: »Es war ein schmerzlicher Abend, dieser letzte ›Figaro‹ in der Staatsoper am Platz der Republik. Nie hatte man die Grausamkeit, mit der heute wirtschaftliche und politische Mächte in Kulturdinge eingreifen, so stark empfunden. Die Kulturarbeit, die hier geleistet worden ist, kann nicht verloren sein. In einem freieren und wirtschaftlich geordneten Europa wird man sich ihrer erinnern und auf sie zurückgreifen. Aus der Geschichte des modernen Theaters ist sie nicht mehr wegzudenken. Das Publikum war von einer beispiellosen Dankbarkeit, applaudierte fast nach jeder Szene, ließ keinen Sänger unbelohnt. Nach Schluß der Vorstellung versammelte sich auf der Bühne das Personal des Hauses: Sänger, Chor, Orchester. Aus dem Toben des Beifalls und der Zurufe löste sich dann die Stimme eines Unbekannten, der im Namen der Krollfreunde leidenschaftliche Worte des Dankes und des tiefen Bedauerns sprach. Seine Rede schloß mit drei Hochrufen auf die gesamte Körperschaft. Im Namen des Personals dankte, sichtlich bewegt, Dr. Hans Curjel, einer der geistigen Leiter des Instituts. Dann verloschen die Lichter. Man verließ das Haus ergriffen und bittern Herzens. Eine Epoche europäischer Opernkultur liegt hinter uns.«

Und im Abstand der Jahrzehnte wirft Teo Otto den Blick zurück auf die Zeiten der Krolloper: Was war es? Nur ein Operntheater?

»Lieber Curjel, es war mehr für mich. Wir waren doch als junge Menschen stark im politischen Leben drin. Es gehörte sich, es verlangte ja der menschliche Anstand, daß man gegen das kämpfte, was damals aufkam. Und bei allem albernen Gerede über die zwanziger Jahre, es war ein ungeheurer Abschied, es war von der positiven Seite der zwanziger Jahre ein Abschied, aber es war auch eine Niederlage ohnegleichen. Im Grunde genommen blamabel für Deutschland und für Berlin, daß die wichtigste Oper, für mein Gefühl die entscheidendste Oper, die Oper, die experimentell und wegweisend am wesentlichsten war, die über einen Körper, eine Gruppe von Menschen verfügte, die sich durch ein Teamwork besonderer Art auszeichnete, wo man im Nachhinein sagen konnte, daß es ein Ensemble war von ganz großartiger Weise. Was ich entsetzlich fand, war, daß es einfach eine glatte Niederlage war. Die Krolloper wurde buchstäblich geopfert, und die letzte Vorstellung ist für mich etwas vom Traurigsten und Erschütterndsten, was ich kenne, als wir alle, jeder Bühnenarbeiter, jede Putzfrau, jeder Sänger, jedes Ballettmädchen, jeder Chorist, die Musiker, als wir alle oben auf der Bühne standen und nun von einem Berlin Abschied nahmen, das dann ja auch nie mehr gekommen ist.«

Ein gespenstisches Nachspiel schließt sich an. Wenig mehr als anderthalb Jahre nach dem Ende der Krolloper ist das Gebäude die Unterkunft des Reichstags der Nationalsozialisten geworden. Statt Musik erklangen Tiraden, statt Freiheit herrschte Zwang. Der genaue Gegensatz dessen, was sich während der vier Jahre des Opernaufbaus in den Mauern der Krolloper ereignet hatte.

Damit ist diese skizzenhafte Geschichte der Krolloper, die mit Klemperers Berufung nach Berlin begonnen hatte, zu Ende. Notieren wir noch am Rande, daß Mitglieder des nun zerschlagenen Sängerensembles von den Opernhäusern Unter den Linden und an der Bismarckstraße gar nicht so ungern übernommen wurden.

Otto Klemperer, der Zentralgestalt des Geschehens, gehört noch ein Schlußwort über seine Tätigkeit in Berlin bis zur erzwungenen Emigration.

»Das Nachspiel nach der Schließung der Krolloper ist ebenso kurz wie traurig. Ich wurde gnädigst in die Linden-Oper übernommen. Es war ein beständiger Kampf zwischen Herrn Tietjen und mir, der immer wollte, daß ich Repertoireopern dirigiere, mit zwei Proben bestenfalls, z. B. ›Walküre‹. Es kam Gott sei Dank nie dazu. Ich habe Unter den Linden nur Einstudierungen gemacht oder Übernahmen von Kroll-Aufführungen wie ›Figaro‹ und ›Falstaff‹ in die Linden-Oper; als vollständige Neueinstudierungen ›Cosi fan tutte‹ und ›Rosenkavalier‹ (beide mit Gründgens), ›Tannhäuser‹ (mit Fehling). Auch Konzerte, die mir übertragen wurden, ich weiß heute noch nicht warum. Schließlich und endlich kam es zur Schlußvorstellung, zum ›Tannhäuser‹ am 12. Februar 1933 (als Neueinstudierung am Vorabend von Richard Wagners 50. Todestag). Hitler war schon im Amt. Zwei Wochen vorher erhielt ich die Goethe-Medaille und acht Wochen später wurde ich aus Deutschland ausgetrieben als Schädling. Hitlers mehr oder weniger prominente Genossen waren in der Aufführung anwesend. Es kam vor dem dritten Akt, als ich ans Pult ging, zu namenlosen Demonstrationen. Meine Freunde klatschten und meine Widersacher pfiffen und lärmten. Es dauerte etwa eine Viertelstunde. Als der Lärm sich gelegt hatte, fing ich an mit dem Vorspiel zum dritten Akt... Immerhin ist es ein Abend, den ich so bald nicht vergessen werde.

Aber als ich am 4. April 1933 die Schweizer Grenze übertrat und weit von Deutschland in Zürich ankam, war mir zumute wie den Juden, die das Rote Meer heil durchschritten hatten.«

25-28 Beethoven, Fidelio
Bühnengestaltung: Ewald Dülberg

25  1. Akt, 1. Bild mit Rose Pauly (Fidelio), Martin Abendroth (Rocco),
    Albert Peters (Jaquino) und Irene Eisinger (Marzelline)

25-28 Beethoven, Fidelio
Bühnengestaltung: Ewald Dülberg

26 1. Akt, 2. Bild. Bühnenarchitektur

27  2. Akt, 1. Bild. Entwurf

28  2. Akt, Finale.
    Szenenfoto der Generalprobe

29-31  Mozart, Don Giovanni
       Bühnengestaltung: Ewald Dülberg

29  Bühnenbildentwurf

30  1. Akt. Entwurf zum Festsaal

31  2. Akt, 2. Verwandlung (auf dem Kirchhof). Entwurf

32-33  Strawinsky, Oedipus Rex
       Bühnengestaltung: Ewald Dülberg

32  Bühnenarchitektur

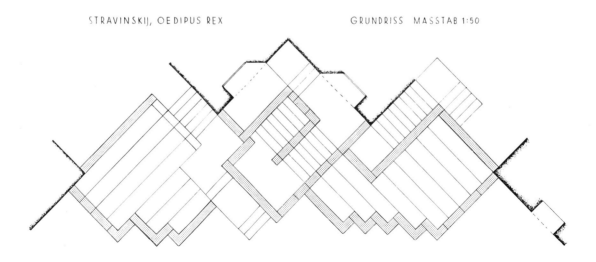

33  Grundriß der Bühnenarchitektur

34 Strawinsky, Mavra
   Bühnenbildentwurf von Ewald Dülberg

35 Strawinsky, Petruschka
   Bühnenbildentwurf von Ewald Dülberg

36-38  Weber, Freischütz
Bühnengestaltung: Ewald Dülberg

36  1. Akt (Waldschenke). Entwurf

37  2. Akt (Im Försterhaus). Entwurf

38  3. Akt, 1. Verwandlung (Zimmer Agathens). Entwurf

39-40 Hindemith, Cardillac
Bühnengestaltung: Ewald Dülberg

39  2. Akt. Entwurf

40  2. Akt. Szenenfoto der Werkstatt Cardillacs

41  Foto der offenen Bühne mit sichtbarem Schnürboden und Versatzstücken. Links das Orchesterpodium, rechts der Platz des Vorlesers, in der Mitte die Spielbühne

42  Das Orchester mit Klemperer vor der offenen Bühne

43  1. Teil (am Bachufer). Szenenfoto

41-44  Strawinsky, Geschichte vom Soldaten
       Bühnenbild: Traugott Müller

44  1. Teil. Paul Bildt als Teufel
    in der Verkleidung
    eines Schmetterlingsfängers

45  4. Akt (Platz vor der Arena)

45-46  Bizet, Carmen
       Entwürfe von Caspar Neher

46  4. Akt (Platz vor der Arena)

47-52 Wagner, Der fliegende Holländer
Bühnengestaltung: Ewald Dülberg

47  1. Akt (das Schiff des Holländers und Dalands)

48  2. Akt (Dalands Haus)

49  2. Akt. Szenenfoto mit den Spinnmädchen

47-52 Wagner, Der fliegende Holländer
Bühnengestaltung: Ewald Dülberg

50  3. Akt (Gespenstertanz)

51  3. Akt (Schiff des Holländers)

52  Szenenfoto mit dem Holländer
    (Fritz Krenn)

53-60 Offenbach, Hoffmanns Erzählungen
Gesamtausstattung:
László Moholy-Nagy

53  Bühnenbild zum Vorspiel

54  Verwandlung: Vorspiel/1. Akt

55  1. Akt

56  1. Akt. Szenenfoto

57  2. Akt. Szenenfoto

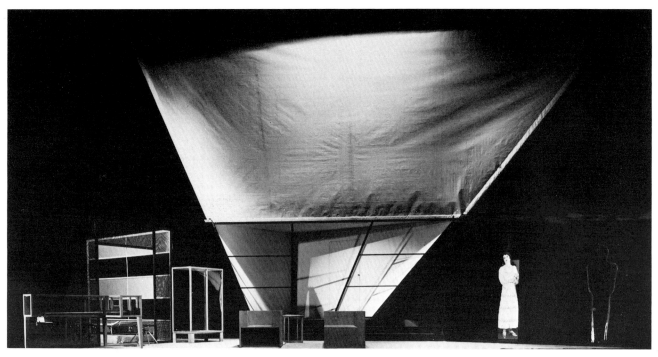

58  3. Akt

59  3. Akt. Szenenfoto

53-60  Offenbach, Hoffmanns Erzählungen
       Gesamtausstattung: László Moholy-Nagy

60  Schlußszene

61-63  Hindemith, Neues vom Tage
       Gesamtausstattung: Traugott Müller

61  Entwurf

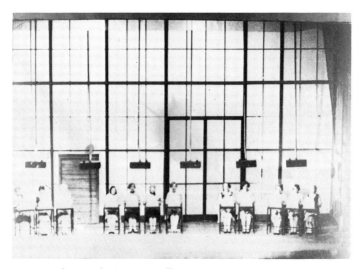

62  Szenenfoto mit den Tippmamsellen

63  Entwurf

64–65 Milhaud, Der arme Matrose
Bühnenbild: Caspar Neher

64 Links die Bar der Frau, rechts die Wirtsstube des Freundes, die Bildmitte stellt Straße, Meer und Himmel dar.

65 1. Akt (Rückkehr des Matrosen). Szenenfoto

66-70 Mozart, Die Zauberflöte
Inszenierung und Bühnengestaltung: Ewald Dülberg

66 2. Akt

67 Albert Peters als Monostratos
und Fritz Krenn als Papageno

68  Hans Fidesser als Pamino, Martin Abendroth als Sarastro und Käthe Heidersbach als Pamina

69  Fritz Krenn als Papageno und Irene Eisinger als Papagena

70  Schlußszene des 2. Aktes

71-74   Křenek, Leben des Orest
        Bühnenbilder, nach Entwürfen Giorgio de Chiricos: Teo Otto

71   2. Akt, 1. Bild (Astronomischer Turm des Königs Thoas)
     Entwurf von de Chirico

72   3. Akt, 2. Bild (Wanderjahre des Orest)
     Entwurf von de Chirico

73  1. Akt (Platz vor dem Haus des Agamemnon). Szenenfoto

74  2. Akt, 2. Bild (Jahrmarkt in Athen). Szenenfoto

75-76 Verdi, Rigoletto
Inszenierung und Gesamtausstattung: Ewald Dülberg

75   2. Akt. Entwurf

4. Akt. Szenenfoto

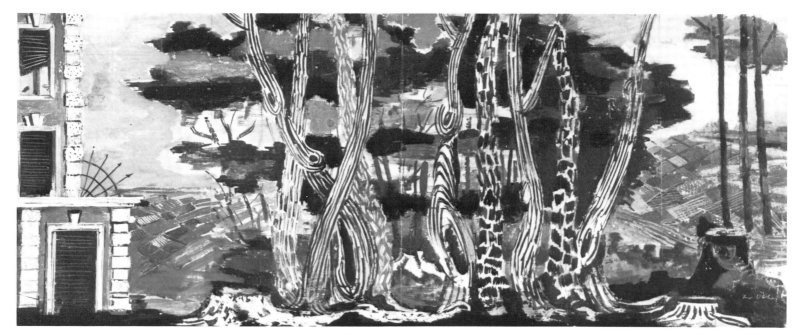
77  Entwurf

77-78  Schönberg, Erwartung
       Bühnenbild: Teo Otto

78  Szenenfoto

79-80  Schönberg, Die glückliche Hand
       Bühnenbild: Oskar Schlemmer

79  Szenenfoto

80  Szenenfoto

81  1. Akt, 1. Bild
Szenenfoto

82  1. Akt, Verwandlung
(Dr. Bartolos Wohnung).
Szenenfoto

81-83 Rossini, Der Barbier von Sevilla
Inszenierung und Ausstattung:
Arthur Maria Rabenalt und Wilhelm Reinking

83 Iso Golland als Figaro und Artur Cavara als Graf Almaviva

84-88 Charpentier, Louise
Bühnenbild: Teo Otto

84  1. Akt (Mansardenzimmer). Entwurf

86  2. Akt, Verwandlung (Nähstube). Entwurf

85  2. Akt (Platz am Montmartre). Entwurf

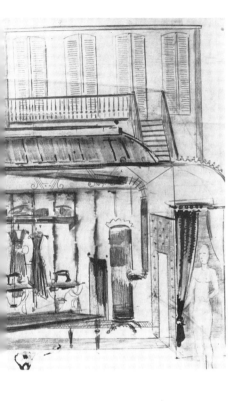

87  2. Akt, Verwandlung. Szenenfoto

88  3. Akt (Haus mit Garten am Montmartre). Entwurf

89 Debussy, Jeux
Bühnenbildentwurf von Teo Otto

90 Hindemith, Hin und Zurück
Bühnenbildentwurf von László Moholy-Nagy

91-94 Mozart, Die Hochzeit des Figaro
Gesamtausstattung: Teo Otto

91   3. Akt (Festsaal). Entwurf

92   4. Akt (Garten). Entwurf

93   1. Akt. Szenenfoto

94   2. Akt. Szenenfoto

95-98 Puccini, Madame Butterfly
Szenenfotos von Haus und Garten der Butterfly
Bühnenbild: László Moholy-Nagy

99-101 Offenbach, Périchole
Gesamtausstattung: Teo Otto

99  1. Akt. Szenenfoto

100   2. Akt. Szenenfoto

101   3. Akt. Szenenfoto

102-105 Verdi, Falstaff
Bühnenbilder: Teo Otto

102   2. Akt, Verwandlung (in Fords Haus). Entwurf

103   2. Akt, Verwandlung. Szenenfoto

104   2. Akt. Szenenfoto

105   3. Akt. Szenenfoto

106-109 Janáček, Aus einem Totenhaus
Bühnengestaltung: Caspar Neher

106  1. Akt (Hof des Gefangenenlagers)

107  2. Akt (Am Ufer des Irtysch)

108　2. Akt

109　3. Akt (Gefängnislazarett). Szenenfoto

110-111 Wagner, Tristan und Isolde
Die Oper kam nicht mehr zur Aufführung

110  2. Akt, 1. Bild. Entwurf von Ewald Dülberg

111  3. Akt. Entwurf von Ewald Dülberg

Experiment Krolloper
# Dokumentation
zusammengestellt und eingeleitet
von Hans Curjel

Aus komplexer historischer Perspektive gesehen war die Krolloper mehr als nur ein Operninstitut, so fest sie in den Rahmen der preußischen Staatstheater eingespannt gewesen ist. In ihrem künstlerischen Gewebe, in ihrer Gesamtstruktur und mitten durch ihre einzelnen Sektoren wirkten sich in hohem Maß pädagogisch-ideologische und vor allem politische Faktoren aus. In ihrer Arbeit war alles in außergewöhnlich breitem Umfang zeitverbunden und den im Fluß befindlichen, dialektischen Ereignissen ausgesetzt. Ihr Dasein fiel in die heftig aufgerissenen, kritischen Jahre, die der Katastrophe des Nationalsozialismus unmittelbar vorausgingen. Diese Voraussetzungen bestimmen die Bedeutung und auch die große Zahl der hier mitgeteilten dokumentarischen Quellen und Zeitstimmen.

Obwohl die Arbeit der Krolloper noch kein halbes Jahrhundert zurückliegt und trotz der Fülle des zur Verfügung stehenden Quellenmaterials sind ihre äußeren und inneren Konturen heute schon verwischt und unscharf. Dies liegt nicht allein an den mangelhaften Informationsmöglichkeiten, auf die sich – um nur ein Beispiel zu nennen – etwa Siegfried Melchinger in dem prinzipiell richtig dargestellten Abschnitt seines dem Bühnenbildner Caspar Neher gewidmeten prachtvollen Monumentalwerkes gestützt hat, sondern an der Tatsache, daß in der Spontaneität des Arbeitselans nur wenig Authentisches aufgezeichnet wurde, daß es so gut wie keine ›public relations‹ gab, durch die automatisch Fakten fixiert worden wären, vor allem aber, daß entsprechend der Zeitlage auch im Institut selbst viele, oft undurchsichtige Strömungen neben- und durcheinandergingen. Einige der beteiligten Hauptpersonen waren in die Netze der Kulturpolitik verstrickt, in der sie mit verdeckten Karten spielten. Manche befanden sich bewußt oder unbewußt in der Lage des ›Rette sich, wer kann‹, so daß offene Stellungnahme nicht nur inopportun war, man sich im Gegenteil gezwungen glaubte, zu vertuschen und zu vergessen.

So kam es zwangsläufig zur Legendenbildung, die auch dadurch begünstigt wurde, daß es sich bei den wichtigsten handelnden Personen, den Künstlern, den Wissenschaftlern, den Organisatoren bis zu den Repräsentanten der Ministerien und Parlamente meistens um emotional betonte Naturen handelte. Diese Legendenbildung – die sich schon bei der Darstellung jüngerer und jüngster Kunstvorgänge einzuschleichen pflegt, zu denen noch persönliche Fäden laufen – auf ein Minimum zu reduzieren, ist ein Hauptziel der hier vorgelegten Quellen- und Dokumenten-Sammlung.

Ihr fällt auch die Funktion zu, das Transitorische des Theaterereignisses – die Vorstellung verweht, wenn der Vorhang gefallen ist, sie besitzt die Tendenz, sich in der Erinnerung durch Akzentverschiebungen zu verändern – nach Möglichkeit historisch zu substantiieren. Hierzu helfen vor allem die fachlichen Besprechungen in den Tageszeitungen, die sich mit den unmittelbaren, von den Vorstellungen ausgehenden Eindrücken auseinandersetzen. Daß der Stoff, das heißt das Bild der Vorstellungen, von den Sensorien der einzelnen Kritiker aus und von unterschiedlichen Voraussetzungen und Kunstmeinungen geprägt in verschiedener Gestalt erscheint, ja daß diametral widersprechende Aspekte hervortreten, daß persönliche Stimmung, Verstimmung, Zuneigung und Bosheit mitsprechen, erhöht die dokumentarische Aussage des disparaten Materials, weil sich gerade in der Gegensätzlichkeit gleichsam die Essenz des flüchtigen Ereignisses destilliert. Aus allen diesen Quellen steigt das Bild der Theaterereignisse empor; in den von den Berichterstattern gewählten Worten sind die Spannungen, die geistigen Reaktionen spürbar, unter denen sich die Dinge abspielten.

Das zur Verfügung stehende Material besitzt außerordentliche Breite. Neben der Spontaneität der Tageskritiken, ergänzt durch die meistens zeitlich distanzierteren Zeitschriftenbeiträge, steht das scheinbar trockene Aktenmaterial: Verträge, Reglements, spezielle Bestimmungen, Entscheidung von Streitfällen und anderes mehr. Zu den Unterlagen gehören auch die Berichte über die Verhandlungen des Plenums und der Ausschüsse des Preußischen Landtages. Wenn sich auch die Reden und Vernehmungen mehr als genug im Kreis drehen, so öffnen sich doch gerade hier Perspektiven, von denen aus die Kernpunkte der gesamten Abläufe sichtbar werden. Daß die journalistischen Stellungnahmen, die sich auf den Endkampf um die Krolloper beziehen, zu den wichtigsten direkten Quellen zählen, versteht sich von selbst.

Die Rolle des indirekten Quellenmaterials ist andersartig, jedoch nicht weniger bedeutsam. Die Krolloper ist ein genereller Fall, der sich in einer längeren Entwicklung vorbereitet hat. So kurz ihre Lebenszeit gewesen ist, so weit reichen die Voraussetzungen zurück, aus denen sie hervorwuchs. Deshalb sind beispielsweise nicht nur die Verträge mit der Volksbühne aufgenommen worden, sondern auch eine Reihe von Dokumenten, die über die Ideologie und die Taktik der Volksbühne Auskunft geben. Im Grunde wäre es notwendig, einen Abriß der Geschichte der Volksbühne einzufügen, weil das Wohl und Wehe der Krolloper aufs stärkste mit ihr verbunden ist. Die Vorbedingungen für die Entstehung der Krolloper liegen in der Berliner Opern- und Musiksituation der Jahre unmittelbar nach der Beendigung des Ersten Weltkrieges, in den mit der sogenannten Novemberrevolution eingetretenen kulturpolitischen Umständen. In diese Zusammenhänge gehören die Fragen der Oper Unter den Linden, die Probleme der Großen Volksoper, der ›Fall Schillings‹. Von hier aus fällt Licht auf die Zwangsläufigkeit, mit der es zur Krolloper gekommen ist. Auch die Geschichte des Kroll-Hauses gehört zu den peripherischen Quellen, die, wenn sie auch manchmal etwas langfädig erscheinen, doch Wesentliches zum Verständnis der Vorgänge beitragen. Schließlich die literarischen Beiträge, die aufgenommen worden sind: sie stehen zum größten Teil in unmittelbarem Zusammenhang mit der künstlerischen Marschroute, zugleich vermitteln sie aber auch Bausteine zu einem Zeitbild, aus dessen Perspektive die Krolloper neu belichtet wird.

Das gesamte zur Verfügung stehende journalistische Quellenmaterial ist ungemein umfangreich, sozusagen ohne Grenzen, wenn man die unzähligen Notizen und kleineren Berichte einbezieht, die über die Krolloper in den deutschen Zeitungen der Jahre 1927 bis 1931 erschienen sind. Und dies bei einer im Vergleich zu heute geringen publizistischen Organisation. Auch im Ausland sind, wenn auch in merkwürdig geringem Maß, die Spuren Krolls in den Journalen zu verfolgen. Aus diesem Material war eine Auslese zu treffen, die sich automatisch vor allem auf die großen Berliner Blätter und in ihnen auf die Berichte gedanklich und schriftstellerisch hochstehender, möglichst integerer Referenten konzentrierte. Das heißt nicht, daß nicht auch manches von weniger bekannten Autoren und von Berichten aus der Provinzpresse aufgenommen wurde. Eine systematische Sammlung von Kritiken und sonstigem Pressematerial wurde seinerzeit nicht angelegt. Diesen Dingen wurde ein geringeres Gewicht beigemessen als heute, eine Tendenz zu historischer Dokumentation, geschweige denn zur Selbstdarstellung war so gut wie gar nicht vorhanden. Einem glücklichen Umstand ist es zuzuschreiben, daß ein Theaterdiener sich privat eine Sammlung aufbaute, die er mir nach Schließung der Krolloper freundlicherweise schenkte. Dieser Sammlung und vielen neuerdings durchgesehenen Tageszeitungen jener Jahre sind die mir besonders bezeichnend und aufschlußreich erscheinenden Pressedokumente entnommen.

Die Prinzipien, nach denen die Auswahl unter den anderen Dokumenten getroffen wurde, entsprechen dem allgemeinen Vorgehen beim Sichten von Pressematerial: Erfassen des generell Wichtigen, Hervorhebung derjenigen Fakten, die zur Entscheidung geführt haben, Aufzeigen der oft quer und verquer laufenden Fäden, bestimmt durch politische Interessen oder auch kleine Machtfragen im organisatorischen Netz. Die literarischen Quellen reichen von Beiträgen, die in unmittelbarer Nähe von Aufführungen oder grundsätzlichen Kroll-Problemen stehen, bis zu Vorträgen oder Essays, in denen die Krolloper nur von fern, ihre künstlerische Ideologie nur prinzipiell anvisiert wird.

Ein Komplex ist nur am Rande einbezogen worden, weil er wenig zum Bild der Geschichte Krolls beiträgt: Klemperers viel beachteter Prozeß gegen den Preußischen Fiskus, Teil des persönlichen Kampfes um vertragliches Recht. Die langen Schriftsätze besitzen fast ausschließlich juristischen Charakter. So haben wir es in bezug auf den Prozeß bei kurzen journalistischen Informationen belassen.

Innerhalb der einzelnen Abschnitte folgen die Quellen und Zeitstimmen nach Möglichkeit in chronologischer Sicht. Zeitliche Überschneidungen und auch gewisse Wiederholungen waren im Lauf der Anordnung nicht zu vermeiden. Sie mögen, positiv, als Akzentuierungen verstanden sein.

Das Ganze mag als eine Art Mosaik wirken, das als sachliche Grundlage für eine Klärung des Phänomens Kroll dienen kann. Daß mich bei der Zusammenstellung und Auswahl der Quellen und Zeitstimmen der Wunsch nach größtmöglicher Objektivität geleitet hat, ist selbstverständlich. Wenn ich auch als Mithandelnder aufs intensivste in die Ereignisse verwoben gewesen bin, so glaubte ich doch, daß der große zeitliche Abstand nicht zu einer Verklärung oder Heroisierung der Vorgänge, sondern eher zu einer wissenschaftlich kühlen Betrachtungsweise geführt hat.

(1967)                                                                                       H. C.

# Volksbühne I

*Eine auch nur knappe Darstellung der Geschichte der Volksbühne Berlin, die für die Aufhellung des Hintergrundes der Krolloper höchst aufschlußreich ist, würde den Rahmen unserer Arbeit weit überschreiten.*

*Die Grunddaten sind: 1890 Gründung der Volksbühne; 1892 Spaltung durch Gründung der Neuen Freien Volksbühne als Parallelorganisation; 1914 erneute Zusammenarbeit in der Form eines Kartells; 1920 Wiedervereinigung als Freie Volksbühne e.V. Der Gründungsaufruf von 1890 enthält die künstlerisch-idealistischen – paradoxerweise vom Naturalismus inspirierten –, freiheitlichen, politisch-polemischen und organisatorischen Grundsätze, die prinzipiell bestimmend bleiben. Er ist in der frühen Phase der Jugendstil-Emanzipation entstanden. Sein Verfasser Bruno Wille (1860 bis 1928) war, damals ein Dreißigjähriger, Schriftsteller, Lyriker, Freidenker, Sozialist – eine für seine Zeit typische Erscheinung.*

*Das vom Jenaer Volksbühnentag 1925 gutgeheißene, für die Krolloper maßgebende Programm, von Julius Bab und Siegfried Nestriepke entworfen, distanziert sich von politischer Bindung, behält jedoch die ursprünglichen Grundgedanken bei. Zeichen der Stabilität: es erscheinen keine neuen Ideen, die den veränderten Zeiten entsprochen hätten.*

*Kestenbergs Vortrag beim Jenaer Volksbühnentag von 1925 gibt ein Bild des etwas primitiven Idealismus, des optimistischen Intellektualismus, der sich von den Massen getragen glaubt.*

*Ludwig Seeligs Rede beim Volksbühnentag in Mainz 1928 spiegelt das juristische Denken, das für die Rechte der Kunst und der Künstler eintritt; zugleich aber auch den hochtrabenden Sozialpatriotismus, der, unglückselig in seinen Folgen, noch aufs stärkste mit wilhelminischer Mentalität verbunden ist.*

*Hier liegt ein Teil der Voraussetzungen, auf Grund derer die Krolloper in unauflösbare Problematik geraten ist.*

*Daß die Volksbühne bzw. ihre Exponenten guten Willens gewesen sind, steht außerhalb jeden Zweifels. Ebenso fest steht, daß die Vorstellungen von einer ›Volksmusikkultur‹ mit den Zielen der Krolloper nichts zu tun hatte. Auch von hier aus mußten Reibungen entstehen.*

*Aufruf zur Gründung der Freien Volksbühne durch B. Wille*
*Veröffentlicht im ›Berliner Volksblatt‹ vom 23. März 1890*

Das Theater soll eine Quelle hohen Kunstgenusses, sittlicher Erhebung und kräftiger Anregung zum Nachdenken über die großen Zeitfragen sein. Es ist aber größtenteils erniedrigt auf den Standpunkt der faden Salongeisterei und der Unterhaltungsliteratur, des Kolportageromans, des Zirkus, des Witzblättchens. Die Bühne ist eben dem Kapitalismus unterworfen, und der Geschmack der Masse ist in allen Gesellschaftsklassen vorwiegend durch gewisse wirtschaftliche Zustände korrumpiert worden. Indessen hat sich unter dem Einfluß redlich strebender Dichter, Journalisten und Redner ein Teil unseres Volkes von dieser Korruption befreit. Haben doch Dichter wie Tolstoi und Dostojewski, Zola, Ibsen und Kielland, sowie mehrere deutsche ›Realisten‹ in dem arbeitenden Volke Berlins einen Resonanzboden gefunden. Für diesen zum guten Geschmack bekehrten Teil des Volkes ist es ein Bedürfnis, Theaterstücke seiner Wahl nicht bloß zu lesen, sondern auch aufgeführt zu sehen. Öffentliche Aufführungen von Stücken, in denen ein revolutionärer Geist lebt, scheitern aber gewöhnlich am Kapitalismus, dem sie sich nicht als Kassenfüller erweisen, oder an der polizeilichen Zensur. Diese Hindernisse bestehen nicht für eine geschlossene Gesellschaft. So ist es dem Verein ›Freie Bühne‹ gelungen, Dramen der angedeuteten Richtung zu bringen. Da aber die Mitgliedschaft der ›Freien Bühne‹ aus wirtschaftlichen Gründen dem Proletariat versagt ist, so scheint mir die Begründung einer Freien Volksbühne wohl angebracht zu sein.

Diese Freie Volksbühne denkt sich der Unterzeichnete etwa folgendermaßen: der Verein besteht aus einer leitenden Gruppe und aus den Mitgliedern. Die Leiter wählen die aufzuführenden Stücke und die Darsteller aus. Die Mitglieder erwerben durch einen Vierteljahresbeitrag den entsprechenden Theaterplatz für drei Vorstellungen. Jeden Monat, und zwar Sonntags, findet eine Vorstellung statt. Die Beiträge bezwecken nur, die Theatermiete und die Honorare für die Schauspieler zu decken. Sie werden so niedrig wie möglich bemessen. Hoffentlich sind die billigen Plätze für M 1.50 vierteljährlich (also für drei Vorstellungen) zu erwerben. Alle diejenigen, welche geneigt sind, Mitglieder einer solchen Freien Volksbühne zu werden, sind gebeten, dem Unterzeichneten erstens ihren Namen und Adresse, zweitens den Vierteljahrsbeitrag, den sie leisten zu können glauben, auf einer Postkarte (die natürlich auch eine Reihe von Namen enthalten kann) anzugeben. Diese Angaben binden nicht, sondern haben nur den Zweck, festzustellen, auf wieviele Mitglieder die Begründer der Freien Volksbühne ungefähr rechnen und wie niedrig sie also die Beiträge bemessen können. Läuft eine genügende Zahl von Adressen ein, so ist ein Unternehmen gesichert, welches zur geistigen Hebung des Volkes etwas beitragen kann. Das Ergebnis dieses Aufrufes sowie genauere Vorschläge sollen demnächst veröffentlicht werden.

*Das Volksbühnen-Programm nach dem Beschluß des Volksbühnentages in Jena am 28. Juni 1925*
*aus: Albert Brodbeck, Handbuch der deutschen Volksbühnenbewegung, Berlin 1930, S. 375*

Die Volksbühne wendet sich an alle Volksgenossen, die in der Offenbarung des Menschlich-Großen in der Kunst, besonders im Drama, einen höchsten Wert erkennen und deshalb jede Unterordnung des Strebens nach seiner Gestaltung unter politische oder konfessionelle Gesichtspunkte ablehnen, die zugleich im Theater ein mächtiges Werkzeug zur Weiterentwicklung der menschlichen Gesellschaft im Sinne einer neuen freiheitlichen Gemeinschaftskultur erblicken, und die aus dieser Gesinnung heraus allen Volksgenossen das Erlebnis der Bühne erschließen wollen.

Die Volksbühne will die Menschen solcher Gesinnung zusammenfassen, um durch eine planmäßige Gestaltung des Theaterbesuchs eine sonst nicht erreichbare Verbilligung und somit Ausbreitung des Kunstgenusses zu erzielen. Indem sie jedem Mitglied das Recht der Mitbestimmung gibt, hofft sie, in allen ein Gefühl der Verantwortung und Teilnahme zu erwecken und so eine zweckbewußte Gemeinschaft zu bilden.

Die nächste Aufgabe dieser Gemeinschaft wird sein, den ziellosen, wesentlich vom Geschäftsgeist geleiteten Kunstbetrieb von heute durch ein Theater zu ersetzen, das aus der Gemeinschaft mit der Sicherung seiner äußeren Existenz auch eine neue Befruchtung seines künstlerischen Schaffens empfängt. Darüber hinaus soll die Gemeinschaft sich auswirken auch in der Pflege und Förderung aller anderen Entfaltungen der Kunst. Letztes Ziel ist, als lebendige Zelle beim Aufbau einer neuen, wahren Volksgemeinschaft mitzuwirken.

*Der 6. Volksbühnentag Jena 1925, dritter Verhandlungstag*
*aus: Schriften des Verbandes der deutschen Volksbühnenvereine, Heft 6*

Die soziale Sendung der Volksbühnen

*Professor Leo Kestenberg, Berlin (Vortrag):* Es ist notwendig, daß wir uns innerhalb der Volksbühnenbewegung unserer Verantwortung bewußt werden. Die Bedeutung der Volksbühnenbewegung liegt nicht nur darin, daß wir einem Kreis von Anhängern Werke einer bestimmten künstlerischen Richtung vermitteln. Die Volksbühnenbewegung hat darüber hinaus eine große sozialkulturelle Aufgabe zu erfüllen.

Suchen wir den Begriff der sozialen Sendung abzugrenzen, so drängt sich uns zunächst das Verhältnis zwischen der Volksbühnenbewegung und Umwelt, zwischen Volksbühnenbewegung, Gesellschaft und Staat auf. Die Verantwortung, die hier auf der Volksbühnenbewegung lastet, ist doppelt schwer, weil die neue Form des Staates noch ohne Inhalt ist. Wir leben in einer Republik. Aber noch ist es unklar, was man sich als Inhalt dieser Staatsform vorzustellen hat, noch wird dauernd um einen Inhalt gerungen, noch müssen wir fürchten, diese Form zu verlieren, wenn es uns nicht gelingt, den Kern, den Inhalt zu gestalten.

Auf den ersten Blick scheint die politische Situation trotz der veränderten Staatsform gegenüber der Vorkriegszeit wenig verändert. Doch wissen wir, daß viele neue wirtschaftliche und politische Kräfte am Werke sind und daß auch eine neue geistige Bewegung eine wichtige Rolle spielt. Die Massen fühlen sich vielfach nicht mehr innerhalb der alten Parteien befriedigt; ihre Sehnsucht drängt über die alten Programme hinaus, man sucht seine Ideale außerhalb der Partei. Ob es sich um Sport, ob um bestimmte kulturelle Bestrebungen, ob um religiöse Fragen handelt – überall beobachten wir eine starke Bewegung, die neuen Zielen zustrebt. Im besonderen deuten auch die starken Impulse innerhalb der Jugendbewegung auf eine geistige Emanzipation, die sich im Parteischema nicht befriedigt fühlt.

Wenn die Volksbühnenbewegung in den letzten Jahren einen überraschenden Aufstieg erfuhr, so hat das nicht zuletzt in diesen Erscheinungen seinen Grund. Die Massen, die der Volksbühne zuströmen, vermuten mit Recht in ihr ähnliche Inhalte, wie sie sie auf den verschiedensten Gebieten suchen. Das stellt die Führer unserer Bewegung vor besondere Pflichten. Es gilt, diesen Wesenskern herauszuschälen und sichtbar zu machen.

Curt Baake hat in einem Vortrag, den er in der Berliner Volksbühne hielt und der dann als Aufsatz in den ›Blättern der Berliner Volksbühne‹ veröffentlicht wurde, geschildert, welche starken geistigen Impulse an der Wiege der Volksbühne lebendig waren. Man strömte der Volksbühne zu, weil man in ihr ein oppositionelles Organ gegen den damaligen Staat erblickte, weil man in ihr den neuen Ausdruck sozialistischer Ideen sah. Die Aufgabe, die damit der jungen Organisation gestellt war, wurde auch für ihre weitere Entwicklung maßgebend. Nur daß sich bald nach der Gründung der Berliner Volksbühne zwei Strömungen bemerkbar machten, die ja auch zur Spaltung der ursprünglichen alten einheitlichen Bewegung führten: In der ›Freien Volksbühne‹ wurde der Akzent mehr auf die Politisierung der Massen gelegt, während die ›Neue Freie Volksbühne‹ unmittelbar durch die Kunst an die Menschen heranzukommen und sie mit einem neuen Geist zu erfüllen suchte.

Nach dem Kriege erfuhr diese Zielsetzung eine entscheidende neue Formulierung, die in den Vorträgen des Hildesheimer Volksbühnentages ihren Ausdruck fand. Das gedankenreiche Referat Töwes gipfelte in einer Reihe von Thesen über die Ziele der Bewegung, in denen ihr einerseits zur Aufgabe gestellt wird, das soziale Gefühl zu erregen, andererseits auf eine gesunde Persönlichkeitskultur hinzuwirken und durch eine höchste Steigerung der Kultur des einzelnen zu einer neuen Gemeinschaftskultur zu gelangen. Die ausgezeichneten Ausführungen Julius Babs fußten auf den praktischen sozialen Zielen der Bewegung, um, von ihnen ausgehend, der Bewegung viel weitere Aufgaben zu stellen, die Bildung neuer geschlossener Gemeinschaften, die bereit sind, die dramatische Kunst als Weltempfinden zu erleben.

Bald nach dem Hildesheimer Volksbühnentag fand dann in Leipzig die Arbeiter-Kulturwoche statt, die von der Sozialdemokratischen Partei veranstaltet wurde. Hier zeigte sich, daß das alte Erziehungsideal dieser Partei in eine scharfe Krise geraten war. Aus allen Referaten, die dort in Leipzig gehalten wurden, klang immer wieder hervor: Die bisherige Art der Erziehung der Massen ist unbefriedigend, die Kulturidee verlangt nach einer anderen geistigen Beeinflussung der Arbeiterschaft.

Tatsächlich ist dies auch auf dem Gebiete der Kunst notwendig. Es kommt nicht darauf an, den Massen ein fertiges Kunstwerk vorzusetzen. Es gilt, in jedem Menschen beim Erlebnis des Kunstwerks die Schöpferkraft anzuregen. Das Ziel muß ein dynamisches sein, nicht ein statisches.

Der Zentralgedanke bei der Erkenntnis der sozialen Sendung der Volksbühne ist also, daß der Bewegung nicht nur eine praktisch-technische Aufgabe gestellt ist. Die Volksbühne muß bei ihrer Arbeit von der Kunst ausgehen. Gewiß offenbart sich die Kunst in dem fertigen Kunstwerk. Aber es gilt dabei nicht die Vermittlung eines bestimmten Wissens, wie es denn auch verständlich, aber doch unrichtig ist, wenn die Arbeit der Volksbühne einfach mit der Volksbildungsarbeit auf eine gleiche Stufe gestellt wird. Worauf es ankommt, ist die Weckung der Freude am Kunstwerk, einer Freude, die den schöpferischen Gedanken in jedem Kunstwerk innerlich empfinden und starkes Menschentum aus ihm herausfühlen läßt.

Es sei mir erlaubt, das, was gemeint ist, an dem Beispiel des musikalischen Erlebnisses klarzumachen. Die wenigsten wissen, wie sehr eigentlich das eigene Empfinden mit aller Musik verwachsen ist. Und doch sind Rhythmik und Melodik aufs engste mit unserem ganzen Organismus verbunden. Unser eigener innerer Rhythmus zeigt, ob die Musik, die wir hören, traurig oder freudig ist. Was wir in uns haben, findet in der Musik nur seinen gesteigerten Ausdruck. Was uns in der Musik entgegentönt, ist im Grunde unsere eigenste Lebensmelodie, unser eigenster Lebensrhythmus. Und es kommt nun darauf an, zu den letzten Quellen vorzudringen. Manch einer sagt von sich, daß er völlig unmusikalisch wäre. Aber das hindert ihn nicht, in froher Gesellschaft kräftig mitzusingen. Gewiß, was da geboten wird, ist kein Kunstwerk, aber es besteht doch kein elementarer, sondern nur ein gradueller Unterschied zwischen dem Kunstgesang eines hervorragenden Solisten und diesem Ausdruck eines bestimmten Gefühls; die Quellen sind in beiden Fällen gleich. Tatsächlich lebt in allen Menschen ein ganz starkes lebendiges Gefühl für alles Musikalische – und ebenso auch für alles Dramatische. Wir müssen uns nur auch immer dessen bewußt sein: Die Kunst ist nichts, was außerhalb von uns selbst existiert. Sie ist immer innerlich mit uns verbunden. Damit soll natürlich nicht irgendeinem Dilettantismus das Wort geredet werden. Es gilt nur festzustellen, daß das Kunstwerk nicht zum Bestaunen, sondern zum Mitempfinden da ist.

Dies zu betonen, ist auch deshalb so wichtig, weil immer noch die Auffassung besteht, daß nur bestimmte Kreise von Bildung und Besitz imstande wären, einem Kunstwerk gerecht zu werden. Aber die Aufgabe der Volksbühnen ist nicht nur die Ausweitung des sogenannten kunstverständigen Publikums, sondern unsere Mitglieder müssen auch zu einem neuen Erleben des Kunstwerks gebracht werden, indem ausgegangen wird von der Schöpferkraft in jedem einzelnen. Was sich hier der Volksbühne als Aufgabe bietet, entspricht dem, was in anderer Form auf vielen anderen Gebieten von anderen Bewegungen versucht wird. Es sei nur erinnert an die Bestrebungen der Schulreformer, die ja auch die Weckung der schöpferischen Kräfte in ihren Mittelpunkt stellen, eine Art geistiger Gelenklockerung, damit wir uns als Menschen näher fühlen. Für uns in der Volksbühnenbewegung heißt es, den Massen zum Bewußtsein zu bringen, daß der Künstler ihr Bruder ist, nicht ein Mensch, der lediglich anzuhimmeln ist; daß das, was den Künstler auszeichnet, nur eine gesteigerte Fähigkeit ist, nicht eine grundlegend andere Konstitution. Man kann es auch so ausdrücken, daß unsere Zentralaufgabe darin besteht, möglichst vielen die Fähigkeit zu geben, daß sie sich erschüttern lassen. Das bedeutet im besten Sinne des Wortes, die Schranken zwischen Kunst und Volk niederreißen. Das bedeutet eine wirkliche Verbrüderung dieser beiden Elemente, die dann zum Wachsen beider führen muß.

Alle künstlerische Form wächst letzten Endes aus starker innerer Empfindung heraus. Etwas von dieser starken inneren Empfindung hat ein jeder. Den Künstler zeichnet nur die Fähigkeit aus, das, was ihn bewegt, zum höchsten und zu einem gewissen typischen Ausdruck zu bringen. Es braucht nur auf ein Werk wie Beethovens neunte Symphonie verwiesen zu werden, um klarzumachen, wie sehr eine solche Schöpfung mit tiefinnerlichster Gesinnung und Empfindung verwurzelt ist. Solch ein Werk ist nicht nur für den Künstler geschaffen, nein, Beethoven will mit ihm die Menschen zu sich heranziehen, er will ihnen damit von sich selber zeugen.

Es ist wohl am Platze, an dieser Stelle auf gewisse Ausführungen zu verweisen, die Paul Bekker, der Intendant des Casseler Staatstheaters, in seinem schon im Jahre 1916 erschienenen Buche »Das deutsche Musikleben« gemacht hat. Er verweist auf die Tatsache besonderer Volksvorstellungen und im besonderen auf die Existenz und die Arbeit der Berliner Volksbühne. Er stellt fest, daß es sich hier augenscheinlich um eine Ergänzung des bürgerlichen Theaters nach unten hin handle. Wenn dem aber so sei – wie, so fragt Bekker, ist es möglich, daß ein besonderes Volkstheater entstehen konnte? Das bedeutete doch die schärfste Kritik an unserem Theaterwesen. Und er sagt weiter: »Was ist das für ein Volk, das sich hier ein eigenes Haus bauen müßte, weil es in dem bestehenden keinen Platz fand, obwohl Plätze genug vorhanden sind?! Daß der heutige Bühnenbetrieb das Kammerspielhaus wie den Zirkus benutzt, ist aus ästhetischen Gründen erklärlich und beruht auf der Verschiedenheit einzelner Werke. Daß aber neben Hoftheater und Stadttheater noch ein Volkstheater entstehen mußte, beweist, daß entweder die Besucher der beiden erstgenannten oder die des neuerbauten nicht das Volk sind, oder daß wir aus mehreren Völkern bestehen. Dann müßten wir auch mehrere Parlamente, mehrere Verwaltungen, mehrere Staatsverfassungen haben. Da wir aber trotz aller sozialen Schichtungen auf diesen Gebieten uns zur Einheitlichkeit der Willenskundgebung durchgerungen haben, so ist nicht einzusehen, warum in Kunstdingen eine solche Allgemeinvertretung unmöglich sein sollte. Sie ist es auch nicht in der Wahrheit, sondern nur in unserer heutigen Wirklichkeit. Diese unwahrhaftige Wirklichkeit hat die Plebejer gezwungen, auszuwandern aus den Kunsttempeln der Begüterten, sich einen eigenen Tempel zu bauen und dadurch den Riß zwischen herkömmlicher und lebendiger Kunst zu kennzeichnen.«

Unsere höchste sozialkünstlerische Aufgabe muß es nun sein, diesen Riß zu beseitigen und damit das deutsche Nationaltheater zu schaffen.

Das Nationaltheater war ein Lieblingstraum Richard Wagners. In seinem Aufsatz über Kunst und Revolution, den er in jungen Jahren schrieb, sprach er bereits von diesem Ideal. Allmählich wurde dann das daraus, was wir heute in Bayreuth sehen. Aber gerade Bayreuth zeigt wieder den Riß, der so verhängnisvoll ist. Ursprünglich schwebte Wagner ein Nationaltheater vor, das die gesamte nationale Kunst vom Faust über Mozart zu Beethoven darbieten sollte. Erst später erhielt das Bayreuther Haus sein heutiges Programm. Wenn freilich Bayreuth jetzt zum Tummelplatz völkischer Tendenzen geworden ist, so handelt es sich da um eine völlige Verdrehung dessen, was Richard Wagner beabsichtigte, eine Verfälschung seiner Pläne, die gerade bei denjenigen schärfsten Protest auslösen müßte, die sich zu Richard Wagner bekennen.

Die Kunst läßt sich eben nicht politisch kommandieren. Wenn es geschieht, so beweist das nur, daß Banausen am Werke sind. Diesen Banausenstandpunkt zu bekämpfen, gehört mit zu unseren Aufgaben. Wir haben diesen Kampf zu führen, ganz gleich, ob er sich gegen Anhänger der Rechts- oder der Linksparteien richtet. Ja, wenn wir solches Banausentum auf der Linken sehen, so müssen wir hier besonders energisch Front machen, weil es sich um Kreise handelt, die eigentlich am ersten berufen wären, die Idee einer freien Kunst zu verfechten.

Als ein Neffe des Dichters Schubart eine Arbeit über Goethe geschrieben hatte und die Arbeit dem Dichter mit der Bitte vorgelegt wurde, er möge doch ein Vorwort zu dem Buche schreiben, da beantwortete Goethe die Bitte des Autors mit einem Brief, in dem er sich zu dem Grundsatz bekennt: Es ist ganz einerlei, in welchem Kreise wir unsere Kultur beginnen, es ist ganz gleichgültig, von wo aus wir unsere Bildung ins Innenleben richten, wenn es nur ein Kreis, wenn es nur ein Wo ist.

Dies Wort wollen wir uns stets vor Augen halten, und nach unseren besten Kräften dahin streben, im Sinne dieses Wortes die soziale Aufgabe, die soziale Sendung unserer Volksbühne zu erfüllen.

*Der 9. Volksbühnentag Mainz 1928*
*aus: Schriften des Verbandes der deutschen Volksbühnenvereine, Heft 19*

*Dr. Seelig, Berlin, Preußisches Ministerium für Wissenschaft, Kunst und Volksbildung (Vortrag):*
Die Grundlinie, nach der die Volksbühne bisher gearbeitet hat, ist bekanntlich das Verfahren der Einheitsbeiträge, des Platzwechsels usw. Ich erblicke in dieser Methode die Ursache, warum keine wirtschaftlichen Nachteile und keine praktischen Schwierigkeiten für das Theater durch die Verbindung mit der Volksbühne entstanden sind. Die Versuche, durch die Kontrolle eines Steuer- oder Vermögenszensus einen zuverlässigen Maßstab für das Recht auf Teilnahme an der sozialen Kunstpflege zu schaffen, sind m. E. als gescheitert zu betrachten. Sie scheinen mir vor allem mit dem Charakter der sozialen Kunstpflege in grundsätzlichem Widerspruch zu stehen. Sie sind einfach ›unwürdig‹, schon vom ›menschlichen‹ Standpunkt aus nicht haltbar und auch nicht demokratisch. Wir können nicht die Menschen zu höherer Kultur- und Volksgemeinschaft zusammenschließen und diese Aufgabe damit beginnen, daß wir für das gemeinsame Erlebnis des Kunstereignisses Unterschiede nach Rang, Vermögen und Sitz machen, wodurch wir die alte Abstufung wieder hineintragen würden in die neue Bewegung. (Sehr richtig!) Daß sich das Verfahren der Volksbühne, ich möchte es das ›sozial-kulturelle Prinzip‹ nennen, mit dem praktischen Bedürfnis des Bühnenleiters deckt, ist darin begründet, daß jeder Vermögens- oder Steuerzensus das Moment der Unsicherheit in sich trägt. Es gibt nur einen sicheren Maßstab, um nachzuprüfen, ob nur diejenigen Personen in den Genuß der Preisvorteile gelangen, die seiner bedürfen und würdig sind: das ist die Unterwerfung unter die Verpflichtungen der Organisation zum Besuch an dem bestimmten Tag und unter den Bedingungen des Einheitspreises, des Platzwechsels. Diesen Verpflichtungen wird sich niemand unterwerfen, der in der Lage ist, den Besuch des Theaters zu der von ihm gewählten Zeit vorzunehmen und den von ihm gewünschten Platz, im Abonnement seinen bestimmten festen Platz, zu nehmen. Bei meinem Wiener Referat habe ich darauf aufmerksam gemacht, daß eine weitere Bestätigung der Richtigkeit der Grundsätze der Volksbühne durch die neuerliche Entwicklung des Bühnenvolksbundes, nämlich der Bekehrung zu ›den Volksbühnen-Grundsätzen‹, erbracht wird.

Dabei müssen auch die Besucherorganisationen berücksichtigen, daß die Theater für absehbare Zeit ohne Tageskasse und Abonnement als finanzieller Grundlage nicht werden auskommen können. Es liegt das an der kapitalistischen Struktur unseres wirtschaftlichen Gesamtlebens, durch die der geschäftliche Charakter des Theaters bis zu einem gewissen Grade bedingt ist. Auch öffentliche und gemeinnützige Bühnen können sich diesem Gesetz nicht völlig entziehen, wenn nicht die Zuschüsse ins Uferlose gehen sollen. Jedes unangemessene Anwachsen der Zuschüsse bedeutet aber eine Gefahr für die Existenz der Theater; Parlamente, Stadtverordnetenversammlungen werden dann leicht die Erfüllung gewisser vordringlicher sozialer oder wirtschaftlicher Bedürfnisse – man denke an Krankenhäuser, Asyle usw. – für wichtiger halten, als das ›zu teure Theater‹.

Für die Frage der Einwirkung auf die Kunstpflege des Theaters ist folgendes Moment von besonderer Bedeutung: Alle Antworten auf die Rundfrage, die sich mit dieser Frage befassen, stellen fest, daß die Hereinnahme von Vertretern der Volksbühnen in die Verwaltungsräte, Aufsichtsräte der Theater oder die städtischen Kommissionen sich bewährt hat, daß Schwierigkeiten oder Nachteile daraus nicht entstanden sind, die Erfahrungen und das Verständnis solcher Vertreter sich zugunsten des Theaters ausgewirkt haben, so daß die Auseinandersetzungen mit ihnen sich zu fruchtbarer Arbeit gestalteten. Wenn schon hierbei Nachteile durch einen etwaigen Widerstreit der Interessen nicht verursacht wurden, um wieviel mehr muß die Verständigung der Vereine mit den einzelnen Bühnenleitern ohne Schaden für den Betrieb möglich sein.

Wenn nach allem das Interesse, das die Volksbühnen an der Wahl des geeigneten und befähigten Bühnenleiters nehmen, sich nicht nur als im Interesse der Volksbühnen, sondern auch als im Interesse des Theaters selbst und derer, die das Theater betreiben, Staat und Gemeinde, gelegen zeigt, so erscheint auch in diesem Licht die Volksbühnenforderung nur allzu berechtigt, vor der Berufung eines Bühnenleiters, ähnlich wie der Bühnenverein, die Bühnengenossenschaft usw., von den öffentlichen Organen gehört zu werden. Die Erfahrungen, die die Organisation auf künstlerischem und praktischem Gebiete sich gesammelt hat, ihre dadurch erworbene Fachkunde können für die Wahl nur nützlich sein. Von besonderer Bedeutung erscheint mir hier nun der Umstand, daß es der Volksbühne gelungen ist, für die Führung ihrer eigenen Wanderbühnen oder solcher, an denen sie beteiligt ist, hervorragend begabte Bühnenleiter zu finden, die wiederholt zur Leitung stehender Theater, zunächst meist mittlerer Stadttheater, herangewachsen sind. Ich freue mich darüber, nicht zuletzt im Interesse des Theaterwesens, weil hiermit eine Seite des Problems der Führerauslese und der Heranbildung des geeigneten Führernachwuchses praktisch gelöst ist, sondern vor allem auch darum, weil hier Führer erwachsen, die auf der einen Seite in den kleinsten und schwierigsten Betrieben gelernt haben zu sparen, wirtschaftlich zu arbeiten, auf der anderen Seite aber die großen Ideen der sozialen Kunstpflege lebendig in sich aufgenommen haben, die ihnen sozusagen in Fleisch und Blut übergegangen sind. Auch aus dieser Entwicklung ergibt sich, wie berechtigt der Anspruch der Volksbühne erscheint, vor der Berufung von Intendanten um ihre fachkundige Meinung angegangen zu werden.

Das Ziel der Volksbühnen muß nach der Natur ihrer Aufgaben gemeinnützige Kunstpflege jeder Art sein. Denn nur von den gemeinnützigen Betrieben läßt sich die möglichst weitgehende und geeignete Erfüllung der Forderungen erwarten, die von den Volksbühnen nach ihrem Zweck und Ziel für den Theaterbesuch ihrer Mitglieder zu stellen sind. Soweit daher die Volksbühnen nicht selbst Theater führen oder an ihrer Führung beteiligt sind, haben sie das höchste Interesse an der Förderung der öffentlichen, staatlichen oder städtischen Theater sowie an der vom Ganzen her bewirkten, die Interessen der Gesamtheit wahrnehmenden planwirtschaftlichen Regelung des Theaterwesens. In diesem Lichte muß man die neuere Entwicklung des deutschen Theaters betrachten, wenn man ihre Bedeutung für die soziale Kunstpflege der Volksbühnen abschätzen will. Man muß daran denken, was es auf sich hat, daß gemeinnützige Wanderbühnen in immer größerem Umfang errichtet wurden, durch die das flache Land und die kleineren Städte mit guter Schauspielkunst versorgt werden, daß diese Wanderbühnen fast völlig auf die Theatergemeinden, also die soziale Kunstpflege, eingestellt sind, daß ferner an Stelle der früheren Pachtbetriebe städtische Theater unter Beteiligung der Besucherorganisationen aufgebaut wurden, um wertvolle Kunst zu pflegen, daß schließlich die Entwicklung von Privattheatern zu gemeinnützigen in Deutschland schon so weit gediehen ist, daß etwa drei Viertel der Stimmen im Deutschen Bühnenverein auf die letzteren und ein Viertel auf die ersteren entfallen. Diese ganze Entwicklung steht nicht nur im engsten Zusammenhang mit der Entwicklung und Arbeit der Volksbühnen, sie ist zum Teil durch sie unmittelbar verursacht und gefördert, und sie ermöglicht und verbürgt wiederum die künftige erfolgreiche Weiterarbeit!

An all dem hat der Staat nicht nur ein Interesse aus kulturellen Gründen. Durch diese Kulturarbeit wird auch eine geistige Einheit der Nation gewonnen. Schon jetzt ist die Kunst die letzte einigende Plattform über Klassen und Parteien hinweg. Jede Bewegung, die der Erhaltung eines solchen einigenden Bandes dient, macht sich um die Interessen des Staates selbst und seine Erhaltung verdient.

Ich habe bei meinem Wiener Referat angeregt, in Österreich ähnliches zu schaffen, wie es in Deutschland durch die Landesbühne, die Besucherorganisationen geschieht und dabei die deutsche Mitarbeit in Aussicht gestellt. Das wäre eine weitere Angleichung zwischen unseren Stammesvölkern, die für alle Teile fruchtbar werden könnte. In kann hier mitteilen, daß ich mit meinen Anregungen bei maßgebenden Stellen auf guten Boden gestoßen bin.

Möge mit dem Übergreifen des Volksbühnengedankens in andere Länder der Gedanke und die Bewegung im deutschen Heimatland immer stärker und mächtiger werden. Vertrauen Sie in diesem Sinne dem alten Ruf, mit dem ich schließe: »Unser das Reich, unser die Zukunft!« (Stürmischer anhaltender Beifall.)

*L. Kestenberg über Musik und Volksbühne: ›Die Volksbühne‹ vom 21. Juni 1920*

Ein Blick in die Programmhefte unserer Volksbühnen zeigt ein reges Musikleben. Oratorienaufführungen und Solistenkonzerte wechseln mit Kammermusikabenden ab, in vielen Volksbühnen nimmt die Oper einen bevorzugten Platz unter den Theatervorstellungen ein. Während unsere Bewegung aber im Theater einen eigenen Weg sucht, während in den letzten Jahren alle Energie darauf verwandt wird, Form und Inhalt der dramatischen Kunst unserem Programm anzupassen, scheinen wir auf musikalischem Gebiet vorläufig darauf angewiesen zu sein, uns auf die Vermittlung der anerkannten Musikliteratur in möglichst guter Ausführung und Anordnung und zu möglichst niedrigen Preisen zu beschränken. Die Volksbühnen leisten musikalisch die gleichen Aufgaben wie die anderen Volksbildungsorganisationen und die Auffassung, daß die Volksbühnen »erzieherische« Ziele hätten, trifft für ihre Musikpflege beinahe zu.

Die Entwicklung des öffentlichen Musiklebens im 19. Jahrhundert hat dazu geführt, daß Konzert und Oper alles beherrschen, daß Musik in Kirche, Schule, Haus und Verein ganz in den Hintergrund getreten ist. Die technischen Schwierigkeiten, die bei der Ausführung der Kompositionen der neueren Zeit überwunden werden müssen, haben eine breite Schicht von Berufsmusikern entstehen lassen, die vom Musikliebhaber mit einer leichten Überheblichkeit sprechen, ihn als »Dilettanten« nicht ernst nehmen. Die nähere Beschäftigung mit Musik ist ein unentbehrliches Erziehungsrequisit der ›höheren Tochter‹ geworden, die Forderung musikalischer Bildung kehrt in den Heiratsannoncen gewisser Kreise immer wieder, das musikalische Verständnis wird ein Privileg der Besitzenden und Gebildeten. Diese Schichten schaffen die gesellschaftlichen Formen, die für die Organisation des Musiklebens maßgebend sind. Für sie werden in allen großen und mittleren Städten Deutschlands die »Abonnementskonzerte« eingeführt, die bald Mittelpunkt des gesellschaftlichen und musikalischen Lebens sind. Die Ansprüche, die das Publikum dieser Konzerte stellt, bestimmen Ausbildung und Entwicklungsweg der Musiker. Bis zum Kriege haben die wohlhabenden Kreise fast aller deutschen Städte dieses Konzertleben mit allen Kräften unterstützt und erhalten. Allenthalben haben die privaten Musikgesellschaften Orchester geschaffen und subventioniert, Künstler eingeladen und hoch honoriert, es hat sich für dieses ganze auf dem Konzert aufgebaute Musikleben eine bedeutsame Tradition entwickelt, die erst durch die wirtschaftliche Umgruppierung nach dem Weltkriege einen entscheidenden Stoß erlitten hat.

Schon in den Anfängen der Volksbildungsarbeit, in den sechziger Jahren des vorigen Jahrhunderts, wurden die ersten Versuche unternommen, neben wissenschaftlicher neue künstlerische »Belehrung« dem Volke angedeihen zu lassen. Diese ersten Etappen der Volksbildung mit ihren »breiten Bettelsuppen«, ihrem unsagbaren Hochmut sind auf musikalischem Gebiet auch heute noch nicht ganz überwunden. Die ›Volkskonzerte‹, die von den neunziger Jahren an sich einbürgern, sollen die Ungebildeten, eben das ›Volk‹, zum musikalischen Verständnis erziehen, hier ist das breite Feld, auf dem sich alle stilistischen und pädagogischen Rezepte, die von den Zeiten des ›Kunstwart‹ bis heute immer wieder erteilt werden, ausprobieren lassen. Unsere allgemeine Bildungsarbeit hat längst die Methode der hoheitsvollen Wissensübermittlung verlassen; aber die künstlerische und besonders musikalische Erwachsenenbildung geht noch die alten Wege. Gar fest ist eben die Überzeugung verbreitet, daß Musik zunächst »verstanden« werden müsse, bevor sie gehört werden dürfe, und während vor jeder anderen Kunst der unmittelbare, spontane Eindruck entscheidet, wird besonders in Deutschland erst der Intellekt befragt, ob eine Musik gefallen dürfe oder nicht. Das Drama, das Bild, der Tanz kennen diese Scheidung nicht und die soziologischen Umstände spielen deshalb in der Geschichte dieser Künste nicht entfernt die gleiche Rolle wie in der der Tonkunst, trotzdem diese ihrem Ursprung nach die jedem Menschen nächste sein müßte.

Aber die Wechselwirkung von Konzert und »verständnisvollem« Publikum hat den schaffenden Musiker von dem natürlichen Ursprung immer weiter entfernt und die Wiege aller Musik, das Volkslied, scheint für die in der Öffentlichkeit maßgebende Produktion fast vergessen. Wo sich zeitgenössische Komponisten des künstlerischen Heimatbodens erinnern, wo die Quellen wieder aufgesucht werden, da ist auch trotz aller Komplikationen der Zusammenhang zwischen Kunst und Volk wieder hergestellt, wofür sich viele Beispiele aus den Werken unserer modernsten Meister anführen lassen.

Die sogenannte volkstümliche Musikpflege – schlimm genug, daß nicht jede Musikpflege dieses schmückende Beiwort verdient – muß sich aber von der Vorherrschaft des Konzertbetriebs freimachen und ihre eigenen Bedingungen erkennen. Den Volksbühnen erwächst auch musikalisch eine wichtige Mission. Die Krise, in die das Konzertleben geraten ist, hat nicht nur wirtschaftliche Ursachen. Wohl ist zunächst bemerkbar, daß die Kreise, auf die sich das Musikleben stützte, heute nicht mehr in der Lage sind, ›Opfer‹ für die Kunst zu bringen. Städte und Staat müssen immer mehr die Aufgaben übernehmen, die früher von privater Seite getragen werden konnten. Die kommunalen und staatlichen Parlamente setzen noch die bisher geltende Kunstpolitik fort. Aber schon melden sich in allen Parteien Stimmen, die für eine Umstellung des Musiklebens eintreten, die für das Chorgesangwesen, für die musikalische Jugendbewegung, für Haus- und Schulmusik eintreten, die die Schranke, die im Konzert zwischen Podium und Publikum gezogen ist, nicht mehr für unübersteigbar halten.

Die Volksbühnen haben die Pflicht, diese Keime einer neuen Volksmusikkultur aufmerksam zu verfolgen und zu ihrem Teil an ihrem Werden mitzuarbeiten. Die Konzertveranstaltung wird noch lange das Rückgrat der musikalischen Arbeit in der Volksbühne sein. Aber die Entwicklung eigener Kräfte aus dieser Arbeit muß für die musikalisch Verantwortlichen ein wichtiges Ziel sein. In Berlin ist aus der Neuen Freien Volksbühne der Volkschor entstanden, einer der ältesten gemischten Chöre des Deutschen Arbeitersängerbundes, der unter Leitung von Dr. Ernst Zander und Dr. Alfred Guttmann Ausgezeichnetes leistet. In vielen Städten haben die Volksbühnen engste Beziehungen zu den Chorvereinen. Es ist eine besondere Freude festzustellen, daß in mittleren Städten vier und mehr Aufführungen des gleichen Oratoriums mit Arbeiterchören durch die Volksbühnen veranstaltet werden können. Der Ausbau dieser Beziehungen ist für eine eigene Musikpflege der Volksbühnen, für die Formung eines musikalischen Gewichts von wesentlicher Bedeutung. Die Verbindung mit den Schulchören, die Belebung der Kirchenmusik, die Gewinnung der musikalischen Jugendbewegung für die Volksbühnenarbeit, die Schaffung und Unterstützung von Volksmusikschulen! Alles dies gehört zu dem musikalischen Arbeitskreis der Volksbühnen und kann erst ein eigenes würdiges Musikleben hervorrufen.

Die Volksbühnen müssen aufhören, ihr Genüge in der bloßen Nachahmung der künstlerischen Mode von gestern zu finden. Wie das im Drama fast selbstverständlich geworden ist, wie auch da das Verhältnis zwischen Kunst und Volk nicht beeinträchtigt wird durch gesellschaftliche Vorurteile und Schlagworte, so soll auch das Musikleben der Volksbühne nicht beeinflußt werden von dem Schielen nach den Berühmtheiten des Tages, den meistgenannten Namen. Die Volksbühne kann der »Sensation« aus dem Wege gehen, sie wird nicht der Reklame und den Geschäftspraktiken, die heute vom Konzertbetrieb unzertrennlich sind, sich ausliefern, sondern aus ihren eigensten Bedürfnissen und Ansprüchen ihre Musikpflege aufbauen.

›Die Volksbühne‹: 15. Jan. 1926
Die Berliner Opernfrage
In den letzten Wochen haben alle Berliner Musikkritiker hohe Politik getrieben. Eine Personalunion der drei hauptstädtischen Opernhäuser war angekündigt worden, und Herr Oscar Bie hatte bereits die Dirigentenposten verteilt. Aber die detaillierte Erörterung des Planes, der natürlich entscheidenden Einfluß auf das Musikleben gehabt hätte, war verfrüht. Jählings wurde mitgeteilt, daß die Verhandlung abgebrochen sei, und nur über eine Interessengemeinschaft zwischen Staat und Stadt wird noch verhandelt. Einer solchen Regelung wird man sich wohl nirgends, auch nicht beim Preußischen Landtag und in der Berliner Stadtverordnetenversammlung, verschließen.

Der Schillings-Konflikt hat inzwischen eine wesentliche Abmilderung erfahren. Jeßner, der verdiente Intendant der staatlichen Schauspiele bleibt, und Schillings hat eine Ehrenerklärung des Kultusministers Becker erhalten, die den leidigen Zivilprozeß aus der Welt schafft und dem früheren Intendanten Genugtuung gibt. Die vornehme Gesinnung des Ministers zeigt sich auch in einer (im Verlage Quelle u. Meyer, Leipzig, erschienenen) Broschüre, die seine Landtagsrede vom 14. Dezember 1925 veröffentlicht. Diese enthält die deutliche Erklärung, daß der Intendant nur wegen seiner Verwaltungstätigkeit und nicht wegen seines Wirkens als Künstler und Dirigent kritisiert wurde. Prinzipiell noch mehr Beachtung verdienen die Ausführungen, in denen der Minister die Neuorganisation im Verhältnis von Staat und Staatstheater behandelt: »Der zurzeit bestehende Kompromiß zwischen dem alten und dem neuen System ist auf die Dauer unhaltbar und unerträglich.« In der Tat muß, nach dem Wegfall der Krone, der Geist des Hoftheaters, der auf Monarchenempfänge und persönliche Verherrlichung der Armee bedacht war, durch neue Ideen ersetzt werden.

Diese Auffassung ist von hoher Wichtigkeit für die Entscheidung, die gefällt werden muß: die Neubesetzung des Intendanten der Staatsoper. Der Minister verweist darauf, daß Schillings einen sehr weitgehenden Vertrag hatte, während in Wien, München und anderen Städten die Macht der Intendanten enger begrenzt sei. Heute aber schon bedürfen die Berufung der Generalmusikdirektoren und die Künstlerverträge, die länger als ein Jahr laufen – damit wird das gesamte Solistentum getroffen – der Genehmigung durch den Minister. Wir sind überzeugt, daß es nicht wünschenswert und nicht beabsichtigt ist, einen stärkeren Einfluß auszuüben, denn die Regierungen wechseln, und man weiß nicht, woher der Wind wehen kann. Freiheit ist der Atem einer künstlerischen Persönlichkeit! Wir verstehen durchaus, daß das Ministerium, das die Verantwortung vor dem Landtag trägt, nicht eine formale Aufsichtsbehörde sein will, sondern die Pflicht fühlt, den mit Finanzfragen und einem Beamtenapparat verbundenen Staatsbetrieb des Theaters wirklich zu überwachen. (Der Beamtenapparat ist übrigens von 6 auf 3 Prozent bei 4 statt 2 Theatern vermindert, und mit dieser Auswirkung kann man ganz zufrieden sein.) Eine überzeugend große Künstlerpersönlichkeit wird der Doppelaufgabe am ehesten Herr werden. Sie wird die staatlichen Notwendigkeiten nicht verkennen, und sie wird die große Linie der modernen Kunst halten – nicht der Buchstabe, sondern der Geist schließt die Verträge! Sie wird, je universeller sie denkt, die Ausgestaltung der Volksmusikpflege verbürgen, die von der Kunstabteilung des Kultusministeriums in verdienstvoller Weise zum Programm erhoben wird.

Dieses Programm ist gleichzeitig die bedeutendste Forderung der Volksbühne. Jetzt endlich muß aus der Krolloper ein Kunstinstitut ersten Ranges werden! Die Volksbühne, die allabendlich 1200 Plätze im Hause am Königsplatz besitzt, glaubt eine hohe Verantwortung für die Zukunft der volkstümlich-ästhetischen Musikerziehung zu haben. Sie ist um so mehr zu positiven Forderungen berechtigt als sie auch der Staatsoper mit wirtschaftlichem Erfolge dient und jetzt durch eine Veröffentlichung des amtlichen preußischen Pressedienstes bekanntgegeben wurde, daß im Etatjahr 1924 ein Überschuß von 300 000 Mark, im Jahre 1925 von 340 000 Mark bei Kroll erzielt wurde, und im laufenden Jahr ein ähnliches Verhältnis zu erwarten ist. Diejenigen rechtsstehenden Kreise, die immer den Vertrag zwischen der Volksbühne und Kroll kritisieren, vergessen dabei gern, daß auch der Bühnenvolksbund, der Exponent der Rechten, 200 bis 250 Plätze allabendlich in diesem Hause erhält. Nach dem Willen der Volksbühne müssen an den Spielplan hohe Anforderungen gestellt werden. Neueinstudierungen und auch Uraufführungen geeigneter Musikwerke sind notwendig. ›Oberon‹, ›Euryanthe‹, ›Wildschütz‹, ›Fra Diavolo‹, ›Jüdin‹, ›Die weiße Dame‹; in dieser Richtung etwa geht unser Streben, und die wichtigsten Werke der neueren Musik müssen hinzukommen. Bergs ›Wozzek‹, Strawinskys ›Geschichte vom Soldaten‹ hätten in der Krolloper vielleicht ein dankbareres Publikum gefunden als in der Oper Unter den Linden, und zu organisierten Pfeifkonzerten wäre es dort wohl auch nicht gekommen. Natürlich muß ein Dirigent allerersten Ranges Garantie bieten, daß die Volksmusikpflege nicht nur Gelegenheitsarbeit ist.

Wir haben das feste Vertrauen, daß das Ministerium diese Forderungen der Volksbühne durchführt und so die Volksmusikkultur anstelle Opernpathos einführt.

# Verträge des preußischen Fiskus mit der Volksbühne

*Die nachfolgenden Verträge – es fällt auf, daß die Volksbühne als Kontrahent in jedem der Verträge in anderer Formulierung erscheint – bilden die Grundlage für das Verhältnis zwischen Preußen und der Volksbühne. Sie dokumentieren den gemeinsamen Willen zum Aufbau eines Institutes der sozialen Kunstpflege. Zugleich lassen sich aber auch in ihnen die verschiedenen Interessen erkennen, und an diesen entzünden sich Streit, Verhandlungen, Vernehmungen, Diskussionen. An der Fußangel des § 12 des Vertrages vom 30. April 1923 wird zum Ende der Weg gefunden, die Existenz der Krolloper zu zerbrechen, obwohl typischerweise nirgends schlüssig aufgeklärt wird, wie dieser Paragraph entstanden und was sein eigentlicher Sinn ist.*

*Wenn die Verträge auch nur wenig oder nichts mit den künstlerischen Zielen oder der Leistung der Krolloper zu tun haben, so sind sie doch Anlaß für die ausgedehnten Verhandlungen und Vernehmungen des Preußischen Landtages, bei denen, teilweise blitzartig, auch die verschiedenen geistigen und künstlerischen Auffassungen zu Tage treten.*

*Über ihren juristischen Gehalt hinaus sind die Verträge inhaltsreiche Beispiele für das Zeitdenken jener Periode. Sie implizieren Fragen der Theatergattungen – ursprünglich waren auch Schauspielvorstellungen geplant, die aber zu Gunsten der Oper fallen gelassen wurden –, des Repertoires, der organisatorischen Methoden – angedeutete Möglichkeit von en-suite-Vorstellungen, d. h. Serien bis zu dreißig Aufführungen des gleichen Werkes – vor allem enthalten sie in der Festlegung des zu Grunde gelegten Eintrittspreises soziologische Überlegungen und Argumentationen.*

*Aus dem Kapitulationsvertrag vom 11. Dezember 1930, der mit einer Laufzeit von 16 Jahren erst am 6. Juli 1931, nach Schließung der Krolloper, vom Landtag gutgeheißen wurde, geht hervor, daß alle Beteiligten, vor allem die Politiker und ministeriellen Funktionäre, ahnungslos mit langen Zeitspannen rechneten, die schon längst nicht mehr im Plan der Ereignisse lagen.*

*Vertrag zwischen dem Preußischen Staat und der Volksbühne vom 5. April 1920*

Der Preußische Staat, vertreten durch den Minister für Wissenschaft, Kunst und Volksbildung und durch den Finanzminister, einerseits
und die Neue Freie Volksbühne E. V. zu Berlin, Linienstraße 227, vertreten durch ihren Vorstand, Herrn Georg Springer und Herrn Heinrich Neft, für sich und im Namen der Freien Volksbühne, in nachstehendem die Volksbühne genannt, andererseits,
schließen folgenden Vertrag:

§ 1

Der Staat verpflichtet sich, nach Fertigstellung des Umbaues in dem vormals Neuen Operntheater zu Berlin, Königsplatz 7, alljährlich während der normalen zehnmonatlichen Spielzeit der Staatstheater in jeder Woche an vier Abenden und am Sonntagnachmittag, sowie bei Einfügung von Schülervorstellungen auch an einem Wochennachmittag, mit dem Personal des Schauspielhauses Schauspielvorstellungen, ferner an drei Abenden mit dem Personal des Opernhauses Opernvorstellungen zu veranstalten. Der Staat ist berechtigt, statt des Schauspiels an Sonntagnachmittagen eine Oper zu geben.

Die Ankündigung der Vorstellungen erfolgt unter dem Namen der Volksbühne als Veranstalterin, aber unter Bezeichnung der Vorstellungen als solcher der Staatstheater.

Die Volksbühne ist verpflichtet, die Vorstellungen der Staatstheater abzunehmen.

§ 2

Zum Zweck der Aufführung der im § 1 bezeichneten Vorstellungen sowie etwaiger anderweiter künstlerischer Veranstaltungen der Volksbühne überläßt der Staat der Volksbühne das vormals Neue Operntheater zu Berlin, Königsplatz 7, zum Gebrauch. Gegenstand der Gebrauchsüberlassung sind die Gebäude, der Garten und die Terrasse des bezeichneten Grundstücks in dem Zustand, in dem sie sich zur Zeit der Übergabe befinden. Die Übergabe erfolgt nach Vollziehung des Vertrages.

Bis zum 1. September 1920 sind von der Gebrauchsüberlassung diejenigen Räume ausgeschlossen, die sich zur Zeit im Mietbesitze der Reichsverwertungsstelle befinden. Es ist der Volksbühne bekannt, welche Räume dies sind.

§ 3

Als Vergütung für die ihr vom Staate nach § 1 dieses Vertrages zu bietenden Vorstellungen und die Überlassung des Grundstücks gemäß § 2 zahlt die Volksbühne jährlich den Betrag von 1 700 000 Mark (in Worten: eine Million siebenhunderttausend Mark) an den Staat, und zwar in 10 Monatsteilbeträgen von 170 000 Mark am Ende jeden Spielmonats. Von dieser Vergütung sind 900 000 Mark die alljährliche Entschädigung für die allgemeinen Unkosten der Staatstheater einschließlich einer Miete von 300 000 Mark für das Grundstück und einschließlich des auf diese Summe zu verrechnenden Mietstempels, während 800 000 Mark die Abgeltung für die in der Anlage berechneten persönlichen und sachlichen Unkosten der Bühnenaufführungen sind.

Steigen oder fallen die persönlichen und sachlichen Unkosten der Bühnenaufführungen, so ändert sich der auf 800 000 Mark festgesetzte Vergütungsanteil. Die Umrechnung erfolgt auf Grund der Buchführung der Staatstheater über die Bühnenaufführungen im vormals Neuen Opernttheater, die gesondert von ihren sonstigen Büchern zu halten ist. Zum Tage der Eröffnung des Betriebes und jeweils ein Kalendervierteljahr später wird geprüft, ob die persönlichen und sachlichen Unkosten der Bühnenaufführungen sich geändert haben. Veränderungen unter 10% werden nicht berücksichtigt. Betragen sie 10% und mehr, so erhöht oder vermindert sich um diesen Betrag der oben auf 800 000 Mark festgesetzte Vergütungsanteil. Der neuerrechnete Betrag bleibt für 3 Monate unverändert; das erstemal ist er vom Tage der Eröffnung des Betriebes ab zu zahlen, falls eine Erhöhung oder Ermäßigung um 10% oder mehr sich ergeben sollte. Die Posten, die in der Anlage der Berechnung der persönlichen und sachlichen Kosten zugrunde gelegt worden sind, sind alle 3 Jahre, erstmalig zum 1. April 1924, im Einvernehmen mit der Volksbühne nachzuprüfen und neu festzustellen.

Hat die Volksbühne einen höheren Betrag zu entrichten, so darf sie die Preise der in den freien Verkauf gelangenden Eintrittskarten nach näherer Vereinbarung mit dem Staate erhöhen.

Entrichtet die Volksbühne eine ihr obliegende Monatszahlung nicht pünktlich, so ist der Staat berechtigt, ihr anzukündigen, daß, wenn auch die nächste Monatszahlung nicht pünktlich oder nicht vollständig erfolgen sollte, der Vertrag aufgehoben werden wird. In diesem Falle endigt der Vertrag dadurch, daß die Verwaltung von diesem Vorbehalt Gebrauch macht.

§ 4

Die Volksbühne ist verpflichtet, das ehemalige Neue Opernttheater auf ihre Kosten dergestalt zu einem Volkstheater auszubauen, daß Haus, Zuschauerraum und Bühne, wie die gesamten dazugehörigen Anlagen würdig sind, eine den Staatstheatern angegliederte Volksbühne darzustellen. Der Zuschauerraum des Theaters muß mindestens 2000 Sitzplätze enthalten, die Bühne muß mit allem Zubehör und so beschaffen werden, daß sowohl Schauspiel- wie Opernvorstellungen, und zwar mit den Dekorationen der Staatstheater, gegeben werden können. Auf reichliche Nebenräume der Bühne und ausreichende Räume für Kulissen und Requisiten wird besonders Wert gelegt.

Die Volksbühne verpflichtet sich, sofort Pläne für den Umbau aufzustellen und dem Staat die fertiggestellten Pläne zur Genehmigung vorzulegen. Werden Abänderungen verlangt, die nicht auf Grund der Verpflichtungen der Volksbühne gemäß den vorstehenden Bestimmungen dieses Paragraphen notwendig erscheinen, so dürfen diese Abänderungen, sofern die Baukosten bereits den Betrag von 4 Millionen Mark übersteigen, für die Volksbühne keine wesentliche finanzielle Mehrbelastung bringen.

Die Genehmigung der Pläne sowie etwaige auf Verlangen eingereichter Abänderungspläne hat spätestens innerhalb 3 Wochen zu geschehen, nachdem sie in je einem Exemplar bei der Verwaltung der Staatstheater und bei dem Ministerium der öffentlichen Arbeiten eingereicht worden sind.

Wird diese Frist nicht eingehalten, so kann die Volksbühne ohne diese Genehmigung bauen.

Nach Genehmigung der Pläne durch den Staat und nach der vorläufigen baupolizeilichen Genehmigung hat die Volksbühne sofort mit dem Umbau der Räume zu beginnen und diese Bauten unverzüglich derart zu fördern, daß möglichst bald mit den Vorstellungen begonnen werden kann. Der Staat behält sich das Recht vor, die Innehaltung des genehmigten Bauplanes und die Güte der baulichen Herstellungen selbst sowie das Fortschreiten des Baues, nach dessen Beendigung aber die laufende ordnungsmäßige bauliche Unterhaltung der überlassenen Gebäude durch einen Regierungsbaubeamten überwachen zu lassen. Diesem Baubeamten muß die Volksbühne alles offenlegen, was er zur Erfüllung seiner Pflichten bedarf.

Die Zahlung der Jahresvergütung beginnt mit dem Tage, an dem die erste Vorstellung stattfindet. Als Zeitpunkt für die Eröffnung ist der 1. Februar 1921 in Aussicht genommen. Die Volksbühne verpflichtet sich, alles daran zu setzen, den Bau bis zu diesem Tage fertigzustellen, und haftet für allen Schaden, der aus der schuldhaften Nichterfüllung dieser Verpflichtung entsteht.

Die Volksbühne verpflichtet sich, alljährlich das von ihr aufgenommene Baukapital außer der Verzinsung mit 5% vom Tag der Betriebseröffnung ab zu amortisieren, so daß sich die Bauschuld jährlich um 5% verringert, und dem Staat nach Ablauf des Jahres den Nachweis zu führen, daß diese Amortisation erfolgt ist. Um den Zweck der Umbauten zu erreichen, verflichtet sich die Volksbühne, mindestens 4 Millionen hierfür aufzuwenden. Über die etwaige Vornahme von Erweiterungs- oder Ergänzungsbauarbeiten bedarf es der Vereinbarung der Parteien. Über den für den Umbau geleisteten Aufwand legt die Volksbühne binnen einem Jahre nach Fertigstellung des Umbaues unter Vorlage der Belege und Nachweise dem Staate Rechnung. Der Betrag ist zwischen den Parteien mit Rücksicht auf die im § 9 Abs. 2 vorgesehene etwaige Zurückvergütung ziffernmäßig festzusetzen. Im Nichteinigungsfalle entscheidet das Schiedsgericht.

### § 5

Kommt die Volksbühne ihren Vertragsverpflichtungen nicht genügend nach, vernachlässigt sie insbesondere die bauliche Unterhaltung des überlassenen Grundstückes oder unterläßt sie die Handlungen, die durch polizeiliche oder sonstige behördliche Vorschriften oder durch die im Interesse des Gemeinwohls oder zur Verhütung von Gefährdungen, Schädigungen und Rechtsverletzungen ergangenen behördlichen Anordnungen einem Grundstückseigentümer, Theaterunternehmer, Gastwirte oder Privatmanne auferlegt werden, so ist der Staat unbeschadet seiner sonstigen, insbesondere der nach § 553 BGB bestehenden Befugnisse berechtigt, nach fruchtloser Aufforderung zur Beseitigung des Mißstandes die hierzu dienlichen Maßnahmen selbständig, aber auf Kosten der Volksbühne ausführen zu lassen. Zu diesem Zwecke ist der Staat berechtigt, alle Räume, insbesondere auch die Böden und Dächer betreten und besichtigen zu lassen, und die Volksbühne verpflichtet, auf Verlangen des Staates diese Räumlichkeiten durch Sachverständige auf Kosten der Volksbühne prüfen zu lassen.

Die Volksbühne haftet für alle Schäden, die aus den vorgedachten Vernachlässigungen und Unterlassungen entstehen, und ist insbesondere auch verpflichtet, etwa behördlich festgesetzte Geldstrafen – z. B. für mangelhafte Beseitigung von Schnee und dergl. – selbst zu zahlen oder aber dem Staat zu erstatten. Es darf kein Baum im Garten entfernt werden.

### § 6

Die Verträge, die die Volksbühne mit den Unternehmern behufs Ausnutzung ihrer Rechte abschließen will, bedürfen der Zustimmung des Staates. Hierzu gehört auch die Benutzung oder Vergebung des Theaters während der zweimonatlichen Sommerspielzeit. Entschließt sich die Volksbühne zur eigenen Ausnutzung, z. B. durch Einrichtung von Verkaufsständen, Aufstellung von Automaten und dergl., so hat sie auch hierzu die vorherige Zustimmung des Staates einzuholen.

Die Volksbühne ist berechtigt, das Theater für einmalige künstlerische Veranstaltungen Dritter zur Verfügung zu stellen.

### § 7

Die Wahl der aufzuführenden Stücke erfolgt durch die Leitung der Staatstheater. Vor der Entscheidung hat eine Beratung mit der Volksbühne stattzufinden. Die Leitung der Staatstheater hat das Recht zu bestimmen, daß einzelne Stücke bis zu 30 mal hintereinander gegeben werden, jedoch müssen im Laufe eines Spieljahres mindestens 6 verschiedene Schauspiele und mindestens 4 verschiedene Opern zur Aufführung gelangen. Über die Reihenfolge der Stücke und über die Verteilung der Tage, die auf Oper oder Schauspiel entfallen, ist rechtzeitig vorher Vereinbarung zwischen Staat und Volksbühne zu treffen. Die Operntage sind spätestens im April der vorhergehenden Spielzeit festzusetzen. Schauspiele dürfen abgelehnt werden, wenn sie in den letzten 3 Jahren auf dem Spielplan der Volksbühne standen.

Die Volksbühne ist gehalten, den breitesten Volksschichten die Möglichkeit einer Beteiligung an ihrer Organisation zu geben und ihren Wirkungskreis zu diesem Behuf auf breiteste Grundlage zu stellen, insbesondere mit den Gewerkschaften und anderen Organisationen der werktätigen Bevölkerung Vereinbarungen zu treffen, wonach sie an den Vorstellungen teilnehmen können. Eine gerechte Verteilung der Eintrittskarten und ein ordnungsmäßiger Wechsel der zur Benutzung berechtigten Personen hat stattzufinden.

Auch die Eintrittspreise der zum öffentlichen Verkauf gelangenden Plätze sind derart niedrig zu halten, daß den minderbemittelten Volkskreisen die Möglichkeit der Teilnahme an den Bühnenaufführungen gesichert wird. Diese Preise sind von der Volksbühne daher nur mit Zustimmung des Staates festzusetzen. Jede Erhöhung bedarf der Zustimmung des Staates. Bei Nichterteilung der Zustimmung kann das Schiedsgericht angerufen werden.

Zu den Aufführungen bestellt der Staat das darstellende Personal einschl. der Inspizienten und Souffleusen, das Orchester, den Theatermeister, die Beleuchter und Bühnenmaschinisten, die Requisiteure und Heizer, die Ankleider nebst Obergarderobier, die Friseure, die Theaterboten und Kassendiener und die Kassiererin. Außerdem übernimmt er die Lieferung der Theaterzettel für den Dienstgebrauch, die Ankündigung in den Zeitungen und an den Plakatsäulen, die Lieferung der Kartensätze, die Unkosten für die Fernsprechanschlüsse, für die Beleuchtung, für Requisiten-, Garderobe- und Dekorationstransporte, die Zahlung der Autorenanteile, die Beschaffung der Betriebs- und Heizungsmaterialien, die Entrichtung der Bühnenwächterlöhne und der Versicherungsbeiträge für dieses Personal, die Kosten für die Karteneinnehmer und die Reinigungsfrauen, soweit sie im Bühnenbetrieb tätig sind, und schließlich die Tageskosten. Die Volksbühne zahlt die Kosten der Hausverwaltung, zu denen gehören: die Entlohnung der Garderobenfrauen, der Hausleute, der Pförtner, der oben nicht genannten Reinigungsfrauen und der Nachtwächter, sowie die Beträge für die gesamte bauliche Unterhaltung der vermieteten Gebäude und aller Steuern, Abgaben und Versicherungen.

Diejenigen Einnahmen, die aus der Verleihung von Operngläsern, aus dem Zettelverkauf, aus dem Textbuchverkauf und dergl. entstehen, erhält die Volksbühne. Sie ist verpflichtet, die Operngläser, die Theaterprogramme, die Textbücher usw. selbst zu beschaffen.

Die Einnahmen aus etwaiger Erhebung von Garderobegebühren gehören der Volksbühne. Ebenso gehören ihr die Beträge für die Vermietung von Sälen, für die Veranstaltung von Kinoaufführungen und für die Verpachtung des Restaurants und des Gartens sowie für die Verpachtung des Theaters in den beiden Sommermonaten. Zu all diesen Maßnahmen bedarf es der Zustimmung des Staates.

§ 8

Der Staat ist berechtigt, die Bühne und ihre Nebenräume während der zehnmonatlichen Spielzeit zu Proben der Staatstheater an allen Tagen der Woche, mit Ausnahme der Sonnabende, Sonn- und Feiertage, zu benutzen. Das Recht der Benutzung steht ihr auch für die Sonnabende zu, wenn die Bühne und die Nebenräume an einem Sonnabend von der Volksbühne nicht gebraucht werden.

Dem Staate sind für dienstliche Zwecke zu jeder Theateraufführung vier Plätze im I. Rang, möglichst in einer Direktionsloge, und 4 Plätze in den ersten Reihen zunächst der Bühne frei zur Verfügung zu stellen. Außerdem erhält der Staat das Recht, eine mit der Volksbühne zu vereinbarende Zahl von freien Eintrittskarten für die Gartenkonzerte oder sonstige Veranstaltungen in den Räumen der Gebäude oder im Garten zu beanspruchen.

Dem Ministerium für Wissenschaft, Kunst und Volksbildung sind ebenfalls 4 Plätze für diese Theateraufführungen frei zur Verfügung zu stellen. Über die Art der Plätze wird Vereinbarung vorbehalten.

§ 9

Unterbleibt die Veranstaltung von Aufführungen zufolge Krieges, Unruhen, Krankheitsepidemien, höherer Gewalt, behördlicher Anordnung, Streik, Brandschäden oder aus ähnlichen Ursachen, so hat die Volksbühne keinen Anspruch auf Schadenersatz gegen den Staat. Sie bleibt aber für diese Tage von der Verpflichtung zur Zahlung eines Teilbetrages frei, der für jeden Tag so errechnet wird, daß der Monatsbetrag von 170 000 Mark oder der nach § 3 Abs. 2 erhöhte oder ermäßigte Monatsbetrag durch die Anzahl der Tage des Monats geteilt wird, in dem die Aufführungen unterbleiben. Die Kürzung trifft in erster Linie die 800 000 Mark Abgeltung für die persönlichen und sachlichen Unkosten der Aufführung.

Der Vertrag dauert vom Tage seines rechtswirksamen Abschlusses bis zum Ablauf einer Frist von 25 Jahren nach Eröffnung des Betriebes. Der Staat ist jedoch berechtigt, den Vertrag nach Ablauf von 10 Jahren von der Eröffnung des Betriebes ab zu kündigen. Das gleiche Recht steht dem Staate nach Ablauf je weiterer 5 Jahre, also nach 15 und 20 Jahren zu. In allen Fällen hat die Kündigung spätestens 1 Jahr vorher zu erfolgen. Erfolgt die Kündigung zum Ablauf des 10. Jahres, so sind der Volksbühne $3/5$ derjenigen Summe, die von ihr zum betriebsfähigen Ausbau des Theaters verwandt wurde, zurückzuvergüten; erfolgt die Kündigung zum Ablauf des 15. Jahres, so sind $2/5$, und erfolgt sie zum Ablauf des 20. Jahres, $1/5$ der aufgewandten Umbaukosten zu vergüten. Diese Grundsätze finden bei vorzeitiger Aufhebung des Vertrages entsprechende Anwendung.

Mit der Aufhebung des Vertrages sind die gesamten Grundstücke nebst allen Gebäuden, allen Umbau-, Ergänzungsbauten und Herstellungen dem Staate ohne weitere Entschädigung, als im vorhergehenden Absatze vorgesehen worden, als Vermieterin zurückzugeben.

§ 10

Alle Streitigkeiten, die aus dem Vertragsverhältnis zwischen den Parteien entstehen sollten, werden unter Ausschluß des ordentlichen Rechtsweges von einem Schiedsgericht entschieden. Jede der vertragschließenden Parteien hat zu diesem Schiedsgericht binnen einer Woche zwei Mitglieder zu ernennen. Versäumt eine Partei diese Frist und unterläßt es auch, nach Empfang einer schriftlichen Aufforderung durch die Gegenpartei binnen einer weiteren Woche ihre Schiedsrichter namhaft zu machen, so ist die nicht säumige Partei berechtigt, die fehlenden Schiedsrichter durch den Präsidenten des Preußischen Oberverwaltungsgerichts ernennen zu lassen. Die 4 Schiedsrichter einigen sich untereinander über die Wahl eines Vorsitzenden; kommt eine solche Einigung nicht zustande, so ist der Vorsitzende durch den Präsidenten des Preußischen Oberverwaltungsgerichts zu ernennen. Das Schiedsgericht bestimmt selbst sein Verfahren. Sein Spruch ist endgültig, und es ist kein Rechtsmittel dagegen zulässig.

§ 11

Für alle Verpflichtungen, die die Neue Freie Volksbühne durch diesen Vertrag übernimmt, haftet auch die Freie Volksbühne als Gesamtschuldnerin.

§ 12

Die Kosten des Stempels zu diesem in zwei gleichlautenden Stücken hergestellten Vertrage, von dem jede Vertragspartei das von der Gegenpartei vollzogene Exemplar erhalten hat, tragen die Parteien je zur Hälfte.

Der Minister für Wissenschaft, Kunst und Volksbildung
  Haenisch

Der Finanzminister
  Lüdemann

Neue Freie Volksbühne
  Heinrich Neft   Georg Springer

*Vertrag zwischen dem Preußischem Staat und der Volksbühne vom 30. April 1923*

Zwischen dem Preußischen Staat, vertreten durch den Minister für Wissenschaft, Kunst und Volksbildung und dem Finanzminister einerseits, und der Volksbühne eingetragener Verein (vereinigte freie und neue freie Volksbühne) zu Berlin, Linienstraße 227, vertreten durch ihre Vorstandsmitglieder, Direktor Georg Springer und Heinrich Neft, anderseits wird folgender Vertrag geschlossen:

§ 1

Durch Vertrag vom 5. April 1920/30. November 1921 hat der Preußische Staat der Volksbühne das vormals neue Operntheater zu Berlin, Königsplatz 7, das sogenannte Kroll-Theater, zum Zweck des Umbaues überlassen. Dieser Vertrag wird mit Rücksicht auf die veränderte Wirtschaftslage und die erheblichen Mittel, die der Staat der Volksbühne zur Ausführung des Baues darlehnsweise zur Verfügung gestellt hat und zur Verfügung stellen wird, aufgehoben und durch die nachstehenden Bestimmungen ersetzt:

§ 2

Die Volksbühne verpflichtet sich, den in den Verträgen vom 5. April 1920/30. November 1921 vorgesehenen Umbau gemäß der Bedingungen dieser Verträge und gemäß den genehmigten Plänen auf eigene Kosten mit äußerster Beschleunigung zu Ende zu führen. Die Bestimmungen des § 4 Abs. 1 bis 4 des Vertrages vom 5. April 1920 sowie die in Ziffer 1 und 2 des Nachtragsvertrags vom 30. November 1921 werden ausdrücklich aufrechterhalten.

§ 3

Der Staat wird der Volksbühne die für den Weiterbau erforderlichen Mittel darlehnsweise unter den nachfolgenden Bedingungen beschaffen.

§ 4

Das Kroll-Theater nebst sämtlichen Gebäuden, Räumlichkeiten, Einrichtungen und Anlagen wird vom Staate nach Fertigstellung des Umbaues in Besitz und Gebrauch übernommen.

§ 5

Im Kroll-Theater wird das Staatstheater während der durchschnittlich zehnmonatigen Spielzeit allabendlich Opernvorstellungen veranstalten.

Der Staat verpflichtet sich, der Volksbühne für jede Vorstellung an Sonn- und Festtagen sowie an Sonnabenden 800, an den übrigen Wochentagen 1200 Plätze, im gleichen Verhältnis verteilt auf sämtliche Platzgattungen, zur Verfügung zu stellen. An den Sonntagnachmittagen werden Schauspielvorstellungen veranstaltet, die ausschließlich der Volksbühne zur Verfügung gestellt werden.

Der Volksbühne wird das Recht eingeräumt, den Theaterraum an 10 Sonntagvormittagen während der Wintermonate für Konzertveranstaltungen unter folgenden Bedingungen zu benutzen:
a) daß die fraglichen Sonntage mit der Generalverwaltung der Staatstheater zu vereinbaren sind,
b) daß nicht nach dem Ermessen der Generalverwaltung technische oder betriebliche Schwierigkeiten im Wege stehen.

§ 6

Als Vergütung für die Plätze der Abendvorstellungen wird der Betrag des Stundenlohnes einschließlich Teuerungs- und Sonderzuschläge eines vierundzwanzigjährigen ledigen Handwerkers in Berlin nach dem Tarif für staatliche Verwaltungsarbeiter je Platz festgesetzt. Eine Verringerung dieses Preises ist nur in dem Maße zulässig, als sich neben dem genannten Stundenlohn auch der Reichsindex zugleich verringert.

Für die Nachmittagsschauspielvorstellungen ist die Hälfte des in Absatz 1 bezeichneten Preises als Vergütung zu zahlen.

§ 7

Der Staat ist berechtigt, an einem oder an mehreren Tagen das Theater vollständig für sich in Anspruch zu nehmen und von der Zuteilung der 1200 oder 800 Plätze an die Volksbühne abzusehen, wenn er hiervon der Volksbühne einen Monat vorher Anzeige macht und gleichzeitig bekanntgibt, wann und wo er für die ausgefallenen Plätze an anderen Tagen Ersatz leistet. Die Ersatzplätze sind innerhalb der nächsten 4 Wochen nach dem Tage des Ausfalls im Kroll-Theater oder einem der beiden Staatstheater zur Verfügung zu stellen. Entstehen der Volksbühne durch die notwendige Benachrichtigung der Mitglieder von der Umverlegung besondere Barauslagen, so sind ihr diese zu vergüten.

§ 8

Die Volksbühne ist verpflichtet, die in den §§ 5, 7 bezeichneten Plätze zu den in § 6 vorgesehenen Bedingungen abzunehmen.

Die Vergütung für die Vorstellungen ist wöchentlich nachträglich zu leisten. Gerät die Volksbühne mit Erfüllung ihrer Zahlungsverpflichtungen länger als einen Monat in Verzug, so ist der Staat nach erfolgter Mahnung durch eingeschriebenen Brief zur fristlosen Kündigung dieses Vertrages berechtigt.

§ 9

Die Wahl der aufzuführenden Stücke erfolgt durch die Leitung der Staatstheater. Vor der Entscheidung hat eine Beratung mit der Volksbühne stattzufinden. Die Leitung der Staatstheater hat das Recht zu bestimmen, daß einzelne Stücke bis zu 30 mal hintereinander gegeben werden, jedoch müssen im Laufe eines Spieljahres mindestens 8 verschiedene Werke zur Aufführung gelangen.

### § 10

Der Staat stellt der Volksbühne in der Kassenhalle des Theaters den für die Auslosung der Mitgliederplätze benötigten Raum und zwei Kassen zur Verfügung. Der Betrieb der Staatsoper darf durch die Verlosung und den Kassenbetrieb der Volksbühne nicht gestört werden. Den Theaterzettel stellt die Volksbühne ihren Mitgliedern selbst. Eine Garderobengebühr wird nicht erhoben. Für den Kassen- und Verlosungsbetrieb der Volksbühne werden Beamte und Angestellte der Staatstheater nicht in Anspruch genommen.

### § 11

In der Zeit von der Fertigstellung des Umbaues bis 30. September 1923 ist der Staat berechtigt, statt Opernvorstellungen Schauspielvorstellungen mit dem Personal des Schauspielhauses zu geben. Die Volksbühne hat diese Vorstellungen abzunehmen.

Auch für die weitere Dauer des Vertrages ist der Staat berechtigt, wenn es im Interesse des Staatstheaters unumgänglich notwendig ist, an Stelle der Opernvorstellungen an einem oder an mehreren Tagen Schauspielvorstellungen zu geben. Von dieser Berechtigung wird der Staat jedoch nur in besonderen Ausnahmefällen Gebrauch machen.

Die Vergütung für die Plätze der Schauspielvorstellungen nach Abs. 1 und 2 bemißt sich nach § 6 Satz 1 und 2, vermindert um $1/5$.

Der Staat ist berechtigt, den Beginn des jeweiligen Spieljahres nach eigenem Ermessen festzusetzen, jedoch nicht über den 1. Oktober des Jahres hinaus. Die Festsetzung muß bis 1. Mai der Volksbühne bekanntgegeben sein.

### § 12

Unterbleiben die Veranstaltungen infolge höherer Gewalt, Kriegsunruhen, Krankheitsepidemien, behördlicher Anordnungen, Streiks, Brandschäden, Einstellung des Staatstheaterbetriebs, oder aus ähnlichen Ursachen, so hat die Volksbühne keinen Anspruch auf Schadloshaltung gegen den Staat.

Die Volksbühne kann die ihr aus diesem Vertrage zustehenden Rechte nicht an einen Dritten übertragen.

### § 13

Der Preis der durch das Staatstheater zum freien Verkauf gelangenden Plätze darf nicht billiger sein, als der von der Volksbühne zu zahlende Vorstellungspreis. Bei Vergebung von Plätzen an andere Besucherorganisationen müssen die Vergütungen um 25 % höher sein als die von der Volksbühne zu zahlenden Vergütungen. Wird der Volksbühne vor Beginnt des Spieljahres angezeigt, daß Vergebungen an andere Besucherorganisationen infolge dieser Preisbeschränkung nicht möglich sind, so hat die Volksbühne auf Verlangen des Staates diejenigen Plätze, die dadurch nicht vergeben sind, zu den ihr eingeräumten Bedingungen abzunehmen.

### § 14

Nach erfolgter Fertigstellung des Umbaues ist der Neubau vom Staat abzunehmen. Die Volksbühne hat über den geleisteten Bauaufwand binnen 6 Monaten nach Fertigstellung des Umbaues unter Vorlage der Belege und Nachweise dem Staat Rechnung abzulegen. Nach erfolgter Rechnungslegung sind ihr die aufgewendeten Baukosten zu erstatten. Die Erstattung erfolgt, soweit die Volksbühne zur Aufbringung der Baukosten Verpflichtungen irgendwelcher Art eingegangen ist, durch Befreiuung von diesen Verpflichtungen. Je nach dem Stande der Abrechnung sind der Volksbühne angemessene Abschlagszahlungen zu leisten.

### § 15

Der wegen Verpachtung der Restauration und des Gartens geschlossene Vertrag wird vom Staat übernommen.

Alle Streitigkeiten, die aus diesem Vertragsverhältnis zwischen den Parteien entstehen sollten, werden unter Ausschluß des ordentlichen Rechtsweges von einem Schiedsgericht entschieden. Jede vertragschließende Partei hat zu diesem Schiedsgericht binnen einer Woche 2 Mitglieder zu ernennen. Versäumt eine Partei diese Frist und unterläßt es auch, nach Empfang einer schriftlichen Aufforderung durch die Gegenpartei binnen einer weiteren Woche ihre Schiedsrichter namhaft zu machen, so ist die Gegenpartei berechtigt, die fehlenden Schiedsrichter durch den Präsidenten des Preußischen Oberverwaltungsgerichts ernennen zu lassen. Die 4 Schiedsrichter einigen sich untereinander über die Wahl eines weiteren Mitglieds als Vorsitzenden; kommt eine solche Einigung nicht zustande, so ist der Vorsitzende durch den Präsidenten des Oberverwaltungsgerichts zu ernennen. Das Schiedsgericht bestimmt selbst sein Verfahren. Sein Spruch ist endgültig und unanfechtbar.

### § 17

Der Vertrag wird auf die Dauer von 25 Jahren nach Eröffnung des Betriebes geschlossen.

Dieser Vertrag wird in zwei gleichlautenden Stücken hergestellt, von dem jede Vertragspartei das von der Gegenpartei vollzogene Exemplar erhält.

Die Kosten des Vertragsstempels tragen die Parteien je zur Hälfte.

Der Minister für Wissenschaft, Kultur und Volksbildung
   Im Auftrage: Nentwig

Der Finanzminister
   von Richter

Volksbühne
   G. Springer   Heinr. Neft

*Vertrag zwischen dem Preußischen Staat und der Volksbühne vom 11. Dezember 1930*

Zwischen dem Preußischen Staat, vertreten durch den Minister für Wissenschaft, Kunst und Volksbildung und den Finanzminister, einerseits (in der Folge genannt: der Staat) und der Volksbühne E. V., vertreten durch ihren Vorstand, die Herren Curt Baake und Heinrich Neft, andererseits (in der Folge genannt: die Volksbühne) wird folgender Vertrag geschlossen:

§ 1

Zwischen dem Staat und der Volksbühne ist der Vertrag vom 30. April 1923 geschlossen worden, der durch eine Reihe von Sonder- und Nachtragsabkommen geändert oder ergänzt wurde.

Die Volksbühne verzichtet auf ihre Ansprüche aus diesem Vertragsverhältnis und allen früheren Rechtsbeziehungen mit dem Staat, wogegen ihr zur Abgeltung die in §§ 2 bis 5 aufgeführten Leistungen des Staates gewährt werden.

§ 2

Der Staat zahlt an die Volksbühne eine Entschädigung, bei deren Berechnung ein jährlicher Betrag von 100 000 RM für die Dauer des alten Vertrags (bis 1949), zugrunde gelegt ist. Die Zahlung geschieht auf folgende Weise:
a) der Betrag für sechs Jahre wird sofort gezahlt,
b) in den Jahren 1934 bis 1946 einschließlich wird am 1. April ein Betrag von je 100 000 RM fällig.

Der Staat ist berechtigt, die Zahlungen zu b in zwei Pauschalraten von je 450 000 RM am 1. April 1932 und 1. April 1933 zu tilgen.

Die noch nicht geleisteten Zahlungen des Staates werden eingestellt, und die Verpflichtung zu ihrer Leistung entfällt, wenn die Volksbühne aufgelöst wird oder die ihr satzungsgemäß obliegende soziale Kunstpflege nicht mehr erfüllt.

§ 3

Bis zum Ablauf des Spieljahres 1930/31 werden der Volksbühne die Opernvorstellungen in der Kroll-Oper gemäß dem Abkommen mit der Generalintendanz vom August 1930 und im übrigen zu den bisherigen Bedingungen geliefert.

§ 4

Für die Zeit vom 1. September 1931 bis 1. September 1936 werden der Volksbühne vom Staat während der durchschnittlich zehnmonatigen Spielzeit 54 000 Plätze für Opern in geschlossenen Vorstellungen in der Linden-Oper an näher zu vereinbarenden Vorstellungstagen gegen Vergütung von 2 RM zuzüglich 0,30 RM Garderobengebühr für den Platz geliefert. Bei einer Steigerung der Mitgliederzahl der Volksbühne wird die Generalintendanz der Staatstheater die Zahl der zu liefernden Plätze auf Antrag der Volksbühne bis auf höchstens 60 000 Plätze erhöhen, jedoch nur soweit ihr dies möglich erscheint und ohne Verpflichtung hierzu.

Die Vorstellungen müssen den übrigen Vorstellungen der Linden-Oper gleichwertig sein. Die Wahl der Stücke erfolgt durch die Leitung der Staatstheater. Vor der Entscheidung hat eine Beratung mit der Volksbühne stattzufinden.

Die Volksbühne ist verpflichtet, die vorgenannten Plätze zu den vorbezeichneten Bedingungen abzunehmen.

Die Vergütung für die Vorstellungen ist wöchentlich nachträglich zu leisten. Gerät die Volksbühne mit Erfüllung ihrer Zahlungspflichten länger als einen Monat in Verzug, so ist der Staat nach erfolgter Mahnung durch eingeschriebenen Brief zur fristlosen Kündigung dieses Vertragsteiles ohne weitere Leistungspflichten berechtigt.

Der Staat ist berechtigt, die der Volksbühne zufallenden Vorstellungen auch in einem anderen staatlichen Theater in Berlin oder in der Städtischen Oper zu liefern. Jedoch ist die Volksbühne berechtigt, in diesem Falle die Lieferung bis zur doppelten Anzahl der vereinbarten Plätze in geschlossenen Vorstellungen zu den genannten Bedingungen zu verlangen. Falls der Staat diese Absicht verfolgt, hat er der Volksbühne bis spätestens 1. März vor Beginn der betreffenden Spielzeit davon Mitteilung zu machen.

Unterbleiben die Vorstellungen infolge höherer Gewalt – z. B. Kriegsursachen, Krankheitsepidemien, behördlicher Anordnungen, Streik, Brandschaden, Einstellung des Staatstheaterbetriebs – oder ähnlicher Ursachen, so hat die Volksbühne keinen Anspruch auf Schadloshaltung gegen den Staat.

Die Volksbühne kann die ihr aus diesem Vertragsteil zustehenden Rechte nicht auf einen Dritten übertragen.

§ 5

Die im nördlichen Anbau des Krollhauses befindlichen, der Volksbühne bisher zur Verfügung gestellten Büroräume werden ihr bis zum 1. September 1936 mietzinsfrei überlassen. Die Kosten der Heizung und Beleuchtung dieser Räume sind von der Volksbühne zu tragen. Der Staat übernimmt keine Gewähr dafür, daß die Heizung der Krollräumlichkeiten überhaupt erfolgt.

§ 6

Alle Streitigkeiten, die aus diesem Vertragsverhältnis zwischen den Parteien entstehen sollten, werden unter Ausschluß des ordentlichen Rechtsweges von einem Schiedsgericht entschieden. Jede vertragschließende Partei hat zu diesem Schiedsgericht binnen einer Woche zwei Mitglieder zu ernennen. Versäumt eine Partei diese Frist und unterläßt es auch, nach Empfang einer schriftlichen Aufforderung durch die Gegenpartei binnen einer weiteren Woche ihre Schiedsrichter namhaft zu machen, so ist die Gegenpartei berechtigt, die fehlenden Schiedsrichter durch den Präsidenten des Preußischen Oberverwaltungsgerichts ernennen zu lassen. Die vier Schiedsrichter einigen sich untereinander über die Wahl eines weiteren Mitglieds als Vorsitzenden. Kommt eine solche Einigung nicht zustande, so ist der Vorsitzende durch den Präsidenten des Oberverwaltungsgerichts zu ernennen. Das Schiedsgericht bestimmt selbst sein Verfahren. Sein Spruch ist endgültig und unanfechtbar.

Dieser Vertrag wird rechtswirksam, wenn die Genehmigung des Landtags dazu erteilt ist.

Dieser Vertrag wird in zwei gleichlautenden Stücken hergestellt, von denen jede Vertragspartei das von der Gegenpartei vollzogene Stück erhält.

Die Kosten des Vertragsstempels tragen die Parteien je zur Hälfte.

Der Preußische Minister für Wissenschaft, Kunst und Volksbildung
    Grimme

Der Preußische Finanzminister
    Höpker-Aschoff

Volksbühne E. V.
    Curt Baake   Heinrich Neft

# Bühnenvolksbund und Landesbühne

*Der politisch dem Zentrum nahestehende Bühnenvolksbund war die zweite mitgliedstarke Organisation, die neben der Volksbühne Vorstellungen zu pauschalen Preisen abnahm. Die Pauschalbeträge waren höher als die der Volksbühne, weil der Bühnenvolksbund keine eigene Leistung einbrachte – die Volksbühne hatte das Krollhaus inauguriert und den Ausbau teilweise finanziert.*

*Aus den Verhältnissen ergab es sich, daß zwischen den beiden Vereinigungen immer wieder Eifersucht entstand. Der Bühnenvolksbund war wie die Volksbühne eine kulturelle Vereinigung, die aber, da die große Mitgliederzahl und ihre notwendige propagandistische Betreuung zu einem starken Verwaltungsapparat geführt hatte, wie bei der Volksbühne auch, organisatorische, materielle und natürlich auch politische Interessen vertrat. Das zunächstfolgende Dokument gibt ein Bild der propagierten Ziele und Methoden des Bühnenvolksbundes. Im Gegensatz zur Volksbühne war er christlich-national orientiert. In seinen Leitsätzen und Begriffen ist die heuchlerische Betonung des Überparteilichen ebenso typisch wie die Vorwegnahme von Denkformen, von denen aus der Weg zum Nationalsozialismus nicht weit ist.*

*Eine dritte Besucherorganisation war der Volksverband der Bücherfreunde, eine reine Konsumentenorganisation, die sich außerhalb der kultur- und kunstpolitischen Diskussionen hielt.*

*Die Preußische Landesbühne spielte im Schicksal der Krolloper dadurch eine große Rolle, als sie finanzielle Mittel benötigte, die von den Subventionen für die Krolloper abgezweigt werden sollten. Sie zu unterstützen wurde von nationalistischer Seite als vaterländische Aufgabe dargestellt. Weil von hier aus Licht auf die Mentalität der Politiker fällt, ist eine Beschreibung dieser längst vergessenen Institution in die Dokumente aufgenommen worden.*

*Selbstdarstellung des Bühnenvolksbundes (Flugschrift)*

Was ist und was will der Bühnenvolksbund?

Der Bühnenvolksbund, gegründet im Jahre 1919, ist die einzige große Bewegung zur Wiedererneuerung des Theaters aus der Glaubenswelt unseres Volks. Er ist die einzige große Volksbewegung auf dem Gebiet der Kunst, die bewußt die Angehörigen der beiden großen christlichen Konfessionen in der Gemeinschaft ihres religiösen und nationalen Erlebens erfaßt.

In weit über 200 Ortsgruppen zählt der Bühnenvolksbund, verbreitet in allen Teilen des Reichs, rund 200 000 Mitglieder aus allen Ständen und Schichten. Frei von jeder parteipolitischen Bindung oder Abhängigkeit beruht der Bund auf den religiös und national lebendig empfindenden, auch in Dingen der Kunst verantwortungsvoll denkenden Kreisen unseres Volks. Angesehene Persönlichkeiten des öffentlichen und kulturellen Lebens, gleich geachtet von Protestanten wie Katholiken und verdient und erprobt im Kampf um eine neue nationale Wirksamkeit der Kunst, sind führend im Bühnenvolksbund.

Erstrebt wird vom Bühnenvolksbund neuer Lebensraum für ein Theater, das wahrer künstlerischer, d. h. bildnerischer Wirkungen fähig ist und gerade dadurch, daß es sich nicht gemein macht mit der Wirklichkeit des Tages, Wirklichkeit und Alltag wieder in seinen Bann zwingt. Was der Bund also will, ist die Herstellung eines neuen und auf Verantwortung gegründeten Verhältnisses zwischen Darstellung und Leben; was er erstrebt, ist die neue künstlerische Befähigung und Ausrüstung der Bühne zu ihrem eigentlichen Beruf: Bildnerin und Ernährerin der Vorstellungs- und Erlebniswelt eines Volkes, erhöhter Schauplatz der nationalen Selbstdarstellung, Bildnis und Sinnbild zugleich zu sein. Die neue Einordnung des Theaters in die Rang- und Wertordnung des öffentlichen Lebens, ein neues fruchtbares Verhältnis zwischen Kunst und Glaubenswelt unseres Volkes – das sind die Ziele des Bühnenvolksbundes. Der Wiedervereinigung der künstlerischen mit den christlichen und nationalen, der theatralischen mit den religiösen Erlebnissen unseres Volks ist die Arbeit des Bühnenvolksbundes gewidmet.

Alle organisatorische und praktische Arbeit und Wirksamkeit des Bundes ist bestimmt von solchen Erkenntnisgrundlagen und Zielen. Die Sammlung von Theaterbesuchern in allen Orten und Landschaften Deutschlands, die Zusammenführung der Gleichgesinnten im ganzen Reich dient der einheitlichen Einflußnahme auf die Theater, ihr Publikum und die öffentliche Meinung im Sinn der Idee des Bundes.

Auf diese Mitglieder und Anhänger des Bühnenvolksbundes aber, auf ihre Zahl und auf ihre Treue, auf ihre aktive Mitwirkung und auf die Entschiedenheit ihres Wollens kommt es an. Denn mehr als von den Leitern und Künstlern der Bühne hängt das Schicksal des Theaters ab von dem Publikum und dem, was es wünscht oder verwirft.

Die Aufgaben des Bühnenvolksbundes sind kulturpolitischer und volksbildnerischer, künstlerischer und organisatorischer Art zugleich.

Sie umfassen die Gewinnung und Sammlung möglichst weiter Kreise christlich und national empfindender Menschen für das Theater und für seine künstlerische Wiedergeburt aus dem Geist und dem Glauben unseres Volks;

die Zusammenfassung der für Sinn und Inhalt der Bühnenvolksbundbewegung Gewonnenen in Theatergemeinden und in dem Einsatz eben dieser Theatergemeinden zu Gunsten eines geistigen und künstlerischen Aufschwungs der Bühne;

die Förderung der echten dramatischen Dichtung und Musik auf der Bühne durch die Beeinflussung der Spielpläne der Theater; die Bekämpfung aller niedrigen und verflachenden und die Unterstützung aller bildnerisch anspruchsvollen Tendenzen in Führung und Praxis der deutschen Bühnen;

die Mitwirkung an der Sicherung der materiellen Existenz der Bühnen sowie die Ermöglichung des Theaterbesuchs aller, insbesondere der weniger bemittelten Kreise unseres Volks;

die Zusammenführung der produktiven künstlerischen, religiösen und nationalen Energien der Zeit auf dem Feld von Theater und Spiel; die führende Mitarbeit auf dem Gebiet der künstlerischen Volksbildungsarbeit und die musische Orientierung der Bildung;

die vorbildliche eigene Leistung in der geistigen und künstlerischen Rechtfertigung der Bewegung: in der Herausgabe von Dramen, im Einsatz für die wirklichen Dichter und Künstler der Bühne, in der Führung der eigenen oder unter Mitverantwortung des Bundes stehenden Theater sowie in der Publizität des Bundes, die in Wort und Schrift der Idee des Bühnenvolksbundes zum Durchbruch zu verhelfen in erster Linie bestimmt ist.

Die Erfüllung aller dieser Aufgaben beruht im wesentlichen auf der Tätigkeit und Wirksamkeit der Theatergemeinden, aus denen der Bund – gegliedert in 13 Landesverbände und zusammengefaßt in der Bundesleitung (Bundesvorstand und Reichsgeschäftsstelle) – besteht. Darüber hinaus aber hat sich der Bund noch eine Reihe von Einrichtungen und Wirkungsmöglichkeiten geschaffen, die für die Arbeit im ganzen Reich von höchster Bedeutung sind:

die eigenen Bühnen des Bundes, die als Wandertheater in den östlichen und westlichen Grenzbezirken des Reichs (in Schlesien und Oberschlesien, Ostpreußen, Südwestdeutschland und Westdeutschland sowie Luxemburg und Neu-Belgien) heute zu Trägern wertvollster und unentbehrlichster Volkstums- und Deutschtumsarbeit geworden sind;

die Volkstums- und Volksspielarbeit und deren Einrichtungen (Beratungsstellen, Verlag von Spielen, Schulungskurse, Handbücherei usw.), die – einheitlich geleitet und in engster Verbindung mit Führern der Volksspielbewegung durchgeführt – insbesondere von der Jugend her wieder allenthalben im Reich und im deutschsprachigen Ausland neue Grundlagen des volkstümlichen Fests und der Volksfeier schaffen helfen;

der Bühnenvolksbundverlag und die ihm angegliederte Vertriebsstelle von Bühnenwerken, deren Aufgabe u. a. die Herausgabe und Durchsetzung wesentlicher dramatischer Dichtungen der Zeit, die unmittelbare positive Einflußnahme auf die Spielpläne der Bühnen, die Herausbildung eines führenden und künstlerisch produktiven Theaterschrifttums und die Einwirkung auf das Volks- und Laienspiel vom Spieltext und vom volkserzieherischen und spielpraktischen Schrifttum her ist;

die Zeitschriften des Bundes, von denen ›Das Nationaltheater‹, heute unbestritten die führende deutsche Theaterzeitschrift, im wesentlichen der Idee des Theaters und deren Darstellung und Reinhaltung in der wechselvollen zeitlichen Erscheinung der Bühnenkunst, die Zeitschrift ›Das Volksspiel‹ hingegen dem Laienspiel und dem Spielerlebnis in Volk und Jugend gewidmet ist. Eine dritte Zeitschrift endlich, die ›Deutschen Bühnenblätter‹, dient in erster Linie als ein Mittel zuverlässiger Orientierung über die aktuellen Vorgänge des Theaters und vor allem über die Neuerscheinungen an Dramen und Opern;

der Dramatikerpreis des Bundes, der alle zwei Jahre in Höhe von 2000,– Mark verteilt wird und der Auszeichnung wesentlicher dramatischer Dichtungen, darüber hinaus aber zugleich der Kennzeichnung der geistigen und künstlerischen Werte dient, um deren Geltung es dem Bühnenvolksbund zu tun ist.

Die Mittel, mit denen der Bund sich Wirkung und Resonanz verschafft, sind mit dieser Aufzählung nicht erschöpft. In 12 Städten des Reichs hat der Bund Landesstellen errichtet: in München, Mannheim, Frankfurt am Main, Saarbrücken, Düsseldorf, Bochum, Lübeck, Berlin (Landesverband Berlin und Landesverband Nordostdeutschland), Halle a. S., Leipzig, Breslau und Königsberg i. Pr. Ihnen und der Leitung der Landesverbände sowie der Reichsgeschäftsstelle und dem Vorstand des Bundes obliegt, neben der Zusammenfassung und Befruchtung der Arbeit der Ortsgruppen, vor allem die theaterpolitische und kulturpolitische Arbeit, die aktive Mitwirkung in der Theaterpolitik der Provinzen, der Länder und des Reichs.

Im Gegensatz zu so manch anderer im Zeichen einer ›Weltanschauung‹ auftretender Organisation ist der Bühnenvolksbund unabhängig von allen Parteien, getragen von breitesten Schichten des christlich und national denkenden Volkes, der einzige große kulturelle Verband Deutschlands, der Protestanten und Katholiken unter ausgesprochen religiöser und nationaler Zielsetzung vereint.

Allein schon diese Tatsache macht jedem, der an ein christlich und deutsch geprägtes Gesicht unserer Kultur und unserer Kunst glaubt, die Förderung und Unterstützung des Bühnenvolksbundes zur Pflicht!

**Darum stärkt den Bühnenvolksbund!**

Ihr stärkt, jenseits aller parteiischen Lager, mit dem Beitritt zum Bühnenvolksbund und mit der Mitarbeit in ihm die religiöse und nationale Wirksamkeit der deutschen Kunst und Kultur!

*Angaben über die Preußische Landesbühne GmbH aus: Albert Brodbeck, Handbuch der deutschen Volksbühnenbewegung, Berlin 1930*

Die Preußische Landesbühne wurde Anfang 1922 von der Theaterabteilung des Preußischen Kultusministeriums als gemeinnützige Gesellschaft mit beschränkter Haftung ins Leben gerufen. Gesellschafter wurden neben dem Preußischen Fiskus, vertreten durch das Ministerium für Wissenschaft, Kunst und Volksbildung, der Verband der deutschen Volksbühnenvereine E. V. und der Bühnenvolksbund E. V., d. h. die beiden Zentralverbände der kulturell eingestellten Theaterbesucherorganisationen (Volksbühnen, Theatergemeinden).

Als Aufsichtsrat ist von vornherein eine Körperschaft von Sachverständigen aus jenen Kreisen vorgesehen, die am Kulturtheater interessiert sind. Im Augenblick setzt sich dieser Aufsichtsrat aus folgenden Persönlichkeiten bzw. Abgesandten zusammen: Ministerialrat Dr. Ludwig Seelig, der Leiter der Theaterabteilung im Preußischen Kultusministerium (Vorsitzender), Oberregierungsrat Dr. von Glasenapp vom Reichsministerium des Innern, Professor Leopold Jeßner (Staatstheater), Rechtsanwalt Arthur Wolff vom Deutschen Bühnenverein, Präsident Wallauer (Genossenschaft deutscher Bühnenangehörigen); sodann je ein Vertreter des Verbandes der deutschen Volksbühnenvereine und des Bühnenvolksbundes, Vertreter des Preußischen Finanzministeriums und des Preußischen Kultusministeriums, des Deutschen Städtetages und endlich Vertreter der Landtagsfraktionen der Sozialdemokratischen und der Demokratischen Partei, der Zentrumspartei, der Deutschen Volkspartei und der Deutschnationalen Volkspartei. Die Geschäftsführung der Preußischen Landesbühne liegt, zusammen mit dem Vorsitzenden des Aufsichtsrats, in den Händen der beiden Geschäftsführer der Zentralen der kulturellen Besucherorganisationen (zurzeit Alb. Brodbeck und Dr. Th. Brünker).

Die Gründung der Preußischen Landesbühne erfolgte zu dem Zweck, der Theaterabteilung des Kultusministeriums ein beratendes und unterstützendes Organ für die planmäßige Regelung des Theaterwesens auf gemeinnütziger Grundlage zu schaffen. In diesem Sinne war von vornherein folgende Betätigung der verschiedenen Instanzen vorgesehen:

1. Prüfung und ständige Beobachtung der Theaterverhältnisse in allen Teilen des Landes; Berichterstattung der provinziellen Unterorgane an die Zentrale;
2. Einwirken auf eine gesunde Gestaltung der Etats der Theater, insbesondere auf Einsparungen in der Theaterwirtschaft durch richtige Betriebsgestaltung und Vermeidung unnötiger, vor allen Dingen übertriebener Aufwendungen;
3. Mitwirkung an der Beseitigung dringender Notstände des deutschen Kulturtheaters durch Gewährung von Beihilfen;
4. Förderung aller Bestrebungen, der Theaterwirtschaft durch Schaffung gesunder Besucherorganisationen mit kultureller Einstellung eine gesicherte Grundlage zu geben;
5. Maßnahmen im Interesse eines Ausgleichs von Angebot und Nachfrage in der Produktion von Theatervorstellungen. Insbesondere hier:
    a) Vermittelndes Eingreifen bei den Abschlüssen zwischen Theatern und Besucherorganisationen,
    b) Vorsorge für zweckmäßige Versorgung der theaterlosen Gebiete mit Gastspielen benachbarter Theater,
    c) Abgrenzung der Spielbezirke der einzelnen Theater im Interesse einer möglichst rationellen, billigen Versorgung aller in Betracht kommenden Orte,
    d) beratende und unterstützende Mitwirkung bei der Schaffung von Wanderbühnen für Bezirke ohne die Möglichkeit einer anderen ausreichenden Versorgung mit Vorstellungen,
    e) vermittelnde Tätigkeit bei Zusammenlegung von Theaterbetrieben mit ungenügender Fundierung, bei der Schaffung von Städtebundtheatern u. dgl.,
    f) Verhinderung neuer Gründungen ohne ausreichenden Bedarf.
6. Einflußnahme auf eine geeignete Durchführung der Bestimmungen über die Erteilung von Spielerlaubnissen nach § 32 RGO.;
7. Hinwirken auf die Ausschaltung rein geschäftlicher Methoden im Theaterwesen zugunsten gemeinnütziger Betriebsführung durch Kommunalisierung von Theatern oder ihre Übernahme durch gemeinnützige Gesellschaften unter Beteiligung der Kommunen und der kulturellen Besucherorganisationen;

8. Maßnahmen im Interesse der Hebung des Spielplans (Zurückdrängen der bloßen Unterhaltungsoperette usw.), ohne Anmaßung irgendeiner Zensur gegenüber künstlerischen oder weltanschaulichen Richtungen;
9. Förderung der Theaterinteressen durch Befürwortung zweckmäßiger Gestaltung von Steuergesetzen und anderen gesetzlichen Maßnahmen bei den zuständigen Stellen.

Nicht bestand und besteht die Absicht, die Preußische Landesbühne GmbH selbst zur Trägerin von Theaterunternehmungen zu machen. Ihre Aufgabe sollte und soll lediglich beratend, vermittelnd und unterstützend sein.

Die Finanzierung der Tätigkeit der Preußischen Landesbühne erfolgt durch Mittel, die alljährlich im Haushaltsplan der Staatsregierung bewilligt werden. Der erste Goldmarketat sah einen Betrag von 500 000 Mark für die Preußische Landesbühne vor. Er ist im Laufe der letzten Jahre erhöht worden und beziffert sich im Etatjahr 1930/31 auf insgesamt 1 600 000 Mark. Die Tätigkeit der Organe der Landesbühne, auch die der Geschäftsführung, erfolgt ehrenamtlich. Als Verwaltungskosten kommen lediglich die Ausgaben in Betracht, die durch Reisen und ähnliche Dinge verursacht werden.

Die Mittel der Preußischen Landesbühne finden im wesentlichen Verwendung zur Unterstützung gemeinnütziger Wanderbühnen und gemeinnütziger stehender Theaterunternehmen, die sich bereit erklärt haben, dem Gedanken einer sozialen Kunst- und Theaterpflege im besonderen Umfang Ausdruck zu verleihen. Es entspricht den Grundsätzen der Preußischen Landesbühne, wenn sie an die Bewilligung von Beihilfen ganz bestimmte Erwartungen oder sogar Auflagen in der erwähnten Richtung knüpft. Immerhin konnte, wenn auch zu Unrecht, gelegentlich nach außen hin der Eindruck entstehen, als ob die Preußische Landesbühne lediglich eine Art Durchgangsstation für staatliche Subventionen an notleidende Theater darstelle. Leider haben maßgebende amtliche Stellen (hier in erster Linie die Staatsregierung selbst und das Preußische Finanzministerium) der Entwicklung dieser Auffassung dadurch Vorschub geleistet, daß in den verflossenen Notjahren der Preußischen Landesbühne mehr und mehr nationalpolitische Aufgaben in den Grenzgebieten übertragen worden sind, für die sie unmöglich allein und ausschließlich als zuständig erklärt werden konnte. Bei der Gewährung solcher Beihilfen ist dann in der Regel auch das eigentliche tragende Moment der Landesbühnenarbeit und der tiefere Sinn dieser Subventionen in den Hintergrund gedrängt worden. Es bleibt eine dankbare Aufgabe der Preußischen Landesbühne, erneut die Auffassung zu bestärken, daß lediglich jene Theater, die sich einer in allen Teilen rationellen Betriebsführung befleißigen, die den kulturellen Besucherorganisationen aus allgemeinen sozialen Gründen die Tätigkeit erleichtern und damit dem Gedanken einer sozialen Theaterpflege sichtbar Ausdruck verleihen, daß nur sie eine besondere ideelle und hier finanzielle Förderung von seiten der Preußischen Landesbühne verdienen.

# Das Haus

*In den alten Berichten über das 1844 eröffnete Etablissement Kroll und in der späteren Geschichte des Hauses zeichnen sich Züge von geradezu symbolischer Bedeutung ab. Der früheren räumlichen Abgelegenheit entspricht die spätere Sonderstellung, das ›Außenseitertum‹ der Krolloper. Die Tendenz, im Bau die Verbindung zwischen allen sozialen Schichten herzustellen, geht durch die ganze Geschichte des Hauses. Bei der Eröffnung des Umbaus von 1924 – in Wirklichkeit ein Neubau – ist Skepsis das durchgehende Kennzeichen der Resonanz und dies wird auch als ein taktisches Argument der Aversion gegen die Krolloper verwendet.*

*Der 1873 in Neu-St. Anna (Ungarn) geborene, 1942 in Budapest gestorbene Architekt Oskar Kaufmann galt in den zehner und zwanziger Jahren als der führende Berliner Theaterbaumeister. Nach anfänglichen Musikstudien wandte er sich der Architektur zu und erhielt 1899 sein Diplom an der Technischen Hochschule Karlsruhe in Baden. Bald nach 1900 ließ er sich in Berlin nieder. Sein exemplarischer Bau ist die Berliner Volksbühne von 1914, die der Anlaß war, daß ihm der Umbau der Krollschen Gebäudereste in ein damals technisch hochmodern ausgestattetes Operngebäude übertragen wurde. Die einfache Würde, mit der er mit dem Haus der Volksbühne einen architektonischen Höhepunkt erreicht hatte, besaß die Krolloper mit ihrer zwar noch dezenten, aber doch überbetonten kunstgewerblich ornamentalen Ausstattung nicht mehr ganz.*

*Cabinetsordre Sr. Majestät des Königs Friedrich Wilhelm IV.*

In Folge Ihres Berichts vom 27. v. M. bestimme ich, daß dem Restaurateur Kroll aus Breslau, wenn er zur beabsichtigten Anlegung eines Wintergartens für das gebildete Publikum in Berlin die Summe von 30 000 Thalern produzieren kann, der benöthigte Raum an der Westseite des Exercierplatzes unter der Bedingung überlassen werden soll, daß auf jeden Canon davon verzichtet werde, so lange die zu errichtenden Gebäude und Anlagen zu den angegebenen Zwecken benutzt werden. Dagegen bleibt dem Fiscus das unbeschränkte Eigentums- und Dispositionsrecht über das zu überweisende Terrain. Sobald daher der anzulegende Wintergarten eingehen oder statt desselben ein anderes Etablissement eingerichtet werden sollte, ist der Kroll oder dessen Rechtsnachfolger verpflichtet, die errichteten Gebäude ohne Entschädigung abzubrechen und das ganze übernommene Terrain dem Fiscus zurückzugeben. Hiernach haben Sie mit demselben in weitere Verhandlungen zu treten und mir das Resultat anzuzeigen.

Sanssouci, 19. August 1842        gez. Friedrich Wilhelm

An den Minister von Ladenberg.

*›Leipziger Illustrierte Zeitung‹, Jahrgang 1844*

Die Eröffnung des Lokales war nur für den Hof und die Aristokratie, da sich die schlichte Bürgerschaft scheute, für enormes Entrée in den Zauberpalast einzutreten. Später, als das Eintrittgeld von einem Thaler auf zehn Silbergroschen sank, verdrängte jedoch der Bürgerstand die Aristokratie ziemlich aus den Sälen und jagte sie in die oberen Regionen, damit sie sich in verschiedenen Logen um die große königliche scharte, doch drang auch bald in diese Adels-Aristokratie-Logen die Geld-Aristokratie, die nirgends mehr als in Berlin sich bemüht, sich unter die Phalanx zu mischen oder sich ihr anzureihen. Da sitzen nun die beiden Rivalen der königlichen Gnade neben einander in verschlossenen Logen und dinieren und lassen zum Takt der rauschenden Musik den Champagnerpfropfen fliegen. Jetzt beginnt wieder die zahlreiche Kapelle eine Pièce, und die Damen und Herren erheben sich, um in den unbesetzt gebliebenen, immer noch breiten Gängen sich nach dem Takt zu ergehen. Man geht auf und nieder und windet sich durch die dichten Reihen; man sieht tief in manches blaue Auge und auch auf manchen weißen Nacken; seidene Prachtgewänder rauschen um uns und wollen unsere Füße umstricken, elegante und geschmacklose Toiletten wechseln ab, und unter Sammet und Seide und Silber und Gold erquickt das Auge der bescheidene Anzug einer sittsamen Fremden. Herren und Damen mustern einander; diese greifen zur Lorgnette, damit sie schamhaft zur Erde schauen können, jene kneifen das Glas in die Augenhöhle und verzerren das Gesicht wie ein heulender Kater.

Wir steigen noch einmal zu dem Gange hinauf, von

157

dem man in die Logen gelangt. Eine ist nicht an eine bestimmte Gesellschaft abgegeben, also ist sie dem allgemeinen Publikum geöffnet. Da können wir die Masse von Köpfen sehen, welche auf einem Rumpfe zu stehen scheinen und, da viele Köpfe viele Sinne haben, bald hier, bald dorthin zerren. Jetzt öffnet sich die Königliche Loge und die Königliche Familie mit mehreren auswärtigen Prinzen tritt herein und sieht sich ebenso staunend im Saale umher, wie wir es thaten. Ein Saal umschließt ganz Berlin: König, Minister, Generäle, bis zum untersten Staatsdiener und Unteroffizier, Kaufleute und Handwerker, bis zum Ladendiener und Lehrburschen. Das ist eine erhabene Idee, die sich an diesen Krollschen Garten knüpft: Vier Wände sind das Band, das Alle in Liebe umschließt, alles vereint zu dem einen Zwecke, sich nach den Mühen des Tages in einem durch Kunst und Pracht geheiligten Raume zu erfreuen.

*Moritz Gumbinner: ›Nationalzeitung‹ vom 11. März 1885*

Der Wintergarten war eine Oase in der Wüste. Die heutige Generation der Berliner Kinder und die große Masse der Zuzügler haben kaum eine Vorstellung von der ehemaligen Umgebung des Krollschen Lokales. Vor demselben dehnte sich die schier endlose Sandfläche des Exerzierplatzes aus, dicht hinter der heute noch erhaltenen Linden-Allee an seiner Nordseite erhob sich ein alter Bretterzaun, über welchen die aufgestapelten Hölzer des Seegerschen Holzplatzes hervorragten. Im jenseitigen Ende des Exerzierplatzes gab freilich das Raczinskysche Palais eine Art dekorativen Abschlusses, dahinter aber erblickte man die schon ruinenhafte häßliche Stadtmauer. Und wie beschwerlich und umständlich waren die Verkehrsmittel jener Zeit! Droschke, Pferdebahn oder gar Stadtbahn waren unbekannte Begriffe und die Droschkenkutscher stets mißvergnügt, wenn sie eine Fahrt zu Kroll machen sollten, was damals vom Mittelpunkt der Stadt aus ungefähr dasselbe bedeutete, wie heute eine Fahrt nach Halensee, Hundekehle oder Saatwinkel. Hinter Kroll lagen die Zelte, die alten Vergnügungsorte der kleinbürgerlichen Gesellschaft der Stadt.

*Awill Räder, Kroll, Denkschrift zu dem 50jährigen Bestehen des Hauses, Berlin 1894 (Auszug)*

Der Krollsche Palast, welcher im Jahre 1851, also kaum sieben Jahre nach seinem Entstehen, von einem verheerenden Brandunglück heimgesucht, aber sofort wieder und noch prachtvoller hergestellt wurde, bot im Jahre 1844 äußerlich fast genau denselben Anblick dar, wie nach der Wiederherstellung. Ein imposanter zweistöckiger Mittelbau auf hohem Erdgeschoß mit zwei schlanken Seitenflügeln nebst hohen Pavillons in fein abgemessener Gliederung, im Stile verwandt mit den architektonischen Schöpfungen der Schinkelschen Bauperiode, die einfache Schönheit, Klarheit und Ruhe der Antike anstrebend. Links die Zutritthalle zur Treppe, die nach dem Vestibüle hinaufführte, und vor dem Mittelbau in der ganzen Höhe des Parterres ein terrassenförmiger Rundbau, der als Veranda einen freien Überblick über den Exerzierplatz nach allen Seiten hin gewährte; während hinten nach der Gartenseite zwei viereckige Türme mit flachem Dach, den Mittelbau und die Seitenflügel markierend, in die Höhe strebten.

Bei dieser Sachlage wird sich der heutige Leser auch leicht über die innere Gliederung der Räumlichkeiten orientieren, wie sie bis 1851 vorhanden waren. Schreitet man heute durch den Empfangssaal und durch den Römersaal nach dem wundervollen Königssaal, so geschieht dies durch eines der drei Portale, mit welchen der vordere Saal abschließt. Dieser Saal war früher von geringer Breite, besaß nur zwei Zu- und Ausgangsportale, ähnelte einem Säulendurchgang und hatte durch seine prachtvolle blumistische Dekoration den Character eines Wintergartens.

Der Königssaal von 1844 hatte Oberlicht und keine geschlossene Decke wie heute, er hatte auch kein Theater nach der Gartenseite und ebensowenig die Galerie nach der Platzseite, welche die Wände der Logenseiten miteinander verbindet. Statt der Galerie präsentierte sich ein schmaler Balkon für Orchestermusik.

Entsprechend der Wintergarten-Räumlichkeit vor dem Königssaal, erste Kolonnade genannt, befand sich in dem Nordflügel die zweite Kolonnade. Ein entsprechender Renaissancesaal schloß sich an, während nach der Gartenseite zu, durch einen langen Korridor verbunden, sich die lauschigsten Räumlichkeiten für kleine und geschlossene Gesellschaften befanden. Mit dieser luxuriösen Abteilung korrespondierte ein nicht minder blendend ausgestatteter Roccocosaal, der zugleich als allgemeiner Tafel-Raum diente. Stolze Treppen und Galerien führten hinauf zu den als vollständige, vornehmste Salons eingerichteten zwölf Logen, welche den Königssaal in gleicher Höhe mit der majestätischen Königsloge an drei Seiten umgaben.

Andere Treppen führten hinab in den für Berlin ganz neuen Tunnel. Von dem allgemein öffentlichen Rauchverbot des vormärzlichen Berlin war für diesen unterirdischen Raum, wie in den speziell konzessionierten Tabagien, Abstand genommen. Der brave Untertan konnte dort polizeilich unbehindert neben dem bürgerlichen Glase Bier seine Cigarre genießen.

›Blätter der Staatsoper‹, Januarheft 1924

Zur Geschichte des Krollhauses

Auf Veranlassung König Friedrich Wilhelms IV. wurden im Jahre 1843 am Königsplatz die ersten Anlagen auf fiskalischem Boden zur Ausführung gebracht, um dem Publikum Erholungsplätze im Freien zu bieten und die Baulust anzuspornen. Der energische, unternehmungsfreudige Joseph Kroll nutzte diese Gelegenheit, um mit Königlicher Förderung dort in der Nähe ein Sommerlokal, eine Vergnügungsstätte großen Stils, ins Leben zu rufen. Das ›Krollsche Etablissement‹ wurde am 15. Februar 1844 eröffnet und erfreute sich mit seinen schattigen Terrassen bald regsten Zuspruchs. Namentlich die Hofgesellschaft verkehrte gern in den vornehm ausgestatteten Räumen. Inzwischen hatte sich Kroll, großzügig und weitblickend wie er war, auch die Konzession zum Theaterbetrieb erwirkt und ließ nach Plänen des Architekten Friedrich Tietz ein großes Theatergebäude errichten, das als Sommertheater geplant war und der Spieloper gewidmet sein sollte, die in Berlin heimatlos geworden war, seit das ›Königstädtische Theater‹ der italienischen Stagione anheimgefallen. Aber noch ehe der Umbau beendet war, starb Kroll (April 1848). Doch seine Tochter Auguste, an Energie dem Vater verwandt, übernahm die Leitung der Geschäfte, und am 29. Juni 1850 konnte das ›Krollsche Sommertheater‹ mit ›Stadt und Land‹ eröffnet werden. Doch ein Unstern waltete über ihm, nach kaum Jahresfrist ging das Gebäude in Flammen auf. Auguste Kroll ließ sich nicht entmutigen, ein zweiter Bau sollte sich aus der Asche erheben, glanzvoller als der erste gewesen. In dem zur Leitung der Gartenkonzerte neu engagierten Musikdirektor J. C. Engel aus Pest führte ein gütiges Geschick der energischen Frau einen tüchtigen Helfer zu, der bald ihr Lebensgefährte wurde, und dessen rührigem Management ein Aufblühen des Unternehmens zu danken war. Engel erwarb sich auch noch eine Winterkonzession für Theatervorführungen und eröffnete neben der üblichen Weihnachtsausstellung am 2. Dezember 1852 das neu erstandene Theater, für das er eine Possen- und Vaudevillegesellschaft engagiert hatte. Engel war ein Original, für dessen Witz und Schlagfertigkeit die Berliner Verständnis hatten, man fand den Vollblutungarn äußerst interessant, und er bildete bald eine starke Anziehungskraft für die Berliner Gesellschaft.

Engel bemühte sich, sein ›Etablissement‹ zu einem internationalen Stelldichein von Berühmtheiten und Spezialitäten zu machen. Er suchte selbst die Magnete in den Hauptstädten Europas zusammen. Berlin, als mächtig aufstrebende Residenz, sollte alles kennen lernen, von dem man in der Welt sprach. So kam es, daß man bei ›Kroll‹ nicht nur die berühmtesten Virtuosen und Stars, nein auch exotische Sehenswürdigkeiten, Zulukaffern, Gaukler, Magier, Abnormitäten zu sehen bekam. Später kaprizierte sich Engel auf die ›Sommeroper‹, für die während der Ferien der Königlichen Theater eine Truppe zusammengestellt oder engagiert wurde. So gastierten 1858 Offenbachs ›Bouffes Parisiens‹. Mehrere Jahre beschränkte er sich auch nur auf die Leitung von Gartenkonzerten und Veranstaltungen von ›Italienischen Nächten‹. Als Engel bei schlechtem Geschäftsgang in Schwierigkeiten geriet, wurde 1862 das Grundstück subhastiert, doch Engel blieb durch Meistgebot Besitzer.

Im Jahre 1869 wurde in Gegenwart König Wilhelm I. das 25jährige Jubiläum des ›Krollschen Etablissements‹ festlich begangen. Ganz besonderer Beliebtheit erfreuten sich bei den Berlinern die großen Bälle bei Kroll, die zu einer stehenden Einrichtung des Berliner gesellschaftlichen Lebens wurden. Jeder alte Berliner schwärmt noch heute von diesen poesieumwobenen Jugendsünden. – Die ›Sommeroper‹ wagte sich allmählich an immer größere Aufgaben heran. Die berühmtesten Sangesgrößen traten hier erstmalig vor das Berliner Publikum, wie Roger, Boetel, Schott, Formes, die Gerster, Adelina Patti, und manche, wie Désirée Artôt oder Theodor Wachtel, fanden von hier den Übergang zur Hofoper. Als Engel am 27. Juni 1888 starb, übernahm sein Sohn Josef die Leitung des Unternehmens. Er erweiterte noch den Kreis berühmter Künstler und lud die Bellincioni, Minnie Hauck, Marcella Sembrich, die Prevosti, d'Andrade, Padilla und viele andere zu Gastspielen. Im Frühjahr 1894 jedoch verkaufte Engel jr. das ganze Etablissement an die Brauerei Bötzow, die es nur noch als Konzerthaus mit Restaurationsbetrieb bewirtschaftete. Von dieser erwarb es dann durch Vertrag vom 11. April 1896 der Königliche Konfideikommiß. Er zahlte für das gesamte Grundstück von 1 Morgen 43 Quadratruten und 2 Quadratfuß Größe mit allen Baulichkeiten und gesamtem Inventar, einschließlich dem Theaterfundus einen Kaufpreis von 2 510 486 Mark. Der Plan zu diesem Ankauf war vom Intendanten der Kgl. Schauspiele, Graf Hochberg, ausgegangen, der einmal die Konkurrenz der ›Sommeroper‹ damit beseitigen und deren Erträgnisse den Hoftheatern zuführen wollte, andererseits sich für die erforderlichen Umbauten des Opernhauses oder des geplanten völligen Neubaues ein günstiges Ersatzheim rechtzeitig zu sichern bestrebt war. Schon im ersten Sommer, in dem Kroll, das jetzt den Namen ›Neues Königliches Opernthheater‹ erhielt, zu den Staatstheatern gehörte, fanden dort 120 Opernaufführungen statt, die eine Durchschnittseinnahme von 3170 Mark pro Abend erbrachten. Es wurde dann bis 1901 regelmäßig in den Monaten Juni bis September dort gespielt, so 1899 die ›Fledermaus‹ (98 mal), 1900 ›Mikado‹ und ›Fledermaus‹ abwechselnd (91 Abende) und 1901 ›Mamselle Angot‹, ›Mikado‹ und ›Fledermaus‹ (84 Abende). Von 1902 ab wurde das Theater dann allsommerlich an andere Gesellschaften oder Ensembles verpachtet. Während Umbauten der Königlichen Theater ward Kroll stets als Interimsbühne benutzt, so 1904 vom Schauspielhaus, 1905 vom Opernhaus. Im Winter wurde meist nur sonntags zu ermäßigten Preisen gespielt, oder Aufführungen für Vereine oder Kadettenschulen veranstaltet.

1904 wurde einmal der Plan erwogen, das Krollsche Grundstück dem Staat für den Bau eines Reichsmarineamts zu überlassen. Doch das zerschlug sich. Als dann endlich 1913 die Frage des Opernhausneubaus dahin entschieden war, daß der neue Prunkbau sich auf dem Krollschen Grundstück erheben sollte, wurde 1914 mit dem Abbruch des ›Neuen Kgl. Operntheaters‹ begonnen. Der Krieg brachte die Arbeiten zum Stillstand, und der Bau blieb als halbe Ruine jahrelang stehen. Da griff die Volksbühne, die bei der fortschreitenden Verschlechterung der politischen Lage den Plan, sich neben ihrem Schauspielhaus am Bülowplatz noch ein Volksopernhaus zu erbauen, als unmöglich aufgeben mußte, den Gedanken auf, das in Abbruch befindliche Krolltheater vom Staat zu Umbauzwecken zu erwerben. So kam 1920 zwischen ihr und dem preußischen Staat ein Vertrag zustande, der der Volksbühne gegen eine geringe Pacht das Grundstück auf 25 Jahre überließ, wogegen sie die Verpflichtung übernahm, den Umbau nach Möglichkeit zu beschleunigen. In dem so geschaffenen neuen Volksopernttheater sollten dann die Kräfte der Staatsoper spielen. Doch die zunehmende Geldentwertung machte es bald der Volksbühne unmöglich, den begonnenen Umbau des Krollhauses aus eigenen Mitteln zu beenden. Sie wandte sich daher an den preußischen Staat zwecks Unterstützung. Dieser hielt es für seine Pflicht, den ursprünglichen Gedanken, den breiteren Schichten des deutschen Volkes auch in der heutigen Notlage noch den Opernbesuch zu ermöglichen (eine Aufgabe, der die Staatsoper in ihrer räumlichen Beengtheit nicht gewachsen sein kann) nicht fallen zu lassen, und gewährte der Volksbühne die Mittel zur Beendigung des Krollbaues. Der Vertrag erfuhr eine Abänderung in dem Sinne, daß das fertige Haus nunmehr Eigentum des Staates bleibt, in ihm allabendlich die Staatsoper spielen wird, und der Volksbühne auf 25 Jahre stets die Hälfte der täglichen Eintrittskarten für ihre Mitglieder zu billigem Preise verfügbar ist.

Die immer ungünstiger sich gestaltende politische Lage verzögerte auch jetzt den Bau des Kroll-Hauses wiederholt, und nur unter Aufbietung aller Energie gelang es schließlich, das Werk noch zu einem guten Ende zu bringen. In herber Not und schwerster Zeit geschaffen, mag dieses Haus ein Wahrzeichen dafür sein, daß das deutsche Volk sein heiligstes Gut, seine alte Kultur und Kunst über alles achtet und ihr jedes Opfer zu bringen bereit ist.

*Oskar Kaufmann: ›Blätter der Staatsoper‹, Januarheft 1924*

Der Umbau des Kroll-Hauses

Die Kunst des Architekten ist keine phantastisch freie. Die besonderen Ansprüche der Praxis sind für ihn ebenso bestimmend, wie der angewiesene Raum und die wirtschaftlichen Mittel. All das gehört ja zum Wesen des Baues, und daß er diese Umstände meistert und eine in sich geschlossene Form zustande bringt, das wird eben von jedem Baukünstler verlangt. Aber wenn zu diesen allgemeinen Bedingungen noch ganz besondere treten, um die Bewegungsfreiheit des Architekten zu lähmen, so ist der Charakter seiner Aufgabe und die versuchte Lösung aufs höchste erschwert.

So aber liegen die Dinge gerade bei dem Krollbau. Handelt es sich hier doch nicht eigentlich um einen Neubau, sondern um einen Umbau, und jeder Künstler weiß, wieviel schwieriger es ist, ein fremdes Werk zu beenden als ein eigenes zu entwerfen. Schwieriger und undankbarer, sofern solche Arbeit, an der eigenen Idee gemessen, doch immer bestimmt ist, ein Torso zu bleiben. Aber andererseits bietet es natürlich eine besondere Art von Befriedigung, ein Bauwerk von geschichtlicher Bedeutung dem veränderten Bedürfnis anzupassen, und so Vergangenheit und Zukunft zu versöhnen. Das ›Krollsche Etablissement‹ gehört zu den Wahrzeichen Alt-Berliner Kultur, die kein Mensch von lebendigem Gefühl einfach verschwinden sehen möchte. Diese Fassade von einfacher Schönheit ist für mehr als drei Generationen Schauseite einer Stätte gewesen, die mit unzähligen wertvollen Erinnerungen verknüpft ist. Der Schwiegersohn des Begründers Kroll, der wegen seiner ebenso ungrammatikalischen wie witzig-originellen Ausdrucksweise populäre Kroll-Engel, schuf hier die ›Sommeroper‹. Vor allem war da auch der Konzertgarten mit seiner Lampenpracht zwischen den schönen alten Bäumen – der Garten, wie ihn Menzel gemalt hat. Und für wieviele Berliner ist nicht das ganze Etablissement als Schauplatz der in glücklicheren Zeiten so berühmten Alpenbälle in dankbarer Erinnerung!

Allmählich war freilich der alte Betrieb in Verfall geraten, und nachdem schon eine Zeitlang die Staatstheater das Krollsche Gebäude als eine Filiale benutzt hatten, tauchte der Plan auf, an seiner Stelle eine neumonumentale Opernhausanlage zu schaffen. Prachtvoll großzügige Pläne waren in diesem Sinne schon von Ludwig Hoffmann entworfen; der Abbruch war bereits begonnen, die ganze Bühne war aufgerissen, die einzelnen Bestandteile verkauft. Aber da kam der Krieg, und alles geriet ins Stocken. Mit Bretterverschlägen, die durch die Fülle ihrer Löcher bedenklich an Morgensterns Lattenzaun – »mit Zwischenraum hindurchzuschauen« – erinnerten, wurden die großen Räume für Lazarettzwecke eingerichtet und im Laufe von vier Jahren gründlich verwüstet. Der offene Bühnenboden glich, nachdem sich das Regenwasser viele Jahre in ihm gesammelt hatten, einem Schwimmbassin.

Was steht nun heute auf diesem Boden? Was ist vom alten ›Kroll‹ übriggeblieben? Von außen gesehen sehr viel – von innen fast nichts. Und das eben war das besondere Problem: die historisch-ehrwürdige Fassade sollte erhalten bleiben, die entscheidenden Teile eines Theaters dabei, der Zuschauerraum und die Bühne, sollten dabei nicht nur bedeutend vergrößert, sondern vor allem entscheidend umgestaltet werden. Die erste der Ideen, durch welche die Versöhnung dieser ziemlich entgegengesetzten Ansprüche ermöglicht wurde, war nun – die Fassade zu versetzen. Vor der alten Kroll-Fassade lag ja eine breite Terrasse – heute steht die Fassade, die im übrigen der alten bis auf die kleinste Kleinigkeit gleicht, am vorderen Rande des alten Terrassenraums. Dadurch war zunächst die Möglichkeit gegeben, um den (früher nur durch seitliche Zugänge erreichbaren) Zuschauerraum breite Gänge zu führen, die den modernen Ansprüchen an Bequemlichkeit und Sicherheit genügen. Die Vergrößerung des Zuschauerraums, der ja zunächst dadurch, daß er eine akustisch und optisch zweckmäßig abgerundete Form erhielt, viele Seitenplätze einbüßte, geschah einmal dadurch, daß die Zuschauerreihen vorwärts ins Bereich des alten Bühnenraums hineingeschoben wurden. Sodann aber wurde unter demselben Dach ein zweiter Rang geschaffen. Auf diese Weise ist mit der größtmöglichen Bühnennähe aller Plätze ein Raum für beinahe 2500 Zuschauer geschaffen worden. Also Deutschlands größtes Opernhaus.

Die Bühne ist um den zum Zuschauerraum geschlagenen Platz nicht verkürzt worden; sie wurde nach hinten und seitlich so erweitert, daß jetzt bei einer außergewöhnlichen Breite eine Tiefe von 28 Metern hinter der Rampe liegt. Unter Leitung von Linnebach, des Maschineriedirektors an der Berliner Staatsoper, wird ein hydraulisch versenkbares und schiebbares Bühnensystem nach allermodernster Konstruktion angelegt. Die Bühne bekommt ein neuartiges Beleuchtungssystem für direktes, indirektes und konzentriertes Licht. Da der neue Szenenstil so häufig mit Scheinwerfern arbeitet, deren Unterbringung bisher irgendwo im Zuschauerraum improvisiert werden mußte, so sind hier zum ersten Male solche Lichtquellen planmäßig in den Zuschauerraum eingebaut.

Ein besonderes Problem für den Opernbau stellt der Orchesterraum dar. Er entscheidet zwar durch die tiefe Zäsur, die er zwischen Zuschauer und Szene legt, eindeutig das Problem, das für andere Theaterbauten strittig bleiben mag: denn daß die Szene als Ort der Oper Schauplatz eines freien Spiels und klar abgerückt von der Zuschauerschaft bleiben muß, das ist hier sinnfällig klargestellt. Aber die großen Verschiedenheiten innerhalb dieser Gattung ›Oper‹ drücken sich bereits darin sehr deutlich aus, daß ein Orchester bei Gluck oder Mozart etwa 50, bei Wagner und Strauß aber 120 Mann umfassen soll! So wird der variable Orchesterraum ein Ideal. In dem neuen Hause ist der Versuch gemacht worden, diesem Ideal sich zu nähern, denn das Orchester ist in drei Zonen versenkbar. Die nicht zum Orchester benötigten Abschnitte bleiben als Parkettreihen stehen.

Was die innere Ausstattung des Raumes betrifft, so zwang die Zeit wie die Idee des Hauses zur tunlichsten Einfachheit. Immerhin wird es nicht an künstlerischem Schmuck fehlen. An die Verwendung edler Hölzer für die Bekleidung der Wände durfte freilich nicht gedacht werden. Aber schon aus akustischen Gründen sollte auf Holzpaneels nicht verzichtet werden. Sie werden aus Tannen- und Fichtenholz hergestellt, und das ist ja schließlich das Material, das die Geigenmacher für ihre Instrumente wählen. Es kann für ein Haus der Klänge weder unwürdig noch ungünstig sein.

Um diesen Zuschauerraum sind nun Außenwerke großen Umfangs gelagert. Vom Parkett führen vier breite Treppen nach verschiedenen Richtungen hinab und direkt ins Freie, und je vier ebenso stattliche Anlagen verbinden den ersten und zweiten Rang unmittelbar mit der freien Luft. Die Sicherheit des Hauses für den Fall einer plötzlichen Gefahr ist wohl in keinem Theater größer als hier. Im Erdgeschoß sind die alten ›Tunnels‹, so schätzbar sie als Ort zarter Abenteuer für manchen Besucher der Alpenbälle in Erinnerung weiterleben mögen, geopfert worden, und man hat dafür eine Kassenhalle und eine große zentrale Garderobenablage eingeschaltet, mit einem Flächenraum von beinahe tausend Quadratmetern.

Schließlich wurde ganz besondere Sorgfalt der Erneuerung der Gartenanlage zugewendet. Es wurden zwei große Terrassen und eine Freilichtbühne neu angelegt; die Hauptarbeit aber lag hier nicht im Erbauen, sondern im Erhalten: von den schönen alten Bäumen ist kein einziger gefällt worden, vielmehr sind mehrfach neu gezogene Wände, wenn sie mit diesen würdigen alten Stämmen kollidierten, dem Baumbestand so angepaßt worden, daß die Bäume einen Bestandteil der Architektur bilden und in ungestörtem Wachstum ihre Zweige entfalten können. Da auch der alte Römersaal als Restauration und die darunter liegenden Kellerräume als Konditorei neu erstehen sollen, so ist Hoffnung vorhanden, daß gerade hier das ›Krollsche Etablissement‹ im alten Sinne eine Wiedergeburt erleben und den alten Berlinern heimatlich erscheinen wird.

Eine Arbeit von fast drei Jahren wird hinter uns liegen, wenn das Haus seiner Bestimmung übergeben wird. Seit den Beratungen zwischen den Vertretern des

Staates war ein ganzer Stab von Mitarbeitern, die Architekten Stolzer, Becherer, Geilens, der Maler Cäsar Klein, der Bildhauer Leschnitzer und viele andere am Zeichentisch unermüdlich tätig, das Werk zu vollenden. Eine Fülle von meist nicht vorherzusehenden Schwierigkeiten war zu überwinden, wie sie die besonderen sozialen und wirtschaftlichen Komplikationen unserer Zeit mit sich brachten. Wenn das Haus dann trotz allem vollendet dasteht und seinem Zwecke dient, dann möge es ein Zeichen der Kräfte sein, die aus den Ruinen jeder Vergangenheit neues Leben aufzubauen wissen.

*Georg Linnebach: ›Blätter der Staatsoper‹, Januarheft 1924*

Die neue Bühne der ›Oper am Königsplatz‹

Unsere heutige Theaterkunst stellt ganz enorme Ansprüche an die Bühne. Vergleicht man die Fortschritte, die im Aufbau des Bühnenbildes unstreitig zu verzeichnen sind, mit denjenigen der mechanischen Bühnentechnik, so ergibt sich ein starkes Mißverhältnis. Die Inneneinrichtung der Bühne wurde fast immer vernachlässigt und hat leider nicht gleichen Schritt gehalten mit den hohen Anforderungen, die die heutige Theaterkunst verlangt. Bis vor dem Kriege war man tatsächlich wenig über die seit Jahrhunderten bekannte Bühnenform hinausgekommen. Nach dem Brande des Wiener Ringtheaters 1881 hatte man die altbekannten Holzmaschinerien aus Eisen hergestellt und mit der Entwicklung der Elektrizität das Öl- und Gaslicht durch elektrische Beleuchtung ersetzt.

Die ›Asphalaia‹, eine Vereinigung von Künstlern und Technikern, erbaute kurz nach dem Ringtheaterbrand das Opernhaus in Budapest und das Stadttheater in Halle. In diesen Bühnen wurden, also vor nunmehr 40 Jahren, zum erstenmal der Rundhorizont und hydraulische Versenkungsanlagen eingebaut. Leider sind diese Vorbilder in der folgenden Zeit wieder in Vergessenheit geraten. Von jeher war für den Bühnentechniker die Verringerung der Verwandlungs- und Umbaupausen das wichtigste Problem.

Die Brandtsche Schiebebühne, die leider wenig praktisch durchgeführte Burgtheaterbühne, die Versenkbühne Brettschneiders und vor allem die Lautenschlägersche Drehbühne bedeuten Fortschritte in der Kunst der Bühnentechnik. Die Drehbühne verdient dabei besondere Hervorhebung, weil sie sich offen gegen die Herrschaft der Kulissen wendet und zu einem geschlossenen Szenerieaufbau drängt. Modern schaffende Inszenatoren bedienten sich mit Vorliebe dieser Einrichtung, weil nichts Besseres bekannt war. Es würde zu weit führen, die Mängel, die der Drehbühne anhaften, hier anzuführen. Am vorteilhaftesten und vollkommensten hat sich die Schiebe- und Versenkbühne erwiesen, die im ehemaligen Königlichen Schauspielhaus in Dresden Anwendung gefunden hat. Im Kriege, wo das Arbeitspersonal ständig wechselte, hat sich diese Bühneneinrichtung (System Linnebach) ganz besonders bewährt, weil der Auf- und Abbau der Dekorationen nicht auf der Bühne geschieht, sondern zu jeder Zeit in der Unterbühne bewerkstelligt werden kann.

Es ist damit wohl alles genannt, was Anspruch darauf erheben kann, einmal in einer Geschichte für Bühnentechnik erwähnt zu werden. Die Bühneneinrichtung der ›Oper am Königsplatz‹ vermied eine große bauliche Veränderung des vorhandenen alten Bühnenhauses, weil für sie nur ganz beschränkte Mittel zur Verfügung standen, und Umänderungen der Grundpfeiler, Umfassungsmauern, Tieferlegung der Untermaschinerie usw. unerschwingliche Baukosten verursacht hätten.

Die Absicht, eine Trennung des groben technischen Betriebes, d. h. den Auf- und Abbau der Szene und der Darstellung, derart durchzuführen, daß beide Gruppen ohne gegenseitige Störung nebeneinander bestehen können, ferner das Streben, für schnelle Verwandlung der Szene die geeignetsten Mittel zu finden, und schließlich der Wunsch, dem Bühnenbilde alle modernen Ausdrucksmittel zu bieten, haben zu der neugeschaffenen Bühneneinrichtung geführt. Ihre bemerkenswertesten Neuerungen sind:

1. Die versenkbaren Bühnenflächen, 2. die unterteilten Schiebebühnen, 3. die fahrbaren Versenkungen, 4. der Wandelrundhorizont, 5. die Proszeniumsanlage, 6. die Beleuchtungsanlage.

Die Bühnenfläche wird aus drei unabhängig voneinander, direkt hydraulisch wirkenden, versenkbaren Bühnenpodien von je 16 m Breite und 4 m Tiefe gebildet. Diese drei Streifen von zusammen 12 × 16 m Fläche sind einzeln oder in beliebiger gegenseitiger Höhenstufung bis 1,5 m über und 5 m unter die Spielebene zu stellen. Jeder Bühnenstreifen ruht direkt auf zwei stählernen Rohren, welche in Zylinder mit entsprechend größerem Durchmesser führen. In die Zylinder kann Wasserdruck bis zu 35 Atmosphären gepreßt und dadurch die Stützrohre der Bühnenpodien in die Höhe gehoben werden. In jeder gewünschten Höhe kann die Bodenversenkung mit der feststehenden Bühnenkonstruktion verriegelt werden.

Die Bühnenpodien sind mit Versenkungsschiebeeinrichtungen, von Hand bedienbar, versehen. Außerdem sind noch an den Längsseiten unterteilte Klappen für Gitterträger und Einsatzversenkungen eingebaut.

Der durch die drei Bühnenstreifen gebildeten eigentlichen Spielfläche schließen sich beiderseits (vom Zuschauer gesehen) noch unterteilte Bühnenpodien von 4,5 m Breite und 8 m Tiefe an. Diese Podien können 35 cm unter das Spielniveau gestellt werden, damit bei

Verwandlungen mit den Schiebebühnen oder den Bühnenwagen die Konstruktionshöhe unter dem Rampenniveau bleiben kann. An diese Podien schließen sich rechts und links je eine in Spezialfelder unterteilte Schiebebühne von 8 m Tiefe und 14 m Breite an. Die Schiebebühnen ruhen auf Gleisanlagen und können in der Richtung ihrer Längs- und Querachse jeweils auf die entsprechende Bodenversenkung geschoben werden. Dazu sind sie mit elektromotorischem Antrieb ausgestattet und lassen sich von der in Spielhöhe befindlichen zentralen Bedienungsstelle aus in Bewegung setzen.

Durch jede Bodenversenkung kann eine Schiebebühne von 4×14 m mit Dekorationen gehoben und versenkt werden. Wenn die Spielfläche größer gebraucht wird, können auch zu gleicher Zeit zwei Bodenversenkungen mit Schiebebühnen benützt werden. Die Hinterbühne wird durch einen schallsicheren Vorhang von 12 m Breite und 10 m Höhe von der Spielbühne getrennt.

Im Bühnenkeller ist eine fahrbare Versenkung von 10×1,1 m Tischgröße für indirekten hydraulischen Antrieb in einem Fahrgestell eingebaut. Das Fahrgestell ruht auf einer Gleisanlage und kann so unter jede Bodenversenkung gefahren, damit verbunden und die Versenkung 1 m über und 4 m unter die Spielfläche gestellt werden. Alle Versenkungen können mit einer Geschwindigkeit bis zu 1 m in der Sekunde gehoben und versenkt werden.

Im Abstand von 2 m von der Bühnenmauer rechts, links und in der Mitte ist die Rundhorizontführungsbahn (Horizontlehre) unterhalb des Schnürbodens eingebaut. Der Rundhorizont, der das Bühnenbild in einer Tiefe von 19 m, einer Breite von 21 m und einer Höhe von 24 m umschließt, ist mit elektromotorischem Antrieb eingerichtet. Die Rundhorizontlehre ist klappbar, so daß Vorstellungen mit dekorativen Einrichtungen älterer Art, also mit einer großen Anzahl von Bögen und Prospekten, ohne nennenswerte Veränderung übernommen werden können.

Für die Bewegung der im Schnürboden aufgehängten Dekorationen wurde ausschließlich maschineller Antrieb vorgesehen.

Das Proszenium bildet den Abschluß der Bühnenanlage nach dem Zuschauerraum und enthält die gesamte Vorhanganlage, bestehend aus einem eisernen Vorhang und drei Stoffvorhängen. Für jeden Vorhang ist im Proszenium ein Spalt, worin der geöffnete Vorhang verschwindet. Dem verstellbaren Bühnenrahmen, der sich direkt an den hinteren Proszeniumsteil anschließt, obliegt die Verkleinerung der Szene. Mit demselben kann der Szenenausschnitt von 13 m Breite und 8 m Höhe auf 7 m Breite und 4 m Höhe eingeengt werden.

Die Rampenanlage ist im unteren Teil des Proszeniums untergebracht. Auch ist dort die Hauptschalttafel angeordnet. Von hier aus sind sämtliche Leitungen nach der Bühne und den einzelnen Teilen des Gebäudes geführt, so daß an dieser wichtigen Zentralstelle dem Beleuchtungsmeister die Kontrolle der gesamten Beleuchtungsanlage möglich ist.

Die Funktionäre, welche die Vorgänge auf der Bühne dauernd zu übersehen haben, sowie der Souffleur in einer gedeckten Beobachtungskabine, alle mit Aussichtsöffnungen auf die Bühne, sind hier vereinigt. Ferner ist hier noch ein feuersicherer Gang, der die beiden Bühnenseiten miteinander verbindet, durchgeführt.

Ein elektrischer Fahrstuhl von 4,5 m Tiefe, 2,5 m Breite und 9 m Höhe senkt oder hebt die gerahmten Dekorationsstücke von der Straßenhöhe nach dem unmittelbar an die Hinterbühne anschließenden Dekorationsmagazin. Durch den direkt hydraulischen Prospektfahrstuhl von 1,5 m Breite und 20 m Länge werden die Prospekte von dem Prospektlager direkt bis zur Bühnenhöhe befördert. Der Transport der Möbel, Requisiten usw. von den einzelnen Magazinen nach der Bühne geschieht durch einen elektromotorisch betriebenen 6-Etagen-Fahrstuhl von 2,5 m Breite, 2 m Tiefe und 3 m Höhe.

Das Kellergeschoß enthält die hydraulische Druckzentrale mit Reparaturwerkstatt, die Anlagen für die Notbeleuchtung, Transformatoren und Hauptschalttafel. Das Erdgeschoß enthält außer den einzelnen Räumen für das gesamte technische Betriebspersonal noch weitläufige Abstellräume, die Schlosserei, Tischlerei, elektrische Werkstatt, Teilmagazine für die Maschinerie, Beleuchtung, Möbel, Requisiten usw.

Mit Hilfe der vorbeschriebenen maschinellen Bühneneinrichtungen ist es ohne weiteres möglich, Vorstellungen selbst mit umfangreichen szenischen Anforderungen zu bewältigen. Wenn die Bodenversenkungen in Bühnenhöhe gestellt und verriegelt sind, können die Verwandlungen wie bisher durch Auf- und Abbau der Dekorationen oder mit Hilfe kleiner Bühnenwagen erfolgen, Hängestücke können von oben herabgelassen und die Horizontanlage benützt werden.

Die Möglichkeit der schnellen Verwandlungen mit Hilfe der vorbeschriebenen Einrichtung ist äußerst vielseitig. Je nach den Erfordernissen der Szenengestaltung sind Kombinationen in denkbar größtem Umfang möglich.

*Dr. Nestriepke: ›Blätter der Staatsoper‹, Januarheft 1924*

Volksbühne und Oper am Königsplatz

In mehr denn 30jähriger mühevoller Arbeit hat die Berliner Volksbühne unablässig ihr Ziel verfolgt, eine Brücke zwischen Kunst und Volk zu schlagen, die Massen dem Kulturtheater zu gewinnen und zugleich dem

Theater in einer organisierten, zum regelmäßigen Besuch verpflichtenden, aber auch zur schöpferischen Mitarbeit bei der Gestaltung des Spielplans berufenen Besucherschaft einen neuen, sicheren Unterbau zu schaffen. Vieles wurde schon erreicht; Tausende, die bis dahin abseits standen, wurden herangezogen; dem Überwuchern der reinen Amüsierbetriebe im Berliner Theaterleben wurde ein Damm gesetzt; draußen im Norden am Bülowplatz entstand ein imposanter Bau, in dem die Volksbühne als alleinige Herrin ihr Ziel verfolgen kann, ein neues Theater als Ausdruck einer neuen Kulturgemeinschaft zu verwirklichen.

Die Eröffnung der ›Oper am Königsplatz‹ bedeutet für sie nun einen weiteren wichtigen Schritt auf dem von ihr beschrittenen Wege. Ein neues, weites Gebiet der Kunstpflege wird hier in Angriff genommen. Zugleich ist hier die Verbindung mit den Staatstheatern vollzogen, die in ihrer Weise ebenfalls das Kulturtheater anstreben, das der Volksbühne vorschwebt. Das Streben der Staatsverwaltung, künstlerische Musterbetriebe zu schaffen, eint sich hier mit den Bemühungen der Massenorganisation, das Beste an künstlerischen Darbietungen allen zu erschließen, die sich nach seelischen Erhebungen über den Alltag sehnen. Sollte diese Verbindung nicht noch reiche Früchte tragen? Zum ersten Mal wird hier die Große Oper, bis dahin nur einem engeren Kreise zugänglich, Sache des Volkes im weitesten Sinne des Wortes werden. Ein reiches künstlerisches Schaffen wird zu neuen Wirkungen kommen.

Die Volksbühne – dankbar allen denen, die ihr halfen, ihren Einzug in das neue Haus zu halten – bringt für seine Eröffnung den Wunsch mit, daß diese ›Oper am Königsplatz‹ immer ein wirklicher Tempel der Kunst und zugleich eine Volksbühne im besten Sinne des Wortes sein möge, indem sie mithilft, den weitesten Schichten der Bevölkerung in ihren von Sorgen und Nöten zerwühlten Alltag recht viele Stunden froher Erhebung, Stunden voll Licht und Sonne zu bringen! In diesem Sinne möge auch sie den Wahrspruch der Volksbühne erfüllen: »Die Kunst dem Volke!«

*Max Osborn: ›Vossische Zeitung‹ vom 27. Dez. 1923*

Berlins größtes Bühnenhaus

Am Neujahrstage wird nun endlich das vielumstrittene neue Krollhaus, als halb staatliches, halb volksbühnliches Opernheater, feierlich eröffnet werden. Architekten und Maschinenmeister haben ihr Werk abgeschlossen. Wir harren des Klingelzeichens.

Schon im vergangenen Sommer, als ich einmal durch den eben fertiggestellten Rohbau geklettert war, berichtete ich an dieser Stelle von dem ausgezeichneten Plan, nach dem Oskar Kaufmann den ungemein schwierigen Umbau des alten Gebäudes in die Wege geleitet, von der ungewöhnlich guten Raumdisposition und der geschickten Ausnutzung der glücklichen Lage des Grundstücks im Freien. Diese Vorzüge treten heute noch deutlicher hervor. Die Raumentfaltung der Eingangshalle, des breiten Kassen- und Garderobenraums – unterstützt durch den gescheiten Einfall, die Königsplatzfront des Mittelbaus unmerklich um eine ganze Anzahl von Metern vorzuziehen –, die Anlage und Gestaltung der bequemen Umgänge sind des allgemeinen Beifalls sicher. Die Kunstgriffe, durch die ein Riesensaal mit mehr als 2400 Sitzplätzen geschaffen ist, der dennoch einen anheimelnden, fast intimen Eindruck macht, sind Kennzeichen einer außerordentlichen Architektenbegabung. Die Ausbreitung des Bühnenhauses endlich, das mit Seiten- und Hinterbühnen und sämtlichen Raffinements der modernen Technik ausgestattet ist, darf als ein Meisterstück für sich gelten.

Auf einem anderen Blatt freilich steht das, was dem Besucher des Theaters vor allem ins Auge fällt: die dekorative Ausstattung. Es hieß hier überall mit dem geringsten Aufwand, mit den billigsten Stoffen auszukommen. Das verlangt die Notwendigkeit und die Stimmung unserer Zeit. Kaufmanns Talent wußte auch so zu wirtschaften. Von Pracht und Pomp ist keine Rede. Mit den Ersatzmaterialien, auf die er angewiesen war, mit Metall, woraus man Konservenbüchsen, mit Holz, woraus man Kisten macht, mit Farben, mit denen man in Raffke-Villen die Küche anstreicht, sind die Vor- und Nebenräume und Foyers aus modernem Geist sehr hübsch und wirkungsvoll geschmückt. Bildhauer Leschnitzer, der mit Kaufmann arbeitete, sorgte hier für einfache, reizvolle, angenehm verteilte Ornamente und Beleuchtungskörper. Der Zuschauerraum aber, das Herz des Ganzen, weckt keine reine Zustimmung. Kaufmann zeigt sich hier weniger als Erbauer der Volksbühne, denn als der Schöpfer des Kurfürstendamm-Theaters. Von dort her übernahm er die Gedanken eines leichten, graziösen, expressionistisch fortgebildeten Barock. Im einzelnen kam er dabei gewiß zu sehr anziehenden Lösungen. Leschnitzer steuerte interessante Skulpturen an dem treppenartig vertieften Proszenium und als Träger der Wandkandelaber bei. César Klein lieferte einen phantasievollen Plafond von gedämpfter Buntheit. Die Umschalung des Raumes mit rötlich-braun gestrichenem Tannenholz gibt dem Saal den Charakter der Wärme und wird der Akustik zugute kommen. Aber der Gesamtanblick will mir zu spielerisch erscheinen. Kaufmann schwebte wohl etwas Ähnliches vor wie Poelzig in seinen Salzburger Entwürfen: vor allem einen Saal für Spielopern, für Mozart oder auch für Verdi zu schaffen, nicht immer nur den schweren Wagner-Ton anzuschlagen. Jedoch er ging ein paar Schritte zu weit. Man denkt fast an Operette. Die überzierlichen

Logen zumal, die im ersten Rang in die Rückwand geschnitten wurden, sind gar zu lauschig und pikant. Das alles ist nicht festlich, sondern tändelnd.

Doch man möchte sagen: Das ist nur angeheftetes Nebenwerk. Man könnte sich sogar denken, daß es in späteren Zeiten einmal verändert wird. Die Hauptsache: die Führung des Raumes, die Anbringung der zahllosen Sitze, die auch in den Ecken noch den Blick auf die Bühne voll freigeben, verdienen hohe Anerkennung. Der zweite Rang, ganz über dem ersten nach hinten gerückt, sieht von unten etwas unliebsam behandelt aus. Es ist, als wenn die Zuschauer dort in eine Arena hinunterblicken. Ist man aber oben, so befriedigt auch hier die Anlage der Sitzreihen durchaus. Die Benutzer dieser billigsten Plätze werden sich ohne Zweifel recht wohlfühlen.

*Adolf Weißmann:* ›B. Z. am Mittag‹ *vom 3. Jan. 1924*

Die Oper am Königsplatz

Es leuchtet rot entgegen: ›Kroll‹. Das war aber nur das Café-Restaurant ›Kroll‹. Um in die ›Oper am Königsplatz‹ zu gelangen, mußte man nach rechts gehen. Ich war geneigt, das symbolisch zu nehmen; ›Café-Restaurant mit Theater‹.

In dem Augenblick, wo man das historische Ereignis der Eröffnung einer wirklichen und echten Volksoper gebührend festhalten und feiern möchte, sträubt sich dem Chronisten der Bleistift. Und der Gedanke, daß wir uns Wochen, ja Monate darum gestritten haben, wem dieses Haus zu eigen sein soll, stimmt mich jetzt heiter. Während man sich stritt, wurde hier etwas hergerichtet, was mit der Devise ›Die Kunst dem Volke‹ nicht das Allergeringste zu tun hat. Etwas Vorläufiges. Etwas, wobei ich mich frage: wann könnte es an Herrn Robert verpachtet werden?

Oskar Kaufmann hat, ich begreife wohl, einen Grundriß vorgefunden. Aber innerhalb dieses Grundrisses wurden ja früher einmal, wenn auch im Sommer, ganz große Opern, sogar der ›Tristan‹ gegeben. Das ist heute, von Rechts wegen, nicht gut mehr möglich. Denn der Baumeister Kaufmann, ein höchst geschmackvoller Mann, hat nunmehr den Raum so ausgenutzt, daß er ihn in seinem Sinne, durch eine Mischung von Volksbühne und Kurfürstendammtheater, verniedliche. Rot überall, Halbkreis, darüber lauschige Logen. Das ist sehr nett und hübsch für Leute, die genießen wollen. Genießenwollen ist ja keine Schande, selbst in der Oper nicht. Dann soll man aber nicht von der »Kunst dem Volke« sprechen. ›Volksoper‹ ist an sich ein Paradoxon. Herr Kaufmann handelte danach. Er sorgte nicht für die Zukunft der Oper, nicht für Wertbeständigkeit, sondern für ...

Da aber fällt mir ein, daß wir dieses Haus für Mozart und die Spieloper brauchen können. Dagegen ließe sich gar nichts einwenden, wenn eben nicht die Staatsoper plus Volksbühne sich auf dieses Haus festgelegt hätten. Wie die Staatsoper nunmehr diese beiden Häuser versorgen will, ist ihr Geheimnis. Sie wird ja zu zeigen haben, welche unbeschäftigten Kräfte sie hier zu verwenden gedenkt. Ich bezweifle zunächst, daß die Staatsoper beide Opernhäuser mit einem für voll zu nehmenden Orchester besetzen kann. Dreißig Stellen sind ausgeschrieben. Hält man dies für genug? Gestern, am Neujahrstage, wurde am Opernplatz ›Madame Butterfly‹ gegeben, damit am Königsplatz ›Die Meistersinger‹ erklingen konnten. Und Sänger?

Mit bitterstem Ernst muß darauf hingewiesen werden, daß wir nunmehr in Berlin zwar vier Opernhäuser, aber im Grunde nur eines für diesen Zweck geeignetes, nämlich das alte Opernhaus besitzen. Das Deutsche ist ein verkleideter Zirkus, das Theater des Westens hat eine unzureichende Bühne, und die Oper am Königsplatz ...

Wer heute eine Oper für alle baut, entsage aller Niedlichkeit, allem Intimen, betrachte San Carlo, Scala (in Mailand), Covent Garden und handle danach.

Aber die Lichter gingen aus. Die matte Beleuchtung aus den neckisch angebrachten Seitenleuchtern der Bühne gab behaglichste Stimmung. Das ›Meistersinger‹-Vorspiel unter Erich Kleiber, in der Anlage breit, war der Weiheklang des Hauses. Überlaut. Das ist aber nicht Schuld des Kapellmeisters, sondern des Raumes, der sich mit seinen vielen geschmäcklerischen Auswüchsen überhaupt gegen den Klang wehrt und naturgemäß überakustisch wirkt. Beim Aufgehen des Vorhanges bemerke ich, daß mir von meinem Eckplatz in der vierten Parkettreihe keineswegs der Überblick über die ganze Bühne verstattet ist; ich muß mich mit Dreivierteln begnügen. Seit einiger Zeit fühle ich mich unbehaglich. Erstens streicht bei jedem Öffnen der Tür ein eisiger Luftzug über den Parkettsitzinhaber hin. Dann – was drückt mich da? Bei den Worten »Der Sänger sitzt« wurde es mir ganz klar: er saß bequem, ich aber hart.

Sonst vollzog sich die Aufführung mit unfeierlichem Anstand. Kleiber rhythmisierte tatkräftig und brachte der Ungunst des Raumes zum Trotz sehr viel Fernes, so schon im ersten Akt, nach den Worten: merkwürdiger Fall, in d-Moll. Es dauerte immer etwas lange, länger als sonst, ehe man über die Gespräche zu den Höhepunkten gelangte, die dann allerdings mit nichts zu vergleichen waren. Unter den Meistern ragte der Kothner Stocks durch charaktervolle Blödigkeit hervor. Helgers erzeugte als Pogner Riesenschallwellen, Carl Braun wuchs erst allmählich, als er, vom eigentlichen Sprachgesang erlöst, in Markestimmung geriet und sang. Das ergab wohligen Klang. Der Beckmesser Eduard Habichs hatte den Vorzug, kennzeichnend, doch nicht grotesk zu sein. Fritz Soot als Stolzing brav und salzlos, Emmy Bettendorf als Evchen lebendige Widerlegung jeder Verkleinerungsform, der David Leonhard Kistemanns, die Magdalene Ida von Scheele-Müllers in ihrer Unauffälligkeit gut zueinander passend. Das Quintett recht erfreulich. Die Bettendorf führt sehr musikalisch und rein. Nürnberg hatte höhere Häuser. Die Prügelszene wohlgeraten. Die Festwiese neu aufgearbeitet.

In der Pause betrachtete ich den aus den Wänden hinauswachsenden Stuck: man könnte ihn ohne besondere Kraftanstrengung mit den Händen von den Wänden lösen.

# Berliner Opernprobleme

*Streiflichter auf die Berliner Opernverhältnisse Anfang der zwanziger Jahre geben einen Begriff der Unruhe, von der die Oper als Institution wie auch ihre künstlerische Realisierung – die Aufführung – erfaßt worden sind. Das Stichdatum, wann ein solcher exakter Moment angenommen werden darf, ist die Novemberrevolution des Jahres 1918. Auf Grund der politischen Veränderungen gelangte die Berliner Hofoper, die ihrem Wesen nach konservativ, stabiler geblieben war als das von vielerlei neuen Strömungen erschütterte Schauspiel, in die Hand des Freistaates Preußen. In unmittelbarer Folge wird die bisher mehr oder minder sakrosankte Oper, die, um ein Beispiel zu nennen, gerade noch so »kühn« war, ›Salome‹ von Richard Strauß in den Spielplan aufzunehmen, in den Kreis der Reformbestrebungen einbezogen. Die neuen Maßnahmen – sie beziehen sich auf Spielplan- und Inszenierungsformen –, die auf die beharrenden Kräfte auf seiten der Oper als Gattung, der in einer fixierten Tradition aufgewachsenen Sänger und auch eines großen Teils des Publikums, auch des neudemokratischen, stießen, führten zu einer Art General-Malaise. Aus vielen Stimmen sei der Bericht des Arztes und Musikkritikers Kurt Singer herausgegriffen, des späteren stellvertretenden Intendanten der Berliner Städtischen Oper, der in diesem Amt eine mehr konservative Wendung genommen hat. Der Aufsatz vom Dezember 1921 – der Umbau des alten Kroll-Gebäudes in ein modernes Opernhaus war gerade begonnen – fordert Reformen im Vorfeld der Kroll-Oper.*

*Der ›Fall Schillings‹ zeigt, wie die Krise der Berliner Oper in das akute Stadium tritt; deshalb gehört er dezidiert in die Vorgeschichte der Kroll-Oper. Max von Schillings, bürgerlicher Herkunft, vom König von Württemberg persönlich geadelt und oft als der Prototyp des aristokratischen Künstlers und des Gentlemans bezeichnet, Komponist und Dirigent, war 1919 nach einer zu seinen Gunsten verlaufenen Abstimmung des Personals der Berliner Staatsoper deren Intendant geworden. Die ernennende Instanz, das Preußische Kultusministerium, stand ihm ohne volle Überzeugung gegenüber. Es kam zu Differenzen, bei denen neben Fragen des persönlichen Regimentes Meinungsverschiedenheiten über die Theaterführung, vor allem über die Führung der Filiale im Kroll-Haus, der gegenüber Schillings immer skeptisch war, eine Rolle spielten. Im Konflikt kam es zu Zusammenstößen mit der Institution der Referenten (Seelig und Kestenberg), was sich beim Verlauf der Kroll-Angelegenheiten später, wenn auch in anderen Zusammenhängen, wiederholte. Die in die Dokumente aufgenommene sehr ausführliche Landtagsrede des Kultusministers C. H. Becker mag heute etwas langatmig erscheinen, aber sie läßt die verschiedenen Details des Problemkomplexes klar erkennen. Zudem gibt sie in Gedanken und Formulierungen ein Bild des Kultusministers, unter dessen Verantwortung die Errichtung der Krolloper als autonomes Institut erfolgte. Auch die Volksoper ist in die Situation verflochten, aus der es schließlich zur Krolloper kam. Hier sieht man in die idealistisch angestrichene Taktik und die Intrigen, mit denen geschickte Manager versuchten, in der allgemeinen Opern-Malaise das Wasser auf ihre eigenen Mühlen zu leiten. Daß die Person Klemperers schon frühzeitig in dieses Spiel einbezogen war, gehört in das Bild dieser Ereignisse.*

*Die von Max Marschalk, Adolf Weißmann, Kurt Weill und Iwan Goll dem Abschnitt über die Berliner Opernprobleme zugeordneten Aufsätze ergänzen das Bild aus der allgemeinen und prinzipiellen Sicht. Zu Weills Beitrag ›Die neue Oper‹ ist festzuhalten, daß er vor der Komposition des kleinen ›Mahagonny‹ und vor der ›Dreigroschenoper‹ geschrieben ist.*

Kurt Singer: Musikblätter des ›Anbruch‹, Jahrgang III, Dezemberheft 1921

Staatsopern-Kalamitäten

»Was die Wanzen tötet, tötet auch den Popen« – ein altes russisches Sprichwort, das in weisester Selbsterkenntnis Fritz Mauthner irgendwie als Motto über seine Sprachkritik gesetzt hat. Und der überaus feingeistige, galanteste Verehrer und schwärmerischste Historiograph der Oper, Oscar Bie, hat als Resultat liebevoller Untersuchungen erklärt, die Oper sei ein »unmögliches Kunstwerk«. Aber bevor solch selbstmörderische Folgerung wahr würde, müßte sie als Erkenntnis der Wahrheit im Herzen der Musiker und des Volkes sitzen. Dem ist nicht so, Gott dank dafür. Und daß, über das Paradoxe und Widerspruchsvolle des Opernbegriffes hinweg, Bie uns dennoch seine köstlichen und unnachahmlichen Streifzüge durch musikalisches Theaterland erzählt hat, beweist ja oder ersetzt dem Einsamen einmal das ›Mögliche‹ des Opernkunstwerkes.

Es ist wahrhaft erquickend, außerhalb der Philologie zu leben und staunend in solchen Bekenntnissen zur scheintoten Idee der Oper Musik klingen zu hören, zu spüren, wie sieghaft die Toten erwachen, wenn einer kommt und klopft an das Grabgewölbe. Ein lockender Finger gehört dazu und ein Kopf und ein Herz.

Es ist nicht leicht, über die Berliner Staatsoper zu schreiben, der nicht immer Kopf und Herz, wohl aber der lockende Finger, der große Ausblick, die richtunggebende Initiative zu fehlen scheint. Wenn man sich nicht beeilt, könnte aus einem 15 Jahre alten Hymnus über eine gegenwärtige Kritik hinweg ein zukünftiger Nekrolog geworden sein. Beeilen wir uns.

Die Wilhelminische Oper war einseitig, prunksüchtig, terrorisiert von dem zweifelhaften Geschmack eines Allmächtigen; sie war das, was sie vor Jahrhunderten gewesen sein mußte: höfische, glitzernde, mit Licht, Glanz und Fanfaren bediente Schaustellung, zu der auch Musik kommandiert war. Das Positive: ein wundervolles Orchester, eine Musterauswahl von Stars und Solisten, drei in allen Sätteln reitende, nichtspezialisierte Kapellmeister. Eine ›Ring‹-, eine ›Meistersinger‹-, eine ›Aida‹-Aufführung konnte Erlebnis werden. Hoftheaterfähig zu sein, war Sehnsucht aller Größen. Und Geld floß aus Privatschatullen zu. Das Negative: die Programmlosigkeit, die Eintönigkeit des Repertoirs, der Novitätenreinfall, die Ausstattungs- und Ballettmisere, das Unpersönliche der Regie, der Coppelia-, Mignon- und Leoncavallo-Stil. Die Musik, das Theater, die Welt schritt weiter, das Hoftheater trug eine Binde vor den Augen. Auf den Wunsch der Dirigenten horchte noch einmal ein Hülsen; der aber mußte in Ehrfurcht und im Wahren der zimperlichsten aller Etiketten ersterben. Schwarzer Terror und bunter Zirkus. Man wollte es wohl nicht anders oder verstand es nicht. Im Parlament vertrat ein Schulmeister Kopsch die Kunstinteressen des Volkes. Nun, eine Destinn, Farrar, ein Kraus, Bertram halfen uns freudvoll über schmerzliche Erkenntnis hinweg.

Töten wir die Toten nicht noch einmal; fragen wir nach dem Jetzt und nach dem Leben.

An die Spitze des Opernhauses berief Wille und Vertrauen der meisten Künstler und Angestellten Herrn v. Schillings. Er ist Künstler, beinahe Führer einer Schule, hat die ›Ingwelde‹ geschrieben, kommt vom Theater her, leider vom Hoftheater, ist ein Aristokrat, kennt das Beamtentum, kennt die Musik aller Schattierungen durchaus und gut, dirigiert selber Opernkonzerte. Ein ungeheuer Zwiespalt, eine Mißsituation a priori, wenn ein im Herzblut der Kunst sich wärmender Mann verurteilt ist, über Akten und Verträgen die Tage, Nächte zu vergeuden. Es drängt ihn nach dem Pult. Auch die ermattete Hand nimmt den Taktstock. Zur Labung der Hörer? Um frei zu werden vom Staub. Nicht verzeihen hieße unmenschlich sein gegenüber einem hervorragenden Arbeiter und konziliantem Manne. Der demokratische Staat fordert gleiches Recht für alle. Und Schillings ›Tristan‹ ist prachtvoll. Die guten, die musikantisch vollwertigen Aufführungen haben alle Blech zum Dirigenten. Der lebt für nichts anderes als für Partituren, Orchesterproben, er hat den inspiratorischen Funken und Dämon des stilsicheren, allgegenwärtigen Dirigenten. Stiedry schon ist spezialisiert, nicht universell. Er umreißt ein Werk mit dem Geist des artistisch interessierten Musikers, der an der Romantik, an der Impression, am Duft einer Partitur vorbeigleitet. Starkwillig, reizsam, unverwirrt, doch ohne Gemüt. Es fehlt ein dritter Kapellmeister, es fehlt ein zweiter, und wenn Blech in Spanien sich wärmt, friert das Haus unter den Linden. Ein Muck müßte wiedergewonnen werden; oder ein anderer Führer neben Blech. Das Orchester hat seine Schönheit bewahrt. Seiner einzigartigen Stellung im Berliner Musikleben droht Gefahr; wirtschaftlich nicht auf Rosen gebettet, sucht es durch eigene Konzerte, durch Ausleihverträge den Erwerb zu vergrößern. Wird zu Proben an neuen Werken immer genug Zeit, Lust, Genügsamkeit bleiben? Vorsicht: die Patina könnte verloren gehen.

Das Ensemble zerflattert in der Luft. Die großen Namen gehen, ohne Nachfolge zu hinterlassen. Der Ersatz ist tüchtig und nützlich, aber eindruckslos. Es geht nicht ohne Stars und es geht mit ihnen nur, wenn sie so oft hinausgestellt werden, daß sich die Umgebung ihrem Stil einordnen kann. Will man tonangebend sein, Menschen und Künstler locken, so muß man mit einer Oper, die der Staat unterhält, stützt und lebensfähig macht, auch Staat machen können. Die eine Barbara Kemp ist wundervoll und leuchtet. Tritt sie ihre Rolle ab – und sie hat die Carlotta zum Beispiel nur einmal gesungen – so wird es finster. Die Wildbrunn wird nur gastweise bemüht und die Iphigenie scheint schon für zweitrangige Kräfte vorbehalten. Nach Manns Tod ist überhaupt kein erster lyrischer Tenor da, ein Siegfried, ein Wotan, ein Don Juan, eine Koloratursängerin fehlt. Wenn Bohnen, Schwarz, Jadlowker feiern, wenn die Dux über eine schwächliche Konkurrenz stolpern muß – weist niemand in die Provinz, wo es genug überdurchschnittliche Sänger gibt? Wer kann außer der Artôt Mozart-Arien singen? Wo ist die Staatstheater-Tosca? Armster, Schlusnus, Henke, Hutt, Kirchner, Vera Schwarz, die prachtvolle Branzell in Ehren: welche Vorstellung bringt neben der Güte einer Einzelleistung die Vorzüglichkeit eines einheitlich geschlossenen Ensembles zum Durchbruch? Und wenn schon tragende Rollen gut besetzt sind, so klafft zwischen ihnen und den sogenannten kleinen Partien ein Riß, wie er zwischen Battistini und jedem deutschen Bariton nicht empfindlicher wäre. Zu kleinen Rollen fühlen sich selbst die mittelguten Mimen nur rollenden und grollenden Auges hingezogen. Das Ensemble zerflattert. Trotz gesunden Chores, der nur aus der Leblosigkeit und Erstarrung herausgeleitet zu werden braucht, trotz einiger bedeutender Stützen und Kräfte bezweifle ich, ob ohne Gäste augenblicklich eine knapp durchschnittliche Aufführung von ›Ariadne‹, ›Jüdin‹, ›Aida‹, ›Figaro‹, ›Tannhäuser‹, ›Bohème‹, ›Butterfly‹, ›Freischütz‹, ›Cosi fan tutte‹, ›Holländer‹ e tutti quanti zustandekäme. In der Provinz gibt's das zur Not alle Tage, und in Charlottenburg, das viel tieferes Niveau hat und wirtschaftlich viel schlechter steht, alle paar Wochen einmal.

In der Regie, im Ausstattungs-, Kostüm- und Ballettwesen ist dank Hörth, Aravantinos, Pankok, Kröller auf Initiative Schillings hin, viel und viel Gutes geleistet worden. Doch scheint das nicht alles aus erster Hand zu kommen und der Kollege Jeßner zeigt doch, wie eine jede Neuaufführung am Gendarmenmarkt die Tat, die Neu-Tat eines starken Theatergeistes werden kann, für die Erfolg oder Mißerfolg belanglose Kriterien sind. Doch seien wir zufrieden, daß wir wenigstens aus der Hoftheater-Pappzeit heraus sind, und daß ein Stil im Dekorativen und eine Stilvereinigung zwischen Spiel, Musik, Umwelt und Kostüm gesucht wird. Eigentlich war nur der expressionistische ›Freischütz‹ ein glatter Fehlgriff. Sonst: seien wir ein bißchen dankbar.

Neue Werke wurden bei den Erstaufführungen stets würdig besetzt, bei den Wiederholungen schien betriebsrätliche Vermittlung oft auf redliche Abwechslung zu sehen. Der Erfolg war dürftig. Es geht wirklich nicht ohne hervorragende Persönlichkeiten; oder das Werk leidet. Uraufführungen gibt es in der Staatsoper nicht. Die für Berlin neuen Opern waren anderwärts schon fast abgespielt. München, Darmstadt, Frankfurt marschieren voran und bei den Premieren neuerer Werke von Strauss, Pfitzner, Reznicek, Busoni, Schreker hatte man zudem das Gefühl, als sei dabei auch noch eine Geste der lokalpatriotischen Courtoisie ausschlaggebend. Man kann sich nicht recht zurückhalten und einer Pflicht entziehen, wenn auswärts gespielte Komponisten in der Stadt ihrer Amts- und Kunsttätigkeiten mit langen Gesichtern herumgehen. Ein starker Wille, ein bestimmter Geschmack, eine klare Richtung wird vergebens gesucht, und neue Namen, unbekannter Nachwuchs, das Talent von morgen kommt nicht zu Worte.

Mangel an Persönlichkeiten, Mangel an ersten Dirigenten, Mangel an Initiative und Mut bei Repertoire-Bestimmung, Zufalls-Ensemble der nur tüchtigen und zuverlässigen Sänger: das muß bergab führen. Entweder Starsystem (koste es, was es wolle) oder Ersatz durch Stilkunst, Regietaten, Neuheits-Sehnsucht in einem gleichmäßig gestimmten, detailliert abgetönten Ensemble, das singen, spielen, sprechen kann. Die Oper ist kein unmögliches Kunstwerk. Aber man kann es unmöglich machen. In den Grenzen der Möglichkeiten liegt es heute noch (auch für Schillings, der entlastet werden muß), den Verfall aufzuhalten. Bis dahin: lesen wir ein paar Kapitel aus der Bie-bel über die Opern-Paradoxie.

›Vossische Zeitung‹ vom 25. November 1925

Die Schillings-Krise eine Krise des Systems?
Eine Klärung der Zustände in unseren Staatsopernbetrieben ist jetzt angesichts der verschärften Intendantenkrise dringend erforderlich. Soll an der Spitze des Betriebes ein Mann stehen, ein Künstler, der das volle Vertrauen der Öffentlichkeit hat und die ganze Verantwortung trägt, oder soll nur sozusagen ein Vollziehungsbeamter angestellt werden, der die wirtschaftlichen und künstlerischen Direktiven des Kultusministeriums auszuführen hat?

Der Zustand, der zur Zeit herrscht, kann auf die Dauer nicht aufrecht erhalten werden. Es ist nicht möglich, daß das Kultusministerium einen Einfluß auf die künstlerisch-geistige Atmosphäre zu gewinnen sucht, den Intendanten in seiner Bewegungsfreiheit einengt und ihm schließlich alle Verantwortlichkeit zuschiebt. Es liegt im System der preußischen Verwaltungen, daß eine Unterordnung der Intendanz unter das Kultusministerium (das mit Verordnungen usw. operieren möchte) Gefahren mit sich bringt. Es wäre sinngemäß und vernünftig, wenn der Intendant, der als Künstler und als Theaterfachmann natürlich eine hervorragende Persönlichkeit sein und das volle Vertrauen der Behörden, des Instituts und der Öffentlichkeit genießen müßte, lediglich dem Finanzminister unterstellt und ihm allein verantwortlich wäre. Nur so könnte Ersprießliches geleistet werden.

Max von Schillings kämpft einen schweren Kampf gegen das Kultusministerium, und es ist vielleicht sein Fehler gewesen, daß er nicht von vornherein mit äußerster Bestimmtheit und Rücksichtslosigkeit seine Kompetenzen dem Kultusministerium gegenüber festgestellt und verteidigt hat. Was zur Zeit eigentlich geschieht, ist schwer zu durchschauen.

Hat Max v. Schillings seinen Vorstoß unternommen und ist das Ministerium auf seine Forderungen nicht eingegangen, oder hat das Ministerium Verordnungen erlassen, die von Max v. Schillings nicht erfüllt werden können? Will das Ministerium einen Mann auf den Intendantenposten stellen, der ihm genehm ist und der durchaus in seinem Sinne arbeitet? Es wird immer behauptet, daß die Absicht vorliege, den Musikschriftsteller Paul Bekker, der jetzt in Kassel als Intendant Erfahrungen sammelt, zum Nachfolger Max v. Schillings' zu machen. Von anderer Seite wird behauptet, daß die Absicht, Heinz Tietjen heranzuziehen, noch nicht ganz fallengelassen sei.

Was an alledem nun Wahrheit, was Dichtung sein mag: die Hauptsache scheint mir zu sein, daß die Intendantenkrise, die sich jetzt wieder einmal verschärft hat, zu einer vollkommenen Klärung der Verhältnisse führt, daß die Kompetenzen des Intendanten scharf umrissen werden und daß durch Ordnung der Verhältnisse in anderer Weise, als sie bisher seit der Schaffung der Republik geordnet sind, dem Staatsoperninstitut wieder neue Lebensluft zugeführt, wieder neue Lebensmöglichkeiten geschaffen werden.

Max von Schillings, klug und weltmännisch, repräsentativer deutscher Musiker, angesehener und erfolgreicher Komponist, Wagner-Dirigent, wie wir nur wenige haben, ist ein Mann, der nur an der Sonne arbeiten kann. Die Fähigkeiten, die ihm ohne Zweifel nachzurühmen sind, die er zur Genüge bewiesen hat, können sich in der trüben Atmosphäre, in der er atmen muß, nicht entfalten.

Die Oper am Königsplatz ist eine vom Kultusministerium mit aller Energie gegen den Willen des Intendanten, der seinen Widerstand bis zuletzt nicht aufgegeben hat, durchdachte Institution, die sich in keiner Weise bewährt hat, weder künstlerisch noch wirtschaftlich. Die Oper am Königsplatz kann unter den Bedingungen, die der vom Kultusministerium protegierten Volksbühne eingeräumt sind, unmöglich existieren, und das gewaltige Defizit, mit dem durch sie der Etat belastet wird, trägt einen wesentlichen Teil der Schuld an der schleichenden und immer wieder verschärften Intendantenkrise. So sei auch im Interesse einer radikalen Klärung die Ansicht vieler hier in die Diskussion geworfen, daß das Kultusministerium, im Grunde allein verantwortlich für die Oper am Königsplatz, in Max von Schillings den Sündenbock suche.

*M. von Schillings: ›Vossische Zeitung‹ vom 2. Dez. 1925*

Mein Konflikt mit dem Kultusminister

Um meine Person und um die von mir vertretene Sache ist ein Kampf entstanden, der weite Volkskreise in Erregung versetzt hat. Ursprünglich nur das Interesse der am deutschen Theaterleben unmittelbar beteiligten Gruppen betreffend, ist er zu einem Ringen um grundlegende Anschauungen, ja zu einem Kampf um Rechts- und Moralbegriffe ausgewachsen.

Es handelt sich jetzt nicht mehr um rein persönliche Gesichtspunkte, es handelt sich nicht mehr um das schreiende Unrecht, das einem einzelnen zugefügt ist, es handelt sich um die prinzipielle Entscheidung der großen Frage: Wie steht der Staat zur Kunstpflege?

Der Kultusminister hat, nachdem er den entscheidenden Schritt mir gegenüber getan hatte, eine Konferenz der Pressevertreter einberufen und diesen ein Anklagematerial vorgelesen, welches nunmehr auch in einer Anzahl von in- und ausländischen Blättern veröffentlicht worden ist.

Dieses Material enthält schwerwiegende Anklagen, die zum Teil auch meine persönliche Ehre berühren. Es erscheint unmöglich, auf dem Wege eines in den Tageblättern auszufechtenden Kampfes völlige Klärung über jeden einzelnen kleinen Punkt herbeizuführen, der mir in einem Wust von Bagatellen und Kleinkram vorgeworfen wird. Ich bemerke zu diesem Material, daß es bereits eine eigenartige Rolle zwischen dem Kultusminister und mir gespielt hat; es ist dasselbe Material, das der Kultusminister mir im Frühjahr dieses Jahres mündlich zur Kenntnis brachte, es aber nach langen Erwägungen für zu leicht befand, um mir sein Vertrauen zu entziehen; es ist dasselbe Material, von dem ich erklärte, es sei so schwerwiegend, daß die formlose Zurücknahme der Vorwürfe seitens des Herrn Ministers allein mir nicht genügen könne, sondern das nun Gegenstand einer regulären Untersuchung gegen mich sein müsse, damit sich herausstelle, ob ich weiterhin mit den Räten des Ministers vertrauensvoll zusammenarbeiten könne, die das Material zusammengetragen und dem Minister unterbreitet hatten. Es ist dasselbe Material, das der Gegenstand einer Untersuchung war, über deren dem angeborenen Rechts- und Taktempfinden jedes Menschen zuwiderlaufende Art und Weise ich mich zunächst noch nicht öffentlich äußern möchte.

Heute bildet dieses schon so oft als erledigt bezeichnete Material abermals, nur in etwas umredigierter Form und unter Weglassung einiger Punkte, die sich überhaupt nicht mehr zur öffentlichen Diskussion stellen ließen, Gegenstand der Mitteilung des Kultusministers an die Presse. Welche ablehnende Stellungnahme die Vertreter der Presse in der vom Minister einberufenen Konferenz genommen haben, ist noch frisch in aller Gedächtnis.

Man hat mich nun wissen lassen, daß man geneigt sei, den übereilten Schritt meiner fristlosen Entlassung, die als unhaltbar erkannt worden ist, zurückzunehmen unter Umständen, die für mich ehrenvoll sein sollen. Ich muß einen solchen Kompromiß ablehnen und auf vollständige Klärung aller Vorwürfe und aller mit diesen Vorwürfen und Anklagen zusammenhängenden persönlichen und sachlichen Fragen dringen. Die Verdächtigungen sollen nicht vertuscht, sondern geklärt und zurückgenommen werden.

Seit Ausbruch des Konfliktes bin ich Zielpunkt aufrichtigster Wünsche und Sympathiekundgebungen aus allen Teilen Deutschlands geworden. Ich würde dieses Vertrauen nicht in richtiger Weise lohnen und hätte kein Recht mehr, Wert auf solche ergreifende Äußerung der Zustimmung zu legen, wie sie mir bei Gelegenheit des Reichstagskonzertes der Deutschen Bühnengenossenschaft entgegenklang, wenn ich nicht entschlossen wäre, ganz ohne Rücksicht auf mein persönliches Wohl und Wehe der Öffentlichkeit Rechenschaft darüber zu geben, welche persönlichen und sachlichen Mißstände mich schließlich zwangen, in den Kampf um meine von mir als gut erkannte Sache einzutreten. In welcher Weise diese völlige Klärung zu erfolgen hat, und welche Instanzen dafür in Betracht kommen, wird sich bald entscheiden. Ich habe es mir bisher versagt, in den Kampf der Meinungen persönlich einzugreifen und zu den zahllosen meine Person, die Persönlichkeit meiner Gegner, denen die Verantwortung für den ganzen Kampf zufällt, betreffenden oder gar zu verbrämten Einzelheiten Stellung zu nehmen, und werde diese Zurückhaltung auch weiter üben, indem ich meine Interessen meinem bevollmächtigten Sachwalter Herrn Dr. Etscheit überlasse. Alle diejenigen, seien es öffentliche Verbände oder Einzelpersonen, die mir ihr Vertrauen kundzugeben sich nicht versagen konnten, und das Gesamtpersonal der Staatsoper, das mit mir um die große Sache deutscher Kunst durch fast sieben Jahre unter schwierigsten Umständen gekämpft hat, müßten überzeugt sein, daß ich ihr Vertrauen dadurch zu entgelten bestrebt bleibe, daß der ganze Kampf zum Wohl der deutschen Kunstpflege und zur Stärkung des Vertrauens in deutsches Wesen führen möge.

*Rede des Kultusministers C. H. Becker im Preußischen Landtag am 14. Dezember 1925*

Der Fall Schillings

Der Fall Schillings ist kein politischer und gewiß kein parteipolitischer Fall, sollte es wenigstens nicht sein. Es steht vielmehr das Problem der staatlichen Kunstpflege zur Debatte, eines der wichtigsten Kulturprobleme der Gegenwart. Der Name Schillings ist dabei mehr zufällig, aber ich bin natürlich genötigt, ehe ich auf die entscheidenden Probleme eingehe, den Fall Schillings als Einzelfall zu behandeln.

Wenn ich die öffentliche Meinung richtig wiedergebe, so sah sie die Sachlage etwa folgendermaßen an: Ein bedeutender Künstler wird durch unzulässige Bevormundung einer kunstfremden Bürokratie in freier Entfaltung gehemmt, und als er sich nach langem Martyrium dagegen wehrt, wird er wie ein ungetreuer Dienstbote fristlos entlassen.

Selbst wohlwollende Kreise machten mit Recht geltend, daß ein solcher Krach immer ein Fehler der Verwaltungskunst sei, daß, wenn er schon unvermeidbar sei, die Öffentlichkeit vorbereitet werden müsse, und daß schließlich unter allen Umständen die Form der fristlosen Entlassung etwas Brutales an sich habe.

Ich hatte diese Haltung der öffentlichen Meinung erwartet, da sie seit Wochen und Monaten einseitig informiert war und durch den Ausgang der Krise überrascht sein mußte. Auch sprachen so viele Momente mit, die mit dem Fall Schillings selber nichts zu tun hatten, daß die Festlegung der öffentlichen Meinung durchaus verständlich ist. Die Gegenargumente des Ministeriums sind denn auch zum großen Teil gar nicht zum Abdruck gelangt, von der großen Presse haben, soweit ich sehe, nur die ›Germania‹ und die ›Frankfurter Zeitung‹ den Darlegungen des Ministeriums Aufnahme gewährt.

Ich hoffe, daß man mich nicht für so naiv hält, daß ich die schwierige Position, in die ich durch meine Haltung geraten mußte, nicht vorher übersehen hätte. Wenn ich trotzdem diesen für mich gewiß nicht leichten Weg gegangen bin, der überdies durch meine persönliche Verehrung für den Künstler Schillings besonders erschwert war, so wird jeder, der mich kennt, voraussetzen dürfen, daß eine Spannung bestanden haben muß, die nicht mehr zu tragen war, und daß mein Verantwortungsgefühl als Staatsminister gegenüber dem Landtag mich veranlaßte, alle Bedenken und Rücksichten, auch auf meine Person, zurückzustellen. Sie können mir glauben, daß auch ich mich lieber von der Welle der öffentlichen Zustimmung tragen lasse, als eine geschlossene öffentliche Meinung gegen mich zu haben, aber man sollte nicht Minister werden, wenn man sich nicht den Mut und die Kraft zutraut, auch gegen den Strom zu schwimmen.

In dieser Sache bin ich felsenfest davon überzeugt, auf dem Boden des Rechts zu stehen. Herr von Schillings hat geklagt; ihm soll sein Recht werden. Unsere Gerichte entscheiden gottlob ohne Ansehen der Person. Ich weiß wohl, daß es gerade diese juristische Einstellung ist, die man mir vorwirft. Die öffentliche Meinung urteilt gerade in Ansehung der Person. Auch ich weiß, daß es keine rein juristische Frage ist, sondern daß Imponderabilien in Frage kommen, die ich ebenso werte wie meine Kritiker, aber es kommen eben nicht nur diese Imponderabilien in Frage, sondern auch sehr reale, materielle Untergründe, die gesund sein müssen, wenn die Imponderabilien wirklich zur Entfaltung und Wirkung kommen sollen.

Die ganze Angelegenheit ist dadurch von vornherein auf ein falsches Geleise geschoben worden, daß behauptet wurde, die Kunst sei in Gefahr. Ich habe wiederholt erklärt, daß der Künstler von Schillings auch von mir stets verehrt und anerkannt worden sei – noch nachdem die Krise begonnen, bat ich ihn anläßlich des Besuches des ungarischen Kultusministers, seine ›Mona Lisa‹ als Festaufführung zu geben –. Ich habe wiederholt alle Beteiligten und auch in einer Pressekonferenz die Öffentlichkeit gebeten, mir auch nur einen einzigen Fall zu nennen, bei dem das Kultusministerium in die künstlerischen Aufgaben des Intendanten eingegriffen habe – ich glaube nicht, daß es möglich sein wird, solche Eingriffe und Bevormundungen nachzuweisen. Kritik haben wir natürlich geübt, die steht aber neben der Öffentlichkeit schon auf Grund der Verfassung jedem zu und kann unmöglich der Instanz verboten werden, die parlamentarisch die alleinige Verantwortung für das Niveau unserer Staatstheater trägt. Nein, nicht gehemmt, sondern gefördert hat das Ministerium die künstlerische Selbständigkeit des Intendanten. Und das in einer Zeit schwierigster Geldbeschaffung, wo es wirklich keine Kleinigkeit war, im Zeitalter des Beamtenabbaus in einer Sitzung 70 neue beamtete Orchestermitglieder zu bewilligen. Nein, es war gar keine Kunstfrage, es war eine Verwaltungsfrage. Der Künstler von Schillings stand und steht nicht zur Debatte, sondern der Intendant.

Ich will viel erörterte Dinge nicht im einzelnen wiederholen. Ich begrüße es mit Genugtuung, daß Herr von Schillings mir durch seine gerichtliche Klage Gelegenheit gegeben hat, die erdrückende Fülle meiner Beschwerden vor einem unparteiischen Richter darzulegen. Ich beschränke mich deshalb heute auf die große Linie der Entwicklung. Herr von Schillings, der früher nie Intendant, sondern Generalmusikdirektor gewesen war, wurde nach der Revolution gegen den Willen des Ministeriums vom Personal gewählt und dann vom Ministerium bestätigt. In dieser Tatsache lag von vornherein eine gewisse Belastung, zumal Herr von Schillings sich immer mehr als Vertreter des Personals gegenüber dem Ministerium fühlte, als daß er die eigentliche Intendantenaufgabe des Ausgleichs der Staats- und Personalinteressen energisch versucht hätte. Eine weitere Belastung war die Tatsache, daß er als ausübender Künstler in die Sphäre der Künstlerkonkurrenz gezogen wurde, und eine dritte endlich seine eheliche Verbindung mit der führenden Künstlerin. Die stärkste Belastung des Künstlerintendanten aber war seine Ungeeignetheit zu klarer Geschäftserledigung. Seine große gesellschaftliche Gewandtheit und seine verbindlichen Formen haben auch mich lange in diesem Punkte irregeführt. Aber die Tatsachen haben mich eines Besseren belehrt. Man kann gewiß einwenden, ein Künstler brauche kein Geschäftsmann zu sein. Gewiß nicht, aber dann soll er nicht Intendant werden. Warum ist aber denn die Regierung, wenn sie das erkannt hatte, zur Vertragserneuerung geschritten? Nun, die parlamentarische Verantwortung für diesen neuen Vertrag trage nicht ich, sondern mein Vorgänger; aber ich bekenne gern, daß ich die treibende Kraft war, weil ich der Meinung war, um den Namen und die Künstlerschaft von Schillings unserer Oper zu erhalten, müßten auch erhebliche Unzuträglichkeiten in der Geschäftsführung in Kauf genommen werden.

Alle wesentlichen Verstöße gegen die Grundsätze der Verwaltung sind denn auch erst nach der Erneuerung des Vertrages erfolgt. Die Reibungen mehrten sich. Schwerwiegende Bedenken gegen seine Geschäftsführung wurden laut – ich denke an die Umstellung nach der Inflation, an das Hollandgastspiel, an den Kemp-Vertrag –, das Niveau auch der künstlerischen Leistung der Oper sank nach dem allgemeinen Urteil der Presse, wobei natürlich einige Spitzenleistungen immer Anerkennung fanden. Die Krolloper wurde durch passive Resistenz nicht zu dem gemacht, was möglich war, obwohl Herr von Schillings selbst einst für die Angliederung von Kroll eingetreten war. Alle diese Momente ließen es dem Ministerium notwendig erscheinen, Herrn von Schillings einen geschäftlich hervorragenden Fachmann zur Seite zu stellen. Ich tat damit das, was mir wohlmeinende Kritiker hinterher als Unterlassung vorgeworfen haben; ich wollte den Künstler von den mechanischen Geschäften befreien, um ihn für seine künstlerische Aufgabe und die allgemeine Kunstrepräsentation frei zu machen. Herr von Schillings erklärte die Berufung eines zweiten Intendanten für einen unbedingten Konfliktsfall, den er beabsichtige, mit allen rechtlichen und publizistischen Mitteln auszufechten. Trotz verabredeter Vertraulichkeit der Verhandlungen wußte er es nicht zu verhindern, daß seine Vertrauten die Angelegenheit in entstellter Weise in der Presse zur Sprache brachten. Der schon damals unvermeidlich scheinende Krach wurde von mir noch einmal abgebogen; ich verzichtete auf die Einstellung einer neuen Kraft, mußte nunmehr aber Herrn von Schillings in einem amtlichen Erlaß die alleinige Verantwortlichkeit für die Geschäftsführung zuschieben. Seit jener Zeit setzte eine bewußte Gegenarbeit gegen das Ministerium in der Öffentlichkeit ein. Dabei wird die beliebte polemische Methode befolgt, die klare Meinung des Gegners mißzuverstehen, zum Widersinn umzubiegen und damit zu diskreditieren. Dieser Taktik bediente sich Herr v. Schillings dem Ministerium gegenüber wiederholt, insbesondere in der Angelegenheit, die dann schließlich zur Katastrophe führte.

Noch war alles rein intern. Aber schon appelliert Herr von Schillings an die Öffentlichkeit. Als ihm seine bedenkliche Haltung vorgeworfen wird, antwortet er mit einem beleidigenden Brief und sorgt für dessen Publizität. Er will also offenbar den Konflikt und wirft nun in einer reinen Verwaltungsdifferenz, bei der er offenkundig im Unrecht ist, die Autorität seines Künstlertums in die Wagschale. So entfesselt er mit Hilfe der Öffentlichkeit einen Machtkampf gegen den Minister bei gleichzeitiger Weigerung, zu gemeinsamer dringender Arbeit zu kommen, bis er recht bekommen habe.

Das Ministerium zieht noch immer nicht die Konsequenzen. Das Ministerium wendet sich auch nicht an die Öffentlichkeit, denn einmal war es eine unmögliche Position für den Minister, sich über reine Verwaltungsdifferenzen mit dem ihm unterstellten Intendanten in der Öffentlichkeit zu unterhalten, und zweitens sollten noch nicht alle Schiffe verbrannt werden, da eine gütliche Lösung im Interesse des Staatsinstitutes noch nicht ausgeschlossen schien. Daß eine Lösung erfolgen mußte, stand aber nunmehr fest. Der beleidigende Brief wird nicht zum Anlaß einer Auflösung des Vertrages genommen, vielmehr als Verwaltungsbeschwerde behandelt und ablehnend beschieden. Damit hatte der Minister, der in diesem Falle die letzte Instanz war, die Sache erledigt. Gleichzeitig erging ein Schreiben an Herrn von Schillings mit erneuter Aufforderung, endlich die wegen des Abschlusses des Staatshaushalts allmählich brennend gewordenen Fragen der Etatgestaltung zu besprechen. Man kann doch auch im Interesse der Sache weiter zusammen arbeiten, wenn man auch innerlich entschlossen ist, auseinanderzugehen. Da die notwendige Lösung, wie ich an Herrn von Schillings schrieb, in den denkbar vornehmsten Formen sich vollziehen sollte, bat ich ihn in einem Privatbrief, der meine ganzen Bedenken gegen seine Geschäftsführung noch einmal zusammenfaßt, mich an einem bestimmten Tage mit seinem Besuche zu beehren, um die Modalitäten der Lösung zu besprechen. Ich gedachte, ihm einen Vergleich vorzuschlagen, nach dem er zum Ende der Spielzeit auf eigenen Antrag als Intendant ausscheiden und eine Meisterklasse an der Akademie der Künste übernehmen sollte. Es ist das eine pensionsfähige Lebensstellung, die höchste Ehrenstelle, die im Gebiet der Kunstverwaltung verliehen werden kann, wie sie unter anderen auch Pfitzner innehat.

Kann man dieses Vorgehen und diese Absicht eine brutale Vergewaltigung der Kunst durch die Bürokratie nennen? Wie reagierte nun Herr von Schillings auf diese Briefe? Statt zu den amtlichen Verhandlungen zu kommen, erfolgte eine schroffe Ablehnung, und auch seinen vorgesetzten Minister weigerte er sich aufzusuchen, da er nicht mit ihm verhandeln könne, solange er ihm das Vertrauen entzogen habe.

Damit stand die Maschine still. Herr von Schillings hatte einen eklatanten Vertragsbruch begangen dadurch, daß er nicht nur die weitere Mitarbeit ablehnte, ja sogar sich der Beratung über die Möglichkeit einer gütlichen Lösung verschloß. Bei dieser Sachlage konnte ich nichts anderes tun, als den vollendeten Vertragsbruch zu konstatieren und von den mir auf Grund des § 626 BGB zustehenden Rechten Gebrauch zu machen. Nicht ich habe Herrn von Schillings fristlos entlassen, sondern Herr von Schillings hat sich außerhalb seines Vertrages gestellt und mich durch Anrufung einer von ihm einseitig orientierten Öffentlichkeit unter der Parole »die Kunst ist in Gefahr« dazu zwingen wollen, Schwarz für Weiß und Unrecht für Recht zu erklären.

Bei aller Liebe zur Kunst und bei allem Respekt vor dem Künstler von Schillings – das war unmöglich. Ich bedaure diesen Ausgang aufrichtig. Denn ich habe bis zu einer für alle Welt unverständlichen Grenze Zurückhaltung geübt, weil ich diesen Ausgang nicht wollte. Ich wußte, was ich dem Künstler schuldig war, und übersah die Folgen, aber Herr von Schillings, der offenbar sehr schlecht beraten war, glaubte, mit Hilfe der Öffentlichkeit den Minister zwingen zu können, ihm recht zu geben. So hat er mich in eine Situation hineinmanövriert, für die ihn allein die Schuld trifft. Ich hätte leicht durch rechtzeitige Aufklärung der Öffentlichkeit eine ganz andere Position schaffen können. Ich habe das mit Bewußtsein verschmäht, weil ich den Krach vermeiden wollte, weil ich, als Schillings längst die Öffentlichkeit einseitig orientierte, immer noch hoffte, zu einer gütlichen Einigung zu kommen. Erst als Schillings in vollendeter Hybris jede Zusammenarbeit und Verständigung verweigerte, zog ich die nunmehr unvermeidlichen Konsequenzen.

Warum haben Sie – höre ich einwenden – den Intendanten nicht beurlaubt oder suspendiert oder ihm zum Ende der Spielzeit gekündigt? Warum die brutale Form der fristlosen Entlassung?

Natürlich wäre auch ich lieber diesen Weg gegangen, aber er ist, wie leider in Laienkreisen nicht bekannt, rechtlich unzulässig. Jeder Beamte kann suspendiert werden, und dann entscheidet das Disziplinargericht. Bei Verträgen wie dem des Herrn von Schillings gibt es nur die Entlassung, und die Entscheidung liegt bei den ordentlichen Gerichten. Auch ich empfand diese Rechtslage als unbequem. Mir scheint hier eine Lücke in der Gesetzgebung vorzuliegen. Aber ich war bei meinem Vorgehen an die Rechtslage gebunden.

Zu Schaden kommt dabei in erster Linie unser Kunstinstitut, aber ich frage Sie, wen trifft daran die Schuld? Den Minister, der alle nur erdenkbaren Wege in der Stille geht, um einen hervorragenden Künstler, der ein unfähiger Intendant ist, zu halten, zu stützen und schließlich sich ohne Lärm in Frieden von ihm zu trennen, wobei er sich wohl bewußt war, im Falle des Fehlschlagens seiner Reformversuche das ganze Odium tragen zu müssen – er tat es aber aus Respekt vor dem Künstler und aus dem Wunsch heraus, unserer Oper eine neue Krise zu ersparen – oder aber den Intendanten, der, – um recht zu behalten, nicht etwa in großen künstlerischen Fragen, sondern in kleinen nebensächlichen Verwaltungsfragen, die er nicht zu meistern wußte, – systematisch die Öffentlichkeit gegen das Ministerium verhetzt, schließlich die Mitarbeit verweigert und so einen öffentlichen Krach und damit die Schädigung des Instituts geradezu erzwingt?

Eine einseitig orientierte Öffentlichkeit hat auch in diesem Falle geglaubt, den Künstler gegen die Willkür der Bürokratie verteidigen zu müssen. Wo aber sollen wir hinkommen, wenn selbst die geistigen Führer der Nation, als Leiter künstlerischer oder wissenschaftlicher Institute, so wenig Staatsgefühl besitzen, daß sie bei Verwaltungsreibungen, die in dieser schweren Zeit unvermeidbar sind, sofort ihre ganze nie bezweifelte ideelle, ja selbst internationale Stellung mit Hilfe einer unorientierten Öffentlichkeit in die Wagschale werfen, und so einen Machtkampf entfachen, der im Grunde ein Machtkampf gegen den Staat ist, dem es zur Zeit, weiß Gott, schwer fällt, die materiellen Grundlagen für die ideelle Wirksamkeit dieser führenden Männer zu beschaffen.

Wir können unsere künstlerischen und wissenschaftlichen Institute – das sage ich mit allem Ernst und Nachdruck – in dieser Notzeit nur aufrecht erhalten, wenn unsere geistigen Führer sich bewußt bleiben, daß die mit Mühe dem Finanzminister abgerungenen Mittel nur sparsam und vernünftig und dabei möglichst zweckentsprechend verwandt werden. Ohne Zusammenarbeit mit den für die Mittel verantwortlichen Staatsstellen geht es nun einmal nicht. Wer hier mit Künstlerhochmut sich über die notwendige Ordnung hinwegsetzt, oder die in der Inflationszeit eingerissenen Praktiken zu verewigen sucht, versündigt sich nicht nur am Staat, er versündigt sich auch an der Kunst.

Wir trieben an der Staatsoper einem Chaos entgegen, die finanziellen Konsequenzen der Amtsführung des bisherigen Intendanten waren nicht zu übersehen, seit Jahr und Tag hatte die Finanzverwaltung gewarnt und auf Abstellung der Mißstände gedrungen, es war mit Herrn von Schillings nicht mehr zu arbeiten, seine Obstruktion wurde auf die Dauer selbst für den Kultusminister, der ihn als Künstler so gern gehalten hätte, unerträglich. So mußte Schluß gemacht werden.

Daß dieser Schluß aber so jäh erfolgte, und dadurch zu einer so tiefgehenden Erregung der Öffentlichkeit führte, daran war in erster Linie die Haltung des Intendanten schuld, der sich jeder vernünftigen Regelung verschloß.

Bei dieser Sachlage muß ich auch gegenüber Anträgen, die aus dem Hause gestellt sind, mit Nachdruck erklären: »Herr v. Schillings kann nicht wieder auf den Intendantenposten zurückkehren«. Für den gegenwärtigen Minister ist diese Stellungnahme nach dem Ausgeführten wohl selbstverständlich, ich wage aber die Behauptung: nach Lage der Akten wird kein kommender Minister, und gehöre er auch den Parteien an, die jetzt solche Anträge gestellt haben, die Verantwortung für eine Wiedereinsetzung übernehmen können. Das eine Gute hat also jedenfalls diese Krise, daß endlich im Betrieb unserer Opernhäuser die Ordnung hergestellt werden kann, die für den Bestand unserer Oper unerläßlich ist, die aber bei einer weiteren Geschäftsführung des Herrn v. Schillings immer und immer wieder an seiner Person gescheitert wäre.

Man glaube ja nicht, daß Herr v. Schillings in einem privaten Unternehmen besser floriert hätte. Bei einem auf wirtschaftlichen Nutzen gestellten Unternehmen wäre er bestimmt nicht sechs Jahre lang gehalten worden. Opern sind überall Zuschußanstalten. Es gibt kein staatliches oder städtisches Opernunternehmen, dessen Intendant auch nur annähernd so große Vollmachten besitzt, wie die waren, über die Herr v. Schillings verfügte. In München und Wien müssen alle Künstlerverträge dem Minister zur Genehmigung vorgelegt werden. Bis zum Kemp-Vertrag und dem gleichzeitigen Monitum der Oberrechnungskammer waren unsere Intendanten völlig frei. Das Ministerium wirkt überhaupt nur mit bei der Berufung des Generalmusikdirektors.

Die Öffentlichkeit hat – darin Herrn v. Schillings folgend – viel an der Organisation der Verwaltung der Intendanz, insbesondere an der Tätigkeit des Verwaltungsdirektors Winter auszusetzen gehabt. Ich kann nur versichern, daß ohne die pflichttreue und sachkundige Tätigkeit Winters eine Katastrophe schon viel früher eingetreten wäre. Wir wollten Herrn Winter ursprünglich dem Intendanten unterstellen, Herr v. Schillings wie Herr Jeßner haben das abgelehnt, ebenso einem mehrfachen Angebot des Ministers Haenisch, Winter durch eine andere Persönlichkeit zu ergänzen, widersprochen. Die ernsteren Differenzen können also erst aus letzter Zeit stammen.

Immerhin bin auch ich der Meinung, daß in der Oper nur einer Herr sein kann, und dieser Eine muß der Intendant sein. Natürlich sind die überkommenen Verhältnisse nicht ganz leicht zu ändern, zumal ja auch Herr Jeßner als gleichberechtigter Dritter zur Intendanz gehört und er – bei großer künstlerischer Leistung und einwandfreier Geschäftsführung – reibungslos mit Winter zusammenarbeitet. Deshalb erfordert die Angelegenheit sorgfältige Prüfung, die erst zum Abschluß gebracht werden kann, wenn die jetzt sehr erregten Gemüter der Beteiligten sich wieder etwas beruhigt haben werden. Kompliziert wird die Regelung an der Oper durch die notwendige künstlerische Zusammenarbeit des Intendanten nicht nur mit dem Regisseur, wie beim Schauspiel, sondern auch mit dem Generalmusikdirektor. Dadurch sind die Reibungsflächen ungleich größer. Bisher steht für mich nur eines fest, daß der künftige Intendant nicht gleichzeitig künstlerischer Konkurrent des Generalmusikdirektors sein darf. Der Opernintendant muß – wie Max Reinhardt mir in diesen Tagen einmal so ganz meiner Überzeugung entsprechend ausführte – eine Treppe höher wohnen. Jeder Erfolg eines Dirigenten oder Sängers oder Regisseurs seines Instituts muß sein Erfolg sein, er darf nicht – selbst nicht einmal unbewußt oder in den Augen böswilliger Kritiker – als Konkurrent irgendeiner seiner Kräfte erscheinen. Er muß weiter als Künstler empfinden, wenn möglich auch Künstler sein, er muß aber gleichzeitig so viel Blick für die Verwaltung besitzen, daß er – vielleicht mit etwas zu vereinfachendem Verwaltungsapparat und bewährten Hilfskräften – unsere Staatsoper mit fester Hand auch durch die wirtschaftlichen Nöte der Gegenwart hindurchsteuert.

Ein solcher Mann wird ebenso reibungslos mit der Kunst- und Finanzverwaltung zusammenarbeiten, wie es bei Herrn Jeßner und den Intendanten in Wiesbaden und Kassel allzeit der Fall gewesen ist. –

Bei Behandlung des Falles Schillings in der Öffentlichkeit hat mich schmerzlich berührt, mit welch persönlicher Schärfe einzelne meiner Mitarbeiter behandelt worden sind. Es klang sogar manchmal durch, als ob man mich persönlich schonen wollte, wenn man mich als unter dem Einfluß unverantwortlicher Ratgeber stehend, ja gleichsam als ihr Werkzeug hinstellte. Wer so urteilt, mag – wofür ich dankbar bin – mir persönlich wohlgesinnt sein und konnte sich deshalb kaum vorstellen, daß ein relativ vernünftiger und doch nicht gerade kunstfremder Mensch wie ich eine solche Unbegreiflichkeit beging, als welche die Entlassung des Herrn von Schillings erschien. Nach Darlegung des Sachverhalts wird man die Entlassung wohl nicht mehr für so unbegreiflich halten, und man braucht zu ihrer Erklärung wirklich nicht eine Herrn von Schillings feindliche Clique im Kultusministerium vorauszusetzen. Tatsächlich ist dann auch die Lösung in vollem Einvernehmen der beteiligten Herren erfolgt, und meine Berater waren nicht nur linksstehende Referenten der neuen Zeit, sondern auch bewährte Beamte der alten Zeit, sachkundige und erprobte Juristen, nicht nur aus meiner, sondern auch aus der Finanzverwaltung, und sie alle waren mit dem Herrn Finanzminister und mir der Meinung, daß uns schließlich gar kein anderer Weg als der beschrittene übrigblieb. Auch kann ich nur sagen, daß derjenige die Dynamik im Kultusministerium wirklich nicht kennt, der meint, ich ließe mich durch meine Referenten in eine solche Angelegenheit hineinreiten. Hineingeritten hat uns alle Herr von Schillings – über ihn hatte ich keine Machtbefugnis –, aber meine Referenten habe ich wirklich in der Hand. Allerdings halte ich es für den obersten Verwaltungsgrundsatz, daß man den Referenten durch möglichst weitgehende Gewährung von Selbständigkeit, wenn die Leute danach sind, die Arbeitsfreudigkeit erhalte; aber die allgemeine Linie der Kulturpolitik bestimme ich, wobei ich mich natürlich gern vom Sachverstand des Referenten beeinflussen lasse. Nun haben die beteiligten Herren so vorzügliche Arbeit geleistet, und dies hohe Haus hat gerade die Arbeit dieser Referenten Jahr auf Jahr immer wieder anerkannt, ja den jeweiligen Minister immer erneut dazu aufgefordert, ihnen Ministerialratsstellen zu verleihen, daß ich wirklich glauben konnte, mit Leuten zusammenzuarbeiten, die vom öffentlichen Vertrauen getragen waren. Zur Beruhigung der Opposition und in Anbetracht des völkischen Antrags darf ich in Parenthese bemerken, daß trotz der Landtagsbeschlüsse verfügbare Ministerialratsstellen nicht zur Verfügung stehen, durch die Resolution zum Etat 25 auch nicht geschaffen werden können und auch für den bereits abgeschlossenen Etat 26 nicht vorgesehen sind, da dieser Etat neue Beamtenstellen überhaupt nicht vorsieht. Zusammenfassend darf ich also sagen: Für die Entlassung des Herrn von Schillings trage ich nicht nur die formelle parlamentarische Verantwortung, sondern ich trage sie auch sachlich, da ich die Angelegenheit von Schillings – gerade wegen meiner Verehrung für den Künstler – seit Jahren persönlich verfolge und nichts Amtliches in dieser Sache ohne meine Ermächtigung geschehen ist. Daß Reibungen bestanden, war mir bekannt, aber sie lagen in der Sache und in der Geschäftsführung des Intendanten. Trotz eifriger Bemühungen ist es mir nie gelungen, meine Referenten belastendes Material vorgelegt zu bekommen. Man kann von mir nicht erwarten, daß ich Referenten, an deren Integrität ich nie zu zweifeln Anlaß hatte, und denen der Landtag wiederholt seine Anerkennung ausgesprochen hat, auf Grund einer im Augenblick vielleicht überschätzten Unbeliebtheit aus ihrer Stellung entferne. Auch mein Herr Vorgänger, der diese Herren ebenso vorgefunden hat wie ich, hat offenbar keinen Anlaß gehabt, eine Änderung in ihrer Stellung eintreten zu lassen.

Beim Studium der öffentlichen Meinung und in eingehenden Gesprächen mit vielen Sachverständigen, unter denen ich die Präsidenten der Bühnengenossenschaft mit besonderer Dankbarkeit erwähne, ist es mir allerdings klar geworden, daß die beteiligten Referenten der Öffentlichkeit gegenüber als Exponenten gewisser organisatorischer und kunstpolitischer Entwicklungen erscheinen, und daß sie für manches persönlich verantwortlich gemacht werden können, was im Grunde genommen zeitgeschichtlich bedingt ist, wobei gewisse Imponderabilien als mitschwingend in Rechnung gestellt werden müssen.

Durch die Übernahme der Hoftheater in staatliche Verwaltung ist der Staat zum erstenmal auf dem Gebiete des Theaters nicht nur neutrale Kunstbehörde, sondern auch Arbeitgeber geworden und damit hineingezogen worden in die großen Lohnkämpfe der Gegenwart und in den Gegensatz zwischen Arbeitgeber und Arbeitnehmer. Nach der Revolution hielt man es deshalb für besonders zweckmäßig, einen Vertrauensmann der Bühnengenossenschaft, der zuständigen Gewerkschaft, mit der Führung des Referates zu betrauen, was auch schon dadurch notwendig war, weil theatersachverständige Juristen unter den alten Verwaltungsbeamten nicht existierten. Der Vertrauensmann der Angestellten entwickelte sich nun im Laufe der Jahre, je mehr er die finanziellen Nöte des Staates kennenlernte, zum Vertreter des Staatsinteresses, und alle seine Bemühungen, auch in der Staatsverwaltung die Interessen des künstlerischen Personals zu vertreten, konnten die unvermeidliche Entwicklung nicht aufhalten, daß er von seinen früheren Freunden als Renegat empfunden wurde. Nun ist der soziologische Aufbau der Theaterwelt äußerst kompliziert: Bühnengenossenschaft und Bühnenverein, Verband gemeinnütziger Theater und Verband Berliner Theaterdirektoren, Volksbühne und Bühnenvolksbund, Landesbühnenorganisation usw. usw. Dazu kommen die Tarifausschüsse, die Konzessionierungsstellen und andere Organisationen. Es scheint mir, daß aus dem Bestreben nach Vereinfachung heraus in diesen Organisationen die Personalunion etwas weit getrieben worden ist, daß dadurch Machtkomplexe geschaffen wurden, die der Gegenseite nicht mehr erträglich erschienen, und gerade durch die Maßnahmen Reibungen entstanden, durch die man den Reibungen hatte vorbauen wollen. Die Dinge liegen zu kompliziert, um sie hier vertiefen zu können. Ich bin überzeugt, daß ein sorgfältiges Studium dieser Verhältnisse zu gewissen Reformen führen wird. Dabei wird Sorge zu tragen sein, daß der zuständige Theaterreferent des Ministeriums unter allen Umständen nicht nur der neutrale Staatsvertreter der Arbeitnehmer- und Arbeitgeberinteressen ist, sondern auch in der Öffentlichkeit als solcher erscheint und gilt.

Erklärt sich ein großer Teil der Erregung der Öffentlichkeit im Falle Schillings aus einem aufgespeicherten Mißtrauen gegen die Theaterpolitik des Ministeriums auf Grund der geschilderten organisatorischen Verhältnisse, so war ein zweiter Grund das Mißtrauen gewisser künstlerischer und musikkritischer Kreise gegen die Kunstpolitik des Ministeriums überhaupt. Gewiß existiert hier eine Spannung, und ich glaube, daß es nur zur Beruhigung dienen kann, wenn man diese Tendenzen in ihrer Gegensätzlichkeit offen charakterisiert.

Die konsequente Kunstpolitik des Ministeriums auf musikalischem Gebiet war seit der Revolution: einmal Deutschland seinen Rang als erstes Musikland der Welt zurückzuerobern bzw. zu erhalten. Zweitens aber – und das ist der entscheidende Punkt – haben wir die Musik bewußt und mit Nachdruck in den Dienst der Volkserziehung gestellt. Unserer rationalisierten Kultur sollten damit neue seelische Werte im antiken und mittelalterlichen Sinne zugeführt werden. Auf die Parallele mit den bildenden Künsten verzichte ich in diesem Zusammenhang. Nicht nur bekam die Musik im Leben unserer Schulen eine ganz andere Stellung als vor dem Kriege, nicht nur erhielten unsere Musikhochschulen eine neue Organisation und personelle Bereicherung, sondern auch der Privatmusikunterricht wurde auf eine lang angestrebte neue Basis gestellt, unsere musikstudierende Jugend vor Ausbeutung geschützt, ferner der Chorgesang, das Orchesterwesen gefördert, ja schließlich auch die Musik- und Theaterkunst in den Dienst der Erwachsenenbildung gestellt, die Besucherorganisationen gefördert, und zwar auf durchaus paritätischer Basis, das Krollunternehmen angegliedert, die Landesbühnenorganisation geschaffen. Durch diese ganze Politik geht ein einheitlicher Gedanke, es ist der einer im höchsten Sinne pädagogischen Einstellung zur Kunst, nicht als ob die Kunst geschulmeistert werden sollte, sondern die Kunst wird als eines der höchsten und bedeutungsvollsten Elemente zur Begründung einer echten Volksbildung gewertet. Wohlverstanden einer Bildung des gesamten Volkes, aller seiner Schichten. Man hat das wohl auch die Sozialisierung der Kunst genannt. Dem gegenüber steht der reine l'Art pour l'Art-Standpunkt, den man im Gegensatz zum pädagogischen den artistischen nennen kann. Für ihn ist die Kunst doch in letzter Linie eine esoterische Angelegenheit der wenigen wirklich letzthin Sachverständigen. Dieser Kreis schließt sich nun wieder zu einem Interessenkreis, man kann sagen, einer Art von Zunft zusammen, die ihre Interessen wahrt und wahren muß. Experimente wie Kroll scheinen ihr verhängnisvoll, sie sehen das Niveau der Staatsoper bedroht, und sie verstehen vor allem nicht, daß dem Ministerium nicht nur die technisch und historisch überlieferte Musik von Bedeutung ist, sondern die Musikalität als lebender seelischer Ausdruck; daß das Ministerium deshalb alle die oft dilettantischen, aber schöpferischen Kräfte fördern muß, die z. B. aus der Jugendbewegung kommen wie die Laienspiele, die musikalischen Spielgemeinden, Bewegungen, wie sie im Jöde-Kreis und in den Volksmusikhochschulen lebendig geworden sind. All das hat mit Artistentum nicht das mindeste zu tun, wird aber gerade in diesen Kreisen nicht für voll genommen, und doch rühren sich hier künstlerische Kräfte unserer Volksseele, die kein zukunftsbewußtes Ministerium unbeachtet lassen darf, so sehr es den historischen Kräften des reinen Künstlertums um der Kunst willen Achtung, ja Verehrung entgegenbringt. Aber hier liegen zweifellos zeitgeschichtliche Spannungen, die über den Willen eines einzelnen Referenten hinausgehen, ihn aber als Exponenten dieser Spannung bei den Beteiligten leicht in Mißkredit bringen können.

Liegen so in der großen Beunruhigung, die äußerlich durch den Fall Schillings ausgelöst wurde, tiefe Gegensätze unserer Entwicklung, so wird man gerechterweise nicht einzelne, nicht einmal den Minister dafür verantwortlich machen können. Nimmt man dazu die allgemeine Abneigung gegen den § 626, der als Damoklesschwert über jedem Angestellten hängt und der durch das Reichsgerichtsurteil vom 27. Oktober 1925 gerade eine besondere Aktualität besaß, bedenkt man auch den historischen Gegensatz zwischen der gesicherten Lage der Beamten und der prekären Situation der Angestellten und schließlich die große herzbewegende Not unserer gesamten Künstlerschaft, so wird man, ganz abgesehen von der tiefgehenden Wesensverschiedenheit zwischen künstlerischer und beamtenmäßiger Lebensbetrachtung wohl begreifen, daß viele Wasser zusammengeflossen sind, um den Strom öffentlicher Erregung zu erklären, dessen Zeugen wir sind. Man wird aber wohl auch billigerweise zugeben müssen, daß es sich hier um mehr handelt als um die Entlassung eines nach Meinung der Regierung seiner Aufgabe nicht gewachsenen Künstlerintendanten.

Nun wird es auch klar, warum ich eingangs sagte, das Problem der staatlichen Kunstpflege überhaupt stehe zur Debatte. Die mannigfachen Krisen innerhalb der preußischen Kunstverwaltung (Bode-, Liebermann-, Schillings-Krisen) und der Widerhall, den sie in der Öffentlichkeit zu finden pflegen, legen die Fragen nahe, wo eigentlich die letzten Gründe für diese anscheinend mit einer gewissen Notwendigkeit und Regelmäßigkeit sich ergebenden Spannungsverhältnisse zwischen Ministerium und führenden Einzelpersönlichkeiten der Kunstwelt zu suchen seien. Sie hängen zusammen mit dem durch die Staatsumwälzung eingetretenen Systemwechsel innerhalb der Kunstverwaltung. Genauer gesagt: Die Krisen sind die Folgen eines Fehlers in diesem neuen Verwaltungssystem.

Die Kunstverwaltung vor der Staatsumwälzung beruhte im wesentlichen auf dem Gleichgewicht zwischen zwei Potenzen: den großen Fachautoritäten außerhalb des Ministeriums, den Praktikern der Verwaltung innerhalb des Ministeriums. Die Verwaltungstechniker, in erster Linie und in den führenden Stellungen Juristen, die sich gegebenenfalls einiger fachlich geschulter Hilfskräfte bedienten, sorgten für reibungslose Arbeit der Verwaltungsmaschine und für die Wahrung eines Vertrauensverhältnisses zu den Autoritäten.

Die großen Fachleute aber stützten sich auf den Autoritätsglauben der Öffentlichkeit, sie wurden getragen vom Vertrauen der Krone, bei der z. B. die Generaldirektoren unmittelbaren Vortrag hatten. Sie sahen im Ministerium in erster Linie die Staatsgewalt, die ihren fachlichen Plänen zur Durchführung verhalf, in zweiter Linie eine vorgesetzte Behörde in Angelegenheiten rein verwaltungsmäßiger Natur. Ideenkonflikte konnten gar nicht auftreten, da eine eigentliche Kunstpolitik im Sinne der oben dargelegten Ziele vom Ministerium gar nicht gemacht wurde. Dies alles wandelte sich von Grund aus mit der Staatsumwälzung.

Die Krone als unverrückbarer Pol bei wechselnden Ministererscheinungen, als mächtige Hilfe, als Vertrauens- und Gunstspenderin ist dahin. Diese Funktion der Krone kann weder das Parlament noch das Staatsministerium übernehmen.

Dazu kommt die entscheidende Verschiebung, die sich im Verfolge der neuen Ideen über Staatsverwaltung zwischen Technikern der Verwaltung und Sachbearbeitern innerhalb des Ministeriums selbst vollzog. Sachbearbeitern wurde ein gegen früher bedeutend erweitertes Maß an Verantwortung überlassen, Willensbildung und sachliche Zielsetzung wurden von ihnen erwartet – und wie früher der fachlich geschulte Hilfsarbeiter dem Juristen – so sollten nun Juristen den Sachverständigen im Ministerium gewisse Hilfsstellungen geben.

Draußen aber verblieben nach wie vor – freilich ohne den Schutz der Krone – wohl auch bei dem allgemein schwindenden Autoritätsgefühl – nicht mehr unbestritten – die großen Fachleute in den leitenden Stellungen: Präsidenten, Generaldirektoren, Intendanten usw. Diese Künstler und Gelehrten zum Teil von Weltruf konnten unmöglich in den neuberufenen Sachbearbeitern des Ministers gleichberechtigte Potenzen erblicken. Ihr Wille mußte mit den Ideen der Ministerialbeamten zusammenstoßen, da der genauen Fach- und Betriebskenntnis der Autoritäten die programmatische Absicht und die ausführende Gewalt, zunächst aber auch eine lückenhafte Einsicht in die Dinge selbst bei den Vertretern des Ministers gegenüberstanden.

Draußen entstand das Gefühl der Unterdrückung und Vergewaltigung der Fachleute mit bürokratischen Mitteln zugunsten anfechtbarer Ziele, drinnen, im Ministerium wuchs das Gefühl des Gehemmtseins in planmäßiger Reformarbeit durch eigenwillige und von starkem Selbstgefühl beherrschte Autoritäten. Das ist der Boden, aus dem die Krisen wachsen und auf dem die Konflikte gedeihen.

Es ist hier nicht die Gelegenheit, die möglichen Lösungsformen zu erörtern, aber eins ist gewiß: Der zur Zeit bestehende Kompromiß zwischen dem alten und dem neuen System ist auf die Dauer unhaltbar und unerträglich. Solange er besteht, werden auch die allen Beteiligten unerwünschten, die Kunst schädigenden, die Autorität der Staatsregierung schwer belastenden Krisen nicht aufhören.

Meine Damen und Herren! Ich habe Ihnen hier die ganze Problematik des Falles Schillings enthüllt, so wie ich sie sehe. Da gibt es kein Versteckenspiel, wir müssen dem Ernst der Sache ins Gesicht schauen. Ich sehe diese Entwicklung seit langem, aber es ist unmöglich, alle Reformen gleichzeitig zu beginnen. Wir brauchen Ruhe, aber wir brauchen eine feste Hand. Wenn Sie mir Ihr Vertrauen weiterhin schenken, bin ich bereit, den als notwendig erkannten Umbau unserer Kunstverwaltung durchzuführen. Wir werden im Hauptausschuß noch oft Gelegenheit haben, diese Fragen zu besprechen.

Vor allem aber bitte ich die Künstlerschaft draußen, die den harten Notwendigkeiten der Staatsverwaltung oft so verständnislos gegenübersteht, zu glauben, daß die Beamten der preußischen Kunstverwaltung ihre ganze Kraft einsetzen, ihnen zu helfen. Gewiß, Kunst muß sein, aber auch Verwaltung muß sein. Wenn keine Kunstverwaltung wäre, kämen die Interessen der Künstler vollends unter die Räder. Wer ist es denn z. B. gewesen, der sich für die Kunstinteressen eingesetzt hat bei der großen Steuergesetzgebung des Reiches, bei der

Luxus- und Vergnügungssteuer, Umsatz- und Vermögenssteuer und anderen Maßnahmen des Reiches? Da hat weder das Reichsministerium des Innern geholfen noch der Reichskunstwart, der Kampf ist allein aufgenommen worden von der preußischen Kunstverwaltung, und was den Finanzressorts, was der unerbittlichen bürokratischen Staatsmaschine abgerungen wurde – und es ist sehr Erhebliches – dankt die Künstlerschaft ausschließlich meinem Ressort. Es ist uns auch nach sehr heißen Kämpfen schließlich gelungen, den Herrn Finanzminister zu bewegen, 1/2 Million für eine zu begründende Darlehnskasse der Künstlerschaft bereitzustellen, von den zahlreichen Erfolgen zu schweigen, die wir für Kunst und Künstlerschaft noch sonst in diesen Jahren errungen haben, und die mehr als alles andere die Notwendigkeit einer staatlichen Kunstpflege beweisen. Ich sage das mit einem gewissen Stolz, weil es gerade die gleiche Ministerialabteilung ist, die jetzt so schwer angegriffen wird.

Dahinter aber steht schließlich das große Problem einer staatlichen Kulturpolitik überhaupt, in der die Kunstpolitik nur ein Glied ist. Ist heutzutage eine bewußte Kultur- und Kunstpolitik für den Staat noch möglich? Ist alle Wirksamkeit vielleicht doch nichts anderes als die Auswirkung eines Parallelogramms der Kräfte? Wer an die deutsche Zukunft glaubt und an die kulturelle Daseinsberechtigung der deutschen Republik, wird diese Dinge nie dem Zufall überlassen dürfen, sondern, bei aller demütigen Anerkennung des Gottesgnadentums jeder echten Kunst, jeder wahren Kunst, doch den Versuch machen, durch eine bewußte, wohlbedachte Kulturpolitik dem frei wachsenden Geist Licht und Luft, Heim und Wirkung zu schaffen und damit Staat und Kultur auch im komplizierten Gebilde des modernen Volksstaates zum Segen unseres Volkes zusammenzuhalten.

*Adolf Weißmann: ›Vossische Zeitung‹ vom 13. März 1923*

Star-, Staats-, Volksoper

Auch die Oper ist ins Rollen geraten; ja gerade sie. Wir stehen auch hier in einer Krise: Musik und Weltwirtschaft, Musik und Politik haben hier ihren Brennpunkt. Um den Besitz von Kroll hat sich ein Streit erhoben. Aber letzten Endes geht es nicht nur um Kroll, sondern um weiteres. Es entsteht die Frage nach der Oper überhaupt, nach der Rolle, die sie innerhalb der Weltkrise und darüber hinaus zu spielen hat.

Ist nämlich die Oper als Gattung ursprünglich höfisches Repräsentationsmittel, ist sie dann aber im 19. Jahrhundert im Einklang mit der Entwicklung des Theaters überhaupt mehr und mehr zu einer bürgerlichen Einrichtung geworden, so fragt es sich, ob und in welcher Form die Oper heute, in einer Zeit der Umschichtung der Gesellschaft, noch bestehen kann. Bisher hat die Oper, auch als Musikdrama, den Rückhalt der Aristokratie oder der Plutokratie gebraucht. Amerika hat uns in der Metropolitan-Oper das glänzendste Beispiel einer plutokratisch gestützten Oper gegeben. Für uns aber, die wir eine völlige weltwirtschaftliche und politische Umwälzung erlebt haben, ergibt sich die Notwendigkeit, darüber nachzudenken, ob das Ideal der Volksoper, ein sozialistisches Ideal, zu verwirklichen ist.

Dies die Lage: Das Volk übernimmt, wie in manchen anderen Dingen, die Erbschaft des Bürgertums. Es hat noch keine Zeit gehabt, sich künstlerisch produktiv zu erweisen. Es ist auch noch zweifelhaft, ob dies gerade in der Gattung der Oper möglich ist. Aber die ›Volksoper‹ soll trotzdem, über alle künstlerischen und wirtschaftlichen Hemmungen hinweg, erreicht werden. Wenn nicht sie, doch mindestens der Schein einer Volksoper.

Die Oper aber, als künstlerischer Wert, als wirtschaftliches und gesellschaftliches Unternehmen, findet doch heute eine sehr schwierige Lage vor, die klarzulegen ist.

Die Produktion an gebrauchsfähigen, zugkräftigen Opern hat, wie leicht festzustellen ist, erschreckend abgenommen.

Die Gründe sind einleuchtend: die Oper fordert eine naive Gläubigkeit, die nicht zum wenigsten dank dem Naturalismus des Schauspiels, in dem Schaffenden nicht mehr lebt. Aber sie ist auch durch das Musikdrama Richard Wagners erschüttert worden. Denn hier steckt psychologische Begründung, hier ist die Arie entthront. Naive Gläubigkeit aber hängt sich an die Arie, die Kern und Lebensbedingung der alten Oper ist.

Nun läßt sich nicht bestreiten, daß man nach Wagner die Rückkehr zur Oper versucht hat. Aber die Seele des Schaffenden ist ja schon verwandelt. Der Schritt zu einer durch die Arie geheiligten, vergoldeten Opernkonvention läßt sich nicht zurücktun. Ein Operkomponist hält es nicht mehr für möglich, mit dem Gesang allen Unsinn des Textes hinwegzuschwemmen.

Man hat selbst einen Verdi, den aufrichtigsten und erfolgreichsten Verfechter der alten Art, durch innere Entwicklung bis zum ›Falstaff‹, der neuen komischen Kammeroper aufsteigen und jener alten Arienoper im wesentlichen untreu werden sehen. Die Offenheit des Bekenntnisses in der Arie, die etwas wie Selbstentblößung ist, läßt sich nicht so ohne weiteres erneuern. Denn sie setzt eine sinnliche Offenheit voraus, die nur mit sinnlicher Kraft zu rechtfertigen ist. Puccini hat etwas davon, ohne dem Vorwurf schamloser Banalität zu entgehen. Den naiven Glauben hat auch er nicht mehr, nur das überragende Geschick, Forderungen der Zeit, der eigenen Natur und des Bürgerpublikums der Welt gleichzeitig zu erfüllen. Franz Schreker, der die Oper mit neuen Mitteln sucht, ist eine interessante Halbheit. Erich

Wolfgang Korngold, Opernkomponist von Beruf, wird als Amüseur von seinen Altersgenossen verurteilt. Bleibt also nur Richard Strauss, der mindestens mit dem ›Rosenkavalier‹ der komischen Oper zugkräftige Belebung gebracht hat. Denn Debussys ›Pelleas und Melisande‹ ist feinfühligste Absage an die Oper.

Absage an die Oper, die auf das ganze junge Geschlecht von Musikern gewirkt hat. Denn die Ablehnung sinnlicher Offenheit zugleich mit der Schwächung sinnlicher Kraft, also fortschreitende Durchgeistigung der Musik, ist das Leitmotiv der Experimentieroper, die neben den Erneuerungsversuchen der Oper durch die Italiener Zandonai und Montemezzi, neben den höheren Formen, die sie durch Pizzetti und Alfano gewinnt, hier und da auftaucht. Sie fesselt die Kenner, nicht das Publikum.

Just in dieser Zeit also, in einer Periode absterbender Opernproduktion, soll sich das Ideal der Volksoper verwirklichen.

Nun ist ja wahr, daß das in der feudalen und bürgerlichen Vergangenheit aufgestapelte Material an zugkräftigen Opern noch reich genug ist, um einige Dutzend Opernhäuser zu versorgen.

Es ergibt sich aber dies: eine Volksoper im eigentlichen Sinne des Wortes will zwar, weil ja doch Opernproduktion aus ihrem Geist noch nicht vorhanden ist, die bürgerliche Oper für sich verwerten, hat aber weder die Kraft noch den Willen, dies im Stil der bürgerlichen Oper zu tun.

Denn immer hat ja die Oper, ob im Repräsentations- oder sonstigen Stil, nicht ohne Zuschüsse leben können. Fürsten oder Stadt haben kräftig beigesteuert, sie lebensfähig zu erhalten. Orchester, Chor, und nicht zum wenigsten die Sänger haben das Unternehmen verteuert.

Ist dieses chronische Defizit zu beheben?

Die republikanische Staatsoper hat es jedenfalls noch nicht bewiesen: sie braucht und erhält starke Beisteuer. Aber sie hat ja allerdings den beschränkten Raum der feudalen Oper übernommen, in der ja der Intendant Schillings auch geistig wurzelt, ohne sich Neuerungsversuchen ganz zu verschließen.

Das Ideal der Volksoper ist ein anderes. Man muß, der Wahrheit zuliebe, zugeben, daß die Volksbühnen für die Durchbildung ihrer Mitglieder Außerordentliches und Entscheidendes getan haben. Aber dem Ideal der Volksoper sind sie nicht viel näher gekommen.

Diesem Ideal entspräche es, die Ensembleleistung als allein maßgebend zu betrachten: Chor und Orchester Rückgrat der Oper; die Regie verzichtet auf allen leeren Prunk, sie will sinnvoll arbeiten. Kostspielige Gagen für Sänger soll es nicht geben. Das Haus, weit geräumiger, ist ertragsfähiger.

Es hat sich aber, selbst in den bisherigen Versuchen der bürgerlichen Volksoper, also besonders im Deutschen Opernhaus, gezeigt, daß gerade diese Art Oper eine starke leitende künstlerische Kraft fordern würde, und daß auch dann immer noch der Reiz der großen Sängerleistung nicht zu entbehren ist.

Die feudale und plutokratische Oper ruht auf dem Star; das Musikdrama, das angeblich jeden Personenkultus beseitigt, will die singende Persönlichkeit. Nur wo Sängerpersönlichkeiten und Ensembleleistung sich verknüpfen, ergeben sich Höchstleistungen.

Die Volksoper muß größere Häuser bauen, um den Opernhunger der Massen zu befriedigen und gegen mäßige Eintrittspreise sich höhere Ertragsfähigkeit des Raumes zu sichern. Diese größeren Häuser verlangen noch größere, noch besser gebildete Stimmen. Und Sängerpersönlichkeit ist auch Sängereitelkeit. Ohnedies hat die Republik wenig Mittel, die menschlichen Schwächen großer Sänger zu befriedigen. Es fehlt die mitklingende Gesellschaft, es fehlt noch manches andere. Der Einfluß der künstlerischen Idee auf Menschen, die soviel an der Ausbildung ihrer Stimme gearbeitet haben, ist nur in ganz seltenen Fällen stark genug, um ihre Erfolgssucht einzudämmen. Wir haben es in Deutschland, dank Mozart und Wagner, weit genug in der künstlerischen Ensemblewirkung gebracht; aber die Wahrheit, daß in der Oper schließlich der Reiz des Gesanges entscheidet, läßt sich nicht aus der Welt schaffen.

Erkennt man sie an, ist man überzeugt, daß es ohne Rausch keine Oper gibt, so stehen der Verwirklichung des Volksopernideals schier unübersteigliche Hindernisse entgegen.

Der Sonderfall ›Kroll‹, der demnächst im Landtag entschieden werden soll, ist der klassische Fall dieser Übergangszeit. Der Streit um Kroll, hüben und drüben mit Leidenschaft geführt, hat mehr als nur örtliche Bedeutung. Es handelt sich um das Volksopernprinzip; weiter aber auch um das künftige Berliner Opernleben, und damit um das deutsche Opernleben überhaupt.

Drei Parteien stehen nebeneinander, zwei davon einander gegenüber: Volksbühne, Staatsoper, Große Volksoper. Volksbühne und Staatsoper gegen Große Volksoper.

Die Volksbühne sieht, nach jahrelanger idealer Arbeit im Dienste der Volkskunstbewegung, die Zeit für die Verwirklichung ihres Zieles, einer großen Volksoper, dank der politischen Umwälzung gekommen. Das Krollgebäude wird ihr zum Umbau überlassen. Ist ihr aber die Politik günstig, so die Geldlage ungünstig. Die enge Verbindung von Staatsoper und Volksbühne ist ja in der sozialistischen Republik von Anfang an selbstverständlich vorgesehen. Aber die Volksbühne muß endlich finden, daß die fortschreitende Geldentwertung sie ihrem Ziele immer ferner rückt.

Die Große Volksoper springt ihr bei. Die Große Volksoper ist ein rasch emporgeschossenes Gebilde der

Übergangszeit. Man erinnert sich noch, mit wie außerordentlichem Geschick die Propaganda betrieben wurde. Die Große Volksoper war da, bevor sie existierte. Sie wußte die Neugier der Opernliebhaber zu reizen, die Umstände zu nützen. Sie hatte sich nicht auf ein Volksopernideal festgelegt, sondern faßte den Begriff ›Volk‹ weitherziger und steuerte einer Art bürgerlicher Oper zu. Die Volksbühne betrachtete das ihr von der Volksoper gemachte Geschenk allmählich als Danaergeschenk, die Große Volksoper als ihre konjunkturpolitische Feindin. Aber diese ist nun im ›Theater des Westens‹ geworden; so geworden, daß die Staatsoper sie vom Berliner Boden wegrasieren möchte.

Nun ist ›Kroll‹ umgebaut, den Bedürfnissen der Neuzeit angepaßt. Die Volksbühne aber, nicht imstande, ihr Volksopernideal zu verwirklichen, erhofft doch von der Staatsoper bei Kroll Höchstleistungen und lehnt jede Verknüpfung mit der Großen Volksoper ab, die immerhin volksopernhafter ist als die Staatsoper.

Hier Schillings, hier Lange.

Es ist über den Wert der künstlerischen Gesamtpersönlichkeit eines Schillings nicht zu streiten. Ihm ist, um es nochmals zu sagen, die verhältnismäßig glatte Zusammenhaltung der Staatsoper in schweren Zeitläuften in erster Linie zu danken. Aber hinzuzufügen ist auch, daß der Elastizität dieses Mannes keineswegs die Fähigkeit entspricht, die Staatsoper hohen künstlerischen Forderungen anzupassen. Die große künstlerische Gesamtpersönlichkeit Schillings' ist zersplittert. Ein planloser Zufallsbetrieb hat zwar nicht alles Gute, alles Neue verhindert, aber doch das Niveau der Staatsoper häufig bis zum Provinziellen hinabsinken lassen. Die suggestive Fähigkeit, die großen Sängerpersönlichkeiten zu fesseln, fehlt, es ist eine Absplitterung wertvoller Kräfte eingetreten.

Diese Staatsoper rechnet nun auf Kroll, in dem sie neue Möglichkeiten sieht, überschüssige Kräfte verwerten will. Man fragt sich: welche überschüssigen Kräfte, da doch die vorhandenen für den gegenwärtigen Betrieb nicht auszureichen scheinen? Mit Herrn Dr. Hörth allein, dessen künstlerischen Ehrgeiz das neue Haus lockt, ist die Höchstleistung nicht zu erzielen. Die Grundfrage, ob Schillings imstande ist, Kroll neben der Staatsoper vorwärts zu lenken, ist leider zu verneinen. Und einen Abklatsch der heutigen Staatsoper bei Kroll wollen wir nicht erleben. Auf der anderen Seite wird ein Mann wie Schillings sich die Oberleitung nicht aus der Hand nehmen lassen.

Herr Direktor Lange dagegen, der es in anderer Hinsicht mit Schillings selbstverständlich nicht aufnehmen kann, hat doch den Bestand der Großen Volksoper in schwierigsten Zeiten als Erfolg für sich zu buchen. Sie hat als bürgerliche Volksoper schon ein gut Teil Arbeit geleistet, kann aber natürlich noch nicht als Oper ersten Ranges gelten. An Sängermaterial, an Aufwärtstrieb kann sie sich aber bereits mit der Staatsoper messen.

Die Garantien, die Lange bietet, sind zunächst finanzieller Art. Ich glaube nicht, daß selbst ein so geschickter Mann wie er wirklich das Budget auf die Dauer ausbalancieren kann, wenn er es auch sagt. Aber ganz zweifellos wird einer, der sich wie er immer neue Geldquellen erschließt, Kroll nie in finanzielle Gefahr bringen. Mehr noch: er wird sich hoffentlich überzeugen lassen, daß eine neue Kroll-Oper sich zwar keinen bessern administrativen Direktor als ihn wünschen könne, aber, um künstlerisch vollwertig zu sein, eine entschiedene und begeisterte musikalische Persönlichkeit ersten Ranges braucht. Da der Volksbühne auch in dieser Konstellation alles, was sie verlangt, gegeben wurde, sollte man der nach einem Jahre obdachlosen Volksoper das neue Krollhaus einräumen.

Daß dies nicht geschehe, daran arbeiten einige der Volksbühne verbundene Kräfte im Ministerium selbst.

Hier sind nur die Ergebnisse festgestellt, zu denen sachliche, künstlerische Erwägungen führen müssen. Wer der deutschen Oper wohl will, muß ihr Beweglichkeit in der Kunst wünschen. Ein Opernstaatsmonopol ist abzulehnen.


*Hans Lebede*

Vom Werden und Wirken der ›Großen Volksoper‹ (1923)

›Volksoper‹: Zusammenfassung zweier Begriffe, die ursprünglich einander auszuschließen schienen. Vor wenig mehr als drei Jahrhunderten ward die Oper als auserlesenes Kunstwerk den vornehmen Kreisen in Italiens Adelspalästen geschaffen, dann an deutsche Fürstenhöfe hinübergenommen und als Glanzstück festlicher Prunkveranstaltungen gepflegt. Nur der dazu geladenen Gesellschaft erschlossen sich fürs erste die Wunder, die oft mit dem wahren Wesen des ›dramma per musica‹, der durch Musik in ihrer Eindruckskraft verstärkten dramatischen Handlung, nichts mehr zu tun hatten und teils Primadonnen und ihren Partnern Gelegenheit zur Entfaltung all ihrer Kehlfertigkeit gaben, teils in festlichen Aufzügen von vielen Hunderten Menschen und vielem Getier – Pferden, Dromedaren, Elefanten! – oder zum Selbstzweck gewordenen Dekorationen mit allem Raffinement maschineller Hilfskünste das Höchste, Erstrebenswerteste sahen.

Was einem versagt und verschlossen ist, lockt und reizt nur um so mehr: kein Wunder darum, daß in den neuerbauten großen Opernhäusern, die nicht nur der Hofgesellschaft Raum bieten, sondern gegen Entgelt auch anderen Zulaß eröffnen sollten, die verfügbaren Sitze oder Stehplätze gern und rasch ausgekauft wurden, daß die Menge sich zu dem so lange nur nach dem

1 Ludwig van Beethoven, Fidelio, 2. Bild. Entwurf von Ewald Dülberg
Institut für Theaterwissenschaft der Universität zu Köln

Hörensagen ersehnten Genusse drängte und die verhältnismäßig hohen Preise gern zahlte. Aber immer noch blieb der Kreis der Aufnehmenden beschränkt: war doch aus der Standesfrage jetzt eine Geldfrage geworden, und fehlte es doch immer noch gar zu vielen an der Möglichkeit, die begehrte Eintrittskarte zu erwerben.

Nun sollte Gemeingut breitester Volksschichten werden, was lange Zeit hindurch Privileg erst einzelner, dann vieler gewesen war. Zwei Voraussetzungen galt es zu erfüllen. Die in das Haus zu ziehenden Besucher mußten den Zulaß mit denkbar billigstem Preise zu bezahlen haben, damit keiner ausgeschlossen bliebe. Auf der anderen Seite aber mußte die Summe der von ihnen aufgebrachten vielen Wenig ein Viel machen, das ausreiche, um die hohen Beträge eines durch Unterhaltung von Orchester-, Chor- und technischem Personal und Gehältern der Solokräfte bedingten Ausgaben-Etats auszugleichen.

Das konnte wiederum nur dann geschehen, wenn die Zahl der zu einer Besucherorganisation zusammengeschlossenen festen Abnehmer der Plätze möglichst groß, und auf der andern Seite das zu wählende Haus mit möglichst vielen Sitzen ausgestattet war, so daß jede vollbesuchte Aufführung ihre Kosten sicher einbrachte. Ideal mußte also ein Raum erscheinen, wie er noch nicht da war: ein eigenes Theater mit 4000 Plätzen sollte geschaffen, die Kosten dafür durch Anteilzeichnung aufgebracht werden.

Mit diesem Plan trat Direktor Otto Wilhelm Lange vor nunmehr vier Jahren an die Öffentlichkeit, und es zeugt für das offenbar vorhandene Bedürfnis nach guter und zu volkstümlichen Preisen gebotener Opernkunst, daß in verhältnismäßig kurzer Zeit schon 2000 Anteile verausgabt und für den damaligen Geldwert recht bedeutende Summen bereitgestellt waren.

Aber immer weiter gehen mußte die Werbung, und wie konnte sie größeren Erfolg haben, als wenn die Zeichner von Anteilen auch gleich von Anfang an etwas für ihr Geld bekamen? So wurden im Winter 1920–21 Konzerte mit solchen Künstlern und Künstlerinnen veranstaltet, die später in Beziehung zu dem geplanten Operntheater des Volkes treten sollten. Im zweiten Jahre – 1921–22 – ließ sich mit größeren Mitteln und vor größerer Anhängerschaft, die mittlerweile schon Tausende umfaßte, ein Schritt weiter tun: in Brauereisälen oder in abendweise gepachteten Bühnenhäusern wurden erste Opernaufführungen veranstaltet, die naturgemäß nicht frei von Mängeln waren, weil ja alles Dekorative mehr oder weniger improvisiert, alles lange Probieren erschwert oder unmöglich war. Gleichwohl half geschickte Wahl der Opern, die nicht allzuviel Ausstattung, nicht gar zuviel Mitwirkende erforderten, und rechte Zusammenschließung der Kräfte, die unter der musikalischen Leitung von Generalmusikdirektor Leo Blech oder dem jetzigen Leipziger Generalmusikdirektor Gustav Brecher und unter der Regie von Professor Dr. Franz Ludwig Hörth und Professor Alexander d'Arnals standen. So gab man Beethovens ›Fidelio‹ und Wagners ›Siegfried‹ – aber auch Rossinis ›Barbier von Sevilla‹ und Verdis ›Rigoletto‹ – und so betonte schon dieser erste, auf wenige Werke beschränkte Spielplan die – selbstverständliche und im Wesen der Oper begründete – Absicht, nicht nur die Meisterwerke deutscher Komponisten zu Gehör zu bringen, sondern auch diejenigen von ausländischen Schöpfungen zu geben, die durch ihre Stellung in der Entwicklung der Oper oder durch die über ihr Land hinausreichende Bedeutung ihrer Schöpfer ein Anrecht darauf haben, auch dem Publikum einer ›Volksoper‹ bekannt zu werden.

Das dritte Jahr brachte einen gewaltigen Fortschritt: nicht mehr auf rasch zusammengestellten Vertretern der Hauptrollen, die hierher oder dorther kamen und mit dem ausgeliehenen Orchester nur eine kurze Verständigungsprobe auf der andeutungsweise zurechtgemachten Bühne haben konnten, ruhte Risiko und Erfolg der Aufführungen. Vielmehr waren festverpflichtete Kräfte zu einem ständigen Ensemble gefügt, ein eigener Chor und ein eigenes Orchester gewonnen und auch die Raumfrage durch Pachtung des Theaters gelöst, in dem schon vor mehr als zwanzig Jahren eine volkstümliche Opernpflege erst unter Max Hofpauers Direktion, dann unter der Leitung des Intendanten Aloys Prasch versucht worden war.

Das ›Theater des Westens‹ liegt jetzt in bester und von allen Stadtteilen rasch und bequem zu erreichender Gegend – früher galt es lange als zu abseitig! –; es hat zwar nicht diejenige Anzahl von Plätzen, die der erste Aufbauplan der Volksoper vorsah, faßt aber immerhin 1600 Personen und verfügt über eine große Bühne, deren technische Einrichtungen die Direktion der ›Volksoper‹ erst eben noch durch Einbau eines neuen Rundhorizonts verbessert hat. Und weitere Vervollkommnung des bühnentechnischen Apparats ist ebenso für das Jahr 1924 vorgesehen wie eine vollständige Auffrischung des Äußeren und des Zuschauerraums.

Denn was noch 1923 Provisorium für die verhältnismäßig knappe Frist von zwei Spielzeiten schien und angesichts der Tatsache, daß an einen Eigenbau unter den schwierigen wirtschaftlichen Verhältnissen nicht zu denken war, die Verlängerung des Mietvertrags aber als ausgeschlossen galt, zur schweren Sorge für die Zukunft der ›Großen Volksoper‹ zu werden drohte, das ist mittlerweile nach mancherlei Kämpfen und Schwierigkeiten zu fester und sicherer Regelung gebracht. Das Pachtverhältnis zwischen dem Eigentümer des Hauses und Direktor Lange ist auf zwanzig Jahre ausgedehnt worden. Und ein so gesichertes Wohnrecht im fremden

Hause kann schon als so gut gelten wie der Eigenbesitz: es rechtfertigt die Aufwendungen, die von der Direktion der Volksoper gemacht werden sollen, und es erspart obendrein einen gewaltigen Teil der schier unerschwinglichen Mittel, die ein Theater-Neubau heutzutage erfordern würde. Erspart sie – und macht sie frei für andere, künstlerische Verwendung.

Denn so wichtig die Raumfrage, so wichtig das Organisatorische ist: die Entscheidung über Gedeih und Verderb liegt letzten Endes in der künstlerischen Leistung. Und ihr hat die Hauptaufmerksamkeit aller verantwortlichen Stellen zu gelten.

Der Anspruch der Großen Volksoper auf das Kroll-Haus

*Antrag der Großen Volksoper Berlin an den Preußischen Landtag vom 21. April 1923*

Die Große Volksoper nimmt in Berlin für sich ein Recht in Anspruch, das ihr mindestens moralisch zweifellos zusteht. Unter Hintansetzung wohlerworbener Rechte wird sie vor die Gefahr gestellt, daß ihre Erwartung, in absehbarer Zeit das neu erstandene Kroll-Theater als Wirkungsstätte beziehen zu können, zerstört wird, und zwar unter Benutzung von Mitteln, die an der Stelle ihrer Geltendmachung verblüffend wirken müssen.

Die Große Volksoper ist ins Leben getreten mit dem Gedanken, eine musikalische Schwester der Volksbühne zu werden. Wie die Volksbühne eine Schar Anhänger um sich gesammelt hatte, die durch den Zusammenschluß sich gegenseitig den Besuch billiger Schauspielaufführungen ermöglichen wollten, so strebte die Große Volksoper danach, das gleiche Ziel für die Tausende, die Millionen Opernfreunde zu erreichen. Da viele Angehörige der minderbemittelten Klassen der Bevölkerung gleichmäßig Schauspiel und Oper lieben, ergab sich ganz von selbst ein enger Zusammenschluß zwischen den beiden Unternehmen, die jedes auf verschiedenen Wegen das gleiche Ziel verfolgten, Kunst ins Volk zu tragen. Vom ersten Tage an, da der Gedanke der Großen Volksoper Form anzunehmen begann, ergab sich ein Zusammenarbeiten zwischen den beiden Organisationen, das seinen sichtbaren Ausdruck in der Personalunion fand, die der Eintritt des Verlagsdirektors Springer, des Vorsitzenden der Volksbühne, in den Aufsichtsrat der Großen Volksoper A.-G. bedeutete. Noch klarer trat die Absicht der Zusammenarbeit in dem ersten Eventualvertrage zutage, der schon im Mai 1919 geschlossen wurde, und in dem die Große Volksoper sich verpflichtete, der Volksbühne eine große Anzahl Plätze sehr billig zur Verfügung zu stellen, deren Abnahme die Volksbühne ihrerseits fest zusagte.

Zum zweitenmal kam die Gemeinsamkeit der Bestrebungen und Interessen zwei Jahre später, im Sommer 1921, zum Ausdruck, als die Volksbühne sich nicht in der Lage sah, den von ihr übernommenen Ausbau von ›Kroll‹ mit eigenen Mitteln durchzuführen. In dieser Situation wandte sie sich an die musikalische Schwesterorganisation. Ihre Bitte war nicht vergeblich. Die Große Volksoper stellte ein Darlehen von 2 Mill. M. (Valuta 1921) zu ganz kleinen Zinsen zur Verfügung, damit der Kroll-Bau beendet werden könne, und die Volksbühne ihrerseits verpflichtete sich nun, wo die Eröffnung ihres Hauses früher zu erwarten war als die der Großen Volksoper, der Volksoper eine bestimmte Anzahl Plätze in den Opernaufführungen zur Verfügung zu stellen, die die Staatsoper für sie veranstalten sollte.

Zum drittenmal fand die Volksoper Gelegenheit zu beweisen, wie bereitwillig sie mit der älteren Organisation zusammenzuarbeiten entschlossen war. Die Entwicklung der Volksoper ging so stürmisch voran, daß sie bereits am 1. September 1922 einen ständigen Betrieb eröffnen konnte, wenn auch zunächst im gemieteten Hause, dessen äußere Verhältnisse nicht mehr als ein Notbehelf sein konnten. Da Kroll immer noch nicht fertig war, und da längst mündlich vorgesehen war, daß bei Kroll nur Schauspiel gegeben werden sollte, falls die Volksoper inzwischen bereits zu einem selbständigen Betrieb gekommen sei, stellte die Große Volksoper der Volksbühne fast die Hälfte aller ihrer Plätze – genau 45 Prozent aller Plätze für die ganze Spielzeit – zur Verfügung, zu den gewöhnlichen niedrigen Preisen der Volksbühne mit einem geringfügigen Opernaufschlag. Obwohl die Zahl der Anteilzeichner der Großen Volksoper, die wegen Platzmangel abgewiesen werden mußte, immer größer wurde, hielt die Leitung ihren Vertrag mit der Volksbühne unabänderlich ein, weil sie sich mit der Schauspielschwester fest verbunden fühlte.

Inzwischen hatte sich, im Dezember 1922, herausgestellt, daß auch die vermehrten Mittel der Volksbühne nicht hinreichten, den Kroll-Bau zu Ende zu führen. In ihrer Not wandte sie sich an die Große Volksoper mit der Frage, ob sie in der Lage sei, die notwendigen Mittel zu beschaffen.

Die Volksbühne bot der Volksoper Kroll an oder sagte ihr wenigstens zu, sich für die Überlassung des Hauses an die Große Volksoper einsetzen zu wollen, wenn diese den Neubau vollende. Es gelang der Direktion der Großen Volksoper, die Sicherheiten für die Finanzierung zu beschaffen. Ein deutscher Freund des Unternehmens erklärte sich bereit, 10 000 Dollar zur Verfügung zu stellen. Man konnte annehmen, daß die Frage in glatter Form geregelt sei.

Der preußische Staat hatte bis dahin sich mit der Angelegenheit nicht befaßt. Als die Volksbühne mitteilte, daß die Volksoper bereit sei, dem Staat die Sorge für Kroll abzunehmen und den Bau selbst zu Ende zu führen, zeigte das Ministerium für die Sache Interesse.

Ursprünglich war allerdings immer nur davon die Rede gewesen, daß Kroll im wesentlichen als Filiale des Schauspielhauses dienen sollte, das an vier Abenden und Sonntagnachmittags dort spielen sollte. Nur drei Abende sollten der Oper gehören. Jetzt plötzlich erklärte das Ministerium, Kroll solle die zweite Staatsoper werden, es solle im allgemeinen nur Oper dort gegeben werden. Die Volksbühne, anstatt an ihrem Vorschlag festzuhalten, erklärte sich so überraschend schnell für die neuen Absichten des Staates, daß der Verdacht nicht ganz fernliegt, sie habe sich nur deshalb vorher noch einmal an die Volksoper gewandt, um deren Angebot gegenüber dem Ministerium zu verwerten.

Solange die Tätigkeit der Großen Volksoper sich auf die Veranstaltung von Konzerten und ganz gelegentlichen Opernaufführungen beschränkte, waren die Beziehungen zur Staatsoper freundschaftlicher Natur. Der Opernintendant, Herr von Schillings, war zugleich im Aufsichtsrat der Großen Volksoper und legte ein lebhaftes Interesse für die zukünftige Leitung der Volksoper an den Tag, als er noch nicht Intendant der Staatsoper war. Sein Verhalten änderte sich leider, als die Große Volksoper vom Herbst an als selbständiges Unternehmen ins Leben trat. Herr von Schillings wandte sich entschieden gegen das Engagement erster Kräfte für eine Volksoper. Während die Leitung der Großen Volksoper auf dem Standpunkt steht, daß für das Volk, für die Menge der Kunstfreunde gerade das Beste gut genug ist, trat Herr von Schillings aus dem Aufsichtsrat der Großen Volksoper aus. Je mehr dann die Große Volksoper im Laufe des ersten Winters nicht nur ihre künstlerische Existenzberechtigung, sondern auch ihre wirtschaftliche Existenzbefähigung erwies, um so stärker wurde der Gegensatz zur Staatsoper. Sie machte ihren Mitgliedern aushilfsweise Gastspiele an der Großen Volksoper unmöglich, sie wahrte ihren Besitz an Werken, die die Große Volksoper in ihren Spielplan aufnehmen wollte, kurz, sie ließ keine jener freundnachbarlichen Beziehungen aufkommen, wie sie sonst gerade im Theaterbetrieb üblich und selbstverständlich sind.

Trotzdem hat es die Große Volksoper fertiggebracht, im Gegensatz zu Staatstheatern, ihren Etat zu balancieren.

Man arbeitet gern mit der Behauptung, das Personal der Staatsoper sei so zahlreich, daß sie den zweiten Opernbetrieb gleichzeitig führen könne, ohne wesentliche Neuengagements treffen zu müssen. Wer die tatsächlichen Verhältnisse kennt, kann solche Behauptungen nur als abwegig bezeichnen. Die Intendanz hat während des letzten Winters erst wieder so oft über die Schwierigkeiten geklagt, die ihr bei der Besetzung von anspruchsvollen Werken erwuchsen, man hat so hundertfach nach Gästen als Aushelfern greifen müssen. Sehr zahlreich sind dagegen Chor und Orchester, die beide bei der Großen Volksoper noch ein wenig beschränkt sind. Die Große Volksoper würde also gewiß z. B. für Chor und Orchester überflüssige Kräfte der Staatsoper heranziehen können, wenn ein Kartellverhältnis zustande käme, und könnte auf diese Weise den Etat entlasten, ohne daß der Staat ein neues Risiko eingehen müßte. Denn darüber wird doch wohl allgemeine Übereinstimmung herrschen: wenn Kroll als zweite Staatsoper aufgemacht wird, bedeutet das zunächst neue Ausgaben, ein vermehrtes Risiko, ohne daß man nach den bisherigen Erfahrungen damit rechnen könnte, daß schließlich das Defizit durch die Verdoppelung des Betriebes eine wesentliche Verminderung erfährt. Und wenn man meint, dies Risiko verantworten zu können, weil ja dafür bei Kroll den Massen der Volksbühne billige Kunst geboten würde, so ist dazu zu sagen, daß die Große Volksoper ja in gleicher Weise der Volksbühne einen erheblichen Raum gewähren will, ohne dafür öffentliche Mittel in Anspruch zu nehmen. Ja, die Große Volksoper hat sich ausdrücklich bereit erklärt, die Kosten des Kroll-Umbaues dem Staat schnell zu amortisieren, indem sie eine erhebliche Pacht für das Haus zahlt. Außerdem wäre sie bereit, dem Staat eine sofortige Anzahlung von mindestens 100 Millionen zu leisten.

Bei dieser wirtschaftlichen Entwicklung der Großen Volksoper sind auch ihre künstlerischen Leistungen als vollwertig anerkannt worden. Diese Leistungen kommen in der Tat dem Volk zugute. Die ständigen Besucher der Großen Volksoper sind ihre Anteilzeichner. Sie rekrutieren sich zu einem weit überwiegenden Teile aus Leuten, die ein oder zwei Aktien à Mark 1000,- gezeichnet haben, also gewiß keine reichen Leute sind, wie man der Volksoper gern vorwerfen möchte. Wenn man aber dazu bedenkt, daß 45 Prozent aller Plätze allabendlich der Volksbühne gegeben sind, so ist es klar, daß die Physiognomie des Zuschauerraumes im wesentlichen durch die Angehörigen der Volksbühne bestimmt wird, daß also der erwähnte Vorwurf dann höchstens die Volksbühne treffen könnte.

Als der Betrieb aufgenommen wurde, verfügte die Große Volksoper Gemeinnützige A.-G. über 3 Mill. M. Kapital, von denen 2 Millionen an die Volksbühne verliehen waren. Damit richtete sie die Bühne neu ein, z. B. mit neuer Beleuchtungsanlage, Rundhorizont usw., damit ging sie an die Schaffung eines Fundus. Heute ist ein Kapital von 10 Millionen eingetragen, weitere 15 Millionen sind eingezahlt, weitere 50 Millionen sind schon gezeichnet. Ausgehend von den genannten bescheidenen Anfangsmitteln hat die Große Volksoper es ermöglicht, 16 Werke in Dekoration und Kostüm neu herauszubringen und einen Fundus anzusammeln, der heute schätzungsweise nicht unter 300 Millionen Mark wert ist.

Jetzt appelliert die Große Volksoper in letzter Stunde

noch einmal an die maßgebenden Stellen und die künstlerisch interessierten Persönlichkeiten, das ihrige dazu beizutragen, daß der Großen Volksoper ab Herbst 1923 das Kroll-Theater zunächst auf 25 Jahre überlassen wird, damit sie dort die Oper für das deutsche Volk aufbauen kann, die ihr als höchstes Ziel aller Arbeit vor Augen steht.

Sie erklärt sich dagegen bereit,
1. dem Staat eine Anzahlung von 100 Millionen Mark zu leisten,
2. dem Staat eine entsprechende hohe Pacht zu zahlen,
3. die überschüssigen Kräfte der Staatsoper (wie Orchester, Chor, Solisten, Fundus) im Einvernehmen mit dieser gegen besondere Vergütung an den Staat zu verwerten,
4. der Volksbühne E. V. und verwandten Organisationen die gleiche Platzzahl, die diese vom Staat beanspruchen, abzugeben.

Wenn die Staatsoper das Bedürfnis betont, ihr Haus umzubauen und während der Bauzeit über Kroll verfügen zu können, so scheint diese Forderung nicht unberechtigt. Aber der Umbau von Kroll wird im Herbst 1923 fertig sein, die Große Volksoper hat für das Jahr 1923/24 noch das Theater des Westens. Nichts steht im Wege, den Umbau der Staatsoper während dieses Jahres auszuführen und die Staatsoper zunächst etwa im Theater des Westens spielen zu lassen.

Das Ergebnis einer rein sachlichen Nachprüfung der tatsächlichen Verhältnisse läßt sich also zusammenfassen:

Der Besitz von Kroll ist *keine Lebensnotwendigkeit für die Staatsoper.*

Aufführungen der Staatsoper bei Kroll sind *keine Lebensnotwendigkeiten für die Volksbühne.*

Der Besitz von Kroll ist *aber eine Lebensnotwendigkeit für die Große Volksoper,* die sonst ab Herbst 1924 kein Heim mehr hat, wodurch ihr gesamtes Personal brotlos wird.

Große Volksoper Berlin
Gemeinnützige Aktiengesellschaft.
Der Vorstand. Otto Wilhelm Lange.


*Max Marschalk: ›Vossische Zeitung‹ vom 4. Nov. 1924*

Operndämmerung

Im Opernleben Groß-Berlins hat ein Zersetzungsprozeß begonnen. Die beiden Privatunternehmungen, das Deutsche Opernhaus und die Große Volksoper Berlin sind unter heftigen Fiebererscheinungen erkrankt, und wir können es einstweilen noch nicht übersehen, welchen Verlauf die Krankheit nehmen wird. Bedeutet die Krankheit den Beginn der Heilung, die Gesundung unseres Opernlebens, das durch die Existenz von vier Opernhäusern in einen ungesunden und auf die Dauer unhaltbaren Zustand hineingeraten ist, so wollen wir sie als eine Schicksalsfügung ruhig und geduldig hinnehmen; und es bleibt uns nur im Interesse aller Beteiligten und in Mitleidenschaft Gezogenen der Wunsch, daß das, was nun einmal geschehen muß, bald geschehen möge.

Das eine oder das andere der beiden Opernhäuser wird aufhören müssen zu existieren. Eine Fusion, eine Vereinigung auf Grund eines Konsortialvertrages oder dergleichen ist aus vielen Gründen nicht möglich. Das Deutsche Opernhaus, das den Magistrat der Stadt Charlottenburg hinter sich hat, kann wirtschaftlich nicht ins Gleichgewicht kommen, weil es aus der Zeit des Regimes Blech und Gruder-Guntram mit einem zu gewaltigen Gagenetat belastet ist. Es leidet außerdem unter anderen Verpflichtungen, von denen die Große Volksoper befreit ist; diese ist von der Lustbarkeitssteuer entbunden, zahlt sehr kleine Gagen und zahlt sie nur für zehn Monate. Die Große Volksoper hat kein eigenes Haus, muß eine unerhört hohe Miete zahlen und ist ferner gezwungen, durch unrationelles Abkommen mit ihren Aktionären einen großen Teil ihrer Karten gegen ein zu geringes Entgelt abzugeben. Sie erfreut sich der Sympathien und der Hilfsbereitschaft des Magistrats von Groß-Berlin, und es muß bei dieser Gelegenheit gesagt werden, daß zwischen dem Magistrat von Groß-Berlin und dem Charlottenburger Magistrat in allen die beiden Opernhäuser betreffenden Fragen eine nicht unbeträchtliche Gegensätzlichkeit besteht.

Es befinden sich also die beiden Institute in äußerst schwierigen Lagen. Und da eine Fusion in irgendeiner Form nicht möglich ist, so hat sich zwischen dem Vertreter des Deutschen Opernhauses, Baurat Ahrens, und dem Vertreter der Großen Volksoper, Lange, ein erbitterter Kampf entsponnen; jeder der beiden Kämpfer hat es auf den Untergang des anderen abgesehen. Trotz vielfacher Bemühungen ist es mir nicht gelungen, Klarheit über die Lage der Dinge zu erlangen. Die Meinungen, die Angaben über Verhältnisse, über Motive des Handelns, über Absichten und Pläne widersprechen sich in geradezu ungeheuerlicher Weise. So wurde mir eine im Zusammenhang mit der Großen Volksoper vielgenannte Persönlichkeit von einer Seite folgendermaßen geschildert: Sie brauchen dem Manne nur in die Augen zu sehen, um sofort zu wissen, daß er ein Kind ist, ein unwahrscheinlich harmloser und gütiger Mensch, ein wahrer Wohltäter; von anderer Seite dahingegen: ein Blick genügt, um zu wissen, wes Geistes Kind dieser gefährliche Herr ist. In ähnlicher Weise differiert das Urteil über alle und alles.

Da haben beide Parteien vermeint, die für den tödlichen Hieb geeigneten Waffen in die Hand zu bekommen, indem sie Aktienpakete der gegnerischen Aktiengesellschaft erwarben. Der Aktienbesitz des ehemaligen

Aufsichtsratsvorsitzenden des Deutschen Opernhauses, Littmann, ging über eine vor kurzem entlassene Sängerin des Deutschen Opernhauses und über Herrn Lange in den Besitz des Aufsichtsratsvorsitzenden der Großen Volksoper, Dr. Epstein, über. Die Rechtmäßigkeit dieses Aktienbesitzes wird bis zu einer gewissen Höhe Herrn Littmann bestritten, und Prozesse sind bereits anhängig gemacht worden. Dieser Aktienbesitz, der 51 Prozent des Gesamtaktienbestandes beträgt, würde, unbestritten, der Großen Volksoper nach ihrer Meinung einen bestimmenden Einfluß auf der demnächst stattfindenden Generalversammlung der Aktionäre des Deutschen Opernhauses sichern. Nach der Meinung des Herrn Ahrens dahingegen wären 75 Prozent der Aktien nötig, um diesen Einfluß zu erlangen. Herr Ahrens seinerseits hat 85 Prozent der Aktien der Volksoper käuflich erworben, doch heißt es, daß dieser Erwerb ungültig sei, da die Darmstädter Bank dieses Aktienpaket bereits anderweitig verkauft gehabt habe.

Es ist, wie gesagt, eben nicht leicht, einen klaren Überblick über die Verhältnisse zu gewinnen. Das eine steht wohl fest: Ahrens will Lange entthronen, aus den Trümmern der Großen Volksoper das retten, was ihm wertvoll und nützlich erscheint, und, von der Konkurrenz befreit, das Deutsche Opernhaus neu aufbauen, und zwar mit Hilfe des Charlottenburger Magistrats. Lange aber will, unterstützt durch den Magistrat von Groß-Berlin, mit konträren Aufsaugungsabsichten in das Deutsche Opernhaus einziehen und sich und sein Unternehmen (durch Befreiung von der Konkurrenz) sanieren. Wir werden den Ausgang von Prozessen, den Verlauf von Generalversammlungen abwarten müssen. Daß das Deutsche Opernhaus übrig bleiben wird, daß also nur eines der beiden Opernhäuser wird Bestand haben können – Langes Vertrag mit dem Theater des Westens ist von kurzer Dauer –, kann kaum bezweifelt werden. Es fragt sich nur, wer von beiden Kämpfern, ob Ahrens oder Lange, als Sieger auf dem Plane bleiben wird.

Die Einwohnerschaft Groß-Berlins, soweit sie an Kultur und Kunst ein Interesse nimmt, kann nur den Wunsch haben, daß in dem Wirrwarr, in dem unübersichtlichen Durcheinander von ideellen und materiellen Bestrebungen, von persönlichem Ehrgeiz und Existenzkampf, Kultur und Kunst nicht zu kurz kommen mögen. Sie hofft, daß aus dem Zusammenbruch, so oder so, ein wirklich künstlerisch geleitetes Opernhaus hervorgehen wird, ein lebensfähiges, dessen Existenzberechtigung von niemand wird bestritten werden können.

Von den beiden Privat-Opernhäusern lenken sich unsere Blicke auf die beiden staatlichen Opernhäuser. Auch hier wird es nicht lange mehr so weitergehen wie bisher; denn es heißt, daß der Staat seine Subventionen wesentlich einschränken wird. Schon jetzt sind, und zwar von den verschiedenen Seiten her, Bestrebungen im Gange, die darauf hinzielen, die beiden Staatsopernhäuser aus der staatlichen in die private Bewirtschaftung hinüberzuleiten, und im Anschluß an die Gerüchte von diesen Bestrebungen wird der alte, schon durch Wilhelm II. gefaßte Beschluß, das Opernhaus Unter den Linden für staatliche und städtische Repräsentationszwecke zu reservieren, neu ventiliert, und am fernen Horizonte taucht sogar der Bau eines neuen, zeitgemäßen Opernhauses ganz großen Stiles auf, und die kühnen Projektemacher träumen offenbar davon, daß Groß-Berlin unter Kassierung der Oper am Königsplatz schließlich zwei gewaltige, einer zentralen Privatwirtschaft unterstellte, vom Staate und von der Stadt in mäßigem Umfang subventionierte Opernhäuser besitzen wird, nämlich das neue Haus ›am fernen Horizonte‹ für die seriöse Oper (vielleicht mit angeschlossener Kammeroper für auf Intimität des Raumes angewiesene Werke) und das in den Dienst des Volkes gestellte Deutsche Opernhaus mit dem Untertitel etwa ›Deutsche Volksoper Berlin‹.

*Adolf Weißmann: Musikblätter des ›Anbruch‹, Jahrgang VII, Januarheft 1925*

Musik 1924

Die Scheidewände beginnen zu fallen. Aber es ist nur ein Anfang. Welche Verwirrung die letzten zehn Jahre in den Hirnen gestiftet haben, läßt sich an der Schwierigkeit ermessen, mit der heute in Deutschland, in Berlin zumal, die selbstverständlichsten Dinge der Kunst zu kämpfen haben.

Man darf sagen, daß je stärker die Abwendung der übrigen Welt von einer musikalischen Richtung ist, die nun alle ihre Reformen erschöpft hat, desto heftiger und zäher der Widerstand gegen diese Sinnesänderung sich im deutschen Musikleben in seinem Brennpunkt Berlin ausdrückt. Man möchte es nicht glauben: Ravel, der bereits als klassisch gilt, wird in Berlin immer noch als Neuerer argwöhnisch betrachtet. Dies ein Beispiel für viele. Die Musik des Auslands tröpfelt kaum hinein. Und woran wird sie gemessen? Am Maßstab der großen Musik, die oft nur lang und in das sogenannte klassische Formbett (gute Schlafgelegenheit) gesteckt ist.

Es wird also lange dauern, ehe alle europäische Musik ihren legitimen Widerhall auch in Berlin finden wird.

Aber so sehr es auch feststeht, daß noch immer die Verbindung zwischen Paris, London und New York besonders eng ist, und daß dies zum Fernhalten gewisser künstlerischer Erscheinungen (wie etwa Manuel de Falla) von Deutschland führt, schon weil man sich auf deutschem Boden nicht einem gewissen Gebelfer aussetzen will; Deutschland ist als musikalisches Hinterland unantastbar, und Berlin ist nicht gut zu umgehen.

Man sucht den Inflationsrausch abzuschütteln, von dem man innerlich noch beherrscht ist. Dies kennzeichnet die wirtschaftliche Einstellung. Leider drängt sie sich auch viel zu sehr in das Künstlerische, um verachtet zu werden.

Betrachten wir Berlin als Musikzentrum im Gegensatz zu den anderen Europas, dann ist auszusagen, daß nirgendwo der Kampf zwischen Traditionalisten und den Verfechtern des Neuen so erbittert ist, wie in dem gegenwärtigen Berlin. Mag dies auch als Zeichen eines besonderen Erregungszustandes genommen werden, so ist doch gerade diese Stadt als Herd geistiger Regsamkeit und als Brennpunkt gegensätzlicher Strömungen seit Jahrzehnten ausgeprägt und darum in einer Zeit der Übergangsbildungen dazu geboren, Stätte der Gärung und der Klärung zugleich zu werden.

Aber während diese inneren Momente fort und fort wirken, spielt doch immer wieder das Wirtschaftliche hinein.

In Oper und Konzert ist zwar Entscheidendes geschehen, aber schwere Erschütterungen sind nicht ausgeblieben. Das Berliner Opernleben schwankt, soweit es an privates Unternehmertum gebunden ist. Das Berliner Konzertleben hat die stolze Etikette von dazumal, aber, so weit es Betrieb ist – und es ist in seinem quantitativ schwerstwiegenden Teil Betrieb – ohne eigentliche Berechtigung. Es krankt am Podium-Startum, das sich der Geldknappheit gerade der Kreise, die als Aufnehmende in Betracht kommen, übermäßig anspruchsvoll entgegenstellt. Verschärft wird dies freilich durch ein Vermittlertum, das niemals mehr als jetzt sich die Zugkräfte gegenseitig zu entreißen sucht. Das könnte komisch werden, ist aber leider in seinen schweren Wirkungen deutlich zu spüren.

Die staatliche Opernpflege hat, im Gegensatz zur privaten, Erfolge aufzuweisen. Mit der Stabilisierung der deutschen Währung scheint die Staatsoper nicht nur stabilisiert, sondern auch von fruchtbarem Ehrgeiz erfüllt. Es kann zwar geschehen, daß man sich, unter dem verführerischen Titel ›stagione‹ ein mittelmäßiges italienisches Ensemble aufreden läßt. Ein nicht hervoragender Bariton Riccardo Stracciari, eine dreiviertel Koloratursängerin Mercedes Capsir, ein marmorner Dirigent Giacomo Armani haben es sogar fertig gebracht, den ›Barbier von Sevilla‹ so zu sterilisieren, daß kein Rest von Laune blieb. Da aber die Erstaufführung der ›Zwingburg‹ Ernst Křeneks den Kredit der Staatsoper bedeutend erhöht hatte, so war dieser Sündenfall nicht so schwer zu nehmen, wie unter anderen Umständen.

Gewiß ist der Stoßkraft Erich Kleibers vor allem dieser Einbruch eines der Allerjüngsten in die bisher vor jeder derartigen Überraschung ängstlich gehüteten Stätte der Wagner-, Puccini- und Strauss-Tradition zuzuschreiben. Aber schon das Gewährenlassen durch den Intendanten Schillings, der doch zunächst anders gerichtet ist, wäre hoch zu werten. Man hat übrigens auch Grund anzunehmen, daß er aus eigener Erkenntnis dem jungen Geschlecht Einlaß verstatten will.

Noch nie hat ein Křenek so unmittelbar gewirkt wie hier. Man kann die Wirkung der ›Zwingburg‹ nicht anders als revolutionär nennen, auch wenn sich bei näherem Zuhören ergeben sollte, daß das Neue in den Mitteln nicht absolut neu ist. Der Geist, in dem dieses Werk atmet, ist das Zwingende. Man möchte sagen: aus der Übertreibung einer Schwäche ergibt sich die schöpferische Impretur, die sich auf künstlerische Zuhörer überträgt.

Ein zweiter Beweis für den neuen Ehrgeiz der Staatsoper, im weitesten und zeitgemäßen Sinne fähig zu sein, ist die Aufführung der Tanzsymphonie ›Die Nächtlichen‹ von Egon Wellesz. Zugleich aber auch die Begünstigung des Versuches in dem neuen, wie man hervorhebt, deutschen Tanz, der sich dem russischen Ballett gegenüberstellt. Da hier keine Kritik, sondern nur ein Querschnitt gegeben werden soll, sei gesagt, daß das Bündnis Max Terpis-Egon Wellesz sich zwar in einigen Momenten als fruchtbar erwies, daß aber ein vollgültiges Ergebnis, ein packender Eindruck ausblieb. Und zwar schon darum, weil die Verjüngung des bisher stiefmütterlich behandelten Balletts in dem Sinne Labans und der Mary Wigman sich nicht im Handumdrehen durchführen läßt. Daß auch Wellesz den Weg zu schöpferischer Freiheit, der für ihn mit Strawinsky-Impressionen gepflastert ist, mit einigen Schwierigkeiten zurücklegt, trat hier hervor, aber es machten sich auch Ansätze dazu bemerkbar.

Wie bei Křenek und Wellesz Szene und Regie einheitlich zusammenwirkten, oder mindestens alle Schablonen abstreiften, das ehrte die Staatsoper. Und man wird es zwar als Selbstverständlichkeit, aber doch rühmend vermerken müssen, daß sie den letzten Anlaß benützte, um Busonis ›Arlecchino‹, die geistvollste Persiflage der Oper in der Gegenwart, unter Kleibers spornender Leistung wiederzuerwecken. Der Nachhall war stark und ist hoffentlich dauernd. Und mag auch die Zweigstelle der Staatsoper, Oper am Königsplatz genannt, künstlerisch nicht gerade Hochwertiges leisten: ganz ohne Zweifel ist heute alle staatliche Musikpflege am ertragreichsten, weil sie sich auf gesicherter Grundlage vollzieht und, bis jetzt wenigstens, den Hemmungen der Verbohrtheit nicht begegnet.

Finanzielle Gesundung des Staates, Geldknappheit bei denen, die als Kunstförderer und -empfänger in Betracht kommen. Dies also kennzeichnet die Lage. Wie dies auf die Privatoper drückt, haben die letzten Monate erschreckend gezeigt. Noch nie hat das Barometer der Oper in Berlin solche Schwankungen verzeichnet, wie im letzten Jahre. Aber noch nie ist auch ein solcher

Luxus auf dem Gebiete musikalischer Bühnenkunst getrieben worden wie in dieser Zeit. Und noch nie haben Glücksjäger sich mit solchem, wenn auch vorübergehenden Erfolge im Berliner Opernleben einnisten können. Das alles ist auf den eigentümlichen Seelenzustand bei Gebern und Empfängern zurückzuführen.

Merkwürdig genug: das Schlagwort ›Volksoper‹ ist der wirksamste Werberuf. Und da in diesen kritischen Zeiten erstens nicht feststeht, was unter ›Volk‹ zu verstehen ist, zweitens aber dieses Volk zwar großen Genußhunger, aber im übrigen kaum feststellbare Neigungen hat, so ergibt sich ein Spiel mit unzähligen Unbekannten, das auch durch das Abonnementsystem nichts von seiner Gewagtheit verliert. Für das Durchschnittspublikum besteht regste Verwandtschaft zwischen Oper und Kino. Und solange sie sich in der künstlerischen Haltung kundgibt, wird die Oper scheinbar Daseinsmöglichkeiten haben. Freilich hat das Kino den Vorzug der Billigkeit, und darum ist diese Nachbarschaft gefährlich.

Dieses Spiel mit unzähligen Unbekannten aber geht nun seit mehreren Jahren, bis es heute, wo alles zur Gesundung strebt, notwendig auch zum Höhepunkt der Krise führen muß.

Kurz: die ›Große Volksoper‹ und das ›Deutsche Opernhaus‹ haben beide Bankrott gemacht und wollen sich in eines verschmelzen. Von diesen beiden Opernhäusern ruhte das Deutsche auf gesicherter Grundlage, solange nicht die Erschütterung durch die Folgen des Krieges eintrat. Aber gerade diese sind von Herrn Lange benützt worden, um selbst ein Kartenhaus der Oper zu errichten. Diese beiden Häuser sind einander räumlich so nahe, daß sie sich gefährlich werden. Aber der leidende Teil ist das Deutsche Opernhaus. Denn Lange, ein zwar künstlerisch und musikalisch unerfahrener, doch sehr geschickter und betriebsamer Mann, hat es verstanden, sein gepachtetes Haus in kurzer Zeit zugkräftig zu machen. Indem er berühmte Gäste einem sich stetig entwickelnden Ensemble als Lichter aufsetzte und auch das Bühnenbild zeitgemäß gestaltete, hatte er bald auch die Zweifler für sich. Sein ›Boris Godunow‹ war ein Ereignis. Schade nur, daß er auf einem Vulkan tanzte! Während er einen ungeheuer kostspieligen Betrieb unterhielt, wollte er doch auch in seine Tasche arbeiten. Sein Verbrauch an Kapellmeistern war ganz außerordentlich. Selbst ein Leo Blech hatte sich von ihm fangen lassen. Die rücksichtslose Großmannssucht Langes mußte sich rächen.

Indes aber war auch dem Deutschen Opernhaus der Boden untergraben. Es hatte, dem Zug der Zeit folgend, der bürgerlichen Richtung Georg Hartmanns entsagt und damit auch die Abonnenten vor den Kopf gestoßen. Ein Intendant von höfischer Tradition wurde ernannt, der Betrieb mit Gästen aufgenommen; je weiter die Zeit vorrückte, desto ziel- und haltloser wurde die Leitung.

Heute steht die Fusion bevor. Aber ehe ein ohne allen Zweifel lebensfähiges deutsches Opernhaus entsteht, wird noch manche Einzelexistenz geopfert werden. Noch nie sind soviele Opernsänger von bitterer Not bedroht gewesen wie jetzt. Und kein Mensch weiß, ob Staat, Stadt oder Privatleute für das Haus bürgen werden. Dann erst kann die Rede davon sein, einen Intendanten oder Ähnliches zu ernennen und einen großen Theaterkapellmeister mit der künstlerischen Oberleitung zu betrauen.

In alledem aber drückt sich nicht nur Berliner, sondern deutsche Theaternot aus. Eine Vorkriegszeit des Luxus hat Opernhäuser, Opernsänger, Theatermusiker in Überfülle entstehen lassen. Heute hätte sich der Bestand an Opernkunst nach dem tatsächlichen Bedürfnis der Kunstempfänger und nach dem wahrhaften künstlerischen Zwang und Talent der Sänger und Spieler zu richten. Der Weg hiezu ist grausam.

Im Bereiche der Konzertmusik macht sich ebenfalls das Wirtschaftliche stark fühlbar. Der Verwesungsprozeß schreitet bedenklich fort, die Entwicklung wird gehemmt.

Wir sind in der Ära der Dirigentenkonzerte. Drei, vier berühmte Dirigenten werden als Aushängeschilder für einen Konzertbetrieb benützt, in dem die Agenten einander den Rang ablaufen wollen. Es ergibt sich hieraus, daß man mit geringstem Risiko im Programm arbeiten will. Dies führt zu einer steigenden Abnützung des Alten von Beethoven bis Mahler und zur systematischen Ausschaltung des Werdenden, Entwicklungsfähigen. Auch so übrigens stimmt die Rechnung nur selten. Während die philharmonischen Konzerte mit Furtwängler immerhin gesichert sind, finden Walter, Klemperer und andere mehr trotz ihrer unbestreitbaren Zugkraft nicht volle Häuser.

Der Weg der neuen Musik in Berlin ist dorniger als je. Zwar ist die Gesellschaft der Musikfreunde unter Heinz Unger wieder zum Leben erwacht und laviert geschickt zwischen Neuem und Altem. Ein Bartók, ein Schönberg und andere mehr schwimmen zwischen den bewährten Meistern. Man kann ja übrigens auch Bruno Walter eine bis ins letzte durchfühlte und kraftvoll umrissene Aufführung von Mahlers Fünfter und die Berliner Erstaufführung des Violinkonzertes von Prokofieff mit Szigeti, Klemperer die charaktervolle Durchleuchtung von Bruckners Achter nachrühmen. Daß auch Kleiber in Wahrung der Tradition der staatlichen Symphoniekonzerte lavieren muß, aber allerdings mit Busonis Concerto einen Schritt vorwärts getan hat, sei hervorgehoben. Dieser unendlich ausdrucksfähige Künstler bringt es fertig, selbst eine Symphonie Julius Bittners zu vergolden, ohne freilich damit einen Dauerwert dieses Werkes vorzutäuschen.

Wo also geschieht Entscheidendes für neue Musik? Die

Man sucht den Inflationsrausch abzuschütteln, von dem man innerlich noch beherrscht ist. Dies kennzeichnet die wirtschaftliche Einstellung. Leider drängt sie sich auch viel zu sehr in das Künstlerische, um verachtet zu werden.

Betrachten wir Berlin als Musikzentrum im Gegensatz zu den anderen Europas, dann ist auszusagen, daß nirgendwo der Kampf zwischen Traditionalisten und den Verfechtern des Neuen so erbittert ist, wie in dem gegenwärtigen Berlin. Mag dies auch als Zeichen eines besonderen Erregungszustandes genommen werden, so ist doch gerade diese Stadt als Herd geistiger Regsamkeit und als Brennpunkt gegensätzlicher Strömungen seit Jahrzehnten ausgeprägt und darum in einer Zeit der Übergangsbildungen dazu geboren, Stätte der Gärung und der Klärung zugleich zu werden.

Aber während diese inneren Momente fort und fort wirken, spielt doch immer wieder das Wirtschaftliche hinein.

In Oper und Konzert ist zwar Entscheidendes geschehen, aber schwere Erschütterungen sind nicht ausgeblieben. Das Berliner Opernleben schwankt, soweit es an privates Unternehmertum gebunden ist. Das Berliner Konzertleben hat die stolze Etikette von dazumal, aber, so weit es Betrieb ist – und es ist in seinem quantitativ schwerstwiegenden Teil Betrieb – ohne eigentliche Berechtigung. Es krankt am Podium-Startum, das sich der Geldknappheit gerade der Kreise, die als Aufnehmende in Betracht kommen, übermäßig anspruchsvoll entgegenstellt. Verschärft wird dies freilich durch ein Vermittlertum, das niemals mehr als jetzt sich die Zugkräfte gegenseitig zu entreißen sucht. Das könnte komisch werden, ist aber leider in seinen schweren Wirkungen deutlich zu spüren.

Die staatliche Opernpflege hat, im Gegensatz zur privaten, Erfolge aufzuweisen. Mit der Stabilisierung der deutschen Währung scheint die Staatsoper nicht nur stabilisiert, sondern auch von fruchtbarem Ehrgeiz erfüllt. Es kann zwar geschehen, daß man sich, unter dem verführerischen Titel ›stagione‹ ein mittelmäßiges italienisches Ensemble aufreden läßt. Ein nicht hervoragender Bariton Riccardo Stracciari, eine dreiviertel Koloratursängerin Mercedes Capsir, ein marmorner Dirigent Giacomo Armani haben es sogar fertig gebracht, den ›Barbier von Sevilla‹ so zu sterilisieren, daß kein Rest von Laune blieb. Da aber die Erstaufführung der ›Zwingburg‹ Ernst Křeneks den Kredit der Staatsoper bedeutend erhöht hatte, so war dieser Sündenfall nicht so schwer zu nehmen, wie unter anderen Umständen.

Gewiß ist der Stoßkraft Erich Kleibers vor allem dieser Einbruch eines der Allerjüngsten in die bisher vor jeder derartigen Überraschung ängstlich gehüteten Stätte der Wagner-, Puccini- und Strauss-Tradition zuzuschreiben. Aber schon das Gewährenlassen durch den Intendanten Schillings, der doch zunächst anders gerichtet ist, wäre hoch zu werten. Man hat übrigens auch Grund anzunehmen, daß er aus eigener Erkenntnis dem jungen Geschlecht Einlaß verstatten will.

Noch nie hat ein Křenek so unmittelbar gewirkt wie hier. Man kann die Wirkung der ›Zwingburg‹ nicht anders als revolutionär nennen, auch wenn sich bei näherem Zuhören ergeben sollte, daß das Neue in den Mitteln nicht absolut neu ist. Der Geist, in dem dieses Werk atmet, ist das Zwingende. Man möchte sagen: aus der Übertreibung einer Schwäche ergibt sich die schöpferische Impretur, die sich auf künstlerische Zuhörer überträgt.

Ein zweiter Beweis für den neuen Ehrgeiz der Staatsoper, im weitesten und zeitgemäßen Sinne fähig zu sein, ist die Aufführung der Tanzsymphonie ›Die Nächtlichen‹ von Egon Wellesz. Zugleich aber auch die Begünstigung des Versuches in dem neuen, wie man hervorhebt, deutschen Tanz, der sich dem russischen Ballett gegenüberstellt. Da hier keine Kritik, sondern nur ein Querschnitt gegeben werden soll, sei gesagt, daß das Bündnis Max Terpis-Egon Wellesz sich zwar in einigen Momenten als fruchtbar erwies, daß aber ein vollgültiges Ergebnis, ein packender Eindruck ausblieb. Und zwar schon darum, weil die Verjüngung des bisher stiefmütterlich behandelten Balletts in dem Sinne Labans und der Mary Wigman sich nicht im Handumdrehen durchführen läßt. Daß auch Wellesz den Weg zu schöpferischer Freiheit, der für ihn mit Strawinsky-Impressionen gepflastert ist, mit einigen Schwierigkeiten zurücklegt, trat hier hervor, aber es machten sich auch Ansätze dazu bemerkbar.

Wie bei Křenek und Wellesz Szene und Regie einheitlich zusammenwirkten, oder mindestens alle Schablonen abstreiften, das ehrte die Staatsoper. Und man wird es zwar als Selbstverständlichkeit, aber doch rühmend vermerken müssen, daß sie den letzten Anlaß benützte, um Busonis ›Arlecchino‹, die geistvollste Persiflage der Oper in der Gegenwart, unter Kleibers spornender Leistung wiederzuerwecken. Der Nachhall war stark und ist hoffentlich dauernd. Und mag auch die Zweigstelle der Staatsoper, Oper am Königsplatz genannt, künstlerisch nicht gerade Hochwertiges leisten: ganz ohne Zweifel ist heute alle staatliche Musikpflege am ertragreichsten, weil sie sich auf gesicherter Grundlage vollzieht und, bis jetzt wenigstens, den Hemmungen der Verbohrtheit nicht begegnet.

Finanzielle Gesundung des Staates, Geldknappheit bei denen, die als Kunstförderer und -empfänger in Betracht kommen. Dies also kennzeichnet die Lage. Wie dies auf die Privatoper drückt, haben die letzten Monate erschreckend gezeigt. Noch nie hat das Barometer der Oper in Berlin solche Schwankungen verzeichnet, wie im letzten Jahre. Aber noch nie ist auch ein solcher

Luxus auf dem Gebiete musikalischer Bühnenkunst getrieben worden wie in dieser Zeit. Und noch nie haben Glücksjäger sich mit solchem, wenn auch vorübergehenden Erfolge im Berliner Opernleben einnisten können. Das alles ist auf den eigentümlichen Seelenzustand bei Gebern und Empfängern zurückzuführen.

Merkwürdig genug: das Schlagwort ›Volksoper‹ ist der wirksamste Werberuf. Und da in diesen kritischen Zeiten erstens nicht feststeht, was unter ›Volk‹ zu verstehen ist, zweitens aber dieses Volk zwar großen Genußhunger, aber im übrigen kaum feststellbare Neigungen hat, so ergibt sich ein Spiel mit unzähligen Unbekannten, das auch durch das Abonnementsystem nichts von seiner Gewagtheit verliert. Für das Durchschnittspublikum besteht regste Verwandtschaft zwischen Oper und Kino. Und solange sie sich in der künstlerischen Haltung kundgibt, wird die Oper scheinbar Daseinsmöglichkeiten haben. Freilich hat das Kino den Vorzug der Billigkeit, und darum ist diese Nachbarschaft gefährlich.

Dieses Spiel mit unzähligen Unbekannten aber geht nun seit mehreren Jahren, bis es heute, wo alles zur Gesundung strebt, notwendig auch zum Höhepunkt der Krise führen muß.

Kurz: die ›Große Volksoper‹ und das ›Deutsche Opernhaus‹ haben beide Bankrott gemacht und wollen sich in eines verschmelzen. Von diesen beiden Opernhäusern ruhte das Deutsche auf gesicherter Grundlage, solange nicht die Erschütterung durch die Folgen des Krieges eintrat. Aber gerade diese sind von Herrn Lange benützt worden, um selbst ein Kartenhaus der Oper zu errichten. Diese beiden Häuser sind einander räumlich so nahe, daß sie sich gefährlich werden. Aber der leidende Teil ist das Deutsche Opernhaus. Denn Lange, ein zwar künstlerisch und musikalisch unerfahrener, doch sehr geschickter und betriebsamer Mann, hat es verstanden, sein gepachtetes Haus in kurzer Zeit zugkräftig zu machen. Indem er berühmte Gäste einem sich stetig entwickelnden Ensemble als Lichter aufsetzte und auch das Bühnenbild zeitgemäß gestaltete, hatte er bald auch die Zweifler für sich. Sein ›Boris Godunow‹ war ein Ereignis. Schade nur, daß er auf einem Vulkan tanzte! Während er einen ungeheuer kostspieligen Betrieb unterhielt, wollte er doch auch in seine Tasche arbeiten. Sein Verbrauch an Kapellmeistern war ganz außerordentlich. Selbst ein Leo Blech hatte sich von ihm fangen lassen. Die rücksichtslose Großmannssucht Langes mußte sich rächen.

Indes aber war auch dem Deutschen Opernhaus der Boden untergraben. Es hatte, dem Zug der Zeit folgend, der bürgerlichen Richtung Georg Hartmanns entsagt und damit auch die Abonnenten vor den Kopf gestoßen. Ein Intendant von höfischer Tradition wurde ernannt, der Betrieb mit Gästen aufgenommen; je weiter die Zeit vorrückte, desto ziel- und haltloser wurde die Leitung.

Heute steht die Fusion bevor. Aber ehe ein ohne allen Zweifel lebensfähiges deutsches Opernhaus entsteht, wird noch manche Einzelexistenz geopfert werden. Noch nie sind soviele Opernsänger von bitterer Not bedroht gewesen wie jetzt. Und kein Mensch weiß, ob Staat, Stadt oder Privatleute für das Haus bürgen werden. Dann erst kann die Rede davon sein, einen Intendanten oder Ähnliches zu ernennen und einen großen Theaterkapellmeister mit der künstlerischen Oberleitung zu betrauen.

In alledem aber drückt sich nicht nur Berliner, sondern deutsche Theaternot aus. Eine Vorkriegszeit des Luxus hat Opernhäuser, Opernsänger, Theatermusiker in Überfülle entstehen lassen. Heute hätte sich der Bestand an Opernkunst nach dem tatsächlichen Bedürfnis der Kunstempfänger und nach dem wahrhaften künstlerischen Zwang und Talent der Sänger und Spieler zu richten. Der Weg hiezu ist grausam.

Im Bereiche der Konzertmusik macht sich ebenfalls das Wirtschaftliche stark fühlbar. Der Verwesungsprozeß schreitet bedenklich fort, die Entwicklung wird gehemmt.

Wir sind in der Ära der Dirigentenkonzerte. Drei, vier berühmte Dirigenten werden als Aushängeschilder für einen Konzertbetrieb benützt, in dem die Agenten einander den Rang ablaufen wollen. Es ergibt sich hieraus, daß man mit geringstem Risiko im Programm arbeiten will. Dies führt zu einer steigenden Abnützung des Alten von Beethoven bis Mahler und zur systematischen Ausschaltung des Werdenden, Entwicklungsfähigen. Auch so übrigens stimmt die Rechnung nur selten. Während die philharmonischen Konzerte mit Furtwängler immerhin gesichert sind, finden Walter, Klemperer und andere mehr trotz ihrer unbestreitbaren Zugkraft nicht volle Häuser.

Der Weg der neuen Musik in Berlin ist dorniger als je. Zwar ist die Gesellschaft der Musikfreunde unter Heinz Unger wieder zum Leben erwacht und laviert geschickt zwischen Neuem und Altem. Ein Bartók, ein Schönberg und andere mehr schwimmen zwischen den bewährten Meistern. Man kann ja übrigens auch Bruno Walter eine bis ins letzte durchfühlte und kraftvoll umrissene Aufführung von Mahlers Fünfter und die Berliner Erstaufführung des Violinkonzertes von Prokofieff mit Szigeti, Klemperer die charaktervolle Durchleuchtung von Bruckners Achter nachrühmen. Daß auch Kleiber in Wahrung der Tradition der staatlichen Symphoniekonzerte lavieren muß, aber allerdings mit Busonis Concerto einen Schritt vorwärts getan hat, sei hervorgehoben. Dieser unendlich ausdrucksfähige Künstler bringt es fertig, selbst eine Symphonie Julius Bittners zu vergolden, ohne freilich damit einen Dauerwert dieses Werkes vorzutäuschen.

Wo also geschieht Entscheidendes für neue Musik? Die

Man sucht den Inflationsrausch abzuschütteln, von dem man innerlich noch beherrscht ist. Dies kennzeichnet die wirtschaftliche Einstellung. Leider drängt sie sich auch viel zu sehr in das Künstlerische, um verachtet zu werden.

Betrachten wir Berlin als Musikzentrum im Gegensatz zu den anderen Europas, dann ist auszusagen, daß nirgendwo der Kampf zwischen Traditionalisten und den Verfechtern des Neuen so erbittert ist, wie in dem gegenwärtigen Berlin. Mag dies auch als Zeichen eines besonderen Erregungszustandes genommen werden, so ist doch gerade diese Stadt als Herd geistiger Regsamkeit und als Brennpunkt gegensätzlicher Strömungen seit Jahrzehnten ausgeprägt und darum in einer Zeit der Übergangsbildungen dazu geboren, Stätte der Gärung und der Klärung zugleich zu werden.

Aber während diese inneren Momente fort und fort wirken, spielt doch immer wieder das Wirtschaftliche hinein.

In Oper und Konzert ist zwar Entscheidendes geschehen, aber schwere Erschütterungen sind nicht ausgeblieben. Das Berliner Opernleben schwankt, soweit es an privates Unternehmertum gebunden ist. Das Berliner Konzertleben hat die stolze Etikette von dazumal, aber, so weit es Betrieb ist – und es ist in seinem quantitativ schwerstwiegenden Teil Betrieb – ohne eigentliche Berechtigung. Es krankt am Podium-Startum, das sich der Geldknappheit gerade der Kreise, die als Aufnehmende in Betracht kommen, übermäßig anspruchsvoll entgegenstellt. Verschärft wird dies freilich durch ein Vermittlertum, das niemals mehr als jetzt sich die Zugkräfte gegenseitig zu entreißen sucht. Das könnte komisch werden, ist aber leider in seinen schweren Wirkungen deutlich zu spüren.

Die staatliche Opernpflege hat, im Gegensatz zur privaten, Erfolge aufzuweisen. Mit der Stabilisierung der deutschen Währung scheint die Staatsoper nicht nur stabilisiert, sondern auch von fruchtbarem Ehrgeiz erfüllt. Es kann zwar geschehen, daß man sich, unter dem verführerischen Titel ›stagione‹ ein mittelmäßiges italienisches Ensemble aufreden läßt. Ein nicht hervoragender Bariton Riccardo Stracciari, eine dreiviertel Koloratursängerin Mercedes Capsir, ein marmorner Dirigent Giacomo Armani haben es sogar fertig gebracht, den ›Barbier von Sevilla‹ so zu sterilisieren, daß kein Rest von Laune blieb. Da aber die Erstaufführung der ›Zwingburg‹ Ernst Křeneks den Kredit der Staatsoper bedeutend erhöht hatte, so war dieser Sündenfall nicht so schwer zu nehmen, wie unter anderen Umständen.

Gewiß ist der Stoßkraft Erich Kleibers vor allem dieser Einbruch eines der Allerjüngsten in die bisher vor jeder derartigen Überraschung ängstlich gehüteten Stätte der Wagner-, Puccini- und Strauss-Tradition zuzuschreiben. Aber schon das Gewährenlassen durch den Intendanten Schillings, der doch zunächst anders gerichtet ist, wäre hoch zu werten. Man hat übrigens auch Grund anzunehmen, daß er aus eigener Erkenntnis dem jungen Geschlecht Einlaß verstatten will.

Noch nie hat ein Křenek so unmittelbar gewirkt wie hier. Man kann die Wirkung der ›Zwingburg‹ nicht anders als revolutionär nennen, auch wenn sich bei näherem Zuhören ergeben sollte, daß das Neue in den Mitteln nicht absolut neu ist. Der Geist, in dem dieses Werk atmet, ist das Zwingende. Man möchte sagen: aus der Übertreibung einer Schwäche ergibt sich die schöpferische Impretur, die sich auf künstlerische Zuhörer überträgt.

Ein zweiter Beweis für den neuen Ehrgeiz der Staatsoper, im weitesten und zeitgemäßen Sinne fähig zu sein, ist die Aufführung der Tanzsymphonie ›Die Nächtlichen‹ von Egon Wellesz. Zugleich aber auch die Begünstigung des Versuches in dem neuen, wie man hervorhebt, deutschen Tanz, der sich dem russischen Ballett gegenüberstellt. Da hier keine Kritik, sondern nur ein Querschnitt gegeben werden soll, sei gesagt, daß das Bündnis Max Terpis-Egon Wellesz sich zwar in einigen Momenten als fruchtbar erwies, daß aber ein vollgültiges Ergebnis, ein packender Eindruck ausblieb. Und zwar schon darum, weil die Verjüngung des bisher stiefmütterlich behandelten Balletts in dem Sinne Labans und der Mary Wigman sich nicht im Handumdrehen durchführen läßt. Daß auch Wellesz den Weg zu schöpferischer Freiheit, der für ihn mit Strawinsky-Impressionen gepflastert ist, mit einigen Schwierigkeiten zurücklegt, trat hier hervor, aber es machten sich auch Ansätze dazu bemerkbar.

Wie bei Křenek und Wellesz Szene und Regie einheitlich zusammenwirkten, oder mindestens alle Schablonen abstreiften, das ehrte die Staatsoper. Und man wird es zwar als Selbstverständlichkeit, aber doch rühmend vermerken müssen, daß sie den letzten Anlaß benützte, um Busonis ›Arlecchino‹, die geistvollste Persiflage der Oper in der Gegenwart, unter Kleibers spornender Leistung wiederzuerwecken. Der Nachhall war stark und ist hoffentlich dauernd. Und mag auch die Zweigstelle der Staatsoper, Oper am Königsplatz genannt, künstlerisch nicht gerade Hochwertiges leisten: ganz ohne Zweifel ist heute alle staatliche Musikpflege am ertragreichsten, weil sie sich auf gesicherter Grundlage vollzieht und, bis jetzt wenigstens, den Hemmungen der Verbohrtheit nicht begegnet.

Finanzielle Gesundung des Staates, Geldknappheit bei denen, die als Kunstförderer und -empfänger in Betracht kommen. Dies also kennzeichnet die Lage. Wie dies auf die Privatoper drückt, haben die letzten Monate erschreckend gezeigt. Noch nie hat das Barometer der Oper in Berlin solche Schwankungen verzeichnet, wie im letzten Jahre. Aber noch nie ist auch ein solcher

Luxus auf dem Gebiete musikalischer Bühnenkunst getrieben worden wie in dieser Zeit. Und noch nie haben Glücksjäger sich mit solchem, wenn auch vorübergehenden Erfolge im Berliner Opernleben einnisten können. Das alles ist auf den eigentümlichen Seelenzustand bei Gebern und Empfängern zurückzuführen.

Merkwürdig genug: das Schlagwort ›Volksoper‹ ist der wirksamste Werberuf. Und da in diesen kritischen Zeiten erstens nicht feststeht, was unter ›Volk‹ zu verstehen ist, zweitens aber dieses Volk zwar großen Genußhunger, aber im übrigen kaum feststellbare Neigungen hat, so ergibt sich ein Spiel mit unzähligen Unbekannten, das auch durch das Abonnementsystem nichts von seiner Gewagtheit verliert. Für das Durchschnittspublikum besteht regste Verwandtschaft zwischen Oper und Kino. Und solange sie sich in der künstlerischen Haltung kundgibt, wird die Oper scheinbar Daseinsmöglichkeiten haben. Freilich hat das Kino den Vorzug der Billigkeit, und darum ist diese Nachbarschaft gefährlich.

Dieses Spiel mit unzähligen Unbekannten aber geht nun seit mehreren Jahren, bis es heute, wo alles zur Gesundung strebt, notwendig auch zum Höhepunkt der Krise führen muß.

Kurz: die ›Große Volksoper‹ und das ›Deutsche Opernhaus‹ haben beide Bankrott gemacht und wollen sich in eines verschmelzen. Von diesen beiden Opernhäusern ruhte das Deutsche auf gesicherter Grundlage, solange nicht die Erschütterung durch die Folgen des Krieges eintrat. Aber gerade diese sind von Herrn Lange benützt worden, um selbst ein Kartenhaus der Oper zu errichten. Diese beiden Häuser sind einander räumlich so nahe, daß sie sich gefährlich werden. Aber der leidende Teil ist das Deutsche Opernhaus. Denn Lange, ein zwar künstlerisch und musikalisch unerfahrener, doch sehr geschickter und betriebsamer Mann, hat es verstanden, sein gepachtetes Haus in kurzer Zeit zugkräftig zu machen. Indem er berühmte Gäste einem sich stetig entwickelnden Ensemble als Lichter aufsetzte und auch das Bühnenbild zeitgemäß gestaltete, hatte er bald auch die Zweifler für sich. Sein ›Boris Godunow‹ war ein Ereignis. Schade nur, daß er auf einem Vulkan tanzte! Während er einen ungeheuer kostspieligen Betrieb unterhielt, wollte er doch auch in seine Tasche arbeiten. Sein Verbrauch an Kapellmeistern war ganz außerordentlich. Selbst ein Leo Blech hatte sich von ihm fangen lassen. Die rücksichtslose Großmannssucht Langes mußte sich rächen.

Indes aber war auch dem Deutschen Opernhaus der Boden untergraben. Es hatte, dem Zug der Zeit folgend, der bürgerlichen Richtung Georg Hartmanns entsagt und damit auch die Abonnenten vor den Kopf gestoßen. Ein Intendant von höfischer Tradition wurde ernannt, der Betrieb mit Gästen aufgenommen; je weiter die Zeit vorrückte, desto ziel- und haltloser wurde die Leitung.

Heute steht die Fusion bevor. Aber ehe ein ohne allen Zweifel lebensfähiges deutsches Opernhaus entsteht, wird noch manche Einzelexistenz geopfert werden. Noch nie sind soviele Opernsänger von bitterer Not bedroht gewesen wie jetzt. Und kein Mensch weiß, ob Staat, Stadt oder Privatleute für das Haus bürgen werden. Dann erst kann die Rede davon sein, einen Intendanten oder Ähnliches zu ernennen und einen großen Theaterkapellmeister mit der künstlerischen Oberleitung zu betrauen.

In alledem aber drückt sich nicht nur Berliner, sondern deutsche Theaternot aus. Eine Vorkriegszeit des Luxus hat Opernhäuser, Opernsänger, Theatermusiker in Überfülle entstehen lassen. Heute hätte sich der Bestand an Opernkunst nach dem tatsächlichen Bedürfnis der Kunstempfänger und nach dem wahrhaften künstlerischen Zwang und Talent der Sänger und Spieler zu richten. Der Weg hiezu ist grausam.

Im Bereiche der Konzertmusik macht sich ebenfalls das Wirtschaftliche stark fühlbar. Der Verwesungsprozeß schreitet bedenklich fort, die Entwicklung wird gehemmt.

Wir sind in der Ära der Dirigentenkonzerte. Drei, vier berühmte Dirigenten werden als Aushängeschilder für einen Konzertbetrieb benützt, in dem die Agenten einander den Rang ablaufen wollen. Es ergibt sich hieraus, daß man mit geringstem Risiko im Programm arbeiten will. Dies führt zu einer steigenden Abnützung des Alten von Beethoven bis Mahler und zur systematischen Ausschaltung des Werdenden, Entwicklungsfähigen. Auch so übrigens stimmt die Rechnung nur selten. Während die philharmonischen Konzerte mit Furtwängler immerhin gesichert sind, finden Walter, Klemperer und andere mehr trotz ihrer unbestreitbaren Zugkraft nicht volle Häuser.

Der Weg der neuen Musik in Berlin ist dorniger als je. Zwar ist die Gesellschaft der Musikfreunde unter Heinz Unger wieder zum Leben erwacht und laviert geschickt zwischen Neuem und Altem. Ein Bartók, ein Schönberg und andere mehr schwimmen zwischen den bewährten Meistern. Man kann ja übrigens auch Bruno Walter eine bis ins letzte durchführte und kraftvoll umrissene Aufführung von Mahlers Fünfter und die Berliner Erstaufführung des Violinkonzertes von Prokofieff mit Szigeti, Klemperer die charaktervolle Durchleuchtung von Bruckners Achter nachrühmen. Daß auch Kleiber in Wahrung der Tradition der staatlichen Symphoniekonzerte lavieren muß, aber allerdings mit Busonis Concerto einen Schritt vorwärts getan hat, sei hervorgehoben. Dieser unendlich ausdrucksfähige Künstler bringt es fertig, selbst eine Symphonie Julius Bittners zu vergolden, ohne freilich damit einen Dauerwert dieses Werkes vorzutäuschen.

Wo also geschieht Entscheidendes für neue Musik? Die

11   Ludwig van Beethoven, Fidelio, 4. Bild. Entwurf von Ewald Dülberg
     Institut für Theaterwissenschaft der Universität zu Köln

deutsche Zentralstelle der Internationalen Gesellschaft für neue Musik in Berlin hat zweifellos nach dem Kriege durch ihre Konzerte den ersten Anstoß zu einer freieren und weiteren Auffassung von Musik gegeben. Aber verböten nicht die Verhältnisse eine Konzerttätigkeit größeren Stils, so würde die Vertretung der deutschen Sektion doch schon an sich die Verpflichtung zu solcher Tätigkeit ablehnen. Sie will diese Art Propaganda einer Berliner Ortsgruppe überlassen, deren Gründung vorbereitet wird. Schade, daß die Melos-Vereinigung, die im Anschluß an die I. G. N. M. konzertgebend wirkte, auch auf einige Zeit pausieren muß. Und es bleibt gegenwärtig nur die Novembergruppe übrig: ursprünglich von Malern gebildet, hat sie doch sehr früh die Verknüpfung mit der Schwesterkunst angestrebt und in der letzten Zeit der neuen Musik eine Vorzugsstellung eingeräumt. Man hat hier Hindemith, Webern, Butting, Wellesz, Toch, Lendvai, Malipiero und Strawinsky gehört.

So vollzieht sich immerhin Entwicklung abseits des Betriebes. Eine Minderheit schließt sich zusammen und wird treibende Kraft unseres so ganz anders gerichteten Musiklebens.

So sehr, daß in die Stätte bequemster Musikpflege, nämlich in das sonst scharf umgrenzte Gebiet der philharmonischen Konzerte, der Einbruch neuer Musik sich vollzieht. Strawinsky hat unter Furtwängler, dem es besonders gedankt sei, sein Klavierkonzert gespielt und damit alle Gutgesinnten geärgert.

Vielleicht gibt es keinen stärkeren Beweis für schablonenhaft urteilenden Parteigeist als die Gegnerschaft gerade in diesem Falle. Denn das Werk selbst bringt ja nichts, aber auch nichts so Aufreizendes, daß es zum Protest veranlassen konnte. Es hat, wie man weiß, gewiß darum auch unter Strawinsky-Anhängern manche Kritiker gefunden.

Aber die Tatsache, daß ein nachstraussischer Führer auf dem geheiligten Boden der Tradition des Genusses zu erscheinen wagte, war Anlaß genug zur Erregung. Man kann darüber ohne weiteres hinweggehen.

Viel interessanter war der Anprall Strawinskys gegen modern Gerichtete, die aber gleichwohl nach anderer Seite neigen. Wir sind in Berlin, der Hochburg des Intellektualismus, zugleich aber auch dem großen Wachposten Schönbergs. Daraus allein ergibt sich ein Für und Wider. Schönbergianer erklären sich gegen Strawinsky, dessen Gefolgschaft aber größer ist, als man ahnt. Vielmehr: er ist ein Aufrührer, Aufwiegler, an dem man nicht vorübergehen kann. Der Intellektualismus mag sich noch so sehr gegen die Erscheinung Strawinskys sträuben: ausschalten und in seinen weitsuchenden Wirkungen lähmen kann er ihn nicht.

Für jeden Menschen, der gewohnt ist geradeaus, nicht auf Umwegen zu denken, gibt es keine Schwierigkeit: man grenze Strawinsky, den schon durch Rasse von ihm Geschiedenen, gegen Schönberg ab, und man ist selbst bei ganz anderer geistiger Einstellung fähig, ihn neben jenem zu würdigen. Ich sehe nicht, daß beider Wege sich ernstlich kreuzen; wenn auch Schlagworte darauf hinzudeuten scheinen, sie sind einander selten fern im Wesen und in den Ergebnissen.

Die Spannweite, Tiefe, das Ethische Schönbergs ist hier; die unvergleichliche Vitalität Strawinskys dort. Er ist ein durchaus diesseitiger Mensch; durchaus Einspänner der Musik, der allerdings viel nach sich zieht. Wer ihn etwa nur als Meister der Groteske gelten lassen will, verkennt, daß er nunmehr einen sehr persönlichen Kontrapunkt im Sinne seiner Musik pflegt. Das Vorbachsche und das Strawinskysche streben eine Synthese an. Das Bläseroktett, in dem noch immer Eigenrhythmus und Eigenklang leben, während eine wunderbare Geschlossenheit der Form erreicht wird; das Klavierkonzert, in dem Klavier und Bläser hart, aber doch auch klangschöpferisch aufeinanderstoßen, eine wundervoll geformte Manuskript-Klaviersonate, der Öffentlichkeit bisher unbekannt, bezeugen dies. Strawinsky hat Theater und Ballett, die ihn einst beschwingten, hinter sich gelassen. Ob er, ein mit Recht einseitiger Mensch, auch so zwingend bleiben wird wie bisher, müssen wir der Zukunft überlassen. Seine Vitalität scheint zunächst unerschöpflich, nicht so sehr seine Entwicklungsmöglichkeiten von innen heraus.

Jedenfalls aber haben wir uns dieser unvergleichlichen Triebkraft in einem Musiker unserer Zeit um so mehr zu freuen, als sie ja an die Quelle zurückführt.

Strawinsky ist, wenn wir ihn also abgegrenzt haben, von fanatischem, unerbittlichem Ernst. Der hämmernde Klavierspieler, der metronomisch genaue Dirigent bestätigen dies. Im ersten liegt allerdings etwas Aggressives. Und auch in dem Musiker, der sich selbst gegen andere Schaffende abgrenzt.

Als kurzes Nachwort sei angehängt, daß Amerika noch immer Solisten in sich aufsaugt; daß wir aber, wir armen Europäer noch über Künstler wie Arthur Schnabel, Erdmann, Gieseking, Szigeti verfügen, in denen sich Schöpferisches verschiedenartig spiegelt.

Wir warten ohne Ungeduld, bis die Brandung wiederkehrt.

*Kurt Weill: ›Der neue Weg‹, 55. Jahrg. 1926, Heft 2*

Die neue Oper

Wenn wir die Entwicklung der Oper in den letzten Jahren beobachten, so müssen wir feststellen, daß in der Stellung des schaffenden Künstlers zu den Problemen der musikalischen Bühne sich ein grundlegender Wechsel vollzogen hat. Die musikalische Entwicklung der letzten Jahrzehnte hatte zunächst zu der Erkenntnis geführt, daß man sich so weit wie möglich der Einflußsphäre Richard Wagners entziehen müsse. Das versuchte man in den verschiedenen Ländern auf verschiedene Weise. In Frankreich glaubten die Impressionisten, durch die Betonung naturhafter Eindrücke von der Welt der Götter und Helden loszukommen; aber das bedeutendste Bühnenwerk dieser Richtung, Debussys ›Pelleas und Melisande‹, mündet wieder ganz in Wagnersche Bahnen. In südlichen Ländern suchte man sich von den überlebensgroßen Gestalten, die auf der Bühne des 19. Jahrhunderts erscheinen, durch die Darstellung realistischer Vorgänge mit erotischem oder kriminellem Einschlag zu befreien – aber die musikalischen Mittel zeigten noch immer den unverkennbaren Einfluß Wagners. In Deutschland ging der entscheidende Schritt von Richard Strauss aus. Der rein untermalende, handlungsstützende Charakter der Musik in der ›Elektra‹ und der Versuch einer den Anschauungen des 18. Jahrhunderts entsprechenden Musizieroper in ›Ariadne auf Naxos‹ – das sind wohl die wesentlichsten Ereignisse auf dem Gebiet der Oper in der Vorkriegszeit.

Aber die allgemeine musikalische Entwicklung der jungen Generation schlug einen Weg ein, der vorübergehend von der Oper wegführte. Ein energischer Reinigungsprozeß beseitigte zunächst alle außermusikalischen Einflüsse, besonders die literarischen Anlehnungspunkte. Die absolute Musik wurde das Ziel der jungen Komponisten. Vollkommener Verzicht auf jedes äußere oder innere ›Programm‹, absichtliche Vermeidung des großen Orchesterapparates, Einschränkung der Ausdrucksmittel zugunsten einer Steigerung der inneren Ausdruckskräfte, unbewußtes Anknüpfen an den Stil der Meister der a cappella-Musik und der Vorklassiker, schließlich eine fast fanatische Bevorzugung der Kammermusik – das waren die Merkmale dieser Entwicklung. Auf die Oper blickte man etwas geringschätzig, wie auf eine untergeordnete Gattung herab. Denn man dachte ja nur an das Musikdrama, von dem man eben loskommen wollte. Aber bald spürte man, daß gerade die absolute Musik dazu imstande war, den Weg zur wirklichen Oper zu ebnen. Denn die musikalischen Elemente der Oper sind keine anderen als die der absoluten Musik. Hier wie dort kann es sich nur darum handeln, die musikalischen Einfälle in einer dem Gefühlsinhalt entsprechenden Form zu entfalten. Das Tempo der Bühne, das immer als besondere Forderung an den Opernkomponisten verlangt wird, ist keineswegs ein neuer, eigener Bestandteil der Oper, sondern es muß in unserer Kammer- und Orchestermusik deutlich erkennbar vorhanden sein, bevor wir an die Oper herangehen. Es gibt Komponisten, deren Musik immer in stärkstem Maße den dramatischen Auftrieb besitzt, und andere, bei denen uns ein opernhafter Einschlag geradezu stören würde. Zu den letzteren gehören z. T. Schumann, Brahms, Bruckner. Dagegen ist Mozart der Opernkomponist par excellence; seine Musik ist stets von dem heißen Atem der Bühne erfüllt, ob er ein Klavierstück, einen Quartettsatz oder ein Opernfinale schreibt; aber sie zeigt auch immer jene Eindeutigkeit des Ausdrucks, die das wesentlichste Merkmal der Opernmusik bildet. Nun ist es gerade eine der bedeutendsten Errungenschaften der musikalischen Entwicklung in den letzten 10 Jahren, daß diese Eindeutigkeit wieder erreicht oder wenigstens als höchste Forderung aufgestellt ist, daß unsere Musik nicht mehr schwebende Stimmungen oder nervös übersteigerte Empfindungen ausdrücken will, sondern die starken Gefühlskomplexe unserer Zeit. In der durchsichtigen Klarheit unseres Empfindungslebens liegen die Möglichkeiten für die Entstehung einer neuen Oper; denn aus ihr entspringt eben die Einfachheit der musikalischen Sprache, die die Oper verlangt.

Natürlich sind wir alle zu lebhaft an dieser Entwicklung beteiligt, um beurteilen zu können, in welchem Tempo wir uns dem Ziele nähern. Vielleicht wird eine spätere Zeit das, was wir machen, nur als Zwischengattungen bezeichnen. Besonders muß das Ballett, das heute von den Komponisten stark bevorzugt wird, nur als ein vorläufiges Ergebnis angesehen werden. Allerdings ist gerade das Ballett von stark erzieherischer Wirkung; denn Tanz ist eine andere Form der Musik, er verlangt eine Begleitung, die nur nach den Gesetzen der Musik gestaltet ist, er verlangt Klarheit der Form und des Rhythmus, er verlangt meistens auch jenes beschwingte Bühnentempo, das für die Oper unentbehrlich ist. Doch kann man weder das Ballett noch die aus Ballett und Oper gemischte Gattung als ein Endergebnis bezeichnen. Als die zukunftssicherste Zwischengattung kann wohl das gelten, was Strawinsky in seiner ›Geschichte vom Soldaten‹ versucht; auf der Grenze zwischen Schauspiel, Pantomime und Oper stehend, zeigt dieses Stück doch ein so starkes Überwiegen der opernhaften Elemente, daß es vielleicht grundlegend für eine bestimmte Richtung der neuen Oper werden kann. Zwei musikalische Bühnenwerke unserer Zeit – bedeutendste und typischste Vertreter entgegengesetzter Anschauungen – können bereits als Resultate gewertet werden: Alban Bergs ›Wozzeck‹ ist der grandiose Abschluß einer Entwicklung, die, durchaus auf Wagner fußend, über den französischen Impressionismus und die naturalistische Untermalung der ›Elektra‹ zu der Farbmelodie Schönbergs führend, hier in einem Meisterwerk von stärkster Potenz ihren Gipfel erreicht. Und auf der anderen Seite Busonis ›Doktor Faust‹, der Ausgangspunkt für die Entstehung einer neuen Blütezeit der ›Oper‹ (im Gegensatz zum ›Musikdrama‹) werden kann; denn dieser ›Faust‹ ist Theater im reinsten und schönsten Sinne, er stellt einen großen, menschheitsbindenden Gedanken in belebter Form dar – er ist aber zugleich ein in unserer Zeit einzigartiges Musikwerk von bedeutendsten Ausmaßen, das in der unendlichen Fülle rein musikalischer Schönheiten über die Opernbühne hinaus für die Musikgeschichte bleibenden Wert besitzt. – Natürlich ist die Weiterentwicklung der Oper davon abhängig, ob sie mit einer Neugestaltung der Operndarstellung Hand in Hand geht. Stimmlich und musikalisch sind unsere Opernsänger den neuen Aufgaben gewachsen. Aber in rein schauspielerischen Dingen, in Mienenspiel, Geste und Körperbewegung bleibt die Operndarstellung oft noch weit hinter dem zurück, was auf dem Sprechtheater heute geleistet wird. Besonders vermißt man oft die Natürlichkeit, die Selbstverständlichkeit des Spiels. Doch haben positive Beispiele – wie ›Intermezzo‹ in Dresden, wie ›Wozzeck‹ in Berlin, – gezeigt, daß das eine reine Frage der Ensemble-Erziehung ist. Und die Versuche der russischen Operntruppe unter Dantschenko haben bewiesen, daß die musikalische Bühne gerade in diesem Punkt noch über das Schauspiel hinausgehen kann, weil sie durch die eigene Bewegtheit der Oper jeden kleinsten Raum der Bühne mit musikhafter Behendigkeit erfüllen kann. Hier liegen noch unermeßliche Möglichkeiten.

Die Äußerungen des schaffenden Künstlers über seine Kunst können nur rückblickend informierenden Charakter haben. Wir können das Material sichten, um zu sehen, wo wir stehen. Was morgen sein wird, wissen wir am wenigsten.


*Iwan Goll: ›Blätter der Staatsoper‹, Februarheft 1927*

Flucht in die Oper

Das größte Glück, das sich ein Lyriker wünschen kann, ist, sein Werk in Musik verwandelt zu hören. Denn schrieb er es nicht, in letztem Sinne, für den Klang, diesen göttlichen Röntgenstrahl, der die Seelen durchleuchtet? Eine schwesterliche Wärme bringt die Musik dem Dichter, der frierend in dieser kalten Steinzeit steht. Er, der für immer aufgeschreckt ist aus Träumen unter den Linden Walthers von der Vogelweide, in den Olivenhainen Hölderlins oder dem Nachtgebüsch Trakls! Denn die Bäume, in deren Schatten er heute wandelt, sind aus Beton und Blech. Und das Material seiner Sehnsucht ist von kaum erhabenerer Qualität. Selbst die Sprache zum Takt der Epoche ist spröde, hart, nackt, grau.

Ein Poverello ist der moderne Dichter, der nur noch in Fetzen und Resten von Sprache einhergeht, da er die brokatenen Prunkgewänder und falschen Edelsteine des Versmaßes und Reimes von sich geworfen, daß es aussieht, als käme seine Armut von innen. Er zwingt sich, aus dem Gedicht alles zu streichen, was nicht direkter Ausdruck des Erlebnisses ist: all die Gedanken und Erklärungen, Efeu um die erstickte Statue.

So ist die Lyrik heute ein Waisenkind, das bettelnd steht am Rand der großen Avenuen der Künste. Da fährt in hoher Kalesche plötzlich Prinzessin Musik vorbei, tönend von Sternen und Blumen. Erinnert sie sich vielleicht, daß sie desselben Blutes sind? Sie hebt das einsame Wesen in ihren Wagen hinauf.

Die Oper ist die vollendetste Form der Lyrik.

Keineswegs gehört sie in die dramatische Gattung, weil sie auf Bühnen gespielt wird. Oper und Drama sind Antipoden. Die Seele des Dramas ist Handlung, die der Oper ist Rhythmus. Im Drama wird gedacht, in der Oper gefühlt. Die Materie des Dramas ist Logik, die der Oper Traum. Das Drama ist Leben, die Oper Märchen.

›Royal Palace‹ ist direkt für die Musik und für einen besonderen Künstler unserer Tage verfaßt. In ihm sind Effekte errechnet, die nur der Musik dienen und selbstlos von brillanterem Ausschmuck absehen. Ein Dichter war froh, seinen Visionen einen durchsichtigen Körper von Musik anmessen zu lassen, und sparte sich die schönen Verse ab, wo es galt, ihre duftige Leichtheit zu konservieren. In einer Oper kommt es auf das Singen an, nicht auf das Sagen. Auf den Traum, nicht auf den Beweis. Die Opern sind unsere letzten Märchen.

Der Text einer Oper setzt sich nicht aus Versen oder Sätzen zusammen, sondern aus Worten.

In den abgenutzten zivilisierten Sprachen dem ›Wort an sich‹ wieder zu seiner Urbedeutung zurückzuverhelfen, das erscheint die Aufgabe des neuen idealen Dichters. Das Wort als Werteinheit, nicht das Satzgefüge! Das Wort ist Werteinheit in den Neger- und Indianergedichten, die in den letzten Jahrzehnten überall entdeckt wurden. Kennt man deren Urstärke?

Aber da die Meisten Versuche solcher Sprachenerneuerungen bei europäischen Dichtern rundweg als Lallen und Nichtkönnen ablehnen, weil sie es nicht vermögen, wieder einfach zu denken, bleibt solche Dichtung verbannt. Da kommt uns plötzlich die Oper zu Hilfe! Denn das Urelement für den Opernkomponisten ist nicht der Satz, der Vers, der Daktylus – sondern das Wort, die Silbe, der Vokal. Bei Gesang entscheidet nicht der philosophische Gedanke, sondern der reine Vokal.

Warum da nicht direkt eine musikalische Sprache schaffen, die vielleicht gelesen arhythmisch erscheint, aber gesungen sich erlöst fühlt?

# Autonomie der Krolloper

*Am 6. Juni 1923 verhandelten der Intendant der Staatsoper Unter den Linden, Max von Schillings und Otto Klemperer, damals Generalmusikdirektor in Köln, über die Modalitäten eines Engagements Klemperers an die Staatsoper Unter den Linden. Die Verhandlungen scheiterten. Aber das Datum ist für die Geschichte der Krolloper von größter Bedeutung. Klemperers Forderungen entsprechen in ihren wichtigen Abschnitten den künstlerischen und organisatorischen Prinzipien, die später der Arbeit der Krolloper zugrunde lagen. Hätte Schillings damals die Ideen Klemperers aufgenommen, so hätte anschließend eine Opernarbeit begonnen, die einer Neugestaltung gleichgekommen wäre. Der Verlauf ist ein Hinweis darauf, wie sehr grundsätzliche Entwicklungen Zeit brauchen. Welche Stellung das Kultusministerium bzw. die beiden Referenten Seelig und Kestenberg zu dem Bericht Schillings eingenommen haben, ist nicht mehr festzustellen. Ein Detail des Berichtes ist besonders interessant: Die Erwähnung Alexander von Zemlinskys, den Klemperer später an die Krolloper berief.*

*Im Sommer 1926 hat nach verschiedenen Aktennotizen der Regisseur Franz Ludwig Hörth, der dem Dreierkollegium angehörte, das nach Schillings Ausscheiden zunächst die Leitung der Staatsoper – der Häuser Unter den Linden und am Platz der Republik – übernahm, eine Denkschrift verfaßt, in der er das Scheitern der Idee des Filialbetriebes begründete und die Einrichtung eines im wesentlichen autonomen Opernbetriebes am Platz der Republik vorschlug. Diese Denkschrift und parallele schriftliche Äußerungen Tietjens haben sich bisher nicht gefunden. Hier besteht in der Dokumentation eine große Lücke.*

*Die stenographischen Berichte über die Vernehmungen Seeligs und Tietjens über diesen Punkt im Kroll-Ausschuß des Preußischen Landtags am 22. und 27. April 1931 sind Äußerungen, die mehr als fünf Jahre nach den Ereignissen liegen.*

*Der Abschnitt aus der Zeitung ›Die Volksbühne‹ über die Berufung Klemperers an die Staatsoper am Platz der Republik erwähnt ausdrücklich, daß die Volksbühne darin eine »besondere Bereicherung ihres künstlerischen Schaffens« (!) sieht.*

*Bericht des Intendanten der Staatsoper Max von Schillings an das Ministerium für Wissenschaft, Kunst und Volksbildung über die Verhandlungen mit Generalmusikdirektor Otto Klemperer und Vorschläge zur Lösung der Kapellmeisterfrage vom 11. Juni 1923*

Herr Klemperer stellte bei der mündlichen Verhandlung am 6. Juni 1923 folgende Forderungen für sein Engagement auf:

I. Ein 10jähriger unkündbarer Vertrag.

Alle ihm darin zu gewährleistenden Rechte müssen auch für den Fall gesichert bleiben, daß etwa während der Vertragsdauer ein neuer Intendant ernannt würde. Falls dieser selbst Musiker wäre, dürfte er als Dirigent Herrn Klemperer nicht übergeordnet werden oder Rechte erhalten, die Klemperers Stellung tangieren könnten. (Die Forderung, daß das Ministerium Herrn Klemperer gegenüber auch eine Garantie dafür übernähme, daß der Vertrag auch für den Fall einer Änderung der jetzt bestehenden Staatsform gesichert bliebe, ließ Klemperer auf meinen Einwand, daß Unmögliches nicht garantiert werden könne, fallen.)

Die Stellung soll mit dem Titel ›Generalmusikdirektor‹ gekennzeichnet sein. Es soll kein anderer Kapellmeister an der Staatsoper während Klemperers Amtsdauer diesen Titel führen dürfen.

II. Die Rechte des Generalmusikdirektors müßten folgende sein:

1. Er hat das Recht, aus dem Spielplan die Aufgaben zu wählen, die er zu vertreten wünscht.

2. Der Spielplan ist in der Regiesitzung unter Vorsitz des Intendanten aufzustellen, jedoch ist sowohl hierbei der Generalmusikdirektor im Sinne eines Mitbestimmungsrechts zu hören, wie auch bei der Auswahl der Novitäten und Neueinstudierungen, ferner bei den Rollenbesetzungen, bei Abschluß aller Art von Engagements, Entlassungen oder Erneuerung von Verträgen.

3. Der Generalmusikdirektor hat das Recht, gelegentlich (etwa 2 mal in der Spielzeit) ein Werk auch selbst zu inszenieren, d. h. die Regie zu führen und den Ausstattungskünstler heranzuziehen, den er für das betreffende Werk für am geeignetsten hält.

4. Er ist nicht verpflichtet, eine Oper zu übernehmen ohne die ihm nötig erscheinenden Proben (je nach Art des Werkes 3 evtl. 4 Orchesterproben und die sonstigen ihm nötig erscheinenden).

5. Er kann nicht verpflichtet werden, Opern, bei denen sogenannte ›Ehrengäste‹ mitwirken, die nicht an der genügenden Anzahl Proben teilnehmen, zu leiten (z. B. Michael Bohnen). Nur Gäste, die sich in Stil und Auffassung mit dem Generalmusikdirektor einigen, kommen für diesen in Betracht.

6. Die Disciplin im Orchester und die Besetzung desselben unterstehen dem Generalmusikdirektor. Es darf kein Alternieren stattfinden zwischen Proben und Aufführungen ein und desselben Werkes etc.

7. Die Abonnementskonzerte unterstehen der alleinigen Leitung des Generalmusikdirektors. Es ist Sorge zu tragen, daß die öffentlichen Generalproben (sogen. Mittagsaufführung) nicht am Tage des Abendkonzertes stattfinden. Ferner ist tunlich für Erneuerung des notorisch stark konservativen Publikums der Konzerte zu sorgen durch Kündigung bezw. Nichterneuerung der Abonnements. Das bisherige Abonnentenpublikum erscheint dem Generalmusikdirektor wenig geeignet, sich den Problemen der musikalischen Fragen der Gegenwart verständnisvoll gegenüber zu stellen. In der Aufstellung der Programme darf der Generalmusikdirektor nicht behindert werden. Für jedes Konzert sind 4 Proben anzusetzen.

8. An Urlaub in jeder Spielzeit ist zuzusichern: 2 Monate Sommerurlaub und 3 Monate Winterurlaub. Letzterer würde im ersten Vertragsjahre tunlich vom Generalmusikdirektor nicht in ungeteiltem Zeitraum in Anspruch genommen werden.

9. Betreffend die festzulegenden Bezüge äußerte Herr Klemperer keine bestimmten Forderungen, gab nur der Erwartung Ausdruck, daß sie der Stellung und den Zeitverhältnissen entsprechend zu normieren seien. Umzugsgeld sei in vollem Umfange zu gewähren.

Das Wesen der geforderten Stellung und ihres Verhältnisses zu der des Intendanten glaubte Herr Klemperer mit der eines Ministerpräsidenten zu einem konstitutionellen König vergleichen zu sollen.

Im allgemeinen glaubte er der Auffassung sein zu dürfen, daß er (bildlich gesprochen) an das Krankenlager eines schwer Leidenden als rettende Autorität gerufen würde, und daß – wirklich gesprochen – seine Aufgabe sei, das Institut, das an schwersten Schäden leide, vor dem gänzlichen Verfall zu bewahren.

Aus eigener Anschauung kennt er das Institut und seine großen Leistungen nicht, schöpfte seine Information vielmehr offenbar fast ausschließlich aus dem Teil der Presse, die in Gefolgschaft Professor A. Weissmann's im Interesse der Großen Volksoper die Theorie vom Niedergang der Staatsoper unter meiner Führung verbreitet.

Vor Darlegung seiner Forderungen berichtete er von seinen Verhandlungen mit dem Deutschen Opernhaus in Charlottenburg, an dem ihm eine absolut souveräne Operndirektor-Stellung angeboten gewesen sei, die ihn in die Lage versetzen sollte, der Staatsoper energische Konkurrenz zu machen. Nur an der Nichtbewilligung seiner Forderung der gänzlichen Neugestaltung des Zuschauerraums sei der Abschluß des Vertrags gescheitert. Der Obmann des Verwaltungsrats des Deutschen Opernhauses bestritt die Angaben Herrn Klemperer's auf das energischste mir gegenüber und betonte, die Forderungen Klemperer's von vornherein als unerfüllbar bezeichnet zu haben. Es habe ihn peinlich berührt, in welcher Weise Klemperer Kritik an der Staatsoper und insbesondere an mir und meinen Leistungen geübt habe. – Herr Klemperer gab endlich auch an, daß die Große Volksoper sich mit Engagementsanträgen an ihn gewandt habe, die er indessen noch unbeantwortet gelassen habe.

Betreffend die Angliederung des ›Krollhauses‹ an die Staatsoper und die Aufgabe, in 7 Tagen 14 Opernvorstellungen zu geben, äußerte Herr Klemperer sich sehr pessimistisch.

Bei alledem ist zu bemerken, daß die künstlerischen Grundanschauungen Klemperer's durchaus ernste und an den besten Mustern geschulte sind.

Daß er eine Gleichstellung mit Dr. Stiedry als indiscutabel bezeichnete, bedarf nach allem Vorstehenden keiner Ausführung.

Meine Stellungnahme zu den Forderungen Klemperer's ist folgende:

Klemperer verlangt eine mit Vollmachten noch nicht dagewesener Art versehene Operndirektor-Stellung. Eine solche verträgt sich nicht mit den mir vertraglich eingeräumten Rechten des Intendanten, der als Musiker und Bühnenfachmann in diese Stellung berufen wurde.

Dem Intendanten blieben zwar nach Auffassung Klemperer's gewisse, zweifellos namhafte Repräsentations- und Ehrenrechte und daneben eine große künstlerische und verwaltungstechnische Arbeit. Vor allem aber hätte er dem Operndirektor freie Bahn für sein Wirken zu schaffen. Er müßte dem Ministerium und der Öffentlichkeit gegenüber die Verantwortung für die Unternehmungen des Operndirektors (letzten Endes auch in finanzieller Hinsicht) tragen, ohne mehr als bestenfalls ein einigermaßen zweifelhaftes Vetorecht geltend machen zu können, zweifelhaft, da ja dem Operndirektor ein Mitbestimmungsrecht zustehen würde in allen Fragen, die die künstlerische Tendenz und Gebahrung des Instituts betreffen. Ohne weiteres fällt in die Augen, daß eine solche Konstellation indiscutabel ist, nicht nur für eine künstlerische Persönlichkeit meiner Art und meines auf Erreichtem und Geleistetem beruhenden Ranges, sondern auch für jede von klarem Verantwortlichkeitsgefühl getragene andere Persönlichkeit. Für die Rolle eines künstlerisch geschulten Verwaltungsbeamten eigne ich mich nicht.

Weitere Verhandlungen mit Herrn Klemperer, die in Rücksicht auf seine großen Fähigkeiten und den bedauerlichen Mangel an namhaften Persönlichkeiten ähnlicher Art nicht unterlassen werden sollen, haben nur Zweck, wenn Herr Klemperer sich meiner Oberleitung in der Weise fügt, daß wie bisher dem Institut Ziel und Richtung durch mich gewiesen wird.

Ein Generalmusikdirektor, d. h. der durch diesen gegenwärtig gebräuchlichen Titel ausgezeichnete erste Kapellmeister hätte unter Leitung eines ›Künstler-Intendanten‹ im wesentlichen folgende Funktionen:

Ihm fielen zu (neben der Leitung der Abonnementskonzerte) die Leitung der sozusagen repräsentativen Opernwerke des klassischen und modernen Repertoires; seine Wünsche sind mit Vorrecht zu berücksichtigen. Sein Rat wird (neben dem der übrigen künstlerischen Vorstände) bei Gestaltung des Spielplans und bei Engagements in erster Linie gehört. Er führt den Vorsitz in der ›Musikdirektion‹, hat also maßgebenden Einfluß auf die Zusammensetzung und künstlerische Disciplin der Kapelle. Die neben ihm tätigen Kapellmeister sind aber nicht ihm unterstellt, sondern empfangen ihre Instruktionen vom Intendanten. Auch ihnen muß ein Maß von Selbständigkeit gelassen werden, das ihnen eine gefestigte Stellung am Institut und die Möglichkeit gründlicher und ergänzender Tätigkeit im Probezimmer und am Pulte gibt. Um einer Überlastung des Generalmusikdirektors vorzubeugen, fällt auch ihnen die Leitung gewisser »repräsentativer« Werke und Novitäten zu, (nach Bedarf auch alternierend mit dem Generalmusikdirektor). Die Sorge für den ›Alltag‹ ist eine wichtige Aufgabe und mitbestimmend für das von einem führenden Institute innezuhaltende Niveau. Dem Intendanten bleibt wie bisher das Recht und die Aufgabe, gewisse, seiner Individualität und der Stellung, die er sich in der Kunstwelt gesichert hat, entsprechende Werke (auch Novitäten) selbst zu leiten. Andernfalls hat die Berufung eines nachschaffenden Künstlers von Rang und Namen in die Intendantenstellung keinen Sinn. – (Diese Gestaltung der Dinge entspricht auch dem Wunsche des gesamten künstlerischen Personals.) – Er muß in lebendiger Fühlung mit den praktischen Aufgaben bleiben. Er soll in dieser Hinsicht als ›primus inter pares‹ betrachtet werden. Selbstverständlich kann bei der Fülle seiner sonstigen Pflichten und Verantwortungen sein praktisches Wirken nur sehr begrenzt sein. In Hinsicht auf die Richtung und Gestaltung der scenischen und Inscenierungsprobleme muß er die letzte Entscheidung in allen Fällen in der Hand behalten. Es kann nicht die Aufgabe des Generalmusikdirektors sein, gelegentlich Regie und Inscenierung selbständig und vom Intendanten unabhängig in die Hand zu nehmen. Die ideale Forderung, daß der Kapellmeister auch gleichzeitig Regisseur sein solle, läßt sich in der Praxis nicht durchführen. Selbstverständlich wird einem auf der Höhe der Aufgabe stehenden Bühnendirigenten nicht zu verwehren sein, daß er seine aus dem Wesen der Partitur gewonnenen Inscenierungswünsche mit dem Regisseur bespricht und im gegebenen Falle durch den Intendanten, der stets vermittelnd tätig zu sein hat, zur Geltung zu bringen sucht. Eine loyale Zusammenarbeit ist stets Voraussetzung einer höher gearteten Kunstausübung.

Ich würde es lebhaft begrüßen, wenn eine Persönlichkeit von der bewährten Tüchtigkeit und dem Range Klemperer's auf der hier vorgeschlagenen Basis für die Staatsoper zu gewinnen wäre und würde mich auch über die Bedenken hinwegsetzen, die aus seiner eigenartigen Beurteilung der Leistungen der Staatsoper, die er zum Ausdruck gebracht hat, herzuleiten wären.

Wichtig wäre auch, daß Herr Dr. Stiedry sich mit der Stellung eines ›Ersten Kapellmeisters‹, dem Generalmusikdirektor nachgeordnet, begnügen würde, in der er dem Institut die besten Dienste leisten würde. Sollte er aber auf seiner Forderung bestehen, daß zwei Generalmusikdirektoren (also er und ein coordinierter) ernannt würden, so erscheint dieser Weg prinzipiell und praktisch ungangbar. Ebensowenig erscheint es mir, nach sorgfältiger Erwägung aller der in Betracht kommenden aktuellen schwierigen Fragen, ratsam, Herrn Dr. Stiedry allein zum Generalmusikdirektor zu ernennen und neben ihm eine jüngere Kraft zu berufen. Als eine sehr geeignete erschiene mir allerdings Manfred Gurlitt, dessen Probedirigieren hier sehr erfolgreich verlief. – Außer mit Herrn Klemperer hat meinerseits auch eine Besprechung mit Herrn Alexander von Zemlinsky-Prag stattgefunden, der einem Rufe in eine Generalmusikdirektor-Stellung mit Funktionen, wie ich sie vorstehend entwarf, zu folgen bereit wäre. Allerdings lehnt auch er eine Coordinierung mit Herrn Dr. Stiedry ab.

*Max Marschalk: ›Vossische Zeitung‹ vom 18. Sept. 1926*

Opernträume

Die Mitteilung des amtlichen Preußischen Pressedienstes, daß der preußische Kultusminister den Intendanten Heinz Tietjen zum General-Intendanten der staatlichen Opernhäuser berufen habe, ist aller Welt eine nicht geringe Überraschung. Die Verhandlungen wurden so geheim geführt, daß sogar nächstbeteiligte Kreise von ihnen nichts ahnten.

Es nimmt wunder vorerst einmal, daß der Staat ohne

Bedenken der Stadt ihren Intendanten wegengagiert, von dem sie das Heil der Städtischen Oper erwartet und den sie sich durch eine langjährige Verlängerung des laufenden Vertrages gerade sichern wollte. Sodann fällt es auf, daß die Dispositionen des Ministers auf so lange Sicht getroffen werden; denn Tietjens Vertrag mit der Stadt läuft noch zwei Jahre.

Machen wir uns die Situation einmal klar. In den staatlichen Opernhäusern wird seit der denkwürdigen fristlosen Entlassung des Intendanten Max von Schillings das getan, was man mit dem Begriff ›Fortwursteln‹ belegt. Die Lage wird ungeheuer verschärft dadurch, daß das Opernhaus Unter den Linden, dessen leidenschaftlich angefochtener Umbau Millionen über Millionen verschlingt, auf lange Zeit hinaus ausgeschaltet ist – wahrscheinlich bis zum Herbst 1927 – und daß nun für die Oper am Platz der Republik ein doppeltes Personal zur Verfügung steht, für ein Haus noch dazu, das infolge des Vertrages mit der Freien Volksbühne keine nennenswerten Einnahmen hat. Der Minister hat sich also offenbar gesagt: es muß jetzt etwas geschehen! Der Sommer ist vorüber, die Opernhäuser sind eröffnet, der öffentliche Musikbetrieb kommt in Schwung, und es könnte ja sein, daß die Wächter über den öffentlichen Musikbetrieb, die Kritiker, die Gustav Mahler scherzhaft ›die Vorgesetzten‹ nannte, und sonstige Interessenten, zu denen ja wohl auch der preußische Landtag gehört, die Frage erheben würden: Soll das so weitergehen? Die Situation, die verschärfte Lage mögen dem Minister Bedenken eingeflößt und ihn zu dem Entschluß gedrängt haben, mit dem Manne, der nun einmal sein volles Vertrauen hat, Verhandlungen anzuknüpfen und nach ihrem günstigen Abschluß das Ergebnis sofort zu veröffentlichen.

Tietjen hat das Vertrauen des Ministers, er hat das Vertrauen des Oberbürgermeisters und er ist auch sonst unter den deutschen Intendanten die Persönlichkeit, von der Großes, man möchte beinahe sagen Unmögliches erwartet wird. Mit der Berufung Tietjens geschah also etwas, das die öffentliche Meinung beschäftigt und einstweilen vielleicht beruhigt. Der Minister ging noch weiter und verhandelte mit Otto Klemperer, der immer wieder als genialer Opernmensch gepriesen und dessen Name immer wieder in die Diskussion geworfen wurde. Die Verhandlungen werden voraussichtlich dahin führen, daß Klemperer zum Direktor der Oper am Platz der Republik berufen wird. Es ist natürlich ausgeschlossen, daß Klemperer vor Ablauf eines Jahres, das heißt vor Beendigung des Umbaues der Oper Unter den Linden, seine Stellung antritt.

Die Ordnung der Dinge, die dem Minister vorschwebt, und die er mit allen Mitteln seiner Autorität und mit der Macht staatlicher Geldmittel durchsetzen will, hat sehr viel für sich, bietet auf den ersten Blick unbegrenzte künstlerische Möglichkeiten, vielleicht auch begrenzte wirtschaftliche Vorteile; und seine Pläne bestechen, wenn sie auch nach dem Ausspruch einer unbestrittenen Kapazität auf dem Gebiete des Opernwesens die Pläne eines theaterfremden Mannes sind. Das muß indessen dahingestellt bleiben, und wir tun gut daran, mit Wohlwollen den Verlauf der Geschehnisse abzuwarten. Zeit genug zum Abwarten ist uns ja gelassen.

Generalintendant über die drei staatlichen Opernhäuser in Berlin, in Kassel und Wiesbaden soll also Tietjen werden. Er soll den Posten einnehmen, den zuletzt Graf Georg von Hülsen einnahm, nur sozusagen ins Republikanische gewendet und mit der Einschränkung, daß ihm Intendant Leopold Jeßner nicht unterstellt ist. Tietjen scheint dem Minister der rechte Mann dafür zu sein, weil er ein Mann von Charakter ist, ein ruhiger und ernster Arbeiter, der mit Zielbewußtheit ein konziliantes Wesen verbindet, der nebenbei als Kapellmeister und Regisseur ein durchgebildeter Fachmann ist, aber ein Fachmann, der nicht mehr die Ambition haben wird, selbst aktiv in Erscheinung zu treten. Man erwartet von seiner überlegenen Oberleitung allerlei Gewinn, so Austausch des Solopersonals zwischen den beiden Berliner Opernhäusern, und unter Umständen auch zwischen Berlin und Kassel und Berlin und Wiesbaden.

Die beiden Berliner Opernhäuser sollen organisatorisch vollkommen voneinander getrennt werden; sie sollen ihre eigenen Orchester, ihre eigenen Chöre haben, und wohl auch ihre eigenen Tanzgruppen, aber durch gegenseitiges Ausborgen glaubt man, in die Lage zu kommen, besondere Veranstaltungen in dem einen oder in dem anderen Hause besonders glänzend und festlich zu gestalten. Wir Berliner interessieren uns ja in der Hauptsache für Berlin. Ein Jahr lang noch wird das vom Minister ernannte Gremium, mit Franz Ludwig Hörth an der Spitze, die Geschäfte im Opernhaus am Platz der Republik führen, und es wird von Hörth erwartet, daß er schon in dieser Zeit seine Qualifikation zum Operndirektor beweist. Übers Jahr wird er dann Direktor des Opernhauses Unter den Linden werden. Generalmusikdirektor wird Erich Kleiber sein, der übrigens, wie mir mitgeteilt wurde, vom Minister vor seiner Abreise ins Ausland, von dem Wandel der Dinge unterrichtet worden ist, und neben ihm wird Leo Blech wirken. Kleiber hat, wie wir wissen, keinen Ehrgeiz, den Direktor zu spielen; sein Interesse ist im wesentlichen auf die Konzerte der Staatsopernkapelle gerichtet, und wenn sie ihm verbleiben, wird er den Kollegen an voller Entfaltung nicht hindern.

Direktor des Opernhauses am Platze der Republik wird, wie gesagt, Klemperer werden. Ihm schwebt nach Mahlerschen Maximen der Zusammenschluß der Funktionen des musikalischen und szenischen Leiters in einer

Person vor, und er wird es wahrscheinlich darauf anlegen, mit einem ihm untergeordneten Hilfsregisseur auszukommen. Die Ensemble-Oper im Gegensatz zur Star-Oper will er pflegen, und das läßt sich hören. Ensemble-Oper braucht nicht Oper mit schlechten Kräften zu heißen. Das, was aus einem Ensemble gemacht werden kann, dem nicht Stars angehören, hat zuletzt noch Otto Wilhelm Lange mit der Großen Volksoper bewiesen, vor ihm Georg Hartmann in den guten Zeiten des Deutschen Opernhauses, und ganz besonders Hans Gregor in der Komischen Oper.

Nun hat der Minister die Absicht, eine Interessengemeinschaft der beiden Staatsopernhäuser mit der Städtischen Oper herbeizuführen. Es soll natürlich nur eine künstlerische Interessengemeinschaft sein, denn davon, daß etwa der Staat die Städtische Oper übernimmt und für ihren Etat eintritt, ist nicht die Rede. Die Städtische Oper wird städtisch bleiben, und sie wird sehen müssen, wie sie sich gegen den Staat mit seinen reicheren Mitteln, gegen die heftige Konkurrenz, die übers Jahr einsetzen wird, behaupten kann. Der Minister glaubt, daß es möglich sein wird, die Einflußsphäre des dereinstigen Generalintendanten weiter auszubreiten und seinen Einfluß irgendwie auch auf die Städtische Oper auszudehnen.

Bruno Walter wird seiner Meinung nach bleiben und dem Wandel der Verhältnisse ohne Groll zusehen; und er hat den schönen, an sich durchaus diskutablen Gedanken, daß sich nun von Zeit zu Zeit die Direktoren, Kapellmeister, Regisseure der drei Institute unter dem Vorsitz Tietjens zusammensetzen werden, um in aller Ruhe und Friedlichkeit zu besprechen, wie jede Partei ihr Opernhaus zum Nutzen und Frommen der Allgemeinheit individuell ausbaut, wie die Parteien sich gegenseitig freundnachbarlich helfen, wie sie sich nicht in die Quere kommen, indem sie etwa alle drei an einem Abend die ›Mignon‹ ansetzen, und dergleichen mehr.

Wenn wir schon drei Opernhäuser in Berlin haben: was könnte dem Idealisten in höherem Maße erwünscht sein, als daß sie sich voneinander unterscheiden, daß jedes sein eigenes Programm, seine eigene künstlerische Marschroute hat! Warum sollte nicht das eine Haus die Wagnerschen Musikdramen und die Große Oper bringen, das andere die romantische und die Spieloper und das dritte die moderne Oper? So fragt der Idealist. Ich bin öfter dafür eingetreten, daß sich die Leiter unserer großen Serienkonzerte rechtzeitig ins Benehmen setzen, um in der Aufstellung ihrer Programme Monotonie und Kollisionen zu vermeiden; aber auch das, was so plausibel erscheint, ist offenbar in Berlin nicht durchzusetzen, muß scheitern an der Gegensätzlichkeit der Individualitäten und an Rivalitätsgefühlen, gegen die nun einmal unsere führenden Musiker und unsere nichtführenden nicht ankönnen.

Wird man die Rechnung ohne den Kassenrapport machen können? Wird nicht jeder Direktor, obschon er ein subventioniertes Theater führt, dafür sorgen wollen, daß Geld einkommt? Werden sie nicht alle die ›Mignon‹, die ›Bohème‹, die ›Tosca‹, die ›Margarethe‹ und wie die gangbaren Opern alle heißen, aufführen wollen und müssen? Es drängen sich dem mit den Realitäten dieser schnöden Welt Vertrauten so vielerlei Fragen auf, die er nicht beantworten kann. Was geschieht zum Beispiel, wenn Walter, der seine eigene Anschauung von Gott und der Welt hat, dem Wandel nicht ohne Groll zusieht; wenn er seine Stellung niederlegt; wenn Tietjen, um ihn zu halten und an das Opernhaus Unter den Linden zu bringen, den Vertrag mit Kleiber nicht erneuert? Wäre das nicht Mord und Totschlag von vornherein? Was geschieht ferner, wenn etwa Klemperer, vor dessen Kapazität wir uns beugen, der indessen als ein überspitzter Individualist gilt, die Hoffnungen, die man auf ihn setzt, nicht erfüllt? Wenn er unzufrieden ist mit Haus und Publikum und Schwierigkeiten macht? Sicherlich können wir nicht alles im voraus bedenken. Die Erwägung und Inrechnungstellung von unliebsamen Eventualitäten darf nicht zu weit getrieben werden, weil sie die Tatkraft lähmt. Träume sind Schäume, heißt es. Hoffen wir, daß die Opernträume des Ministers nicht zerrinnen werden; und freuen wir uns einstweilen an der Aussicht darauf, daß Berlin zur größten und wichtigsten Opernstadt der Welt ausersehen ist ...

›Die Volksbühne‹ vom 1. Oktober 1926

Otto Klemperer, der neue Direktor der Staatsoper am Platz der Republik

Mit der Ernennung des Intendanten der Städtischen Oper, Tietjen, zum Generalintendanten aller preußischen Staatstheater zum 1. September 1927 ist eine äußerst wichtige Entscheidung gefallen. Intendant Jeßner wird das Berliner staatliche Schauspielhaus wie bisher selbständig leiten. Prof. Ludwig Hörth wurde zum Direktor der Staatsoper Unter den Linden, Generalmusikdirektor Klemperer zum Direktor der Staatsoper am Platz der Republik ernannt; die Rechte des Generalmusikdirektors Kleiber werden unverändert bleiben.

Besonders interessiert ist die Volksbühne an der Weiterentwicklung der Oper am Platz der Republik. Mit der Ernennung von Klemperer von der nächsten Spielzeit an wird diese Oper eine selbständige Leitung erhalten, womit sich ein langgehegter Wunsch der Volksbühne erfüllt. Die Staatsoper am Platz der Republik wird ein eigenes Solistenpersonal, eigenes Orchester, eigenen Chor und eigene Bühneninszenierungen aufweisen. Jetzt erst wird es möglich sein, daß die Volksbühne, wie es in anderen Theatern der Fall ist, Rechte ihrer Mitgliedschaft bei Durchführung eines künstlerischen Programms erreichen kann.

Otto Klemperer ist 1885 in Breslau geboren und in Hamburg aufgewachsen, wohin die sehr musikalischen Eltern den Vierjährigen mitnahmen. Mit 16 Jahren bezog er das Hochsche Konservatorium in Frankfurt a. M. und begann 1907 auf Empfehlung Gustav Mahlers seine Laufbahn, indem er Kapellmeister des Deutschen Landestheaters in Prag wurde. Von dort kam er 1909 auf abermalige Empfehlung Mahlers nach Hamburg und dann über Barmen und Straßburg nach Köln. 1924 wurde er Generalmusikdirektor des Staatstheaters in Wiesbaden. Ihm geht der Ruf voraus, wie sich in Köln und Wiesbaden erwies, daß er vom Ensemble und nicht vom Star aus die Musikaufführungen auffaßt. Klemperer hat in den letzten Jahren besonders große Erfolge als Konzertdirigent in Deutschland, Rußland und Amerika gehabt. Im vergangenen Jahre dirigierte er in der Berliner Volksbühne mit ganz ungewöhnlichem Eindruck die 8. Sinfonie von Bruckner.

Die Volksbühne erblickt in der Wahl dieses bedeutenden Mannes eine besondere künstlerische Bereicherung ihres Schaffens und einen außerordentlichen Gewinn für die Zukunft des Berliner Musiklebens.

*S. Nestriepke: ›Die Volksbühne‹ vom 1. Dezember 1927*

Berliner Volksbühne und Kroll-Oper

Bekanntlich entsendet die Berliner Volksbühne allwöchentlich einige tausend Mitglieder in die Aufführungen, die der Staat in der ehemals Krollschen Oper veranstaltet. Einige Blätter haben nun herausgefunden, daß durch die an die Volksbühne gegebenen Vorstellungen eine schwere Beeinträchtigung der außerhalb der Volksbühne stehenden Opernintetessenten stattfände. Man entrüstet sich auch, daß durch die günstigen Bedingungen, die der Staat angeblich der Volksbühne gewährt, die Steuerzahler geschädigt würden, und schreit nach dem Landtag, daß er Abhilfe schaffen müsse. Man deutet schließlich an, daß die Volksbühne ihre ›Vergünstigungen‹ lediglich einer argen Klüngelwirtschaft zu danken habe, nämlich den Machenschaften ihres Freundes Kestenberg in seiner Eigenschaft als Referent des Kultusministeriums. Die besonders aufgebrachte und reichlich Gift verspritzende ›Allgemeine Musikzeitung‹ bekam es sogar fertig, schlankweg die Berliner Volksbühne mit der Sozialdemokratie zu identifizieren und ständig von den ›Parteigenossen‹ Kestenbergs zu sprechen, denen er ungerechtfertigte Vorteile zuschanze.

Auf den Unfug dieser Gleichstellung von Volksbühne und Sozialdemokratie braucht hier nicht näher eingegangen zu werden. Jeder vernünftige Mensch wird auch ohne weiteres erkennen, daß ein Ministerialreferent nicht über Verträge entscheiden kann, die er gar nicht zu schließen hat, an denen überdies nicht nur sein Ministerium, sondern noch ein zweites maßgebend beteiligt ist. Wie steht es aber nun im übrigen mit den Vorwürfen?

Gewiß, die zwei oder drei Vorstellungen, die zur Zeit allwöchentlich die Volksbühne in der Oper am Platz der Republik erhält, können in einer Zeit, da die Staatsoper Unter den Linden umgebaut wird und neben der Oper am Platz der Republik nur noch die Städtische Oper spielt, von den ›freien‹ Opernbesuchern als eine gewisse Beeinträchtigung in der Auswahl ihrer Vorstellungen empfunden werden. Aber sind sich die empörten Kritiker auch darüber klar, daß ohne die Volksbühne zur Zeit überhaupt nur die Städtische Oper spielen würde, daß ohne die Volksbühne jetzt das gesamte Personal der Staatsoper spazieren gehen müßte? Denn ohne die Volksbühne wäre das alte Krollsche Theater niemals umgebaut worden. Die Volksbühne war es, die den Gedanken aufgriff, die Ruine des alten Kroll-Gebäudes in ein neues, würdiges Volkstheater zu verwandeln; sie pachtete 1919-20 vom Staat das Grundstück mit der Verpflichtung, es umzubauen, sie beschaffte die Baupläne, sie brachte die Mittel auf, sie nahm den Bau in Angriff. Als es dann die zur höchsten Entfaltung gelangte Inflation der Volksbühne unmöglich machte, den Bau aus eigener Kraft zu beenden, als der Vertrag mit dem Staat abgeändert werden mußte, das Grundstück wieder an den Fiskus zurückfiel und dieser die restlichen Gelder für die Fertigstellung des Hauses hergab, – da war das Haus zu gut drei Vierteln schon vollendet. Hätte die Volksbühne das Werk nicht so weit gefördert – es wäre überhaupt nichts daraus geworden; denn der Staat hätte aus den verschiedensten Gründen, »schon mit Rücksicht auf die Reparationsverpflichtungen« gar nicht die Möglichkeit gehabt, die Arbeiten in Angriff zu nehmen. Ist es bei dieser Entwicklungsgeschichte erstaunlich, wenn die Volksbühne sich bei der Übergabe des Baues an den Staat das Recht ausbedang, 25 Jahre allwöchentlich eine größere Anzahl von Plätzen in dem neuen Unternehmen mit ihren Mitgliedern zu besetzen?

Jawohl, die Volksbühne zahlt für ihre Vorstellungen bei ›Kroll‹, wenn man die Kassenpreise bei öffentlichen Vorstellungen zum Vergleich heranzieht, verhältnismäßig wenig. Aber hat die Volksbühne nicht eine gewisse Vorauszahlung geleistet, indem sie dem Staat einen fast vollendeten Bau zur Verfügung stellte? Was die Volksbühne seinerzeit vom Staat zur Abdeckung der von ihr anläßlich des Umbaus eingegangenen Verpflichtungen erhielt, bedeutete ja nur eine geringe Abfindung für das, was wirklich in dem Bau an Sachwert vorhanden war. Da es sich um die Inflationszeit handelt, sind leider präzise Zahlenangaben unmöglich. Aber sicher ist, daß der Staat bei weitem nicht den vollen Wert dessen vergütet hat, was er erhielt. Konnte unter solchen Umständen die Volksbühne nicht verlangen, daß er ihr besonders günstige Bedingungen für die Anteilnahme ihrer Mitglieder an den Aufführungen zusicherte?

Es kommt noch hinzu, daß die damals zwischen Staat und Volksbühne vereinbarten Platzpreise inzwischen mehrfach wesentlich erhöht worden sind. Vertraglich hat die Volksbühne für den Platz nur den Stundenlohn eines Gemeindearbeiters zu entrichten. Da sich die Leitung der Volksbühne aber nicht ganz den Darlegungen verschließen konnte, daß der sich ständig verteuernde Opernbetrieb ein größeres Entgelt verlange, gab sie dem Drängen der Staatsverwaltung nach und bewilligte größere Beträge – so daß sie heute mit 1,7 Mk. für den Platz nahezu das Doppelte von dem bezahlt, was vertraglich ausbedungen war. Auch sonst hat die Volksbühne wahrhaftig niemals nur auf ihren Vertrag gepocht und ein Entgegenkommen an die Wünsche der Staatsverwaltung abgelehnt. Als sich der Umbau der Oper Unter den Linden als Notwendigkeit ergab, ließ sie sich trotz zahlreicher Bedenken bewegen, auf einen Teil der ihr vertraglich zustehenden Plätze für die Umbauzeit zu verzichten. Sie fügte sich auch gegenüber dem Verlangen, den Besuch ihrer Mitglieder auf einzelne Vorstellungen zu konzentrieren. Sie tat das alles, um die Situation zu erleichtern. Aber danach fragen gewisse Leute nicht, wenn sie der Volksbühne etwas am Zeuge flicken können.

Die Volksbühne zahlt heute an die Generalverwaltung der Staatstheater, obgleich sie zur Zeit nur etwa vier Fünftel der ihr vertraglich zustehenden Plätze in Anspruch nimmt, nahezu eine halbe Million im Jahr. Das ist schließlich kein ganz gleichgültiger Posten im Etat der Staatstheater. Mag sein, daß die öffentlichen Vorstellungen im Augenblick eine beträchtlich größere Durchschnittseinnahme ergeben als die Aufführungen, die von Volksbühnenmitgliedern gefüllt sind. Aber wird das ein Dauerzustand sein? Wird, sobald der Umbau der Oper Unter den Linden beendet ist und wieder regelmäßig drei große Opernhäuser in Berlin Vorstellungen veranstalten, die Einnahme einer öffentlichen Vorstellung nicht am Ende sehr oft erheblich weniger als die 3 500 Mark sein, die die Volksbühne zu bezahlen hat?

Die ›Steuerzahler‹ müssen gewiß bei dem heutigen Betrieb der Staatsoper etwas drauflegen, wenn eine Volksbühnenvorstellung der Oper nur 3500 Mark einbringt. (Es möge unerörtert bleiben, ob bei einer anderen Betriebsorganisation, als sie heute besteht, die Differenz zwischen Unkosten und Einnahmen nicht am Ende erheblich vermindert werden könnte.) Aber müssen die Steuerzahler vielleicht nicht ebenfalls zuzahlen, wenn die Vorstellungen öffentlich sind?! Will man einen Opernbetrieb ohne staatliche Zuschüsse, – so muß man die Staatstheater überhaupt schließen. Im übrigen lassen sich staatliche Zuschüsse, die für die Vorstellungen der Volksbühne verwandt werden, sehr viel eher rechtfertigen als staatliche Zuschüsse, die dem sogenannten freien Publikum zugute kommen, – einem Publikum, das sich zu zwei Dritteln aus Personen mit einem Jahreseinkommen von 10 000 Mark und mehr zusammensetzen dürfte. Als der Landtag seinerzeit die Gelder für die Beendigung des Umbaus der Kroll-Oper bewilligte, war er auch durchaus der Meinung, daß für die Aufführungen zugunsten der Volksbühne Zuschüsse bereitgestellt werden könnten. Ja, gerade die Aussicht, mit dem neuen Operngebäude ein Theater zu erhalten, das mehr als die Oper Unter den Linden dem Gedanken einer sozialen Kunstpflege dienen sollte, war entscheidend für die Bereitstellung der erforderlichen Mittel.

Es ist an sich nicht tragisch zu nehmen, wenn gewisse Personen, die von den Verhältnissen wenig Ahnung haben, aber der Volksbühne nicht besonders grün sind, über die unzulässige Begünstigung der Volksbühne durch den Staat zetern. Die Volksbühne hat ihren Vertrag und hinter dem Vertrag stehen gute, wohlbegründete Rechtsansprüche. Auch ist sicherlich anzunehmen, daß bei den entscheidenden Stellen, vor allen Dingen im Parlament, die Verpflichtung des Staates zu einer sozial gerichteten Kunstpflege heute wie vor Jahren Anerkennung findet. Man kann sich höchstens wundern, daß bisher die Staatsverwaltung keinen Anlaß genommen hat, gegenüber den Angriffen gewisser Blätter den Sachverhalt richtig zu stellen und ihr Abkommen mit der Volksbühne vor der breitesten Öffentlichkeit zu vertreten. Immerhin: die Hetze, die in der Opernfrage gegen die Volksbühne versucht wird, ist bezeichnend für die Auffassungen gewisser Kreise, bezeichnend für die Schwierigkeiten, mit denen die Berliner Volksbühne dauernd zu kämpfen hat.

Die Berliner Volksbühne wird sich gleichwohl nicht entmutigen lassen, ihre Arbeit mit derselben Entschlossenheit und Hingabe fortzuführen wie bisher, ihre Arbeit, die in gleicher Weise der Kunst und dem Volke dienen will.


Die Autonomie im Rückspiegel

*Aus dem Bericht des Untersuchungsausschusses Krolloper vom 22. April 1931*

*Abg. Buchhorn (DVp):* Wie hat sich die Zusammenarbeit zwischen der Volksbühne und den Theaterreferenten im Kultusministerium vollzogen? War einer der Herren von der Volksbühne, etwa Herr Dr. Nestriepke, im Kultusministerium federführend mit tätig?

(Zeuge Dr. Seelig: Herr Nestriepke nicht)

Oder ein anderer von der Volksbühne?

*Zeuge Dr. Seelig:* Ja, der Musikreferent Herr Kestenberg ist in irgendeinem Organ der Volksbühne.

*Abg. Buchhorn (DVp):* Sie haben am 17. Dezember 1930 in der 168. Sitzung des Hauptausschusses auch ausgeführt, was hier verschiedentlich über den Filialbetrieb bei Kroll gesagt worden ist. Wir wissen ja alle, daß wir damals diesen Filialbetrieb aus Gründen der Ersparnis haben wollten. Nun ist nie so recht zum Ausdruck gekommen: Wann ist im Ministerium entscheidend die Auffassung durchgedrungen, daß nun Kroll selbständig werden sollte, und wer ist für diese Entscheidung, daß Kroll als Oper selbständig werden sollte, in der Hauptsache verantwortlich?

*Zeuge Dr. Seelig:* Die Frage, wer verantwortlich ist, ist schwer zu beantworten. Es ist ähnlich gegangen wie bei der Grundlage für die Annahme des Ministeriums, daß ein solcher Filialbetrieb auch wirtschaftlich vorteilhaft sei. Entscheidend dafür waren die Gutachten der damaligen Intendanz, ich glaube sogar, der beiden. Ähnlich sind jetzt zwei Denkschriften von Herrn Tietjen und von Herrn Hörth vorgelegt worden, daß der Filialbetrieb sich im Interesse der Erhaltung der Linden-Oper und der Kroll-Oper selbst künstlerisch und auch sonst nicht mehr rechtfertigen lasse und daß man deshalb zu einer Verselbständigung kommen müsse. Die Dinge standen wohl auch im Zusammenhang mit der Berufung des Herrn Klemperer, und lebhaft hat die Idee Herr Kestenberg vertreten. Maßgeblich waren für uns die Gutachten der beiden Fachleute Hörth und Tietjen. Herr Kestenberg kam sehr begeistert über die Leistungen des Herrn Klemperer aus Wiesbaden zurück und sagte, jetzt wäre vielleicht die Möglichkeit, Herr Klemperer würde sich besonders für Kroll eignen. Ich habe mich gefreut und habe Herrn Kestenberg gesagt: Gut, das scheint mir sehr überzeugend, das wäre sehr erfreulich; aber wenn eine stärkere Verselbständigung der Kroll-Oper von Herrn Klemperer in dem Ausmaß gewünscht wird, will ich sofort darauf hinweisen, daß ich dann glaube, daß die Volksbühne ihre Preise erheblich erhöhen muß. Herr Kestenberg wandte mir ein, daß ich Unrecht hätte, mit diesen kleinlichen fiskalischen Gesichtspunkten eine große neue künstlerische Idee hindern zu wollen. Ich hatte es aber ausgesprochen und habe an diesem Standpunkt, wie ich wiederholt betont habe, bis zuletzt zäh festgehalten, daß jede stärkere Verselbständigung auch irgendwie von einer Preiserhöhung der Volksbühne begleitet sein müsse; denn die Volksbühnenpreise waren die Basis für alle anderen Preise.

*Abg. Buchhorn (DVp):* Herr Kestenberg ist also derjenige, der für die Berufung von Herrn Klemperer und damit auch für den Umbau des Programms verantwortlich ist. Sie wissen, wie ich mir damals das Programm – Pflege der leichten Spieloper usw. – gedacht habe. Das änderte sich grundsätzlich, als dann die Berufung von Klemperer erfolgte. Nun sagten Sie, damals seien Gutachten von Herrn Tietjen und Hörth maßgebend gewesen. Konnte denn Herr Tietjen damals schon solche Gutachten für den Staat abgeben? Er war doch meines Wissens damals noch nicht vom Staat verpflichtet.

*Zeuge Dr. Seelig:* Wenn er noch nicht verpflichtet war, haben wir ihn als Vertrauensmann und Sachverständigen befragt.

*Abg. Buchhorn (DVp):* Als Intendant der Stadtoper! Dann würde sich also Herr Tietjen als Intendant der Stadtoper für den Ausbau des Filialbetriebes bei Kroll erklärt haben.

(Zuruf des Zeugen Dr. Seelig)

Es ist 1926 gewesen. Soviel ich weiß, ist Tietjen damals noch nicht Generalintendant gewesen.

(*Zeuge Dr. Seelig:* Das weiß ich nicht; das müßte aus den Akten festgestellt werden!)

Das interessiert mich deswegen, weil ja von der Berufung Klemperers und der Umgestaltung des Krolltheaters ab eine innere Unstimmigkeit zwischen Staat und Volksbühne begann.

*Aus dem Bericht des Untersuchungsausschusses Krolloper vom 27. April 1931*

Vernehmung des Zeugen Generalintendant Tietjen

*Vorsitzender (nach Belehrung):* Ich bitte Sie, möglichst knapp darüber zu berichten, wieweit Sie als Intendant bei der Vertragabwicklung mit der Volksbühne mitgewirkt haben. Als das Schiedsgericht tagte, waren Sie schon Generalintendant?

*Zeuge Tietjen:* Jawohl.

*Vorsitzender:* Mit dem Abschluß des Vertrages von 1923 haben Sie nichts zu tun gehabt?

*Zeuge Tietjen:* Nein.

*Vorsitzender:* Seit wann sind Sie mit der Angelegenheit der Generalintendanz befaßt worden?

*Zeuge Tietjen:* Ich bin im August 1928 angestellt worden und bekam von Herrn Oberbürgermeister Böß die Erlaubnis, 1927 schon mitzuwirken.

*Berichterstatter:* Haben Sie den selbständigen Betrieb, den Klemperer-Betrieb, mit eingerichtet, oder fanden Sie ihn schon vor?

*Zeuge Tietjen:* Ich bin mit Herrn Klemperer gleichzeitig angestellt worden. Im Herbst 1926 sind der Vertrag von Herrn Klemperer und mein Vertrag getätigt worden, meiner für 1928 mit der Genehmigung Böß, und der Vertrag Klemperer für 1927.

*Vorsitzender:* Sie haben bei dem ersten Vertrag von Herrn Klemperer nicht mitwirken können?

*Zeuge Tietjen:* Ich bin gutachtlich von Herrn Minister Becker gehört worden.

*Berichterstatter:* Sie haben gutachtlich an der Entscheidung mitgewirkt, daß die Krolloper von der Lindenoper getrennt wurde?

*Zeuge Tietjen:* Herr Minister Becker hat mir ein Gutachten von dem damaligen an der dreiköpfigen Intendanz beteiligten Herrn Professor Hörth vorgelegt. Die Intendanz wurde nach dem Ausscheiden von Herrn von Schillings von drei Herren geführt, Hörth, Kleiber und Winter, Herr Professor Hörth vorwiegend für die künstlerische Disposition. Ich kann mich entsinnen, daß Herr Minister Becker mir ein Gutachten vorgelegt hat, das Herr Professor Hörth ausgearbeitet hatte, in dem er sich gegen die Weiterführung des Filialbetriebs wandte und stark eine Verselbständigung, also eine Art Autochthonie im staatlichen Opernwesen Berlins befürwortete. Der Herr Minister hat mich gefragt, ob unter diesen Voraussetzungen ich mich gutachtlich für die Sache aussprechen könnte. Das habe ich bestätigt.

*Berichterstatter:* Welche Gründe waren für Sie maßgebend?

*Zeuge Tietjen:* Soweit ich mich entsinne, war damals nach dem alten Vertrag im Krollhaus eine 3- oder 4tägige wöchentliche Bespielung vorgesehen. Das war 1926. Da war das Lindenhaus schon geschlossen. Es ist im Frühjahr 1926 geschlossen worden. Die damalige Opernleitung betrachtete es als eine außerordentliche künstlerische Belastung, wenn der Opernbetrieb weiter filialmäßig betrieben würde. Es kam meines Wissens auch hinzu, daß damals noch regelmäßig Schauspielvorstellungen nach den Verträgen stattfinden mußten, und soviel ich weiß, hat damals sich auch Herr Jeßner über die Dinge geäußert. Jedenfalls waren Schauspieldirektion und Operndirektion sich einig, daß ein künstlerisch wertvoller Betrieb in der Filialbespielung nicht mehr möglich war.

*Berichterstatter:* An sich war die Sache doch wohl nicht dringlich, weil die Staatsoper Unter den Linden und die Krolloper damals in demselben Hause waren?

*Zeuge Tietjen:* Nein, soviel ich weiß, 1926 noch nicht. Denn Herr Klemperer kam erst 1927. Also die Autochthonie wurde erst im Jahre 1927 aufgerichtet. 1926 zog die Lindenoper in das Krollgebäude über und spielte als Lindenoper mit ihrem Abonnementsstamm weiter und bespielte die Volksbühne im Krollhaus, aber noch filialmäßig gesehen. 1927 kam der autochthone Betrieb, d. h., das Lindenhaus sollte im Frühjahr 1927 schon fertig sein. Da kam der Wassereinbruch, und die Eröffnung wurde monateweise weiter hinausgeschoben. Ich entsinne mich, daß damals gesagt wurde: im Herbst 1927 könnt ihr anfangen. Da sollte dann die Oper am Platz der Republik mit einer gewissen Selbständigkeit spielen, und der andere Betrieb, der Hörth-Betrieb, sollte wieder in das Lindenhaus zurückgehen. Das ging nicht infolge höherer Gewalt. Nun spielten beide Betriebe in dem Haus zusammen, und zwar so, daß der Lindenbetrieb anfing zu spielen und der Krollbetrieb schon probte, und nun mußte man sich verständigen. Die erste Vorstellung von Klemperer fand am 19. November 1927 statt. Es fehlte an Probelokalen, es mußte eine besondere Halle gemietet werden, wo der Klempererbetrieb proben konnte.

*Berichterstatter:* Wann haben Sie Ihren Dienst praktisch angetreten?

*Zeuge Tietjen:* 1927 bereits als Opernintendant. Oper und Schauspiel waren damals noch getrennt; bis zum Ausscheiden meines Kollegen Jeßner waren wir gleichgestellt. Es gab einen Opernintendanten und einen Schauspielintendanten; jeder war etatmäßig verantwortlich für seinen Betrieb.

*Berichterstatter:* Also mit Klemperer zusammen haben Sie die Leitung der Oper in die Hand genommen?

(*Zeuge Tietjen:* Jawohl.)

Zu welchen Erfahrungen sind Sie gekommen bezüglich der selbständigen Bespielung der Krolloper?

*Zeuge Tietjen:* Verwaltungsmäßig sah die Sache so aus: Klemperer war angestellt als Operndirektor. Neben dieser Tätigkeit bestand noch seine Tätigkeit als Generalmusikdirektor, die augenblicklich Gegenstand des Prozesses Klemperers gegen den Staat ist. Ich bitte, daß ich mich darüber nicht zu äußern brauche, weil der Prozeß noch läuft. Der Operndirektor Klemperer hat damals seinen Betriebsetat bekommen, nach dem er arbeiten durfte. Es besteht immer noch die Meinung, daß die einzelnen staatlichen Häuser in Berlin geschlossene Etats in sich haben. Das ist nicht richtig. Es gibt keinen Krolletat und keinen Lindenetat und keinen Gendarmenmarktetat und keinen Schilleretat; es gibt nur einen Etat für die Berliner Staatstheater. Wir haben gewisse Kontrolletats zum internen Betrieb und zur internen Kontrolle; quasi vor uns selbst haben wir solche kleinen Etats aufgestellt, die nicht maßgebend sind nach außen als geschlossene Etats. Diese Kontrolletats, die nur in den persönlichen Fonds maßgebend sind für die verantwortlichen Leiter der einzelnen Häuser, nicht in den Sachfonds, – denn die Sachfonds greifen so stark ineinander über, daß sie nicht verteilt werden können, die Werkstätten und was da alles ist, dieser Personaletat – ich nenne ihn Kontrolletat – ist mit Klemperer durchgesprochen worden. Es handelt sich hauptsächlich um Kap. 162 Tit. 13 a und b des Haushalts und umfaßt künstlerische Vorschläge, die in dem Titel Spielleitung vereinigt sind, die Kapellmeister, Regisseure, Souffleure, Inspizienten und die Solisten. Dieser Solistenetat, um den ging es hauptsächlich, wurde mit dem Operndirektor Klemperer genau durchgesprochen, und nach diesem durfte er engagieren, damit das Haus als Betrieb sein Gesicht tragen sollte. Es war unser aller Wunsch, daß das Krollhaus ganz auf Ensemble gestellt werden solle. Das entsprach auch vollkommen den Tendenzen, die Klemperer vertrat im Gegensatz zum Lindenbetrieb, der damals noch unter den starken Nachwirkungen der Inflation, Deflation unter dem Zeichen der Amerikaverträge stand. Diese waren abgeschlossen von Herrn Schillings – bona fide – die Marklage war damals so. Die Verträge liefen auf lange Zeit. Es war die schlimme Zeit einer Art Staroper. Im Gegensatz dazu sollte die Krolloper ganz auf Ensemble gestellt werden. Das ist auch geschehen. Nach diesem Haushalt hat Klemperer gearbeitet. Ich glaube, es waren ungefähr 450 000 oder 500 000 RM im Solistenetat. Klemperer hat das Ensemble zusammengestellt, die Verträge habe ich alle gezeichnet. Der Betrieb fing am 19. November 1927 an nach einem Repertoire, das er aufgestellt und ich gebilligt hatte. Es ist in den ersten Jahren zu Fehlern gekommen, die auf beiden Seiten erkannt wurden. Es ist ein Irrtum gewesen von der Staatsregierung und von seiten Klemperers, ihn zum Operndirektor zu machen. Dieser Irrtum wurde repariert, indem Klemperer selbst beantragt hat, ihn dieses Postens zu entheben. Im Mai oder Juni 1928 ist der Nachtragsvertrag zustandegekommen, der auch Gegenstand des Prozesses ist, und durch den der Operndirektor Klemperer aufhörte und der Generalmusikdirektor im Herbst 1928 anfing. Der Betrieb lief dann etatrechtlich sowohl wie künstlerisch unter der Verantwortung des neuen Operndirektors Legal.

# Monographisches

*Die monographischen Dokumente beschränken sich auf die Hauptgestalten Otto Klemperer, Alexander von Zemlinsky, Ewald Dülberg, Heinz Tietjen und Leo Kestenberg. Das vorliegende knappe Material zeigt die verhältnismäßig geringe Rolle, die zu jenen Zeiten der Propaganda zukam.*

*Wilhelm Kemp (Aachen) über Otto Klemperer im Jahre 1924*

Aus der kleinen Schar der künstlerischen Menschen, die in besonderer Weise der Kunst unserer Tage dienen und von denen wir glauben, daß sie typische Vertreter unserer Zeit sind, ragt der Musiker Otto Klemperer weithin sichtbar heraus. Unter den Musikern, die im Westen Deutschlands Konzerte und Opern dirigieren, ist er unbestritten der vielseitigste, der feurigste, der selbständigste und man könnte diesen Superlativen noch einige hinzufügen, kurz: der Mann von größter künstlerischer Potenz, von dem hier die tiefsten und stärksten musikalischen Wirkungen ausgehen. Uns, die wir ihn kennen, wundert es nicht, daß maßgebende Beurteiler in Berlin, wo Klemperer immer mehr Boden gewinnt, nach diesem starken Manne als nach einem Retter in der Not Ausschau halten, und daß sie verlangen, daß Klemperer in irgendeiner des Künstlers würdigen Form dem Berliner Kunstleben verbunden wird, der Klemperer, den Paul Bekker »die stärkste Künstlerbegabung der jüngeren Dirigentengeneration« nennen darf.

Über die typischen Dirigenteneigenschaften, die wir im Westen außer bei Klemperer noch bei einem Dutzend anderer in hohem Maße vorhanden finden, zu sprechen, ist überflüssig. Gute Dirigenten, überzeugte Musiker, Virtuosen des Taktstockes und sattelfeste Handhaber einer heute auf der Schule erlernbaren Schlagtechnik, ausgestattet mit Fingerspitzen für das Orchester und mit feinen Ohren für – das Publikum, deren gibt es hier viele.

Nur von dem sei die Rede, worin Klemperer sie überragt.

Ein das Kunstwerk in allen stilistischen und seelischen Besonderheiten bis ins Letzte durchdringender Kunstverstand, der einem bis zur Weißglut entzündbarem Feuer des Gestaltens ebenso standhält wie allem dem, was die Zufälligkeiten der Interpretation mitbringen. Wenn Klemperer an seine Musik herangeht, gibt es nur zwei Dinge: die objektiven Gegebenheiten der Partitur und das intuitiv klar gesehene, subjektiv gefärbte und schon von innerem Leben erfüllte Abbild im Innern des Interpreten. Alle Tradition ist ausgeschaltet, kein Wesenszug des innerlich Erschauten ist durch fremde Vermittlung aufgenommen, auch nicht die kleinste Kleinigkeit auf Treu und Glauben, weil es dieser und jener so macht, ungeprüft dem Bilde zugefügt. Überragender Verstand erlaubt, jeden Takt und jede Phrase aufs Neue zu durchdenken, durchzuprüfen und im Verhältnis zum Ganzen richtig zu bewerten. So erscheint längst Bekanntes und Vertrautes nicht selten in neuer Gestalt, immer aber in neuen, nur diesem Interpreten möglichen Farben, und die suggestive Kraft, die von dem fanatischfeurigen, über dem Kunstwerk stehenden und ihm doch in der erhabensten Weise dienenden Musizieren ausströmt, überzeugt im Augenblick der Ausführung fast immer, daß in dieser Gestalt und in dieser Farbe, in dieser Glut des Erfassens die Zeichen der Partitur ihrer idealen Beseelung teilhaftig werden.

Höchste Einfühlungskraft in fremdes Denken und Schauen erlauben es Klemperer, unter den dirigierenden Musikern der vielseitigsten einer zu sein. Es gibt keinen Stil, in dessen Wesen er nicht einzudringen vermöchte, und so umfaßt sein Musizieren den ganzen Bereich dessen, was heute noch lebendig ist. Dabei erscheint es fast selbstverständlich, daß dieser rege Geist, der nach neuen Eindrücken dürstet, sich mit Vorliebe dem zeitgenössischen Schaffen zuwendet. Die Schärfe des Verstandes erlaubt ihm, Spreu vom Weizen zu unterscheiden, die Überzeugungskraft der Darstellung erlaubt ihm stärker zu sein als eine neuen Dingen fast immer widerwillig gegenüberstehende Hörerschaft. So wurde Klemperer im Westen zum Vorkämpfer der modernen Musik, für Mahler und Schönberg.

Man kann diesen Mann nicht als einen klassischen Musiker bezeichnen. Es würde ihm vermutlich widerstreben, Mozart oder Beethoven als einen Klassiker anzusehen, oder gar in der Art zu spielen, wie man diese Musik gewöhnlich hört. Ihm ist es erlaubt, die Kunst vergangener Zeiten mit den Augen des heutigen Menschen zu betrachten. Die Transparenz des Mahlerschen Orchesters, die das Eigenleben der Einzelstimme bei der

Einordnung in das große Ganze in höherem Maße respektiert als alle früheren, ist Vorbedingung und Eigentümlichkeit von Klemperers Spiel auch bei den Klassikern.

Besonders kommt dies Mozart zugute, für dessen Werk Klemperer in vorbildlicher Weise tätig war. Mit den üblichen Schablonen ist diese Wiedergabe nicht zu messen. Immer wieder wird der Darstellungsstil aus dem Einzelwerke, ja aus dem einzelnen Satze neu gewonnen und geformt. Typisches Beispiel: die g-moll Symphonie spielt er als Kammermusik und doch mit dämonischer Glut, die Jupitersymphonie mit starker Orchesterbesetzung und doch mit höchster Grazie.

Niemand spielt heute eindrucksvoller Beethoven. Den letzten Mann im Orchester beherrscht sein despotischer Feldherrnblick. Klemperer weiß, es gilt, einen anderen Beethoven zu verkünden als den von unzulänglichen Darstellern und Hörern verkleinerten. Jeder im Orchester glaubt ihm und fühlt: Du hast jetzt Künstler zu sein und nicht in traditionellen Schlendrian zu verfallen. Du mußt jetzt spielen, als müßtest Du gegen ein verständnisloses Publikum Beethoven zum ersten Male durchsetzen. Es wird Leute unter den Hörern geben, die jeden Takt als eine Aufrüttelung ihres beschaulichen Abonnententums empfinden. Selbst sie mögen etwas von Klemperers Mahnung dunkel empfinden: Du hast hier Beethoven zu erleben wie am ersten Tag und ihn nicht reibungslos den ausgefahrenen Spuren Deines trägen Geistes entlang ins Leere verpuffen zu lassen; Du hast kein Recht, Musik zu genießen, Du sollst eine Revolution in deinem Innern erleben, Du sollst innerlich so aufgerüttelt werden, daß Du aufspringen möchtest, anstatt Dich auf bequemem Sessel altgewordenen Gefühlen hinzugeben. Es ist klar: wer so dem Augenblicke lebt wie Klemperer, kann gelegentlich dem Augenblicke zum Opfer fallen, hier einmal die Linie der ›klassischen‹ Schönheit überschreiten, da sich einmal in dynamischen Gegensätzen überbieten. Mangel an Können ist das gewiß nicht, und man nimmt es hin als in diesem Augenblick notwendigen Ausdruck einer überstarken Persönlichkeit und verschiebt gelegentlichen Protest auf eine rückschauende Betrachtung. Daß Klemperer Beethoven gelegentlich erheblicher uminstrumentiert, als wir heute nach der Schenkerschen Partiturauntersuchung zulassen möchten, wer wird das dem an Mahlers Partituren geschulten, mit modernen Ohren hörenden Musiker verdenken!

Mahlers Werk nimmt einen besonderen Platz in Klemperers Herzen ein. Am Rhein hat er Entscheidendes dafür gewirkt. Die c-moll Symphonie wirkte hier als höchste Offenbarung einer neuen Art von Symphonie, bis ins letzte klar und durchsichtig gebaut, von einem ekstatischen Menschen gespielt, der das innere Feuer hat, um in Mahlerschen Gluten zu glühen und scharf genug denkt, um Mahlers Metaphysik, die hier in so sonderlicher Art Ton geworden, zu verstehen. In gleicher Weise konnte er für Schönberg wirken, für den Impressionisten der vorkritischen Periode, wie für Schönberg der 5 Orchesterstücke und des ›Pierrot lunaire‹.

Was Klemperer als Opernleiter bedeuten kann, ist in Köln, es ist fast paradox zu sagen, in voller Klarheit nur gelegentlich gesehen worden. Ein auch nur einigermaßen kongenialer Spielleiter stand ihm nicht zur Seite, das Problem der Operninszenierung aus der Musik und nur aus der Musik heraus wurde hier nicht ernstlich gestellt oder doch nicht zu Ende gedacht. Mehr als einmal erkaltete so der heiße Strom, der von Klemperers Musizieren ausging an der Kälte eines konventionellen Gebahrens auf der Bühne, oder er wurde gehemmt durch die glänzenden Äußerlichkeiten einer veraltenden Kulissenwirtschaft. Außerordentliches vollzog sich, als Klemperer in Mozarts ›Cosi fan tutte‹ mit der musikalischen auch die szenische Führung übernahm. Mit einem Male tauchte hier ein neuer Darstellungsstil auf, eine an dieser Bühne unerhörte Übereinstimmung von Szene und Musik. Allein diese Leistung hätte Klemperer mehr Einfluß auf die äußere Gestaltung der Opernszene seines Theaters sichern müssen.

Wagnerianer im orthodoxen Sinne ist Klemperer wohl nie gewesen. Dem Wagnerschen Klangrausch gibt er sich unbedingt nur da hin, wo er restlos an ihn glaubt: so in ›Tristan und Isolde‹. Anderes, so Teile des ›Nibelungenringes‹ erscheinen zu sehr in mit Mahlerscher Schärfe durchleuchtender Analyse, um ganz echter Wagner zu sein.

Für die neue Musik hat der Operndirigent Klemperer weniger tun können als er wohl gewünscht. Die Kölner Verhältnisse waren da seiner fortschrittlichen Tendenz nicht günstig. Immerhin konnte er Entscheidendes für Zemlinsky, Janáček u. a. leisten, besonders auch für Schreker, der ihm schließlich die Uraufführung von ›Irrelohe‹ anvertraute. An den großen Schrekerabenden offenbarte sich ganz die nicht zu übertreffende Größe von Klemperers Dirigentenkunst, die den instrumentalen Teil zu restloser Vollendung führte.

Von dem Komponisten Klemperer ist zu erwähnen die Missa in C, die im Kölner Gürzenich zur Uraufführung kam. Es ist keine Messe nach großen Vorbildern. Klemperer hat den Mut, den Messetext selbständig zu lesen. Es gibt so keine bewußte Beziehung zu Bach, Beethoven und Bruckner, auch die katholisch-kirchenmusikalische Tradition wirkt nicht fort, sofern sie dem modernen Menschen billig und verbraucht erscheint. Das Werk ist ein Glaubensbekenntnis, das mehr durch die Wärme der Empfindung wirken will, als durch donnernde Theatralik von Massenchören, ein Werk in dem die Not der Zeit in ergreifender Weise zum Ausdruck kommt. Muß ich noch sagen, daß Klemperers Messe die modernste ist, vermutlich noch auf Jahre hinaus? Jedenfalls ein Werk, über dem die Akten noch nicht geschlossen werden dürfen.

Unglaubliches, Befremdendes geschah. Klemperer, der hochangesehene musikalische Leiter der großen Kölner Bühne, wirkt jetzt in Wiesbaden. Wohl kein Wissender hat das Gefühl gehabt daß ihn die Kölner Tätigkeit befriedigte. Dafür hatte er zu wenig Einfluß, wo er als der überragende Mensch und Künstler hätte Einfluß haben müssen. Also im wesentlichen in den Kulturfragen des Spielplans, der (ohne Klemperers Schuld) sehr anfechtbar war. Das konnte, dürfte ihn nicht weiter reizen. Verhandlungen mit Berlin zerschlugen sich mehrere Male, wie es heißt, an der angeblichen Unerfüllbarkeit dessen, was Klemperer als Künstler fordern durfte und mußte. Möge Klemperer in Wiesbaden finden, was ihn bisher hinderte, sich restlos auszuwirken. Eine Opernregie, die nicht an der Musik vorbeiinszeniert, die aus den immanenten Forderungen des Kunstwerks herauswächst und einen Apparat, der dieses Künstlers würdig ist.

*Adolf Weißmann über Otto Klemperer: ›Die Musik‹ XX, Mai 1928*

Was wir Heutigen von einem großen Dirigenten wollen, ist: daß er seine Selbstherrlichkeit dem Geist der Musik, der so oft durch sie vergewaltigt wird, unterordnet, in einem höheren Sinne dienstbar macht.

Das Selbstherrliche im Dirigenten ausrotten zu wollen, ist weder möglich noch nützlich. Denn er braucht den Rausch der Selbstbespiegelung, um eine Gipfelleistung zu vollbringen. Oberstes Gesetz bleibt freilich, daß auch dieser Rausch sich auf der sicheren Grundlage einer festen und tiefen Kunstanschauung vollzieht.

Ob Otto Klemperer die Reinheit des Kunstwollens von Anfang an vertreten hat, ist zweifelhaft. Zuerst war es die ungehemmte Leidenschaftlichkeit seiner Stabführung, die der Mitwelt auffiel. Er hatte eine Lehrzeit durchzumachen; und wer am Prager Landestheater unter Angelo Neumann arbeitete, hatte nicht für eine Überzeugung, sondern für seinen vielfarbigen Spielplan wirkungsvoll einzustehen. Klemperers Taktstock sprühte Feuer. Er wurde als ein Besonderer unter den aufstrebenden Kapellmeistern bekannt; hatte ja übrigens schon in Berlin, so wenn er Max Reinhardts ›Orpheus‹ ganz offenbachisch vorbereitete, Aufmerksamkeit und selbst bei einigen Kollegen Besorgnis erregt. Der würde, fühlte man, von sich reden machen.

An den Stadttheatern von Hamburg, Straßburg und Köln wuchs er. Es zeichnete sich allmählich das Persönliche in ihm ab. Von zügelloser Leidenschaftlichkeit, die ja, rein musikantisch sich auswirkend, zur Scheidemünze werden kann, ist keine Rede mehr. Die Bedingtheiten des Theaters, denen ein werdender Kapellmeister sich zu unterwerfen hat, werden zwar anerkannt, aber mit einem Gewissen betrachtet und umgewertet. Der Musiker, der sein drittes Lebensjahrzehnt vollendet hat, mag ja in den Verhältnissen der Kölner Opernbühne noch schwere Hemmungen für die Verwirklichung seiner Ideen finden; auch einem Größeren, Gustav Mahler, stellten sie sich oft genug entgegen. Immerhin gelingt es Klemperer, Opernaufführungen durchzusetzen, die einen neuen Geist, den der Genauigkeit, Echtheit, Reinheit der Musik atmen.

Nicht ohne Grund ist hier auf Gustav Mahler gedeutet: daß Klemperer von diesem Vorbild, das sich ja jedem jungen Dirigenten von selbst aufzwingt, auf seinem Wege mehr und mehr beherrscht wurde, leuchtet ein. Schon äußerlich ist in dem allerdings überlebensgroßen, darum Mahler an Körperlänge weit überragenden Klemperer doch etwas Mahlerisches zu spüren: hinter Brillengläsern leuchten besessene Augen. Nur daß eben Klemperer aus anderer Gegend stammt. Er trägt nicht die Erinnerung der Landschaft in sich. Er ist Städter; aus Breslau gebürtig. Was an ihm ungezügeltes Temperament war, wird Glühhitze des Gehirns. Er fühlt eine Sendung in sich, und er will sie mit den auf ein festes Ziel gerichteten Kräften des Verstandes durchführen.

Immer größere Suggestionskraft strömt von ihm aus. Es ist selbstverständlich, daß der Mensch, der sich der reinen Musik verhaftet fühlt, die Lösung seiner Aufgabe nicht allein durch die Oper, sondern auch durch die Sinfonie sucht.

In der Provinz hat Klemperer Gläubige gemacht; immer gebieterischer wird gefordert, daß er sich auch in der Reichshauptstadt beweisen könne. Dem Opernkapellmeister gelingt dies bis auf weiteres nicht; aber der Konzertdirigent wird, wenn er am Pult der Berliner Philharmonie erscheint, wie der Bringer einer neuen künstlerischen Heilsbotschaft bejubelt.

Was Klemperer im Konzertsaal vorführt, kennzeichnet sich als Neuschöpfung. Es ist in ihm der Zwang, die Darbietungen auch der sogenannten klassischen Werke von allem zu reinigen, was der Betrieb verschuldet hat. Dem Schlendrian wird Fehde angesagt. Denn indes hat ja Klemperer das andere, noch lebende Beispiel eines großen Stabkünstlers, Arturo Toscanini, auf sich wirken lassen. Da hat er gesehen, was höchste Genauigkeit vermag. Die ›Meistersinger‹ in der Scala, von einem anderen Temperament erfaßt, sind doch nicht spurlos an ihm vorübergegangen. Aber nicht nur Ungenauigkeiten, die sich eingeschlichen haben, sondern auch die Symptome echter oder falscher Romantik will er ausmerzen. Dem Espressivo, das nach seiner Meinung die Darstellung der Werke durch die Dirigenten fälscht, arbeitet er entgegen.

Hält man nun den Mann mit der großen, scharfkantigen Geste, der mit seinen Armen die Luft hart durchschneidet, und die Ausführung seines Programms zusammen, so ergibt sich ein erstaunlicher Gleichklang des akustischen und des optischen Bildes. Herbheit und Askese drücken sich in beiden aus. Aber sie gewinnen Zündkraft durch das Feuer, mit dem sie in Erscheinung treten. Wenn Klemperer Mahlers Sinfonien deutet, dann ist die peinlich gewissenhafte Vorarbeit, die der Aufführung vorangegangen ist, in jedem Takt zu spüren; aber noch mehr: der Geist dieser Musik, die der Wirkung singender Stimmen vertraut, ist bei aller Enthaltsamkeit in der Wiedergabe des Melodischen fühlbar. So erhält auch Bruckners Achte Umrisse und Inneneinrichtung, die sich von den herkömmlichen unterscheiden. Es ist klar, daß sich weder hier noch dort das Wienerische in der Deutung ausprägt, dagegen der Zug zur Größe fast überbetont wird. Dies kennzeichnet auch Klemperers Beethoven. Der Sinn für das Architektonische betätigt sich in ungewöhnlicher, doch zwingender Art. Dynamik und Agogik sind durch einen schürfenden, fanatischen Geist umgearbeitet, umgemünzt, umgewertet. Was wir naiv nennen, hat in dieser Ausführung keinen Raum. Was uns als intellektuell gilt, ist stark hervorgekehrt. Doch wird Bach mit einer Schärfe der Linienführung herausgemeißelt, die unserer Zeit gemäß ist. Haydn oder Mozart haben sich der Neuheit dieser Anschauung zu fügen.

In Wiesbaden, wo Klemperer unter dem Intendanten Carl Hagemann zu wirken berufen wird, darf er sich in voller Freiheit entfalten. Er verknüpft sich mit Ewald Dülberg, dem Vertreter Dessauer Bauhaus-Prinzipien. Das ist die Generalprobe für Berlin, wo er als neuernannter Direktor der Krolloper November 1927 seine Tätigkeit beginnt.

Es darf aber nicht verschwiegen werden, daß Klemperer während der Wiesbadener Zeit, die wohl bisher auch die seines größten Ruhmes ist, in Urlaubsfahrten nach Rußland seine Anschauungen über das Theater in der Oper ergänzt. Seine Meinung, daß es nur auf Ensemblewirkung ankomme, wird durch das, was er dort erlebt, bestärkt. Es entspricht ja dem kommunistischen Ideal, daß der Einzelne in der künstlerischen Gesamtheit aufzugehen hat. Daß hierbei die Regie sehr interessant, aber doch zuweilen unter starker Vergewaltigung der Musik experimentiert, ist bekannt. Da Klemperer in Rußland als Dirigent hinreißend gewirkt hat, ist ohne weiteres anzunehmen, daß zwischen ihm und dem sowjetistischen Künstlertum in vielen Punkten Übereinstimmung erreichte wurde.

Der Beginn der Ära Klemperer in der Berliner Staatsoper wird mit einer Spannung erwartet, wie sie wohl höchst selten einem Dirigenten entgegenharrt. Es ist zugleich der kritischste Augenblick im Leben der Staatsoper überhaupt: ein verhängnisvoller Opernumbau zieht sich über die vorgesehene Zeit hinaus, und die Oper Unter den Linden ist geschlossen. In einem einzigen Raum, im Hause am Platz der Republik, müssen sich vorderhand alle Ereignisse im Reiche der Staatsoper abspielen.

Bezeichnend für die Gläubigkeit, mit der man Klemperers Leistung entgegensieht; bezeichnend auch für den Einfluß, den er auf maßgebende Kreise gewonnen hat, daß dem neuen Herrn des Kroll-Hauses vollkommenste Freiheit in der Vorbereitung seines Unternehmens gewährt wird.

Es ist heute noch zu früh, abschließend zu sagen, was Klemperer als Operndirektor der Reichshauptstadt bedeutet. Gewiß nur ist, daß zunächst der übergroßen Spannung eine Enttäuschung gefolgt ist.

Das Grundsätzliche, das Klemperer in Anlehnung an Baukünstler von dogmatischer Einstellung vertritt, hat sich schon in einer Fidelio-Aufführung erwiesen. Hier wurde allerdings klar, daß die Kunstanschauung Klemperers, soweit sie das Theater betrifft, der Gefahr der Einseitigkeit zu erliegen droht. Den Geist der Musik auf Kosten des Gesanges, mit dem die Oper als Gattung zu rechnen hat, retten zu wollen, ist in jedem Fall ein Irrtum. Es geht für Berlin nicht an, den Sänger zweiten Ranges zugunsten des Ensembles auf den Schild zu erheben. Klemperer, der eine ideale Volksoper schaffen will, gerät hier in Widerstreit mit den Bedingtheiten der Oper überhaupt. Und mag auch manches Detail in der schauspielerischen Verlebendigung des ›Fidelio‹ fortschrittlich wirken: als Ganzes ist er nicht zu halten.

Es ist heute nicht abzusehen, wohin die Eigenwilligkeit Klemperers steuert; ob sie geneigt ist, mit berechtigten Forderungen der Oper und ihrer Besucher zu paktieren, das Spielerische als Beiklang der Wirkung anzuerkennen; die eigensinnige Stilisierung im Bühnenbild aufzugeben. Es wäre, scheint mir, nicht unmöglich, das Echte mit dem Opernhaften auf einer höheren Plattform zu verbinden.

›Don Giovanni‹, gleichfalls in Wiesbaden erprobt, entwickelt sich jedenfalls nach denselben Grundsätzen. Einheitlichkeit wird erreicht; aber das Unsinnliche in Dauer erklärt. Mozart nicht nur auf Tragik und Grobheit gestimmt, und in diesem Sinne großartig herausgemeißelt, doch auch auf das Dogma von der neuen Sachlichkeit verpflichtet, das ein Genie als einseitige Fesselung ablehnt. Der Sänger darum wieder halb entrechtet.

Aber es kommt ›Oedipus‹, Strawinskys lapidares Werk, zugleich Feuerprobe der neuen Sachlichkeit für den Dirigenten. Man wird Klemperer gern zugestehen, daß er die szenische Umformung des Opern-Oratoriums, das in Paris nur als Oratorium vorgeführt war, mit Dülberg in erstaunlicher Weise vollbracht hat. Metrische Genauigkeit, Haarschärfe der Betonung im Dienste des

Tragischen, wie es Strawinsky versteht, verknüpfen sich mit dem Maskenhaften in der Haltung des Chores, der einzelnen Personen, in der kubischen Einrichtung der Bühne.

Der Zufall will, daß kurz darauf Schubert von Klemperer in einem seiner Konzerte mit der Staatskapelle gefeiert wird. Das bekommt beiden nicht gut. Denn was dem ›Oedipus‹ recht ist, verletzt den ganz unsachlichen Schubert. In der Behandlung des Rubato zumal, dessen Daseinsberechtigung nicht zu bestreiten ist, das aber an harte Metrik gebunden werden soll, scheiden sich die Geister derer, die sich wahrhaft zu Schubert bekennen, und der andern, die ihn unter das Joch einer dogmatischen Anschauung zwingen wollen. Wenn trotzdem auch Schubert noch zuweilen von dem Ernst Klempererschen Musizieren Vorteil hatte, so spricht dies eben für die Bedeutung des umschaffenden Künstlers.

Man kann ihn befehden, aber man muß ihn als einen unserer Wertvollsten anerkennen. Und darf hoffen, daß auch das Dogma dieses schließlich nicht hoffnungslos starrköpfigen, dieses beeinflußbaren Musikers von großem Format, der uns lieber ist als mancher schnellfertige, minder verantwortungsvolle Dirigent von Ruf, sich erweichen und einer beweglicheren Kunstübung Raum geben wird.

Wir erwarten noch reife Frucht von dem Wirken dieser vielumstrittenen Persönlichkeit. Ob sie ihm gerade in der Oper erblühen wird, wird sich erweisen.

*Artur Schnabel, Trinkspruch für Klemperer (im Dezember 1932 bei der 50-Jahrfeier des Berliner Philharmonischen Chores, dessen Leitung Klemperer nach dem Tod des Gründers, Siegfried Ochs, im Februar 1929 übernommen hatte.*

Als Fachgenosse möchte ich Klemperer danken für sein vorbildliches Verhalten als Künstler. Er fühlt Begabung als Adel und Adel als Verpflichtung. Er empfängt seinen Auftrag nur von der Begabung und ist nur ihr verantwortlich. Er ist dankbar dafür, keine Wahl zu haben, sondern eine Bestimmung.

Das heißt selbstverständlich nicht, daß der Künstler von seiner Begabung nicht vor Fragen und Entscheidungen gestellt wird. Aber es sind keine Fragen der Nützlichkeit und Sicherheit um jeden Preis, sondern Fragen der ganz persönlichen Wahrhaftigkeit um jeden Preis, auch um den lebenslänglicher Unsicherheit, die schließlich das Zeichen dauernder schöpferischer Entwicklung und die eigentliche Nahrung und Glücksquelle des Künstlers ist.

Klemperer weiß, daß der Widerstreit der Gegensätze im Künstler besonders stark ist, und er weiß, daß der Versuch und Anreiz von außen den Auftrag durch Anpassung, anpassende Beziehung und Mischung zu verwirren, zu schwächen und zu fälschen, auch sehr stark ist. Aber ein Künstler seiner Art und seines Grades kann widerstehen. Er lebt in einer Welt, wo der Wechsel nichts bedeutet. Zeit und Art des künstlerischen Schaffens erhalten ihre Gestalt nicht vom Tage, bleiben immer gleich.

Alle großen Kunstwerke sind Zwillingsgeschwister – alle kleineren sind es auch; jedes große Kunstwerk ist umfassend, ein Inbegriff. Schöpfer sind keine Spezialisten. Erst die Schulbildung macht solche aus ihnen, die die Verschiedenheit der Trachten für die der Wesen nimmt. Und selbst wenn manche Künstler das Gegenteil verkünden, sie sind dennoch keine Spezialisten, Bürokraten und Parteileute, sie sind, wie Klemperer, konservativ, liberal *und* revolutionär; sie sind, wie er, Aristokraten und Anarchisten; sind für Ungebundenheit und Disziplin. Sie sind gezwungen, frei zu sein zur Verwirklichung ihres Auftrages, der ihnen Gesetze gibt. Dadurch haben sie wiederum, wie Klemperer, jene innere Unabhängigkeit, die mit Bescheidenheit identisch ist, die durch ihre Herkunft von der Verbindung mit dem Zeitlosen auch jedem Zeitgeist liebevoll gerecht wird. Dadurch auch sind sie in allen Verwandlungen und Bewegungen immer dieselben.

Ich wünsche Klemperer den Segen unendlicher Entwicklung *und* Unsicherheit und dazu alles Gute, das es gibt. Klemperer möge immer weiter *so* hoch leben, wie er bisher gelebt hat.

*Ernst Rychnovsky-Prag über Alexander Zemlinsky: ›Die Musik‹ XVI, August 1924*

In Prag, dem hunderttürmigen, dem von Sage umwobenen und von harten Kämpfen umtobten, wirkt Alexander Zemlinsky seit länger denn einem Dutzend Jahren als der führende Musiker, ohne den kein Spatz vom Dach fällt. Wenn eine musikalische Veranstaltung besonderen Glanz bekommen, wenn sie werbend auf die Taschen des Publikums wirken soll: die Ankündigung, daß Alexander Zemlinsky als spiritus musicalis an ihr beteiligt ist, daß er dirigieren oder den konzertierenden Künstler am Klavier begleiten werde, tut das Wunder. Zemlinsky-Abende sind stets wahre musikalische Feste für die sonst gedrückten, nie recht frohen Prager Deutschen, Feste aber auch für die vielen musikgenießerischen Tschechen, denen sie nicht fernbleiben wollen, und für das internationale Publikum, das jetzt allgemach auch in Prag hervorzutreten beginnt. Scharf wie das Profil seiner Physiognomie ist sein künstlerisches. Der Dirigent im Theater und Konzertsaal, der Pianist, der von seinen Adepten begeistert geliebte Leiter der Dirigentenschule an der Deutschen Akademie für Musik und darstellende Kunst und nicht zuletzt der Komponist von Opern, Orchester- und Kammermusikwerken, Liedern und der ›Lyrischen Sinfonie‹ sind die Komponenten einer Künstlerpersönlichkeit, deren bestrickendem Reiz sich das Publikum nicht entzieht, deren suggestiver Kraft der Musiker willig erliegt.

Auch Zemlinsky ist seine unbestrittene überragende Position nicht als gütiges Geschenk einer schönen Fee mühelos in den Schoß gefallen. Auch er hat ringen und kämpfen, von der Pike auf dienen müssen. Nicht nur vor die Tugend setzten die Götter den Schweiß. Frühzeitig schon verrät er eine nicht alltägliche musikalische Begabung, so daß er nach Absolvierung des Gymnasiums das Wiener Konservatorium bezieht, wo er den Unterricht Doors im Klavierspiel genießt und Kompositionsschüler bei Fuchs wird. Als der beste Klavierspieler am Konservatorium erhält er den Bösendorfer-Flügel. Eine Sinfonie, die er während seiner Studien bei Fuchs schreibt, wird aufgeführt. Brahms ist anwesend, faßt Interesse für den jungen Musiker und empfiehlt ihn, so wie er einst auch Anton Dvořák empfohlen hatte, an Simrock nach Berlin. Dort erscheint sein Trio für Klarinette, Cello und Klavier. Noch während seiner Konservatoriumsstudien verlegt Breitkopf & Härtel ein Heft Klavierstücke, erscheinen vier Liederhefte bei Hansen in Kopenhagen. Nach Absolvierung des Konservatoriums lebt Zemlinsky einige Jahre vom Stundengeben und komponiert fleißig. Beim Jubiläumskonzert des Konservatoriums dirigiert er seine Orchestersuite – nach Brahms, der seine ›Akademische Festouvertüre‹ dirigiert. Das Quartett Hellmesberger spielt einige Werke Zemlinskys, die bis heute nicht gedruckt sind, wie ein Streichquintett, das Brahms sich anhörte. Sein Interesse für den offenbar begabten Komponisten wird reger, er lädt ihn zu sich ein und will ihn, ein schöner menschlicher Zug des Meisters, materiell unterstützen, damit er nicht das bittere Brot des Stundengebens essen müsse und sich weniger gebunden der Kunst widmen könne. Aber zur materiellen Unterstützung kommt es nicht, die moralische Förderung behält ihren unendlichen Wert.

Um diese Zeit wird das Münchener Preisausschreiben um den Luitpold-Preis für die drei besten Opern veröffentlicht. Zemlinsky zimmert sich nach der Reclam-Ausgabe von Gottschalls ›Rose vom Kaukasus‹ den Text zu seiner Oper ›Sarema‹ und bewirbt sich. Die Oper erhält den Preis, wird in München aufgeführt, Milka Ternina und der unvergessene Theodor Bertram wirken mit. Nun läßt die materielle Sorge nach. Trotz Stundengeben wendet sich Zemlinsky einer neuen Oper zu, und mit dieser ist die entscheidende Wende in seinem Leben verbunden. Die Oper heißt ›Es war einmal‹ und ist nach Holger Drachmann komponiert. Gustav Mahler läßt sie sich vorspielen und nimmt sie für die Hofoper an. Ein paar Monate später wird sie an der ersten Bühne des Reiches und unter dem ersten Künstler aufgeführt. Noch trägt sich Zemlinsky nicht mit dem Gedanken, Dirigent zu werden, insbesondere nicht Theaterdirigent. Da aber von der Oper viel gesprochen wurde, fügte es sich wie Schicksal, daß der Direktor Müller, der damals das Carl-Theater übernommen hatte, auf die Idee kam, durch einen Theateragenten bei Zemlinsky anfragen zu lassen, ob der junge, mit frischem Bühnenlorbeer geschmückte Komponist zu ihm nicht als Kapellmeister gehen möchte. Weigerung ist die erste Antwort, nach beharrlichem Drängen Zusage die zweite. Denn Müller war ein kluger Herr und wußte aufwachsende, am Beginn ihrer Karriere stehende Künstler zu hypnotisieren. Er schildert das Theater und die Operette in so glühenden Farben, daß dem jungen Musiker das Wasser im Munde zusammenläuft. Der sieht nun nicht mehr, was er dirigieren soll, sondern nur, daß er dirigieren wird. Nach einer Stunde ist der ominöse Vertrag mit dem Operettendirigenten unterschrieben. Ein paar Jahre vorher hat auch Gustav Mahler in Hall den Taktstock zu den Rhythmen von Millöcker und Suppé geschwungen. Drei Jahre bleibt Zemlinsky dem Carl-Theater verpflichtet, dann geht er auf ein Jahr ans Theater an der Wien. Rainer Simons, der Gelegenheit hatte, die künstlerischen Fähigkeiten des Operettenkapellmeisters zu durchblicken, nimmt ihn an die neugegründete Volksoper herüber. Webers ›Freischütz‹ ist die erste Oper, die Zemlinsky dirigiert. Trotz allen Plackereien mit dem Operettenensemble bleibt Zemlinsky schöpferisch tätig. Zur Komposition flüchtet er, wenn er Rettung aus dem Tohuwabohu des großstädtischen reißerischen Theaterbetriebs sucht. Eine Sinfonie führen die Wiener Philharmoniker auf, sie erhält den Beethoven-Preis. Daß sie irgendwo gedruckt worden wäre, hat man nie erfahren. Aber auch die Volksoper ist nur Sprungbrett zu höherem Aufstieg. Mahler beruft ihn an die Hofoper, und dort wirkt er neben Mahler solange, bis Intrigen von höchster Stelle Mahler ein weiteres Verbleiben verekeln und er unter die glänzendste Epoche der neuen Wiener Theatergeschichte einen dicken Strich macht. Mit Mahler geht auch Zemlinsky. Nicht lange darauf erfolgt die Berufung nach Prag. Und hier schafft er sich eine Stellung, die allen seinen künstlerischen Kräften die freieste Entfaltung ermöglicht.

Noch in seiner Mahler-Zeit entsteht die bisher nicht aufgeführte Oper ›Der Traumgörg‹, ein Psalm mit Orchester, entstehen die Maeterlinck-Orchesterlieder, die jetzt Madame Cahier in New York mit sensationellem Erfolg gesungen hat, die Oper ›Kleider machen Leute‹ nach Gottfried Kellers Novelle, das zweite Streichquartett, ein Heft Klavierstücke. Eine reiche Ernte, die er nach Prag mitbringt. Hier schreibt er die Einakter ›Florentinische Tragödie‹ nach Oskar Wilde und ›Der Zwerg‹ nach Wildes Märchen vom Geburtstag der Infantin. Das kompositorische Werk krönt die ›Lyrische

Sinfonie‹, deren Uraufführung anläßlich des Internationalen Musikfestes in Prag erfolgte. Mit der Lebenslinie entwickelt sich auch die Linie seiner Kunst. Die ersten Werke tragen, und Zemlinsky betont das immer mit einem gewissen Stolz, die Marke Brahms, unter dessen Einfluß seine Kammermusik steht, ebenso wie der Schatten des Bayreuthers sich auf das Bühnenwerk seiner ersten Periode senkt. Wie wäre es auch anders möglich? Aber schon in den Werken der mittleren Periode umreißen sich fest die Züge künstlerischer Individualität. Das zweite Quartett hat mit Brahms so wenig mehr zu tun, wie die Maeterlinck-Lieder und ›Kleider machen Leute‹, was dann von der ›Florentinischen Tragödie‹ und dem ›Zwerg‹ ohne Einschränkung gilt.

In diesem Zusammenhang darf ein Wort über Zemlinskys Verhältnis zu Schönberg gesagt werden, mit dem ihn nicht nur verwandtschaftliche Bande verbinden. Zemlinsky hat Schönberg kennengelernt, als dieser Bankbeamter war und Zemlinsky den Studentenverein ›Polyhymnia‹ dirigierte, dessen Mitglieder vorwiegend Studenten der Medizin waren. Der Bankbeamte Schönberg bringt Zemlinsky seine ersten Kompositionen, tritt auf Zemlinskys Aufforderung in die ›Polyhymnia‹ ein, nachdem er sich am Tandelmarkt ein Cello gekauft hat. Auf Zemlinskys Rat gibt er seine Stellung in der Bank, die er bis dahin ohnedies nur zwei- bis dreimal in der Woche besucht hatte, auf und widmet sich ausschließlich der Musik. Während er bei Zemlinsky Kontrapunktstudien betreibt, entsteht sein Sextett ›Verklärte Nacht‹ und der Anfang der ›Gurrelieder‹, die damals noch für Klavier gedacht waren. In Parenthese: Auch Erich W. Korngold war Schüler Zemlinskys. Er hat bei ihm Klavier und Kontrapunkt studiert; und als Zemlinsky Korngolds Ballett ›Der Schneemann‹ instrumentierte, erhielt der junge Komponist die beste Unterweisung über die Behandlung und Verwendung der einzelnen Instrumentengruppen.

Wer Zemlinskys Musik kennt, begreift nach den ersten Takten den grundlegenden Unterschied zwischen der Musik Zemlinskys und der Schönbergs. Zemlinsky ist kein Atonaler. Er kann atonale Musik verstehen, kann intellektuell mitgehen, begreift aus der tiefsten Kenntnis des Künstlers Schönberg, daß dieser dorthin gelangen mußte, wo er heute steht, aber als eigene Sprache ist sie ihm völlig fremd. Zemlinskys Musik saugt ihre individuelle Kraft aus der gewählten, edlen, aufblühenden und emporstrebenden, mitfortreißenden Kantilene und aus einer Harmonik, in deren kühnem, aber stets auf sicherem Fundament sich erhebendem Aufbau ihre Entwicklung sich vollzogen hat.

Ich habe bisher vorwiegend vom schöpferischen Zemlinsky gesprochen. Das Profil wäre ›einseitig‹, würde nicht auch vom nachschaffenden, also vom Dirigenten die Rede sein. Zemlinsky am Dirigentenpult ist eine Klasse für sich. Seine feinen, stets vibrierenden Nerven saugen sich in das Kunstwerk ein und lassen es nimmer los. Das Kunstwerk nimmt von ihm Besitz, wird ein Stück von ihm. Und wie es sich in ihm widerspiegelt, wie er das Spiegelbild in die Welt der Sinne projiziert, ist stets eine hinreißende Leistung im höchsten Sinne des Wortes. Das gilt, ob er ein Konzert dirigiert oder eine Oper einstudiert. Wie er Beethoven, Brahms und Mahler interpretiert, wie er Schreker und andere Moderne in der Welt des holden Scheins zu blühendem Leben weckt, wie er das Pathos Richard Wagners über dem Teppich der orchestralen Polyphonie bloßlegt, hat uns im letzten Dezennium ungezählte Abende der Erbauung und des höchsten Entzückens bereitet. Einzigartig bleiben aber Zemlinskys Mozart-Abende. Man kann es ruhig sagen: In der Stadt, die einst als Mozart-Stadt sich in der Musikgeschichte einen ehrenvollen Platz erobert hat, in derselben Stadt hat Zemlinsky heute wieder einen Mozart-Stil geschaffen, hat Mozart-Aufführungen zustande gebracht, zu denen das Publikum wallfahren würde, wenn es nicht gerade Prag wäre, wo solches sich begibt. Geniale Intuition und brünstige Liebe reichen sich da die Hand zum Bunde. Wenn Zemlinsky Mozart dirigiert, wird im Theater inkarnierte Seligkeit klingend und man begreift, warum an solchen Abenden im Zuschauerraum Orgien des Beifalls gefeiert werden – bis der unerbittliche ›Eiserne‹ ihnen ein Ende setzt.

*Arnold Schönberg über Alexander Zemlinsky: ›Der Auftakt‹ 1921, Heft 14/15*

Von meinem Urteil über Zemlinsky müßten die ganz Klugen, wenn sie genau feststellen wollen, welchen Wert es für ihre Allgemeinheit haben kann, folgendes in Abzug bringen: Er war mein Lehrer, ich wurde sein Freund, später sein Schwager und er ist in den vielen Jahren, die seither vergangen sind, derjenige geblieben, dessen Verhalten ich mir vorzustellen versuche, wenn ich Rat brauche. Mein Urteil ist also abhängig (von einer guten und dauernden Vorstellung) und ich bin in höchsten Grade befangen (von einer Vorliebe für Vorzüge, die gewachsen sind, seit ich sie schätzen lernte).

In Erwägung des geringen Wertes, den mein Urteil über diesen Meister dann noch haben kann, finde ich es am besten, keines abzugeben, sondern will lieber erörtern, warum es schwer ist, ihn richtig einzuschätzen.

Wer der Uraufführung einer Oper von Zemlinsky beigewohnt hat und Zeuge des großen Erfolges gewesen ist, hat erwartet, das betreffende Werk einen Siegeszug über alle Bühnen machen zu sehen. Aber nach einigen Aufführungen war's vorbei. Wieso das kam: bei der Uraufführung waren viele Musiker und Musikfreunde, unter denen eine noch stattliche Anzahl eine Oper mit den

Ohren aufzunehmen imstande ist. Aber zu den Wiederholungen kam, angelockt durch den Erfolg, das Publikum und das läßt sich in der Oper so wenig wie im Kino durch die Musik stören, wenn es nur etwas zu sehen gibt. Es ist darin genau so wie seine Theaterdirektoren und Kapellmeister, die zuerst »nach dem Buch« fragen. Ist es nun auch für einen Musiker schwer, sich jemandem zu Gehör zu bringen, der nur Augen hat, so ist Zemlinsky doch zu sehr Theatermensch, als daß er dem nicht Rechnung zu tragen wüßte. Aber es geht ihm wie Verdi, der auf der Suche nach einem möglichen Textbuch die ganze Literatur vergebens abgetastet hat: er kann zwar Menschen, wie mir, der ich kein Theatermensch bin, durch die Kraft seiner Musik Visionen eröffnen, die weiter sind als die Bühne; aber das besser sehende Publikum hält sich an den Textdichter, indem es dem Tondichter sein Interesse entzieht. Ich war zwar der Meinung, daß, wie der Symphoniker, auch der Opernkomponist warten kann, bis er verstanden wird. Er denke an ›Fidelio‹, dessen untheatralisches Buch, durch die Musik gezwungen, schließlich die Entstehung eines in der Theaterliteratur beispiellosen Kunstwerkes: der Bühnen-Symphonie geradezu begünstigte; er wisse, daß man nicht sich die Schuld geben muß, wie Beethoven, der seine Bühnen-Symphonie in eine neue Fidelio-Symphonie umarbeitete, welche vom Publikum sofort wieder als Symponie erkannt wurde; daß man aber auch nicht wie Mozart glauben muß, ›Don Juan‹ sei zwar nicht für die Wiener, wohl aber für die Prager, da doch schließlich beide für ihn waren. Trotzdem kann ich einsehen, daß ein Opernkomponist seinen Erfolg gerne erleben möchte, um zu wissen, ob er bereits die Sprache redet, mit der man sich ausdrücken kann, daß sie jeder zu verstehen glaubt, auch wenn er nichts begreift. Alles sagen und es doch so geheimhalten, daß der Theaterbesucher nie erfährt, was ihn unnötig störte: vielleicht meint Goethe etwas Ähnliches, wenn er erklärt, er habe so wenig für das Theater geschrieben, weil er zu wenig aufgeführt wurde.

Zemlinsky wird erst geschätzt werden, wie es seiner Meisterschaft gebührt, bis sein Textdichter dem Publikum gefallen wird. Dann wird es erst sehen, wie schwer zu verstehen das alles ist — wenn man nur gute Ohren und Verstand hat. Und mancher wird dann begreifen, wieso ich, dem es nicht an Übung fehlt, trotz der bereits angezogenen und abzuziehenden Freundschaft und Treue erst bei wiederholtem Hören beginne, diese Schönheit und Fülle wahrzunehmen. Und man wird mir's verzeihen, weil man dann — man wird sich's oft genug anhören — auch die Musik in diesen Opern bemerken wird.

Aber schließlich hat das ja Zeit: Zemlinsky kann warten.

*Ernst Robert Curtius über Ewald Dülberg: ›Kölnische Volkszeitung‹ vom 23. März 1932*

Unter den bildenden Künstlern der deutschen Gegenwart sind wohl wenige so schlecht gekannt und zugleich so kennenswert wie der Meister westdeutscher Herkunft und Prägung, dem diese Zeilen gelten. Tausend Gründe mehr oder weniger zufallsbedingter Art entscheiden heute über den Klang eines künstlerischen Namens. Am mächtigsten bestimmen Mode, Konjunktur und Betrieb, genauer gesagt: der Kunstbetrieb, noch genauer gesagt: die Interessenverschachtelung von Kunsthandel und Kunstschreiberei (worunter nicht nur der Künstler, sondern ebenso die unabhängige Kunstkritik am meisten zu leiden hat). Erst wenn die Verfälschung des Urteils durch Mode, Konjunktur und Betrieb aufgedeckt und – chirurgisch gesprochen – abgetragen ist: erst dann kann sich echtes Urteil bilden und kann entschieden werden, ob ein Künstler zu Recht oder zu Unrecht bekannt – oder unbekannt ist.

Wenn ich nun sage, Ewald Dülberg sei schlecht gekannt, so muß ich das doch nachdrücklich einschränken. Schlecht gekannt ist er vom großen Publikum. Aber dem notwendig immer engen Kreise von Menschen, denen Kunst nicht Existenzverzierung, sondern unersetzliche Lebensdeutung ist, diesem Kreise ist Dülberg kein Unbekannter. Der jetzt 43jährige Künstler, dem einst Richard Dehmel und Ferruccio Busoni Freundschaft und Interesse schenkten; den Otto Klemperer von der Kasseler Kunstakademie und der Weimarer Bauhochschule an die Krolloper rief (und dem nun durch die Schließung dieser Institute ein berufliches Wirken in Deutschland verschlossen ist); dieser Künstler, dem Poelzig die glasmalerische Ausschmückung des Berliner Funkhauses anvertraute und dem das Verwaltungsgebäude der I. G. Farben Gesellschaft in Frankfurt a. M. seinen erlesenen Wandschmuck verdankt – nun dieser Mann darf trotz mancher Ungunst des Schicksals stolz fühlen, daß er von einigen Mitlebenden erkannt wurde, die nicht zu den Schlechtesten zählen.

Dieser Mann entstammt unserer westdeutschen Erde: väterlicherseits altem Westfalengeschlecht aus der Arnsberger Gegend, mütterlicherseits der Tuchfabrikantenfamilie Jansen in Montjoie. Der Großvater Ewald Jansen war Sohn einer Französin, heiratete Josefine Farina aus Köln, deren Vater ein Freund Rossinis war und zum Kreise der Boisserées gehörte. Die paar Tropfen französischen und italienischen Blutes mögen die künstlerische Spannweite Dülbergs gesteigert und seine Gestaltungskräfte bereichert haben.

Aber Dülbergs stetes, treues, siegreiches Ringen um die Form ist wohl noch tiefer bestimmt durch die Formgesetze der Musik, die ihm schon in der Kindheit vermittelt wurden und die noch heute sein Lebensverhältnis zur Musik bedingen. Jugendjahre im Kölner Bürgerhaus, Schuljahre auf dem Bonner Gymnasium brachten dann mannigfache fördernde wie widrige Entwicklungsfaktoren. Im Gymnasiasten bricht ein Widerstreit von Katholizismus und Hellenismus auf. Er verliert für lange Zeit den geliebten Kinderglauben (obwohl seine Instinkte immer antiprotestantisch reagieren werden), aber er gewinnt für immer Platon. Während eines Ferienaufenthaltes in Montjoie verschlingt der Sechzehnjährige den ganzen Goethe. ›Faust‹ und die Farbenlehre berühren ihn tief. Aber er lernt auch von Goethe, daß »nur der ein Künstler ist, der seine Kunst kennt«. Er wird diese Lehre nie vergessen.

Welches war, welches ist Ewald Dülbergs Kunst? Er beginnt mit der Malerei. Der Münchener Akademieschüler Dülberg entdeckt in der Alten Pinakothek die große Tafel Grünewalds ›Mauritius und Laurentius‹, deren scheinbare Oberflächenkühle Spiel und Verzücktheit in gleichem Maße bindet. Die nächsten Entscheidungen gingen von Marées und Cézanne aus. In zweiter Linie stand die Wirkung Grecos, van Goghs und Hodlers. So bahnt er sich in jenen Lehrjahren den Weg zu einer Kunstauffassung, die mit dem Wort Abstraktion nur sehr mißverständlich gekennzeichnet ist. Dülbergs oberstes Gesetz scheint der Drang, zu bilden anstatt abzubilden. Kein leicht zu erringender Sieg kann ihn befriedigen. Er erprobt sich am Widerstand. Er nimmt aus der Kunstlehre André Gides die Wahrheit auf, daß Widerstand dem Künstler notwendig sei. Das hat ihn schließlich dazu geführt, sich von der Malerei abzuwenden. Die Schwingung, welche noch die festest gespannte Leinwand unter dem Druck des Pinsels ausführt, verursacht ihm physisches Unbehagen, fast ein Schwindelgefühl. Er braucht härtere Widerstände, die des Holzes, des Glases oder des Steins. Er muß sich gleichsam als Glas fühlen können oder als Holz, als Metall oder als Stein, um sich seiner Gesichterfülle zu versichern. Holz, Glas, Stein, Metall, endlich auch Faser sind noch Gaben der Erde, Farbe und Leinwand heute nur noch Maschinenprodukte. So entstehen denn die Perioden in Dülbergs Werk, die man diesen Werkstoffen zuordnen könnte. Die Reihe der Holzschnitte, die Textilarbeiten, dann die Glasmalerei, dann die Mosaiken, das Bernauer Ehrenmal von 1929, zuletzt noch eine Rückkehr zum Holz in neuer, schwieriger und vielfältiger Art: das große Intarsienwerk ›Weltkarte‹ im I. G. Farbenhaus zu Frankfurt a. M. Aber bei all dem reißt ihn manchmal die Musik wieder in ihren Bann, Wagner und Verdi ringen in ihm, bis Verdi siegt, Bach ist stets nahe, Mozart wird wiedergefunden, Strawinsky neu hinzugewonnen und als ein Ergebnis dieser Versenkung der dreidimensionale Ausdruck der Bühnenkunst gefunden. Zu allem anderen kommt die Nötigung, sich gedanklich und sprachlich Rechenschaft abzulegen. Es entstehen Aufsätze ›Die Farbe als funktionelles Element der Architektur‹, Aufsätze und Rundfunkvorträge über ›Musik und Szene‹ und über ›Glasmalerei der Neuzeit‹. Sinnlichkeit und Abstraktion, Musik und Sprachformung, hinter all dem eine ursprüngliche Nötigung zur Erkenntnis und Selbsterkenntnis – all diese Kräfte wirken in Dülberg, durchdringen sich, befruchten sein Schaffen und lassen uns spüren, daß noch Vieles und Großes in ihm ruht, gleichsam nur eines Anrufes von außen harrend.

So wäre die Frage beantwortet: was ist Dülbergs Kunst, was sind seine Künste? Zugleich aber verstehen wir jetzt tiefer, warum dieser universale strenge Bildner bisher nur von einem engeren Kreise von Kunstfreunden voll gewürdigt werden konnte. Die Monumentalwerke der Glasmalerei und des Mosaiks können nicht auf Ausstellungen geschickt werden. Es muß schon ein unwahrscheinliches Maß glücklicher Umstände zusammentreffen, um im heutigen Deutschland ihre Verwirklichung zu ermöglichen. Es ist nur allzu wahr, daß der bildende Künstler wie jeder geistige Mensch in der Auswirkung seiner Gaben bedingt ist von der soziologischen Situation. Aber es ist ebenso wahr, und wahrscheinlich von einer tieferen Wahrheit, daß Gott und Natur zu allen Zeiten Künstler schaffen, deren schöpferischer Antrieb aller soziologischen Misere mit absolutem Gebot gegenüber tritt. Die höchste Aufgabe und Bewährung für Ewald Dülberg würde wahrscheinlich darin bestehen, ganze Räume gestalten zu können. Aber wer disponiert heute über Räume außer Industriekonzernen oder Kinosyndikaten? Wir sind auch in diesem Sinne ein Volk ohne Raum. Nun gibt es aber noch Kirchen, auch neu gebaute und neu zu bauende. In ihrem Schmuck wird nicht gespart; daran soll wenigstens erinnert werden.

Und dennoch möchte ich hoffen, daß es auch heute deutsche Menschen und deutsche Körperschaften gibt, die einem solchen Künstler Wände anbieten, oder, wenn das nicht möglich ist, ihm wenigstens ihr Auge und ihren Geist öffnen. Wir sind arm, gewiß. Aber diejenigen unter uns, die es nicht sind, sollten nicht vergessen, das die Existenz der Kunst auch die Zeitgenossen verpflichtet; um so stärker, wenn diese Kunst Individualität und Gemeinschaft in einem neuen Solidarismus deutscher Aufbaugesinnung zu binden und zu verbinden vermag.

*Otto Klemperer über Ewald Dülberg: ›Neue Freie Presse‹ (Wien) vom 30. Juli 1933*

»Gute Nacht, mein Prinz, und Engelsscharen singen dich zur Ruh.« Sicher war Gesang um ihn, als er am 12. Juli im Diakonissenheim in Freiburg sanft einschlief. So wie Musik sein ganzes Leben um ihn war. Denn dieser Maler, Graphiker, Bühnenarchitekt war im Grunde ein Musiker. Ein Musiker ganz besonderer Art. Zurückgezogen, nur das Entscheidende gelten lassend, dem Bürger oft hochmütig erscheinend, in Wahrheit demütig, seinem Gesetze folgend: »Dem Gesetz, nach dem er angetreten.« Ein guter Soldat. Völlig furchtlos. Er hatte es nicht eben leicht. Dieser im Rheinland geborene Mensch, der französisches Emigrantenblut in den Adern hatte, wurde in strengster katholischer Observanz erzogen. Wenn er auch im Laufe seines Lebens alles andere als ein praktizierender Katholik war, so war er durchaus ein katholischer Mensch. In seinem ganzen Wesen. Das Hauptjugendwerk, sechs Passionsblätter (Holzschnitte), redet eine deutliche Sprache. Früh regte sich der Sinn fürs Theater. Hamburg sicherte sich den Vierundzwanzigjährigen im Jahre 1912. Unvergeßlich Goethes ›Faust‹ in dem kleinen Theater in Altona. Webers ›Oberon‹ oder gar Offenbachs ›Orpheus‹ in Hamburg. Unvermeidlicher Bruch mit dem ›Betriebstheater‹. Kurze Zeit Lehrer an der Hamburger Kunstgewerbeschule. Dann wieder ans Theater. Diesmal Ausstattungschef der Berliner Volksbühne am Bülowplatz. ›Merlin‹ von Immermann. Konzessionslose Stilisierung, stärkster Beifall und Widerspruch. Shakespeare, ja sogar russische Dramen inszenierte er. Wiederum Bruch mit der konzessionsbereiten Direktion. Hier tat der Körper zum erstenmal nicht mehr mit. Zusammenbruch. Ernsthafter Vorsatz, das Theater nunmehr endgültig zu lassen. Lehrer an der Odenwald-Schule, wo seine schönen Tiere noch heute die Wände zieren. Später Professor an der preußischen Akademie in Kassel. Kampf mit dem Philisterium und Ministerium. Austritt. Eintritt in die Kunstschule in Weimar. Inzwischen hatte die Oper wieder gelockt. Ich bat Dülberg nach Wiesbaden, wo er zusammen mit Karl Hagemann und mir ›Fidelio‹ und ›Giovanni‹ brachte. Wundervoll. ›Fidelio‹ vielleicht zu heftig, aber ›Giovanni‹ ganz überzeugend, sogar für das kleine Wiesbaden, das jede Aufführung bis zum letzten Platz füllte und sich mit der Zeit auch an den heftigen ›Fidelio‹ gewöhnte. Dann kam der Kampf. Man kann sagen, der Endkampf in Berlin. In der Staatsoper am Platz der Republik, der sogenannten Krolloper. Welch ein Kampf! Nicht mit dem Publikum. Dieses jubelte vom ersten Tag an. Aber die treulosen ›Oberen‹ an der Spitze, die uns gerufen! Diese jubelten durchaus nicht. Dülberg ging seinen geraden Weg. Wieder ›Fidelio‹ (diesmal reifer als in Wiesbaden), ›Giovanni‹, und als Höhepunkt Strawinskys ›Oedipus‹. Strawinsky hat sich über diese Aufführung schriftlich eindeutig enthusiastisch geäußert. Nicht minder bedeutend war Dülbergs ›Holländer‹, der bahnbrechend für eine ganze Periode wurde.

Hier setzte zum erstenmal heftigster Widerstand der Nationalsozialisten ein, die damals noch nicht offiziell, aber durchaus getarnt herrschten. Da der Widerstand der Regierung ebenfalls weiter ging, führte Dülberg einen Zweifrontenkrieg mit schwindenden Körperkräften. Arosa half nur halb. Noch einmal angetreten. Die neue ›Zauberflöte‹. Größter äußerer Erfolg für Dülberg. ›Rigoletto‹ wurde noch neu, mit wundervollem zweiten und vierten Akt. Der geplante ›Tristan‹ kam nicht mehr zustande, da der Körper nunmehr völlig versagte. Arosa war der Aufenthalt der letzten Jahre; schließlich das Diakonissenheim in Freiburg. Das wäre so in großen Zügen ein Curriculum vitae. Über sein Werk, das sichtbar hinterbliebene, wird die Welt richten. Der Freund (denn ein solcher schreibt hier), muß da schweigen. Aber über den Menschen darf der Freund reden. Dülberg war ein ganzer Mensch. Durchaus nicht bequem. Er war radikal, aber kein Radikalinski, im Gegenteil, er haßte diese Gruppe, er durchschaute ihre kleinen Schwindeleien. Er verlangte hundertprozentiges Können, auch im Theater (hier überschätzte er das Theater ein wenig), aber nur aus diesen Besessenen wird das Theater neue Kräfte schöpfen. Dieser ›Moderne‹ und ›Sachliche‹ war im Grunde ein Feind der Moderne und im schönsten Sinne ein Unsachlicher. Seine Liebe gehörte manchem Lebenden, so André Gide und Igor Strawinsky. Die besten Deutschen standen voll Achtung vor ihm, so Poelzig und Liebermann, Oskar Strnad. Ernst Robert Curtius ist wie ein Bruder für ihn eingetreten in den letzten, schweren Jahren.

Meine Freundschaft mit Dülberg datiert vom Jahre 1912. Ich sehe ihn noch vor mir, diesen typisch schwindsüchtigen Jüngling, der sich sichtlich in seiner Arbeit verzehrte. Diese Besessenheit ist ihm auch in späteren Jahren treu geblieben. Er war am Morgen der erste in den Werkstätten, er beobachtete die Arbeit persönlich und legte selbst Hand an. Eine Zeitlang betrieb er in Kassel eine Weberei, um auch das Material und die Farbe der Kostüme eindeutig bestimmen zu können. So entstand unter anderm beim Wiesbadener ›Giovanni‹ eine kaum glaubhafte Einheit von Dekoration und Kostüm. Meine Freundschaft mit ihm wurde kurze Zeit getrübt. Ich gestehe es gerne: ich konnte nicht immer mit. Schlimm für uns beide. Aber wir hätten uns wieder gefunden, wenn er am Leben geblieben wäre, denn heute – an seinem offenen Sarg – bitte ich ihn nach altem Brauch um Verzeihung, wenn ich ihm unrecht tat. Er war ein Unbeugsamer, eine Mentalität, die in den Jahren 1927 bis 1933 in Berlin nicht eben dienlich war. Aber er hatte Freunde. Seine stärksten Freunde waren die Arbeiter in den Werkstätten der staatlichen Theater. Man höre (noch heute), wie sie reden: »Ja, wenn Dülberg etwas macht, dann weiß man, was man zu tun hat. Der weiß, was er will.« Das wußte er. Seine Grundrisse waren auf den Millimeter genau. Er haßte die »geniale Schmierage«.

Wie schon einmal gesagt, stand er im Grunde der ›Moderne‹ ganz fern. Seine Liebe galt der Klassik. Wenn er von der Treppe an der Piazza di Spagna in Rom sprach, so geriet er in Enthusiasmus, obgleich er Rom persönlich nie gesehen hat. Sein ›Giovanni‹ wandte die Symmetrie Fischer v. Erlachs an. Ich hoffte immer, daß er noch diesen Sommer in die Toscana kommen könnte, wo diese Zeilen geschrieben werden, denn dieses Land, das er nie gesehen hatte, war seine Sehnsucht. Es ist nicht mehr dazu gekommen.

Steil steht sein Wesen und sein Leben vor uns. Er machte es sich nicht leicht, nicht sich und nicht den anderen. Er hatte es weiß Gott nicht leicht. Die ›Modernen‹ haßten ihn, die ›Philister‹ haßten ihn, die ›Oberen‹ haßten ihn. Man hatte Grund, ihn zu hassen, denn er war in allem ein Aristokrat – als Mensch und als Künstler.

»Gute Nacht, mein Prinz, und Engelsscharen singen dich zur Ruh.«


*Bruno Walter über Heinz Tietjen: Thema und Variationen, 1947, S. 400*

Der Mann, mit dem ich in gemeinsamem Wirken die Städtische Oper zu führen hatte, Intendant Heinz Tietjen, gehört zu den sonderbarsten Menschen, mit denen mich das Leben zusammengebracht hat. Hat Tietjen gelebt? So lautete ein Scherzwort, das infolge der seltsam versteckten Existenz des amtlichen Leiters der Bühne im Personal kursierte, und ich hätte die Frage, trotz täglicher Besprechungen mit ihm, nicht ohne Einschränkung bejahen können. Geboren in Tanger als Sohn eines deutschen Diplomaten – seine Mutter war englischer Abstammung – sprach er deutsch, englisch und spanisch und verdankte seiner Herkunft außerdem die ruhige Weltgewandtheit im Verkehr mit Menschen aller Art. Seine Neigung aber galt von früh an weder dem Beruf noch den Lebenskreisen seines Vaters, sondern dem Theater und der Musik. Er hatte sich um eine gründliche musikalische Ausbildung bemüht und als angehender Dirigent den Unterricht Arthur Nikischs genossen, war dann Kapellmeister, später Theaterdirektor geworden und versuchte in Trier und danach in Breslau, beide Tätigkeiten zu kombinieren. An der Städtischen Oper sprang er eines Tages in ›Siegfried‹ ein und soll das Werk mit erstaunlicher technischer Beherrschung dirigiert haben. In den Bayreuther Festspielen, deren Leitung er an der Seite von Winifred Wagner übernahm, hat er sich ebenfalls als Dirigent bewährt. Auch als Regisseur fand ich ihn sicher und routiniert, wenn auch keineswegs phantasievoll oder eigenartig, und in Fragen der Theaterverwaltung erwies er sich als erfahrener Fachmann. Aber mit all dieser Tüchtigkeit und Vielseitigkeit trug der mittelgroße Mann mit den halbgeöffneten, stets zur Seite blickenden Augen hinter Brillengläsern, dem schmallippigen, fest zusammengekniffenen Munde und dem nervösen Gesichtszucken eine graue Glanzlosigkeit an sich. Kein lebhaftes, spontanes oder gar interessantes Wort kam aus seinem Mund – er sprach temperamentlos, leise, wohlüberlegt –, dann unterbrach plötzlich ein freundliches Lächeln und ein unverkennbar gemütlicher, ja vertraulicher Ausdruck die Verschlossenheit seines Wesens, er ergoß sich in herzlichem Gespräch, ja schon glaubte man, Tietjen lebe – aber da war der Anfall schon wieder hinter einer Maske von Ichlosigkeit verschwunden. Natürlich entstand ein beunruhigender Eindruck von Verstecktheit, aber auch von verhaltener Kraft, der zweifellos zu den starken Wirkungen dieses planenden, tief ehrgeizigen Mannes beitrug. Und jedenfalls existierte hinter der sonderbaren Unbeweglichkeit und Beherrschtheit, wenn auch keine feste Persönlichkeit, so doch ein hartnäckiger Spannungszustand, der eine lange, geduldig ertragene Wartezeit überdauern konnte, um sich im schlau gewählten Moment plötzlich durch eine wohlvorbereitete Handlung zu äußern. Solch stilles, langfristiges Planen, verbunden mit der Fähigkeit des Wartenkönnens, gehörte zu den besonderen Charakterzügen Tietjens, in denen er Männern von bedeutender weltlicher Wirksamkeit ebenbürtig war, und der lange Atem seiner Entschlußkraft mag beträchtlich zur Erklärung seines erstaunlichen Aufstiegs und der Dauer seines Erfolges beitragen.


*Brief des früheren Kultusministers C. H. Becker an L. Kestenberg zu seinem 50. Geburtstag*

Berlin-Steglitz, den 27. November 1932
Hochverehrter, lieber Herr Kestenberg!
An dem Tage, da Sie Ihr 50. Lebensjahr vollenden, ist es mir ein Bedürfnis, Ihnen mit meinen Glückwünschen zugleich den Dank für die aufopfernde Mitarbeiterschaft langer Jahre zum Ausdruck zu bringen.

Als die Welle der Revolution Sie in das Ministerium trug, bin ich Ihnen zunächst mit der denkbar größten Skepsis und Zurückhaltung begegnet, aber bald erkannte ich, daß mit Ihnen nicht nur ein Vertreter der damals stärksten Partei, sondern zugleich ein Fachmann von Format und vor allem ein Mensch von sachlichem Wollen in den Dienst der preußischen Volksbildung getreten war. Sie waren kein geschulter Verwaltungsbeamter, sondern traten als Künstler und Pädagoge in eine festgefügte Bürokratie, in der Sie für ein neues Referat zunächst einmal die kollegiale Anerkennung durchzusetzen hatten. Wie schwierig das im Kleinkampf der Ressorts namentlich für einen Außenseiter zu sein pflegt, kann nur ermessen, wer es selber miterlebt hat. Ohne einen großen Glauben an die Sache, die man vertritt, und ohne ansteckenden Enthusiasmus ist hier der Beste zum Scheitern verurteilt. Sie besaßen diese Eigenschaften und haben die Anerkennung Ihres Aufgabengebietes wie die Achtung vor Ihrer Persönlichkeit langsam, aber sicher erreicht. Der Zweck Ihrer Berufung ins Ministerium war, der Musik in allen ihren Formen und Betätigungen durch staatliche Förderung neuen Lebensraum zu verschaffen; in ganz anderem Umfang als bisher sollte die Pflege der Musik eine staatliche Angelegenheit werden. Dahinter standen bei Ihnen wie bei Ihren Parteigenossen künstlerische Sozialisierungstendenzen. Sie kämpften aber nicht in erster Linie für die Erfüllung langgehegter künstlerischer Parteiwünsche, sondern Sie wollten die unvergleichlichen Schätze und Kraftquellen der Musik, besonders der deutschen Musik, und zwar in bestmöglichen Darbietungen, breitesten Kreisen des Volkes zugänglich gemacht wissen. Von dieser zentralen Haltung aus erklären sich alle die mannigfachen Maßnahmen des Ministeriums, die Ihrer Initiative verdankt werden; so die Reform unserer Musikhochschulen, besonders der Akademie für Kirchen- und Schulmusik, die Schaffung eines künstlerischen Prüfungsamtes, die stärkste Betonung der musikalischen Ausbildung unserer Jugend in allen Schulformen, die staatliche Förderung der Volksmusik (Gesangvereine, Volkskonzerte, Jugendbewegung), die Begründung der Reichsschulmusikwochen und die viel umstrittene Ordnung des Privatmusikunterrichts. Auf allen Gebieten mußten Sie unvermeidlich mit bestehenden Gewalten, Traditionen und Strömungen in Konflikt geraten, dies Schicksal ist keinem Reformer erspart. Die Tragik dieser Konflikte war um so größer, als Sie persönlich im Rahmen des Menschenmöglichen, besonders auch in personellen Fragen, objektiv zu sein versuchten.

Ein Mann, der wie Sie so grundverschiedene Komponisten, Dirigenten oder Musikpädagogen wie Schreker und Pfitzner oder wie Klemperer und Furtwängler oder wie Jöde und Moser dem Minister zur Berufung auf leitende Posten vorschlagen konnte, bewies damit, daß es ihm bei aller Anerkennung politischer, künstlerischer oder pädagogischer Meinungsverschiedenheiten im Dienst der Sache allein auf die Qualität der zu Berufenden ankam. Wer die Qualität anderer zu würdigen versteht, pflegt selbst Qualität zu besitzen, und wer bei enger persönlicher Verbindung mit einer Partei Männern von Rang unabhängig von ihrer Parteizugehörigkeit zu leitenden Stellen verholfen hat, verdient, selber auch unabhängig von seiner Parteistellung gewürdigt zu werden. Über ein Jahrzehnt habe ich Ihre kunstorganisatorische Wirksamkeit im Ministerium beobachten können. Gewiß hatten Sie als künstlerische Persönlichkeit eine individuelle Haltung und persönliche Ansichten, aber in Ihrer amtlichen Beratung des Ministers haben Sie Ihren persönlichen Geschmack hinter das Gesamtinteresse des zur Pflege aller Richtungen berufenen Staates zurücktreten lassen. Um nur ein sachliches Beispiel herauszugreifen, so haben Sie das artistische Künstlertum ebenso energisch zu fördern versucht wie die Volksmusikbewegung.

In all Ihrer Wirksamkeit stand und steht Ihnen, wie Sie es einst in Leben und Lehre Ihres Meisters Busoni erfahren hatten, ein ganz bestimmtes Erziehungsideal vor Augen, das ich mit den Worten des Erlasses vom 25. Mai 1925 hier umschreiben möchte: ›Erziehung zur Menschlichkeit mit und durch Musik.‹

Mit den besten Wünschen für Ihr weiteres Leben grüße ich Sie an diesem bedeutungsvollen Lebensabschnitt.

In aufrichtiger Hochachtung Ihr ergebener

C. H. Becker, Staatsminister a. D.

## Aufführungskritiken

Die Kritiken der Premieren der Krolloper, zum größeren Teil Besprechungen aus Berliner Tageszeitungen, bilden das umfangreiche Kernstück der Quellensammlung. Sie sind, zumeist in der Nacht oder am Vormittag nach den Premieren geschrieben, unmittelbar unter den Eindrücken entstanden, die von den Aufführungen ausgingen. Darin liegt ihre dokumentarische Bedeutung. Sie vermitteln Beschreibungen des Gesamtbildes, vieler Einzelzüge, die mit Hilfe erhaltener Bühnenentwürfe und Photos ergänzt werden können. Auch die Sänger, ihre musikalische Diktion, die optische Erscheinung, ihr Gestus sind in den Kritiken faßbar geblieben und damit in besonderer Weise die Intentionen der Dirigenten, Regisseure, Bühnenbildner, die die einzelnen Aufführungen konzipiert und geleitet haben. Daß für die meisten Aufführungen Besprechungen von mehreren Kritikern vorliegen, ist insofern ein großes Plus, als die Verschiedenheit ihrer Aufnahmesensorien und auch die Gesichtspunkte, nach denen sie ihre Eindrücke geordnet haben, die Bilder der einzelnen Aufführungen wesentlich reicher erscheinen lassen.

Es sind nicht alle Premieren mit den zugehörenden Kritiken in die Dokumente aufgenommen worden. Es gab auch in der Krolloper Einstudierungen, die sich im Rahmen des damals gegebenen, mehr oder weniger guten Durchschnitts gehalten haben. Sie bedeuten in der eigentlichen Arbeit der Krolloper wenig. Immerhin sind diese Aufführungen mit ihren Hauptdaten (Aufführungstermin, künstlerische Leiter, Besetzung der wichtigsten Rollen) erwähnt, so daß damit ein Verzeichnis aller Premieren gegeben wird.

Es erhebt sich eine Reihe von Fragen.

Eine gewisse Eintönigkeit war nicht zu vermeiden. Sie kommt von Parallelen und Wiederholungen in den Texten der verschiedenen Kritiker, die über das gleiche Werk und seine Aufführung zu schreiben hatten. Wir haben es dabei belassen, weil uns Kürzungen innerhalb der einzelnen Kritiken unzulässig schienen. Sodann: es kommen immer wieder die gleichen Kritiker zu Wort, wenn auch ihre Zahl verhältnismäßig groß ist. Die Auswahl wurde nach dem Rang und der Originalität der Kritiker getroffen, und auf die Aussage von Routine-Journalisten wurde verzichtet.

Dann das Problem der Sachlichkeit. Natürlich läßt sich bei den verschiedenen Kritikern die eine oder andere Voreingenommenheit feststellen. Auch politisch bedingtes Querulantentum mit seinem »ceterum censeo Kroll esse delendum« tritt hervor. Aber alle diese Verschiedenheiten und Kontraste machen das Material nur anschaulicher. Abgesehen davon spürt man hier wirklich den Pulsschlag der Zeit.

Die Berliner Opernkritik der späten zwanziger und beginnenden dreißiger Jahre stand der Schauspielkritik nicht nach, in der Persönlichkeiten wie Alfred Kerr, Herbert Ihering, Julius Bab oder Monty Jacobs an der Spitze standen. Die Kritik war großstädtisch in positivem Sinn, das heißt, sie sah die Dinge in ihren großen, nicht auf das Lokale beschränkten Zusammenhängen. Selbstverständlich gab es Intrigengewebe, in die auch die Presse verwickelt war, individuelle Eitelkeiten und politisch bedingte Taktiken, aber die Dinge wurden offen ausgesprochen in einem schriftstellerischen Stil von großer Prägnanz und erstaunlicher Qualität.

Die Voraussetzungen für den hohen Stand der Kritik lagen in der großen Zahl qualitativ ausgezeichneter, mit Weitblick geleiteter Tageszeitungen in Berlin. Die Namen besitzen heute noch ihren Klang: ›Berliner Tageblatt‹, ›Vossische Zeitung‹, ›Berliner Börsen-Courier‹, ›Vorwärts‹, ›Deutsche Allgemeine Zeitung‹, ›Germania‹ und andere. Chefredaktoren waren Männer wie Theodor Wolff, einer der Mitbegründer der in den neunziger Jahren gegründeten ›Freien Bühne‹, Georg Bernhard, Emil Faktor, Fritz Stampfer. Der literarisch-musikalische Teil – das Feuilleton – der Zeitungen war allen neuen Gedanken offen, abgestuft nach der Art und dem Maß der parteipolitischen Bindung. Selbst ein Boulevardblatt wie die ›B. Z. am Mittag‹ besaß für die Theaterkritik erste Kräfte. Es ist typisch, daß die rabiaten Gegner nur in kleineren Blättern wie der rechtsradikalen ›Deutschen Zeitung‹ oder einem Vorortorgan wie dem ›Steglitzer Anzeiger‹ zu Worte kamen.

Neben den Tageszeitungen standen zwei politisch-kulturpolitische Wochenschriften, in denen die Krolloper ebenfalls in akuten Situationen Resonanz fand: die von Siegfried Jacobsohn († 1926) gegründete, nach ihm von Kurt Tucholsky geleitete ›Weltbühne‹ und Stefan Grossmanns ›Tagebuch‹.

Die Kritiker waren teils Fachleute, teils Essayisten. Der Generationsbogen war weit gespannt, von Siebzigjährigen bis zu knapp Dreißigjährigen. Ein paar Daten seien herausgegriffen:

Neben dem Senior CARL KREBS (1857 bis 1937), der als künstlerisch gemäßigter Konservativer am konservativen ›Tag‹ tätig war, steht MAX MARSCHALK (1863 bis 1940), der Typus des von der praktischen Musik kommenden Kritikers. Mit der Bewegung des Naturalismus (auch als Schwager Gerhart Hauptmanns) verbunden. Komponist von Schauspielmusiken und Opern. 1895 bis 1934 Kritiker der ›Vossischen Zeitung‹. Die nicht geglückte Musikerlaufbahn bleibt beim Kritiker bemerkbar. Auch der immer wieder scheiternde Versuch, sich mit den neuen Strömungen positiv auseinanderzusetzen.

Auch OSCAR BIE (1864 bis 1938) hat ursprünglich Musik studiert, sich aber schon 1886 mit seiner Doktorpromotion auf die Seite der Theorie und 1890 mit einer Dozentur an der Technischen Hochschule Berlin auf die Seite der Pädagogik geschlagen. Ein höchst vielseitiger Geist, der sich journalistisch-seriös auch mit Literatur und bildender Kunst sowie mit kulturpolitischen Fragen beschäftigt hat. Verfasser zahlreicher Bücher. Sein sensibles Temperament und sein breiter künstlerischer Horizont führten ihn, den kein Dogma hemmte, in die Bezirke der neuen Bestrebungen, denen er nicht nur Wohlwollen entgegenbrachte, sondern die er in ihrem Wesen verstand. Er wirkte als Kritiker des ›Berliner Börsen-Courier‹.

ADOLF WEISSMANN (1873 bis 1929) ist von der Philologie, die er in Breslau, Innsbruck, Florenz und Bern studierte – Zeichen eines früh auf Weltläufigkeit gerichteten Geistes – zur Musikkritik gekommen. Nach einer Tätigkeit an einem Berliner Gymnasium begann Weißmann schon im Jahre 1900 seine Laufbahn als Musikkritiker des ›Berliner Tageblattes‹. 1916 ging er zur ›B. Z. am Mittag‹ über, deren Musiksparte er bis zu seinem Tode leitete. Er wurde einer der fruchtbarsten Berliner Musikschriftsteller, der historische wie musikpsychologische Themen höchst geistreich und anregend bearbeitete. Hauptwerke: ›Berlin als Musikstadt‹ (1911), ›Der klingende Garten‹, ›Das Erotische in der Musik‹ (1920), ›Musik in der Weltkrise‹ (1922), ›Entgötterung der Musik‹ (1927). Ein scharfer, zum Bitteren neigender Denker, dessen literarische Virtuosität ihn zu kunst- und kulturpolitischen Kehrtwendungen verleitete, die von behördlichen Instanzen politisch ausgenützt wurden.

PAUL ZSCHORLICH (geb. 1876). Der typische Fall des enttäuschten und dadurch verbitterten Komponisten. Seit 1924 Kritiker der rechtsradikalen ›Deutschen Zeitung‹, die mit oppositionellem Lärm ihre kleine Auflage übertönte. Zschorlich ist das Musterbeispiel des ironisch aufgetakelten, in Wirklichkeit banalen und kleinbürgerlichen Kunstwarners, der den Instinkten des Spießertums schmeichelt. Er war das Sprachrohr des kommenden Nationalsozialismus, dessen Berliner Tagesorgan ›Der Angriff‹ sich merkwürdigerweise kaum um die Krolloper kümmerte.

Der Prototyp des von der Musikwissenschaft kommenden Kritikers mit der ganzen Verantwortung des Gelehrten war ALFRED EINSTEIN (1880 bis 1952). Als Schüler des Münchner Musikwissenschaftlers Adolf Sandberger wurde er selbst einer der bedeutendsten Musikhistoriker seiner Zeit. Vorbildlicher Herausgeber alter Musikwerke, einer der ersten Mozartkenner. Verfasser allgemeinverständlicher, aber stets wissenschaftlich fundierter Werke. Von hier aus hat Einstein, der Anfang der zwanziger Jahre Musikkritiker der sozialdemokratischen ›Münchner Post‹ wurde, seinen substantiellen musikkritischen Stil entwickelt. Streng in den Maßstäben und der Methode, mit untrüglicher Sicherheit dem künstlerischen Gehalt und der Leistung gegenüber, aufgeschlossen den aktuellen Phänomenen der modernen Musik und alles in klarer, ja leichter Sprache vorgetragen, die bis in die Bereiche des Feuilletonistischen reicht. Nach dem Tode des Berliners Leopold Schmidt wurde Einstein 1927 sein Nachfolger als Kritiker des ›Berliner Tageblattes‹, als der er rasch hohes Ansehen gewann. Synthese von Forschertum und Beherrschung spontaner kritischer Durchleuchtung aktueller Vorgänge. Nachdem Einstein Berlin 1933 verlassen hatte, folgte in Italien und später in den Vereinigten Staaten eine weitere, höchst produktive wissenschaftliche Arbeitsperiode.

Weite des Blicks zeichnete KLAUS PRINGSHEIM (1883 bis 1972), den Sohn des Münchner Mathematikers Alfred Pringsheim, aus, der auch als Schwager Thomas Manns im literarischen Gebiet heimisch war. Ursprünglich Musiker, Schüler von Thuille in München, dann bei Gustav Mahler in Wien, betätigte er sich auch als Opernregisseur und Dramaturg, von 1918 an als musikalischer Mitarbeiter Max Reinhardts in Berlin. 1927 wurde Pringsheim Musikkritiker am Berliner sozialdemokratischen ›Vorwärts‹, eine besonders wichtige Funktion wegen der schwankenden Situation der Berliner Volksbühne, in der Pringsheim im Gegensatz zur Leitung der Volksbühne und der sozialdemokratischen Referenten im preußischen Kultusministerium, mit denen er freundschaftliche Beziehungen pflegte, stets eine unerschütterlich positive Stellung pro Krolloper einnahm. Pringsheim hat auch gelegentlich für die ›Weltbühne‹ und andere Berliner Zeitungen geschrieben.

Der einzige Schauspielkritiker, der – neben Herbert Ihering, der nur generell im Kampf um die Krolloper eingriff – über die Aufführungen der Krolloper schrieb, war der Zürcher BERNHARD DIEBOLD (1886 bis 1945). Seit 1917 in der Redaktion der ›Frankfurter Zeitung‹ war Diebold einer der markantesten Kritiker des expressionistischen Dramas. 1927 veröffentlichte er eine stark beachtete Broschüre ›Der Fall Wagner‹. Diebolds Besprechungen einiger Aufführungen der Krolloper sind in ihrer Art einzigartige Beispiele einer zusammenfassenden Sicht des Theaters.

HEINRICH STROBEL und HANS HEINZ STUCKENSCHMIDT waren die damals in Berlin schon stark hervortretenden Repräsentanten der jungen Generation, der auch die bei Kroll aufgeführten Komponisten Hindemith, Křenek, Weill, Milhaud und auch ein Teil der künstlerischen Vorstände und Mitarbeiter der Krolloper angehörten.

HEINRICH STROBEL (1898 bis 1970), der kurze Zeit als praktischer Musiker tätig war, ist in der Wissenschaft verwurzelt, was seiner späteren Entwicklung den Halt gab. Nach längerer kritischer Tätigkeit in Erfurt von 1921 an wurde er 1927 Musikreferent am ›Berliner Börsen-Courier‹, in dem er in erster Linie über die Sinfoniekonzerte Klemperers in der Krolloper schrieb; seltener, an Oscar Bies Seite, über Opernfragen. Zugleich war er einer der Herausgeber der Musikzeitschrift ›Melos‹. Damals schon galt Strobels leidenschaftliches Interesse der modernen Musik, deren fundierter und richtig wertender Kenner er wurde, ohne daß er je die Bedeutung der alten Musik vergaß oder verkannte.

Auch H. H. Stuckenschmidt (geboren 1901) begann als praktischer Musiker und Komponist. Allerdings von Anfang an von typisch undogmatischer Observanz, trat er der Berliner Novembergruppe bei, war Anhänger Dadas, Bewunderer der jungen Franzosen, die sich in der Gruppe ›Les Six‹ zusammengetan hatten; er war ein Bewunderer Schönbergs, über den er mehrere Bücher schrieb, und Freund des Jazz. 1929 wurde der junge Stuckenschmidt Nachfolger des großen Adolf Weißmann als musikalischer Ressortchef der ›B. Z. am Mittag‹.

Strobel und Stuckenschmidt, diese Musikkritiker, neben denen noch andere wie Hermann Springer, Walter Schrenk, Josef Rufer, Viktor Zuckerkandl, auch der erzreaktionäre Fritz Stege zu nennen wären, waren eine seltene Akkumulation produktiver Kräfte, die in ihrer Art als Parallelerscheinung zur Krolloper wirkten.

19. November 1927
Fidelio
Oper in zwei Akten von Ludwig van Beethoven
*Musikalische und szenische Leitung:* Otto Klemperer
*Bühnengestaltung:* Ewald Dülberg
*Chöre:* Hugo Rüdel

Oskar Kalman (Don Fernando), Max Roth (Don Pizarro), Hans Fidesser (Florestan), Rose Pauly (Leonore), Martin Abendroth (Rocco), Irene Eisinger (Marzelline), Albert Peters (Jacquino), Caspar Koch, Otto Freund (erster und zweiter Gefangener)

*Adolf Weißmann:* ›B. Z. am Mittag‹ *vom 21. Nov. 1927*

Die neue Ära der Staatsoper
Etwas Unerhörtes mußte geschehen.

Die Schatten, die nach dem bekannten Wort große Ereignisse vorauswerfen, waren diesmal riesengroß: die einzige uns zur Verfügung stehende Staatsoper am Platz der Republik an 7 Abenden geschlossen! Um des neuen ›Fidelio‹ willen! Toscanini, der Herr der Mailänder Scala, an Selbstherrlichkeit übertrumpft!

Das Niedagewesene hat sich erfüllt.

Nun wissen wir's: was in Wochen, Monaten sich vorbereitet hatte, ist die monomanische Übertreibung neuer Aufführungsgrundsätze; eine Verwirklichung des Dogmatischen, wie ich sie leider befürchtet hatte; eine wenn man will, großartige Einseitigkeit, die für die Oper folgenschwer werden könnte.

Die unbestreitbare Persönlichkeit Otto Klemperers hat eine gefährliche Tyrannei über alle Höchstverantwortlichen ausgeübt. Es ist Pflicht, künstlerische Selbständigkeit auf ihr Maß zurückzuführen.

Neuinszenierung: ›Fidelio‹ steht auf dem Zettel. Bühnengestaltung und Regie sind also entscheidend; die musikalische Leitung in völliger Übereinstimmung mit ihnen.

Die Besessenheit von Cerebralmenschen hat freie Bahn. Die Durchführung der fixen Idee, die sich am Schauspiel genährt hat, ist in ihrer Folgerichtigkeit erstaunlich. Der Oper ist möglichster Sinn eingebläut. Das Ensemble wunderbar gedrillt. Der Sänger zur unfehlbar, wenn auch krampfhaft agierenden Puppe geworden. Sänger sage ich? Ich habe noch nie von der Opernbühne herab soviel schreien hören wie an diesem Abend.

Mit Bedauern schreibe ich diese Sätze nieder. Denn erstens begrüße ich jeden Versuch, dem Gemeinplätzlichen in der Kunst zu entweichen; dann aber habe ich für das Genie und den Idealismus Klemperers, dem sein brennender Ehrgeiz nicht widerspricht, von jeher die höchste Schätzung.

Hier aber geht es um Wesentliches. Ich kann nicht anders . . .

Man sollte annehmen, das Wesentliche sei die Musik. Das wird Klemperer, denke ich, grundsätzlich zugeben. Und wohl auch meinen, sie wie kein anderer sonst zu Ehren gebracht zu haben.

Aber der stärkste Beweis gegen ihn ist der Gesamteindruck, den wir heimtragen. Er sollte im Falle ›Fidelio‹ der einer erhebenden Feierlichkeit sein. Den gibt uns unter den dreien, die wir nunmehr haben, am meisten der ›Fidelio‹ der Städtischen Oper unter Bruno Walter. Aber auch die Kleibersche ›Fidelio‹-Deutung ist diesem Geiste nicht ganz untreu.

Der ›Fidelio‹ unter Klemperer, der vollendete Sieg des Kapellmeisters und des Regisseurs über Beethoven, hinterläßt im großen und ganzen den Eindruck einer fühllosen Kuriosität.

Fragen wir uns nun nach den Beweggründen einer so aufreizenden, verhängnisvoll »interessanten« Fidelio-Umbiegung, so ergibt sich: Klemperer führt, im Namen der Sachlichkeit, als Musiker einen Kampf gegen das sogenannte Espressivo; hat aber überdies bei häufigerem Aufenthalt in Rußland die systematische Vergewaltigung von musikalischen Bühnenwerken durch die Regie erlebt; ist schließlich durch Ewald Dülberg dem Bauhausprinzip gewonnen. Und fühlt sich gedrängt, die Oper, im gemessenen Schritt vom vorangehenden Schauspiel, in solchem Sinne zur Raison zu bringen. ›Fidelio‹, der vielgeprüfte, soll sie kennzeichnend betätigen. Was in Wiesbaden begonnen wurde, soll sich in Berlin vollenden.

Der geniale Musikpuritaner Klemperer also, in dem Drange, Beethoven zu kristallisieren, führt ihn zu alleräußerster Haarschärfe. Die Spieler des Orchesters aber, offenbar diesem Geist etwas fern, sind durch Proben so ermüdet, daß die Partitur sich nicht ganz nach dem Willen des Dirigenten in Klang überträgt. Daß keine große Leonore-Overtüre geduldet wird, ist gut. Die Wirkungen einer gereinigten Dynamik, die das Kantige gegen das Weiche verteidigt, sind zuweilen zwingend. Die Größe der Auffassung ist unverkennbar. Aber die Absicht, die Tendenz hebt sich so hervor, daß sie selbst die Linie stört.

Und das Schlimme ist: Klemperer, in seiner Besessenheit, bezieht die menschliche Stimme, als Instrument, in seine Deutung so rücksichtslos ein, daß der Ruin auch der schönsten Stimmen nach kurzer Zeit unweigerlich eintreten muß.

Wer aber mit mir glaubt, daß die Oper, selbst die fortgeschrittenste, mit dem Gesang steht und fällt, muß seine Vergewaltigung durch den Accent hier, durch die Regie dort ablehnen.

Die prunkvolle Inszenierung von einst ist gewiß unmöglich. Die Stilbühne aber, ohne Abstriche, wirkt am Ende auch absurd.

Die ›Fidelio‹-Ausgestaltung, wie sie uns Dülberg gibt,

ist übervernünftig und in manchem Detail gelungen. Phantasiearmut freilich ist ihr Kennzeichen.

Das Mansardenzimmer Roccos, schräg gestellt, weißgetüncht, kahl, nur mit einer Bank, doch auch mit Stufen versehen, ist angemessen. Wie das Licht allmählich einfällt, sehr gut.

Rocco im rötlichbraunen, Jacquino im dunkelbraunen Soldatenrock. Als höchste Überraschung aber Fidelio, jünglingshaft, mit energisch vorspringender Nase und Kinn, von tadellosem Querschnitt, den der blaue Rock und die gertenschlanken Beine vollenden. Diese entschiedene Vermännlichung Leonores betrachte ich allerdings als Gewinn.

Freilich: wenn der Vorhang über den Blöcken des Gefängnishofes sich hebt; wenn die Sonne ihren starren, unveränderlichen Widerschein wirft; wenn jeder Tritt, jedes Wort vor lauter gespannter Kraft in Unnatur ausartet: dann erhebt sich Widerspruch. So sehr man auch zugestehen muß, daß der Gefangenenchor neuen Umriß, Charakter, Belichtung gewinnt ...

Je weiter der Abend vorrückt, desto mehr weichen die Schatten. Die Kerkerszene läßt zwar auch sonst an Eindruckskraft nichts zu wünschen, wirkt aber hier nicht minder stark. Und wenn ich auch das einmütige Händehochheben nach Schupoart komisch finde, die Schlußszene hat eine Geschlossenheit, eine allem Spießerhaften abgewandte Freudigkeit, die ihr sonst versagt ist.

Daß aber eine Sängerin wie Rose Pauly, von ursprünglicher dramatischer Kraft, allen Blütenstaub der Stimme drangeben muß, wird schon an der E-dur-Arie klar, die sie mit auffälliger Mimik begleitet; Max Roth versagt als Pizarro, Hans Fidesser, der Florestan, darf sich immerhin selbständiger betätigen. Die Marzelline Irene Eisingers protestiert laut gegen alles Soubrettenhafte. Der Jacquino Albert Peters sagt wenig. Oskar Kalmans Minister ist etwas stimmsteif. Und nur Martin Abendroth als Rocco läßt etwas von natürlicher Stimmgewalt durchscheinen.

Die armen Sänger! Kein Stein ist auf sie zu werfen.

Nichts liegt mir ferner, als Klemperers Unternehmen von vornherein in Grund und Boden zu verdammen.

Aber, soll sein Wirken fruchtbar werden, dann muß das neue Gute, das er will, mit dem Grundwesen der Oper in Einklang gebracht werden.

Dies erhoffe ich.

Der Beifall sollte ihn nicht beirren. Der entscheidet nicht.

*Oscar Bie: ›Berliner Börsen-Courier‹ vom 21. Nov. 1927*

Klemperers ›Fidelio‹ strotzt von jugendlicher Kraft. Seine strenge und unerbittliche Persönlichkeit, die von Mut und Tatkraft zeugt, spiegelt sich in seiner Musik und seiner Regie. Es ist eine Traditionsfremdheit, wie man sie in der Großstadt, mit Ausnahme der seligen Volksoper, kaum findet. Es erscheint wie eine höchste Steigerung besten außerberlinischen, um nicht zu sagen provinzialen Wesens, das noch ungebrochenen Idealismus hat. Eine wundervolle Verbindung von Kühnheit und Fleiß. In unendlichen Proben setzt sich der Wille durch. Man hat kein erstklassiges Material an Sängern, aber man hebt ihre Leistungen so, daß sie voller individueller Spannung sind. Man will auch keine üblichen Dekorationsbilder, man entscheidet sich für Dülbergs würfelhafte Architektur, die im Interieur, im Hof, im Kerker und in der freien Ministerszene mit mathematischen Blicken vielfacher Staffelung arbeitet – vielleicht zu orthodox räumlich, aber eigentlich nicht falsch als stereometrischer Hintergrund für das elementare Drama. Ich erkenne eine Stufenfolge, die vom Material zum Dirigenten führt. Dülberg könnte in Köln den modernen Kunstwillen erfüllen. Die Sänger würden dort ein hohes Ensemble bilden, sind aber für repräsentativere Zwecke erzogen. Klemperer selbst ist ganz zentral und reißt dies Material auf den Gipfel. Es ist also eine Aufführung, die für die Möglichkeiten unserer Oper sehr charakteristisch und lehrreich wird. Sie steht ganz im Zeichen der heute hypertroph gewordenen Bedeutung des einzelnen Dirigenten, beweist aber zugleich dessen beste Kräfte, die Formung, den Aufbau, die Organisation und die Gestaltung. Das ist Klemperers ›Fidelio‹, das ist der unleugbare Wert dieses Abends.

Trotz aller mühsamer Vorbereitung, die uns sogar einige Abende der bedrängten Krolloper kostete, kocht das Temperament in Klemperer unvermindert weiter. Er mimt und singt gleichsam die ganze Vorstellung mit. Man erlebt seine durchdringende Willenskraft. Ich höre ihm so aufmerksam zu, als hätte ich ›Fidelio‹ nie gesehen. Es ist diese undefinierbare Stärke darin, alles neu zu gestalten, weil es vom Innersten erfaßt ist. Ich vergleiche ihn nicht, ich bin im Augenblick so gebannt von ihm, daß ich ihm unbeirrt folge, auch wo er andere Wege geht. Er überzeugt mich in der Geschlossenheit seiner künstlerischen Kundgebung. Ich finde alles Spielende in der Musik genauso meisterhaft herausgebracht wie alles Hastende, Schmerzvolle, Dämmerige, Beethovensche. Daß er endlich mit dem Mißverständnis bricht, die dritte Leonore einzufügen, rechne ich ihm hoch an. Das Stück sprengt das Drama und macht es überflüssig. Aber gerade das Drama ist es, das er mit besonderer Wucht herausarbeitet. Von dem Florestanvorspiel, der Einleitung des zweiten Akts abgesehen, von dessen Wiedergabe in seinem erschütternd modernen Ausdruck etwas mehr zu erwarten war, ist es bewundernswert, wie Klemperer den dramatischen Puls fühlt und überträgt, Ballungen und Steigerungen, die Beethovens Partitur erzittern machen. Die vollkommene

Einheit seiner Orchester- und Bühnenregie wird hier am sinnfälligsten. Als Musiker läßt er die Bühne genau im Charakter der Tonanschauung sich bilden, die die Überlieferung der Form mit den Naturalismen einer neuen Kunst verbindet. Kluge Striche im Dialog helfen. Wo der Vortrag stilhaft und konzertmäßig wird, wie im Quartett (das die plötzlich hereinbrechende Sonne erwärmt) oder in dem lahmen ersten Finale, herrscht ungehemmte Monumentalität. Wo Erregungen in das Ensemble brechen, dramatisiert es sich zusehends: wie der Freiheitsang der Gefangenen, der ihren Gang ins Freie wie ex improviso unterbricht, oder der Schlußgesang, wo Florestan sich plötzlich herausreißt, den Kantus auf das Weib anzustimmen, der dann trotz aller oratorischen Partitur wie ein lebendig gefühlter Lobgesang in höchster Leidenschaft durch die Stimmen aufflammt. Wie im Großen, so ist im Kleinen die modellierende Kraft der Musik in jeder Phrase, in jeder Stellung, in jedem mimischen Dialog auf das klarste durchgeformt. Ton und Gebärde sind ein einziges Kunstwerk geworden, von einer persönlichen Intelligenz gestaltet, von einem heißen Willen durchlebt. Die künstlerische Einheit ist Ereignis geworden.

In der Erscheinung der Bühnenfiguren entfernt man sich von der Schablone. Die Kostüme gehören der Epoche Beethovens an – warum nicht? Der weiße Minister mit hellem Zylinder, Rocco (der seine Goldarie diesmal nicht einbüßt) und Jacquino in Polizeiuniform, Pizarro als roter Soldat, Fidelio im langen blauen Rock, gewiß etwas zu bürgerlich für das Format der Rolle. Die Distanz zu den kubischen Dekorationen wird hier am auffälligsten. Gesanglich stehen die Rüdelschen Chöre am höchsten. Das ist Vollnatur des stimmlichen Ensembles, während die solistischen Ensembles unter dem Mangel einiger Organe etwas leiden. Daß Klemperer durchaus ein eigenes Ensemble besitzt, kann man nicht sagen. Fidesser, der Florestan, sehr schön bei Stimme und gesanglich sehr wohltuend, obwohl ihm eine tragische Substanz fehlt, stammt von der Städtischen Oper. Abendroth, ein sehr milder und schwächlicher Rocco, und Max Roth, ein Pizarro von etwas ungleichmäßig rollender Kraft, sind von der alten Staatsoper. Rose Pauly, der Fidelio, ist neu. Eine sehr beachtenswerte Sängerin, die ihre Stimme zu starken Ausdrucksmöglichkeiten trainiert hat, den Inhalt ihrer Partie sehr schön empfindet und mit viel Kunst und Sorgfalt gestaltet, ohne jemals ganz groß und ganz fortreißend zu werden. Ein mittelmäßiger Jacquino, Albert Peters, eine sehr nette und genügende Marzelline, Irene Eisinger. Doch das einzelne geht ein, wird durch Liebe und Eifer gehoben, wird hingebende Mitarbeiterschaft an dem wundervoll gegliederten und geschlossenen Gesamtkunstwerk, das Klemperer uns hinstellt. Sagt man, er überspitze und übertreibe?

Er tut dem Werk an keiner Stelle Gewalt an. Er erfaßt es nur mit einer neuen Gewalt.

*Paul Zschorlich: ›Deutsche Zeitung‹ vom 21. Nov. 1927*

›Fidelio‹ auf Eis

An seinen Notenkopisten Wolanek hat Beethoven einmal folgendes geschrieben: »Dummer, eingebildeter, eselhafter Kerl! Mit einem solchen Lumpenkerl ... wird man noch Komplimente machen! Stattdessen zieht man ihn bei seinen eselhaften Ohren, Schreibsudler! Dummer Kerl! Korrigieren Sie Ihre durch Unwissenheit, Übermut, Eigendünkel und Dummheit gemachten Fehler, dies schickt sich besser, als mich belehren zu wollen, denn das ist gerade, als wenn die Sau die Minerva lehren wollte!« Was er, hätte er sie erlebt, nach der Aufführung des ›Fidelio‹ am Sonnabend an die Herren Otto Klemperer und Ewald Dülberg geschrieben haben würde, ist nicht auszudenken.

Seit 120 Jahren wird der ›Fidelio‹ an der Staatsoper zu Berlin, der früheren Königlichen Oper, gegeben. Beinahe 600mal ist er in Szene gegangen. Unvergeßliche Künstlerinnen wie Wilhelmine Schröder-Devrient, Katharine Klafsky, Fanny Moran-Olden, Hedwig Reicher-Kindermann haben die Titelrolle vorbildlich geprägt und die Zeitgenossen begeistert. In Berlin haben wir die wundervolle Leonore der Lilli Lehmann erlebt, die herrlichen Darbietungen der Thila Plaichinger, der Martha Leffler-Burckhard, der Helene Wildbrunn. Noch im September 1925 war uns eine ganz prächtige Neueinstudierung der Oper durch das Hörth-Ensemble beschieden, mit einer wundervollen Ausstattung von Aravantinos, mit einem Don Pizarro (Leo Schützendorf), der mir heute, nach zwei Jahren, noch vor Augen steht.

Jetzt platzt ein Meteor vom Kunsthimmel herab mitten in die Staatsoper hinein und zerschmettert alles ringsum. Herr Otto Klemperer will uns mit einem Stab künstlerischer Handlanger beweisen, daß wir 120 Jahre lang den ›Fidelio‹ falsch aufgeführt, falsch ausgelegt und falsch verstanden hätten. Er gebärdet sich als Großsiegelbewahrer, als Testamentsvollstrecker Beethovens und nun erst, nach 120 Jahren, haben wir die eigentliche Uraufführung des Werkes erlebt. Und in der Tat: sie ist ein Markstein in der Geschichte der deutschen Oper.

Selten ist eine ›Fidelio‹-Vorstellung reicher an unfreiwilliger Komik gewesen als diese. Gleich in der ersten Szene setzte sie mit einer Unstimmigkeit zwischen Bühne und Orchester ein. Man erblickte das ›Innere der Pförtnerstube‹: Kahle Wände, als einziges Mobiliar darin einen Tisch, auf dem Wäsche liegt, und eine Art Kartoffelkiste. Alles andere scheinen sie dem armen Rocco gepfändet zu haben. Das Schaufenster des kleinsten Friseurs in Berlin N ist reicher ausgestattet. Dann der

Gefängnishof: ineinandergeschachtelte Würfel mit nackten Flächen, die nach Reklameplakaten geradezu schreien. Dazu eine Beleuchtung, wie sie vielleicht auf dem Mars vorkommt, aber niemals auf unserer Erde. Eine zähe, steife, klebrige Menschenmasse wälzt sich hervor, eine ganze Schornsteinfeger-Innung, lauter Schwarz- und Grau-Hemden. Das sind die Gefangenen. Der Spielleiter bedient sich offenbar einer langen Schnur, die unsichtbar um jeden einzelnen Kopf herumgelegt ist, denn einmal – ruck-zuck – gehen alle Köpfe nach links, das andere Mal nach rechts. Wenn ein lebhaftes Tempo im Orchester einsetzt, rennt der ganze unbeseelte Klumpen ein paar Schritte weit, um wieder zum Riesenautomaten zu erstarren. Jeder führt genau vorgeschriebene Bewegungen aus, und wehe dem, der den Arm einen Zentimeter höher oder niedriger hebt als die andern! Der preußische Parademarsch war individuell, willkürlich, er war das Musterbeispiel persönlicher Improvisation gegenüber den Gebärden der Insassen dieses Staatsgefängnisses, in das Herr Klemperer nun endlich Ordnung hineingebracht hat. Die Siegesallee im Tiergarten wirkt lebendiger als diese Puppen aus dem Klemperer-Laden, die sich in Scharnieren bewegen. Im letzten Akt fängt die Gesellschaft gar an zu bellen. So wenigstens klangen die kurzgestoßenen Achtel des Chors, »Wer ein solches Weib errungen«. Angeblich hatte Prof. Hugo Rüdel diesen Chor einstudiert. Es ist unerhört, den Namen dieses vorbildlichen Chorerziehers zu unwahren Angaben zu mißbrauchen. Niemals würde Rüdel sich so verirren!

Doch weiter: der »unterirdische dunkle Kerker« ist sicher ein Ort des Schweigens. Man starrt in eine Riesentapeterie und gewahrt in einer Falte auf einem kleinen Sitz zwischen den Wänden hockend Florestan. Inmitten des stillen Ortes ein stilles Örtchen, auf dem der Gefangene gerade sitzt. Noch alle Regisseure haben diese Notwendigkeit bisher übersehen, dem Genie des Herrn Klemperer konnte sie nicht entgehen. Daß in diesem unterirdischen Kerker der Mond strahlt, durch die dicksten Mauern hindurch, ist nur natürlich. Es ist lieb von Herrn Klemperer, daß er dem Florestan sein Örtchen beleuchtet. Ebenso ist es ganz selbstverständlich, daß in einer Vorstellung, die bis auf den Millimeter jeder Bewegung und den Bruchteil von Sekunden ausgearbeitet und eingedrillt ist, der Revolver Fidelios im entscheidenden Augenblick – nicht aus dem Gürtel herauswill und eine Situation entsteht, über die ein unverdorbenes Publikum in ein gesundes Gelächter ausbrechen würde. Dann die Kostümierung: der Gouverneur ganz in Rot, der Minister ganz in Weiß – wie für eine Kindervorstellung! Florestan, immerhin der Gatte einer Leonore und vom Minister huldvoll behandelt, glich einer Type aus Gorkis ›Nachtasyl‹. Die Leonore war als Wandervogel zurechtgemacht, die Haare zurückgekämmt, glatt wie das Fell einer Robbe, mit Spucke angeklebt.

Die Dilettantereien des »Bühnengestalters« Ewald Dülberg, der Beethoven geometrisch deutete, waren schlimm. Viel schlimmer aber die grausige Kälte dieser Vorstellung. Nicht ein warmer Ton war darin, nicht einmal bei Herrn Martin Abendroth, der den Rocco linkisch und unsicher spielte, mittelmäßig sang und sehr schlecht aussprach. Ich verkenne gewiß nicht die überaus sorgsame Orchesterleitung Klemperers und überhaupt seinen großen Fleiß, aber er hat eben so lange geprobt, geschliffen und gepaukt, bis alles Ursprüngliche vernichtet war. Ein Theaterkapellmeister in der Provinz, der den ›Fidelio‹ in 14 Tagen einstudieren muß, schafft mehr als dieser unbarmherzige Magister mit der dreifachen Anzahl von Proben. Jede künstlerische Eigenregung hat er unterbunden, jedes echte Gefühl herrisch und grausam unterdrückt, die Atmosphäre seines Ensembles ist die einer Zwangserziehungsanstalt. Herr Klemperer duldet (angeblich) keine ›Stars‹. Nun, das ist gerade so, wie wenn der Direktor eines Krankenhauses erklärt: »Ich nehme keine Gesunden auf!« Ein Künstler braucht noch kein ›Star‹ zu sein, er braucht nur Gestaltungskraft und starkes Eigenleben zu besitzen, um in dieser Umgebung, unter solcher Knute zusammenzubrechen. Herr Klemperer kann ›Stars‹ gar nicht dulden und vertragen, weil er selber Star sein will. Er ist die Primadonna in der Reinkultur, die alles um sich her beherrscht, der sich alles fügen und beugen muß.

Sehen wir uns die musikalischen Mannequins aus Klemperers Modenhaus ›Zum neuen Beethoven‹ näher an! Rose Pauly, ein innerlich kalter, gesangstechnisch jedoch tüchtiger Fidelio. Alle Leidenschaft, alles Gefühl ist von außen an die Rolle herangebracht. Die Aussprache sehr deutlich, Tonhöhe und Dynamik des gesprochenen Wortes jedoch vielfach ganz falsch. Verlust aller Natürlichkeit, daher die jähen Anläufe, das übertriebene Pathos, die verkrampfte Haltung. Max Roth als Don Pizarro: feist und pausbäckig, knallrot die Uniform und das kugelrunde, glänzende Gesicht. Als ob er gerade von der festlichen Tafel käme und sich zwei Pullen Rotwein einverleibt hätte. Ein prächtiger Nickelmann (›Versunkene Glocke‹) vielleicht, ein weinseliger Falstaff, aber kein Pizarro. Mehr schnoddrig als barsch im Ton, Hans Fidesser, der Florestan des Abends, stimmbegabt und gesanglich annehmbar bis auf das wüste Geschrei im Duett mit Leonore, aber ohne Kultur. Der Künstler strapaziert seine Halsmuskeln ungeheuerlich. Das geht nur eine Zeitlang! Irene Eisinger (Marzelline) und Albert Peters (Jacquino) ganz unbedeutend, »Provinz« (zwischen Jena und Gotha). Oskar Kalman (Minister) darstellerisch farblos, aber durch seinen weichen Bariton und gutes Legatosingen angenehm auffallend.

So sieht am siebten Tag die Welt aus, die Herr Klemperer um sich geschaffen.

Die Entseelung des ›Fidelio‹ durch die vivisektorische Methode war schlimm. Viel schlimmer aber noch die beschämende Tatsache, daß eine Zuhörerschaft dieser Verunglimpfung noch Beifall klatscht, anstatt vor Empörung aufzuschäumen.

Wir andern aber, wir, die vielen, leben im besetzten Gebiet. Nicht nur in der Politik, sondern auch in der Kunst. Deutsche Schande allerwegen!

*Max Marschalk: ›Vossische Zeitung‹ vom 21. Nov. 1927*

›Fidelio‹ unter Klemperer

Otto Klemperer hat soviel Vorschußlorbeer geerntet wie kein anderer seiner engeren Berufsgenossen vor ihm. Wir erwarten Unerhörtes von ihm, dem Operndirektor, dem Operndirigenten, und es wird ihm schwer werden, die hochgespannten Erwartungen zu erfüllen. Einstweilen hat sein etwas krampfhafter Versuch, sie mit dem ›Fidelio‹ zu erfüllen, eine gelinde Enttäuschung bereitet. Sie soll uns nicht weiter anfechten, die Enttäuschung, um so weniger, als wir auch in dieser ›Fidelio‹-Aufführung die Größe des Willens, die Größe des Wollens erkennen und die Kraft und die Macht der Persönlichkeit, die hinter ihr steht.

Es muß vor allen Dingen gegen die von Ewald Dülberg entworfene Bühnengestaltung Protest erhoben werden. Beethovens unsterbliches Meisterwerk darf nicht zum Vorwand modischen Experimentierens genommen werden. Gegen die Vereinfachung des Bühnenbildes, gegen Raumgestaltung, die nur andeuten, habe ich nichts einzuwenden; und ich denke mir, daß die Vereinfachung mit Erfolg auf die Spitze getrieben werden, daß eine ›Fidelio‹-Aufführung vor einer grauen Gardine, also ohne jede Raumandeutung, in ungeahnter Weise wirkungsvoll sein könnte.

Aber das, was Klemperer und Dülberg mit ihrer Anlehnung der Bühnengestaltung an das durch unsere Zeit Bedingte erreicht haben, mutet recht spielerisch an. Die Primitivität, zu der gewisse Außenseiter in der modernen Baukunst gekommen sind, die Vorliebe für kubische Formationen, sind ihnen vorbildlich gewesen, und so haben sie einen Gefängnishof ausgebaut, der Erinnerungen an den ehedem so beliebten Steinbaukasten weckt, und in dem das Modische in bengalischer Beleuchtung erscheint.

Die Vereinfachung, die Einfachheit ist nicht seriöser Selbstzweck: diese Dekorationen treten nicht zurück, sie verschwinden nicht; sie drängen sich vielmehr auf, sie lenken ab. Maler und Spielleiter erproben ihre Künste an ihnen: sie lassen die Figuren von knallig beleuchteten Flächen allzu absichtsvoll wie Silhouetten sich abheben, sie stellen mit Fleiß und mit fast kokettem Hinhalten auf die malerische Wirkung ihre lebenden Bilder, und es ist manchmal so, als ob die Musik und ihre Reproduktion Nebensache, als ob das szenische Arrangement die Hauptsache wäre.

Wie weit sich die Betonung des schlechtweg Malerischen vom Wesen des Werkes entfernt, in wie hohem Maße Klemperer und Dülberg stellenweise vergessen, daß es doch immerhin der ›Fidelio‹ ist, den sie reproduzieren, zeigt die Szene, da Pizarro im Kerker vor Florestan hintritt. Er besteigt in der Mitte der Bühne eine Art Sockel, eine Art Postament, wirft seinen schwarzen, rot gefütterten Mantel ab, und steht nunmehr, halb Mephisto, halb Napoleon, in theatralischer Haltung da, im roten Gewande, und blutroter Schimmer umfließt ihn symbolisch.

Wie sind die Gefangenen angezogen, wie müssen sie sich im Gleichtakt bewegen, modisch-tänzerisch ihre gefesselten Hände emporstrecken; wie närrisch, wie aus einer weihnachtlichen Märchenvorstellung entsprungen, präsentieren sich die Soldaten! In den Kostümen sonst, in der Kontrastierung ihrer Farben, wird manches Schöne bemerkt. Doch genug von der Bühnengestaltung, sie ist ein Irrtum; aber es ist uns ja nichts Neues, daß selbst die hohen Intelligenzen schließlich auch einmal vorbeihauen. Über das Spiel der Sänger und Sängerinnen sei nur noch gesagt, daß fast alles überstudiert war. Man spürte sozusagen die Drähte, an denen die Figuren hängen, und durch die ein fremder Wille sie regiert.

Die Arbeit, die Klemperer, der Musiker, der Dirigent, geleistet hat, muß als ungewöhnlich ernst anerkannt werden. Es lag ihm offenbar daran, von aller Tradition abzurücken und lediglich von sich aus zur Erkenntnis des Wesens der ›Fidelio‹-Musik vorzudringen, mit eigenen seelischen und geistigen Kräften zu Beethoven zu kommen. Manches gelang und überzeugte unmittelbar, manches dahingegen hatte nicht die beabsichtigte Wirkung. Im allgemeinen muß bei aller Anerkennung der starken, aus menschlichem und künstlerischem Fanatismus emporgewachsenen Leistung gesagt werden, daß des Guten ein wenig zu viel geschah, daß der Wille im Ausdruck, im Vortrag das Letzte zu geben, leicht über die Grenzen des Natürlichen, des Selbstverständlichen im Fließen der Musik, im Gestalten des ›Melos‹ überschritten wurde. Daß Klemperer übrigens die Unmöglichkeit einsieht, die dritte Leonoren-Ouvertüre vor dem Schlußbilde zu spielen, sei ihm hoch angerechnet. Wie weit sind wir gekommen, daß wir einem ›Fidelio‹-Dirigenten die Unterlassung einer Sinnlosigkeit, einer Stilwidrigkeit hoch anrechnen!

Das, was Klemperer will, das, was er hat verkünden lassen, ist die Niederkämpfung des Startums im Opernbetriebe. Er will eine Oper organisieren, die Ensemblekunst pflegt. »Ensemble-Oper?« Das heißt: eine Oper mit schlechten Sängern und Sängerinnen! Ein illustrer Kollege Klemperers hat aus seiner reichen Erfahrung heraus diesen Ausspruch getan. Wenn der skeptische Kollege der Meinung ist, daß ein Ensemble von großen und größten Sängern und Sängerinnen Ensemblekunst nicht ausschließe, und daß Vollkommenes nicht mit unvollkommenen Kräften zu erreichen sei, so möchte ich den sehen, der ihm nicht ohne weiteres zustimmte. Aber, könnte man ihm allenfalls entgegnen, mit den vollkommenen Kräften allein ist es auch nicht getan.

Eine Künstlernatur, die so nach den Sternen greift, wie Klemperer, braucht, sollen seine Hände nicht leer bleiben, ein anderes Personal als das, was ihm zur Verfügung steht, was er sich selbst zusammengeholt hat. Rose Pauly, der die Leonore anvertraut war, ist eine Sängerin, deren Erscheinung anfangs besticht. Sie hat so etwas von einer Feuerbachschen Gestalt; einen ausdrucksvollen, großzügigen Kopf, und sie ist auf jeden Fall ein Fidelio, der uns ungewöhnlich und ungewöhnlich interessant erscheint. Später schwächt sich der Reiz ihrer Erscheinung ab, und auch im Spiel hält sie nicht das, was sie bei ihrem Auftreten versprach: man merkt den Drill. Im Gesanglichen ist sie, soweit es darauf ankommt Ausdruck zu geben, nicht unbegabt, aber es fehlt ihr so viel an echter Gesangskultur, daß ihre künstlerisch-geistige Art das Manko nicht zudecken kann.

Begabt, und zwar weit über den Durchschnitt hinaus, ist auch Hans Fidesser: ein Florestan ist er einstweilen noch nicht: ihm fehlen die physische Kraft und die psychische. In der Erscheinung des Pizarro mischen sich Mephisto und Napoleon zu einem tragi-komischen Theaterbösewicht. Max Roth ist ja ein Sänger von Qualitäten, aber er durfte sich gesanglich und schauspielerisch offenbar nicht so geben, wie er sich geben wollte. Irene Eisinger ist eine nicht unsympathische Sängerin; nur fehlt ihr für die Marzelline das Format. Albert Peters ist als Jacquino auch nicht unsympathisch, wenn er auch nur den Durchschnitt repräsentiert. Er macht in der Behandlung des Tones und der Sprache ein wenig den Eindruck, als ob er von der Operette käme. Der uns bekannte Martin Abendroth macht seine Sache als Rocco ganz gut; der Stockschnupfenklang seines Organes ist nicht erfreulich. Mittelmäßiges bot Oskar Kalman als Don Fernando.

Bedenken wir die Schwierigkeiten, die Klemperer zu überwinden hat, und warten wir weiteres ab! Er arbeitet, nebenbei bemerkt, zu sehr im Lichtkegel des Scheinwerfers, den die Öffentlichkeit auf ihn richtet, und es mag ihm nicht leicht sein, Ruhe und Besonnenheit in der Arbeit zu bewahren. Wir erwarten trotz diesem Experimentieren an einem Objekt, das das Experimentieren nicht verträgt, viel von ihm. Das Publikum, obschon die Meinungen sich widersprachen, bewies Respekt und unerschütterliches Interesse durch sehr freundlichen, schließlich demonstrativen Beifall. Möge Klemperer den Beifall nicht falsch deuten!

*Heinrich Strobel: ›Thüringer Allgemeine Zeitung‹ vom 25. November 1927*

Es gibt in Berlin eine neue Sensation. Das ist der ›Fidelio‹, mit dem Klemperer seine Tätigkeit als Direktor der Staatsoper am Platz der Republik eröffnete. Eine reformatorische Tat. Sie wirkte reinigend. Sie fegte Schlamperei und Mimenroutine hinweg, die seit Jahrzehnten das Kunstwerk überwucherten. Ein ›Fidelio‹ ohne theatralisches Pathos, ohne bombastisches Geschluchze, ohne biedermännische Banalitäten, ohne naturalistische Peinlichkeiten. Man glaubte, ein neues Werk zu hören. Die strenge Monumentalität ist erschütternd.

Von seiner Mission erfüllt, ein Musiker von grandioser Besessenheit, wirft Klemperer alles Traditionelle aus seiner Bühne. Seine Genialität gibt ihm ein Recht dazu. Was er schafft, überzeugt, reißt mit, begeistert. Jacquino und Marzelline sind bei ihm kein albernes Operettenpärchen mehr: lebendige Menschen in ihrer engen Gefühlswelt. Pizarro tobt nicht als Theaterbösewicht, er poltert nicht wie ein wildgewordener Feldwebel gegen seine Soldaten. Er ist Typus des brutalen Unterdrückers, in Scharlach und Gelb gekleidet. Florestan wird zum Typus des schuldlos Unterdrückten: äußerlich ein Gefangener wie alle anderen. Wozu soll er auch ein samtenes Vorzugswams tragen? Man sieht keine hochbusige Brünnhilde im schlecht sitzenden Männerkostüm, sondern eine schlanke, edel gewachsene Leonore im leuchtend blauen Rock. Die Dekorationen Ewald Dülbergs, von Bauhausideen angeregt, wundervoll im Zusammenklingen von Weiß, Blau und Grau. Von allem Naturalismus losgelöst, tragen ihre einfach klaren Linien die Musik. Die Gefangenen nicht kettenrasselnd, mit Stoppelbärten: schwarze und graue Gruppen, verwachsen mit den starren Würfeln des Gefängnisses, scheu, geduckt.

Das alles zwingt ein künstlerischer Wille zur äußersten Hingabe an das Werk: Klemperer. Er ist Regisseur und Dirigent. Er kann keine Teilung dulden. Er herrscht mit dämonischer Gewalt. Der Dirigent siegt über die Oper. Das kann, muß in anderen Fällen gefährlich, verhängnisvoll werden. Hier tritt dadurch das Außerordentliche ein. Diese überragende Persönlichkeit stellt sich nicht vor das Werk. Sie dient ihm, sie geht in ihm auf. Wann hat man an einer Berliner Opernbühne diese Partitur mit einer solch unerhörten dramatischen Gespanntheit, so klar, so eisern im Rhythmus und doch so musikalisch beschwingt erklingen gehört? Marzellines Arie so unverzärtelt und darum so echt, Pizarros großartiges d-Moll so fabelhaft akzentuiert, das berühmte

Kerkerquartett, das letzte Finale mit solch fortreißender Straffheit? Das symbolische Formgefüge wird greifbar lebendig. Doch ist das bei Klemperer beinahe selbstverständlich. Man durfte es nach den beiden Konzerten von ihm erwarten. Das Beispiellose dieser Aufführung: wie die musikalische Organik die Bühne aufteilt, gliedert, wie die knappen, eindeutig plastischen Bewegungen, die Gruppierungen der Ensembles und Chöre mit der Musik verschmelzen, wie eines das andere ergänzt, wie eine wundervolle Einheit entsteht, wie alles Überflüssige vermieden ist und der Stilisierung der Bühnenvorgänge nicht eine Spur von Gemachtem, von Starrheit anhaftet. Eine künstlerische Idee, aus dem Heute geboren, ist mit letzter Konsequenz verwirklicht. Es gibt geniale Intuition: Wenn während der acht Takte der Bratschen und Celli vor dem kanonischen Ensemble im ersten Akt plötzlich weißes Leuchten die unbeweglich stehende Gruppe überstrahlt, wenn sich nach dem ersten Trompetensignal eine Lichtflut in den Kerker ergießt, wenn Florestan am Schluß in die Mitte des Bildes springt und den Hymnus auf das Weib anstimmt. Der Geist dieser Aufführung formt auch den Dialog neu. Er wird Teil des großen Organismus.

Ausschaltung der Stars: das wurde als wesentlichstes Kennzeichen von Klemperers Reform bezeichnet. Das wird der Abonnent natürlich am schwersten verschmerzen. Aber es ist Notwendigkeit. Niemals wird sich der Star, Prototyp der sängerischen Selbstherrlichkeit, einer Idee so vollkommen unterordnen, wie Klemperer es verlangt. Das ist nur mit jungen Kräften zu erreichen. Und es wurde zum größten Teil erreicht. Die Besetzung nicht gleichmäßig glücklich. Doch hört man den ausgezeichneten Hans Fidesser als Florestan, Max Roths kräftigen Bariton als Pizarro und eine neue Sängerin als Leonore, Rose Pauly, eine beachtliche dramatische Begabung.

Ein Triumph für Klemperer. Und für seine Mitarbeiter.

Der Einbruch dieser Reform in den Berliner Opernbetrieb war ein epochemachendes Ereignis. Dauernde Gastspiele an sich durchaus hörenswerter Stars machen die Geschlossenheit der meisten Aufführungen illusorisch. Es heißt: das Publikum verlangt sie, es betet sie an. Klemperers Erfolg bewies das Gegenteil. Der Sinn für Stileinheitlichkeit muß nur wieder erzogen werden, gerade in Berlin. Man erlebt hier zuweilen Dinge, die an einem guten Provinztheater einfach undenkbar sind.

27. November 1927
Der Kuß
Oper in zwei Akten von Friedrich Smetana
*Musikalische Leitung:* Alexander von Zemlinsky
*In Szene gesetzt* von Hanns Schulz-Dornburg
*Bühnenbilder und Kostüme:* Teo Otto

Oskar Kalman (Der Vater), Käte Heidersbach (Vendulka), Hans Fidesser (Lukas), Karl Hammes (Tomes), Else Ruziczka (Martinka), Irene Eisinger (Barce)

10. Dezember 1927
Luisa Miller
Tragische Oper in drei Akten
von Giuseppe Verdi
*Musikalische Leitung:* Fritz Zweig
*Szenische Leitung:* Hanns Schulz-Dornburg
*Bühnenbild:* Teo Otto

Martin Abendroth (Präsident), Heinrich Kuppinger (Fernando), Marie Schulz-Dornburg (Fürstin), Eduard Kandl (Wurm), Iso Golland (Miller), Käte Heidersbach (Luisa)

11. Januar 1928
Don Giovanni
Dramma giocoso von W. A. Mozart
*Musikalische und szenische Leitung:* Otto Klemperer
*Bühnengestaltung:* Ewald Dülberg

Fritz Krenn alternierend mit Karl Hammes (Don Giovanni), Tilly Blättermann (Donna Elvira), Martin Abendroth (Comthur), Fanny Cleve a. G. (Donna Anna), Hans Fidesser (Don Octavio), Oskar Kalman (Leporello), Iso Golland (Masetto), Irene Eisinger (Zerline)

*Alfred Einstein: ›Berliner Tageblatt‹ vom 12. Jan. 1928*

Dieser ›Don Giovanni‹ Klemperers war im Lot. Er ist nicht ganz mein Phantasie-›Don Giovanni‹, der bei weitem nicht so einheitlich ist als der Klemperers (aber ich liebe ihn mehr, er ist vielleicht noch schöner). Ich darf explizieren: es gibt bei Mozart zweierlei dramatische Wahrheit – die eine, tiefere, mit der er etwa in der Registerarie Leporellos, in der sogenannten (schlecht so genannten) Champagnerarie das Wesen Don Giovannis, in dem großen Rezitativ Donna Annas den wahren Seelenzustand der entehrten Frau (wir merken es, Don Octavio merkt nichts) gezeichnet hat, die wesentlichen Charaktere, die Urtriebfeder der Handlung. Daneben gibt es eine andere Wahrheit, die gewöhnliche des ›Musikdramas‹, die Mozart manchmal verletzt, oder die ihm vielmehr gleichgültig ist – eine Gleichgültigkeit, die ihn z. B. all die dramatischen Allotria da Pontes in der ersten Hälfte des zweiten Akts hat hinnehmen lassen. Wozu das wundersame Terzett in A-Dur, wozu das Ständchen? Hier wird ein Überschuß an reiner, irrationaler Schönheit offenbar, ein ›Verweile doch‹: es sind Momente, wo die Vorgänge auf der Bühne Unwirklichkeit und Spiel werden, wir spielen mit, wir verzichten auf alle Psychologie, wir denken gar nicht mehr daran. Es gibt eine Ebene, auf der ›Drama‹ und ›Musik‹ sich treffen, ohne daß beide von ihrem vollen Gehalt verlieren.

Klemperers Stärke ist wieder die außerordentliche Einheitlichkeit seines Musizierens. Und in der Tat: der Schwerpunkt der Aufführung liegt in der Musik, wenn auch jene reine Schönheit nicht ganz Wirklichkeit, nicht ganz frei wird. Man kann sagen, daß von der Ouvertüre bis zum Schlußsextett alle Nummern der Partitur – und Klemperer macht alle, auch die nachkomponierten Arien Ottavios und Elviras, und zwar an der einzig richtigen Stelle – ihr gleiches Gewicht haben: es ist ein Musizieren von feinstem Gefühl weniger für die Klangals für die rhythmischen Werte, von forttreibendem Tempo auch in den Rezitativen, die man im Stil gar nicht besser machen kann: zugleich eindringlich und rapid. Im Gesamtrhythmus der Wiedergabe ist Klemperer nur über einen Ruhe- und Höhepunkt hinweggegangen: über das Maskenterzett, das eben seine Feierlichkeit und zugleich seine vokalen Akzente behalten muß – das einzige wirkliche volle Adagio des Werks, ein dramatisches Atemholen. Aber was will das besagen gegen den Genuß, den ganzen ›Don Giovanni‹ einmal unzerschnitten, ohne lähmende Pausen, in seiner musikalischen Ganzheit zu hören! Daß Klemperer das gefühlt und verwirklicht hat, dafür kann man ihm nicht genug danken.

Ermöglicht wird diese Tat allerdings nur durch die Tätigkeit des Spielleiters Klemperer und seines szenischen Helfers Ewald Dülberg. Um mit der Szenengestaltung zu beginnen: Dülberg hat diesmal erfreulicherweise nicht bloß mit dem Lineal gearbeitet, sondern auch mit dem Zirkel, wenigstens für den Szenengrundriß; er bietet sogar sehr viel an Pfeilern, Pilastern, geschweiften Mauern, Gittern, Geländern. Zwei feste ›Türme‹ (Rollers Erfindung für den Wiener ›Don Giovanni‹) flankieren die Bühne; sie erhalten ihren vollen szenischen, dekorativen Sinn allerdings nur in den beiden Finalbildern und passen nicht für alle Verwandlungen, am wenigsten für den kahlen und beinah grotesk stilisierten Hochzeitsaufzug; die Szene ist barock, und dennoch nicht stilvoll, es spielt sich innerhalb dieser Versatzstücke vor schwarzer Unendlichkeit alles ein wenig im luftleeren Raum ab; es besteht keine rechte Verbindung zwischen Darsteller und Szene. Aber der Darsteller steht doch im vollen Vordergrund, man wird nicht durch irgendwelche »spanische« Dekorationseinfälle abgelenkt; und Dülberg scheint den Zwiespalt gefühlt und ihn dadurch zu vermeiden gesucht zu haben, indem er ein kostümliches Phantasiespanien gestaltete, alle Personen sind auch ein wenig Figuren, Figuren einer idealen Commedia. Nicht alles ist geglückt, am wenigsten Masetto, der, anstatt wie ein grober Bauer, aussieht wie Junker Andreas Bleichwang aus ›Was ihr wollt‹, oder die Erscheinung des Komthur, mehr alte Tante im Nachtgewand denn hochgeschätzte Statue; Don Giovanni, ausgezeichnet in der Intention, ist ein bißchen Preisbulle, und für die Damen ist Dülberg besonders wenig eingefallen, auch Don Giovannis Tänzerinnen sind eher eine Art Lemuren. Es ist alles um einen Grad zu übertrieben, von den knallenden Dominos der drei Masken bis zu den Ärmelstulpen aller männlichen Wesen, mit Ausnahme Leporellos: bei ihm ist die Andeutung des Arlechinesken ein glänzender Einfall.

Die Sänger – wenn von den acht mindestens die Hälfte wirklich gut ist, darf man schon zufrieden sein. Fritz Krenn erfüllt vor allem die stimmliche Hauptforderung: er ist, wie Mozarts erster Don Giovanni (Luigi Bassi) ein hoher Bariton, mit glänzenden Mitteln, die er natürlich und sicher ins Feld führt (wenn auch nicht gerade in seiner Arie, die einen größeren Virtuosen verlangt); dämonisch-verführerisch ist er nicht und braucht es auch nicht zu sein. Vorbildlich schön, bis auf ein paar unsichere Koloraturen in der B-Dur-Arie, die Donna Anna von Fanny Cleve: Organ und Behandlung auf gleicher Höhe; Oskar Kalman (Leporello) darstellerisch, stimmlich gleich wirksam, obwohl ein wenig zu bäurisch derb; ganz überraschend in der Jugendfrische der Stimme und dem männlichen Adel und Ernst des Vortrags Hans Fidesser (Ottavio), dem man nach solcher Leistung das Schönste prophezeien kann. Tilly Blättermann (Elvira), bei bestechendstem Material, zeigt sich leider meist ebenso naturalistisch und unbeherrscht in der Tongebung wie fahrig im Spiel; Irene Eisinger (Zerline): – Wiesbaden, nicht Berlin, ungefähr ebenso wie Iso Golland (Masetto); dem Komthur lieh Martin Abendroth die nötige Sonorität. Die Aufnahme war begeistert: Klemperer hat mit der Gestaltung dieses schwierigsten aller Werke sich endlich wahrhaft legitimiert.

*Oscar Bie: ›Berliner Börsen-Courier‹ vom 12. Jan. 1928*

Klemperer geht mit denselben Mitteln an Mozarts Oper heran, wie an den ›Fidelio‹, er hat das erste Orchester, ein mittleres Gesangspersonal, einen strengen Bühnenbildner und sich selbst als synthetischen Regisseur. Was beim ›Fidelio‹ als innere sittliche Kraft des Werks ausstrahlte, in seiner Männlichkeit Klemperer wesensverwandt, bleibt bei Mozart rein künstlerische Substanz, ein hohes Spiel mit kostbaren Dingen, nicht subjektiv zu verstärken, sondern objektiv zu klären. Klemperer bleibt ruhig. An den tragischen Stellen, besonders bei der Szene mit dem steinernen Gast, fühlt man deutlicher die innere Beteiligung, in allem Buffonesken blitzt Sauberkeit und Sachlichkeit. Die Linie wird gewahrt, die Form spricht an sich.

Und immer treffen wir den großen musikalischen Intellekt, der diese unsterbliche Partitur bewundert und mit übergreifendem Verstehen auslegt. Auf der Bühne dirigiert er die Regie mit derselben Zurückhaltung. Hier ist nichts zu monumentalisieren, aber wohl zu stilisieren innerhalb eines realistischen Rahmens von Rezitativen. Er läßt der Bewegung den natürlichen Lauf. Er durchdringt sie nicht mit revolutionären Ideen. Bisweilen tut er lieber zu wenig als zu viel.

Das Dülbergsche Bühnenbild unterstützt ihn in dieser Einfachheit. Es sind diesmal nicht die mathematischen Blöcke des ›Fidelio‹, es ist Schwung und Rhythmus in der Architektur, aber sie ist dennoch streng gezeichnet, von einem echten Künstler modelliert und durchgearbeitet, in einem eigentümlich klingenden Leben der Proportionen und Details. Vorn zwei einstöckige Aufbauten in Schwarzbraun, gleich mit den Balkons, die man öfters braucht, besonders bei der Balleinteilung Leporellos. Manchmal werden sie leicht gewandelt, mit einer Treppe für die erste Szene, einer Nischengruppe für Interieurs. Die erhöhte Hinterbühne wird zeitweise durch einen Vorhang geschlossen, dann sind die Konstruktionen für die neue Szene fertig, der Festsaal, oder ein Parktor, oder Bosquetts, oder die Halle, oder der Kirchhof, bei dem die vordere Bühne verfinstert bleibt. Finster ist immer der Himmel, nicht nur wegen Nacht, sondern mehr wegen der Stilisierung dieser Prospekte, die nicht Wirklichkeit, sondern zeitlosen dekorativen Schein bedeuten. Sie wandeln sich auch in den schwierigen Fällen einer festlichen Treppenarchitektur schnell genug und geben die besten Gelegenheiten räumlicher Disposition. Es ist schön, wie der steinerne Gast von oben durch die hohe Tür erscheint, um dann gerade herunter zu versinken oder wie Don Giovanni über die Stufen, durch den Saal rast (in dem ihn eben überflüssiger Weise zwei Tänzerinnen zum letzten Mal ergötzten), um im Flackerfeuer in die Hölle zu fahren. Vor allem wird durch diese Einrichtung ermöglicht, daß das erste Finale endlich einmal ohne Pause durchgespielt werden kann.

Die Kostüme sind spielerischer als diese Dekorationen. Anders, als üblich. Bunt, originell, etwas marionettenhaft bis auf die Perücken. Man kann mancherlei gegen sie einwenden, aber sie betonen so wirkungsvoll den Buffocharakter der Oper vor ihrem schweigenden Hintergrund, daß ich ihre Idee loben möchte.

Unter den Sängern, die wieder starlos nur durch ihre fleißigen Qualitäten das Niveau gaben, was gewiß dem Ziel (und den Mitteln) Klemperers mehr entspricht, als der Erwartung eines verwöhnten Großstadthauses, reicht der Don Octavio Fidessers am ehesten an hohe Ansprüche. Sein schönes und gebildetes Organ belebt die Rolle gesanglich außerordentlich und ist beiden Soloarien, der Prager und der Wiener, gleich gewachsen – ein Experiment, das ihm die Donna Elvira der Tilly Blättermann nicht mit demselben Erfolg nachmacht. Es geht vielfach über die Kraft mit schlechtem Einfluß auf die Intonation. Auch die Donna Anna der Fanny Cleve aus Leipzig (die man als Gast heranzog!) leidet an einem Mißverhältnis der Anlage und der Aufgabe, obwohl in ruhiger Höhe, wie bei der Briefarie, die Vorzüge ihres Materials bemerkt werden. Fritz Krenn als Don Giovanni ist einer der vielen mittleren Darsteller dieser Partie, die sie mit Geschick und Glück leisten, ohne den Zuschuß persönlicher Durchdringung, der die seltenen großen Don Giovannis schafft. Aber er ist eine erfreuliche Bekanntschaft. Abendroth als Comthur findet seine beste Gelegenheit. Ganz nett, mehr nicht, ist die Zerline der Eisinger, der Leporello Kalmans bleibt unter der Linie und der Masetto Gollands ist eine noch rohe, aber für Erziehung empfehlenswerte Charakterstudie.

*Max Marschalk: ›Vossische Zeitung‹ vom 12. Jan. 1928*

Otto Klemperer ließ auf seinen nicht geglückten ›Fidelio‹ einen nur halb geglückten ›Don Giovanni‹ folgen. Er, der musikalische und szenische Leiter, und Ewald Dülberg, sein Helfer in der Bühnengestaltung, mögen eingesehen haben, daß der mit der dekorativen Ausgestaltung des ›Fidelio‹ eingeschlagene Weg nicht gangbar ist. Und sie sind geschmackvoll genug gewesen, das ein wenig ridicule Experiment nicht zu wiederholen. Sie haben eine dekorative Ausstattung ersonnen, die einen schnellen Szenenwechsel gewährleistet, und das bringt schon immerhin große Vorteile mit sich.

Rechts und links im Vordergrunde der Bühne stehen Portale mit Balkonen in der Höhe des ersten Stockes. Sie sind Bestandteile aller Bilder und haben abwechselnd als Außen- und als Innenarchitektur zu gelten. Ein schwarzer Zwischenvorhang schließt den hinteren Teil der Bühne zeitweise ab. Es wird vor dem Zwischenvorhang weitergespielt, während hinter ihm umgebaut wird. So ist es möglich, daß Don Octavio mit Donna Elvira und Donna Anna, der Einladung Leporellos folgend, in einem der Portale verschwinden, und daß der Zwischenvorhang im unmittelbaren Anschluß an das Verschwinden sich öffnet und den Festsaal zeigt.

Die Aufbauten hinter dem schwarzen Zwischenvorhang stehen wiederum vor einer schwarzen Wand, und dadurch, daß nur immer mit Scheinwerfern operiert wird, erhält die Szene etwas Unnatürliches, etwas Künstliches, ein Eindruck, der durch den Charakter der Architekturen, die an Hoteldiele und Warenhaus erinnern, noch verstärkt wird. Ich hörte, wie im Foyer das Wort »atmosphärenlos« fiel. Die Atmosphärenlosigkeit der dekorativen Ausstattung, die Art, wie sich die übrigens phantasievoll und mit großem Geschmack angezogenen Figuren bewegen, deuten darauf hin, daß eine Aufführung des ›Don Giovanni‹ in der Manier eines Puppenspiels beabsichtigt ist. Die dekorative Ausstattung, die anfangs reizte, wenn auch das zweite Bild schon den Ausruf einer scharfen Kritikerin provozierte: »Halb Zoologischer Garten, halb Bedürfnisanstalt!«, verlor mehr und mehr ihren Reiz. Sie wurde monoton durch Starrheit und Wiederholungen. Die Kirchhofszene, die doch etwas Schauriges haben muß, ging ganz eindruckslos vorüber: die Statue und die Grabkreuze wirkten wie Zuckerbäckerei, und das Schlußbild, fast revuehaft-theatralisch, war die unglücklichste Lösung, die ich kenne.

In schroffem Gegensatz zur manierierten und leider auch ein wenig selbstgefälligen Art Dülbergs, die Bühne zu gestalten, steht die Art Klemperers, mit der Musik fertig zu werden. Sprach ich vorhin von Puppenspiel, so war ein tragisches Puppenspiel gemeint: das Drama tritt mächtig hervor, und alles giocose Beiwerk wird abgedämpft und als etwas Sekundäres behandelt. So waltet Klemperer mit vollem Ernst, mit voller Strenge am Pult, und da er eine Persönlichkeit ist, so setzt er sich durch, so überredet er den Hörer, alle Einwendungen gegen seine Separatauffassung fallen zu lassen. In seiner Auffassung zeigten sich große Momente, die nicht nur überredeten, die unmittelbar überzeugten.

Unter den Sängern war es wiederum nur Hans Fidesser, der das Niveau einer großstädtischen Oper hielt. Sein Octavio, schön und mit innigstem Ausdruck gesungen, hatte nichts Weichliches, und er trat dermaßen hervor, daß er beinahe zur Hauptperson der Handlung wurde. Fritz Krenn, dem der Don Giovanni zugefallen war, ist sicherlich nicht unbegabt; es werden weitere Proben seiner Leistungsfähigkeit abzuwarten sein. Ein Don Giovanni, ein spanischer Edelmann, ist er jedenfalls nicht, oder sagen wir: noch nicht. Dieses Gemisch von Stierfechter und Mephisto, das man ihm vielleicht aufoktroyiert hatte, war nicht sehr erfreulich. Tilly Blättermann, nicht unsympathisch in Haltung und Singmanieren, konnte als Donna Elvira nicht durchhalten. Sie versagte stimmlich schließlich ganz. Auch die von Leipzig ausgeborgte Fanny Cleve mit ihrem ewigen Tremolo war eine nur unzulängliche Donna Anna. Eine ganz nette Zerline, aber doch von zu kleinem Format, war Irene Eisinger. Als ein unmöglicher Masetto erwies sich Iso Golland. Oskar Kalmans Leporello konnte passieren, wenn auch nichts von ihm ausging. Mit dem Komtur fand sich Martin Abendroth schlecht und recht ab.

Sollte man den ›Don Giovanni‹ nicht lieber nicht aufführen, wenn man keine ausreichenden Kräfte verfügbar hat? Der Beifall, den das freundliche Premierenpublikum spendete, wird schwerlich nachhallen . . .

*Klaus Pringsheim: ›Vorwärts‹ vom 11. Januar 1928*

Mit der neuen Inszenierung von Mozarts ›Don Giovanni‹ setzt Otto Klemperer seine Arbeit in Berlin fort: den Aufbau einer von innen her neuen Oper – der kommenden Oper am Platz der Republik. Sie soll und wird kommen, diese von neuem Geist erfüllte Oper, eine staatliche ›Volksoper‹ (sei es auch, ohne ihr sozialkünstlerisches Programm im Namen zu führen): wenn endlich – in wenigen Monaten, so dürfen wir nun hoffen – die Staatsoper ihr erneutes Heim Unter den Linden bezieht und das Kroll-Haus seiner künftigen Bestimmung und seinem Herrn freigegeben wird. Der arbeitet darin einstweilen unter zweifach erschwerenden Umständen. Erste Erschwerung: Raum und Zeit muß er mit der Staatsoper teilen. Die Möglichkeit freier Entfaltung, am notwendigsten gerade im Anfang, findet allzu enge Grenzen im Widerstand der Verhältnisse. Eingebaut in den Organismus der Staatsoper soll sozusagen die Klemperer-Oper als selbständiger Theaterorganismus ins Leben treten. Aber dazu gehörte zum mindesten, daß sie über ein ›vollständiges‹ Künstlerpersonal verfügte. Sie kann es nicht, solange dieser peinliche Übergangszustand währt, und wir müssen verständlich finden, daß sie's noch nicht kann. Doch eben, daß es nur das Fragment eines eigenen Ensembles ist, womit vorläufig Klemperer sich begnügen, daß er, von Fall zu Fall, mit ausgeborgten Kräften der anderen Berliner Opern sich behelfen muß, das ist es, was zum anderen seine Arbeit planvollen Aufbaues erschwert.

Soviel Hindernisse, soviel Mißverständnisse im öffentlichen Urteil. Erstes Mißverständnis: man mißt die Vorstellung einer aus neuem Geist geborenen, doch eben noch kaum geborenen, erst kommenden Oper am Maßstab der Staatsoper, wie sie, strotzend von Überlieferung, war und ist: die Zukunft am Maßstab des aus Vergangenheit Gewordenen. Zweites Mißverständnis: man macht Klemperer, dem Leiter, zum Vorwurf, daß sein Repertoire sich nicht ergänzend in den Rahmen des Staatsopern-Spielplanes fügt. Selbstverständlich, die Staatsoper, die ihren ›Fidelio‹ hat, brauchte nicht schon wieder einen neuen. Und die Staatsoper, die kürzlich ihren (mißglückten) ›Don Giovanni‹ herausgebracht hat,

Lebenskraft in ihm gärte. Das Schlagwort ›statische Kunst‹ scheint gesiegt zu haben. Aber, Verehrteste, so wahr Bewegung als ewiges Gesetz in der Welt gilt: nur die unaufhörliche Bewegtheit eines zielbewußten Meisters konnte dies schaffen. Das Maß aller Dinge, aller Kunst bleibt der Mensch, nicht der Grundsatz.

Und weil dem so ist, wirkt ›Oedipus Rex‹ ebenso grundsätzlich wie zwingend, zeigt er zugleich Strawinskys Bedeutung und Begrenzung an.

Ihr findet das widerspruchsvoll? Es ist aber klar, daß Strawinsky nur deshalb so grundsätzlich vorgehen kann, weil er seine Begrenzung, die eines genialen Menschen unserer Zeit, kennt; daß er (nach dem abgegriffenen Wort) aus der Not Tugend und Methode gemacht hat.

Strawinsky hat, erstens, keine innere Beziehung zum Theater. Darum eben schwört er es ab, leugnet er es grundsätzlich (nicht ohne Sehnsucht nach ihm). Er ist ferner kein Melodiker ersten Ranges. Darum eben bestreitet er den Wert musikalischer Erfindung; behauptet, durch den Mund seines Offiziosus Arthur Lourié, man dürfte mit abgebrauchten Mitteln arbeiten; sein Werk müsse auch im allgemeingültigen Ausdruck etwas Grundsätzliches haben. So gelangt der Mann des farbigen ›Petruschka‹, des polytonal aufstampfenden ›Sacre du Printemps‹ zur einfachen Lapidarschrift des ›Oedipus Rex‹.

Ist er nun in die Dürre geraten, wie nach den letzten Werken zu befürchten war? Ach nein, die Tugend und die Methode, die er aus der Not gemacht hat, ist nicht nur dem antiken Vorwurf angemessen, sondern von seinem Kopf und seiner Musik genährt, die alles Grundsätzliche mit sich reißen. ›Oedipus Rex‹ ist in Stil und Fassung echtester, eigenster Strawinsky. Und wer etwa die hochbegabte Stillosigkeit des Honeggerschen ›König David‹ dagegen stellt, wird die Wirkung der geschlossenen Persönlichkeit Strawinskys doppelt beleuchtet finden.

Man kennt den Mythos; erinnert sich des Reinhardttheaters im Großen Schauspielhaus, das Aufruhr und Sturm gab. Strawinsky will oratorisch aufgeteiltes Theater, das den Mythos ins Statuarische zwingen will.

Strawinsky, stilvoll und weltläufig zugleich, wählt als Textsprache das Lateinische, das gangbare Messen- und Passionssprache in der Welt ist.

Der Chor, schon in seinen ›Noces‹ von treibender Kraft, wird hier zu seinem Hauptausdrucksmittel. Der vor allem, nicht ohne Beistand des Orchesters, hilft den Lapidarstil prägen. Der Rhythmus der gedrängten Sprache des lateinischen Textes und Strawinskys Rhythmus vermählen sich. In diesem gestrafften, straffenden Rhythmus liegt das Geheimnis der Wirkung. Messen-Passions-Requiemstil, Russisch-Kirchliches, durchgegangen durch den Willen und die Kraft Strawinskys ergeben das Zwingende des Kunstwerks.

Ihr sucht Polyphonie? Sie ist kaum angedeutet. Das Akkordische, der von Quarten und etlichen Widerhaken durchwirkte Querklang dienen dem akzentstarken Ausruf. Als Grundbalken das zu letzter Einfachheit geführte pochende Ostinato im Terzverhältnis von Achteln. Die Beziehung der Tonarten zueinander ohne Überraschungen: in b-moll beginnt es, in g-moll schließt es.

Soll ich noch einzelne dieser Chöre hervorheben! Der Gloria-Chor in durchkreuztem C-Dur, der Schlußchor sind Zeugnisse dieser mit unbedingter Zielsicherheit hingesetzten, hingehämmerten Klangsynthesen. Der Rahmen, die Fassung, bei durchgeführter Tonalität, nicht ohne Sequenzen, ist erstaunlich fest gefügt.

Das ist entscheidend. Aber auch die Kennzeichnung der Einzelpersonen geschieht in Lapidarschrift. Ihr Statuarisches will von selbst die sinnliche Wirkung der Menschenstimme, die zum ersten Male wieder erscheint, ausschließen. Es wird vorzugsweise psalmodiert und rezitiert. Oedipus freilich erhält ein gerüttelt Maß an orientalischer Zierkunst. Er wird in seiner Gefühlsseligkeit, Selbstgefälligkeit, aber auch Energie festgehalten. Kreon, im absteigenden C-Dur-Dreiklang angekündigt, zeigt seine Unproblematik; Tiresias weissagt in langen Noten.

Und Klemperer, der bisher mit der Oper gegen die Oper experimentierte, konnte an diesem Außerordentlichen, Abseitsstehenden seine fanatische Herbheit betätigen. Es war ganz natürlich eine in diesem Betracht unüberbietbare Aufführung. Das Lapidare, Starrschriftliche erhielt in Chor, Orchester, Einzelpersonen seinen idealen Rhythmus und Klang. Ewald Dülberg, der hier das Würfelhafte auf blauem Hintergrund mit Fug auswerten konnte, führte diesen Stil mit Meisterschaft durch.

Oedipus, Tenor, von Caspar Koch peinlich nervös, doch klang- und verständnisvoll gesungen, Jokaste von der sehr suggestiven Altistin Sabine Kalter durchweiblicht; Kreon im tönenden Bariton Oskar Kalmans, Tiresias im Mund des prachtvoll singenden List, der Hirte Bernhard Bötel, der Bote Martin Abendroth und nicht zuletzt der ausdrucksvolle Sprecher Heinrich Schnitzler waren gute Instrumente der Gesamtdarstellung.

Maskenhaft, aber geradezu hinreißend die Chöre. Sie sangen auswendig.

›Mavra‹, angeblich eine Form der Oper, doch gewiß das Blässeste aus der Hand Strawinskys, im lahmen Foxtrottrhythmus, mit eintönig behandelten Stimmen, wirkte mehr unfreiwillig als echt komisch. Und hier war auch bei farbiger Bühnengestaltung, durch Dülberg, die Leistung der Sängerinnen: Ellen Burger, Else Ruziczka mäßig. Ein großer Moment: wie Marie Schulz-Dornburg lang hinschlug. Der Husar Albert Peters am stärksten.

Das Ballett ›Petruschka‹, das den ›Sacre‹ vorausahnen läßt, dieses Prachtstück an Witz und Temperament, das in Farbigkeit schwelgt, trat als letztes Stück hinzu. Es wurde, unter Leitung von Max Terpis, zwar nicht russisch-virtuos, aber mit Rudolf Kölling doch recht gut getanzt; auch hier Klemperer und Dülberg ausgezeichnet.

Endlich auch ein Bissen für das Publikum dieses Abends.

*A. Einstein: ›Berliner Tageblatt‹ vom 27. Febr. 1928*

Es waren noch zwei Werke von Strawinsky dabei; aber wie Strawinsky selber – er war da, persönlich, und machte schlangenhafte, gewundene, gar nicht neuklassizistische Verbeugungen – sich nur nach dem ›Oedipus‹ zeigte, so geht auch uns dieser ›Oedipus‹ in erster Linie an.

›König Oedipus‹ steht am Ende des Wegs, der mit der ›Geschichte vom Soldaten‹ begann, er gehört der gleichen Gattung an, aber er ist sein Gegenpol: Erinnert man sich an dies Meisterwerkchen Strawinskys? Da sitzt ein Vorleser auf der Bühne, in der Joppe und sicherlich nicht mit Stehkragen, der etwas Episches zum besten (oder zum schlechtesten) gibt: die Geschichte von dem armen Soldaten, der seine Geige dem Teufel verspielt und am Ende doch alles, Prinzessin, Geige, Seele verliert. Dieser Vorleser müßte durch sein Wort allein unsere Phantasie so gefangennehmen, daß wir eines weiteren nicht bedürfen; aber nein: da ist noch ein Jahrmarktsbühnchen, dessen Vorhang nach Belieben in die Höhe rollt, eine Pantomime, eine dramatische Szene freigibt, und – o Gipfel alles Widersinns und aller ästhetischen Reinlichkeitsgefühle – der Vorleser greift in die Handlung ein, er kann sich nicht mehr halten, er gibt dem Soldaten erregte Ratschläge, er identifiziert sich mit ihm. Und: da sitzt endlich dem Vorleser gegenüber eine gemeine Jahrmarkts-Musikbande. Geige, Kontrabaß, Klarinette, Kornett à piston und Schlagzeug, und macht ab und zu eine gemeine, eine infame Jahrmarktsmusik: so armselig, so bar allen Gefühls, so unmusikalisch gestopft mit allen möglichen Primitivitäten des Satzes, daß die jammervollste Dorfmusik dagegen ein Staatsopernorchester ist; es ist schon wieder raffinierte Kunst, all diese schamlosen Parallelen, Verstöße gegen den Rhythmus, Rollenvertauschung der Instrumente, die aus Begleitinstrumenten Melodieträger macht und die Melodieträger degradiert.

Dennoch – warum hat uns das primitive Stückchen gefesselt und ergriffen, von Anfang bis Ende? Warum haben wir über die kindische Parodie nicht gelacht – wenn hier Parodie vorhanden ist? Warum ist das elende Geigengeklimper richtiger, wahrer als die schmelzendste Kantilene, der ›Choral‹ mit all seinen Stimmführungsvergiftungen ernsthafter, schmerzhafter als die schönste Blechapotheose eines ›Romantikers‹? Dies ist das Märchen, wie wir es gestalten können: Gefühl wird frei, indem es negiert wird; in der Perversion, der Negation, liegen schon wieder die Anfänge zur Position.

›Oedipus Rex‹ ist diese Position, der Versuch dieser Position. Er gehört der gleichen Gattung an wie ›Die Geschichte vom Soldaten‹, aber er ist vornehmer geworden, er ist szenisches, tragisches Oratorium; die Szene, die Musik ist nicht mehr als Illustration für den Sprecher da, sondern der Sprecher für die Szene, die Handlung, für die Musik; der Sprecher ist nicht mehr in der Joppe, sondern im Frack (oder sollte es sein; man hatte für Heinrich Schnitzler, der seine Sache sehr gewinnend machte, ein schlechtes, aber doch feierliches, zeitloses Phantasiekostüm gewählt). Auch dieser Sprecher ist ergriffen und wird es mit dem Nahen der Katastrophe immer mehr – seinen Worten leihen Orgelpunkte größerer Erregtheit, der prachtvolle Doppeltrompeter fällt ihm ins Wort. Der Sprecher ist genau der ›testo‹ im Oratorium des 17. Jahrhunderts; nicht mit Händel darf man den ›Oedipus‹ vergleichen, sondern mit Carissimi, der um 1650 auch schon solche lateinische Oratorien geschrieben hat, alttestamentliche, nicht altklassische, lebendige aus erster Hand...

Der Sprecher ist ergriffen; auch wir sind seltsam ergriffen; nur die Darsteller, die Musik sind es nicht. Es wird monumentale, ›statische‹ Musik getrieben; Musik um ihrer selbst willen. Der Stoff ist Nebensache, er ist nur gewählt, weil er allgemein bekannt ist. Der Sprecher erklärt ihn, ja; aber vor allem ist er dazu da, um die naturalistische Illusion der Szene zu stören. Oedipus, Jokaste stehen, Kreon, Tiresias, die Boten stehen zwischen Kommen und Gehen, der Männerchor steht zu beiden Seiten, aufgebaut, wie die Heiligenchöre bei Giotto. Auch die Musik ist autonom, sie steht, sie ist starr; die einzelnen Arien, Chöre sind nebeneinander gesetzt; die Ensembles sind Musikstücke, ohne dramatische Funktion. Es wird archaisiert; selbst die Textwiederholungen, künstliches Werk schon des Dichters, Jean Cocteau, nicht erst Zwang des Musikers, dienen diesem Archaisieren. Aber es ist ein, auf eine sonderbare Art schöpferisches Archaisieren, es ist nicht Klassizismus, sondern wirklich Neuklassizismus, wie eine Zeichnung von Picasso keine Zeichnung mehr à la David ist. Kreons kriegerische Arie klingt an Händel an, Jokastes Arioso und Aria erinnert an Königin der Nacht oder Leonore, ja sogar an Verdi, es wird mit konzertanten Instrumenten gearbeitet, aber unmittelbares Vorbild ist nicht vorhanden. Die helle, klare Primitivität des Melodischen und Harmonischen, das scharfe Skandieren des Textes nähern sich wieder der Simplizität; der Dreiviertel- und Vierviertel takt, der Akkord, die Bedeutung eines Intervalls werden gleichsam neu entdeckt. Das Schlimme ist nur, daß sie an einem Stoff entdeckt werden, der weder Strawinsky noch uns innerlich etwas angeht; das macht den ›Oedipus‹ zum artistischen, snobistischen Versuch, gegenwartsträchtig, aber nicht gegenwärtig. Die ›Geschichte vom Soldaten‹ war lebendiger als dieser ›Oedipus Rex‹.

Die Aufführung unter Otto Klemperer war höchsten Ranges. Der Dirigent ist ja hier scheinbar nur der Exekutor, der maschinelle Auslöser der ›objektiven‹ Musik, aber welche Arbeit, diese ›Objektivität‹ zu erzeugen, ›frei zu machen‹! Dies ist Klemperers Domäne, hier wird seine Art gesetzmäßig; beim ›Fidelio‹ geht es nicht, aber bei Strawinsky geht es nicht nur, sondern da wird ›Sachlichkeit‹ Triumph. Auch Ewald Dülberg als Szenengestalter ist in seinem Element: diese archaische Antike war eindrucks- und sogar phantasievoll bei aller Starrheit. Ein außerordentlicher Oedipus, Caspar Koch, echter Heldentenor, das kleine stimmliche Mißgeschick in der Aufführung erhöht nur die Sympathie mit diesem prächtigen Sänger; auf gleicher Höhe der pastose Alt von Sabine Kalter (Jokaste), der Tiresias Emanuel Lists, der Kreon Oskar Kalmans. Gerühmt seien Bernhard Bötel (Hirte), Martin Abendroth (Bote) und vor allem der von Walter Wohllebe exakt einstudierte und singende Männerchor.

Über ›Mavra‹ und ›Petruschka‹ dürfen wir uns kurz fassen. ›Mavra‹ – opera buffa alla russa – ist in ihrem musikalischen Antinaturalismus ganz interessant, aber die alberne Handlung reicht für ein Spiel von Menschen nicht aus, man würde bei Marionetten mehr auf diese Musik achten. Und gewisse Leute im 18. Jahrhundert haben eben Arien, Duette, Quartette, Finali geschrieben, in denen Drama und Musik zusammenfielen, was nicht modern, nicht experimentell, aber zum mindesten amüsanter war. Die Damen Burger, Schulz-Dornburg, Ruziczka und Albert Peters mühen sich mit ihren durchaus nicht einfachen Aufgaben nach Kräften.

›Petruschka‹ ist seines Sieges immer sicher, zumal in einer so sorgfältigen Aufführung. Das Russische, Volkstümliche war dünn, aber das Parodistische, Spitz-Phantastische war stark, und das Choreographische unter Max Terpis war, wenigstens soweit es die drei Haupttypen betrifft (Edith Moser, Rudolf Kölling, Walter Junk), ebenso ausgezeichnet wie das Orchester unter Klemperer.

*Oscar Bie: ›Berliner Börsen-Courier‹ vom 28. Febr. 1928*

›Oedipus Rex‹ ist der vollendete Sieg der Form über den Inhalt. Es ist auch der vollendete Sieg der Persönlichkeit über die Richtung. Ich verfolge das Problem, indem ich mit dem Inhalt beginne und mit der Persönlichkeit schließe. Bleib ruhig, mein Herz. Es ist nicht mehr die heiße Luft des ›Tristan‹, es ist der Weg in die bewußte Kälte, die jeden Keim von Gefühl, aber nicht von Phantasie tötet. Denke spitz und schreibe hart!

Je blutiger der Inhalt desto triumphierender das Gesetz der Form. Ein Sohn, der den Vater getötet, die Mutter geheiratet hat, ohne es zu wissen, ihr Selbstmord, seine Selbstblendung – nie geschah Grausigeres. Aber das Grausige wird auf die Fläche eines szenischen Oratoriums geworfen, wird in eine absolute Musik projiziert, daß es fortan nur in einem fernen Innern kocht. Es ist geschehen, es wird dargestellt, nicht als Handlung, sondern als Erinnerung. Es wird nur soviel bisher in die absolute Darstellung zugelassen, als notwendig ist, den Kontakt der Nerven zu wahren. In Paris gab man es konzertmäßig, hier szenisch. Der Autor wollte es noch statuarischer, aber man läßt eine gewisse Atmosphäre der Erscheinung und Bewegung zu – im Verhältnis des Inhalts zur Form.

Die lateinische Sprache wird gewählt, um die Distanz zu vergrößern. Nicht griechisch, nicht lebend. Sondern eine Sprache des Ritus, die eine fast religiöse Transzendenz schafft. Sie ist zudem gesanglich dankbar und rhythmisch festgelegt. Es können nicht durch Übersetzungen Verschiebungen der Deklamation eintreten, die der Autor mit eiserner Strenge handhabt. Ein Sprecher, der in der lebenden Sprache des jeweiligen Aufführungsorts den Inhalt vorerzählt, stellt die Verbindung zum Zuhörer her und rückt den Text dadurch noch mehr in legendarische Form.

So ergibt sich eine Kunstform, in der der Geist frei walten kann. Er deckt die Gefühle, die sich schämen, veräußert zu werden. Der gegensätzliche Punkt zur Exhibition der Romantik ist erreicht. Die Ekstase ist gehaßt, die Haltung ist Gesetz. Aristokratische Kunst verbannt den Realismus. Leben, das sich auf der Bühne kopiert, ist jetzt widerwärtig. Strawinsky ist der berufene Führer, der die Oper aus diesem Bann der Handlung heraushebt. Er begann mit Ballett und Pantomime, dem stummen Opernbild. Er kultivierte die Mischformen zwischen Mimik, Rezitation, Gesang in immer anderer Kreuzung: im ›Soldaten‹, im ›Renard‹, in der ›Nachtigall‹. Nun findet er ein Ende in der Oratoriumsoper, die eine griechische Sage in lateinischem Text mit moderner Musik aufbaut. Der Realismus liegt am Boden.

Die Rückkehr zu alten Idealen ist in dieser Reaktion gegen die Romantik gegeben. Sie beschäftigt ihn seit ›Pulcinella‹. Sie nahm ihren Weg über das trockene Klavier. Über die Neutralität der Bläser. Sie ist in ihrem bewußten Archaismus im ›Oedipus‹ auf der Höhe. Aber sie ist hier noch nicht am Schluß. Das eben fertiggestellte Ballett ›Apollon Musagète‹, ganz in klassizistischer Aufmachung gedacht, wendet diese Erfahrung in einer unerhört reichen Intensität wieder auf die alte Tanzbühne an, eine Partitur von sechsstimmigem Streichorchester, die die Periode der Bläser in neuer Fruchtbarkeit und Reife ablöst.

Der Archaismus ist nur eine Konvention, die zum Stil und zur Kontenance dieser Kunst gehört. Er äußert sich in der Schichtung der Soli und Chöre von antiker Bedeutung, in der imitatorischen Verknüpfung der Linien, in gewissen Symmetrien der Anlage und Motivik, in der Gelöstheit der Stimme bis zur Koloratur. In diesem Gewande steckt der modernste Körper. Der Körper ist gezüchtet in allen Übungen heutiger Harmonik, Verkürzung, Rhythmik und in allem Verzicht auf äußere Klangfarbe. Es ist eine stählerne Substanz der Musik, von einer rastlosen und wachen und energischen Phantasie bewegt, kristallisiert bis auf letzte Wesenheiten, endlich das Resultat einer bisher chaotischen Lust an Neuerungen, auf Größe, Einfachheit, Wirkung gebracht. Mindestens ein musikhistorisches Ereignis, das Dokument eines Künstlers, der nicht nur alle letzten Wege unserer Musik angefangen hat, sondern sie auch stets zu einem genialen Schlusse brachte, zu ihrem klarsten und konsequentesten Endziel, das Geniale bleibt nicht Theorie, es wird Wirklichkeit. Es bleibt nicht im Kopf, es geht in die Sinne. Die Musikgeschichte wird Erlebnis. Die kleine Atempause beim Schluß des ersten Teils ist eine gewaltige Spannung. Der zweite Teil nimmt den Schlußchor wieder zu seinem Anfangschor. Jocaste singt eine altitalienisch-neurussische Arie. Das Schicksal vollzieht sich. Der Chor nimmt es erschütternd auf seine Lippen. Der Schluß mündet in den Anfang. Eine ewige Form – sie hat das Wunder vollbracht, selbst Inhalt zu werden.

Unsere Aufführung hält sich gut im Stil. Klemperer hat das Organ für die Strenge der Partitur und der Bühne. Er kann und soll ohne Sentiment arbeiten. Die Feierlichkeit dieser Musik, aus russischen Erinnerungen und antiken Vergleichen zusammengesetzt, das schicksalpochende doppelte Baßtriolenmotiv von Oedipus, das großartige Akkordsystem, auf dem die Stimmen in freiem Gesang schweben, der ernste Bläsercharakter des Orchesters, das nur selten nach der Streicherseite neigt, bisweilen von plötzlich aufglitzernder Harfe belichtet, Klemperer faßt Instrumente und Chöre mit harter, starker Hand. Bei der Einstudierung der Männerchöre hat ihm Wohllebe mit Erfolg vorgearbeitet. Bei dem Bühnenbild hilft ihm Dülberg mit dem Aufbau einer gradlinigen Architektur, die Oedipus und Jocaste auf Podesten darbietet, die anderen Figuren je nach dem Grad ihres Realismus beweglicher einschaltet, den Chor doppelseitig unten im Dunkeln läßt. Das Licht marschiert im Rhythmus der Stimmung. Caspar Koch als Oedipus offenbart einen hervorragenden, flüssigen, metallenen Tenor, der leider am Abend (nicht in der Probe) einiges Malheur hatte. Die Jocaste der Kalter ist eine sehr glückliche Besetzung, von schöner Gebundenheit, von innerem dramatischen Feuer. Ein Segen ist die Tiresiasepisode von Emanuel List: welche Macht, Größe und Baulichkeit der Stimme! Der junge Schnitzler zeigt einen geschulten Geschmack in der prekären Rolle des Sprechers. Von seiner alltäglichen Realistik bis zur statuarischen Bleichheit der Hauptfiguren spielt die überlegene Regie Klemperers in allen Zwischenlagen der Gattung Opernoratorium.

›Oedipus Rex‹ ist eine öffentliche Mission Strawinskys, ›Mavra‹ mehr seine private Angelegenheit. Das Puschkinsche Motiv des Husaren, der sich als Köchin Mavra verkleidet, um ins Haus seiner Liebsten zu kommen, dient dem naiven Bestreben, eine Buffooper alten Stils mit moderner Musik zu schreiben. Nationalrussische Weisen sitzen auf nationalrussischen Rhythmen, aber bleiben im Bezirk einer engen, gedachten, gemachten, doch nicht lebenswilligen Kammermusik. Die Umbiegung in modernen Geist und heutige Applikation findet nicht den Kontakt, wie ihn die Tragödie fand. Das Buffoneske, in allen Formen und Ensembles vorhanden, leidet an der zerebralen Unterbrechung der Überlieferung. Der Humor ist auf dem Notenpult liegen geblieben. Interessant wird nur das Orchester, das in einer erlesenen Auswahl von Bläsern konzertiert, mit nur zwei Geigen, einer Bratsche, ein paar tieferen Streichern, ein Bläserkammerspiel, das in einem bewußten Gegensatz zur Gesangsstimme steht (ohne das Maskenterzett im ›Don Juan‹). Das erste Mal hörte ich auf die Bühne, das zweite Mal ins Orchester, dieses war fruchtbarer und unterhaltender. Es ist ein aparter Auftrag an den Dirigenten, weniger an den Regisseur Klemperer. Ellen Burger (sehr nett), die Ruziczka, die Schulz-Dornburg, Herr Peters machen es sorgsam.

Im Petruschka zuguterletzt kann Klemperer sich ausmusizieren. Das höchst lebendige, immer noch sehr geistreiche, rhythmisch berauschende, instrumental amüsante Frühwerk Strawinskys muß wohl seine Erinnerungen an die große Zeit des russischen Balletts überwinden. Kölling, Edith Moser, Dorothea Albu, auch Walter Junk geben ihr Bestes. Terpis hat nach guten Mustern choreographiert. Aber unser Ohr besiegt unser Auge. Die blendende Suite da unten im Orchester aus einer Epoche, da noch keine Probleme den Meister bedrängten, ist ein glücklicher Abschluß des Pensums der Musikgeschichte, die wir heute auf dem Wege von ihrem Ende zu ihrem Anfang durchkosten sollten.

›Rote Fahne‹: 6. März 1928

Die Flucht in die Vorvergangenheit

Um es gleich zu sagen: Hier ist der Gipfel einer geradezu widernatürlichen Schmokerei erreicht. Was muß in dem Hirn eines Künstlers vorgehen, was muß ein solcher Kerl empfinden, was muß er schließlich, der so gerissen ist, wie der beste Börsenmakler, von dem, was ihn umgibt, verstehen, wenn er folgendes macht: Er läßt sich von Jean Cocteau, einem schmierigen französischen Literaten, der Dadaismus mit Katholizismus verbindet, eine Bearbeitung des griechischen Dramas von Sophokles anfertigen und zwar übersetzte Cocteau das altgriechische Drama ins Altfranzösische. Das war aber Strawinsky scheinbar noch zu gefährlich. Wie leicht könnte ein ganz ordinärer Franzose auch das noch verstehen! Und so läßt er noch von einem Altphilologen den Text ins Lateinische übersetzen. Und so entstand das Kuriosum: Die Bearbeitung eines griechischen Dramas als Opern-Oratorium, in lateinischer Sprache komponiert, im Jahre 1927. Das soll uns also fesseln, interessieren, erschüttern! Aber das will ja Strawinsky gar nicht. Was ist schon unsere Zeit, was ist überhaupt der Mensch, was ist die Not und um was kämpfen denn eigentlich diese kleinen Erdenwürmer? Strawinsky hat sich ganz billig den Mantel der Erhabenheit auf Stottern gekauft; in dem eingehüllt steht er hoch über alle lebendige Gegenwart und interessiert sich ausschließlich für altgriechische Mythologie. (Seine nächsten Bühnenworte: Apollo und die Musen, dann aber wird das Requiem schon fertig sein.) Die Musik, die er zu diesem ›Oedipus‹ geschrieben hat, will genau so streng asketisch, erhaben sein wie der Text. Sie strebt, im Gegensatz zu der sehr komplizierten modernen Musik, wieder zu einer gewissen Einfachheit zurück und das wäre schon allerdings etwas Positives. Diese Einfachheit wird aber durch eine Stilkopie der klassischen Musik (Händel, Bach) erreicht und es ist eine sehr dürftige Kopie, die zwar die Haltung und die Konventionen, nicht aber den Reichtum und die Lebendigkeit der klassischen Musik nachahmt. In diesem neuen musikalischen Stile (›neue Sachlichkeit‹) ist fast nichts neu und fast nichts sachlich. Einfallslos, dürftig, eine Aneinanderreihung oft sehr abgebrauchter musikalischer Phrasen, nirgends eine scheinbar angestrebte große musikalische Linie; ein graues, stumpfes Orchester und endlose Textwiederholungen machen schließlich dieses Werk zu einer langweiligen, belanglosen Angelegenheit. Dieses künstlerische Eunuchentum ist aber symptomatisch für den heutigen fast hoffnungslosen Zustand der modernen Opernproduktion, für den fast hoffnungslosen Zustand der bürgerlichen Musikproduktion. Es ist die höchste Zeit, daß sich die wenigen revolutionären und linksgerichteten Komponisten zusammenschließen, um sich einmal über das Ziel und den Weg einer modernen, revolutionären Musik klar zu werden. Das erste musikalisch neue und zwingende revolutionäre Musikwerk, das auch technisch mit größter Meisterschaft gearbeitet sein muß, wird diesen ganzen snobistischen Musikplunder über den Haufen werfen und stilbildend, wegweisend für die wahrhaft neue Musik sein.

*Paul Zschorlich: ›Deutsche Zeitung‹ vom 27. Febr. 1928*

Was kann schon dabei herauskommen, wenn ein 50 Stimmen starker Männerchor zwei Akte hindurch unbeweglich auf Treppen steht und in lateinischer Sprache singt, wenn die Darsteller sich auf ein Minimum an Gebärden beschränken, wenn ein »Sprecher« den Gang der Handlung kurz und barsch in deutscher Prosa erzählt und der Blick des Zuschauers dauernd auf zwei grell belichtete Flächen und einen riesigen blauen Vorhang als Hintergrund der Tragödie gebannt bleibt? Es muß Langweile herauskommen und sie kam auch heraus, trotz Strawinskys durchaus hochwertiger und dramatischer Musik. Er bezeichnet sein Werk als ›Opern-Oratorium‹. Das ist musikalischer Hermaphroditismus. Zwei Stile und vor allem zwei Formen, deren Wesensverschiedenheit in der ganzen Musikgeschichte bezeugt wird, lassen sich nicht auf Kommando zu einer Einheit verschmelzen. Auf dieses Qui pro quo stellt sich der Hörer nicht ein. Man ist Mann oder man ist Weib, das Mannweib ist ein Zwitter. Das Opern-Oratorium Strawinskys ist es auch. Es kommt hinzu, daß die Handlung überhaupt nicht vor den Augen des Zuschauers vor sich geht und daß auch der so reich beschäftigte Chor, dem fast der wesentlichste musikalische Anteil zufällt, nicht eigentlich in die Handlung eingreift, sondern sie nur beredet und begutachtet. Wenn seine in lateinischer Sprache (war Oedipus ein Römer?) gesungenen Meditationen (und damit der musikalische Fluß) durch die nüchterne Prosa des deutschsprechenden Ansagers plötzlich und immer wieder unterbrochen werden, dann fühlt sich der Hörer rücksichtslos aus der Stimmung herausgerissen und es ist nicht viel anders, als wenn unversehens ein junger Mann dazwischenriefe: »Schokolade, Eisbonbons, Zigarren, Zigaretten gefällig?« (Übrigens mußte ich auch bei den in tiefer Altlage gesungenen Worte der Jokaste »oracula, oracula« immer an »Funiculi – Funicula« denken, und zwar besonders wegen der rhythmischen Ähnlichkeit.) Wollte man diese neue, aussichtslose, stilunreine und unfruchtbare Form der Oper kennzeichnen, so könnte man das Ganze etwa ein ›musikalisches Szenarium‹ nennen, zumal der Chor in den beiden Akten unverändert stehen bleibt und ein Bestandteil der Dekoration zu sein scheint. Die unentwegten Verehrer und Mitläufer Strawinskys haben dafür auch bereits einen neuen Ausdruck: sie nennen den Chor ›statisch‹. Das kommt offenbar vom lateinischen stare (stehen) und ist ganz gewiß das Gegenteil von ›ekstatisch‹!

Was nun die Musik angeht, so kann ich ihr meine Anerkennung nicht versagen. Isidor – Verzeihung: Igor Strawinsky hat sich bekanntlich schon dagegen verwahrt, als nationaler russischer Tonsetzer angesprochen zu werden. Diese Verwahrung ist bedeutsam und bezeichnend für den Komponisten, der proteusartig in die verschiedensten Gestalten schlüpft, sich einmal in der Rolle des musikalischen Klowns (›Geschichte des Soldaten‹) gefällt, sich dann wieder die Maske Pergoleses (›Pulcinella-Suite‹) vorbindet und (in seinem Klavierkonzert) Bachs Spuren durchaus nicht errötend folgt, der sich einstens mit Debussy auf Gedeih und Verderb (›Rossignol‹) verband und dann (im ›Sacre du printemps‹) der Lust fröhnte, wieder einmal recht den Teufel zu spielen. Man könnte auch jetzt wieder auf Vorbilder hinweisen. Wer die ›Erinnyen‹ und die ›Marie-Magdeleine‹ von Massenet oder die ›Barbaren‹ von Saint-Saëns kennt – aber wer kennt sie denn in Deutschland? – horcht an manchen Stellen Strawinskys erstaunt auf. Er hat sich in Paris umgetan, und sowohl in der Anlage und im Anspinnen des Chorsatzes wie auch in der Diktion seiner Tonsprache erinnerte mich manches an diese Oratorien, die in meiner Bibliothek stehen. Gleichwohl muß man sagen: die empfangenen Anregungen hat Strawinsky sehr selbständig in sich verarbeitet und von einer bloßen Nachahmung kann gar keine Rede sein. Man wird seinem ›Oedipus Rex‹ weder Tiefe noch starke Wärme der Empfindung nachsagen dürfen, aber ein ernstes, würdiges, in jeder Beziehung gekonntes Werk ist er doch. Seine Musik weist wirklich Eingebung und durchaus persönliche Erfindung auf, ist thematisch in den Chorsätzen, mitunter an Händel erinnernd, stets fesselnd und nicht selten ausgesprochen schön, es fehlt auch keineswegs an gesunder, sogar einprägsamer Melodik; Orchestertechnik und Chorbehandlung zeugen für sein großes Können und den Solisten sind zwar schwierige, aber dankbare Aufgaben zugewiesen. Auch dort, wo sie atonal ist (sie ist es durchaus nicht immer!), unterscheidet sich seine Musik doch ganz erheblich von dem, was man sonst so gemeinhin unter ›atonal‹ versteht. Seine Polyphonie ist nicht immer ohne weiteres durchsichtig. Die Härten im Harmonischen gehen oft bis an die äußerste Grenze des Auffaßbaren, Seltsamkeiten und Eigenarten überraschen und verblüffen das Ohr, aber das alles hat doch ein Gesicht und einen durchaus persönlichen Stil. Das ist also nicht nur die Partitur eines großen Könners, sondern eines freilich sehr eigenwilligen, eigensinnigen und vielleicht auch eigensüchtigen, jeweils in eine Theorie eingesponnenen und dann ihr hörigen Gestalters.

Das Klemperer-Ensemble bewährte sich diesmal unter der Leitung seines Direktors in jeder Beziehung. Das Werk war sehr sorgfältig einstudiert worden. Ich erwähnte schon den sehr beachtenswerten neuen Heldentenor Caspar Koch. Für die Rolle der Jokaste freilich hatte man einen Gast hinzuziehen müssen: die Altistin Sabine Kalter aus Hamburg, die sehr schön sang, wenn ihr Organ auch leicht verhaucht klang. Die Rolle des Tiresias war dem mächtigen Baß von Emanuel List anvertraut, der diesen Greis breit und wuchtig hinstellte. Der ›Bühnengestalter‹ Ewald Dülberg hatte sich die Sache sehr leicht gemacht. Er ließ seine patentierten Dülberg-Treppen und Würfel aufstellen, die wir ja bereits kennen. Er hat nur einfach die Maße verändert und die Reihenfolge der Aufstellung. In der Mitte sah man zwei schräg gegeneinandergestellte Hoteltüren und grellbelichtete weiße Flächen.

Wie sehr sich Strawinsky ins Theoretische verbohren und dann lediglich den Kunstverstand sprechen lassen kann, zeigte sich gleich hinterdrein in der Erstaufführung seiner einaktigen komischen Oper ›Mavra‹, der eine sehr harmlose, Puschkin nachgebildete Handlung zugrunde liegt: ein junger Husar verdingt sich, um in der Nähe seiner Geliebten weilen zu können, als Dienstmagd, wird aber von der entsetzten Mutter beim Rasieren überrascht. So witzig und echt buffomäßig Strawinsky hier auch sein kleines Orchester behandelt, so unausstehlich und geradezu ermüdend ist sein beständiges Ostinato, die unaufhörliche Wiederholung stereotyper rhythmischer Figuren und thematischer Brocken. Es kann einem auf die Nerven gehen. So nett auch gespielt wurde und so lieblich Ellen Burger sang, die Hörer langweilten sich. Es war durchaus ein Fehlschlag.

Die ganze sprudelnde Lebendigkeit seines beweglichen Geistes zeigte Strawinsky dann in der Ballett-Pantomime ›Petruschka‹, die ihn mit ihrer buntschillernden Musik und ihrer glänzenden Orchestrierung als würdigen Schüler Rimsky-Korsakoffs erweist. Es wurde ganz vorzüglich getanzt, besonders von Rudolf Kölling und Edith Moser. Hier kam auch der Humor zu seinem Recht und selbst das Bühnenbild von Ewald Dülberg, der, sich selber untreu geworden, die Würfel verabschiedet und die Treppen rationiert hatte, wirkte sehr hübsch.

Aber es war schon zu spät für einen richtigen Erfolg: die Hörer drängten hinaus und in die Krollräume hinüber zum Festbankett. Ein Sieg ist Strawinsky in Berlin nicht beschieden gewesen. Er mag sich dafür vor allem bei der Klaque bedanken, die durch ihr ungeschicktes und aufdringliches Verhalten nach dem ›Oedipus Rex‹ den Widerspruch vieler Hörer hervorrief, die dieser Bevormundung entgegentraten. Nach der ›Mavra‹ konnte er nicht mehr auf der Bühne erscheinen. Diese Reaktion war gesund und hatte die Bedeutung einer Berichtigung. Ich habe mir noch niemals einfallen lassen, Strawinsky mit den Atonalen in einen Topf zu werfen, denn er ist eine Persönlichkeit für sich und darf beanspruchen, als solche bewertet zu werden. Aber der Reklamerummel gewisser Leute und das aufgeregte Geschrei seines Spaliers verfälschen den Maßstab. Er ist zweifellos ein großer Könner, mit all seiner Reife und Überreife im Grunde genommen aber doch ein Tastender. Den Ehrentitel eines ›Meisters‹ behalten wir doch lieber anderen Köpfen vor.

### 28. März 1928
### Triptychon von Giacomo Puccini
*Musikalische Leitung:* Alexander von Zemlinsky
*Inszenierung:* Hanns Schulz-Dornburg
*Gesamtausstattung:* Teo Otto

### Der Mantel
Fritz Krenn (Marcel), José Riavez (Henri), Albert Peters (Der ›Stockfisch‹), Otto Freund (Der ›Maulwurf‹), Rose Pauly (Georgette), Else Ruziczka (Das ›Frettchen‹), Caspar Koch (Liederverkäufer)

### Schwester Angelica
Käte Heidersbach (Schwester Angelica), Charlotte Müller (Fürstin), Erna Andrae (Äbtissin), Else Ruziczka (Schwester Lehrmeisterin), Irene Eisinger (Schwester Genoveva)

### Gianni Schicchi
Fritz Krenn (Gianni Schicchi), Irene Eisinger (Lauretta), Else Ruziczka (Zita), Heinrich Kuppinger (Rinuccio), Albert Peters (Gherardo), Ellen Burger (Nella), Oskar Kalman (Betto)

### 26. April 1928
### Der schwarze Domino
### Komische Oper von D. F. E. Auber
*Musikalische Leitung:* Fritz Zweig
*Inszenierung:* Arthur Maria Rabenalt
*Bühnenbilder:* Teo Otto

Franz Sauer (Lord Elfort), Albert Peters (Juliano), Heinrich Kuppinger (Horatio), Martin Abendroth (Gil Perez), Tilly Blättermann (Angela), Else Ruziczka (Brigitte)

### 21. Mai 1928
### Der Freischütz
### Oper von Carl Maria von Weber
*Musikalische Leitung:* Alexander von Zemlinsky
*Inszenierung:* Dr. Heyn a. G.
*Bühnengestaltung:* Ewald Dülberg

Karl Hammes (Ottokar), Otto Freund (Kuno), Käte Heidersbach (Agathe), Irene Eisinger (Ännchen), Martin Abendroth (Caspar), Eric Wirl a. G. (Max), Oskar Kalman (Eremit), Albert Peters (Kilian)

### 30. Juni 1928
### Cardillac
### Oper von Paul Hindemith
*Musikalische Leitung:* Otto Klemperer
*Szenische Leitung:* Dr. Hanns Niedecken-Gebhard
*Bühnengestaltung:* Ewald Dülberg
*Chöre:* Walter Wohllebe

Fritz Krenn (Cardillac), Felicie Huni-Mihaczek a. G. (Die Tochter), Hans Fidesser (Der Offizier), Martin Abendroth (Der Goldhändler), Heinrich Kuppinger (Der Kavalier), Violetta de Strozzi (Die Dame), Oskar Kalman (Der Führer der Prévôté)

*Alfred Einstein: ›Berliner Tageblatt‹ vom 2. Juli 1928*

Als der ›Cardillac‹ vor ungefähr Jahresfrist in München aufgeführt wurde – es ist kein Ruhmesblatt für Berlin, daß ein solches Werk ein Jahr nach München und zwei Jahre nach Dresden herauskommt –, da schrieb ich ungefähr das folgende.

Es ist bei dem Unmaß von Verständnislosigkeit, dem das Werk begegnet ist, schwer, bei seiner Würdigung nicht in Verteidigungsstellung zu geraten; es ist so unsagbar leicht, sich über es lustig zu machen, ihm alle seine inneren ›Unmöglichkeiten‹ vorzuhalten. Und man schämt sich beinahe, auf alle die banalen Einwände einzugehen, die schon gegen das Libretto gemacht worden sind: Ferdinand Lion habe bei der Bearbeitung der E. T. A. Hoffmannschen Novelle von dem Goldschmied, der, besessen von seinem Werk, alle Käufer seiner Arbeiten ermordet, um sich wieder in ihren Besitz zu setzen, die ›tiefere Psychologie‹ vermissen lassen; man – so ging es weiter – stieß sich an der Episode von dem Kavalier und der Dame, die »nur im ersten Akt zu tun hätten«, an dem »stummen« König: Leute, die seit Jahrzehnten den schauderhaftesten Operübersetzungsunsinn hinnehmen, die sich mit allen Wagnerschen Sprachsünden längst abgefunden haben, belächeln die konzentrierte Sprache dieses Librettos; usw. usw. .... In Wahrheit ist diese Sprache ein nicht immer genügend plastisches, aber dennoch knappes und dichterisches Organ für den Komponisten, der vielfach geglückte Versuch eines richtigen Operndeutsch; ist dieses Libretto ein etwas flüchtig hergestelltes dramatisches Gerüst, aber eben ein Opernbuch, in dem jede Situation, auch ohne Hilfe des Wortes, zur Schaubarkeit wird, dem naivsten Hörer und Zuschauer sich verständlich macht. Man nenne mir ein besseres Opernbuch der Gegenwart, es müßte denn der ›Golem‹ desselben Ferdinand Lion sein, den d'Albert komponiert hat.

Noch schlimmer ist es natürlich der Musik Hindemiths gegangen. Inkongruenz von Stoff und Musik: – hie eine naturalistische Handlung, hie musikalische ›Stilisierung‹; Spaltung des Darstellers in Schauspieler und Sänger; die Sänger singen lauter Musikstücke in den alten Formen, es gibt Fugen und Fugati, Arien mit konzertierenden Instrumenten, Choralvariationen, Passacaglien, daneben aber auch Jazzmusik, auf der Bühne geschieht dies, im Orchester aber jenes, und die atonale Haltung des Ganzen, das ›lineare‹ Kontrapunktieren, die ›Neue Musik‹! Man hat die Liebesszene zwischen dem Kavalier und der Dame bemängelt, zweier Nebenfiguren, die nur Cardillacs wegen da sind, und in dieser Szene das verdeutlichende, brünstige Röhren des wagnerisierenden Tondramas vermißt, ohne hinter dem Spielerischen dieser Szene die Spannung, das Drohen und das Wachsen eines Unheimlichen zu bemerken. Fehlt wirklich die Kongruenz zwischen dramatischem Vorgang und Musik? Ist es nicht das gute Recht Hindemiths zu stilisieren, die Szenen musikalisch abzugrenzen, diese einzelnen Szenen nach musikalischen Bedürfnissen zu gestalten? Ist das Verhältnis von dramatischem Gesang und Orchester für immer von der zweiten Hälfte des gelobten 19. Jahrhunderts festgelegt worden? Wer unbefangen hört, kann die lyrische Schönheit und Wahrheit der ›Arie mit konzertierenden Instrumenten‹, die im zweiten Akt die Tochter singt, nicht verkennen, die auch dramatische Schlagkraft der ›Stichomythie‹ des gleich darauffolgenden Duetts mit dem Offizier: die Abrundung dieses ganzen Akts durch den beginnenden und schließenden Monolog Cardillacs, die musikalische Geschlossenheit und Wucht der Chorszene im letzten Akt, die als eine Passacaglia beginnt. Es spricht für die ursprüngliche Kraft, die dies Werk geschaffen hat, für den Mangel an jedem intellektuellen, konstruktiven Vorsatz, daß die Grenzen zwischen dem Dramatischen und Stilisierten fließend sind, aber das Dramatische wird nie veristisch, das Stilisierte nie oratorienhaft. Merkt man nicht, wie über der ›organischen Musik‹ dieses Werks da und dort auch das Stimmungsgemäße, mit anderen Worten, die Poesie schwebt wie der Duft über der Blume? Das, woran sich auch gute Köpfe in dieser Oper stoßen, ist Hindemiths individuelle Tonsprache, und hier ist in der Tat der Punkt, in der die Gebundenheit des Werkes zur Gefahr wird. Ich habe die Amalgamierung altklassischer Tonsprachelemente bei Hindemith von Anfang an für eine Krücke, für einen Notbehelf gehalten, für das Eingeständnis einer Grenze nicht bloß Hindemiths oder Strawinskys, sondern der neuen Musik überhaupt. Aber gerade diese Gebundenheit, diese Vertracktheit, diese gelegentliche ›Pedanterie‹, – ist sie nicht ein besonderer Vorteil und Glücksfall gerade dieses Werkes? Ist sie nicht im Sinn und Geist des ›Gespenster‹-Hoffmann? Zum mindesten der einen Seite dieses Geistes: denn sie müßte durch die Hoffmannsche Glut und Süßigkeit ergänzt werden. Und damit kommen wir auf eine andere prinzipielle Frage, nämlich auf die grundsätzliche Vermeidung – nicht der Tonalität, der ›Cardillac‹ ist ganz und gar nicht atonal, ganz und gar nicht ›Zwölftönemusik‹ –, aber des naturgegebenen Akkords, mit Ausnahme des ergreifenden Es-dur-Akkords am Ende. Wer diesen Es-dur-Akkord schrieb, warum verzichtet er auf eine so mächtige Spannweite der Ausdrucksskala? Es gibt einen Brief von Verdi an Enrico Bossi, in dem der greise Meister die Dissonanzenfreudigkeit des Jungen konstatiert, nicht tadelt: »Ihr werdet sagen, die Dissonanz sei ein legitimes Element der Musik, und ihr habt recht. Aber ich ziehe die Konsonanz vor, und warum sollte ich unrecht haben?«

Ich stehe auch heute noch zu dem Werk wie vor einem Jahr. Obwohl die zum mindesten im 2. und 3. Akt hinreißende Aufführung durch Otto Klemperer es in einem ganz neuen Licht zeigte, man könnte paradox sagen, in einem falschen Licht, aber in einem stärkeren Licht. Klemperer verschob durch die Betonung der dramatischen Akzente des ›Cardillac‹ das Gleichgewicht seines Charakters als Konzertieroper: nicht bloß der starke Musiker, sondern auch der starke Dramatiker Hindemith kam, vielleicht wider den Willen und die Absicht des Stücks und seines Schöpfers, zum Vorschein. Jetzt erst bekam es Sinn, nach der Beziehung von Text und Musik zu suchen, die Musik als unmittelbare Ausbeutung von Situation und Wort zu deuten. Die Stiloper leidet, aber das Drama gewinnt. Und es spricht für die Gesundheit und Geradheit von Hindemith, daß er eben doch nirgends gegen den dramatischen Sinn komponiert hat, daß jenes Suchen fast überall gelingt, daß die Grenzsteine zwischen Musik und Drama schließlich doch auch hier an der richtigen Stelle sitzen. Der Stoff und der Text, das Wort haben auch Hindemith überwältigt. Der ›Cardillac‹ ist vielleicht nur eine Etappe auf dem Weg zum ›Oedipus Rex‹, der viel konsequenter, ›stilreiner‹ ist – aber dafür stammt der ›Cardillac‹ auch nicht von einem ästhetischen Snob, sondern von einem echten Musikanten. Und das alte und ewig neue Ziel wird wieder einmal klar: das der Koinzidenz, des

Äquilibriums von Drama und Musik. Es ist schon ein paarmal in der Operngeschichte erreicht worden – sagen wir etwa: in der Introduktion zum ›Don Giovanni‹ oder in dem Duett zwischen Rigoletto und Sparafucile.

Nächst Klemperer muß man Fritz Krenn als Träger der Titelrolle nennen: in Spiel, Maske, Gesang gleich packend, der eigentlich Verantwortliche für die Wirkung des zweiten Aktschlusses. Mit Felicie Huni-Mihaczek (Tochter) und Hans Fidesser (Offizier) vereinigte er sich zu einem vollendeten Trio; man sollte diese feine Sängerin, deren Erscheinung nur etwas zu fraulich war, den Münchnern ganz entführen, und man sollte diesen jugendlichen Tenor nicht zu den Wienern ziehen lassen. Auch die kleineren Rollen waren gut besetzt: Violetta de Strozzi (Dame), Heinr. Kuppinger, der für Heiserkeit oder Übermüdung nichts kann (Kavalier), Martin Abendroth (Goldhändler), Oskar Kalman (Führer der Wache). Ein besonderes Lob, vor allem für die Szene im III. Akt, verdient der von Walter Wohllebe vorbereitete Chor, auch die ihn gut bewegende Spielleitung Hanns Niedecken-Gebhards. Aber warum löscht der Kavalier nicht, was jeder Kavalier in solcher Situation tun wird, in der Liebesszene das Licht? Die Erscheinung Cardillacs verliert bei dieser Helle alles Unheimliche. In dieser Szene hat es der Bühnengestalter Ewald Dülberg ungefähr getroffen. Im übrigen: erkennt er nicht, daß Prunkkostüme des 17. Jahrhunderts mit Dessauer Bauhaus und Ankersteinbaukasten nicht zusammengehen, daß er auch die Menschen stilisieren müßte, wenn er die Szene stilisiert? Man erschrickt, wenn im letzten Bild einem wieder die gleichen Ecken entgegenstarren, die gleiche Treppen-Idee wiederholt wird wie in der Stube des Goldschmiedes.

*Paul Zschorlich: ›Deutsche Zeitung‹ vom 3. Juli 1928*

Am 8. Juli findet die letzte Vorstellung in der Oper am Platz der Republik statt. Das Personal geht in die Ferien, und erst am 25. August wird das Haus wieder eröffnet. Was soll also diese Erstaufführung des ›Cardillac‹ von Paul Hindemith kurz vor Torschluß? Entweder verspricht man sich so wenig von dem Werk, daß man nur eben schnell noch einer vertraglichen Verpflichtung ledig werden wollte, oder Herr Klemperer hat sinnlos disponiert.

In acht Tagen wird also das Opernhaus am Platz der Republik geschlossen sein. Die Akten über Hindemiths ›Cardillac‹ sind es bereits. Diese Oper ist bekanntlich das große Blanko-Accept des geschäftigen Vielschreibers, das von mehr als einem Dutzend Opernbühnen seinerzeit anstandslos angenommen wurde. Ohne das Werk überhaupt zu kennen, verpflichteten sie sich damals, es aufzuführen, lediglich auf den Namen Hindemith hin.

Kopfschüttelnd frug man sich, woraufhin diesem Musiksetzer denn eigentlich ein so außergewöhnlicher Kredit eingeräumt werden konnte, da er ja nur auf mehr oder weniger verschleierte Mißerfolge zurückblickte, insbesondere auch im Gebiet der Oper, und auf den ›Sancta Susanna-Skandal‹. Was indessen jedem bankerotten Politiker in Deutschland recht ist, wie sollte es einem betriebsamen Hersteller von Gebrauchsmusik nicht billig sein? Herr Hindemith hat ja sein Parteibuch und seine Partei – die atonale – sorgt dauernd für ihn. Sehen wir nicht Minister von ihren Mißerfolgen leben? Einige unserer ›Komponisten‹ verstehen sich auch bereits auf diese Kunst.

Welch ein Reklamerummel ist um den ›Cardillac‹ entfacht worden! Welche Hoffnungen haben selbst vorurteilslose Musikkritiker auf den ›neuen Stil‹ gesetzt! Und was war der bisherige Erfolg des Werkes? Nicht in einer einzigen Stadt hat es die Anzahl der Plichtaufführungen wesentlich überschritten und selbst in Dresden, wo man rein aus dem Häuschen war, sind vier, höchstens fünf Vorstellungen zu Stande gekommen! Heißt dies ein ›Erfolg‹? In Wahrheit fragt das Opernpublikum gar nicht nach dem ›Cardillac‹, weil es sich von Handlung und Musik in gleicher Weise gelangweilt fühlt.

Paul Hindemith und all die jungen Leute, die er hinter sich herzieht, haben bekanntlich dem Pathos aufgekündigt, insbesondere dem Wagnerschen Pathos. Auf die Pathologie verstehen sie sich um so besser! Was ist denn die in mangelhaftem Deutsch verfaßte Handlung von Ferdinand Lion, in der E. T. A. Hoffmanns Novelle ›Das Fräulein von Scudéry‹ geplündert, entstellt und (auf dem Theaterzettel) verleugnet ist? Der Goldschmied besitzt und betätigt den krankhaften Trieb, jeden, der ein kostbares Erzeugnis seiner Schmiedekunst käuflich erworben hat, zu ermorden. Ein würdiger Held also für unsere Antiromantiker. Ein erhebendes Motiv, das nach Vertonung geradezu schreit. Kriminelle Pathologie mit Musik! Aber es hilft alles nichts, das Publikum ist undankbar geworden: früher hat es sich schon gegrault, wenn Max seine Freikugeln goß, es grault sich sogar heute noch, obwohl die Wolfsschlucht von modernen Bühnenbildnern all ihrer Schrecken beraubt ward, aber auf diesen blutdürstigen Goldschmied will es sich nicht einstellen. Es macht sich auch nichts aus einer schönen Frau, die ihren Geliebten zum nächsten Stelldichein erwartet und dabei – einschläft (1. Akt). Es macht sich vor allem und grundsätzlich nichts aus einer Oper, in der man kaum ein Wort des Textes versteht und aus den Vorgängen an sich den Gang der Handlung nicht erraten kann. Zieht man den viel gelästerten Wagner in diesem Augenblick zum Vergleich heran, so ist das ›Drama‹ von Lion nichts als aufgeblähter Dilettantismus.

Man wäre versucht, dasselbe von Hindemiths Musik

239

zu sagen, wenn er nicht auf anderem Gebiet zweifelsfreie Proben schöpferischer, nur leider auch mißgeleiteter Begabung gegeben hätte. Sieht man von den beiden Chören zu Beginn des ersten und dritten Aktes ab, in denen ein gewisser Zug ist, obwohl sie weder neu noch originell sind (jeder Chor Verdis ist origineller!), so kann man dieses ewige staccato, ostinato, fugato seines zur Handlung meist beziehungslosen Musizierens nur als musikdramatischen Leerlauf bezeichnen. Eigentümlich ist dabei, wie schlecht, ungeschlacht und ungeschickt die Instrumentation dieses Musiksatzes sehr oft klingt, an dessen technischen Können ein Zweifel eigentlich nicht erlaubt ist. Vor allem diese wie falsch gespielter Palestrina anmutenden dreistimmigen Partien werden feineren und anspruchsvolleren Ohren schier unerträglich sein. Dafür wird uns an anderen Stellen (z. B. bei der Ermordung des Liebhabers am Schluß des ersten Aktes) eine wahre Aschanti-Musik in die Ohren gebumst. Inmitten einer von kundigster Hand geschriebenen Partitur begegnen wir musikalischen »Manifestationen«, die man sonst nur bei Dilettanten anzutreffen gewöhnt ist. Aber wozu ins einzelne gehen? Diese ganze Musik ist so bar jeder Seele, jeder Originalität, jeder persönlichen Eingebung und sie ist in solchem Maße das zwangsläufige Ergebnis kalter Berechnung und bis zum Stumpfsinn geübten Fleißes, daß wir sie nur als ebenso trauriges wie typisches Symptom für die musikschöpferische Impotenz unserer Tage auffassen können. Nicht dieses ist letzten Endes das Schlimmste, daß sich der musikalische Gewerbefleiß eines einzelnen auf diese völlig unfruchtbare Art betätigt, sondern daß es Opernleiter, Kapellmeister und Regisseure gibt, die sich entschließen können, ein so beschaffenes Werk überhaupt aufzuführen, die sich gar noch einen Erfolg davon versprechen und die als einzige Entschuldigung für ihre Urteilslosigkeit doch nur die Willens- und Ratlosigkeit unseres heutigen Opernpublikums anführen könnten. Darüber hinaus aber empfinden es verantwortungsbewußte Hörer als peinlich und beschämend, wenn solche Erzeugnisse der Welt als Proben deutschen Musikschaffens angeboten werden. Denn mit deutscher Musik hat dieses seelenlose Spiel mit Tönen und Mißtönen, das die banalsten Einfälle mit Hilfe der schlau abgelauschten Jazz-Instrumentaltechnik aufputzt, schlechterdings nichts mehr zu tun. Wie überhaupt jede Musik heute und immerdar als undeutsch zu bewerten ist, die den edelsten und von jeher am meisten gepriesenen Bestandteil deutschen Musikschaffens verleugnet, verfehmt und verachtet: das deutsche Gemüt. Hierin und nirgends anders liegt, wie in der großen Vergangenheit, so auch in Gegenwart und Zukunft die Stärke und der Ruhm unserer musikalischen Kultur. Nicht aber in dem musikalischen Gewerbefleiß eines Hindemith und Konsorten, die ihr trostloses Minus an Schöpferkraft hinter einem Plus von Schlagworten und von Theorien verstecken zu können glauben.

Der Snob, der auf dieses modische Kunstgeschwätz immer wieder von neuem hereinfällt und darum von Enttäuschung zu Enttäuschung taumelt, war in der Erstaufführung natürlich reichlich vertreten. Mit Freikarten war nicht gespart worden, und man weiß ja auch, an wen man sie zu schicken hat. (Im Notfall gibt Herr Kleiber weitere Adressen auf). Trotzdem war das Haus am Platz der Republik nicht voll. Es scheint, das Publikum bleibt im Falle ›Cardillac‹ schon vor der Aufführung aus. Die Anwesenden feierten natürlich »ihren« Hindemith, und naive Leute werden jetzt erzählen, es sei ein Erfolg gewesen, weil der Verfasser der Oper einige Male erscheinen konnte. Es wurde übrigens auch gepfiffen, aber was will ein Quäntchen Urteil gegenüber einem Moderausch besagen? Herr Hindemith ist nun einmal der musikalische Champion und Favorit einer gewissen gesellschaftlichen Schicht – diesen Leuten kommt es nur noch auf den Namen an, auf die Marke, nicht mehr aufs Wesen.

Die Aufführung stand im Zeichen äußerster Korrektheit. Mehr kann man mit dem besten Willen nicht von ihr sagen. Otto Klemperer schien von seiner Aufgabe, die rhythmische Übereinstimmung von Szene und Orchester zu wahren, aufs Tiefste durchdrungen. Die Schwierigkeiten dieser Partitur zu überwinden, hat ihn sicherlich gereizt, so wie es auch Herrn Kleiber gereizt haben würde. Aber was gehen uns die artistischen Vergnügungen eines Kapellmeisters an? Dirigieren ist doch kein Selbstzweck! Die Leistungen der Solisten waren von durchschnittlicher Güte, Fritz Krenn war genötigt, seinen wirklich schönen Bariton in leiernder und wimmernder Melodik zu verbrauchen, Felicie Huni-Mihaczek a. G. sah sehr unvorteilhaft aus und schlich mit der starren Leidensmiene durch den Raum, die nachgerade auch schon Schablone für einen gewissen Frauentypus geworden ist; gesanglich konnte sie befriedigen. Eine schauspielerische Gestaltung der im ›Cardillac‹ auftretenden Typen scheint mir von vornherein unmöglich, selbst Fritz Krenn war als Goldschmied auf die Pantomime angewiesen. Daß die Personen schlecht geschminkt waren, gehört vielleicht zum ›Stil‹ dieser Oper.

Ebenso auch die ärmlichen und nichtssagenden Dekorationen des mit dem Treppenkoller behafteten »Bühnengestalters« Ewald Dülberg, der vom Klempner-Ensemble offenbar als Sparkommissar angestellt ist. Herr Dülberg gleicht einem Kinde, das mit den Holzklötzern aus seinem Baukasten spielt und eine helle Freude daran hat, wenn ihm eine neue Variation gelingt. Wir jedoch sehen immer dieselben Bauklötze, und seine mathematischen Hirngespinste langweilen uns immer aufs neue. Besonders spaßig waren diesmal die großen Schiefertafeln mit den roten Quadraten, die nach Herrn Dülbergs Meinung vergitterte Fenster vorstellen sollen. Die überaus geschickte Art, in der er Vorhänge zu raffen und in Falten zu legen versteht, deutet darauf hin, daß er eigentlich der geborene Schaufenster-Dekorateur ist. Das Klempner-Ensemble muß darauf rechnen, daß ihm eine erste Firma diese wertvolle Kraft nächstens wegschnappt. Bei Wertheim würde sich Herrn Dülbergs Begabung jedenfalls zweckvoller auswirken können.

So hat also das Klempner-Ensemble am Schluß einer an ausgesprochenen Mißerfolgen und ach! wie so trügerischen Erfolgen reiche Saison auch noch seine letzte Karte verspielt.


*Oscar Bie: ›Berliner Börsen-Courier‹ vom 2. Juli 1928*

Der Eindruck wächst von Mal zu Mal. Und zwar vom Stoff über die Form zur Musik. Das bedeutet sehr viel. Man hört von Mal zu Mal immer mehr auf die Musik an sich und versinkt problemlos in ihr, findet sie ebenso originell wie stark, so intensiv wie perspektivisch. Ein eigentümlicher Vorgang.

Der Goldschmied, der in seine Werke so verliebt ist, daß er ihre Käufer töten muß, bis er durch den Mordversuch an seinem eigenen Eidam untergeht – es wäre eines Romantikers würdig. Ferdinand Lion gestaltet es textlich schon nicht sehr romantisch. Trotz einigem Schöntun schmiedet er die Szene hart und fest und eng. Der Stoff verkühlt und wird Materie. An der Grenze der Pantomime und der Anonymität. Nur Hoffmanns Cardillac behält seinen Namen. Sonst sind Typen: Dame, Kavalier, Offizier, Tochter, Goldhändler, König.

Aber auch diesen Text hätte man noch mit Pathos, Gefühl, Steigerung, Rausch, Dramatik der offenen Leidenschaft komponieren können. Mit Landschaft und Stimmung, wie Alban Berg seinen musterhaft seelischen ›Wozzek‹. Hindemith geht die neuen Wege, die die Welt, an Exhibition der Seele übersättigt, jetzt überall sucht, die neuen, alten Wege formaler Gesetzmäßigkeit und Monumentalität. Nicht jenes ist in Wahrheit das Ideal, nicht dieses. Die Wahrheit und die Fruchtbarkeit liegt in der Reaktion, im Wechsel. Der Kampf von Form und Inhalt um die Kunst ist ihr Leben.

Hindemith findet Szenen, in denen sich sein Bestreben mit der Materie deckt, andere, in denen es divergiert. Die schönste Diversion ist der große Ausbruch Cardillacs am zweiten Aktschluß. Der Naturalismus sprengt nicht, sondern überglüht die Form, daß unmittelbare, richtige Opernbühne entsteht, in einer geradezu Mussorgskyschen Elementarität.

Die glücklichste Identität dagegen findet in den Chören und Ensembles, besonders des dritten Aktes statt, wo die Handlung, wie in dem nuancenvollen Quartett oder in dem unendlich melancholischen Schlußgesang, stillsteht, um die reinste, absoluteste Musik zu empfangen, oder wo sie auch nicht stillsteht, wie in den großen Variationen des allmählichen Geständnisses Cardillacs vor dem Chor, Solo und Chor wechselnd: hier wird die gewaltige Kurve der Entwicklung des freundlichen bis zum feindlichen Volk einschließlich der ganzen Katastrophe Cardillacs in eine einzige, drakonische, seltsam formal dramatische Musik gehoben, die der Gipfel dieser modernen Oratoriums-Opern-Gattung ist. Man mißt es an Křeneks ›Zwingburg‹ oder sogar an Strawinskys ›Oedipus‹.

Ein Wunder an formaler Stimmung, jedoch lyrischer Art, ist die große Szene der Tochter im zweiten Akt, die Stimmung einer Verlassenheit, Sehnsucht, Liebe, Angst, nicht im Schrei explosiven Ausdrucks, sondern auf die Ebene archaisch gebundener Musik gelegt und ganz entzückend eingesponnen in ein tiefgründiges Gewebe Bachscher Fäden.

Das Symphonische als Malerei oder Deutung trat längst zurück. Es wird allenfalls Stil in der Liebesszene von Kavalier und Dame, die mit ihrer modern gesetzten Arie beginnt, um bis zu seiner Ermordung als Pantomime weiterzulaufen unter der reizenden Führung zweier Flöten. Oder in der letzten Szene von Offizier und Tochter beschränkt sich das Orchester auf eine stimmliche Linie von Unisonostreichern, Farbe im Sinn der vorigen Generation ist nicht. Die Instrumente bleiben möglichst neutral und substanziell. Farbe genug kommt durch die Abwechslung der Szenen, wie durch den Einschub des Königsbesuchs beim Goldschmied im Glanz des Blechs. Durch Sordinenmilderungen. Durch Akkordlagen. Durch Stimmkombinationen.

Schon sind wir in der Musik an sich. Sie gewinnt die Herrschaft, nicht wie einst durch Virtuosität, Bildkraft oder Sinnlichkeit, sondern durch ihre absolute Reinheit, Konzessionslosigkeit, auch gegenüber dem Wort. Es ist gewiß die Linie Strawinskys, aber doch anders, deutscher, gespannter, vergrübelter, geschnitzelter, wie alte deutsche Holzplastik. Sehr viel Mühe und viel Noten, ja Gelehrsamkeit – die beruhigt gegenüber der Illusion und Ausdruckswahrheit. Es beruhigen den Rausch der Gefühle, den wir durchmachen mußten, diese Fugen, Reprisen, Variationen, diese artigen Formen sicherer Tradition, sie bauen das neue Monument. Hindemith ist weder philiströs, noch radikal. Er ist weder eklektisch noch experimentell. Aus einer ganz eigenen, sehr geschulten und doch unberührten Phantasie schreibt er diese Melismen, in denen sich die Gesänge wieder als Musik an sich bewegen, diese merkwürdig erhöhten Quartsexten als Motiv Cardillacs, diese milden Gänge der Streicher und irgendwo am Ende immer diese uralt melancholischen, frühkirchlichen, das Herz rührende verlorenen Phrasen, steinerne Tränen, sonderbar neu. Katholisch wie sein Liederzyklus ›Marienleben‹, in dem dieser Stil begann. Je öfter man sie hört, desto tiefer wird diese

Musik. Eine naive Genialität leuchtet durch die Oper hindurch, die sie erhellt und überwindet. Dies Interesse wächst gegen Schluß immer stärker. Schon lebt man in ihm. Hat Fremdheiten und Überraschungen vergessen und denkt, fühlt, musiziert mit ihm und möchte sich nicht trennen. Schon dämmert Empfindung, Mitgefühl, Innerlichkeit an einem anderen Ende.

Unsere Aufführung ist geeignet, uns das Werk sehr nahezubringen, Probleme durch Wirklichkeit zu dämmen, Gedachtes zu Erlebtem zu machen. Klemperer ist geboren für diesen harten, strengen, ethischen, gradlinigen und unsentimentalen Stil. Seine Einstudierung und seine Leistung ist Erziehung zum Ideal. In monumentaler Form wächst wahre Musik, Rhythmus, Bau, Nuance und Überzeugung der Bühne. Den Stil halten wohl auch Dülberg mit seinen Bildern, Niedecken-Gebhard mit seiner Regie fest, jener vielleicht allzu beschränkt in den wenigen wiederkehrenden Motiven, dieser produktiver in dem Händelschen Schema, als wenn er Händel selbst darstellt. Auch hier ist Stimmung an sich ausgeschlossen, das formale Gesetz herrscht. Es ist das Abbild der Wirklichkeit auf eine ewige Gültigkeit gezogen. Es darf nicht anders sein.

Fritz Krenn gibt im Cardillac seine beste Partie. Die monomanische Maske, die volle und durchdringende Stimme füllen Erscheinung und Musik. Fidesser ist frisch und lebendig als Offizier, auch im neuen Stil geschickt genug, der Kuppinger, dem Kavalier, wohl Schwierigkeiten bereitet. Die Dame der Strozzi hat eine gute Episode, aber die Tochter der Felicie Huni-Mihaczek ist exquisit in der Schönheit, Wandelbarkeit und Nachhaltigkeit ihres auffassenden Organs. Die Ergebenen Klemperers stehen in bester Zucht. Ihre klippenreichen Ensembles, auch mit Abendroth als Goldhändler, werden einwandfrei gelöst, getragen vom Schwung der Liebe zur Sache. Und Wohlleben hat diese großen, verzweigten Chöre sicher und machtvoll gebildet.

Laß dich ebenso bilden und lehren, Publikum, pflege diese Kunst!


5. September 1928
Salome
Drama von Richard Strauss
*Musikalische Leitung:* Alexander von Zemlinsky
*In Szene gesetzt* von Ernst Legal
*Gesamtausstattung:* Friedrich Winckler-Tannenberg
Eric Wirl (Herodes), Marie Schulz-Dornburg (Herodias), Rose Pauly (Salome), Fritz Krenn (Jochanaan), Björn Talén (Narraboth), Gusta Hammer (Page der Herodias), Martin Abendroth, Walter Beck (Nazarener), Waldemar Henke, Emil Lücke, Robert Philipp, Albert Peters, Otto Freund (Juden), Oskar Kalman, Franz Sauer (Soldaten), Augusto Garavello (Ein Kappadozier)


*E. Bachmann:* ›Berliner Börsen-Courier‹ *vom 7. Sept. 1928*

Ernst Legals Berliner Debut

Die Kroll-Oper, noch immer ungefestigt in Bestand und Ziel, tritt in ihrer harten Prüfungszeit zweites Stadium. Ernst Legal, der neue Lenker ihrer Geschicke, beginnt sein bürdevolles Amt mit einer Neuinszenierung von Richard Straussens ›Salome‹, die musikalisch Zemlinsky betreut. Man könnte fragen: Ist die Wahl just dieses Stückes für die erste Regietat des nunmehr Verantwortlichen von programmatischer Bedeutung? Dann wäre es im Grunde ein Bekenntnis gegen die ›Volksoper‹, die, wir haben es hier schon grundsätzlich ausgesprochen, einziger Daseinszweck des Krollhauses sein kann. Denn so evident die Relativität und Wandelbarkeit des ästhetisch-ethischen Urteils sich gerade an ›Salome‹ zeigt – was noch um die Jahrhundertwende dem einen als ein künstlerisches Wagnis von unerhörter Kühnheit, den anderen als eine dekadente Verherrlichung des Gräßlichen, Anormalen, Perversen erschien, ist heute fast reibungslos in unser Opernbewußtsein eingegangen –, so wird doch niemand Strauss' Vertonung der Dichtung Wildes zum notwendigen Repertoiregute einer Opernbühne rechnen wollen, die im breiten Volke eine musikkulturelle Sendung erfüllen soll. Diese ›Salome‹ ist in der Opernliteratur ein durchaus Einmaliges, das als solches durch die Zeiten dauern wird, ein Unikum im Schaffen des Komponisten, das nicht richtunggebend für unsere Musikentwicklung sein wollte, es nie sein sollte. Das gilt auch vom Stofflichen. Zu den Standwerken, die den integrierenden Bestand des Spielplans einer wahren Volksoper bilden müssen, gehört ›Salome‹ – man tritt damit den musikalischen Werten dieser grandiosen Schöpfung nicht nahe – jedenfalls nicht. Vielleicht aber war der Ehrgeiz des Regisseurs Legal, der mit einer artistischen Leistung von Format vor den Berlinern debütieren wollte, stärker als der Bekenntnisdrang des Operndirektors Legal. Vielleicht auch wollte man Rose Pauly-Dreesen, der Dresdener ägyptischen Helena, endlich einmal Gelegenheit geben, sich an ihrer ständigen Wirkungsstätte in einer Rolle zu zeigen, die ihrem Künstlernaturell besonders liegt. Man weiß, wie sehr der Komponist gerade ihre Salome-Leistung schätzt.

Wäre es bei dieser Neueinstudierung auch nur um ihretwillen geschehen, ihr Zweck wäre erreicht. Im ›Cardillac‹ hat man Krenn für Berlin entdeckt, seit gestern weiß man, welch ausgezeichnete Kraft die Staatsoper auch an Rose Pauly besitzt. Man kann sich Salome leidenschaftsentfachter, hemmungsloser und ungezügelter in ihrer animalischen Gier, wenn man will, temperamentvoller denken. Die Pauly hält bei aller glutvollen Sinnlichkeit ihrer Darstellung künstlerisches Maß auch hier. Sie läßt den Menschen in diesem Opfer einer erblichen Belastung nicht ganz vergessen. Sie betont mehr das naiv Triebhafte als das raffiniert Verderbte, unterstreicht nicht das Abstoßend-Perverse in der unseligen Veranlagung dieser sündigen Tochter Babels. Ihre Auffasung adelt künstlerisch, soweit dies überhaupt möglich ist, selbst diese Inkarnation lasterhafter Verworfenheit. Sie nimmt vor allem auch der gefährlichen Schlußwendung der Dichtung, wo Salome das tote Haupt des Jochanaan küßt, ihr abschreckendes Gesicht. Man möchte es dieser Salome am Ende glauben, wenn sie angesichts des Enthaupteten fühle, daß »das Geheimnis der Liebe größer ist als das Geheimnis des Todes«. Auch gesanglich ist alles aufs sorgfältigste ausgearbeitet. Mit ihrer schönen, warm und leicht ausströmenden Stimme bringt die Künstlerin namentlich die wundervollen Schlußgesänge zu ergreifender Wirkung. Als Jochanaan steht Fritz Krenn dieser in vielem vorbildlichen Salome nicht nach. Prachtvoll (nur im stimmlichen Aufwande wohl hier und da etwas zu weit ausladend) klingt sein sonorer Bariton, überzeugend trifft er den prophetischen Ton des weltabgewandten Täufers. Herodes ist Erik Wirl. Im Musikalisch-Gesanglichen von erstaunlicher Sicherheit, zeichnet er auch schauspielerisch den haltlos schwankenden, entnervten Tetrarchen mit scharfer Charakteristik. Marie Schulz-Dornburg ist als Herodias in Maske und Darstellung die echte Teufelin in Menschengestalt. Weniger wird sie den musikalischen Anforderungen ihrer heiklen Rolle gerecht. Als Narraboth weiß Björn Talén die lyrischen Schönheiten seiner Partie zu voller Geltung zu bringen.

Unter Zemlinskys souveräner Stabführung vollbringt das Orchester eine glänzende Bravourtat. Das eminent komplizierte Stimmengewebe wird aufs klarste bloßgelegt. Die klanglichen Feinheiten und raffinierten Reize der kunstreichen Partitur kommen zu sinnlich bestrickendem Erklingen. Legals Regie wird etwas gehemmt durch das konventionell nüchterne, nicht eben stimmungweckende und für die schwüle Atmosphäre der Dichtung allzu phantasiearme Bühnenbild, das Friedrich Winckler-Tannenberg geschaffen hat. Man ist auf einfachste Formen bedacht. Links auf schmalem, hohen Podest, im Farbenglanz von Rot und Gold, der Platz des Königspaares mit seinem Gefolge, im breiten unteren Bühnenraume spielt sich allein das Drama Salome-Jochanaan ab. Es gibt auch eine Grenze des Primitiven und hier wird sie gestreift. Aber Legal sorgt für ein bunt bewegtes Ensemble. Alles hat Leben und Tempo.

Ziehen wir die Bilanz des Abends: Diese neuinszenierte ›Salome‹-Aufführung steht auf einer an dieser Stätte nicht oft bemerkten Höhe künstlerischer Rundung.

Musikalisch und darstellerisch erlebt man eine Reihe starker Leistungen. Der kluge und einfallsreiche Regisseur Legal holt sich verdiente Ehren. Grundsätzliche kritische Vorbehalte bleiben bestehen. Noch harren wir des überzeugenden Beweises, daß auch der Operndirektor Legal der berufene Mann ist, Berlin zu jener idealen Volksoper zu verhelfen, die uns nottut.

6. Oktober 1928
Die heimliche Ehe
Komische Oper von Domenico Cimarosa

*Musikalische Leitung:* Fritz Zweig
*Inszenierung und Bühnenbild:* Eugen Keller

Karl Hammes (Conte Robinsone), Martin Abendroth (Signor Geronimo), Else Ruziczka (Fidalma), Ellen Burger (Elisetta), Käte Heidersbach (Carolina), Bernhard Bötel (Paolino)

11. Oktober 1928
›Oedipus Rex‹, danach
Geschichte vom Soldaten
von Igor Strawinsky

*Musikalische Leitung:* Otto Klemperer
*Regie:* Jacob Geis a. G.
*Bühnenbild:* Traugott Müller

George Schdanow (Soldat), Paul Bildt (Teufel), Elisabeth Grube (Prinzessin), Carl Ebert (Vorleser)

*Oscar Bie: ›Berliner Börsen-Courier‹ vom 12. Okt. 1928*

Strawinsky-Abend

Der Eindruck des ›Oedipus Rex‹ bleibt gleich stark, Klemperer beherrscht diesen monumentalen Stil. Fidesser singt jetzt den Oedipus, von Natur etwas weich und lyrisch, aber mit außerordentlicher Anspannung seiner Mittel. Hört man das Werk, schwindet vor seiner Elementarität die alte realistische Oper in die Ferne.

Darum paßt die ›Geschichte vom Soldaten‹ gut dazu, ein volkshaft satyrhaftes Nachspiel, das selbst das Schema der Oper vermeidet und seine Wirklichkeit nicht auf einer Illusion, sondern auf einem Spiel der Bühnenkräfte aufbaut. Das Ineinandergreifen von Rezitation, Mimik, Darstellung und Begleitmusik ohne jeden Operngesang bleibt eine der glücklichsten Lösungen des modernen Bühnenproblems, und der Inhalt der Dichtung und Musik stehen sich nicht nach. Es drängt zu einer improvisatorischen Form, die diese Elemente leicht und doch motiviert vereinigt. Scherchen gab es einst in einer Art proletarischen Fassung, Fried machte es später mehr bürgerlich-realistisch. Die Version Klemperers ist in der Mitte, eine volkstümlich-primitive und doch mit allem Bewußtsein der Benutzung dieses Stils in der Art moderner Commedia. Die Regie von Geis löst die Aufgabe originell und endgültig. Die Bühne ist offen. Links oben sitzen die trefflichen Kammermusiker in Werktagskleidern, Klemperer in weißer Jacke. Rechts der Vorleser, hemdsärmelig. Man sieht tief in den Bühnenraum hinein, mit Gerüsten, Galerien – schnell hingestellte Scheinwerfer beleuchten. In der Mitte ist die Bühne der Bühne aufgeschlagen, mit geflicktem roten Vorhang. Von da führen Treppen vorn hinunter. Beim Kuß des Soldaten und der Prinzessin erhellt sich vor Freude das ganze Theater. In der Pause trinken sie oben eins. Der Souffleur steht hinter der Kulisse. Personen und Dekorationsarbeiter sieht man auf und ab gehn. Der Verkehr der Mitwirkenden ist wie auf einer Probe. Es herrscht Lust und Laune und doch das Gefühl einer stilisierten Darstellung tragischen Schicksals.

Klemperer deutet die Partitur mit letztem Sinn für die entrealisierte Sprache dieses illustrativ-symphonischen Meisterwerks. Carl Ebert ist wieder der Vorleser in ausgezeichneter Mischung von Amtsgewissen und Teilnahme und Mitwirkung. Bildt ist wieder der Teufel mit aller schneidenden, grinsenden, übermoralischen Schärfe. Elisabeth Grube tanzt die Prinzessin. Anmut, doch ließe sich eine noch mehr gegliederte choreographische Entwicklung des Tanzbaus vorstellen. Der Soldat, ja mehr eine statistische Rolle, ist diesmal Schdanoff. Die Regie treibt das Leben dieser Figuren, die zwischen mimischen Positionen heftige dramatische Konflikte zu bestehen haben, auf eine selbst in der Komik reizend stilisierte Leidenschaft. Die Prospekte von Traugott Müller sind suggestiv und doch mit einem Einschlag von Ironie, auch in der Malerei, die an George Groß grenzt.

Es war die beste Aufführung, die das merkwürdige und geniale Stück bisher hier erfahren hat.


*Adolf Weißmann:* ›B. Z. am Mittag‹ *vom 12. Okt. 1928*

Strawinsky in Permanenz?

Strawinsky hat sich endgültig im Hause am Platz der Republik niedergelassen. Klemperer ist sein Verbündeter.

Der ewige Teufel, dem der Soldat seine Seele verschreibt, geht in Berlin um: er ist bereits in der Volksbühne, im Opernhaus Unter den Linden, im Renaissancetheater erschienen. Nun hat auch seine liebe Seele Ruh. Er wartet noch, bis die Antike in Gestalt des ›Oedipus Rex‹ an ihm vorübergezogen ist. Er schmunzelt über den Weg, den Strawinsky in etwa einem Jahrzehnt von ihm aus durchmessen hat; auch darüber, wie diese ›Geschichte vom Soldaten‹ die anderen angesteckt hat. Werden sie ihre Heimat finden?

Denn wenn Strawinsky irgendeine historische Sendung hatte, so war es der Versuch, die Oper, für die er selbst nicht geschaffen war, auch in den anderen zu überwinden. Nahe den Dadaisten, zerspaltet er (im Verein mit C. F. Ramuz) das Theater, legt seine Nähte bloß, schafft eine künstliche Primitivität, gibt sich naiv und grotesk; bekennt sich aber auch als Russe und als Mensch. Von dieser ›Geschichte des Soldaten‹ zum ›Oedipus Rex‹ läuft eine Linie. Beide sind von einem starken Gehirn in die Welt gesetzt, das immer ein Besonderes sucht, ein Beispielhaftes hinsetzen will. Ein stilisierter Mensch spricht sich in Stilisiertem aus. Dabei läßt er das Leben in die Kunst hineinspielen, verschwistert den ›Jazz‹ der Musik, singt durch den Mund des Soldaten sein verschleiertes Heimatgefühl. Er macht zugleich die Komponisten frei, die heißhungrig dieses Neue auf ihre Art verwerten, wenn sie sich dem Rattenfänger (von einst) nicht versklaven.

Alles Festliche der Oper hat sich verflüchtigt. Die Bühnenarbeiter spielen mit. Es wird vor Augen und Ohren der Leute gehämmert. Diese neue Art Geräusch-Musik setzt nur jene in Erstaunen, die zwischen den vielen Intellektuellen, dem Publikum des Abends, sitzen. Die Bühne, die sich von unverkleidetem Hintergrund abhebt, ist bereit, Bänkelsang und Tiefsinn zu zeigen.

Das Gerüst zur Linken ist fertig: die acht Musiker, ohne Bratenrock, erscheinen; der Generalmusikdirektor, der eben noch die Antike fanatisch im Frack herausgemeißelt hat, in der Leinenjacke; wie dort rechts, sehr leger, ein Intendant. Carl Ebert von Darmstadt rüstet sich, sich als Vorleser in die Seele eines gemeinen Soldaten hineinzuversetzen. Eine Treppe führt von der Bühne in die Unterwelt hinab. Die Personen gehen munter zwischen den Brettern und der Nebenwelt einher; Illusion und Wirklichkeit vermischen sich.

Wie geistreich echt dies alles! Doch ist ausdrücklich zu vermerken daß nicht Legal, früher Teufel und Spielleiter, hierfür verantwortlich zeichnet, sondern Jakob Geis, der uns auch auf Echtheit gebügelte Bilder beschert.

Ja, echt, neu, spannend, fast wie am ersten Tage wirkt doch diese Geschichte, die alte Geschichte vom Soldaten. Der Teufel, hier Paul Bildt, immer verwandelt, immer derselbe, ein überwältigender Kerl als Verführer, Viehhändler, Kupplerin, der Soldat, Georg Schdanoff, voll jener Naivität, die für sich gewinnt, die Königstochter, Elisabeth Grube, von einfacher Anmut in Haltung und Tanz; und der Vorleser, Carl Ebert, eindringlich, in der Kartenspielszene dramatisch eingreifend: da geht es Klick-Klack, Klick-Klack, so Schlag auf Schlag, daß es andere als Intellektuelle gruseln machen müßte.

Und bei alledem Klemperer, der seine Musiker zu

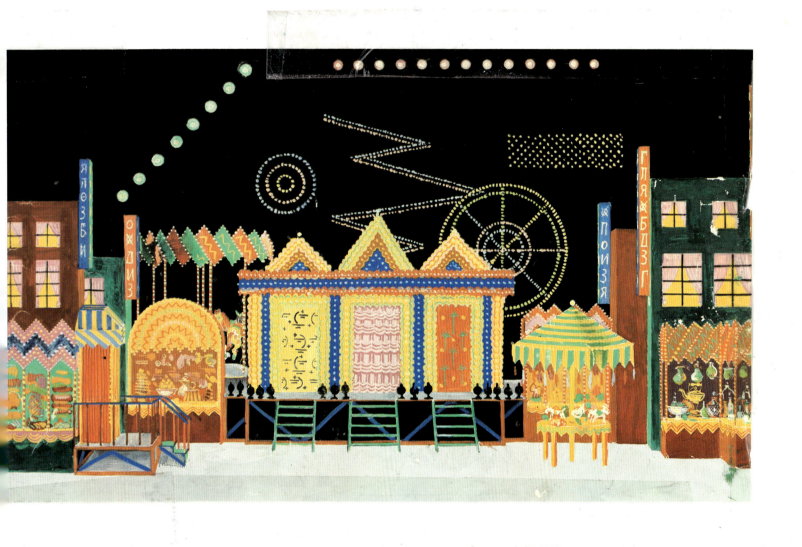

IV Igor Strawinsky, Petruschka, 1. Bild. Entwurf von Ewald Dülberg
Sammlung Frau Teo Otto, Zürich

holzschnitthafter ›Objektivität‹ anfeuert. Wie Posaune und Trompete frech auch das Heiligste verhohnepipeln, wie Intervalle spaßig gebogen werden: die Gutgesinnten schauderts, und sie versuchen, durch Pssten den Beifall zu ersticken.

Eine alte Geschichte. Die Geschichte vom Gutgesinnten.

*Walter Schrenk: ›Deutsche Allgemeine Zeitung‹ vom 12. Oktober 1928*

Man hat dieses Werk Igor Strawinskys schon oft in Berlin gehört, kaum je aber so elementar in der Wirkung, so stark zusammengefaßt im dramatischen Aufbau wie diesmal. Darin liegt nämlich die Schwierigkeit der Aufgabe, die das Stück stellt: das Dramatische fühlbar zu machen, die durchgehende Steigerung herauszuarbeiten, die alle kleinen Einzelszenen verbindet. Es handelt sich ja hier weder um eine Oper, noch um ein Schauspiel, noch um ein Melodrama. Im Grunde ist es eben nur eine Geschichte, wie der Titel sagt, eine Geschichte, die der Vorleser erzählt und die auf der Bühne durch einige Bilder erläutert wird. Ein Soldat fällt auf dem Wege zum Heimaturlaub dem Teufel in die Hände, der ihm ein Zauberbuch aufredet, wofür er des Soldaten Geige erhält. Aber mit der Geige ist auch des Soldaten guter Geist von ihm gewichen, er wird zwar durch das Zauberbuch reich und mächtig, er gewinnt die Liebe einer Königstochter, aber seine Seele ist krank, und als er wieder als einfacher Soldat in sein Heimatdorf kommt, tritt ihm der Teufel am Kreuzweg entgegen. Nun ist sein Leben verwirkt, wesenlos geht er ein in das Nichts.

Die Symbolik dieser Vorgänge ist klar – sie wird ganz deutlich in der naiven Primitivität der Verse von Ramuz, die Hans Reinhart in ein bildhaftes Deutsch übertragen hat. Und was das Wort nicht sagen kann, das ist in Strawinskys Musik eingegangen, in diese bezaubernde Partitur voller Geist und Anmut, die mit den einfachsten Mitteln einem reinen und tiefen Ausdruck dient. Denken wir an die stille Musik der ersten Szene, die der Soldat, am Bache sitzend, auf seiner elenden, verstimmten Groschengeige spielt, an dieses nur von wenigen Bläserklängen durchzogene Zwiegespräch zwischen Violine und Kontrabaß, denken wir an den reizenden Königsmarsch, in dem die Bläser, vor allem das Cornett à piston, so genial verwandt sind, denken wir an den zärtlich schwebenden Tango oder den mit raffinierter Stimmführung gesetzten Choral, so müssen wir sagen, daß im Bereich des neuen musikalischen Schaffens etwas Ähnliches von gleicher Allgemeingültigkeit nicht wieder entstanden ist. Vor zehn Jahren schrieb Strawinsky diese kleine Partitur, die in ihrer sparsamen Besetzung mit sieben Instrumenten einen Kammermusikstil von äußerster Präzision begründete, und heute ist die ›Geschichte vom Soldaten‹ bereits ein klassisches Stück geworden und ein Beispiel für die lebendige, fortwirkende Kraft jener Ideen, die in der neuen Musik wirksam sind.

Die Staatsoper am Platz der Republik hat das Werk ungemein reizvoll dargestellt. Richtig das Jahrmarktsbudenspiel, wie es gedacht ist. Auf der großen Hauptbühne, die mit ihren Versatzstücken und technischen Anlagen dauernd sichtbar bleibt, ist eine kleine primitive Bühne errichtet, die ein unsäglich schäbiger, geflickter Vorhang ziert. Vor ihr sitzt links an einem Tisch Otto Klemperer in einer weißen Bluse, um ihn herum seine sieben Musikanten, alle in ihren Alltagskleidern; es ist eben keine Oper, sondern eine Schaubudenangelegenheit. Rechts sitzt Carl Ebert, ein fabelhafter, suggestiver Sprecher, der seine Moritat mit dramatischer Beweglichkeit erzählt. Die Bühnenarbeiter kommen und gehen während des Spiels, tragen die notwendigen Requisiten heran, machen ihren Umbau und verschwinden wieder. Der Soldat ist Georgy Schdanoff, ganz naiv und einfach, wie er gemeint ist. Paul Bildt macht den Teufel, virtuos in den wechselnden Masken, virtuos in der schauspielerischen Wandlungsfähigkeit, bald als Mann, bald als Frau. Elisabeth Grube: sehr fein und schlicht als Königstochter, wundervoll besonders in der sparsamen rhythmischen Ausdeutung des Tango. Die prachtvolle, ungemein subtile Gestaltung der Partitur durch Otto Klemperer war eine der beglückendsten Leistungen, die er bisher bei uns vollbracht hat. Erstaunlich, wie er ihren emotionellen Gehalt kraftvoll steigerte bis zu dem triumphalen Teufelsmarsch am Schluß. Aber auch seine Musiker müssen mit höchsten Ehren genannt werden: Giovanni Bagarotti, der an der Violine in letzter Stunde für den erkrankten Wolfsthal eingesprungen war, Willi Clasen (Kontrabaß), Paul Boehlke (Klarinette), Otto Glaß (Fagott), Karl Woll (Trompete), Wilhelm Ungewitter (Posaune), Walter Sommerfeld (Schlagzeug). Die Regie von Jacob Geis war, wie gesagt, auf äußerste Zusammenfassung bedacht und erreichte in der sprengenden Dramatik der Kartenszene ihre stärksten Wirkungen.

Werk und Aufführung hatten, wie schon berichtet, einen gewaltigen Erfolg; das Publikum rief begeistert immer wieder nach Klemperer, Ebert, Geis und den Solisten.

*›Dresdener Neueste Nachrichten‹ vom 23. Okt. 1928*

Der entfesselte Bühnenvolksbund
Man glaubt, im Berliner Bühnenvolksbund wehe ein frischeres Lüftchen als anderswo, ein freieres, kräftigeres.

Mitnichten. Durch Zufall bin ich Zeuge eines Strawinsky-Abends in der Berliner Staatsoper am Platz der Republik, den man dem Bühnenvolksbund beschert (an einem theaterfreudigen Samstagabend, so daß kein Fremder die Krolloper betreten kann – was in Berliner Staatstheatern merkwürdig oft geschieht. Einem Entgegenkommen verdanke ich meine gekaufte Karte). Zufällig werde ich Zeuge eines Skandals erster Ordnung (soweit von Ordnung bei einem Skandal die Rede sein kann). Man war allem Anschein nach in diesem Verein nicht ganz vorbereitet, man fühlte sich in seiner bequemen, biedermeierlichen Kunstanschauung zutiefst erschüttert. Gewohnt an ›Mignon‹, ›Troubadour‹ und für höhere Ansprüche ›Meistersinger‹, nahm man den ›Oedipus Rex‹ mit sprachlosem Entsetzen hin. Mit Entsetzen zwar, aber doch wenigstens sprachlos. Die Erläuterung im Programmheft hatte hinreichend genügt, den lateinischen Text zu deuten. Der nicht ganz unbekannte Name Sophokles gebot es, die neue oratorische Musik zu verschmerzen (wiewohl es sich hier zweifellos um ein zukunftsträchtiges Werk handelt). Aber mit der ›Geschichte vom Soldaten‹ ging die Geschichte los. Zunächst viel Spaß über die Szene, die bekanntlich desillusionierend wirken soll: offenes Bühnenhaus mit sichtbarem Schnürboden, Scheinwerfer und Maschinerie, drauf ein Schmierentheater, Musiker in Schillerkragen, biertrinkend, ein Vorleser im Straßenanzug. Und der Stoff: bekanntlich das Märchen vom Soldaten (der Schwejk heißen könnte), dem der Teufel seine Geige, seine Seele also, stiehlt, der sie durch Liebe zur Prinzessin wiedergewinnt, der sich nach der Unschuld der Jugend zurücksehnt und darum zur Hölle fahren muß. C. F. Ramuz, neuerdings in Deutschland wegen seiner Romandichtungen bekannt und gepriesen, schrieb diesen Text im theatralischen Bilderbogenstil, und Strawinsky setzte eine Musik für sieben Kammerspieler dazu, die, parodiert und ironisiert, voll Witz und Geist, überdies mit Herz, und die nach allem, was man in der neuen Musik erlebt hat – heute niemanden besonders aufregt. Mit Ausnahme des biederen Berliner Bühnenvolksbundes. Dies nur, um die Ursachen des Skandals zu erklären, denn zu einem solchen wuchs sich nun die Meinung dieser Leute in jeder Hinsicht aus. Zunächst hatte man sich damit begnügt, die einzelnen Figuren des begleitenden Musikstücks mit Gelächter zu empfangen. Man verstand die primitive Symbolik nicht, die da ausgedrückt werden sollte. Und als dann der Soldat den Teufel betrunken machte, um ihm seine Geige zu stehlen, brach ein gräßlicher Radau los. Pfeifen, Zischen, Schreien. Alles sprang von den Sitzen auf. Polizei erschien. Die Vernünftigen brüllten um Ruhe. Die Gegenpartei brüllte um so lauter. Türen wurden aufgerissen und zugeknallt. Kurzum, es schien das Ende. Wenn nicht Klemperer tapfer weiterdirigiert, Ebert weitergelesen, die Spieler weitergespielt hätten. Übertost vom Gejohle der Bühnenvolksleute. Allmählich warf man die Ruhestörer hinaus, allmählich trat wieder Ruhe ein, so daß ungestört weitergespielt werden konnte. Aber die Stimmung im nun halbleeren Haus war natürlich futsch. Und nach Schluß ging dann das Gelärme nochmals los. Gut: Meinungsangelegenheiten, nachher zu debattieren. Aber mitteninne? Mitteninne hat sich der Berliner Bühnenvolksbund blamiert. Was hat er doch auf sein Programm gesetzt? Freiheit der Kunst? Freiheit der Meinung? Gebt ihnen nur ›Mignon‹, und sie kennen das Land, in dem ihre Zitronen blühen.

31. Oktober 1928
Carmen
Oper von Georges Bizet

*Musikalische Leitung:* Fritz Zweig
*In Szene gesetzt* von Ernst Legal
*Gesamtausstattung:* Caspar Neher
*Chöre:* Karl Rankl

Hans Fidesser (Don José), Fritz Krenn (Escamillo), Albert Peters (Remendado), Emil Lücke (Dancairo), Oskar Kalman (Zuniga), Leonhard Kern (Moralès), Rose Pauly (Carmen), Tilly de Garmo (Micaela), Klara Kwartin (Frasquita), Else Ruziczka (Mercédès)

*Alfred Einstein: ›Berliner Tageblatt‹ vom 1. Nov. 1928*

Sie ist ganz anders, diese ›Carmen‹-Aufführung, als die der andern Staatsoper, und geradezu das Gegenteil der ›Carmen‹, wie man sie etwa – schaudervolle Erinnerung – in Charlottenburg sehen kann. ›Carmen‹ ist möglich auf zehn verschiedene Arten, und der Stil jeder Aufführung wechselt eigentlich mit jeder neuen Besetzung der Titelrolle – ganz verfehlen kann ja den Dämon Weib glücklicherweise keine Sängerin, und jedes Ensemble stellt sich unbewußt auf solche Nuancierung ein.

Dennoch: es gibt natürlich eine historisch richtige ›Carmen‹, und ich weiß nicht, ob Ernst Legals ›Carmen‹-Inszenierung diese richtige, aus dem Geist der Bizetschen Musik geborene war.

Bizets Werk ist, bei aller Kühnheit der Stoffwahl, immer noch traditionelle Oper, von bewußter Opernhaftigkeit: – in der Kunst ist der Franzose, und mag er sich noch so sehr an einem Ende Revolutionär fühlen, an einem andern Traditionalist. Bizet soll der beste ›Tristan‹-Spieler in Paris gewesen sein, und muß Wagner also recht gut gekannt haben; aber seine ›Carmen‹ hat er zur antiwagnerischsten Nummern-Oper gerundet, antiwagnerisch symmetrisch melodisiert; und selbst seine »leitmotivische« Arbeit ist niemals melodisches Wort, thematischer Stoff, sondern lediglich Interpunktion.

Aber diese spezifische Oper, diese ›tragische Operette‹ erlaubt, wenn nicht den Naturalismus, so doch den Verismus. Wundersamstes Beispiel das geschlossene Esdur-Sätzchen, mit dem im 4. Akt das Orchester die Warnung der beiden Zigeunerinnen begleitet. Es ist bezaubernde, reine Musik, und dennoch wahrster dramatischer Kommentar: in solchen Momenten beginnt das Gleichgültige, das Nebensächliche zu klingen, hörbar zu werden. Und so hat Legal das ganze Werk von der veristischen Seite gesehen und gestaltet, ohne ihm im mindesten zu schaden. Er mußte sich freilich im Einklang befinden mit seiner Carmen Rose Pauly. Es ist eine Apachin, mit dem fatalistischen Aberglauben der Apachen; sie kokettiert nicht, sie lächelt kaum zweimal; sie läuft selber in das Messer Don Josés. Es ist eine zwingende Verkörperung, deren Eindruck fast nicht mehr vom Gesanglichen abhängt: die Partie liegt der Künstlerin etwas tief, sie muß auf ihre Mittellage einstellen und so an exponierten Stellen auf den Ton drücken – kleine Flecken, die man übersieht und überhört, weil jeder Zug an dieser Carmen packt und fesselt; auch die gelegentlich absichtlich ›ordinäre‹ Tonfärbung. Ihr Partner, Hans Fidesser, spielt einfach, richtig, gefühlt; er ist ein Opfer, ein guter, zur Verzweiflung gebrachter Junge, und der jugendliche Schimmer seines Organs erstrahlt an den Höhepunkten aller Akte zu vollem, bezwingendem Glanz. Ausgezeichnet in jedem Sinn der Escamillo Fritz Krenns, schlicht und fein gesungen und gespielt die Micaela von Tilly de Garmo; etwas schwächer neben diesen vier tragenden Partien, aber immerhin alle genügend besetzt, die kleinen Rollen (sehr hübsch der diskrete Einsatz der Damen Kwartin und Ruzicka im Kartenterzett), ausgezeichnet der Chor. Damit ist auch dem musikalischen Leiter, Fritz Zweig, sein Lob ausgesprochen, wenn auch nicht das höchste Lob: seiner Ausdeutung fehlt – und das ist z. B. bei allen Vorspielen besonders merkbar – die Absichtslosigkeit, das immanent Musikalische dieser Musik, er betont im zweiten das Marschartige, betont im dritten die ›languidezza‹, betont im letzten den hispanischen Rhythmus. Es ist schön, wenn das alles von selbst spricht.

Legals Inszenierung ist nicht zu trennen von dem Bühnenbild, der Gesamtausstattung Caspar Nehers. Sie ist wirklich und phantastisch zugleich: im ersten Akt ein Prospekt von Sevilla (gleichgültig, daß Sevilla so flach ist wie ein Butterbrot oder wie Berlin) als Bergstadt, die sich mit Zinnen, Toren, Aquädukten, Kuppeln grau, schmutzig, unheimlich hinter dem Stadtgraben erhebt, über den die Brücke zu Kaserne und Fabrik führt; im Kostüm Biedermeierlich-Elegantes und die billigen Fähnchen der Zigarettenarbeiterinnen mit spanischer Tracht (nicht Theatertracht) gemischt; die Spelunke des Lillas Pastia ein grauenhafter Winkel, dessen Strohflicken aber wie Gold glänzen; die Arena dem stallartigen Durchgang gegenüberliegend, der die armseligen Gruppen der Kämpfer entsendet – jeder Farbfleck vor dem Grau des Hintergrundes ein Fest der Augen, Tat eines Künstlers. Es ist klar, daß in dieser Carmen das übliche Ballett des vierten Aktes keinen Platz hat, daß auch die sonst so theaterhaft gestellte, so lärmend einsetzende Orgie zu Beginn des zweiten sich erst entwickelt. Ja man hat sogar an der Übersetzung, der schlechtesten der ganzen Opernliteratur, da und dort gebastelt, und Carmen bekennt nicht mehr, »daß sie innig liebe«. Geblieben sind allerdings die unsterblichen Verse des Chors der Mannen im vierten Akt:
»Preisen wir die tapfere Schar
Jene Männer, genannt Chulos«
– Verse, würdig, in einer spiritistischen Sitzung wieder ins Jenseits zurückbefördert zu werden. Aber – man kann nicht alles verlangen. Im Ganzen: diese neue ›Carmen‹ ist eine Neuschöpfung: Neuschöpfung des abgespieltesten aller Repertoirewerke, und wieder einmal hat, wenn das nötig war, die Oper am Platz der Republik ihre Berechtigung dargetan.

H. Strobel: ›Berliner-Börsen-Courier‹ vom 1. Nov. 1928

Carmen in Schwarz-Weiß

Die Spielplanpolitik der Krolloper ist unter Legals Direktion planmäßiger geworden. Man bringt neben den wichtigeren modernen Werken eine Anzahl von guten Repertoireopern, ohne die ein Institut heute jedenfalls noch nicht auskommen kann – am wenigsten ein Institut, das nahezu vollständig auf die traditionsfreudigen Organisationen angewiesen ist wie die Krolloper. Auch da bleibt der Wille zur Regeneration des Operntheaters erkennbar. Gewiß: die neue ›Carmen‹ reicht in der Vereinheitlichung des Stils nicht im entferntesten an Klemperers ›Fidelio‹ oder ›Don Giovanni‹. Man vermißt Klemperers unbeugsame Konsequenz, Klemperers Energie am Dirigentenpult wie auf der Bühne. Legals Spielleitung ist, von ein paar guten Momenten in der Einzelregie abgesehen, durchaus konventionell und opernhaft. Allen größeren Gruppierungen geht die musikalische Durchgliederung ab. Der Bummel vor der Fabrik, der Auftritt der Zigarettenmädchen im ersten Akt, der Massenansturm vor der Arena im letzten, wie unlebendig und herkömmlich. Vielleicht wirkt auch die ungewöhnliche Raumaufteilung der Szene hindernd für die Spieldisposition.

Die Bilder von Caspar Neher sind dennoch das Besondere und Aktuelle dieser Neuinszenierung. Hier ist mit der illusionistisch verschönenden Operndekoration rücksichtslos gebrochen. Kein knalliges Ansichtskarten-Spanien mit ›Milieu‹, kein aufdringlicher Farbenrausch unter ewig blauem Himmel – Spanien mit der gewaltigen Architektonik seiner Städtebilder, mit dem ausgebleichten Gelb-Weiß seiner Häuser, mit der unheimlichen Wildheit seiner Gebirgskonturen. Es ist etwas Drohendes, Elementares in diesen Bildern, das in unmittelbarster Beziehung zu Bizets dunkler Leidenschaft steht. Das kühn aufgebaute Sevilla wächst ins Gebirge hinein, hinter der Schenke des Lillas Pastia ragt eine phantastische Felsstadt auf, in das schwere Schwarz-Weiß des Schlußbildes hängt ein rotbraunes Regendach. Wunderbar, wie sich die gedämpften Farben der Bilder und der Kostüme ergänzen.

Zweig studiert die Aufführung sorgfältig ein, wie man das von ihm gewohnt ist. Alles sitzt, die lyrischen Stellen sind fein getönt, aber es gibt nichts Aufregendes, nichts Mitreißendes. Die Schärfe der Rhythmen, das Angreifende, auch das Elegante und Spritzige fehlt dieser Wiedergabe. Gegen Ende erhält sie immerhin dramatischen Antrieb. In der letzten Szene kommt die große, ausdrucksfähige Stimme der Pauly-Dreesen zur Geltung. Ein guter Moment ist auch im Kartenterzett (das Nietzsche besonders bewunderte) – eines der genialsten Stücke der Partitur, in der vollkommenen Verschmelzung von dramatischem Ausdruck und reiner Form nur Mozart vergleichbar. Die Carmen der Pauly ist nicht beweglich, nicht verführerisch, nicht suggestiv genug. Wenn sie kokett sein will, wird sie gespreizt und näselt die Töne. Ganz herrlich Fidessers José. Fidesser ist in dem einen Jahr ein Tenor allerersten Ranges geworden, die Stimme hat sich gefestigt und an dramatischer Kraft noch gewonnen. Sein Spiel überzeugt, packt und ist frei von naturalistischer Übertreibung. Krenn als Escamillo: frisch und selbstbewußt in der Erscheinung, nicht ganz ausgeglichen im Klang der schönen Stimme, Tilly de Garmo, die für die Heidersbach einsprang, nimmt der Micaela die Sentimentalität durch ihre kindlich-liebenswürdige Darstellung.

2. Dezember 1928
Křenek-Abend

*Musikalische Leitung:* Otto Klemperer
*In Szene gesetzt* von Ernst Legal
*Gesamtausstattung:* Oskar Strnad

### Der Diktator

Jean Stern a. G. (Der Diktator), Moje Forbach (Charlotte), Eric Wirl (Der Offizier), Rose Pauly (Maria)

### Das geheime Königreich

Wilhelm Guttmann (Der König), Clara Ebers a. G. (Die Königin), Karl Hammes (Der Narr), Hans Fidesser (Der Rebell), Ellen Burger, Else Ruziczka, Marie Schulz-Dornburg (Die drei singenden Damen), Albert Peters, Heinrich Schultz (zwei Revolutionäre)

### Schwergewicht oder Die Ehre der Nation
Burleske Operette

Jean Stern a. G. (Adam Ochsenschwanz), Dolly Lorenz (Evelyne), Eric Wirl (Gaston), Heinrich Schultz (Prof. Himmelhuber), Else Ruziczka (Anna Marie Himmelhuber), Albert Peters (Ein Journalist), Bernhard Bötel (Ein Regierungsrat)

*Adolf Weißmann:* ›B. Z. am Mittag‹ vom 3. Dez. 1928

Křenek und Klemperer haben gestern vereint die Brücke zum Publikum gefunden. Klemperer wird durch Křenek, Křenek wiederum durch Klemperer für die seltsam gemischte Gemeinde der Krolloper-Besucher, die eben noch keine ist, reif gemacht. Gepackt, gerührt, gekitzelt, klatschte man laut und beharrlich den Komponisten heraus.

Aus Wiesbaden wurde von mir in diesem Frühjahr gemeldet, wie Křenek mit seinen drei Einaktern trotz widriger Festspielstimmung fast überall ins Schwarze getroffen habe. Dies hat sich nunmehr hier voll bestätigt.

Křenek, einer der Klügsten unter den Musikschaffenden, ist auf drei verschiedene Arten den Menschen zu Leib und Seele gerückt. Er hat sie mit dreifach zugemessener Dosis Theatermusik gewonnen.

Denn das ist es eben: wie er als Textdichter szenisch empfindet, so schreibt er nicht Papier-, sondern Theatermusik. Nehmt die Geste auf der Bühne und die Musik zusammen: es ergibt sich Greifbares, Unmißverständliches und oft Zwingendes. Der konzertante Stil wird nicht verachtet. Er lebt in den Zwischenspielen, nicht ohne Kontrapunkt, auf. Aber was oben geschieht, erhält unten seinen bildhaften Klang. Ja noch mehr: er speist auch die Stimmen mit Musik, die zu singen ist. Gewiß sind nicht alle Intervalle bequem oder auch notwendig. Man kann manchmal unbedenklich vorbeisingen. Aber Křenek ist gegenwärtig der einzige unter den als modern geltenden Komponisten, der das Bedürfnis der Menschenstimme fühlt und ihm entsprechen will. Er weiß, daß das Publikum in der Oper echten Gesang nicht missen kann.

Man erinnert sich dunkel, was geschieht. Im ersten Stück, ›Diktator‹ genannt, wird eine Art Mussolini von einer Frau, Gattin eines im Krieg geblendeten Offiziers, gehaßt, geliebt, beinahe getötet, von der eigenen Frau bedroht, doch von der Geliebten geschützt, die so durch den Schuß der Eifersüchtigen fällt. Alles im Sketchtempo. Schlußbild: der geblendete Offizier, der den Diktator ermordet glaubt, nach der Gattin schreiend, die tot ist. Der Diktator selbst vor diesem Anblick flüchtend.

Zweitens: ein schwacher König; eine lüsterne Königin; ein rettender Narr; ein Aufrührer, der den Kronreif will; die Königin will ihn aber auch sich selbst geben. Das Schwache, das Innerliche, die Poesie siegt. Dies ›Das geheime Königreich‹.

Drittens: ›Schwergewicht‹ oder ›Die Ehre der Nation‹. Meisterboxer Ochsenschwanz wird von dem erheblich zarteren Liebhaber seiner Frau übertölpelt und durch elektrischen Draht zu fortgesetztem Treten des Trainierapparates gezwungen. Und wenn er nicht vertreten wird, so tritt er heute noch.

Eine tragische Oper, eine Märchenoper, eine burleske Operette haben ihren Zweck erfüllt. Das erste Stück in möglichst moderner Sprache, die der Raschheit des Geschehens entspricht. Das zweite mit süßer, nie süßlicher Romantik, die auch den Gemeinplatz nicht scheut. Hier ist die wertvollste Musik. Das dritte mit allem Zubehör von Jazz, dessen jonnyhaftes Stampfen wir gelegentlich schon vorher vernehmen. Der Tanz fügt sich auch reizvoll, mit sanfteren Konturen, in das zweite Stück. Im dritten wird ein unschuldiges Fräulein Himmelhuber heftig angeboxt. Nichts für Zartbeseitete.

Es ist der Vorzug dieser Aufführung, daß sie alles, Vorgang und Musik, plastisch herausrückt; weit plastischer, als es in Wiesbaden geschah. Ganz neu war mir, wie Klemperer, ohne je etwas von seiner Akzentschärfe einzubüßen, die Stimmen selig werden ließ. Auf dieser Plattform treffen wir zusammen. Klemperer hat Meisterliches vollbracht.

Weiter Oscar Strnad, der Ausstatter. Dieser Mann von gestaltender Phantasie, der den ›Don Giovanni‹ unter Bruno Walter in Paris so über alles Gewohnte erhob, hat namentlich in dem festlich bewegten Schwarzweiß des zweiten Stückes Wundervolles geschaffen.

Diktator und Meisterboxer: Jean Stern als Gast. Sein Schwergewicht ist nicht zu verkennen. Sein Bariton hat Kraft. Aber die Damen im ersten Stück hätten sich sirenenhafter darstellen müssen; dann hätte das sinnlich starke Verwandlungsspiel der Rose Pauly-Dreesen und die angstvolle Sentimentalität der Moje Forbach ihren Gesang überzeugender unterstützt. Im ›Geheimen Königreich‹ singt Klara Ebers a. G. mit flacher Stimme dornigste Koloraturen. Der Rebell, Hans Fidesser, hat verführerischen Tenorklang; Wilhelm Guttmann ist ein beseelter, erfreulicher Schattenkönig; aber die gepflegten und ausschwingenden Bohnen-Töne des Karl Hammes als Narr tun besonders wohl. Im letzten spielt Eric Wirl, der schon vorher ein zwar blinder, aber doch stimmstarker Offizier war, mit Laune und Beweglichkeit seine Trümpfe aus. Von den Damen bei Meisterboxer Ochsenschwanz war die singende Dolly Lorenz quietschend vergnügt; Else Ruziczka ihrer gewagten Situation körperlich gut gewachsen.

Legals Spielleitung unaufdringlich theatergemäß.

*Paul Zschorlich: ›Deutsche Zeitung‹ vom 3. Dez. 1928*

Křenekerei in der Staatsoper

» Ich glaube an die Inspiration, Ihr aber glaubt nur an die Faktur!«

Verdi an Giulio Ricordi

Wenn Ernst Křenek diesen Satz liest, muß er sich erschossen fühlen. Da er aber ein Aal ist, springt er aus der Pfanne und täuscht den Umstehenden, die ihn beglotzen, Leben vor. Dieser musikalische Industrielle, dessen Schaffenstrieb in Betriebsamkeit entartet ist, versteht sich darauf, aus der Impotenz Kapital zu schlagen. Er kennt die Konjunktur und weiß sie zu nützen. Er versteht sich auf die niederen Instinkte des Großstadtpublikums und weiß, ihnen zu schmeicheln. Als erfolgreicher Viel- und Schnellschreiber glaubt er an die Faktur, muß er an sie glauben. Tät er es nicht, so müßte er sich aufgeben, dann müßte die Hand verdorren, mit der er seine Partituren schreibt. Sie hält aber den Rekord Scheidemanns. Dieser alte Trottel Verdi mit seiner Inspiration würde heute eine komische Figur sein, ein Popanz und ein Kinderschreck. Denn wir leben jetzt in der Ära Křenek.

Auf den fröhlichen Bußtag mit seinen 16 öffentlichen Konzerten und den nicht minder vergnügten Totensonntag folgte in Berlin der musikalische Sonn- und Festtag der ›Universal-Edition‹. Am Vormittag Arnold Schönbergs ›Variationen für Orchester‹ in der Generalprobe zum 4. Philharmonischen Konzert bei Wilhelm Furtwängler, die zu einem ungeheuren Konzertskandal wurde. Am Abend drei Einakter von Křenek in der Oper am Platz der Republik. Hier wie dort war die würdige Patriarchengestalt von Emil Hertzka zu sehen, des Direktors der Wiener ›Universal-Edition‹, dieses Ezechiel unter den Verlegern, dem der Wille Gottes die Mission auferlegt hat, die Kultusgemeinde der Atonalen zu begründen und zu betreuen, und der mit dem Propheten des alten Testaments spricht: »Ich will meinen Geist in Euch geben und will solche Leute aus Euch machen, die in meinen Geboten wandeln und meine Verlagswerke halten und danach tun!« Dies war der erste Adventssonntag der ›Universal-Edition‹, gegen deren abendliche Veranstaltung der Pixavon-Ball nebenan bei Kroll nicht aufkam, wenn er sich auch als viel zugkräftiger erwies. Denn ach: obwohl es eine ›Erstaufführung‹ war, obwohl man sie auf den Sonntag gelegt hatte und die mit Freikarten bedachten Besucher in geschlossenen Trupps anrückten, wollte dieses vermaledeite Haus nicht voll werden. Große Lücken klafften im Zuschauerraum. Ganz natürlich, denn viele von denen, die ›Jonny spielt auf!‹ über sich ergehen ließen, danken für weitere Proben.

Zunächst also der ›Diktator‹. Der Liebeshandel eines Gewaltmenschen, eines Mannes »von suggestiver Domination«, um im Křenek-Deutsch zu reden. Die Gattin eines im Kriege erblindeten Offiziers will den Diktator erschießen, weil er den Krieg befohlen hat. Um ihren Gatten also zu »rächen«. Eine sonderbare Offiziersgattin. »Ich bin gekommen, Dich zu töten!« schreit sie den Diktator zweimal an. Aber sie läßt mit sich reden, singt mit dem dictator moriturum und dessen im Türspalt lauschender Frau erst noch einmal ein Terzett und legt dann den Revolver brav beiseite. Der Rachetrieb war groß, der erotische offenbar noch größer. Gerade will sie sich dem Diktator ergeben, da ergreift dessen Gattin die Schußwaffe und knallt los, trifft aber in ihrer Aufregung nicht den Mann, der sie beschimpft, sondern die wandelfähige Dame. Herr Křenek findet das »tragisch«. Geschmacksache. Ich z. B. finde es albern.

Dann eine ›Märchenoper‹ mit dem Titel ›Das geheime Königreich‹. Ein etwas verblödeter und weinerlicher König, der auf dem Standpunkt steht, »Macht Euch Euern Dreck alleene!«, gibt die Krone seinem Hofnarren. Diesem listet sie die Königin ab. Zum Schluß kommt sie wieder auf das Haupt des toten Königs. Der Titel würde also besser lauten: »Verwechselt das Krönchen!« Die Königin ist ein Luder, sie buhlt mit einem ›Rebellen‹. Königtum und Rotfront in Personalunion! Nun sage noch einer, Herr Křenek sei kein Idealist! Wundersame Dinge begeben sich nebenher: ein Baum, an dem sich der König aufhängen will, beginnt zu reden. Der ganze Wald »singt sein Schlummerlied« dazu. Silva silvana eiapopeia. Eine sehr tiefsinnige Angelegenheit. Etwas ›zum Nachdenken‹, wozu Herr Křenek durch den vor den Vorhang tretenden Narren die Zuhörer in einem Epilog ausdrücklich auffordern läßt. Die Mahnung scheucht die vor Langeweile bereits eingenickten Zuhörer unsanft auf.

Nach dieser trauerklöhnigen Geschichte haben wir Anspruch auf was Lustig's. Schon ist Herr Křenek wieder da! Diesmal mit einer ›burlesken Operette‹, die den Titel ›Schwergewicht‹ führt. Er hat eben alles auf Lager. Diesmal führt er uns einen Meisterboxer vor, der von seiner Frau mit einem Tanzmeister betrogen wird. Es ist ein kleiner Sketch, wie ihn früher die Stettiner Sänger aufzuführen pflegten. Der Meisterboxer heißt ›Adam Ochsenschwanz‹. Ich habe mich halb tot gelacht, als ich das las. Nein, dieser Křenek! Wilhelm Busch und Jean Paul in einer Person! Sollte man so viel Witz überhaupt für möglich halten?

Aber nicht genug damit, daß Herr Křenek sich all dies ausgedacht hat, er hat es auch in Musik gesetzt, und ich muß nun also sagen, wie sie auf mich gewirkt hat. Moritz Moszkowski pflegte in einem solchen Falle zu sagen: »Das kann ich nicht beurteilen, denn ich bin selber Musiker, da müssen Sie einen ›Fachmann‹ fragen!« Seine Musik hat auf mich gewirkt etwa wie die Häuserfronten, an denen ich auf der Hochbahn vorbeifahre. Ich sehe sie und sehe sie doch nicht. Oder wie das warme Wasser, wenn ich im Bad sitze. Ich fühle es und trinke es doch nicht. Oder wie der Kneifer auf meiner Nase: ich habe ihn mitunter schon gesucht, während ich ihn auf hatte. Inmitten einer Unmenge völlig belangloser, handwerksmäßig gefertigter Musik höre ich plötzlich ganz Hübsches, nur gräßlich Verbogenes, harmonisch Verzertes. Wie wenn ich mich selber in einem Hohlspiegel sehe. Ich bin es, aber ich bin es doch gar nicht! Ich sehe die Faktur und dieser Greis von 28 Jahren tut mir leid, weil er sein Leben von hinten anfangen muß. Möglich, daß ihm einmal eine »Inspiration« kommt, ein echter und schöner Einfall, eine wahre Eingebung. Aber dann schläft er sicher gerade. Diese Musik ist in so hohem Grade das Erzeugnis eines kalten Verstandes und einer Gewitztheit und Pfiffigkeit in allem Technischen, daß ich ihr nicht einmal dort glaube, wo sie zufällig die Wahrheit spricht.

Herr Otto Klemperer, der Dirigent des Abends, hat den ganzen Křenek-Kursus durchschmarutzt: von der hysterischen Mystik der kreisenden Krone bis zum Bizeps des Meisterboxers. Seine Probenarbeit war in jeder Hinsicht sorgfältig, routiniert und umsichtig. Nur läßt er, besonders im ›Diktator‹, die Sänger zu sehr schreien. Es hat keinen Zweck, denn vom Text versteht man ja bis auf wenige Ausnahmen doch nichts. Die Gesamtausstattung von Oskar Strnad machte keinen üblen Eindruck, in der Märchenoper sogar einen ausgesprochen guten, denn hier offenbarte sie Geschmack, Farbensinn und Gefühl für Stimmung (im ersten Bild freilich viel mehr als im zweiten!). Die Spielleitung von Ernst Legal ließ noch immer nicht erkennen, wes Geistes Kind er ist. Nichts fiel auf, weder zu seinen Gunsten noch zu seinen Ungunsten.

Das Klemperer-Ensemble ist so mager und unvollständig, daß es aus eigenen Kräften eine Erstaufführung wie diese gar nicht bestreiten kann. Zwei Gäste waren von auswärts bemüht worden: Jean Stern, der als Diktator und Meisterboxer darstellerisch gut wirkte und auch gesanglich nicht übel abschnitt, und Clara Ebers mit einem etwas spitzen und scharfen Sopran, der aber in gar nicht leichten Koloraturen locker und sauber klang (sehr hübsches staccato!) Dann war Heinrich Schultz vom Hörth-Ensemble ausgeliehen und nicht weniger als drei Kräfte von der Städtischen Oper: Wilhelm Guttmann (sehr mäßig als König!), Marie Schulz-

Dornburg und Bernhard Bötel. Die ›Arbeitsgemeinschaft‹ wirkt sich recht sonderbar aus. Die gesanglich beste Leistung bot Karl Hammes als Narr. Leider hört man den Künstler fast immer in Rollen, in denen er sich nicht ausleben kann. Von einer irgendwie schöpferischen Darstellung konnte inmitten dieses Kitsches überhaupt keine Rede sein. Es handelte sich ja von vornherein nur um schauspielerische Klischees und Schablonen.

Wieder einmal ist, dank Herrn Klemperers künstlerischer ›Führung‹, viel Geld zwecklos vertan worden. Kein vernünftiger Mensch wird sich diese Einakter ein zweites Mal ansehen, mancher wird auch auf das erste Mal verzichten. An seiner Kolportagemusik ist überhaupt nichts gelegen. Eines aber muß man mit aller Bestimmtheit von ihr sagen: sie ist der adäquate Ausdruck des hohlen, seelenlosen, aufgedunsenen und herausfordernden Maulheldentums der Nachkriegszeit. Darum, nur darum fühlt sich ihr ein Teil des Publikums verwandt und verbunden.

23. Dezember 1928
Die Fledermaus
Komische Operette von Johann Strauß

*Musikalische Leitung:* Alexander von Zemlinsky
*In Szene gesetzt* von Franz Gross a. G.

Eric Wirl (Eisenstein), Else Kochhann a. G. (Rosalinde), Rudolf Hofbauer a. G. (Frank), Else Ruziczka (Orlofsky), Bernhard Bötel (Gesanglehrer), Karl Hammes (Dr. Falke), Albert Peters (Dr. Blind), Hanne Klee (Adele), Eduard Kandl (Frosch)

15. Januar 1929
Der fliegende Holländer
Romantische Oper von Richard Wagner

*Musikalische Leitung:* Otto Klemperer
*In Szene gesetzt* von Jürgen Fehling a. G.
*Bühnengestaltung:* Ewald Dülberg
*Chöre:* Prof. Hugo Rüdel

Martin Abendroth (Daland), Moje Forbach (Senta), Eyvind Laholm (Erik), Marie Schulz-Dornburg (Mary), Albert Peters (Der Steuermann), Fritz Krenn (Der Holländer)

*Alfred Einstein: ›Berliner Tageblatt‹ vom 16. Jan. 1929*

Wer am äußeren Gesamteindruck haften bleibt, wird sagen: man kann Wagner nicht unwagnerischer geben, man kann Wagners Absichten nicht stärker verdrehen, herumdrehen, umkehren. Denn Wagner war merkwürdig läßlich, was den Buchstaben der Musik seines Jugendwerks betraf; er war mit dem Stil dieser Oper, die nicht mehr ganz Oper und noch nicht romantisches Drama war, kurz nach der Entstehung wenig mehr zufrieden: für welches seiner Werke sonst hätte er die Erlaubnis gegeben, an der Musik herumzuschneiden, Falsettstellen und Schluß-Kadenzen wegzulassen! Aber unerbittlich war er im Punkte der Inszenierung, der »genauen Übereinstimmung der szenischen Vorgänge mit dem Orchester«. »Kleine Züge, wie das Rütteln des Schiffes durch eine anschlagende starke Welle – zwischen den beiden Versen des Steuermannsliedes – müssen sehr drastisch ausgeführt werden«; »um die Nuancen des Wetters im ersten Akt wirksam zu machen, ist die geschickte Benützung von gemalten Schleierprospekten, die bis in die Mitte der Bühne zu verwenden sind, unerläßlich«. Man hat das bisher getreulich besorgt; der ›Holländer‹ war stets ein Triumph des äußersten Bühnennaturalismus, und die Schiffstakelage konnte niemals genau genug ausgeführt sein, auf Hoftheatern und an städtischen Bühnen.

Otto Klemperer, sein Helfer Jürgen Fehling, der ja notwendig einmal bei der Oper landen mußte (in seinem ›Wozzek‹ steckte innere Musik, mehr als in diesem ›Holländer‹), haben genau das Gegenteil getan. Klemperer ist zurückgekehrt zu der Urfassung der Partitur, wie Wagner sie selbst am 7. Januar 1844 im Berliner Schauspielhaus (denn die Kgl. Oper war damals abgebrannt) dirigiert hat, und wie er sie später nicht mehr hat aufgeführt haben wollen. Wagner hat das Klangbild der Partitur gemildert, ganz ähnlich wie im Fall der Faust-Ouvertüre; er hat Posaunen, Trompeten, Hörner durch Holzbläser und Streicher ersetzt, er hat der Ouvertüre den ›Erlösungs‹-Schluß gegeben, ohne doch mit alledem dem Werk einen neuen Einheitsstil geben zu können: – dazu hätte er es von Anfang bis Ende umarbeiten müssen. Und so ist es doch wieder nicht bloß ›historisch‹ fesselnd, sondern auch richtig, daß Klemperer es uns in der Urgestalt darbietet. Manches, besonders in der Ouvertüre, klingt unverbunden, unharmonisch, beinah roh; die Exzesse des ›Rienzi‹, ja das ›Liebesverbot‹ (das man auch in Berlin kennenlernen müßte) wirken nach. Aber an dem Wesentlichen des Werkes hat sich nichts geändert; und gerade zu seinem Wesen gehört das Jugendliche, Stürmende, Draufgängerische.

Das Revolutionierende der Aufführung liegt im Szenischen. Da gibt es keine norwegischen Felsenriffe, an die Schifflein im Sturm anlaufen, sondern eher einen Hamburger Pier, an dem Dalands Fahrzeug bereits gesichert steht; auch der Holländer steht von Anfang an im Hintergrund, in diesem Punkte kann man wohl wieder von statischer Oper reden. Und dieses Holländerschiff mit den drei preußisch ausgerichteten himmelhohen Mastbäumen ist zweifellos ein nautisches Weltwunder. Hier wird niemand seekrank, es sei denn der gute Wagnerianer. Das Meer, der Wind, die Luft, Wagners stürmisches Seefahrtserlebnis von Riga nach London spielt wohl noch in der Musik, aber in der Inszenierung nicht mehr die kleinste Rolle. Und ganz folgerichtig ist es aus mit aller Ethnographik und Kostümierung. Daland, der Steuermann, die norwegische Mannschaft sind Seeleute schlechthin, vielleicht aus Lübeck oder aus Swinemünde, immerhin nordische Seeleute; Sentas Freundinnen, in Rock und Kittel, teilen ihre Tätigkeit zwischen Spinnen und Netzeflicken (aber in der Musik wird nicht geflickt, nur gesponnen); der Holländer hat seinen schönen melancholischen Bart verloren, trägt einen schwarzen Havelock und ist zum Anschauen ein richtiges Gespenst, sozusagen ein Ibsenscher, beinahe Strindbergscher ›Mann vom Meer‹, und Senta selber keine Heroine mehr (o Geist der Schröder-Devrient!), sondern ein rothaariges Mädchen aus dem Volk, wie aus einer Mappe der Käthe Kollwitz. Dennoch hat Fehling Wagners Vorschriften sehr genau gelesen. Der Monolog des Holländers, die große Schlußszene des zweiten Aktes entsprechen in der Geste diesen Vorschriften fast bis ins einzelne, und wenn Senta nicht das von Wagner verlangte ›naive Mädchen‹ mit dem ›kräftigen Wahnsinn‹ ist, so ist Erik ganz so ›stürmisch, heftig, düster‹, wie es der Schöpfer vorschreibt. Den eigentlichen Stilbruch schaffen Dinge wie Dülbergs erhöht erbaute Diele mit dem transparenten Bild des Holländers; wie das Erscheinen des Gespensterschiffs im Bühnenraum hinter dieser Diele – die Vision wird allzu handgreiflich; die gruselige Gespenstermannschaft des Geisterschiffs – wieder ein Einfall für Strindberg, nicht für Wagner; der etwas deformierte Ball der Mitternachtssonne – ein heller Schimmer ›im nächtlichen Gewühl‹ genügt. All das sind Störungen der Harmonie des Werkes, sind Züge der Unmusikalität, sind Vergewaltigungen.

Warum hat es dennoch so stark gepackt, so stark ergriffen? Weil Wagner der elementare Dramatiker, Wagner der elementare Musiker in voller Stärke vorhanden war. Jawohl, der dramatische Kern der Handlung war stärker vorhanden, als ich es je erlebt habe: das Leiden des Holländers, weniger sublimiert, aber nicht geringer als das des Amfortas; das Mitleiden Sentas, weit entfernt von aller sentimentalen Hysterie. Die musikalischen Stützen der Partitur: der Monolog, die Ballade, das Duett, die Gegenchöre des dritten Akts (der Gespensterchor, machtvoll an Zahl und Klang, stand im Orchester), der dramatische Schluß: – es wirkte reiner, absoluter, direkter als im Kostüm der ›romantischen Oper‹. Und man kann nicht sagen, daß die zeitgebundeneren Stücke der Partitur, Dalands Arie, Eriks Cavatine deswegen auffälliger hervortreten: auch musikalisch hat man den ›Holländer‹, dank der musikantischen Kraft, dank dem Geschmack Klemperers, dank ein paar klugen Spielanweisungen Fehlings, noch kaum einheitlicher gehört. Die ›Nummernoper‹ war fast verschwunden. Man hätte noch den letzten Schritt tun und auf die Pausen verzichten sollen: dann hätte der tragische, musikalische Sinn der ›dramatischen Ballade‹ sich mit der letzten Eindringlichkeit enthüllt.

Der Holländer: Fritz Krenn, ohne die hergebrachte baritonale Fülle, aber mit sehnig gesponnenem Ton, prachtvoller Artikulation; Senta: Moje Forbach, hinreißend schlicht und echt in der Gebärde, und, von ein paar Dingen der Aufregung abgesehen, ein paar zu scharf genommenen Tönen in der Ballade, einem nicht ganz gepacktem hohen H am Schluß, mit wirklicher Kunst und Kraft durchgehalten; untadelig der Daland Martin Abendroths, etwas naturalistisch und gepreßt in der Tongebung der Erik Eyvind Laholms; etwas neutral sowohl der Steuermann Albert Peters wie die Mary von Marie Schulz-Dornburg; vorzüglich in Lebendigkeit der Geste (das war ein Seemannstanz im III. Akt) und Präzision die Chöre (Hugo Rüdel). Und wie vor 85 Jahren hat sich Berlin auch diesmal wieder vor allem von dem zweiten Akt Wagners überzeugen und hinreißen lassen.

*Bernhard Diebold: ›Frankfurter Zeitung‹ vom 18. Jan. 1929*
Zweierlei Opernromantik
Man spielt jungen Wagner und hat sich mit Romantik von 1840 abzufinden. Die neue Sachlichkeit von 1929 ist gegen Romantik überhaupt. Also gegen die Oper als Oper. Denn sie bleibt ein romantisches Produkt. Menschen, die ihre Geschäfte singen, sind nicht sachlich. Musik ist überhaupt nicht sachlich. Nur ein bißchen Kontrapunkt und erotischer Rhythmus hält sie im Berechenbaren. Musik besteht aus Imponderabilien. Letzte Konsequenz ließe nur noch den Text übrig. Dann wären wir im unromantisch Greifbaren. Etwas Sehnsucht und Verrücktheit, etwas Ekstase und Außer-sich-sein gehören aber zur Oper – zur Kunst überhaupt. Wollen Sie die Kunst ablehnen?

Bruno Walter dirigiert den ›Tannhäuser‹ um seine eingeborene Romantik herum. Der bunte Kontrast von heiliger Elisabeth und unheiliger Venus ist dahin. Das Heilige mit Maß. Das Brünstige mit Maß. Walter macht aus der Oper ein Konzert. Die sehr schön geratenen Ensembles im ersten und zweiten Akt singen Oratorium. Der Klang gewinnt, was der Elan verliert. Dabei ist das doch mimische, gestikulierende Musik. Walter macht sie korrekt und körperlos. Die staunenswerte Lotte Lehmann in ihrer geradezu instrumentalen Sing-Vollendung, musikalische Vollendung gibt faktisch den objektiven

Ton an. Der Tannhäuser Öhmanns hat nicht die Hälfte soviel Brunst gegen ihre Heiligkeit auszugeben. Die Oper heißt nun ›Elisabeth‹. Und Walter dirigiert viel eher ›Lohengrin‹ als ›Tannhäuser‹.

Man mäßigt die Romantik durch Abschwächung des Theatralischen von dazumal. Man gewinnt mit Geschmack und weisem Maß eine Art Neuromantik von 1910. Der Venusberg ist ein geschmackvolles Elysium und die Wartburghalle ist farblos, wie aus richtigem Stein. Die Kostüme spielen vor Grau. Die sinnliche Klangfarbe wird von einem grauen Fließblatt eingesogen.

Ernst Stern, Reinhardts einst klassischer Helfer, malte mehr Schauspiel als Musik. Dr. Lert versäumt keine Nuance zur ›Modernisierung‹ auf den neuromantischen Status. Es wird gutbürgerlich, geschmackvoll, nett. Walter läßt musizieren, ohne sich selbst bei der Ouvertüre etwas aufzuregen. Wo bleiben die dynamischen Ausfälle? Ist es wirklich die rote Oper mit den genialen Ausbrüchen: »Allmächtiger, Dir sei Preis!« oder »Ein Wunder war's...!« oder »Weh, weh mir Unglücksel'gem...!«? Ist das nur theatralischer Exzeß, den man dämpfen soll? Oder könnte es – trotz Öhmann – ein Ausbruch monumentaler Leidenschaft sein? Vulkanische Bekenntnisse des Blutes und der Seele? Heiße Musik? Romantik in der glühenden Form? Aber Walter dirigiert in schönen Linien darüber weg. Der Kitschgehalt an so und so viel banalen Stellen ist mit Geschmack verdünnt. Darüber ist auch das Starke glatt und dünn und sanft geworden.

Daß man sich mit Romantik auch zeitgemäßer fühlen kann, beweist der ›Holländer‹ am Platz der Republik. Gewiß: der ›Holländer‹ hat nicht so peinliche Proben der christlichen Gesinnung und der Tugend zu bestehen wie sein roter Sündenbruder im Venusberg. Aber immerhin krankt der Venusberg Wagners nicht an der Tugend, und es ließe sich eine Menge Sünde in Blut umsetzen, wenn Walter nicht zuviel Wolfram wäre. Die Unterlassungssünden liegen im Temperament-Mangel, nicht im Stück. Gebt den ›Holländer‹ auf sentimental, und plötzlich fängt er auch zu beten an zum unerforschlichen »Engel Gottes«. Und Senta könnte auch Elisabeth spielen. Da hätten wir die erlösende Tante statt der singenden Seele.

Was will der bleiche Herr auf seinem Dauersegler? Er fährt als armer Leib seiner verlorenen Seele nach. Er sucht, wie wir alle, die erotische Ergänzung auf höherem Niveau. Er will einfach ganz werden. Der Leib ist nur Teil, wie die Seele nur Teil ist. Die Trennung ist künstlich durch einen Fluch verursacht. Er hat die heilige Einheit verflucht. Er sucht sie wieder in der Beständigkeit der Teile. Senta – das ist die Treue... Das hört sich öffentlich sehr sentimental an wie falsche Romantik. Kinder, dabei heult ihr im Stillen und jagt erfolglos eurer Seele nach. Ihr ahnt was von der wilden Jagd im ›Holländer‹. Darum seid ihr gerührt und begeistert vor einer seelen-sachlichen Romantik.

Klemperer dirigiert hier. Er macht sich nicht halb soviel Gedanken wie oben; denn er hat Musik in der Faust. Er spielt keine Auffassung von Klemperer, sondern die Noten von Richard Wagner. Er dämpft keine falsche Theatralik; sondern musiziert die echte Theatralik des Genius. Die »musikalische« Romantik bleibt pro 1929 genau so lebendig wie pro 1843. Musik ist unverbindlich. In den Noten steckt ja nicht der Schwindel, sondern die Seele.

Man spielt zudem nach einer in der Staatsbibliothek gefundenen Ur-Partitur des ›Holländer‹ – auf vergilbten, ausgeschriebenen Notenblättern, nach denen Wagner die Berliner Aufführung dirigiert hat. Wir kennen aus dem Repertoire nur die spätere Umarbeitung Wagners: Sie bezweckte Milderung des etwas rohen Blechs; dazu den zum ›Tristan‹ hinzielenden Erlösungsschluß der Ouvertüre und des letzten Finales. Der jüngere Wagner jubelte in naiveren Kadenzen ganz unfromm und ziemlich konventionell den Triumph der zu Tode Geliebten. Mehr Posaunen und bei Gott keine Harfe. Dingfeste Seemannsfreude am happy end. Klemperer freut sich kindlich der Naivität und dirigiert das Ganze wie ein Volkslied. Wie ein urhaftes Nibelungenlied in drei Akten. Es geht immer ganz einfach zu. Der Südwind-Chor am Schluß des ersten Akts ohne die übliche barock gespreizte Verbreiterung. Die Spinnermädchen bestehen die subtilste Intonations-Prüfung im a capella. Das Matrosenfest im Schlußakt breit hingestampft ohne dynamische Mätzchen. Dann der Gespensterchor mit offenen Strichen: hingerast im Sturm des Sechsertaktes. Ich hörte ihn eigentlich zum ersten Mal durch Klemperer und den energischen Chordirektor Hugo Rüdel als – Chor. Früher war das ein Gegröhl von seekranken Statisten!

Klemperer dirigiert dramatisch; denn er hält sich ans Wagnersche. Weil er keinen Geschmacksfehler fürchtet (die Walter fürchten würde), so geraten auch die Pariser Konventionalitäten des großen Duetts und sogar der letzten Erik-Arie als seelisch unbefangener ›Ausdruck‹. Die vielen halben Banalitäten bringt er unter die Synthese einer Steigerungslinie, die gerade im zweiten Teil des zweiten Aktes wunderbar die einzelnen ›Nummern‹ überbindet. Manchmal beschleunigt er über das Gewohnte. Aber heute weiß ich: das Gewohnte war falsch. Die geniale Einfühlung und Einfalt Klemperers spürt den mimischen Drang der Musik. Auch die kitschigste Klangmaterie will Seele werden. Das Resultat – die unsentimentalste Ergriffenheit des fanatisierten Auditoriums – beweist die Richtigkeit dieses selbstverständlichen Musizierens. Das also war des Wagners Kern. Klemperer ist ein Zauberer durch Einfalt. Die meisten glauben, die Vielfalt sei schwerer. Wohl schwerer zu ertragen. Die Einfalt ist genialer. Eine Rarität. Mit Einfalt darfst du selbst romantisch sein.

Jürgen Fehling, der Schauspiel-Regisseur, geht an die Oper vom Dichterischen her. Im echt Romantischen sucht er eben das Dichterische. Das sind moderne Seeleute, in Pullovern. Ohne Schlapphut und Bart; das schwarze Schiff ohne die elektrischen Zauberfunken. Es zaubert in der Atmosphäre. In dunklem Blaugrau lasten Himmel und Meer. Der Maler Dülberg deutet nur an, verzichtet auf das Bunte für das Farbige. Schwarze Farbe macht Angst. Und die moderne Mannschaft fürchtet sich vor dem Grauen, das aus Nebel und schwarzem Wasser droht. Oder fürchten Sie sich nicht vor der furchtbaren Natur und vor der Mutterseelenalleinsamkeit? Diese Romantik ist durchaus für die Neuzeit zu retten. Wir kennen den Horror vor dem Leeren.

Ich war sonst gegen die symbolische Dekoration bei Wagner, da bisher immer die Ornamentik des Malers gegen die Ornamentik der Musik lief. Man suchte auf dekorativen Wegen ein ›schöneres‹ Bild über das vor Alter weniger ›schön‹ gewordene der Wagnerschen Theateroptik zu legen. Die alten Kitsch-Tableaus waren mir lieber. Hier, bei Fehling und Dülberg, wird nicht mehr ›dekoriert‹ sondern aus dem Stimmungskern der Musik heraus ein völlig neues Bild zur Vision gebracht. Im ersten und dritten Akt noch in Stilistik befangen. Im zweiten Akt: eine vollkommene Übersetzung des Klangtons in Farbton.

Das Haus der Senta ist gläsern wie ein Leuchtturm und steht mitten im Meerluftnebel. Über das Dach ragen die pechschwarzen Rahen des Gespensterschiffs. Der Holländer kommt aus Nebel und verdichtet sich im Zimmer zur schwarzen Menschengestalt. Ohne Bart, ohne Hut. Ein unheimlicher Herr aus Th. Rousseaus Bildern: Die stärkste Stimmungsdichte der Regie gelingt im zweiten Akt. Senta, wie vom Teufel besessen, springt auf, singt die Ballade. Ihre Ekstase macht das ganze Haus verrückt. Frau Moje Forbach hat die Besessenheit; die etwas belegte Stimme macht's viel weniger als die Körperspannung und heroische Verrücktheit im Ausbruch. Eine sensible Bauernschönheit mit Fähigkeit zur Vision. Keine Flittertracht von des reichen Dalands Tochter. Einfach ein Weib, das mit Seele hinanzieht. Der Holländer Krenns läßt sich ziehen – aber selber gibt er nicht viel her; er strahlt nicht aus; die breite Stimme ist nur stark, nicht kernig; die Dämonie liegt nur auf der weißen Schminke und in der Zauberlust, in der auch er nolens volens magisch wird. Wie sie sich magnetisch anziehen, die beiden Bleichgesichter im Krampf ihres Begehrens; wie die Ströme ihrer Strahlung sichtbar werden – das ist Regie aus dem Geiste der Musik. Keine Geste, die Fehling einfach der Musik nachmimt. Aus dem Geiste der Musik werden die Posen erfunden, erlebt, übertragen. Nicht die Taktstriche und Figuren regieren die Gestik, sondern die Phraseologie ist tonangebend.

Der lyrische Erik wurde durch den kräftigen Eyvind Laholm a. G. aus einem Tenor zum Mann und Jäger; die Stimme etwas zu gepreßt; aber dramatisch im Akzent. Martin Abendroth rollte seinen sehr schönen Baß über die halb buffonesken Liederchen des alten Daland. Vom Zug des großen Stils wie von einem musikalischen Wind erfaßt wehte aber alles Opernhafte und Theaterromantische in den Raum unserer Gefühle. Romantik wurde Realität. Die modernen Arbeiter-Matrosen überzeugten als Masse Mensch. Der Regie gelang es, bei diesem Operntext an Hamsun denken zu lassen – in geistigen Gegenden, die Edvard Munch gemalt hat. Nordisch war's erfaßt. Klemperer empfindet's, wie wenn er selber auf dem Schiffe stände, das Wagner durch den Sturm von Riga an Sandwike vorbei nach London trug. Aus Wasser und Nebel ist diese Musik destilliert. Von Paris noch ein bißchen lyrisches Öl auf den Sturm, zur Beschwichtigung der Meyerbeerianer.

*H. Strobel: ›Berliner Börsen-Courier‹ vom 7. Febr. 1929*

Die Hetze gegen Klemperer

Mit der Neueinstudierung des ›Holländer‹ hat die planmäßige Hetze gegen Klemperer auf der ganzen Linie wieder eingesetzt. Neben jenen bösartigen Kritiken, deren Ungeistigkeit schwerlich zu unterbieten ist, treten jetzt die ›Wagner-Verbände‹, die im ›Lokal-Anzeiger‹ einen Protest gegen Klemperers ›Holländer‹ loslassen. Der Akademische Richard Wagner-Verein, der Bayreuther Bund deutscher Jugend und die Deutsche Richard Wagner-Gesellschaft »betrachten die Aufführung in der dargebotenen Form und mit der aus dem Programmheft zu entnehmenden Tendenz als eine Versündigung am Geiste Wagners und eine Entstellung seines Lebenswerkes, die dazu angetan sind, im Volke, namentlich aber unter der heranwachsenden Jugend, falsche Vorstellungen von der künstlerischen Bedeutung Richard Wagners zu erwecken.«

»Versündigung am Geiste Wagners« – was wissen diese Verbände vom ›Geiste Wagners‹? Was wissen sie von jener großartigen Erscheinung, die ihre künstlerisch-revolutionären Ideen gegen ein Meer von Stumpfsinn und Gehässigkeit durchgefochten hat? Wagner – die revolutionierendste Persönlichkeit der neueren Musikgeschichte als Vorspann einer kulturreaktionären Bewegung. Der Akademische Richard Wagner-Verein spielt sich als Hüter der Jugend auf. Was weiß er, unter der Fuchtel eines Wahnfriedischen Byzantinismus, überhaupt von Jugend? Jugend denkt nicht mehr in Wagnerscher Erlösungsideologie.

Man protestiert »im Interesse lebendiger Wagnertradition« gegen eine »derartige Verunglimpfung«. Wo gibt es eine »lebendige Wagnertradition«? Nebelschleier, illusionistischer Stimmungszauber, Bayreuther Brimborium: das halten die Verbände für lebendige Tradition? Gegen die Verschluderung der Wagneraufführungen an deutschen Stadttheatern hat sich noch nie jemand gewendet. Jetzt wird der Versuch gemacht, Wagner wirklich einmal lebendig, gegenwärtig zu gestalten – schon donnert es Empörung.

Man darf diese Vorgänge nicht unterschätzen. Ihr demagogischer Zweck ist, das Publikum, das sich an den bisherigen ›Holländer‹-Wiederholungen lebhaft interessiert zeigte, zur Beteiligung am Skandalieren aufzuputschen. Der Skandal selber wird dann, wie die letzten Ermittlungen ergaben, planmäßig vorbereitet. Mit solchen Mitteln will man eine ›Volksbewegung‹ in Szene setzen.

Die Vorgänge beweisen zugleich die aufrüttelnde Aktivität von Klemperers Arbeit. Lange wurde nicht mehr um eine Oper diskutiert. Man fand die Sänger herrlich, den Dirigenten besonders in Stimmung – und ließ es darauf beruhen. Jetzt steht die Oper mit einemmal im Brennpunkt. Im Operntheater, das seit Jahrzehnten stagnierte, geht endlich etwas vor. Die Oper ist Teil heutigen Lebens. Gibt es einen stärkeren Beweis für die Notwendigkeit des Instituts am Platz der Republik?

*Paul Zschorlich: ›Deutsche Zeitung‹ vom 7. Febr. 1929*

Der verklemperte Wagner

Es ist nicht nur das gute Recht, sondern Aufgabe und Pflicht aller Vereine und Verbände, die den Namen Richard Wagners führen und sich die Pflege seiner Werke und seines Geistes zur Aufgabe gemacht haben, gegen eine so nichtswürdige Entstellung, wie wir sie kürzlich unter der Leitung Otto Klemperers in der Oper am Platz der Republik erleben mußten, öffentlichen Protest zu erheben. Die geharnischte Erklärung der Arbeitsgemeinschaft Deutscher Richard Wagner-Verbände, Ortsgruppe Berlin, die wir gestern veröffentlichen konnten, zeugt in erfreulicher Weise dafür, daß diese Vereinigung, die der Empörung von Hunderttausenden beredten Ausdruck verlieh, auf dem Posten ist. Durch diesen Protest ist wenigstens derjenige Teil der kunstsinnigen Bevölkerung, dessen Wagner-Verehrung mit dem Verständnis für seine Werke gepaart ist, von jeder moralischen Mitschuld an der sinnwidrigen, parteipolitischen Zwecken und Absichten dienstbar gemachten Neuinszenierung des ›Fliegenden Holländers‹ reingewaschen. Wir vermissen unter den unterzeichneten Vereinen noch den Richard Wagner-Verband Deutscher Frauen, doch darf man wohl damit rechnen, daß dieser Verband im Namen der deutschen Frauen noch selbständig Stellung nehmen wird, denn auch die Frauen, ein wesentlicher Bestandteil der Opernbesucher, müssen hier Schulter an Schulter mit den Männern kämpfen, um ein schwer bedrohtes deutsches Kulturgut zu schützen. Die öffentlichen Proteste berufener, schon durch ihre Zahl einflußreicher Verbände können unmöglich überhört werden, selbst nicht vom Preußischen Kultusministerium, das der moralisch Mitverantwortliche für diesen »künstlerischen Volksbetrug großen Stils« ist, wie die ›Allgemeine Musikzeitung‹ die Neuinszenierung des ›Fliegenden Holländers‹ mit Recht nannte. Nur auf solche Weise wird es möglich sein, den Unfug solcher Wagnerfälschung zu steuern und weiteren Entgleisungen vorzubeugen. Es ist dabei auch nicht von Belang, daß eine gewisse Herrn Klemperer gesinnungsverwandte und in Sachen Wagners nicht zuständige Presse den öffentlichen Protest der Wagner-Verbände ihren Lesern entweder ängstlich verschweigen oder gleich wieder ihr Lamento über die künstlerische ›Freiheit‹ anstimmen wird. Es handelt sich hier durchaus nicht um die Freiheit der Kunst, sondern um die Unfähigkeit von Künstlern, die den deutschen Kulturbegriff ganz offenbar nicht einmal begreifen und empfinden, geschweige daß sie ihm dienen könnten. Es handelt sich auch um die Eitelkeit von Personen, die auf irgendwelche Weise von sich reden machen möchten.

Ganz so urteilslos scheint diese Masse übrigens doch nicht zu sein, denn selbst in der ›Volksbühne‹ regt sich jetzt der Widerspruch gegen Herrn Otto Klemperer und seine Ziele. Schon die Tatsache, daß die ›Volksbühne‹ sich ein eigenes Opernhaus zu schaffen wünscht, sprach dafür, daß sie von Kroll und Klemperer nachgerade genug hat. Da es aber auch in den Kreisen dieser Vereinigung viele Wagner-Verehrer gibt, die auf Grund andrer, von ihnen gesehener Wagner-Vorstellungen einen Maßstab zur Beurteilung des ›Fliegenden Holländers‹ in der Inszenierung von Klemperer-Dülberg mitbrachten, so findet die in der ›Volksbühne‹ zu Tage tretende Unwilligkeit ohne weiteres ihre Erklärung. Es begibt sich also der einer gewissen Komik nicht entbehrende Fall, daß Klemperers Absichten gerade bei denen auf Widerspruch stoßen, denen zuliebe er den ›Fliegenden Holländer‹ umfrisieren und zurechtstutzen zu sollen glaubte. Der marxistisch aufgemachte ›Holländer‹ wird als ein unechter Wagner erkannt und gleich einem Schwindler entlarvt. Auch in den Kreisen der ›Volksbühne‹ besteht eine Sehnsucht nach Wagner, aber man bedankt sich für seine Verklemperung und für die musikalische Kinderstube, in die man hineingeführt wird. Es ist erfreulich, daß das ›Volk‹ den ›Volksbetrug großen Stils‹ wittert und daß es sich gegen eine Umschmeichelung seiner falsch verstandenen Instinkte und seines unterschätzten Geschmacks zu verwahren beginnt.

Das ›Preußische Ministerium für Wissenschaft, Kunst und Volksbildung‹ aber, das vor allen andern dazu berufen wäre und eigentlich zu dem Zwecke da ist, einem solchen ›Volksbetrug großen Stils‹ auf dem Kunstgebiet Einhalt zu gebieten, rührt sich nicht und sieht es gelassen mit an, welchen kunstschädlichen und kulturwidrigen Zielen hier eine staatliche Oper dienstbar gemacht wird. Der Finanzminister, der sonst so beweglich das Sparen zu predigen weiß, findet offenbar nichts dabei, daß hier Hunterttausende verpulvert werden. Und Herr Professor Kestenberg, der Pollux zum Castor Klemperer, soll von der Neuinszenierung des ›Fliegenden Holländers‹ sogar ganz entzückt gewesen sein. Abgesehen davon, daß er damit seine Verständnislosigkeit gegenüber dem Wagnerschen Kunstwerk beweist, hat er diesmal unbedingt auf die falsche Karte gesetzt. Das wird ihm aber erst bei der Beratung des Haushalts im Preußischen Landtag klar werden.

*›Der Montag Morgen‹ vom 19. Febr. 1929*

Die entfesselten Wagnerianer

Wilde Erregung wogt in diesen Wochen durch die Reihen der wahren Wagnerianer Berlins. Eine von ihren bärtigen Idealen meilenweit abweichende Neuinszenierung des ›Fliegenden Holländers‹ in der Staatsoper am Platz der Republik unter Otto Klemperers Leitung hat sie maßlos gekränkt und in pathetische Pfui-Rufe ausbrechen lassen. Die ›Arbeitsgemeinschaft deutscher Richard Wagner-Verbände, Gruppe Berlin‹, deren Bekanntschaft man bei dieser Gelegenheit gemacht hat, konstatierte unverzüglich eine »Versündigung am Geiste Wagners« nebst einer »Verunglimpfung seines Andenkens« und stellte sich schützend vor die heranwachsende Jugend; und der ›Richard Wagner-Verband deutscher Frauen (E. V.)‹ ließ sich in schönstem Vereinsdeutsch also hören:

»Wir richten an das Preußische Ministerium für Wissenschaft, Kunst und Volksbildung im Hinblick auf die Tatsache, daß hier ein deutsches Kulturgut aufs schwerste geschädigt und bedroht wird, die Bitte, eine Vorstellung zu unterbinden, die mit ihren zahlreichen Verfehlungen dem Volke ein völlig falsches Bild von Wagners Werk darbietet und dem Ansehen einer staatlichen Bühne abträglich ist.

Andernfalls sehen wir uns veranlaßt, unsere Mitglieder und Freunde vor dem Besuch des ›Fliegenden Holländers‹ in der Oper am Platz der Republik zu warnen.«

Die Naivität des Schlußsatzes kann geradezu Rührung erwecken.

Doch nachdem der Worte genug gewechselt waren, wollten die Ergrimmten auch Taten sehen lassen.

Schriftlich und telephonisch drohten sie dem frechen Frevler Otto Klemperer mit riesiger Rache: mit Stinkbomben, Theaterkrach und den oft bewährten Tränengasen.

Mehrere der mitwirkenden Künstler wurden anonym gewarnt, sich an dem Sakrileg weiterhin aktiv zu beteiligen, sonst könnten sie etwas erleben. Wagnerianer seien Leute, die nicht mit sich und ihren heiligsten Gefühlen spaßen ließen. Gemeinerweise wurde ihr gut vorbereitetes Arrangement von der Staatsopernleitung durchkreuzt, indem zufällig 20 Mann Schupo einigen Vorstellungen des Holländers beiwohnten und die prompt erschienenen Radaubrüder nicht recht zur Entfaltung kommen ließen. Dabei konnte festgestellt werden, daß die Wagnerianer eine Gruppe vom ›Hochschulring deutscher Art‹ zum Vorstoß abkommandiert hatten, – woraus klar zu ersehen, wes Geistes Kinder diese Sorte Wagnerverehrer sind.

Was sie unter Wagner verstehen, das ist: die völkische Heldenbrust, Hakenkreuz im Knopfloch, altgermanische Zucht und Sitte, die große nichtssagende Geste, Vollbart, Wogebusen und lang herabwallendes Blondhaar, die gepanzerte Faust und Heil Kaiser Dir.

Wagner ersetzt ihnen die verlorengegangene Monarchie und das ›schöne Vaterland‹ von einst; er ist ihr letzter Halt in trüben Tagen. Wehe dem, der ihn zu untergraben sich vermißt!

Klemperer hat es gewagt und sich damit endgültig ihre Todfeindschaft zugezogen. 1½ Jahre hat er überhaupt keinen Wagner in seinem Hause gespielt, und dann rückt er mit einem ›Fliegenden Holländer‹ heraus, dessen Senta eine rothaarige, hysterische Person ist, wo die Spinnerinnen wollene Sweater tragen und die Matrosen wie Hafenarbeiter ausschauen! Keine Handaufsherz- und Schwimmbewegungen, kein Stimmungszauber, keine ordentliche Romantik, die das Herz erhebt und Distanz vom grauen Alltag wahrt. Gewiß, man ist nicht engherzig, man hat nichts gegen ein paar hübsche neue Bühnenbilder und neue schöne Kostüme, – der neue ›Tannhäuser‹ in der Städtischen Oper etwa hat keinen Wagnerverein beunruhigt –, aber Klemperer stößt den Wagnerianern ihre sämtlichen Illusionen über den Haufen, sie, die Reaktionäre von Wagners Gnaden, spüren das Revolutionäre, das grundsätzlich Herausfordernde in seiner Leistung, und da werden sie natürlich fuchswild. Der Mann ist ihnen schon lange nicht genehm, jetzt aber scheint das Maß seiner Sünden voll.

Die armen Wagnerianer (Nietzsche identifizierte sie kurzerhand mit Idioten) werden noch manches zu leiden haben, denn Klemperer ist ein eigensinniger Feuerkopf, der sich nicht einschüchtern läßt. In dieser Saison zwar wird er keinen Wagner neu herausstellen, aber wenn, wahrscheinlich zu Beginn der neuen Spielzeit, der ›Lohengrin‹ an die Reihe kommen wird, gar nicht im Nie-sollst-Du-mich-befragen-Stil, sondern vielleicht als eine Art schlichtes Märchen, dann dürfte es wieder etwas zu spektakeln geben. Wagnerianer E. V., rüstet euch rechtzeitig.

*Heinrich Strobel: ›Melos‹ 1929, Heft VII, Seite 84*

Die Krise des Operntheaters ist eine Krise der Opernform und der Operndarstellung. Während sich das Schauspieltheater in den Jahren nach dem Krieg revolutionierte und neue Probleme behandelte, während sich der Aufführungsstil erneuerte, versank die Oper in bequemer Konvention. Während sich das Schauspieltheater in enger Beziehung zu den geistigen Umwälzungen der Gegenwart umformte, wurde die Oper als Ganzes von den neuen Strömungen nicht berührt. Ihre wenigen schöpferischen Vorstöße in Zeitnähe blieben unbeachtet. Der Theaterbesucher, von jeher an geistige Anspannung gewöhnt, erlebte mit gesteigerter Aktivität. Der Opernhörer, geistiger Auseinandersetzung immer mehr entwöhnt, ließ sich von einer absterbenden Form benebeln und berauschen. Er blieb passiv. Oper trat in einen immer weiter aufklaffenden Gegensatz zum Theater. So konnte es kommen, daß sich hier eine Dramaturgie und eine Darstellungspraxis konservierte, die in keinem Schauspieltheater mehr möglich wäre. Das Veraltete, Hohle, Aufgeputzte nannte man geringschätzig ›opernhaft‹. Für den geistigen Menschen bedeutet Oper oft so viel wie Kulissenplunder und Gefühlsschwimmerei.

Es bleibt das Verdienst Klemperers, mit äußerster Konsequenz die Erstarrung des Operntheaters durchbrochen zu haben. Als er vor anderthalb Jahren die Leitung der Krolloper übernahm, wußte er, daß es sinnlos ist, in der herkömmlichen Art weiter Oper zu spielen. Erneuerung, Aktivierung von Grund auf: das allein kann die Gattung für eine lebendige Kunstpflege retten. Damit ergaben sich die Ziele: Aufführung aller zeitgenössischen Werke, die eine neue Lösung des Formproblems erstreben, Reinigung der älteren Meisterwerke von einer lächerlich gewordenen Aufführungstradition, Modernisierung der Darstellung, Neugestaltung des Operntheaters aus der sich formenden neuen Musikanschauung – ›Entoperung‹.

Anderthalb Jahre Krolloper legen Zeugnis von Klemperers zielbewußter Arbeit ab. Gewiß wurden Fehler gemacht. Gerade in letzter Zeit ließ man sich auf Kompromisse ein. In ›Carmen‹ wurde vor den großartigen, unopernhaften Dekorationen Nehers ein ganz konventionelles Spiel gezeigt, eine ›Fledermaus‹-Einstudierung sank zu provinzieller Abgegriffenheit herab. Aber die entscheidenden Taten heben sich um so stärker ab: der Eröffnungs-›Fidelio‹, der wie ein Orkan über sattes Operngenießertum hereinbrach, ›Don Giovanni‹, der Strawinskyabend, ›Cardillac‹, ›Die Geschichte vom Soldaten‹ und jetzt die hinreißende, aufrüttelnde Wiedergabe des ›Fliegenden Holländer‹. Man setzt sich mit Problemen auseinander, man scheut das Experiment nicht. Und hinter allem wirkt die am Werk sich verzehrende, musikbesessene Persönlichkeit Otto Klemperers. Die Städtische Oper schleppt Mittelmaß und Gestrigkeit weiter. Unter den Linden macht man kostspielige, prunkende Oper. Aber hier bei Klemperer leistet man produktive Arbeit.

Klemperer geht beim ›Holländer‹ ähnlich vor wie seinerzeit beim ›Fidelio‹. Ein frischer Wind bläst Staub und Flitter weg. Die Partitur, die Szene, das Kostüm: alles wird erneuert. Klarheit, Sauberkeit ersetzt den das Werk überwuchernden romantischen Illusionismus. Nicht, daß etwas gegen die Romantik des Holländers geschähe. Im Gegenteil: noch nie wirkte die Oper so unheimlich, unwirklich, gespenstisch. Nur jene zweifelhaften Stimmungsmittelchen der herkömmlichen Oper werden abgestoßen. Dülbergs Bilder sind in ihren klaren architektonischen Umrissen wunderbar durchdacht. Das plötzliche Auftauchen des riesigen Holländerschiffs aus dem Dunkel, die fahlen Farben der Spinnstube – das romantische Wesen der Oper ist mit zeitgemäßen Mitteln erfaßt. Der ›Holländer‹ wurde nicht entromantisiert, sondern entopert. Demgemäß hält man, vielleicht die bedeutendste Tat, auch die Kostüme einfach und wahr. (Die ›Allg. Musikzeitung‹ schreibt: »Der natürlich bartlose Holländer schaut aus wie ein bolschewistischer Agitator, Senta wie ein fanatisch exzentrisches Kommunistenweib, Erik im wüsten Haarschopf und im Wollsweater wie ein Zuhälter.«) Die peinliche Niedlichkeit der Spinnermädchen ist verschwunden. Nicht mehr quälen sich ältlich-kokette Frauen in Stöckelschuhen und weißen Häubchen mit einem nie funktionierenden Spinnrad ab – um Mary drängen sich diese Mädchen eng zusammen, in einfacher Arbeitskleidung, in farbigen Pullovern. Hinten lehnt Senta am Fenster, bleich, den stieren Blick auf das Bild gerichtet, springt plötzlich auf, mitten in den Kreis der Arbeiterinnen hinein und singt, halb am Boden, in höchster Ekstase ihre Ballade. (Moje Forbach als Senta: innerlich, ergreifend, nie pathetische Heroine). Und ebenso kommen aus Dalands Schiff keine Opernstatisten mit schlechtsitzenden Schlapphüten und falschen Bärten, sondern wirkliche Seeleute. Der Holländer ist kein dämonisch-schöner Herzensbrecher, sondern eine düstere, bleiche Gestalt in schwarzem Mantel.

Wie Klemperer schon früher Künstler heranzog, die sich im modernen Schauspieltheater bewährt hatten, so gibt er diesmal die Regie dem bei Jeßner tätigen Jürgen Fehling. Er operiert ein bißchen viel mit symbolischen Lichtern, er spielt zu sehr mit dem Wechsel der Stellungen. Aber die Gesten sind doch überall vereinfacht, das hohe Mimenpathos ist ausgetrieben.

Klemperer greift auf eine ältere Fassung des ›Holländer‹ zurück, in der die Erlösungsmusik am Schluß der Ouvertüre wie am Schluß der Oper fehlt. Die Instrumentation ist härter, dynamische Akzente sind schärfer. Das kommt Klemperers Idee entgegen. Er intensiviert, besonders in den beiden letzten Akten, die Dramatik der Musik in unerhörter Weise, er spannt die rhythmischen Energien bis zum äußersten. Die Chöre hat man noch nie so elementar und wuchtig gehört. Eine durchgehende Steigerungslinie gliedert die Nummern ineinander. Mehr als eines der früher erneuerten Werke zwingt der ›Holländer‹ zur Beschäftigung mit dem Problem der Gefühlsdarstellung, das zu einem brennenden Problem der Musik überhaupt geworden ist. Klemperer nimmt Melodie als Spannungsausdruck. Er meidet das Weiche und Klangschwelgerische. Seine Interpretation ist ausdrucksgespannt, aber nicht gefühlvoll. Er verzichtet auf die sinnliche Reizwirkung, um die rein musikalische zu erhöhen.

So fremd uns die Ideologie der Erlösungsoper ist – hier wird Wagner so dargestellt, daß er von der Musik aus den heutigen Menschen unmittelbar berührt. Die Erneuerung ist am schwierigsten Beispiel verwirklicht. Es ist aktuelles Operntheater.

Und gerade weil es aktuelles Operntheater ist, fiel ein Teil der ›zünftigen‹ Kritik mit einer selten erlebten Gehässigkeit und Demagogie über diese Inszenierung her. Eine Diskussion über sie wäre fruchtbar, wenn vernünftige Einwände erhoben würden. Man kann gewiß in der Aufführung manche Inkonsequenzen nachweisen, man kann manches gegen das Prinzip der architektonischen Stilisierung bei Wagner vorbringen. Das würde zu der schwierigen und noch lange nicht gelösten Frage führen: Wagner und das moderne Operntheater? Und schließlich zu dem Problem: Wagner und wir, was hat uns seine Kunst zu sagen? Aber keiner der Gegner denkt daran. Man versucht, eine künstlerische Leistung mit leerem Geschimpfe, mit tönenden Phrasen wie ›Wagner-Schändung‹, ›Kulturschwindel großen Stils‹ und endlich mit politischen Redensarten totzuschlagen. Es ist der Ton eines Leitartikels, wenn man in der Kritik einer rechtsstehenden Zeitung liest:

»Somit hat die Minierarbeit gegen die deutsche Kunst unter staatlicher Aufsicht ihren Höhepunkt erreicht . . . Wir kennen die Einstellung der Herren Klemperer und Gen., die in enghorizontigem Fanatismus eine Richtung vertreten, die weit abführt von den Idealen, deren Pflege in dieser Zeit dem deutschen Volke besonders not tut und unseren in diesen Dingen maßgebenden Behörden am Herzen liegen sollte. Was aber Herr Otto Klemperer mit dieser Versudelung einer deutschen Oper begangen hat, läßt das Maß nun überlaufen . . . . Hier handelt es sich um gewissenlose Vergiftungsversuche, auf die es nur eine Antwort gibt: Hinaus mit den Schädlingen!«

Der durch die politische Haltung der Zeitung bedingte Kampf gegen die derzeitige preußische Regierung wird von denselben Leuten unbedenklich in die Kunstkritik übernommen, die sich sonst am lautesten über Vermengung künstlerischer und politischer Momente empören. Es ist eine nicht mehr zu unterbietende Unsachlichkeit und Ungeistigkeit des kritischen Kampfes. Auf keinem Gebiete der Literatur wäre dieses Niveau denkbar. Durch Böswilligkeit allein ist es nicht zu erklären, so wesentlich auch diese Motive sein mögen (etwa wenn der stürmische Erfolg der ›Holländer‹-Aufführung an einer anderen Stelle in ›eisiges Schweigen‹ umgefälscht wird). Der tiefere Grund ist die Ahnungslosigkeit der zünftigen Musiker von dem, was heute in der Kunst vorgeht, ist Isolierung der ›Tonkünstler‹. Wir kommen damit zu den oben ausgesprochenen Gedanken zurück. Immer noch leben die Musiker als Kaste für sich in einer Welt, um die sie sich nicht bekümmern. Immer noch meinen sie, auf das zunftmäßige Wissen käme es an, das in Wahrheit selbstverständliche Voraussetzung ist oder wenigstens sein sollte. Weil Wagner ›Schleierprospekte‹ verlangte, verlangen sie auch ›Schleierprospekte‹ und weil sie Opernromantik nur als dekorativen Flitter kennen, so fordern sie ihn immer wieder mit einer stumpfen Beharrlichkeit. Das alles ist nur möglich, weil der ›Tonkünstler‹ keine Ahnung vom Theater der Gegenwart hat, weil er nie heraus kommt, weil er sich wohl zum soundsovielsten Mal die Waldsteinsonate, aber nicht die ›Dreigroschenoper‹ anhört, weil er lieber sein ›Fachblatt‹ liest als in den Film ›Sturm über Asien‹ geht, weil er (wie ein Literat treffend sagte) immer noch in der Makartzeit lebt. Die Isoliertheit des Musikers ist auch der Grund, warum gerade bei ihm Erneuerungsversuche der Oper, wie sie Klemperer erstrebt, auf Verständnislosigkeit und Widerspruch stoßen.

12. Februar 1929

Hoffmanns Erzählungen
Phantastische Oper von J. Offenbach

*Musikalische Leitung:* Alexander von Zemlinsky
*In Szene gesetzt* von Ernst Legal
*Gesamtausstattung:* L. Moholy-Nagy
*Chöre:* Karl Rankl

Artur Cavara (Hoffmann), Else Ruziczka (Niklaus), Valentine Wischnevskaja (Olympia), Moje Forbach (Giulietta), Käte Heidersbach (Antonia), Karl Hammes (Coppelius, Dapertutto, Mirakel), Iso Golland (Spalanzani), Albert Peters (Cochenille, Pitichinaccio, Franz),

Martin Abendroth (Crespel), Otto Freund (Schlemihl), Gusta Hammer (Eine Stimme).

*Adolf Weißmann:* ›B. Z. am Mittag‹ *vom 13. Febr. 1929*
Ein interessanter Opernabend
Auf den Mienen ist zu lesen: was hat man gegen den süßen Opernkitsch vor? Die meisten sind gespannt; die anderen sind gewappnet.

Aber auch den Gewappneten ist offenbar die Trillerpfeife eingefroren. Sie sind überstimmt worden. Der Beifall begräbt alles, was an Verrostetheit, Mißmut, Besserwisserei vorhanden ist.

In der Tat: dieser Opernabend gehört zu den interessantesten meiner Erinnerung. Und wer das Theater in seinen Wandlungen liebt; ja, wer die Musik liebt, muß das sehen. Denn ist das Auge im Bann gehalten, so wird doch dem Ohr wenig entzogen. Die dauernde Wechselwirkung zwischen diesen beiden Organen, sonst für den Opernbesucher etwas anstrengend, entläßt ihn diesmal, wenn er nur willig ist, aufs freundlichste angeregt.

In den ›Blättern der Staatsoper‹ wird schwerstes Geschütz an Grundsätzlichkeit aufgefahren: von Dr. Hans Curjel, dem theoretischen Hausgeist, der die fortschreitende Lebendigkeit der Opernbühne will; von L. Moholy-Nagy, der das ›Theater der Totalität‹ verteidigt.

Aber, meine Herren, so schön, klug, grundsätzlich dies alles ist: das Experiment ist von Fall zu Fall zu behandeln. Wagner ist als Experiment ein schwerer, ja unlösbarer Fall; Offenbachs Hoffmann aber reizt zum Versuch. Und heute, nach etwa 100 Jahren, würde der spukhafte Kammergerichtsrat, Offenbach hinter sich herziehend, der ins Menschliche umgewerteten Phantastik zuklatschen.

Der szenische Versuch stammt von L. Moholy-Nagy. Er ist Bauhäusler. Aber einer mit schöpferischer Phantasie. Nicht unbeeinflußt von den selbst die Oper umkonstruierenden Russen. Auch erinnere ich mich, bei Djaghilew im Pariser Théâtre Sarah-Bernhardt ein Ballett ›Le pas d' acier‹ von ähnlicher Gestaltung gesehn zu haben.

Phantastik des Mechanischen: was Moholy-Nagy darin leistet, ist sehr bemerkenswert. Und selbst wenn er aus Grundsätzlichkeit in die Irre geht, kann er uns nicht völlig von sich abbringen.

Zunächst wird jeder Bierphilister enttäuscht durch die Abwesenheit dessen, was man einen Bier- oder Weinkeller nennt: die Konstruktion zeigt nicht bequeme Sitzgelegenheiten. Becher blinken. Eine Treppe schlängelt sich hinauf, wo Lindorf sitzt. Dies alles steht in der schwarzen Nacht des Schattens.

Nur ein Anfang, und zwar ein halbgeglückter. Doch ist gerade hier das Musikalische überraschend. Die Chöre haarscharf in Einsatz und Entwicklung; die Bewegung sehr lebendig. Die Bühne verschiebt sich. Und es erscheint das physikalische Kabinett Spalanzanis. Hier lebt sich Phantastisches in der Konstruktion aus. Die Herstellung des Homunculus wird greifbar. Gliedmaßen, an fadendünnen Trapezen, schweben in der Luft. Ein Püppchen, zunächst ohne Unterleib. Gestänge überall. Doch rechts eine Wand mit geschlossenen Läden. Was steckt darin? Man soll es bald erfahren. In diesem grotesken, verschiedenartig erhellten Experimentierkabinett tritt der Mensch in den Abstufungen zwischen Lebewesen und Maschine auf. Hier bekommt zwar das Grundsätzliche einen Riß, aber bewegtestes Theater, immer als eine Art Zauberspiel, rollt vor uns ab. Die Puppe Olympia am drolligsten. Obwohl die Koloraturen der Valentine Wischnevskaja, bis auf rühmenswerte Staccati, gewiß nichts von mechanischer Vollendung haben. Dieser Singmechanismus ist noch brüchig. Er muß ausgebessert werden.

Ich denke mir: wie wird Moholy-Nagy venezianischen Kitsch in seine Phantastik des Mechanischen übertragen? Nun sind wir bei seinem schwachen Punkt. Es passiert nichts weiter, als daß oben erwähnte geheimnisvolle Läden sich öffnen und phantastische Reflexe werfen. Aber die Freudenmädchen lagern, sehr unbequem, auf einer Art Operationstischen. Schon? Sind wir in der Klinik? Solange, trotz allem Fortschritt der Technik, Liebe noch nicht Anatomie am lebenden Objekt ist, wird sie sich bessere Körperentfaltungsmöglichkeiten aussuchen. Liebe spottet jeder Konstruktion. Liebe ist das einzige Ding in der Welt, das mit dem süßen Kitsch unlöslich verbunden ist. Liebe kann, mit einem Wort, in diesem Falle Venedig nicht entbehren. Es ist in der Musik vorgezeichnet. Sie streichelt, man darf ihr keine Ohrfeige langen.

Aber der dritte Akt gibt uns eine neue, mit schräger Leinwand bedachte, von oben diffus belichtete Konstruktion. Sie leuchtet ein. Auf der Leinwand wird, mit krallig greifenden Fingern, mit gespenstischem Gesicht auf den kommenden Doktor Mirakel gewiesen. Und hier entwickelt sich zwingendes Schauspiel, zwingende Musik.

Denn das ist es eben: Alexander v. Zemlinsky steht am Pult, im allgemeinen viel zu wenig gewürdigt, von einer Sicherheit des musikalischen Instinkts, von einer Festigkeit und doch Geschmeidigkeit in der Führung, die hier, in dem Experiment für das Auge, der Musik ihren vollen Anteil rettet. Dies wird auch durch die herzliche Zustimmung, die ihn beim dritten Erscheinen grüßt, voll anerkannt.

Das ewige Problem ›Schauspielersänger‹, hier bis zur Krise geführt, wird in keinem Falle ganz gelöst. Ein Gast, Artur Cavara als Hoffmann, singt seine schöne, aber durch halbe Technik behinderte Stimme heiser;

v  Carl Maria von Weber, Der Freischütz, Wolfsschlucht. Entwurf von Ewald Dülberg
Sammlung Frau Teo Otto, Zürich

Moje Forbach, begabte, doch schon geschädigte Sängerin, ist keine verführerische Giulietta; nicht übel Else Ruziczka als Niklaus; auch Martin Abendroth als Crespel. Stark, beweglich, mit Ton geladen, in dreifacher Gestalt Karl Hammes; tief eindringlich, selbst wo die Stimme leise schwankt, die Antonia der Käte Heidersbach; eine volle Altstimme die der Gusta Hammer.

Das hält prachtvoll in der Hand des Spielleiters Legal.


*Oscar Bie: ›Berliner Börsen-Courier‹ vom 13. Febr. 1929*

Ich bin im Prinzip nicht dagegen, daß eine Epoche ihren Anschauungsstil im Theater auf ältere Werke verwendet. Schließlich hat das jede Epoche getan. Es ist nur heute besonders kompliziert, weil wir bei alledem genug Hochachtung vor dem Werk selbst fühlen, wenigstens hier in Deutschland, und es nicht für die Zwecke der ›Dekoration‹ zerstören können, wie es Tairoff und andere getan haben, Giroflé-Girofla oder gar Carmen.

Aber. Erstens ist dieser konstruktive Stil wirklich der absolute Ausdruck unserer Zeit? Die reine Raumauffassung der Bühne in Gerüsten, Flächen, Baugliedern, die selbst in Rußland nicht wirklich populär geworden ist, scheint eher ein letzter Ausläufer der formalen Richtung, eine neue l'art pour l'art, ein Eroberungsgelüst, ja eine Tyrannei, als eine innere Notwendigkeit. Es gehört sehr viel Abstraktion dazu, da nun einmal Menschen auf der Bühne agieren, deren natürliche Erscheinung in ein System mit dieser technischen Absolutheit zu bringen. Und es gehört noch mehr Barbarei dazu, ältere Werke, die in Aufbau und Wirkung realistisch gedacht sind, in diese Fesseln zu schlagen. Ich spreche nicht von Illusion, die zuletzt niemals das Ziel war. Ich meine die Übereinstimmung der Bühnenfiguren mit ihrer Umgebung in Stücken, die das Leben ins Theater umsetzen. Es wird sich zeigen, daß die struktive Doktrin nur ein Übergang ist, allenfalls eine Erziehung zur reineren Form, die die Realistik des Theaters nicht beseitigt, sondern wandelt. Genauso wenig wie die Tänzer von heute bei aller reinen Rhythmik den Körper verleugnen, wird die Bühne die Wirklichkeit abstreifen können. Gerade wenn sie sich vom Tänzer aus erneuert, wird sie die letzte Abstraktion hassen. Der struktive Stil ist eine ästhetische Theorie, keine Geburt einer immer noch historisch gebundenen Zeit.

Doch gut. Nehmen wir seine Überlegenheit an. So muß er im einzelnen Falle organisch sein, um sich zu beweisen. Es wäre denkbar, aus den drei Hoffmanniaden in dieser Oper eine einheitliche struktive Welt zu erfinden, die sämtliche Milieus als Variationen desselben Raums auffaßt und erläutert. Moholy-Nagy hat das nicht erfüllt. Er ist im einzelnen geistreich, im ganzen unorganisch. Er macht aus dem Keller eine Vision geisterhaft blinkender Tische mit Wendeltreppe, setzt aber den beobachtenden Lindorf auf eine große rote Brücke, viel zu zentral für seine Beteiligung an der Szene. Er macht aus dem Kabinett des Spalanzani ein amüsantes Varieté struktiver Spielereien, Kugeln, schaukelnde Männchen, Hähne, Körperglieder, rollende Lichtbilder, drehende Farben und elektrische Bewegungsbilder, aber er stellt denselben vertikalen Rahmen und dieselben horizontalen Kammern links und rechts, die er in der Giuliettaszene benutzt, ohne daß noch irgendein räumlicher Zusammenhang wäre. Beweis: die Kammern sind hier geschlossen und liegen stumm da, während sie sich in Venedig als Hintergrund des Bacchanals erst öffnen. Venedig ist ganz entmaterialisiert. Bei Spalanzani ist eine innere Verwandtschaft der Methode und des Inhalts, hier gar nicht mehr. Eine Venusfigur, geistreich nur aus transparenten Rändern gebildet, ist ein Kompromiß an die Realität. Das Gondelwesen verschwindet: die Struktiven lieben kein Wasser. Die Antoniaszene wiederum steht ganz aus der Reihe. Es ist eine nicht uninteressante Konstruktion aus Todes- und Grabeslinien, Traum eines Sterbezimmers, das nur Schemen von Möbeln enthält, Klavier, das keines ist, das Mutterbild, das sich schämt, ein richtiges Bild zu sein, dazu ein bißchen Kino in der Luft – aber die buffoneske Arie des Dieners steht darin völlig unvermittelt. Das Szenarium des Originals widerspricht. Das ist kurz der Tatbestand. Einzelne Ideen auf der vollen Höhe moderner technischer Phantasie schließen sich nicht zu einem Organismus der Übersetzung in diesen Stil zusammen. Es ist nur eine halbe Revolution – also gar keine. Es ist keine Erneuerung, sondern eine Verschiebung. Ungünstig für die Wirkung der Musik, die uns hier immer wesentlich bleiben wird. Rühmt man das Unkonventionelle, Nichtopernhafte, so rühmt man eine moralische, nicht eine künstlerische Tugend.

Das Licht ist das willigste Instrument dieser Bauhausbühne. Es erzielt wunderbare Effekte und wird am ehesten musikalisch. Die Kostüme, abweichend, halten sich in einer unitaren Mitte zwischen symbolischer Phantasie und realer Gebundenheit. Coppelius hat am Rock einen Glasrand, aber die Gesellschaft Spalanzanis ist grotesk-proletarisch gekleidet, was gewiß nicht zu einem Menuett paßt.

Die Regie Legals, die durch die Bewegung der Bühnenrequisiten spaßhaft unterstützt wird, hält sich notgedrungen abseits der Tradition, aber versucht doch Puppenstil, Kurtisanenstil, Bürgerstil in den Umrissen festzulegen. Dort steifer, dann malerischer, zuletzt menschlicher. Die Dämonik des Dr. Mirakel gelingt am wenigsten. Zwischen der Bewegung der Figuren und den Forderungen der Raumbühne bleiben aber dauernd unlösbare Distanzen.

Erfindet neue Stücke aus dieser Theorie, wenn ihr sie siegen lassen wollt.

Musikalisch (ohne das Septett, auch ohne den Musenschluß) haben wir – gleichfalls – geteilte Freude. Zemlinsky macht es sehr schön, mit Glanz, Heiterkeit und wieder mit einer singenden Wehmut. Die Chöre sind stark und durchdringend. Hammes in den Varianten des Lindorf ausgezeichnet in Stimme und Wirkung, bei aller Charakteristik auf die Formung des Gesangs nach außen bedacht. Die Spiegelarie herrlich. Artur Cavara a. G., der Hoffmann, hat eine nicht sehr elegante Art, gewisse Qualitäten des Organs und des Ausdrucks in Fluß zu bringen, nichts Dominierendes, nichts Fortschwingendes. Wischnevskaja, die Olympia, reizend zu sehen im festgestrammten Ballettröckchen, stimmlich sehr bestrebt, nicht frei genug, nicht schmelzend vor Bezauberung. Forbach, die Giulietta, sehr grandios und sehr leidenschaftlich, konform im Gesang. Heidersbach, die Antonia, etwas zu heroisch, mit sympathischen Anlagen, die sie nicht immer vor Nervosität schützen. Niklaus sehr nett, die Ruziczka. Peters ausreichend in den Dienerrollen, Golland als Spalanzani. Abendroth als Crespel am Platze.

Am Platze der Republik geschehen neue Dinge. Man soll sie nicht belächeln, nicht verachten, man soll es als Schlachtfeld nehmen. Besser ein problematisches Experiment, als eine leere Stagnation. Aber man muß um so schärfer diskutieren.


*Paul Zschorlich: ›Deutsche Zeitung‹ vom 13. Febr. 1929*

Das Klemperer-Ensemble, das zum größten Teil aus Deutschfremden besteht, frißt nach und nach den ganzen Opernbestand an. Es inszeniert die beliebtesten Opern ›aus dem Geist der Zeit‹, das heißt: aus dem jüdischen Geist. Wir erleben diesen Geist an Klemperers Werken, wir sehen das an den von ihm bevorzugten Mitgliedern, wir lesen es aus seiner künstlerischen Gesinnung und aus seiner Wahlverwandtschaft mit den Sowjetherrschern, bei denen er als Gastdirigent gut verdient. Wagt sich sein persönlicher starker, von deutschem Geist jedoch ganz unberührter Kunstwille an Richard Wagners Werk, so nageln wir den Unfug seiner Betätigung fest und weisen seine Unfähigkeit mit dem Erfolg nach, daß bereits zwei große Richard Wagner-Verbände gegen die Versündigung an deutschem Kulturgut öffentlich Protest erheben und vor Herrn Klemperers ›Fliegendem Holländer‹ warnen. Den Schutz von Jacques Offenbach, den wir nicht zu den deutschen Komponisten rechnen, überlassen wir dem ›Zentralverein deutscher Staatsbürger jüdischen Glaubens‹.

Das Klemperer-Ensemble besitzt keine Rosalinde und keinen Gefängnisdirektor Frank, aber die ›Fledermaus‹ hat es einstudiert! Es besitzt auch keinen Hoffmann, aber ›Hoffmanns Erzählungen‹ nimmt es keck in den Spielplan auf. Ein Ausländer, der das Deutsche radebricht, ein Tenor, der erst einmal singen lernen müßte, ein Anfänger, der sich noch kaum auf der Bühne bewegen kann – dies ist der Hoffmann in der Oper am Platz der Republik. Wenn der Volksmund diese fatale Oper aber die ›Schmiere am Walde‹ nennt, dann sind die Herrschaften ganz erstaunt! Valentine Wischnevskaja (auch alles andere als eine Deutsche!) sang und spielte die durchaus nicht leichte Rolle der Olympia recht brav. Für eine Anfängerin war ihre Leistung sogar bemerkenswert, zumal sie recht saubere Koloratur hören ließ. Aber welch ein Abstand zwischen ihr und den ausgezeichneten Sängerinnen, die wir in dieser Rolle früher hörten! Überhaupt: wenn man diese Vorstellung unter dem Gesichtspunkt der Gesangskultur betrachten wollte, das Ergebnis wäre beschämend. Nichts als Mittelgut und darunter. Karl Hammes (Coppelius, Dappertutto, Doktor Mirakel) trotz seiner schönen Stimme, der nur leider die Tiefe fehlt, gänzlich ungeeignet für seine drei Rollen. Er ist ein bel canto-Sänger, während hier ein Charaktersänger (und vor allem ein guter Schauspieler) vonnöten ist. Moje Forbach wirkte als Giulietta gesanglich vielleicht noch am besten. Gänzlich unbedeutend Iso Golland als Spalanzani. Seine hervorstechendste Eigenschaft wird immer die Nase bleiben – in jeder Rolle.

Gut, sogar auffallend gut waren die von Karl Rankl einstudierten Chöre. Es wurde mit größter deklamatorischer Feinheit gesungen. Ebenso muß die Leistung des Orchesters anerkannt werden, wenn auch die ersten Geigen oft etwas dünn klingen. Alexander von Zemlinsky wußte Zartheit und Schneidigkeit bestens zum Ausdruck zu bringen und die ›Barcarole‹ wurde sehr klangschön gespielt.

Für die Gesamtausstattung zeichnete ein neuer Mann verantwortlich: L. Moholy-Nagy. Natürlich auch kein Deutscher! Er soll ein ›Schüler‹ von Treppen-Dülberg sein, was ich urkomisch finde, da Herr Dülberg selber doch über das Stadium des Anfängers noch nicht hinausgelangt ist. Nun, die Ausstattung war denn auch danach! Ein völlig poesie- und stimmungsloses Kunterbunt von Abgeschmacktheiten und kalten Effekten. Im venetianischen Akt sah man die bekannte Kokainhöhle mit der regungslosen, zu Klumpen geballten Masse. Vorn an der Bühne schaukelten drei Weiber auf Trapezen, die irgendwo im Äther befestigt sein müssen: ein ganz gewöhnlicher Varieté-Trick! Etwas Stimmungsloseres und Armseligeres wie diese Szene kann man sich kaum vorstellen. Aber auch sonst trieb krampfhafter Unsinn die tollsten Blüten: die Trinkszene der Studenten war aller Behaglichkeit entkleidet, das Atelier Spalanzanis wirkte mit seinen kindischen Attributen und in seiner ›modernen‹ Ausstattung geradezu abstoßend.

Freilich: das gilt nur für den deutschen Geschmack. Das zu drei Vierteln jüdische Publikum des Abends war von seinem Klemperer-Ensemble wieder einmal sehr angetan. Diesem sensationslüsternen Snob kommt es ja nicht auf die Kunst an, sondern auf Überraschungen, Nervenkitzel und Regiespäße. Die Herren Klemperer und Legal täten gut daran, wenigstens Farbe zu bekennen und ihr kulturbolschewistisches Unternehmen als ›Jüdische Oper‹ anzukündigen. Denn mit deutscher Kunstbetätigung hat das, was dort getrieben wird, nichts zu tun.

Die Spielleitung von Ernst Legal, dem angeblichen Leiter dieser Bühne, legte sichtlich Wert darauf, sich den Instinkten und Bedürfnissen des spezifischen Klemperer-Publikums anzupassen und sich bei ihm beliebt zu machen. Sie zeigte nirgends einen eigenen Gedanken, sondern wiederholte rein mechanisch den aus Sowjetrußland eingeführten Regie-Stumpfsinn. Nimmt man die plundrigen Kostüme und die von der Handlung ablenkenden Lichtspielereien hinzu, so muß man zu dem Ergebnis gelangen, daß die Spielleitung ›Hoffmanns Erzählungen‹ nicht in-, sondern exszeniert hat. Welchen erschreckenden Mangel an Überzeugung, eigenem Urteil und künstlerischem Empfinden offenbart aber eine Hörerschaft, die sich solchen kalten Zauber vormachen läßt!

Schließlich ist's doch schade um die originelle an hübschen Einfällen reiche Musik. Könnte der alte Offenbach diese Karikatur seines immerhin ernst gemeinten Werkes sehen, so würde er vermutlich sagen: »Gott schütze mich vor meinen Freunden!« Der Mann verstand nämlich etwas vom Theater.


*B. Diebold:* ›*Frankfurter Zeitung*‹ *vom 17. Febr. 1929*

Opernzauber 1929

›Hoffmanns Erzählungen‹, ein köstliches Destillat aus romantischen Dünsten gewonnen, nennt sich mit gutem Recht: ›Phantastische Oper‹. Im ersten Akt liebt Hoffmann eine Dame, die eigentlich ein Automat ist. Im zweiten soll sein Spiegelbild geraubt werden, wobei ein gewisser Peter Schlemihl im Spiele ist. Im dritten holt der Teufel eine singende Seele . . . Phantastische Oper.

Das Paris von Jacques Offenbach und der Kaiserin Eugenie hat sich augenmäßige Versinnlichung solcher Phantastik wesentlich anders gedacht als der im nüchternen Preußisch-Berlin ein besseres Dasein phantasierende E. Th. A. Hoffmann. Und noch viel, viel anders als die Aufführung der Staatsoper am Platz der Republik, wo der Regisseur Legal und der Szeniker Moholy-Nagy eine Art Dessauer Bauhaus aufrichteten. So daß im nüchternsten Aufbau gläserner Räume und metallener Gestelle die Phantastik ein Examen auf Tod und Leben zu bestehen hat. Die Pariser Auffassung der Zauberwelt mit farben-sinnlichen Prospekten von Venedig, mit Lotterbettchen im Freudenhaus, mit magischem Zwielicht in Spalanzanis physikalischem Atelier und in der Todeskammer der musikalischen Antonia – sie wurde von Plüsch und Polster, von Seide und Schwüle, von dicker Farbe und sexuellem Dunst gereinigt. Man mochte bei dieser puristischen Roßkur gegen die alte Romantik um das Leben eines Meisterwerks fürchten. Reinigung bis zur Sterilität.

Auf Dessauer Metallstühlen saßen die Studenten in der modern gewordenen Baskenmütze. Der biedermeierliche Rat Crespel, bisher ein Verwandter von Schubert und dem alten Musikpapa in Schnitzlers ›Liebelei‹, trägt ein Monocle im Auge; und seine seelenhafte Tochter Antonia ist salonhaft elegant geworden. In Venedig bei der Courtisane Giulietta sind die Lotterbettchen durch Sanatoriums-Liegematten hygienisch und auf Lunapark-Geräten schaukeln langstielige Tauentziengirls. Venedigs Markuskirche und der Campanile sind nur durch goldene Konturen, wie aus metallenen Stäben, angedeutet. Lutter und Wegeners romantisches Kellerloch im Vor- und Nachspiel wird zur eleganten Bar, in der man sich das Salamander-Reiben besser abgewöhnt. Und der Salon, in dem der Spalanzani seine mechanische Tochter produziert, ist ein weißer Seziersaal geworden, wo der Charlatanismus sich mit naturwissenschaftlicher Sachlichkeit zum besten gibt. . . . Dazu spielt nun Musik sinnlichster Herkunft. Wir bangen um die Phantastik, die dieses Märchen möglich macht. Dessau und Phantastik! Will das zusammen? Kann das zusammen?

Es ist schwer, dazu gleich Ja oder Nein zu sagen. Die Frage, ob romantische Oper heute überhaupt noch möglich ist, wäre damit zu schnell entschieden. Aber dieses sei vorausgesagt: ob stilrein oder nicht stilrein – Phantastik war da! Auch innerhalb Dessaus phantasierte die Romantik und erregte die Leute zum rasenden Beifall. Ja . . . Phantastik auf Metallstühlen . . . Denn es sitzen ja Menschen darauf, die sich gegen die letzte Versachlichung sträuben. Nur die Olympia ist Automat und Puppe. Die andern hinter und vor der Rampe bleiben die gutwilligen Opfer ihrer Phantasie.

Man kann als Feind solcher gewaltsamen Modernmachung mit Leichtigkeit und bestem Recht behaupten: hier laufen zwei Stile nebeneinander ab: einer von Paris und einer von Dessau. Offenbach drehte sich im Grabe um – aber nicht in erster Linie, weil er den neuen Stil, sondern weil er die Neuzeit nicht verstände, die diesen Stil geschaffen hat. Aber wir geben zu bedenken, daß die Pariser Auffasung von deutscher Romantik schon eine böse Stilverletzung darstellte und daß der musikalische Stil hier zwischen Opéra lyrique und deutschem Hörnerklang eine nicht so ganz harmlose Verbindung einging. Ein genialer deutscher Jude hat sich als alter Mann durch Offenbachiaden hindurch an deutsche Romantik zurückerinnert. Hoffmann, der damals in Paris am meisten gelesene deutsche Autor von Rang, bot die Brücke. Der Pariser Salon war bereit, sich solche dunstigen Erzählungen vom sentimentalen Dichterherzen gefallen zu lassen. Auch Frankreich hat seinen Béranger, seinen Musset und de Vigny. Flaubert weiß wie keiner um die romantische Liebe ohne Resultat. Zumal wenn sie im Empire spielt: durch historische Distanz zur größeren Wirklichkeit erhoben. Dazu nun die leichteste Musik, die auf französisch deutsche Dinge erzählt ...

Die Musik muß halten, was der Text verspricht. Sie hält es. Sie erweist sich eigenmächtig. Sie brauchte keinen Text, um doch Musik zu sein. Da liegt's! Bleibt diese Musik noch Musik auch für den Menschen 1929? Die Probe heißt Dessau. Die Frage, ob diese Musik Dessau aushält, ist zugleich die ganz einfache Frage, ob der Dessauer Typus 1929 noch diese Musik aushält. Er hält sie aus – ja er inszeniert sie. Es gelingt ihm die Phantastik, die er für seine Dessauer Seele braucht.

Es gibt nämlich auch eine ungenannt sein wollende anonyme Seele des neusachlichen Menschheits-Typus. Scheinbar das Ideal der Maschinen-Puppe Olympia anbetend, ohne die Rosa-Brille des Optikers Coppelius, sondern mit den überscharfen Gläsern des Technikers äugend, befällt ihn dennoch das Grauen vor solch mechanischer Vollendung. Drum stürzt sich die enttäuschte Seele des Dessauer Hoffmann auf das schöne Fleisch der venezianischen Giulietta und wird auch hier betrogen um das wesentliche Glück. Sucht dann die Seele der Antonia. Aber die hat dafür im Körper die Schwindsucht. Sie darf nicht singen. Alles zusammen – Mechanik, Erotik und Seelenlust – ist nicht so ohne weiteres gestattet. Wir erleben es auch heute alle Tage. Olympia automatisiert sich im Sport. Giulietta treibt weiter ihr erregendes Gewerbe. Wir kaufen Rosa-Brillen und verlieren unser Spiegelmenschen-Bild an alle möglichen Zauberer des Alltags. Und schließlich stirbt uns gelegentlich die Seele weg, weil sie zur Unzeit singen wollte ... Alles in Dessauer Möbeln, mit fünf Lampions in der Luft statt einem alten Mond ... fünf herrliche magische Leuchtkugeln, die mehr Phantastik und Romantik über den zweiten Akt gießen als der frühere rote Mond aus Pomo d'oro in Spaghetti-Dünsten. O ihr Dessauer in ›Hoffmanns Erzählungen‹ ...

Nun aber: woraus besteht die neue Phantastik – die neue Romantik? Vorausgesagt: sie ist nicht überall gelungen. Die Aufgabe ist schwer. Denn die drei Erzählungen der drei Akte ergaben drei grundverschiedene Milieus. Dazu das Vorspiel in der Weinstube. Vier Milieus auf einen Stil. Zumal auf einen Stil, dessen konstruktive Schematik kaum der Variation, geschweige der Verwandlung eignet.

Das Vorspiel in der Weinkneipe hält sich durch schwarzen Hintergrund neutral trotz realistischen Sorbonne-Studenten. Das Schwarze kann moderne Fläche sein oder auch Kellerdunkel. Die Figur des Lebemanns Lindorf, der dem Hoffmann die gegenwärtige Geliebte abspenstig macht, so daß sie erst einmal als ›Erzählung‹ wieder Geliebte werden kann – dieser in sonstigen Aufführungen als nebensächlich übersehene Lindorf bereitet hier im Weinlokal sein dämonisches Amt vor. Legals Regie hat hier rein dramaturgisch außerordentlich gut getippt. Dieser Lindorf – siegreicher Realist über dem Dichter – wird so in seinen späteren Verwandlungen als Brillenhändler, Kapitän und Doktor Mirakel vollauf verstanden als der Mephisto dieser Liebes-Faustiade. Das Geheimnis des Vorspiels liegt nicht mehr nur im Zauber der Studenten-Mimik und -Mystik, sondern im dramatischen Akzent des die Szene beherrschenden Lindorf. Der Gegenspieler wird im Prologus gespenstisch vorgestellt. Wir alle fürchten für Hoffmann. Ob Kellerkneipe oder Bar – wird gleichgültig. Die Musik spielt unzeitgemäß für 1880 wie für 1929. Ein Lindorf damals – ein Lindorf jetzt.

Gleich folgt der unbezweifelbare Höhepunkt des Abends: erster Akt. Der Regisseur Legal fragt sich mit einem fabelhaften Einfall: Ist eine mechanische Menschenpuppe nur ein Spielzeug oder ein Wunder der Technik? Hallo, Wunder der Technik! Wie modern! Das wollen wir ja! Wir brauchen keinen Zauberer, sondern einen Physiker. Statt Nostradamus etwa ein unternehmender Herr, der vorgibt, ein Einstein, ein Steinach oder jener Goldmacher zu sein, der noch vor wenig Wochen viel nüchternere Leute als nur den General Ludendorff für seine romantische Scheidekunst zu interessieren wußte. Er wagt die Probe seines Schwindels: Siehe, ich zeige euch den neuen Menschen!

Der Empire-Salon von einst ist zum Laboratorium in weiß geworden. Der ganze Bühnenraum liegt nackt vor dem weißen Horizont, auf dem vage Schatten spielen. Von der Decke hängen ein paar Charlatanerien: eine Flitterpuppe, eine goldene Kugel, eine Vitrine mit Arm und Bein und Kopf aus Wachs. An der Wand drehen sich Farbspiralen und verwirren mit klarstem Ornament die Logik des Nützlichen und Wissenschaftlichen. Die Nippes des modernen Zauberers sind andersartig als das Krokodil an der Decke des Alchymisten. Auch mit solidester Chemie läßt sich ein ganz phantastischer Schwindel leisten. Hereinspaziert zum neu-sachlichen Wunderdoktor! Der Raum ist gekrümmt, meine Herrschaften. Aus eins wird zehn. Unsere Differential-Rechnungen sind für Sie doch nur Hexeneinmaleins. Ganz nüchtern sind Sie in die Phantasie hineingetappt. Stellen Sie sich drahtlose Telegraphie vor! Wie – das können Sie nicht? Also Ihnen wird unheimlich in der gespenstischen Nüchternheit des physikalischen Ateliers? Es geschehen hier Dinge – ein Mensch wurde hier gemacht und kann singen!

Während der Einleitungsmusik zum ersten Akt öffnet sich bereits der Vorhang und alle Drähte spielen, alle Rädchen drehen, und hinten legen die Exzentriks die unaufgezogene Puppe Olympia aufs Lager. Da wird wissenschaftlich gezaubert. Die Welt rotiert in ätherklarer Leere. Die Welt ist ein Panoptikum des Triumphs der Technik. Klar und fein schwindeln die Präzisionsapparate neue Romantik. Ein spontaner Sonderbeifall des faszinierten Publikums klatscht minutenlang in den Äther.

Am Äther zirpt und flötet diese leichte Musik. Sie ist im ersten Akt am allerleichtesten. Preziös klingt sie den Zauber an. Dessaus Drähte und Stäbe sind ganz preziöse Maschinerien. Es klingt im Raum wie Spieldose...

Alexander von Zemlinsky begibt sich aller Dirigentenherrlichkeit; und Diskretion ist seine Ehrensache. Er dämpft mit der Hand. Er hält die Finger auf den Mund. Er sagt kaum hörbar zum Orchester: da oben, meine Herren, da oben singen sie eben. Bitte nicht stören. Denn da oben singen sie sehr schöne, leise, feine Sachen. So sagt der sensible Dirigent Zemlinsky... und gestattet seinen Leuten keine Plünderung der Melodie. Alexander von Zemlinsky mit dem Sibyllengesicht wahrt die Geheimnisse. Still!!!

Der zweite Akt in Venedig wird üppiger, körperlicher, theatralischer. Die ›Barcarole‹ gibt noch den unbeschwertesten Klang her. Die allmähliche Verdickung der Musik lastet gelegentlich auf den dünnen Konstruktionen von Dessau in Venedig. Aber die Phantastik des zauberhaften Prunkes früherer Auffassung ist ersetzt durch die Phantastik des Ungreifbaren. Auf diesen Campanile steigst du nie hinauf. Keine Aussicht für Hochzeitspaare. Die Erotik tobt in den spielenden Menschen. Die ›Dekoration‹ hat nichts zu dekorieren. Sie hat nur ›Raum‹ zu sein. Aber ein magischer Raum. Und dünne Zauberluft in der Stratosphäre. Die Romantik mit Polstermöbeln und Gardinen war einfach luxuriös gesteigerter Salon. Hier ist das Märchen ohne Vergleich mit Wirklichem. Dessau kommt der gesungenen Unwirklichkeit der Opern-Menschen mit seiner immateriellen Konstruktions-Logik ahnungslos entgegen. Im Nichtmehr-Materiellen begegnen sich Oper und Dessau.

...Manchmal fehlt der farbige Dunst – wenn die Musik selber dunstig wird. Alles hängt schließlich an der Musik! Denk es, o Opernregisseur! Nur beste Musik verträgt die Verwandlung. Der ›Fliegende Holländer‹ von Klemperer, Fehling und Dülberg vertrug's auch. (Die ›Mona Lisa‹ würde kein neues Kostüm vertragen... Und Tschaikowskys ›Eugen Onegin‹, der mit der virtuosen Ivogün und unter subtilster Leitung Bruno Walters in der Städtischen Oper Charlottenburg sich in seiner ganzen Langenweile und musikalischen Impotenz vorstellte – auch er vertrüge keine Verwandlung. Dessau erstickte seine Romantik – weil die Romantik nicht von wirklicher Musik gespeist ist.) Aber bei Offenbach ist Musik.

Diese Musik schweift im dritten Akt ins Seelische aus. Aus dem Puppenstand des ersten, aus dem erotischen Dunst des zweiten, beschwert sie sich im dritten Akt mit Sentiment. Sie wird musikalische Ausschweifung; sie verzögert durch musikalische Freuden erster Ordnung den Rhythmus des dramatischen Ablaufs. Der Musiker Offenbach verlor sich in der Dachkammer eines Spitzweg-Idylls mit pathetischen Ekstasen. Was soll nun Dessau machen? Dessau macht bestenfalls ein Atelier mit Glasbedachung, durch deren weiße Fläche Doktor Mabuses (oder Mirakels?) Film: Teufelsaugen riesengroß blinkern und seine krampfige Geisterhand nach der Seele der sterbenden Antonia hascht. Achtung, Großaufnahme!... Aber die Intimität? Der Zauber ist aufdringlich. Im Detail gibt es sehr schöne Dämonien. Aber im ganzen Raum verklingt und verwaist die Singseele dieses Schubert-Mädchens. Musikalisch ist die dynamische Steigerung durch Zemlinsky prachtvoll gegeben. Aber Legal und Moholy-Nagy können nicht weitersteigern nach dem Gesetz, nach dem sie angetreten.

...Diese Musik des dritten Aktes gestattete der Szene nur die traditionelle Romantik des Clair-obscure. Nur die Zauberkünstelei mit doppeltem Boden... Herrlich die Erinnerung an den ersten Akt: Zauberei ohne doppelten Boden. Dort ist ein Weg und Lichtstrahl zu einer künftigen Oper. Die biomechanische Bühne der Russen stand als Vorbild da. Auf jene Vision hin muß von neuen Komponisten die neue Oper geschaffen werden. Phantastik im Geheimnis-Reich von heute. Klare Zauberei. Wie von Einstein. Oder: Verstehen Sie etwa die Relativitätstheorie? Ich nicht.

Bei allen Schwankungen im Detail – das Ganze bleibt ein Wurf. Nach dem Ruhm des Regisseurs, des Szenikers und des Kapellmeisters dieses außerordentlichen Theaterabends folge die Rühmung der Sänger, auf deren Kunst alles eingestellt war. Hoffmann wurde dargestellt von einem offenbar noch jungen Herrn Artur Cavara a. G.; und der ausländische Name wurde von einer leicht romanisch nüancierten Aussprache pikant bestätigt. Italienische Schulung der Stimme, die oft allzu hell und zu wenig sonor, doch musikalisch und melodiös ihre Linien zieht; und vor lauter dünner Lyrik den dramatischen Akzent vergißt. Dafür bot der Bariton Karl Hammes in seiner Viergestalt als Lindorf-Coppelius-Dapertutto-Mirakel eine echt komödiantische Aktion; überspielt von seiner kernigen und dennoch weichen Stimme, die das natürliche Portamento der Tonverbindung nie vergißt. Er stellte die stärkste Männerleistung des Abends, trotz der ansehnlichen Konkurrenz Gollands als Spalanzani, Peters als Diener und Abendroths als Crespel. Alle Damen sind zu rühmen, obgleich die leidenschaftliche und schöne Moje Forbach für die Giulietta nicht die sinnlich-spielerische Art und Stimme hat. Käte Heidersbach singt klar und in der Erregung der Todesnähe noch immer musikalisch kontrollierbar die Antonia, Valentine Wischnevskaja ist trotz der nicht ganz treffsicheren Stakkati ihrer frischen Stimme eine entzückende Spielpuppe Olympia, die Extrabeifall holt und verdient. Niklaus wird sicher und burschikos von der Ruziczka in die Hosenrolle gestellt.

Es war ein großes Experiment – vielleicht von unabsehbaren Folgen für die Entwicklung unserer Opernmacherei. Man darf diese an sich bedeutende Aufführung nicht nachahmen; nur ihren künstlerischen Willen nachempfinden. Im einzelnen trotzen gefährliche Irrtümer der Musik. Nur die Musik darf befehlen in der Oper. Das Leichte im Klang werde leicht im Bild! Das Schwere werde schwer! Im Kostüm wurde von Anfang an zu sehr die Farbe als Symbol vergessen. Der schwarze Phantasierock Hoffmanns wurde nach und nach zum toten Fleck des Bildes. Die Charlatane des ersten Aktes stachen wiederum zu sehr ins Grelle. Und wenn man schon in Dessau glasartige Gewandung liebt, so soll man sie zuerst den leichtesten Geschöpfen bieten. Der Puppe hing man viel zu dichte Emballagen um. Man freute sich auch hin und wieder ein wenig zu viel am neuen Stil als am alten Offenbach. Aber das ist die Folge und die Kraft einer jeden lebenskräftigen Erneuerung.

27. März 1929
Iphigenie auf Tauris
von Ch. W. Gluck

*Musikalische Leitung:* Fritz Zweig
*Inszenierung:* Walter Volbach a. G.
*Gesamtausstattung:* Teo Otto
*Chöre:* Karl Rankl

Moje Forbach (Iphigenie), Karl Hammes (Orest), Alfred Bartolitius (Pylades), Gotthold Ditter (Thoas), Gusta Hammer (Diana)

8. Juni 1929
Neues vom Tage
Lustige Oper von Paul Hindemith
(Uraufführung)
*Musikalische Leitung:* Otto Klemperer
*In Szene gesetzt* von Ernst Legal
*Gesamtausstattung:* Traugott Müller

Grete Stückgold (Laura), Fritz Krenn (Eduard), Erik Wirl (Der schöne Herr Hermann), Artur Cavara (Herr M.), Sabine Kalter a. G. (Frau M.), Deszö Ernster (Ein Hoteldirektor), Heinrich Schultz (Ein Standesbeamter), Otto Freund (Ein Fremdenführer), Dolly Lorenz (Ein Zimmermädchen), Alfred Bartolitius (Ein Oberkellner), Bernhard Bötel, Albert Peters, Iso Golland, Walter Beck, Oskar Kalman, Deszö Ernster (sechs Manager)

*Alfred Einstein:* ›Berliner Tageblatt‹ *vom 10. Juni 1929*

»Mein Leben lang komponier' ich keine Oper mehr, von der ich den Text nicht gelesen hab'!«
*Paul Hindemith nach dem schlechten Erfolg von* ›Tuttifäntchen‹.

Diese Anekdote, im Frankfurter Dialekt zu erzählen, ist gut, aber natürlich erfunden. Immerhin, Paul Hindemith hat seinen angeblichen guten Vorsatz nicht einmal in seiner letzten ›lustigen Oper‹ ganz befolgt. Nicht in dem Sinn, daß er den Text seinem Librettisten, dem gescheiten, einfallsreichen, graziösen Kabarettisten Marcellus Schiffer einfach aus der Hand genommen und dann frisch drauf los komponiert hätte; im Gegenteil, wir wissen, daß dieser Text in engster Zusammenarbeit mit Schiffer entstanden ist. Aber er hat ihn doch nicht genau genug angesehen. Oder er hat als Musiker, als Paul Hindemith, als der verantwortungsvollste unter unsern jungen Musikern (bedarf es einer Achtungserklärung, einer Liebeserklärung?) nicht das richtige Verhältnis zu ihm gefunden. Es besteht ein Mißverhältnis zwischen dem (leichten) Anspruch dieses Textes, dieser kabarettistischen dramatischen Bilderfolge, und dem (weniger leichten) Anspruch der Musik. Wir verstehen: im ›Cardillac‹ ist die Rechnung von Drama und Musik, von dramatisch-musikalischer Einheit, nicht rein aufgegangen. Die Musizieroper geriet in inneren Widerspruch zum ›romantischen‹ Einzelfall des Dramas; da war zwar schon ›der Offizier‹, nämlich der Tenor singende Liebhaber, ›die Tochter‹, nämlich der lyrische Sopran als Typus; aber da war immer noch Cardillac, nicht bloß ein Bariton, sondern ein sehr sonderlicher Sonderfall des Verbrechers aus Besitzliebe zu seinen Schöpfungen.

Diesmal gibt es nur mehr Typen, Marionetten, Figurinen einer modernen Commedia dell'arte. Das ist nicht neu, nichts ›Neues vom Tage‹ in der Oper, wir haben es bei Weill und Křenek, bei Busoni und dem Strauss der ›Ariadne‹, und schließlich sogar bei dem Mozart von ›Cosi fan tutte‹ schon gehabt. Wir sind (im Spiegel der Oper) alle keine Individualitäten mehr, sondern anonyme Typen, die in bestimmte lustige, ungewöhnliche oder gewöhnliche Situationen unseres in soziale, gesellschaftliche »Zwangsläufigkeiten« eingespannten Lebens geraten – Situationen, an die man eine reine, musikantische, mechanistische Spielmusik hängen kann; Scherz,

Satire, Ironie, ohne jede tiefere Bedeutung; wenn diese Bedeutung sich einstellt: um so besser. Es ist der Fehler des Librettos, daß diese tiefere Bedeutung künstlich hineingetragen ist, daß es mit einer »Moral von der Geschicht‹ endigt. Also: da ist das Ehepaar Eduard (Bariton) und Laura (Sopran), das sich beim Frühstück Tassen und Teller an den Kopf wirft; einzige Lösung: die Scheidung. Ein befreundetes Ehepaar, Herr M. (Tenor) und Frau M. (Alt), macht seinen Antrittsbesuch nach der Hochzeitsreise: die beiderseitige heftige Parteinahme für den Geschlechtsgenossen führt rasch zum selben Ergebnis: Scheidung. Aber während das Paar M. auf dem Standesamt rasch zum Ziel gelangt, ergeben sich für Eduard und Laura Schwierigkeiten. Mangel eines Scheidungsgrundes. Den könnte der schöne Herr Hermann, Inhaber eines Bureaus für Familienangelegenheiten GmbH, liefern, wenn Eduard bei der bestellten Situation zwischen seiner Gattin und dem schönen Mann in einem Museumsraum durch sein cholerisches Temperament nicht alles verdürbe, indem er dem Lieferanten des Scheidungsgrundes die antike Venus von Milo an den Kopf wirft. Er kommt als Vandale ins Loch und in die Zeitung; und Laura kommt wenigstens in die Zeitung, weil sie im Hotelbadezimmer die Tür zu schließen vergißt und mit dem schönen Herrn Hermann vor dem ganzen Hotelpersonal sich unfreiwillig kompromittiert. Jetzt könnte man auseinandergehen, wenn nicht nach der Haftentlassung das Geld für die Buße, den Rechtsanwalt, den personifizierten ›Scheidungsgrund‹, Herrn Hermann fehlte ... Aber da kommt die Rettung. Das Weltmanagertum bietet dem Paar Unsummen für öffentliches Auftreten; und jetzt könnte man sich wieder zusammentun, wenn nicht die Öffentlichkeit dagegen ein Veto einlegte: Eduard und Laura sind abgestempelt für immer, sie gehören sich nicht mehr selber, sie sind eine Sache der öffentlichen Meinung, wie Orpheus und Euridyke bei Offenbach. ›Tutto nel mondo è burla, tutti gabbati.‹

Nun, für die Moral ist die Geschichte zu dünn. Aber sie bringt lustige Situationen, sie gibt Hindemith Gelegenheiten zu Monologen, Arien, Duetten, Quartetten, Finali; und der erste Akt ist wirklich eine Folge von lustigen Situationen, während im zweiten – nach der rasch in der Wirkung abnehmenden, wo Madame in puris naturalibus in der Badewanne sitzt – sich nur die Schlußszene zum inneren Höhepunkt des Werkes hebt, und der dritte abflaut. Es ist sehr merkwürdig und in sich widerspruchsvoll, wie Hindemith das alles komponiert hat. Er weiß, daß er eine Gebrauchsoper für die Gegenwart geschrieben hat, er hat nicht mehr und nichts Höheres gewollt. Mit den Ewigkeitswerken ist es aus, soll es aus sein. (Prinzip auch von Křenek; Saisonoper; man soll Křenek freilich nicht nachlaufen, denn man holt ihn doch nicht ein, er ist fixer als wir alle.) Ich glaube, es war Ibsen, der den Ewigkeitswert eines Kunstwerks auf dreißig Jahre berechnet hat (worauf allerdings Verdi die Gegenfrage stellte: »e il mio ›Rigoletto‹?«) Eine Oper wird um so ›ewiger‹, je mehr Melodie man in sie investiert. Ich will nicht sagen, daß Hindemith keine Melodie in ›Neues vom Tage‹ investiert hat; es ist seine Melodik, diesmal eine ganz bestimmte, sozusagen anonyme Melodik, typisches Material, aus Kontrapunktik, rhythmischen Elementen, kleinen Interjektionen und Floskeln, Fermenten des modernen Tanzes, des Jazz zusammengesetzt. Nicht einmal der Schlager der letzten Szene ist ein richtiger Schlager, sondern nur das Spiegelbild, der ›Spirit‹ eines solchen. Sicherlich ist das gewollt, um die Anonymität, das Typische, das Mechanistische der Vorgänge in der Musik zu spiegeln. Man kann auch aus Backsteinen etwas Solides bauen – wenn auch mir persönlich ein edleres Material lieber ist.

Aber das ist das Schöne – und nun geraten wir in ein mächtiges, hemmungsloses Loben –, wie solid dies Werk gemacht ist. Es ist schade um diese Solidität, aber sie ist einfach zum Verlieben. Hindemith hat im Orchestralen (um damit zu beginnen) noch nichts Feineres, Durchgebildeteres, Durchsichtigeres, Raffinierteres geschrieben; und wenn sein Buffostil auch orchestral belastet ist, seine Form auch von den instrumentalen, ›absoluten‹ Formen her gewinnt, ein eigener Buffostil ist es. Dieser Stil ist ganz antinaturalistisch. Die Diktion bleibt immer absolut verständlich, Parlando-Stellen kommen vor, aber die Deklaration ist bewußt vertrackt und meilenweit entfernt etwa von der ›Natürlichkeit‹ der Straussischen etwa im ›Intermezzo‹, sie ist vor allem durch tausend infernalische Melismen vor dem Naturalismus geschützt und zieht aus ihnen oft eine infernalische Komik. Wo es geht, in den Duetten, Terzetten, Quartetten arbeitet Hindemith mit kleinen kanonischen Künsten, einmal mit einem Kanon im engsten Abstand. Manchmal, in dem köstlichen unisonen ›Duett‹ des Ehepaares M. (»Wir sind geschieden«) nützt Hindemith scheinbar die reine Parlando-Wirkung der alten opera buffa; einmal, in dem ebenso köstlichen ›Duett-Kitsch‹ des ersten Aktes verulkt er unmittelbar den großen Opernstil Strauss-Puccini mit Vorhalten und Tremolos – aber er setzt eine neue Konvention an die Stelle der alten. Manchmal nähert er sich impressionistischer Tonmalerei: das Gefühl der Wohligkeit im Wannenbad; der Chor der Tippmamsellen, wo man sogar das Herüberreißen des ›Schlittens‹ im Orchester hört; aber sonst ist seine Tonsprache von einer sonderbaren Uneigentlichkeit und Kraft. Gleich die orchestrale Einleitung ist ein Präludium zu einem teuflischen Puppenspiel, mit einer eigentümlich schönen Holzbläser-Episode vor dem Schluß; das Interludium nach dem zweiten Bild brüllt verzweifelt in den Posaunen; alle Zwischenspiele besitzen die rhythmische Beschwingtheit, die Hindemiths Eigenstes ist. Aus einem tollen Fugato eines zwei- und vierhändigen Klaviers wächst einmal eine ganze Duettszene heraus; alles ist geformt, manches – wie das kantatenhafte Finale im Hotelbad sogar zu allzu starkem musikalischem Übergewicht geführt. Aber dieser Formalismus hat seinen dramatischen Sinn. Die Szene auf dem Standesamt hat etwas Traumhaftes, und dies Traumhafte steigert sich zum Zeitsymbolischen in dem Septett, da sechs Manager dem verzweifelten Helden ihre Propositionen machen: dieser Marsch in C-dur ist der innere Höhepunkt des Dramas, hier schlägt das Buffoneske um ins Grandiose – dieser Augenblick wird bleiben als künstlerisches Abbild unserer Situation, unserer Amerikanisierung: Abbild und Kritik zugleich. Hier berührt sich das Zeitkunstwerk mit dem ›Ewigkeitswerk‹.

Über die Aufführung muß ich mich kurz fassen. Das Werk ist für eine Arabeske überschwierig, und so war die Uraufführung in vielem vielleicht noch etwas schwer, belastet. Aber sie traf die Lustigkeit, das Zeitliche und Überzeitliche; es wurde virtuos und glänzend gesungen von Grete Stückgold (Laura) und Fritz Krenn (Eduard), dem vergnügten Pärchen Sabine Kalter und Artur Cavara (Frau und Herr M.); und Erik Wirl, frisch herausgeholt aus der Herrenkonfektionsabteilung eines Warenhauses, hatte als der schöne Herr Hermann mit flüsterndem und strahlendem Tenor einen Sondererfolg. Die kleinen Rollen, die Gruppe der Manager, der Chor in allen seinen Unterteilungen ausgezeichnet vorbereitet (Karl Rankl). Otto Klemperer als musikalischer Lenker: das Ganze eine Meisterleistung an Lebendigkeit, Zucht, Exaktheit. Die Inszenierung von Ernst Legal, der schon im Olympiaakt des Offenbachschen ›Hoffmann‹ ja gezeigt hat, wie er sich auf diesen Stil versteht; nur die Kabarettszene könnte durch eine andere Anordnung – das Bühnenpublikum im Hintergrund, die Nummern an der Rampe – an Schlagkraft gewinnen: hier fehlt der große szenische Akzent.

Spontaner Erfolg gleich des ersten Aktes, schwächerer des zweiten, großer Schlußerfolg. Hindemith mußte oft erscheinen und bekam einen öffentlichen Kuß von Grete Stückgold, was für die im Parkett sitzenden beiderseitigen Ehehälften hoffentlich keinen Scheidungsgrund abgibt.

*Hans Mersmann, Hans Schultze-Ritter und Heinrich Strobel:* ›Melos‹ *1929, Heft VIII, S. 369*

Der Titel ›Neues vom Tage‹ ist ein Programm. Es dokumentiert sich äußerlich in einem Stoff, der Aktuelles und Alltägliches in loser Szenenfolge aneinanderreiht. Aus Dutzendmenschen unserer Zeit, die sich um das Thema einer Ehescheidung gruppieren, werden Typen geformt, Typen, die jeden Rest persönlicher Lebendigkeit verloren haben und, teilweise ins Groteske überspitzt, wie Marionetten agieren. Alles, was in diesem Spiel geschieht, ist grenzenlos banal, aber von jedem Realismus weit abgerückt durch die Konsequenz seiner Stilisierung. Die Wurzel dieser Stilisierung liegt in einer bewußten, gelegentlich bis zur Parodie gesteigerten Ausschaltung alles Gefühlsmäßigen und herkömmlich Dramatischen. Dies sind Momente, die das Neue vom Tage über den Bereich bloßer aktueller Stofflichkeit in die Sphäre künstlerischer Gegenwärtigkeit erheben können. Freilich kommt der Text aus eigener Kraft nicht ganz an dieses Ziel heran. Denn so sehr man es auch grundsätzlich begrüßen kann, daß Revueelemente als neue stoffliche Basis und zugleich als heilsame Gegenwirkung gegen die Psychologie und Illusion des Musikdramas in der Oper erscheinen: die Substanz, die bei Marcellus Schiffer für einen Sketch wie ›Hin und Zurück‹ ausgereicht hatte, ist letzten Endes nicht tragkräftig genug für eine dreiaktige Oper.

Und doch konnte Hindemith in diesem Buch wichtige Ansatzstellen für seine Musik finden. Die betonte Ablehnung allen Gefühls, die Wendung des dramatischen Geschehens ins Stilisierte deckten sich völlig mit dem gegenwärtigen Standpunkt seiner Entwicklung. Eine wie große Rolle das Problem der Stilisierung für ihn spielt, zeigten schon einige Szenen des ›Cardillac‹ in vollendeter Reinheit. Aber dort hatte ihn gerade die Romantik des Textes an der letzten Verwirklichung seiner Intentionen gehindert; sie forderte dramatische Spannungen und Gegensätze. In ›Neues vom Tage‹ aber herrscht eine völlige Einheit der Atmosphäre; die Musik war hier an keine individuelle Charakterisierung gebunden und konnte sich eigengesetzlich und souverän entfalten. Damit war gleichzeitig jede Möglichkeit einer Ausdrucksmusik ausgeschaltet; die einzige Stelle dieser Art in der neuen Oper ist Parodie (›Duett-Kitsch‹). Parodistische Einzelzüge sind auch an anderen Stellen vorhanden, aber hier ordnen sie sich dem gelockerten, spielerischen Gesamtstil der Musik unter, der für Hindemiths gegenwärtiges Schaffen in höchstem Maße charakteristisch ist.

So begegnen sich hier zwei völlig entgegengesetzte Wege. Der eine kommt aus der Welt der unterhaltenden, ironisch-amüsanten Kurfürstendamm-Revue, die sich geistreich und literatenhaft über die Bürgerlichkeit erhebt, der sie doch im Grunde tief verbunden bleibt. Der andere ist Hindemiths persönliche Entwicklung, die sich sowohl von der draufgängerischen, provozierenden Art einer früheren Phase (Klaviersuite), als auch von der konstruktiven Strenge der späteren polyphonen Formen (›Marienleben‹, Streichtrio) befreit und zu reinem, unbeschwertem, in sich ruhendem Spiel geklärt hat. Hindemith ist, ohne sich um sie bemüht zu haben, zu einer wirklichen inneren Gegenwärtigkeit gekommen, die ganz unstofflich ist, aber eben doch diesen Stoff braucht, um sich auf dem Theater realisieren zu können. Sie hat es nicht nötig, aktuelle Sensationen und Requisiten auf die Bühne zu stellen. Damit ist eine scharfe und eindeutige Grenze gegen Stücke gezogen, die als »Zeitopern« ausgegeben und in eine billige Parallele zu Hindemiths Oper gerückt werden.

Was wir vorher als ›reines Spiel‹ bei Hindemith bezeichneten, bezieht sich in erster Linie auf den instrumentalen Teil der Oper. Hier liegt auch entwicklungsmäßig ihr Schwerpunkt. Neben den Entwicklungstendenzen, die vom ›Cardillac‹ herkommen und sich besonders in der formalen Architektur des Werkes auswirken, stehen andere, die sich aus der gelockerten Faktur der Instrumentalkonzerte herleiten. Diese Gesamtfaktur ist so wesentlich, daß sie auch die Singstimmen zu sich hinüberzieht. Die Partitur ist in einem, auch bei Hindemith vorher noch nicht anzutreffendem Grade durchsichtig und mit einer Souveränität gearbeitet, über die kein anderer deutscher Komponist heute verfügt.

Dem Charakter der lustigen Oper entspricht die Kurzgliedrigkeit und Beweglichkeit in Melodie und Rhythmik. Szenische Spannungen werden durch geistreiche Überschneidungen und Kombinationen beider Elemente stilisiert. Das geschieht z. B. in der Badezimmerszene, wo die zunehmende Erregung nicht durch dynamische Steigerung, sondern durch Koppelung gegensätzlicher Rhythmen und kurzer, schlagender, sich immer mehr verdichtender Motive und Figuren erreicht wird. In ähnlicher Weise wird die Nervosität des auf seine Scheidung wartenden Paares vor dem Standesbeamten durch unaufhörliche Verlegung der rhythmischen Schwerpunkte im gestopften Blech eingefangen.

Aus diesen Elementen ergibt sich eine Polyphonie, welche die konstruktive Gebundenheit von Hindemiths früheren Werken aufgegeben hat. Diese Musik ist polyphon, ohne daß, wie im ›Cardillac‹, die einzelnen Stimmen konsequent und pausenlos durchgehalten werden. Auf diese Weise entsteht eine schillernde Vielfältigkeit der Beziehungen zwischen den Instrumenten.

Das Klangbild wird von den Bläsern beherrscht. Das Klavier spielt eine viel selbständigere Rolle als im ›Cardillac‹; eine der stärksten Szenen der Oper ruht ausschließlich auf den beiden (von drei Personen bedienten) Klavieren und rollt in einer gebändigten und zugleich atemberaubenden motorischen Bewegung ab. Auch die Schreibmaschinenszene verwendet die Klaviere in ganz neuartiger Weise: hier ist das Geräusch der klappernden Maschinen ohne den leisesten Naturalismus in Musik festgehalten.

Auf die Gesamtgestaltung der Musik wirkt der Jazz in einem stärkeren Grade ein, als man es beim ersten Hören meinen möchte. Er erscheint hier nicht als Stoff, sondern als Substrat, äußerlich in der Instrumentation, stilistisch vor allem in den subtilen Synkopierungen des Rhythmus. An zwei Stellen: in dem Quartett des ersten Bildes (›Wir lassen uns scheiden‹) und in dem Kabarettschlager tritt der Jazz als wirkliche Erscheinung auf, aber auch hier formt ihn Hindemith in seiner ganz persönlichen Weise um. Der Jazz hat hier etwas von der Stoßkraft des Schlagers, aber ohne dessen Trivialität.

Das Formbild der Oper entspricht äußerlich dem des ›Cardillac‹: jede Szene ist, auch motivisch, zu einer formalen Einheit durchgestaltet. Aber das architektonische Prinzip, dort bis zur Sichtbarkeit einer Passacaglia betont, drängt sich hier weniger vor, ohne dadurch an gestaltender Kraft zu verlieren. Die wichtigsten Motive jeder einzelnen Szene werden zu Zwischenspielen ausgebaut, die nicht symphonisch oder psychologisch vertiefen, sondern als formal abgerundete Komplexe verwendet werden.

Trotz des Konversationstons des Textes sind die Singstimmen im wesentlichen undeklamatorisch, Teil des polyphonen Gefüges. Daraus ergibt sich, daß der Wortwitz des Buches kaum irgendwo unmittelbar zur Geltung kommt. Im Gegenteil: eine höhere Stufe der Komik entsteht dadurch, daß Hindemith z. B. in der Warmwasserarie zu inseratmäßig hingeworfenen, komisch gemeinten Worten eine idyllisch behagliche Musik macht. So kommt es auch, daß die Plattheiten, zu denen der Text geradezu herausfordert, in der Musik überhaupt nicht in Erscheinung treten. Dabei entgeht Hindemith an einigen Stellen freilich nicht der Gefahr, sich über den Text hinweg so breit auszumusizieren, daß die unmittelbare theatralische Wirkung abgeschwächt wird. Die Badezimmerszene stellt durch die Breite der Anlage und den schweren, kantatenhaften Stil des Chores den Stil der Oper für einen Augenblick in Frage. Die Chöre sind sonst mit überlegenem Formgefühl in den Organismus des Gesamtablaufs eingesetzt. Der ganz auf dem Chor ruhende Schluß wächst durch die Musik weit hinaus über die Plattheit der Szene in die Sphäre absoluter Kunst.

So bleibt das Stärkste in dieser Oper ein Humor, der über Situationskomik und Wortwitz des Textes weit hinausgeht. Hindemith faßt nicht Einzelheiten, sondern Zustände und Menschen in ihrer Ganzheit und erreicht dadurch eine auch für ihn ganz neue Plastik und Reife der Anschauung. Er schafft zugleich in dieser Oper ein wesentlich verändertes Verhältnis zwischen Werk und Hörer: es verlangt von diesem nicht mehr Einfühlung und ein Sich-Identifizieren mit dem Stoff, sondern beruht auf der reinen Freude an einem abgelösten, objektivierten, vor ihm abrollenden Spiel. In dieser Richtung liegen auch die für unsere Zeit entwicklungsmäßig wichtigen Momente der Oper. Freilich gelingt es auch der Musik nicht immer, diese letzte Höhe zu halten: so einheitlich und geschlossen die ersten Bilder dastehen, später sind die architektonischen Schwächen des Textes auch der Musik gefährlich, es ergeben sich Wiederholungen und dadurch Abschwächungen, die aber dem Werk in seiner Gesamtwirkung nichts anhaben können.

*Max Marschalk: ›Vossische Zeitung‹ vom 10. Juni 1929*
Hindemiths lustige Oper
Ja, was möchten sie nicht alles, unsere schaffenden Musiker, die sich der Oper zugewandt haben! Möchten sie nicht vorerst einmal Sensation machen und das Glück des großen Erfolges erjagen? Die jüngste Geschichte der Oper scheint diese Frage zu bejahen. Aber die Musiker selbst verneinen sie. Das ist ihr privates Recht, und die Öffentlichkeit hat doch wohl die Pflicht, Bekenntnisse und Rechtfertigungen anzuhören und zu prüfen.

Die alte Oper hat abgewirtschaftet, und die Zeichen des Niederganges sind unverkennbar und bedrohlich! Das hören wir oft genug, und wenn wir der Kunde auch nicht so ohne weiteres Glauben schenken, so verstehen wir doch den Wunsch und den Willen der Jungen voranzukommen. Die Trabanten der Jungen sorgen geschäftig und geschwätzig dafür, daß wir nicht im Unklaren bleiben. Philosophisch und ästhetisch angekränkelte Panegyriker suchen uns die Folgerichtigkeit der Entwicklung nachzuweisen, und sie glauben, ihren Nachweisungen mehr Gewicht geben zu können, indem sie jeden Widerspruch auf Verhinderung durch bürgerliche Gesinnung zurückführen. Es wird über den Zerfall unserer Kultur und unserer Kunst gezetert, und alle, die in gewissen Neuerscheinungen Zerfallprodukte erkennen, Merkmale einer chaotischen Übergangszeit, werden beschimpft. Gönnen wir den Trabanten das Vergnügen; es ist nur allzu billig. Mögen sie getrost fortfahren, in diesen gewissen Neuerscheinungen die Morgenröte einer neuen Opernkunst-Ära zu erblicken!

Die lustige Oper in drei Teilen, Text von Marcellus Schiffer, Musik von Paul Hindemith, ›Neues vom Tage‹ betitelt, ist trotzalledem eines von diesen Zerfallprodukten. Das, was Schiffer und Hindemith wollen, ist kaum mißzuverstehen: Alltägliches soll gestaltet werden, und aus der Gestalt des Alltäglichen soll das Metaphysische herauswachsen, das, was für den feiner organisierten Menschen das Alltägliche gespenstisch umwittert. Es ist eine Absage an alles, was unter den vieldeutigen Begriff ›Romantik‹ zusammengefaßt wird; es ist auch eine Absage an den Naturalismus, soweit er problembelastet ist, Seelisches und Schicksalhaftes gestaltet. Wir mißverstehen es nicht, was sie wollen, aber wir können uns des Verdachtes nicht entschlagen, daß die ethische Absicht nachträglich in das Werk hineingeheimnist worden sei.

Ist es nun wirklich das Alltägliche, das hier gestaltet worden ist, ist es nicht vielmehr eine äußerst saloppe und skrupellose Parodie des Alltäglichen? Eine Ehe wird fällig, und das Ehepaar will sich scheiden lassen und sucht nach einem Scheidungsgrund. Das Büro für Familienangelegenheiten wird konsultiert, und der ›schöne Herr Hermann‹, der es leitet, erklärt sich bereit, als ›Scheidungsgrund‹ zu fungieren. Er verabredet ein Stelldichein mit der Gattin im Museum, im Saal der berühmten Venus. Der Gatte kommt hinzu, wird eifersüchtig, reißt die Venus vom Sockel und wirft sie dem schönen Herrn Hermann nach. Das Verbrechen zieht ihm eine Gefängnisstrafe zu. Die Situation verschärft sich dadurch, daß die Gattin durch den schönen Herrn Hermann im Badezimmer des Hotels Savoy überrascht und vor dem ganzen herbeieilenden Personal des Hotels kompromittiert wird. Die Zerschmetterung der Venus und die Überraschung der Gattin im Bade werden Stadtgespräch: das Ehepaar wird berühmt und reif für ein Engagement an ein Varieté. Es führt in dem Theater Alkazar seine eigene Geschichte auf, verdient viel Geld, bezahlt seine Schulden, singt: »Geld haben wir, alle Schulden können wir bezahlen: die Venus, die Gerichtskosten, den Rechtsanwalt, Herrn Hermann«, und bleibt zusammen. Gatte und Gattin teilen ihren Entschluß zusammenzubleiben im Schlußbilde mit, umgeben vom Chore, der aus den neuesten Abendzeitungen ›Neues vom Tage‹ vorliest.

Wenn wir diesen Text auf seine Beziehungen zur Alltäglichkeit hin untersuchen, so kommen wir unwillkürlich zu der Feststellung: mehr ›Romantik‹ ist auch im ›Troubadour‹ nicht gehäuft! Auch Mozart hat ›sogenannte läppische Sujets‹ komponiert. Wir lesen den Satz unter Hinweis auf ›Cosi fan tutte‹ in dem Heft der ›Blätter der Staatsoper‹, das zur Feier dieser denkwürdigen Uraufführung seinen besonderen Charakter erhalten hat. Das, was Mozart kann: sollte es Hindemith nicht auch können? Also: das Sujet, das der lustigen Oper ›Neues vom Tage‹ zugrunde liegt, ist läppisch. Das geben wir zu; aber wir können uns nicht entschließen, uns auch mit der gewonnenen Parallele Mozart-Hindemith so ohne weiteres einverstanden zu erklären!

Hindemith ist unter den jüngeren schaffenden Musikern ohne Zweifel einer der begabtesten und charaktervollsten. Er ist charaktervoll insofern, als er, ohne viel zu suchen, einen Stil gefunden hat, der seiner Musik ihr Sondergepräge gibt; aber er ist nicht charaktervoll, insofern er noch nicht dazu gekommen ist, seinem Schaffen Wegrichtung und Ziel zu geben. Er setzt seine Kräfte für die Lösung eines ernsten Problems ein und er schafft den ›Cardillac‹; alsbald aber vergeudet er sie, indem er sich einem breitgetretenen, ganz auf Revuehaftigkeit gestellten Sketsch hingibt. Er vergeudet seine Kräfte mit der Miene, mit den Gesten eines Nabobs, der nicht zu fürchten braucht, daß es jemals zu Ende sein werde mit seinem Reichtum.

Hindemith ironisiert und parodiert wohl manchmal; aber manchmal spürt man es deutlich, daß ihm das Ironisieren, das Parodieren lästig wird, daß der ernste Musiker in ihm sein Recht verlangt, und daß er dann ganz einfach bitterernste Musik macht, ohne jede Rücksicht auf die Banalität der Worte, deren er sich bedienen muß. Das gibt vielen Partien dieser lustigen Oper eine gewisse Schwere, aber auch durch den Gegensatz eben, in dem die textliche Unterlage und die Musik stehen, einen gewissen grotesken Reiz. Er läßt zwölf Tippfräulein zu den Worten: »In Beantwortung Ihres Gestrigen, betreffend Lieferung eines eleganten Trauzeugen, offerieren wir Ihnen . . .« einen sehr lieblichen Gesang singen, und wenn der schöne Herr Hermann an die Rampe tritt und singt: »Die Geschäfte gehen gut, die Konkurrenz ist aus dem Felde geschlagen –«, so kommt eine komisch-parodistische Wirkung heraus, obschon oder gerade weil die musikalische Diktion ihren unerschütterlichen Ernst wahrt. Eine richtige bewußte Parodie, eine glänzend gemachte Parodie auf die ›Oper‹, ist das Duett zwischen der Gattin und ihrem ›Scheidungsgrund‹ im Museum.

Melodiös, so recht eigentlich melodiös, wird Hindemith nur dort, wo er die ›Melodie‹ parodiert. Seine eigene Melodie ist herbe und in ihrer Herbheit schwer eingängig; und vielfach fast keine Melodie. Bemerkenswerte und gewichtige Sätze finden wir überall in diesem Sammelsurium von elf Szenen, das sich »lustige Oper« nennt; geschickt aufgebaute und klangvolle Chorsätze fesseln vielfach so, daß man ihre mangelhafte Motivierung vergißt. Der Gesang der sechs Manager, die dem aus dem Gefängnis entlassenen Gatten ihre Offerten machen, geht ins Großartige; die Hörer geben sich der monumentalen Wirkung hin und freuen sich, daß sie von den Worten nichts verstehen. Der Gatte gesellt sich ihnen im Singen zu, und es gibt ein ›Sieben-Männer-Finale‹, das mit anderen, zum Teil an den Schluß der Bilder gesetzten Ensemble-Gestaltungen uns die bange Frage aufwerfen läßt: kündigt sich in dieser Alltäglichkeitsoper, die eine Abkehr bedeutet, etwa eine neue Ära der großen Oper an? Charakteristisch für die Musik Hindemiths sind die hämmernden Rhythmen, und besonders charakteristisch ist die Instrumentation, die sich als das Ergebnis durchaus eigener Klangvisionen darstellt. Daß Hindemith das Klavier in das Orchester einfügte: es ist nichts Neues. Er exponiert den Klavierklang – ein Klavier zu zwei und ein Klavier zu vier Händen – stellenweise allerdings so, wie vor ihm wohl kein anderer.

Die Gesamtausstattung, von Traugott Müller nicht ohne Humor entworfen, ist im wesentlichen zweckmäßig. Die von Ernst Legal besorgte Inszenierung trägt dem revuehaften Charakter des Werkes, das anfangs interessierte, dessen Wirkung aber im zweiten und dritten Akt mehr und mehr nachließ, in geschickter Weise Rechnung. Für Laura, für die Gattin, trat Grete Stückgold ein. Sie sah in jeder Situation, besonders in der Badewanne, hübsch aus; und sie sang auch hübsch; nur fand sie sich mit der Höhe nicht ganz mühelos ab. Eduard, ihr Gatte, hatte in Fritz Krenn einen vortrefflichen Vertreter gefunden, dessen Temperament nur zu viel Opernhaftes und zu wenig Operettenhaftes hergab. Ganz Operette dahingegen, ganz Revue, wenn auch opernhaft leicht gehoben, repräsentierte Erik Wirl mit der gesanglichen und schauspielerischen Durchführung des schönen Herrn Hermann. Ein zweites Ehepaar war dem nicht gerade beträchtlichen Tenor-Buffo Artur Cavara zugewiesen und der schön singenden, doch für die Partie zu schweren Sabine Kalter. In allen kleineren Partien wirkten tüchtige Kräfte mit, und alles, was Chorleistung heißt, war hohen Ranges. Otto Klemperer war mit der musikalischen Einstudierung, obschon er die Aufführung um fast eine Woche verschoben hatte, nicht fertig geworden. Hier und da gab es leichte Schwankungen, aber im allgemeinen war erfreulich schon die intensive Art, mit der er sich für das Werk ins Zeug legte.

*O. Bie: ›München-Augsburger Zeitung‹ vom 13. Juni 1929*

Innerhalb der Festspiele wurde diese neueste Oper von Hindemith bei Kroll uraufgeführt. Marcellus Schiffer, der bewährte Revuedichter, hat ihm den Text gemacht. Ein Wagnis. Denn Schiffer ist ein aktueller, schlagfertiger, witziger, in den Worten zugespitzter Mann. Hindemith ist ein absoluter Musiker, obwohl er von jeher Neigung für diese moderne Welt des Sketches und des literarischen Übermuts gespürt hat. Wie kommt das zusammen? Das ist das Problem der Oper.

Als Idee hat Schiffer folgende: Ein Ehepaar, das sich scheiden lassen möchte, kommt bei den Manipulationen für diesen Zweck in ärgste Verlegenheiten, er schmeißt im Museum dem gemieteten Verführer seiner Frau eine Venusstatue an den Kopf und wird dafür eingelocht, und sie wird in einer Badewanne, da sie eben diesen Verführer erwartet, mit ihm vom ganzen Hotelpersonal überrascht – die Zeitungen ergreifen die Sensation unter der Überschrift ›Neues vom Tage‹, die Manager engagieren sie, in einem Kabarett ihr eignes Schicksal darzustellen, um den Aktualitätswahnsinn des Publikums zu befriedigen, und sie müssen nun der großen Welt wegen bei ihrer Scheidung bleiben, die es so verlangt und möchten doch so gern im Frieden wieder miteinander leben. Nicht schlecht, nicht wahr? Zwei Menschen werden durch die Sensationslust der andern gezwungen, ihre

Menschlichkeit aufzugeben und Bühnenpuppen zu bleiben. Nette Situationen ergeben sich, häusliche Kräche, Standesamt, Büro für Scheidungen, mit dem schönen Herrn Herrmann, dem Verführer, der leider durch sein Herz sich seine Geschäfte verdirbt, dann Museumssaal, dann Badezimmer, Gefängnis, Boudoir, und zwar gleichzeitig, Kabarettheater – dankbar ist es für die Musik, dahinein zu spielen, die allgemeine Stimmung dieser Alltäglichkeiten zu finden und sozusagen die Metaphysik wieder herzustellen, die über diesen höchst gemeinen Begebnissen schwebt.

Hindemith hat vor allem die Fähigkeit, ohne Skrupel seine Musik niederzuschreiben. Aber er hat einen Stil, und dieser Stil, der auf formalen Prinzipien beruht, deckt sich nur äußerlich in gewissen Übereinstimmungen, in kanonischen Fügungen mit der Vorstellung moderner Buffonerie, er ist aber im Grunde nicht komisch. Er behandelt die Singstimme ganz absolut, wodurch jene Erhöhung aus dem Wort, wie sie Straussens ›Intermezzo‹ so meisterhaft zeigt, nicht möglich wird, und die Deutlichkeit des Verstehens meist verloren geht, die für die Art dieses Textes eine Bedingung ist. Die Ensembles, besonders das große Finale in der Badeszene über das Wort ›peinlich‹, werden absolut ernst gehalten, das Stück könnte in einem Requiem stehen. Bisweilen gibt es Ansätze zu Buffonerien: der Marsch der Manager, schnell gesprochene Silben, Tanzrhythmen mit starker Benutzung des Jazzstils und einige Parodien, darunter zum Totlachen eine Liebesszene im Orchesterton und in der Duettekstase der alten Schmelzoper. Symphonische Gelegenheiten werden in den Zwischenspielen benutzt, und der Aufbau des zweiten Aktes von der Solomusik der Klaviere an bis zu dem Septett mit den Managern zeigt eine wunderbare Handschrift. Die Instrumentation ist die jazzige, wenige Streicher, reiche Bläser mit Saxophon und viel Schlagzeug. Geschrieben ist das alles mit jener Meisterhand, mit der man heute so gern die Zweifel an der unmittelbaren Wirkung einer Musik deckt. Nichts Extremes ist dabei, aber auch wenig Durchschlagendes, ein Strom von Tönen, der diese Handlung mehr überschwemmt als gestaltet und sich auf der Bühne mit ihr niemals zu einer Zündung zusammenschließt, die uns die Überzeugung brächte, die entscheidende moderne komische Oper erlebt zu haben.

Die Aufführung unterstrich größtenteils unter der Regie von Legal diesen absichtlichen Mangel an Komik. Es ist ein steifes Stilisieren darin, eine Art Plakat der Groteske, nicht die Groteske selbst, nicht einmal in der Badeszene. Vielleicht nur die Museumsszene kitzelt die Leute ein bißchen. Unter den Darstellern ist Wirl als schöner Herrmann der einzige, der plastisch und eindringlich aus seiner Rolle über die Rampe hinausdringt. Krenn und die Stückgold als Hauptpaar, Cavara und die Kalter als zweites Paar (dem sowohl die Scheidung wie die Wiedervereinigung spielend gelingt) halten sich sehr in einem konzertanten Stile. Die Seele, oder in diesem Falle richtiger gesagt, die Vernunft der Musik ist Klemperer, der mit der größten Exaktheit und einem Fanatismus ans Werk geht, wie ihn Hindemith für seine bewußt kühle Arbeit als Ausgleichung beim Publikum sich nur wünschen kann.

Das Publikum verhielt sich äußerst beifällig, es war offenbar durch die Sonderbarkeit des Sujets angeregt und durch die Kraft, die in der Musik steckt und die sich im Verlaufe der Gewöhnung immer mehr steigert, unwillkürlich interessiert. Zuletzt erschien der Komponist mit seinen Helfern ungezählte Male.

27. September 1929
### Spanische Stunde
### Musikalische Komödie von Maurice Ravel
*Musikalische Leitung:* Alexander von Zemlinsky
*In Szene gesetzt* von Gustaf Gründgens
*Bühnenbilder:* Caspar Neher

Jarmila Novotna (Concepción), Artur Cavara (Gonzalvo), Albert Peters (Torquemada), Fritz Krenn (Ramiro), Martin Abendroth (Don Inigo Gomez)

### Der arme Matrose, eine Klage
### von Jean Cocteau, Musik von Darius Milhaud
Deutsche Uraufführung

Erik Wirl (Der Matrose), Moje Forbach (Seine Frau), Martin Abendroth (Sein Schwiegervater), Leonard Kern (Sein Freund)

### Angélique
### Buffo Oper von Jacques Ibert
Margret Pfahl (Angélique), Else Ruziczka (Erste Gevatterin), Marie Schulz-Dornburg (Zweite Gevatterin), Albert Peters (Boniface), Leo Schützendorf (Charlot), Artur Cavara (Der Italiener), Bernhard Bötel (Der Engländer), Iso Golland (Der Neger), Erik Wirl (Der Teufel)

H. H. Stuckenschmidt: ›B. Z. am Mittag‹
vom 28. Sept. 1929

So'n bißchen Französisch

Ein Abend der ungleichen Eindrücke, voll von Widersprüchen der Kunstanschauung, der Stile, der geistigen Grundlagen. Man muß schon einige Elastizität besitzen, um diese Sprünge von der Buffa zur Tragödie, von der Tragödie zur Clownerie auszuhalten. Aber wir sind in

Klemperers Haus, an der Stätte kühner und lebendiger Versuche, in einem Reich der tätigen Auseinandersetzung mit allem, was gegenwärtig ist. Hier gilt das Bequeme wenig; springen wir also mit!

Was diese drei verschiedenartigen Werke eint, ist ihr Ursprungsland und ihre Entstehungszeit. Lehrreich genug, so ein Querschnitt durch Frankreichs musikdramatisches Schaffen im Jahre 1925. Man denke sich Arbeiten von Strauss, Hindemith und Wilhelm Grosz auf einem Programm benachbart, der Effekt könnte nicht verwirrender sein. Sehen wir zu, was Bestand hat.

Da ist Maurice Ravels, des Altmeisters, ›Spanische Stunde‹, eine Komödietta des Witzes, der instrumentalen Routine, ein sprühendes aber substanzloses Blendwerk. Brillant erdacht ist das alles: dieser Kontrast beispielsweise zwischen der lebenstollen Uhrmacherfrau und dem Scheinleben des Ladens mit seinen tickenden, pendelnden, bimmelnden Mechanismen. Schade, daß so viele Pikanterien durch die Übersetzung vergröbert sind. Schade allerdings auch, daß Ravels Musik diesem dekameronischen Stil bei weitem nicht entspricht. Was da an Orchester-Raffinement, an harmonischen und rhythmischen Einfällen verpulvert wird, ist eines Meisters würdig. Aber es paßt selten zur Szene. Und ein bißchen haben wir diesen impressionistischen Klingklang schon satt.

Es folgt, als eigentlicher Gewinn des Abends, ›Der arme Matrose‹. Text: Jean Cocteau, Musik: Darius Milhaud. Jüngste Pariser Schule. Ich gestehe meine Bewunderung. Hier ist, mit den äußersten Mitteln künstlerischer Ökonomie, ein Stück Leben gebannt, so heiß von Farbe, Ausdruck und Form, daß Ravels Destillate daneben spurlos verdunsten. Die einfachste, traurigste Fabel der Welt. Ein Matrose kommt nach 15 Jahren zurück. Seine Frau, voll Sehnsucht nach dem Verschollenen, erkennt ihn nicht. Er gibt sich als Freund des Gatten aus, erzählt ihr ein Märchen. Sie, um den Gatten zu retten, tötet den vermeintlichen Freund. Das seltsame Kolorit dieses Textes hat Milhaud auf geniale Art in Töne übertragen. Ein Java, ein paar Volkslieder, grelle polytonale Kopplungen, härteste instrumentale Führung, und das ganze Milieu ist da, mit gespenstischer Tatsächlichkeit, in einem brutalen und aufregenden Zwielicht. Noch das Meer, noch den Teergeruch, noch die Schäbigkeit der Fischerkneipen spürt man hinter dieser Musik. Am unheimlichsten die Einleitung der Mordszene, ein zweistimmiges Ostinato in rhythmischen Bewegungen, die grausam, unerbittlich einander näherrücken.

Eine Viertelstunde Zeit zur Besinnung. Was nun kommt, ist harmlosester Ulk, ein Possenspiel um das ewige Xantippenthema, ›Angélique‹ genannt und von Jacques Ibert mit gefälliger Musik durchsetzt. Parodien, amüsante Chorszenen, ein paar instrumentale Witze ersetzen nicht den Mangel an schöpferischer Kraft und an Niveau, der hier befremdet. Ein Schlußreißer für Anspruchslose.

Es hat lange gedauert, bis diese schon im Frühjahr erwarteten Drillinge zur Welt kamen. Aber man hat sie schließlich auf anständige Weise aus der Taufe gehoben. Gustaf Gründgens, im Schauspiel modernster Prägung bewährt und hier zum erstenmal vor Opernaufgaben gestellt, hat sich die Regie nicht leicht gemacht. Er fühlt gut, wo die Sänger durch Konventionen der Operngestik gehemmt sind, wo das Ariose mimisches Gegengewicht erfordert, und hat für Milhaud-Cocteaus Hafentragödie den einzig richtigen, starren, eckigen Bewegungsstil gefunden. Schwach ist seine Inspiration bei Ravels Komödie. Wieviel dekoratives Leben wäre hier am Platze gewesen! Vorzüglich glückt ihm wiederum die Burleske der ›Angélique‹, vor allem das italienische Duett und die Massenszenerie der tratschenden Kleinstadt. Auch Caspar Neher hat im ›Armen Matrosen‹ seine besten bildnerischen Einfälle.

Zemlinsky musiziert mit aller ihm eigenen Vergeistigung und Sauberkeit, enthüllt jedes Detail dieser so unterschiedlichen Partituren und sorgt für musterhaften Kontakt.

Die schöne Jarmila Novotna, stimmlich für Koloraturpartien besser geeignet, beseelt die ›Spanische Stunde‹ mit all ihrem Liebreiz. Den stärksten künstlerischen Gesamteindruck hinterläßt Moje Forbachs Darstellung der Matrosen-Frau. Margret Pfahl fehlt es an letzter Delikatesse für Iberts Parodien; sie sieht aber entzückend aus und folgt mimisch der Regie ganz ausgezeichnet. Krenn als spanischer Maultiertreiber hat einen großen Tag, Wirl singt und spielt den Matrosen sehr stilecht, Cavara überrascht, besonders im letzten Stück, durch gesangliche Fortschritte. Gute Leistungen: Gollands Neger, Schützendorfs Charlot.

Starken Publikumserfolg hat, trotz einigen obligaten Zischern, Milhaud. Ravel läßt ziemlich kühl; Ibert kann sich persönlich ein paarmal verneigen.

Man wird unwillkürlich diesen Abend als eine prompte Antwort auf die Denkschrift betrachten, mit der die Preußische Oberrechnungskammer die Existenz der Kroll-Oper überhaupt in Frage gestellt hat. Sind solche Aufführungen in Berlin Notwendigkeit; sind sie den Aufwand des Staatszuschusses wert?

Es gibt, auch wenn die Qualität des einzelnen Werks manchmal zweifelhaft scheint, darauf nur eine bejahende Antwort. Es sei denn, daß man die Opernkunst grundsätzlich als eine Luxusangelegenheit betrachtet, mit deren Unterstützung der Steuerzahler nicht belastet werden dürfe. Dann aber müßte auch der Staatszuschuß für die Linden-Oper fortfallen, dann würde es wohl bald auf der ganzen Welt nur noch Operettenbühnen geben.

Abgesehen davon aber: wir brauchen in Berlin ein

Institut, an dem die Ergebnisse des modernen Opernschaffens, wie auch immer sie sein mögen, zur Diskussion gestellt werden. Wir brauchen als Gegengewicht zu der wesentlich traditionellen Haltung der Häuser in der Bismarckstraße und Unter den Linden einen Ort, wo das Problem der Oper als solches, wo Fragen der neuen Inszenierung praktisch in Angriff genommen werden. Wir brauchen schließlich ein Theater, das auch dem armen Musikfreund die Möglichkeit gibt, Opern ohne jene Deszenierung kennenzulernen, der sie bei der Radio-Übertragung ja doch stets unterliegen. Und das ist wohl ein paar Millionen wert.

21. Oktober 1929
Hans Heiling
Romantische Oper von Heinrich Marschner
*Musikalische Leitung:* Fritz Zweig
*Inszenierung:* Ernst Legal
*Bühnenbilder:* Rochus Gliese
*Chöre:* Karl Rankl

Moje Forbach (Königin der Erdgeister), Friedrich Schorr (Hans Heiling), Käte Heidersbach (Anna), Marie Schulz-Dornburg (Gertrude), Alfred Bartolitius (Konrad), Albert Peters (Niklas)


10. November 1929
Die Zauberflöte
Oper von W. A. Mozart
*Musikalische Leitung:* Otto Klemperer
*Inszenierung und Bühnengestaltung:* Ewald Dülberg
*Chöre:* Karl Rankl

Martin Abendroth (Sarastro), Hans Fidesser (Tamino), Friedrich Schorr (Sprecher), Jarmila Novotna (Königin der Nacht), Käte Heidersbach (Pamina), Fritz Krenn (Papageno), Irene Eisinger (Papagena), Albert Peters (Monostatos), Bernhard Bötel, Hans Heinz Wunderlich (Priester), Moje Forbach, Cäcilie Reich, Marie Schulz-Dornburg (Drei Damen), Margarete Wagener, Else Ruziczka, Anna Lipin (Drei Knaben), Erik Wirl, Hans Heinz Wunderlich (Die Stimmen der Geharnischten)

A. Einstein: ›Berliner Tageblatt‹ vom 11. Nov. 1929

*Tamino:* »Nun sag' du mir, in welcher Gegend wir sind. –«

Man kann viel dafür, und noch mehr dagegen sagen, für und gegen diese Verbindung von Ewald Dülberg aus Dessau mit Wolfgang Amadeus Mozart aus Salzburg. Und man kann Klemperer dabei vorläufig aus dem Spiel lassen. Obwohl er nicht unbeteiligt zuschauen kann; obwohl für ihn, der Mozart aus dem Innersten, aus der Musik heraus zu leiten hat, der Augenblick kommen müßte, hundert Augenblicke, da er laut oder leis zu sagen hätte: halt – nicht weiter, nicht auf diese Art; das liegt nicht in der Musik, widerspricht dem Geist der Partitur da vor mir; oder – und das geht freilich schwerer –: jetzt stimmt meine Partitur nicht mehr, jetzt her mit einem Mozart aus Dessau, auch die Musik muß mit dem Lineal gezogen, mit dem Zirkel begrenzt werden. Aber gibt es noch Opernkapellmeister mit dem szenischen Gefühl, mit dem szenischen Blick? Mozart und Schikaneder haben sich über die ›Zauberflöte‹ sicherlich viel herumgestritten, aber wie sie fertig war, sich über den Aufführungsstil ohne viel Worte verstanden. Heute verstehen sich Musiker und Szeniker mit wenig oder viel Worten überhaupt nicht mehr, sie leben in getrennten Welten, sie haben getrennte Sparten, der eine arbeitet oben, der andre unten.

Nun gibt es für die ›Zauberflöte‹ keinen Kanon der Inszenierung. Schikaneder ist uns nicht maßgebend, auch wenn wir ganz genau wüßten, wie er es gemacht hat, so wenig wie Schinkel oder Slevogt oder Pasetti, Kainer und Aravantinos. Je älter ein Werk wird, desto mehr befreit es sich von dem Zwang konventionellen, historischen Szenenstils. Den ›Rosenkavalier‹ machen wir alle gleich. Aber schon Wagner beginnt im szenischen Sinn ›alt‹ zu werden, und Mozart, Gluck, Händel machen wir alle, auf jeder Bühne, anders. Und in der Krolloper erwartet man von vornherein etwas andres, es darf radikal neu sein, wenn es nur auch radikal richtig ist, wenn es uns überzeugt.

Ganz radikal neu ist es nur in bestimmtem Sinn. In Wien hat Roller den ›Don Giovanni‹ schon vor zwanzig Jahren ganz ähnlich inszeniert: rechts und links zwei feste Türme mit je zwei Öffnungen übereinander, sozusagen erstem und zweitem Stock, mit wechselndem, allerdings naturalistischem, illusionistischem Prospekt. Und in London, in Covent Garden, sah ich einmal die ›Zauberflöte‹ in gleichem Stil noch viel radikaler: gleichbleibende Szene, offene Verwandlung, nur andeutende Versatzstücke; der Vorhof von Sarastros Tempel etwa nur drei Tore aus Pappendeckel; rechts, links, in der Mitte. Mit dem Festen hat es Dülberg im Kernpunkt getroffen. In München konnte man einmal eine ›Zauberflöten‹-Szenerie sehen, die nur aus Schleiern bestand; es war wie in einem Boudoir. Diesmal sind's doch wenigstens Tore; man hat das Gefühl von Festigkeit, von Pfeilern, von Quadern; und auf dieses Symbol kommt es hier an. Die Sparsamkeit der Mittel, der feste Rahmen erlaubt die offene und reiche Verwandlung, der für das Tempo der beiden Akte sonst tödliche Vorhang braucht nicht ein dutzendmal heruntergezogen, der Musik Mozarts bleibt ihr herrlicher Ablauf, wir spüren die Harmonie und Strenge ihres Baus beinahe körperlich. Dafür kann man schon einiges in Kauf nehmen.

Nur ist es teuer erkauft. Nichts gegen ›vereinfachte‹ oder stilisierte Szenenbildung. Mozart und Schikaneder haben sie nicht gewollt; Schikaneder hätte sich geniert, seine Königin der Nacht einfach hinter einem Vorhänglein erscheinen zu lassen, seine drei Knaben nicht jedesmal aus der Luft, seine drei Damen aus der Versenkung zu holen. Die ›Zauberflöte‹ war ein Singspiel mit Ausstattung, ein Maschinenstück. Gut, das ist uns zu kindisch. Wir wollen das Mysterium; das Mysterium im Märchen, das Märchen im Mysterium. Man soll Dülberg nicht vorwerfen, daß er das Konstruktive gibt. Aber man muß ihm vorwerfen, daß er *nur* das Konstruktive gibt. Sein Szenenrahmen sieht aus wie ein schlechter Orgelprospekt; seine Pfeiler und Bogen begrenzen einen abstrakten, aber keinen künstlerischen mozartischen Raum. Es ist wie bei gewissen geometrischen Figuren, die mathematisch richtig, aber optisch falsch sind. Und die Bühne lebt von der optischen, der phantastischen Richtigkeit. Dülberg ist sicherlich ein Theoretiker, aber nur bedingt ein Künstler der Szene. Seine Szene ist ein Raum ohne Raum. Es ist besser, Fingerspitzen zu haben, als ein Lineal.

Sowie Menschen in diesen Raum treten und nicht abstrakte Dessauer Ballettfiguren, ist es mit der Einheitlichkeit der Szene aus. Er hat sie so märchenhaft schön angezogen, daß er mit seinem eigenen abstrakten Szenenprinzip in Widerspruch gerät. Papageno, Papagena, Monostatos sogar ganz konventionell; sonst aber ist's nicht ›Zauberflöte‹, sondern eher ›Frau ohne Schatten‹; Asien, nicht Ägypten; die priesterlichen Versammlungen präsentieren sich als improvisierte Festlichkeiten am Hofe von Prinzessin Turandot; die Priester tragen Tropenhelm und Chinesenhüte; Sarastro ist ein Bonze, und statt Isis und Osiris müßte er den heiligen Konfuzius anrufen. Papageno – Fritz Krenn – pocht mit Recht auf die ganze Salzburger Sinnlichkeit seines Wesens, er wienert, daß es eine Lust ist, er versagt sich keinen seiner Späße. Aber in diesem Raum kann man eigentlich nicht wienern, in diesem Raum kann eigentlich Sarastros humoristische Menagerie nicht erscheinen: drei schwarzgelbe Löwen aus München, zwei Tigertiere, zwei brandrote Füchse und zwei grüne Affen mit dem roten Wappen. Nur die zwei starren Geharnischten in der Beletage sind richtig; aber an dem aus der Versenkung aufsteigenden Baum, der ein Kleiderständer, ein zweckvolles Möbel ist, könnte sich nur ein kubischer Papageno aufhängen. Der Sternenhimmelprospekt konkurriert mit einem Palmenhain, der aussieht wie die beleuchtete Auslage einer Modistin. Schön ist das Spiel des Lichts, seine symbolische Führung, im Reich der Königin der Nacht bleibt der Hintergrund dunkel, im Reich Sarastros wird er hell. Schön ist die Symbolik der Farben, Schwarz, Silber, Grün auf der einen, Gold und farbige Buntheit auf der andern Seite; Tamino in Rot, Pamina in Blau. Reine symbolische Andeutung die Feuer- und Wasserprobe: im Sinn des Stils das Einheitlichste, im Sinn des Spiels das Kargste und Dürftigste.

Die Inszenierung hindert Klemperer nicht, Mozartsche Musik zu machen. Sie beeinflußt ihn; überall, wo die Posaunen reden, gleich in den Akkorden der Ouvertüre, ersetzt er den Klang der weltlichen, maurerischen Feierlichkeit durch einen bloß heroischen, und manchmal sind auch seine Akzente zu stark, zu starr, zu abstrakt, zu unsinnlich. Aber die Szene von Tamino mit dem Sprecher, die Priesterchöre, die Choralmusik und das folgende Duett Taminos und Paminas haben ihre volle Größe, und auch im übrigen ist das meiste nicht mozärtlich, aber mozartisch; noch ein bißchen nervös, so daß ein paar der zauberhaftesten Klangspiele des Orchesters nicht zur Blüte kommen, aber fein empfunden. Alles Gesangliche tritt ein wenig zurück hinter die ›Schau‹, hinter das ›Tempo‹ des Ganzen, das im ersten Akt wirklich voll Leben und Einheitlichkeit war; aber Mozart hätte sich schwer gekränkt: kein Beifall nach der Bildnisarie, nach dem Quintett, nach der Hallenarie, nach den Szenen der Königin der Nacht! Und doch war Fidesser mit der schimmernden Stimme ein sympathischer Adept der Weisheit, fast noch mädchenhafter und sympathischer als seine Partnerin Käte Heidersbach; Abendroth ein würdiger, etwas lehrerhafter Sarastro; sang Jarmila Novotna vor allem ihre erste Arie sehr sauber und zierlich; war Schorr als Sprecher überragend, die Damenterzette rein und klangschön. Aber der Gesang war nicht die Dominante der Aufführung. Vielleicht wird er es, falls uns der szenische Rahmen nicht mehr neu ist. Dann wollen wir uns auch mit dem abfinden.

*Klaus Pringsheim: ›Vorwärts‹ vom 12. Nov. 1929*

Ein großer Abend der Republikaner, vielleicht der beste, vollkommenste, glücklichste seit ihrem Bestehen, ein Abend fast beispiellosen Erfolgs und des Triumphes für die Idee, der sie dient: Mozarts ›Zauberflöte‹ in neuer Inszenierung.

Ein Bühnenwerk wie dieses, ein so ewig und allgemein menschliches, für alle Zeiten einmalig-unkonventionelles, ist an keinen Zeitstil, hinsichtlich seiner Verwirklichung an keine Überlieferung, keine Vorschrift gebunden. Die Vielheit der Stilgattungen, die sich in seiner Anlage unterscheiden lassen, sein Reichtum an Figuren aus allen Sphären der Menschen- und Märchenwelt, die Vielfarbigkeit des szenischen Inhalts, der lebhafte Wechsel der Situationen und Stimmungen ... all

VI  Georges Bizet, Carmen, 1. Akt. Entwurf von Caspar Neher
Österreichische Nationalbibliothek, Theatersammlung, Wien

dies zusammen macht die Inszenierung zu einer der lockendsten und zugleich schwierigsten, verantwortungsvollsten Aufgaben, die je der Opernbühne gestellt worden sind. Zweierlei fordert sie vom Theater: Glauben und Phantasie, hemmungslosen Glauben an die Sache und unerschöpfliche Phantasie, ihn in Bühnenrealität umzusetzen. Gläubige Phantasie: das ist die schöpferische Kraft, die in dieser neuen Aufführung fruchtbar gewaltet und sie zu einem seltenen Theatererlebnis gemacht hat. Klemperer hat sie mit seinem ständigen Mitarbeiter, Ewald Dülberg, der diesmal auch für die Regie verantwortlich zeichnet, geschaffen. Noch nie hat ihre gemeinsame Arbeit wie hier ein künstlerisches Gesamtergebnis gezeitigt, das auch den Gegner überzeugen muß – ja, in der Tat auch die grundsätzlichen Gegner des Hauses, die jeden Vorsatz, einer alten Oper ohne Voreingenommenheit des Herkommens neue, nämlich reine Gestalt zu geben, als Vorstoß willkürlicher Neuerungssucht und Experimentierlust zu diskreditieren versuchen. Es würde ihnen diesmal nicht gelingen. Zum besonderen Glück der Aufführung stand obendrein und nicht zuletzt für alle Rollen eine Besetzung zu Gebote, die höchste Ansprüche erfüllte. An der Spitze der Tamino Hans Fidessers, seltenste Verbindung von Märchenprinz und Mozartsänger; und neben ihm der wahrhaft lustige, menschlich gewinnende Papageno Fritz Krenn; und Käte Heidersbach, eine anmutige, schön singende Pamina; und Jarmila Novotna, Martin Abendroth, Irene Eisinger; und vor allem auch der prachtvolle Sprecher Friedrich Schorrs, herübergeholt aus der ›Zauberflöte‹, der Lindenoper, deren fatale Erinnerung er weckt.

O. Bie: ›Berliner Börsen-Courier‹ vom 11. Nov. 1929

Das äußere Bild dieser Aufführung war ein Muster von Opernbühnen-Organisation. Wir haben schon viel ›Zauberflöten‹ durchgemacht, von der Klassik Schinkels an, die in der Städtischen Oper wieder aufgenommen wurde, über die pompösen Aufmachungen der alten Hofbühne, zu den Mißverständnissen Kainers und dem Unglücksabend der umgebauten Lindenoperpremiere – es war ein Tummelplatz der Stile. Dülberg hat es gewagt, den Stil durchzuführen. In Übereinstimmung mit den Finanzen der Staatstheater beschränkt er sich auf einen ständigen Rahmen, dessen Prospekte nur wechseln. Eine große Mitteltür, zwei Seitentüren mit Obergeschoß, nach vorn ein vielgegliederter Podest, von felsenhafter plastischer Ornamentik umgeben. Auf diesem Vorder- und vor diesem Hintergrund lassen sich alle Szenen spielen, schnell ohne Verwandlung, mit wechselndem Licht und wechselnden Durchblicken, Erscheinung der Königin der Nacht, mittlere Tür des Sprechers, Aufzug des Sarastro, ein Phantasieraum mit seltsam schwebenden Fächern, Morgenlandschaft der drei Knaben, Feuer und Wasser, Apotheose. Es greift alles ganz natürlich ineinander. Um ein paar Polster hineinzubringen, wird eine sonst verlorene Sprechszene dreier Sklaven eingesetzt. Die Fächer sind ein bißchen Schaufenster, erscheinen auch zu früh. Die Farben – Grundlage blaurot, eine Harmonie des Cinquecento, bis ins Kleid der Pamina – bleiben etwas grob. Die Sprechertür ist zu rohe Koloristik. Andermal ist die Abtönung glücklicher, besonders von der weiter benutzten Morgenlandschaft an. Die Kostüme schwanken zwischen Theorie und Theater. Der einfache Rundbogen, der aller Architektur zugrunde liegt, ist vielleicht zu zeitlos. Ein orientalischer Einschlag, wie bei den Chortrachten, wäre spielender, klingender geworden. Aber trotz diesen theoretisch-zeichnerischen Resten, die bei Dülberg unvermeidlich scheinen, herrscht eine strenge und einheitliche Struktur des Bildes, die bewundernswert alles Altmärchenhafte in die moderne Formanschauung aufnimmt. Eine absolute Lösung.

Dülberg ist diesmal auch der Regisseur, und hier vollendet er sein Werk. Es gelingt ihm, eine Gesetzmäßigkeit des Stils in der Bewegung und Gruppierung durchzuführen, die ebenso der Form dieser Musik als unseren heutigen Forderungen entspricht. Aber der Wert seiner Arbeit liegt darin, daß er die Strenge die an ihrer Stelle feierlich und symmetrisch ist, durch Schattierungen (wie Mozart) angenehm belebt. In Übereinstimmung mit seiner Dekoration stellt er bald eine Oper her, bald wiederum ein Konzert, Bühne und Podium, Gegenspiel und Frontrichtung, wie es kommt. Und die Oper wiederum, um sie nicht zu versteifen, entstilisiert er gern bei Gelegenheit: er bildet einen reizenden Realismus heraus in den Szenen der drei Damen oder er verbürgerlicht die Priesterversammlungen, mattiert die Chöre, auch den letzten Aufstand der Nachtpartei, daß kein allzu feierliches oder lautes Pathos das Märchen verschiebe. Es herrscht in solchen Augenblicken das stille Geheimnis einer besseren Welt. Das ist sehr besonders – ein wichtiger Zug in der Entwicklung dieses Künstlers Dülberg.

Hier ist die Berührung mit der Musik. Klemperer hat an diesem Abend jede Härte und Strenge zurückgestellt, folgt den Entzückungen dieser Instrumentation, dem Fluß dieser göttlichen Melodien, in der großen Paminaarie langsamer als Mozart, mit einer hingebungsvollen Sauberkeit und Ehrfurcht. Die schnelle Folge der Szenen gibt ihm ihre Baulichkeit in die Hand, ihre Zartheit ist seine Antwort. So verschieden seine Sänger sind, er spannt sie mit Erfolg mit seiner Energie in den Dienst für dieses ewige Wunder an Kunst. Dieser herrliche Tamino von Fidesser, Gesang, Wesen, Existenz von ausstrahlender Schönheit. Wohl nicht so ganz ausstrahlend, aber stimmlich, technisch überraschend die Pamina der Heidersbach. Selbst Abendroth als Sarastro gewinnt Gelegenheit, einmal seine Stimme zu weisen.

Schorr als Sprecher von unheimlicher Gewalt in dieser so heutig gezeichneten Partie. Jarmila Novotna, der neue Stern der Krollbühne, diese so persönliche Art und Stimme, etwa zwischen der Rajdl und Jurjewskaja, Seele in der Kantilene, Kunst in der Koloratur! Krenn ein Papageno endlich mal wienerischer Farbe, ohne Übertriebenheiten. Seine nette Papagena Eisinger. Peters als Mohr reicht freilich nicht an seine Vorbilder heran. Die drei Damen: Forbach, Reich, Schulz-Dornburg in bestem Zusammenklang, wie auch die drei Knaben Wagener, Ruziczka, Lipin.

Das Publikum ist froh und dankbar. Es feiert besonders Klemperer in hohem Maße. Es fühlt, daß der neue Kunstwille dieser Bühne hier etwas Ganzes, Rundes, Geschlossenes, Intensives erreicht hat.

30. Dezember 1929
Die verkaufte Braut
Komische Oper von Friedrich Smetana

*Musikalische Leitung:* Alexander von Zemlinsky
*Inszenierung:* Ernst Legal
*Bühnenbilder:* Emil Preetorius
*Chöre:* Karl Rankl

Hans Heinz Wunderlich (Kruschina), Marie Schulz-Dornburg (Kathinka), Jarmila Novotna (Marie), Iso Golland (Micha), Else Ruziczka (Agnes), Erik Wirl (Wenzel), Artur Cavara (Hans), Eduard Kandl (Kezal), Irene Eisinger (Esmeralda)

4. März 1930
Leben des Orest
Große Oper von Ernst Křenek

*Musikalische Leitung:* Otto Klemperer
*Inszenierung:* Ernst Legal
*Bühnenbilder* nach Entwürfen von Giorgio de Chirico, bearbeitet von Teo Otto
*Chorregie:* Hanns Niedecken-Gebhard

Erik Wirl (Agamemnon), Marie Schulz-Dornburg (Klytämnestra), Moje Forbach (Elektra), Käte Heidersbach (Iphigenie), Fritz Krenn (Orest), Artur Cavara (Aegisth), Else Ruziczka (Anastasia), Alfred Bartolitius (Ein Diener des Aegisth), Martin Abendroth (Thoas), Max Roth (Aristobulos), Hans Heinz Wunderlich (Ausrufer), Dolly Lorenz, Bianca Frey, Valentine Wischnewskaja (Straßenmädchen), Bernhard Bötel, Albert Peters, Iso Golland, Ernst Lehmann (Straßensänger), Deszö Ernster (Ein Hirt), Elisabeth Gerö a. G. (Thamar)

*O. Bie: ›Berliner Börsen-Courier‹ vom 5. März 1930*

Křenek horcht in der Zeit herum. Man behandelt wieder antike Stoffe. Man schreibt wieder große Oper. Man geniert sich nicht zu jazzen. Man instrumentiert hart und kalt. Man läßt die Singstimme wieder hervortreten. Und so macht er diesen ›Orest‹. Ich sage nicht, daß er ein Konjunkturjäger sei, in schlechtem Sinne, aber er hat den Instinkt für das Aktuelle und möchte es aus der Zeit heraus gestalten. Die Entscheidung ist eine Frage der Qualität.

Es ist viel Gerede um diese Oper herum gemacht worden. Man kann die Ausdrücke ›motorisch‹ und ›dynamisch‹ schon nicht mehr lesen. Man sucht durch die Ideen ›Freiheit‹ oder ›Heimat‹ Hintergründe zu schaffen, die nicht wesentlich sind. Wesentlich bei Křenek ist das Theater, die Bühnenwirkung, der Kontrast, die Ansammlung des Stoffes. Lassen wir das Gerede, beschäftigen wir uns mit der Sache selbst.

Křenek ist nicht furchtsam. Das gefällt mir. Er greift zu. Er nimmt die Sage der Orestie und taucht sie in eine ungewohnte Farbe. Ich möchte sagen, er amerikanisiert sie. Die Antike ist frei. Sie war immer Spielball der Stile. Offenbach parodiert sie, Strawinsky monumentalisiert sie. Křenek verjazzt sie. Warum nicht? Darum nicht, weil in diesem Stoff Elemente vorhanden sind, die ihr Pathos nicht verlieren dürfen. Pathos ist Křenek grade recht. Man kann ohne Pathos nicht wirken. Einmal gelingt es, das Pathos mit dem Übermut und der Gelöstheit zu versetzen: die Totenfeier Agamemnons wird eine Orgie der Trunkenheit, in der sich das Blut der ermordeten Klytämnestra und des Aegisth mit Dionysos und den Eumeniden mischt. Das ist gut. Das ist die Höhe des Stückes. Das ist auch die beste Musik, von einem karnevalistischen Wurf ohne gleichen und von einer volksliedhaften Schicksalstiefe in Tod und Leben. Dieser dritte Akt hat es in sich. Vorher die große Soloszene Orests mit dem Hirten, mit der Flöte, mit der Sehnsucht nach Hause, breit, innerlich, gesangvoll. Und davor Agamemnons Rückkehr und Ermordung, eine kräftige Linienzeichnung, ein starker Auftakt. Daß dieses Drama von Agamemnons Rückkehr bis zu der des Orest überhaupt noch neben Straussens ›Elektra‹ bestehen kann, ist schon alles Mögliche. Ein großer Moment: Elektra im Käfig erkennt plötzlich den ahnungslosen Orest, Schläge im Orchester, Anhalten des Atems, Wirkung der Situation an sich. Die Szene ist ins Schwarze getroffen.

In den beiden ersten und den beiden letzten Akten geht es nicht so zusammen. Der erste Akt ist der Ruf zum Krieg gegen Troja. Vor der Opferung Iphigeniens eine schöne, ernste Steigerung, aber sonst ein Spott auf Agamemnons Herrschsucht und auf den Krieg, der ins Gewöhnliche versinkt. Im zweiten Akt amüsiert sich

Orest auf dem Jahrmarkt in Athen und wird dann von einer Artistenbande entführt. Fast alles in Jazz, aber zu schwach in der Erfindung, zu niedrig im Geschmack.

Die beiden letzten Akte führen eine neue Idee zu Ende. Diese Idee scheint dem Autor wichtig zu sein. Er denkt sich ein nordisches Reich des Thoas. Thoas sehnt sich nach dem Süden. Iphigenie wird zu ihm versetzt. Er liebt sie. Orest erscheint und liebt nun wechselseitig die Tochter des Thoas. Nachdem die Mißverständnisse erledigt sind, beschließen alle vier, nach Griechenland zu ziehen, wo schließlich Orest durch das Wunder einer verirrten weißen Kugel von seiner Schuld freigesprochen wird. Nun können sie vergnügt Quartett singen. Dies Widerspiel von Norden und Süden ist Idee geblieben. Es tritt bühnenmäßig nicht scharf hervor. Es bringt die Szenenführung in manche Verlegenheit, und es beschließt die ganze Lebensgeschichte des Orest, die als ein Symbol des großen Erdenwanderers in dieser Oper zusammengefaßt werden soll, auf eine allzu konventionelle Weise.

Jetzt hat Křenek das ganze Feld vor sich. Er hat die Idee und er hat den Stil und hat die Abwechslung und alle Möglichkeiten. Er dichtet. Er dichtet in manchen Sätzen, die über dem Durchschnitt sind, aber manchmal ist er sehr darunter. Im allgemeinen schreibt er einen prosaischen Text. Die reizende Frechheit, mit der er Jahrmarkt macht, und Kriegsspott und Volksgedudel, steht in keinem rechten Verhältnis zu dem Ernst, mit dem er die romantischen Elemente seines Buches behandeln muß. Er hätte nämlich auch diese Teile in Spott setzen können. Er hätte alles auf den Kopf stellen können. Aber der Romantiker in ihm ist, wie in jedem deutschen Musiker, nicht zu töten und überstrahlt leider, wenn er zu Worte kommt, alle Jazzereien, die der Zeit zuliebe untergelaufen sind.

Es ist schwer, das absolute Ja oder Nein zu sagen. Es ist nicht so und nicht so. Auch in der Musik. Er benutzt alle Mittel. Das Orchester tut sich in Bläsern und Schlaginstrumenten gut. Banjo spielt eine große Rolle. Es wird gezupft und geblasen nach Kräften. Was von Strawinsky herkommt, ist deutlich. Anderes kommt wo anders her. Die Gesangsstimme kommt nicht aus dem Wort, hält sich halb instrumental, aber auch nicht ganz. Bisweilen ist es richtige Cantilene und geliebte alte Melodie. Die Deklamation charakterisiert sich nach den Personen, Klytämnestra so, Thamar wieder anders. Das Ensemble wird gern gesehen. Im vorletzten Akt kommt es zu einem großen Quartett, sogar mit Fugenbildung von unbedingt musikalischer Wirkung. Die Chöre sind mit die Hauptsache. Er hat vier Arten davon: Chor im Orchester, der die Handlung erklärt, Chor mit bloßen Interjektionen, wie am Anfang des ersten Aktes, Chor mit Brummstimmen, sehr schön unter dem Sologesang Orests, und richtiger tätiger Chor.

Die Erfindung, wie immer, ist etwas schnell. Es findet keine Vertiefung statt. Vieles geht in Viertelnoten dahin, so wie man es aufs Papier schreibt. Es ist nicht eigen, aber es ist auch nicht fremd. Es hält sich durchaus an der Oberfläche. Nur die Wirkung bringt Höhepunkte, nicht die Phantasie. Es ist im Moment wieder vorbei. Und dieses ist, wie ich sagte, die Entscheidung über die Oper.

Klemperer ist ein Herrscher auch über dieses Werk. Er bringt es so konzise, so farbig, so kontrastreich, so empfunden, als es nur irgend möglich ist. Die Regie von Legal unterstützt ihn nicht immer. Ich glaube, man kann den Jahrmarkt viel bunter machen und man kann in der Hirtenszene von Orest durch Niveauunterschiede mehr Stimmung schaffen. Am besten ist das Leichenfest für Agamemnon: alte Erfahrung, wo das Stück am besten ist, ist die Aufführung am geschlossensten. Die Bühnenbilder von Chirico und Otto treffen eine Form von modifiziertem Klassizismus, die etwas Tragikomisches hat. Das macht sich gut. Am geistvollsten sind die Kostüme. Sie sind modern, mit einer gewissen Variante ins Zeitlose und schieben dadurch sofort das Stück auf die Bahn der Unkonvention, die klug ist. Die Freiheit der Perspektive von heute wird erleichtert.

Prachtvoll sind die Chöre. Rankl hat Außerordentliches geleistet. Die Besetzung der Soli konnte kaum besser gedacht werden. Krenn als Orest ist von einer wunderbaren Offenheit, Klarheit und Ergiebigkeit der Stimme. Wirl als Agamemnon ist durchschlagend, vielleicht etwas seriöser, als man von ihm erwartete. Marie Schulz-Dornburg als Klytämnestra, sie hat noch nie eine Rolle so scharf durchgestaltet. Die Elektra der Forbach, die Iphigenie der Heidersbach – vollkommene Leistungen. Cavara als Aegisth, wie geboren dafür. Die Anastasia der Ruziczka sehr schön. Abendroth als Thoas geht sehr aus sich heraus. Max Roth als Oberrichter ganz am Platze. Die Thamar ist ein Gast, Elisabeth Gerö, mit einer auffallenden hellen, koloraturigen Stimme.

Die Krolloper ist in einer Krise. Schade, daß gerade in diesen Tagen ein so problematisches Werk geboten wurde. Aber gleichviel, ob ein besseres oder ein schlechteres Stück, es war eine Pflicht der Zeit. Der Eifer der Einstudierung, die Hingabe an die Kunst, die Qualität der Besetzung und Leitung, sie zeigen gerade in diesem Falle den Wert der Gesinnung, die Zusammengehörigkeit des Dirigenten mit seinem Stil, mit seinem Haus, mit seinem Publikum, die man nicht auseinanderreißen soll. Wir wissen nicht, was kommt, darum halten wir eisern an dem einzigen positiven Ergebnis fest, das die Berliner Oper gezeigt hat.

*Alfred Einstein: ›Berliner Tageblatt‹ vom 5. März 1930*

> »Mit vielem begabt, doch mit Zweifel zumeist, irren wir hin und her, suchend uns selbst und die Heimat, und kennen am Ende fast alles, nur nicht das Land, dem wir gehören.« *Křenek, Reisebuch*

Die Berliner Aufführung von Ernst Křeneks ›Leben des Orest‹ wirkt anders wie die Leipziger Uraufführung vor sechs Wochen. Sie entschleiert das Werk, sie zeigt es in seiner Nacktheit; man erkennt noch deutlicher seine Zwiespältigkeit: – die Zwiespältigkeit zwischen Stoff und Behandlung, zwischen Gegenwartsoper und dem, was Křenek ›Große Oper‹ oder zeitlose Stiloper genannt hat; noch genauer zwischen gefühlter und gemachter Musik, zwischen dem Echten und dem bloßen Stilversuch.

Wir wollen uns nicht streiten über die stilistische Einheit des Werkes, über das, was ich in meiner ersten Besprechung unparlamentarisch einen Spitzpudeldachs, oder Berlinisch gesprochen, Promenadenmischung geheißen habe. Ich weiß sehr wohl, daß der alte Jahn, klassischer Philologe, Lehrer Friedrich Nietzsches, Biograph Mozarts, dem ›Lohengrin‹ Wagners vollendete Stillosigkeit vorgeworfen, und damit vor der Geschichte einigermaßen unrecht behalten hat. (In Parenthese: hat er wirklich unrecht behalten? Hat der ›Tristan‹ nicht den ›Lohengrin‹, in diesem Punkt, ins Unrecht gesetzt? Stil, Persönlichkeitsstil, ist Verschmelzung aller Überkommenheiten, Eindrücke, Einflüsse zu einer Synthese; ist die Synthese beim ›Lohengrin‹ vollkommen?) Ich weiß nicht, ob die Nachwelt dem ›Leben des Orest‹ das Gelingen dieser Synthese zusprechen wird; aber ich weiß, daß die Kritik, die es ihm zuspricht, oder die es vielmehr für belanglos erklärt, damit ihr einziges Kriterium aus der Hand gibt – sie ist zur Kapitulation, zur ›Gegenwart‹ von vornherein entschlossen; auf den Kunstwert an sich kommt es ihr nicht mehr an.

Nochmals, wir wollen uns nicht streiten. Wir wollen unseren Eindruck so rein als möglich wiedergeben; was kann Kritik dem Neuen, Ungewohnten gegenüber zunächst Besseres, Anständigeres tun? Und ich finde nochmals: daß all das Stoffliche, dichterisch und musikalisch, was mit der antikischen Maschinerie der Handlung zusammenhängt, mich gar nichts angeht, mich im Äußerlichsten und Innersten unberührt läßt. Thoas und seine Tochter; Iphigeniens Schicksal, diese Materialisation, die musikalisch nicht glaubhaft gemacht wird, so wenig wie der Tumult des athenischen, südlichen Jahrmarkts, der ganze letzte Akt mit der tauridischen Verwicklung, mit Orests zufallsmäßiger Entsühnung ist mir ebenso Hekuba wie der Muttermord selber, der juristisch und dramatisch nicht als Mord, sondern nur als Totschlag zu bewerten ist. So gleichgültig und gemacht wie diese Teile ist die Musik: das akademische Quartett am taurischen Szenenschluß, die zwischen Skurrilität und Feierlichkeit, zwischen Expression und Gluckischer Ballettstilisierung schwankende Gerichts- und Entsühnungsszene. Aber ich finde, daß alles, was an diesem ›Leben des Orest‹ erlebt, was Gegenwartsoper ist, recht behält und besteht. Erlebt ist Orests Szene, die Szene der Umkehr, Heimkehr; sie ist auch musikalisch so stark erfüllt, daß sie selbst im Konzertsaal, als ein Stück Musik an sich, ihre Wirkung behalten würde. Erlebt ist, ganz abgesehen von der Brutalität, der Niggerhaftigkeit der Situation, die ›Carmagnole‹ des zweiten Aktes: das ist eine echte Opernszene, ein Ensemble aus schlagendem Rhythmus, unmittelbarer Wirkung des Stimmenklanges, des Orchestralen, sicherstem Gang der Modulation. Und erlebt, gegenwärtig ist die Heimkehr des Agamemnon: sie ist aufs Nackteste, primitiv Menschlichste zurückgeführt, befreit von aller Kothurnhaftigkeit; die tiefe Melancholie einer solchen Heimkehr, die Hoffnungslosigkeit vieler unserer Jahre ist hier für alle Zeiten eingefangen. Das ›Leben des Orest‹ ist eins unserer besten Kriegs- und Nachkriegsstücke. Es ist als Ganzes nur eine Etappe auf dem Weg Křeneks. Aber diese Szenen sind eine außerordentliche Hoffnung, und mehr als eine Hoffnung: die Hoffnung, daß Křenek sich einmal ganz selbständig, ohne Vehikel von Stoff und Stil wird aussprechen können.

Die Aufführung war musikalisch nicht so ›schön‹, szenisch nicht so bewegt, so reich an Regie, wie die Leipziger, aber sie war viel aufschlußreicher. Otto Klemperer wahrt der großen Soloszene ihren schwermütigen Klangreiz, aber sonst ist er straff, legt den rhythmischen Nerv des Werkes bloß; was er an Kraft und Wucht in der ›Carmagnole‹ zusammenfaßt, war in Leipzig auch nicht zu ahnen; er vertreibt alle Schönseligkeiten aus der Partitur. Und er befindet sich damit mit dem Szenischen in Einklang. Die Spielleitung Ernst Legals, die Bühnenbilder und Kostüme Teo Ottos (die Bühnenbilder nach Giorgio de Chirico) betonen die Lumpenhaftigkeit dieser Antike, ihre Proletarisierung; napolitanische Röcke der Weiber, schreiende Kostümierung der Heroinen, Feldbraun oder Feldgrau der antiken Krieger, die moderne Soldaten sind: ein verwestes Mykenä, ein verkommenes, barbarisches und jahrmarktsmäßiges Athen, ein phantastisches Kymmerien; besonders schön das abendliche Bild der griechischen Küstenlandschaft – ein entromantisierter, heroisch-unheroischer Rottmann. Ganz vollendet der Orest Fritz Krenns, der immer eine lebendige Gestalt auf beide Beine stellt und prachtvoll singt und deklamiert; nicht weniger scharf gesehen Wirls Agamemnon, Cavaras Aegisth. Dem Thoas Abendroths hat man seine Rolle beschnitten, wodurch die Motivierung der Eifersucht seines Töchterleins etwas leidet: dieser Thoas sieht sehr komisch aus, etwa wie ein etwas reduzierter Peter d e r Große, aber er sang ebenso schön wie Deszö Ernsters Hirte, wie Max Roths Geront. Unter den Frauen obenan: die Elektra Moje Forbachs; tüchtig wie immer Käte Heidersbach (Iphigenie), Else Ruziczka (Amme), gesanglich und im Stil überraschend gut Marie Schulz-Dornburg (Klytämnestra); die koloratursingende Tochter Thoas' war von Leipzig entliehen: Elisabeth Gerö. Ausgezeichnet die von Karl Rankl musikalisch gedrillten, von Hans Niedecken-Gebhard ›bewegten‹ Chöre. Das Publikum reagierte richtig, indem es dem zweiten Akt den stärksten Beifall schenkte.


*B. Diebold: ›Frankfurter Zeitung‹ vom 12. März 1930*

Singende Tantaliden

Vor allem anderen: die Kroll-Oper, die nicht nur moderne Experimente wagt, sondern mit Geist und Maß auch experimentieren kann – die Kroll-Oper muß der Stadt Berlin und dem Reich erhalten werden. Wenn von drei Opernhäusern Berlins eines fallen soll – dann auf keinen Fall die Kroll-Oper am Platz der Republik.

Karl Holl hat das Werk nach der Leipziger Uraufführung hier besprochen. Es ist hier noch zu reden vom Eindruck der höchst eigenen Berliner Darstellung; es bleiben zur Ergänzung ein paar dramatische Betrachtungen zu diesem antiken Libretto, das fast sämtliche Tantaliden-Dramen zum Potpourri vereinigt: Iphigenie in Aulis und Tauris, Elektra, Orestie. Ein Potpourri auch der geistigen Bestrahlungen von Goethe, Äschylos, Euripides, Gluck, Strauss-Hofmannsthal und – Richard Wagner. Ich meine mehr den Text als die Musik zunächst. Ich meine mehr den romantischen Geist als die klassische Fabel. Modern – so wie es Křenek will – ist nichts an dieser Tragödie als die Anachronismen, wenn es in Tauris z. B. gerade »vierzehn Uhr« geschlagen hat. Modern ist auch die Leere an Idee. Hier ist weder antikes Schicksal noch Wagnersche Philosophie, die all den Mordtaten ein bißchen ›Notwendigkeit‹ zu geben vermöchten. Es bleiben Unglücksfälle und Verbrechen mit Gesang. Singende Tantaliden!

Wie kommt Křenek, Dichter seines eigenen Textbuches, zur Antike? – zur Antike, die auf der literarischen Bühne so gründlich abgewirtschaftet hat. Man rede mir nicht von Georg Kaisers ›Gerettetem Alkibiades‹, der in Berlin wegen verdächtiger Geistigkeit noch immer nicht auf die Bühne gekommen ist. (Diesen Ruhm hat nun das langsame München wirklich vor dem witzigen Berlin voraus. Und in Darmstadt hat der momentane Berliner Intendant Legal vor Jahren schon den Sokrates im ›Alkibiades‹ gespielt. Das Berliner Tempo scheint im Geistigen nicht mitzuhalten!) Auch H. H. Jahnns barbarisch-hysterische ›Medea‹ ist ein Außenseiter: eine Protest-Medea gegen Grillparzer. Immerhin liegt auch in Křeneks ›Orest‹ jene Opposition gegen das bürgerlich-humanistische Griechentum Winckelmanns; und die Beweggründe zum ›Orest‹ sind mit Jahnns ›Medea‹ viel verwandter als mit den antiken Stoffen bei Honegger oder Strawinskys lateinisch singendem ›Oedipus Rex‹, wo die wirklich klassische Antike zur ›Einfrostung‹ des Gefühls und zum Triumph der ›Form‹ verhelfen soll. Křenek will keine Klassizität aus Stein, sondern ein Griechentum aus Farbe. Er will nicht Winckelmann-Goethes »edle Einfalt und stille Größe«, sondern die südliche Leidenschaft eines griechischen Alltags. Ein gegenwärtiges Hellas. Zunächst projektierte Křenek den Orestes in amerikanischer Maskerade. Modern um jeden Preis. Aber der Stoff widerstrebte. Statt dem Tempo Amerikas doch lieber dionysische Raserei. In Nietzsches Sinne: ein Protest gegen den apollinischen Traum und für den dionysischen Rausch. Kein Griechentum der akademischen Poesie, sondern der Prosa ... Allerdings eine Prosa, die Křenek als Dichtung gewürdigt wissen will ... Ein Drama mit Musik.

Es ist die große Leistung der Republik-Oper: die Geburt der Vulgär-Antike aus dem Geiste der Vulgär-Musik. Klemperer dirigiert die modernen Jazz-Rhythmen auf dem Jahrmarkt von Athen. Seine Präzision hat die göttliche Notwendigkeit, die das Potpourri der Křenekschen Impressionen bindet: vom dramatisch Rezitativischen bis zum festen, deutlich singenden Massenchor. Seine Rhythmik ist apollinisch in der Strenge und dionysisch im agogischen Leben. Es klingt südlich.

Legals Regie macht mit schauspielerischer Präzision aus Opernmimik sozusagen: Drama. Die Massen sind nicht Choristen, sondern Volk. Die Sänger schreiten nicht auf dem Kothurn, der unsichtbar sonst an jeder Opernsängersohle klebt. Der erste Akt und die Totenfeier sind echt dramatische Bühnenereignisse. Hier kulminiert auch Křeneks Theatergeist. Legal läßt südlich spielen.

Der Inszenator Giorgio de Chirico (mit Hilfe von Teo Otto) macht aus dem akademischen Athen den Hafen von Neapel oder Marseille. Sie spielen Mandoline. Die Griechinnen des Chors tragen am Kleid zwar auch Mäanderornamente. Aber es sind ungebügelte, verrutschte, verdreckte Kostüm-Griechen. Griechische Dienstmädchen. Griechische Schlampen. Aber von ›Leidenschaft bewegt‹ wie in Neapel oder am heutigen Piräus. Sie könnten störungslos beim Singen Makkaroni essen. So ohne Feierlichkeit der Jahrmarkt und der Palast. Südliche Schlamperei vor herrlicher Farbenlandschaft. Eine improvisiert gemalte gelb und rote Sonne mit dicken Strahlen auf dem gemalten Prospekt der Bucht. Dann als antike Erinnerung an unsere frühere Antike: ein Riesenmarmorkopf; eine gestürzte Säule; ein edles Pferd. Dann die Familie aus Tantalus' Geschlecht: die feinen

Leute. Die besseren Leute. Klytämnestra außerordentlich gewandelt: orientalischer Chic. Letztes Modell aus Babylon. Stilstörend die ›klassichere‹ Aufmachung der blauen Iphigenie; die unzureichende Phantasie am roten Kleid Elektrens. Hier zerfällt der Augenstil wie der Dichtungsstil und wird Potpourri. Iphigenie benimmt sich nicht mehr südlich, sondern von Goethe. Trotzdem Agamemnon und sein Heer: modern feldgraue Krieger.

Die Regie in Spiel und Bild sucht die südliche Einheit. Aber die Musik dazu ist nicht einheitlich. Sie tanzt leider nicht immer. Nicht nur in Thoas' Norden. Auch im Süden verliert sie die Naivität. Sie sentimentalisiert sich. Klemperer findet jeden Übergang. Freut sich des Klanglichen. Freut sich des Lebens. Reaktion der schönen Dreiklänge und schönen Terzen; Effekt und Dynamik der Barockoper (daher der ehrliche Titel ›Große Oper‹). Aber bei allen Soli, Duetten oder gar Quartett keine zündende Melodie. Hier ist der Ausfall dieser ›Großen Oper‹. Entweder tanzt sie sehr wild oder sie läßt sich kammermusikhaft und liedmäßig gehen wie Orest auf Bergeshöhe – dieser Jung-Siegfried mit neuem Waldweben und Vogelstimme über ihm. Oder jener nordische Astrologe Thoas, der sehr langweilige Gesänge mittags »um vierzehn Uhr« philosophiert und seine schlafende Tochter Thamar nervös macht – wie Klingsor vor dem Zauberspiel neben der ächzenden Kundry. Wagners Schatten über dem südlichen Schauplatz. Loge singt den Aegisth. Siegfried und Parsifal singen den Bariton Orests. Wagners romantischer Schatten auch über dem Gespinst der Handlung: dort altgermanisch; hier griechisch. Griechisch? Amerikanisch? Der Chorus singt in schönen Frauenstimmen die episch erzählenden Intermezzi des Handlungsverlaufs. Griechisch? Nein. Aber modern? Auch nicht. Dazu: Wagners Schatten...

Wagners Schatten...

Ein König Agamemnon (ein Gott Wotan), verführt von dem schlimmen Ägisth (Loge), will Macht. Und opfert dieser Macht die Liebe – sei's Orest, sei's Iphigenie (sei's Freia). Klytämnestra (Fricka) protestiert. Der Sohn Orest (Wälses Sohn Siegmund) muß durch die Welt wandern ohne das Vaters Schutz und wird die morsche Königsmacht (den Speer von Wälse-Wotans Göttermacht) zerschlagen. Er ist der freieste der Freien. Agamemnon trinkt den Gifttrank des Ägisth freiwillig; denn er will Götterdämmerung. Elektra hofft auf die Erlösung durch Orest. Aber verwirrt durch so viel Fatum (Siegfrieds Vergessenstrank) wird er beinahe Unheil in der Welt anstiften, bis eine andere Brünnhild (Iphigenie von Goethe) ihn zum Verstand bringt und erlöst... Wagners Schatten.

Das soll nicht heißen: Wagner-Imitation. Aber es ist die Stimmungs-Einfühlung in vorgeprägte Heroen-Situation. Das dramatische Epos versucht wie Wagner, der die germanische Antike zur Synthese bringt, das Material der griechischen Antike zu ›ballen‹. Es gelingt dramatisch ein schlagender erster Akt. Es gelingt großartig die Haßfeier vor dem toten Agamemnon. Hier sind theatralische Architekturen – ganz in heroisch-unmoderner Tragödienform. Dazwischen die öde reflektierende Lyrik des Nordlands Tauris. Als Talentblitz: die resignierende Heimkehr Agamemnons, der nicht mehr weiß, warum er in den trojanischen Krieg gezogen und der (wie Wotan) nichts mehr will als das Ende, das Ende...

Aber das Ganze entbehrt des Kittes des antiken Fatums oder der Wagnerischen Erlösungs-Idee oder irgendeines sonstigen Zielwillens, der außerhalb der ›Familiengeschichte‹ steht. Denn diese Geschichte bleibt ohne ideelle Spannung nichts als Privatsache. Ein Kammerspiel auf welthistorisch aufgemachtem Hintergrund.

Keine Rechtsfrage zwischen den Furien der Blutrache (Familienrecht) und dem Recht des Staates wie bei Äschylos. Eine Privatsache mit Lyrik auf Bergeshöhn. Wenn Křenek zur Inszenierung seines ›Orestes‹ je an amerikanisches Milieu dachte – es hätte ihn vor diesen Stilstörungen mit Lyrik und Heroik vielleicht bewahrt. ›Orestes‹ wäre ein heiteres Spiel geworden, durchaus modernes Spiel mit kühl gehobenen Brownings und Hands up des totenfeiernden Chorus von Chicago. Das blieb uns erspart. Modern blieb nur das südliche Kostüm und der tanzende Rhythmus, da, wo man in dieser Tragödie tanzen darf. Aber die Antike lebt hier – ohne Idee – als Maske weiter.

Warum liebt Křeneks Elektra den heimkehrenden Vater? Nur weil das antike Thema es will, wo ein militaristischer Vater nicht als Verbrecher galt. Müßte sie ihn nicht hassen, den Töter des Familiensinnes? Warum ermordet hier Orestes seine Mutter, die ihn vor des Vaters Opferung rettete? Der Tod Ägisths hätte der Übernahme des Königtums genügt! Die Psychologie des Äschylos beruht auf einem von vornherein in Recht und Sympathie verwurzelten Vater Agamemnon, der von Klytämnestra böswillig zum Tod gebracht wird. Der fehlt hier. Seine Ermordung durch das Gift Ägisths ist unwesentlich; sie trifft einen Schuldigen, der seine Kinder opfern wollte. Demgegenüber ist die Křenekische Klytämnestra fast entschuldbar. Bei Äschylos verdiente sie den Tod durch ihre mörderische Bosheit.

Das antike Schema wird leer ohne antike Psychologie. Der moderne Orest erschlägt ohne antike Nötigung die Mutter. Aber von oben sticht ein olympischer Blitz als Fluch herunter auf Křeneks moderne Szenerie. Woher kam dieser Blitz – aus welchem Himmel? Er kam aus einem entleerten antiken Olymp: genannt ›Große Oper‹. Das soll alles Unmoderne an diesem modernen Libretto entschuldigen. Wunder dürfen jetzt geschehen. Iphigenie wird durch Wunder vor Agamemnons Dolch gerettet.

Und der Zufall der Gerichtsverhandlung im letzten Akt? Warf die Göttin das Los des Lebens wie beim Äschylos für den Orest in die Urne? Nein, der Zufall eines ballspielenden Kindes spielt den rettenden weißen Ball in die Abstimmung der Richter. Göttliche Aktion ohne Götter. Deus ex machina ohne den Götterglauben. Ein Zufall rettet den Orest ... Große Oper.

Nun: Křenek gibt die ›Große Oper‹ ausdrücklich zu. Aber es klingt wie zur Entschuldigung, daß sein Libretto keine antike Konsequenz erhielt – und dennoch mit Götterwundern Komödie spielt. Wie zur Entschuldigung, daß diese Antike eigentlich modern – und daß diese Moderne eigentlich antik gemeint sei. Nur der Jazzrhythmus vertreibt z. T. diese Bedenken. Der Endeffekt ist nicht ein Tantaliden-Schicksal, sondern eine Familien-Affäre von singenden Tantaliden.

Die Sänger. Man spürt Legals Schauspielregie. Wirl als Agamemnon spielt psychologisch weit über den Opernjargon heraus und ergreift bei der Rückkehr durch die todesmüde Resignation. Die Klytämnestra der Marie Schulz-Dornburg gehorcht der Regie bis zur Vortäuschung schauspielerischer Gestaltung; singt sehr schön im tiefen Klang. Persönlich suggestiv, musikalisch von instrumentaler Prägnanz, wenn auch mit etwas harter Stimme die Thamar: Elisabeth Gerö als Gast; die vollendetste artistische Leistung der Darsteller. Orest in der riesigen Erscheinung des sympathischen Fritz Krenn muß sich im Jahrmarkttakt wie ein Baby geben, das noch nicht weiß, was Liebe ist, wenn ihn die Freudenmädchen zupfen. Das ist kaum spielbar. Aber der temperamentvolle Krenn spielt Jung-Siegfried, so gut es einem Bariton ansteht. Sein Gesang aber klingt nicht voll und nimmt die melodische Linie nicht auf – wie etwa der volltönende Max Roth in der kleinen Rolle des Oberrichters. Abendroth als Thoas kann aus der matten Rolle trotz schönen Tönen keine Kraft gewinnen. Ägisth wird zum schönsingenden Heuchler durch Cavara. Elektra rast erregt in der lebendigen Leidenschaft Moje Forbachs. Iphigenie langweilt sich in Käte Heidersbach.

Der Beifall: erst zögernd; dann stark; am Schluß etwas Widerspruch.

Das einzelne, was mittelmäßig blieb an dieser Aufführung, sagt wenig gegen den Zug des Ganzen. Die Kroll-Oper muß bleiben. Wenn von den drei Opernhäusern Berlins eines fallen soll, dann gerade die Kroll-Oper am Platz der Republik nicht. Die Lindenoper und die Charlottenburger Städtische heben sich in Charakter, in Repertoire und Spielwillen kaum voneinander ab. Sie mögen sich verschmelzen. Charlottenburg mag sich unter die Linden begeben. Die Kroll-Oper hat das eigenste Gesicht von sämtlichen Opern Deutschlands; sie rentiert am besten; sie braucht kein Starwesen; sie leistet Pionierarbeit; sie wird zielvoll geführt durch Legal, Klemperer. Sie vereinigt das interessierteste Publikum von Berlin. Sie lockt sogar die Schauspielkritiker zu ihren Premieren. Sie liefert Ereignisse. Křeneks problematischer, aber nie langweiliger ›Orest‹ wurde hier dargestellt, mit Präzision verkörpert und entlarvt. Eine Aufführung, die Klärung und Aufschluß bedeutet. Keine Retouche fürs Publikum. Alles für das Werk. Wer das kann unter dem Druck der Tradition, die keine Kunst so zähe hält wie die Operngattung, der ist stark und vital. Die Oper am Platz der Republik muß bleiben.

*Ernst Křenek antwortet: ›Frankfurter Zeitung‹ vom 23. März 1930*

Der ›entlarvte Orest‹

Wenn ich einige Bemerkungen zu Bernhard Diebolds Besprechung der Erstaufführung meiner Oper ›Leben des Orest‹ in Berlin, die unter dem Titel ›Singende Tantaliden‹ in der ›Frankfurter Zeitung‹ vom 12. März erschienen ist, widerlege, so geschieht das nicht, um einige meiner Arbeit weniger günstige Punkte seiner Beurteilung abzuwehren, sondern weil sich daran verschiedene, für die heutigen Möglichkeiten der Oper wesentliche Betrachtungen anknüpfen lassen.

Mit einer gewissen Befriedigung scheint Diebold ›Wagners Schatten‹ über meinem ›Orest‹ festzustellen, als wollte er sagen: »Trotz größter Anstrengungen seid ihr eben nicht weitergekommen.« Nun stimmt die Parallele meiner Orest-Fabel mit der des ›Rings‹, die Diebold zu ziehen versucht, nur recht oberflächlich und stellenweise, und wo sie stimmt, beweist sie nur, was wir längst wissen: daß die Urmythen und -sagen aller Völker irgendwo auf ähnliche Grundvorstellungen zurückgehen und sich daher in vielen Situationen und Beziehungen decken. Wesentlich wäre aber eine solche äußere Relation doch nur, wenn ihr auch eine innere Analogie entspräche. Schließlich entscheidet für eine Verwandtschaft von Werken doch nicht der äußere Handlungsablauf, sondern die geistige Absicht, die zu ihrer Entstehung führt. Der Handlungsablauf ist eines der zahlreichen Vehikel, deren sich der Geist bedient, um in Erscheinung zu treten. Ob dieses Vehikel jedesmal fabrikneu bezogen wird oder ob man gelegentlich eines besteigt, mit dem schon andere vor uns ans Ziel gelangten, dürfte wohl irrelevant sein. Im übrigen erweisen sich auch die neuen Karosserien meist als uralt.

In der Tat stellt Dr. Diebold auch fest, daß außer dieser sehr flüchtigen äußeren Beziehung zur Wagnerschen Tetralogie, die er ›Wagners Schatten‹ nennt, keine andere, innere vorhanden ist. Der ›Kitt‹ der Wagnerschen Erlösungsidee fehlt – selbstverständlich, denn das Ganze hat mit Wagner gar nichts zu tun. Aber auch den ›Kitt‹ des antiken Fatums vermißt Diebold. Auch darin hat er recht; ich hätte mich mit diesem Stoff nie befaßt, wenn er die Verpflichtung involviert hätte, antike oder sonstwie zeitferne und fremde Vorstellungskreise und Ideologien zu rekonstruieren. Merkwürdig genug ist aber, daß dem scharfsinnigen Beurteiler meiner Arbeit, die meines Erachtens gerade noch tragbare Belastung meines Stücks mit freilich weder Wagnerschen Erlösungs- noch antiken Fatum-, sondern, wie mir scheint, ziemlich ›modernen‹ Ideen entgeht (weil ›modern‹ offenbar verlangt wird). Gerade meine allerursprünglichste Idee, die ich in einem Einführungsaufsatz verraten habe, nämlich Orest auf seiner Flucht über Räume und Zeiten hinweg mitten ins amerikanische Gegenwartsleben hineinplatzen zu lassen, hätte Diebold auf die richtige Spur bringen können. Daß ich das nicht pour épater le bourgeois oder, um in einem zweiten ›Jonny‹ die Jazzrhythmen bequemer zu placieren, geplant habe, wird man mir hoffentlich auch so glauben.

Ich wollte im ›Leben des Orest‹ die Unbeirrbarkeit und Sicherheit des begnadeten Menschen, auch in schlimmster Wirrnis und entgötterter (scheinbar entgötterter!) Welt, zeigen. Gerade diesem Zweck schien aber der Verzicht auf die amerikanische Maskerade nützlicher, weil sich innerhalb des geschlossenen Kreises der überlieferten Fabel alles reiner und ohne Ablenkung durch mätzchenhaften Requisitenkram darstellen ließ. Freilich mußte ich dann die Antike einfach herübernehmen und so behandeln, als wäre sie lebendig da, nicht tote, abgeschlossene Vergangenheit, archäologisches und philologisches Gespenst, sondern naive, anschauliche Gegenwart. Hier gerade möchte auch ich mich auf Wagner berufen: dürfte er auf die ganz anders beschaffene Vorstellungswelt der Edda – mit Recht – die ›modernen‹ Erlösungsideen seiner Zeit anwenden, so ist anderen der Versuch erlaubt, das ewige Schema des antiken Mythos mit ihren Ideen in Beziehung zu setzen. Die Antike dient mir also nicht als ›Maske ohne Idee‹, sondern als Schauplatz für die Anschaulichmachung meiner Idee. Das ist ja das Einzigartige an den Ur-Mythen der Menschen, daß sie, eben wegen ihrer Vieldeutigkeit, immer wieder neue und unsterbliche Gefäße für die Ideen aller Zeiten sind. In ihnen sind keimhaft wie in einem Embryo alle künftigen menschlichen Möglichkeiten unbewußt beschlossen. Hätte Dr. Diebold diese Idee der Gnade bemerkt, so würde er nicht so sehr den ›Zufall‹, durch den Orest gerettet wird, bemängelt haben. Der scheinbare ›Zufall‹ ist eben das sichtbare Instrument der Gnade, einer hinter den Dingen wirkenden, unerklärbaren, aber sittlich vertrauenswürdigen Macht. Er würde bemerkt haben, daß die weiße Kugel, die das unwissende Kind ›zufällig‹ in die Urne fallen läßt, dieselbe Kugel ist, durch deren übermütigen Wurf Orest in die Knechtschaft der Artisten geraten ist und so auf seinen ›dunklen Pfad‹ gedrängt wurde. Er würde bemerkt haben, daß Anastasia, altes, naives Urwesen, in dumpfer, instinkthafter, divinatorischer Verbundenheit mit dem Wesen der Dinge, diese Kugel am Bildstock der Pallas Athene opfert – sinnloses, wertloses Opfer im Sinne eines religiösen Rationalismus. Aber sie hat eben die ›glückliche Hand‹ – gerade dieser kleine, wertlose Gegenstand führt am Schluß die gute Wendung herbei. (Ich gebe zu, daß das in der Aufführung nicht so deutlich herauskam, wie es möglich gewesen wäre, aber dafür kann ich nichts.)

Diese Idee der Gnade scheint mir nun durchaus modern, im Sinne einer ethischen Forderung. Gerade in einer Zeit, wo selbst die Opernkunst an manchen Stellen bereits mit einer zornigen Grimasse des Galgenhumors vor dem öden, rationalen Nihilismus einer durch Technik und Profitgier ausgehöhlten und heruntergekommenen Tempo-Menschheit kapituliert, scheint es mir wesentlich, auf andere Gehalte hinzuweisen. Es wäre gut, etwas demütiger, bescheidener und gläubiger zu werden, nicht in Extensität und Tempo allein das Heil zu suchen. Nicht so sehr der Machtwille, die Präzision und rationale Exaktheit machen glücklich, eher schon Einkehr, Glaube, Hoffnung, Sicheinfügen. Sollte das alles in meinem gelegentlich überdeutlichen Stück übersehen werden können? Wenn Ideenlosigkeit modern ist, wie Dr. Diebold meint, dann ist wohl mein ›Orest‹ sehr unmodern. Aber die Voraussetzung darf gar nicht stimmen, wir wollen uns nicht schlechter machen, als wir sind.

Gerne will ich mit Dr. Diebold nochmals das Schuld- und Sühnekonto der Familie Agamemnon überprüfen, weil er meint, ich hätte diese Beziehungen schematisch aus der Sage übernommen, ohne sie psychologisch zu unterbauen. Warum liebt Elektra den Vater? Weil sie, wie sich feststellen läßt, bei mir am meisten ihm nachgeraten ist und mit Fanatismus das legitimistische Prinzip vertritt. Für sie hat Agamemnon recht, und hätte er seinem Imperialismus noch mehr Opfer gebracht. Daß Ägisth ihn verleitet hat, weiß sie zunächst nicht. Im übrigen ist dieser Agamemnon durchaus nicht weniger sympathisch als der in »Recht und Sympathie verwurzelte« des Äschylos, er ist »von Bosheit verleitet, geschlagen in die Fesseln der eig'nen Natur« (wie mein Chor sagt) und trägt sein unentrinnbares, weil in seinem Charakter begründetes Geschick mit Größe. Wenn ihn Ägisth umbringt, wirkt das durchaus abscheulich und fluchwürdig. Warum ermordet Orest seine Mutter, obgleich sie ihn gerettet hat? Weil er 1. das nicht weiß, sondern sogar noch meint, daß sie ihn listig fortbringen ließ, um die Thronfolge ihrem Liebhaber Ägisth zu sichern, 2. von Elektra aufgehetzt wird, die den Ehebruch gerächt sehen will, 3. weil er tabula rasa machen will und von seinem Vagabundenleben her keine anderen Methoden kennt. Sehr richtig ist die Bemerkung Dr. Diebolds, daß die objektive Schuld meiner Klytämnestra relativ gering ist, um so größer ist daher die – ihm selbst natürlich nur teilweise bewußte – Schuld Orests, wenn er sie erschlägt. Wäre ihre ›Schuld‹ adäquat, würde ja durch ihre Tötung das Konto glattgestellt und Orest nicht belastet werden ... Ich glaube, daß das Bilanzmachen in diesen Belangen noch weniger ergiebig ist als in denen, wo es das Gesetz vorschreibt, und daß wir es daher lassen sollten. So ähnlich drückt sich auch mein Oberrichter im Areopag aus – und ist das nicht etwa auch eine ganz beachtenswerte ›moderne Idee‹?

Nun kommt das, was Dr. Diebold ›Entlarvung‹ nennt. Nachdem er die – moderne – Ideenlosigkeit meiner Arbeit dargetan zu haben glaubt, spricht er die Vermutung aus, ich hätte sie deshalb ›Große Oper‹ genannt, um diesen Übelstand zu entschuldigen. Nun, wenn das Attribut der Großen Oper Ideenlosigkeit ist, wodurch sie sich nach Dr. Diebolds Auffassung vom Musikdrama unterscheidet, und mein Werk nicht nur dieses negative Kennzeichen der Gattung ›Große Oper‹, sondern auch deren positives trägt, was er zugibt, so konnte doch kaum eine ›Entlarvung‹ stattfinden, wenn man das Stück als das erkannte, als was es deklariert ist, nämlich als ›Große Oper‹! Ich habe ja nicht vorgegeben, ein Musikdrama (mit Ideen) zu schreiben. Ich glaube aber, daß die ganze Unterscheidung, auf die es bei der Dieboldschen Besprechung ankommt, nicht stichhaltig ist. Es gibt ganz gewiß nur eine Sorte von gutem, musikalischem Theater, und in dieser vereinigt sich alles. Wo Wagner lebendiges Theater gemacht hat, ist es so gut opernhaft, wie das von Mozart oder Verdi ideenhaltig. Ich habe mir also erlaubt, um in der Terminologie zu bleiben, Große Oper plus moderner Idee zu versuchen. Über den Grad des Gelingens läßt sich zweifellos viel sagen, und ich bin der erste, der gern in eine Diskussion eintreten wird, aber die Existenz des Versuchs kann wohl kaum geleugnet werden. »Eine Privatsache mit Lyrik auf Bergeshöhen«: das dürfte kaum auch nur meine Absicht treffen, selbst wenn man das Resultat als völlig mißlungen bezeichnen wollte. Keine ›singenden Tantaliden‹ – keinerlei antiquarische Gelehrsamkeit archäologischer Genealogie, nicht einmal eine Deutung der Antike im Sinne der Parteinahme für ›dionysischen Rausch‹ hat in meiner Problemstellung irgendwelchen Platz –, sondern Menschen unserer Art wollte ich auf die Bühne bringen, die in dem von der ewigen Fabel locker bezeichneten Rahmen von zeitloser Größe ihr Sein und Wesen singend zum Ausdruck bringen.

Dies möchte ich jedenfalls entschieden klargelegt haben: 1. daß Oper nicht unbedingt ideenlos zu sein braucht, 2. daß Ideenlosigkeit nicht unbedingt ein Kennzeichen moderner künstlerischer Bestrebungen zu sein braucht, und 3. daß man, ohne ideenlos zu sein, auch andere Wege als Richard Wagner gehen kann. Auf den Einwand, daß man vielleicht, aber ich es nicht könne, erwidere ich nur mit dem Ersuchen, mir zu bestätigen, daß ich es wenigstens versucht habe.

Nachwort der Redaktion: Unser Opernkritiker Karl Holl hat über Křeneks neue Oper ›Leben des Orest‹ nach der Leipziger Uraufführung unter dem Gesichtspunkt der künstlerischen Gesamtwirkung berichtet (Abendblatt v. 21. Jan.). Unser Theaterkritiker Bernhard Diebold hat das Stück nach der Berliner Erstaufführung hauptsächlich unter dramaturgischem Gesichtspunkte besprochen. Nun hat sich der Autor selbst zu Wort gemeldet. Wir haben es ihm erteilt, weil es uns gerade jetzt, im Zeichen der allgemeinen Debatte um den Bestand der Oper, so nötig wie fruchtbar erscheint, Haltung und Ziel der Schaffenden unmißverständlich klarzustellen. Oper ist von jeher eine zusammengesetzte Kunstform, deren besondere Problematik sich im Wandel der Zeiten und Anschauungen jeweils aus dem wechselnden Verhältnis zwischen Musik und Drama ergab. Sie kann und wird von Schaffenden wie von Kritikern je nach deren persönlicher und geistiger Zentrierung sowie je nach der geistig-künstlerischen Situation immer wieder mehr oder weniger einseitig unter dem musikalischen oder dem dramatischen Aspekt gesehen werden. Sicher liegen die bedeutenden Lösungen des Gestaltungsproblems aber dort, wo die dramaturgische Konstruktion in der musikalischen Vision aufgeht bzw. sich ihr unterordnet. Von dieser Erfahrung aus gesehen, sind Oper und Drama grundverschiedene Typen des Bühnenwerks, die auch eine entsprechend verschiedene Art der ideellen Anlage und dramaturgischen Gestaltung fordern. Wir glauben nicht, daß ein Kritiker von der dramaturgischen Erfahrung und musikalischen Art Diebolds diesen Unterschied im vorliegenden Falle übersehen hätte. Wohl aber scheint es, als ob die Berliner Aufführung gegen die Absicht Křeneks das in die uralte Fabel hineinprojizierte Denken und Fühlen des Zeitgenossen Křenek im Sinne des jetzt beliebten ›Zeittheaters‹ so realistisch ›modern‹ inszeniert, so sehr in dialektischen Gegensatz zu der südlichen Fabelwelt gesetzt hat, daß es einen Kenner des Dramas wie Diebold reizen mußte, dem Stück gerade von der ideellen und dramaturgischen Seite her scharf zu Leibe zu rücken. Schärfer als er es etwa unter dem Gesichtspunkt des musikalischen Zwecks und aus dem Zentrum seines eigenen musikalischen Empfindens heraus getan hätte. Nachdem Opernkritiker und Dramaturg ihr Votum abgegeben haben und Křenek selbst in seiner Replik gesagt hat, was er gewollt hat, ergeht die Frage nach der Lebensfähigkeit des Werkes und nach den Aussichten des von Křenek damit beschrittenen Weges zunächst an eine andere Instanz: das Publikum.

24. April 1930
### Die Stumme von Portici
### Große Oper von D. F. E. Auber

*Musikalische Leitung:* Fritz Zweig
*Inszenierung und Gesamtausstattung:* Ernst Pohl a. G.
*Chorregie:* Hanns Niedecken-Gebhard
*Tanz:* Valeria Kratina

Artur Cavara (Alfonso), Käte Heidersbach (Elvira), Bernhard Bötel (Lorenzo), Ernst Lehmann (Selva), Ferdinand Scheithauer (Masaniello), Grete Jacobsen (Fenella), Martin Abendroth (Pietro), Walter Beck (Borella), Albert Peters (Moreno), Bianca Frey (Eine Ehrendame)

17. Mai 1930
### Rigoletto
### Oper von Giuseppe Verdi

*Musikalische Leitung:* Alexander von Zemlinsky
*In Szene gesetzt und Gesamtausstattung:* Ewald Dülberg
*Chöre:* Karl Rankl

Artur Cavara (Herzog von Mantua), Iso Golland (Rigoletto), Jarmila Novotna (Gilda), Gotthold Ditter (Graf von Monterone), Ernst Lehmann (Graf von Ceprano), Bianca Frey (Die Gräfin), Martin Abendroth (Sparafucile), Else Ruziczka (Maddalena), Anna Lipin (Giovanna), Valentine Wischnevskaja (Ein Page der Herzogin)

*B. Diebold: ›Frankfurter Zeitung‹ vom 21. Mai 1930*

### Gespielter Rigoletto

Daß der ›Rigoletto‹ gesungen wird, ist selbstverständlich. Daß er gelegentlich gut gesungen wird, darf zugegeben werden. Daß er aber sehr gut gesungen und zugleich außerordentlich gespielt wird – so daß sich auf der kitschigen Libretto-Basis ein Spannungsdrama mit erhabenen Pathosszenen großartig wie eine Tragödie von Corneille erhebt –, das ist ein großer, seltener Glücksfall. Dies große Los zog die Staatsoper am Platz der Republik. Regie und Szenik: Ewald Dülberg. Musikalische Leitung: Alex. von Zemlinsky.

### Singrolle und Spielrolle

Die Aufführung ist ein Beweis, daß unter völliger Wahrung der musikalischen Diskretion die ›mimische Ausschweifung‹ des Sängers möglich ist. Vorausgesetzt: daß er Schauspieler von Geblüt ist. Die Opernkritik hat sich in sträflicher Weise daran gewöhnt, sich in der Oper mit der bloßen Stimmbandleistung zu begnügen und jedes mit den Händen fuchtelnde Agieren innerhalb der Operngestik schon als ›Charakterspiel‹ oder ›Komik‹ hochzurühmen – ein totes Puppenspiel, das nach dem Maßstab der Schauspielerbühne ganz ohne weiteres als miserabelster Dilettantismus erkannt würde. Es wäre ungerecht, vom Sänger durchweg die volle Schauspielerleistung zu verlangen. Auch steht die musikalische Gestik unter gedehnterem Rhythmus. Das singende Erleben braucht mehr Zeit als der Ausbruch in Prosa. Jedoch es gibt in der Oper zweierlei: vorwiegende Singrollen wie Erda, Sarastro oder Graf Luna. Und vorwiegende Spielrollen wie Beckmesser, Wotan, Leporello, Figaro – Rigoletto. Da die ideale Koinzidenz von höchster Gesangs- und höchster Spielbegabung nur von einem Caruso oder Baklanoff erwartet werden darf, so ist ›praktisch‹ zu sagen: daß der Gesamteindruck des Opernabends bei den Singrollen weniger an schlechtem Spiel und bei den Spielrollen weniger an unzureichendem Gesang leidet. Ein steifer Sarastro mit schönem Baß verdirbt gar nichts: ein wohlklingender Leporello ohne Komik ruiniert das ganze ›heitere Drama‹ des Don Juan. Oper ist kein Konzert, sondern Theater! Der Opernsänger ist kein schönes Instrument (wie im Oratorium), sondern er tritt in Kostüm und Maske auf als der ›singende Mensch‹ – mit Betonung auf dem letzten Wort.

### Der ›singende Mensch‹

Am Platz der Republik sang – spielte ein neuer Mann, Iso Golland, den Rigoletto. Und siehe da: es war nicht der usuelle bucklige Intrigant mit einer aufgeschminkten Dämonsmiene und seiner komischen Hinkerei, die nur durch ihre schauspielerische Unzulänglichkeit zur Komik wurde. Dieser Herr Golland aber spielte weiß Gott den witzigen Spaßmacher des Herzogs von Mantua. Mit riesiger Nase in der weißgetünchten Fratze, mit Buckel und Knickebeinen war er Pulcinell! Ein Hofnarr zum Lachen. Ein frivoler Aufreizer des unseligen Bassisten Monterone, der ihn dafür verflucht. Ja dieser Fluch – das Gelächter der Schmiere – dieser Fluch dröhnte aus Ditters gewaltiger Energie heraus wie Donner ganz ernsthaft bis ins Publikum; und sein Blitz traf scharf gezielt den Rigoletto – der ›wie vom Blitz getroffen‹ die Seelen-Maske wechselt hinter der Pulcinellen-Maske – der hinter dem Kreideweiß des Harlekins selbst noch erbleicht. Der Fluch geht ihm nach durch Arien und Duette seiner Narrentragödie. Der Ton seines fast tenoral gefärbten, sinnlichen Baritons quillt immer weicher aus den oft halb gesprochenen rezitativen Stellen. Auch rein musikalische Notenwerte werden bei einem dämonischen ›Nein!‹ selbst im Duett beinahe zur Sprache. Der ›singende Mensch‹ bricht aus der Schön-Musik ins ›Erlebnis‹ aus – aber doch immer opernhaft im Stil gebunden; durch eine außerordentliche Rhythmik nie die Melodie zerbrechend; polternd, wenn es der Akzent gestattet; ein Portamento-Schwelger, wenn die Träne quillt; pianissimo unheimlich raunend mit dem Halunken Sparafucile (Abendroths sanfter Baß). Ein Spiel-Bariton von erstem Rang; die Stimme wohl nicht ungewöhnlich groß; aber der Ausdruck in Musik und Gestus überholt alles, was bloß ›Organ‹ ist. Dieser Mann hat nicht die übliche Opernschule hinter sich. Er kommt nämlich von der ›Habimah‹ (dem russisch-jüdischen Sprechtheater). Das erklärt diesen ›singenden Menschen‹ – diesen spielenden Rigoletto.

Klima der Oper

Aber er stand nicht allein in dieser seltenen Aufführung im echten Klima der Oper. Jarmila Novotna, mit einem auf der Opernbühne ungewohnten Charme des Weibes, spielte die Gilda. Eine Singrolle! Daher im Spiel gemessen und nach Noten gebunden; mit der immanenten Dramatik der genialen Theatermusik. Ihre Stimme ist nicht immer weich; hat gelegentlich die voluminöse Härte italienischer Frauenorgane; wirkt dadurch präziser im Ziehen der Linie, sicher wie ein Instrument; doch ein beseeltes. Im Zwiegesang mit Golland stärker befeuert als mit dem Herzog Cavaras. Sein italienisch breit ausladender Tenor hat die richtige Klangfarbe; sein Melodieren ist sängerisch, d. h. mehr bindend als die Noten-Intervalle trennend (deutscher Stil!). Aber ein Spieler ist er nun nicht, und daher wird auch sein Gesang nicht körperhaft; geht nicht rhythmisch ins Blut (›Liebe ist Seligkeit‹ hatte keinen Nerv) – und es entsteht aus dem schlimmen Don Juan von Mantua ein lyrischer Jüngling, dessen treue Seele sich mit besserem Recht über die ach wie so trügerischen Weiberherzen beklagen darf. Aber aus dieser Rolle haben von jeher nur die Carusos einen ›Spieler‹ gemacht. Im ganzen dieser durch Rigoletto, Gilda und den Chor durchdramatisierten Aufführung, blieb Cavaras Herzog wenigstens als Stimme präsent: als musikalische Figur in dem tönenden Klima der Oper.

Hier – beim Klima – beginnt Alexander von Zemlinskys Ruhm als Dirigent. Letzte Diskretion, doch ohne die für ›fein‹ geltende Angst der Konzert-Dirigenten vor ein bißchen rubato. So blieb es italienisch – sowohl nach unseren Begriffen als nach der oft etwas banalen Lust der Komposition. Zemlinskys Maß widerstritt nicht der dynamischen Sinnlichkeit der romantischen Oper ›Rigoletto‹. So durfte sie dramatisch werden – gespielter Rigoletto – ein Drama im Stile Corneilles.

Der singende Corneille

Dieser ganze Libretto-Kitsch, der in Trikots und spanischem Mantel agierenden Helden des ›Troubadour‹, der ›Macht des Geschicks‹, des ›Hernani‹, der ›Hugenotten‹, des ›Rienzi‹ usw. kommt aus dem spanischen Fabelbereich, wo zwischen Ehre und Liebe – zwischen belle passion und noble passion –, mit Kuß und Fluch und Degen, mit Entführung und Wiedererkennung der Entschwundenen der pathetische Inhalt ebenso wie der pathetische Stil vorgeprägt wurde – und in Corneilles ›Cid‹ endgültig gipfelte; von Schiller, Victor Hugo, Richard Wagner noch lange zwangsmäßig nachempfunden. Schon Lessing hat das Corneillesche nicht mehr ertragen. Wir ertragen es als Sprechstil überhaupt nicht mehr. Doch was als gesprochene Sprache für solch geschwollenen Inhalt nicht mehr möglich ist, erhält im Melos der Musik den Fond an menschlicher Seele. Corneilles Deklamationsstil näherte sich dem rhetorischen Gesang (noch Kainz als wahrhaft großer Sänger!); wurde aber bei jedem Mittelmäßigen zum toten Pathos. Da wo jedoch, wie in der Oper, die Corneillesche Rhetorik (oder auf deutsch: das hoftheaterliche Schiller-Pathos) von vornherein nach Noten gesetzt ist, wo das Abenteuer des Mantel- und Degenstücks nicht mehr durch Philosophie und Psychologie der Worte, sondern durch selbstherrliche Musik zur lyro-dramatischen Gestalt der Seele führt – da erhält die deklamierende Puppe nun plötzlich eine tönende Figur, bei der der Ton nicht schmückende ›Dekoration‹ der Rede, sondern ›Ausdruck‹ des Inhalts und Wesens von ›singenden Menschen‹ wird. Nicht in der Comédie Française in Paris, in Toscaninis ›Troubadour‹-Aufführung empfand ich zum ersten Male die Ausdruckskraft der ›grande tragédie‹, die man nur nach dem höfischen Codex Louis XIV. als gesprochene Sprache ›dem Leben angemessen‹ finden konnte; und die heute nur im Kitsch der durch Musik verseelten und verklärten Operntexte noch in vollem Pathos lebt. Wirklich lebt! – wie der ›gespielte‹ Rigoletto bewies.

Regie

Dazu wich die übliche Opern-Renaissance der spanischen Trikots in Dülbergs Regie dem französischen Perücken-Stil des Barocks, in dem Corneille lebte. Allerdings symbolisierte man die Perücken ganz sinnlos ins Spielerische und trug sie in Grün und Rot und Gelb; in einer bunten Umgebung mit Stangen und Silberkugeln. Der schwarze Hintergrund vermochte das allzu grelle Farbenspiel des ersten Aktes nicht zu binden. Alle späteren Aufzüge realisierten die Szene günstiger in gemäßigteren Farben und Formen. Spielmäßig aber war alles getan, um ohne naturalistische Überbetonung das musikalische ›Corneille-Drama‹ zur Brillanz zu bringen. Selbst die sonst nur zum Quartettsingen benötigte Maddalena der ausgezeichneten Else Ruziczka entpuppte sich plötzlich als ein dramatischer Mensch.

Man hatte keine Konzertangst vor der Oper. Man spürte nicht die realistischen Bedenken des Schauspielregisseurs. Man spielte Oper! Man strich also auch die dramaturgisch berüchtigte Sterbearie der bereits total verstorbenen Gilda nicht. Sondern der Leichnam – offenbar noch nicht bis zum Nullpunkt des Todes erkaltet – wickelte sich noch einmal aus dem Bahrtuch und sang sein lyrisches Addio. Und keiner bog sich vor Lachen. Denn – das ist das Geheimnis vom ›singenden Menschen‹.

7. Juni 1930
Schönberg-Abend

Erwartung, Mimo-Drama
*Musikalische Leitung:* Alexander von Zemlinsky
*Inszenierung:* Arthur Maria Rabenalt
*Bühnenbild:* Teo Otto

Moje Forbach (Die Frau)

Die glückliche Hand, Drama mit Musik
*Musikalische Leitung:* Otto Klemperer
*Inszenierung:* Arthur Maria Rabenalt
*Bühnenbild:* Oskar Schlemmer

Fritz Krenn (Der Mann)

*H. H. Stuckenschmidt: ›B. Z. am Mittag‹
vom 10. Juni 1930*

Fast zwanzig Jahre hat Arnold Schönberg auf diesen Abend, der zwei seiner wichtigsten Arbeiten vereinigt, warten müssen. Die beiden Bühnenwerke sind zwischen 1910 und 1913 geschrieben, also etwa zur Zeit des ›Rosenkavalier‹ und des ›Sacre du Printemps‹. Sie bezeichnen kompositorisch das Stadium der Befreiung von aller traditionellen Formvorstellung, das mit den Klavierstücken op. 11 beginnt und in den Georgeliedern dokumentarisch wird.

Man muß sich, um diesen musikalischen Dramen gerecht zu werden, die Epoche vergegenwärtigen, die sie repräsentieren. Es war die Zeit des frühen Expressionismus; Kandinsky und Franz Marc gaben den ›Blauen Reiter‹ heraus; August Stramms abstrakte Dichtungen wurden im ›Sturm‹ gedruckt; in Paris zeigten die Kubisten ihre ersten Bilder. Der Gegenstand sollte aus der Kunst verbannt werden. Der Ausdruck allein, die Gefühlsfunktion von Linien, Worten, Farben und Klängen war inhaltlich entscheidend. Schönberg stand damals als einziger reifer Musiker diesen Theorien nahe; ihre Anwendung auf die Musikbühne ergab sich ihm, dem auch bildnerisch und dichterisch Schaffenden, von selbst.

In der ›Erwartung‹ allerdings ist der Verzicht auf reale Handlung noch nicht geleistet. Die Form ist monodramatisch, eine einzige Sängerin wird Trägerin der Handlung. Schönberg schildert, unter Benutzung einer Dichtung von Marie Pappenheim, die Empfindungen einer Frau, die nachts im Walde, gequält von Angst, Erinnerungen, nächtlichen Naturlauten, ihren Geliebten sucht, seinen Leichnam findet und vor dem Toten in einen Wirbel rasch wechselnder Gefühle gerissen wird. Furcht, Erwartung, Schmerz, Verzweiflung, Wut gegen eine fremde Frau überschneiden sich, rasen fesselos und hysterisch gegeneinander.

Für diesen psychologisch übersteigerten, in der Sphäre ständiger seelischer Hochspannung konzipierten Text hat Schönberg mit unerhörter Sicherheit die musikalische Form gefunden. Die Anlehnung an die überlieferte Struktur: Rezitativ, Arie, Finale ist zwar evident, doch nur für äußerlichste Analyse verbindlich. Wichtiger die großartige Kunst, mit der, unter Verzicht auf thematische Fügung, widersprechendste Charaktere aneinander gebunden werden. Diese Musik, die sich in Einzelheiten jeder Analyse widersetzt, erreicht als Ganzes ein überwältigendes Maß an innerer Logik. Sie ist, bei aller Abstraktion, in einem höheren Sinne illustrativ, d. h. sie schmiegt sich den seelischen Emotionen des Textes vollkommen an. Die expressiven Höhepunkte stehen am Ende des Dramas, bei der Verklärung, bei jenem Adagio zu den Worten »Oh! nicht einmal die Gnade, mit dir sterben zu dürfen.«

Moje Forbach, in ihrem Element, wenn es gilt, Probleme zu lösen, hat die Anforderungen der schweren Rolle gesanglich und dramatisch mit Meisterschaft bewältigt. Ihre etwas spröde Stimme fügt sich den Rhythmen und Intervallen der eigentümlichen Schönbergschen Sprache bezwingend ein.

Zemlinsky, der schon 1923 in Prag die Uraufführung geleitet hat, ist hier authentischer Interpret. Er bewährt sich wieder als Meister intensiver Studierung, als geistiger Musiker von hohem Niveau.

Das Dekorationsproblem hat Teo Otto mit Glück gelöst, indem er die Vorschrift des ständigen Szenenwechsels durch ein Wandelpanorama umgeht.

In der ›Glücklichen Hand‹ gelingt Schönberg die radikalste Erfüllung expressionistischer Bühnenideale. Die Handlung, getragen von einem Sänger, mehreren stummen Spielern und einem zwölfstimmigen Chor, ist ohne realen Sinn. Der Mann, singende Hauptfigur, gewinnt eine Frau, verliert sie aber wieder an einen anderen. Er dringt in eine Goldschmiedewerkstatt ein, wo er durch bloßen Schwertschlag Geschmeide schafft. Das Unheil, zu Beginn in Gestalt eines katzenartigen Fabeltiers auf seinem Nacken sitzend, bemächtigt sich seiner von neuem. Der Chor leitet die Handlung ein und beschließt sie wieder.

Schönberg, von dem das Libretto stammt, will in den Worten nichts gesehen wissen als klangliche Gebärden.

Er löst Assoziationen unbestimmter Art aus und unterstützt Text und Musik durch eine genau ausgearbeitete Lichtpartitur. Die Logik dieses ›Dramas mit Musik‹ liegt in einer höheren Ebene; sie läßt sich mit realistischen Begriffen nicht fassen.

Stilistisch ist die Partitur der zur ›Erwartung‹ sehr verwandt. Doch die kompositorischen Mittel sind erweitert. Der Chor tritt hinzu, über große Strecken als Sprechgesang behandelt. Dem Riesenorchester wird eine Windmaschine als crescendierendes Element eingeordnet. Die Charaktere sind abrupter gegeneinandergestellt als in dem älteren Werk. Aber auch hier entfesselt sich eine Klangfantasie, für die es keine Beispiele gibt. Der innere Zusammenhang zwischen Wort, Licht und Musik ist stets überzeugend. Aus Gebärden, Beleuchtungseffekten entwickeln sich musikalische Bewegungen von überraschender Kongruenz.

Das Stück war voriges Jahr der große Erfolg des Duisburger Tonkünstlerfestes. Ich habe 1924 die Wiener Uraufführung unter Stiedry, 1928 die Breslauer Einstudierung gesehen. Dekorativ und orchestral ist die der Krolloper zweifellos die glücklichste. Oskar Schlemmer hat versucht, die naturalistischen Vorschriften Schönbergs durch stilisierende Bilder zu ersetzen. Die Chorszene, mit den zwölf unheimlichen Augen, ist vorzüglich.

Die stärksten Eindrücke gehen von Klemperer aus, der mit wunderbarer Einfühlung die Aufführung unter seinen Willen zwingt. Man hat ihn selten intensiver musizieren hören.

Fritz Krenn beherrscht die Partei des Mannes musikalisch sehr souverän, verblüfft außerdem durch eine ganz musterhafte Gestaltung der gestischen, abstraktpantomimischen Inhalte. In den stummen Rollen pflegt man Tänzer zu beschäftigen; es ist nicht einzusehen, weshalb die schöne Jarmila Novotna und Erik Wirl schweigend agieren müssen.

Regie führt in beiden Stücken A. M. Rabenalt, von dessen Darmstädter Tätigkeit man Wunderdinge hört. Seine Wirkungsmöglichkeiten sind hier beschränkt, doch in der ›Erwartung‹ hat er Einfälle von großer Prägnanz, die starke Begabung beweisen.

Die ›Glückliche Hand‹ findet beim Publikum Opposition, die ohne Zweifel mehr der abstrakten Handlung gilt als der Musik. Nach dem ersten Stück aber gibt es einmütigen, starken Beifall. Kein Wort des Lobes ist zuviel für die künstlerische Arbeit, die die Krolloper an diesem Abend vollbracht hat.

*K. Westermeyer: ›Berliner Tageblatt‹ vom 11. Juni 1930*

Die Staatsoper am Platz der Republik vertritt im Rahmen der ›Kunstwochen‹ ihre freigewählte Pflicht, grundsätzlich Gegenwartsaufgaben zu dienen, indem sie einen Schönberg-Abend veranstaltet. Mit den schon anderorts gehörten musikdramatischen Studien ›Erwartung‹ und ›Glückliche Hand‹ aus Schönbergs mittlerer Schaffensperiode. Wie zu erwarten, konnte das Gros des Publikums zu dieser im theatralischen Sinne ganz abwegigen Kunst kein herkömmliches Verhältnis finden. Aber die Ahnung einer zielsicheren Eigenart drängte sich auf, die starke Wirkung, die stets von einer in sich gefestigten Persönlichkeit auszugehen pflegt. Schönberg und die ihn unterstützenden Künstler fanden den Beifall aufrichtigen Respektes, der durch ein paar mißvergnügte Zischer nur noch gesteigert wurde.

Eine kritische Analyse mit wortbegrifflichen Vergleichswerten ist bei Schönbergs Musik besonders schwer und undankbar. Er hat die traditionelle Akkordik revolutioniert, aber nicht aufgehoben, wie oft behauptet wird. Um sein der temperierten Stimmung entsprungenes Zwölfstufensystem schärfer zu formulieren, mußte er bekannte Klangverbindungen streng vermeiden und so, eigentlich unverdient, als Prototyp einer Mißklangtheorie verschrien werden. Schönberg verneint die Kausalität der reinstimmigen Intervall- und Tonleiterbeziehungen mit einer Konsequenz, die durchaus einmalig und logisch, jedoch für sein Schicksal als Komponist nicht ohne Tragik ist. Andererseits wird auch der Widerstrebende nicht ableugnen können, daß Schönberg der Musik neue Ausdrucksmittel erschlossen hat, die, wie die Aufführung seiner beiden Bühnenwerke bewiesen, auch für die Theatermusik fruchtbar zu werden vermögen.

Wichtiger noch als die Art seiner Technik als Musiker ist in diesem Falle Schönbergs Einstellung zum Opernproblem. Wir haben uns seit dem Aufkommen der Oper daran gewöhnt, eine gesungene Spielhandlung als mehr oder weniger reales Geschehen anzuhören und anzusehen, so paradox das auch der nüchternen Erwägung erscheint. Unsere Illusionsfähigkeit wird erregt, wenn wir einen halbwegs erklärbaren, mimisch kontrollierbaren Ablauf auf der bewegten Szene verfolgen können. Das gesungene Wort, meistens ja doch nicht deutlich in der Deklamation, nehmen wir als Träger der äußeren Stimmung und des inneren Gefühlsantriebes, intuitiv verstehend mit auf in unser phantasiemäßiges Miterleben. Wie nun aber, wenn die alltägliche Handlung fehlt, wenn wir nur ihren Reflex in der hörbaren und sichtbaren Mimik wahrnehmen? Wenn wir gleichsam nur die Abstraktion, die Idee eines Geschehens erkennen sollen und von unserer Phantasie verlangt wird, das immer wiederkehrende Alltägliche vorauszusetzen oder zu ergänzen? Dann steht der Durchschnittsmensch natürlich ratlos da und quittiert den Mangel an Intelligenz mit um so lauterer Verärgerungsäußerung. Er wittert dann ein ›Epatez le bourgeois‹, und zwar zu Unrecht.

Man ist allmählich davon abgekommen, Schönberg die Absicht bewußter Irreführung und Ironisierung seiner Zeitgenossen vorzuwerfen, weil seine Konzessionslosigkeit nachgerade allgemein erkannt worden ist. In dem Mimodrama ›Erwartung‹ steht auf der Szene nur ein Weib, das Weib schlechthin, das in Nachtdunkel und Waldeswirrnis den Geliebten sucht, einen Toten findet und zu der erschütternden Erkenntnis kommt, daß Liebe, Eifersucht und selbstverleugnende Hingegebenheit das grausame Alleinsein nicht überbrücken. So groß dieses tragische Motiv ist, so zusammengefaßt, beinahe formelhaft der bildmäßige Vorgang, so komprimiert das seelische Erlebnis in dem Gesungenen, in der Gestik, in der stützenden Musik des Orchesters. Ein ganzes Drama in der knappen Fassung einer Gesangsszene.

In dem eben so kurzen Stück ›Die glückliche Hand‹ ist der Mann der Leidtragende am Weibe. Sein sonstiges Wollen und Können, im Sichtbaren nur angedeutet, vermag diese schmerzhafte Abhängigkeit nicht zu verdecken. Er wird betrogen und verzeiht. Im Augenblick seiner gläubigsten Liebesgewißheit ist das Weib mit dem Gecken schon auf und davon. Der Mann verharrt ohnmächtig, und das Weib reicht schließlich noch die Hand zu seiner völligen Zerstörung. Schönberg hat in diesem Werk nur dem Mann und einem unsichtbar bleibenden Chor Gesang gegeben; Frau und Liebhaber haben pantomimische Rollen. Man kann auch zu diesem Drama mit Musik kritisch nur sagen, daß Schönberg seine Absicht mit erstaunlich sicherer und eindringlicher Kraft durchgeführt hat, obwohl sein musikalischer Ausdruck im gewohnten Sinne durchaus nicht theatralisch ist. Seine Musik deckt sich mit Vorgängen, die aus dem primären Gefühlserlebnis heraus schemenhaft und symbolisch ins Dasein treten.

Jeder einzelne kann nun die Schönbergsche Grundhaltung zu den Hauptproblemen des Lebens für sich bejahen oder verneinen. Das Recht des schaffenden Künstlers bleibt bestehen, seine Interpretation als Norm aufzustellen. Wir haben es hier mit einer aus romantischem Pessimismus kommenden Weltanschauung zu tun, die dem Dualismus Weib-Mann eine zur Hoffnungslosigkeit und konsequenterweise zum nihilistischen Geschlechtshaß führende Bedeutung zumißt. Dem aktiv bejahenden Lebensgefühl einer neuen Jugend, die alle Angstträume mit dem sieghaften Willen nach Klarheit und Heiterkeit des Daseins bekämpft, steht Schönberg allerdings diametral gegenüber. Seine künstlerische Wirkung beruht darauf, daß er mit außerordentlicher Kraft und Logik seine Aufgabe durchführt, und seine Bedeutung, daß er, wie kaum ein anderer, zur Problemstellung zwingt.

Die Erstaufführungen erlebten eine von technischer Sorgfalt und geistiger Einsicht zeugende Wiedergabe. Die Kroll-Oper hat damit wieder einen nicht zu übersehenden Notwendigkeitsbeweis erbracht. In dem lyrisch gearteten Mimodrama ›Erwartung‹ leitete Alexander von Zemlinsky mit vornehmer Dispositionsklarheit das Orchester. Moje Forbach spielte und sang die auf eine Person konzentrierte Handlung mit herrlicher Durchsichtigkeit und Plastik: eine Leistung von Rang. ›Die glückliche Hand‹ stand unter der unvergleichlich suggestiven, dramatisch straff angezogenen Leitung Klemperers, dessen bestimmender Einfluß auch im Spiel zu spüren war. Die Hauptrolle dieses Werkes wurde von Fritz Krenn darstellerisch und stimmlich sehr anständig bewältigt, wenn auch seine dramatische Geste nicht ganz ohne verkrampfte Überspitzung auskam. Auch der Chor war gut. Die rein mimischen Nebenpartien fanden in Jarmila Novotna und Erik Wirl glaubhaft erscheinende Verkörperung. Der Gastregisseur Arthur M. Rabenalt hatte bei dem ersten Stück in den sehr gelungenen Bühnenbildern Teo Ottos, die auf einer Drehbühne eine geheimnisvolle Waldlandschaft hervorzauberten, den besten Spielrahmen zur Verfügung. Im zweiten Werk wurde er durch betont ungegenständliche Dekorationen von Oskar Schlemmer wahrscheinlich verführt, das Symbolhafte etwas zu grell zu unterstreichen und damit einem traumartig lastenden Phantom etwas von dem Geheimnis des Unbewußten zu nehmen.

*Oscar Bie: ›Berliner Börsen-Courier‹ vom 10. Juni 1930*

Als Schönberg seine beiden Monodramen schrieb, bedeuteten sie einen Schritt aus der Konvention der Oper heraus. Sie stellten eine einzige Figur in führender Rolle auf die Bühne, faßten sich kurz und untermalten die Szene mit einem naturalistischen Orchester.

Diese Szene war ungewohnt, weil sie die Dramatik auf das Schicksal einer Einzelperson konzentrierte. Ungewohnt war die Sprache der Musik, weil sie ohne jede Anlehnung an die Tradition aus neuen Vorstellungen und Anschauungen heraus sich bildete. Die Entwicklung der Oper hat uns indessen, besonders durch Strawinsky, andere und fruchtbarere Möglichkeiten gezeigt, aus dem Schema herauszukommen. Schönbergs Versuch erscheint uns jetzt als das Resultat einer persönlichen Stimmung, die aus Scheu vor dem großen Drama die Soloszenen als eine Art dimensionales Bühnengedicht pflegt. Er selbst hat durch sein letztes Werk ›Von heute auf morgen‹ diese Isolierung bereits überwunden.

Seine Kunst der Monodramen berührt uns etwas geistig, etwas intellektuell. Es überrascht uns dabei, zu den recht dunklen Texten eine im Grunde naturalistische Musik zu hören. Diese Musik, so eigenartig sie in der Führung und im Klang ist, geht doch selten von dem Prinzip der Malerei ab, sogar einer Malerei, die die einzelnen Regungen des Worts und der Situation illustriert. Es bereitet ein künstlerisches Vergnügen an sich, ihrem Gang, ihrer Faktur, ihrem Ausdruck, ihrem Kolorismus zu folgen, so sehr, daß man sich manchmal beinahe die Bühne wegwünscht, um sie allein in ihrer meisterlichen und neuen Fassung zu hören.

Und trotzdem dringt sie nicht in uns ein. Sie geht um uns herum wie ein Zauber, dem wir nicht verfallen. Die Idee, sie mit einer Bühnenhandlung zu verbinden, erscheint uns um so abstruser, als diese Handlung selbst uns wie ein literarisches Produkt aus vergessenen Zeiten desinteressiert.

Der Inhalt in der ›Erwartung‹ ist die Sehnsucht einer Frau nach dem Mann, dessen Leiche sie findet, die durch fremden Einfluß gestörte Liebe, die Schmerzen und die Träume. Hierfür zeichnet Pappenheim. Für den zweiten Text zeichnet Schönberg selbst, umgekehrt die Sehnsucht eines Mannes nach einer Frau, die ihm von einem anderen entrissen wird. ›Die glückliche Hand‹ müßte die unglückliche heißen, da er sie vergebens nach der Frau, nach dem Golde, nach der Macht ausstreckt. Diese Tatsache ist in eine symbolische Form gebracht, die sie nicht entbanalisiert, sondern sie eher noch mehr verdunkelt. Es ist eine Literaturgattung, die heute unmöglich geworden ist. Der Herr und die Frau bleiben pantomimisch, Wirl und die Novotna, ein kleiner Chor singt mystische Sentenzen am Anfang und Schluß, der Mann trägt die einzige Rolle, wie in dem vorigen Stück die Frau.

Die knappe und strenge Form des Aufbaus in der ›Erwartung‹ erweckt die Musik aus ihrem impressionistischen Traum zu einer stärkeren Bewußtheit der rhythmischen Gliederung und der dynamischen Steigerung. Die Musik des zweiten Stücks ist großartiger, innerlicher und organisierter. Leider begeht sie den Fehler, sich mit einer absoluten Wirkung der Beleuchtungsfarbe auf der Bühne verbinden zu wollen. Schönberg dachte sich eine Art Symphonie wechselnder Farben, ähnlich wie Scriabin im ›Prometheus‹, die mit der Partitur der Instrumente Hand in Hand gehen. Besonders ein Moment vor dem Ende des Mannes soll ganz in dieser mimisch-orchestral-farblichen Kunst aufgehen. Mag sein, daß man es besser machen kann, so jedenfalls wurde noch nicht einmal die Schöngeistigkeit erreicht, die zweifellos in diesem Gedanken liegt.

Unsere Aufführung zeichnete sich in erster Linie musikalisch aus. Zemlinsky brachte beim ersten Stück die ungewöhnlichen Orchesterfarben und auch die Steigerung zum großen Schrei der Frau mit allem Verständnis heraus. Klemperer hielt das zweite Stück seiner Natur nach härter und konziser. Moje Forbach sang die Frau mit letzter dramatischer Erregung, aber, obwohl Schönbergs Deklamation nichts ist als ein aus dem Wort zugespitzter Tonfall, so verstand man von ihr doch kein Wort. Um so besser verstand man Krenn als Mann der ›Glücklichen Hand‹, stark und massiv in seiner proletarischen Haltung. Die Dekoration von Otto zum ersten Stück mit Wandelprospekt hält sich einschließlich der Regie von Rabenalt mehr im naturalistischen Stil, die von Schlemmer zum zweiten Stück ist richtig auf formale, rhythmische und farbliche Ideen aufgebaut.

*Paul Zschorlich: ›Deutsche Zeitung‹ vom 10. Juni 1930*

Schönberg-Heuchelei bei Kroll
Auf Arnold Schönberg bezogen klingen die beiden Titel ›Erwartung‹ und ›Die glückliche Hand‹ wie ein Hohn. Wir ›erwarten‹ gar nichts von ihm, schon seit Jahren nicht, und daß er eine höchst unglückliche Hand hat, wissen wir längst.

Wir wissen noch mehr: daß Herr Schönberg seinen Ruf fast ausschließlich den zahlreichen Konzertskandalen zu verdanken hat, die seinen künstlerischen Lebensweg zieren, und daß man auf diese Art unfreiwilliger Berühmtheit seit Jahren ein Geschäft aufzubauen sucht. Er ist Autodidakt und, was wichtiger ist, der Schwager Alexander von Zemlinskys, des Kapellmeisters der Kroll-Oper. Dieser dirigierte auch die ›Erwartung‹. Vastehste!

Seit opus 6 hat Schönberg eine Reihe schwerer künstlerischer Fehlgeburten gehabt, die uns vor das seltsame Problem stellten, daß auch sterile Individuen unter Umständen fruchtbar sein können. Das ›Schaffen‹ Schönbergs stellt sich dar als eine Verneinung aller deutschen Musikkultur, als eine Vernichtung des Geschmacks, des Gefühls, der Überlieferung und aller ästhetischen Grundsätze. Schönberg aufführen heißt so viel wie Kokainstuben fürs Volk eröffnen. Kokain ist Gift. Schönbergs Musik ist Kokain. In berechtigter Selbstwehr hat sich das deutsche Konzertpublikum jahrelang gegen diese Vergiftung gewehrt, zuletzt noch im Dezember 1929 bei Furtwängler. Jetzt aber ist es schlaff geworden. In der Kroll-Oper gab es keinen Skandal, sondern nur Langeweile.

›Erwartung‹ ist ein Monodrama. Richtiger: ein Monotonodrama. Eine Frau begibt sich nachts in einen Wald. Was tut sie dort? Was sucht sie in der Dunkelheit? Wir erfahren es nicht. Sie stellt sich vor uns auf und redet und redet. Wir verstehen auch nicht, was sie redet, denn das Orchester deckt das Meiste zu und die Worte bleiben unverständlich. Aber wenn die Frau auch nichts weiter sucht, so findet sie doch etwas. Sie stößt plötzlich mit dem Fuß an einen Körper, und das ist nicht einmal ein Fremdkörper, sondern – die Leiche ihres Geliebten! Dieser Anstoß genügt, um sie länger als eine halbe Stunde wimmern, sich in hysterischen Anfällen und epileptischen Krämpfen ergehen zu lassen. Denn sonst ist niemand auf der Bühne. Die Szene wird von dieser Frau allein bestritten.

VII  Jacques Offenbach, Hoffmanns Erzählungen, Vorspiel. Entwurf von László Moholy-Nagy
Institut für Theaterwissenschaft der Universität zu Köln

Herr Schönberg macht dazu eine Musik, die eine Gipfelleistung erfinderischer Impotenz wie rohester Klangscheußlichkeit ist. (Allein schon das Gequäke der hervorstechenden Oboen muß jedes feinere Ohr beleidigen.) Man wird auf eine Folter gespannt. Nirgends auch nur ein Ausblick auf einen schöpferischen Gedanken. Wenn man unter einem Dilettanten einen Mann versteht, der möchte und nicht kann, so haben wir es hier mit dem Musterbeispiel von Dilettantismus zu tun.

Aber ich meine: wenn es auch traurig ist, daß dergleichen mehr als vierzig Jahre nach Wagner geschrieben und dem deutschen Volk angeboten wird, schlimmer noch ist es, daß sich ein Operninstitut dazu hergibt, dergleichen aufzuführen. Das Allerschlimmste aber, daß die Hörer es mit Schafsgeduld hinnehmen und so tun, als ob sie etwas davon verstünden. Zwar handelt es sich dabei nur um einen ganz kleinen Kreis, denn obwohl man überreichlich Frei- und Steuerkarten ausgegeben hatte, war das Haus am Pfingstsonnabend nur mäßig besucht. Die Schönberg-Klemperer-Klique war ganz unter sich. Daher denn auch der ›Erfolg‹, dem nicht die mindeste Bedeutung zukommt und der sozusagen unter Ausschluß der Öffentlichkeit zustande kam.

Die Musik Schönbergs ist für mich indiskutabel. Ich weiß, daß sie es auch für andere ist, selbst für solche, die sonst allem ›Modernen‹ leicht zugänglich sind. Ich sprach in der Pause mit einigen Personen, die bekannten, sich entsetzlich gelangweilt zu haben. Aber keiner muckte auf, als der Vorhang fiel. Sie nahmen die Sache hin wie ein unentrinnbares Verhängnis. Man ist müde, in der Musik wie in der Politik. Man läßt die Dinge laufen. Es ist ein Jammer!

Ich habe mich **nicht** überwinden können, die ›Glückliche Hand‹ noch anzuhören. Ich hatte die Empfindung, damit Schönberg zu viel Ehre anzutun. Daß sein Opus 18 genau so indiskutabel ist wie sein Opus 17, weiß ich im Voraus. Es kann nicht Aufgabe der Musikkritik sein, dem nackten Dilettantismus Vorschub zu leisten. Mögen es die besorgen, die sich Schönberg verwandter fühlen!

Auch über die künstlerischen Leistungen ist nichts zu sagen, denn es gab keine. Das Bühnenbild von Teo Otto – das Erzeugnis eines kaum durchschnittlichen handwerklichen Könnens. Man sah eine Wandeldekoration, deren Technik an eine Provinzschmiere erinnerte. Die Inszenierung eines Herrn so und so – ich möchte wissen, was es da zu ›inszenieren‹ gab. Da sonst niemand auf der Bühne stand, kann der Mann nur die Sängerin Moje Forbach inszeniert haben, die zur Trägerin dieser albernen Szene verdammt war. Vielleicht hat sie die Töne richtig getroffen. Vielleicht nicht. Was liegt schon daran? Wichtig zu wissen wäre nur, ob Herr Schönberg selber das mit Sicherheit zu beurteilen vermag. Woran ein Zweifel erlaubt ist.

Auch diese ›Erstaufführung‹ segelte unter dem Allerweltstitel ›Berliner Kunstwochen‹. Damit war ein Tiefpunkt erreicht, der ein Skandal an sich ist, gleichviel ob er ausbrach oder nicht.

4. Oktober 1930
Der Barbier von Sevilla
Komische Oper von G. Rossini

*Musikalische Leitung:* Fritz Zweig
*In Szene gesetzt* von Arthur Maria Rabenalt und Wilhelm Reinking

Artur Cavara (Graf Almaviva), Eduard Kandl (Doktor Bartolo), Irene Eisinger (Rosine), Martin Abendroth (Basilio), Marie Schulz-Dornburg (Berta), Iso Golland (Figaro)

*Herbert Ihering: ›Das Tagebuch‹, Heft 39*
*Jahrgang 11 vom 27. September 1930 (Vorbericht)*

Der Generalintendant der preußischen Staatstheater, Heinz Tietjen, hat in der Krolloper die Premiere des ›Barbier von Sevilla‹ verhindert. Nun hat gewiß der Leiter eines Theaters das Recht und die Pflicht, eine Vorstellung, die er ablehnt, auch abzusetzen. Wer die Verantwortung hat, muß entscheiden dürfen. Die Zeit des Regieterrors, der irregulären ›Auffassungs‹-Regisseure ist vorbei. Es wäre ja sonst der Fall denkbar, daß ein junger, frischer Intendant in ein überaltetes Theater käme und dann den eisgrauen Vollbärten nicht dreinreden dürfte.

Wie liegt es aber hier? Der Darmstädter Regisseur Rabenalt und der Darmstädter Bühnenmaler Reinking wurden auf Grund ihrer Erfolge im Reich aufgefordert, den ›Barbier von Sevilla‹ zu inszenieren. Sie reichten schon im Sommer genaue Skizzen und einen bis ins Detail ausgearbeiteten Regieplan ein. Auf Grund dieses Planes wurde die Aufführung abgemacht. Auf Grund dieses Planes wurden Dekorationen angefertigt, die bei den meisten Proben fertig dastanden. Der Generalintendant hatte also Zeit genug, sich mit der Aufführung zu befassen. Er hat auch bestimmt die Pläne gesehen und gebilligt.

Was ist vorgefallen? Vorgefallen sind die Wahlen. Selbstverständlich ist es denkbar, daß Rabenalt und Reinking sich diesmal verhauen haben. Selbstverständlich ist es möglich, daß die Inszenierung in einer abgemilderten Form schließlich noch gespielt und von der Öffentlichkeit abgelehnt wird. Aber gleich hier, bei der ersten Kundgebung, beim ersten Konflikt ist die Tendenz erkennbar, die die gesamte Kunstpolitik bestimmt: die Tendenz zur Ruhe, zum Ausgleich, zum Hergebrachten. Ängstlichkeit, Unsicherheit überall. Noch im vorigen Jahre hätte man eine Inszenierung, die das Problem der Spieloper neu zur Diskussion stellt, ohne weiteres vors Publikum gelassen. Noch im vorigen Jahre hätte man sich zum mindesten gestellt. Diesmal wird alles vorher beseitigt, eingeebnet und ausgeglichen. Reinking und Rabenalt: das ist ja kein Berliner Wagnis, das ist ja im Reich längst bekannt, längst bewährt. Nicht einmal die Gegner können vom ›Kulturbolschewismus‹ Berlins orakeln. Loben wir die stillen, zähen Arbeitsleistungen der deutschen Provinz, die in der Operndarstellung oft viel weiter und lebendiger ist als Berlin.

Deshalb kann die Rückwirkung des verhinderten ›Barbier‹ verheerend sein. Alle Finsterlinge in der Provinz werden sich zusammenschließen: »Wir haben es ja gleich gesagt; wir haben recht behalten; diese Leute sind unmöglich; diese Experimente vernichten die Oper, zersetzen die Kunst.« Kein Provinzdirektor wird in Zukunft noch einen Versuch machen können. Hat Herr Tietjen sich das überlegt?

Aber Tietjen wird so argumentieren: »Was geht mich die Provinz an; sie ist mir nur eine unangenehme Konkurrenz; Uraufführungen dort machen nur auf meinen stagnierenden Kunstbetrieb aufmerksam; Regielösungen dort diskreditieren meine ehrwürdigen Institute.« Aber die Krolloper? Die Aufführung sollte doch nicht in Charlottenburg, nicht Unter den Linden, sondern am Platz der Rupublik sein. Die Krolloper hat doch nur Existenzberechtigung als fortschrittliches Institut. Eben, um die Krolloper gegen den Ansturm der feindlichen Parteien halten zu können, will man sie vor exponierten Wagnissen bewahren, will man den Anstoß vermeiden. Eine verheerende Denkweise. Mit dem Programm ›Rettung der Krolloper‹ mogelt man die Konvention ein, gegen die die Krolloper gegründet war. Man tut scheinbar alles, um das Institut zu halten – und vernichtet schon bei Lebzeiten seine Existenzberechtigung. Denn das, was die Krolloper auf diesem Wege leistet, das können Linden- und Staatsoper ebensogut oder besser. Wohin geht Tietjen? Dahin, wo die Krolloper überflüssig wird und die Theater im Reich geschädigt werden? Dahin, wo jedes selbständige Denken vernichtet, jede selbständige Kunstanschauung abgewürgt wird, bevor sie sich beweisen kann? Man braucht nur den Hohn zu lesen, mit dem eine gewisse Presse die Absetzung des ›Barbier‹ begleitet, also eine Inszenierung ablehnt, die sie gar nicht kennt, und man sieht den Weg ins Philiströse, in die Langeweile, in den Muff.

›Der Montag‹ vom 22. September 1930 (Vorbericht)

Heilloser Wirrwarr in der Tiergarten-Oper
Beim Theater kommt bekanntlich alles anders. Von der als Experimentierbühne bekannten Staatsoper am Platz der Republik aber kann man sagen, daß alles immer noch ganz anders kommt, als man erwarten möchte.

Am Sonntag sollte Rossinis ›Der Barbier von Sevilla‹ in vollständiger Neueinstudierung zum ersten Male gegeben werden und, wie bereits bekanntgegeben war, in einer Form und Gestalt, auf die allerdings kein Einsichtiger kommen konnte, nämlich in vollständig modernen Kostümen. Mit Recht hatte Generalintendant Tietjen schon seit langem die größten Bedenken gehabt. Denn kein Opernwerk eignet sich weniger zu solchen Experimenten als gerade der ›Barbier‹, der vollkommen auf die alte Commedia dell'arte gestimmt ist. Aber der Regisseur ließ sich nicht irre machen, er hielt an seinem Plan fest, und es kam, wie es kommen mußte.

Nachdem sich schon bei der Kostümprobe nennenswerte Änderungen als notwendig erwiesen hatten, erfolgte bei der Generalprobe am Freitag die unvermeidbare Katastrophe. Sowohl der Generalintendant als auch Operndirektor Otto Klemperer, die der Aufführung beiwohnten, gelangten zu der Überzeugung, daß die Aufführung in dieser Form eine glatte Unmöglichkeit sei.

Zwischen der musikalischen und textlichen Idee und der modern kostümierten Darstellung ergaben sich unüberbrückbare Gegensätze. Die Aufführung wäre in dieser Form eine Farce geworden, die zu dem größten Theaterskandal führen konnte. So geschah denn etwas wohl kaum Dagewesenes. Nach Schluß der Generalprobe fiel die sonst übliche Kritik vollkommen aus. Als der Vorhang wieder in die Höhe ging, entdeckten die Darsteller zu ihrem Erstaunen und Schrecken, daß von den zur Kritik erschienenen Bühnenvorständen nicht einer mehr im Saale war. Generalintendant Tietjen hatte die Vorstellung stillschweigend abgeblasen. Die Premiere war zunächst auf nächsten Freitag verschoben worden.

Merkwürdigerweise haben die Mitwirkenden bis jetzt noch nicht erfahren, was nun geschehen wird. Die nächste ›Umgestaltungsprobe‹ findet erst am Mittwoch statt. Anzunehmen ist, daß sich bis dahin doch schließlich geklärt haben wird, ob man den ›Barbier‹ nun in modernen Kostümen spielen wird, in halbmodernen oder am Ende doch nach alter guter Sitte.

Heilloser Wirrwarr im Hause des Tiergartens, von dem man ja auch im übrigen bis heute noch nicht weiß, ob es in kommender Spielzeit als Opernheater überhaupt noch existieren wird.

*Alfred Einstein: ›Berliner Tageblatt‹ vom 7. Okt. 1930*

Ja, ist es Rossinis ›Barbier‹? Kein Zweifel, seine Musik ist da, in ihrem ganzen Witz, ihrer ganzen Behendigkeit (»Gelenkigkeit«, sagt Nietzsche), ihrer ganzen beschwingten, erheiternden, erleichternden Melodik, ihrer ganzen Gemütlosigkeit, Buffonnerie. Keine Note ist verändert, nur das Übliche ist ausgelassen, z. B. das Juwel der kleinen Arie von Doctor Bartolos ältlicher Hausdame, die sie, nämlich die Dame, als eine Italienerin, als eine etwas dickliche Frau vom Lande charakterisiert. Beaumarchais hin oder her: Rokoko hin oder her: aber Italiener sind alle Figuren Rossinis (nicht etwa Spanier); meinetwegen Marionetten, aber italienische Marionetten. Das steht in der Musik, ist der Musik immanent.

Der Spielleiter, Arthur Rabenalt aus Darmstadt, und der Inszenator, Wilhelm Reinking, haben diese Marionetten entnationalisiert. Der ›Barbier‹ spielt sich jetzt, musikalisch ganz unangetastet, in einem neutraleren, luftleeren Raum der Komik ab. Daß dieser Raum der von 1880 bis 1930, daß die Kostümierung eine Art von Phantasie-Modernität ist, tut nicht viel zur Sache. Der Doctor Bartolo ist jetzt ein alter Sanitätsrat, ein Tapergreis mit Spiegelglatze und Scharnieren in den Ziehharmonikahosen; der Graf Almaviva erst Student mit Baskenmütze und zuletzt feiner Herr mit Zylinder; Figaro, jetzt nicht mehr Barbier, sondern Damen-Coiffeur, nähert sich dem Typus von Curt Bois; Rosine kommt erst als medizinische Assistentin, dann im langen, weißen Rock, giftrosa Bolero, giftgrüner Krawatte; Basilio hat alle Zeichen geistlicher Würde abgelegt und besitzt nur noch den blauen Samtrock des Gesangspädagogen; die Gesellschafterin sieht aus, als ob sie beständig in einem Berliner Zimmer vermuffte; die Soldaten sind Schweizer Miliz. Das alles paßt zur Szene. Erst ist es die Straße, Figaros Laden mit zwei Haubenstöcken in der trostlosen Auslage, Bartolos Villa mit Terrasse und herabgelassenen Jalousien, Rivierapalme, gußeisernen Gaskandelabern. Aber wer darüber schokkiert sein sollte, der ist erheitert, wenn sich auf offener Szene dies Exterieur ins Interieur verwandelt, an den Dachsimsen rote Samtdraperien erscheinen, die Wände sich mit einer schablonierten Tapete bedecken, aus dem Rivieragewächs eine Zimmerpalme, aus dem Kandelaber eine Deckenbeleuchtung wird, statt Doctor Bartolos Großvatersitz mit Klappohren ein Operationsstuhl mit Arm- und Beingriffen dasteht. Der sonderbare Prospekt mit dem amerikanisierten Stadtbild von Sevilla zeigt beim Gewitter plötzlich seine Funktionen. Zwischen dieser bühnentechnischen Exaktheit, zwischen dieser Gemütlosigkeit der Szene und Rossinis Musik besteht doch eine geheime Beziehung. Es ist nicht buffonesk, es ist Clownerie, aber der Berührungspunkt ist da. Es ist nicht bloß Spiel der Oper, sondern auch Spiel mit der Oper. Die alte Rossinischen Spässe haben ihre eigentliche Heimat verloren, aber eine kleine neue Pikanterie gewonnen.

Musiziert wurde unter Fritz Zweig sehr hübsch, doch ohne die letzte Exaktheit, die so gut zum Rahmen gepaßt hätte. Überwältigend Eduard Kandl als Medizinalrat, ein gefährlicher Kerl trotz aller Komik, niemals über der Grenze des Possenhaften; beweglich im Spiel und Gesang der Figaro Iso Gollands; sehr niedlich die Rosine, eher eine kleine Korinthe, von Irene Eisinger; nicht immer ganz so ledern wie seine Reithosen Artur Cavara, der Graf Almaviva; ausgezeichnet Martin Abendroth (Basilio) und Marie Schulz-Dornburg (Berta). Im ersten Akt wollte ein katalonischer Herr dem Publikum das Lachen und das Patschen verbieten, aber es lachte und applaudierte doch.

H. Strobel: ›Berliner Börsen-Courier‹ vom 6. Okt. 1930

Der moderne ›Barbier‹

Nach einigen internen Hindernissen ist der neue ›Barbier‹ nun doch herausgekommen. Der spontane Publikumserfolg, besonders im ersten Akt, bestätigte die Aufführung. Er bestätigte auch, daß die Öffentlichkeit gerade derartige Abende von der Krolloper erwartet. Geht Kroll von dieser Linie ab, dann wird es überflüssig im Berliner Musikleben. Rabenalt und Reinking versuchten nichts anderes, als was in den richtunggebenden Aufführungen bei Kroll immer versucht worden war – nämlich die Oper aus ihrer traditionell-musealen Abgeschlossenheit herauszulösen und sie wieder zum lebendigen Theaterereignis zu machen. Man muß sogar zugestehen: sie wendeten an diese Inszenierung mehr Bühnenphantasie, als bei den meisten früheren Krollinszenierungen zu finden war.

Wir kennen den ›Barbier‹ als historisierende Buffonerie, als Spiel von Typen, die einer vergangenen Zeit angehören. Jetzt werden diese Typen plötzlich aus der neckischen Allongewelt (die übrigens nicht einmal original ist) in eine zeitnähere Wirklichkeit, in ein spanisches oder südfranzösisches Kleinstadtmilieu gestellt, jetzt sind sie plötzlich Abbilder unseres eigenen Lebens. Der großspurig-bösartige Musiklehrer, der vertroddelte, lüsterne Provinzdoktor, der schöne, junge Mann mit der kessen Baskenmütze und das kluge, kleine Mädel in Schwesterntracht – es sind keine starren Typen mehr, sie leben unter uns, und die alte opera buffa des Meisters Rossini beweist gerade jetzt ihre zeitlose Gültigkeit.

Aber die Realität dieses neuen Spiels wird nicht zum Naturalismus, der die Stilform des Werks zerstören müßte. Wie die Kostüme nicht ›echt‹ sind, sondern aus der Modernität in die Karikatur übergehen, so mischen sich in der Bühnengestaltung Wilhelm Reinkings Wirklichkeit und Phantastik zu einem Surrealismus, der die Hintergründe dieser kleinbürgerlichen Welt entlarvt und mitunter etwas Gespenstisches hat – etwa wenn uns aus Figaros Schaufenster zwei Panoptikum-Büsten mit hochgezwirbelten Frisuren entgegenstarren. Der Eindruck der Surrealität wird vollends erreicht durch die architektonische Gliederung der Bühne selbst. Zuerst sehen wir die weißgetünchten Häuser der Kleinstadt, Figaros Laden als kubischen Block, gegenüber die Villa des Doktors Bartolo mit einem grandiosen Geländer auf dem Turm, davor Palmen und eine vielkugelige Laterne. Plötzlich drehen sich die Häuser, das eine nach links, das andere nach rechts, der Fuß der Lampe versinkt, die Palmen fahren in die Tiefe und lassen nur ihre Blattbüschel zurück – wir sind in Bartolos Wohnung. Aber der Straßendurchgang bleibt da, das Zimmer ist nach hinten auseinandergeschnitten, immer noch haben wir den Ausblick auf die ausgezirkelte Projektion einer klassizistischen Stadt, über die dann während der Tempesta im zweiten Akt Regenmassen und Blitze hereinbrechen – ein famoser Einfall.

In diesem Rahmen läßt Rabenalt die Figuren mit grotesk zugespitzten und manchmal mit leicht tänzerischen Gesten agieren. Die Aktivierung von der alten opera buffa ist hier am deutlichsten, Varieté und Akrobatik geben Anregungen. Sehr klug ist dieses unbeschwerte, lustige Spiel auf den ganzen Bühnenraum verteilt. Reizend, wenn Rosine hinter der grünen Jalousie dem Ständchen lauscht, reizend die lebendige Bewegung im ersten Finale. Trotzdem ist eine kleine Einschränkung zu machen. In Kostümen und Dekoration wurde zwar das alte Theater ausgetrieben, aber im Spiel setzten sich doch die alten, verbrauchten Späße, die stereotypen Übertriebenheiten wieder fest. Sie sind gewiß feiner ausgearbeitet als sonst, aber sie bringen eine gewisse Unordnung in die Aufführung. Hier ist ein Rest Provinzialität.

Man muß endlich von der Musik sprechen, für die Zweig verantwortlich ist. Seine Einstudierung ist tadellos. Er verzichtet auf reißerische Wirkung, er gibt Rossini mit einer fast kammermusikalischen Delikatesse, sehr sensibel in der Rhythmik, heiter und mit schöner Zurückhaltung des Orchesters. Höchstens, daß einigen Steigerungen die letzte elektrisierende Spannung fehlt.

Die Ensembleleistung ist ausgezeichnet. Alles sitzt, alles kommt deutlich heraus. Wie sich im Finale Musik und Bewegung ergänzen – großartig. Im einzelnen bleibt alles auf mittlerer Linie. Soll man graduell abstufen? Da ist zuerst Gollands Barbier, im Spiel vorzüglich durchgebildet, lebendig, spritzig, ohne grobe Kulissenreißerei, da ist Kandl als Bartolo, der sich überraschend sicher in den neuen Stil dieser Aufführung findet, viel präziser als sonst, gesanglich freilich blaß. Auch Abendroth stärker in der mimischen als in der musikalischen Charakteristik. Cavara setzt mit den beiden Arietten nicht übel ein, versagt aber im weiteren Verlauf des Abends völlig. Und Irene Eisinger – eine graziöse Rosine ohne alberne Schelmereien, sehr nett in Erscheinung und Auftreten, im Gesang kräftiger und freier als früher, nur der Ton noch etwas hart.

*Paul Zschorlich: ›Deutsche Zeitung‹ vom 6. Okt. 1930*

Rossinis ›Barbier‹ als Sketch

Wo? – Natürlich in der »Roten Oper«.

Der Neuinszenierung des ›Barbier von Sevilla‹ in der Oper am Platz der Republik ging kein guter Ruf voraus. Der Generalintendant Tietjen, so hieß es, sei von der Generalprobe so entsetzt gewesen, daß er wesentliche Änderungen verlangt und die Aufführung verschoben habe. Kann nicht stimmen! Offenbar hat man sich auf den unter Republikanern üblichen Kompromiß geeinigt und im wesentlichen ist alles beim alten geblieben. Ich fürchte, der Generalintendant überschätzt seinen Einfluß auf diese Bühne ein wenig.

Vielleicht bildet sich der ›Bühnengestalter‹ Arthur Maria Rabenalt aus Darmstadt wirklich ein, sein Gedanke, den ›Barbier von Sevilla‹ in Cut und Cylinder zu spielen, sei originell. In Wahrheit ist er fast ein Plagiat, nachdem wir sowohl den ›Hamlet‹ wie die ›Räuber‹ in dieser albernen Aufmachung erlebt haben. ›Originell‹ wäre es, den ›Barbier‹ einmal in Badehosen zu spielen, Lohengrin im Auto vorfahren zu lassen, die Chöre im ›Tannhäuser‹ der Heilsarmee anzuvertrauen oder den zweiten Akt des ›Palestrina‹ in Gewerkschaftskreise zu verlegen. Auf dem Wege zu solchen Zielen befindet sich Herr Rabenalt auch offenbar, aber er kommt nicht vom Fleck, er klebt zu sehr an der Überlieferung.

Natürlich bedarf der köstliche ›Barbier‹ Rossinis nicht der Unterstützung eines kleinen Handlangers und Wichtigtuers. Er wirkt aus sich heraus, auch heute noch. Er setzt sich immer noch und immer wieder durch, selbst wenn man ihn als Sketch spielt. Selbst wenn ihn Herr Rabenalt inszeniert. Seine kindischen Puppenhäuschen, seine plundrigen versenkbaren Palmen, seine versehentlich von der Straße ins Zimmer übernommenen Hausgesimse und Balustraden nimmt man hin als einen dilettantischen, aber modischen Unfug und als Armutszeugnis eines geistig Minderbemittelten, der gern von sich reden machen möchte. Solange das Publikum sich gegen solche abgeschmackten, geistlosen und liederlichen Inszenierungen nicht zur Wehr setzt, haben die Rabenalts noch gute Tage. Das »Quos ego!« (»Ich werd' euch!«) des Generalintendanten Tietjen hat nicht einmal diese Wände aus Pappe erschüttern können.

Hinter den Häuschen der ersten Szene erblickt man eine große Wandkarte mit dem (sehr schlecht gezeichneten!) Stadtplan. Ringsum natürlich rabenalt-schwarzes Nichts – auch ein Regieeinfall von vorgestern! Im zweiten Akt, beim Gewitter, sollen mechanisch bewegte Strähnen, die über das Stadtbild laufen, Regen vortäuschen. Daß Rossini seine Gewittermusik – auch für Unmusikalische deutlich! – mit einzelnen Tropfen beginnt, um sie erst allmählich zum Platzregen zu steigern, hat Herr Rabenalt offenbar noch gar nicht bemerkt. Er schüttet gleich los und haspelt seinen Wolkenbruch auf der Leinwand geschäftsmäßig und mechanisch ab. Zwischen Musik und Szene ist überhaupt kein Zusammenhang mehr. Das nennt man heutzutage ›inszenieren‹!

Aber auch in modischer Gewandung ist der ›Barbier‹ nicht umzubringen, zumal wenn ein Eduard Kandl als Doktor Bartolo auf der Bühne steht und mit seinem Witz das ganze Ensemble in Schwung bringt. Er hat in einer einzigen Szene mehr Einfälle als Herr Rabenalt den ganzen Abend. Er war es, der die Szene beherrschte. Er kümmerte sich den Teufel um die neuen ›Ideen‹ und spielte seinen Bartolo nach seinem Gusto. Eine glänzende Leistung, bis ins Feinste ausgearbeitet, vor allem auch in Maske, Mimik und Gesten unwiderstehlich, vollkommen frei von geschmackloser Übertreibung. Eine köstliche reife Studie. Fräulein Novotna, jene Künstlerin, die uns und vor allem sich selber in Prag so sehr bloßgestellt hat, wagte man offenbar nicht herauszustellen. Wozu auch? Irene Eisinger gab eine überaus anmutige, neckische und federnde Rosina und sang ihre Koloraturen äußerst sauber. Ihre Stimme ist klein, in der Höhe sogar etwas piepsig, aber ihr gesangstechnisches Können gibt in Verbindung mit ihrem reizenden Spiel den Ausschlag. Von unwiderstehlicher Komik in Maske und Haltung die altjüngferliche Anstandsdame der Marie Schulz-Dornburg. Auch Martin Abendroth als gravitätischer Basilio von echter Komik.

Die reizende und unverwüstliche Musik Rossinis wurde von Fritz Zweig mit der letzten Feinheit und Genauigkeit bedacht. Im Klanglichen wie im Rhythmischen war alles denkbar gefeilt, ohne jede Einbuße an fröhlicher Gefälligkeit des Vortrags. Die Ouvertüre hat man nicht oft so quickfrisch, graziös und sauber gehört und dabei ohne jenes nervöse und fiebrige Tempo, das dieser harmlosen Musik bis zu ihrer Verfälschung gefährlich werden kann.

*Heinrich Strobel: ›Melos‹ 1930, Heft IX, S. 440 (Auszug)*

Was geht an der Berliner Oper vor?

Die Opernsaison setzte ebenso flau ein wie die Konzertsaison. Die Berliner Spielpläne und Programme sind von einer Inaktivität und Beharrlichkeit, die vor drei Jahren noch unvorstellbar gewesen wäre. Freilich ist es falsch, die Schuld allein den Instituten in die Schuhe zu schieben. Auch die Produktion versagt. Es gibt keine richtunggebenden neuen Werke. Ist es Resignation, ist es nur ein Verschnaufen vor neuem schöpferischen Aufschwung? Wir wollen nicht ungeduldig sein. Nicht jedes Jahr können grundlegende Arbeiten geschrieben werden. Auch in produktiveren Perioden gab es Pausen. Wir wollen abwarten. Trotzdem ist es ein Symptom für die erschlaffende Arbeitsfreude, wenn eine große Bühne, die in den letzten Jahren entscheidende Schlachten schlug, diesen Winter überhaupt keine Uraufführung bringt, wenn ein Mann wie Klemperer, der bis jetzt mit Mut und Konsequenz gegen den Strom schwamm, in dieser Spielzeit zwei von seinen sechs Konzerten ausschließlich Beethoven widmet.

So viel Kroll von seiner einstigen Stoßkraft eingebüßt hat, nicht zuletzt unter dem Druck einer sich dauernd verschärften kulturpolitischen Situation, so still es um diese Oper geworden ist, die ›Mahagonny‹ ankündigte, es aber nicht zu spielen wagte – die erste wesentliche Premiere dieser Saison war doch wieder im Haus am Platz der Republik. Allerdings die Begleiterscheinungen dieses neuen ›Barbier von Sevilla‹ erhellen schlaglichtartig die Lage. Doch sprechen wir zuerst von der Aufführung selbst. Man hatte diesmal die beiden jungen Bühnengestalter Rabenalt und Reinking geholt, die in Darmstadt seit Jahren an der Aktivierung des Operntheaters arbeiten. Was taten sie in diesem Fall? Sie rissen dem Barbier sein traditionelles Rokokokleid ab und stellten ihn in eine zeitnähere Wirklichkeit. Was geschah? Die Figuren der neckischen Allongewelt wirkten in diesem spanischen oder südfranzösischen Kleinstadtmilieu nicht als allbekannte historische Typen, sondern als Abbilder unseres eigenen Lebens.

Aber werden Rabenalt und Reinking je wieder an einer Berliner Oper beschäftigt? Werden sie zeigen können, ob sie von diesem ›Barbier‹ aus weitergekommen sind? Ich glaube es nicht. Denn schon diese Aufführung kam nur mit knapper Not zustande. Wenige Tage vor der Premiere hatte Generalintendant Tietjen Einspruch erhoben. Zweimal war die Vorstellung verschoben worden. Schließlich einigte man sich. Niemand wird dem Generalintendanten das Recht abstreiten, eine Aufführung zu untersagen. Aber niemand wird verstehen, warum Tietjen gerade diese Inszenierung untersagen wollte, die in keiner Weise aus der Richtung der Krolloper herausfiel, die sogar mehr Bühnensinn verriet als die meisten früheren Krollpremieren. Was will Tietjen erreichen? Will er die künstlerische Richtung ersticken, durch die Kroll seine Bedeutung im deutschen Kunstleben erlangte, will er endgültig eine Volksbühnenoper machen, die noch schlechtere Aufführungen der ›gangbaren‹ Werke bietet, als man sie in den anderen Berliner Häusern hören kann? Handelt er vielleicht aus Rücksicht auf eine kulturpolitische Situation, die leider sehr bald im deutschen Reich eintreten kann? Vielleicht will er wirklich Kroll durch eine Kursänderung retten? Aber ein nivelliertes

Kroll hätte keine Existenzberechtigung mehr. Der ›Barbier‹ war ein großer Publikumserfolg. Alle eindeutigen, alle umkämpften Krollpremieren wurden Publikumserfolge. Alle verschwommenen Aufführungen waren Durchfälle. Das sollte Herrn Tietjen zu denken geben.

Vor einem Jahr wäre es selbstverständlich gewesen, daß Kroll den ›Barbier‹ in einer modernisierten Fassung gibt. Heute sucht man sie zu verbieten. Man hört, daß die Volksbühne jetzt auch ›Neues vom Tage‹ ablehnt. Das heißt praktisch: die Oper kann nicht mehr in einem Hause gegeben werden, das ausschließlich auf die Abonnentenorganisationen angewiesen ist. Man braucht die Schwierigkeiten eines Unternehmens wie der Volksbühne keineswegs zu übersehen. Es mag auch sein, daß ihre Hörer noch nicht geweckt sind für die moderne Kunst. (Werden diese muffigen Kleinbürger je geweckt werden können?) Aber vor einem Jahr hätte die Volksbühne wenigstens nach außen hin noch ›Neues vom Tage‹ geschützt. Heute hat sie unter dem Druck ihrer Mitglieder jede künstlerische Initiative verloren. Nicht einmal die Sonderabteilungen rühren sich. Man könnte entgegnen: die Ideologie dieser Oper liegt der Volksbühne fern. Mondäne Ehescheidungssorgen bedrücken nur den Kurfürstendamm. Zugegeben. Aber spielt die Volksbühne vielleicht ›Mahagonny‹? Sie denkt nicht daran. Sie will ihre Ruhe.

7. Dezember 1930 (Matinée)
Der Jasager
Schuloper von Bert Brecht und Kurt Weill
*Ausführende:* Berliner Schüler
*Leitung:* Prof. H. Martens
*Vorher:* Schein'sche Chöre

Jugendchor der Staatlichen Akademie für Kirchen- und Schulmusik

*Alfred Einstein: ›Berliner Tageblatt‹ vom 24. Juni 1930*

*Bericht über die Uraufführung im Zentralinstitut für Erziehung und Unterricht. Die Krolloper lud das jugendliche Ensemble zu einer Matinée am 7. Dezember 1930 ein.*

Dieser Abend, ›Neuer Musik und Schule‹ gewidmet, Veranstaltung der Musikabteilung des Zentralinstituts für Erziehung und Unterricht, gehört eigentlich in den Rahmen der ›Neuen Musik Berlin 1930‹, und darf als ihr Abschluß und Höhepunkt gelten – es braucht uns glücklicherweise nichts anzugehen, daß die Autoren des ›Jasagers‹, Bert Brecht und Kurt Weill, sich mit der Leitung von ›Berlin 1930‹ ein wenig verkracht haben.

Mit dieser ›Schuloper‹ ist dem Gebiet, das man unter dem Namen ›Gemeinschaftsmusik‹ zusammenfaßt, ein neues Land erobert, wiedererobert worden. Denn das Schuldrama mit Chören, die echte Schuloper, sind ja alte historische Begriffe, sie haben seit dem Zeitalter des Humanismus, seit dem Barock ihre ehrwürdige Geschichte gerade in Deutschland, sie haben alle möglichen Stoffe des Klassischen und Biblischen auf ihre Art erschöpft, bis das gesegnete 19. Jahrhundert auch diese Fäden schöpferischen Theatertriebs abriß. Und man muß zu diesem ›Jasager‹ als Ganzes ja sagen, so wenig man mit allen Einzelheiten einverstanden zu sein braucht. Man kann sein Bedenken hegen vor allem gegen Brechts Text, dem ein japanisches, allzu japanisches Theaterstück zugrunde liegt. Ein kleiner Junge geht mit seinem Lehrer und ein paar älteren Kameraden über die Berge, um für seine kranke Mutter Medizin und ›Unterweisung‹ zu holen; bei der raschen Heimkehr verlassen ihn an gefährlicher Stelle die Kräfte. Nun besteht an dieser Stelle der ›große Brauch‹, die Kranken und Müden in den Abgrund zu schleudern: die Frage, ob man nicht lieber umkehren solle, wird, ebenso dem Brauch gemäß, von dem Opfer selbst stets verneint ... Und der Junge sagt denn auch tapfer ja zu seinem Tode und stirbt für die Gemeinschaft. Ich weiß nicht, ob es nicht Zivilcourage wäre, nein zu sagen; aber ich weiß, daß die Kameraden den Jungen nicht umbringen dürfen; dagegen wehrt sich mein mitteleuropäisches Gefühl. Aber, wenn der Stoff in seiner Motivierung fragwürdig und schwach ist, die Situationen sind stark. Das, was die Jugend anzieht, ist ihre Unsentimentalität und Phrasenlosigkeit, ihr Ernst, ihre Härte, ihre Schlichtheit. Frage: wann kommt in die Jugend die Kapitulation vor dem Kitsch, wann und warum tritt die Verwandlung ein zum Spießer, der die Kinos, Tonfilme, Operette bevölkert?

Kurt Weill, der Musiker, hat diesmal Bert Brecht, den Librettisten, weit übertroffen. Es ist, nach der Dreigroschenoper, sein zweiter großer Wurf. In dieser Musik vollzieht sich der Anklang an das Altklassische mit dem modernen Step: der Eingangschor hat die Händelsche Schwere und Wucht, ohne Händel zu imitieren; der Auftritt, die Selbstvorstellung des Lehrers, hat Saxophonklang und saxophonischen Rhythmus, ein Dialog wird beschlossen mit einem Terzett, das man ebenso archaistisch wie neu finden kann; die Szenen auf dem Berge sind stilisiert nicht ohne naturalistische Züge, sind naturalistisch nicht ohne oratorische Stilbindung im Wechsel von Soli, Terzett, Chor. Die Handlung gliedert sich in streng geschlossene musikalische Nummern; es gibt kein Rezitativ, sondern nur geformte Melodik, motivisch gefaßten Sprechklang; alles ist so einfach, in der Tonlage, in der Erleichterung der Einsätze so vorbedacht, daß es sich wie von selbst singt. Und ebenso einfach und sicher, weit entfernt von aller ›Atonalität‹, bei allen ›Seitensprüngen‹, ist das Harmonische. Alles Orchestrale rhythmisch betont, primitiv und doch eigentümlich im Klang, durch die Vereinigung von stark besetzten Streichern mit Schlagzeug und Zupfinstrumenten. Man kann sich weder dem Ausdruck, dem Ernst, noch dem Stil dieser Musik entziehen oder widersetzen.

Und das beste Zeugnis für sie ist ihre Aufführung. Die anonymen ›Kräfte des Jugendchors‹, die Sänger und Instrumentisten der Akademie für Kirchen- und Schulmusik haben uns da ein Beispiel von jener Vollendung und Unwillkürlichkeit gegeben, wie Kleist sie in seinem berühmten Aufsatz über das Puppenspiel oder Marionettentheater als Ideal hingestellt hat. Hier wurde einmal nicht mehr Theater gespielt, nichts gemacht oder zur Schau gestellt; vom Kapellmeister bis zum Schlagzeuger wurde musiziert, als ob kein Publikum dagewesen wäre, von dem kleinen tapferen Kerl, der den Knaben darstellte – nein, der der Knabe war, bis zum Terzett der Kameraden wurden die Gestalten gelebt und verkörpert. Diese Jugend braucht keine Oper mehr, sie hat etwas anderes und Besseres. Oder sie wird einmal vielleicht das beste, weil das kritischste Publikum der Oper, weil sie auf Echtheit dringt, vom Werk die absolute Wahrheit, vom Künstler die ›zweite Naivität‹ verlangt.

12. Dezember 1930

Louise
Musik-Roman von Gustave Charpentier
*Musikalische Leitung:* Alexander von Zemlinsky
*Inszenierung:* Wolfgang Hoffmann-Harnisch
*Bühnenbild:* Teo Otto
*Chöre:* Karl Rankl

Mathieu Ahlersmeyer (Der Vater), Marie Schulz-Dornburg (Die Mutter), Käte Heidersbach (Louise), Hans Fidesser (Julien) und kleine Rollen

*Alfred Einstein:* ›Berliner Tageblatt‹ vom 13. Dez. 1930

Es wird um 1909 oder 1910 gewesen sein, da bevölkerte die Straßen, Weinkneipen, Cafés und Atelierwohnungen Münchens ein freundlicher und beweglicher Mann mit Schlapphut und Radmantel, Künstlerschlips und bunter Weste, und die Jünglinge und die Mägdlein Schwabings mochten ihn gern. Das war der heute siebzigjährige Gustave Charpentier, der Lothringer aus Paris, der Dichterkomponist von ›Louise‹, und er konnte bemerken, daß damals schon in München, als welches eine Bohème und ein einfaches Bürgertum besaß wie das größere Paris, und in dem ebenfalls eine intimere Verbindung der ›Schlawiner‹ mit den lieblichen Mädchen aus dem Volke nicht selten zur Tatsache wurde, das Problem der ›Freien Liebe‹ erheblich leichter und untragischer genommen ward, als er selber es in seinem Musik-Roman ›Louise‹ zehn oder fünfzehn Jahre vorher genommen hatte. Heute ist für uns der Abstand noch größer geworden. In Sieburgs Buch über ›Gott in Frankreich‹ steht die reizende Betrachtung (die ›Blätter der Staatsoper‹ druckten sie ab) über den Eiffelturm, der am Anfang des Jahrhunderts eine Herausforderung gewesen sei und heute eine etwas altmodische Gartendekoration geworden ist, wir bemerken an ihm heute nicht mehr das Konstruktive, sondern nur mehr den Jugendstil der Form und des Details; jeder simple Funkturm übertrifft ihn an Einfachheit, Kühnheit und – Schönheit.

Genauso geht es uns mit ›Louise‹. Das war damals ein kühner Griff, ein Schlag gegen die Konventionalität der Oper, ein Schritt der nationalen Auflehnung gegen das internationale Wagnerianertum, die sich mit ›Pelléas und Mélisande‹ vollendete. Heute merken wir, wie sehr diesen Revolutionären gegen Wagner das Wagnertum selber im Blut saß, wir sehen in einer grausamen Helligkeit diese sonderbare Verbindung von Leitmotivtechnik (die an der Länge des Werks schuld ist) mit der süßen und anschmiegsamen Massenetschen Melodik, diese etwas billige und dilettantische Arbeit, die so schön und einschmeichelnd klingt.

Und doch, es berührt und rührt uns wieder. Der Vergleich mit dem Puccini der ›Bohème‹ liegt so nahe, daß man sich geniert, ihn zu ziehen, aber er muß doch gezogen werden. Die Liebe des Italieners zu seinen Figuren ist immer mit ein wenig Sadismus gegen uns versetzt, er zerrt an unseren Nerven, er schielt immer hinter dem Vorhang hervor, wie sein Mitleid auf uns wirkt. Charpentier liebt seine Leutchen wirklich, vorbehaltlos, und Louisens Vater, diese friedliche Seele, ist der sympathischste, ehrlichste, echteste Vater der ganzen Operngeschichte (und wäre vollkommen, wenn er am Schluß den Mund halten könnte, statt ›O Paris‹ ächzen zu müssen . . .). Da ist die moderne Volksoper, wie wir sie in Deutschland so gern haben möchten, aber nicht haben können, weil wir eben kein Volk der Öffentlichkeit sind wie die Franzosen, weil wir keine Butte Montmartre haben, weil bei uns keine Schaustellung möglich ist, wie jene ›Krönung der Muse‹, die das Kernstück und die Keimzelle der ›Louise‹, und einmal wirklich auf der Straße zur Wirklichkeit geworden ist. In der ›Neuen Oper‹ ist die Personifizierung der ›Stadt‹ beliebt, New York hat schon mehrmals Stimme gewonnen, wenn auch nur episodisch. Hier spricht eine ganze Stadt; es läßt sie einer sprechen, der sie kennt und liebt; sie spricht ein wenig melodramatisch; und doch ist es schade und beklemmend, daß man Berlin nicht so sprechen lassen kann.

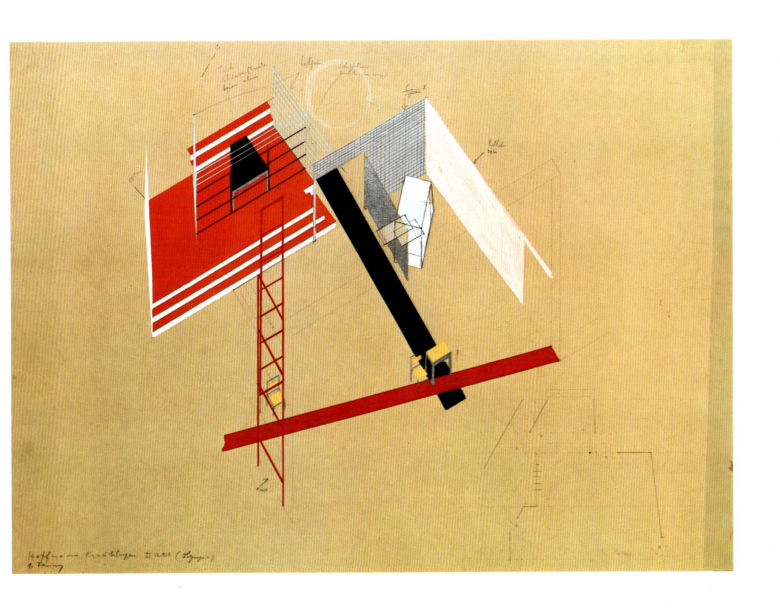

VIII Jacques Offenbach, Hoffmanns Erzählungen, 1. Bild. Entwurf von László Moholy-Nagy
Institut für Theaterwissenschaft der Universität zu Köln

Die Aufführung war erstaunlich, ganz dem Werk hingegeben; es waren hoffentlich all die Herren drinnen, die übermorgen über das Geschick der Kroll-Oper zu entscheiden haben, und kein Volksbühnen-Mitglied wird danach mehr entrüstete Briefe an den Vereinsvorstand schreiben. Es ist alles beseelt von einem einheitlichen Willen: die Bühnenbilder Teo Ottos, die nicht bloß den Einblick ›sous les toits‹ geben, sondern die Silhouette selbst, den Blick auf Paris, die Gegend, die Beziehung der Räumlichkeiten zueinander, die Atmosphäre; die Spielleitung von Wolfgang Hoffmann-Harnisch, die in der Näherinnenszene einen Gipfel sprühender Lebendigkeit erreicht; die Tanzregie Labans, die diesmal sich völlig in den Rahmen einfügt und etwas Charakteristisches, höchst An- und Auszienhendes gibt; die musikalische Leitung Alexander von Zemlinskys, der noch kaum einen überzeugenderen Beweis eines Musizierens aus dem Feinen und aus dem Vollen gegeben hat. Käte Heidersbach, in der Titelrolle, singt wunderschön, und es fehlt ihr in Erscheinung und Spiel vielleicht nur jener berühmte Bismarcksche Schuß Champagner; eine ganz reine Verkörperung des verführerischen Jungen, in Figur und schimmerndem Stimmklang ist Hans Fidesser (aber ein paar Zeichen der Ermüdung sollte er beachten); eine höchst angenehme nähere Bekanntschaft machte man mit Mathieu Ahlersmeyer, der dem Vater eine so schlichte, unopernhafte Gestalt gab als möglich (das Stimmliche ist noch ein wenig eng); fast zu sympathisch war die Mama Marie Schulz-Dornburgs. Aus den vielen Episodenfiguren sei der ›Noctambule‹ von Alfred Bartolitius, und – als besonders überraschend – aus der Näherinnenschar von Anna Lipin, Cäcilia Reich, Irene Eisinger usw. Hertha Faust mit ihrem Hymnus auf die ›athmosphère amoureuse‹ von Paris hervorgehoben: Kroll birgt einen ungeahnten Schatz an Stimmen...
Der Beifall war warm und groß.

7. Januar 1931
Festvorstellung für den Tennis-Club Rot-Weiß

Spanische Stunde
Musik von Maurice Ravel

*Musikalische Leitung:* Alexander von Zemlinsky
*In Szene gesetzt* von Gustaf Gründgens

Jarmila Novotna (Concepción), Artur Cavara (Gonzalvo), Albert Peters (Torquemada), Fritz Krenn (Ramiro), Martin Abendroth (Don Inigo Gomez)

Kleine Dreigroschenmusik
von Kurt Weill

*Dirigent:* Otto Klemperer

Jeux
Tanzpoem von Claude Debussy

*Musikalische Leitung:* Fritz Zweig
*Choreographische Leitung:* Rudolf von Laban

Dorothea Albu (Das eine junge Mädchen), Eugenie Nikolajewa (Das andere junge Mädchen), Jens Keith (Ein junger Mann)

Hin und zurück
Sketch mit Musik von Paul Hindemith

*Musikalische Leitung:* Otto Klemperer
*In Szene gesetzt* von Hans Curjel
*Bühnenbild:* L. Moholy-Nagy

Waldemar Henke (Robert), Hanne Klee (Helene), Marie Schulz-Dornburg (Tante Emma), Martin Abendroth (Der Professor), Siegfried Tappolet (Der Krankenwärter), Sophie Oevrevik (Das Dienstmädchen), Mathieu Ahlersmeyer (Ein Weiser)

*Alfred Einstein:* ›Berliner Tageblatt‹ vom 1. Dez. 1930

Geschlossene Vorstellung am Platz der Republik mit einer bunten musikalischen Speisenkarte: – erst Ravels ›Spanische Stunde‹ unter der Leitung Zemlinskys, mit der äußerst scharmanten Jarmila Novotna und dem nicht weniger scharmanten Fritz Krenn in einer Wiedergabe, nach deren Vollkommenheit, Feinheit, Ausgeglichenheit man sonst in Deutschland vergebens suchen würde; wenn es nur eine spanische halbe Stunde wäre... Dann unter Klemperer als instrumentales Hors d'oeuvre: Weills ›Kleine Dreigroschenmusik‹, auch sie mit jener seltenen Überlegenheit gespielt, die dem Werk nichts von seiner Lebendigkeit raubt und es doch schon in die idealisierende Form des Zeitdokuments rückt.

Den Gästen, nämlich dem Lawn-Tennis-Turnier-Club ›Rot-Weiß‹, galt als Spezialgericht die Ballett-Aufführung des Abends ›Jeux‹, zu dem dereinst Claude Debussy die Musik geschrieben hat. Vor in Rot und Weiß und Schwarz getönter, in Kreisen und Rauten stilisierter Szene Teo Ottos machten unter Labans choreographischer Leitung zwei Weiblein (Dorothea Albu und Eugenie Nikolajewa) und ein Männlein (Jens Keith) stilisierte Tanzevolutionen, bei denen ein Tennisball, drei Tennisschläger und erotische Anziehung und Abstoßung eine durchaus geheimnisvolle Rolle spielten. Ob das alles gut war, könnte nur der Kollege vom Sportblatt sagen; ich habe mich bemüht, auf das von Fritz Zweig geführte Orchester zu achten, in dem es ebenfalls vornehm und ästhetisch zuging...

Aber dann kommt, zum erstenmal in Berlin, Hindemiths tiefsinnige Kurzoper ›Hin und Zurück‹ mit einem ulkigen Bühnenbild Moholy-Nagys von lapidarer Einfachheit, von dem Spielleiter Hans Curjel mit der gleichen lapidaren Einfachheit in Szene gesetzt, von Hanne Klee, Waldemar Henke, Marie Schulz-Dornburg, Mathieu Ahlersmeyer lapidar gesungen und von Klemperer mit grandioser Rapidität musikalisch vorgeführt. Es wäre schön, wenn das Schicksal der Krolloper sich in diesem musikalischen Fünfminutenbrenner symbolisieren wollte: erst entwickelt sich alles hin zum mörderischen Revolverschuß, und dann stellt der weise Chronos die Uhr ein bißchen rückläufig, und alles wird wieder wie es war ...

25. Januar 1931
Die Hochzeit des Figaro
Komische Oper von Wolfgang Amadeus Mozart
*Musikalische Leitung:* Otto Klemperer
*In Szene gesetzt* von Gustaf Gründgens
*Gesamtausstattung:* Teo Otto
*Chöre:* Karl Rankl

Fritz Krenn (Graf Almaviva), Käte Heidersbach (Die Gräfin), Willy Domgraf-Faßbaender (Figaro), Irene Eisinger (Susanne), Jarmila Novotna (Cherubin), Marie Schulz-Dornburg (Marzelline), Eduard Kandl (Bartolo), Erik Wirl (Basilio), Albert Peters (Don Curzio), Hans Heinz Wunderlich (Antonio), Sophie Oevrevik (Bärbchen), Caecilie Reich, Hertha Faust (Brautjungfern), Alfred Barolitius (Schreiber)

*H. H. Stuckenschmidt: ›B. Z. am Mittag‹ vom 26. Jan. 1931*

Drei festliche Aufführungen geben den Auftakt zu diesem Mozartjahr: im neuen Funkhaus die ›Zauberflöte‹ unter Walter, im Staatstheater Kleibers Konzertmatinee, in der Krolloper ›Figaros Hochzeit‹ unter Klemperer. Und, es ist fast ein Wunder, in einer Zeit zunehmender kultureller Rückorientierung trägt die Idee des Ensembles, der vergeistigten Oper einen Sieg von unbestrittener Vehemenz davon. Das Haus am Platz der Republik wird Schauplatz eines Erfolges, der ein Dutzend landläufiger Opernpremieren in den Schatten stellt.

Mit Recht. Denn diese Aufführung ist in ihrer Ausgeglichenheit aller künstlerischen Elemente ohne Beispiel. Sie ist vollkommene Realisierung der modernen Darstellungsideale und zugleich wirksamstes, also bestes Opertheater. Warum?

Weil hier von Grund auf erneuert wurde. Weil man von der Substanz, von der musikalischen Bewegung, von der psychologischen Grundlage ausging und sich nicht mit Modernisierungen der Fassade begnügte. Weil junge, begabte Menschen am Werk waren. Weil die Diktatur der Stimmbänder aufgehoben und die des Regisseurs vermieden wurde.

Das erste Wort rückhaltloser Anerkennung aber muß Otto Klemperer gelten, der mit einer Intensität ohnegleichen und einer schwerelosen, rauschhaften Sicherheit das Musikalische leitet, entwickelt, leuchten läßt. Ich habe nie einen italienischeren und dabei ernsteren Figaro gehört. Was für Tempi! Was für Piani und Crescendi! Welche Belebung der Rezitative!

Doch schon muß ein weiterer genannt werden, der an diesem Abend das Außerordentliche geleistet hat: Gustaf Gründgens. Mit dieser schlechthin genialen Inszenierung hat der vielseitige und kluge Theatermann, der schon in Milhauds ›Armen Matrosen‹ interessante Versuche gemacht hatte, sich als einer der ersten lebenden Opernregisseure empfohlen; man ziehe die Konsequenzen! Wie er, stets aus dem Geist der Musik, die Handlung belebt und bereichert, etwa das Eifersuchtduett zwischen Susanne und Marzelline gestaltet, die Pagenverkleidung gestisch würzt, die Hochzeit mit Basilios Hilfe und einigen grotesken Brautjungfern bunter färbt, das ist bezaubernd.

In Teo Otto hat er einen Verbündeten, der mit stilvollen und fantasiereichen Dekors die Schauplätze verbindet, durch die Architektur hindurch Landschaftliches ahnen und schließlich durchbrechen läßt.

Auch das Ensemble kommt der formenden Regie weit entgegen. Da ist, allen voran, Domgraf-Faßbaenders Figaro, stimmlich und darstellerisch eine Prachtleistung, bewußt und überzeugend in seiner vitalen Kraft und gelegentlichen Rauheit. Da ist ein Dreigestirn schöner und anmutig singender Frauen, am mozartnächsten Irene Eisinger, die uns in Susannenrollen stets entzücken wird. Sympathisch der Cherubin Jarmila Novotnas, rührend und großzügig die Erscheinung der Heidersbach (Gräfin).

Nicht zu vergessen Krenns männlich-schöner, freilich auch männisch-eitler Almaviva, Erik Wirls Basilio, Kandls Bartolo und die Schulz-Dornburg als Marzelline.

In ihnen allen der Willen zum Ensemble, der jede Rivalität auszumerzen scheint. Und das ist ja grade der Sinn des ›Figaro‹ dieser wahrhaft beaumarchaisschen, also demokratischen Oper, die alles Startum ausschaltet und schon im Verzicht auf Koloratursopran und tragenden Tenor diesen Willen ausdrückt. Es war ein Abend der Begeisterung, ein Triumph für alle Beteiligten und nicht zuletzt für Mozart.

*Oscar Bie: ›Berliner Börsen-Courier‹ vom 26. Jan. 1931*

Wieder eine der Aufführungen, um deren willen man den Fortbestand der Kroll-Oper allerdringendst wünschen möchte. Seht Euch dies an, Ihr Rechenmeister, diese vorzüglich durchgearbeitete Partitur, diese lebendige Szene, diese Ehrfurcht vor der Tradition und doch diesen Willen, das äußere Bild der Oper endlich einmal zu erneuern. Eine Aufführung, auch ohne Stars, von unmittelbarster Wirkung, überschüttet von unendlichem Beifall, mit ganz besonderen Ehrensalven für Klemperer. Vielleicht haben manche gedacht: ›Figaro‹ bei Kroll, das wird eine Revolutionsoper, das führt uns wieder zurück zu Beaumarchais, zu den ersten Signalen der französischen Revolution. Aber keine Spur davon. Die Form, in der Gustav Mahler den Figaro einst in Wien brachte, war viel mehr politisch gefärbt und setzte sogar Stücke des französischen Originaldramas mit ein. Nein, es war eine rein künstlerische, rein musikalische Angelegenheit von allerhöchstem Zauber.

Man ist erstaunt, wie Klemperer, der sonst so eiserne und harte, sich in den zartesten Geist Mozarts hineinverwebt. Das alles ist von einer entzückenden Feinheit mit lebendigstem Gefühl für die Melodie, aber nicht minder für die Faktur, für dieses glitzernde Gegeneinander der Stimmen. Ein unbeschreiblicher Genuß, den Mozartschen Linien unter seiner Hand zu folgen, sein Tempo mitzuatmen. Die Ouvertüre, beinahe an der Grenze der Schnelligkeit, ist ein Meisterwerk der saubersten und lustigsten Durcharbeitung. Das erste Finale, dieses Wunderwerk dramatischen Stimmenbaues, wird mit einer Durchsichtigkeit gegeben, in einer Abwechslung aufgebaut, in eine Steigerung gebracht, wie wir es selten gehört haben. Bisweilen unterstreicht Klemperer aus persönlicher Liebhaberei eine schöne Stelle, wie z. B. das zweite Thema in dem C-Dur-Satz, da Figaro in das Finale eintritt. Die Rezitative werden auf einem Pleyelschen Cembalo begleitet und manchmal, in besonders feierlichen Momenten, werden diskret die Streicher noch hinzugenommen.

Das Stück wird in einer Anordnung gespielt, mit Weglassungen und mit Aneinanderrückungen, die das Drama so eng wie möglich zusammenziehen. Nur einmal, vor der letzten Gartenszene, werden wir noch mit einer längeren Pause belästigt, die man vermeiden sollte, um die Stimmung und die Geduld nicht zu zerreißen. Die Regie hat Gustaf Gründgens. Noch nie hat sich die Heranziehung eines Schauspielregisseurs so bewährt. Ein frischer Zug kommt aus der entwickelten Schauspielbühne in das Opernschema. Alle die üblichen Banalitäten und Gewöhnlichkeiten fallen fort. Es gibt kein Stottern des Richters, es gibt kein Marschieren von Figaro und Cherubin in das Schlachtlied hinein, es gibt keine Eselsarie, die die Gartenstimmung vernichtet – die Bewegung in den Ensembles ist von einer neuen und ungewohnten Natürlichkeit, Wechsel im Stehen und Sitzen, Kreuzung der Anteilnahme, stummes Spiel neben der Musik, aber immer aus der Musik heraus; eine wohlbegründete Gruppierung, die dem Stil und der Realität, so wie Mozart selbst, gleichzeitig dient. Die Gruppierung der Parteien in den großen Ensembles, die für die Verteilung der Stimmen so charakteristisch wird, ist auf das Klarste durchgeführt. Besonders in den Rezitativen macht sich die schauspielerische Erziehung bemerkbar. Vielleicht könnte manchmal der Anschluß des Dialogs noch prompter sein: Schauspielpausen sind der Musik nicht immer willkommen.

Teo Otto läßt die ganze Geschichte, wie man es heute so gern tut, auf einer offenen Drehbühne sich abspielen. Ich finde, er hat mehr Geschicklichkeit als Geschmack. Der Dekorationsstil ist ein wenig roh und fragmentarisch. Aber die Raumverteilung ist gut und nützlich für das Hin und Her des Dialogs, der so oft sich ineinander staffelt, daß beinahe eine moderne Simultanität entsteht. Sehr nett werden die Fenster verwendet, um den ersten Chor von außen nach innen durch sie hindurch singen zu lassen, oder auch das Auftreten des Gärtners, der natürlich nicht mit einer Blume kommt, im ersten Finale vorzubereiten. Die Kostüme halten sich ebenso vom Schema fern. Figaro vermeidet die Theatermaskerade, Basilio ist ein Mensch ohne Attribute geworden, Bartolo scheint wirklich zu leben – es ist kein modernes Kostüm, aber es hat die Abzeichen des 18. Jahrhunderts nur äußerlich. Wir glauben an diese Menschen. Eine reizende Veränderung erfährt auch das Ballett, das in keiner üblichen Opernform abläuft, sondern als eine Art naive Huldigung des Volkes dargestellt wird unter sehr komischer Beteiligung von Basilio. Immerfort und überall werden wir erfreut und überrascht von Einfällen und Gestaltungen, die das Werk keineswegs zerstören, aber doch merklich erneuern.

Gesanglich ist viel Erfreuliches und Löbliches zu sagen. An der Spitze steht Willy Domgraf-Faßbaender, der als Figaro die beste Gelegenheit hat, seine schöne, volle und reiche Stimme zu zeigen, und der auch mit seiner Darstellung ganz besonders willig sich in den Stil dieser Regie fügt. Am weitesten von der Regie entfernt ist die Gräfin der Käte Heidersbach, die fast ganz auf den Arienstil gestellt ist, aber erst im Laufe des Abends sich aus Nervosität und Unsicherheit in ihre Vorzüge entwickelt. Überraschend gut ist die Eisinger als Susanne, sehr quirlig, sehr munter, sehr angenehm in dem süßen und leichten Ton ihres Organs. Fritz Krenn als Graf hält sich absichtlich etwas in Pose, hat aber für seine Soli Kraft und Form genug. Entzückend ist die Novotna als Cherubin. So groß sie aussieht, so klein und fein arbeitet ihre liebenswerte Stimme und schafft aus den beiden Solonummern Kunstwerke vollendeter Anmut und Sicherheit. Ich möchte noch Erik Wirl als Basilio erwähnen, der selbstverständlich alle Charakteristik besitzt, den Zielen der Regie ohne Übertreibung zu folgen. Aber diese Aufführung ist ja keine Sängerschau, sie ist das Ideal des Ensemblestils. Bis in die letzte Gartenszene hinein, wo die Drehbühne sich ausgedreht hat, ist eine vollendete Einheit der Musik und der Bewegung, bis in das kleinste Detail hinein, bis in irgendwelche Figuren und Läufe, die plötzlich wie unter neuem Licht uns erscheinen, dem Leben abgelauscht, in das Leben wieder zurückmusiziert. Das ist herrlich!

B. Diebold: ›Frankfurter Zeitung‹ vom 29. Jan. 1931

Zopfloses Rokoko

Es gibt sehr viele Leute, die erkennen das Rokoko nur am Zopf und den Mozart nur am Zöpfchen. Die Oper am Platz der Republik treibt es ihnen aus. Man ist hier gegen Zopf. Nicht daß nun alle diese zierlichen Personagen im ›Figaro‹ die ganzen Akte durch ohne Perücke singen und leben müßten. O nein, in der Gala des Festsaals, am Gerichtstisch oder im abendlich flirtenden Park weiß man sehr wohl, was der Kopf dem Zopfe schuldig ist. Aber in den ersten Szenen der werktäglich intrigierenden Vorbereitung dieser einzigartigen Hochzeitsnacht erscheinen die Domestiken, die Bauern, die Buffonen, ja selbst der Herr Graf, trotz ihrer singenden Sonntäglichkeit ›im eignen Haar‹ (wie das Rokoko verächtlich zu sagen pflegte). Die Republik-Oper haßt den Zopf symbolisch. Sie ist gegen jeden Opern-Zopf.

Sie weiß auch immer, was sie ihrem Namen – am Platz der Republik – schuldig ist. Sie vergißt nicht, daß das Libretto da Pontes aus dem revolutionären Drama des Beaumarchais herausgeschält wurde, das gegen die feinsten und mächtigsten Zöpfe des Dixhuitième geschrieben war – so daß der Kaiser Josef II. den ›Figaro‹ für das Wien von 1786 nur freigab mit der Überlegung: daß ein gesungener ›Figaro‹ schließlich nicht halb so gefährlich sei wie ein gesprochener. Daran erinnert sich die Oper am Platz der Republik und läßt die ariosen Reste revolutionären Trotzes durch den bei aller kantabeln Beweglichkeit doch sehr seriösen, sehr männlichen Figaro Domgraf-Faßbaender zu einer bösen Drohung werden, die die seidene Flitterwelt für zwei Augenblicke verfinstert: der Graf mag nur sein Tänzlein wagen!, und sind wir auch nur ›der Reichen Opfer‹ (wenigstens in deutscher Übersetzung), so kommt doch unser Tag, wo nicht nur Zöpfe rollen! Drei Jahre nach der Uraufführung des ›Figaro‹ kam der Tag: 1789.

Etwas von dieser Vorahnung kam in die Farbe des Bühnenbildners Teo Otto. Statt des gewohnten Kolorits aus Bouchers Gegend holt er die kritische Farbe eher von Goya – der kurioserweise ja auch ein Zeitgenosse Mozarts war (geb. 1746!). Statt rosa, gold und himmelblau spielt Figaro vor weißgetünchten Barockwänden, mit schwärzlich umrandeten Rocaille-Ornamenten, mit dunkelgrauen Parkbäumen, und als einziger Leuchtfarbe: ein mattes Grün. Erst im Festsaal strahlt goldene Beleuchtung zu den inzwischen aufgesetzten Perücken. Auch die Kostüme halten sich in der gemäßigten Skala der Dekoration. Diese koloristische Opposition wirkt aber nicht als verkrampfte Politik gegen den Rokoko-Salon und seine tyrannische Gesinnung; sondern es ist nur der Protest der Rokoko-Wirklichkeit gegen den uns bisher vorgemimten Dauerglanz eines atlasseidenen Alltags. So wird der ernsthafte Satiriker Beaumarchais durch Mozarts Spiel und Spott hindurch geahnt. Und die Leichte der musikalischen Form erhöht nur die Ironie vor dem nicht ganz so leicht gemalten Hintergrund.

Auch das Spiel wird durch den Reinhardt-Regisseur Gustaf Gründgens aus der Salon-Konvention herausgerüttelt und ›realisiert‹. Die Aufteilung der Gruppen erhält dramatischen Kontrast. Die Rezitative sind schauspielerisch belebt. Die Duette der Damen werden zu spielenden Szenchen. Noch nie wurden die Intrigen im Wirrsal dieser Handlung (bis zu Bärbchens Nadel) so leicht und schnell verstanden. Gipfelpunkt: der Festsaal mit einem zum Spiel verwandelten Ballett, das der Sänger Wirl als komischer Zeremonienmeister dirigierte. Statt Opernchören: Bauernburschen und blöde Kranzjungfern. Das letzte Finale im Park: ein zauberhafter Flirt. Trotz Realität und symbolischer Zopflosigkeit – es blieb Rokoko.

Vor einem Vierteljahr ging die Republik-Oper mit viel derberer Modernisierung an Rossinis ›Barbier von Sevilla‹, dem dreißig Jahre nach ›Figaro‹ entstandenen Vorspiel zum ›Figaro‹. Hier war kein so eminent geschlossenes Spielbild zu zerstören wie im Rokoko des ›Figaro‹. Hier durfte – in der derber gestalteten Opera buffa – auch derber reorganisiert werden. Graf Almaviva ist noch ein Jüngling und singt Tenor. Rosine ist noch keine Gräfin und leistet sich würdelose Koloraturen. Auch Figaro singt Bariton und noch nicht offiziellen Baß. Die Musik ist göttlich schön; so göttlich, daß sie über das menschliche Bedürfnis leicht hinwegmusiziert.

Bei Mozart aber ist Vertiefung möglich. Es braucht enormes Stilgefühl, um diese verfeinerte Buffo-Oper ›Figaro‹ – die Rossini selber mit der Bezeichnung dramma giocoso als ›heiteres Drama‹ ehrend abhob von der üblichen Buffa – vor allzu dramatischer Vergröberung zu bewahren. Zumal die Opern-Tradition (der Opern-Zopf!) gerade bei Mozart jede Konkretisierung des Lebens unsalonhaft, unfein, stillos und eben zopflos findet. Es braucht einen so starken Musiker wie Klemperer und seine so vom Werk (nicht nur begeisterten, sondern) begeisteten Mitarbeiter in Szenik und Mimik, um in der Mozartschen Schmuckform nicht nur tanzende Gefühle, sondern Willens-Inhalte zu erkennen, die nicht nur süß und zärtlich sind. Selbst ein musikalisches Publikum erlebt den Mozart heute viel zu feminin, zu angenehm, zu dekorativ – und weiß es nicht einmal.

Mozart ist männlich – unter Männern zwar keine Boxernatur, aber männlichen Geistes. In ›Mozart 1931‹ wies Heinrich Simon an dieser Stelle mit Betonung auf Mozarts vermehrte Bach-Studien im letzten Jahrzehnt seines Lebens hin. Das ist nicht Versüßung, sondern Verherbung. (Man braucht z. B. nur die Pantomimenszene im Festsaal [Andante 3/4] nicht als ›Ballettmusik‹ zu hören! Von den Geharnischten der ›Zauberflöte‹ nicht zu reden!) Mozart ist männlich – aber in der vollendeten Beherrschtheit einer sozialen Konvention. Wie am Hof von Goethes ›Tasso‹ die Form immer und jederzeit stärker bleiben muß als die noch so gewaltige Leidenschaft und auch der Stärkste immer noch genau weiß: »was sich ziemt« . . ., so himmelweit sind wir im heutigen Chaos der sozialen Formen entfernt vom Sinn der festen Präzisions-Form Mozarts. Klemperer – bei aller Breite in gewissen Tempi, bei allen mimischen Betonungen in großartiger Einheit – erkannte und erlebte diesen Sinn für Maß und Inhalt, für Form und Wille. Sein Mozart ist härter, männlicher als der von Bruno Walter. Aber er gewinnt mit seiner etwas größeren Schwere an Wirklichkeit. Oper ist kein Konzert! Oper ist Menschen-Spiel! Auch ›Figaro‹ ist nicht allein ein ›Spiel der Formen‹ und süße Geometrie. Auch ›Figaro‹ ist ein Körperspiel. Und Liebe will nicht nur singen, sondern begehren.

Liebe schildert der männliche Mozart ohne Sentiments. Nur die Gräfin gibt sich konzerthaften Arien hin als seelischer Pol in der erotischen Flucht. Sonst flimmert diese Erotik keineswegs in den Halbtönen der seelischen Geschlechtlichkeit. Versteht ihr den Erotiker Mozart? Er hat keinen Tenor und keinen Alt im Liebesspiel der Hauptbeteiligten. Er braucht entschiedene Eroten. Die führenden Männer sind Bässe und bestenfalls ein Bariton. Die Weiber sind Soprane. Der panische Kontrast der Geschlechter erträgt nicht den ›weiblich‹ schmelzenden Tenor. (Auch vor dem Bariton Don Giovanni zieht die Puppe Ottavio den kürzeren). Der Typus Mann ist Baß – bei Mozart.

Im ›Figaro‹ in der ›Republik‹ singen die Liebhaber ohne sentimentale Erweichung. Krenn als Graf ist ein koketter aber kräftiger Hahn. Domgraf-Faßbaender das Ideal eines nicht buffonesken Figaro; eines Figaro, dessen barbierende Anfänge in Sevilla vergessen sind; eines Figaro vom echten Beaumarchais. Seine Kantilene ist bei kräftigster Diktion, aber vollendet italienisch; er bindet zwischen die Noten die Melodie so weich, als gäbe es keine Intervalle. Und dennoch: in Mozarts Formgebundenheit ein Mann . . . Die Damen fügen sich dem Ganzen gut ein, ohne das Niveau der Herren zu erreichen. Käte Heidersbach singt die Gräfin recht hübsch, aber ohne Gewicht von Stimme und Persönlichkeit. Die schöne Novotna spielt den Cherubin mit allen Grazien; doch ist sie ein zu großes Fräulein für den kleinen Pagen, und ihre Stimme ist für die fadendünne Präzision der beiden Arien etwas zu hauchig. Am besten als Gesamtfigur die spielfrohe Susanne der kleinen Irene Eisinger, die die Heiterkeit des Abends mit dem beweglichen Wirl, dem buffonesken Kandl und dem hochrealistischen Darsteller des Gärtners hauptsächlich bestreitet.

Dieser ›Figaro‹ in düsteren Goya-Farben blieb heiter. Durch Klemperers Geist und Gründgens Regie: ein heiteres Drama. Die Oper am Platz der Republik hat wieder einmal den allzu Traditionellen vorbildlich bewiesen, daß nicht jedes Experiment ein Verbrechen ist. Daß eine Oper kein Konzert ist! Daß Mozart nicht am Zopfe hängt, sondern der Zopf am Mozart.

*Alfred Einstein: ›Berliner Tageblatt‹ vom 27. Jan. 1931*

Wenn Mozart aus dem Musikerhimmel zufällig nicht nach Wien oder Salzburg oder München – lauter Orte mit nicht durchaus angenehmen Erinnerungen für ihn – herunterblicken sollte, sondern nach Berlin, dann kann er mit etwas melancholischer Befriedigung konstatieren, daß zu seinem 175. Geburtstag die Reichshauptstadt es gut mit ihm meint, besser als das königliche Berlin von 1789. Bruno Walter dirigiert mit einer Besetzung, die auf der Bühne sich kaum mehr zusammenfindet, im Rundfunk die ›Zauberflöte‹, Erich Kleiber holt aus dem Notenschrank ein paar kostbare Vergessenheiten; in der Städtischen Oper: ›Don Giovanni‹, Unter den Linden ›Entführung‹, bei Kroll die ›Zauberflöte‹, und obendrein dieser neue ›Figaro‹ – Kroll hat wieder einmal, zum mindesten im Gefühl der Verpflichtung, zum mindesten in der Quantität, den Vogel abgeschossen.

Auch in der Qualität, auch im Gefühl für die Einzigartigkeit des Werks. Ich darf früher Gesagtes wiederholen: man muß sich entscheiden, ob man aus dem ›Figaro‹ eine Opera buffa machen will, oder das, was er ist – ein musikalisches Lustspiel, ein Werk sui generis, über alles Buffoneske weit hinausgehoben. Wir wissen durch den irischen Tenoristen Kelly, den ersten Don Curzio, welches Stück des ›Figaro‹ Mozart selber das liebste war: es war das Sextett im dritten Akt, in dem Marcelline und Bartolo den plötzlich wiedergewonnenen Sohn umarmen – typische Buffo-Situation, zu einem Stückchen hinreißenden Lebens, hinreißender Liebenswürdigkeit gewandelt; Beispiel der Erhöhung, Transsubstantiation, die Mozart mit der ganzen Gattung der Opera buffa geglückt ist (in ›Cosi fan tutte‹ wird er dann wieder die reinste aller Buffo-Opern schreiben).

Die Aufführung hat das getroffen. Daß das alles Spiel ist, betont die luftige, in der Farbe feine, wenn auch etwas verschmutzte Dekoration Teo Ottos: in jede Szene schaut die Parklandschaft herein, in deren Dunkel sich der amouröse Wirrwarr löst; daß das Ernst ist, zeigt die realistische Rundung aller Figuren. Im ersten

Akt fast zu realistisch. Das ist, mit Waschkorb, Kisten, eisernem Ofen, der Domestikenwinkel, in dem Figaro mit aufgekrempelten Ärmeln hantiert, der Chor richtiges Gesinde, das man mit Recht nicht ins Zimmer läßt. Gustaf Gründgens, der Spielleiter, der Schauspieler, scheint zunächst seine Aufgabe ganz vom Schauspielerischen her anzupacken: Figaros Menuett ganz in Boxkampfstellung (aber im italienischen Text steht nicht das Geringste von ›auf Tod und Leben‹; verdammte Übersetzung); Cherubin nimmt Figaros ›Auf in den Kampf‹ so schwer, als ob es direkt in den Giftgaskrieg ginge – aber das liegt nicht in der Musik. Die Drehbühne ist bloße Spielerei, wenn sie uns Susanne nähend im Zimmer der Gräfin zeigt: Raum und Vorraum, mit dem symbolischen, einen mächtigen Schatten werfenden Hirschgeweih, genügen. Aber dann wird es immer besser. Die Einsperrungsszene ist immer noch ein wenig unklar (ach, wenn es doch hier, wo es darauf ankommt, massive, festschließende Türen gäbe); aber der dritte Akt mit dem Raum für die Gerichtsszene, dem Kabinett für das Briefduett, dem Festraum ist so ausgezeichnet wie die komische Lösung des kleinen Finales, der das Ballett erspart. Don Basilio erweist sich als ein durchaus ländlicher Gesangsmeister und Tanzregisseur eines bäuerlichen Mädchenpensionats; letzte Pointe: der Graf liest ungestört Susannes Billet doux, indes der Festzug sich auflöst. Auch im Schlußakt ist vieles durchdachter, plausibler; unbegreiflich ist mir nur, warum noch kein Regisseur die Täuschung des klugen Figaro dadurch vollkommen macht, daß Susanne unsichtbar die Gartenarie singt, indes die Gräfin in Susannes Kleidern dazu agiert... Das wäre viel wichtiger als die Einschiebung der Gerichtsszene, die den Vorgang auch nicht deutlicher macht, und, zum Teufel, eben nicht von Mozart ist. Statt dessen stelle man die Arie des Bartolo wieder her, die – darüber gibt es unter Musikern keinen Streit – nicht dramatisch, aber musikalisch notwendig ist. Unbegreiflich, daß Klemperer sich eine Note aus dem ersten Akt, dem größten Wunder der gesamten ›dramatischen Musik‹, rauben läßt... Im übrigen musiziert er mit einer beglückenden Sauberkeit und Feinheit; in der Ouvertüre nimmt er die Akzente zu heftig; er ist im Rezitativ immer auf dem laufenden und ein paar Löcher kommen lediglich davon, daß man mit dem Einstudieren noch nicht ganz fertig ist; das Schönste: das erste Finale (mit Ausnahme des verhetzten und eben doch zu stark gekürzten Abschlusses): ich habe es noch nie einheitlicher, musikantischer gehört.

Auf der Bühne fast durchaus Kräfte des Instituts. Irene Eisinger: eine Susanne im Duodezformat, aber in diesem Format ganz reizend, die Gartenarie fast in der Nähe Ivogünscher Meisterschaft. Käte Heidersbach: eine Gräfin bürgerlicher Herkunft, die aber empfunden und stilvoll singt. Der Cherubino Jarmila Novotnas immer ein verkleidetes Mädchen, dessen Erscheinung immer noch seine Gesangskunst übertrifft – wenn sich einmal beides die Waage hält, werden wir aus dem Häuschen sein. Figaro: Willy Domgraf-Faßbaender, ein gescheiter, sympathischer Junge, prachtvolles, sehniges Organ, vorbildliche Deklamation; ersten Rangs. Der Graf: Fritz Krenn, im Gegensatz zu seinem ersten Kostüm – man hat ihn gekleidet wie den fürstlichen Erbförster Cuno – von eleganter, leichter Tongebung. Eduard Kandl (Bartolo) ist ebenso wie Marie Schulz-Dornburg (Marcelline) durch Streichungen ziemlich schachmatt gesetzt; ebenso Erik Wirl (Basilio), mehr Haushofmeister als Hausgeistlicher, die einzige mehr Lortzingsche als Mozartsche Figur. Einen Sonderdank der ersten Brautjungfer: Cäcilie Reich – das wäre eine Marcelline.

*Paul Zschorlich: ›Deutsche Zeitung‹ vom 27. Jan. 1931*

Den 175. Geburtstag Mozarts nahm Otto Klemperer zum Anlaß, vielleicht auch nur zum Vorwand, um ›Figaros Hochzeit‹ einzustudieren. Das wäre jetzt der vierte ›Figaro‹ in Berlin. Den schönsten sahen wir im Juni 1929 anläßlich der Berliner Festspiele unter Furtwängler, einen fast gleichwertigen früher unter Kleiber, beide Vorstellungen im Schauspielhaus, wo ›Figaros Hochzeit‹ hingehört; die Städtische Oper hat natürlich auch ihren ›Figaro‹, noch von Bruno Walter her. Es gäbe keine Gerechtigkeit mehr auf Erden, wenn Klemperer seinen ›Figaro‹ nicht bekäme, nachdem Kleiber, Bruno Walter und Furtwängler den ihren gehabt!

Der ›Figaro‹ Klemperers dauerte von 7,30 Uhr bis 11,20 Uhr. Dabei wurden mit Hilfe von Wandeldekorationen (die in dieser Oper besonders stil- und geschmacklos sind) Zeit gespart! Auch waren die Pausen nicht übermäßig lang, außer der letzten. Wie es Klemperer fertig bekommen hat, trotz alledem einen fast vierstündigen ›Figaro‹ herauszubringen, ist sein Geheimnis. Das wird ihm so bald keiner nachmachen.

Immerhin gibt es Anhaltspunkte: z. B. die unendlich gedehnte Arie der Gräfin im 3. Akt, die vollkommen verschleppte letzte Arie der Susanne im Sechsachteltakt (mit viel zu starken Holzbläsern!) oder das in ein breites Largo ausgewalzte Andante in der Schlußszene von der Stelle ab »O Engel, verzeih mir!« Hier macht Klemperer plötzlich geistige Musik. Mißverstandener Mozart!

Die Grazien waren dieser Aufführung fern geblieben. Es fehlte auch an feinem, beschwingtem Humor, an dessen Stelle Spaß und Ulk traten. Vieles geriet reichlich grob, auch begleitete das Orchester an den Forte-Stellen meist zu laut. Es ist löblich, wenn die Rezitative in lebhaftem Tempo genommen werden, aber die Darsteller müssen dann auch deutlich aussprechen können. Das war im allgemeinen nicht der Fall. In dieser der italienischen Buffo-Leichtigkeit empfindlich entbehrenden, für ein Sonntagspublikum vergröberten, immerhin aber handfest hingestellten Aufführung erreichte die Stillosigkeit der Kostüme einen Höchstgrad: Figaro trat im Schillerkragen auf und in schmuddeligem und zerknautschtem Hemd. Graf Almaviva zeitweise im Pullover, als ob er von der Eisbahn käme, die Gräfin im ›tea-gown‹ der neunziger Jahre, die Brautjungfern waren als Pensionsgänschen gekleidet, der Gärtner Antonio, dem man selbst den zerbrochenen Blumentopf genommen hatte, ein herkulisch gebauter Mann mit Stiernacken und Doppelkinn, glich einem Schlächter, daneben sah man Perrücken und sogar Krinolinen. Alles einträchtig nebeneinander. Herr Gustaf Gründgens zeichnete für diesen Ramsch verantwortlich. Die dekorative Ausstattung von Teo Otto hatte einen Anstrich, den man früher wohl ›provinzmäßig‹ genannt hätte. Heute würde sich die ›Provinz‹ eine solche Ausstattung verbitten. Für Berlin ist sie gut genug. Besonders schäbig das Zimmer der Gräfin.

Die Rolle des Figaro hatte Willy Domgraf-Faßbaender ins Fach des Heldenbaritons verwiesen. Die Arie über die Weiber (»Das Weit're verschweig' ich«) polterte er herunter, recht wie ein mürrischer Raisonneur. Keine Spur von Humor, von Verbindlichkeit, ohne Witz und Salz. Recht gut hielt sich Fritz Krenn als Graf Almaviva, mit Anstand führte auch Käte Heidersbach die Rolle der Gräfin durch, aber beide Künstler schöpften nicht aus dem Vollen, es fehlte alles Virtuose. Wie haben wir diese Partien früher besetzt gesehen! Mehr geziert als zierlich, mehr keß als schnippisch und locker war Irene Eisinger als Susanne, auch, um es offen zu sagen, nicht hübsch genug. Jarmila Novotna setzte sich als Cherubin besser durch. Eduard Kandl mußte für Martin Abendroth in letzter Stunde den Bartolo übernehmen, den er wirkungsvoll, wie immer, spielte.

Das Haus war, was seit Jahr und Tag nicht vorgekommen ist, voll besetzt. Selbst auf der Galerie, wo sonst niemand zu sitzen pflegt. Was es mit diesen Besuchern auf sich hatte, stellte sich vor Beginn des Aktes nach der Pause heraus. Es gab eine Kundgebung für Klemperer, die nicht von Pappe war. Eine starke Gruppe junger Leute, ein wahres Rollkommando von Parteigängern, fing an zu brüllen und seinen Namen zu rufen. In der Tat: es mußte jetzt etwas geschehen. Die Landtags-Verhandlungen über Schließung oder Weiterbetrieb der Kroll-Oper stehen vor der Tür. Vastehste!

23. Februar 1931
Madame Butterfly
Japanische Tragödie von Giacomo Puccini
*Musikalische Leitung:* Alexander von Zemlinsky
*Inszenierung:* Hans Curjel
*Bühnenbild:* L. Moholy-Nagy
*Chöre:* Karl Rankl

Jarmila Novotna (Butterfly), Charles Kullman (Linkerton), Mathieu Ahlersmeyer (Sharpless), Albert Peters (Goro), Else Ruziczka (Suzuki), Alfred Bartolitius (Der Fürst Yamadori), Hans Heinz Wunderlich (Der Bonze)

*Alfred Einstein: ›Berliner Tageblatt‹ vom 24. Febr. 1931*

Die Oper am Platz der Republik holt heute ein paar der Werke nach, die sie – wäre sie mehr ›diplomatisch‹ und weniger programmatisch, auf deutsch weniger gesinnungsvoll gewesen – kurz nach ihrer Eröffnung, vor dreieinhalb Jahren, hätte auf den Spielplan setzen sollen. Dann wäre vielleicht manches anders, zum mindesten in ihrem Verhältnis zur Volksbühne, und manches durch Tränen der Gerührtheit weich gewordene Gemüt hätte sich eher die ›Geschichte vom Soldaten‹ oder die ›Glückliche Hand‹ gefallen lassen.

Also ›Madame Butterfly‹, die Tragödie des Wartens, verschärft und gemildert durch Musik, am meisten gemildert durch den wirklich gefühlten, reichen, an Melodismen und an Melodie reichen zweiten Aktschluß mit der Warte- oder Briefmusik, die den Kern, das Innerste der kleinen und rührenden Tragödie wirklich in ein paar geniale Takte faßt, für die wir vieles, fast alles in Kauf nehmen. Vor allem, wenn das Ganze so fließend, alle puccinesken melodischen Kurzatmigkeiten so zur Einheit bindend musiziert wird wie durch Alexander von Zemlinsky; ein bißchen deutsch, aber mit der Wärme, Farbigkeit, Vornehmheit, die besser ist als alle ›südliche Echtheit‹. Und wenn die Titelrolle so anziehend besetzt ist wie mit Jarmila Novotna, die vielleicht nicht das Japanische, Exotische, aber das Menschliche der Figur glaubhaft macht und ein paar überraschend große gesangliche Momente hat – sie hat kaum noch Überzeugenderes gegeben. Linkerton, der amerikanische Leutnant: ein echter amerikanischer Tenor, Austausch-Stipendiat an der Hochschule für Musik, Charles Kullman: prachtvolles, unverbildetes Material von wirklichem tenoralen Glanz, geschmackvoll und ohne Unarten geführt; das Spiel, wie sich von selbst versteht, manchmal noch unfrei und linkisch. Unaufdringlich und doch eindrucksvoll sowohl die Suzuki von Else Ruziczka, der sympathische Konsul von Matthieu Ahlersmeyer; den Bonzen rettete, wenn auch mit Strichen, K. Habich, von den Nebenrollen seien Albert Peters (Goro), Alfred Bartolitius (Yamadori), Hertha Faust (Kate Linkerton) dankbar erwähnt; das Kindchen, Käte Müller, nicht zu vergessen, das ein gescheites und liebes Kindchen war; auch nicht die von Karl Rankl betreuten Vorder- und Hintergrundchöre.

Der Aufführungsstil war, wie sich's gehört, nichts weniger als revolutionär; wenn bei dem Höhepunkt der Liebesszene die Glühwürmchen kommen (aber was ist Ges-dur ohne Glühwürmchen), da hätte man den Dr. Hans Curjel beinah nicht wiedererkannt. Aber daß er Madame Butterfly vom zweiten Akt an in europäische, in amerikanische Tracht steckt, ist ebenso fein gedacht und hübsch wie das Schattenspiel hinter dem Vorhang zur Zwischenaktmusik, wie hundert andere wirksame, und doch untheatralische Züge. Das Szenenbild von L. Moholy-Nagy zeigt Nagasaki aus der Vogelperspektive, es wirkt wie ein Ausschnitt aus einer unkolorierten Ansichtspostkarte; ein Bambusgehänge belebt den Bühnenrahmen, man sieht den Pfahlrost des Häuschens; das Nebeneinander von Naturalismus und Konstruktion ist fast gespenstisch. Aber es stört ebensowenig wie die eifrige Tätigkeit der Schiebebühne wenig hilft.

*Oscar Bie: ›Berliner Börsen-Courier‹ vom 24. Febr. 1931*

Und immer wieder, wenn wir von der Kroll-Oper zu reden haben, haben wir auch den Wunsch und die bestimmte Hoffnung und das unbedingte Verlangen zu äußern, daß dieses Institut nicht untergehe. Nachdem sich die endgültigen Verhandlungen hingezogen haben, würde bei einer Schließung des Theaters das Personal so plötzlich entlassen sein, daß es im Effekt auf eine Fristlosigkeit hinausliefe. Das kann man nicht wollen. Bei einem einzigen darf man es sogar nicht wollen, bei Klemperer, der einen Kontrakt besitzt unabhängig von der Kroll-Oper, für die Staatstheater überhaupt. Da er nächsten Winter in der Linden-Oper neben Kleiber noch nicht würdig beschäftigt werden könnte, müßte der Staat ihn mindestens ein Jahr hoch bezahlen, ohne daß er es entgelten könnte. Man wird das vermeiden wollen. Man wird gut tun, mindestens auf dies eine Jahr noch die Kroll-Oper fortlaufen zu lassen, da man keine größeren Kosten, aber wohl größere Chancen hat, sie am Leben zu halten, wenn innerhalb dieses Zeitraumes sich die Möglichkeiten verwirklicht haben sollten, durch Hinzunahme von anderen Organisationen oder privaten Unterstützungen das Institut in dem bisherigen Sinne fortzuführen. Dies möge ausgesprochen sein und als Anregung nicht überhört werden.

Auch die Aufführung der ›Madame Butterfly‹ stand durchaus über dem Durchschnitt. Es war eine Frische und ein neues Leben darin, daß wir uns verwundert fragen, wie es möglich war, früher einmal der Puccinischen Musik mit gewissen Zweifeln gegenübergestanden zu haben. Heute interessiert sie mich vom ersten bis zum letzten Ton. Nach all den Erfahrungen, die wir inzwischen auf dem Gebiet der Oper gemacht haben, bleibt sie wunderbar bestehen, nicht nur in dem Geist ihrer Erfindung, sondern mehr noch in der Qualität ihrer Haltung, die niemals eine Konzession nach unten macht und noch mehr nach oben hin sich vor jeder Übertriebenheit und Emphase hütet.

Wie sagt Richard Strauss? »Ich war wohl ein bissel zu scharf, ich denk' heute schon etwas milder über Puccini.« Wir alle sind milder, sogar wohlwollender. Wie ist das alles geschrieben, dies blühende Liebesduett, dies Ensemble des dritten Aktes, alle diese leichten, fast operettenhaften Illustrationen, die doch niemals die Schwelle zur Gewöhnlichkeit überschreiten. Tritt im Blumenduett einmal eine konventionellere Wendung auf, so wundern wir uns schon. Die Musik ist zuerst überströmend phantasievoll und absolut originell. Zuletzt verläßt sie sich etwas zu sehr auf sich selbst. In ihrer feinen und delikaten Instrumentierung ist die Partitur, die dem Gesang alle Offenheit und Freiheit läßt, noch heute eine Kostbarkeit. Zemlinsky fühlt es und bringt es zum Ausdruck. Wir hören eine Wiedergabe, die in die Glut des italienischen Temperaments tief untertaucht und doch dabei das Glück der Komposition, den Moment der Erfindung, das Gewissen der Arbeit uns deutlich nachempfinden läßt. Zemlinsky hat selten etwas so schön gemacht.

Er hat gute Sänger. Butterfly ist die Novotna. Ich glaube, sie ist etwas zu groß für die Rolle, unjapanisch, ich möchte sagen, zu bedeutend für diese kleinen, verschämten Schmerzen. Aber sie singt ausgezeichnet und gewährt uns rein musikalisch einen Genuß von höchster Intensität. Der Linkerton von Charles Kullman zeigt einen wohlgebildeten Tenor, nicht sehr durchdringend, aber frisch und gesund und mit gleichmäßigster Ausbildung aller Lagen. Auch Ahlersmeyer singt und verkörpert die Rolle des Konsuls mit aller Sympathie. Albert Peters ist ein sehr brauchbarer Diener und die Ruziczka eine vollendete Dienerin. Auch die Nebenrollen sind gut besetzt. Es geht Zug und Ton und Fülle durch die Stimmen.

Curjel hat die Regie. Sie bewegt sich in natürlichen Maßen, ohne dabei immer Stellungen zu vermeiden, die an eine photographische Aufnahme erinnern, ohne auch immer die Künstlichkeit der Bewegungen zu überwinden, die noch Idee geblieben ist, nicht lebendig wurde. Interessant ist die Kostümierung. Sie ist wie der Inhalt der Oper selbst das Abbild einer exotischen Kultur, die von Amerika oder Europa angefressen ist. Der Diener Linkertons trägt sich westlich, wie ein Strolch in zusammengestohlenen Sachen. Im Zimmer der Butterfly hängt eine kitschige Photographie von Linkerton, und auf ihrer Hängematte liegt ein scheußliches Kissen mit

Sternenbannnerbezug. Zwischen dem zweiten und dritten Akt, ohne Pause, erscheint ein Schattenbild mit der wartenden Butterfly, das überflüssig und nicht sehr geschmackvoll ist.

Die wartende Butterfly konnte überhaupt nicht ganz gelingen, weil die Geschlossenheit des Raumes fehlt, die Moholy-Nagy bei seinem Dekorationssystem nicht brauchen konnte. Der Meister am Bauhaus, abstrakt und konstruktiv veranlagt, fand in dem Schema des japanischen Hauses Reizmomente für seine Phantasie. Er stellt das Haus offen in die Luft, läßt die Wände hin und her schieben, dreht es vom ersten zum zweiten Akt nur ein wenig nach der anderen Seite, betont überall die reine Mathematik seiner Konstruktionen, läßt zur Erhöhung der dekorativen Wirkung über die halbe Bühne von oben eine Reihe japanischer Stäbe herabhängen, befiehlt der Drehbühne die verschiedenen Partien des Hauses und seiner Umgebung nebeneinander zu entwickeln, entwirft als Hintergrund eine reizende Gebirgslandschaft mit weitvorgestreckten Landzungen ins Meer hinein, so wie wir sie von der japanischen Kunst her kennen. Eine eigenartige Form des Bühnenprospekts, die von der gewohnten kitschigen Art der japanischen Landschaft ebensoweit entfernt ist, als sie sich hütet, bei einer realistischen Oper in die reine Abstraktion aufzugehen.

27. März 1931
Perichole
Operette von Jacques Offenbach

*Musikalische Leitung:* Fritz Zweig
*In Szene gesetzt* von Hans Hinrich
*Gesamtausstattung:* Teo Otto
*Chöre:* Karl Rankl

Leo Reuss (Don Andrès de Ribeira), Gerhard Witting (Graf Panatella), Leopold Hainisch (Don Pedro), Ernst Lehmann (Marquis von Tarapote), Friedrich Gnasz (Ein alter Gefangener), Bernhard Bötel, Albert Peters (Zwei Notare), Hans Heinz Wunderlich (Ein Schließer), Erik Wirl (Piquillo), Maria Elsner (Perichole), Irene Eisinger, Sophie Oevrevik, Else Ruziczka (Drei Cousinen), Hanni Klützke, Herta Faust, Marie Schulz-Dornburg, Ilse Pfuhl (Hofdamen)

*Alfred Einstein: ›Berliner Tageblatt‹ vom 28. März 1931*

Um das Historische kurz abzumachen: Jacques Offenbachs ›Perichole‹ (sprich: perikole, nicht perischoll) ist 1868 in einer ersten, 1874 in einer zweiten, erweiterten Fassung in Paris aufgeführt worden; der novellistische Urahn und die Väter des Librettos sind genau die gleichen wie bei der ›tragischen Operette‹ der Musikgeschichte, der ›Carmen‹ Bizets, nämlich Prosper Mérimée und Meilhac und Halévy; aber im Gegensatz zu ›Carmen‹ ist es den Librettistendioskuren bei ›Perichole‹ nicht geglückt. Trotz allen Versuchen, Veränderungen, Kuren hat das dramaturgisch gebrechliche Libretto niemals mehr auf zwei gesunden Beinen gehen gelernt, und mit ihm ist auch Offenbachs Musik, ein Lieblingskind seiner Muse, ins Dunkel hinabgetaucht.

Karl Kraus aus Wien, der ›Fackel‹-Kraus, leidenschaftlicher Verehrer Offenbachs, sucht sie wieder ans Licht zu bringen. Er hat das ›Berliner Tageblatt‹, wie ich gelesen zu haben mich entsinne, unlieblich beschimpft, und will seine Verdienste von jemandem, der sich seit Jahr und Tag bei den Beschimpften ungemein wohlfühlt, vermutlich gar nicht gewürdigt wissen. Aber da hilft nichts: seine Bemühungen um ›Perichole‹ stehen hoch über den unmutigen Äußerungen. Das kranke Kind gänzlich gesund zu schaukeln, das hat auch er nicht vermocht. Er arbeitet zugleich begeistert und allzu philologisch. Er dichtet die Gesangnummern in hervorragende Verse (Beispiel für Operettenreimkunst: »Bin manchmal vom Regieren kaputt ich ... Dann nehm den Doktorrock und -hut ich« ...) und singbare Deklamation um, er wendet an den Dialog alle Mühe, soviel Mühe, daß nur alle Viertelstunden ein Witz kommt; die Leute sprechen gebildet und gespreizt, und nicht immer nimmt diese altmodische Gebildetheit die Farbe des Humors an; er gibt dem Ganzen eine dramatische Form und eine halbwegs befriedigende Abrundung. Statt ein bloßes Gerüst zu geben, das ein wirklich echter Operettenmann lebendig, heutig machen müßte, eine Aufgabe, die er selber hätte leisten müssen, wenn es sein philologisches Gewissen erlaubt hätte. Nicht die aktuellen Einlagen tun es, die Kraus unter Wahrung seiner Rechte zuläßt. Sondern die volle Verwandlung ins Gegenwärtige, Tolle, wirklich Offenbachsche, in die Form, in die Offenbach heute selber sein Werk gegossen hätte. Wäre Offenbach auferstanden, er hätte sein Kind gestern noch immer ein wenig bettlägerig, noch immer nicht ganz gesund gesehen; er hätte sofort gemerkt, daß es etwas Mumienhaftes an sich habe ...

Aber immerhin gesund und rosig genug, um uns zu bezaubern. Die Handlung ist eine Arabeske, wirklich und unwirklich zugleich. Perichole, die Straßensängerin, liebt Piquillo, ihren Gefährten, obwohl er idiotisch eifersüchtig ist; Perichole wird die Maitresse des Vizekönigs von Peru, weil sie Hunger hat; Perichole heiratet im Zustand der Beschwipstheit ihren total besoffenen Geliebten, weil sie eben nicht anders zu einem Souper gelangen kann; Perichole überzeugt ihn von ihrer Unschuld und bewegt den wackeren Vizekönig durch Edelmut und Mangel an Habgier zu Verzicht und happy end. Am Ende des zweiten Akts kommt schon der ›tragische Abschluß‹, Todfeind alles Operettengeistes, den die gescheiten Librettisten (oder Kraus?) sofort ins Burleske abbiegen. Zu Beginn des Schlußaktes ein Gefängnis wie in ›Fledermaus‹ oder ›Dreigroschenoper‹, aber ein noch viel fideleres, sublimeres, phantastischeres Gefängnis: tolle Szene, wenn an den Gitterstäben rechts und links ein Liebespaar gebunden steht und singt, ein Vizekönig Triumph tanzt, im Hintergrund ein alter Gefangener mit einem Federmesser (göttliches Federmesser!) lauert. Am Faden dieser Handlung zappeln Puppen, die plötzlich Menschen werden; sie schillert ins Tragische und ins Groteske. Beweis: der Selbstmordversuch des armen Piquillo. Das Satirische, Politische wird nur gestreift; Verhältnis von Volk und König; Inkognito eines modernen Harun al Raschid, in das alle eingeweiht sind; Einfall von grandioser Symbolik, wenn der auf einem Fuß wacklige Thron durch ein Exemplar der Verfassung wieder Standfestigkeit gewinnt...

Auch die Musik bewegt sich immer auf dem schmalen Grat, von dem man in den Abgrund des Tollen und Melancholischen gleichzeitig hinabschauen kann. Wo, mit Verlaub, ist sie ›frech‹, wo ist sie ›jüdisch‹? Und niemals ist sie schmierig und sentimental. Das Schönste kommt ja leider nur zu bald: Pericholes berühmter Abschiedsbrief: etwas so Einfaches, Rührendes, daß man mit dieser Einfachheit niemals fertig wird, so wenig wie etwa mit dem ›Liebesduettchen‹ aus dem ›Blaubart‹; und jene Orgie, die keine Orgie der Betrunkenheit ist, sondern dank der Musik ein seliger Rausch, eine Beschwingtheit, ein Glück. Dann kommen noch viele nette Dinge: die kleine Parodie auf Donizettis ›Favoritin‹ in einer Höflingsszene, die auch an eine ähnliche in ›Rigoletto‹ erinnert; das entzückende Vorspiel zur Kerkerszene, das aus dem Verdischen ins Offenbachsche umschlägt; das grandiose Schließer-Terzett. Alles kommt zu sauberster Wirkung; ich weiß nicht, ob alles Original ist, aber man muß es dem musikalischen Bearbeiter, Franz Mittler (der sonderbarerweise auf dem Zettel fehlt), lassen, daß er den Geist des Originals getroffen hat.

Die Aufführung, unter Hans Hinrichs Spielleitung, bindet sich streng an den Text, sie ist sozusagen auch ein bißchen historisch und philologisch, aber sie ist auch in hohem Maß lebendig und reizvoll. Dank der Perichole von Maria Elsner: entzückendes blondes Mädchen, das die Peruanerin auf norddeutsch spielt; sie wird der Briefarie nicht ganz gerecht (ach, was alles gehört dazu) und muß noch besser singen lernen, aber was macht sie aus ihren beschwipsten Strophen, wie echt und liebenswürdig und jung ist alles an ihr! Erik Wirl ist in seine alte Operettenheimat zurückgekehrt und bringt mit prachtvollem Zungen-R alle Pointen der Eifersucht und Revolte. Leo Reuß in einer Girardi-Rolle, als sehr untrottelhafter Serenissimus; ein Waldau der Operette, süddeutsch, wienerisch, grandios in seiner Zweideutigkeit. Die Herren Witting und Hainisch von der Lindenoper in guten Chargenrollen, das Trio der Röcke schwingenden und kichernden Cousinen Eisinger, Oevrevik, Ruziczka; Friedrich Gnasz ganz besonders suggestiv als Gefangener; Bötel, Peters in schöner Betrunkenheit; Fritz Zweig als geborener Operettendirigent, mit leichter und beschwingter Hand; Teo Otto mit ein paar wirklichen szenischen Einfällen: die exotische Pracht und Verlumptheit des Schauplatzes glänzend getroffen. Es wurde ein großer Erfolg.

*Paul Zschorlich: ›Deutsche Zeitung‹ vom 28. März 1931*

Mit der Händel-Renaissance war es nichts Rechtes, die Verdi-Renaissance ist ins Stocken geraten, die Mussorgsky-Renaissance kam über kümmerliche Anfänge nicht hinaus. Aber der kennt die Ullstein-Deutschen schlecht, der da meint, daß sie ohne Schlagworte leben könnten! Jetzt ist uns die Offenbach-Renaissance angedroht. Da dieser Viel- und Schnellschreiber so beiläufig 100 musikalische Schwänke und Operetten hinterlassen hat, könnte uns also eine Art Sekundär-Stadium der Offenbach-Seuche bevorstehen. Man darf indessen annehmen, daß dieses Gift nicht mehr virulent ist.

›Perichole‹, zwischen ›Pariser Leben‹ und ›Prinzessin von Trapezunt‹, nämlich 1868, geschrieben, gilt selbst unter Brüdern als ein ›besserer‹ Offenbach. Die Erstaufführung in dieser Oper auf Abbruch konnte uns jedoch nur zeigen, wie veraltet das Werk ist. Man hört hübsche, ohne weiteres eingängliche, flott hingeworfene und anmutige Melodien. Selbstverständlich. Denn dafür ist es schließlich ein Offenbach. Aber was für ein schmalziges und verlorenes Geleier ist gerade das ›berühmte‹ Brief-Arioso, an dem sich die französische Gesellschaft des zweiten französischen Kaiserreichs einmal erbaut hat! (Daß diese Gesellschaft schon nach 1871 von Offenbach genug hatte, hat er schmerzlich erfahren müssen!). Im übrigen haben wir den ganzen Offenbach beisammen: die rhythmisch straffen Chöre, die flachen und doch spritzigen Couplets, die melodiösen Ensembles, die sentimentalen Einlagen, das Pathos der Komik und den Cancan. Man kann durchaus verstehen, daß das alles einmal großen Effekt gemacht hat. Aber es ist ein Treppenwitz der Zeitgeschichte, daß das Klemperer-Publikum, ausgerechnet das so überaus kunstverständige Klemperer-Publikum, das sich sonst bekanntlich nur für Strawinsky, Křenek, Schönberg und – hoppla! – Bach begeistert, sich für diese abgelegte und abgelebte Musik (unter Führung der Claque, natürlich!) erwärmt, als ob sie ihm etwas Neues sagte! Sollte nicht doch Victorien Sardou, der letzte Mitarbeiter Offenbachs, recht haben, wenn er einmal schreibt: »Das Publikum ist blöde, dumm, ein Gewohnheitstier?«

In den Klemperer-Konzerten springt die Vortragsfolge bekanntlich gern von Bach auf Strawinsky oder Schönberg. Solche Sätze über zweihundert Jahre hinweg sind die Hörer ganz gewöhnt. Jetzt haben sie einen Verbindungsmann und eine feste Stütze, der den kühn geschwungenen Bogen hält: Jacques Offenbach. Er sei, gewährt ihm die Bitte, in diesem Bunde der dritte!

Daß die Oper am Platz der Republik, nur um auch endlich mal etwas in die Kasse zu bekommen, mit dieser Einstudierung ihr Niveau nochmals um einige Grade senken mußte, ist selbstverständlich. Es wurde mit Temperament und Laune, aber auch reichlich grob und derb gespielt. In der Titelrolle hörte man Maria Elsner, die durch ihre frische und gesunde Art gut wirkte, wenn sie gesanglich auch wenig zu geben hat. Sie spielt eine Straßensängerin, in die sich der Vizekönig von Peru verliebt. Die reichlich dumme, auch durch die Neubearbeitung von Karl Kraus nur unwesentlich verbesserte Handlung setzt ein naives, kritikloses Publikum voraus, wie es Offenbach lange Zeit zur Verfügung stand, wie es ihm im Klemperer-Publikum auch heute noch zur Verfügung steht. Wir haben Besseres zu tun, als uns damit näher zu befassen.

Den Vizekönig gab Leo Reuß in Maske, Haltung und Aussprache eines Wiener Börsenjobbers, mit jener leutseligen Vergnügtheit, die sich bei solchen Typen leicht einstellt, wenn sie gerade einmal ein Aktienpaket mit gutem Gewinn abgestoßen haben. Gerhard Witting und Leopold Hainisch führten zwei schablonenhafte Hofchargen recht hübsch durch. Erik Wirl, der einmal den Herodes in Straußens ›Salome‹ an derselben Stelle gesungen hat, schien mir als Straßensänger etwas zu massiv. Fritz Zweig, der sich seine Tätigkeit an der Kroll-Oper wohl auch einmal anders gedacht hat, war für eine schmissige und saubere Wiedergabe des musikalischen Teils besorgt. Schließlich: dies alles ist belanglos und hat mit Opernkunst kaum noch etwas zu tun. Die Kroll-Oper ist tot. Aber bst! Sie weiß es noch nicht.

20. April 1931
Falstaff
Lyrische Komödie von Giuseppe Verdi

*Musikalische Leitung:* Otto Klemperer
*Inszenierung:* Otto Klemperer und Natascha Satz a. G.
*Bühnenbilder:* Teo Otto
*Chöre:* Paul Gergely

Fritz Krenn (Sir John Falstaff), Willi Domgraf-Faßbaender (Ford), Charles Kullman (Fenton), Bernhard Bötel (Dr. Cajus), Albert Peters (Bardolf), Hans Heinz Wunderlich (Pistol), Käte Heidersbach (Mrs. Alice Ford), Irene Eisinger (Nanetta), Marie Schulz-Dornburg (Mrs. Quickly), Else Ruzicka (Mrs. Meg Page)

*H. H. Stuckenschmidt: ›B. Z. am Mittag‹ vom 21. April 1931*

Großer Abend unter Klemperer
Dies Spätwerk, das ein Achtzigjähriger schrieb, ist eines von den großen Wundern der Musikgeschichte. Stellen wir das, unter dem Eindruck einer inspirierten und prachtvollen Aufführung, wieder einmal fest. Allen Nörglern zum Trotz, die beim späten, intellektualisierten Verdi Mangel an Einfall spüren wollen, die behaupten, hier sei die melodische Erfindung durch kompositorische Feinarbeit ersetzt.

Gewiß, auch wir fühlen das Wagnerische in dieser Musik, hören die Psychologismen einer Partitur, die dem Wesen des Musikdramas näher steht als dem der italienischen Oper. Gewiß ist die Alleinherrschaft der Arie hier aufgehoben, verdrängt der Wille zur Totalisierung die dramatischen Einzeleffekte. Aber ist nicht der musikdramatische Stil völlig seines Fetts, seines verhängnisvollen Pathos beraubt? Regt sich hier nicht Mozarts Geist, in der Überbrückung musikalisch-nationaler Gegensätze, in der Fähigkeit, Drama und Thema zur Einheit zu binden?

Vielleicht ist es diese Abkehr von nationaler Begrenzung, die der Falstaffmusik ihre unbeschreibliche Freizügigkeit, ihre innere Shakespearenähe verleiht. Ein Italiener schildert, unter Anwendung deutscher Kunstmittel, eine englische Nationalfigur. Das Angelsächsische spielt dabei, begreiflicherweise, musikalisch die geringste Rolle. Aber wie die Mittel der kammermusikalischen Arbeit und des theatralischen Aufbaus sich vermählen, ergänzen, einheitlich ablösen, das ist von einer beispielhaften (und damals beispiellosen) Gültigkeit. Von hier führt ein direkter Weg zu jener modernen Opernform, die Busoni erträumt und die er, etwa im ›Arlecchino‹, verwirklicht hat.

Die Möglichkeiten, diesen Opernstil, den Stil der ›lyrischen Komödie‹ zu gestalten, sind begrenzt. Verdi selbst hat der Mise-en-scène genaue Richtlinien gegeben, an denen auch eine moderne Regie sich orientieren muß. Es ist, in der Inszenierung Klemperers und seiner jungen russischen Mitarbeiterin Natascha Satz, im großen ganzen geschehen. Freilich, die Bilder sind in Einzelzügen verändert, doch nur, soweit eine Belebung der Szene erstrebt wurde. So, wenn im 5. Bild die Falstaff Belauschenden nicht einzeln an der Mauer erscheinen, sondern nach Gassenjungenart über den Lattenzaun lugen. In den reizvollen Dekors läßt Teo Otto sich einige Freiheit, und die Kostüme sind teilweise von einer karnevalistischen Unbekümmertheit. Im Kneipenhintergrund der ersten Szene fläzen sich Pat und Patachon als Diener Sir Johns. Aber das Exempel stimmt; man kann sich Bardolf und Pistol gar nicht glücklicher verkörpert denken als in den Masken dieser Filmkomiker.

Und im Schlußbild wird soviel szenischer Glanz entfaltet, von den Feenkostümen bis zum leibhaftigen Springbrunnen, daß sogar die Liebhaber der großen Oper auf ihre Kosten kommen.

Fritz Krenn, der Falstaff dieser Aufführung, hat in jeder Hinsicht das Format der Rolle (bis auf den Bauch, versteht sich!) Er verkörpert den alten pokulierenden, geilen Gauner mit soviel echter Eitelkeit, daß man ihm jede Wendung glaubt. Sein schöner Bariton findet für jedes Problem des vielfältigen Parlando die Lösung; er glänzt in dem Lied des zweiten Akts, trägt in den Rezitativen.

Domgraf-Faßbaender singt den Ford mit aller ihm eigenen Wärme und findet, ein stets suggestiver Spieler, auch darstellerisch die beste Form.

Als lustige Weiber bewähren sich Käte Heidersbach, Marie Schulz-Dornburg und Else Ruziczka. Irene Eisinger ist das reizendste Ännchen, das man sich denken kann. Nur die Quartett-Ensembles bedürfen noch einigen Studiums.

Kullman ist seinem schönen Tenor viel Schonung schuldig; er hat Timbre, musikalische Kultur, doch noch nicht die letzte Sicherheit der Gestaltung, die für die Lyrismen des Fenton nötig ist.

Bötel, Peters, Hans Müller sind in den übrigen Partien gut angebracht. Die Chöre fügen sich brauchbar ins Ensemble.

Und über allem der große, befeuernde, flammende Elan Klemperers. Er ist es, der Stil bildet, Charakter wahrt, die Leistungen zusammenfaßt. Seiner Suggestion erliegen Bühne, Orchester und Publikum. Immer wieder schlagen die Wogen der Begeisterung über ihm zusammen. Es wird ein Triumph, wie er hier seit dem ›Figaro‹ nicht mehr erlebt worden ist.


*Oscar Bie: ›Berliner Börsen-Courier‹ vom 21. April 1931*

Äußerlich am auffallendsten sind die Kostüme. Falstaff etwa ist ein verkommener Lord, dessen Monokel das einzige Erbe seiner Aristokratie zu sein scheint. Er hat ein Lächeln auf den Lippen, viel Verschwommenheit im Auge, in der Kneipe benutzt er einen Schlafrock, und wenn er auf die Freite geht, zieht er ein buntes Maskenkostüm an. Herr Ford könnte ein etwas snobistischer Sohn des Autokönigs sein. Er trägt sich mit einer grotesken Eleganz. Fenton hat Pumphosen. Doktor Cajus dagegen beliebt, das alte Opernkostüm beizubehalten. Die Frauen haben lange Kleider von zeitlosem Schnitt. Es ist alles ein bißchen wirr durcheinander, halb ist es Kostümfest, halb ein englisches Weekend, auf keinen Fall Charakter einer Epoche oder eines Stils. Der klowneske Eindruck wird nicht ganz vermieden. Zu dieser Musik, dem unvergleichlichen Weisheitswerk eines kammermusikalisch zurückgezogenen Geistes, paßt es gar nicht.

Die Bühnenbilder von Teo Otto sind viel zu umständlich und öfters mißverstanden. Eben für diese feine Kammermusik, von Shakespeare ganz zu schweigen, gehörte ein leichter, beweglicher Fond, der die Töne trägt und nicht aufsaugt. Ottos Phantasie ist vielgestaltig. Aus der Kneipe, aus dem Zimmer, aus dem Park macht er eine vielgliedrige Disposition, die unnötig ist und die Pausen verlängert. Bei allen reizenden und oft geistreichen Details, bei aller Fülle der Raumausnutzung vergißt Otto das Wesentliche. Am schlimmsten in der letzten Szene, wo nicht die alte sagenhafte Eiche Mittelpunkt ist, sondern ein kitschiger Springbrunnen, von Laubenkonstruktionen umgeben, die eher an den alten Krollgarten als an Windsor erinnert. Das sind keine Nebensachen, sie zeigen die Verwirrung der Stile, die an diesem Abend nicht zu leugnen ist.

Dazu kommt die Regie. Klemperer zeichnet selbst dafür, in Gemeinschaft mit einer gewissen Natascha Satz, deren Tätigkeit im Dunklen bleibt. Die Regie ist an keinem Punkte persönlich, an vielen Punkten konventionell. Die Massenszenen, wie die Eroberung des Wandschirms, oder die Aufführungen im Park bleiben ungeschickt und starr. In dem großen Frauen- und Männerensemble tritt noch am ehesten die spezifische Note dieser Musik in Erscheinung. Aber ihre Geste, ihre mimische Weisung wird nicht systematisch auf den einzelnen Sänger übertragen. Am besten gelingt noch die große Szene. Ford-Falstaff, weil sie alle Bewegung und alle Zeichen in sich selbst besitzt. Ich denke mir, daß für diese Oper eine Schauspielregie noch nötiger und fruchtbarer gewesen wäre als für ›Figaros Hochzeit‹. Den oft originalen Shakespeare herauszubringen, umspielt von der Überlegenheit und Klarheit dieser Musik, wäre eine eigentümliche Aufgabe gewesen, die die Oper nicht in äußerlicher Maskierung, sondern in einer inneren Lebendigkeit und Stilechtheit darzustellen versucht. So hatte ich es mir gedacht.

Wir ziehen uns also auf das rein Musikalische zurück, das in Klemperers Hand liegt. Mag sein, daß er an diesem Abend noch erregter war als sonst, er faßt die Partitur mit einer unheimlichen Heftigkeit an, die ihr nicht immer nützlich ist, die sich erst beruhigt in der Gavotte des ausziehenden Falstaff und in den süßen Reigen und Tänzen des Parks. Klemperer ist sehr leidenschaftlich, nicht nur mit den Armen, man hört Takte stampfen, man sieht ihn hoch aufgerichtet in die Chöre hineindirigieren. Gleichwohl bleibt auch hier der Eindruck seiner starken Persönlichkeit, die ihr Temperament und ihre Impulsivität im Dienste einer geliebten Sache nicht unterdrücken will. Es wäre leichter gewesen, wenn die Sänger stärker gewesen wären. Aber eigentlich erhob sich nur die wundervolle Stimme von Domgraf-Faßbaender in Fords großem Monolog über die Gewohnheit. Der Falstaff von Krenn ist eine tüchtige Leistung, nicht mehr. Er tritt schon über die Schwelle, bleibt etwas verschlossen, hat auch nicht das, was man an den früheren Falstaffs als Bonhomie rühmte. Die Frauen haben in diesem Stück weniger Sologelegenheiten als die Männer. Sie sind im Durchschnitt gut und richtig besetzt, ohne besondere Qualitäten entwickeln zu können: die Heidersbach als Mrs. Ford, die Eisinger als Nanetta, die Ruziczka als Mrs. Page und die Schulz-Dornburg als Mrs. Quickly, ein wenig zu sehr bemüht. Charles Kullman als Fenton erweckt wieder Sympathie. Die Darstellung der Falstaffoper, wie man sie unter Toscanini sah, ist wesentlich Sache einer verfeinerten Disziplin mit parenthetischen Schönheiten von Melodien, in die sich der Gesang stürzt. Es konnte hier nicht erreicht werden. Es war eine der Krollaufführungen, hinter denen wohl der starke Kunstwille steht, die aber dann in der Ausführung und im Stil ihren Weg verlieren.

29. Mai 1931

Aus einem Totenhaus
Drei Akte nach Dostojewski von Leoš Janáček

*Musikalische Leitung:* Fritz Zweig
*Chöre:* Paul Gergely
*Inszenierung:* Hans Curjel
*Bühnengestaltung:* Caspar Neher

Mathieu Ahlersmeyer (Alexander Petrowitsch), Alfred Bartolitius (Alej), Fritz Soot (Filka), Gotthold Ditter (Der Platzkommandant), Artur Cavara (Skuratoff), Martin Abendroth (Tschekunoff), Willi Domgraf-Faßbaender (Ein Sträfling)

H. H. Stuckenschmidt: ›B. Z. am Mittag‹
vom 30. Mai 1931

Voriges Jahr um diese Zeit begannen mit der Sensation des Toscanini-Gastspiels die Festwochen, die uns noch bis tief in den Juni hinein mit Opernpremieren versorgten. Dieses Jahr ist alle Welt musikmüde; nicht einmal Gigli macht noch Kasse. Eine ungünstige Situation für diesen glanzvollen Abend bei Kroll, der einen Ehrenplatz in der Saison verdient hätte. Bei dreißig Grad im Schatten läßt der Appetit auf Meisterwerke nach. Noch dazu in einer Welt, der vor sich selbst so mies ist, daß sie zwar in den Ruf »Schön ist die Welt« begeistert einstimmt, sich aber von Zuchthaus, Sibirien und Sträflingselend höchst ungern berichten läßt.

›Aus einem Totenhaus‹, Dostojewskis Tagebuch der Erinnerungen an Jahre sibirischer Katorga, ist die Textbasis dieser seltsamen Janáček-Oper. Sechs, acht Szenen Dialoge aus dem Buch sind wörtlich in Musik gesetzt und zu einem epischen Gebilde verkettet worden. Sträflinge unterhalten sich, bekommen Wutanfälle, schließen Freundschaften, spielen Theater auf einer improvisierten Bühne. (Die deutsche Fassung stammt von Max Brod, Janáčeks Entdecker.)

Im Zentrum jedes der drei Akte eine Erzählung: Lukas Wunschtraum von der Ermordung des verhaßten Platzmajors; Skuratoffs Bericht über seine Straftat; Schischkoffs Erinnerung an die Frau. Und inmitten dieses unglücklichen Volkes die sanfte Gestalt des Alexander Petrowitsch, das Selbstporträt Dostojewskis; sein Eintritt in die Verbrecherkolonie, seine Freundschaft mit dem jungen Tataren Alej, seine Begnadigung und Entlassung. Keine Frau, außer einem Sträflingshürchen. Nichts für die Augen. Und dennoch, und grade deshalb: ein großes Kunstwerk.

Leoš Janáček zeigt sich in der Vertonung dieser harten, locker gefügten dramatischen Vorgänge wieder als der große Musiker, der die ›Jenufa‹ schreiben konnte. Das landschaftliche, unarchitektonische Wesen seiner Komposition gibt den Worten Dostojewskis ein starkes, fast magisches Relief. Die Technik der Motiv-Wiederholung, der kurzen, volksliedhaften Melodiebrocken entzieht sich der landläufigen Analyse. Es ist ein völlig neuer Stil, der Oper so fern wie dem Musikdrama, Janáčeks ureigene Erfindung. Eine Naturgewalt geht von dieser Musik aus, von der kontrastreichen, Bläserfarben favorisierenden Instrumentation, von der halb deklamierenden, halb psalmodierenden Behandlung der Stimmen. Ein geniales Werk, das künftige Generationen neben die größten seiner Art, neben ›Don Giovanni‹, ›Fidelio‹, ›Wozzeck‹ stellen werden.

Mit dieser Aufführung hat die Krolloper ein neues starkes Zeichen ihres Geistes gegeben, dieses Geistes, der sie an die Spitze aller heutigen Opertheater stellt. Soweit es einem nichtslawischen Ensemble möglich ist, die Atmosphäre dieses Werkes zu realisieren, hat man es getan.

Es ist in erster Linie das Verdienst Fritz Zweigs, Janáčeks engeren Landsmanns, der in der Gestaltung dieser Partitur sein umfassendes Können, seinen künstlerischen Elan aufrollte.

Curjels Regie ist eine vergeistigte Arbeit voller Sinn für die Vision Dostojewskis, die er aus dem Dunkel aufsteigen und zum Schluß ins Unbekannte zurücksinken läßt.

Den stärksten Anteil an den szenischen Wirkungen hat der großartige Bühnenbildner Caspar Neher. Zwei, drei Versatzstücke, ein paar Projektionen, und die Katorga steht mit einer beängstigenden Leibhaftigkeit vor uns. (Die Sträflingskleidung allerdings ist zu uniform; Dostojewski beschreibt sie bunter, vielfältiger, individueller.

Was notabene geholfen hätte, die Figuren zu unterscheiden!)

Unter den Sängern ragt Ahlersmeier als Petrowitsch hervor; fast alle halten gutes Niveau, fast alle sind spielbegabt. Soot, Domgraf-Faßbaender, Bartolitius, Cavara, Abendroth und Ditter an der Spitze.

Das Publikum, erschüttert von der elementaren Gewalt des Dramas, dankte mit Beifallsstürmen. Unsere Opernbühne ist um ein Meisterwerk reicher.

*Klaus Pringsheim: ›Vorwärts‹ vom 30. Mai 1931*

Größtes Opernereignis des Jahres

Ein Vierundsiebzigjähriger hat dieses erschütternde, beispiellos kühne, epochale Werk vollendet, es war sein Abschied vom Leben, an dessen Ende erst das Genie des Schaffenden zu solcher Größe erwacht ist. Noch wenige Jahre zuvor ist das ein Dasein in kaum beachteter Mittelmäßigkeit gewesen. Durch den späten, verblüffenden Welterfolg der Oper ›Jenufa‹, um die zwei Jahrzehnte lang kein Theater sich gekümmert hatte, wurde der mährische Organist und Musiklehrer Leoš Janáček zur entscheidenden künstlerischen Tat emporgerissen. Mit den gesammelten, gesparten, elementar durchbrechenden Kräften eines Lebens voll Enthaltsamkeit und innerem Wachstum hat er, gejagt vom Fieber der Todesnähe, seine Oper geschaffen.

Noch nie ist solch eine Oper geschrieben worden. Unerhört und ohne Beispiel wie die Umstände ihrer Entstehung war das künstlerische Beginnen: eine Zuchthaus-Oper – nach Dostojewskis ›Aufzeichnungen aus einem Totenhaus‹. Alles Herkommen der Gattung sprengt der Wurf des Genies. Man muß sich der Worte: Kunst, Musik, Theater erst wieder in ihrem vollen Sinn bewußt werden, um zu ermessen, was es heißt: die Welt eines sibirischen Strafgefängnisses zum musikalisch-szenischen Kunstwerk zu gestalten.

Nur in der flüchtigen Episode einer Dirne, die in nächtlicher Heimlichkeit ihr Gewerbe betreibt, ist ein paar Takte lang eine weibliche Stimme zu hören. Denn nur Männer bevölkern dieses grauenhafte Stück Erde: numerierte Sträflinge mit halbgeschorenen Köpfen; und böse hinter ihnen her, roh dazwischenfahrend, ihre Aufpasser, Offiziere und Soldaten des Zaren. Wie ein gräßliches Leitmotiv klingt durch die drei Akte das Klirren der Ketten. Nur dem im Lazarett gestorbenen Gefangenen Luka werden sie von geschäftig kalter Hand abgenommen; und dem ›politischen‹ Sträfling Alexander Petrowitsch, als er nach erwiesener Unschuld entlassen wird. Mit seiner Einlieferung, schändlicher Mißhandlung zum Empfang, beginnt der erste Akt; erlösend endet der letzte mit seiner Befreiung. Wie an seinem unverhofften Glück für einen Augenblick die im Dunkel Zurückbleibenden teilnehmen, wie er dann, der Sonne zugekehrt, allein im Licht steht, frei, und hinter ihm langsam die Hölle der Ausgestoßenen versinkt – sie versinkt in der Tat in die Tiefe der Unterbühne –: in der Zwiespältigkeit dieses zugleich erhebenden und niederdrückenden Schlußbildes konzentriert sich symbolhaft alles Erleben eines mit Finsterem und Schrecklichem schwer beladenen Opernabends.

Inhalt der drei Akte ist nicht Handlung, sondern Schilderung; breitesten Raum nimmt Erzähltes ein. Immer wieder erzählen sie einander ihre Geschichten, es ist, als könnten sie von nichts anderem reden; sie müssen es erzählen, wie sie in das Unglück geraten sind, das in der Sprache der Justiz Verbrechen heißt. Und immer war es dasselbe: Eifersucht, Wut, Rache, Alkohol, ungehemmter Instinkt, schlimmes Beispiel, schlechte Gesellschaft. Doch keiner beschönigt, keiner will sich besser machen. Zurückgebliebenheit, kindliche Hilflosigkeit, einfältige Gemeinheit wohnen dicht beieinander, Rührendes neben Abstoßendem. Von Worten, die sie miteinander wechseln, ist allemal nur ein Schritt zum tätlichen Exzeß. Aber stärker als alle asozialen Kräfte bleibt ein tiefes, unzerstörbares Bedürfnis nach Menschlichkeit, die Empfänglichkeit für Güte.

»In jeder Kreatur ein Funken Gottes«, schrieb Leoš Janáček auf die erste Partiturseite. Nie ist die Anklage der unterdrückten Kreatur, die Anklage gequälter, entwürdigter Menschen großartiger, künstlerisch gültiger geformt worden als in der Oper ›Aus einem Totenhaus‹. Man hätte sie dem Professor Aschaffenburg vorspielen sollen und seinen Kollegen von der kriminalistischen Vereinigung.

Aber die Wirkung wäre nicht zu ertragen – ohne diese Musik, die alles lastende Geschehen wunderbar lebendig macht. In dieser wahrhaften, naturhaft-echten Musik, die nichts verweichlicht, ist die Menschenliebe eines großen, starken Menschen künstlerisch fruchtbar geworden. In das trostlose Grau der Bühne und ihrer Vorgänge leuchten die satten, vollen, oft auch unerbittlich grellen Farben des Orchesters, mit dessen Meisterung der bäuerisch-schlichte alte Mann den raffiniertesten Könner beschämt, wie die melodische und harmonische Urtümlichkeit seines Schöpfertums den jüngeren Musikernachwuchs des Jahrhunderts. Dem Fachmann mag in der Arbeit manches anfechtbar und unzulänglich scheinen; wer Persönliches nicht nach Schulmaßstäben wertet, seien es auch die Maßstäbe der neuesten Schulen, der erkennt auch in den harten eigenwilligen Zügen der Partitur die Handschrift des Genies, das aller Regel spottet.

Erst im letzten Monat erscheint das wichtigste Opernwerk der Spielzeit. Schon halb probiert, mußte es im Winter, in der Opernhochsaison, auf Veranlassung des Auswärtigen Amtes wieder abgesetzt werden: zur Strafe für die Tschechen, die zu Hause gegen deutsche Tonfilme demonstriert hatten. So groß das Verdienst seiner verspäteten Aufführung, so hoch ist deren künstlerischer Rang. Man müßte alle Beteiligten mit Auszeichnungen nennen, mit dem Dirigenten Fritz Zweig beginnend; den Gestalter der Szene Caspar Neher, den Regisseur Hans Curjel und alle Darsteller, unter denen nur die Träger der größeren Rollen hervorgehoben seien: Soot, Cavara, Bartolitius, Faßbaender, Ahlersmeyer, Golland. Sie alle, die gleich hohen Lobes wert sind, haben in Zeiten schwerster Depression mit geeinten Kräften im Hause der Staatsoper am Platz der Republik zu einem Kunstereignis zusammengewirkt, das den Berliner Theateralltag einsam überragt.

*Fritz Stege: ›Der Berliner Westen‹ vom 30. Mai 1931*

Zuchthäusler-Oper bei Kroll

Um Mißverständnissen vorzubeugen: Mit dem ›Totenhaus‹ ist kein Landtags- oder Reichstagsgebäude gemeint, sondern ein sibirisches Zuchthaus. Wo sich richtiggehende Sträflinge zwei Stunden lang hin- und herbewegen, Reden führen, die ihnen Dostojewski in den Mund gelegt hat, und Handlungen vornehmen, denen Hans Curjel krampfhaft den Schein der Echtheit zu verleihen sucht. Es ist geradezu eine Kateridee, den russischen Originalroman zur Grundlage eines Opernlibrettos zu machen. Was bei Dostojewski in breiter Ausführlichkeit dem literarischen Verständnis jedes einzelnen Lesers angepaßt ist, wirkt auf der Bühne durch die notwendige dramatische Knappheit ohne die Möglichkeit einer genügenden Motivierung völlig unklar, selbst wenn man mit Janáček die wirkungsvollsten Bilder, wie die Theateraufführung im Zuchthaus, zur Vertonung auswählt. Der Laie – und für ihn ist doch die Opernaufführung bestimmt – steht fassungslos einem mit russischen Namen gespickten nichtssagenden Personenverzeichnis von über dreißig Mitwirkenden ohne eine einzige weibliche Hauptrolle gegenüber. (Pfitzners ›Palestrina‹ ist durch diese Männer-Oper bei weitem übertrumpft.) Und was geschieht auf der Bühne? Nichts von irgendwelcher dramatischer Bedeutung. Man wird widerwillig dazu gezwungen, die langweiligen Lebensgeschichten der Sträflinge anzuhören. Hin und wieder wird die russische Knute geschwungen – hier und dort wird ein Sträfling tobsüchtig, wahrscheinlich infolge der blödsinnigen Hitze, die im Theaterraum herrschte. Die Minderwertigkeit des Librettos, das zu den erbärmlichsten Produkten der Theaterliteratur zählt, verhindert von vornherein jegliche Anteilnahme des Zuhörers, weil der undramatische Inhalt lediglich das Schicksal eines zeitgemäßen ›Kollektivs‹ aufrollt, nicht das Erlebnis der Einzelpersönlichkeit. Und das ist wohl einer der Hauptgründe, weshalb sich diese Schauergeschichte auf die Bühne der ›zeitgemäßen‹ Kroll-Oper verirrt hat. Wer weiß, ob Janáčeks nachgelassene Oper auch dann Gnade vor der hohen Intendanz gefunden hätte, wenn sie an Stelle von sibirischen Zuchthäuslern ›nur‹ deutsche Volkseigenheiten gezeigt hätte. Humanitätsgedanken über Zuchthäusler, auf eine deutsche Opernbühne gebracht, ist der letzte Trumpf der Saison. Es lebe der Fortschritt, der über jeden Versuch zuchthäuslerischer Einschränkung grinsend triumphiert!

Die Unmöglichkeit der dramatischen Vorlage vermag auch die Musik Janáčeks nicht zu überbrücken, dem keine Gelegenheit geboten wird, den Reichtum seiner Farbenpalette spielen zu lassen. Mit Trommeln und schauerlichem Kettengeklirr wird vergeblich eine äußerliche Stileinheit angestrebt. Die Musik ist nicht schlecht, teilweise gelingen dem Komponisten erstaunliche dramatische Wirkungen, wie der Gefangenenchor im Finale des ersten Aktes, die viel zu lang geratene Erzählung im dritten Akt mit Summchor, die instrumentalen Vorspiele mit packender thematischer Monotonie, dazu ein paar russische Tanzmelodien. Aber eine Einheitlichkeit sucht man vergebens. Die Musik bleibt ein Mosaik von Einzelzeichnungen mit ihrer Verquickung verschiedener Nationalitäten, ohne die große Linie des geborenen Genies.

Es wurde gut gesungen, nicht immer gut gespielt. Daß er die Sträflinge im letzten Akt zum Kulissenschieben heranzieht, ist einfach herzlos. Daß er sie zuletzt Fahrstuhl fahren läßt, ist eine überflüssige Regielaune. Prachtvoll Ahlersmeyer neben Soot, Abendroth, Domgraf-Faßbaender (eine ganz große Leistung im dritten Akt), dem unausstehlichen Cavara u. a. Hans Curjel vermochte nicht immer echtes Leben an Stelle des Opernhaften zu bieten (Paradeaufstellung der Gefangenen in Form eines Gesangvereins zum Schluß des ersten Aktes). Die Bühnengestaltung von Caspar Neher erfüllte ihren Zweck ohne besonderen künstlerischen Reiz. Fritz Zweig am Pult gab sich mit der Partitur zwecklose Mühe. Es klang nicht alles sorgfältig einstudiert, die ersten Violinen waren mitunter recht unrein.

Das Theater war halbleer, auf dem oberen Ring tauchte nur hier und da ein Kopf in den sonst völlig unbesetzten Reihen auf. Das gewohnte Bild. Die Claqueure arbeiteten trotz der Hitze verzweifelt, um einen Erfolg vorzutäuschen. Selbst ein Teil der Presse hielt es nicht aus, die öde Zuchthäuslerei bis zum Schluß anzuhören. ›Kunst‹ – wie sie die Kroll-Oper liebt. Es wird Zeit, daß sie sich demnächst selbst in ein ›Totenhaus‹ verwandelt wird.

IX Darius Milhaud, Der arme Matrose, In einem Hafen. Entwurf von Caspar Neher
Österreichische Nationalbibliothek, Theatersammlung, Wien

*Oscar Bie:* ›Berliner Börsen-Courier‹ *vom 30. Mai 1931*

Dostojewkis Werk ist eine Erzählung von Erzählungen. Daraus ein Drama zu machen, ist schon an sich nicht leicht, es wird ein halbes Epos bleiben, es wird auf der Bühne mehr Milieu als Handlung sein. Janáček hat sich selbst da etwas zusammengestellt, das man als einen Versuch bezeichnen kann, die Erinnerung an die Lektüre Dostojewkis zu konzentrieren. Es geht alles ein bißchen durcheinander und bleibt oft ohne Zusammenhang. Es fehlen Glieder der innerlichen Verknüpfung. Um Gipfelpunkte zu schaffen, bringt er längere Berichte der sibirischen Gefangenen über ihre Erlebnisse in Mord und Liebe. Luka hat im ersten Akt so etwas, im zweiten kommt Skuratoff dran, im dritten sowohl Schapkin als Schischkoff, der der ausführlichste ist. Außerdem wird eine kleine Theateraufführung der Gefangenen eingeschoben, die einige primitive Liebschaften Don Juans in recht drolliger Weise darstellt. Sonst verläuft es in einem Hin und Her zwischen den Gefangenen und den Soldaten, einige Typen werden etwas schärfer profiliert, wie besonders der politische Gefangene, mit dessen Freilassung ein erhebender Schluß gewonnen wird. Luka stirbt im letzten Akt. Luka wird in diesem Moment als der Rivale Schischkoffs erkannt, von dem er eben seine lange Geschichte erzählt hat. Diese wenigen dramatischen Momente heben sich nicht sonderlich stark hervor. Man wünschte manchmal, man sähe lieber die elementaren Erlebnisse, die die Gefangenen berichten, als wirkliches Drama vor sich. Die Geschichte von der Akulka allein wäre wert, von Janáček als Drama gestaltet zu werden.

So bleibt mehr Stimmung als Inhalt. Der verdienstvolle Übersetzer Max Brod hat mit einigen anderen noch Retouchen vorgenommen, die aber im wesentlichen nichts ändern. Janáček hat die letzte Fertigstellung nicht mehr erlebt. Und doch wird dieses Werk, freilich lange nicht wie ›Jenufa‹, sein Andenken wachhalten durch die absolute Sicherheit und Reinigung seiner Opernmethode, die er hier erreicht hat. Es gibt Opernkomponisten des Hintergrundes und solche des Vordergrundes. Puccini ist ein Mann des Vordergrundes, Janáček des Hintergrundes, auf dem die nationalen Motive in einer unendlichen Vielseitigkeit symphonisch ihr Gewebe spinnen, um nur selten in der Berührung mit der wirklichen Handlung sich in den Vordergrund zu orientieren und dramatisch zu explodieren. Es kommt dazu, daß seine rezitativische Deklamation ohne große Steigerung dem Wort folgt und niemals einen Effekt des Gesanges sucht. Bisweilen nur unterbricht sich die Musik durch die Aufnahme und Verarbeitung tänzerischer Rhythmen, die ebenso dem nationalen Boden entsprießen. Das National-Tschechische ist dem National-Russischen so verwandt, daß man es kaum unterscheiden wird. Die Ähnlichkeit mit Mussorgski wird dadurch besonders auffallen, aber Janáčeks Musik, wenn sie auch nicht so elementar ist, ist doch noch origineller und unabhängiger als die des Russen. Sie begrenzt sich ganz in einem unglaublich entlegenen, absonderlichen, traumhaften, von tiefem Gefühl durchfurchten, bei aller Künstlichkeit doch ganz echten Tonzustand, der seinesgleichen nicht hat. Man kann die Musik nicht zerschneiden oder analysieren, sie ist eine Landschaft der Phantasie und des Mitleids. Holzgeklapper und schrille Pfeifen malen die Dämonie. Das Orchester wird der Mund einer Sprache, die man aus nichts anderem verstehen kann als aus der Musik. Und kommen in diesem fast frauenlosen Stück ein paar Fetzen Männerchöre einmal an die Oberfläche, so ist die Prägung Janáčeks von erschütternder Vollendung.

Fritz Zweig nimmt es zuerst etwas stark und grob. Die Curjelsche Regie spezifiert nicht genügend die Bühne. Aber vielleicht ist es auch die Ungewohntheit des Stils, die die Ausübenden zunächst ebenso verwirrt wie das Publikum. Allmählich lichten sich Orchester und Bühne, und wir treten in einen immer näheren Zusammenhang mit den einzelnen Figuren und mit den viel seelenvolleren Instrumenten. Die Bühnenbilder von Caspar Neher sind ausgezeichnet in der Wirkung ihrer Atmosphäre und ihrer Interieurs. Die in Projektion erscheinenden Traumbilder bei der Erzählung Schischkoffs sind mehr Ablenkung als Abwechslung. Der Freiheitsschluß wird zu apotheosenhaft aus diesem dumpfen Milieu heraus.

Unter den vielen Sängern sticht besonders hervor Domgraf-Faßbaender als Schischkoff, Cavara als Skuratoff, Soot als Luka, Ahlersmeyer als Petrowitsch. Dies konnte man kaum besser haben. Aber auch in den Nebenrollen wird viel geleistet. Man hat sich eine außerordentliche Mühe mit der Einstudierung gegeben, man hat noch einmal zeigen wollen und können, welche Kraft und welcher Wille in diesem Opernhaus lebt, das darum nicht untergehen darf.

# Klemperers Sinfoniekonzerte

*Obwohl auch bei den Kritiken der Sinfoniekonzerte in der Krolloper viele interessante, gegensätzliche Meinungen zitiert werden könnten, sind hier die Besprechungen nur eines einzigen Referenten, Heinrich Strobels, zusammengefaßt. Die Konzentration auf Heinrich Strobels Konzertkritiken im ›Berliner Börsen-Courier‹ zeigt eine besonders aufschlußreiche Konfrontation: auf der einen Seite die durch die Einzelpersönlichkeit Klemperers bestimmte Konzertserie, auf der anderen deren Resonanz bei einem Fachmann der damals jungen Generation, der ohne Verstrickung in taktische Positionen und machtpolitische Schachspiele eine betont sachliche Stellung einnimmt. Auch als Beispiel der Denkweise der jungen Generation, als Analogon zu jener der jungen Komponisten, sind Strobels Besprechungen relevant. Sie stellen einen bedeutenden Beitrag zur Geschichte der Musikkritik dar.*

Das erste Klemperer-Konzert
30. September 1927

Klemperer beginnt mit den Konzerten, weil er mit der Oper noch nicht beginnen kann. Es drängt diesen musikerfüllten Menschen zum Schaffen. Sein erstes Programm läßt über die Gegenwärtigkeit seiner künstlerischen Gesinnung keinen Zweifel. Wir brauchen sie in Berlin. Wir brauchen im planlosen Durcheinander eines auf gesellschaftlichen und geschäftlichen Beziehungen ruhenden Betriebs einen festen Pol gegenwartsbewußter Musikpflege. Wir hoffen auf Klemperer. Der erste Abend war gute Vorbedeutung.

Bachs erste D-Dur-Suite, das d-Moll-Konzert von Mozart und (als Erstaufführung) die Sinfonietta von Janáček: das erklang in der dicht besetzten Krolloper. Bekenntnis zur unsymphonischen, zur spielfrohen, zur reinen Musik, die uns nach allen Kämpfen des vergangenen Jahrzehnts, nach Befreiung vom 19. Jahrhundert als neues Ziel aufleuchtet.

Bach und Mozart gaben ihm vollendetste, überzeitliche Prägung. Wir erleben sie mit neuer Intensität. So groß die stilistischen Unterschiede sind gerade zwischen der strahlenden Bachsuite und dem aus Don Giovanni-Abgründen heraufsteigenden d-Moll-Konzert: der Wille zum Spiel lebt in beiden, verkörpert sich in reinster Form. Selbst in diesem dunklen Mozart lösen sich die dramatischen Spannungen in heitere konzertante Freudigkeit. Alles bindet noch die spielerische Bewegung. Aber wenn Beethoven Kadenzen zu diesem Konzert schreibt, dann brechen die neuen Energien durch das Spiel, dann reißen Gefühlstiefen, reißt improvisatorische Dämonie auf. Hier stoßen zwei Erlebniswelten aufeinander.

Wundervoll, wie Artur Schnabel dieses Beethovenische aus dem mit vollendeter Klarheit interpretierten Mozartschen herauswachsen läßt. Die Kadenzen, sonst virtuoses Geplänkel, werden zu inneren Höhepunkten. Da herrscht die geistige Persönlichkeit dieses überragenden Pianisten. Sonst paßt er sich, ohne Eigenes aufzugeben, dem Dirigenten an. (Nur in den kantablen Hauptteilen der Romanze spürt man leichte Divergenz in der Auffassung.) Klemperer macht dieses Konzert mit der ganzen Heutigkeit seines Musikerlebens. Wenn er beginnt, so hört man kein übliches Konzerttutti: das mit peinlichster Deutlichkeit, mit schönster Klangrundung gegebene Spiel blüht langsam aus den d-Moll-Tiefen hervor. Wie blitzen die Sforzati, wie energiegespannt ist der Anfang des Finales, wie beglückend heiter der Dur-Schluß. Dieser Dirigent gibt uns endlich einmal den ganzen Mozart, seine Dämonie und seine klassische Klarheit, die Strenge ist. Endlich einmal keine Rokoko-Parfümiertheit.

Er gibt uns auch Bach mit seiner Straffheit und Unpathetik, mit einer musikantischen Besessenheit, wie wir sie kaum je gehört haben. Keine willkürlichen dynamischen Einschnitte, keine symphonischen Steigerungen, keine ›Gefühlsphrasierungen‹. Plastisch in der Flächengliederung, die so und so oft in Kaffeehaussentimentalität gezogene Air breit atmend: ein einziges, herrliches melodisches Geschehen, die Gavotte hinreißend tanzhaft. Und doch alles beherrschte Kraft.

Wir überspringen das romantische Jahrhundert, überspringen die dramatisierende Symphonik und kommen zur spielfrohen Musik der Gegenwart. Gewiß ist Janáček kein typischer Repräsentant. Er ist in erster Linie Dramatiker. Man spürt in allen seinen Konzertwerken die flächige Kleingliedrigkeit, die eigentümliche Motivik seiner dramatischen Technik. Sie haben alle etwas Improvisatorisches. Aber was wir an ihm lieben, ist das Volkshafte, Unverbrauchte, Frohe. Beinahe ein Wunder:

die Entwicklung des siebzigjährigen tschechischen Meisters führt immer tiefer hinein in die Gegenwart. In diese Sinfonietta, die weit mehr Tanzsuite ist, klingt sogar Strawinskysches: in den vierten Satz mit seiner ostinaten Trompetenmelodie. Da ist die ganze Frische eines tief im Volkstum ruhenden Musizierens, da ist die zarte Klanggebung, die immer wieder bei Janáček fesselt. Auch Lyrisches ist angeschlagen, aber die hüpfende Tanzmelodie der Bläser, immer in neuen Farben sich spiegelnd, behält in buntester Mannigfaltigkeit die Oberhand. Sie verdichtet sich am Beginn und am Schluß zu festlichen Fanfaren eines stark besetzten Blechchors. Das gibt dem gleitenden Ablauf formale Geschlossenheit. Es reicht bis ans Feierliche, aber es wird nicht pathetisch. Zumal, wenn es so beschwingt wiedergegeben wird wie von Klemperer.

Der Abend wird zu einem gewaltigen äußeren Erfolg: für den Dirigenten, für Schnabel und nicht zuletzt für den greisen Leoš Janáček.

Hindemiths Bratschenkonzert
*4. November 1927*

Klemperer fängt mit alter Musik an. Welcher Kontrast. Die Straffheit, die Spannung, die Freudigkeit dieser Chaconne aus Glucks ›Taurischer Iphigenie‹: herrlich. Nur noch dem Namen und der Form nach eine Chaconne: das Tanzhafte, das Graziöse hat ihre Innenstruktur bereits völlig verändert, sie in kleine Teile zerspalten.

Die Uraufführung von Hindemiths ›Konzert für Viola und Kammerorchester‹ wird ein starker Erfolg. Er gilt einem reifen und beispiellos gekonnten Werk. Er gilt auch dem Musiker, der mit unbeirrbarer Konsequenz vom musikantischen Draufgängertum zu einer Stilgebundenheit und inneren Festigung emporschritt, die bis jetzt kein anderer junger deutscher Komponist erreichte. Hindemith ist dem Versuch längst entwachsen. Er fand einen neuen, durchaus persönlichen Stil absoluten Musizierens. Er stellt der Gefühlsphrase, der harmonischen Verwaschenheit spätromantischen Epigonentums eine rein melodisch gerichtete Kunst von strengster Formgeschlossenheit und Straffheit entgegen. Die Spätromantik wollte pathetisches Theater, unendliche Bewegtheit der Ausdruckslinie. Hindemith schreibt unpathetische, strenge Spielmusik. Er will Eindeutigkeit statt aufpeitschenden Klangrausches, er will Klarheit, handwerkliche Vollkommenheit. Vom ›Marienleben‹ ausgehend, wird eine neue Polyphonie lebendige Gestalt. Den auf Steigerung und thematischer Auseinandersetzung beruhenden symphonischen Ablauf löst das Konzert ab. Spielfreude treibt die konzertante Solostimme hervor, die nicht brilliert, sondern Teil eines kammermusikalisch polyphonen Geschehens ist. Jedes Instrument hat melodische Selbständigkeit.

Das Bratschenkonzert setzt die Reihe der Konzerte fort, die durch die Komposition des ›Cardillac‹ unterbrochen war. Was sofort auffällt: die wunderbare Lokkerheit und Durchsichtigkeit der Gestaltung. Alles Harte, Scharfe fehlt. Im Violinkonzert dominierten neben der Geige das strawinskysche Cornet à piston und die Jazztrommeln. Hier tragen fast ausschließlich Holzbläser und die glänzend geführte Solobratsche ein polyphones Spiel von höchster Konzentration. Jede Note organisch bedingt, und alles lebendiger Fluß. Trompeten und Posaunen blitzen nur ein paarmal auf. Hohe Streicher fehlen wieder. Wie edel der Klang von Hindemiths Viola, auf diesem Bläserhintergrund. Verstraffung des Spielablaufs grenzt einmal an Starrheit im ersten Satz, Tutti mit verblüffenden Staccatissimo-Bläsern und kanonischen Soli in buntem Wechsel. (Da liegt eine Gefahr für Hindemith, aber seine große Begabung wird ihn davor bewahren.) Und dann die prachtvoll streng sich aufwölbenden Bogen des langsamen Teils: reiner melodischer Ausdruck. Das entwaffnet alles Gefasel von der verstandesmäßigen Konstruiertheit neuer Musik. Man muß freilich zwischen formlos qualliger Sentimentalität und echtem Ausdruck unterscheiden können. Ein Scherzo: kapriziöses wirbelndes Spiel der Linien. Finale: eine Variante über den bayerischen Avanciermarsch. Das Volkstümliche lockt Hindemith, auch das ist Reaktion auf die hochtrabende Feierlichkeit der Romantik. Früher hätte er das schmettern lassen. Früher hätte er damit provoziert. (Das war damals auch nützlich.) Jetzt setzt er es mit überlegener Meisterschaft hin. Herrlich leicht. Man wird wieder über Verlust des Musikantischen jammern.

Hindemith spielt sein Konzert mit unerhörter Präzision, mit unerhörter technischer und tonlicher Vollendung. Er hat sein Pult vor sich stehen. Er will nicht als Virtuose gelten. Er dünkt sich nicht mehr als die Musiker im Orchester (diese ausgezeichneten Bläser), er hat keine Künstlereitelkeiten. Er ist der Musiker, der aus dieser Verbundenheit mit der Zeit für die Zeit schafft.

Warum nimmt Klemperer Bruckners Siebente in dieses Programm? Will er den Gegensatz zwischen der sachlichen, konzentrierten Musik des Heute und der weit ausholenden, kein Ende findenden der Romantik an ihrem edelsten und reichsten Beispiel demonstrieren? Klemperers beide Naturen: unerbittliche Sachlichkeit bei der Begleitung des Hindemith, ekstatische Musikbesessenheit bei Bruckner. Er machte ihn gänzlich unmystisch: österreichisch, weltlich, manches von tänzerischer Beschwingtheit, die großen Steigerungen ungeheuer glanzvoll. Sein spontanes Musizieren verdeckt die Hintergründe dieser aus süddeutsch-religiöser, aus barocker Ideenwelt herausragenden und verdämmernden, in ihrem Inhalt ganz unwagnerschen Sinfonik – in Mailand lehnte man sie kürzlich bezeichnenderweise glattweg ab. Verdeckt auch die sowieso schon kaum erkennbaren Linien des Aufbaus, deren Herausarbeiten erst die eigentümlich unlogisch entwickelte Musik Bruckners verständlich macht.

Brahms-Abend
*15. Januar 1928*

Was Klemperer an Brahms interessiert, wird erst im zweiten Teil dieses Konzerts klar, wenn er die c-Moll-Symphonie dirigiert. Er will den romantischen Klassizisten Brahms mit der Kraft seiner der Gegenwart verbundenen Persönlichkeit umspannen, ihn aus dem musikalischen Empfinden unserer Zeit darstellen. Er befreit die c-Moll von jenem breiten äußerlichen Pathos, mit dem sie traditionelle Interpretation behängte, er spannt sie mit seiner Energie, mit seiner Vitalität. Er gibt sie klassisch streng, statt romantisch zerfließend, statt virtuos aufgedonnert. Er musiziert Brahms, wie er Bach und Beethoven musiziert. Er bringt es fertig, daß wir einem Werk mit höchster Aufmerksamkeit folgen, das uns infolge unzähliger routinierter Aufführungen allmählich gleichgültig zu werden drohte. Klemperer nimmt schnellere Tempi als üblich. Er beschönigt auch nicht den herben Klang des Brahmsorchesters. Die Sätze sind rhythmisch geraffte, aufgehellte Einheit. Wundervoll das Gleitende, Ungebrochene des Scherzos, wundervoll die organische Vehemenz des Finales, in dem er auf alle dramatischen Betonungen verzichtet. Trotz der Straffheit nirgends etwas Starres. Die geringen Modifikationen des Tempos wachsen aus der Struktur des Werkes heraus: Es gibt keine Zutaten. Immer dient Klemperer dem Kunstwerk.

Was vorausgeht, liegt nicht ganz auf dieser Höhe. Das Violinkonzert hat zu wenig Substanz, als daß es so unmittelbar dargestellt werden könnte wie die c-Moll. Die beiden ersten Sätze ermüden. Auch ist Brahmsens symphonisch schwerer Konzertstil schroffster Gegensatz zu jenem neuen Begriff des Konzertierens, den uns die junge Musik geschenkt hat. (Hindemiths herrliches Bratschenkonzert, das Klemperer kürzlich brachte: ein Musterbeispiel für das musikantische Spielkonzert.) Hier schlägt Gegenwart eine verblassende Vergangenheit. Joseph Wolfsthal, Konzertmeister der Staatskapelle, spielt mit außerordentlicher Beherrschung. Volltönende ruhige Kantabilität, bis ins kleinste erfühlt, manchmal allzu weich, und straffe Brillanz in ausgeglichener Vereinigung. Sehr schön das Zusammenspiel mit dem von Klemperer unglaublich schmiegsam geführten Orchester.

Als Einleitung die Akademische Festouvertüre, die harmlose Kommerslieder mit ernster Gelehrsamkeit aufzäumt. Ein kaum mehr lebensfähiges Stück, doch typisch für den Verfall der Polyphonie im 19. Jahrhundert, selbst bei einem strengen Meister wie Brahms.

Klemperer dirigiert Beethoven
*2. Februar 1928*

Nach der imponierenden Erneuerung des ›Fidelio‹ bringt Klemperer zwei Sinfonien von Beethoven in seinem dritten Konzert. Auch hier setzt er die Sachlichkeit und Strenge seines Musizierens durch, das suggestiv wirkt. Seine Pastorale ist der denkbar größte Gegensatz zu der Furtwänglerschen, die wir kürzlich in der Philharmonie hörten. Sie hat nicht den dramatischen Schwung, sie ist viel weniger auf Klang und Dynamik gestellt, ja sie negiert das Klangliche manchmal mehr, als es gerade dieses Werk verträgt. Klemperer dämmt das Weiche, Wellige der beiden ersten Sätze zurück. Sie erklingen mit einer beinahe asketischen Herbheit. Die inhaltlichen Schwächen der letzten Teile aber treten bei dieser Darstellung stärker heraus als sonst. Klemperer verdeckt sie nicht durch große symphonische Steigerungen. Er duldet kein Hervordrängen des Interpreten. Er nimmt den Tanzsatz ganz behaglich, durchaus überzeugend, er gibt im Gewitter, das an Plastik dem Furtwänglerischen nachsteht, die Akzente mit einer durchdringenden Schärfe, und läßt die Pastorale im Hirtengesang mit einer wundervollen Natürlichkeit ausklingen. Doch spielt das reichlich stark besetzte Orchester das ganze Stück hindurch etwas matt.

In der ›Siebenten‹ reißt es Klemperer zu einer unvergleichlichen Leistung empor. Dieses geniale Werk, großartige Evolution des Rhythmus in beispiellos konzentrierter symphonischer Form, packt er mit seiner Beherrschtheit, durchglüht er mit seinem Temperament. Er gibt es mit unerhörter Straffheit und Freudigkeit. Der erste Satz manchmal rhythmisch nicht ganz deutlich, aber das berühmte Allegretto hell, ganz streng, ohne sentimentale Dehnungen, die beiden letzten Sätze in einer herrlichen Vereinigung von absoluter Klarheit des Klangbildes und tanzhafter Elementarität. Klemperer sucht nicht irgendeine ›neue‹ Auffassung. Er reinigt vielmehr das Werk von früheren virtuosen und vergröbernden Ausdeutungen. Er gibt ihm wie dem ›Fidelio‹, reinste, vollgültigste Gestalt.

Der Beifall ist stürmisch, beinahe demonstrativ.

Mahlers Erste
*18. April 1928*

Da Klemperer erst in dieser Woche zurückkehrt, muß Alexander von Zemlinsky das sechste Konzert in der Krolloper dirigieren. Es ist kein aufrüttelnder Abend, wie sonst bei Klemperer, aber er hat gutes Niveau.

Mahlers Erste Symphonie: im Formbau einschließlich der feierlichen Apotheose des Anfangsthemas – noch brucknerisch, in ihrer Natur- und Volksliedsehnsucht, in der gequälten, bis zur wehmütigen Parodie vorstoßenden Naivität des Trauermarsches, vor allem in der dämonischen Aufgewühltheit des Finales aber doch eine ureigene Schöpfung Gustav Mahlers. 1888 geschrieben, fünf Jahre nach Wagners Tod – eine geniale Tat. So fern uns die Ideenwelt Mahlers, so fern uns diese glühende Bekenntnismusik gerückt ist: gerade dieses frühe Werk bannt uns immer wieder. Hier ist eine Unmittelbarkeit, die Mahler in den menschlich großartigeren Symphonien der späteren Zeit nur noch ganz selten erreicht.

Es fehlt ein Letztes an nachgestaltender Spannkraft bei Zemlinsky. An Plastik, an Intensität der Steigerung. Manches ist trocken, aber alles mit äußerster Gewissenhaftigkeit, wiedergegeben. Sehr straff das Scherzo mit der ausgezeichnet phrasierten Triomelodie, ruhig und gehalten der Marsch, in dem sich der G-dur-Einsatz der Geigen besonders schön heraushebt.

Cherubinis ›Anacreon‹-Ouverture, an den Beginn gestellt, könnte ich mir federnder denken.

Huberman spielt außerdem das Mendelssohn-Konzert: seine viel bewunderte und wirklich unerreichte Leistung, in ihrem leichten Schwung, in ihrer Zügigkeit und ihrer tonlichen Vollendung. Aber warum schon wieder gerade dieses Konzert, das Huberman erst vor einem halben Jahr, bei Furtwängler, diffiziler interpretiert hat. Man will, gerade bei Klemperer, Neues hören. Es gibt so viele moderne Geigenkonzerte. Das von Hindemith müßte wieder einmal aufgeführt werden.

Hindemiths Blasmusik
*13. Mai 1928*

Als Klemperer nach fast zweimonatiger Abwesenheit wieder am Pult erscheint, begrüßt ihn demonstrativ herzlicher Beifall. Ein Beweis dafür, daß sich, trotz der systematisch betriebenen Hetze, ein Hörerkreis zeitbewußter Menschen zusammen gefunden hat, der die eindeutige, produktive Arbeit Klemperers bejaht. Es sind an diesem Institut Fehler gemacht worden – niemand wird es bestreiten. Statt den Spielplan aufzubauen, verschwendete man viele Mühe an Belanglosigkeit, wie Gounods ›Arzt wider Willen‹ und Aubers ›Schwarzen Domino‹. In den für die Festigung der am Platz der Republik vertretenen Ideen wichtigen letzten Monaten war Klemperer selber nicht anwesend. Dennoch ist Klemperers Oper, unter hemmenden Umständen eröffnet und finanziell sehr, zu sehr beschränkt, zum Mittelpunkt einer lebendigen Musikpflege Berlins geworden: wie wir es gehofft und erwartet haben. Klemperers Arbeit wirkt reinigend im äußerlich übersteigerten Musikbetrieb dieser Stadt. Hier bildet sich ein Zentrum, von dem aus das Musikleben aktiviert werden kann. Hier setzt sich eine tief im Zeitwillen ruhende Musikgesinnung gegen Bequemlichkeit und Stagnation durch. Hier hat man ein fest umrissenes Ziel, hier wagt man das Neue, sei es auch Experiment.

Fast alle wichtigen, dem Aufbau dienenden musikalischen Ereignisse dieses Winters geschahen bei Klemperer: der grandiose ›Fidelio‹, die Premiere des ›Ödipus‹ (der hoffentlich wieder erscheint), Hindemiths Bratschenkonzert. ›Cardillac‹, der seit zwei Spielzeiten über alle deutschen Provinzbühnen geht, wird bei Klemperer herauskommen, nachdem keine der beiden Berliner Opern es bisher für nötig gefunden hatte, dieses bedeutende Werk aufzuführen. (Ein paralleler Fall: Weills ›Protagonist‹.) Man fragt noch nach der Berechtigung der Klempereroper in Berlin? Sie ist eine Notwendigkeit.

Der stärkste, ja stürmische Erfolg von Klemperers siebentem Konzert: bezeichnenderweise ein neues Werk. Die Konzertmusik für Blasorchester von Paul Hindemith. Wir kennen sie von Donaueschingen her – damals war es der erste Vorstoß, mit neuen Klangmitteln eine Spielmusik zu schaffen, die der Unterhaltung im besten Sinn dienen sollte. Der subjektive Bekenntniswille in Symphonik und Dramatik des späteren 19. Jahrhunderts hatte das Verständnis für diese Art unbeschwerten Musikmachens völlig erstickt. Das Militärorchester versackte in den Niederungen der Bierkonzerte. Und selbst hier blieben seine Sehnsucht: Tannhäuserouverture und Gralsfeierlichkeit.

Bläser spielen seit Strawinsky in der Neuen Musik eine überaus wichtige Rolle. Ihr heller, scharfer Klang löst die schwelgende Sinnlichkeit der Streicher ab. Einen stets auf neue Lösungen bedachten Musiker wie Hindemith mußte die Blasmusik locken. Er paßt seinen polyphon-konzertanten Stil den spezifischen Bedingtheiten des Militärorchesters an. Fabelhaft die Sicherheit, mit der das geschieht. Diese Blasmusik: polyphone Lebendigkeit über mannigfaltig abgewandelten Marschrhythmen, unmittelbare, einfache Melodik, höchste handwerkliche Meisterschaft, knapp und konzentriert, keine überflüssige Note. Alles von jener Frische und Sauberkeit, die wir an Hindemiths Musik immer wieder lieben. Pathetisch abgenützte Instrumente, wie Trompete und Posaune, konzertieren in übermütigem Staccato herrliche Variationen über ›Prinz Eugen‹, in ein Fugato mündend, zum Schluß ein hinreißender Marsch.

Das wird von den hervorragenden Bläsern der Staatskapelle – Solisten: Hans Bode und Alfred Jacobs – unter Klemperer fabelhaft gespielt: mit letzter Strafheit, klar und spritzig.

Von Hindemiths Blasmusik zu Mozarts A-dur-Klavierkonzert: nur ein kleiner Schritt. Spielmusik des 20. Jahrhunderts neben der Spielmusik des 18. in ihrer vollkommensten Gestalt. Dieses A-Dur-Konzert ist eines der wahrhaft unbegreiflichen Werke Mozarts – reinste Entfaltung des Spieltriebes und Emanation der schöpferischen Individualität. Es offenbart, ohne irgendwie den Charakter des Konzertanten zu gefährden, bis in verborgenste Kleinigkeiten die persönliche Handschrift des Genies. Man kann sich keinen sachlicheren und doch Phrasierung und Klang reicher erspürenden Interpreten Mozarts denken als Walter Gieseking. Wie er den virtuosen Selbstzweck nun völlig verneint, wie er mit dem Dirigenten Klemperer einfach und schlicht musiziert, wie er, jedes Zärtelnde ausschaltend, feinste Schattierungen gibt: wundervoll.

Zwei im Stimmungshaften sich erschöpfende Werke rahmen Mozart und Hindemith ein. Der Anfang war nicht allzu glücklich: die einsätzige siebente Symphonie von Jean Sibelius. Individuelle Verkleinerung der Symphonie zur Skizze; schwache innere Spannung. Die Musikernatur des Finnen zeigt sich am echtesten in der Lyrik des Adagios von eigenartiger Herbheit, feierlich, ohne äußerliches Pathos.

Ravels ›Alborada del Gracioso‹, als Klavierstück schon bekannt, strahlt nun im durchsichtigen, unendlich subtilen, bunt schillernden Klang des impressionistischen Orchesters. Man erkennt Ravels Meisterschaft: wie er die Streicher aufteilt, wie er, kaum hörbar, in einer Trompete, im Schlagzeug Farben gibt, wie er nur andeutet, auch im Fortissimo, wie bei allem geistreichen Klangspiel der Ständchenrhythmus durchklingt, den Klemperer noch besonders herausschält. In dieser lockeren und doch gespannten Wiedergabe wirkt das Stück faszinierend.

Beethovenabend
*16. Juni 1928*

Die zehn Klempererkonzerte sind auf acht zusammengeschrumpft, und aus der angekündigten ›Neunten‹ von Mahler wurde (vermutlich wegen Klemperers Rußlandreise) ein Beethovenabend, der um so weniger notwendig erscheint, als Klemperer in diesem Winter schon ein Konzert mit Werken von Beethoven dirigiert hat. Wir hatten allen Grund zur Annahme, daß sich gerade Klemperer dem ewigen Einerlei der Programme entgegensetzen würde. Die wunderbare Bachsuite, mit der er im Herbst seinen Konzertzyklus eröffnete, ist noch in lebendiger Erinnerung. Warum gab er nicht einen Abend mit alter Musik? Das wäre auch bezeichnender gewesen für die Tendenz seines Instituts.

Adolf Buschs Interpretation des Beethovenschen Violinkonzerts, die wir gestern hörten, ist eine Leistung von höchster Reife und Vollkommenheit – überlegen beherrscht, unvirtuos, von klassischer Ruhe und Strenge, dabei intensiv und erfühlt. Alles Figurative ordnet Busch einem sinnvoll belebten Aufbau unter. Die Einheit des Ganzen ist ebenso außerordentlich wie die tonliche Vollendung, wie die Ausgeglichenheit des Technischen. Soviel an dieser Wiedergabe im einzelnen hervorzuheben wäre, besonders im erstaunlich reich abgestuften Finale – der stärkste Augenblick ist, wenn im zweiten Teil des Largo die breite Melodie der Sologeige über den Streichern hervortritt. Hier erreicht Busch eine Vergeistigung des Klangsinnlichen, die man bei keinem anderen Geiger hören kann.

Klemperer hält in der Begleitung des Solisten sehr zurück. Die Orchestertutti hebt er in schöner Steigerung heraus: die symphonische Geschlossenheit des Konzerts wird dadurch unterstrichen. Beethovens erste Symphonie, die den Abend einleitet, gibt Klemperer unbekümmert und frisch. Die energische Raffung des Menuetts fällt besonders auf – es ist das bedeutendste Stück dieses frühen Werks.

Die ›Fünfte‹ als Schlußnummer – bohrend, hart, von ungestümer Vehemenz erfüllt in den schnellen Sätzen. Klemperer gleicht die Dynamik nicht aus, er unterstreicht die Kontraste, die Akzente, bei genauester Beachtung der originalen Angaben. Die Einsätze dröhnen; die Hörner zu Beginn der Durchführung des ersten Satzes, die Bässe im Trio des Scherzos, die Posaunen im Finale. Im Andante gibt es kein schwellendes Espressivo. Die Rhythmen sind unerbittlich und scharf durchgehalten. Hinreißend die Steigerung des Finales. Doch spielt das Orchester nicht so zuverlässig wie sonst.

Der Beifall des glänzend besuchten Hauses war begeistert.

Mahlers ›Neunte‹
*19. Oktober 1928*

Die Neunte Symphonie entstand nach dem ›Lied von der Erde‹: die letzte große Arbeit Mahlers, in der man oft den Ansatz zu einer neuen Entwicklung sah. Man hatte einen zu geringen Abstand von seinem Gesamtwerk und überschätzte einige stilistische Merkmale. Im ›Lied von der Erde‹ war einmal die vollkommene Kongruenz von Ideellem und Schöpferischem erreicht. Sobald Mahler den hier gefundenen gelockerten Stil symphonisch ausbauen will, ist der alte Bruch wieder da zwischen dem hochgespannten subjektiven Ausdruckswillen und seiner Gestaltwerdung im Kunstwerk. Plastik, Einfachheit, Allgemeingültigkeit ist erstrebt, die Symphonie als Symbol einer Gemeinschaftsidee wie bei Beethoven – aber nur ein Bild der zerrissenen Persönlichkeit Mahlers steht vor uns.

Durch Einbeziehung asymphonischer vokaler Elemente, durch Übersteigerung der Mittel erzwang Mahler in der ›Achten‹ die Einheit des Ganzen wenigstens äußerlich. Der wieder rein instrumentalen ›Neunten‹ fehlt auch sie. Der alte Grundriß der Satzanlage, in Mahlers früheren instrumentalen Symphonien immerhin noch gültig, ist zerstört. Zwei langsame Ecksätze umschließen ein Scherzo und eine Burleske. Die Verwandtschaft mit dem ›Lied von der Erde‹ ist unverkennbar, in der Grundstimmung, in Einzelheiten der Sprache: aufgelockerte transparente Klänge, rein melodische Führung der Stimmen bei gesteigerter Intensität des Ausdrucks, dunkle, gebrochene Farben. Noch krönen, im ersten Satz, Trompetenfanfaren eine Steigerung wie früher – aber sie haben alles Leuchtende verloren, und die Steigerung selbst gelingt nur mit stärkster Anstrengung, die melodische Kontur ist zackig aufgetragen, die zeugende Kraft der Thematik erloschen. Im letzten Satz will Mahler sich in seinem ganz breit angelegten Adagio aussingen. Es ist eine großartige Ruhe darin, an Bruckner gemahnend, doch kein Fluß, kein organisches Wachstum. Gewaltsames Aufrecken, müdes Zerbrechen.

Als Gegensatz zu diesen beiden Eckstücken von größtem persönlichen Ausdruck zwei Tanzsätze. Die Tragik von Mahlers Schaffen bricht noch einmal auf. Er will sein symphonisches Werk auf dem Fundament des Volkstums bauen, mit dem er von seiner böhmischen Heimat her unmittelbar verbunden ist. Aber der Spätgeborene, Gehetzte findet nicht mehr die Unbekümmertheit, die heitere Freude volkstümlichen Musizierens. Er setzt zum Ländler an: ein paar Takte, dann stockt die Bewegung, eine Fiedelmelodie in den Geigen kommt nicht auf, die Walzerrhythmen springen in riesigen, verzerrten Intervallen, die Lustigkeit klingt krampfig. Und schließlich die Burleske: lauter kleinste Teile, skurrile Farben, eine Volksmelodie in übertriebener Harmonik, ein durchgehender Rhythmus, der nicht greifbar wird, ein erzwungener Strettawirbel. Das Menschliche, das in dieser Kunst sich verzehrt, ist stärker als sie selber. So fern sie uns gerückt ist – mit ihrer ganzen Problematik –, sie hat immer wieder etwas tief Ergreifendes.

Klemperers Wiedergabe hat eine außerordentliche Intensität. Er meidet jeden äußerlichen Aufschwung, jedes Hervordrängen der Farben, auch jedes Herausbiegen des Details, manchmal sogar auf Kosten der Plastik. Er hat ein unmittelbares und ganz starkes Verhältnis zu Mahler, wie ja auch Mahlers Ethos, Mahlers Besessenheit in ihm weiterlebt. Er bringt uns diese Musik, in der ganz nach Innen gerichteten Darstellung, so nahe, als sie uns überhaupt zu bringen ist.

Vorher hört man die Kindertotenlieder, von Schorr mit schöner Verhaltenheit und Wärme im Ausdruck vorgetragen. Sie sind eine der bleibendsten Arbeiten Mahlers, weil sie, mit Ausnahme vielleicht des letzten Stükkes, volkstümliche Schlichtheit und Stimmungskraft mit äußerster Zartheit der Empfindung verbinden.

Strawinsky und Křenek
*3. November 1928*

Klemperer bricht in dieser Saison noch konsequenter mit den üblichen konventionellen Programmen als im Vorjahr. Auch in seinen Konzerten bekennt er sich eindeutig zur Gegenwart. Er bringt diesmal zwei Uraufführungen: Strawinskys neuestes Werk, die Musik zum Ballett ›Apollon musagète‹ und eine ›kleine Sinfonie‹ von Křenek.

›Apollo‹ setzt die klassizistische Linie der letzten Arbeiten Strawinskys fort. Vielleicht soll es ein leichtes, spielerisches Gegenstück zum ›Ödipus‹ sein, der die Krönung jahrelanger Versuche darstellt, die restlose Bändigung des Elementaren durch die Form. ›Ödipus‹ wäre ohne den Einfluß der ästhetischen Dogmen Cocteaus und Picassos nicht denkbar – Dogmen, die nicht aus einer snobistischen Laune aufgestellt wurden, sondern reinstes Symbol französischer Geisteshaltung sind – aber er ist als Ganzes doch eine im höchsten Grad persönliche Leistung Strawinskys. So viel Stilelemente hier auch zusammenlaufen – sie sind gebunden durch den schöpferischen Stilwillen. ›Ödipus‹ ist trotz seiner stofflichen Zeitferne von stärkster Gegenwärtigkeit. ›Apollo‹ wirkt weit mehr als kunstgewerblich-artistische Angelegenheit. Auch hier herrscht die Form, die alte französische Ballettform mit ihren typischen Sätzen. Auch hier schreibt Strawinsky sachliche, absolute Musik. Er versteckt sich hinter dem Neuklassizismus. Er will ganz französisch, liebenswürdig, naiv sein. Die Sprache ist noch mehr vereinfacht, die Melodiebildung knüpft an typische Ballettwendungen an, es gibt simple und süße Tonfolgen. Als Klangkörper nur vielfach geteilte Streicher. Die Einfachheit scheint, bei aller Meisterschaft des Satzes, gekünstelt, erzwungen. Aber hinter dieser Simplizität erkennt man die eigenwilligen Stimmführungen, auch die komplizierte Harmonik des ›Ödipus‹ – beim Lesen der Noten mehr als beim Hören, denn der Streicherklang nivelliert alles. Manche Stücke haben etwas Suggestives, und einmal zeigt Strawinsky sein wirkliches Gesicht: in der groß angelegten Coda, deren Wirkung durch die zarte Schlußapotheose noch erhöht wird. Man müßte die Musik einmal getanzt sehen.

›Apollo‹ ist nur aus der Entwicklung Strawinskys zu verstehen: aus dieser scheinbar sprunghaften, in Wahrheit doch logischen und großartigen Entwicklung. In der Auseinandersetzung des Russen mit der französischen Kultur bedeutet es einen weiteren Schritt. Aber auch, darüber kann kein Zweifel sein, eine gefährliche Wendung vom Musizieren zum unfruchtbaren Stilexperiment, zum Aufgeben der Persönlichkeit. Auf die Dauer wird sich Strawinskys schöpferisches Genie nicht unterdrücken lassen.

Křeneks Symphonie ist unproblematisch. Ihr größter Vorzug: ihre Ehrlichkeit. Sie ist typisch für die allgemeine Tendenz nach Einfachheit und Faßlichkeit in der jungen deutschen Musik. Hindemith und Weill sind denselben Weg gegangen. Hindemith mit seinen letzten Konzerten, mit seinen Spielmusiken, Weill mit den herrlichen Songs seiner ›Dreigroschenoper‹. Beide haben ihren Stil gefunden, ohne Zugeständnisse. Auch Křenek ist einfach geworden – aber er fand seinen Stil nicht. Es scheint wirklich, daß die Spannung seiner frühen Werke nicht ungesammelter Kraft entsprang, sondern den Erregungen der Pubertät. Wie in seinen drei neuen Einaktern wirft Křenek auch in dieser kleinen Sinfonie Stilelemente bunt durcheinander: opernhafte Gefühlsentladungen, dezente Jazzrhythmen, polyphone Eckigkeiten, rein instrumentale Witze. Wahrscheinlich will er gar nicht ordnen und gestalten. Er unterhält den Hörer, indem er ihm so weit als möglich entgegenkommt. Diese Sinfonie: eine harmlose, höchst verbindliche Sache. Manches ist ganz lustig, ein kleines Trompetengeschmetter, ein ächzender Walzer, eine hübsche Fagottmelodie. Die Klanggebung mit viel Bläsern und ein paar Banjos ermöglicht allerhand Kombinationen, die Křenek sehr geschickt ausnutzt. Ein leichter, verfliegender Spaß. Křenek kann sich für den stürmischen Beifall persönlich bedanken.

Dann spielt Adolf Busch Mozarts D-Dur-Konzert: wundervoll schlicht und musikerfüllt, nur an einigen Stellen etwas zu kräftig. Klemperer zeigt sich wirklich interessiert erst beim letzten Stück, der Abschiedssymphonie von Haydn, die er ganz auf ihre dunklen, gar nicht spielerischen fis-Moll-Spannungen anlegt. Eine Wiedergabe von unerhörter Intensität bei leichtester Klangzeichnung.

## Hauers Zwölftonmusik
*14. Dezember 1928*

Durch den sensationellen Erfolg der VII. Suite für Orchester auf dem Frankfurter Musikfest wurde die Öffentlichkeit erst eigentlich auf Joseph Matthias Hauer aufmerksam.

Man kannte den Wiener Volksschullehrer wohl als Entdecker und Verfechter einer atonalen Zwölftontheorie, die sich auf das Melos gründet. Aber man hielt das für kaum mehr als eine unfruchtbare Eigenbrötelei und war aufs höchste erstaunt, als diese Zwölftonmusik nun einmal erklang. Man war gebannt von ihrer feierlichen Monotonie, von ihrem ungewohnten Kolorit. Das Kammeroratorium ›Wandlungen‹, das heuer in Baden-Baden aufgeführt wurde, brachte auch im Kompositionsstil eine Wandlung. Es war viel einfacher und äußerlicher als die Suite. Es legte zugleich die gedankliche Abhängigkeit dieser rhythmisch ungefestigten, flirrenden Musik von der Romantik bloß.

Die ›Sinfonietta‹ ist noch weniger starr als die früheren Arbeiten. Das Klangbild ist mannigfaltiger, bunter, aber auch die konstruktiven Melodielinien sind geformter und heben sich deutlicher voneinander ab. Hauers Musik gewann an Greifbarkeit, ohne (wie im Oratorium) ihre absolute, abstrakte Haltung, ihre eigentümliche polyphone Verknüpfung aufzugeben.

Der älteren Suite am nächsten steht der erste Satz: zart, flimmernd, mit leise rollendem Schlagzeug, auch mit jenen formal unmotivierten, rein tonalen Stellen, die wieder nach rückwärts weisen. Man könnte von einem ins Konstruktive gewendeten Impressionismus sprechen. Freilich ermüdet diese Monotonie um so mehr, je öfter man ihr begegnet. Hauer mag die Grenzen selber erkannt haben. Denn die beiden folgenden Sätze sind viel lebendiger. Der mittlere – ein Ländler, als Tanz wenig plastisch, da alle rhythmischen Antriebe, ja selbst die typischen Akzente fehlen, ein in hohem Maße abstrahierter Ländler – in steter Temposteigerung über ein reizendes Fugato, über einen kleinen Holzbläsersatz angelegt. Den weitaus stärksten Eindruck vermittelt der Schlußsatz mit der scharf konturierten, stechenden Marschpolyphonie seiner Blechbläser, die oft jazzmäßig synkopieren. Die Streicher geben durchgehend die Taktschläge an. Es ist das Unmittelbarste an Musik, was von Hauer bisher bekannt wurde.

Theoretisch stehen Schönberg und Hauer in enger Beziehung. Aber während sich Schönberg immer mehr in einen toten Papier-Formalismus verbeißt, dringen bei Hauer zunehmend rein musikalische Kräfte in die Zwölftöne-Konstruktion. Hauer läßt sich nirgends in der modernen Musik rubrizieren, und doch ist er mit ihren Tendenzen nach absoluter Gestaltung aufs stärkste verbunden. Er schreibt jetzt eine Oper. Man darf darauf gespannt sein.

Eine sinnvollere Wiedergabe der Sinfonietta als die unter Klemperer läßt sich nicht denken. Wie ist das durchgearbeitet – innere Aktivität bei äußerer Ruhe, prachtvoll geschlossenes Klangbild. Klemperer ist auf allen Gebieten vorwärtsweisend, in der Oper, im Konzert. Er hat sein Programm von allem Unwesentlichen gereinigt, von allem tausendmal und immer wieder Gespielten. Was bei ihm geschieht, hat Zeitnotwendigkeit.

Den zweiten Teil bildet Mahlers wunderbares ›Lied von der Erde‹: immer wieder neu und zukunftweisend. Klemperer gibt es mit größter Intensität, nicht auf Farbe und Stimmung, sondern die Form zusammenschließend, das Ausdrucksmäßige bis zum Äußersten spannend, mit heftigen Akzenten und leidenschaftlichen Steigerungen. Das drohende erste Lied, das im Marschrhythmus außerordentlich gesteigerte vierte, das aufbäumende fünfte, das sind die Gipfelpunkte. Der unvergleichlich schöne ›Abschied‹ ist nicht so eindringlich (und auch im Orchester nicht ganz korrekt). Der herrliche Tenor Fidesser hat zum Werk ein stärkeres Verhältnis als Sigrid Onégin, die zu sehr bedacht ist, ihr phänomenales Organ zur Geltung zu bringen.

Bach, Hindemith, Dreigroschenmusik
8. Februar 1929

Ein außerordentlicher Abend – das lebendigste Konzert der Saison. Klemperer mied in allen Programmen dieses Jahres den gebräuchlichen Programmtrott. Immer spielte er wichtige neue Werke. Jetzt bricht er konsequent mit dem Typus: vom traditionellen ›Symphoniekonzert‹, das, äußeres Abbild einer bestimmten musikgenießerischen Einstellung des Hörers, vom Betrieb zahlenmäßig um so mehr gesteigert wird, als es an innerer Bedeutung verliert, ist nur mehr der Name übrig. Es wirkt kein Riesenorchester mit, es wird keine problematische Bekenntnissymphonik gespielt. Wie es bei produktiver Musikpflege eigentlich in jedem Konzert sein müßte, dominieren die zeitgenössischen Arbeiten, ein älteres Werk ist organisch den neuen eingegliedert. Aus diesem Programm mit Bachs 6. Brandenburgischem Konzert und Hindemiths Violinkonzert, mit Weills ›Kleiner Dreigroschenmusik‹ und Strawinskys ›Pulcinella‹-Suite spricht eine neue, gegenwärtige Musikgesinnung. Nicht eine Tradition ist in unsere Zeit herübergeführt, sondern die Zeit selbst findet ihren adäquaten Ausdruck. Es ist kein gesellschaftliches Konzert, in welchem den Hörern die Anschauung eines ihm letzterdings gleichgültigen Autors oder Interpreten aufgezwungen wird – sondern Hörer, Künstler und Ausführende fühlen durch die Gegenwärtigkeit des Erlebnisses sich zu einem aktiven Ganzen verbunden. Und es gibt hier auch eine Unmittelbarkeit, eine Frische des Reagierens, wie man sie sonst nicht erlebt. Bei Bach, bei Hindemith, und ganz besonders bei Weill – ein tosender Beifall, der zugleich beweist, welch starke Resonanz Klemperers erneuernde Arbeit bei den Hörern findet.

Diese Musik von Bach bis Strawinsky eint die spielerische Tendenz. Sie erbaut und erschüttert nicht – sie ist heiter, froh, lösend. Sie bedrückt und benebelt nicht durch Gefühlsemanationen, sie erfrischt, sie regt an. Man ist hingerissen von der ungeheuren Vitalität dieses Bachkonzerts mit dem herben Klang der Violen und Gamben. Wann hat man eine so stilgemäße und musikerfüllte Wiedergabe gehört? Kammerbesetzung mit Hindemith und Wolfsthal als Bratschisten. Sie spielen ohne jede ›ausdrucksvolle‹ Nuance, unbekümmert und frisch, mit äußerster Deutlichkeit der Stimmführung (langsamer Satz) – wunderbar.

Hindemiths Violinkonzert ist in Berlin schon aufgeführt. Es stammt aus der Zeit vor dem ›Cardillac‹. Hindemith hat den hier geschaffenen Typus mehrfach angewendet, ausgebaut. Das Bratschenkonzert mag reifer sein, klarer in der Struktur, gefestigter im Stil. Eine stimmungshafte Coda wie hier im zweiten Satz wäre dort nicht mehr möglich. Aber dieser Reichtum, diese Ursprünglichkeit der gestaltenden und klangschöpferischen Phantasie, von den scharfen Bläserakkorden des Beginns, in welches das Cornet sein ›Signal‹ schmettert, bis zu der sprühenden, wirbelnden Leichtigkeit des Finale, diese Weite und Intensität einer gänzlich unsentimentalen Melodik im ›Nachtstück‹ – Hindemiths Violinkonzert ist eines der bedeutendsten und originellsten Werke neuer Musik überhaupt. Wolfsthal als Solist – eine phänomenale Leistung. Vollendung des Geigerisch-Technischen, Wärme des Tones, aber kein äußerliches ›Gefühl‹, Sachlichkeit und Überlegenheit des Vortrags, erstaunliche geistige Beherrschung – Wolfsthal ist einer unserer allerersten Geiger.

Neben die konzertante Polyphonie, die Bach und Hindemith über Jahrhunderte hinweg verbindet, treten die in der Suitenfolge zusammengeschlossenen Tanzstücke. Beide, Konzert und Suite, sind Symptome des formal gerichteten Klassizismus, der, bei aller Vielfältigkeit der Erscheinungen, in der gesamten neuen Musik spürbar ist. Mit Weills Dreigroschensuite bricht Unterhaltungsmusik in das Symphoniekonzert ein – beinah selbstverständliche Konsequenz des neuen Musikwillens, der das Einfache, Lustige dem Feierlichen ›Hohen‹ vorzieht. Weill stellt acht Nummern seiner Musik zur ›Dreigroschenoper‹ mit außerordentlich feinem Formgefühl für eine fünfzehnköpfige Band zusammen. Obwohl die Stücke aus dem Milieu des Theaters herausgerissen sind, eines ganz bestimmten und neuen Theaters, das ihren originellen, Gassenhauer und Jazz verschmelzenden Stil bedingt, bleibt ihnen auch im Konzertsaal die anregende, oft elektrisierende Wirkung – am stärksten bei den reinen Tanzstücken, während die parodistische Lyrik verliert. Durch geistvolle Kontrapunktierung durch witzige melodisch-rhythmische oder klangliche Varianten sind die Melodien konzertmäßig bereichert. Der herrlich agressive Kanonensong schlägt mächtig ein.

Eine ungewohnte Aufgabe für das Orchester. Es findet sich sehr gut damit ab, wenn es auch die Schärfe und Präzision einer Jazzband nicht erreichen kann. Zum Schluß die ›Pulcinella‹-Suite, von Klemperer auf das Rhythmische und Gegenwärtige hin gespielt – auf das eigentlich Strawinskysche, das vom Beginn hinter jedem Takt Pergolesis durchschimmert und schließlich mit aller Elementarität hervorbricht.

Sommernachtstraum
... März 1929

Diesmal gibt es bei Kroll ein anderes Programm: einen Streifzug ins scheinbar Unbesondere.

Zwar Debussys zarte ›Nocturnes‹ sind apart genug. Aber sie sind keineswegs abwegig, keinesfalls gewichtig – drei von seiner Lebendigkeit erfüllte Stimmungsbilder, aus Klangkontrasten (einschließlich der instrumentalen Verwendung von Singstimmen), leichten rhythmischen Gegenüberstellungen Farbe schöpfend. Die Kapelle bringt jeden Hauch davon zum Klingen.

Dann spielt Arthur Schnabel Beethovens B-Dur-Konzert, und Klemperer begleitet ganz aus dem Vollen, er ist nicht der bei Geschmäcklern so beliebte ›diskrete‹ Begleiter, sondern trägt vom Gesamteindruck her die Solostimme. Die Einmütigkeit zweier sehr verschiedener Naturen liegt im gemeinsamen Willen zur unbedingten Erfüllung des Werkes. Alle Überlegenheit, alle stupende Sicherheit verstellt Schnabel das unmittelbare Erlebnis nicht, der Rhythmus bebt in ihm, er ist ein Lauschender mit allen Fasern, während er spielt, konzentriert zum Schöpferischen. Herrlich, als Pianist und Dirigent ausklingen lassen, ohne zu verzögern – zuschlagen, ohne zu brüskieren – den Nerv des Stückes treffen.

Hauptstück des Abends ist Mendelssohn. Klemperer macht sich (und seinen Hörern) das Vergnügen, diese überberühmte, tausendmal dilettantisch verzerrte, durch alle Bearbeitungen geschleifte, alle Kurorchester verkitschte, alle Bühnen gepeitschte und entstellte Musik wieder auf die Beine zu stellen.

Er gibt sie ganz, wie sie gedacht ist: von der Ouvertüre bis zum Elfenreigen, einschließlich der Chöre und Sprechstimmen. (Gillis von Rappard und Toni van Eyck taten verständnisvoll mit; die 1. und 2. Elfe sangen Irene Eisinger und Else Ruziczka.) Der ganze Sinn dieses Musizierens: die reine, geklärte, durchgeistigte Gestalt der Komposition zu erwecken, unbeschwert und schlackenfrei wirken zu lassen.

### Klemperer wieder am Pult
*27. April 1929*

So verschiedenartig im Stil die Werke dieses 6. Konzerts in der Krolloper sind – die unsymphonische Haltung, die Klemperer mit Bewußtheit in seinen Programmen immer mehr betont, verbindet sie untereinander. Hier bildet sich allmählich ein neuer lebensnaher Typus des Konzerts heraus, und immer wieder geht ein Publikum, das nicht auf Stammsitzen bequem geworden ist, mit größter Freude und Spontaneität mit.

Die beiden ersten Stücke sind durch ihren konzertanten Charakter verwandt: Bachs Viertes Brandenburgisches und Beethovens erstes Klavierkonzert, noch ganz unproblematisch, von einer begeisternden Frische und Unbekümmertheit in den schnellen Sätzen. Die Vorbildlichkeit von Klemperers sachlichem und doch gespanntem Bachspiel ist bekannt. Er musiziert mit der (einzig diskutablen) kleinen Besetzung und einem famosen Concertino (Strub, Waßmundt und Fischer). In seiner genialen Verschmelzung von kraftvoll schreitender Fugierung und Konzertstil macht das Finale den unmittelbarsten Eindruck.

Edwin Fischer spielt den jungen Beethoven mit einer absichtlichen Zurückhaltung, dabei äußerst sensibel in der dynamischen Tönung. Einige Pianostellen sind entschieden zu zart gehaucht, auch ist das Largo allzu poetisierend zerlegt. Aber stets wird man gepackt von der prachtvollen, naturhaften Musikalität dieses großen Künstlers.

Dem frühen Beethoven stellt Klemperer die große Streicherfuge gegenüber. Er zeichnet sie mit größter Intensität der Linien in heftig rhythmisiertem Zuge. Die Fuge ist eines der großartigsten Dokumente von Beethovens Schöpfertum: auf einer Höhe geistiger Anschauung, die nur der späte Bach erreichte, zwingt er die abstrakteste Musikform unter seinen Ausdruckswillen. Die ungeheure Energie, der unbeugsame Wille Beethovens findet gültigsten Ausdruck.

Die Aufführung von Hindemiths Orchesterkonzert ist eine der großartigsten Leistungen, die wir von Klemperer erlebten. In diesem höchst originellen Stück bricht noch einmal die ganze stürmende, tosende, draufgängerische Kraft des frühen Hindemith über das konstruktive Formprinzip herein, die Polyphonie des Beginns tobt sich in sausenden Streichern, scharfen Themenführungen bis zur Entfesselung des Rhythmus aus. Eigentlich müßte es mit dem zweiten Satz schließen. Die beiden folgenden schwächen eher ab. Klemperer reißt Orchester und Hörer mit. Diese Vehemenz der Steigerungen, diese Plastik der obstinaten Fundamentsbässe, dieses Feuer des Spiels: fabelhaft. Noch vor zwei Jahren war Hindemiths Orchesterkonzert der Schrecken aller traditionsgefütterten Ohren. Jetzt wird es ein Triumph für Klemperer und Hindemith, die immer wieder erscheinen müssen.

### Strawinsky
*18. Juni 1929*

Klemperer hielt auch während der Festspiele sein künstlerisches Prinzip durch. Während sonst die großen Werke abgeschlossener Epochen der musikalischen Entwicklung, von Bach bis Strauss, aufgeführt wurden, stellt er das Neue, Junge heraus. Die Hindemith-Uraufführung, jetzt das Strawinsky-Konzert – es waren nach dem Toscanini-Gastspiel die wichtigsten Ereignisse dieser Wochen.

Strawinsky hat den neuen unsentimentalen, antiromantischen Stil in der Musik geschaffen und in einem Werk von großartiger Spannweite durchgedacht, ja eigentlich zu Ende gedacht. Seine Revolution ging vom Rhythmus aus, der in der Spätromantik allmählich von den Gefühlswellen überspült worden war. Das Klangmeer wogte quallig auf und ab, es hatte kein Fundament mehr. Da brach ›Petruschka‹, da brach ›Sacre du Printemps‹ über die von Schönberg zur äußersten Zersetzung getriebene, romantische Musik herein. Beim ersten

Zusammentreffen – in Deutschland geschah es sehr spät – waren wir alle umgeworfen von der Elementarität, von der eruptiven Gewalt dieser Ballette. Strawinsky selber war damals noch vom Klang des romantischen Riesenorchesters bezaubert. Aber von Anfang an war ihm die klangsinnliche Ekstase, die über Sequenzen hochgetriebene schwelgende Melodik fremd. Er hatte nicht von Wagner, sondern von der virtuosen Koloristik Rimski-Korssakows gelernt, hier wirkte kein musikdramatischer Expansionswille, hier lastete keine deutsch-romantische Tradition: Strawinskys Musik wuchs aus einer naiven tänzerischen Anschauung heraus, und hinter ihr stand die Kraft des russischen Volkstums. Vom Russisch-Nationalen aus bildet sich die Tonsprache um – der Rhythmus reißt die überladene Harmonik zusammen, die unerhörten akkordischen Kühnheiten, durch das Erlebnis des Impressionismus noch gesteigert, sind nicht mehr Ausdruck von Gefühlsspannungen, sondern Träger der rhythmischen Energie, die Melodik reiht die kleinen, aus dem Volkstanz übernommenen Wendungen aneinander, nicht Steigerung, sondern Addierung der motivischen Einheiten.

Jedes neue Werk von Strawinsky stellt einen neuen Typus dar. Jedes Werk ist endgültig. Dadurch mag der Eindruck einer sprunghaften Entwicklung erweckt worden sein. In Wahrheit ist dieses Schaffen von imponierender Logik. Auf den ungestümen Ausbruch der neuen Kräfte im ›Sacre‹ folgt der erste Versuch einer Bändigung, folgt der definitive Abstoß von einer dieser geschärften Musik nicht mehr adäquaten Klanglichkeit. Hier stehen ›Les Noces‹, die wir jetzt in Berlin zum erstenmal hörten. Aus der Fessellosigkeit des Rhythmus wird Verstraffung, aus dem Chaos wird Ordnung. Chor und Solisten, die im Orchester die tänzerische Vorführung der russischen Bauernhochzeit erläutern, die vier Klaviere, die Schlaginstrumente, alles dient nur dazu, den gebändigten Rhythmus herauszuhämmern. Die Chorbehandlung ist ganz neu: unkantabel, skandierend, deklamierend, eine geniale künstlerische Stilisierung des Volksgesangs.

Von unglaublicher Feinheit ist die instrumentale Zeichnung. Die Klaviere sind als Schlaginstrumente verwendet, sie glitzern, donnern, schweben in leisen Figuren, verschärfen die Betonungen, immer wieder in neuen Mischungen des Klangs, immer wieder neu belichtet durch Trommeln, Tambourins und Pauken. Höchste Ökonomie und höchste Vielgestaltigkeit zugleich. Fabelhaft ist der Schluß: wenn mit einmal spitze Glocken zu dem Abschiedsrezitativ des Basses durch den Raum klingen. Gerade an dieser Stelle wird die Weite der ›Noces‹ offenbar. In dieser stahlharten Musik, in diesen dauernd umspringenden, antreibenden Rhythmen ist die ungebrochene Vitalität, die Gefühlsschwere des russischen Menschen eingefangen. ›Les Noces‹ sind urtümliche, erdnahe und absolute Kunst in einem. Sie dokumentieren auch zum erstenmal jenen neuen Typus des nicht mehr äußerlich dramatisch bewegten, sondern beschreibenden, formalen, statuarischen musikalischen Theaters, das Strawinsky in der ›Geschichte vom Soldaten‹ und dann im ›Oedipus‹ weiter ausbaute.

Eine neue Etappe: das Klavierkonzert. Strawinsky hat Rußland längst verlassen, ist in Frankreich heimisch geworden. Seine Sprache wächst aus dem Nationalen ins Internationale. Die Bändigung des Elementaren schreitet fort, führt ihn zum Klassizismus. Auch das ist eine zwangsläufige Entwicklung. Wieder stellt Strawinsky als erster den neuen Typus auf, der aus der Verschmelzung eigenschöpferischer Kräfte mit einem älteren, wesensverwandten Stil entsteht. Die ›nationalen‹ Merkmale sind verschwunden, Bachische Wendungen aufgenommen, die Form ist streng umrissen, die Harmonik hat sich von der durch Sekundenreibungen geschärften Polytonalität der ›Noces‹ zur reinen Tonalität hin konsolidiert – aber geblieben ist die ungeheure Kraft, die das Werk herausschleudert, geblieben ist auch in dieser Zügelung durch den klassizistischen Formwillen die mitreißende Elementarität der Rhythmik.

Eine letzte Etappe: ›Apollon musagète‹. Strawinsky im Bann der geistigen und ästhetischen Atmosphäre von Paris. Den Russen nimmt diese kultivierte Welt gefangen. Der Weg vom musikalischen Klassizismus zur Antike war nicht weit. Äußerste Stilisierung, äußerste Einfachheit, äußerste Klarheit der Form: das sind die neuen Ziele. Strawinsky entdeckt die neuen Zonen des Lyrischen und Idyllischen. Der Streicherklang, wegen seiner Weichheit lange Zeit hindurch gemieden, ist ihnen gemäß. Die rhythmischen Energien sind verschwunden, die kantable Melodik kommt wieder hervor. Nie ursprünglich als Melodiker, versteckt sich Strawinsky hinter Couperin und Rameau, aber auch hinter Delibes und Brahms.

Klemperer spielte die Apollo-Musik schon vor einem halben Jahr. Die Transparenz des Klanges ist diesmal noch erhöht. Die Musik gewinnt beim öfteren Hören, ihre gebrochene, mit fremden Intervallen durchsetzte Tonalität ist ungemein reizvoll. Man bewundert die einzigartige Meisterschaft des Satzes. Aber die grundsätzlichen Bedenken gegen diesen raffinierten Formalismus bleiben bestehen. Wird sich Strawinsky, unter französischem Einfluß, ins Artistische verlieren? Von einem Musiker, der sein Klavierkonzert mit solcher Kraft, mit solch rhythmischer Energie hindonnert, kann man es sich nicht denken.

Klemperer hat seine Spieler, seinen Chor, seine Solisten großartig in der Zucht. ›Noces‹ sind ein Triumph seines anfeuernden Temperaments, seiner Energie und seiner künstlerischen Disziplin. Die Schärfe und Lebendigkeit des Klangs – hinreißend. Der Chordirektor Rankl leistet Außerordentliches.

Erdmann und Bruckner
*4. Oktober 1929*

Während sich augenblicklich überall im Musikleben eine Tendenz zur Beruhigung, eine Abwendung von eindeutigen Auseinandersetzungen bemerkbar macht, hält Klemperer an einer starken Aktivität fest. Unter allen Ankündigungen, die bis jetzt vorliegen, hat Klemperers neuer Konzertplan das persönlichste und lebendigste Gesicht. Er beginnt gleich den ersten Abend mit einer Erstaufführung, mit dem Klavierkonzert von Eduard Erdmann. Man hat in den letzten Jahren wenig vom Komponisten Erdmann gehört. Er produziert langsam. Das Klavierkonzert ist die erste große Arbeit seit der zweiten Sinfonie. Man wird von Erdmann nicht erwarten, daß er ein Konzert von jener rein bewegungshaften, spielerischen, klassizistischen Haltung schreibt, wie man sie von den richtunggebenden Arbeiten Strawinskys oder Hindemiths her kennt. Dazu ist er eine viel zu stark im Gefühlshaften ruhende, eine viel zu schwerblütige und romantische Natur. Er hat immer noch, als Spieler wie als Komponist, etwas Ungezügeltes, Wildes. Sein Temperament stürzt eruptiv hervor, läßt keine beherrschte, weit disponierte Entwicklung zu, so sehr sie auch in den schnellen Teilen seines Konzerts mit ihren scharf umrissenen, polyphon einsetzenden Themen beabsichtigt sein mag. Eine mächtige Klavierpassage donnert dazwischen, energiegeladen, nicht virtuos, ein heftiger Ansturm zergleitet in leicht hüpfenden Figuren, dann wieder verliert sich Erdmann in zarte, versonnene Klänge, manchmal an Schönbergsche Geistigkeit erinnernd, oder er dialogisiert (in dem schönen Intermezzo vor dem Schlußrondo) mit ruhig schwingenden Bläsermelodien. Dieses Schlußrondo ist der stärkste Satz des Konzerts, äußerst gespannt und mit einer sehr erregenden Rhythmik, eine Fülle von Klanggebilden, die durch delikate Verwendung von Schlagzeugeffekten einen besonderen Reiz bekommen.

Das Stück steht nicht direkt in der Entwicklungslinie der neuen Musik. Es repräsentiert, verschiedentliche Eindrücke aufnehmend, einen älteren Typus hochschlagender, expressiver Musik, wie sie etwa Křenek in seinen besten früheren Arbeiten geschrieben hat. Aber es hat etwas Zwingendes, manchmal sogar Mitreißendes, eine Echtheit der Empfindung, eine Unmittelbarkeit der Temperamentsäußerung, in der sich die ernste und starke Persönlichkeit des Komponisten spiegelt.

Erdmann spielt den Solopart selber, eine glänzende Leistung, im Pianistischen wie in der Kraft und Sensibilität der Auffassung.

Man kann verstehen, daß Klemperer sich für dieses Stück interessierte. Er ist ja nicht nur der sachliche Interpret neuester und alter Werke, die andere Seite seines Wesens, sein verzehrendes Temperament, seine Leidenschaftlichkeit entzündet sich an dieser Musik.

Wenn er dann Bruckners ›Neunte‹ aufführt, so legt er sie ebenfalls ganz auf die steilen Spannungen, auf die ekstatischen Klangentfaltungen an, die in diesem Spätwerk über alle symphonisch-thematische Gestaltungslogik hinweg mit einer naturhaften Gewalt aufsteigen. Vor allem der erste Satz hat einen großartigen Aufriß bis in die letzten Takte hinein. Im Scherzo ist das Elementare gegenüber dem Phantastischen, Mystischen betont. Klemperer vermeidet, wie bei seiner Wagnerdarstellung, jedes breite, vibrierende Aussingen. Er faßt mit äußerster Energie zusammen, selbst auf Kosten des Klangatmosphärischen. Bruckners Längen werden kaum spürbar, höchstens im Adagio, in dem die hochromantische Melodie sich bereits auflöst. Auf diesen Satz konnte kein Finale mehr folgen.

Bach unter Klemperer
*19. November 1929*

Klemperers Abende haben unter den großen Berliner Konzerten eine besondere Funktion. Ausgezeichnete Musik wird auch anderswo gemacht. Aber nur hier, bei Klemperer, bemüht man sich um die dringend nötige Erneuerung der Gattung Konzert: durch vorbildlich zusammengestellte, untraditionelle Programme, durch eine neue Art der Werkdarstellung. Mehr noch als früher hat Klemperer in dieser Spielzeit seine Aktivität auf das Konzert gerichtet, während er sich in der Oper, vorläufig jedenfalls, weniger unternehmend zeigt.

Jetzt fand der schon lang erwartete, erhoffte Bachabend statt. Auch Bach hat in unseren Tagen eine neue Funktion. Er wurde nicht nur durch die Umwandlung der Musikanschauung wieder ›aktuell‹ – diese Wellenbewegung in der Wertschätzung älterer Kunst vollzieht sich fast automatisch: er führt uns wieder zu einer (auch im Vokalwerk) absoluten, geistigen Musik zurück, die nicht das Medium eines ›Erlebnisses‹ braucht, um existent zu werden.

Bach stellt in seinem ersten Brandenburgischen Konzert drei Oboen, zwei Corni da caccia und einen Violino piccolo mit verstimmten Saiten und eigenartig spitzem, scharfem Ton gegen den Streichkörper. Das Klangbild ist in fester, fesselnder Bewegung durch die Art der Gruppierungen, durch die Art des mehrstimmigen Ineinandergreifens verschiedener Instrumentcharaktere. Aber das sind schließlich Barockmittel, die Bach nur übernahm oder erweiterte. Das Wesentliche, das eigentlich Bachische, das diese Konzerte so weit über die Zeit, über alle Zeit erhebt, ist die grandiose Konstruktivität, die bis in die kleinste Spielfigur reichende gedankliche Aufeinanderbezogenheit, die polyphone Dichtigkeit, durch die der festlich frohe Charakter dieser Konzerte noch gesteigert wird. Das ist ein Wunder für sich an dieser Musik: wie sie die eingänglichen Dreiklangsthemen zu mächtigen Linien spannt und wie einige harmonische Fundamentschritte hinter der bunten Bewegtheit des Klanggeschehens als latente, bindende Kraft wirken.

Das selten gespielte erste Brandenburgische ist der stärkste Eindruck des Abends. Klemperer musiziert diesen Bach mit einer hinreißenden Lebendigkeit, er gestaltet nicht an einer Musik herum, die feste Gestalt in sich trägt, er nuanciert nicht, sondern sieht nur auf äußerste Genauigkeit der Stimmen. Er treibt nicht durch symphonische Pathetik auf. Wie er die an den Schluß gehängten Tänze zusammenhält, wie er die viermalige Wiederholung des Menuetts (die in jedem anderen Fall ermüden würde), ohne äußere Mittel, in eine Spannungskurve mit den Trios ordnet: großartig. Eine Zucht, eine Freudigkeit ist im Orchester: Dirigent und Spieler dienen mit dem gleichem Eifer dem Werk.

Der erste Teil ist weniger geschlossen. Die Chaconne für Sologeige paßt nicht in den Rahmen, so vollendet sie Wolfsthal auch vorträgt, vollendet im Ausgleich von spontaner Auffassung und Stilgefühl, vollendet im Geigerischen. Vorher das E-Dur-Konzert mit dem beinah übermütigen Finale: zurückhaltender gespielt, unvirtuos, sachlich, doch nie starr. Wolfsthal steht heute, wenn er auch weniger bekannt ist, ebenbürtig neben Busch. Die gleiche Souveränität, der gleiche Ernst, der Ton sogar noch geschmeidiger.

Die h-moll-Suite mit der wenig hervortretenden Soloflöte reicht in der Dichtigkeit nicht entfernt an das Brandenburgische Konzert heran. Die schwächste unter den vier Suiten, trotz der festlich-breiten Polonaise, trotz der reizenden Badinerie. Beide Stücke bringt Klemperer mit äußerster Präzision, mit einem Staccato, das aufregt. Die ersten Sätze sind etwas heftig und krampfhaft.

Das Publikum jubelt, besonders nach den reinen Instrumentalstücken. Man hat wieder Ohren für diese herrliche, saubere Musik. Klemperer muß am Schluß auch seine beiden Hornisten vorstellen, die die unwahrscheinlich schweren Partien auf ihren modernen Instrumenten glänzend bewältigen.

Lindberghflug für Schulen
*6. Dezember 1929*

Klemperer bringt in seinem dritten Abend bei Kroll ein äußerst interessantes Programm Neuer Musik. Drei Werke, die verschiedene Phasen der jüngsten Musikentwicklung repräsentieren: ›Noces‹ von Strawinsky kennzeichnet die erste Phase des Hervorbrechens neuer Kräfte. Die harmonisch schwelgende, in unendlichen Gefühlsmelodien zerfließende romantische Musik wird ausgetrieben durch diese scharf skandierende, aus russischen Volksliedern abgeleitete Melodik, durch den in ungebrochener Vielfältigkeit, in erregender Asymmetrie hinstürzenden Rhythmus. Ein neuer gestählter, gehärteter Klang entsteht aus der Chordeklamation, aus dem mit genialer Kunst organisierten Zusammenwirken von Klavieren und Schlagzeug. Es ist weit mehr als eine ›sachliche‹ Musik – aus diesen »Hochzeitsszenen« tönt die Melancholie und die Naturhaftigkeit des weiten Rußland. Die Wiederholung hat die gleiche Hochspannung, das gleiche Feuer, die gleiche Schärfe wie die Erstaufführung bei den Festspielen. Vielleicht singt der Chor noch deutlicher, noch gespitzter als damals. Auch die Solisten schließen sich noch besser zusammen. Der Sopran der Heidersbach führt, die Männer (Abendroth und besonders Cavara) setzen sich schön durch. Nur der Alt ist ungenügend besetzt.

Zweite Phase: die neuen Kräfte werden gestaltet, eine neue Form taucht auf – Ablösung der dynamisch rauschenden, dramatisierenden Symphonie durch das durchsichtige, in unbeschwerter Bewegung, in gedanklicher Konzentration und Verknüpfung ablaufende Konzert, wie es von Hindemith als Typus aufgestellt und vom mehr virtuosen Solistenstück bis zur reinen konzertanten Kammermusik (etwa im Bratschenkonzert) entwickelt wurde. Das Cellokonzert liegt mehrere Jahre zurück. Es steht am Beginn von Hindemiths Konzertproduktion. Es nimmt in der für diese Periode bezeichnenden Art Elemente alter Musik auf (hier besonders in der Melodik), ohne sie völlig einzuschmelzen. Das Cellokonzert ist keine von Hindemiths stärksten Arbeiten. Man erkennt Hindemiths Handschrift, man bewundert die Feinheit seiner Satzkunst, aber man vermißt seine Vitalität, seine Schwungkraft. Ein fortwirbelnder zweiter Satz steht drin, mit reizenden Dialogen zwischen Solocello und Bläsern. Der langsame Teil rafft sich erst gegen Ende auf, und das Finale ist etwas zu knapp angelegt. Feuermann spielt das Solo, mit einem Schwung, mit einer Saftigkeit des Tons und der Technik, mit einer Energie, einer Unfehlbarkeit – hinreißend.

Die dritte Phase neuer Musikentwicklung greift ins Soziologische hinüber. Mögen die bequemen Betrachter des deutschen Musiklebens auch die Krise des Konzerts und des Opernthesters noch so konstant ableugnen, weil sie nur Einzelerscheinungen sehen, Einzelerfolge mißverstehen – diese Krise ist da. Sie zeigt sich in der Isolierung der großen Pflegestätten des Musikbetriebes, sie zeigt sich in der Abwendung großer Hörerschichten von unleugbar positiven neuen Werten. Es gibt nur einen Weg zu ihrer Überwindung: die Schaffung neuer Hörerkreise, die sich nicht mit genießendem Eingehen auf die historischen Bildungswerte begnügen, die Aktivierung des Hörers – so, daß er wieder geistig Anteil nimmt an einer Musik, die ihre Antriebe aus der Erlebnis- und Anschauungssphäre unserer Zeit erhält.

Mehrfach wurde auf die Bedeutung der Pädagogik hingewiesen: Erziehung zum selbsttätigen Musizieren, zum Erleben des musikalisch Wesenhaften in der Schule. Wir brauchen neue Musik für diese Zwecke. Das Baden-Badener ›Lehrstück‹ von Brecht und Hindemith war ein Vorstoß in dieser Richtung. Jetzt folgt ein zweiter, der ebenfalls in Baden-Baden vorbereitet worden ist. Damals hatten sich Weill und Hindemith in die Kompositionen des ›Lindberghfluges‹ von Brecht geteilt. Damals wurde es als Hörspiel gesendet, wozu es sich durch den Stoff und (vor allem) durch die großartig einfache, schlichte, packende Sprachgestaltung hervorragend eignet. Damals schon zeigte Brecht in einer Sondervorführung, wie er den ›Lindberghflug‹ pädagogisch verwenden will. »Er hat keinen Wert, wenn man sich nicht daran schult« – der Sinn dieser Kunst, die nicht als Genuß-, sondern Lehrmittel dient, ist eindeutig formuliert. Jetzt geben ihn Brecht und Weill als Schulstück heraus. Auch dazu eignet er sich vorzüglich. Die Konzertaufführung ist vorläufige Zwischenlösung, sie soll die Arbeit nur vorstellen. Ihr Zweck: Studium und Wiedergabe durch Schüler.

Das Stück hat natürlich durch die einheitliche Durchkomposition gewonnen. Der Stil ist durch den Zweck bestimmt: größte Einfachheit, geringste Schwierigkeit für die Ausführung. Weill hat diese einfache Haltung gefunden. Er verzichtet aus Gebrauchsgründen auf jedes kantatenhafte Ausmusizieren. Es ist ein musikalischer Bericht – knapp, scharf stehen die kleinen Nummern da, nicht alle gleich phantasiestark, einige sind blässer, aber alle gebunden durch den Stilwillen. Weill gelangt auch zu einer formalen Festigung, die er früher noch nicht kannte. Die aus dem Wortsinn abgeleitete, scharf akzentuierte Melodik, die seine Songs auszeichnet, ist weiterentwickelt zu einem eigenartig schwingenden Rezitativ, zu einer chorischen Deklamation von allerdings sehr unterschiedlicher Spannkraft. Nur zwei Nummern wahren den Songstil – sehr schön in der müden Melodie, mit der der Schlaf den Flieger umschmeichelt. Weill ist immer stark, wenn er eine szenische Situation, ein Bild des Textes musikalisch ausgestalten kann. Dann setzt er Stücke von zwingender Gestik und klarstem Umriß hin – ich denke an das ungeheuer plastische »Steig ein« im ersten Chor, an die bohrende Figur während des Schneesturms, an den Chor der Zeitungen, in dem sich die Stimmen das Wort gegenseitig vom Munde nehmen, vor allem an die mit dem Trompetenstaccato, mit dem leicht gezogenen Parlando der beiden Männer großartig eingefangene Vision der Fischer. Unter den paar reinen Instrumentalstücken hat nur der Marsch, der jetzt Lindberghs Empfang in Le Bourget andeutet, größere Dichtigkeit.

Klemperer geht auch hier mit aller Hingabe, mit aller Energie ins Zeug. Er reißt den ermüdeten Chor mit. Unter den drei Solisten sticht Wirl als Lindbergh hervor – scharf, präzise, mit gebändigter Erregtheit. Starker Erfolg für alle Beteiligten. Nun hat sich der neue Lindberghflug in den Schulen zu bewähren.

Der lyrische Strawinsky
*24. Januar 1930*

»Inspiré par la Muse de Tschaikowsky« steht auf dem Titelblatt von Strawinskys jüngstem Ballett. Strawinsky rückt mit seinen Stilexperimenten immer näher an die Gegenwart heran. Schon im ›Apollo‹ mischte sich alte Stiltradition mit der französischen Ballettmusik des vorigen Jahrhunderts. Schon da spürte man die Lyrik, der sich Strawinsky im ›Kuß der Fee‹ ganz verschreibt. In den Neoklassizismus, der Strawinskys rhythmische Vitalität von Werk zu Werk mehr abdämpfte, dringt die russische Romantik Tschaikowskys. Für ihn hegte Strawinsky stets Bewunderung. Er schreibt wieder ein idyllisches Märchenballett, wie es am Beginn seiner Entwicklung stand. Es ist nur scheinbar eine Rückkehr. In Wahrheit liegt dieses allegorische Ballett auf einer völlig anderen Ebene. Das melodische Material ist zuweilen wörtlich zitiert. (Strawinsky bezog es immer irgendwoher – aus der russischen Volksmusik, später aus dem Barock, aus dem Rokoko.) Aber es ist in eine neue Klarheit gestellt, es ist neu durchleuchtet, entsinnlicht, objektiviert. Strawinsky scheint sich hinter Tschaikowsky zu verstecken – aber sein klarer Geist, seine Sachlichkeit steht doch hinter jedem Takt. Seine Kompositionstechnik, seine raffinierte Harmonik, seine präzise Rhythmik rücken Tschaikowsky in ein neues Licht. Am unmittelbarsten wirken die belebteren Sätze, das ländliche Fest mit den stapfenden Fagottbässen und den spitzen, schmetternden Bläsermelodien, in denen ›Petruschka‹ beruhigt aufklingt, dann wieder ist spielerische Grazie mit einer neuen Schärfe gezeichnet, ein Schnellmarsch erinnert sogar an die Zeit des parodistischen Strawinsky. Dazwischen die Lyrik – durch die starke Bläserverwendung ebenfalls umgefärbt, auch da, wo bedenkliche Anleihen an die Sentimentalität Tschaikowskys gemacht werden, wo Tremoli flirren, harmonisch und klanglich gereinigt, gewürzt. Die letzte Nummer hat eine ganz eigenartige Transparenz, einen unsinnlichen Klang, der aus zart sich überschneidenden Motiven entsteht.

Man muß sich darüber klar sein, daß ›Kuß der Fee‹ eine mit beispielloser Meisterschaft gearbeitete artistische, ästhetizistische Spielerei ist. Der Vergleich mit ›Pulcinella‹ liegt nahe. Aber während dort ein Stil übertragen wurde, der verwandt war mit den geistigen Tendenzen der Neuen Musik, tändelt Strawinsky in ›Kuß der Fee‹ mit jener Empfindsamkeit, gegen die sich die Neue Musik, gegen die er sich selber in seiner stärksten Schaffensperiode aufgelehnt hatte. Die Hinneigung zur Idylle, zur Lyrik erklärt sich aus Strawinskys Entwicklung, sie wird gefördert durch die geistige Atmosphäre, in der er heute lebt. Aber wenn ihn schwächere Persönlichkeiten jetzt nachahmen, muß es zu einer gefährlichen Reaktion führen.

Strawinsky selbst machte inzwischen eine neue Wendung. Das Capriccio für Klavier und Orchester führt aus der artistischen Einseitigkeit der Ballette wieder heraus. Es ist eine Synthese aus der vitalen Motorik, wie man sie vom ersten Klavierkonzert her kennt, und dem biegsamen, sinnfälligen Stil der letzten Werke, Synthese aus dem harten, fast ausschließlich auf Bläser gestellten Klang und einer gelockerten, kapriziösen Musikfreudigkeit, Synthese endlich aus einer höchst komplizierten Polyphonie und einer von der Frühromantik abgeleiteten, verblüffenden Plastik der Thematik. Der Stilsynthese entspricht die originelle Verbindung von eleganter Geläufigkeit und sachlicher Härte im Klaviersatz. Das Capriccio ist ungeheuer spannend. Strawinskys elementare Kraft bricht wieder durch, hier mehr nach dem Virtuosen gewendet. Das Capriccio ist kein Stilexperiment mehr, es ist eine bezwingende schöpferische Kundgebung.

Strawinsky spielt es klanglich etwas matt, mit höchster Präzision und mit einer inneren Erregtheit, die sich auf den Dirigenten und das Orchester überträgt. Er wird enthusiastisch begrüßt und gefeiert. Der ›Kuß der Fee‹ wird von Klemperer mit größter Ruhe und vollendeter Durchsichtigkeit des Klangs geboten. Er setzt an den Schluß Mozarts g-Moll-Sinfonie in einer Wiedergabe, die Schlichtheit, Strenge und Beschwingtheit in vorbildlicher Weise vereinigt. So muß Mozart gespielt werden – ohne beethovensche Dynamisierung, ohne zärtliche Nuancen.

Es war (wie fast immer bei Klemperer) einer jener Abende, an denen die museale Institution des Konzerts wieder zur lebendigen Angelegenheit wird.

## Das letzte Klemperer-Konzert
*19. Juni 1930*

Klemperer gibt seinen Konzerten einen pompösen Abschluß mit der zweiten Symphonie von Mahler. Er dirigiert das Werk mit größter Energie und Straffheit. Kein Auskosten der gefühlsvollen Partien, keine dekorative Klangorgie – obwohl gerade diese Musik sie zu fordern scheint. Klemperer packt Mahler so an, wie wir heute wieder gelernt haben, Musik zu begreifen: von ihrer inneren Organik, von den energetischen Formspannungen her. Klemperer sucht auch diese ideell, ja programmatisch fundierte Symphonik möglichst unbeschwert auszumusizieren. Der Schlußsatz wirkt trotz dieses fanatischen Bemühens monströs und theatralisch. Es liegt gewiß nicht an Klemperer. An Konzentration und Plastik der Gegenüberstellungen, an rhythmischer Kraft ist die Aufführung nicht zu überbieten – eine Glanzleistung Klemperers und des wunderbar singenden Philharmonischen Chores. Es liegt am Werk selbst, an dem von Beethoven hereingetragenen Widerspruch zwischen der symphonisch-ethischen Idee und ihrer musikalischen Realisierung. In barocker Weise sind volksmäßige, kirchliche und opernhafte Elemente vermischt. Aber die Substanz der Musik kann den symphonischen Bau nicht füllen. Erst die Klangdekoration soll Einheit schaffen. Aber diese Einheit bleibt äußerlich.

Viel unmittelbarer berührt der erste Satz, dessen dramatischen Inhalt Klemperer mit größter Schärfe erfaßt. Die beiden Scherzoteile stehen als Kontrast dagegen – ausgezeichnet phrasiert, ohne jede Übertreibung, schlicht, natürlich. Interessant übrigens wie sich in der kompositorischen Technik schon beim frühen Mahler jene stimmige, lineare Gestaltungstendenz durchsetzt, die für die neuere Entwicklung von so großer Wichtigkeit wurde.

Voraus ging Hauers Kammeroratorium ›Wandlungen‹, das vor zwei Jahren bei der Baden-Badener Kammermusik zu hören war. Eine farblose, monoton rezitierende, völlig spannungslose Musik. Eine Verbindung von Impressionsmus und feierlicher Deklamation, die vielleicht beim ersten Hören verblüffen mag. Je öfter man der Musik des Autodidakten Hauer begegnet, um so mehr wird man von ihrer substanziellen Dürftigkeit enttäuscht. Mit dem schlichten Ausdruck, mit der Ruhe, die neue Musik erstrebt, hat das nichts zu tun. Diese Musik verfließt gestaltlos. Hinter ihr steht nur die beinahe kindliche Naivität des menschlich gewiß liebenswerten Hauer – aber keine schöpferische Erregung, keine musikalische Kraft.

## Beethovenabend
*9. Oktober 1930*

Beethoven übt immer noch die größte Anziehungskraft aus. Die Krolloper ist bis zum Brechen voll. Klemperer und Wolfsthal haben einen Bombenerfolg. Um die gleiche Zeit wird unter dem Druck der Volksbühne Hindemiths ›Neues vom Tage‹ vom Spielplan der Krolloper abgesetzt. Was besagen diese Tatsachen? Sie besagen, daß die Hörer auch heute mit großer Mehrheit die Meisterwerke der Vergangenheit verlangen, daß selbst die Kreise, die ohne Bildungsbelastung an die Musik herankamen, teils aus Bequemlichkeit, teils infolge einer nicht zielbewußten, allzu nachgiebigen Leitung, noch kein unmittelbares Verhältnis zur neuen Kunst finden konnten. Klemperer berücksichtigt diese Tatsachen im Konzertprogramm dieses Winters. Er wird sich auf diese Weise auf breitester Basis durchsetzen. Vielleicht kann er sogar die ›Konkurrenz‹ Furtwänglers schlagen. Aber

Mehrfach wurde auf die Bedeutung der Pädagogik hingewiesen: Erziehung zum selbsttätigen Musizieren, zum Erleben des musikalisch Wesenhaften in der Schule. Wir brauchen neue Musik für diese Zwecke. Das Baden-Badener ›Lehrstück‹ von Brecht und Hindemith war ein Vorstoß in dieser Richtung. Jetzt folgt ein zweiter, der ebenfalls in Baden-Baden vorbereitet worden ist. Damals hatten sich Weill und Hindemith in die Kompositionen des ›Lindberghfluges‹ von Brecht geteilt. Damals wurde es als Hörspiel gesendet, wozu es sich durch den Stoff und (vor allem) durch die großartig einfache, schlichte, packende Sprachgestaltung hervorragend eignet. Damals schon zeigte Brecht in einer Sondervorführung, wie er den ›Lindberghflug‹ pädagogisch verwenden will. »Er hat keinen Wert, wenn man sich nicht daran schult« – der Sinn dieser Kunst, die nicht als Genuß-, sondern Lehrmittel dient, ist eindeutig formuliert. Jetzt geben ihn Brecht und Weill als Schulstück heraus. Auch dazu eignet er sich vorzüglich. Die Konzertaufführung ist vorläufige Zwischenlösung, sie soll die Arbeit nur vorstellen. Ihr Zweck: Studium und Wiedergabe durch Schüler.

Das Stück hat natürlich durch die einheitliche Durchkomposition gewonnen. Der Stil ist durch den Zweck bestimmt: größte Einfachheit, geringste Schwierigkeit für die Ausführung. Weill hat diese einfache Haltung gefunden. Er verzichtet aus Gebrauchsgründen auf jedes kantatenhafte Ausmusizieren. Es ist ein musikalischer Bericht – knapp, scharf stehen die kleinen Nummern da, nicht alle gleich phantasiestark, einige sind blässer, aber alle gebunden durch den Stilwillen. Weill gelangt auch zu einer formalen Festigung, die er früher noch nicht kannte. Die aus dem Wortsinn abgeleitete, scharf akzentuierte Melodik, die seine Songs auszeichnet, ist weiterentwickelt zu einem eigenartig schwingenden Rezitativ, zu einer chorischen Deklamation von allerdings sehr unterschiedlicher Spannkraft. Nur zwei Nummern wahren den Songstil – sehr schön in der müden Melodie, mit der der Schlaf den Flieger umschmeichelt. Weill ist immer stark, wenn er eine szenische Situation, ein Bild des Textes musikalisch ausgestalten kann. Dann setzt er Stücke von zwingender Gestik und klarstem Umriß hin – ich denke an das ungeheuer plastische »Steig ein« im ersten Chor, an die bohrende Figur während des Schneesturms, an den Chor der Zeitungen, in dem sich die Stimmen das Wort gegenseitig vom Munde nehmen, vor allem an die mit dem Trompetenstaccato, mit dem leicht gezogenen Parlando der beiden Männer großartig eingefangene Vision der Fischer. Unter den paar reinen Instrumentalstücken hat nur der Marsch, der jetzt Lindberghs Empfang in Le Bourget andeutet, größere Dichtigkeit.

Klemperer geht auch hier mit aller Hingabe, mit aller Energie ins Zeug. Er reißt den ermüdeten Chor mit. Unter den drei Solisten sticht Wirl als Lindbergh hervor – scharf, präzise, mit gebändigter Erregtheit. Starker Erfolg für alle Beteiligten. Nun hat sich der neue Lindberghflug in den Schulen zu bewähren.

Der lyrische Strawinsky
*24. Januar 1930*

»Inspiré par la Muse de Tschaikowsky« steht auf dem Titelblatt von Strawinskys jüngstem Ballett. Strawinsky rückt mit seinen Stilexperimenten immer näher an die Gegenwart heran. Schon im ›Apollo‹ mischte sich alte Stiltradition mit der französischen Ballettmusik des vorigen Jahrhunderts. Schon da spürte man die Lyrik, der sich Strawinsky im ›Kuß der Fee‹ ganz verschreibt. In den Neoklassizismus, der Strawinskys rhythmische Vitalität von Werk zu Werk mehr abdämpfte, dringt die russische Romantik Tschaikowskys. Für ihn hegte Strawinsky stets Bewunderung. Er schreibt wieder ein idyllisches Märchenballett, wie es am Beginn seiner Entwicklung stand. Es ist nur scheinbar eine Rückkehr. In Wahrheit liegt dieses allegorische Ballett auf einer völlig anderen Ebene. Das melodische Material ist zuweilen wörtlich zitiert. (Strawinsky bezog es immer irgendwoher – aus der russischen Volksmusik, später aus dem Barock, aus dem Rokoko.) Aber es ist in eine neue Klarheit gestellt, es ist neu durchleuchtet, entsinnlicht, objektiviert. Strawinsky scheint sich hinter Tschaikowsky zu verstecken – aber sein klarer Geist, seine Sachlichkeit steht doch hinter jedem Takt. Seine Kompositionstechnik, seine raffinierte Harmonik, seine präzise Rhythmik rücken Tschaikowsky in ein neues Licht. Am unmittelbarsten wirken die belebteren Sätze, das ländliche Fest mit den stapfenden Fagottbässen und den spitzen, schmetternden Bläsermelodien, in denen ›Petruschka‹ beruhigt aufklingt, dann wieder ist spielerische Grazie mit einer neuen Schärfe gezeichnet, ein Schnellmarsch erinnert sogar an die Zeit des parodistischen Strawinsky. Dazwischen die Lyrik – durch die starke Bläserverwendung ebenfalls umgefärbt, auch da, wo bedenkliche Anleihen an die Sentimentalität Tschaikowskys gemacht werden, wo Tremoli flirren, harmonisch und klanglich gereinigt, gewürzt. Die letzte Nummer hat eine ganz eigenartige Transparenz, einen unsinnlichen Klang, der aus zart sich überschneidenden Motiven entsteht.

Man muß sich darüber klar sein, daß ›Kuß der Fee‹ eine mit beispielloser Meisterschaft gearbeitete artistische, ästhetizistische Spielerei ist. Der Vergleich mit ›Pulcinella‹ liegt nahe. Aber während dort ein Stil übertragen wurde, der verwandt war mit den geistigen Tendenzen der Neuen Musik, tändelt Strawinsky in ›Kuß der Fee‹ mit jener Empfindsamkeit, gegen die sich die Neue Musik, gegen die er sich selber in seiner stärksten Schaffensperiode aufgelehnt hatte. Die Hinneigung zur Idylle, zur Lyrik erklärt sich aus Strawinskys Entwicklung, sie wird gefördert durch die geistige Atmosphäre, in der er heute lebt. Aber wenn ihn schwächere Persönlichkeiten jetzt nachahmen, muß es zu einer gefährlichen Reaktion führen.

Strawinsky selbst machte inzwischen eine neue Wendung. Das Capriccio für Klavier und Orchester führt aus der artistischen Einseitigkeit der Ballette wieder heraus. Es ist eine Synthese aus der vitalen Motorik, wie man sie vom ersten Klavierkonzert her kennt, und dem biegsamen, sinnfälligen Stil der letzten Werke, Synthese aus dem harten, fast ausschließlich auf Bläser gestellten Klang und einer gelockerten, kapriziösen Musikfreudigkeit, Synthese endlich aus einer höchst komplizierten Polyphonie und einer von der Frühromantik abgeleiteten, verblüffenden Plastik der Thematik. Der Stilsynthese entspricht die originelle Verbindung von eleganter Geläufigkeit und sachlicher Härte im Klaviersatz. Das Capriccio ist ungeheuer spannend. Strawinskys elementare Kraft bricht wieder durch, hier mehr nach dem Virtuosen gewendet. Das Capriccio ist kein Stilexperiment mehr, es ist eine bezwingende schöpferische Kundgebung.

Strawinsky spielt es klanglich etwas matt, mit höchster Präzision und mit einer inneren Erregtheit, die sich auf den Dirigenten und das Orchester überträgt. Er wird enthusiastisch begrüßt und gefeiert. Der ›Kuß der Fee‹ wird von Klemperer mit größter Ruhe und vollendeter Durchsichtigkeit des Klangs geboten. Er setzt an den Schluß Mozarts g-Moll-Sinfonie in einer Wiedergabe, die Schlichtheit, Strenge und Beschwingtheit in vorbildlicher Weise vereinigt. So muß Mozart gespielt werden – ohne beethovensche Dynamisierung, ohne zärtliche Nuancen.

Es war (wie fast immer bei Klemperer) einer jener Abende, an denen die museale Institution des Konzerts wieder zur lebendigen Angelegenheit wird.

### Das letzte Klemperer-Konzert
*19. Juni 1930*

Klemperer gibt seinen Konzerten einen pompösen Abschluß mit der zweiten Symphonie von Mahler. Er dirigiert das Werk mit größter Energie und Strafheit. Kein Auskosten der gefühlsvollen Partien, keine dekorative Klangorgie – obwohl gerade diese Musik sie zu fordern scheint. Klemperer packt Mahler so an, wie wir heute wieder gelernt haben, Musik zu begreifen: von ihrer inneren Organik, von den energetischen Formspannungen her. Klemperer sucht auch diese ideell, ja programmatisch fundierte Symphonik möglichst unbeschwert auszumusizieren. Der Schlußsatz wirkt trotz dieses fanatischen Bemühens monströs und theatralisch. Es liegt gewiß nicht an Klemperer. An Konzentration und Plastik der Gegenüberstellungen, an rhythmischer Kraft ist die Aufführung nicht zu überbieten – eine Glanzleistung Klemperers und des wunderbar singenden Philharmonischen Chores. Es liegt am Werk selbst, an dem von Beethoven hereingetragenen Widerspruch zwischen der symphonisch-ethischen Idee und ihrer musikalischen Realisierung. In barocker Weise sind volksmäßige, kirchliche und opernhafte Elemente vermischt. Aber die Substanz der Musik kann den symphonischen Bau nicht füllen. Erst die Klangdekoration soll Einheit schaffen. Aber diese Einheit bleibt äußerlich.

Viel unmittelbarer berührt der erste Satz, dessen dramatischen Inhalt Klemperer mit größter Schärfe erfaßt. Die beiden Scherzoteile stehen als Kontrast dagegen – ausgezeichnet phrasiert, ohne jede Übertreibung, schlicht, natürlich. Interessant übrigens wie sich in der kompositorischen Technik schon beim frühen Mahler jene stimmige, lineare Gestaltungstendenz durchsetzt, die für die neuere Entwicklung von so großer Wichtigkeit wurde.

Voraus ging Hauers Kammeroratorium ›Wandlungen‹, das vor zwei Jahren bei der Baden-Badener Kammermusik zu hören war. Eine farblose, monoton rezitierende, völlig spannungslose Musik. Eine Verbindung von Impressionsmus und feierlicher Deklamation, die vielleicht beim ersten Hören verblüffen mag. Je öfter man der Musik des Autodidakten Hauer begegnet, um so mehr wird man von ihrer substanziellen Dürftigkeit enttäuscht. Mit dem schlichten Ausdruck, mit der Ruhe, die neue Musik erstrebt, hat das nichts zu tun. Diese Musik verfließt gestaltlos. Hinter ihr steht nur die beinahe kindliche Naivität des menschlich gewiß liebenswerten Hauer – aber keine schöpferische Erregung, keine musikalische Kraft.

### Beethovenabend
*9. Oktober 1930*

Beethoven übt immer noch die größte Anziehungskraft aus. Die Krolloper ist bis zum Brechen voll. Klemperer und Wolfsthal haben einen Bombenerfolg. Um die gleiche Zeit wird unter dem Druck der Volksbühne Hindemiths ›Neues vom Tage‹ vom Spielplan der Krolloper abgesetzt. Was besagen diese Tatsachen? Sie besagen, daß die Hörer auch heute mit großer Mehrheit die Meisterwerke der Vergangenheit verlangen, daß selbst die Kreise, die ohne Bildungsbelastung an die Musik herankamen, teils aus Bequemlichkeit, teils infolge einer nicht zielbewußten, allzu nachgiebigen Leitung, noch kein unmittelbares Verhältnis zur neuen Kunst finden konnten. Klemperer berücksichtigt diese Tatsachen im Konzertprogramm dieses Winters. Er wird sich auf diese Weise auf breitester Basis durchsetzen. Vielleicht kann er sogar die ›Konkurrenz‹ Furtwänglers schlagen. Aber

x  Arnold Schönberg, Erwartung, Detail des Bühnenbilds, rechte Hälfte. Entwurf von Teo Otto
Ehemals Sammlung Hans Curjel, Zürich

fällt er nicht doch einer Bewegung in den Rücken, die auf ihn die größten Hoffnungen setzte? Bei Kroll bildet sich langsam ein neues Publikum heran. Ein moderner Musik zugewandtes Publikum, das sich deutlich von den Abonnenten der großen Zyklen unterscheidet. Die Sammlungsbestrebungen mögen gerade in Berlin besonders schwierig sein. Aber sie dürfen nicht aufgegeben werden. Kein Wort gegen rein klassische Programme auch bei Kroll. Aber ihnen sollte Klemperer zwei oder drei ausschließlich moderne Abende gegenüberstellen. Beethoven und Brahms hören wir überall, und wir hören sie meist sehr gut. Aber die Modernen hören wir nicht. Studienkonzerte mit neuer Musik (wie Scherchen sie vorgeschlagen hat) – es käme auf den Versuch an. Jeder Versuch, der zeitgenössischen Musik Resonanz zu verschaffen, ist heute wichtig.

Klemperers Beethovenabend bot zwei starke Eindrücke – die Eroica und das Violinkonzert. (Die Dritte Leonore war trotz aller Spontaneität, die bei Klemperer in jedem Fall fasziniert, zu sehr auf äußere, dekorative Wirkung gestellt.) Klemperers Beethoven ist weniger starr als früher. Er läßt jetzt kleine Verschiebungen der Tempi zu, wo sie sich aus der Struktur der Musik ergeben – besonders häufig in den Ecksätzen der Eroica. Der Klang ist farbiger, reicher geworden. Aber immer noch ist dieser Beethoven von einer großartigen Straffheit, von einer elementaren Kraft erfüllt, die ebenso in der vibrierenden Bewegung des Scherzos zu spüren ist wie in dem wuchtig und klar geformten Trauermarsch. Klemperer duldet keine Veränderung der originalen Dynamik zugunsten breitflächiger, umwerfender Steigerungen. Alles ist notengetreu, scharf, deutlich, kein Sforzato geht verloren. Er duldet auch keine pathetischen Vergrößerungen. Gerade deshalb wirkt das heroische Pathos Beethovens diesmal so überzeugend. Die Apotheose des Themas im Variationenfinale durch die Hörner wird nicht in den Saal geschmettert, sie schließt in der natürlichsten Weise und ohne jede nachdrückliche Unterstreichung den Formverlauf der Variationen ab. An dieser Stelle wird man wirklich an Toscaninis unvergeßliche Eroica erinnert.

Wolfsthal hat sich für den Solopart des Violinkonzerts die originalen Phrasierungen besorgt. Das entspricht Klemperers korrekter Einstellung zum Kunstwerk und wohl auch seiner eigenen. Das Konzert erscheint weniger virtuos als sonst – herber, ruhiger, die ornamentalen Figuren werden mit einer außerordentlich sauberen Technik ausgespielt, keine Note verhuscht, das Largo hat eine wunderbare Gleichmäßigkeit und Ruhe, selbst die weiche Melodie ›sul G e D‹ gegen Schluß klingt männlich. Es ist eine Glanzleistung des hervorragenden Geigers Wolfsthal, der bei aller sachlichen Überlegung doch immer unbefangen und frisch musiziert und in den Kadenzen seine ungewöhnliche geigerische Fertigkeit ohne jede virtuose Protzerei zeigt. Er hat frenetischen Beifall.

Filmmusik von Schönberg
*7. November 1930*

Musik zu einer Lichtspielszene von Arnold Schönberg? Durchbricht Schönberg plötzlich seine abstrakten Zwölfton-Konstruktionen, seine selbstgewählte Isoliertheit, wendet er sich zur ›Gebrauchsmusik‹ in einem Augenblick, wo deren Geltung schon im Sinken begriffen ist? Immer wieder mußte man feststellen, daß Schönbergs Musik nur dem kleinen Kreis seiner engsten Anhänger verständlich ist. Da entschloß er sich überraschend zur Auseinandersetzung mit den aktuellen Problemen. Er schrieb eine Zeitoper – ›Von Heute auf Morgen‹ –, eine Glorifizierung des bürgerlichen Eheglücks, eine Zeitoper gegen die Zeit mit jenem sarkastischen, bösen Unterton, der sich in den drei Chorsatiren bis zum gehässigen Spott gegen den »kleinen Modernsky mit dem Bubizopf« steigerte. (Gemeint ist wohl der klassizistische Strawinsky.) Gebrauchsmusik? – Davon konnte natürlich bei Schönberg keine Rede sein. Seine hyperkomplizierte Zwölftonmusik ist viel zu logisch gewachsen, viel zu individuell, als sie plötzlich zur Allgemeinverbindlichkeit hätte umgebogen werden können. ›Von Heute auf Morgen‹ ist fast ein tragischer Fall. Ein Künstler vom geistigen Format Arnold Schönbergs will mit aller Gewalt beweisen, daß er nicht abseits von der Gegenwart steht. Er beweist gerade das Gegenteil.

Ähnliche Motive mögen ihn jetzt veranlaßt haben, Musik zu einem imaginären Film für kleines Orchester zu schreiben. Auch hier gibt er seinen Stil nicht auf. Damit ist gesagt, daß diese Musik außerhalb jeder praktischen Verwendbarkeit steht. Selbst wenn die filmische Realisierung der drei Vorgänge: drohende Gefahr, Angst, Katastrophe, gelänge – die Musik ist wegen ihrer enormen technischen Schwierigkeiten in keinem Kino aufführbar. Hier liegt der Widerspruch: man muß vom Gebrauchswert, der so heftig erstrebt wird, absehen, um den künstlerischen Qualitäten des kurzen Stückes gerecht zu werden. Es ist eine der geschlossensten und erregendsten Musiken, die Schönberg komponiert hat. Eine Nervenmusik unaufhörlich wechselnder, raffinierter Klänge und diffuser Rhythmen, naturalistisch dem Prinzip nach, aber von einer suggestiven Kraft und Konzentration des Ausdrucks, weit über die Zweckbestimmung hinaus. Von den Orchestervariationen und der letzten Oper unterscheidet sie sich wesentlich durch ihre klare, greifbare, natürliche Gestaltung: sie steigt in mehreren, mit außerordentlicher Kunst verdichteten Linien an und klingt dann in ruhiger Bewegung aus, ohne daß die Spannungen zur Explosion kommen. Gerade dadurch wird ihre erregende Wirkung erhöht. Klemperers Wiedergabe vereinigte Intensität und Differenzierung des Ausdrucks in vollkommener Weise. Zu Beginn spielte Klemperer Schönbergs Orchesterbearbeitung der Es-Dur Tripelfuge von Bach – fließender, gedrungener, weniger dekorativ als Furtwängler im vorigen Jahr. Aber bei aller Achtung vor der technischen Leistung und dem Verdeutlichungswillen Schönbergs – es bleibt eine romantisch veräußerlichende Bearbeitung eines der großartigsten Orgelwerke von Bach.

Der zweite Teil des Programms brachte Mahler: Die ›Lieder eines fahrenden Gesellen‹, wunderbar instrumentierte Stücke, zwischen sentimentaler Volkstümlichkeit und dramatischer Charakteristik schwankend, von Rosette Andays herrlich dunklem Alt dargeboten (gelegentlich etwas pathetisch), und dann die Vierte Symphonie, die Klemperer mit solcher Elastizität der Rhythmen, mit solch unbefangener Natürlichkeit musizierte, daß man, wenigstens im ersten und zweiten Satz, über die Kunstgewerblichkeit, über die erzwungene Naivität dieser Musik hinweggetäuscht wurde.

Die Krolloper wird nun geschlossen. Aber was wird mit Klemperer? Berlin ohne ihn – das heißt: Berlin ohne Beziehung zur entscheidenden musikalischen Gegenwart. Der Staat hat ausdrücklich die fundamentale Bedeutung der Krollarbeit anerkannt. Wenn er schon glaubt, unter dem Druck einer höchst schwierigen Situation, die Schließung von Kroll verantworten zu können – Klemperers Kraft muß er erhalten. Die Musikstadt Berlin braucht sie.

Klemperer und Kleiber
*30. November 1930*

Konzerte der Staatskapelle an zwei aufeinanderfolgenden Abenden – wo bleibt da die Organisation? Klemperer stellt diesmal ein Programm hin, das den härtesten philharmonischen Traditionen Ehre machen würde. Früher hoben sich Klemperers Programme durch ihre sinnvollen Gruppierungen von der allgemein üblichen Zufalls-Musikmacherei erfreulich ab. Jetzt müssen wir uns erst im Klangrausch des ›Zarathustra‹ von Strauss baden, bevor wir Hindemiths reinlichen, durchsichtigen Kammerstil hören dürfen. Verfolgt Klemperer einen pädagogischen Zweck? Will er zeigen: die Musik mußte sich erst bis zur naturalistischen Farbenkulisse veräußerlichen, bevor sie zu ihren wesenseigenen Gestaltungselementen zurückfinden konnte. Ich glaube nicht an diese pädagogische Absicht. Ich glaube vielmehr: Klemperer wollte die grandiose Energie seines Dirigententums, wollte seine Kunst der Klangorganisation auch einmal an einer symphonischen Dichtung von Strauss bewähren. Das ist ihm gelungen. Die Aufführung hatte einen hinreißenden dithyrambischen Schwung. Sie wuchs über das Werk hinaus. Sie enthüllte die Fassadenhaftigkeit einer Musik, die mit der Kontrastierung von C-Dur und h-Moll pantheistische Philosophie treiben und mit einem Oktoberfestwalzer den ekstatischen Freudentanz Zarathustras darstellen will.

Es gibt keinen größeren Gegensatz zu dieser dekorativen Klangorgie als Hindemiths kühle, konzentrierte, geistreiche Konzertmusik für Bratsche und Kammerorchester. Der Gegensatz zweier Generationen, zweier Musikanschauungen. Furtwängler brachte dieses jüngste Konzert von Hindemith im Frühjahr zur Uraufführung. Es erscheint jetzt in einer neuen Fassung. Der zweite Teil, der ursprünglich formal dem ersten entsprach, ist durch zwei schnelle Sätze ersetzt. Der Charakter des Stücks wird dadurch noch schärfer ausgeprägt. Es ist das Lockerste, Eleganteste, was Hindemith geschrieben hat. Das polyphone Spiel der Kontrapunkte hat alle Schwere verloren, die Motive sind beinahe von volkstümlicher Einfachheit. Ein virtuoses Stück? Aber eine Virtuosität ohne äußere Brillanz. Eine Virtuosität aus souveräner Meisterung des Klangmaterials. Der reizende Satz mit den Fanfaren der drei konzertanten Hörner und den Piccolotrillern, um die Bratschenfiguren sausen, das Finale mit seinen zarten Jazzrhythmen – wie selten findet man diese graziöse Beschwingtheit in der deutschen Musik. Nicht zufällig ist die neue Bratschenmusik Darius Milhaud gewidmet. Sie erinnert in der Tat an französische Musik. Sie hat auch etwas von der artistischen Verspieltheit, die uns bei den Franzosen immer wieder entzückt, die aber einem Musiker wie Hindemith zur Gefahr werden kann.

Auch diesmal spielt Hindemith den Solopart mit seiner sachlichen Unbeirrbarkeit und seinem phantastischen Können. Ein freundlicher Erfolg. Das Stück ist zu duftig für das große Haus.

Der schwere Beifall donnert erst nach der Zweiten von Brahms heran, die Klemperer äußerst zusammengefaßt spielt, die Ecksätze mit energischer Betonung der konstruktiven Elemente, das altväterische Menuett sehr dezent, ohne dynamische Ziererei – es ist der hübscheste Satz der Sinfonie.

Auch Kleiber bringt eine Neuheit, eine halbe Neuheit (ebenso wie der Hindemith) – Alban Bergs Konzertarie über Baudelaires Wein-Phantasien. Wir hörten sie schon auf dem Königsberger Musikfest. Ich muß gestehen – damals machte sie mehr Eindruck, obwohl sie auch jetzt von Ruzena Herlinger mit vollendeter Kunst gesungen wird. Der reife, persönliche Stil Alban Bergs wirkte stärker in der Umgebung von unfertigen jugendlichen Musikfestarbeiten. Auch jetzt wird man den sublimen Ausdruck, die spirituelle Klangatmosphäre dieser Musik bewundern, in der Tangoklänge sehr apart aufschimmern. Aber ist das nicht doch eine sehr literarische Angelegenheit, hat dieser überfeinerte Expressionismus, diese in seltsam schillernde Akkorde aufgelöste Romantik über das Geschmacklerische, Ästhetische hinaus heute noch eine Bedeutung?

Neben einer dreiklangsfrohen Mozart-Serenade hat Berg einen schweren Stand. Im ersten Satz scharfe Rhythmen und eine fast symphonische Sorgfalt der thematischen Arbeit, dann ein reizendes Rokokospiel solistischer Bläser, ein Andantino schlägt Mollstimmungen ohne ernstlichere Trübung an, ins Menuett schmettert ein Posthorn seine Fanfaren. Alles hat den zauberhaften Klang des Mozartschen Orchesters und die Frische unbekümmerter Jugend. Kleiber macht es ausgezeichnet – er feilt die Dynamik und Phrasierung, er spielt mit den Arabesken und behält doch stets die musikalische Unbefangenheit. In der ›Siebenten‹ von Beethoven geht er mächtig los. Das Armrudern über das ganze Orchester, das Niederlegen des Stabes im vollsten Fortissimo – diese amerikanischen Pultgesten verfehlen auch in Berlin ihre Wirkung nicht. Aber im Scherzo überschlagen sich dabei die Akzente, weil das Orchester nicht haarscharf einsetzt, und der Schwung des Finales entspringt mehr einer äußeren Virtuosität als einem Erleben der rhythmischen Energien dieser genialen Musik.

Strawinskys ›Psalmensinfonie‹
*20. Februar 1931*

›Apollon musagète‹, ›Kuß der Fee‹, ›Capriccio‹ – so sehr wir diese Werke wegen ihrer geistigen Helligkeit und technischen Meisterschaft bewundern, es schien doch, als sei der klassizistische Strawinsky der Pariser Atmosphäre erlegen, als hätte er sich endgültig an einen kunstgewerblichen Ästhetizismus verloren, in dem die vitalen Kräfte des Komponisten von ›Noces‹ und ›Histoire du Soldat‹ verkümmern müßten. Jetzt kommt ein neues Werk. Es bietet, wie so oft bei Strawinsky, eine neue Überraschung, es nimmt die Höhenlinien des Schaffens wieder auf, die bei der Überschau aus der Distanz, seit ›Oedipus‹ verlassen worden war. Die ›Symphonie des Psaumes‹, »à la Gloire de Dieu« geschrieben und dem Bostoner Symphonieorchester gewidmet, setzt musikalisch und geistig unmittelbar das Opernoratorium ›Oedipus Rex‹ fort. Dieselbe objektive Kühle, dieselbe strenge Haltung, die keine Einfühlung der Musik in die (wieder lateinischen) Textworte zuläßt, sondern den Sinn der Worte in ein formgebundenes musikalisches Geschehen umschmilzt, dieselbe Großlinigkeit und Plastik des architektonischen Aufbaus. Aber als wesentlichstes Kennzeichen gegenüber dem ›Oedipus‹ und als wesentlichster Wert der neuen Entwicklung: eine größere Originalität der melodischen Substanz, eine noch intensivere Klanggestaltung. Im ›Oedipus Rex‹ stehen Elemente von der Gregorianik bis zur Verdischen Opernmelodie nebeneinander. Erst die schöpferische Kraft, der künstlerische Stilwille Strawinskys schweißt sie zusammen. In der ›Psalmensinfonie‹ sind die klassizistischen Elemente des Vokalstils noch mehr in Strawinskys eigene Sprache eingegangen. Das Urtümliche, man kann sogar sagen das Russische, das den Klangcharakter der früheren Werke bis zu den ›Noces‹ entscheidend bestimmt, ist in der ›Psalmensinfonie‹, und besonders in deren Schlußteil, wieder spürbar. Es bricht auf dieser Höhe der Entwicklung nicht mehr mit vehementer Gewalt durch, sondern ist gebändigt in einer Musik von größter Formstrenge und Zucht. Die Gläubigkeit der ›Symphonie des Psaumes‹ ist nicht naturnah und festlich naiv. Diese Musik ist zugleich bedrückt und bedrohlich, sie hat etwas Unheimliches und Zweiflerisches, ihr Ausdruck ist selbst da gedämpft, wo sie den Herrn ›in tympano et choris‹ preist.

Der gedämpfte, unheimliche Grundton der ›Psalmensymphonie‹ wird durch die ganz eigenartige Orchesterbehandlung gegeben. Einzigartig schon die Besetzung – Verzicht auf hohe Streicher, dafür alle Holzbläser in starker Besetzung, dann Celli und Bässe, die, ähnlich wie im ›Apollo‹, oft bis in Geigenhöhe steigen, dazu Blech, das als selbständiger Klangwert kaum hervortritt, Klaviere, Harfen, ähnlich verblüffend eingesetzt wie im ›Oedipus‹. In dichten Verzahnungen führt Strawinsky diese Instrumente über- und gegeneinander. Dadurch schafft er jenen Orgelklang, der als wesentlicher Eindruck haften bleibt. Unheimlich klopfen die tiefen Bässe im ersten Stück, das als großes Crescendo gebaut ist. Der zweite Teil ist ein flehentliches Gebet, eine Doppelfuge, zuerst in den Holzbläsern, dann im Chor. Die merkwürdig verschlungene, abstrakte Polyphonie erinnert an Strawinskys Bläsersinfonien und an das erste Klavierkonzert. Auf diese am schwersten zugängliche Partie folgt der längste und in seiner Kontrastierung von feierlichen, dramatisch erregten und hymnischen Episoden eindrucksvollste Satz der ›Psalmensinfonie‹, eine Lobpreisung Gottes, die in ein ruhig schreitendes Laudate über einem grandiosen Quartenostinato von Pauke und Klavieren mündet. Dieser letzte Satz ist ein Gipfel der modernen Musik. Man bewundert ebenso das Genie, das diese Klangarchitektur gestaltet, wie die ungeheure Kraft einer religiösen Bewegung, die in einer Zeit größter Materialisierung ein Werk von solcher schöpferischen Größe zu erwecken vermag.

Als der neue Strawinsky in einer vollkommen werktreuen, inspirierten Aufführung erklang, war man von dem langen Programm schon etwas ermüdet. Es begann mit Mozarts ›Maurerischer Trauermusik‹, die das Publikum zur Ehrung für den toten Wolfsthal stehend anhörte. Dann bot Klemperer die ›Feuervogelsuite‹ mit einer Intensität der Durcharbeitung und einer Pracht des Klanges, daß auch die schöne Aufführung, die Strawinsky jüngst dirigierte, in den Schatten gestellt wurde. Der zweite Teil, das Aufflattern des Feuervogels, von einer tollen Bildkraft, der Schlußtanz ungeheuer gesteigert bis zu den Akkorden, die das Blech gegen das übrige Orchester schmettert.

Zwischen Strawinsky zwei Konzerte – das A-Dur von Mozart, von Max Strub äußerst natürlich, mit sauberer, ruhiger Empfindung und größter Sicherheit des Geigerischen vorgetragen, dann das fünfte Brandenburgische von Bach in kleiner Kammerbesetzung. Ich habe Bach unter Klemperer schon lebendiger, gespannter gehört. Diesmal wurde ein wenig trocken musiziert. Im ersten Satz war der Cembalist Ramin während der Kadenz nervös, das Finale geriet bei aller Sauberkeit etwas trocken. Am schönsten das langsame Trio (Ramin, Strub, Waßmundt) – ein Meisterstück jenes echten musikalischen Ausdrucks, der es nicht nötig hat, ›affektmäßig‹ ausgedeutet zu werden.

Im ganzen – einer jener Abende, der dem Konzert als Institution wieder Sinn und Inhalt gibt. Die Eingeweihten wissen längst, daß die meisten dieser Abende von Klemperer ausgehen. Sie wissen, daß dieser Dirigent mit seiner fanatischen Besessenheit und seinem unbeugsamen Willen unentbehrlich für Berlin ist. Und trotzdem will man sein Werk und sein Ensemble zerschlagen, will man ihm die Arbeitsbasis rauben. Es darf nicht geschehen.

Die neue Klaviermusik von Hindemith
*28. April 1931*

Mit einer Musik für Klavier und Soloinstrument betrat Paul Hindemith vor nunmehr acht Jahren das Gebiet des Kammerkonzerts. Jetzt brachte Klemperer die neue Konzertmusik für Soloklavier, Blechbläser und Harfen, die Hindemith für das Musikfest der amerikanischen Mäzenatin Mrs. Coolidge geschrieben hat, zur Berliner Erstaufführung. Zwischen diesen beiden Klavierkonzerten liegen die Werke, die Hindemiths Stellung als Führer der modernen deutschen Musik begründeten: die beiden Opern ›Cardillac‹ und ›Neues vom Tage‹, die mannigfachen Versuche mit neuen Gebrauchsmusiken, vor allem aber die große Zahl von Kammerkonzerten für die verschiedensten Instrumente. So wichtig die Opern durch ihren konsequenten Formwillen für die Entwicklung des modernen musikalischen Theaters waren, so entscheidende Anregungen die pädagogischen Bestrebungen durch die Spielmusiken oder das Lehrstück erhielten – Hindemiths bedeutendste Leistung war doch die Ausbildung des Kammerkonzerts. Während die gesamte Produktion für das Konzert die überkommenen Typen mehr oder weniger unselbständig abwandelte, stellte Hindemith einen neuen Typus auf. Er ersetzte den symphonisch und dramatisch überladenen Epigonenstil durch die konzertierende Kammermusik, die klangliche Durchsichtigkeit, spielerische Bewegung und formale Konzentration vereinigt. Mit der Formulierung dieses Konzerttypus, in dem der Stilwille der ›Neuen Musik‹ gültige Gestalt annimmt, hat Hindemith die Musikentwicklung unserer Tage auf entscheidende Weise mitbestimmt.

Der Typus selbst hat sich in den acht Jahren, die zwischen den beiden Klavierkonzerten liegen, im einzelnen mannigfach gewandelt. Der Vergleich beider Arbeiten ist lehrreich. Die ursprünglich stark von Bach abhängige konzertante Polyphonie wurde immer mehr aufgelockert, wovon sowohl das Klangbild wie die eigentlich konzertante Haltung profitieren, die Solostimme gewann zusehends an freier Beweglichkeit, aber sie wurde zugleich immer fester in das formale Gefüge des Konzerts eingebettet. Auf der Höhe der heutigen Entwicklung geschieht dies allerdings fast unmerklich. Es ist ein besonderes Kennzeichen der neuen Klaviermusik, daß die reiche kontrapunktische Arbeit den rein musikalischen Ablauf nicht belastet, wie in manchen früheren Konzerten. Hindemith hat seine alte Frische wiedergewonnen. Nicht zufällig erinnert das neue Konzert im melodischen Material und in der Harmonik an die Werke vor dem ›Marienleben‹. Der eigenartige Variationensatz entwickelt jene zarten, versponnenen Lieder weiter, wie man sie in dem für Hindemiths Schaffen so wichtigen ›Marienleben‹ findet.

Die unmittelbare Anregung zu dieser Klaviermusik mag von dem wunderbaren Stück für zwei Klaviere in ›Neues vom Tage‹ ausgegangen sein, in dessen Schluß sich bereits die Blechbläser mit alarmierender Wirkung stürzen. Im neuen Konzert hat Hindemith die klangliche Kontrastierung von Blechbläsern und Klavier in vollem Umfang ausgenutzt und dieser harten Klanggruppe, wieder aus Gründen des Kontrastes, eine zweite, nicht minder reizvolle gegenübergestellt: Harfen und Klavier. Es entsteht ein buntes und mannigfach belichtetes Spiel, in dem die angeblich schwerfälligen Blechinstrumente mit kammermusikalischer Leichtigkeit, ja nicht selten mit einer französischen Grazie verwendet sind. Der erste Satz entwickelt sich nach einer langsamen Einleitung in großem Zug vom energischen Klaviersolo bis zum Blechtutti des Schlusses, das in eine glänzende Akkordkette der beiden Gruppen mündet. Im letzten Satz ist das zarte Spiel von Harfen und Klavier über ein altes Volkslied mit feinstem Klanggefühl gegen den kraftvoll-frohen Hauptteil gesetzt, und mit einer echt Hindemithschen Coda verläuft das Stück im Pianissimo. Das alles ist mit jener Meisterschaft gearbeitet, über die allein Hindemith verfügt und die der Klaviermusik das Zeichen der Klassizität aufprägt.

Solist war Gieseking. Er spielte mit äußerster Konzentration und phantastischer Feinfühligkeit. Besonders bewundernswert war die plastische Modellierung der melodischen Linien innerhalb des leichten kontrapunktischen Gewebes, das hier die Funktion des virtuosen Figurenwerks von ehedem hat.

Klemperers stürmischer Erfolg an diesem Abend war die Neunte von Beethoven. Er verzichtete nicht nur auf alle Instrumentationsretouchen, die spätere Generationen an der Partitur vorgenommen haben, sondern reinigte das durch allzu häufige Aufführung abgenutzte Werk auch vom schöngeistigen Pathos. Mit ungeheurem Furor baute er diese dramatische Sinfonie auf. Man kennt Klemperers fanatische Sachlichkeit, die auch bei den Partituren Beethovens keine individualistische Verliebtheit in bestimmte Stellen, kein schwelgerisches Auskosten duldet.

Der erste Satz ist noch etwas starr. Aber das Scherzo wird mit einer großartigen Schärfe musiziert. Die rhythmischen Lichter der Bläser sind mit äußerster Prägnanz hingesetzt und geben diesem Satz eine überraschend neue Klanggestalt. Über das Adagio, den ideell und substantiell schwächsten Teil der ›Neunten‹, geht Klemperer schnell hinweg, um das Finale dann mit elementarer Gewalt herauszuschleudern. Chor und Solisten (Heidersbach, Lipin, Kullman, Ahlersmeyer) singen vollendet schön. Die von gigantischem Ausdruckswillen erfüllte ›Ode an die Freude‹ verliert in dieser unheimlich scharf akzentuierten, furiosen Wiedergabe alle peinliche Theatralik und wird zu einer überwältigenden Kundgebung der Humanität.

Klemperer geht nun nach Amerika. Werden kunstfeindliche Behörden seine Arbeit zerschlagen haben, bis er zurückkommt? Der beispiellose Erfolg dieses Abends sollte selbst diese Stellen darüber belehren, daß das gesamte geistige Berlin hinter Klemperer steht. Die Ausschaltung oder Abdrängung Klemperers in eine unwürdige Stellung würde eine für die Musikstadt Berlin unersetzliche Schädigung bedeuten.

# Literarisches um Kroll

*Die hier vorgelegten Dokumente werfen Licht auf die vielen literarischen, psychologischen, historischen, soziologischen, interpretatorischen Fragen und auf das Problem der Beziehungen der theatralischen zu den bildenden Künsten, mit denen man sich im engeren und weiteren Kreis der Krolloper beschäftigt hat. Zugleich sind sie Beispiele der Anregungen, die auf Kroll eingewirkt, und die von dort ausgegangen sind.*

*Die ›Blätter der Staatsoper und der Städtischen Oper‹ sind Hefte, die jeweils zu den Premieren erschienen und an die Besucher kostenlos abgegeben wurden. Dr. Julius Kapp, Dramaturg und Pressechef der Linden-Oper, war der von der Generalintendanz beauftragte Herausgeber. Die verantwortliche Schriftleitung der Hefte hatten die Dramaturgen der Häuser, an denen die Premieren stattfanden.*

*Zu einzelnem folgendes:*

*Das Vorwort zu ›Perichole‹ von Karl Kraus stammt aus dem Klavierauszug des von Kraus bearbeiteten Werkes (Universal Edition Wien).*

*Kurt Weills Aufsatz ›Das Problem der neuen Oper‹ ist vor der Eröffnung der Krolloper verfaßt, gehört eigentlich nicht in den vorliegenden Rahmen. Er wurde deshalb aufgenommen, weil er Weills Meinungen zur Opernfrage kurz vor seinem Zusammentreffen mit Bert Brecht wiedergibt.*

*Die Rundfrage des ›Berliner Börsen-Couriers‹ ›Für die Erneuerung der Oper‹ ist ein Beispiel für viele derartige Umfragen, die im Zusammenhang mit Krollproblemen erschienen sind. Die Zusammenstellung der Befragten ist bezeichnend.*

*Der Beitrag Paul Bekkers ist dem Vortrag entnommen, den Bekker 1929 auf Einladung Leo Kestenbergs in Berlin hielt. Nicht nur ein Beispiel der zu Kroll konträren Auffassungen, sondern auch ein Hinweis auf die doppelspurige Methode Kestenbergs, der aus taktischen Gründen bestrebt war, es mit keiner Seite zu verderben.*

*Die Dokumente zu Fragen der Inszenierung, im besonderen des Bühnenbildes, beginnen mit dem längst vor Bestehen der Krolloper 1920 geschriebenen Aufsatz Alfred Rollers ›Mahler und die Inszenierung‹; Mahler galt in der Krolloper als das große Vorbild der musikalischen und szenischen Interpretation. Auch Dülbergs Aufsatz über ›Musik und Szene‹ ist vor Bestehen Krolls entstanden; er enthält das Credo des hochbedeutenden Bühnenbildners, das er bei seinen Kroll-Aufführungen verwirklichte.*

*Die Aufsätze von Moholy-Nagy und Schlemmer, die ebenfalls aus der Zeit vor ihrer Mitarbeit an der Krolloper stammen, stellen ihre Auffassung von den optischen Mitteln der Bühne dar, wie sie dann bei den Inszenierungen für Kroll verwirklicht wurden.*

*Adornos ›Berliner Opernmemorial‹ gehört zu den Zeitschriftenkritiken. Der vorwiegend grundsätzlichen Gedankenführung wegen wurde der Beitrag dem literarischen Quellenmaterial eingefügt. Seine Kompositionskritik von Kurt Weills ›Dreigroschenmusik‹ gehört in die Krollzusammenhänge, weil das Werk auf Anregung Klemperers entstanden ist. Klemperer hat es auch bei Kroll zur ersten Aufführung gebracht. Der Aufsatz ist ein Beispiel für Gedankengänge, wie sie im inneren Arbeitskreis der künstlerischen Equipe der Krolloper gemeinsam mit Adorno diskutiert worden sind.*

*Ernst Bloch: ›Blätter der Staatsoper‹ Novemberheft 1927*

## Zu Fidelio

Nirgends brennen wir genauer.

Leid, wirre Hoffnung, Magie einer Treue ohnegleichen, in Pizarro der Dämon dieser Welt selbst auf der Bühne, und nun das ungeheure Grundspiel von Kampf, Not, Trompetensignal in die letzte Finsternis, Auferstehung.

Von Anfang an spannt sich der Ton, ladet. Schon im leichten Vorspiel zwischen Marzelline und Jaquino ist Unruhe, ein Klopfen nicht nur von außen. Alles ist auf die Zukunft gestellt, selbst der Bedacht Roccos; auch darin gärt und zielt diese Musik, bloßer Wille, glücklich zu werden. Aber zugleich geschieht in diesem Drängen Vorwegnahme, ein Mitspielen des fernen, wahren Jetzt und Da, als wäre es schon hier. Der ›innere Trieb‹ schäumt ebenso rasend an seinen Widerständen auf, wie er sein Zielbild in sich hat, nicht-haben und haben zugleich, wie alle Liebe, erst recht wie die Treue. Scheu und bedroht lebt dieser ›Stern der Müden‹, in die Gegenwart ungeheurer Gefahr eingebettet, doch ebenso fest und immerhin utopisch präsent. ›Meinst du, ich könne dir nicht ins Herz sehen?‹ fragt Rocco Leonore; und nun zieht sich die Szene zusammen, im Andante sostenuto eines Gesangs, der überhaupt nichts als sein Wunderbar aussingt, auf lauter Dunkelheit aufgetragen. Marzelline singt es für Leonore, die erst in der Ekstase ihren Farbenbogen und Stern sieht. Im Fürsich des Quartetts glänzte dies ferne Ziel noch still, aber in der großen Arie Leonores, im Gefangenenchor, in der Fieberekstase Florestans grell und hoch; nicht nur als Farbenbogen, sondern als Visionslicht ohnegleichen, in ungeheuren Schlußkadenzen aufsteigend. Ja zuweilen erscheint das utopische Präsens, auf das Fidelio insgesamt aufgetragen ist, noch tiefer. Als ein merkwürdiger Bann, als Augenblick, in dem sich gerade der ›Augenblick‹, die Höhe des erregtesten Lebens selber faßt, die rasende Musik gleichsam senkrecht in sich hineinschlägt und verweilt. Diese Art präsent zu sein, dehnt sich wenig aus, ist nicht breit versenkt wie das erste Quartett oder ekstatisch weit wie die Arien Leonores und Florestans. Doch ebensowenig ist sie ein bloßer flüchtiger Blitz, sondern eben jener Augenblick klingt an, den Faust verweilen lassen möchte, und der doch dadurch nicht aufhört, ›Augenblick‹ zu sein. Seine senkrecht unergründliche Tiefe hat Dimension genug, um nicht flüchtig zu geraten; dennoch läßt sie sich immer nur ungefähr als Verweilen in der Zeit, in weiter Arien- und Chorentwicklung transponieren. Der hohe Schrei Leonores: »Töt erst sein Weib!«, das Trompetensignal, doch auch die ungeheure Ruhe des Flötengesangs dahinter hat diese gleichsam senkrechte Ewigkeit, als die das Jetzt und Da in absoluter Nähe erscheint. Ihr Wesen ist Glorie tief innen, gleich, welches Tempo, ja fast gleich, welcher empirisch schon definierbare Ausdruck hier gestellt wird. »O Gott! welch ein Augenblick!« singt Leonore an der höchsten Stelle des Werkes, ganz umgeben von Musik des Jetzt; alle Wege Fidelios führen nach diesem Rom. Seine Musik wird daran völlig unmittelbar, aus dem Prozeß und der Strategie heraus, ›seiend‹ wie sonst nichts auf der Welt.

Nicht grundlos, daß damit auch jedes Gesicht übermäßig wird. Beethoven hat Mühe zu verkleinern, in diesem Raum sprengt fast alles ans Ende. Fidelio steht an sich im Zusammenhang der ›Rettungsopern‹, deren es zu seiner Zeit manche gab; der Bastillensturm hallte nach. Doch in Fidelio hallt er nicht bloß nach, sondern Beethovens Musik hat Revolution schlechthin als Handlungsraum. Ohne weiteres verwandelt sie den Text, revolutionär, aus einer bloßen, wenngleich großartigen Kolportage von Gattenliebe, ist Geburt der Revolution, unaufhörlich, unnachlässlich, aus dem Geist dieser Musik. Beethoven setzt den revolutionären Akt neu, aus dem gleichen Ursprung nochmals in anderer Sphäre begonnen. Wie in ihrem ersten, bald verlassenen Impuls, wie von der Zukunft ihres absoluten Beginns her kommt uns hier Revolution entgegen: als Zersprengung des Status, Anbruch der Freiheit. Damit hält sich der Revolution zugleich ihr absoluter Horizont, in Fidelio ist schlechthin apokalyptisches Dunkel und Licht, die Symbolik seiner Gestalten, Signale, Triumphe ist chiliastisch. Noch nicht bei Marzelline, Jaquino, Rocco, den Nebenfiguren, zuerst lebensgroß, zuletzt fast unsichtbar, tief unten. Aber in Leonores Treue geht noch ganz andres um, Erniedrigung, ja Höllenfahrt in den Kerker hinab. Und trägt die Musikgestalt Pizzarro nicht alle Züge des Pharao, Herodes, Geßler, Fenriswolfs, ja eben des gnostischen Satans, der uns in den Weltkerker brachte und festhält? Welch ungeheure Gründe klingen erst im Trompetensignal mit, in diesem seinem Augenblick, ganz hohe Zeit, gerufen, vermittelt, im Letzten unvermittelt wie pure Gnade und Ankunft des Gottes. Dazu bedarf es keiner Assoziationen wie in schlechter Musik, sondern so hört man die Posaunen von Jericho, und die Mauern fallen, als metaphysisches Ereignis wiedergebracht. Ja das volle Requiem tönt an, die Posaune des Jüngsten Gerichts, der Schall der letzten Posaune, der verwandelt im Augenblick; dem Pizarro lauter dies irae, den Geretteten tuba mirum spargens sonum, so wie der gleiche Gott den Bösen als Hölle, den Gerechten als Himmel erscheint. Und wie geheimnisvoll sind Leonore und Florestan diesem Signal verbunden; es folgt dem letzten Laut Leonores in wahrhaft erfüllender Tonika, namen-namenlose Freude ist nicht mehr von dieser Welt, Marsch wird Choral, als ecclesia triumphans stehen die Befreiten im Licht, ihr Preis Leonores ist purer Mariengesang der Seligen geworden, ja ihre Freiheit tönt über alle gekannten Jubel, Tiefen, Inhalte hinaus. Dies Signal ist ein Morgenrot, dessen Tag noch nicht gekommen ist; im Abglanz des Fidelio ist er mit am genauesten verborgen.

*Ernst Bloch: ›Blätter der Staatsoper‹ Januarheft 1928*

Don Giovanni

Wie ist er? Rasch, treulos, kaum da.

Sucht und schweift wie keiner. Doch findet er, so schlägt er wenigstens auch ein wie keiner: er genießt. Kurz, aber genau ist er doch darin an Ort und Stelle, grade sehr da und nahe. Um den Genuß sogleich wieder zu verlassen. Hebt immer wieder neu in diesem Wechsel an, verletzt, genießt, vergißt.

Mitten in dieses führt uns der Ton. Hin und her des Dieners, Lärm im Haus, Don Giovanni stürmt die Treppe herab, festgehalten, schleudert das Weib von sich, Schreie, Zweikampf, Flucht, Klage, Racheschwur – welch ein Atem! Wie eine Blutwelle geht die Musik hoch, Gesichter sind unkenntlich unter Mondwechsel; Schändung, Tod, Schuld bleiben am Weg.

So wild und sogleich erscheint der Mann also auch. Hier geht nicht langsam ein Held hoch, verstrickt sich. Sondern incipit tragoedia in der Blüte Don Giovannis, in der Blüte seiner Sünden. Und zugleich mit dem Vorstoß hebt auch die rückläufige Bewegung an. Gegen das rasende Jetzt sammelt sich die Vergangenheit, gegen den Degen der Stein, durchaus gegensätzlich. Ihre Tongestalten sind rhythmisch und melodisch scharf geschieden: hier die Musik des leichtherzigen, bedenkenlosen, glänzend raschen Genusses, dort Musik der Trauer, der verschmähten, bleibenden Liebe, des erdrückend gesammelten Gerichts. Kurz, Musik einer Vergangenheit, die Don Giovanni nur anstellte, aber nie betrat, die deshalb auf ihn zukommt, ihn schließlich begräbt.

Leicht genug lebt er nach der ersten Flucht wieder auf und dahin. Lockt Zerline, im süßesten Gesang, mit dem je ein Mädchen verwirrt wurde. Glänzt als Lustdämon in der Champagnerarie, ihrem einsamen Presto, ihm zutiefst gemäß. Bis zur Gemeinheit wird er gedächtnislos in der Verkleidungsszene mit Elvira, bis zur Erhabenheit reulos, sachlich, Zeche zahlend vor dem Komtur. Aber all dies carpe diem geschieht in keinem freien Raum mehr: immer dunklere Stimmen steigen dagegen auf, der Weg Don Giovannis verfinstert sich in fremdem Leid, Tränen, Rache, Schatten, die nun nicht mehr hinter ihm zurückbleiben, Spannung zwischen Degen und Stein wird immer sichtbarer die Grundstruktur; durch all die mannigfachen Verwirrungen, Zwischenspiele und Prügelszenen, Serenaden und Buffonerien geht die Linie dieses Gegensatzes, bewegen und verschlingen sich Arien und Ensembleszenen ineinander, gegeneinander. Zu Ende des ersten Akts wird der Gegenschlag völlig offenbar, in der großen Bankettszene, einem unvergleichlichen Kontrapunkt zwischen Lebensfreude und Verstrickung. Da Ponte trieb diese Antithese durch rein szenische Mittel heraus, durch Larven und starres Drei der Verschworenen, mitten im Festjubel. Aber Mozarts Musik schafft Rhythmen und Akkorde in das helle C-dur dieses Jubels, an denen bereits alle Bangigkeiten des Endes vorklingen; in einem Tumult ohnegleichen zwischen Lebenslust, ungebetenen Gästen, felsenhafter Homophonie der Masken. Vielleicht schlüge das Feuer der Champagnerarie noch leicht durch die bloß menschliche Musik dieser Gekränkten und Verschworenen. Aber vor dem grausigen Choral, von der Statue des Gouverneurs herüber, wird Don Giovannis Presto betroffen. Und vor dem gewaltigen Andante, den unmenschlichen Intervallen des Steinernen Gasts geschieht die Begegnung entscheidend; die Ekstase des kurzen, flammenden Genusses trifft mit der Musik des Gedächtnisses, der Ewigkeit überhaupt, zusammen. Champagnerarie und ihr gleichsam raumloses Presto purer Intensität ist die Figur Don Giovannis: dagegen ragt nun der Sternenraum des Komturgesangs, mit kosmischen Intervallen und der Unerbittlichkeit des Gewordenen schlechthin. Schopenhauer sagt von den Oktaven der Ouvertüre (fast genau den ersten Takten des Steinernen Gasts entsprechend), hier sei der Anfang der Philosophie in Musik gesetzt: aber nicht als bloßes Staunen, sondern als verzweifeltes Entsetzen an der Welt. Die Dämonie des Gewordenen, des Schuld Gewordenen geht an dieser Musik ebenso auf wie die Dämonie des Rechts, des steinernen Zusammendrangs bestehender Ordnung, die alle Hybris, auch alle Herrlichkeit der Hybris schlechthin verurteilt und danach erst ihre Schuld setzt. Degen und Stein haben sich im Nein!, im Ja! der letzten Szene endlich ebenbürtig getroffen, in höchster Verdichtung ihres Ich und Nicht-Ich. Die Produktivität des jähen, gedächtnislosen, aber wenigstens höchst augenblicklichen Feuers geht daran eindeutig unter, ebenso mehrdeutig, also tragisch auf. Don Giovannis Orgiasmus hielt die Geliebte nicht fest, enthielt also keine Liebe, ebenso hielt er sie nicht in der Tiefe seines Augenblicks fest. Das Feuer höchster Wollust verwandelt Don Giovanni nicht, geschweige denn, daß es ihn verbrannt hätte, sondern immer wieder, selbst an Donna Anna, geschicht Auferstehung in das kleine Leben, in die kleine Unruhe und ihre Abwechslung, in das noch unzentrale Jetzt und Da der Erfüllung. Dennoch, so unrein sie erschien, so erschien damit doch eine Urkraft einschlagend; gerade im Untergang wird sie völlig metallisch und also ebenso unvernichtbar, ebenso ewig wie der Stein des Komtur.

Wer ist mit dem Ritter, das Jetzt wenigstens zu genießen? Auf den Diener kommt es nicht an, aber ganz bei Don Giovanni stehen, mindestens zuerst, die Frauen. Sonst zerstreuter, nebelnder als die Männer haben sie, zur Liebe geweckt, ihr ›Gedächtnis‹ gerade am Glück dieser Stunde, dieser Nacht; sie landen im erotischen Augenblick tiefer als der Mann. Nur Don Giovanni ist ihnen darin ebenbürtig – überlegen; und also findet das große Weib, Donna Anna, an ihm nicht nur ihren Verführer, sondern ihre Existenz. Anders als Elvira hat sie ihre Sehnsucht, hemmt Ottavio an der Verfolgung, erfährt an Don Giovannis Untreue doch auch die Gewalt dieser seiner ›Augenblicklichkeit‹, nicht nur die blutigen Folgen und die Schuld halber Untiefe. In ihrer letzten großen Arie: »Ich grausam? O nein, Geliebter!« – geht Trauer um den Vater seltsam in Schmerz der Sehnsucht über, in ein Flammen der Koloratur, das von Ottavio überhaupt nichts mehr übrigläßt, hinter dem riesengroß Don Giovanni erscheint. Irgendwie steht Donna Anna bis zuletzt bei dem Meister des erotischen Blitzes, stirbt mit ihm, wie dies E. Th. A. Hoffmann so völlig einleuchtend nachreifen ließ. Ihre Liebe zeigt also Don Giovanni nicht nur als Genießer und Flüchtling des kurzen Jetzt, sondern auch als seinen Bringer. Don Giovanni verführt durchaus als Schöpfer der Wollust, treibt nicht nur das Metier seines Charakters identisch bis ans Ende, wie alle tragischen Personen, sondern dieser Charakter setzte eben zugleich ein Ungeheures, Gott wenigstens als Fetisch des kurzen erotischen Jetzt. Urkraft bricht hier wieder in die bekannte Welt ein; es ist tragisch gleich, ob diese Urkraft als Wolf oder als Prophet in die Welt einbricht, ins Gedächtnis der Halbheiten, also bereits bekannte Kulturzusammenhänge: sie hat ihr Unbekanntes, noch nicht Gestelltes für sich, ihre Größe, ja eben die Lehre, daß im Subjekt noch nicht aller Tage Abend ist, und folglich ihre tragisch ebenso jubelnde Gewalt. Der Augenblick, zu dem Don Giovanni immer wieder vordringt, der Gott, den er findet und finden läßt, ist nicht das absolute Jetzt und Da, nicht der Augenblick Tristans oder Leonores. Aber er enthält in seinem jähen Aufblitz ein Element Tiefe, das Donna Anna wohl verstanden hat, das selbst vom breiten, sittlich, ja kosmisch schon gewordenen Majestoso des Komtur letzthin nicht besiegt und verworfen wird. Revolution aus den jäh dumpfen Abgründen der Naturkraft geht hier gegen mäßig erhellte Geschichte an; Don Giovanni steht ebenso als Menetekel eines anderen ›Vergessens‹, eines Vergessens der anderen gegen die Larven der Sittlichkeit und den weißen Terror des Komtur.

Also klar, daß dieser Lebendige uns nahe angeht, durchaus aktuell ist, in der Stärke seines Willens und Einbruchs. Die erste aller Erregungen ist die erotische: in ihr klingt Revolution vor oder aus. Ssanin war der Rest der verunglückten russischen Revolution von 1905; Freud und Bergson sind die Denker der neueren Dynamik oder ihres bürgerlichen Widerhalls. Don Giovanni kann deshalb mit Leichtigkeit aus dem Rokoko herausgeführt werden; wäre daran noch ein Zweifel, so genügte, daß ihn Mozart komponiert hat. Nur die kleineren Musiker stehen in ihrer Zeit, sprechen allein diese aus, können daher gleichsam nicht von der Stelle bewegt werden; ein Kunstgewerbe höherer Ordnung. Aber Mozarts Musik ist so wenig Rokoko wie Beethovens Empire oder Bachs barocker Pietismus ist. An Beethoven ist die Aktualisierung aus Tiefe gelungen, an Bach war sie nie eine Frage, an Mozart ist sie nicht nur ein lösbares Problem, sondern die Sache selbst. ›Don Giovanni‹ ist ebenso genau die Oper des Elan vital, wie ›Fidelio‹ die Oper des revolutionären Impulses nach seinem moralisch-mystischen Inhalt ist.

Klar weiterhin, daß der große Verführer außerhalb des Tons nicht lebt. Er ist nicht außer bei Mozart, und es gelang nicht, ihn dichterisch irgendwie lebendig zu machen. Alle Figuren solcher Unruhe brauchen Musik oder wenigstens eine atmosphärische, musikähnliche Form, die ihrer gründlichen Unbestimmtheit entspricht. Hans im Glück lebt nur im Märchen, Don Quichotte nur im Roman, nicht in der klassischen Komödie, Don Juan nur in der Oper, Faust nur in seiner Komposition, die Goethe selbst als ›halbbarbarisch‹ bezeichnete. Weshalb denn Goethe auch beim Anhören des ›Don Giovanni‹ ausgerufen hat: »Mozart hätte meinen Faust komponieren sollen«. Musik macht allein dies Hervorbrechende, noch Unbekannte, Geheime sichtbar, das um die Brandnaturen aus dem Urgrund des Subjekts ist und um ihre rote Epopöe. Nicht einmal Shakespeare hat eine Figur der Unruhe hingestellt, außer der ganz niederen des Falstaff, der von Trunksucht ebenso besessen ist wie Don Giovanni von Liebestrieb, Faust von Wissensgier. Erstaunlich scheint nur, daß gerade Mozart den ›Don Giovanni‹ komponierte, komponieren mußte. Der Mozart des weiten, aber geschlossenen Wohllauts, der Schönheit und Eleganz, der Arien wie Perlen gereiht oder wie Spiegelzimmer in Märchenschlössern der Musik. Sagt nicht Nietzsche, Mozarts Melodie wäre wie ein letzter Gruß aus der alten Ordnung Europas? Und nun die Geburt des Urdionysiers aus dieser Melodie, das Singen subversiver Urkräfte in ihr, wie man es vorher nie gehört hatte: eine wahre Kirchenmusik von Freibeuterei und Atheismus. Nur hie und da klingen noch, im Duett Zerlinens und Masettos, in den Arien Zerlinens, Töne herein wie aus den Gefilden Figaros, gehen heiteres Bankett und donnernder Untergang noch ›verwandt‹ zusammen. Aber das Grausen erhöht sich gerade durch diese Verwandtschaft, durch diesen Einbruch völlig anderer Tonart, ihren Schuß gleichsam aus größter Nähe. Es zerbrechen die Spiegel vor Dynamik, vor Gesichten der Ewigkeit, das Rokoko kehrt um, ja Mozarts ›Don Giovanni‹ ist so die Revolution des Rokoko aus dem Genius, wie es die Französische Revolution aus dem Volk und der Klassenspannung war. Desto unheimlicher, als Don Giovanni, im Text, gerade als Repräsentant der Herren erscheint; nur in Leporellos, in Masettos aufbegehrenden Liedern scheint Revolution zu murren, gegen Don Giovanni, nicht etwa gegen die Welt des Komtur. Dennoch wird Don Giovanni durch Musik die wahre Revolutionsgestalt; zwar egoistisch, zwar gewissenlos, zwar aller Gleichheit, Brüderlichkeit weit entlegen, dennoch im ebenso primitiven als tiefen Sinn subversiv, ein Mann aus dem Geschlecht des Prometheus. Ein Wolf des noch Unbefreiten, der in die Geschichte einbricht, dem Donna Anna mit langem Blick in die Tiefen seiner Freiheit, blitzenden Unmittelbarkeit nachsieht. Alle großen Musiker haben so letzthin ihren adäquaten Stoff gefunden, mit ihm ihr musikhaftes, also wetterhaftes Symbol oder, sind es mehrere, ihr Gefüge von Symbolen. Im ›Figaro‹ ist es der Kerzenschein, in ›Don Giovanni‹ der wechselnde Blitz, in der ›Zauberflöte‹ die Sonne, in ›Fidelio‹ Signale des Morgenrots, in ›Tristan‹ die Liebesnacht, heilige Nacht. Der Blitz des Don Giovanni, in dem er erscheint und bleibt, ist dem Unbekannten im Menschen, auf das alle Musik geht, das grellste Licht.

*Ernst Bloch: ›Programmheft der Staatsoper am Platz der Republik‹ vom 20. April 1930*

Die ›Zauberflöte‹ und Symbole von heute

Sträucher fliegen rasch vorbei. Felder langsamer, sie drehen sich schon nach uns. Berge dahinter bleiben lange, scheinen mitzugehen.

So verschieden, je nachdem, was sie sind, halten sich auch Menschen, denen wir begegnen. Erst recht Werke mit ihrem mehr oder minder raschen Verbrauch; von Sträuchern ist nicht zu reden, aber große Dinge bleiben Zeugen, gebirgige Landschaft auf unserer Fahrt. Die Berge Mozart oder Bach stehen in sehr langsamem Umlauf vor vielen Geschlechtern. Sie ändern sich mehr in sich selbst als an uns, streifen ihre Zeit von sich ab und lassen sie zerfallen, werden dadurch immer ›wesentlicher‹ für das, was fast schon ist, aus dem Strom fast schon gerettet ist. Sie sind der Ort für verschiedene, von uns schon abgehaltene Arten zu sein.

Doch nun gibt es noch einige große Werke, die liegen überhaupt nicht recht fern oder draußen. An ihnen ist der Anschein, als sei der Boden, auf dem sie stehen, mit uns im eigenen Wagen in Fahrt. Diese Werke sind meist nicht im Maß der anderen geworden, sondern in einiger Nähe von Improvisation, von leichter oder ekstatischer. Ihre Dauer verdanken sie ihrer immer noch anfangenden Frische, nicht ihrer Gewohnheit, ihre Form nicht kluger reifer Gefügtheit mit dem Index der damaligen Kultur, sondern der Spannung von Ur-Inhalten. Auszug und Ankunft, Gefangenschaft und Befreiung, Traumalp und Aufwachen sind die Spannungen solcher Gebilde; durch Nacht zum Licht ist einer ihrer Ur-Inhalte. Sie stehen derart dem Märchen, ja der Kolportage nahe, die beide in verschiedener Weise locker, gesetzlos und zugleich außerordentlich gezielt sind, nämlich lichthaft wie ein Wunschtraum. Als Märchen sind sie farbig, als Kolportage grell; denn nirgends mehr als hier handelt es sich um die Taten und Leiden unseres Lichts. ›Figaro‹, selbst ›Don Giovanni‹ gehören kaum hierher, sie sind Berge einer gewordenen Landschaft, mit wunderbaren Gärten, die uns betreffend, aber noch kontemplierbar mitgehen. Wohl aber ist an der ›Zauberflöte‹ (als einem Märchen in Musik), anders an ›Fidelio‹ (als einer Kolportage in Musik) etwas von der eigenen, bleibenden, uneingelösten Tendenz und der Improvisation auf ihr.

Also müssen diese Werke auch immer wieder anders und neu aufgeführt werden, wenn sie da sein sollen. Denn die Dauer solcher Gebilde ist nicht die einer zeitlosen Gewordenheit, sondern die eines dauernden Innervierens, einer Improvisation des Ziels, dessen vorträumendes Reich sie öffnen. Man braucht nicht daran zu erinnern, wie wenig planvoll die ›Zauberflöte‹ entstanden ist. Noch nach Ende des ersten Aktes wurde die Grundlage des ganzen zweiten geändert; der Bösewicht Sarastro wurde zum Weisen, Pamina ist der Mutter mit Recht entrissen, außerordentlich kehrten sich grade die Musikgestalten um. Nur aber, wo von vornherein so viel Stegreif und offener Mimus war, konnte der Bruch so herrlich gelingen, auch das Ineinander von Buffoszenen und Mystik so bedenkenlos gut geraten. Aber auch nur, wo die mögliche Improvisation so wunschtraumhaft genau auf Inhalte abgezielt war, auf Ur-Inhalte, die genau durchschlagen und den Stegreif organisieren, konnte die Form so wenig abirren und sich verspielen; die Taten und Leiden des Lichts machten sie fest. Sofern aber diese Leiden und noch mehr diese Taten noch nirgends beendet sind, setzt die ›Zauberflöte‹ nicht nur ihre eigene versucherische und traumreiche Erscheinung, sondern weiterhin einen unabgeschlossenen Raum, einen Tendenzraum. Der ist in der Mozartschen ›Zauberflöte‹ ganz enthalten, doch ebenso enthält er auch die ›Zauberflöte‹ und macht sie, weil er unser dauernder Problem- und Hoffnungsraum ist, auch von daher noch nahe, mitgehend und wichtig. Der Zauberflöten-Raum ist so allen revolutionären Zeiten vorgeordnet, trotz der grundverschiedenen Formen von Druck, Herrschaft und Befreiung in diesen Zeiten. Das ist der letzte Grund, weshalb uns die ›Zauberflöte‹ viel mehr als ein ›Muster‹ bleibt als etwa ›Figaro‹ oder gar die eigentlichen Stabiltaten eines fertigen Überbaues, der sich nur langsamer umwälzt. Der Wegraum der ›Zauberflöte‹ ist der der ›Aufklärung‹, als des kämpfenden, utopisch einleuchtenden Gutwerdens von Menschen und Dingen. Einzigartig tönt darin Mozarts Musik, sie ist so jünglingshaft beschwörend und gläubig, alle Teppichfarben der Aufklärung sind ante rem darin, aber das scheue Gold der Menschlichkeit, Menschfrömmigkeit überwiegt, scheu und klar, nicht etwa trauerlos und belügend überhell. Diese Musik ist Einweihung in Blumen, die sich zu dem erhabenen Licht wenden: gerade deshalb aber innerviert sie einen Raum, in dem sie immer wieder zu ›geschehen‹ hat. Mozarts ›Zauberflöte‹ ist schwierig zu dirigieren und hat keinen Galerieton; an ihr gibt es kein musisch beruhigtes oder quietistisches Mißverständnis.

Von uns selbst kommt noch etwas hinzu, uns mit solchen Werken fahren zu lassen. Sie sind in enormem Maß Zeichen, an denen sich bewegte Zeit nachschaffend und gerade aus Respekt nicht nur nachschaffend finden kann. Nicht, als ob man je noch eine ›Zauberflöte‹, im buchstäblichen Sinn, ›machen‹ könnte: das wird man nicht insinuieren, es ist auch gar kein Bedürfnis danach. Aber um den unabgeschlossenen ›Zauberflöten‹-Raum geht es eben, der jede Zeit neu aufruft, die auf Fahrt und Nachtverwandlung aus ist, kurz, die mindestens den großen Moment hat, wenn auch gegebenenfalls unter kleinem Geschlecht. Wie ›verwandt‹ sind die Bedingungen (und auch der Horizont), worunter die ›Zauberflöte‹ entstand, den heutigen, unter denen sie nicht mehr entsteht. Lassen wir den Staub von Papagenos Vogelbalg, die ›würdigen‹ Priester beiseite, so drang doch auch damals Gasse, Lockerung, Jahrmarkt und Revue in die hohe Kunst, vor allem lag Revolution in der Luft (dem Antrieb und der Grundtendenz nach immer sich verwandt), vor allem gewannen uralte Symbole einen umgedrehten, auf die Füße gestellten Sinn. Man hatte die sonderbare Kraft, von den Dunkelmännern gerade ihre Zeremonien und Symbole zu holen, revolutionäres Licht darin anzustecken. Jesuitenglanz und ein an sich, in der ägyptischen Zeit doch höchst despotischer, menschferner Sonnenmythos wurden human mißbraucht; das leuchtete nun wie geraubte Kirchenampeln in der Kajüte des Roten Freibeuters. Unerhört, was der Revuedirektor Schikaneder so alles zusammenkarrte und zusammengoß, auch wo anders her. Kasperle und Prinzenzier, Ausstattungsstücke, die man überbieten wollte, und Maurertum, das dann der höchste Effekt ward: Wieland, Volksposse und ›Tausend und eine Nacht‹, ›Don Quichote‹, Orpheussage, Shakespeares ›Sturm‹ und alles, was gut und teuer, gut und nicht teuer war. Aus hellster Aufklärung kommen Isis und Osiris, genau wie sie dicht neben Kinderliedern stehn; mit einer fast surrealistischen Anarchie tauscht Hohes und Niederes seine träumenden, vom Licht träumenden Gesichter. Da ist zwischen unten und oben nicht nur Parallelhandlung, sondern kaleidoskopische. Und nun, man bedenkt weiter, denn dies wäre das eigentliche ›Mitspielen‹: auch Jahrmarkt, Revolution in der Luft (von denen wir oben als Bedingungen der ›Zauberflöte‹ sprachen), sind heute unser arbeitendes Teil, selbst Märchensinn und Symbole fehlen nicht ganz. Von Cocteau etwa, wie ganz anders von Kafka, werden sie aus der Mythologie herausgebrochen, in unsere Unwirklichkeit, manchmal in unsere Hoffnung eingetaucht. Gewiß, sie sind nicht entfernt so verständlich wie in der ›Zauberflöten‹-Zeit, damals konnte man alles brauchen, in größter Streuung und ideologischer Arbeitsteilung, was den Feudalismus stürzte; sie sind vor allem nicht so unmittelbar revolutionär abgezielt. Die ›Dreigroschenoper‹ ging scharf ins Symbolische (Seeräuberjenny), soweit es heute möglich ist; aber ihr Traum vom besseren Leben und vor allem die Bilder darin mußten noch trocken bleiben. Von Straussens ›Frau ohne Schatten‹ kann man in diesem Zusammenhang nicht sprechen, obwohl sie in ziemlich programmatischer Nachfolge zur ›Zauberflöte‹ stehen will und Symbole ihrer Gegend mit höchst dekorativem, nur dekorativem Traum-Schein nachbildet. Die entsprechenden Symbole Wagners (der Gral ist in der Tat aus den Händen Sarastros genommen) sind in ihrer ersten, rein theatralischen Erscheinung abgelaufen und in ihrer zweiten, uns ›surrealistisch‹ betreffenden noch nicht zugänglich. Dennoch: es ist auch der symbolische Raum heute nicht unbewohnt, und zwar gerade jener symbolische Raum, in dem ›Symbole‹ als Spiegel für das noch nicht Gewordene, zum Licht Drängende, nur erst ›Bedeutende‹ an Menschen und Verhältnissen aufgestellt sind. ›Figaro‹, die h-moll-Messe sind ›unsterbliche‹ Werke im höchsten kontemplierbaren Sinn; die ›Zauberflöte‹, ›Fidelio‹ sind ›unsterblich‹ auch im aktuellen Sinn, im Sinn ihres dauernden Aufrufs, dauernd aufgegebenen Problems. So lange die Welt steht oder genauer: so lange die revolutionär gemeinte Welt (das Reich der Freiheit) noch nicht steht.

*Hans Curjel: ›Blätter der Staatsoper‹ Septemberheft 1928*

›Salome‹, das Werk des Jugendstils

Als Straussens ›Salome‹ im Jahre 1906 auf der deutschen Opernbühne erschien, wirkte das Werk wie eine aufreizende Fanfare, wie ein Blitz, der die damalige künstlerische Welt grell erleuchtete. Von der Generation der Konsolidierten mit vermeintlich höhnischer Wut als perverses Sumpfgewächs verworfen und verfemt, wurde es von den Jungen geradezu als Symbol der neugewonnenen künstlerischen und geistigen Freiheit enthusiastisch begrüßt. Ihnen erschien das Werk als die vollendete Inkarnation eines neuen Kunstwillens, der über alle traditionellen und kunst-moralischen Bindungen hinweg die unmittelbare Gestaltung glühenden Empfindens als Sinn und Ziel aller Kunst bezeichnete. Strauss plus Wilde – man erinnert sich der tiefen und aufrührerischen Wirkung, die von der Reinhardtschen Inszenierung des Wildeschen ›Salome‹-Schauspiels kurz vor dem Erscheinen der Oper ausging –, beide Mentoren der jungen Generation dieser Epoche! Beide von den Konsolidierten gleich verfemt und gerade dadurch in der Intensität ihrer Wirkung auf die Jungen besonders gesteigert! Es ist durchaus richtig, wenn man die ›Salome‹ als das Erlebnis einer ganzen Generation bezeichnet hat.

Die Wesenseigenschaften der ›Salome‹, die zur Zeit ihres Erscheinens nur von der geistigen Avantgarde erfaßt werden konnten, bieten dem Verständnis des breiten Publikums von heute keine Schwierigkeiten mehr. Zu ihrer Umschreibung mögen hier die wichtigsten Stichworte genügen: züngelnd, rankenhaft, fiebrisch betörend; schillernde, exotische Farbigkeit, letzte psychologische Differenzierung und gleichzeitig al fresco-artige Vereinfachung, die sich vielfach fast brutaler, dumpfer Primitivität nähert; also eine Art Synthese von Verfeinerung und Primitivität; Ausdruck bis zur äußersten Grenze des Abstoßenden, tierische Vitalität, sinnliche Ekstase, pathetische Prophetie (Jochanaan), expressive Dissonanz; widerborstige Rhythmik; Absage an jeden traditionellen Formalismus, ja Auflösung an sich, Spaltung der Form bis zur mikrokosmischen Zelle wird zum konstituierenden Element.

Alle diese Merkmale, die allgemeinen (Abkehr vom Konventionellen, kühne Unmittelbarkeit der Gestaltung, Maximum an Sinnlichkeit) wie die speziellen (feingliedriges, schillerndes Vibrieren neben ur-mäßiger Dumpfheit) erscheinen als die Wesenseigenschaften des Jugendstiles, der um die Wende des 19. zum 20. Jahrhundert zum Durchbruch gekommen war.

Mit dem Wort ›Jugendstil‹ ist im allgemeinen die peinliche Assoziation zu kunstgewerblichen Gegenständen von zügelloser Form, zu zerbrechlichen Möbeln von schlangenhafter Dünne und zu ›verwehter‹ literarischer und bildkünstlerischer Bleichheit verbunden. Diese Assoziation rührt daher, weil eine förmliche Überflutung mit solchen Gebilden aus unberufener Hand den ursprünglichen Sinn der Bewegung, die vom Jugendstil ausging, in schlimmster Weise verwässert und entstellt hat. Die Folge ist, daß der Jugendstil im Geruch steht, ein kurzer, wenn auch wohlgemeinter, rein kunstgewerblicher Irrtum gewesen zu sein.

Das Gegenteil ist der Fall. Im Jugendstil trat eine umfassende, auf allen Gebieten der Kunst und des geistigen Lebens sich auswirkende geistige Bewegung in Erscheinung, die am Beginn des 20. Jahrhunderts zur ersten und gründlichen Befreiung von den erstarrten Formalismen des 19. Jahrhunderts führte. Daß diese große Bewegung programmatisch und sichtbarlich an den Gebieten der Architektur und des Kunstgewerbes ansetzte, ist deshalb natürlich, weil gerade diese beiden Bezirke der Gestaltung nach dem formalistischen Stiltaumel des 19. Jahrhunderts, das von einem Eklektizismus zum anderen Eklektizismus fiel, in völliger Sterilität gelandet war. Überdies und vor allem schlägt sich das tägliche Leben, das die Avantgarde jener Jahre von der konventionellen Etikette zu neuer, freier und vitaler Menschlichkeit umstellte, am unmittelbarsten in der Wohnform (Architektur) und in den Gegenständen des täglichen Schmuckes (Kunstgewerbe) nieder.

Gerade im Zusammenhang mit dieser menschlichen Umstellung wird es erkennbar, wie die Bewegung des Jugendstiles aus den Bezirken des Lebens selbst unmittelbar hervorbrach. Der Sinn der Bewegung ist: Abkehr vom überkommenen Formalismus, Abkehr von toter Tradition, unmittelbares Schöpfen aus der Natur und dem Naturerlebnis; also eine Art von Primitivität im Schöpferischen, die allerdings ergänzt wird durch die äußerste Sensibilität der Organe, welche die Naturerscheinungen aufnehmen und sie im Kunstwerk wiedergestalten. Primitivität, die sich aus den Elementarerscheinungen ergibt, verbindet sich mit der Sensibilität, mit welcher die unendlichen Varianten der Erscheinungswelt aufgenommen und produktiv verarbeitet werden.

Die Geschichte des Jugendstils als geistige Bewegung wird die Wurzeln der Ideen, die um die Jahrhundertwende (um 1900) sich künstlerisch kristallisieren, bei den Außenseitern des 19. Jahrhunderts aufzuspüren haben. So liegen die Anfänge etwa im Denken von Ruskin, Nietzsche und Strindberg, in den Dichtungen der Baudelaire, Mallarmé und Rimbaud; in der Malerei bei den englischen Präraffaeliten. Auf den Werken solcher Menschen ruhen die typischen Vertreter des Jugendstils: in der Dichtung Oscar Wilde, Stefan George, Maeterlinck, Mombert, Rilke, der frühe Hofmannsthal; die Maler Munch, Hodler, Gauguin. In der Architektur, die wie gesagt die neue Wendung am abruptesten und programmatischsten in Erscheinung treten läßt, sammelt sich die Bewegung zuerst in der Darmstädter Gruppe (um 1900), deren Führung Olbrich innehatte. Die Musik endlich, bei der die neue Bewegung ähnlich wie in der Dichtung sich langsam vorbereitet – Wagner als Vorläufer des Jugendstils?! –, bringt in Strauss und vor allem in dem frühen Schönberg die Hauptrepräsentanten der neuen Bestrebungen hervor.

›Salome‹ ist dichterisch, theatralisch und musikalisch geradezu das Paradigma der ideellen und vitalen Triebkräfte des Jugendstils. Seine elementaren Wesenseigenschaften erscheinen in diesem Werk Straussens als reinste und intensivste Kristallisation. Die Ranke des Jugendstils, das Schlinggewächs, die vibrierende Atmosphäre, die schillernden Klangfarben, die Synthese von elementarer Primitivität und äußerster Sensibilität, die exotische Farbigkeit (Gauguin!), die Sinnlichkeit des Leiblichen – all diese Merkmale des Jugendstils sind integrierender Bestandteil der ›Salome‹. Wie unmittelbar die Beziehungen zwischen diesem Werk und sogar der Theorie des Jugendstils sind, geht etwa aus den bekenntnismäßigen Formulierungen des Architekten und Theoretikers Henry van de Velde hervor, die geradezu wie eine Beschreibung der künstlerischen Atmosphäre der ›Salome‹ wirken: »Unsere betörten Sinne haben auf jede Weise den weiblichen und männlichen Körper zu schildern gesucht. Das Gefühl spiegelt ihnen die Liebkosung der schönsten Früchte vor, während das Gesicht, sich an der Schönheit weidend, wahrnimmt, daß jedes Glied des menschlichen Körpers den verlockendsten Dingen ähnlich ist, die seine Wünsche auf Erden und im Paradiese begehren können . . . Ich liebe die Körper der Tiere in ihrer berechnenden, trügerischen Anmut, elastisch, wie die der Katze, des Tigers und des Jaguars; schwer und langsam, wie die der Ochsen; ungestüm und rhythmisch, wie die der Pferde beim Rennen; und ich liebe den Leib der Vögel mit der feierlichen Gangart, den Truthahn und das Perlhuhn . . . Ich liebe die Muscheln, deren zierlichen, kegelförmigen Körper ein Netz von Geäder einspinnt, deren Farbe blaß ist wie das Gesicht eines Kranken, blaß wie Nephrit; jene, mit den falben Flecken, welche dem Innern einer durchschnittenen Frucht gleichen; – die großen Seemuscheln, die sich mächtig bäumen, um ihre Spirale in eine einem Munde gleichende gähnende Öffnung zurückzuwerfen; jene Muscheln, deren enthüllter Perlmutterkörper verwirrend wirkt wie Orchideen.«

Und wie der Jugendstil als künstlerische Zielsetzung den Keim der Neuen Kunst, der Kunst von heute in sich trägt – vor allem in der Architektur ist diese Verwurzelung offenbar –, so ist die Musik der ›Salome‹ zur Keimzelle der Neuen Musik geworden.

*Hans Curjel: ›Vossische Zeitung‹ vom 15. Jan. 1929*

Wagners ›Ur-Holländer‹

Richard Wagner hat die Partitur des ›Fliegenden Holländer‹ rund zehn Jahre nach ihrer Entstehung einer Umarbeitung unterzogen. Diese Änderungen, die Wagner offenbar anläßlich einer Aufführung des Werkes in Zürich im Jahre 1852 vornahm, beziehen sich vor allem auf die Fassung des Ouvertürenschlusses und des Schlusses der Oper, sowie auf die Instrumentation.

Die ursprüngliche Fassung des Ouvertüren- und Opernschlusses bringt nach der letzten Fortissimo-Einführung des ›Holländer‹-Themas den Abschluß mit einfachen Fortissimo-Schlägen; die Züricher Variante fügt dem Eintritt des ›Holländer‹-Themas jeweils den mit einer Ausweichung eingeführten Piano-Verklärungsschluß hinzu. Die Instrumentation, die im Original die Blechinstrumente, vor allem die Posaunen, stark hervortreten läßt, erscheint in der Züricher Fassung klanglich gemildert, weicher gemacht. Ein wesentlicher Teil der erzenen originalen Klänge ist in die weniger aggressiven Streichinstrumente verlegt; außerdem ist dem Orchester eine Harfe beigefügt, die die Originalpartitur nicht besitzt.

Wagner hat in dieser revidierten Fassung keine ideale Lösung gesehen. Am 25. März 1852 schreibt er aus Zürich an Uhlig: »Ich wollte diese Partitur (›Holländer‹) anfänglich nicht ordentlich durcharbeiten: näher besehen hätte ich aber die Instrumentation, wenn ich sie meinen jetzigen Erfahrungen gemäß herstellen wollte, meist total umarbeiten müssen, und dazu verging mir natürlich sogleich die Lust. Um z. B. das Blech durchgehends auf ein vernünftiges Maß zurückzuführen, hätte ich konsequenterweise alles umzuändern gehabt, denn das Blech war hier eben nicht nur Zufälligkeit, sondern es lag in der ganzen Art und Weise, nicht nur der Instrumentation, sondern selbst der Komposition so bedingt.

Wohl verdroß mich diese Einsicht, aber – lieber gestehe ich nun den Fehler ein, als daß ich ihn ungenügend verbessere. Nur wo es rein überflüssig war, habe ich daher das Blech etwas ausgemerzt, hier und da etwas menschlicher nuanciert, und nur in der Ouvertüre den Schluß gründlicher vorgenommen. Ich entsinne mich, daß gerade dieser Schluß mich in den Aufführungen immer sehr verdroß: jetzt denke ich, wird er meiner ursprünglichen Absicht richtig entsprechen.« (Den Hinweis auf diesen Brief verdanke ich der Freundlichkeit meines Kollegen Dr. Kapp.) Ob Wagner mit dieser Bemerkung über den Schluß der Ouvertüre die Beifügung der Verklärungstakte meint oder nur Instrumentationsänderungen, steht dahin. Wahrscheinlich wird sie jedoch auf die Instrumentation zu beziehen sein; sowohl der Hinweis auf die ›ursprüngliche Absicht‹ wäre sonst ebensowenig zu verstehen wie die unterlassene Bemerkung über die parallele Änderung des Opernschlusses.

In den beiden Fassungen des ›Holländer‹ – der ursprünglichen, erzenen und der zweiten, klanglich gemilderten, verklärten – wird die Wandlung klar, die sich in Wagner vollzogen hat. Der Ur-›Holländer‹ ist das Werk des Revolutionärs, des Mannes der schwarz-rot-goldenen Freiheitskämpfe, im revidierten ›Holländer‹ spiegelt sich schon die geistige Wandlung, in deren weiterer Entwicklung Wagner die früheren Ideale hinter sich läßt.

Die heutige Neuinszenierung des ›Holländer‹ in der Staatsoper am Platz der Republik legt der Aufführung die Urfassung zugrunde. Abgesehen davon, daß die revidierte Fassung nach Wagners eigenem Zeugnis dem ursprünglichen Charakter des Werkes irgendwie Gewalt antut (ja, daß eine Umarbeitung dem ursprünglichen Wesen des Werkes widerspricht), gibt allein schon die Tatsache, daß die Urpartitur vorliegt, genügend Berechtigung für die Aufführung in ursprünglicher Fassung.

Die Anregung zu dieser Maßnahme ist von Richard Strauss ausgegangen, der durch einen Zufall gelegentlich einer ›Holländer‹-Aufführung in Zürich die Partitur in der Urfassung auf dem Dirigentenpult vorfand. Das Orchester-Material, das bei der Berliner Neuinszenierung verwendet wird, stammt aus der Bibliothek der Staatstheater; die Partitur ist auf der Staatsbibliothek aufgefunden worden. Es ist das gleiche Material, das bei der Berliner Erstaufführung des ›Fliegenden Holländer‹, die unter Leitung von Richard Wagner am 7. Januar 1844 im Schauspielhaus stattfand, verwendet worden ist.

*Hans Curjel: ›Blätter der Staatsoper‹ Juniheft 1929*

Triumph der Alltäglichkeit, Parodie und tiefere Bedeutung

Der Prozeß einer gewissen Ernüchterung, der auf allen Gebieten des geistigen Lebens vor sich gegangen ist und noch vor sich geht – ein Faktum vielleicht zu begrüßen, vielleicht zu beklagen, jedenfalls ein geist-biologisch begründetes Faktum – hat dazu geführt, daß der Begriff ›Kunst‹ an Gewicht verloren hat. Ja, es steht fest, daß eine große Anzahl der führenden Menschen, die auf den Gebieten der Literatur, der Musik, der Architektur, der Malerei arbeiten, die Bezeichnung ihrer Arbeit mit

›Kunst‹ weit von sich weisen. Was früher als künstlerisch heilig, als tief, als erschütternd, als schön und edel erschien, erscheint ihnen, die von Mißtrauen erfüllt sind gegen Gefühlsausbruch, herkömmliche Schönheit und Würde, als fragwürdig und darstellender Gestaltung zum mindesten heute als unzugänglich.

Im Verlauf dieses Prozesses haben sich Wandlungen vollzogen, die sich auch dort auswirken, wo der Anschluß an altes, scheinbar kanonisch geheiligtes Kunstgut vorgenommen ist. Den Blick auf letzteres vorweggenommen: die klassischen Gestaltungstendenzen und die Verwendung klassischer Vorwürfe, die in den theatralischen und bildenden Darstellungen unserer Zeit programmatisch auftreten, sind von vitalen Triebkräften erfüllt, die zwar die innere und äußere Formgesetzlichkeit des klassischen Vorbildes übernehmen und variieren; als entscheidend wohnt aber gerade auch ihnen ein Schuß Vernüchterung inne, die Jean Cocteau (im Vorwort zur ›Antigone‹ von Honegger) damit umschrieben hat, daß er versucht habe, »Griechenland vom Flugzeug zu photographieren«. Welche Distanzen: Klassik – Flugzeug – Photoapparat! Das Idealbild mit den Instrumenten der nüchternen Gegenwart aufgenommen!

Abgesehen von diesen Gestaltungstendenzen, die von besonders kultivierten und sublimierten Geistern verfolgt und realisiert werden, haben sich grundsätzliche Wandlungen in den Stoffen und Gegenständen der künstlerischen Gestaltung vollzogen. Der Naturalismus des späten 19. und beginnenden 20. Jahrhunderts, der an die Stelle der ›hohen‹ Themen die Stoffe aus dem täglichen Leben, an Stelle der Schönheit die Wahrheit (und sei sie auch häßlich) gesetzt, hat hier die Bresche geschlagen. Die Mythologie, die großen historischen Vorwürfe sind durch Vorgänge des gewöhnlichen Lebens ersetzt, die allerdings auch in der Epoche des Naturalismus noch als Gefäße der großen Leidenschaften, als Hülle für die großen Probleme der primären menschlichen Beziehungen erscheinen. Die jüngste Entwicklung hat dann den Schritt vom Ernst der Leidenschaften und vom inneren Gewicht der Problematik zur Sphäre der Alltäglichkeit unternommen, in der die Dinge durch die Gewohnheit und Häufigkeit ihres Auftretens an Gewicht verlieren. Hießen die Stücke früher ›Gespenster‹ oder ›Die Weber‹ (und waren mit ihnen die Bezirke der großen Leidenschaften oder der großen Problematik betreten), so heißen sie heute ›Mann ist Mann‹ oder ›Neues vom Tage‹; sie sind Gestaltungen des Alltäglichen.

Hinter dieser Wandlung der Stoffe liegt eine Wandlung der gestalterischen Gesinnung, die als Reaktion, als Protest gegen die künstlerischen Tendenzen des späten 19. Jahrhunderts entstanden ist: als Reaktion gegen die Überwertung und Überhitzung der individuellen ›Beseelung‹, des Tiefsinns, des Symbolismus, des Rauschhaften, das sich geradezu tropisch wuchernd in den Künsten ausgebreitet hatte. An Stelle des Espressivo wird objektivierter Ausdruck angestrebt, der an sich keineswegs mit weniger Intensitäten geladen sein muß. Nur sind es andere Intensitäten, durchsichtigere, muskulösere, ohne tropische Üppigkeit.

An der Formwandlung, die sich in der Entwicklung der jüngsten Zeit vollzogen hat, wird das Wesen dieser neuen Intensitäten sichtbar und hörbar. Die Dinge erscheinen ohne schmückendes oder verbrämendes Beiwerk. In der Architektur erscheint die Intensität der konstruktiven Kräfte und der nackten Proportionen, die bildende Darstellung verzichtet auf alles Schillernde (im wörtlichen und übertragenen Sinn) und nähert sich per Photo und Film unmittelbar und mit der Frische unverbrauchter optischer Vorstellung dem Bereich des Alltäglichen. In der Musik tritt die Einteilung in geschlossene, überhörbare Formen, die Abkehr vom übersinnlichen, rauschhaften Klang zugunsten einer gespannten, klanglich fast asketischen Trockenheit und gleichzeitig die Verbindung mit der Tanzmusik, die sich heute im Gebrauch befindet, klar hervor. An dieser Stelle wird der neue Zusammenhang mit dem Bereich des Alltäglichen am deutlichsten erkennbar.

Hier ist der Punkt berührt, von dem aus die Wandlung, die sich vollzogen hat, ihre vielleicht entscheidende Seite zeigt. Sinn und Ziel der gestaltenden Arbeit haben sich von Grund auf geändert: besteht das Kunstwerk des 19. Jahrhunderts für sich selbst, erhebt es den Anspruch, eine in sich allein ruhende Existenz zu sein, so ordnet sich die gestaltende Arbeit von heute bewußt einer Zweckbestimmung unter. Monologisches Wesen wird von dialogischem Bestreben abgelöst. Das Werk soll beim Zuhörer oder Zuschauer einen bestimmten Zweck erfüllen, es ist in einem neuen Sinn für den Abnehmer geschaffen. Was der Abnehmer, der heute vom Leben aus dem Leben gegenüber neu Posto faßt, erwartet, erhält er: eine Dosis gestalteter Alltäglichkeit.

Gestaltete Alltäglichkeit – wie bietet sie sich in der Musik, im besonderen in der Oper, dar? Gesinnung und Triebkraft, die zugrundeliegen, zeigen als besonderes Merkmal eine gewisse Harmlosigkeit und Lockerheit, die sich von der typischen Hochspannung früherer künstlerischer Einstellung grundsätzlich abhebt. Die Hochspannung der früheren Einstellung mochte durch sich selbst wirken und gefangen nehmen, die harmlose Lockerheit heutiger Gestaltung hat eine Durchsichtigkeit zur Folge, die einen unmittelbaren Einblick in die Getriebe der Werke gestattet. Weil auf diese Weise das Funktionieren der Musik jedem Ohr sich offen darbietet, bedarf die gestaltende Arbeit einer besonderen Sauberkeit und Solidität; sie hat also eine nicht geringere handwerkliche Sicherheit zur Voraussetzung als die frühere ›Kunst‹. Die melodische Erfindung meidet das

›Bedeutende‹. Sie bedient sich vielfach einer gewissen Formelhaftigkeit, die in der Uniformität der Klangwelt und Rhythmik ihr Analogon besitzt. Gerade diese Uniformität, in der sich natürlich die Möglichkeiten unendlich vieler Variationen ergeben, erscheint als Spiegel des Alltäglichen. Ins Form-Strukturelle übertragen, bedeutet die anti-individuelle Kontrapunktik, die besonders bei Hindemith, dem musikalischen Wortführer dieser Tendenzen, Grundlage der musikalischen Sprache ist, die Verwandlung des Alltäglichen in sein zugehöriges Abstraktum, das Allgemeingültige. Im Hinblick auf solche, ihm vielleicht unbewußte Zusammenhänge hat Hindemith selbst gelegentlich von einem seiner Werke gesagt, es gehöre nicht individuell ausgedeutet, sondern einfach heruntergerasselt.

Die Oper, im 19. Jahrhundert das Reich der Wunder, im Verismo das Reich der tosenden Leidenschaften, immer das Gefäß gesteigerter Gefühlsspannungen, auch sie ergibt sich dem Triumph der Alltäglichkeit. Die Profanierung wird in den Schauplätzen, im Handlungsverlauf, in der Gefühls- und Lebenswelt der Typen restlos durchgeführt, und wo früher die Stimmung einer Nacht oder die heiße Liebe tobender Herzen mit den Mitteln musikalischer Veranschaulichung beschrieben wurde, wird heute die Atmosphäre eines Büros mit Stenotypistinnen und Schreibmaschinengeräusch oder die Empfindung, die ein warmes Bad auslöst, mit den Mitteln der Musik ausgemalt.

Hier, wo die Alltäglichkeit mit den Mitteln eines neuen Naturalismus, eines sehr geformten Naturalismus, auf zugespitzte Weise triumphiert, ist die Stelle, an der die Grenzen von gestalteter Alltäglichkeit und Parodie sich verwischen. Schon allein durch die Tatsache, daß die Alltäglichkeit mit Behagen aus der Vogelperspektive gesehen wird, erscheint ein Schimmer von Parodie. Offen tritt das Parodistische hervor, wenn diejenigen Spannungen wirksam werden, denen früher besondere Heiligkeit oder besonderes Gewicht galt: die Liebe, der männliche Entschluß, Streit zwischen Menschen. Selbst hier herrschen Harmlosigkeit, Liebenswürdigkeit vor. Es ist Parodie ohne Bissigkeit, eher Parodie, hinter der eine latente Traurigkeit, Resignation steht. Beides, die Tendenz zum Alltäglichen wie zum Parodistischen, tritt unprogrammatisch, tritt ausgesprochen alltäglich in Erscheinung. Dies ermöglicht die Einführung rein musikalischer Stücke, in denen Handlung wie Beschreibung stehen bleiben und die Situation plötzlich ins Reich reiner, abstrakter künstlerischer Beziehungen hinübertritt, um ebenso unvermittelt in die Sphäre des Alltäglichen zurückzuwechseln.

In dieser Mischung von Alltäglichkeit, Parodie und absoluter künstlerischer Gestaltung enthüllen sich Wesen und Bedeutung dieser Art von gestaltender Arbeit. Sie ist weder heiterer Spiegel, noch kritische Entschleierung.

Ihre scheinbare, kühle Gleichgültigkeit, das Abschnurrende in ihr ruft eine höchst seltsame Mischung von wirklich und unwirklich hervor. Konkretes schlägt in Abstraktes um, Akstraktes verwandelt sich unmittelbar in Konkretes; was eben noch real schien, wirkt unvermittelt gespenstisch. Die Kategorien erscheinen durcheinandergeschüttelt. Leben und doch kein Leben – kein Leben und doch Leben und über allem ein Abstraktum: die reine Musikwelt. Die Parallele zum Surrealismus, der Lehre vom Doppel- oder besser Vielfach-Sinn der Erscheinungs- und Vorstellungswelt, wird hier offenbar. Ohne daß es im einzelnen bewußt angestrebt würde, zeigt die Alltäglichkeit ihre metaphysischen Bestandteile.

Nüchternheit ist Prinzip, Alltäglichkeit ist Stoff der gestaltenden Darstellung – das Ergebnis ist ein höchst kompliziert funktionierendes, geschliffenes Kunstwerk, das bei allem heiteren und lockeren Schein die Tiefen und Untiefen eben der reinen Kunst besitzt.

*Hans Curjel: ›Blätter der Staatsoper‹ Oktoberheft 1929*

Romantische Oper

Heute, im Zeitalter der angeblichen Nüchternheit – in Wahrheit ist die Gegenwart keineswegs allein nüchtern, sondern abgründiger denn je – steht die romantische Oper als Gattung des musikalischen Theaters in schlechtem Licht. Man glaubt sich ihr überlegen zu fühlen, sie zu durchschauen, sie im grellen Licht der Tatsächlichkeit entzaubert zu haben; man glaubt, sich von ihr nichts vormachen lassen zu dürfen, weil sie in ganz dezidierter Weise das Reich des Wunders, der unwahrscheinlichen Verwicklungen, des verschlungenen Grauens, des ›Lieblichen‹ (in Rosa), des ›Gefühlvollen‹, des literarisch Volksmäßigen, des längst Vergangenen, Sagenhaften als ihr eigenes und als ihr Ziel errichtet habe. Diese Gedanken-, Gefühls- und Gestaltungswelt glaubt die Gegenwart als verbraucht und verstaubt empfinden zu müssen. Altväterische Wunschträume einer rückgewandten Zeit!?

Man erinnert sich, wie etwa der ›Freischütz‹ als umstürzlerische Befreiung von der Vorherrschaft der italienischen Oper empfunden und wie er als kühner Vorstoß in bisher unbetretene Gebiete des musikalischen Theaters gefeiert wurde; man erinnert sich, daß eine Aufführung von Aubers ›Stumme von Portici‹, der typischen romantischen Geschichtsoper, den Ausbruch der Revolution in Brüssel veranlaßte, deren Ergebnis die nationale Befreiung Belgiens gewesen ist. Man weiß, daß sich die Romantiker überhaupt und im einzelnen gerade die romantischen Musiker wie Weber, Marschner, Schumann und Richard Wagner als grundsätzliche Neuerer gefühlt haben, denen jede Weichlichkeit, das ›Liebliche‹ (in

Rosa) und auch jede weinerliche Rückgewandtheit ferngelegen ist.

Die romantische Oper ist natürlich nicht von heute auf morgen dagewesen. Sie hat sich in den Singspielen des 18. Jahrhunderts, in den Märchenopern, in den sogenannten Rettungsopern, die im Gefolge der französischen Revolution entstanden (und deren gewaltiges Beispiel Beethovens ›Fidelio‹ ist) und ähnlichen Werken, die sich von der streng geformten mythologischen Oper abheben, vorbereitet. Wenn auch in solchen Werken, und vor allem im ›Fidelio‹, die umwälzende romantische Intensität zum Durchbruch kommt, so ist doch erst der ›Freischütz‹ das Werk vollendeter romantischer Struktur. Er hat die große Bresche geschlagen, die Grenzen eines neuen, bisher unbetretenen Reiches aufgestoßen, die Reservate aufgehoben, welche die Oper bisher besaß; Reservate der Stoffwelt, der Gefühlswelt und Reservate der sozialen Schichtung: der ›Freischütz‹ ist die Oper aller Stände.

Selbst wenn man die erwähnten Bindeglieder zur romantischen Oper einbezieht, erscheint die vor-romantische Oper als universalistische Einheit, in der die theatralischen und musikalischen Spannungen sich innerhalb eines klar abgegrenzten Stoffkreises, in altgefestigter Weltanschauung und gebundener Gefühlswelt bewegen.

Die romantische Oper bricht mit diesen Bindungen, die, wohlgemerkt, die positiven Voraussetzungen sind für die Universalität der vor-romantischen Oper. An die Stelle des Universalismus tritt der romantische Individualismus.

Von Grund auf wendet sich das Gesicht der Oper. Die antikischen, mythologischen Stoffe verschwinden. Stoffe aus der Sage des eigenen Landes, Stoffe aus der nationalen Vergangenheit treten an ihre Stelle. Ursache dieser Wandlung: nicht so sehr die nationale Tendenz, die in der durchaus weltbürgerlich orientierten Romantik zum mindesten nicht mit national-politischen Triebkräften erscheint, als die Überzeugung, daß diesen räumlich und rassemäßig näherliegenden Stoffen größere Lebendigkeit, tieferer Elan anhafte als den kanonisch gebundenen Stoffen der weit entfernten Kulturwelt der Antike und der Barockwelt.

Die bekannten und festgelegten Typen der vor-romantischen Oper werden durch Gestalten ersetzt, deren Menschliches differenzierter, problematischer, fragwürdiger erscheint. Die Gestalten sind nicht mehr klar umrissene Vorbilder, sondern sie stehen im wechselnden Licht einer neuen Psychologie, in der sie menschlicher, wahrer, zufälliger wirken. Gut und Böse sind nicht mehr scharf voneinander abgetrennt, sondern die Charaktere schwanken, sie werden mitten in die Realität gestellt, die stets auf Mischungen beruht.

In gleichem Sinn ändert sich der weltanschauliche Hintergrund. Wenn hinter der vor-romantischen Oper die Welt der klaren Scheidungen stand – sei es in der Form der antiken Moral – sei es unter dem Zeichen der europäischen christlichen Religiosität und Staatsauffassung, so dringen mit der Romantik weltanschauliche Zwischenstufen in die Oper ein, welche die diffusen Elemente, die in der neuen Psychologie zum Ausdruck kommen, noch verstärken. Der Geisterwelt, dem Aberglauben, der Sage einer gefährlichen Vorzeit sind in entscheidendem Maß Einlaß gewährt. So entsteht ein neues Gemisch, eine fluktuierende geistige Atmosphäre, die in der wagnerischen Synthese von germanischer Vorzeit und Christentum ihre größte Ausdehnung und stärkste Spannung erreicht.

Die rein formale Struktur der romantischen Oper löst sich nur langsam vom überkommenen Vorbild. Sie rückt von der Nummernoper über verschiedene Zwischenstationen zum vollendeten Musikdrama Wagners, der Endform der romantischen Oper, vor. Die Wandlung des rein musikalischen Ausdrucks geht rascher und intensiver vor sich; sie tritt innerhalb der gegebenen musikalischen Sprache deutlich erkennbar hervor, wenn im Rezitativ oder in der überkommenen Arienform der musikalische Fluß in neuer und überraschender Komprimierung erscheint. Die Stetigkeit wird durch die Plötzlichkeit der leidenschaftlichen Ausbrüche und Abbrüche durchbrochen, die musikalische Vitalität steht unter einem bisher ungewohnten Druck, der zu steilen und zu abstürzenden Kurven führt. Der früheren, wenn auch noch so leidenschaftlichen Bändigung steht eine neue, erregende melodische und rhythmische Ruhelosigkeit gegenüber. Neue dissonierende Klänge – dissonierend im Gegensatz zur klassischen Harmonik – werden zu Knotenpunkten der musikalischen Gestaltung. In der instrumentativen Behandlung des Orchesters treten Zwischentöne hervor, die den diffusen Tendenzen der neuen Ausdrucksform entsprechen. Neben diese Differenzierung der künstlerischen Mittel tritt die Verwendung von Elementen einer volkstümlichen, ständelosen, zuweilen derbkomischen Melodik, wie sie in den Liedern des ›Freischütz‹, bei Marschner, Lortzing und auch noch in den Frühwerken Wagners beschlossen liegt.

Aus allen diesen neuen Elementen und Mischungen ergibt sich eine neue Funktion der Opernmusik. Sie ist nicht mehr objektivierte Analogie eines dramatischen Geschehens, sondern gleichsam das dramatische Geschehen selbst. Hatte die Musik in der vor-romantischen Oper die Funktion, die Geschehnisse und die Gestalten zu distanzieren und gerade dadurch mit aller Schärfe eindringlich zu machen, so zielt die Musik der romantischen Oper auf unmittelbare Wirkung; sie reißt unmittelbar mit, sie überwältigt auf direktem Wege, sie berauscht. Merkwürdige Umkehrung: je differenzierter, diffuser die Tendenzen einer Ausdrucksform sind, um so unmittelbarer, in gewissem Sinn derber (d. h. weniger entrückt, weniger gehalten) werden die Kunstmittel.

Unter den Vorzeichen größter Kühnheit, die immer wieder zu revolutionärer Einstellung und Wirkung geführt hat, vollzieht sich die Entstehung und Entfaltung der romantischen Oper. Und heute erscheint sie bürgerlich, weichlich, abgegriffen, unlebendig?

Der Elan, unter dem die romantische Oper entstand und sich entfaltete, war ungeheuer. Es ist von den meisten Schöpfern wie auch von den Reproduzierenden überliefert, daß sie sich an ihren Aufgaben in ungewohntem Maß entzündeten und verbrauchten. Trotzdem oder vielleicht gerade deshalb hat sich die theatralische Haltung und Gebärde der romantischen Oper rasch und gründlich abgenützt. Der Elan des Beginns schwindet; es bleibt die theatralische Gebärde als leerlaufender Überschuß. Beispiel dafür, daß die gefährlichsten Momente der Kunstgeschichte diejenigen sind, in denen eine von besonders bewußtem Elan getragene Bewegung in die Breite geht; es sind die Augenblicke, in denen die kühnen Entdeckungen einzelner sich in allgemeingültige Form verwandeln müssen, ohne daß die Spannungen des Elan verlorengehen; der Elan muß sich in Stil verwandeln; das heißt zugleich, das Zeitgebundene muß Raum geben für den größeren Bogen des Allgemeingültigen.

Der romantischen Oper ist in diesen Entwicklungsmomenten Schaden geschehen. Die einzelnen Erscheinungsformen des Anfangselan sah man als maßgebend und unabänderlich an; die Gebärde blieb, die zeitgebundenen Einzelheiten (im optischen Bild, im Dialog beispielsweise) drängten sogar nach vorne – die Spannung des Anfangs schwand schon allein deshalb, weil die Sensation des Beginns verlorengehen mußte. Der leerlaufende Überschuß erhielt die Oberhand.

Daher rührt die Opposition gegen die romantische Oper, die mit den verschiedensten Argumenten – vor allem: sie sei abgelebt – begründet wird.

Der Opposition steht die Tatsache gegenüber, daß mehrere Beispiele der romantischen Oper ungeminderte Wirkungskraft besitzen, obwohl auch sie von leerlaufendem Überschuß nicht frei zu sein scheinen. Mit der Qualität der Musik allein läßt sich diese ungeminderte Wirkungskraft nicht erklären; es fehlt ja nicht an Beispielen dafür, daß ausgezeichnete und tief wirksame Musik trotzdem theatralische Werke nicht vor dem Verschwinden gerettet hat. Es müssen also andere Gründe vorliegen.

Man wird auf ihre Wurzel kommen, wenn man von der romantischen Oper die leergelaufene Gebärde und die zeitgebundene Einzelheit subtrahiert. Als großer Rest bleibt: die Phantastik, die als Folge des gesteigerten Ich-Gefühls der unmittelbaren Einsicht in die Wunder der Welt entspringt und der Rücklauf der Phantastik in die Wirklichkeit, die metaphysische Realistik, die dem geistig und körperlich Greifbaren nachjagt; es bleibt weiter die diffuse Welt der Nachtseite, des unverläßlichen Wechsels der Gefühle; es bleibt die Welt der Traumrealität; es bleibt die Welt der primitiven und unmittelbaren Volkspsyche mit Aberglauben, Verbrechen und triebhafter Liebe.

Hier sind wir mitten in der Gegenwart: die Psychoanalyse hat dieses diffuse Reich, das die romantische Oper auf die Bühne gebracht hat, als eine der bedeutendsten Grundlagen des Lebens entdeckt und stabilisiert. Und schon heute treten diese Entdeckungen der Psychoanalyse künstlerisch in Erscheinung im Surrealismus, dieser Synthese aus Nüchternheit und Phantastik.

Unter solchen Aspekten verändert sich das Bild der romantischen Oper. Wenn die Leerlauf-Gebärde von ihr entfernt wird – eine Operation, deren Schwierigkeiten nicht unterschätzt werden dürfen –, bleibt eine Substanz von allgemeiner Lebendigkeit, die ihre Funktion noch nicht erfüllt hat. So mag es sein, daß die romantische Oper, allerdings die freigelegte romantische Oper, die Zeit ihrer funktionalen Auswirkung noch vor sich hat. Es wäre eine Analogie zu der Tatsache, daß ein großer Teil der romantischen Gedankenwelt, die durch das Vorherrschen der toten Gebärde auf den verschiedensten Gebieten frühzeitig verschüttet worden ist, nach Abräumung des Schuttes heute sich wieder in breite Wirkung umsetzt.

*Arnold Schönberg: ›Blätter der Staatsoper‹ Juniheft 1930*

Mein Publikum

Aufgefordert, über mein Publikum etwas zu sagen, müßte ich bekennen: ich glaube, ich habe keines.

Zum Beginn meiner Laufbahn, wenn zum Ärger meiner Gegner ein beträchtlicher Teil der Zuhörerschaft nicht zischte, sondern applaudierte; wenn es also den Zischern nicht gelang, sich gegen die Mehrheit durchzusetzen, obwohl ja Zischen auffallender klingt als Applaudieren: dann behaupteten diese meine Gegner, die Beifallspender seien meine Freunde und hätten nur aus Freundschaft applaudiert, nicht aber, weil ihnen das Stück gefallen hat. Meine armen Freunde: so wenig es waren, so treu waren sie. Aber, hielt man sie zwar für verworfen genug, meine Freunde zu sein, so doch nicht für so verworfen, daß ihnen meine Musik gefallen könne.

Ob ich damals ein Publikum hatte, kann ich nicht beurteilen.

Nach dem Umsturz aber gab es in jeder Großstadt die gewissen paar hundert jungen Leute, die gerade nichts mit sich anzufangen wußten und sich deshalb bemühten, durch ein Bekenntnis zu allem, was nicht durchzusetzen ist, eine Gesinnung zu dokumentieren. Damals, als dieses Wandelbare, diese Gesinnung, auch mich einschloß, schuldlos einschloß, damals behaupteten Optimisten, nun hätte ich ein Publikum. Ich bestritt es; denn ich begriff nicht, daß man mich über Nacht sollte verstehen können, ohne daß, was ich geschrieben, inzwischen dümmer oder flacher geworden wäre. Der baldige Abfall der Radikalisten, die noch immer mit sich nichts, aber dafür mit anderen etwas anzufangen wußten, gab mir recht: ich hatte nichts Flaches geschrieben.

Daß das große Publikum wenig Beziehung zu mir hat, liegt an mancherlei Ursachen. Vor allem: die Generäle, die noch heute das Musikdirektorium innehaben, bewegen sich im allgemeinen in Richtungen, in die die meinige nicht hineinpaßt, oder fürchten, dem Publikum etwas vorzusetzen, das ihnen selbst unverständlich ist. Manche (wenn sie es auch aus Höflichkeit mit Bedauern zugeben) halten es in Wirklichkeit für einen ihrer Vorzüge, mich nicht zu verstehen. Zugegeben sogar, daß es ihr größter ist, so mußte ich mich doch das erstemal wundern, als mir ein Wiener Dirigent eröffnete, er könne meine Kammersymphonie nicht aufführen, weil er sie nicht verstehe. Aber es belustigte mich: Warum mußte er gerade bei mir darauf versessen sein zu verstehen, nicht aber bei den klassischen Werken, die er unbedenklich jahraus-jahrein aufführte. Aber im Ernst muß ich sagen: es ist dennoch keine Ehre für einen Musiker, eine Partitur nicht zu verstehen, sondern eine Schande; was im Fall meiner Kammersymphonie vielleicht sogar manche meiner Gegner heute zugeben werden.

Neben diesen dirigierenden sind es die vielen zwar nicht dirigierenden aber andersartig irreführenden Musiker, welche sich zwischen mich und das Publikum stellen. Ich habe unzählige Male gesehen, daß es der Hauptsache nach nicht das Publikum war, das gezischt hat, sondern eine kleine, aber rührige ›sachverständige‹ Minorität. Das Publikum benimmt sich entweder freundlich oder teilnahmslos, oder ist eingeschüchtert, wenn seine geistigen Führer protestieren. In seiner Gesamtheit ist es immer mehr geneigt, an einer Sache, der es Zeit und Geld widmet, Gefallen zu finden. Es kommt weniger, um zu richten, als vielmehr um zu genießen, und besitzt ein gewisses Gefühl dafür, ob derjenige, der vor es hintritt, dazu berechtigt ist. Es hat aber kein Interesse, sich durch ein mehr oder weniger richtiges Urteil in ein besseres Licht zu stellen; teils, weil kein Einzelner dadurch gewinnt oder verliert, da jeder durch jeden gedeckt oder verdeckt ist; teils aber, weil sich darunter doch Leute befinden, die auch etwas gelten, ohne erst durch Kunsturteile glänzen zu müssen, und die, ohne an Ansehen einzubüßen, ihren Eindruck ungewertet bei sich behalten dürfen. Alles darf man für sich behalten, nur Sachverständnis nicht. Denn was ist Sachverständnis, wenn mans nicht zeigt? Deshalb vermute ich auch, daß es die Sachverständigen waren, die meinen ›Pierrot lunaire‹ so unfreundlich aufnahmen, als ich ihn in Italien aufführte, nicht aber die Kunstfreunde. Ich hatte zwar die Ehre, daß Puccini, kein Sachverständiger, sondern ein Sachkönner, der, bereits krank, eine sechsstündige Reise machte, um mein Werk kennenzulernen, und mir nachher sehr Freundliches sagte: das war schön, auch wenn ihm meine Musik doch fremd geblieben sein sollte. Aber charakteristisch war dagegen, daß als lautester Störer des Konzerts der Direktor eines Konservatoriums erkannt wurde. Und dieser war es auch, der nach Schluß sein echt südliches Temperament nicht zu zügeln und den Ausruf nicht zu unterdrücken imstande war: »Wenn wenigstens ein einziger anständiger Dreiklang in dem ganzen Stück vorgekommen wäre!« Er hatte offenbar in seiner Lehrtätigkeit zu wenig Gelegenheit, solche anständigen Dreiklänge zu hören, und kam deshalb, sie in meinem ›Pierrot‹ zu finden. Bin ich an seiner Enttäuschung schuld?

Ich muß es für möglich halten, daß das italienische Publikum mit meiner Musik nichts anzufangen wußte. Aber das Bild eines Konzertes, in welchem gezischt wurde – ich habe es in fünfundzwanzig Jahren so oft gesehen, daß man mir glauben darf – war stets dieses: Im vorderen Drittel des Saales ungefähr wurde wenig applaudiert und wenig gezischt, die meisten saßen teilnahmslos, viele standen umgedreht und blickten erstaunt oder belustigt in den hinteren Teil des Saales, wo es lebhafter zuging. Dort überwogen die Applaudierenden; es gab weniger Teilnahmslose und einzelne Zischer. Am meisten Lärm, Applaus sowie Zischen aber kam immer aus dem Stehparterre und von den Galerien. Dort wurde der Kampf geführt durch Beeinflußte oder Beauftragte von Sachverständigen.

Jedoch ich hatte niemals den Eindruck, daß die Zahl der Zischer besonders groß war. Es klang niemals voll wie ein präzis gesetzter Akkord guten Beifalls, sondern wie Solisten, die ohne Verbindung untereinander, heterogener Herkunft und Bildung, homogen nur insofern wirkten, als ihre Geräusche die Richtung erkennen ließen, aus der sie kamen.

So und nicht anders habe ich das Publikum gesehen, wo es nicht, wie heute bei meinen älteren Werken, applaudiert hat. Aber nebst sehr hübschen Briefen, die ich hie und da erhalte, kenne ich das Publikum noch von einer anderen Seite her. Mögen zum Schluß hier einige kleine erfreuliche Erlebnisse erzählt sein: Während des Krieges, gerade bei einer Ersatzkompagnie eingeteilt, wurde ich, der Gefreite, dem es oft recht schlecht erging, einmal von einem frisch eingetroffenen Feldwebel auffallend gut behandelt. Als er mich nach der Übung ansprach, hoffte ich für meine militärischen Leistungen Anerkennung zu finden. Aber zu meiner

Überraschung galt sie meiner Musik. Der Feldwebel, im Zivilberuf Zuschneider, hatte mich erkannt, kannte meinen Lebensweg, viele meiner Werke und machte mir damit noch größere Freude als mit einem Lob meines Exerzierens (auf welches ich allerdings nicht wenig eitel war!). Zwei andere solcher Begegnungen ereigneten sich ebenfalls in Wien: das eine Mal, als ich wegen eines versäumten Zuges in einem Hotel übernachten mußte, und das andere Mal, als mich ein Taxi zu einem Hotel führte, erkannten mich, das erste Mal der Nachtportier, das andere Mal der Chauffeur durch den Namenszettel meines Gepäcks. Beide versicherten begeistert, die Gurrelieder gehört zu haben. Wieder einmal in Amsterdam in einem Hotel sprach mich ein Lohndiener als alter Verehrer meiner Kunst an: er hatte unter meiner Leitung in Leipzig in den Chören der Gurrelieder mitgesungen. Aber die hübscheste Geschichte zum Schluß: Vor kurzem, wieder in einem Hotel, fragte mich der Fahrstuhlführer, ob ich es sei, der den ›Pierrot lunaire‹ geschrieben. Den habe er nämlich vor dem Krieg (etwa 1912!) bei der Erstaufführung gehört und habe noch heute den Klang im Ohr; insbesondere von einem Stück, wo von roten Steinen (›Rote fürstliche Rubine‹) die Rede war. Und er habe damals gehört, daß die Musiker gar nichts mit dem Stück anzufangen wußten, und heute sei so etwas doch schon ganz leicht verständlich!

Es kommt mir vor: meinen Glauben an die Halbwisser, an die Sachverständigen werde ich nicht aufgeben müssen; werde weiter von ihnen denken dürfen, daß ihnen jedes Ahnungsvermögen fehlt.

Aber ob ich dem Publikum wirklich gar so unangenehm bin, wie die Sachverständigen immer vorgeben, und ob es sich vor meiner Musik wirklich so sehr fürchtet, scheint mir manchmal recht zweifelhaft.

*Karl Kraus, entnommen den Musikblättern des ›Anbruch‹ Jahrgang 1931. Nachdruck im Programm der Premiere von ›Perichole‹*

### Vorwort zu ›Perichole‹

Keines der Offenbachschen Werke – nicht einmal ›Die Seufzerbrücke‹ – hat den Bearbeiter vor eine ähnliche Schwierigkeit gestellt; keines aber auch dermaßen die Mühe gelohnt, zu dem Ziele der Bergung einer verschollenen Kostbarkeit zu gelangen. Die Kompliziertheit der Aufgabe, an einem Material von äußeren und inneren Bruchstücken zu arbeiten, muß sich auch in der Darstellung all dieser Umständlichkeiten ausdrücken. Aus zwei Fassungen von ›La Perichole‹, die vorlagen, schien es zunächst unmöglich, den ganzen musikalischen und textlichen Wertbestand festzustellen. Die erste Fassung (in zwei Akten, drei Abteilungen) wurde in Paris 1868, die zweite (in drei Akten, vier Abteilungen) 1874 aufgeführt; in Wien, in der Übersetzung von Richard Genée, 1869 und 1878. Von der Musik war zunächst nur ein Klavierauszug der ersten Fassung vorhanden, dem ein einziges Lied aus der Kerkerszene der zweiten (Tu n'es pas beau, tu n'es pas riche) beigefügt ist. Vom Text: das französische Original der zweiten Fassung (bei Calman-Lévy 1924) und eine Übersetzung der ersten von L. Kalisch (Ed. Bote & G. Bock 1870). Diese beiden Texte haben als Grundlage der neuen Bearbeitung gedient, welche sich für etliche Dialogstellen und szenische Motive, die in der zweiten französischen Fassung nicht vorkommen, auf die Übersetzung von Kalisch stützen mußte und von ihr auch zwei glückliche Wendungen der Brief-Arie (siehe ›Worte in Versen‹ IX) etwas verändert übernahm. Sonst entsprechen die Gesangstexte dieses Buches nicht einmal den äußerlichen Erfordernissen rhythmischer Deckung, während freilich der Dialog hoch über dem Niveau der Berliner Offenbach-Texte steht. Die Wiener Übersetzung (beider Fassungen) war mit Ausnahme einiger Gesangsstücke in keinem Archiv aufzufinden. Da aber die von Kalisch die dramaturgischen Schwächen des ersten französischen Originals durchaus fühlbar macht, so wurde auch für die Einrichtung im wesentlichen nur das zweite herangezogen. So wertvoll nun dessen Bereicherung um die Kerkerszene erscheint, die Fehler – eines hypertrophischen ersten Aktes und eines allzu beiläufigen Abschlusses – sind auch hier vorhanden, wozu noch der peinliche Ausklang der Kerkerszene kommt. Es blieb nichts übrig, als das zweite französische Original – mit der gänzlichen Neudichtung der Gesangstexte – in freier dialogischer Übersetzung stellenweise umzuformen. Was da zunächst unerläßlich war: die Überfülle des ersten Aktes theatermäßig zu teilen, geschah so, daß nunmehr die erste Abteilung mit der berühmten Brief-Arie (versifiziert nach dem Brief der Manon bei Prévost, eine Partie, der in Offenbachs Schöpfung nur noch der Metella-Brief oder das Lied des Fortunio nahekommt) ihren Abschluß findet. So wird eine Atempause ermöglicht, die das im Orchester fortgespielte Motiv ausfüllt. Es bricht ab, wenn vor der in Gedanken versunkenen Perichole der Vizekönig, mit dem Geldbeutel in der Hand, auf der Schwelle des Pavillons erscheint; die Schicksalswende ist vollzogen, und nun erst setzt – nach der grotesken Rettung des Selbstmörders Piquillo – die eigentliche Operettenhandlung ein als jener Genieeinfall, der die Bühne mit dem Rausch aller Beteiligten förmlich überschwemmt. Dem dramatischen Fehler der zerflatternden Hofhandlung hatten die Autoren durch die reizvolle Kerkerszene nur unvollkommen abgeholfen, deren operettenwidriger Ausgang geändert werden mußte, gleich der ganzen letzten Abteilung, welche jene, anstatt bei Hofe, auf dem Schauplatz des Anfangs, vor der Schenke der drei Cousinen, spielen ließen und die dramatisch kaum gelungener war als der Schluß der ersten

Fassung. Das Wunderwerk ist seiner unglücklichen szenischen Struktur, die auch dem Zauber des Milieus und dem vielfältigen Reiz der textlichen Einfälle entgegenwirkte, zum Opfer gefallen. Trotz den Qualitäten des Buches, die natürlich alle Manufaktur späterer Librettisten aufwiegen, ist hier Offenbach mit einer Schöpfung, die ihm so sehr am Herzen lag, an seinen Autoren gescheitert, die immer wieder – was auch das aufgefundene Beiwerk von Arien beweist – vergebens versucht haben, die musikalische Pracht zu rehabilitieren. Der Bearbeiter, der namentlich an die Übersetzung und Anpassung der Verse eine ähnliche Arbeit wie an den Text der in Rang, Stil und Handlung ähnlichen ›Madame l'Archiduc‹ gewandt hat, hofft, durch die Verteilung des dramatischen Gewichts und namentlich durch die Belebung des letzten Bildes, das er im Vorhof des Palastes spielen läßt: mit dem Auf und Ab der Patrouillen und der Entflohenen, das Werk für die Bühne gerettet zu haben – ganz jenseits der Gewißheit, daß nunmehr der Einklang von Vers und Musik ein dramatisches Element bildet, wie es die Sprache des Originals viel leichter bereitstellt und das den früheren deutschen Texten durchaus gemangelt hat. Die Schwierigkeit wurde hier noch durch den Umstand erhöht, daß der Text des Klavierauszugs vielfach nicht mit dem der Buchausgabe von 1924 übereinstimmt. Es würde ein Kapitel sprachkritischer Betrachtung ausfüllen, wollte man nur die Veränderung darstellen, die ein aus dem Buch übersetztes Gedicht durch die Entdeckung erfuhr, daß Offenbach statt der motivisch wiederkehrenden Zeile: »Ma femme, avec tout ça, ma femme« bloß ein wiederholtes »ma femme, ma femme« (als schönsten musikalischen Seufzer) komponiert hat. Die musikalische Bearbeitung hat die zweite Fassung um Partien der ersten, die nicht übernommen waren, bereichert, was durch die szenische Neugestaltung ermöglicht war oder diese beeinflußt hat. In der zweiten Fassung hat Offenbach das einzigartige Finale der nunmehrigen dritten Abteilung, das auf der Spaltung des Wortes ›ré-cal-ci-trant‹ aufgebaut ist, noch durch eine rhythmische Verschiebung des Motivs (aus dem Walzer in einen Cancan) verstärkt. Die auf dieser zweiten Fassung beruhende Bearbeitung war vollendet, bevor man mehr als den Klavierauszug der ersten und einige aus dem zerstörten Archiv des Theaters an der Wien in die Nationalbibliothek (Albertina) gerettete musikalische Reste vor sich hatte. (Zunächst fand sich dann im Besitz eines französischen Sammlers ein Exemplar der ersten Fassung in einer Ausgabe, die eine Szene des als Juwelier verkleideten Vizekönigs enthält, deren dramatische Bestimmung sich nicht ermitteln ließ.) Der Klavierauszug der zweiten Fassung, auf die es wegen des schon übersetzten Kerkerbildes ankam, schien verschollen – weder in Wien noch in Paris gelang es, ein Exemplar aufzutreiben –, bis ein freundlicher Helfer ein schön erhaltenes Unikum feststellte, das die Berliner Staatsbibliothek besitzt. (Der Pariser Verlag besteht längst nicht mehr.) Ohne diesen Fund hätte man auf die herrliche Musik der Kerkerszene verzichten müssen, mit Ausnahme des einen Liedes, das der alten und noch vorrätigen Fassung beigefügt ist, und einiger Stellen, die durch Stimmen rekonstruierbar waren, wie sie der musikalische Bearbeiter, Franz Mittler, in dem heillosen Kunterbunt des Wiener Archivs auffand. (Von dem Beiwerk, das da noch brachliegt, könnten hundert Musikdiebe leben, die aber nunmehr ertappt würden.) In Wien, wo eine planvolle Strategie zur Verwüstung von Schätzen und Dokumenten einer alten Theaterkultur gewaltet zu haben scheint – während man drauf und dran ist, den wiedergeborenen Offenbach zu schänden –, waren nicht einmal die Theaterzettel der Erstaufführungen aufzutreiben, so daß nur eine unvollständige Rekonstruktion aus alten Zeitungsnummern möglich war. Wahrlich ›verklungen und vertan‹ wäre diese ganze Herrlichkeit, von der Herr Korngold behauptet, daß sich Wien immer zu ihr bekannt habe, ›hinter dessen Rücken‹ sich die deutschen Offenbach-Schändungen abspielen –; verklungen und vertan wäre sie, wenn nicht solche Mühe aufgewendet wäre: mitten in Wien hinter dessen Rücken!

*Walter Benjamin: ›Blätter der Staatsoper‹ Märzheft 1931*

Offenbach – gesehen von Karl Kraus

Die öffentliche und private Zone, die im Geschwätz dämonisch ineinanderliegen, zur dialektischen Auseinandersetzung zu bringen, reales Menschentum zum Sieg zu führen, das ist der Sinn der Operette, den Kraus entdeckt und in Offenbach zum intensivsten Ausdruck gebracht hat. Wie das Geschwätz die Knechtung der Sprache durch die Dummheit besiegelt, so die Operette die Verklärung der Dummheit durch die Musik. Daß man die Schönheit weiblicher Dummheit verkennen könne, galt Kraus von jeher als das finsterste Banausentum. Vor ihrer Strahlenkraft verfliegen die Chimären des Fortschritts. Und in der Operette Offenbachs tritt nun die bürgerliche Dreieinigkeit des Wahren, Schönen, Guten, neu einstudiert zur großen Nummer mit Musikbegleitung auf dem Trapez des Blödsinns zusammen. Wahr ist der Unsinn, schön die Dummheit, gut die Schwäche. Das ist ja das Geheimnis Offenbachs: wie mitten in dem tiefen Unsinn öffentlicher Zucht – es sei nun die der oberen Zehntausend, eines Tanzbodens oder des Militärstaates –, der tiefe Sinn privater Unzucht ein träumerisches Auge aufschlägt. Und was als Sprache richterliche Strenge, Entsagung, scheidende Gewalt gewesen wäre, wird List und Ausflucht, Einspruch und Vertagung als Musik. – Musik als Platzhalterin der moralischen Ordnung? Musik als Polizei einer Freudenwelt? Ja, das ist der Glanz, der über die alten Pariser Ballsäle, über die ›Grande Chaumière‹, die ›Closerie des Lilas‹ mit dem Vortrag des ›Pariser Lebens‹ sich ausgießt. »Und die unnachahmliche Doppelzüngigkeit dieser Musik, alles zugleich mit dem positiven und negativen Vorzeichen zu sagen, das Idyll an die Parodie, den Spott an die Lyrik zu verraten; die Fülle zu allem erbötiger, Schmerz und Lust verbindender Tonfiguren – hier erscheint diese Gabe am reinsten entfaltet.« Die Anarchie als einzig moralische, einzig menschenwürdige Weltverfassung wird zur wahren Musik dieser Operetten. Die Stimme von Kraus sagt diese innere Musik mehr, als daß sie sie singt. Schneidend umpfeift sie die Grate des schwindelnden Blödsinns, erschütternd hallt sie aus dem Abgrund des Absurden wider und summt, wie der Wind im Kamin, in den Zeilen des Frascata ein Requiem auf die Generation unserer Großväter. – Offenbachs Werk erlebt eine Todeskrisis. Es zieht sich zusammen, entledigt sich alles Überflüssigen, geht durch den gefährlichen Raum dieses Daseins hindurch und kommt gerettet, wirklicher als vordem, wieder zum Vorschein. Denn wo diese wetterwendische Stimme laut wird, fahren die Blitze der Lichtreklamen und der Donner der Métro durch das Paris der Omnibusse und Gasflammen. Und das Werk gibt ihm dies alles zurück. Denn auf Augenblicke verwandelt es sich in einen Vorhang, und mit den wilden Gebärden des Marktschreiers, die den ganzen Vortrag begleiten, reißt Kraus diesen Vorhang beiseite und gibt den Blick ins Innere seines Schreckenskabinetts auf einmal frei! Da stehen sie: Schober, Bekessy, Kerr und die andern Nummern, nicht mehr die Feinde, sondern Raritäten, Erbstücke aus der Welt Offenbachs oder Nestroys, nein, ältere, seltenere, Penaten der Troglodyten, Hausgötter der Dummheit aus vorgeschichtlichen Zeiten. Kraus, wenn er vorträgt, spricht nicht Offenbach oder Nestroy: sie sprechen aus ihm heraus. Und dann und wann nur fällt ein atemraubender, halb stumpfer, halb glänzender Kupplerblick in die Masse vor ihm, lädt sie zu der verwünschten Hochzeit mit den Larven, in denen sie sich selber nicht erkennt, und nimmt zum letzten Male sich das böse Vorrecht der Zweideutigkeit.

Hier kommt nun erst das wahre Antlitz, vielmehr die wahre Maske des Satirikers zum Vorschein. Es ist die Maske Timons, des Menschenfeindes. »Shakespeare hat alles vorausgewußt« – ja. Vor allem aber ihn selber. Shakespeare zeichnet unmenschliche Gestalten – und Timon, die unmenschlichste unter ihnen – und sagt: »Solch ein Geschöpf brächte Natur hervor, wenn sie das schaffen wollte, was der Welt, wie euresgleichen sie gestaltet hat, gebührt; was ihr gewachsen, was ihr zugewachsen wäre.« So ein Geschöpf ist Timon, so eins Kraus. Beide haben sie, wollen sie mit Menschen nichts mehr gemein haben. »Thierfeld ist hier, das sagt dem Menschsein ab«; aus einem abgelegenen glarner Dorfe wirft Kraus diesen Fehdehandschuh der Menschheit hin, und Timon will an seinem Grabe nur das Meer in Tränen wissen. Wie Timons Verse steht die Kraussche Lyrik hinter dem Doppelpunkt der dramatis persona, der Rolle. Ein Narr, ein Caliban, ein Timon – nicht sinniger, nicht würdiger und nicht besser – aber der sich selber sein eigener Shakespeare ist. Man sollte allen den Figuren, wie sie sich um ihn scharen, ihren Ursprung in Shakespeare ansehen. Und immer ist er sein Ausbund, ob er mit Weininger vom Manne oder mit Altenberg von der Frau, mit Wedekind von der Bühne oder mit Loos vom Essen, mit Else Lasker-Schüler vom Juden oder mit Theodor Haecker vom Christen spricht. Die Macht des Dämons endet an diesem Reiche. Sein Zwischen- oder Untermenschliches wird von einem wahrhaft Unmenschlichen überwunden. Kraus hat es in den Worten angedeutet: »Bei mir verbindet sich die Fähigkeit zur Psychologie mit der größeren, über einen psychologischen Tatbestand wegzusehen.« Es ist das Unmenschliche des Schauspielers, das er mit diesen Worten für sich in Anspruch nimmt: das Menschenfresserische. Denn mit jeder Rolle verleibt sich der Schauspieler einen Menschen ein, und in den barocken Tiraden Shakespeares – wenn sich der Menschenfresser als der bessere Mensch, der Held als ein Akteur entpuppen soll, Timon den Reichen, Hamlet den Irren spielt – ist es, als wenn seine Lippen von Blut trieften. So hat Kraus nach Shakespeares Vorbild sich Rollen geschrieben, an denen er Blut geleckt hat. Die Beharrlichkeit seiner Überzeugungen ist Beharren in einer Rolle, mit ihren Stereotypien, auf ihren Stichworten. Seine Erlebnisse samt und sonders sind nichts als dies: Stichworte. Darum besteht er auf ihnen und verlangt sie vom Dasein wie ein Schauspieler, der es dem Partner niemals verzeiht, wenn er ihm das Stichwort nicht bringt.

Die Offenbach-Vorlesungen, der Vortrag Nestroyscher Couplets sind von allen musikalischen Mitteln verlassen. Das Wort dankt niemals zugunsten des Instruments ab; indem es aber seine Grenzen weiter und weiter hinausschiebt, geschieht es, daß es am Ende sich depotenziert, in die bloße kreatürliche Stimme sich auflöst: ein Summen, das zum Worte sich so verhält wie sein Lächeln zum Witz, ist das Allerheiligste dieser Vortragskunst. In diesem Lächeln, diesem Summen, wo wie in einem Kratersee zwischen den ungeheuerlichsten Schroffen und Schlacken die Welt sich friedlich und genügsam spiegelt, bricht jene tiefe Komplizität mit seinen Hörern und Modellen durch, der Kraus im Worte niemals Raum gegeben hat. Sein Dienst an ihm erlaubt ihm keinen Kompromiß. Kaum aber hat es den Rücken gekehrt, so findet er sich zu manchem bereit. Da macht denn der quälende, stets unerschöpfte Reiz dieser Vorlesungen sich fühlbar: die Scheidung zwischen fremden und verwandten Geistern zunichte werden und jene homogene Masse falscher Freunde sich bilden zu sehen, die in diesen Veranstaltungen den Ton angibt. Kraus tritt vor eine Welt von Feinden, will sie zur Liebe zwingen, und zwingt sie doch zu nichts als Heuchelei. Seine Wehrlosigkeit demgegenüber steht in genauem Zusammenhang mit dem subversiven Dilettantismus, der zumal die Offenbach-Vorlesungen bestimmt. Kraus weist in ihnen die Musik in engere Schranken, als je die Manifeste der George-Schule sich's erträumten. Das kann natürlich über den Gegensatz in beider Sprachgebärde nicht hinwegtäuschen. Vielmehr besteht die genaueste Verbindung zwischen den Bestimmungsgründen, die Kraus die beiden Pole des sprachlichen Ausdrucks – den depotenzierten des Summens und den armierten des Pathos – zugänglich machen und denen, die seiner Heiligung des Wortes verbieten, die Formen des Georgeschen Sprachkultus anzunehmen. Dem kosmischen Auf und Nieder, das für George »den Leib vergottet und den Gott verleibt«, ist die Sprache nur die Jakobsleiter mit den zehntausend Wortsprossen. Demgegenüber Kraus: seine Sprache hat alle hieratischen Momente von sich getan. Weder ist sie Medium der Seherschaft noch der Herrschaft. Daß sie der Schauplatz für die Heiligung des Namens sei – mit dieser jüdischen Gewißheit setzt sie die der Theurgie des ›Wortleibs‹ sich entgegen. Sehr spät, mit einer Entschiedenheit, die in Jahren des Stillschweigens muß gereift sein, ist Kraus dem großen Partner gegenübergetreten, dessen Werk zur gleichen Zeit mit dem eigenen, unter der Jahrhundertschwelle, entsprungen war. Georges erster öffentlich erschienener Band und der erste Jahrgang der ›Fackel‹ tragen die Jahreszahl 1899. Und erst im Rückblick ›Nach dreißig Jahren‹, 1928, unternahm Kraus, ihn aufzurufen. Ihm als dem Eifernden tritt da George als der Gefeierte gegenüber,

Der in dem Tempel wohnt woraus es nie
zu treiben galt die Händler und die Wechsler,
nicht Pharisäer und die Schriftgelehrten,
die drum den Ort umlagern und beschreiben.
Profanum vulgus lobt sich den Entsager,
der nie ihm sagte, was zu hassen sei.
Und der das Ziel noch vor dem Weg gefunden,
er kam vom Ursprung nicht.

»Du kamst vom Ursprung – Ursprung ist das Ziel« nimmt der »Sterbende Mensch« als Gottes Trost und Verheißung entgegen. Auf sie spielt Kraus hier an und auch Viertel tut es, wenn er, im Sinn von Kraus, die Welt den »Irrweg, Abweg, Umweg zum Paradiese zurück« nennt. »Und so«, fährt er an dieser wichtigsten Stelle seiner Schrift über Kraus fort, »versuche ich denn auch die Entwicklung dieser merkwürdigen Begabung zu deuten: Intellektualität als Abweg, der zur Unmittelbarkeit . . . zurückführt, Publizität – ein Irrweg zur Sprache zurück, die Satire – ein Umweg zum Gedicht.« Dieser ›Ursprung‹ – das Echtheitssiegel an den Phänomenen – ist Gegenstand einer Entdeckung, die in einzigartiger Weise sich mit dem Wiedererkennen verbindet. Der Schauplatz dieser philosophischen Erkennungsszene ist im Werk von Kraus die Lyrik, und ihre Sprache der Reim: »Ein Wort, das nie am Ursprung lügt« und diesen seinen Ursprung wie die Seligkeit am Ende der Tage, so am Ende der Zeile hat. Der Reim – das sind zwei Putten, die den Dämon zu Grabe tragen. Er fiel am Ursprung, weil er als Zwitter aus Geist und Sexus in die Welt kam. Sein Schwert und Schild – Begriff und Schuld – sind ihm entsunken, um zu Emblemen unterm Fuß des Engels zu werden, der ihn erschlagen hat. Das ist ein dichtender, martialischer, mit dem Florett in Händen, wie nur Baudelaire ihn gekannt hat:

S'exerçant seule à sa fantasque escrime
»Flairant dans tous les coins les hasards de la rime
Trébuchant sur les mots comme sur les pavés
Heurtant parfois des vers depuis longtemps rêvés.«

Freilich auch ein zügelloser, »hier einer Metapher nachjagend, die eben um die Ecke bog, dort Worte kuppelnd, Phrasen pervertierend, in Ähnlichkeiten vergafft, in seligem Mißbrauch chiliastischer Verschlingung, immer auf Abenteuer aus, in Lust und Qual zu vollenden ungeduldig und zaudernd.« So findet endlich das hedonische Moment dieses Werkes den reinsten Ausdruck in solchem schwermütig-phantastischen Verhältnis zum Dasein, in dem Kraus aus der Wiener Tradition der Raimund und Girardi zu einer ebenso resignierten wie sinnlichen Konzeption des Glückes gelangt. Sie muß man sich vergegenwärtigen, wenn man die Notwendigkeit erfassen will, aus welcher er dem Tänzerischen bei Nietzsche entgegengetreten ist – um von dem Ingrimm ganz zu schweigen, mit dem der Unmensch auf den Übermenschen stoßen mußte.

*Kurt Weill: ›Vossische Zeitung‹ vom 22. Januar 1927*

Das Problem der neuen Oper
Der Weg zu einer Wiederherstellung der Oper konnte nur von einer Erneuerung der formalen Grundlagen dieser Gattung ausgehen, von denen sich das musikalische Bühnenwerk des neigenden 19. Jahrhunderts so weit entfernt hatte, daß der Begriff der Oper eine vollkommene Verrückung und Verkennung erfahren mußte. Die Oper hat nämlich mit dem literarischen Bühnenwerk viel weniger gemeinsam, als uns das Musikdrama der vergangenen Jahrzehnte glauben machen wollte. Sie will sich keineswegs darauf beschränken, die Deklamation eines dramatischen Geschehens im Ausdruck, im Tempo,

in Tonhöhe und Dynamik festzulegen, sondern sie stellt weit darüber hinaus ein eigenes, rein musikalisches Kunstwerk dar, dessen Ablauf durch innere Verbundenheit mit dem der Bühne verwachsen ist, und es kann sich nicht darum handeln, zu einem musikalischen Geschehen eine theatralische Geste oder zu einer dramatischen Handlung eine musikalische Illustration hinzuzufügen. Die Wechselwirkung zwischen einer Handlung, die eine optische Belebung des musikalischen Ablaufes darstellt, und einer Musik, die für die Vorgänge der Bühne nur einen Kommentar liefert, macht noch keine Oper. Erst die restlose Verschmelzung aller Ausdrucksmittel der Bühne mit allen Ausdrucksmitteln der Musik ergibt jene Gattung gesteigertsten Theaters, die wir Oper nennen.

Es ist vor allem der Verzicht auf eine rein musikalische Formgebung, der die Entwicklung der Oper so weit von ihren eigentlichen Zielen abgetrieben hat. Die musikalische Form ist ja mehr als eine bloße Zusammenfassung einzelner Abschnitte, sie ist ein den übrigen Wirkungskräften der Musik vollkommen gleichberechtigtes Ausdrucksmittel, dessen Aufgabe oder auch nur Unterordnung eine wesentliche Verkürzung der musikalischen Ausdrucksmöglichkeiten bedeutet. Nun ist der formale Einfall – ebenso wie der melodische oder der harmonische – keinen anderen Gesetzen unterworfen als denen der Gesamtidee, des geistigen Materials. Dieses Material schafft erst den Antrieb zur formalen Gestaltung. Die sinfonische Idee muß sich in der Form der Sinfonie vollkommen erfüllt sehen. Ebenso muß der greifbare und der verborgene Gehalt einer Opernszene mit ihrer musikalischen Form restlos übereinstimmen. Wir sehen ja, daß die starren Formen des 18. Jahrhunderts, die aus einer gewissen Enge der sinfonischen Idee erwachsen sind, in der Oper einer freien Form Platz machen, die einzig den Gesetzen des jeweiligen Materials der Bühne gehorcht. Es gibt aber in jeder Gattung der Musik bestimmte Momente, in denen sich die Form dem geistigen Material stärker nähert. Solche Stellen, in denen das musizierende Element von einem rein formalen Gedanken abgelöst wird, finden wir in allen Kadenzen der solistischen Instrumentalwerke, vor allem aber auch in den Durchführungen der meisten Sinfoniesätze von Beethoven bis Mahler. Ebenso kann – unter dem gleichen wechselnden Einfluß des Materials – beim musikalischen Bühnenwerk das opernhafte Element stärker in den Vordergrund treten – nicht im Sinne eines rein theatralischen Effektes, sondern als ein wesentlicher Bestandteil der musikalischen Form. Bei den Orchesterrezitativen in der ›Zauberflöte‹, bei der Wolfsschluchtszene im ›Freischütz‹, bei der Gewittermusik im ›Rigoletto‹ erstehen aus einer vollkommenen Identifizierung der dramatischen und der musikalischen Vorgänge die Antriebe zu einer formalen Erneuerung.

Es ist zum guten Teil Busonis Verdienst, daß diese Erkenntnisse für uns keine Theorien mehr sind, daß wir sie, rückblickend auf sein Werk und auf unsere eigenen Versuche, als Grundlage des jungen Opernschaffens erkennen können. Die Verschmelzung der musikalischen und der theatralischen Triebkräfte als Ursache der Opernform ist im ›Doktor Faust‹ bereits im höchsten Maße erreicht. Wir entdecken an dieser Partitur sogar, daß diese Verschmelzung selbst wieder steigerungsfähig ist, daß eine stärkere dramatische Wirkung nicht durch die Häufung theatralischer Effekte entsteht, sondern durch eine Intensivierung dieser Einheit von Bühne und Musik. Diese wechselnde Einschaltung stärkerer und schwächerer Theatralik und die daraus erwachsende Ausbalancierung der musikalischen Form von der Bühne her (die wir übrigens schon in der ›Elektra‹ und im ›Rosenkavalier‹ wiederfinden), ist die stärkste Eigenschaft des romanischen Opernkomponisten. Sie ist das untrügliche Anzeichen jenes Instinktes für Akzente und Bühnentempo, der dem lateinischen Menschen eingeboren ist.

Schon das Gesamtbild von ›Doktor Faust‹ läßt deutlich eine ideale Einheit von Idee und Form erkennen. Busoni weiß, daß das Theater einer strengen Polyphonie nur schwer zugänglich ist, und er ist in der ›Brautwahl‹, in ›Turandot‹ von dem Stil der ›Contrappuntistica‹ weiter entfernt, als in irgendeinem seiner Werke. Aber ihn, dem die Oper wegen ihrer unendlichen Entfaltungsmöglichkeiten als die bedeutsamste Gattung musikalischer Produktion erscheint, mußte es reizen, ein Bühnenwerk in jenem Stil zu schreiben, der seinem Wesen am nächsten war. Auch in diesem Sinne ist das Werk Bekenntnis: der »faustische Drang« des Musikers erstrebt die Gestaltung des eigensten Stoffes mit den eigensten Mitteln. So ist die Polyphonie in Busonis Faust-Oper nicht Selbstzweck, sie ist die einzig mögliche musikalische Gestaltungsform des Faust-Stoffes, sie ist Milieu dieser Oper, wie die türkische Färbung in der ›Entführung‹, wie der spanische Rhythmus in ›Carmen‹, und ihre einzige Funktion besteht darin, die Hauptfigur des Werkes durch alle Skalen der klanggewordenen Empfindung zu begleiten. Tatsächlich geht Busonis Musik mit traumhafter Sicherheit immer dort ins rein Polyphone über, wo der faustische Gedanke in den Vordergrund rückt: in dem gewaltigen Ringen des II. Vorspieles, in der ganzen Schlußszene, ja sogar in der Studentenszene des zweiten Bildes, die ja eine einzige Diskussion über den faustischen Kampf zwischen Geist und Körper darstellt. Aber auch hier ergibt sich eine Steigerungsmöglichkeit: in der ganzen Faust-Musik, angefangen von den beiden zuerst erschienenen Orchesterstudien, spielt sich überall der Kampf ab zwischen den sinnlichen und geistigen Triebkräften, zwischen harmonischer Melodiebegleitung und kontrapunktischer Stimmverflechtung – nur dort, wo der endliche Sieg des Göttlichen in Faust ahnend hervor-

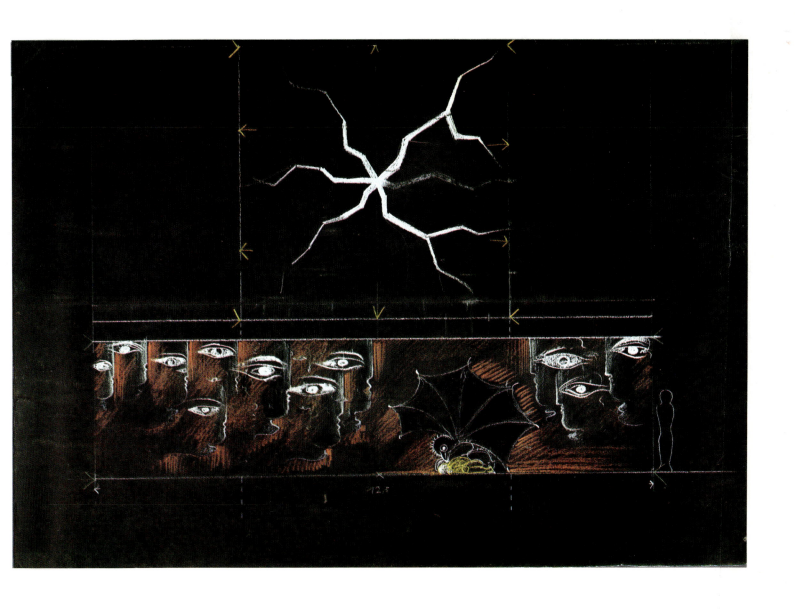

XI  Arnold Schönberg, Die glückliche Hand, 1. Bild (Chorszene Anfang und Finale)  Entwurf von Oskar Schlemmer
Ehemals Sammlung Hans Curjel, Zürich

leuchtet, im Credo des II. Vorspiels, steigert sich auch die Polyphonie bis zu ihrer reinsten, strengsten, ›kirchlichsten‹ Form.

Die rein musikalische Formgestaltung durch das Medium der Bühne zeigt sich also auch in der Charakterisierung der Figuren. Die Absicht Richard Wagners, jede Idee und jede Gestalt durch ein ›Motiv‹ anzukündigen, mußte eine literarische Beeinflussung der musikalischen Formgebung mit sich bringen, die zweifellos für das Musikdrama eine starke Bedeutung erlangt hat. Aber die abgeschlossenen musikalischen Sätze der Oper formen sich unbewußt aus abstraktem Material, und die Einbeziehung einer motivischen Charakterisierung in die musikalische Form gehört (wie es übrigens im ›Tristan‹ schon erreicht ist) genau so zum kompositorischen Einfall wie Melodieerfindung oder Instrumentation. Auch die Carmen hat ihr Leitmotiv; aber es umschreibt nur, in Betonung des Gegensatzes zu ihrer äußeren Erscheinung, die tragische Seite ihres Charakters, und es erscheint daher nur an den Stellen, die nicht nur für die Handlung, sondern auch für den musikalischen Aufbau Höhepunkte bedeuten. Ebenso hat Busoni die Herzogin mit einer Melodie, den Mephistopheles mit einer Folge dissonanter Akkorde ausgestattet, die mit größter Ökonomie nur an den entscheidenden Punkten und in immer neuer formaler Abwandlung auftauchen.

Über die Architektur des Werkes hat sich Busoni selbst ausführlich genug geäußert. Was im ›Arlecchino‹ noch eine von der Musik diktierte Anordnung abgeschlossener Nummern mit verbindenden Dialogen gewesen war, ist nun zu einer aus der Handlung entstandenen Einteilung in feste Formen großen Formats erweitert, wobei die Rezitative als Kontrast oder als Überleitung in den musikalischen Ablauf einbezogen sind. Es wäre ebenso müßig, die thematische Arbeit durch literarisch-symbolische Zusammenhänge zu begründen, wie etwa zu einer Beethoven-Sinfonie einen programmatischen Kommentar zu liefern. Wie sehr sich die Formung einer Oper unter der Oberfläche des Bewußtseins abspielt, zeigt z. B. die Kühnheit, mit der Busoni bei dem Pochen der Gläubiger den Rhythmus der Sarabande vorausnimmt, und es hieße die Wirkung dieses Einfalls abschwächen, wollte man ihm eine ›tiefere Bedeutung‹ unterlegen.

Als Ergebnis des Zusammentreffens einer Persönlichkeit mit seinem durch ein Leben erkämpften Stoff, ist Busonis ›Faust‹ etwas Einmaliges – wie die ›Zauberflöte‹ und die ›Missa solemnis‹. Die Auswirkung solcher Bekenntniswerke pflegt Generationen zu überschlagen, und den unmittelbaren Einfluß eines kaum uraufgeführten Werkes festzustellen, kann auch nicht Aufgabe des selbst schaffenden Künstlers sein, für den eine Stilbetrachtung nur als klärender Rückblick, als Sichtung des Materials Bedeutung haben dürfte. Aber alle neuen Opernbestrebungen unserer Tage beruhen auf dem ästhetischen Fundament dieser Gattung, an dessen Wiedererstehung Busonis ›Faust‹-Werk den stärksten Anteil hat.

*Leo Kestenberg: ›Sozialistische Bildung‹ Jahrg. 1929, Heft 1*

Arbeiterschaft und neue Musik

Trotz vieler Versuche ist es bisher nicht geglückt, in weiteren Kreisen der Arbeiterschaft Verständnis oder gar Freude für unsere zeitgenössische Musik zu wecken. Aber wenn wir uns auch der Schwierigkeiten bewußt sind, die in der Gegenüberstellung dieser beiden Begriffe begründet sind, müssen wir doch einmal das Verhältnis untersuchen, das die Werktätigen zu den Komponisten unserer Zeit gefunden oder auch warum sie es nicht gefunden haben. Dabei müssen wir uns immer vor Augen halten, daß ›neue Musik‹ täglich etwas anderes bedeutet und daß der Begriff ›Arbeiterschaft‹ in kultureller Beziehung noch weniger als in anderer eine geschlossene Einheit darstellt. Wir müssen hier auch absehen von der ›neuen Musik‹, mit der die Arbeiterschaft auf dem Tanzboden, im Kino oder in der Kneipe in Berührung kommt, sondern wir denken hier ausschließlich an die sehr ernst gemeinten Versuche einer jungen Künstlergeneration, die mit Einsatz aller Kräfte um Verständnis bei den Massen ringt. Vielfach ist dabei die Auffassung anzutreffen, daß gerade die unvorbereiteten, unverbildeten Hörer am leichtesten in der Lage seien, modernen Werken zu folgen, wenn sie ihnen nur in ihrer Gesinnung nahestehen.

Wie die moderne Arbeiterbewegung in allen Staaten Europas nach der Katastrophe des Weltkrieges auf die politische und wirtschaftliche Struktur einwirkt, so macht sich ihr Einfluß auch auf Kunst und Wissenschaft in mehr oder weniger deutlicher Form geltend. In der Wissenschaft hat eine neue Disziplin, die Soziologie, eine Bedeutung erlangt, die sie ohne die treibende Kraft der Arbeiterschaft niemals erhalten hätte. Auch in der Kunst sucht die Weltanschauung der sozialistischen Massen bald ein Echo, zunächst im Drama, im Roman, in der Lyrik. Man findet die Literatur der Gegenwart durchsetzt mit ethischen Ideen, die dem Sozialismus nahe verwandt sind, wenn sie ihm nicht gar entstammen, beginnend vielleicht bei Zola, Hauptmann, Wedekind, Tolstoi, Strindberg, Shaw, Sinclair bis hin zu Toller, Brecht, Kaiser und Werfel, um nur einige Namen zu nennen. Ein solches Echo läßt sich auch bei den anderen Künsten feststellen, wobei in der Architektur etwa an Taut, in der Graphik an die Kollwitz, in der Malerei an Dix gedacht werden kann und es fehlt natürlich auch nicht in der modernen Musik. Im Grunde ist es ja das Bestreben jedes echten Künstlers, sich von der Konvention seiner Zeit zu befreien, sich gegen den herrschenden Stil aufzulehnen, eigene neue Wege zu gehen, ›revolutionär‹ zu sein. Jenseits des stofflichen Vorwurfs, der Gebundenheit durch das Subjekt, ist dieses Ringen in jeder Epoche zu beobachten, jede Wende, jeder Wandel des Stils wird von einer Sturm- und Drangperiode eingeleitet. Ganz unwillkürlich stehen diese künstlerischen Emanzipationsversuche mit soziologischen und politischen in einem gewissen Zusammenhang, wird jedenfalls ein Zusammenhang konstruiert, wo er sich nicht von selbst ergeben will.

Gehen wir von dem Wollen der jungen Kunst aus, so begegnet uns der Wunsch, sich von einem überfeinerten artistischen Stil zu befreien, der nur einem privilegierten Kunstgenießertum vorbehalten ist. Primitivität und Vertiefung steht zu gleicher Zeit auf dem Programm, Monumentalität und Volkstümlichkeit zum Zweck unmittelbarster Wirkung ist das Ziel. Auf das Interesse, ja noch mehr, auf die aktive Teilnahme der von einem fortschrittlichen Lebenswillen erfaßten Volksmassen rechnen die jungen Künstler und Musiker in erster Reihe, so Strawinsky in seinem ›Oedipus‹ oder in seiner ›Geschichte vom Soldaten‹, Křenek in seiner ›Zwingburg‹, Weill in der ›Dreigroschen-Oper‹ und eben erst Hindemith in seinem ›Lehrstück‹.

Wie nimmt nun die Arbeiterschaft diese neue Kunst auf? Fühlt sie sich durch sie in ihrem innersten Wesen getroffen, vertieft, bereichert?

Diese Frage stellen, heißt sie auch gleich verneinen. Zunächst hat ja die Arbeiterschaft aus naheliegenden Gründen kaum Gelegenheit, mit dieser jungen Musik in Berührung zu kommen. Wo es aber einmal geschieht, steht sie ihr verständnislos, ja fast feindlich gegenüber, und zu den eifrigsten Verfechtern des ewig Gestrigen in der Kunst gehören oft die politisch Radikalsten. Dagegen werden diese Werke von dem üblichen Premierenpublikum mit sensationeller Neugier aufgenommen, das an sie rein artistische Maßstäbe anlegt, so daß ihre ursprüngliche Idee ganz mißverstanden wird. Die Schichten aber, die mit diesen Kunstwerken gemeint sind, stehen fern. Die Arbeiterschaft hat von sich aus den Weg zu dieser jungen Musik noch nicht gefunden, vielleicht noch gar nicht einmal gesucht.

Vorläufig sind noch gewaltige Schwierigkeiten, tausend Mißverständnisse zu überwinden, die durch den Begriff ›Tendenzkunst‹ entstanden sind, durch den Irrtum, daß ein sogenannter revolutionärer Text unter allen Umständen auch die dazu komponierte Musik ›revolutionär‹ macht. Nur so erklärt es sich, daß z. B. eine uralte Ouvertüre des mäßigen Komponisten Litolff noch immer auf den Programmen von Arbeiterfesten erscheint, bloß weil sie den Namen ›Robespierre‹ trägt. Alle möglichen Kompositionen von zweifelloser Talent- und Geschmacklosigkeit beherrschen das Repertoire vieler Kunstabende und Arbeiterchorkonzerte, wenn sie nur irgendeinen rührseligen sozialen Text oder einen revolutionären Titel haben.

Wenn ihr Musik wollt, so denkt und fühlt auch nichts anderes als Musik! Auch bei der Frage nach ›revolutionärer‹ Musik wird der Akzent auf Musik gelegt werden müssen und dabei kann der ›revolutionäre‹ Geist eines Bach, Beethoven oder Wagner sehr leicht den Sieg über Uthmann und ähnliche davontragen. Aber wir haben die heilige Pflicht, uns mit unseren eigenen Zeitgenossen, mit unserer Gegenwart auseinanderzusetzen, die Sprache derer zu verstehen, die zu uns sprechen. Ehe ich aber urteile, Stellung nehme, muß ich diese Sprache verstehen lernen; ehe ich weiß, ob eine Musik für den Lebensstil des Arbeiters, für seine Anschauungswelt geeignet ist, muß ich eben Musik, muß ich ihre Elemente begreifen.

Lassen wir alle Plakate Plakate sein und führen wir die Arbeiterschaft zunächst zur Erkenntnis der inneren musikalischen Zusammenhänge. Das heißt aber nichts anderes als: Musik muß von der Arbeiterschaft erarbeitet werden. Eine gewisse Kenntnis der Formensprache der Musik, der Eigenschaft der musikalischen Elemente, ist unumgängliche Notwendigkeit auch für die primitivste Aufnahme von Musik. Zwar ist es nicht nötig, daß jeder ein Instrument selbst spielt, notwendig aber ist es, daß jeder Noten lesen, eine Melodie singen, sie in ihrer Symbolkraft verfolgen kann. Diese Forderungen einer elementaren Musiklehre für die Arbeiterschaft sind nicht utopisch. Die unaufhaltsam immer weitere Kreise ziehende Bewegung des Deutschen Arbeitersängerbundes und die sozialistische Jugendbewegung, die von Anfang an auch zur Musik eine neue Stellung fand und sich durch Arbeit und Aktivierung das schönste Musikleben errang, beweisen, daß die Arbeiterschaft diese Anregungen aufzugreifen gewillt ist. In den neuen Volks- und Jugendmusikschulen sind Stätten zur Sammlung und Bildung aller Musikliebhaber, natürlich auch solcher aus der Arbeiterschaft, gegeben. Pflicht aller Bildungsausschüsse von Partei und Gewerkschaft ist es, diesen Schulen das Material zuzuführen, mit ihnen in Fühlung zu treten, sich mit den Zielen dieser Musikbewegung vertraut zu machen. Gemeindevertreter, Stadtverordnete, Landtags- und Reichstagsabgeordnete, sie alle können von ihren Stellen aus mitarbeiten an dem Gelingen einer neuen deutschen Musikpflege, an der auch die Arbeiterschaft beteiligt ist, wenn sie an die Elemente des Musikverstehens herangeführt wird. Besonders die Vertreter von Staat und Gemeinden mögen immer wieder bedenken, daß zu einer Ertüchtigung der Jugend nicht nur die körperliche, sportliche Pflege, sondern auch die kulturelle, die künstlerische, die Musikpflege notwendig ist.

Diese Elementarlehre der Musik hat selbstverständlich engste Beziehung zur modernen Musikpädagogik. Die

Arbeiterschaft hat die ›Kunsterziehung‹, diesen wichtigen Zweig der Gesamtpädagogik, nicht mit der Aufmerksamkeit verfolgt, die notwendig gewesen wäre, um alle die fruchtbaren Ideen der modernen Kunst- und Musikpädagogik nutzbar zu machen. Das ist um so bedauerlicher, als die gesamte Pädagogik unserer Zeit, auch die Musikpädagogik, eigentlich Kraft und Saft aus den sozialen Ideen unserer Zeit gezogen hat. Andererseits aber kann auch die bescheidenste Inangriffnahme zur Bildung musikalischer Kreise nicht auskommen ohne die allgemein gestaltenden Kräfte der Musikpädagogik. Die Versuche in den Volks- und Mittelschulen, in den Lehrerbildungsanstalten, sie alle müßten ohne eigentliche Resonanz bleiben, wenn nicht auch die Arbeiterschaft mit einbezogen würde in den Kreis allgemeiner musikalischer Bildung, wenn sie sich nicht von sich aus dieser Bewegung anschließen würde. Nur wenn die Musik so von unten her aufgebaut und erlebt wird, wird der Boden vorbereitet sein zum Verständnis der modernen Musik, dann kann Musik ein Element des Ausdruckswillens der Arbeiterschaft sein. Ja, Musik wird dann noch tiefer, unmittelbarer zum Erleben führen als Farben und Worte, die, mit Assoziationen verknüpft, das ursprüngliche Erleben oft in andere Richtung und an die Oberfläche lenken. Die wahre Vorstellung von der Musik wird die Arbeiterschaft nur erhalten, wenn sie über die oft irreführenden äußeren Zutaten, Begleitumstände hinaus zu den musikalischen Quellen selbst steigt.

Eine Flut von Musik, übermittelt durch Schallplatte, Film und Radiomusik, drängt auf die Arbeiterschaft ein. Vermag sie hier nicht zu sondern und zu fordern, so wird sie sich vor allem mit Unterhaltungsmusik, wie bisher, begnügen. Die Arbeiterschaft selbst muß erkennen, was sie von diesen neuen und großartigen Musikverbreitungsmitteln, die auch für sie erfunden wurden, verlangen darf. Dazu aber ist Kenntnis der musikalischen Elemente notwendig, ja unentbehrlich. Wenn diese Kenntnis erst überall verbreitet sein wird, dann wird auch die musikalische Komposition den rechten Stil für die Musik des Werktätigen treffen. Der Wille, die Kunst in den Dienst der Arbeiterschaft zu stellen, ist auf seiten der jungen Musiker da. Das beweist auch das für einen ersten Versuch erfreuliche Ergebnis des Preisausschreibens des Sozialistischen Kulturbundes. Die noch herrschenden Schwierigkeiten auszugleichen, müssen beide Teile, Arbeiterschaft und Musiker, ehrlich bemüht sein. Denn Arbeiterschaft und neue Musik sind keine Gegensätze, sondern sie können zu einer Gemeinschaft werden, um mitzuwirken am Weiterbau unserer Musikkultur und »zur Erziehung zur Menschlichkeit mit und durch Musik«.

*Rundfrage: ›Berliner-Börsen-Courier‹ vom 19. Febr. 1929*
Für die Erneuerung der Oper

*Walter Gropius* Entwicklungsfeindliche Mächte
Vor kurzem erlebte ich es, wie das kleinbürgerliche Publikum einer Provinzstadt mit der zähen Dauerhaftigkeit der Dummheit einen bedeutenden Orchesterdirigenten von seinem Posten verscheuchte, weil er sich bemühte, seinen Hörern neben den klassischen Werken auch die der lebenden Autoren nahezubringen. Schuld an der beschämenden Hetze war also die übliche Herzensträgheit der kleinen Geister, der die Machthaber nicht widerstanden.

Was geschieht an der Staatsoper am Platz der Republik? Aus gleichen Gründen, wie in jener Provinzstadt, bemüht man sich, Otto Klemperer, den bedeutenden Dirigenten und großzügigen Vertreter des geistigen Deutschlands, zu verdrängen.

Zwar ist jene menschliche Trägheit, die das beunruhigend Lebendige starr bekämpft, ein natürlicher Faktor, der mit der Durchschnittsschwäche der Menschen überall konstant bleibt, so auch in Berlin. Entscheidend für das geistige Leben einer Stadt ist es aber, ob die verantwortlichen geistigen und öffentlichen Führer diese Trägheit der gesellschaftlichen Majorität überwinden oder unterstützen. Wir befinden uns in einer Welle kultureller Reaktion, die deshalb gefährlich ist, weil sich System hinter ihren Handlungen verbirgt. Die Behörden und die geistigen Spitzen Berlins, deren Aufgabe es ist, dafür zu sorgen, daß gerade an den staatlichen Bühnen auch die Werke unserer Zeit gepflegt werden, werden der Staatsoper hoffentlich die entwicklungsfeindlichen Mächte erfolgreich fernzuhalten wissen.

*Paul Hindemith* Notwendigkeit des Experiments
Klemperer und sein Theater sind für uns unentbehrlich. Unser nicht von Gesundheit strotzendes Musikleben braucht eine Stelle, an der versucht werden kann, unseren Opernbetrieb auf eine andere Grundlage zu stellen. Der Musiker braucht ein Theater wie dieses, das ihm wie kein anderes auf der Welt die Garantien bietet, daß sein Stück so aufgeführt wird, wie er es haben will. Noch nie ist ein neuer Stil vom Willen großer Massen getragen ins Leben gerufen worden. Die frühen italienischen Operntheater, die Orchester der Mannheimer Schule – die Grundlage unserer heutigen Opern- und Symphoniemusik – waren Versuchsanstalten ähnlich den heutigen russischen staatlichen Theatern, gegen deren Aufführungen, soweit man sie hier zu sehen bekam, ja auch reaktionäre Zuschauer kaum etwas einzuwenden hatten. Man sollte eine Kampagne gegen Klemperer und sein Theater nicht zu ernst nehmen. Natürlich schmeckt vielen nicht, was dort ausprobiert wird; dafür sieht man

bei ihm Aufführungen – wie Strawinskys ›Oedipus‹ –, für die es sich lohnte, von Amerika nach Berlin zu reisen. Man gebe Klemperer weiter Zeit und Gelegenheit zu versuchen, was für uns heute wichtig ist oder für morgen wichtig werden kann. Kurzsichtigkeit wird sich sicher rächen: geht heute Klemperer, wird morgen in einer ehrgeizigen Provinzstadt ein Theater entstehen, das dieselben Experimente macht, und in drei Jahren werden wir sie hier in Berlin als große Neuigkeit willkommen heißen.

*Kurt von Mutzenbecher* ›Holländer‹ in der Urfassung
Der ersten Aufführung des scheinbar vielumstrittenen ›Fliegenden Holländer‹ habe ich wegen längerer Abwesenheit von Berlin leider nicht beiwohnen können, auch ist mir das Für und Wider der öffentlichen Besprechungen im einzelnen nicht bekannt geworden. Der zweiten Aufführung unter Klemperers meisterhafter Führung habe ich beigewohnt. Sie war von wachsendem Jubel des Publikums getragen und hat mich nicht erkennen lassen, worin die Einwände gegen eine so machtvolle Darstellung einer ›ersten Fassung‹ neben der endgültigen Form des Kunstwerkes eigentlich bestehen können. Ist nicht der ›Urfaust‹ unser kostbarster Besitz, und hat nicht auch er seinen berechtigten Weg auf die Bühne gefunden?

Otto Klemperer selbst kenne und verehre ich seit Jahrzehnten – noch von der Zeit seiner ersten Hamburger Wirksamkeit her. Ich kann nur hoffen und wünschen, daß diesem außerordentlichen Manne auch bei uns der breiteste Raum zur Verwirklichung seiner letzten Ziele gegönnt sein möge, denn ich halte ihn für einen wahren und großen Künstler und für einen geborenen Führer im weiten Reiche musikalischer Gestaltung.

*Heinrich Erbprinz Reuß* Der verödete Opernspielplan
Seltsame Inkonsequenz: Reform des verödenden Opernspielplans und seiner Darstellungsformen steht auf allen Fahnen, und kaum wagt Klemperer als erster und einziger systematisch eine solche Reform, da schwirren die wilden Anklagen und Schlagworte wie: Bolschewismus der Musik, Entwürdigung einer staatlichen Kulturstätte, Vergeudung von Staatsmitteln für unwürdige Zwecke – des Geschreis ist kein Ende.

Soviel steht fest: Die Notwendigkeit systematischer Belebung des Spielplans durch neue Werke und durch die Neugestaltung alter Werke ist nicht zu leugnen. Die neuen Opern, die Klemperer gebracht hat (Strawinsky, Hindemith, Křenek usw.), sind keine vagen Experimente, es sind Opern, die über die meisten Bühnen des Reichs laufen, es sind wichtige Stationen dieser Generation. Fehling, Legal, Geis, Traugott Müller, Neher: das sind schließlich keine Dilettanten, keine Stümper. Die wichtigsten alten Komponisten sind auf neue Art gestaltet, die wichtigsten neuen Komponisten daneben gesetzt, die Epigonen sind endlich einmal weggelassen. Man kann produktive Kritik über die Methoden, über das Gelingen oder Mißlingen dieser oder jener Aufführung betreiben, man kann nicht die Wichtigkeit des Prinzips, den Wert der gewählten Persönlichkeiten abstreiten. Man muß von einer Staatsoper hohe Qualität verlangen, aber es ist urkomisch, Atonalität und Kommunismus gleichzusetzen, und neue Ideen der szenischen Gestaltung eo ipso auf dasselbe Gleis zu schieben (tatsächlich: man ist auf dem besten Wege, derartige Karnevalsscherze mit dem Mantel der Musikwissenschaft zu umkleiden).

Experimente mit mangelhaften Mitteln darf eine Staatsoper nicht unternehmen. Andererseits ist eine Versuchsbühne für Oper (im Gegensatz zum Schauspiel) technisch wie finanziell unmöglich. Die Bühnen im Reich (mit ihren divergierenden Organisationen, Abstechern usw.) können nur selten Experimente wagen. An einer Stelle mußte ein systematischer Versuch erfolgen. Das Experiment verliert den Charakter des Experiments, wenn es sogleich durch seine Leiter und Ausführer eine Vollendung berührt oder erreicht. Und gerade das kann die Krolloper erreichen.

Der Dirigent Klemperer kann nicht ernstlich umstritten sein. Er ist eine Notwendigkeit. Wir sind nicht so reich an großen Dirigenten wie die letzte Generation, die Bülow, Nikisch, Schuch, Mottl, Muck, Richter, neben ihnen schon Strauss und Blech besaß. Man wird rechtzeitig bedenken müssen, was es bedeuten würde, Klemperer aus seiner schwer erkämpften zentralen Position in die Peripherie zu verdrängen. Diese Blamage wäre nicht wieder gut zu machen.

*Kurt Weill* Gesellschaftsbildende Oper
Auf allen Kunstgebieten vollzieht sich heute ein Umschichtungsprozeß, der unter Beseitigung des ›gesellschaftlichen‹ Charakters die gesellschaftbildenden Kräfte der Kunst betont. Der Kampf des Alten gegen das Neue, der immer mit einer so entscheidenden Kursänderung verbunden ist, wird augenblicklich auf musikalischem Gebiete mit besonderer Heftigkeit ausgefochten, weil man hier mehr als auf anderen Kunstgebieten mit Begriffen wie Tradition, Pietät und Heiligkeit des Kunstwerkes um sich schmeißt, die für die Entwicklung der Kunst immer schädlich gewesen sind. Die Hetze gegen Klemperer ist eine der letzten Kraftanstrengungen der musikalischen Mummelgreise, eine Entwicklung aufzuhalten, die schon heute über sie hinweggeht. Denn die Erscheinung Klemperers stellt eine der wesentlichsten Kräfte in diesem Umschichtungsprozeß dar. Da man an der Qualität seiner Leistungen keine Kritik üben kann, wendet man sich gegen die Zielrichtung seiner Arbeit.

In eine Produktionsgemeinschaft der wertvollsten

Kräfte des modernen Theaters ist Klemperer als einziger ausübender Musiker einzureihen. Die ›Oedipus‹-Aufführung Klemperers ist nur neben den größten internationalen Theaterereignissen der letzten Jahre zu nennen. Die Rettung der Oper aus dem Zustand feierlicher Abgeschlossenheit – das ist der einzige Gesichtspunkt, nach dem er an die Auswahl neuer Werke und an die Aufführung klassischer Opern herangeht. Sein ›Fidelio‹, ›Don Giovanni‹, ›Holländer‹ haben gezeigt, daß es für die Darstellung der wertvollen klassischen Opern überhaupt keine Tradition gibt, daß eine grundlegende stoffliche und szenische Erneuerung der klassischen Oper möglich ist, wenn eine ebenso grundlegende musikalische Erneuerung mit jener Intensität durchgeführt wird, die alle Leistungen Klemperers kennzeichnet.

In der kurzen Zeit seiner Berliner Tätigkeit hat Klemperer erreicht, daß die Oper wieder bei jenen Kreisen Interesse findet, die von der Existenz einer solchen Einrichtung kaum noch ewas gewußt hatten, daß in seinen Veranstaltungen, sogar in seinen Konzerten, sich das geistige Berlin versammelt. Und – das Peinlichste für seine Gegner: er hat Erfolg. In seinen Veranstaltungen kann man Beifallsstürme von einer angriffslustigen Frische erleben, wie sie in jenen Musentempeln, wo Kunst zelebriert wird, nicht zu erreichen sind.

*Harry Graf Keßler* Gegen die Butzenscheiben
Klemperer weist in seiner Tätigkeit an der Kroll-Oper einen Weg, der meines Erachtens von der größten Bedeutung für die Zukunft nicht bloß der deutschen Musik, sondern auch des deutschen Dramas ist. Er befreit uns von dem ganzen Muff, mit dem eine spießbürgerliche, hohl-sentimentale Zeit die deutschen Opernbühnen verpestet und für lebendig empfindende Menschen unerträglich gemacht hatte. Mag man die eine oder andere Leistung der letzten Jahre höher oder weniger hoch bewerten, so stammt doch die Opposition im wesentlichen aus den Kreisen, die sich mit dem Aussterben der Gartenlauben- und Butzenscheiben-Romantik nicht abfinden können. In wenigen Jahren wird man nicht begreifen, wie es möglich gewesen ist, diese verstaubte Opposition ernst zu nehmen.

*Paul Bekker: aus dem Vortrag ›Oper und Operntheater der Gegenwart‹, gehalten im Zentralinstitut für Erziehung und Unterricht, Berlin, am 28. Okt. 1929, abgedruckt in ›Die Musik‹, Jahrgang XXII, 5. Febr. 1930*
Wir blicken heute auf zweieinhalb Jahrtausende Bühnendichtung zurück. Bei genauer Überprüfung müssen wir zugestehen, daß die Grundprobleme heute noch die gleichen sind wie in der frühesten uns erkennbaren Zeit. Das sogenannte Zeittheater ist im Hinblick auf die stoffliche Aktualität als Begleiterscheinung durchaus daseinsberechtigt. Niemals aber kann es den Anspruch erheben, als Norm zu gelten. Norm ist einzig der Mensch, und dieser Mensch ist zeitlos, auch als Objekt des Theaters.

Es liegt also für die Oper zunächst gar keine Veranlassung vor, sich als Zeittheater im eben besprochenen Sinne kundzugeben. Tut sie es, und gelingt es ihr, dabei ihren künstlerischen Wesenskern zu bewahren, so mag es gut sein. Vergißt sie sich selbst darüber und glaubt sie, etwas Besonderes zu bieten, weil sie in Fabriksälen oder Tanzbars spielt und sogenannte moderne Menschen auf die Bühne stellt, so macht sie sich damit nur lächerlich. Entscheidend kann niemals sein die Frage nach der Problemstellung, sondern immer nur die Frage nach der Problemerfassung.

Die zweite Veränderungsmöglichkeit, die das sogenannte Zeittheater kennzeichnet, ist die der technischen Darstellungsmittel und damit der bühnenbildnerischen Gestaltung. Hiervon wird nun gegenwärtig besonders viel Aufhebens gemacht, und gerade die unglückliche Oper wird in dieser Beziehung gewaltig beschimpft und geplagt. Man könnte meinen, daß überhaupt erst die heutige Zeit bühnenmäßig sehen gelernt habe und daß die Gestaltung eines Bühnenbildes ein Schöpfungsakt von ungeheurer Tragweite sei, demgegenüber das armselige Werk als solches bestenfalls als bescheidene Unterlage gelten darf.

Um was handelt es sich eigentlich?

Es ist zunächst selbstverständlich, daß das Theater als optische Erscheinung stetiger Veränderung unterworfen ist und daß der außerordentliche Phantasieanreiz der Bühne sowohl dem technischen Erfinder als auch dem Bühnenbildner immer neue Aufgaben bietet. Für unsere Zeit charakteristisch ist, daß wir auf der Bühne von der perspektivischen Ausmalung und der damit verbundenen naturalistischen Durchbildung des Objektes immer mehr abkommen. Die Farben werden nicht mehr auf Leinwand aufgetragen, sondern durch fließendes, bewegliches Licht dargestellt. Demgemäß bemühen wir uns, den Raum in seiner symbolischen wie in seiner optischen Bedeutung als Wirkungselement auszunutzen. In welchem Maße wir dabei noch andere Lichteffekte, Projektionen, Filme und dergleichen einbeziehen, ist eine Unterfrage. Ich finde diese Veränderungen eigentlich selbstverständlich. Man sollte von ihnen vor allen Dingen nicht gar so viel Wesens machen und sich bewußt bleiben, daß sie innerhalb des Ganzen immer wieder nur dienender Natur sein können und dürfen. Wendet man sie richtig an, so erweist sich die Oper gerade ihnen besonders zugänglich, wobei allerdings gewisse elementare Grundbedingungen nicht zu umgehen sind. Also wird der Wartburgsaal immer Wartburgsaal bleiben müssen. Die Übertragung in eine abstrakte Symbolik dürfte sich hier als verfehlt erweisen, wie überhaupt die Opernszene der radikalen Abstraktion im allgemeinen nicht zugänglich ist. Man bilde sich aber doch nicht ein, daß in dieser Abstraktion das Heil ruhe und daß alles, was sich nicht durch Licht und geometrische Form darstellen läßt, veraltet und kein Zeittheater sei. Vor allem: man betrachte doch den Bühnenbildner nicht als Weltenschöpfer, sondern bleibe sich seiner dienenden Funktion bewußt.

Mir scheint, daß der heute gangbare Begriff des Zeittheaters weit mehr willkürliche Spekulation als wirklicher Ausdruck eines Zeitverlangens ist und daß wir der Bühne gegenüber an einer Hypertrophie der optischen Empfindlichkeit leiden. Ich habe die Beobachtung gemacht, daß gerade das gegenständliche, dabei allerdings nicht aus lebloser Konvention erfaßte Bühnenbild dem Verlangen unserer Zeit entgegenkommt. Wenn die Opernbühne als optische Erscheinung nicht die Beweglichkeit der Schauspielbühne hat, so sehe ich darin nicht nur keinen Nachteil, sondern einen großen Vorzug. Die gegenwärtige Schauspielbühne hat sich im Aktualitätsbestreben zu einem erheblichen Teil derartig in das Experiment verrannt, daß sie kaum noch aus und ein weiß. Ich sehe die Zeitbedeutung der Opernbühne und damit ihre künstlerische Notwendigkeit auch als theatralische Erscheinung für die Gegenwart gerade darin, daß sie bewahrende Kraft hat, und das eben ist es merkwürdigerweise, was man ihr zum Vorwurf macht. Erkennt man aber die Begründung dieses Vorwurfes in ihrer Äußerlichkeit, so zeigt sich hier ein besonderer Vorzug der Opernbühne. Diese Opernbühne ist gegenwärtig reineres Theater, reinere Theaterkunst als ein großer Teil des Schauspieles. Ich glaube, daß es nicht die heutige Oper ist, die vom Schauspiel zu lernen hat, sondern daß das Schauspiel beginnen muß, sich an der Oper zu orientieren. Wenn ich im Verlaufe meiner Ausführungen mehrfach Oper und Schauspiel einander gegenübergestellt habe, so hoffe ich, nicht dahin mißverstanden zu werden, als läge dem die Absicht eines Wertvergleiches zugrunde. Ich bin mir wohl bewußt, daß Vergleiche hier überhaupt nicht möglich, sondern beide Kunstgattungen die großen Hemisphären sind, an deren tiefer Verbundenheit sich der Gesamtkomplex darstellt, den wir Theater nennen. Mir kam es hier auf etwas anderes an. Wenn schon über das Theater im allgemeinen sehr viel Unzutreffendes gesprochen und geschrieben wird, so trifft dies auf die Oper im denkbar höchsten Maße zu. Schiefe Betrachtungen, unzureichende Erkenntnisse werden dauernd verbreitet. Nur selten ist es möglich, über das Tagesgespräch hinaus zu einer ernsthaften Stellungnahme zu gelangen.

Das Theater aber steht in einem immerwährenden Existenzkampf. Da kann es nicht gleichgültig sein, wenn über die eine Hälfte dieses Theaters Meinungen und Theorien verbreitet werden, die zwar im Gegensatz zur Praxis stehen, aber doch Verwirrung auch in guten Köpfen stiften können. Deswegen war mir der Hinweis wichtig: wir haben in der Oper nicht nur altes Kulturgut von höchstem Werte zu bewahren. Die Oper lebt auch in uns weiter, sie beschäftigt uns dauernd. Sie nimmt das Zeitgeschehen auf und spiegelt es zwar nicht im Tagesrhythmus des Schauspiels, wohl aber in einer weit größeren und vielleicht erheblich intensiveren Bewegung. Hüten wir uns davor, diese Kunstgattung, die Vergangenheit und Gegenwart tief innerlich bindet, aus falschem Nur-Aktualitätswillen zu unterschätzen. Beginnen auch wir als Betrachtende, die Oper immer mehr nicht von außen her zu erkennen, sondern eben aus ihrem Kern: als szenische Gestaltwerdung der singenden Menschenstimme.

*Alfred Roller: Musikblätter des ›Anbruch‹ Jahrgang II, Aprilheft 1920*

Mahler und die Inszenierung

Ein verehrungswürdiges Kind – unnachgiebig rein – den Blick unverwandt auf das Höchste gerichtet – umwittert von den Schauern derer, die mit Gott von Angesicht zu Angesicht reden – so ist Mahler durch unser Leben gegangen.

Hier ist nicht von dem Schöpfer eigener und dem Interpreten fremder Tonwerke zu sprechen, sondern von jenem Mahler, den die Befassung mit musikalischen Bühnenwerken nötigte, auch die fragwürdige Einrichtung unseres heutigen Theaters als Ausdrucksmittel seines Kunstwollens zu benützen, also Forderungen an Arbeitsgebiete zu stellen, auf denen er sich nicht selbst ausübend betätigte, deren technische Sprache ihm teilweise fremd war, wo er wohl das Ziel, aber nicht den Weg zu weisen wußte. Eine Opernbühne besteht ja nicht bloß aus Sängern und Musikern, auch nicht nur aus Künstlern überhaupt. Sie ist vielmehr ein Zusammenwirken vieler und vielfältiger großer und kleiner – oft kleinster Kräfte aus allen möglichen Berufszweigen und das richtige Wirken jeder dieser Anonymitäten an ihrem Platze ist von Belang für das Gelingen des Ganzen. »Ein Uhrwerk, dessen Radzähne Menschen sind«, so erklärte mir Mahler einmal diesen ganzen sonderbaren Apparat. Wie gewaltig muß die Kraft sein, die das Ganze treibt, damit jeder einzelne dieser menschlichen Radzähne sie unmittelbar zu spüren bekommt, Antrieb, Richtung, Tempo, Takt von ihr empfängt, und wie verschiedenartig die Einstellung aller dieser Helfer und Helfershelfer zu dem Herrn des Getriebes, der selbst wieder nur Diener eines überpersönlichen Wollens ist! Wenn schon die Künstler unter den Mitarbeitern Mahlers oft Mühe hatten, ihre Menschlichkeiten zu bezwingen, um ihm frei folgen zu können, wenn schon sie ihn zeitweilig grausam schalten, obgleich sie eigentlich überzeugt waren, daß er ein Heiliger an Güte sei, ihm Willkür vorwarfen, obwohl sie fest an seine demütige Hingegebenheit an das Kunstwerk glaubten – er hatte eben schärfere Augen und Ohren als andere! – wie sollten da erst die vielen Helfer professioneller Art immer den Führer verstehen, der nicht ihre Sprache sprach und ihnen daher oft genug planvoll und sprunghaft, zielsicher und tastend, klar und wirr zugleich vorkam und der dabei doch immer im Endergebnis Recht behielt! So hat sich um Mahler, den Inszenierer, ein Kranz von Legenden gesponnen, deren Absicht nicht immer gerade die wohlwollendste ist. Und was den Professionisten des Theaters am aufreizendsten an diesem Manne erschien: es war ihm kein Rezept abzulauschen. Man wäre ja schließlich, da ihn nun einmal Gott in seinem Zorn zum Direktor gemacht hatte, bereit gewesen, die eine oder andere liebe Gewohnheit aufzugeben und gegen eine neue umzutauschen. Aber der Mann war gegen jede Gewohnheit, und das war lästig!

Als Vollblut-Theatermensch war Mahler in Bühnenfragen Improvisator. Kurz nachdem ich an die Oper gekommen war, beklagte ich einmal, daß der gehetzte Betrieb so einer Repertoire-Bühne jede gewissenhafte Durchführung der Szenenbilder ausschließe. In seiner knappen, treffenden Art belehrte mich Mahler: »Alles, was Sie hier leisten können, wird immer die Flüchtigkeit der Improvisation haben, aber – unterschätzen Sie dies nicht – auch deren Frische.« Bei jeder neuen Inszenierungsarbeit erfand er gleichsam die Sprache der Bühne von neuem, war er, aus seiner ungeheuren Kraft verschwenderisch schöpfend, jung, unternehmungslustig und kühn wie am ersten Tag. Er verspottete das bequeme Schema und verabscheute den Ariadnefaden der Routine. In solchem Zusammenhange fiel einmal das immer wieder und immer falsch zitierte Wort von der Tradition. »Was Ihr Theaterleute Eure Tradition nennt, das ist Eure Bequemlichkeit und Schlamperei!« So lautete das Wort, nicht einfach: »Tradition ist Schlamperei.«

Mahler nahm eben das Gesetz seiner Arbeit jedesmal ganz aus dem behandelten Werk. Das verstanden die meisten nicht. Und daß sie einem Gesetz gehorchen mußten, das ihnen unverständlich blieb, das erbitterte so viele. Die Gleichgültigen aber, die im täglichen Betrieb stumpf Gewordenen, weder des Hasses noch der Liebe Fähigen, die konnte Mahler überhaupt nicht brauchen. Wehe, wenn die Unbeteiligtheit zur Pflichtvergessenheit ausartete! wenn die Probenarbeit, die sich ja notwendigerweise in einem viel heftigeren Tempo abspielt als irgendeine bürgerliche Beschäftigung, etwa durch die dumme Nachlässigkeit einzelner aufgehalten wurde! Das wirkte auf den in heiligem Feuer glühenden Mann als persönliche Beleidigung. Da konnte er voll tiefster Verachtung sein ärgstes Schimpfwort: »Dienstboten« murmeln und wurde wirklich unerbittlich.

Da Mahler Musikwerke auf die Bühne zu stellen hatte, inszenierte er natürlich nicht die Textbücher, sondern die Musik. Aber nicht, indem er Takt für Takt in Bild, Gebärde und Bewegung übersetzte, sondern dadurch, daß er dem besonderen musikalischen Wesen des behandelten Werkes auch durch die Gesamtheit der sichtbaren Darbietung Ausdruck zu verleihen suchte und so durch reibungslose Zielstrebigkeit aller in Wirksamkeit gesetzten Elemente die erstaunliche Wucht des Gesamteindruckes erzielte. Dieses besondere musikalische Wesen des behandelten Werkes seinen mit der Gestaltung der Szene betrauten Helfern jedesmal klar zu machen, scheute er keine Mühe. Gleichnis, Beispiel, Gegensatz, alles zog er heran, um ihnen das Ziel zu zeigen. Jede seiner blutwarmen Ausführungen schloß mit der Aufforderung, recht genau ins Orchester zu horchen. »Steht alles in der Partitur.« Verspürte er endlich die Sinne seiner Gehilfen richtig eingestellt, dann ließ er ihnen volle Freiheit in der Wahl der Wege nach dem aufgezeigten Ziel, vermied jede dilettantische Einmengung in die Ausführung und jubelte wie ein Kind unterm Weihnachtsbaum, wenn er Schwieriges glücklich gelöst und für seine Absichten den richtigen Ausdruck gefunden sah.

Denn er war tief durchdrungen von der Bedeutung der sichtbaren Bühnengestaltung für den künstlerischen Gesamteindruck eines musikalisch-dramatischen Werkes. Er war kein Anhänger jener leichtfertigen Lehre: die »Ausstattung« sei gut für Ballette und allenfalls noch zur Stützung schwächerer Werke und zur Belebung länglicher Szenen und Akte; das musikalische Meisterwerk aber »habe dergleichen nicht nötig«. (Gleich, als ob die kostbarsten Edelsteine am nachlässigsten zu fassen, der edelste Wein in der dürftigsten Schale zu kredenzen wären!)

Dagegen hatte er die tiefste Verachtung für jeden bloß äußerlichen Aufputz der Bühne, für alles lediglich Dekorative, nicht mit innerer Notwendigkeit aus der großen Konzeption der Inszenierung entspringende, schmuckhafte Detail, mochte es noch so prächtig und bestechend sein. Und daß ein Mann von seinem sittlichen Ernst vollends jederlei Kitsch entrüstet ablehnte, ist selbstverständlich. Die Vision des Bühnenbildes mußte ausschließlich aus der Musik empfangen sein. Darnach beurteilte er den Wert desselben. Konnte er ihn feststellen, dann ordnete er sich gerne jeder sachlichen Notwendigkeit unter. Nie zögerte er, aus einem einmal für brauchbar befundenen szenischen Entwurf alle Konsequenzen für das Spiel und dessen Anordnung zu ziehen. Mit seinem theatralischen Scharfblick pflegte er von vornherein trefflicher die entscheidenden Stellen des Spieles zu erkennen und so alle Vorteile und Nachteile, die eine szenische Annahme bot, vollkommen klar vorherzusehen. Anderseits besaß er selbst eine so glänzende schauspielerische Begabung, daß es ihm eine Kleinigkeit bedeutete, den Sängern die nötigen, der Szene angepaßten Spielanweisungen zu geben. Vor allem aber behandelte er auch diesen Teil seiner Inszenierungsarbeit, die Regieführung, nicht anders als alle übrigen, das heißt er zeigte das Ziel, wozu ihm bei den Sängern ja auf den Einzelproben das vollendetste Verständigungsmittel in der Musik zu Gebote stand und ließ sie auf der Bühne dann frei aus ihrem eigenen inneren Reichtum gestalten. Mit Sängern hingegen, die keine eigene darstellerische Kraft besaßen, schöne Stellungen und Bewegungen einzuüben, hielt er für überflüssig, weil ihm die unbeseelte Geste ebenso wertlos erschien wie jedes andere der Aufführung äußerlich angeheftete schmuckhafte Detail und er im ganzen wie im einzelnen bloß von der lebendig gewachsenen Leistung das herrliche Wunder des tausendfältigen Widerhalles im Herzen der Zuschauer und Zuhörer erwartete.

Dabei war dieser angebliche Verächter der Tradition tief durchdrungen von der historischen Bedingtheit unseres ganzen Opernwesens und, weil er seinem Publikum in musikalischer Beziehung so viel Ungewohntes zumuten mußte, schonte er es gerne in bezug auf alle Elemente der Aufführung, die sich an das Auge wenden. So gab er zum Beispiel nur zögernd und nach langem Überlegen seine Einwilligung zu meinen Vorschlägen für die im Jahre 1905 versuchte ›Don Giovanni‹-Bühne. Nachdem er aber den theatralischen Sinn der (uralten) Neuerung erkannt hatte – »Eine Bühne, auf der alles bloß bedeuten, nichts sein soll«, so formulierte er denselben – wankte er in ihrer Verteidigung auch dann nicht, als sie, hierorts wenigstens, einer geräuschvollen Ablehnung begegnet war. Bloß weitere Versuche in dieser Richtung wollte er nicht zulassen. Die Aufmerksamkeit des Publikums solle auf die Musik gerichtet bleiben und nicht durch den Streit um die Szenengestaltung abgelenkt werden, und ich konnte lediglich durch den Hinweis auf wertvolle praktische Vorteile, nämlich auf starke Kostenverminderung, erreichen, daß er mir bei der kurz auf den ›Don Giovanni‹ folgenden Neuinszenierung der ›Iphigenie in Aulis‹ von Gluck einen noch viel radikaleren Versuch zur Vereinfachung der Szene gestattete.

Mahler hat keine eigenen Theorien über das Inszenieren aufgestellt, und die theoretische Erörterung solcher Fragen langweilte ihn geradezu. Er wirkte ja überhaupt nicht dadurch, daß er sagte oder machte oder schien oder konnte – er war. Er lebte seine Lehre vor und forderte nichts, er hätte es denn tausendfach selbst zuvor erfüllt gehabt. So ist sein Werk und sein Leben untrennbar aus einem Guß, und wem das hohe Glück zuteil ward, in den Bannkreis des Künstlers zu geraten, der war für immer auch dem Menschen in Liebe verfallen.

*Ewald Dülberg: ›Von neuer Musik – Beiträge zur Erkenntnis der neuzeitlichen Tonkunst‹, hgg. von Heinrich Grues, Eigel Kruttge, Else Thalheimer. Köln 1925*

Musik und Szene

Seitdem Gustav Mahler als erster die Frage aufgeworfen hat, ob die bislang übliche musikalische und szenische Darbietungsform der Oper denn wirklich dem Wesen der einzelnen Werke entspräche, oder ob nicht jede Zeit sich für die Darstellung der Oper den Stil schaffen müsse, durch den das Werk, ungeachtet seines Alters und seiner historischen Verankerung, am stärksten und eindeutigsten zu ihr spräche, haben sich um die mehr laute als überzeugende Beantwortung dieser Frage allzu viele bemüht. Nur Mahler selbst, der in Alfred Roller einen Mitarbeiter gefunden hatte, auf den er seine bedingungslose Hingabe an das Werk, wenigstens für die Dauer der gemeinsamen Arbeit, übertragen konnte, hat seiner Zeit einen gültigen und zwingenden Darstellungsstil für alle Opern gegeben, denen er Ausdeuter und Gestalter wurde, und es ist nicht zu verkennen, daß ein wesentlicher Teil der szenischen Reformbestrebungen des Theaters überhaupt sich legitim oder illegitim von diesen Wiener Aufführungen herleitet.

Die Entwicklung des Problems ›Operninszenierung‹ nach Mahler hat aber gezeigt, daß es hierbei, wie in allen künstlerischen Dingen, durchaus nicht auf die Theorie, die Absicht, das System ankommt, sondern ganz allein auf die Persönlichkeit, und es ist darum nicht besonders erstaunlich, daß Mahlers, des Operndirektors, Werk zwar oft peinlich genug variiert, in keinem Falle aber entwickelt und weitergeführt worden ist. Denn Mahlers legitimer Erbe, Otto Klemperer, hat bis heute noch nicht das Theater gefunden, an dem er unserer Zeit (die nicht mehr die Zeit Gustav Mahlers ist) auch im Szenischen die Aufführungen geben könnte, wie er sie im Musikalischen durch auf deutschen Opernbühnen sonst nicht geahnte Leistungen erreicht hat. Was fast alle »modernen« Operninszenierungen von den Wiener Vorbildern übernommen haben, ist nur das ins Auge springend Neue der Bühnengestaltung (und meist das Neue à tout prix), nicht aber der jene Aufführungen durchpulsende Strom ganz selbstloser Aufgabe allen Scheins zugunsten des Werkes, unbedingter Unterdrückung allen szenischen Ballastes zum Nutzen der gesamten Aufführung, zweifelloser Supremat̄ie der Musik. Was wir seit Mahlers Taten sahen, waren im Grunde nur ehrgeizige Versuche ehrgeiziger Opernleiter, Regisseure und Maler, sich durch die möglichst ›andere‹, rein äußerliche, Aufpolierung einer bekannten Oper mit dem heute doch schon recht billigen Nimbus bedeutender szenenreformatorischer Ideen zu umgeben, und es ist schon viel, wenn man zugesteht, daß gelegentlich einmal eine ›interessante‹ dekorative oder gar szenische Leistung dabei herauskam, die freilich mit dem Werke selbst meist recht wenig zu tun hatte. Es scheint Symptom, daß wir bei völligem Mangel gestaltender Aufführungen heute schon dicke Bücher über die Inszenierung der Oper, besonders der Opern Mozarts, besitzen, daß z. B. zu verschiedenen Neueinstudierungen der ›Zauberflöte‹ ›neue‹ Textbücher und gedruckte Regiekommentare erschienen sind, die sich in der Empfehlung der betreffenden Aufführung zuungunsten aller anderen mit einem erheblichen Teil der Tages- und Fachpresse zu einem merkwürdig verstimmt klingenden Chor vereinigten, Symptom einer Auffassung, welche die Aufführung über das Werk, das Vergängliche über das Bleibende, die Arabeske über die Linie, das Ornament über die Form stellt. Ungerecht wäre es, diese Kennzeichen turbulenten Abstieges der Opernszene allein zuerkennen zu wollen: es gibt heute kein Gebiet künstlerischer, wissenschaftlicher, überhaupt kultureller oder zivilisatorischer Tätigkeit, dem sie nicht wie warnende Male anhafteten. Aber überall regt sich schon lebendig und tätig die Forderung nach Klarheit und Sachlichkeit, nach Form, die, so zeitgebunden sie immer sein mag, das Bleibende uns unverhüllt und gesteigert zeige, und es ist beschämend, feststellen zu müssen, daß sich allein die Opernhäuser auch heute noch dieser Forderung entziehen, und daß in ihnen, umtobt vom Beifall der leicht Verführbaren, als schöpferische Tat ausgeschrien von allzu eifrigen Adepten, ein wahrer Hexensabbat aller jener Dinge sich abspielt, die schleunigst zu begraben, Pflicht eines jeden vor Gegenwart und Zukunft wäre. Das Rezept der Hexensalbe ist einfach genug; das Werk als solches ist vogelfrei, Gesetze gegen geistige Leichenschändung gibt es nicht: man nehme einen Regisseur, der es, da er ja Regisseur ist, notwendig besser weiß als die ohnehin meist toten Autoren und Komponisten, lasse ihn für seine eigenen ›Regieeinfälle‹ (die das Werk möglichst gründlich auf den Kopf stellen dürfen) Umstellungen, Zusätze, Streichungen und, bitte, möglichst viele ›Nuancen‹ anbringen, gebe ihm einen Maler oder ›Bühnenarchitekten‹, entweder mit einem, völlige Unkenntnis vom Theater aufwiegenden, berühmten Namen, oder einen gefälligen Alleskönner, der die Einfälle des Regisseurs auch für das Auge modisch verbrämt, und lasse sie gemeinsam auf eine Oper los, zu deren Aufführung, da sie doch im Repertoire ›steht‹, möglichst wenige musikalische Proben notwendig erscheinen. Der Erfolg wird heute stets für die Veranstalter eines solchen Kampfes gegen das Werk sein, und die Musik ist natürlich Nebensache, da die Oper, um die es sich bei der ›Neueinstudierung‹ handelt, ja ohnehin ›Gemeingut des deutschen Volkes‹ ist. Das Rezept läßt sich beliebig variieren, doch was herauskommt, ist stets ein Opiat, nie das notwendige Radikalmittel gegen Tradition und Verstaubung. Die Anführung von Beispielen, so bedenklich zahlreich sie auch zur Verfügung stehen, mag man mir vorerst erlassen, doch kann nicht verschwiegen werden, daß zwar Richard Strauss sich für die Aufführung seiner späteren Opern eine immerhin ›geschmackvolle‹ Inszene vertraglich gesichert hat, daß sich aber alles, was sonst noch von der heutigen Opernproduktion äußerlich erfolgreich ist (in erster Linie also die Opern Schrekers) unbedenklich der geschilderten Auffassung von Theater anpaßt, und daß da, wo das Aufführungsproblem ebenso tief und ebenso einfach liegt, wie etwa bei Mozart oder Gluck, die gleichen Sünden begangen werden wie bei jenen. Und wir müssen fürchten, daß auch die Aufführungen von Busonis ›Faust‹ eines Tages aus derselben Einstellung genährt werden, die nicht ausschöpft, sondern umwuchert, die den Weg zum Werk nicht ebnet, sondern verstellt.

Angesichts dieses Zustandes, dessen verschwindend seltene Ausnahmeerscheinungen nur die Regel bestätigen, darf es berechtigt erscheinen, die Grundlagen der Operninszenierung, die Beziehung zwischen Musik und Szene, selbst auf die Gefahr hin zu untersuchen, daß die Ergebnisse scheinbar Gemeinplätzen gleichkommen; es gibt Dinge, die immer wieder einmal gesagt werden müssen, und zwar solange noch, als bis sie nicht mehr Forderung sind, sondern Erfüllung.

Die Oper ist eine aus genau zu fixierenden Anfängen erwachsene Kunstform, deren primäre Gegebenheit der Einklang von musikalischer und szenischer Darstellung bildet. An dieser Gegebenheit, wie an keiner irgendwelchen anderen Kunstform, kann keine Entwicklung vorbeigehen, und alles, was zur angeblichen Erweiterung der Kunstform ›Oper‹ geschehen ist, so neutönend es sich auch gebärden mochte, trägt im Grunde das Stigma der Impotenz, innerhalb gegebener Gesetzmäßigkeit neue und lebendige Form zu schaffen. Wo der Einklang von Musik und Szene fehlt, wo eines das andere überwuchert, kann von einer Oper als Kunstwerk nicht gesprochen werden, da einmal die Musik, das andere Mal die Szene überflüssig erscheint, Ökonomie der Mittel aber erste Forderung jeder Kunst ist. Handelt es sich hier daher um die Beziehung zwischen Musik und Szene, um die Apriori täten einer guten Opernaufführung schlechthin, so scheidet, da aus der Kunstform selbst die Gesetze für die nachschaffenden Künste abgeleitet werden sollen, von vornherein jedes Werk der Opernliteratur aus unseren Betrachtungen aus, das sich durch mangelnde Einheit von selbst aus dem Begriff ›Oper‹ ausschließt. Denen aber muß hier Kampf angesagt werden, die sich bemüßigt fühlen, die in einer Oper bestehende Einheit zwischen Musik und Szene dadurch zu zerstören, daß sie, echte Söhne des 19. Jahrhunderts und getreu dem Beispiel, das Wagner seinen Jugendopern gegenüber gegeben hat, Text und Handlung älterer und als Kunstform unerreicht einheitlicher Opern nach ›modernen‹ Gesichtspunkten zu ›vertiefen‹ bemüht sind. Sie begreifen nicht, daß das Gleichgewicht der Kunstform ›Oper‹ zuungunsten der Musik gänzlich verschoben wird, wenn Handlung und Text ohne die Musik überhaupt vorstellbar und wirkungsmächtig werden können. Denn jede Kunstform schließt strenge Gesetze des Maßes in sich ein, und jede formreine Oper weist genau dasjenige Maß von Handlung und Text auf, das in Verbindung mit der Musik das Werk theaterwirksam, ja überhaupt erst bühnenmöglich macht. Es ist kein Zufall, daß jede endgültige dichterische Gestaltung, jedes reife Kunstwerk der dramatischen Literatur als Operntext völlig unmöglich ist, ja, daß selbst Gedichte, die an sich vollendet sind, als Liedkompositionen durch die Musik keineswegs gesteigert, sondern nur gleichsam umschrieben werden können, ohne daß eine zwingende Einheit sich ergibt. Denn nur so kann aus der Vielheit eine Einheit wachsen, daß jedes Teil, so ausgebildet es sein mag, nur im Verhältnis zu den anderen Teilen wie zum Ganzen erst existent im eigentlichen Sinne wird. Die aus der Vielheit akustischer und optischer Ereignisse sich ergebende Einheit der Kunstform ›Oper‹ kommt nur durch das Aufeinanderbezogensein der einzelnen Ausdrucksmomente zur Erscheinung, und ein Vergleich zwischen der ›Alkestis‹ des Euripides und Glucks ›Alceste‹, zwischen Beaumarchais' Lustspiel und dem ›Figaro‹ Mozarts dürfte zeigen, wo der Unterschied zwischen einem dramatischen Kunstwerk und einem idealen Operntext liegt.

Es kann kein Zweifel darüber bestehen, daß die Musik unter allen Künsten die stärkste Augenblickswirkung ausübt. Die Oper, die wie jede szenische Darstellung selbst ganz auf die Wirkung des Augenblicks, auf lebendigste Gegenwart angewiesen ist, muß diesem Wesentlichen der Musik Rechnung tragen, wenn sie sich nicht, durch Überlastung im Ausmaße der Wirkung den Zuhörern und Zuschauern gegenüber, deren Sinne angespannt, aber nicht zur Ermüdung überspannt werden dürfen, ihrer Wirkungsmöglichkeit, die wie bei jeder Kunst einer Katharsis gleichkommt, selbst berauben will. Hieraus ergibt sich für das Maßverhältnis zwischen Musik und Szene der überzeugende Schluß, daß bei jeder Oper, die der Forderung des inneren Gleichgewichtes genügt, der Schwerpunkt des Werkes unbedingt in der Musik liegen muß, nie aber in Handlung und Text zu suchen sein wird. Die szenischen Geschehnisse der Oper, Text und Handlung, so ausschlaggebend sie als Grundlage für die Komposition waren, spielen im vollendeten Werk die Rolle der Begleitung, der sinnfälligen Ausdeutung und Betonung der musikalischen Ereignisse, und jede Ausbildung ihrer Wirkungsmöglichkeit zum selbständigen Faktor muß notwendig eine Formsprengung nach sich ziehen, der die suprema lex jedes Kunstwerkes, das Gleichgewicht, zum Opfer fällt. In der Tat geben auch gerade die Opern Glucks und Mozarts (um Beispiele zu nennen) die restlose Erfüllung gerade der Forderung nach Maß und Gleichgewicht in ihnen, die ganz ›Spiel‹ geblieben sind und die unberührt dastehen von den philosophischen und literarischen Ambitionen der Dekadenz, herrscht die Musik, und Text und Handlung, so wenig sie ihrer entraten können, sind ganz auf das Maß, den Grad der Eigenexistenz beschränkt, der nicht errechnet werden kann, dessen Wahrung diese Werke aber bis heute unübertroffen und nur ganz selten erreicht sein läßt. Wie hier Handlung und Text nur als Gerüst von Knochen und Bändern wirkt, das das blühende Fleisch der Musik für die Dauer eines Opernabends zu einem Körper bindet, und wie in Wechselwirkung das Formelement der Musik die Vorgänge der Szene erst zum Leben erweckt, so zeigt sich auch, daß es in der Oper (wie überhaupt) keine gute Musik geben kann, die ihrem Wesen nach einzig illustrativ wäre, die sich auf die tonliche Untermalung des Textes oder der szenischen Vorgänge ohne formalen Eigenwert beschränken dürfte. Denn es ist das Vorrecht der Musik, in Bezirke zu führen, in denen alle Wortassoziationen versagen, und es hieße, sie erniedrigen, wollte man ihr dieses Vorrecht zugunsten der Eindeutigkeit (im üblichen Sinne) rauben. Ja, in dem scheinbaren Gegensatz zwischen Musik, Handlung und Text liegt wohl das eigenste Ausdruckselement der Oper, ihre von keiner anderen Kunstform erreichte Weite und Vieldeutigkeit, ihr Gehobensein in eine Sphäre, in der die Begriffe Realität und Logik, Ernst und Scherz nur noch als Surrogate erscheinen. Ein Zeitalter des Materialismus, der plumpen und engen Eindeutigkeit, hat uns auch in der Oper, abseits von allen Gesetzen des Maßes und des Gleichgewichtes, die angebliche ›Kongruenz‹ von Handlung, Text und Musik beschert, hat damit die Bedeutung der Musik für die Oper bewußt reduziert und sie auf das Niveau der Illustration hinabgedrückt, ohne ihre – aus sinnlichen Imponderabilien geborene – Vormachtstellung in der Wirkung ändern zu können und mit dem einzigen Resultat der formalen Unzulänglichkeit des Gesamtwerkes. Ferruccio Busoni war es, der als erster uns Heutigen die Gesetze und Grenzen, die Bindungen und Weiten der Opernkomposition mit hellsehender Klarheit aufgedeckt hat, und ihm selbst ist im ›Arlecchino‹ das Werk gelungen, das dem an der Weiterentwicklung der Oper Verzweifelnden freudige Gewißheit für die Gegenwart und Hoffnung auf die Zukunft gibt.

Den Einklang von Musik und Szene, wie wir ihn jetzt in vielfältigen Beziehungen als Kennzeichen jedes Werkes der Kunstform ›Oper‹ umrissen haben, zu betonen, scheint somit selbstverständliche und erste Pflicht jeder guten Opernaufführung. Damit sind die Forderungen, die an die musikalische wie an die szenische Darstellung einer Oper zu richten sind, ohne weiteres gegeben, sie scheinen aber für die musikalische Aufführung leichter erfüllbar als für die szenische, und es ist unschwer vorzustellen, welche Diskrepanz sich hieraus für die üblichen Aufführungen unserer Opernhäuser ergibt. Denn wenn die musikalische und rein künstlerische Potenz des einzelnen Dirigenten auch sehr voneinander verschieden ist, die Qualität von Chor und Orchester und Sängern einen absoluten Maßstab meist kaum zuläßt, so liegt doch jeder, auch der nur approximativ zu wertenden musikalischen Aufführung immerhin in jedem Falle die Partitur zugrunde, und die Sünden gegen diese richten sich selbst. Daß hieraus nicht der Schluß gezogen werden darf, als seien die musikalischen Leistungen der durchschnittlichen Opernaufführung nicht auch auf das dringendste durchgreifender Neuarbeit bedürftig, ist selbstverständlich, aber die Forderungen, die an den musikalischen Teil der Oper zu stellen sind, brauchen hier, als unbestritten, wohl nicht formuliert zu werden. Was für die Opernszene zu fordern ist, ist im Grunde so einfach und selbstverständlich, wie gerade den ausschlaggebenden Faktoren ersichtlich unbekannt: durch keine ›Regieidee‹ verstellte, einfache, klare und optisch (Beleuchtung!!) übersehbare Abwicklung der Handlung, Gestaltung von Szene und Kostüm in Form, Farbe und Beleuchtung, von Geste und Bewegung ganz aus dem Geiste der Musik heraus, Suprematie der Musik auch da, wo heute stets akustische Gesichtspunkte bei Stellungen, Einsatzschwierigkeiten usf. zugunsten der ›Regie‹ ignoriert werden.

Daß jede naturalistische Operninszenierung ein Unsinn ist, wenn es sich nämlich wirklich um ein Werk der Kunstform ›Oper‹ und nicht um irgendeine Zwittergattung handelt, darüber braucht nicht mehr diskutiert zu werden. Aber jede von außen her in das Werk getragene ›Stilisierung‹, wie sie heute allgemein beliebt wird, bedeutet dem angeblich überwundenen Naturalismus gegenüber nur die Teufelsaustreibung durch Beelzebub. Denn wie in jedem dramatischen Kunstwerk, so liegt auch in jeder Oper ihr Darstellungsstil, ihre ganz eigentümliche Darstellungsform beschlossen, und in der Oper besonders präzise und fraglos, als auch auf die Fragen der Inszene die genaue, in allen Abschattierungen musikalischen Ausdrucks eindeutig bezeichnete Partitur jede gewünschte Antwort gibt. So ist jede Verdunkelung der Handlung durch stilistische Experimente ebenso zu vermeiden, wie die Gestaltung von Szene und Kostüm, Geste und Beleuchtung aus angeblich stilistischen, in Wahrheit meist modischen Maximen, statt aus dem Geiste der Partitur. Daß sich uns Heutigen der Geist einer Musik vielleicht wesentlich anders darstellt als den Generationen vor oder nach uns, ist ebensowenig zu verwundern, wie die notwendige Folge hieraus, daß nämlich eine Opernaufführung von 1924 anders aussieht als eine von 1890 oder 1950. Das ausschlaggebende Wirkungsmoment der Oper, wie aller auf Reproduktion zur Lebensfähigkeit angewiesener Kunstformen, ist eben der Augenblick, und es würde einem Verstopfen aller schöpferischer Quellen der reproduzierenden Künste gleichkommen, wollte man dem lächerlichen Versuche, für die Aufführung dieser oder jener Oper dauernd gültige Regeln aufzustellen, mit Erfolg das Wort reden. Aber die Sache, der die Reproduktion von ihrem bescheidensten Grade bis zu ihrem höchsten, der eigentlichen Neuschöpfung, einzig zu dienen hat, bleibt unverändert, und nur von ihr soll jede reproduktive Gestaltung ihren Ausgang nehmen, will sie nicht das Verbrechen begehen, sich in törichter Selbstüberschätzung über das Werk zu stellen. Was ich hier unter Einklang von Musik und Szene, unter szenischer Ausdeutung der Musik verstanden sehen möchte, ist aber auch etwas wesentlich anderes als notengetreue Illustrierung der Partitur, eine Verirrung, die uns ebensowenig erspart geblieben ist wie die schon genannten. Ein Beispiel, das durchaus kein gültiges Rezept geben soll, möge genügen: Beim Durchschreiten des Wassers und Feuers im zweiten ›Zauberflöten‹-Finale vermeidet die Musik weise jede, auch nur andeutungsweise, Illustration der beiden Elemente. Ist somit an irgendwelche naturalistisch-szenische Darstellung von Feuer und Wasser gar nicht zu denken, so darf, der Klarheit des szenischen Geschehens wegen, eine übersetzte dekorative Andeutung der beiden Elemente nicht fehlen. Diese dekorative Lösung, deren endgültige Bestimmung in Form und Farbe von dem dekorativen Duktus des ganzen Werkes auch in technischer Beziehung abhängt, muß aber auch optisch übertönt werden durch die rhythmisch disziplinierte Geste heiteren und seligen Schreitens von Tamino und Pamina, dessen eindeutiger Ausdruck in der Musik beschlossen liegt. Bei solcher Einstellung ergibt sich ganz von selbst die geforderte Wahrung der zur vollkommenen musikalischen Darbietung notwendigen akustischen Rücksicht auf die Stellung des Sängers im Verhältnis zu Publikum und Dirigent, wie denn in der Einheit des Gesamtwerkes von vornherein jede Einzelheit der gedachten Aufführung gegeben ist. Jede ›Stellung‹ auf der Bühne, wie weit vorne, wie weit hinten der eine oder der andere Sänger steht, ob höher, oder niedriger als die Mitspielenden, ob in direkter Wendung zum Publikum oder in Seitenansicht, ob und wie er steht oder sich bewegt: das alles ist gleichlautend aus der musikalischen Struktur wie aus der akustisch möglichst vollkommenen Darbietung und der Handlung abzuleiten. Der Weg, der zu diesem Ziele führt, heißt Disziplin. Wie es keinem Orchestermusiker einfallen würde, entgegen dem Stabe des Dirigenten seine eigene Auffassung von dieser oder jener Stelle zu spielen, da dadurch ohne weiteres der ganze Apparat des Orchesters auseinanderfiele, so darf auch, solange die Erfüllung dieser Forderung nicht selbstverständliches Attribut eines jeden Bühnensängers geworden ist, kein Sänger seine Individualität in Maske und Kostüm, in Geste und Stellung zum Ausdruck bringen, muß der Dirigent in allem Szenischen ein ebenso gehorsames Instrument finden wie im Orchester. Und wer den Dirigenten – als Regisseur oder Maler – zu unterstützen hat, muß mit ihm auf gleichem Boden stehen, mit seiner musikalischen Ausdeutung des Werkes restlos vertraut und nur Helfer sein, um dem musikalisch Geforderten auch optischen Ausdruck zu verleihen. Nur in dieser Bindung haben Maler und Regisseure auf der Opernbühne Existenzberechtigung, nur so geleitet dürfen sie an die Probleme von Form und Farbe in Dekoration und Beleuchtung, Maske und Kostüm, von reibungsloser szenischer Praxis, von Einzel- und Massenbewegung, Betonung von Handlung und Text, von Körper- und Gesichtsausdruck herantreten.

Da eine Opernvorstellung ja wohl nie die restlose Verwirklichung erträumter Ideale, sondern immer nur die kluge Ausbalancierung gegebener Realitäten sein kann, werden sie in ihrer Arbeit ebenso mit den Gegebenheiten bühnentechnischer Möglichkeit rechnen müssen, wie mit der nur durch seltene Ausnahmen durchbrochenen körperlichen und geistigen Rhythmusfeindlichkeit der Sänger und Sängerinnen. Doch sollen alle Gebundenheiten, die sich aus solcher Abhängigkeit von den Realitäten ergeben, als notwendiger Erdenrest aller menschlichen Bemühung gerne in Kauf genommen werden, wenn über diesen kleinen Relativitäten die große Relation nicht vergessen wird, in der alle Teile untereinander und zum Ganzen stehen, und deren Absolutum in der Partitur liegt. Denn Text und Handlung geben für den formalen und farbigen Ablauf der Szene nur bescheidene Anhaltspunkte, Hinweise auf zeitstilistische Bindung oder Zeitlosigkeit des dekorativen Elementes, auf die dramatische Einordnung der auftretenden Personen innerhalb des äußeren Geschehens, auf den geforderten Schauplatz der Bühnenereignisse. Letzten Aufschluß über die Funktion der einzelnen Szenen innerhalb des Gesamtwerkes, über die Gegensätze und Gleichheiten in dem Verhältnis von Szene zu Szene, von Schauplatz zu Schauplatz, Person zu Person, von Form und Farbe, Helligkeit und Dunkelheit, Ruhe und Bewegung gibt uns die Partitur. Es gibt kein musikalisches Tempo, keinen Ton, keine dynamische Abstufung, keine instrumentale Klangfarbe an sich: sie alle können, wie alle sinnlichen Phänomene, erst erkannt werden durch ihr Verhältnis zueinander. Dem Szeniker fällt in der Oper die Aufgabe zu, die aus dem Ablauf der Musik sich ergebenden Verhältnisse des Tempos, der Dynamik, der Klangfarbe und ihre Enderscheinungen: Melos und Rhythmus zur einfühlenden und steigernden optischen Begleitung in die Sprache von Form, Farbe und Bewegung zu übersetzen, das optisch-szenische Erlebnis mit dem akustischen in restlosen Einklang zu bringen. Daß ein solches Ergebnis ohne dauernde Mitwirkung der musikalischen Leitung, ohne restlosen Einsatz aller Beteiligten für das Werk, ohne profunde und schöpferische Kenntnisse des Szenikers von Musik, Farbe, Form und Bewegung nicht zustande kommen kann, ist einleuchtend, und von hier mag wohl verstanden, aber nicht verziehen werden, daß wir, bei der sattsam bekannten ›Vertrautheit‹ der meisten Dirigenten mit den Problemen der Szene und der ebenso zweifellosen ›Eignung‹ fast aller Regisseure und Maler für die von ihnen zu beherrschenden Bezirke, immer noch vergeblich auf eine Opernaufführung warten, die für uns dasselbe bedeuten kann, was Gustav Mahlers Tat für seine Zeit war.

*Hans Curjel: ›Blätter der Staatsoper‹ Oktoberheft 1928*

Neben der Oper

Die Oper als Kunstgattung wie als künstlerisch wirtschaftliches Unternehmen befindet sich in einer Krise; man kann es von den Komponisten, von den Kunstschriftstellern, vom Publikum selbst und von den Theaterleitern hören. Die Fachleute legen sich die Frage vor, ob die Oper nicht eine Mischgattung sei, deren künstlerische Funktion erfüllt sei, und die deshalb keine Zukunft besitze; das Interesse des großen Publikums hat nachgelassen, ganz zu schweigen von dem Interesse der geistigen Avantgarde der Kunstfreunde, die nachgerade von einem förmlichen Mißtrauen gegen die Oper erfüllt sind; die Theaterleiter endlich bestätigen, daß wenigstens in Deutschland kein Opernbetrieb ohne große Zuschüsse existieren könne, und daß obendrein die Schwierigkeiten der Spielplanbildung deshalb ständig im Wachsen begriffen sind, weil die Zahl der auch nur einigermaßen publikumskräftigen Opern eher im Schwinden als im Steigen begriffen sei.

Aus dieser krisenhaften Situation wird leicht geschlossen, das Ende der Oper sei gekommen. Dieser Schluß liegt uns deshalb fern, weil wir sehen, wie heftig die Diskussion um die Oper entbrennt. So heftig, wie sie nur um Dinge entbrennt, die höchst lebendige Triebkräfte besitzen; denn um Erlöschendes entbrennt selten eine derartige Diskussion. Wir sehen daher in der gegenwärtigen krisenhaften Lage eher das Zeichen, daß die Oper, die schon viele Wandlungen durchgemacht hat, erneut an einem Wendepunkt angelangt ist.

Überblickt man die etwas mehr als dreihundert Jahre lange Geschichte der Oper, so erkennt man, daß sich in dieser Zeitspanne bestimmte Typen gebildet haben, die jeweils für eine gewisse Reihe von Jahrzehnten formgebende Geltung besessen haben. So hat sich an die sogenannte Urform der Oper, an die Werke der florentinischen ›Camerata‹, eine breite Entfaltung angeschlossen, von der sich später die eigentliche Barockoper Lullys, der Italiener und vor allem Händels als neuer Typus abhebt. Und in gleicher Weise haben sich im Verlauf der weiteren Entwicklung beispielhafte Typen gebildet, deren Wesen für die Produktion einer bestimmten Zeitspanne vorbildlich und maßgebend wurde. Wir erinnern nur an den Operntypus Glucks, an die spätbarocke Oper Mozarts, an die Rettungsopern, die unter dem Zeichen der Französischen Revolution entstanden, an die romantische Oper, an das Musikdrama Wagners, um das sich eine breite parallele Produktion legt, endlich an die veristische Oper des anbrechenden 20. Jahrhunderts. Die Entstehung all dieser Typen hat sich unter den Anzeichen von künstlerischen Krisen abgespielt. Sie traten ein, wenn Umfang und Funktion eines bestehenden Typus erfüllt waren.

Wichtig zu sagen, daß das Erlöschen eines Operntypus nichts für seine qualitative Bewertung aussagt. Schon die Tatsache, daß ein allgemeingültiger Typus entsteht, ist Beweis dafür, daß eine bestimmt veranlagte schöpferische Qualität vorhanden ist, die sich das ihr adäquate Gefäß bildet. Andererseits muß darauf hingewiesen werden, daß sich wahre schöpferische Qualität nur selten innerhalb von Formen zu realisieren vermag, deren Umfang und Funktion erfüllt sind. Praktisch gesprochen: schöpferische Qualität von heute wird sich beispielsweise kaum innerhalb der vollendeten Opernform von gestern realisieren können.

Dies ist im Prinzip die Lage von heute; die Zeichen der Krise sind die Anzeichen eines Wendepunktes.

Das Gefäß der musikdramatischen wie der veristischen Opernform ist erfüllt. Die verschiedenartigsten neuen vitalen, geistig-künstlerischen und menschlichen Bedürfnisse sind entstanden, die durch keine der vorhandenen Opernformen befriedigt werden können. Das bedeutet wiederum keineswegs, daß die in den verschiedenen bestehenden Opernformen geschaffenen Werke ihre absolute und lebendige Wirkungskraft eingebüßt haben. Sie bleibt von vornherein als unantastbarer Tatbestand gewahrt. Allein dadurch, daß neue schöpferische Triebkräfte frei geworden und mit ihnen neue Bedürfnisse entstanden sind, haben sich die Beziehungen mindestens zu den zuletzt vollendeten Operntypen (Wagner, Strauß, Verismo) gelockert.

Die neuentstandenen allgemeinen Bedürfnisse treten in den verschiedensten Bereichen des Künstlerischen in Erscheinung. Wenige Beispiele mögen genügen:

In bezug auf das Gefühlsmäßige: das Präzise, Geschliffene, Übersichtliche wird dem Schummrigen, Ineinanderfließenden, Dschungelhaften vorgezogen.

In bezug auf das Geistige: vom Mystischen wendet man sich ab; man strebt nach dem logisch Erkennbaren, wobei man sich allerdings von dem gemeinhin Aufklärerischen dadurch unterscheidet, daß man die Existenz von unaufklärbaren Geheimnissen als die Grundlagen allen Lebens, Denkens und Empfindens anerkennt (hier liegt die Keimzelle einer neuen Religiosität).

In bezug auf das Gesinnungsmäßige: an die Stelle rein ästhetischer Auffassungen, die zur Ausschaltung des Begriffs Moral geführt haben, treten ethische Tendenzen. Und, merkwürdige Umkehrung, das gewaltig Pathetische, das von der Macht des Individuums ausging und auf das Individuum zielte, wird abgelöst vom Lockeren und fast Spielerischen, das seinerseits vom geheimen Gesetz einer neuen Ethik seinen Halt gewinnt.

In bezug auf die Bühnenhandlung: statt pathetischer, mystischer und philosophierender Vorgänge sucht man einfache, monumentale und kolportageartige Handlungen, in denen allerdings das Irreale, das Wunderbare und Unauflösbare des Lebens nicht minder schlagkräftig in Erscheinung tritt.

In bezug auf das Optische: Abkehr von aller pathetischen Gebärde, Verzicht auf ornamentales Beiwerk, Übersichtlichkeit auch hier, ohne daß dadurch kalte Stimmungslosigkeit gefordert würde. Im Gegenteil; Stimmung und Atmosphäre sollen durch knappe Mittel erzielt und dadurch besonders intensiviert werden.

Die Parallelen zu den Forderungen und zur Gestalt heutigen allgemeinen Lebens und zu seiner inneren Struktur sind offenbar. Die tiefe Kluft wird erkennbar, die zwischen der landläufigen ›Oper‹ und diesen Elementen heutigen Lebens sich auftut.

Eine Reihe von Versuchen liegt vor, diese Kluft zu überwinden. Zwei Wege haben sich dabei herausgebildet. Der eine knüpft an frühere Opernformen an, deren Struktur den Triebkräften der Gegenwart zum Teil wenigstens nahesteht. Das erste Werk dieser Gattung ist Richard Strauss' ›Ariadne‹, die im Spielerischen, in der konstruktiven Durchdringung der zwei Handlungen sich von der landläufigen Oper löst. Auf dem Weg des Anschlusses an die Monumentalität der antiken Tragödie, die in vollem Gegensatz zu allem Opernhaften steht, haben dann beispielsweise Wellesz (mit ›Alkestis‹) und Honegger (mit ›Judith‹ und ›Antigone‹) die Stabilisierung einer neuen musikalischen Bühnenform einzuleiten versucht.

Die wichtigsten Schritte geschahen jedoch auf einem Weg, der neben der eigentlichen Oper läuft. Strawinskys ›Geschichte vom Soldaten‹ ist hier das eröffnende Werk. Nicht nur, daß in seinen künstlerischen Elementen im einzelnen der unmittelbare Anschluß an die Gegenwart vollzogen erscheint; ein neues formales Prinzip ist gefunden, das zu den bisherigen Opernformen eine neue Art musikalischen Bühnenwerks stellt, das weder Oper noch Melodram noch Singspiel ist: ein neuartiges Gefüge von Schauspiel, Moritat und Musik, in dem sich die künstlerischen Bedürfnisse der Gegenwart realisiert haben, ja ein Gefüge, das diese neuen Bedürfnisse erst recht hat erkennen lassen.

Strawinsky selbst ist mit der oratorischen Oper ›Oedipus Rex‹ auf diesem Weg weitergeschritten. Die Wendung zum antiken Stoff mag zuerst als ein Anknüpfen an frühere Formen erscheinen, die Struktur des Werkes jedoch, dessen Achse wie in der ›Geschichte des Soldaten‹ ein Ansager ist, steht in der Mischung von Epischem, Dramatischem und Liedhaftem allem Früheren durchaus fern.

Daß hier ein Weg zu einem neuen Typus musikalischen Bühnenwerks (um zunächst das Wort ›Oper‹ zu vermeiden) vorliegt, zeigt sich angesichts anderer Werke, die eine im einzelnen zwar grundverschiedene, im Wesen aber verwandte Mischung von Musik, Drama und Epos zeigen: wir meinen die in Baden-Baden aufgeführte Fassung des Songspiels ›Mahagonny‹ von Brecht und Weill und die ›Dreigroschenoper‹ der gleichen Autoren. Im Bereich des Reinmusikalischen hat Hindemith mit dem Sketch ›Hin und zurück‹, dessen Bühnenhandlung gleichsam eine harmlose Revueparzelle ist und dessen Musik den Übergang vom Musikdramatischen zum rein Stilmäßigen vollzogen hat, ebenfalls den Schritt von der Oper weg unternommen. Und daß diese Wege neben der Oper der Anfang der Entwicklung eines ausbaufähigen neuen Typus musikalischen Bühnenwerks sind, glauben wir aus der mit durchaus legitimen Mitteln erzielten (auch publikumsmäßigen) Wirkung dieser Werke schließen zu können.

*Hans Curjel: ›Blätter der Staatsoper‹ Februarheft 1929*

Die Opernszene erneut sich

Die Szene der Schauspielbühne (das Bühnenbild im ganzen, wie die Einzelheiten der Kostüme und der Personenregie) hat sich längst vom historisierenden Schematismus einer vergangenen Epoche befreit und den lebendigen Gestaltungstendenzen der Gegenwart zugewendet. Im Gegensatz zu ihr erscheint die Opernszene noch meistens in Festlegungen befangen, deren optische Konsequenzen gerade zu dem im Schauspiel als tötend empfundenen Schematismus führen müssen. Was selbst für das klassische Schauspiel längst selbstverständlich ist (Absage an falschen Theaternaturalismus, an falsche ›Schönheit‹ und Echtheit des Kostüms, an die falsche Pathetik der Gebärde), wird für die Oper als gefährlich, ja als stimmungs- und wesensmordend empfunden.

Die Voraussetzungen dieser Situationen für die Opernszene liegen darin begründet, daß die Erneuerung von Grund auf, die sich auf der Schauspielszene im weitesten Maß vollzogen hat, für die Opernszene im wesentlichen noch bevorsteht. Die Operntradition, die Tradition, die im Anschluß an die Opernpflege des 19. Jahrhunderts entstanden ist, hat zu szenischen Festlegungen geführt, deren zähe Herrschaft durch mehrere Umstände besonders begünstigt wird: wenn auch die großen Opernmusiker von Händel über Gluck, Mozart, Weber und Wagner bis zu Mahler der Opernszene größtes Gewicht beigelegt haben, so ist doch für die Opernpflege des 19. Jahrhunderts eine gewisse Gleichgültigkeit ihr gegenüber typisch. Auf die Musik und ihre Ausführung war der Hauptakzent gelegt, die Opernszene dagegen meistens Handlangern überlassen, die aus primitiver geistiger Einstellung heraus in grober Weise gerade das Notwendigste zur szenischen Realisierung auf die Bühne stellten. Dieser Brauch wurde dadurch unterstützt, daß gerade bei den Musikern und auch bei den Konsumenten der Musik sehr oft eine optische Indifferenz, eine merkwürdige Art ›Blindheit‹ vorliegt, in deren Konsequenz eben die Gleichgültigkeit der Szene gegenüber als verständlich erscheint. Dazu kommt die besondere geistige Beschaffenheit der Opernkonsumenten des 19. Jahrhunderts, die sich mit der steigenden Herrschaft Wagners immer mehr ausprägt: die Hörer wollen auch in der Oper von der Musik völlig umfangen, gleichsam in einen rein gefühlsmäßigen Trancezustand versetzt werden, in dem das Optische, sofern es nicht in einlullender oder pathetischer Form auftritt, versinkt. Diese Art des Opernbedürfnisses muß dem geistig Aufrüttelnden, das im umfassendsten Sinn das Wesentliche des Schauspiels bleibt, durchaus fern sein.

Dies ist kein unumstößlicher Zustand, und keineswegs ein Zustand, der sich verbindlich aus den Grundlagen der Oper ergeben würde. Im Gegenteil! Ein großer Teil der musikalischen Theaterwerke der Vergangenheit, die Barockoper sowohl wie die Oper Glucks, Mozarts und im wesentlichen auch die Oper der ersten Hälfte des 19. Jahrhunderts widersprechen diesem Zustand. In ihnen steht die Musik durchaus in Parallele zu der Klarheit der Gefühls- und Geisteswelt, wie sie sich im europäischen Schauspiel von Shakespeare etwa bis Büchner offenbart. Schon allein die Tatsache, daß die Methoden der Opernaufführung früher andere waren als die zur Zeit sanktionierten, ist Beweis dafür, daß Erneuerung, Wandlung der Opernszene nur natürlich ist.

Daß für die Aufführungspraktiken besondere Labilität und Problematik vorliegt, ist offenbar. Bei allen Opern älterer Kunst handelt es sich um die künstlerische Realisierung eines Tatbestandes, in dem Absolutes wie Zeitgebundenes beschlossen liegt. Außerdem liegen meist Aufführungsanweisungen vor, die einerseits verbindlich sind, andererseits jedoch allein durch die Phantasie eines lebenden, von der zeitlichen Atmosphäre des Werks abgerückten Menschen in künstlerische Wirklichkeit umgesetzt werden können. Eine Anzahl der vorliegenden Einzelprobleme sei kurz gestreift:

Wille und Vorstellung des Autors. Es ist selbstverständlich, daß beide aufs äußerste respektiert werden müssen, sofern es sich um Werk-Willen und Werk-Vorstellung handelt. Allerdings muß unumwunden gesagt werden, daß der Reproduzierende zuweilen mehr erkenntnismäßige Einsicht besitzen kann als der Schöpfer selbst, der seinem eigenen Werk oft in starker Nahsicht gegenüber steht. Allerdings muß diese erkenntnismäßige Einsicht der Reproduzierenden (und zum Reproduzierenden zählt der Gestalter der Opernszene) unmittelbar im Werk verankert sein, dessen Integrität grundsätzlich und ausschließlich gewahrt bleiben muß.

Das Wesentliche für die Gestaltung der Opernszene ist jedoch, daß Wille und Vorstellung des Autors keine formalen Begriffe sein können. Sie bühnenmäßig zu realisieren, kann nicht heißen, sie historisch getreu aufzustellen; sie zu realisieren, kann nur heißen, ihren Kern Wirklichkeit werden zu lassen. Oder anders ausgedrückt: Wille und Vorstellung des Autors sind eine gleichsam absolute Materie, die in den verschiedenen zeitlichen Perioden verwandelte Gestalt annimmt. In diesem Sinn ist es selbstverständlich, daß die Wirkung, die von der Opernszene ausgeht, um so stärker und reizvoller ist, je mehr die angewendeten Mittel dem optischen und sinnlichen Empfinden des jeweiligen gegenwärtigen Konsumenten entsprechen. Tiefe Wechselwirkung liegt vor: das Absolute wird durch die optischen Mittel des Aktuellen lebendig, das Aktuelle seinerseits wird durch die Verbindung mit dem Kunstwerk mit absoluten Elementen durchsetzt, ja zum Absoluten gesteigert.

Tradition. In bezug auf die Oper kann dieses Wort nicht fallen, ohne daß Mahlers Ausspruch zitiert wird: »Tradition ist Schlamperei«. Trotzdem beruft man sich auch heute noch oft auf die Tradition aus dem richtigen Gefühl heraus, daß Tradition an sich etwas Positives sei. Wirkliche Tradition, d. h. lebendige Kontinuität einer Entwicklung, wie sie beispielsweise in der Entwicklung von der barocken Opernszene zur klassizistischen vorliegt, ist gewiß höchstes Positivum! Was jedoch für die heutige Opernszene als Tradition bezeichnet wird, ist nicht nur Schlamperei, ist Stagnation, verhärtete Bequemlichkeit, die durch den ›Betrieb‹ unterstützt wird. Durch den ›Betrieb‹, der dadurch entstanden ist, daß jedes Operninstitut sogenannte ›stehende Opern‹ spielt, die nach einem Schema inszeniert sein müssen, weil in sie ein ständig wechselndes Sängerpersonal eingesetzt werden muß, für das im einzelnen keine Proben abgehalten werden können. Das als Tradition bezeichnete Schema selbst ist eine der Hauptursachen für die Überalterung der üblichen Opernszene. An die Stelle der Schemen der Raumanordnung wie der Bewegungen der Bühnengestalten muß eine schöpferische Gestaltung der Bühne treten, die aus einer Verbindung des im Kunstwerk Gegebenen mit dem Lebendigen, Aktuellen hervorgeht.

An dieser Stelle ist ein Hinweis über die sogenannten Operngesten am Platz. Gewiß besteht eine Relation zwischen Gesangstechnik (Tonerzeugung) und Körperbewegung; die übliche Operngestik jedoch, deren Schematismus jede Ausdruckskraft verloren hat, kann nicht als Notwendigkeit für den Sänger anerkannt werden. Schon allein die ruhige Haltung des Konzertsängers, die mit geringer gestischer Variation auf den Opernsänger übertragen werden kann, weist auf neue Möglichkeiten der suggestiven Bewegungsdarstellung. Überdies erweisen die Erfahrungen des Operettengesangs, daß auch neben stärkster körperlicher Bewegung der Gesang sich entwickeln kann.

Stetige Verwandlung. Im Gegensatz zu dem, was gemeinhin Tradition genannt wird, steht das Faktum der stetigen Verwandlung des menschlichen Habitus. Aus ihm hat die Bühnenoptik in erster Linie die Konsequenzen zu ziehen. Man weiß, wie durchaus komisch die filmische Wiedergabe etwa der Vorkriegsmode wirkt. Dieses krasse Beispiel beweist, wie sehr das Auge in engstem Konnex mit dem Zeitempfinden steht. Es gibt zugleich einen Hinweis, in welcher Weise etwa das Kostüm (und mit ihm alle Begleitumstände) einer (auch noch nicht lange) vergangenen Epoche auf der Bühne geformt werden kann: nicht mit historischer Genauigkeit, sondern in einer Transformation, bei der Elemente der jeweiligen Gegenwart entscheidend mitsprechen. In diesem allgemeinen Sinn verlangt die stete Verwandlung des menschlichen Habitus, die sich im wandelnden Körpergefühl, in wechselnder Art alltäglicher Bewegung, in der Kleidung, der Wohnart usw. äußert, gerade auf der Bühne eine entsprechende, stetige Erneuerung.

Lebendigkeit, nicht Modernismus. Unter dieser stetigen Erneuerung ist keineswegs ein modischer Modernismus zu verstehen, der falsche Dogmatik an die Stelle falscher ›Tradition‹ setzt. Nichts wäre für die Bühne tötender als derartige falsche Dogmatik oder additionelle Häufung modernistischer Einzelelemente, die ohne funktionelle Beziehung untereinander sind. Mit formalem Modernismus ist es also keineswegs getan. Gerade die Tatsache, daß der Zwang stetiger künstlerischer Erneuerung in den Bezirken vitaler Menschlichkeit ruht, schließt die Forderung in sich, daß diese Erneuerung auf dem Weg wahrhafter Lebendigkeit vor sich gehen muß. Das Aktuelle als ernste Lebendigkeit – nicht als modisches Kalkül!

Neu um jeden Preis? Aus der Forderung nach stetiger Erneuerung, die vom Aktuellen genährt erscheint, ent-

für das theatralische Gehäuse um ihn, den Bühnen*bau*. Es ist erstaunlich, daß unsere so bewegliche Zeit bei ihrem besinnungsraubenden Tempo des Lebens wie auch der Technik und Erfindungen, welche Stadions, Sportpaläste, Bahnhöfe, Fabriken, Ausstellungshallen in großartigen Dimensionen und sinngemäßer Konstruktion erstellt, so wenig den Bühnenbau als Zeitausdruck gestaltet und die neue Form für ihn zu schaffen sucht. Freilich hängt dies mit einer totalen Umschichtung der alten Theaterbegriffe zusammen; denn sie bedingt einen Stil des Dramas und der Darstellung, der heute noch nicht existiert, mangels eben jenes Gemeinschafts- und Volksbewußtseins, aus dem eine starke Kunst und zuguterletzt der Kult erwächst. Dennoch! – Das Theater aus Eisen, Beton, Glas wird kommen als Produkt der Technik, des Ingenieurs und Architekten, und es wird von neuen Voraussetzungen bestimmt sein, die ein total neues Gebilde erzeugen. Das mag Zukunftsmusik zu nennen sein und mag den realen Tatsachen ins Gesicht schlagen. Aber schließlich ist alles Zukunftsmusik, was sich heute in Technik und Kunst, gekannt und ungekannt, im Keime regt und »alles, was heute Wirklichkeit ist, schaute einst die Phantasie« ... Wenn der geniale Busoni zwar innerhalb der Realitäten schuf, dennoch sich aber von einem Projekt faszinieren ließ, bei dem auf elektrisch-maschinellem Wege der musikalische Ton in einer Weise erzeugt werden kann, wie das seither nicht gekannt ist, wobei das Orchester ersetzt wird durch eine Präzisionsmaschinerie und der Komponist am Schaltbrett dieses maschinelle Orchester dirigiert – so ist zu sagen, daß solche und andere Projekte zu Versuchen, die Versuche zu Resultaten führen werden, die eine grundsätzliche Umwertung des künstlerischen Schaffens zur Folge haben können. – Daß der Film fortschreitet, ist wohl mit Sicherheit anzunehmen und daß er immer mehr in den Dienst der Bühne tritt, das lehren die Tatsachen; wie überhaupt das *Licht* im künftigen Theater ein Faktor sein wird, der noch unbegrenzte Möglichkeiten in sich birgt. In bezug auf das Technisch-Maschinelle werden die mechanischen Bewegungsmöglichkeiten über die Drehbühne hinaus weitergeführt werden: große Trottoir-Roulants, Krane, Schienensysteme, und es wird vor allem der alte Prosceniumsrahmen und die Rampe gesprengt werden, um Zuschauerraum und Bühne zu einer wechselwirkenden Einheit zu verschmelzen. Vielleicht, daß das schwierige Problem der *Raum*bühne mit Hilfe von *Glas*, das früher oder später von der Industrie biegsam und unzerbrechlich dargeboten werden wird, einer Lösung näher kommt und die Lautforschung und die Eroberung der akustischen Probleme dazu hilft, die Totalität des Raums zu fassen und zu beherrschen. So wie sich heutige Architektur beispielsweise vom Schiffsbau anregen ließ und Konstruktionsprinzipien von Gebieten übernahm, die Sache des Ingenieurs sind, so ist das moderne Theater als ein Gebilde zu denken, das sich aller technisch-funktionellen Elemente dieser Art bedient, um den phantastischen Schauplatz zu schaffen, der einem neuen, dichterisch-dramatischen Stil der Darstellung als Folie dient. Denn der Dichter, von den Zwangsvorstellungen des alten Theaters befreit und in Erkenntnis neuer Phantasiebereiche, wird demgemäß seine Stoffe wählen und gestalten, denen der Akteur Mensch, sofern er nicht von der maschinellen Übermarionette verdrängt wird, die Offenbarung des Seelischen leiht. Solche phantastischen Aspekte mögen des Wirklichkeitssinnes entbehren und als müßige Utopien abgetan werden, aber die Zielsetzung kann nicht weit genug, die Forderung nicht hoch genug sein, wo Trägheit des Herzens und wirtschaftliche Depression genugsam Grenzen ziehen. – Die Voraussicht kommender Möglichkeiten bestimme und beeinflusse auch die Arbeit und das Gebot der Stunde und lasse sie bezogen sein auf das Theater der Zukunft, das wir erwarten.

*Arnold Schönberg: aus einem Brief an Intendant Legal vom 14. April 1930*

Ich antworte Ihnen schon deshalb rasch, weil ich mir denke, *dieser Brief könnte Sie zu einem kleinen Osterausflug* hieher mit Ihrem schönen Wagen anregen. Ich selbst werde kaum vor dem 15. Mai in Berlin sein ... – Was ich aber jetzt schon über die Regiefragen sagen kann, ist Folgendes [Schönbergs Opern ›Erwartung‹ und ›Die glückliche Hand‹ kamen später im Jahr 1930 in der Oper am Platz der Republik zur Aufführung.]:

Das Wichtigste: ich glaube, daß Sie nicht zu den Regisseuren gehören, die sich ein Stück nur ansehen auf die Möglichkeit, *etwas ganz anderes* daraus zu machen. Ein Unrecht, das nie größer sein könnte, als wenn man es an mir verübte, der ich mit außerordentlicher Präzision alles Szenische beim Komponieren vor Augen hatte.

In der ›Erwartung‹ ist die größte Schwierigkeit diese:
1. Es ist notwendig, daß man die Frau immer *im Wald* sieht, um zu begreifen, daß sie ihn *fürchtet!!* Denn das ganze Stück kann als ein Angsttraum aufgefaßt werden. Darum muß es aber auch ein *wirklicher* Wald sein und kein bloß ›sachlicher‹, denn vor einem solchen kann man sich grausen, aber nicht fürchten.
2. Ich habe beim Komponieren für die drei Verwandlungen fast gar keine Zeit gelassen, so daß sie bei ›offener‹ Szene geschehen müssen.
3. Dazu kommt, daß erst in der letzten (4.) Szene die Hinterbühne mitspielt, wozu die Vorderbühne *leer* werden, alles Aussichtsstörende also fortgeschafft werden müßte. –

Während man sich bei den ersten beiden Verwandlungen dadurch helfen kann, daß man den *Weg*, den die Frau zu gehen hat, bloß durch Beleuchtung immer anders legt, ihre Auftritte von verschiedenen Seiten erfolgen läßt, und sich im übrigen damit begnügt, durch etliche verschieb- oder drehbare Praktikables ein anderes Waldstück vorzuspiegeln, muß in der 4. Szene das Haus im Hintergrund sichtbar werden und der Wald verschwunden sein.

Dieses Problem ist nicht leicht zu lösen. – Ich habe zuhause angefangen, ein kleines Modell anzufertigen, welches den Versuch darstellen soll, auf der Bühne zwei kleine Drehscheiben aufzustellen, dermaßen, daß bei gänzlicher Seitlichdrehung alles Störende weggeschafft ist. Im Grundriß kann das etwa so aussehen, wie auf dem beiliegenden Papier-Modell. Hier sind zwei kleine Scheiben angeordnet. Man kann aber vielleicht mehrere anbringen. Welche Größe, das ist Sache der Techniker. Es sind vier Abschnitte verschieden aufgebaut. Durch exzentrische Lage der Drehpunkte ist es möglich, einen ganz leeren schmalen Streifen für die 4. Szene zu bekommen. Die Scheiben können so klein sein, daß Handbetrieb möglich ist. – Was halten Sie von der Idee?

In der ›Glücklichen Hand‹ handelt es sich vor allem:

1. Um das Farben-Licht-Spiel. Hiezu sind sehr starke Lichtquellen nötig und *gute Farben*. Die Dekoration muß so gemalt sein, daß sie die Farben *annimmt!*
2. Der Aufbau der Bühne und das Bild wird aus tausend Gründen haarscharf nach meinen Anweisungen erfolgen müssen, weil sonst nichts stimmen wird. Ich habe seinerzeit Bilder hiefür angefertigt, die ich erst heraussuchen müßte. Jedenfalls sollte ich die Entwürfe rechtzeitig zur Ansicht erhalten.
3. Ich habe auch die Stellungen der Schauspieler und die Wege, die sie zurückzulegen haben, genau fixiert. Ich bin überzeugt, daß man das genau einhalten muß, wenn alles ausgehen soll.
4. Die 12 Gesichter in der 1. und 4. Szene zu beleuchten, zu verschwinden und wieder erscheinen zu lassen (nämlich auf einen Schlag!), ist sehr schwierig und muß besprochen werden.
5. Das Fabeltier muß sehr groß sein. Der Versuch in Wien und Breslau, es durch einen Menschen darstellen zu lassen, hat sich bis jetzt in keiner Weise bewährt. Vor allem nicht am Ende der 3. Szene, wo der Stein zu leuchten anfängt und auf den Mann stürzt, und dann sich als das Fabeltier herausstellt. Vor allem hat kein Darsteller einen so weiten Sprung ausführen können (etwa 2½–3 m). Auch sieht aber ein Sprung nicht wie ein Stürzen aus. Hier wäre es wohl am besten, auf meine Beschreibung zurückzukommen.
6. Am Schluß der 1. Szene soll der Vorhang *zerreißen*. Das hat man bisher nirgends auch nur andeutungsweise herausgebracht. Meine Frau meint durch Projektion. Ich glaube, ein geschickter Tapezierer müßte das durch eine Kombination von Jalousieschnüren zusammenbringen können.
7. Ebenfalls am Ende des 1. Bildes senken sich ›schwarze Schleier‹ auf den Mann. Bisher auch noch ungelöst.
8. Die ›Sonne‹ im zweiten Bild ist auch nicht leicht zu machen. Sie muß tief unten sitzen!

Ich glaube auf das Meiste hingewiesen zu haben, das bisher Schwierigkeiten gemacht hat.

Ich bin kein Freund sogenannter ›stilisierter‹ Dekorationen (welcher Stil?) und liebe es, in dem Bild die gute, geübte Hand eines Malers zu sehen, der einen graden Strich grad machen kann und sich nicht an Kinderzeichnungen oder an Kunst der wilden Völker ein Beispiel nimmt. Die Gegenstände und Örtlichkeiten in meinen Stücken spielen mit, und darum soll man sie so deutlich erkennen können wie die Tonhöhen. Wenn sich der Zuschauer bei einem Bilderrätsel (›Wo ist der Jäger?‹) erst fragen muß, was es bedeutet, so überhört er einen Teil der Musik. Das mag ihm zwar angenehm sein, aber mir ist es unerwünscht.

Es ist ein langer Brief worden, aber ich hoffe, er ist doch nicht zu lang. Ich interessiere mich sehr für diese Aufführung und stehe Ihnen gerne zur Verfügung. Und: man sollte alles rechtzeitig tun! Denn es wird jedesmal dann die Zeit knapp.


A. M. Rabenalt: ›Deutscher Theaterdienst‹ Okt. 1930

Die Entbürgerlichung der Spieloper

Man kann nicht sagen, daß die Spieloper auf dem heutigen Theater tot ist. Im Gegenteil, sie lebt ein behagliches und selbstzufriedenes Philisterdasein auf der Schlummerrolle des Repertoirebetriebes ohne jeden Ehrgeiz und besonderen Geltungswillen. Ihr einziges Kunstgesetz scheint das Trägheitsgesetz, ihr einziges Vermögen das Beharrungsvermögen zu sein. Sie speist und erneuert sich nicht aus ihrer auch heute noch wachen Theaterkraft, aus ihrer komödiantischen Vitalität, sondern existiert fort dank derselben leeren Schwungkraft, aus der sich all das weitererhält, was der Verbürgerlichung die geringsten Widerstände entgegensetzt.

Die Spieloper vom ›Postillon von Lonjumeau‹ bis zum ›Trompeter von Säckingen‹, vom ›Waffenschmied in Worms‹ bis zu den ›Meistersingern in Nürnberg‹, ist ein gesunder und lebensvoller künstlerischer Ausdruck, den das 19. Jahrhundert geschaffen hat. Sie ist ebenso Geschöpf des heraufkommenden, sich festigenden und reich werdenden tiers état, wie die opera seria Geschöpf des Absolutismus.

Aber durch Verlotterung und künstlerische Unkontrolliertheit ist die Spieloper auf der deutschen Opernszene zu einem schreckhaften Alptraum geworden, zu dem tagtäglichen Bühnenweihfestspiel des juste milieu. Nirgend anders findet sich das bürgerliche Publikum noch in diesem Maße mit eigener Wesenheit konfrontiert, wie in dem seit Jahrzehnten unaufgeräumtem Weltbild der Spieloper, und deswegen ist der Kreis der Theaterabonnenten und Stammsitzinhaber so einig und vertraut mit dem heute üblichen szenischen Gesicht der Spieloper. Es ist wie in Potsdam: Man hält zusammen und negiert mit Pleureuse und Kapotte straußenvogelhaft die zwölfjährige Tatsache eines Kulturdesasters genauso wie die sanftmütigen Versuche einer deutschen Theaterrevolution. Für mehrere Stunden erhebt sich innerhalb der obligaten traditionellen Spielopernvorstellung die Samtgardine vor dem ganzen, aus Theatermagazinen herbeigeschleppten Muff, der Plumeau- und Gute-Stuben-Luft, einer früheren ›besseren‹ Zeit.

Also soll die aktivierte Opernbühne die Spieloper ausrotten? Im Gegenteil! Sie soll sie zwar als Bestandteil, als pièce de résistance des bürgerlichen Unterhaltungstheaters eliminieren, aber sich gleichzeitig in den Besitz ihrer auch heute noch zweifellos großen Theaterwerte setzen. Das alte, reiche Spieloperngut wird für die moderne Szene aber nicht nur durch Säuberungsaktionen und Läuterungsprozesse erworben. Sie muß den Mut zur Unbedingtheit haben und aus dem radikalen Abbruch der bürgerlichen Spieloper ein neues, mobiles theatralisches Kunstwerk zu schaffen suchen. Auch wenn sich jetzt ein Entrüstungssturm erhebt und staatsanwaltliche Anklage wegen Pietätlosigkeit und Schändung der heiligen Kulturgüter. Dem Deutschen ist immer wieder unbegreiflich, daß just auf den Trümmern des Alten Neues erstehen will. Stets wendet er ein: Warum dann nicht gleich ganz Neues und das Alte so belassen, wie es sich zu seiner Zeit bewährt hat. Dem lehrhaften Deutschen mit seiner Ehrfurcht vor allen musealen Werten wird nie klar werden, daß sich Produktivität nicht nur daran äußert, Neues aus der Luft zu greifen, sondern, daß sich junger Gestaltungswille und schöpferische Kraft vor allem immer wieder am Material des planvoll zerstörten Alten beweist. Der unkonservativste Deutsche hat noch so viel konservatorisches Erbempfinden, daß er Neues nur anerkennt, wenn es nicht auf Kosten des Alten geschaffen ist.

Zurück zur Spieloper. Sie verfügt, ich sagte es schon, über erstaunlich lebensträchtige Kulturen erregender Theaterbazillen, die auch heute noch zur Virulenz gebracht werden wollen und die allein ihre Berechtigung auf der modernen Opernszene erweisen könnten. Sie hat sich genug theater-elementare Kräfte erhalten, die eine szenische Erneuerung von Grund auf im eigentlichen Sinne provozieren. Nur die innere Struktur der alten Spielopernform empfinden wir heute nicht mehr als unbedingte kunstgesetzliche Notwendigkeit, die als erste respektiert werden muß, sondern als leeres, abgebrauchtes, brüchiges Schema. Der innere Aufbau der Spieloper entspricht nicht mehr unserem heutigen, aufgelockerten Theatergefühl, und da er meist nicht ein Phänomen eigengesetzlichen Kosmos' darstellt, wie jedes Werk zum Beispiel des Mozartschen Dramenzyklus, sondern schabloniertes Gefüge, in dem sich der Handlungsablauf obligat erfüllt, – ist das erste Kernproblem der szenischen Wiedergeburt der Spieloper ein dramaturgisch-formales. Die zweite generelle Frage erst ist die rein inszenatorische und betrifft die szenische Neugestaltung von Inhalt und Weltbild.

Die jahrzehntelange stetige Abnutzung der Spieloper im Opernrepertoire hat ihr eigentliches lebensvolles Antlitz, ihre vergnügte heitere Welt so sehr verunreinigt und unkenntlich gemacht, daß eine einfache Überholung nicht mehr genügt. Die Erschöpfung des Kunstwerkes durch andauernden Verbrauch und geistlosen Gebrauch ohne künstlerische Kontrolle und ständige Regeneration aus den theatralischen Zeitkräften, geistig stets nur auf dem überfälligen status quo ante gehalten, wenn nicht auf ein noch tieferes Niveau herabgedrückt, hat die alte Spieloper so sehr zu schanden gebracht, daß es zwecklos ist, sie in ihrer alten theatralischen Einfachheit zu rekonstruieren, sondern, daß sie aus den vorhandenen Resten neu erfunden werden muß, damit sich schöpferischer Spielwille an ihr neu entzündet und sie wieder direkt und aggressiv im Sinne des aktivierten Theaters wirksam wird.

Bewußte und unerbittliche Abkehr von jeglicher Spielopertradition, von allen szenischen und musikalischen Überlieferungen, den üblen Üblichkeiten und allzu bequemen Herkömmlichkeiten, all den Wucherungen theatralischen Unvermögens, unter denen die wahren Qualitäten der Spieloper zu ersticken drohen, – Kampf gegen das optische und akustische, welt- und kunstanschaulich eingebürgerte Spielopernklischee müssen die Hauptgebote eines planmäßig vorgehenden schöpferischen Spielopernregisseurs sein.

Das dramaturgische Hauptproblem: Aus der unerträglichen Massivität des bisherigen Spielopernformates ein Szenenwerk von gewichtloser Substanz zu schaffen, das sich nicht in lähmenden drei bis dreieinhalb Stunden, höchstens in Zweistunden-Gesamtdauer abrollt. Das heißt, statt des derben, allzu handwerklichen Aufbaues eine leichte, heitere Konstruktion zu schaffen, die ein amüsantes Gerüst für spielerische, komödiantisch-präzise, artistisch-gekonnte Opernkunst abgibt. Das heißt weiterhin in erster Linie den Dialog, dem der behagliche Atem einer anderen Zeit, eines vergangenen Jahrhunderts innewohnt und der von einem heute höchst unzeitgemäßen und beschaulichen, undynamischen Theaterempfinden seinen breiten Bogen sowie den Mangel an differenzierten inneren Spannungen nervöser Erregungen hat, umzugestalten, zu streichen, erregender, agiler, knapper und in vielem motivierter zu gestalten, die Expositionen mit ihrer meist staunenswerten Umständlichkeit artistischer zu behandeln. Wie man sich nicht scheuen wird, ganze Stückteile herauszunehmen, so darf man auch nicht davor zurückschrecken, Rollen zu streichen oder neu einzufügen, die Handlung loser oder fester zu knüpfen, die Handlungsmotive grundlegend zu verändern oder neu zu gestalten, – wenn damit der künstlerische Hauptzweck erreicht wird: dem untragischen, rein spielerischen Charakter der Handlungsvorgänge entsprechend der szenisch-dramaturgischen Neugestaltung alle Schwere zu nehmen, – also Gehalt und Inhalt in ein neues, besseres Verhältnis zueinander zu bringen. Denn im Laufe der Jahrzehnte hat es sich ereignet, daß die Form der Spieloper immer schwerer, starrer, der Inhalt aber immer leichter, belangloser, uninteressanter wurde. Hier Ausgleich zu schaffen, ist Regieaufgabe. Die Form aufzulösen und den Inhalt zu aktualisieren, das heißt, ihn zum mindesten in der Interpretation fesselnder zu gestalten.

Um aber noch weiteren Ballast aus der Spieloper abzuwerfen, muß gegen die unerträgliche Gefühlsbelastung angegangen werden, die triefende Sentimentalität dem chirurgisch-dramaturgischen Messer ausgeliefert werden. Die Gefühlsblasen, die die Spieloper beschweren, müssen aufgestochen werden; sie verträgt es durchaus, daß man sie etwas ›entherzt‹, es bleiben genug Überbleibsel erhalten, die das Gemüt des Zuhörers attackieren. Es gilt, einen Kampf gegen das Publikum zu führen, es muß ihm das ›Zarenlied‹ und ›Der Knabe mit lockigem Haar‹ abgerungen werden, zugunsten szenischer Pointierung und liebevollster Regiewaltung bei allen jenen Musiknummern, die sich bis heute ihre innere Lebendigkeit erhalten haben: bei all den Arien, Chören und Ensembles, die von theatralischem Blut noch heute lebhaft bewegt scheinen – und sind. Aber auch sie haben nur Berechtigung nicht in der Gänze ihrer musikalischen Form, sondern nur in ihrer Substanz, ihrem Einfall und nicht in ihrer musikalisch-konventionellen Durchführung.

Hier muß eine musikalische Dramaturgie einsetzen, die sich nicht nach den Gesetzen der alten Musikformen, sondern einzig nach dem dynamischen Gesetz unseres heutigen dramatischen Empfindens richten darf. Nicht nur in der Kürzung dieser Musiknummern durch die üblichen (nur manchmal guten) Striche, braucht diese musikalische Dramaturgie zu bestehen; ihre Bearbeitung kann und muß oft viel weiter gehen, sie wird, wenn sie geschickt ist – wie bei allen schweren Operationen entscheidet erst die ärztliche Geschicklichkeit die innere Berechtigung des Eingriffes – den bleibenden musikalischen Wert in knappster Form schlackenfrei darbieten.

Aber noch eine weitere Hauptaufgabe bleibt der dramaturgischen Regie vorbehalten: Sie muß mit ungeheurer Sorgfalt und mit wachen Sinnen nachspüren, wo in Handlung und Milieu des Stückes Ansatzpunkte, Angelhaken für die Interessen eines Publikums sein könnten, das nicht unbedingt das Spieloperngut als konventionellen Bestandteil seiner ihm zustehenden bürgerlichen Kunstration betrachtet. Sie muß Ausschau halten nach Relationen zu unserer Zeit, nach irgendwelchen Beziehungen zu unseren Zeitfragen und Zeitkomplexen, und auch innerhalb dieser heiteren und unbelasteten Stückgattung eine Verbindung mit ihnen herzustellen suchen. Die Harmlosigkeit des Vorwurfes wird fast immer ohne weiteres eine besondere szenische Akzentuierung all der Motive gestatten, von denen das gesunde theatralische Aktualitätsbedürfnis eines naiven und unvorgebildeten Zuschauers spielerisch unbeschwert und auf amüsante Weise angesprochen wird. Sei es durch Verlegung von Ort oder Zeit der Handlung in Schauplätze und Weltbilder, die direkt auf uns bezüglich wirken, also in Milieus unserer Gegenwart oder in solche, zu denen wir durch kritische Gegensätze Beziehung haben, das heißt, die durch lehrreiche Kontraste zu unserem aktuellen Sein die Brücke zu heutiger dramatischer Spannung, theatralischer Erregung schlagen. Vorwürfe, die durch historische Anekdoten an eine bestimmte geschichtliche Epoche gebunden scheinen, lassen sich oft ohne weiteres auf reizvolle Art in die Moderne paraphrasieren, wenn nicht, ist eine Angleichung an heutige Vorgänge unbedingt zu empfehlen.


*Theodor Wiesengrund-Adorno: Musikblätter des ›Anbruch‹ Jahrgang XI, Juniheft 1929*

Berliner Opernmemorial

Die aktuellen Probleme der Opernwiedergabe werden derzeit vorweg im Kroll-Hause gestellt. Es ist das zunächst Klemperer zu danken, der als Erkennender die Opernsituation ausmißt und mutig die Konsequenz der Erkenntnis trägt, zugleich mit der ausbrechenden Gewalt eines schlechthin inkommensurabeln musikalischen Naturells die sinnliche Konkretion dessen erzwingt, was er erkannte. Er hat es nicht leicht damit. In der Organisation der Berliner Operntheater ist das Kroll-Theater stets noch drittes Rad am Karren. Wer von Fremden in Berlin unorientiert Oper hören will, geht gewiß ins Lindenhaus; die wohlhabenden Einheimischen, die im Westen wohnen und genießen möchten, fahren zur Bismarckstraße. Dem wird administrativ Rechnung getragen, indem die Prominenten – um mit dieser Berliner Kategorie die Opernsituation dort zu charakterisieren – bei Blech und Kleiber oder in der Städtischen Oper singen, nicht aber bei Klemperer; woraus jenem der Vorwurf eines unzulänglichen Ensembles zurechtgedreht wird. Aber es ist erstaunlich, wie er aus der Not Tugend zu machen weiß. Er hat keine Stars: er prätendiert also

XII Arnold Schönberg, Die glückliche Hand, 2. Bild. Entwurf von Oskar Schlemmer. Privatbesitz

steht der Vorwurf, als handle es sich hier um die Tendenz: neu um jeden Preis, die das Grundübel aller aktuell genährten künstlerischen Gestaltung sei. Diese Tendenz selbst, wo sie auftritt, ist negativ, denn sie unterschiebt eine formale Dogmatik. Die Tatsache jedoch, daß heute gerade alle optischen Dinge in völlig neuem Licht erscheinen, beruht auf den grundsätzlichen und tief eingreifenden Umstellungen, die sich gerade auf dem Gebiet der Bühne nach einer Epoche hartnäckigen Schematismus' vollziehen. Neu um jeden Preis der Lebendigkeit heißt auch hier die Parole!

Die Folgen, die sich aus diesen nur angedeuteten Problemkreisen ergeben, führen zu Anschauungen, die sich von den früheren wesentlich unterscheiden. An Stelle des Maßgeblichen, das früher als Ziel der Gestaltung erschien, tritt jetzt die Anschauung, daß es sich nicht um die Erzeugung endgültiger Gestaltung, sondern nur um ein wahrhaftiges Maximum gegenwärtiger Intensität handeln könne. Diese geistige Tendenz, die durchaus nicht auf Skepsis, sondern auf freudiger Erkenntnis des Reichtums und der Vielgestaltigkeit des fließenden Lebens beruht (und die überdies durchaus anerkennt, daß andere Zeiten das Ziel im Maßgeblichen gesehen haben und sehen werden), führt zur Bevorzugung des materialiter Leichten und Variablen. Sie führt außerdem zu der Anschauung, daß die verschiedensten Ausdrucksformen vergangener Epochen, d. h. deren Kern in aktueller Verwandlung ungebrochen und ohne jede künstlerische Vergewaltigung in Erscheinung zu treten vermögen.

Wir wählen als Beispiel ein Werk, das im Romantischen wurzelt, ›Hoffmanns Erzählungen‹, dessen stilistischer Charakter obendrein durchaus als typische Oper des 19. Jahrhunderts erscheint. Das übliche Aufführungsschema und die übliche Aufführungsatmosphäre mag jedem Opernbesucher bekannt sein. Auf der erneuten Opernszene wird hier die Aufgabe sein, an die Stelle der längst abgebrauchten romantischen Form eine neue, mit dem Gegenwärtigen in Beziehung stehende Romantik zu setzen, welche die Phantasie nicht weniger entzündet und in schwingende Bewegung versetzt. Praktisch gesprochen: was früher vom Schummrigen, Butzenscheibenhaften, Venezianischen, Ätherisch-Bürgerlichen suggestiv ausging – heute haben diese Kategorien ihre Wirkung verloren –, das vermag heute mit parallelem Ergebnis vom konstruktiven Gestänge, vom technischen Spiel des Lichts, vom Spiel der Materialien und von der Simultanität der verschiedenen Darstellungsmethoden (körperliche Darstellung, Marionette, Film usw.) auszugehen. Romantische Wirkung, wie sie aus einem Stück wie ›Hoffmanns Erzählungen‹ herausspringen muß, also Phantastik wird heute mit den scheinbar sachlichen Mitteln der Technik erzielt, nicht mit dem historisch echten romantischen Kostüm und nicht mit einer Angleichung der Szene an die Örtlichkeiten des romantischen Zeitalters! Das Vergangene wird am stärksten lebendig in dem verwandelten Gewand des Aktuellen.

In diesem Sinn mag die Oper in der Gefolgschaft des modernen Schauspiels die innere Krise, die sie gegenwärtig zweifellos durchmacht, überwinden. Und von der Erneuerung der Opernszene wird nicht nur eine Verlebendigung der Oper abhängen. Über das Ästhetische hinaus vermag sie zur inneren Erneuerung auch des Opernpublikums beitragen, das in der Oper neue Erlebniskräfte und damit auch neue Attraktionsfähigkeiten entdecken wird.

*László Moholy-Nagy: ›Blätter der Staatsoper‹*
*Februar 1929*

Theater der Totalität

Der Mensch als aktivste Erscheinung des Lebens gehört unbestreitbar zu den wirksamsten Elementen einer dynamischen (Bühnen-) Gestaltung, und daher ist seine Verwendung in der Totalität seines Handelns, Sprechens und Denkens funktionell begründet. Mit seinem Verstand, seiner Dialektik, seiner Anpassung an jede Situation durch Beherrschung seiner körperlichen und geistigen Fähigkeiten ist er – in der Aktionskonzentration verwendet – vornehmlich zu einer Gestaltung dieser Kräfte bestimmt.

Und wenn die Bühne dem nicht die vollen Entfaltungsmöglichkeiten gäbe, müßte man dafür ein Gestaltungsgebiet erfinden.

Aber diese Verwendung des Menschen ist durchaus zu unterscheiden von seinem bisherigen Auftreten in dem traditionellen Theater. Während er dort nur der Interpret einer dichterisch gefaßten Individualität oder Type war, soll er in dem neuen Theater der Totalität die ihm zur Verfügung stehenden geistigen und körperlichen Mittel aus sich heraus produktiv verwenden und sich in den Gestaltungsvorgang initiativ einordnen. Während im Mittelalter (und auch noch in der Gegenwart) der Schwerpunkt der Bühnengestaltung in der Darstellung der verschiedenen Typen (Held, Harlekin, Bauer usw.) lag, ist es die Aufgabe des künftigen Schauspielers, das allen Menschen Gemeinsame in Aktion zu bringen.

In dem Plan eines solchen Theaters können nicht die herkömmlich-sinnvollen kausalen Bindungen die Hauptrolle spielen. In der Betrachtung der Bühnengestaltung als Kunstwerk muß man von der Auffassungsweise der bildenden Künstler lernen:

Wie es unmöglich ist zu fragen, was ein Mensch (als Organismus) bedeutet oder darstellt, so ist es unzulässig, bei einem heutigen, ungegenständlichen Bilde, da es eine Gestaltung, also auch ein vollkommener Organismus ist, ähnlich zu fragen.

Das heutige Bild stellt mannigfaltige Farben- und Flächenbeziehungen dar, welche einerseits mit ihren logisch-bewußten Problemstellungen, andererseits mit ihren (unanalysierbaren) Imponderabilien, mit der Intuition des Schöpferischen als künstlerische Gestaltung wirken.

Ebenso muß das Theater der Totalität mit seinen mannigfaltigen Beziehungskomplexen von Licht, Raum, Fläche, Form, Bewegung, Ton, Mensch – mit allen Variations- und Kombinationsmöglichkeiten dieser Elemente untereinander – künstlerische Gestaltung: Organismus sein.

So darf das Hineinbeziehen des Menschen in die Bühnengestaltung nicht mit Moralisierungstendenz oder mit wissenschaftlicher oder mit Individualproblematik belastet werden. Der Mensch darf nur als Träger ihm organisch gemäßer funktioneller Elemente tätig sein.

Es ist aber selbstverständlich, daß alle anderen Mittel der Bühnengestaltung in ihrer Auswirkung eine Gleichwertigkeit mit dem Menschen erlangen müssen, der als ein lebendiger psychologischer Organismus, als Erzeuger unvergleichlicher Steigerungen und zahlloser Variationen ein hohes Niveau der mitgestaltenden Faktoren erfordert.

Die eine, heute noch wichtige Auffassung besagt, daß das Theater Aktionskonzentration von Ton, Licht (Farbe), Raum, Form und Bewegung ist. Hier ist der Mensch als Mitaktor nicht nötig, da in unserer Zeit viel fähigere Apparate konstruiert werden können, welche die nur mechanische Rolle des Menschen vollkommener ausführen können als der Mensch selbst.

Die andere, breitere Auffassung will auf den Menschen als auf ein großartiges Instrument nicht verzichten, obwohl in der letzten Zeit niemand die Aufgabe, den Menschen als Gestaltungsmittel auf der Bühne zu verwenden, gelöst hat.

Aber ist es möglich, in einer heutigen Aktionskonzentration auf der Bühne die menschlich-logischen Funktionen einzubeziehen, ohne der Gefahr einer Naturkopie zu verfallen und ohne einem dadaistischen oder Merz-Charakter von überall hergeholten und zusammengeklebten, wenn auch geordnet erscheinenden Zufälligkeiten zu erliegen?

Die bildenden Künste haben die reinen Mittel ihrer Gestaltung, die primären Farben-, Massen-, Material- usw. Beziehungen gefunden. Aber wie lassen sich menschliche Bewegungs- und Gedankenfolgen in den Zusammenhang von beherrschten, ›absoluten‹ Ton-, Licht- (Farbe), Form- und Bewegungselementen gleichwertig einordnen? Man kann dem neuen Theatergestalter in dieser Hinsicht nur summarische Vorschläge machen. So kann die Wiederholung eines Gedankens mit denselben Worten, in gleichem oder verschiedenem Tonfall durch viele Darsteller als Mittel synthetischer Theatergestaltung wirken.

(Chöre – aber nicht der begleitende, passive, antike Chor!). Oder die durch Spiegelvorrichtungen ungeheuer vergrößerten Gesichter, Gesten der Schauspieler und ihre der Vergrößerung entsprechend verstärkten Stimmen. Ebenso wirkt die simultane, synoptische, synakustische (optisch- oder phonetisch-mechanische) Wiedergabe von Gedanken (Kino, Grammophon, Lautsprecher) oder eine zahnradartig ineinandergreifende Gedankengestaltung.

Die zukünftige Literatur wird – unabhängig von dem Musikalisch-Akustischen – zuerst nur ihren primären Mitteln eigene (assoziativ weitverzweigte) ›Klänge‹ gestalten. Dies wird sicherlich auch einen Einfluß auf die Wort- und Gedankengestaltung der Bühne ausüben.

Als Gesamtbühnenaktion vorstellbar ist ein großer, dynamisch-rhythmischer Gestaltungsvorgang, welcher die größten miteinander zusammenprallenden Massen (Häufung) von Mitteln – Spannungen von Qualität und Quantität – in elementar gedrängter Form zusammenfaßt. Dabei kämen als gleichzeitig durchdringender Kontrast Beziehungsgestaltungen von geringerem Eigenwert in Betracht (komisch-tragisch; grotesk-ernst; kleinlich-monumental; wiedererstehende Wasserkünste; akustische und andere Späße usw.). Der heutige Zirkus, die Operette, Varieté, amerikanische und andere Clownerie (Chaplin, Fratellini) haben in dieser Hinsicht und in der Ausschaltung des Subjektiven – wenn auch noch naiv, äußerlich – Bestes geleistet, und es wäre oberflächlich, die großen Schaustellungen und Aktionen dieser Gattung mit dem Worte ›Kitsch‹ abzutun. Es ist gut, ein für allemal festzustellen, daß die so verachtete Masse – trotz ihrer ›akademischen Rückständigkeit‹ – oft die gesundesten Instinkte und Wünsche äußert. Unsere Aufgabe bleibt immer das schöpferische Erfassen der wahren und nicht der vorgestellten (scheinbaren) Bedürfnisse.

Selbstverständlich ist zu einer solchen Bewegungsorganisation die heutige Guckkastenbühne nicht geeignet.

Die nächste Form des entstehenden Theaters wird auf diese Forderungen – in Verbindung mit den kommenden Autoren – wahrscheinlich mit schwebenden Hänge- und Zugbrücken kreuz und quer, aufwärts- und abwärts, mit einer in den Zuschauerraum vorgebauten Tribüne usw. antworten. Außer einer Drehvorrichtung wird die Bühne von hinten nach vorn und von oben nach unten verschiebbare Raumbauten und Platten haben, um Geschehnisse (Aktionsmomente) der Bühne in ihren Einzelheiten – wie die Großaufnahme des Films – beherrschend hervorzuheben. Es könnte an die Stelle des heutigen Parterrelogenkreises eine mit der Bühne verbundene Laufbahn angebracht werden, um die Verbindung mit dem Publikum (etwa in zangenartiger Umklammerung) zu ermöglichen.

Die auf der neuen Bühne entstehenden und möglichen

Niveauunterschiede von beweglichen Flächen würden zu einer wirklichen Raumorganisation beitragen. Der Raum besteht dann nicht mehr aus Bindungen der Fläche in dem alten Sinne, der eine architektonische Raumvorstellung nur bei geschlossenen Flächenbindungen kannte; der neue Raum entsteht auch durch lose Flächen oder durch lineare Flächenbegrenzungen (Drahtrahmen, Antennen), so daß die Flächen unter Umständen nur in ganz lockerer Beziehung zueinander stehen, ohne daß sie einander zu berühren brauchen.

In dem Moment, da eine eindringliche und hohe Aktionskonzentration sich funktionell verwirklichen läßt, entsteht zugleich die entsprechende Architektur des Vorstellungsraumes. Ferner entstehen einerseits die exakten, die Funktion betonenden Kostüme, andererseits die Kostüme, welche, nur einem Aktionsmoment untergeordnet, plötzliche Wandlungen möglich machen. Es entsteht eine gesteigerte Beherrschung aller Gestaltungsmittel, zusammengefaßt in eine Einheit ihrer Wirkung, aufgebaut zu einem Organismus völliger Gleichgewichtigkeit.

Anmerkung der Redaktion: Der vorstehende Aufsatz ist ein Abschnitt aus einer Arbeit Moholy-Nagys, die, 1924 entstanden, im Band IV der Bauhausbücher (Die Bühne im Bauhaus) erschienen ist. Seit der Aufstellung dieser theoretischen Forderungen sind eine Reihe von Verwirklichungen eingetreten.

*Oskar Schlemmer: ›Die Szene‹ Jahrgang 1929, S. 257*

Moderne Bühnenmittel

Die nachfolgenden Ausführungen sind, wie das im voraus deutlich zu sagen ist, vom Standpunkt des *raumkünstlerischen,* architektonischen Prinzips aus gesehen, also vom Standpunkt des Raums, der Konstruktion, der Form und Farbe, der Mechanik, Optik und Akustik. Das Theater, das zunächst sich als *Bau* darbietet, wie es ja eine Geschichte der Theaterarchitektur und des Bühnenbaues gibt, ist in der Wandlung seiner äußeren Form zumindest ebenso wichtig und interessant zu verfolgen, wie es der Insasse des Bühnenhauses ist, der *Mensch,* sowohl der agierende als der zuschauende, der sich gleichfalls in Weltanschauung und Lebensgefühl in der Zeit, mit der Zeit wandelt.

Heute, wo eine Krise des Theaters von keiner Seite mehr ernstlich bestritten wird, wenn auch die Ursachen der Krise verschiedener Deutung unterliegen, werden die Wurzeln des Übels gesucht und dem Ursprung theatralischen Spiels überhaupt nachgeforscht. Es wird konstatiert, daß der Boden für das kultische Theater in unserer Zeit so gut wie nicht mehr existiert und daß alle Versuche, es zu erneuern, scheitern an dem Mangel eines Gemeinschaftsideals, eines kollektiven Volksbewußtseins.

Wir genießen das Beste dieser Art retrospektiv, ethnographisch, wissenschaftlich, wie man ein gut Teil des Theaters unserer Zeit, wenn man ihm böse sein will, in die historische Rumpelkammer verweisen kann. Wo sich hingegen die Kräfte melden, das Zeittheater zu schaffen, das den Ausdruck unserer Zeit repräsentiert, stützen sich diese Kräfte natürlicherweise auf die Elemente, die unserer Zeit das Gepräge geben. Wir leben im Zeitalter der sozialen Probleme, und wir leben im Zeitalter der Technik. Diese zeitigen einerseits das politische Theater, das in dem Land der stärksten politischen Umwälzung unserer Zeit, in Rußland, auch seinen intensivsten, überzeugendsten Ausdruck fand, wohingegen das, was dieser Art bei uns versucht wird, zufolge unserer komplizierteren politischen Konstellation verblaßt. Andererseits ist der enorme Fortschritt der Technik und Erfindungen nicht ohne Einfluß auf das Theater geblieben. In bezug auf Beleuchtung und Lichtphänomene, in bezug auf die Mechanik des Bühnenapparats ist zweifellos Bedeutendes geleistet worden (der gegenwärtige Umbau des Berliner Opernhauses wird in dieser Richtung wohl nichts schuldig bleiben). Doch ist zu sagen, daß alle diese technischen Einrichtungen bedingt und bestimmt sind von letzten Endes naturalistischen Forderungen, der Erzeugung des illusionistischen Bühnenbildes. Die differenziertesten Schattierungen der Tages- und Nachtbeleuchtungen, Sonnen- und Mondschein, ziehende Wolken, Gewitter usw. einerseits, andererseits der möglichst lautlose Wechsel der Dekorationen, daß auf das intime Interieur das brandende Meer folge usw., sind die maßgebenden Triebkräfte für alle diese Einrichtungen. Wohin führt dies aber? – Zum vollendeten Panoramakult, zu etwas Unkünstlerischem! Denn wie es sich bei Werken der bildenden Kunst nicht darum handeln kann, eine immer gesteigertere Nachbildung bis zur vollkommenen Naturillusion zu erreichen, darf eine derartige Tendenz auch für das Bild der Bühne nicht maßgebend sein. Leider sind Anzeichen zur Genüge da, daß, so wie in der Malerei unter der Flagge der ›neuen Sachlichkeit‹ sich ein platter Naturalismus breit macht, auch das Bühnenbild, das zumeist im Schlepptau der Richtungen in der bildenden Kunst sich befindet, eines mißverstandenen Expressionismus müde, sich in die Gefilde der naturgetreuen Milieuschilderung begibt.

Es handelt sich jedoch beim modernen Theater nicht mehr um das Bühnen›bild‹. Es handelt sich nicht mehr darum, in den gegebenen Rahmen einen postkartenhaften Ausschnitt zu setzen. Es handelt sich vielmehr dabei um die Grundprobleme des Theaters, und diese beginnen bei den Mitteln ›an sich‹, bei ihrer elementaren Erscheinungsform, bei ihrer materialgerechten Reinheit, Nacktheit und Sachlichkeit der Existenz. Diese Voraussetzungen gelten ebenso für den Menschen und seine Gestaltungsmittel (Sprache, Darstellung, Bewegung) wie

keine Minute, Startheater zu spielen, sondern nutzt vielmehr die solistische Nivellierung, einem recht homogenen Kollektiv verbindlicher seine Intentionen aufzuprägen, als es mit Persönlichkeiten möglich wäre, die schließlich doch keine sind. Sein Publikum wird von der literarischen und musikalischen Avantgarde und im übrigen wesentlich von der Volksbühne gestellt: also ist er der Rücksicht auf den Amusement-Anspruch des normalen Opernhörers, der ja keinesfalls als Repräsentant des gegenwärtigen Standes musikalischen Theaters genommen werden darf, enthoben und vermag in Freiheit die aktuellen Forderungen zu realisieren. Es geschieht das um den Preis der Popularität, Popularität im Sinne des bürgerlichen Dabeiseins jedenfalls; jedoch langsam dringen Kraft und Ernst und echte Aktualität durch, freundlich unterstützt von der Langeweile, die anderswo herrscht. Wenn ein paar Studenten protestieren, weil man dem Holländer seinen Felix Dahn-Bart abrasiert hat, oder wenn es den Kunden vom Kurfürstendamm im Offenbachschen Venedig nicht schwül genug zugeht, das die Konstruktionen von Moholy-Nagy reinigten, so kann das eher nützen als schaden. Zumal sich die Kunstpolitik seit der Wilhelminischen Zeit doch so weit geändert hat, daß die Regierung nicht mehr den staatserhaltenden Protestlern zuliebe die künstlerische Notwendigkeit der Stunde desavouiert, sondern einsichtiges Vertrauen zum Regime Legal-Klemperer bewahrt.

Es ist eine Chance, daß man bei Kroll das Repertoire klein halten und durch intensiveres Probieren die Qualität des Ensembles weithin ausgleichen kann. Es zeigte sich das vor allem in der außerordentlichen Aufführung von ›Hoffmanns Erzählungen‹, die abwechselnd von Zemlinsky und Klemperer dirigiert wird. Die Bilder von Moholy sind nicht billig auf die Formel des Bauhaus-Konstruktivismus zu bringen. Wohl ist das Bildmaterial von guter rationeller Härte durchdrungen; wohl kommen die notwendigen Dinge nur so noch vor, wie sie ihre Konturen vorm Gewissen der Phantasieingenieure zu behaupten wissen; jedoch es ist dieser Phantasieingenieur zugleich gestaltender Maler voll konkreter Intentionen, die sich nicht vom blanken Schema einfassen lassen. Sein spezifisches Vermögen mag besonders in der Lichtbehandlung sich erweisen. Das ist nicht mehr das alte illusionäre und zauberische Bühnenlicht, aber auch nicht das impressionistische der feuchten Stimmung und nicht die raumlosen Symbolkegel des Expressionismus: das Licht wird vielmehr selber zur Raumkonstruktion verwandt, der Raum aus Lichtkomplexen strengen Sinnes komponiert. Es ist nicht meine Sache, die Theorie solcher Lichtmontage zu geben, indessen ich vermag ihre außerordentliche Wirkung zu bestätigen, zumal im dritten Akt, wo die Dämonie der Wohnung, in der Menschen eingesperrt sind, bis die Bilder singen und das Systemgewirr von Vorder- und Hintertür schließlich die Wände einreißt und zu Einfallspforten des Verderbers macht, wo all dies durch die Lichtdisposition allein sinnfällig wird, ohne daß wie in einer kunstgewerblichen Wolfsschlucht huschende Reflexe Gespenster bedeuteten. Daß Spalanzanis mechanisches Kabinett dem Konstruktivisten erst aktuell geraten konnte, ließ sich erwarten. Da wurde mit embryonalen Pendeln und bloßgelegten Uhrwerksherzen die Entstehung Olympias aus dem Geiste rationaler Magie demonstriert, und der Chor der Gäste erschien als eine Versammlung von Toten, in die elektrische Helle zitiert, der Hoffmann verfällt: großartige Leistung nach Bild und Regie, in der überraschende Affinität von Moholys Konstruktion an surrealistische Verfahrungsweise offenbar wurde. Die künstliche, abstrakte Grazie des Giuliettabildes mit der Markusmaschine und der Schaukellineatur der schattenhaften Demimondänen ließ an Tairoff denken. Theodizee alles dessen gab Klemperer, dessen erster Akkord eine Spannung ergab, die zur konventionellen ›Hoffmann‹-Aufführung so fremd sich verhielt wie jede der Dekorationen; Höhepunkt vielleicht das Lied der Mutter aus dem Bilde, das zu einer nie gehörten Gewalt sich steigerte. Es ist eine exemplarische Aufführung, von der alle, Dirigenten, Regisseure, Bühnenbildner und Publikum, zu lernen hätten.

Sie hätten es auch vom ›Holländer‹. Als an dieser Stelle Ernst Blochs Wagner-Aufsatz erschien, gab es allenthalben Entrüstung wegen der blasphemischen Zuordnung Wagners zur Kolportagewelt Karl Mays. Wer Klemperers ›Holländer‹ sah, wird gestehen müssen, wie wenig blasphemisch solche Zuordnung ist: daß sie allein es vermag, Wagner endlich vom Staub des Metaphorischen, ausgehöhlt Symbolischen, muffig Geweihten und romantisch Kostümierten zu reinigen und den Fonds an Aktualität zu mobilisieren, der bei Wagner heute zum Greifen nah liegt. Die Neuaufführung ist durchaus Mobilisierung. Die Gespenster, die ohnehin bei Wagner undicht, nämlich symbolisch durchlöchert und weltweit entfernt von denen Webers etwa sind, wurden abgebaut. Nicht mehr mit naturalistischen Schauern gestartet, sondern gleich in der Kahlheit ihrer Symbolbedeutungen eingesetzt, womit zwar die Schauer, die längst verflüchtigten, endgültig fortfallen, dafür aber die Intentionen endlich faßlich werden. Das Schiff kommt also gleich als transzendentes Fahrzeug, täuscht nicht vor, ein Schiff zu sein, und die Verklärung am Schluß fällt wegen Mangel an Beteiligung aus; Senta springt ins Meer, ein gelber Lichtball, eine eher bedrohliche Sonne erscheint darüber, das ist alles. Des wegrasierten Bartes geschah bereits Erwähnung; so hat man auch den Matrosen ihre Südwester fortgerissen, und Jürgen Fehlings Regie hat eine Schar Proleten in kümmerlichen Jacken aus ihnen gemacht, deren Sehnsucht, endlich anzukommen, deren Steuermann-Chor bedrohlich wird und der wahrhaft aufrührerischen Musik des jungen Wagner Raum schafft. Daß im zweiten Akt mit der deutschen Renaissance, mit Busen und Busenlatz aufgeräumt wird, versteht sich von selber; sie sitzen grau genug bei ihrem Spinnerlied, sie arbeiten an Netzen anstatt an bunten Prachtgewändern; wenn der Holländer unterm Bilde erscheint (eigentlich tritt er aus dem Bilde seiner Ballade unmittelbar hervor, das Bild ist die dünne Wand, die die Schiffer vorm Einbruch der Mythologie schützt), dann ist das Zimmer fast dunkel, eine Schiffskabine, treibend auf dem Ozean, und auf dem Dach weht das Segel: Effekt, der aus der Substanz sich rechtfertigt.

Die Direktion Klemperers erhitzte sie bis zum äußersten. Er gab die Musik in der Urfassung, auf die, selten genug, Richard Strauss hingewiesen hatte; sie ist in der Massierung des Blechs gewiß roher als die definitive, dafür aber von einer nicht mehr erreichten Schlagkraft: die Chöre, vor allem des dritten Aktes, wurden, zumindest unter Klemperers Hand, zu musikalischen Proklamationen, wie sie sonst nirgends aus dem 19. Jahrhundert kommen. Gerade in der Berliner Musikatmosphäre, wo man seit geraumer Zeit gewohnt ist, Opern still und fein zu geben, mußte die stürmische und zündende, dabei äußerst klar disponierte Wiedergabe durch Klemperer gelingen. Sie drängt die Tempi, zieht die grande-Opéra-Partien in die herrschende Dynamik völlig hinein, läßt die Erlösungsmotivik nur noch intermittierend durchblicken; zieht ihren Ursprungsimpuls aus der Vorstellung des anschlagenden, ruhelosen, bedrohlichen, schließlich überflutenden Meeres, das von der Musik nicht gemalt wird, sondern dessen amorpher Gewalt sie selber entsteigt. Es war eine Rettung Wagners im verwegensten Sinne. Rascher, als die denken konnten, die Bloch Abstraktheit seiner Forderungen vorwarfen, hat sich konkretisiert, was er konkret genug dachte. Er hat nicht in die Luft geblasen, sondern eine Realität getroffen, die gestern oder morgen explodieren mußte.

Ich hörte weiter von Klemperer die ›Fledermaus‹ in einer Aufführung, die, ohne sich Regieprobleme zu stellen, rein musikalisch in die latenten Hintergründe des Werkes drang, dessen Uminterpretation um so dringender gefordert ist, als es uns zentral noch betrifft: wenn der Prozeß 19. Jahrhundert auf dem Forum der Opernbühne verhandelt wird, dürfte die Sache Fledermaus nicht fehlen. Im großen Walzer klang ein unterirdisches Gelächter von einer Bedrohlichkeit, die entdeckt – nie mehr zu vergessen ist; die Einleitungstakte der Bässe waren wie Beethoven: mehr noch glich Beethoven das ›Brüderlein und Schwesterlein‹, wo das alberne Zeremonial des bürgerlichen Du sich zur freigesetzten Freude des Fidelioschlusses zu erhöhen schien; Rettung wieder eines Scheinhaften durch Benennung von dessen geheimer Absicht, wie sie menschlicher nicht gedacht werden kann, mag auch denen, denen der rebellische ›Holländer‹ zu wenig edel war, die jäh ansteigende Feierlichkeit der ›Fledermaus‹ nun zu edel sein. In der radikalen Veränderung der Perspektiven ist Klemperer unfehlbar und zugleich von einer Fülle des Elementaren, hier bis zur anarchisch bunten Lustigkeit, wie sie bei keinem Dirigenten sonst so leicht sich finden wird. – Ich notiere endlich eine ›Carmen‹ unter der höchst musikalischen Leitung des jungen Rankl, die mit besonderer Genauigkeit in der Darstellung des musikalischen Materials (wunderbar ausgespielte Triolen, hörbare zweite und vierte Sechzehntel), in schöner Plastik bei der Herstellung thematischer Beziehung wieder sehr eindringlich die Fernwirkung der Schönberg-Schule dartat, die bestimmender stets den Reproduktionsstil prägt. Dazu Dekorationen von Caspar Neher, von denen zumal die erste, der sevillanische Prospekt, haftet, trotz eines deutlich erinnerten Picasso – auch mit dem Maskenballspanien wird aufgeräumt, ohne daß man dafür einen ebenso schlechten Naturalismus substituierte.

Es bleibt die Frage nach den Sängern. Gewiß ist das Ensemble besser, als es hingestellt wird, einzelne Sänger, wie etwa Abendroth, haben ihre Entwicklungsfähigkeit unter Klemperer erwiesen, Wirl findet im ›Holländer‹ erfolgreich auf die Wagner-Bühne, die Sopranistin Pauly ist leistungsfähig, Irene Eisinger begabte Darstellerin, um nur einige Namen zu nennen, deren Zahl sich ergänzen ließe durch solche, die ich diesmal nicht hören konnte. Aber es kann nicht bestritten werden, daß dies Ensemble zwar ein gutes Instrument in der Hand des Dirigenten ist, nicht aber aus eigenem die Oper aktiviert. Die Notwendigkeit stärkerer solistischer Initiative bleibt bestehen – erst wenn in der Stimme die Absicht des Dirigenten ihr getreues Echo hat, ist sie vollends verwirklicht; und sie hat ihr Echo nur, wenn ihr lebendig geantwortet wird, nicht aus der bloßen Resonanz Arbeitswilliger. Man ergänze also dies Ensemble durch einige Sänger und Sängerinnen höchsten Ranges, oder man sei im Rahmen der gemeinsamen Administration der drei Opern freigebiger mit den Stimmen, die heute für Lindenhaus und Charlottenburg aufgespart werden, und die gerade bei Kroll die Möglichkeit hätten, endlich der Forderung des Tages zu genügen, die man sonst von Opernsängern ängstlich fernhält. Man gebe Klemperer adäquate Solisten, und Deutschland hat das Opernthéater, das einzig heute gebraucht wird.

*Th. Wiesengrund-Adorno: Musikblätter des ›Anbruch‹ Jahrgang XI, September/Oktober 1929*

Kompositionskritik

Der Schritt von der Oper zum Potpourri ist einer Musik vorgezeichnet, die es vom ersten Takt an mit Bruchstücken zu tun hat von der Art, wie sie das Potpourri sonst ausmachen; das Potpourri verwandelt sie zurück in ihre wahre Form, die die scheinhafte Einheit ihres Oberflächen-Zusammenhanges verdeckt hatte. In der ›Dreigroschenoper‹ ist so wenig die Nummernoper als solche restituiert wie etwa gar Händel verhöhnt, wozu nicht einmal durch dessen akademische fröhliche Urständ Anlaß wäre. Sondern Erinnerungsfetzen des zersprengten Opern- und Operettenwesens rücken darin zur Dichte des Traumes zusammen und ängstigen so, wie sie aus dem Vergangenen und mit allen Malen der Zerstörtheit aufstehen. Im Raum der alten Oper selbst wird je und je das Stadium ihres Zerfalls inauguriert vom Potpourri: einmal der Luft des chinesischen Pavillons in der Kuranlage ausgesetzt, einmal dem verzerrten Nachhall des Bläsertons dort überantwortet, der sie nicht anders aus dem akustischen Raum herausnimmt wie die taumelnde Folge der Partikeln aus dem formalen, werden die Opern zu Staub und wehen nur noch von ferne ins Spiel der Kinder, die ein versprengter Paukenwirbel, ein Tuttiakkord der Bläser eine Sekunde lang schokiert, während das Diabolo über ihren Köpfen ist. Mehr als die hochheiligen Suiten und Concerti lobesamer Musikanten, die immer die Symphonie überwinden wollen, die sie nicht schreiben können, taugt heute das Potpourri. Legitim es zu bilden, bedarf es allerdings der Geschichte; Kunst aber, der es eher um Gestaltung von Hohlräumen der geistigen Existenz als um deren Ausfüllung geht, vermag signifikativ einer Form sich zu bedienen, die sonst nur Geschichte aus sich entläßt; solche Musik wird die Vollstreckung ihres eigenen Schicksals in der gleichen Weise auf sich nehmen, wie man heute etwa Rubati, Dehnungen, Drängungen nicht mehr dem Interpreten überläßt, sondern ›auskomponiert‹. Nun hat auch Weill aus der Dreigroschenoper das Potpourri herausgehoben, das stets in ihr versteckt war, im Text bereits, dessen Zusammenhang so oft zerspringt, als hätte ein anonymer Potpourrist darin herumgestrichen, mit den Modulationen, die selber wie aus Blütenkränzen unserer Tonmeister sind, mit all den Themen, die singbar, aber nicht wohlgereimt, sondern in kunstvoller Zufälligkeit darin asymmetrisch aufgereiht werden. Dies hat man nun also wirklich vom letzten Schein der Formtotalität emanzipiert, eines nach dem anderen, ohne etwas dazwischen; wenn das Radio funktioniert, kann man bald im Eigenheim alle die lieben Weisen an seinem Ohr vorüberwandeln lassen, nicht einmal die ist vergessen, zu der die Worte standen: Schlagt ihnen ihre Fressen mit schweren Eisenhämmern ein.

Das ist jetzt gänzlich praktikabel geworden, samt den Eisenhämmern, die zwischen Jazz und Valse triste kein gewissenhafter Hörer vergessen dürfte.

Welch ein Potpourri! Neben anderen Vorteilen bietet es den, daß man endlich die Partitur der Dreigroschenmusik in die Hand bekommt, wenngleich gründlich uminstrumentiert für die Zwecke des Potpourris; denn bislang wurde, was zu wissen sich lohnt, diese Musik aus einem Konduktor-Auszug dirigiert gleich einer Operette, während schwerlich eine Partitur mehr als Partitur gehört ist denn diese, die sich wie ein Klavierauszug geriert. Man muß die Partitur genau besehen.

Es fehlen die Streicher, unendlicher Hintergrund aller musica seria und der splitternden Endlichkeit jener unseriösen nicht gemäß. Zweifaches Holz, ohne Oboen, deren Valeurs für solchen Zweck die Jazzbesetzung pointierter bringt; zwei Saxophone, zwei Trompeten, Posaune, Tuba, dazu Banjo, das sich durch Gitarre und Bandoneon verstärken kann; Bandoneon, wohlverstanden, ein edlerer Name für Ziehharmonika, die gemeint ist. Dazu Schlagzeug und Klavier, eine halbe Jazzband also, Trümmer einer Jazzband, der Jazzklang ist gleich der Harmonik umgekippt, das traditionelle Übergewicht der Bläser hat nicht nur die Streichertransparenz, sondern auch die Kontraste der Streicher verscheucht, die ehemals das Jazzorchester strophisch balancierten.

Zum Vergleich mit der originalen Instrumentation der Stücke fehlt die Kenntnis der Partitur der Oper selbst. Es beginnt mit der Händel-Ouvertüre aus Nachtcafé-Perspektive, mit Strawinskyschen verkürzten und zerdehnten Kadenzen. Posaune und Tuba fungieren, zu nah gleichsam im Klang, als schreckhaft rohe Überbässe. Die Moritat von Mackie Messer ist mit Peachums Lied von der Vergeblichkeit menschlichen Strebens verkoppelt; von der steht immerzu eine Strophe als moralische Einleitung, ehe die Posaune die Ballade zur imaginären Drehorgel singt, der das Tenorsaxophon als Schatten und vox populi folgt. Die künstlich-plumpen, durchsichtigen Variationen sind dem Opernoriginal getreu. Dann der ›Anstatt-daß‹-Song, sehr ökonomisch geändert, allein mit größter Wirkung am Ende, wo die Phrase ›Wenn die Liebe erwacht‹ dreimal, von der Posaune, den Saxophonen, den Holzbläsern gebracht wird, ehe die Musik zum tristen Beschluß ins ungemäße a-moll fällt; disproportionierte Dehnung, als ob eine Walze stecken bliebe, schlagend die Hinterhofdürftigkeit der Kadenz dann vorbereitend. Folgt die Ballade vom angenehmen Leben, weiter Pollys Lied, das einmal sich wie ein Trio von Mahler gibt, sogleich jedoch wieder die Holzbläser ins Drehorgelgehäuse sperrt, bis am Ende das Saxophon, lauter Seele, vibriert: ›die Liebe dauert oder dauert nicht‹. Die Tangoballade getreu, mit der f-moll-Kadenz in der Koda, die von einem unbeschreiblich grellen D abgefangen und über Stock und Stein ins spanische e-moll-Himmelbett geleitet wird. Der Kanonen-Song ist gründlich verändert; im Sinne einer alten Opernphantasie mit viel Improvisation, dem Reiz der stets unvermittelten Rückung und gebunden durchs

Tempo; auch in der Konzertfassung der Schlager, nicht symphonisch verdichtet wie bei einem Neudeutschen etwa ein italienisches Pseudovolkslied, sondern so lose umspielt und improvisatorisch aufgezäumt, wie es nur mit einer sehr vorgegebenen, dem Bewußtsein bereits objektivierten Musik möglich ist. Zu guter Letzt das leibhaftige Potpourri: Macheaths Tod und Verklärung, nebst dem Schlußchoral, dargestellt in den Melodien seiner Leidens- und Freudenzeit. Das ist alles, kaum eine Melodie fehlt, sie ziehen gedrängt vorbei, so gedrängt, daß manchmal eine in die andere gerät und sie stößt; und in ihrem engen Zuge halten sie sich aneinander, die Verstümmelten, Geschädigten und Abgenutzten und doch wieder Aufrührerischen, die sich zum Demonstrationszug formieren.

# Schließungs-Tendenzen

*Vom ersten Tage des Bestehens der Krolloper an wurde über Schließungsabsichten gemunkelt. Solche Gerüchte waren jedoch nicht faßbar trotz gelegentlicher verklausulierter oder in Frageform gekleideter Äußerungen hoher Funktionäre, die in Andeutungen in die Presse gelangten.*

*Faßbar wird die Frage erst in der Denkschrift der Preußischen Oberrechnungskammer vom 7. Juli 1929, die sich mit der Rechnungsperiode 1924 bis 1926 befaßt, also einer Zeit, in der die Krolloper als autonomes Operninstitut noch nicht existierte! Die Einwände der Oberrechnungskammer richteten sich gegen den Filialbetrieb der Lindenoper im neuerbauten Krollschen Haus, dessen organisatorische und finanzielle Ergebnisse den Hoffnungen nicht entsprachen.*

*Von da an verschwindet der Gedanke an Schließung der Krolloper nicht mehr. Er kulminiert zunächst im Urantrag der Rechtsparteien des Preußischen Landtages vom 7. Januar 1930, der sich auf die prekäre Finanzlage des Staates stützt, und mit dem fadenscheinigen Argument operiert, »damit die gekünstelte Unterscheidung zwischen Sozial- und Repräsentationsbühne« fallengelassen werde; gemeint sind damit die Krolloper und die Oper Unter den Linden.*

*Während dieser Zeit ist von verschiedenen Instanzen über die Frage der Schließung mehr oder weniger unter der Hand verhandelt worden, ohne daß sich dies in Akten niederschlug. In diese Situation fällt der Brief des preußischen sozialdemokratischen Ministerpräsidenten Otto Braun, der sich im Gegensatz zu verschiedenen seiner Ministerkollegen und seiner engeren ministeriellen Berater dezidiert f ü r die Erhaltung der Krolloper aussprach. Die gleiche Meinung vertrat der preußische Innenminister Wilhelm Waentig, ebenfalls Sozialdemokrat – er trat allerdings kurz darauf aus der Partei aus – in seinem Brief vom 5. April 1930, in dem er in nüchterner und schonungslos offener Weise den Gang der Ereignisse seit der Denkschrift der Oberrechnungskammer vom Jahre 1929 nachzeichnet.*

*Aus der Denkschrift der Preußischen Oberrechnungskammer vom 7. Juli 1929*

Die Bedenken, die sich aus einem solchen stetigen und bedeutenden Anwachsen der Ausgaben in einer Zeit starker finanzieller Notlage des Preuß. Staates ergeben müssen, haben der ORK. für die Berichtszeit und darüber hinaus fortgesetzt Anlaß gegeben, gelegentlich der Rechnungsprüfung in schriftlichen und mündlichen Verhandlungen mit dem Ressortminister und dem Finanzminister nach Mitteln und Wegen zu suchen, um auch auf diesem Gebiete der Staatsverwaltung nach Möglichkeit eine finanzielle Entlastung herbeizuführen. Ein wesentlicher Erfolg ist allerdings bisher nicht erzielt worden.

Es ist selbstverständlich, daß die bedeutenden künstlerischen und kulturellen Aufgaben dieser staatlichen Unternehmungen nicht ohne finanzielle Opfer erfüllt werden können. Es muß ferner eine gewisse Steigerung des Zuschußbedarfs der Staatsoper gegenüber der Vorkriegszeit (die ehemaligen Hoftheater in Berlin, Wiesbaden und Kassel haben zuletzt einen ziemlich konstanten Zuschuß aus der Kronkasse von etwa 2 350 000 RM erfordert) und gegenüber dem ersten Jahre nach der Inflation als unvermeidlich anerkannt werden. Bekanntlich haben sich die allgemeinen wirtschaftlichen Verhältnisse, die Verarmung großer, gerade für den Theaterbesuch in Betracht kommender Bevölkerungskreise, die zwangsläufige beträchtliche Erhöhung der Betriebsausgaben, insbesondere der persönlichen Kosten, ohne gleichzeitige Möglichkeit einer entsprechenden Steigerung der Einnahmen, die Konkurrenz von Lichtspieltheater und Rundfunk u. a., überall im Theaterwesen höchst ungünstig ausgewirkt und sowohl bei Privatbetrieben wie auch bei den meisten öffentlichen Theaterunternehmungen krisenhafte Zustände hervorgerufen. Es muß auch insbesondere bei den Berliner Theatern berücksichtigt werden, daß infolge der Schließung der Staatsoper U. d. Linden während des Umbaues vom 3. 5. 1926 bis 29. 4. 1928 vor allem für die Rechnungsjahre 1926 und 1927 ein beträchtlicher Einnahmeausfall entstanden ist.

Nach Ansicht der ORK. geht aber die Steigerung der Zuschußbeträge, wie sie oben dargestellt ist, über das Maß dessen, was nach den allgemeinen Zeitverhältnissen ohne weiteres in Kauf genommen werden muß, erheblich hinaus, und es sollte ernstlich erwogen werden, wie hier bei voller Wahrung der wichtigen Interessen der Kunst und Volksbildung eine der sonstigen Verarmung des Staates entsprechende sparsamere Wirtschaft für die Zukunft erzielt werden kann.

Bei Erörterung dieser Dinge wird man an der wichtigen Organisationsfrage nicht vorbeigehen dürfen. Es ist zwar neuerdings durch die Einrichtung der Stelle eines Generalintendanten der Staatsopern vom Jahre 1927/28 ab ein Anfang zur Zentralisierung der Verwaltung geschaffen worden. Da diesem aber bisher nur für die Berliner Staatsopern und die Provinztheater gewisse Machtbefugnisse übertragen sind, und andererseits vom 1. 4. 1928 ab auch dem Intendanten des Schauspielhauses die Amtsbezeichnung eines ›Generalintendanten der Berliner staatlichen Schauspiele‹ beigelegt worden ist, offenbar um dessen selbständige Stellung neben dem Generalintendanten der Staatsopern zu betonen, so ist noch nicht einmal in Berlin, geschweige denn für das gesamte staatliche Theaterwesen in Preußen, eine wirklich einheitliche Leitung unter dem zuständigen Ressortminister vorhanden. Nach Ansicht der ORK. kann jedoch eine, alle Möglichkeiten einer sparsamen Geschäftsführung ausschöpfende Bewirtschaftung dieser weitverzweigten, aber doch eine große Einheit bildenden Staatsbetriebe nur dann erreicht werden, wenn an der Spitze der sämtlichen preußischen staatlichen Theater eine einzige, dieser schwierigen Aufgabe durchaus gewachsene Persönlichkeit steht, die die volle Verantwortung dafür trägt, daß innerhalb der Verwaltung ebensosehr nach wirtschaftlichen wie nach künstlerischen Gesichtspunkten verfahren und insbesondere mit den im Etat vorgesehenen Zuschüssen unbedingt ausgekommen wird. Daß andererseits dieser Persönlichkeit, wenn sie eine wirklich fruchtbringende Tätigkeit entfalten soll, in weitem Umfange, wenn auch selbstverständlich im Rahmen der durch den Landtag bewilligten Mittel, freie Hand gelassen werden muß, erscheint bei der Eigenart des Theaterbetriebes notwendig. Es darf übrigens bei dieser Gelegenheit erwähnt werden, daß versuchsweise für die Rechnungsjahre 1928 und 1929 seitens des Ressortministers im Einvernehmen mit dem Finanzminister und der ORK. bereits für eine große Zahl von Titeln des Kassenanschlages bei der Berliner Theaterverwaltung gegenseitige Übertragbarkeit zugestanden worden ist, um dem Wunsche des Generalintendanten der Staatsopern nach größerer Bewegungsfreiheit nachzukommen; die ORK. hat diesen Wunsch nachdrücklichst unterstützt.

Für die wirtschaftliche Gesundung der Berliner staatlichen Theater erscheint es ferner unerläßlich, daß Mittel und Wege gefunden werden, um das konkurrenzmäßige Nebeneinanderbestehen von drei großen, selbständigen Opernhäusern (Oper U. d. Linden, Städtische Oper und Oper am Platz der Republik) mit mehr oder weniger gleichartigem Spielplan zu beseitigen, da es sich gezeigt hat, daß das Publikum der Nachkriegszeit niemals eine solche Fülle künstlerisch höchststehender Darbietungen auf diesem Gebiete gleichzeitig finanziell tragen kann. Da die alte Staatsoper U. d. Linden und das Städtische Opernhaus schwerlich wesentliche Änderungen erfahren können, wird es sich in der Hauptsache um Maßnahmen hinsichtlich der Oper am Platz der Republik und daneben um eine möglichst weitgehende Arbeitsgemeinschaft zwischen den beiden anderen Opernhäusern handeln. Die bereits seit 25. 3. 1926 eingeleitete Interessengemeinschaft zwischen den letzteren dürfte noch weiter auszubauen sein.

In diesem Zusammenhange muß auch mit einigen Worten auf das mit der Volksbühne e. V. hinsichtlich der Oper am Platz der Republik bestehende Vertragsverhältnis hingewiesen werden, das noch bis zum Jahre 1949 gilt und in seinen finanziellen Auswirkungen eine schwere Belastung bei jedem Versuche einer wirtschaftlichen Ausgestaltung der Berliner staatlichen Theaterbetriebe darstellt. Nachdem der ursprüngliche Plan, alsbald nach dem Kriege das ehemalige Kroll-Etablissement der Volksbühne zum Ausbau und zur Einrichtung einer Volksoper zu überlassen, infolge der Inflation und der dadurch für den Verein bedingten Unmöglichkeit, selbst den begonnenen Bau zu vollenden, gescheitert war, übernahm der Staat im Jahre 1923 die Fertigstellung des Baues aus eigenen Mitteln unter Entschädigung der Volksbühne für die von ihr bereits gemachten Leistungen, und schloß am 30. 4. 1923 mit ihr einen Vertrag, wonach sie für 25 Jahre (ab 1. 1. 1924) täglich eine sehr große Anzahl von Plätzen (wöchentlich 7600) für ihre Mitglieder zu einem äußerst niedrigen Preise (Stundenlohn eines 24jährigen ledigen Handwerkers in Berlin nach dem Tarif für staatliche Verwaltungsarbeiter) zur Verfügung haben sollte. Dieser Vertrag ist später insofern abgeändert worden, als statt der täglichen Berechtigung der Volksbühne jetzt in jeder Woche an bestimmten Tagen das ganze Haus überlassen und ferner der für den Platz zu zahlende Preis allmählich auf 1,75 RM heraufgesetzt ist. In einem kürzlich abgeschlossenen Schiedsgerichtsverfahren ist dieser Satz neuerdings auf 2 RM für die nächsten 5 Jahre, aber erst von der Spielzeit 1929-30 ab, festgesetzt worden. Der Staat hatte eine Erhöhung auf 3 RM beantragt. Wie belanglos diese Verbesserung der Platzentschädigung um 25 Rpf für die wirtschaftliche Lage der Theaterverwaltung ist, erhellt schon daraus, daß nach den Feststellungen des Schiedsgerichts, die in dieser Beziehung mit den Beobachtungen bei der Rechnungsprüfung ungefähr übereinstimmen, zur Zeit der Staat etwa 3 RM für den Platz bei jeder Vorstellung in der Oper am Platze der Republik zusetzt, und daß allein der dem Staate zur Last gelegte Anteil an den Kosten des erwähnten Schiedsgerichtsverfahrens in Höhe von etwa 46 000 RM den infolge dieser Erhöhung vielleicht zu erzielenden Mehrertrag eines ganzen Jahres wieder aufzehrt.

Es liegt auf der Hand, daß eine solche Belastung jede wirtschaftliche Gestaltung des Gesamtunternehmens der

Berliner staatlichen Theater auf absehbare Zeit ausschließen muß. Es darf auch nicht verkannt werden, daß bei der vorstehend geschilderten vertraglichen Regelung der Volksbühne auf indirektem Wege eine laufende, außerordentlich hohe staatliche Unterstützung gewährt wird, die sich zudem hier nur für die Berliner Mitglieder dieses Vereins praktisch auswirkt. Wenn auch eine solche Unterstützung aus sozialen Gründen staatsseitig für erforderlich gehalten werden mag, so würde es doch im Interesse einer klaren Etatgestaltung und einer besseren Übersicht über die wirklichen Ergebnisse der Wirtschaftsprüfung in diesem Staatsbetriebe erwünscht sein, wenn wenigstens in der Erläuterungsspalte des betreffenden Etattitels auf die besonderen Umstände hingewiesen würde, die in diesem Falle dauernd die erheblichen Mindereinnahmen hervorrufen.

Jedenfalls aber dürfte es sich dringend empfehlen, die staatlichen Aufwendungen für die Oper am Platz der Republik nur in einem solchen Ausmaße zu halten, daß der durch das Vertragsverhältnis bedingte Zuschuß für die Volksbühne in erträglichen Grenzen bleibt.

›Vossische Zeitung‹ vom 28. September 1929

Oberrechnungs-Musik

Über die Preußische Oberrechnungskammer und den mit ihr in Personalunion verbundenen Rechnungshof des Deutschen Reichs war in früheren Jahren in den Zeitungen nur Anekdotisches zu lesen, etwa, wenn einem Beamten vorgeschrieben wurde, 1,70 Mark wiederzuerstatten, die er vor zwanzig Jahren auf einer Dienstreise mehr ausgegeben und verrechnet hatte, als er nach den Buchstaben des Reglements durfte. Solche Anekdoten trugen dazu bei, den scheuen Respekt zu erhöhen, den man vor dieser höchsten Kontrollinstanz der preußischen und deutschen Finanzgebung seit altersher empfand. Wenn es auch manchmal schien, daß der Effekt in keinem richtigen Verhältnis zu dem Aufwand an Mühe und Kosten stand – solche Zeichen nie erlahmender Wachsamkeit steigerten den geheimnisvollen Nimbus dieser Behörde, der kein Versehen, kein Additionsfehler, keine Überschreitung entging. Bis vor wenigen Jahren schien die Oberrechnungskammer nur darauf zu achten, daß die Ausgaben sich innerhalb der von den Gesetzen und Verordnungen gesteckten Grenzen hielten.

In der jüngsten Zeit aber hat die Öffentlichkeit Veranlassung gehabt, sich mit Moniten zu befassen, die *nicht nur die Zulässigkeit, sondern auch die Zweckmäßigkeit von Ausgaben betrafen*. Es ist in Erinnerung, daß der Rechnungschef Kritik an der personellen Stärke der Delegation geübt hat, die im August 1924 zur Londoner Dawes-Konferenz entsandt wurde. Er fand, es hätten weniger Beamte mit nach London genommen werden können. Reichsaußenminister Dr. Stresemann hat im Hauptausschuß des Reichstages die Kompetenz des Rechnungshofes zu solcher Kritik bestritten. Nur die Regierung könne beurteilen und entscheiden, welche sachverständigen Referenten bei einer politisch so bedeutsamen Konferenz notwendig seien oder nicht.

Jetzt liest man, daß die Oberrechnungskammer die Höhe des Zuschusses, den Preußen für die Staatstheater gewährt, in ihrer letzten Denkschrift beanstandet. Damit greift sie in das Budgetrecht des Preußischen Landtages ein, der souverän über die Gestaltung des Etats zu entscheiden hat; aber auch in die Fragen der Kunst und Kulturpolitik, für die sie kaum die geeignete Instanz sein dürfte und die auch schwerlich nach den gleichen Maximen behandelt werden können wie die Abrechnung über Einquartierung einer Reichswehrkompagnie in Manöverzeiten.

Der Oberrechnungskammer mißfällt der Vertrag Preußens mit der Volksbühne, deren Mitglieder für einen Platz in der Oper am Platz der Republik nur zwei Mark bezahlen, während die Selbstkosten, anteilmäßig berechnet, weit höher seien. Und sie fordert eine gründliche Umgestaltung.

Die Feststellung ist zutreffend, die Schlußfolgerung geht fehl. Der Wille der preußischen Regierung war es, jenen breiten Massen, die nach Musik hungern, aber den Preis für ein Billett in die Staats- oder in die Städtische Oper nicht erschwingen können, diese Volksoper zu schaffen. Wenn man weiß, was für diese Opernbesucher ein Groschen bedeutet, wird man verstehen, warum die 2-Mark-Grenze gesetzt worden ist. Die Oberrechnungskammer ist aber auch inkonsequent. Sie tadelt den niedrigen Billettpreis an der Kroll-Oper und geht schweigend daran vorbei, daß der Staat jedem Besucher der Staatsoper ebenfalls ein Geschenk macht, das relativ geringer, absolut genommen viel kostspieliger ist. Es ist bekannt, daß die Staatsoper nur etwa die Hälfte ihrer Aufwendungen aus den Billetteinnahmen bekommt, die andere Hälfte wird aus dem Zuschuß des Staates gedeckt. Der logische Schluß ist, daß der Besucher des ersten Parketts 18 Mark für einen Platz bezahlt, der das Doppelte kosten müßte, wenn die Staatoper gezwungen wäre, sich selbst zu erhalten. Würde man aber diesen doppelten Preis verlangen, dann würde die Kurve auf den Kassenrapporten sich rapide nach unten bewegen. Opernhäuser sind eben Zuschußbetriebe und müssen es sein. Aber nur unsozialer Geist wird der Volksoper verweigern wollen, was er der Repräsentationsoper der wohlhabenden Schicht gern gewährt.

Die Oberrechnungskammer verlangt die Beseitigung des Nebeneinanders von drei Opernhäusern in Berlin, weil es sich gezeigt habe, daß »die Konsumkraft des Publikums der Nachkriegszeit für eine solche Fülle künstlerisch höchststehender Darbietungen zu schwach ist«.

Ob drei oder zwei Opernhäuser – das ist seit Jahren eine Streitfrage, die kaum jemand mit Gewißheit zu beantworten vermag. Man könnte auf die Kroll-Oper verzichten, aber nicht auf den sozialen Gedanken, aus dem sie geboren wurde. Es müßte dann für die Besucher der Kroll-Oper Ersatz in der Staats- und in der Städtischen Oper geschaffen werden, das heißt, bestimmte Abende in der Woche müßten für die Volksbühne reserviert werden. Das Defizit, das jetzt die Kroll-Oper zu tragen hat, würde, da die anderen Opernhäuser einen weit höheren Etat haben, dann nicht geringer, sondern höher sein. Man könnte sich mit der repräsentativen Staatsoper und mit der volkstümlichen Kroll-Oper begnügen, aber dann würde sich der Zuschuß Preußens nicht um einen Deut verringern. Nur die Stadt Berlin würde die Kosten für ihre Oper sparen.

Man darf das Problem nicht falsch sehen. Die Oper am Platz der Republik ist ein Organismus für sich. Das Publikum, auf das dieses Haus rechnet und eingestellt ist, kommt für die Oper Unter den Linden und für die in Charlottenburg gar nicht in Betracht. Die Problemstellung ist die: Kann Berlins finanzielle Ober- und Mittelschicht zwei Opernhäuser wie die Staats- und die Städtische Oper füllen oder nicht? Daß der Spielplan zum großen Teil die gleichen Werke umfaßt, spielt dabei keine ausschlaggebende Rolle. Wer den Opernbetrieb in Berlin kennt, weiß, daß den Ausschlag für das Publikum weniger das Repertoire als die Besetzung der wichtigsten Partien gibt. Bei der Beschränktheit des Opernrepertoires ist es selbstverständlich, daß jeder ständige Opernbesucher die bekannteren Opern mehrfach gehört hat. Die stärkste Anziehungskraft üben die schöne Stimme, der beliebteste Dirigent. Diese Binsenwahrheit sollte doch nicht mehr bestritten werden.

Das Berliner Opernproblem besteht in der Schaffung eines Ensembles erlesener Stimmen. Eine Künstlerschar hohen Ranges erfordert aber einen Aufwand, der von einem Institut allein nicht getragen werden kann. Das war ja auch der leitende Gedanke in dem bekannten Plan der Operngemeinschaft, die jetzt allmählich verwirklicht wird. Nur wenn beide Opernhäuser eine organische und künstlerische Einheit bilden, kann jener Traum der Feiertagsoper am Werktag erfüllt werden.

Je glänzender die Besetzung desto stärker das Interesse des Publikums. Solange wir den Wettbewerb New Yorks um unsere besten Sänger nicht verbieten können, solange die unvernünftige, dem wirtschaftlichen Gesetz von Angebot und Nachfrage widerstrebende Gagenkonvention besteht, haben wir nur die Wahl zwischen einer mittelmäßigen oder zwei guten Opern. Das ist so wahr wie es paradox klingt. Und ehe man in der Streitfrage: zwei Opernhäuser oder eines? (nicht drei oder zwei) endgültig Partei nimmt, soll man abwarten, bis die Ergebnisse der inneren Reorganisation, die Generalintendant Tietjen in diesem Spieljahr vollenden will, erkennbar sind.

Von dieser Empfehlung soll auch die Oberrechnungskammer nicht ausgenommen sein.

*Urantrag der Rechtsparteien des Preußischen Landtags vom 7. Januar 1930*

Die Finanzlage erfordert zwingend, daß endlich die uferlosen Zuschüsse, wie sie die Denkschrift der Oberrechnungskammer für die Jahre 1925 bis 1928 für die Staatstheater bekanntgibt, abgebaut werden. Durch die Finanzwirtschaft der Staatstheater war es möglich, daß die in den Jahren 1925 bis 1928 für die Staatstheater bewilligten Zuschüsse von 17 767 200 RM um 10 595 027 RM überschritten worden sind. Trotz dieser Tatsache sieht der neue Etat der Staatstheater für 1930 eine weitere Zuschußerhöhung von vorläufig rund 1 500 000 RM im Soll vor.

Dieses von Jahr zu Jahr anwachsende Defizit kann nur durch eine durchgreifende Maßnahme unterbunden werden.

Die Kroll-Oper und das Schiller-Theater hatten im abgeschlossenen Jahre 1928, wie dem Unterausschuß für Theaterfragen nachgewiesen wurde, einen Ausgabenetat von zusammen 4 273 300 RM. *Die Ausgaben können erspart und die Einnahmen beider Häuser der Oper Unter den Linden und dem Schauspielhaus am Gendarmenmarkt zugeführt werden, wenn die Kroll-Oper und das Schiller-Theater geschlossen werden.*

Der bestehende Vertrag mit der Volksbühne darf kein Hindernis sein, da der Staat im Jahre 1923 die Fertigstellung des Baues aus eigenen Mitteln übernahm und die Volksbühne für die bereits gemachten Leistungen entschädigte. Der Staat sprang also für die Volksbühne, die infolge der Inflation nicht weiterbauen konnte, ein und rettete ihr dadurch die bis dahin von ihr investierten Beträge. In künstlerischer Beziehung wird eine planmäßige soziale Kunstpflege in der Oper Unter den Linden und im Schauspielhaus am Gendarmenmarkt keinerlei Anlaß zu Beanstandungen geben, sondern im Gegenteil eine Verbesserung bedeuten. *Im Sinne wahrer Volksgemeinschaft ist die bestehende Trennung zwischen Sozial- und Repräsentationsbühnen weder wünschenswert noch notwendig.*

Nachdem die Oberrechnungskammer eine übermäßig große Zahl von Dienst- und Freikarten in der Lindenoper und im Schauspielhaus festgestellt hat, dürfte unzweifelhaft genügend Platz in den genannten Häusern sein, um die Vertragsbedingungen mit der Volksbühne zu erfüllen. Die Volksbühne muß und wird auf ein etwaiges Recht verzichten, daß die von ihr veranstalteten Vorstellungen in der Kroll-Oper stattfinden müssen.

Eine Verpachtung der Kroll-Oper und des Schiller-Theaters als Konzertsaal, als städtisches Versammlungshaus, als Aufnahmeraum für die Schallplattenfabriken, für Tonbildaufnahmen würde nicht auf große Schwierigkeiten stoßen und andererseits für den Staat rentabel sein.

Eine weitere unerläßliche Maßnahme zur Sanierung der Finanzen der Staatstheater ist die Herabsetzung der Eintrittspreise um 30 bis 40 %.

Wir beantragen:

Der Landtag wolle beschließen: Das Staatsministerium wird ersucht,

1. der Schließung der Kroll-Oper und des Schiller-Theaters in Berlin zuzustimmen,
2. die Aufgaben der sozialen Kunstpflege auf die Staatliche Oper Unter den Linden und das Staatliche Schauspielhaus am Gendarmenmarkt zu übernehmen und damit die gekünstelte Unterscheidung zwischen Sozial- und Repräsentationsbühnen fallen zu lassen,
3. unverzüglich mit der Stadt Berlin in Verhandlungen einzutreten dahingehend, daß die Städtische Oper in Charlottenburg an der Arbeit für die soziale Kunstpflege beteiligt wird,
4. den Theaterbesucher-Organisationen (Volksbühne, Bühnenvolksbund usw.) die Erbringung des Nachweises aufzuerlegen, daß die aus Staatsmitteln bereitzustellenden Zuschüsse zu den billigen Karten wirklich nur den sozialen Schichten der Bevölkerung zugute kommen, deren wirtschaftliche Lage den Staatszuschuß rechtfertigt,
5. einen Teil der Ersparnisse – etwa 500 000 Reichsmark – bereitzustellen für die Aufrechterhaltung guter deutscher Theaterveranstaltungen in den Grenzgebieten.

*Klaus Pringsheim: ›Der Montag Morgen‹*
*vom 3. März 1930*

Schluß mit der Opernkrise

Am ersten Tage des Etatjahres, in dessen letzten Monat wir gestern getreten sind, am 1. April 1929 ist vom ›MM.‹ als einziger Ausweg aus der permanenten Berliner Opernkrise empfohlen worden: »Verminderung der gegenwärtig bestehenden drei Opernbetriebe auf zwei. Eine der beiden verbleibenden Opern würde Gesellschafts- und Repräsentationstheater, die andere müßte ein Volkstheater sein: gewissermaßen eine Holz- und eine Polsterklasse.«

Seither hat sich auch an Stellen, die zunächst nichts davon wissen wollten, die Einsicht durchgesetzt, daß jedes andere Spar- und Sanierungsprogramm zweckloser Selbstbetrug wäre. Nur um die Frage, welcher Betrieb aufgelöst werden soll, dreht sich die Diskussion.

Zu prüfen ist erstens, was jedes der drei Theater künstlerisch leistet und zu leisten vermag; zweitens, welche soziale, auf deutsch, gesellschaftliche Funktion es erfüllt und wie; drittens, wie hoch der finanzielle Bedarf jedes Hauses. Schon das verdichtet sich zu einem Komplex öffentlicher Gewissensfragen, der in seiner Ganzheit nur schwer gerecht zu entscheiden ist. Ihn kompliziert aber, viertens, noch die Frage des Theatergebäudes, die manchen die wichtigste zu sein scheint. Und dazu kommen fünftens und sechstens gewisse nicht nur formale Schwierigkeiten: die Getrenntheit der staatlichen und städtischen Kompetenzen, die Verschiedenheit staatlicher und städtischer Interessen.

Soll die Kroll-Oper fallen?

Schweren oder leichten Herzens, je nach den Motiven, schien man sich schon über die Lösung einig geworden – nicht bei den zuständigen Behörden, aber in Berliner Zeitungen; wir lasen es morgens und abends: die Republik-Oper muß verschwinden. Nicht ganz verschwinden, selbstverständlich. Ihre Publikumsorganisation würde von der Städtischen Oper, ihre künstlerische Substanz, Klemperer an der Spitze, von der Lindenoper übernommen. Eine ideale Regelung wäre das ja nicht, aber man muß halt realpolitisch denken. Diese dritte Berliner Oper war ja immer nur ein Experiment, und ein höchst unbequemes obendrein. Lassen wir es mißglückt sein. Weg damit. Schade. Gottseidank.

Und nun geht das doch nicht! Die Berliner Öffentlichkeit hat protestiert, und jetzt schallt es unisono: die Republik-Oper darf nicht verschwinden! Nein, sie darf nicht; und da trifft es sich gut, daß die Volksbühne einen Vertrag vorzuweisen hat, der ihr das unbestreitbare Recht einräumt, auf der Fortsetzung des staatlichen Opernbetriebes gerade in diesem Haus zu bestehen, das sie ein wenig als das ihre betrachten darf. Der ›kleine Mann‹ wird sich nicht von neuem im Operntheater der großen Welt als Besucher zweiter Klasse ansiedeln lassen, geduldet auf billigen Plätzen und in billigen Vorstellungen. Und der sozialdemokratische Kultusminister Grimme könnte auch seinerseits als kunstpolitisches Debüt schwerlich gerade die erste Berliner Volksoper, die erste deutsche Arbeiteroper stillegen.

Selbstverständlich, die Berliner Opernfrage darf ebensowenig nach nur politischen, wie nach nur juristischen Gesichtspunkten entschieden werden; auch zweifelloseste Rechtsansprüche lassen sich im Vergleichsweg abgelten. Aber der vertragliche Anspruch der Volksbühne bildet ja nur ein Glied in einer Kette durchaus unwiderlegbarer Argumente. Frage für Frage. Besteht die Republik-Oper – sie allein – das strenge Examen, das über Sein oder Nichtsein zu entscheiden hat? Ein halbes Dutzend Fragen, sie können hier nur summarisch erledigt werden.

Die Unentbehrlichkeit der Kroll-Oper

Man weiß längst, daß sich im Haus der Republik-Oper die großen Ereignisse des Opernjahres begeben; daß unter den drei Bühnen diese den interessantesten und lebendigsten Spielplan unterhält, daß sie über das geschlossenste Ensemble verfügt und auch im Durchschnitt des Opernalltags das höchste, gleichmäßige Niveau aufweist. Man weiß: dies Theater des künstlerischen Fortschritts hat das Publikum der höchsten Ansprüche und erzieht ein neues Publikum zu höchsten Ansprüchen; ein heilsamer Prozeß der geistigen Regenerierung und sozialen Verjüngung vollzieht sich hier. Man weiß, jeder Opernbetrieb kostet Geld, aber jeder in Berlin kostet mehr als dieser, in dem materielle Sparsamkeit und geistige Konzentration einander programmatisch bedingen und durchdringen. Weiter, man weiß, daß die Mitglieder der Volksbühne nicht individuell gestaffelte Eintrittspreise zahlen, und niemand wird bestreiten, daß für ein Massenpublikum die Platzfrage – die Frage der gerechtesten Platzzuweisung – in keinem anderen Theater so zweckmäßig zu lösen ist wie im umgebauten, just für solchen Zweck umgebauten Kroll-Haus. Und schließlich, wenn es unter den theatralischen Sendungen des Staates eine gibt, für die seine Zuständigkeit außer Frage steht, dann ist es die soziale Opernkunstpflege, wie sie hier vorbildlich betreut wird. Die Stadt Berlin erblickt darin gewiß keine Schmälerung ihrer kulturellen Souveränität.

Umzug der Stadt-Oper in die Linden-Oper!

Die Republik-Oper muß also bleiben, was sie ist, wie sie ist, und wo sie ist. Das aber heißt, daß die Lösung nur im Bereich der beiden anderen Bühnen gefunden werden kann. Und sie liegt offenbar in einer konsequenten Weiterentwicklung jener ›Arbeitsgemeinschaft‹, die heute schon Stadt- und Linden-Oper verbindet, zur vollkommenen Betriebsgemeinschaft nicht nur, sondern dann auch zu einer Hausgemeinschaft. (Haus, nicht Häuser!) Beide, Stadt- und Linden-Oper, sollen und wollen dasselbe, sie sind einander so ähnlich wie ein Hoftheater dem anderen. Es genügte, wenn wir eins hätten. Überdies wäre der künstlerische Gewinn unabsehbar, wenn aus den besten Kräften beider Institute eine Auslese getroffen, das Repertoire zusammengelegt, unbrauchbarer Schutt weggeräumt würde. Und ein paar Millionen würden jährlich gespart; eines der beiden Häuser würde für anderweitige Verwendung frei.

Die Hindernisse, die vor dem Ziel liegen, scheinen unübersteigbar. Die Stadt will und wird sich nicht zwingen lassen, ihre Opernhoheitsrechte aufzugeben. Und, die Linden-Oper schließen . . . unmöglicher Gedanke; die ältesten Berliner würden Revolution machen. Vor ein paar Jahren, ehe man sich in die unsinnigen Unkosten des Umbaues gestürzt hatte, wäre darüber zu reden gewesen. Heute aber? Also, was kann und soll geschehen? Nun, die einfachste Sache der Welt: die Linden-Oper wird Städtische Oper! Man wird keine bessere Lösung finden! Und es könnte eine wahrhaft gute Lösung werden.

Ganz einfach wird der Hergang doch nicht sein. Um die Fülle auftauchender Einzelfragen befriedigend zu regeln, wird auf beiden Seiten viel Geduld und guter Wille nötig sein. Nur dürfen aus taktischen Schwierigkeiten nicht strategische Probleme gemacht werden. Zu zerstören ist eine preußische Illusion, die Illusion, daß in der Berliner Gesellschafts- und Repräsentationsoper der preußische Staat repräsentiert werden müsse. Daß Berlin preußische Hauptstadt sei, steht nur in Schulbüchern; Berlin ist deutsche Reichshauptstadt. Die Reichshauptstadt hat vor allem sich selbst zu repräsentieren; dann das Reich; und erst in dritter Linie Preußen. Berliner Stadt-Oper also soll das Opernhaus Unter den Linden sein; und auch ein bißchen Reichs-Oper werden; und auch ein bißchen Staats-Oper bleiben. Es wäre recht vernünftig, wenn Reich und Staat an der Verwaltung teil hätten. Wir hätten dann unter städtischer Führung ein Gebilde, etwa wie es bei der Umgründung des Philharmonischen Orchesters gedacht war.

Endbilanz

Es würde nur noch zwei, statt drei Opern geben, diese beiden natürlich mit stark erhöhten Einnahmen.

Der Staat Preußen würde statt einer billigen und einer teuren Oper nur noch die billige und vielleicht $1/4$ der teuren zu finanzieren haben, bei stark vermindertem Defizit beider.

Die Stadt Berlin würde statt für eine Oper nur noch für eine (auch an sich billiger gewordene) halbe aufkommen müssen und überdies die Einnahmen aus dem frei werdenden und vermietbaren Haus in Charlottenburg haben.

Das Deutsche Reich würde sich an der Oper, die es tatsächlich zuweilen für Repräsentationszwecke beansprucht, und zwar gegen Entgelt, mit einem (billigen) Viertel beteiligen.

*Der Preußische Ministerpräsident Otto Braun in einem Brief an den Minister für Wissenschaft, Kunst und Volksbildung vom 12. März 1930*

Nach reiflicher Durchprüfung des Berliner Opernproblems bin ich zu folgendem Ergebnis gekommen:

Die dauernde Aufrechterhaltung dreier, fast das ganze Jahr hindurch spielenden Opernbühnen in Berlin wird auf die Dauer aus finanziellen Gründen nicht möglich, aber auch nicht erforderlich sein, wenn man sich vergegenwärtigt, daß beispielsweise eine so reiche und große Stadt wie London nicht in der Lage ist, auch nur eine einzige, das ganze Jahr hindurch spielende Oper zu erhalten. Im Gegenteil bin ich der Meinung, daß der Fortfall einer Opernbühne in Berlin zu einer Intensivierung und finanziellen Gesundung der beiden übrigbleibenden Opern führen würde. Ich bin aber zu der Überzeugung gelangt, daß es zweckmäßig ist, nicht die Kroll-Oper, sondern, wenn irgendmöglich, eher die Städtische Oper eingehen zu lassen. Wie ernsthafte Aufsätze von berufener musikkritischer und finanzsachverständiger Seite zeigen, versteht es die Öffentlichkeit verschiedener Parteien nicht, daß man eine Bühne wie die Kroll-Oper eingehen lassen will, deren Aufgabe es ist, eine soziale Musikpflege mit einem künstlerisch hohen Niveau und angemessen niedrigen Preisen zu treiben. Würde die Kroll-Oper eingehen und ihre Aufgabe von der Städtischen Oper übernommen werden, so würde, auch wenn eine Verständigung zwischen Volksbühne und der Städtischen Oper zustandekommen sollte, der Eintrittspreis bei der Städtischen Oper, wie in dem gefälligen Schreiben vom 13. Februar 1930 – U IV Nr. 300.1 – mit Recht hervorgehoben wird, ein erheblich höherer bleiben müssen, als er es bei der Kroll-Oper ist, und es würde damit breiten Schichten der Bevölkerung, die ohnehin unter der augenblicklichen Wirtschaftskrise schwer leiden, unmöglich gemacht werden, überhaupt noch Opernmusik zu hören. Dagegen würden 2 repräsentative Opernbühnen bestehen bleiben, die ihrem ganzen Ursprung und ihrer Preisbildung nach nur für die wohlhabenden Kreise der Berliner Bevölkerung und für das ausländische Besucherpublikum in Betracht kommen. Eine derartige Kunstpolitik kann m. E. von einem sozialen Volksstaat nicht getrieben werden und müßte konsequent zu dem Ergebnis führen, daß die Frage nach der Notwendigkeit von Staatstheatern unter der Republik überhaupt verneint werden müßte; denn unter einer Republik kann der Sinn für Unterhaltung von Staatsbühnen und ihre Bezuschussung durch den Staat im wesentlichen nur darin gefunden werden, daß der Staat es als seine Aufgabe ansieht, den breiten Massen der Bevölkerung den Genuß wertvoller Kunst zu nicht zu hoch liegenden Preisen zu ermöglichen. Rein repräsentative Gesichtspunkte würden eine so erhebliche Belastung der Steuerzahler nicht rechtfertigen können.

Kommt man aber zu dem Ergebnis, daß die Kroll-Oper bestehen bleiben muß, so wird die Organisation der beiden staatlichen Opern Unter den Linden und am Platz der Republik von Grund auf geändert werden müssen. Es kann keinem Zweifel unterliegen, daß bei beiden Opern bisher in einer Weise aus dem Vollen gewirtschaftet worden ist, die weder der finanziellen Lage des Staates entspricht noch auch aus den Bedürfnissen der Opernbühnen selbst heraus begründet ist. In Zukunft halte ich es für unmöglich, für die beiden Bühnen einen, wie bisher, gesonderten Fundus an Opernpersonal und Verwaltungspersonal aufrechtzuerhalten, wie er jetzt besteht, vielmehr wird m. E. in Zukunft eine einheitliche Verwaltung und ein einheitliches Opernpersonal für beide Bühnen statthaben müssen, und es wird Aufgabe der Generalintendanz sein, die Arbeit der Kroll-Oper dadurch zu ermöglichen, daß die teuren Kräfte der Staatsoper an Dirigenten und Sängern, soweit sie gerade bei der Staatsoper Unter den Linden nicht beschäftigt sind, bei der Kroll-Oper Verwendung finden und damit die billigeren Preise bei der Kroll-Oper rechtfertigen. Ein Überblick über das künstlerische und Verwaltungspersonal der beiden Opern zeigt, daß eine weitgehende Reduktion des Personals an künstlerischen und Beamtenkräften stattfinden kann, denn bei dem umfangreichen Personalbestande der Staatsoper Unter den Linden erscheint es mir vollständig überflüssig, daß die Oper am Platz der Republik daneben noch 50 Solomitglieder, 80 Orchestermitglieder, 70 Chor- und 30 Ballettmitglieder haben muß, wie dies augenblicklich der Fall ist. Auch bin ich der Meinung, daß ein Staat, der jeden Pfennig zusammenhalten muß, sich keinen so großen Stab berühmter Dirigenten halten darf, die übermäßig hohe Gagen beziehen und daneben trotzdem noch mehrere Monate im Jahre Urlaub erhalten, den sie auf Kosten des preußischen Staates im Auslande verbringen, und bei dem sie obendrein noch außerordentlich hohe Verdienste einsammeln. Ein Vergleich mit den bayerischen Staatstheatern zeigt, daß die preußischen Staatstheater, auch wenn ihr künstlerisches Niveau ein höheres ist, für Personalkosten unverhältnismäßig hohe Posten ausweisen. Während die bayerischen Staatstheater für ein Solopersonal von 150 Personen 1 868 900 RM brauchen, die Personalkosten insgesamt 4 480 700 RM betragen und die Gesamtausgaben 6 658 700 RM machen, benötigen die preußischen Staatstheater für ein Solopersonal von 147 Personen 5 001 610 RM, Gesamtpersonalkosten in Höhe von 9 530 810 RM und Gesamtausgaben von 11 766 200 RM. Auch wenn Bayern nur 3 Theater hat, bleibt die Differenz erheblich. Bei einer Zentralisierung von Staatsoper Unter den Linden und Staatsoper am Platz der Republik wird die geringe Ersparnis, die bei einem Fortfall der Kroll-Oper gemacht werden könnte, durchaus kompensiert werden und obendrein ein Prozeß der Volksbühne gegen den preußischen Staat vermieden, dessen Ausgang zum mindesten ungewiß erscheinen kann.

Wenn es möglich sein sollte, Berlin – nötigenfalls durch Verhandlungen mit der Stadt Berlin – auf zwei Opernbühnen zu beschränken und dadurch staatliche Zuschußmittel freizubekommen, so müßten diese unbedingt den notleidenden Grenztheatern in Königsberg und Breslau zugute kommen, deren Aufrechterhaltung ich sowohl aus kulturpolitischen wie aus staatspolitischen Gründen für unbedingt erforderlich halte. Das geistige Deutschtum muß in der Ostmark, wie ich mir in meinem Schreiben vom 8. Februar 1930 – St. M. I 1086 – auszuführen erlaubt habe, gerade auch auf dem Gebiete der Musik, soweit mit den staatlichen Mitteln irgend vereinbar, gestützt werden, und ich halte es für durchaus gerechtfertigt, die Mittel für den Osten dadurch zu vermehren, daß der Zuschuß für die Staatstheater in Kassel und Wiesbaden gekürzt wird.

Ich wäre Ihnen, Herr Minister, zu Dank verpflichtet, wenn Sie die Frage der Opernbühnen in Berlin sowohl für sich unter dem Gesichtspunkt der sozialen Kunstpflege wie im Verhältnis zu den notleidenden Bühnen in Breslau und Königsberg und zu den Staatstheatern in Kassel und Wiesbaden prüfen und mir beschleunigt Ihre Entschließungen mitteilen wollten.

*Aus der Denkschrift der Preußischen Oberrechnungskammer über die Prüfung für die Jahre 1927-1928 vom 16. Dez. 1930*

Die ORK. hat die Verhandlungen zur Ausschaltung der Oper a. Pl. d. R., als eines Konkurrenzunternehmens, lebhaft begrüßt; denn der Einfluß, den gerade dieses Opernunternehmen auf das Anschwellen des Zuschußbedarfs bei den Berliner Staatstheatern gehabt hat, ergibt sich aus folgender Feststellung gelegentlich der Rechnungsprüfung:

Dadurch, daß der Oper a. Pl. d. R. im Jahre 1928 eine größere Selbständigkeit zuerkannt und eine bedeutende Steigerung ihrer künstlerischen Leistungen ermöglicht worden ist, sind erhebliche Aufwendungen erforderlich geworden; sie können, da sich vielfach Maßnahmen auch auf die Oper U. d. Linden ausgewirkt haben, zum Teil nur schätzungsweise angegeben werden. Nach dem Stande vom 1. April 1930 können als feststehende jährliche Mehraufwendungen rd. 474 000 M angenommen werden, wozu noch weitere mindestens rd. 340 000 M schätzungsweise ermittelte jährliche Mehrausgaben hinzutreten. Der Opernchor allein ist z. B. aus diesem Anlaß um 40 Stellen (auf 160) vermehrt worden, wodurch das Soll lediglich bei dieser Position von 498 055 RM (Kap. 162 Tit. 13 I c/1928) um rd. 123 000 RM überschritten wurde. Die zuständigen Minister hatten bei der Bewilligung vorausgesetzt, daß die Mehrausgabe, wie mehrfach in Aussicht gestellt, durch die aus dem intensiveren Betrieb der beiden Opern zu erwartenden Mehreinnahmen gedeckt werde. Diese Erwartung hat sich jedoch nicht erfüllt; vielmehr sind nicht einmal die Solleinnahmebeträge erreicht worden. Auch dürfte es keinem Zweifel unterliegen, daß gerade der weitere Ausbau der Oper a. Pl. d. R. sich für die Einnahmeverhältnisse bei der Oper U. d. Linden recht nachteilig ausgewirkt hat.

Es ist zu hoffen, daß, falls demnächst die Oper a. Pl. d. R. aus der Reihe der großen Berliner Opernunternehmen ausscheidet, sich die finanziellen Verhältnisse allmählich wieder günstiger gestalten werden, besonders wenn bei der Entscheidung über die Frage, wie die frei werdenden Räume in der Oper a. Pl. d. R. weiter zu verwenden sind, im Hinblick auf die Lage der Staatsfinanzen deren Interesse ausschlaggebend berücksichtigt wird.

Mit der in Aussicht stehenden Neuregelung des Vertragsverhältnisses mit der Volksbühne wird auch die in Sp. 36 der letzten Denkschrift erwähnte Frage der mietzinsfreien Benutzung von Büroräumen ihre endgültige Erledigung finden können. Es ist bisher nicht möglich gewesen, die Volksbühne zu einer freiwilligen Anerkennung der Verpflichtung zur Mietezahlung zu veranlassen.

Die in Sp. 34 der letzten Denkschrift erwähnte Interessengemeinschaft zwischen der Oper U. d. Linden und der Städtischen Oper wird nach Ansicht der ORK. auch bei dem Wegfall der Oper a. Pl. d. R. ihre große Bedeutung behalten; die Verhandlungen über diese Fragen schweben zur Zeit noch zwischen dem Minister für W., K. u. V. und der Stadt Berlin.

*Antwort des preußischen Innenministers Wilhelm Waentig auf das vorgehende Schreiben des Ministerpräsidenten vom 5. April 1930*

Wenn man die gedruckt vorliegenden Landtagsverhandlungen über die Theaterfragen prüft, so fällt zunächst auf, daß diejenigen Parteien, die sich jetzt für die Annahme des Antrages Drucksache Nr. 4276 entschlossen haben, ihre Stellungnahme zur Kroll-Oper in verhältnismäßig kurzer Zeit von Grund auf geändert haben. Der Gedanke, die Kroll-Oper aufzugeben, ist *wohl erstmalig in der Denkschrift der Oberrechnungskammer vom 7. Juli 1929* (Drucksache Nr. 3023 Sp. 32 ff.) angedeutet worden. In der Verhandlung des Unterausschusses für Theaterfragen am 7. Oktober 1929 (Drucksache Nr. 0115) hat der Abgeordnete Dr. Schwering als Berichterstatter es aber als ›selbstverständlich‹ bezeichnet, ›daß man nicht etwa, um zu einer Gesundung des Theaterwesens zu gelangen, die Kroll-Oper oder das Schiller-Theater eingehen lassen dürfe‹. In derselben Sitzung hat dann der Abgeordnete Weißermel betont: ›Das Schiller-Theater dürfe auf keinen Fall eingehen. Die Kroll-Oper müsse ebenfalls unbedingt erhalten bleiben.‹ In der Verhandlung des Hauptausschusses vom 14. Oktober 1929 hat der Abgeordnete Dr. Schwering in seiner Eigenschaft als Berichterstatter ausgeführt, es ›könne, entgegen der Ansicht der Oberrechnungskammer, an der

Kroll-Oper und an dem Vertrage mit der Volksbühne nichts geändert werden‹. In der gleichen Sitzung hat Ministerialrat Dr. Seelig ausgeführt, daß der von der Oberrechnungskammer angedeutete Gedanke, die Kroll-Oper aufzugeben, um Ersparnisse zu erzielen, schon daran scheitern müsse, daß der bekannte 25jährige Vertrag mit der Volksbühne innegehalten werden müsse und daß die Oberrechnungskammer bei ihrer Beurteilung der Kroll-Oper von einer zurückliegenden Zeit ausgehe, während man sie mit Rücksicht auf ihre sichtliche Aufwärtsentwicklung nach ihrem gegenwärtigen Stand beurteilen müsse. Ferner hat in der Sitzung des Plenums vom 28. November 1929 der Abgeordnete Weißermel erklärt: »Ich bin der letzte, der die Anregung geben würde, dieses Sozialtheater von Kroll aufzugeben.« (Stenogr. Bericht Sp. 9090). Die in dieser Sitzung erfolgte Ablehnung des Urantrages Schwering (Drucksache Nr. 2235) hat dann offenbar eine veränderte Beurteilung der Frage bewirkt, bis es schließlich auf Grund der Etatverhandlungen des Hauptausschusses vom 17., 28. Februar und 1. März 1930 *zu einem völligen Umschwung der Ansichten gekommen ist.*

Bei der Prüfung der Sachlage vermag auch ich mich von der Notwendigkeit nicht zu überzeugen, die Kroll-Oper zu opfern. Soweit ich sehe, war für die Entschließung der Mehrheitsparteien die Erwägung ausschlaggebend, daß die Landesbühnenorganisation eine Erhöhung ihrer Mittel um 50 %, d. h. von 1,2 auf 1,8 Mill. RM, zur Erfüllung ihrer Aufgaben benötige. Es handelt sich also um einen Betrag von 600 000 RM, der nun unter allen Umständen bei den staatlichen Theatern eingespart werden soll. Ich sehe aber nicht ein, weshalb diese Einsparungen gerade durch Streichung des Zuschusses für die Kroll-Oper erzielt werden sollen. Vielmehr drängt sich, wenn man die dem Bericht des Hauptausschusses vom 28. Februar/1. März 1930, S. 29 beigefügte Anlage betrachtet, die eine schätzungsweise Übersicht über die Einnahmen und Ausgaben für die Berliner Staatstheater enthält, die Frage auf, ob nicht dieser Betrag ebensogut durch Streichung des Zuschusses für das Schiller-Theater freigemacht werden könne. Bei den Ausschußverhandlungen ist man früher davon ausgegangen, daß Schiller-Theater und Kroll-Oper in gleicher Weise erhalten werden müßten. Ich vermisse indessen jegliche Erklärung dafür, warum, wenn wirklich eines der beiden Theater fallen soll, es gerade die Kroll-Oper sein muß, und ob nicht vielmehr äußerstenfalls eine Aufgabe des Schiller-Theaters eine geringere Einbuße an Kulturwerten bedeuten würde, da in Berlin die Zahl der Schauspielhäuser viel größer als die der Opernhäuser ist. Bevor ich jedoch zu dieser Frage abschließend Stellung nehme, wäre es für mich von Wert, die Auffassung des Herrn Ministers für Wissenschaft, Kunst und Volksbildung hierüber zu erfahren.

Aber auch andere erhebliche Bedenken sprechen gegen die Aufgabe der Kroll-Oper. Mag der Ausgangspunkt der Antragsteller, daß die Theaterpflege Sache der Stadt, nicht des Staates sei, theoretisch zutreffen, so kann man doch nicht die Augen vor der Tatsache verschließen, daß die Stadt Berlin, – von ihrer eigenen finanziellen Notlage abgesehen –, kaum in der Lage sein dürfte, diese neue Aufgabe zu übernehmen, ohne dabei die besonderen Ziele, die sie mit der städtischen Oper verfolgt, völlig aufzugeben. Vielmehr bin ich der Ansicht, daß eine Übertragung des Kroll-Opernbetriebes auf die städtische Oper überhaupt nur unter der Voraussetzung möglich wäre, daß die städtische Oper auf die Fortführung ihres bisherigen ganz anders gearteten Theaterbetriebes verzichtete. Denn wie sollen mit Rücksicht auf den eigenen Abonnementsbetrieb der städtischen Oper die weitgehenden Verpflichtungen gegenüber der Volksbühne auf Grund des erwähnten Vertrages erfüllt werden? In der Kroll-Oper handelt es sich auch überwiegend um gleichwertige Plätze, die unter die Abonnenten verlost wurden, während eine solche Verlosung sich in der städtischen Oper mit ihren verschiedenwertigen Rängen gar nicht durchführen ließe, ohne daß ein großer Teil der Abonnenten erheblich benachteiligt würde.

In diesem Zusammenhange bedarf die Frage besonderer Prüfung, ob und inwieweit der Staat der Volksbühne gegenüber durch jenen Vertrag gebunden ist. Ich kann mich dem Eindruck nicht entziehen, als sei diese Frage in den Landtagsverhandlungen nicht genügend sorgfältig geprüft worden. So einfach liegt die Sache jedenfalls nicht, wie der Abgeordnete Bäcker sie sich vorstellt, der Landtag brauche nur die Zuschüsse für die Kroll-Oper zu sperren, alsdann liege ein Fall höherer Gewalt im Sinne des § 12 des Vertrages vor und die Leistungen für die Volksbühne könnten eingestellt werden, ohne daß diese Regreßansprüche mit Erfolg geltend machen könne (Sitzung des Hauptausschusses vom 28. Februar 1930 Sp. 18). Vielmehr ist die Bedeutung des § 12 des Vertrages außerordentlich zweifelhaft. Nach der Entstehungsgeschichte des Vertrages und den von den Ministerialvertretern in den früheren Ausschußverhandlungen abgegebenen Erklärungen läßt sich jedenfalls durchaus die Ansicht vertreten, daß hierbei an eine völlige Einstellung des *gesamten* Staatstheaterbetriebes gedacht war, da ja die Volksbühne ursprünglich lediglich als Filialbetrieb der Linden-Oper angesehen wurde. Es wäre auch sehr eigenartig, wenn die Vertragsschließenden von einer anderen Einstellung ausgegangen wären. Denn dann hätte der Staat sich seinen Verpflichtungen aus dem 25jährigen Vertrage jederzeit leicht durch Aufgabe der Kroll-Oper allein entziehen können. Es ist aber nicht anzunehmen, daß sich die Volksbühne mit einer für sie so riskanten Vertragsbestimmung einverstanden erklärt haben sollte. Bei dieser Rechtslage müssen die Aussichten eines eventuellen Prozesses zwischen Staat und Volksbühne mindestens als höchst zweifehaft bezeichnet werden.

*Aus diesen Gründen stimme ich entschieden der Auffassung des Herrn Ministerpräsidenten zu, daß die Kroll-Oper aufrechterhalten bleiben muß.* Das bedeutet keinesfalls einen Verzicht auf die von der Landesbühnenorganisation benötigten 600 000 RM, die auch ich aus kultur- und staatspolitischen Gründen zur Erhaltung des geistigen Deutschtums in der Ostmark für unbedingt erforderlich halte. Ich bin indessen der Auffassung, daß dieser Betrag entsprechend den Anregungen des Herrn Ministerpräsidenten an anderer Stelle eingespart werden kann, wobei ich insbesondere die Frage des Schillers-Theaters einer besonderen Prüfung empfehlen möchte.

*Aus der 160. Sitzung des Preußischen Landtags am 7. Mai 1930*
*Antrag des Hauptausschusses Drucksache Nr. 4276*

Wir kommen zur Abstimmung über den Antrag des Hauptausschusses Drucks. Nr. 4276. Ich bitte diejenigen, die für den Antrag stimmen wollen, sich zu erheben. – Ich bitte um die Gegenprobe. – Das Büro ist einig, daß zuerst die Mehrheit stand. Der Antrag ist angenommen. Ich stelle dann fest, daß durch die Annahme dieses Antrages der Urantrag Nr. 3629 erledigt ist.
Das Staatsministerium wird beauftragt, alsbald mit der Stadt Berlin in Verhandlungen einzutreten, deren Ziel eine wesentliche Verringerung des Fehlbetrages der staatlichen Theaterbetriebe in Berlin und der zu dessen Deckung benötigten Staatszuschüsse sein muß. Dabei ist insbesondere darauf hinzuwirken, daß die Stadt Berlin die grundsätzlich als kommunale Aufgabe zu betrachtende und als solche von allen übrigen Theaterstädten anerkannte und tatsächlich geleistete gemeinnützige Theaterpflege, wie sie in Berlin bisher von der Staatsoper am Platz der Republik geübt worden ist, ihrerseits übernimmt und die Städtische Oper für diese Zwecke zur Verfügung stellt.

Unter dieser Voraussetzung können ihr im Rahmen und nach den Grundsätzen der Preußischen Landesbühne staatliche Zuschüsse für ihren Theaterbetrieb zugesagt werden.

Um für die Einstellung des Staatstheaterbetriebes in der Krolloper, die bei der gegenwärtigen Lage der Sache nicht zu umgehen sein dürfte, die Wege zu ebnen, ist sofort mit der Freien Volksbühne Fühlung zu nehmen und zu versuchen, auf gütlichem Wege die Lösung des zwischen dem Preußischen Staate und dieser Organisation hinsichtlich der Krolloper bestehenden Vertragsverhältnisses herbeizuführen.

Über das Ergebnis der Verhandlungen mit der Stadt Berlin und mit der Freien Volksbühne ist dem Landtag bis zum 1. Juni 1930 Bericht zu erstatten.

## Volksbühne II

*Der Fall Piscator gehört in den Rahmen der Ereignisse um die Krolloper, weil in allen seinen Phasen die ideologische und künstlerische Unruhe erscheint, von der die Volksbühne in der zweiten Hälfte der Zwanziger Jahre erfaßt worden ist. Die Unruhe hat zur Einrichtung von Sonderabteilungen, zu Spaltungen und zu heftigen Diskussionen geführt, die wie Signale dessen wirken, was sich von 1930 an in der Beziehung der Volksbühne zur Krolloper abgespielt hat.*

*Die ausführliche, zu ausführliche Denkschrift vom 21. Februar 1930 ist die erste Reaktion auf den im Landtag eingereichten Urantrag der Rechtsparteien, der die Schließung Krolls verlangte. Die Stellungnahme ist entschlossen, aber zwischen den Zeilen ist das Unbehagen und eine Erschütterung der Standfestigkeit zu spüren.*

*Hinter dem anonymen Artikel ›Volksbühne, Stadt und Kroll‹, der am 11. Juli 1930 im ›Vorwärts‹ erschien, steht die noch unausgesprochene Kehrtwendung der Volksbühne. Die bittere Wahrheit wird tropfenweise verabreicht.*

*Die umfangreiche Denkschrift der Volksbühne ›Material zur Beurteilung des Vergleichs zwischen Staatsverwaltung und Volksbühne für den Fall der Schließung der Krolloper‹ ist die immer noch in den Konjunktiv gekleidete Kapitulationsurkunde.*

*Drei Meinungen: ›Die Volksbühne‹ vom 1. Jan. 1927*

Die Auffassung Herbert Iherings

Der bekannte Theaterkritiker Ihering schreibt im ›Berliner Börsen-Courier‹ Nr. 598 vom 23. Dezember:

In den letzten Wochen ist der Streit um die Richtung der Volksbühne in eine entscheidende Phase getreten. ›Volksbühnenidee und Gesinnungstheater‹ heißt ein Aufsatz, den Herr Dr. Nestriepke (in der von Hans von Zwehl lebendig redigierten Zeitschrift ›Die Volksbühne‹) veröffentlicht. Ein Plädoyer für das ›Menschlich-Große‹, ein Plädoyer gegen das Gesinnungstheater.

Eine mißverständliche, unklare Antithese. »Menschenschicksal, ... das so bedeutend ist, vielleicht auch nur so bedeutsam künstlerisch gestaltet wurde, daß es ... allgemeinere Bedeutung hat und Menschen unserer Zeit zu packen vermag.« Und: »Darstellung aktueller Zeitprobleme oder ... Stellungnahme zu einem Geschehen aus einer bestimmten Gesinnung heraus.« Diese mühsamen Gegensätze werden illustriert durch Hebbels ›Maria Magdalena‹.

Schneller kann sich eine Polemik nicht festlaufen als mit diesem Beispiel. Erstes Mißverständnis Nestriepkes: daß ein Drama die Zeit überdauern kann, das nur bedeutsam gestaltet ist. Nur, das heißt: der Anlaß ist zwar gering, die Gestaltung ist groß; nur, das heißt: ein banaler Fall, aber bedeutsam aufgetrieben; nur: das hieße heute: ›Maria Magdalena‹. Es gibt aber kein wirkliches Kunstwerk, in dem nicht die dichterische Behandlung dem Gegenstand entspräche: König Lear, Macbeth, Hamlet.

Nestriepke plädiert für ›Maria Magdalena‹, weil hier Schicksale vorgeführt werden, »die, ganz gleich, was sie zum Abrollen bringt, ergreifen und erschüttern«. Die lebendigen Elemente der Volksbühne wenden sich gegen das ›ganz gleich was‹. Der große klassische Spielplan muß auf einer Volksbühne immer seinen Platz haben. Das Problem beginnt jenseits von Shakespeare und ›Kabale und Liebe‹. Das Problem beginnt bei den Zeitstücken. Ich bin immer gewesen und werde immer sein gegen deklamatorische verblasene Tendenzstücke, deren Wert weder im Inhalt noch in der Gestaltung, sondern höchstens in der guten Meinung liegt. Die letzten Jahre aber haben so ungeheuer dramatische Themen herangerollt, daß es unverantwortlich wäre, wenn die Volksbühne ihnen ausweichen würde. Menschliche Größe und Weltanschauung als Gegensätze – diese Erfindung bleibt den Spießern vorbehalten, die sich fürchten: Entweder – oder, Ja und Nein zu sagen. Weltanschauungstheater war das antike Drama; war Shakespeare, war Schiller, war Hebbel. Zeitüberdauernd oder zeitgebunden. Zeitgebunden in ›Maria Magdalena‹. Nestriepke kämpft gegen das Gesinnungstheater mit dem Beispiel des Gesinnungstheaters. Er merkt nicht, daß ›Maria Magdalena‹ gerade und nur eine Gesinnung ausdrückt: die Gesinnung von 1840.

Diese Gesinnung aber interessiert heute niemanden. Solange wir noch nicht die Distanz zur künstlerischen Gestaltung politischer Themen haben, müssen wir auch die inhaltlichen Werke aufführen: die Stoffe der Gegenwart mit den Mitteln der Gegenwart. Es ist ein Weg zur Kunst.

Antwort Dr. Nestriepkes

Herr Ihering wendet gegen meinen Aufsatz ein: »Die letzten Jahre haben so ungeheuer dramatische Themen herangerollt, daß es unverantwortlich wäre, wenn die Volksbühne ihnen ausweichen würde.« Nun, ich stimme da Herrn Ihering vollkommen bei: Es wäre tatsächlich unverantwortlich, wenn eine Volksbühne an solchen Werken, wie er sie im Auge hat, vorbeigehen würde. Das habe ich aber auch nie mit einer Silbe gefordert! Eine andere Frage ist die, ob das Zeiterlebnis wirklich eine nennenswerte Zahl von Werken geboren hat, deren Auffassung künstlerisch zu rechtfertigen ist. Ihering würde sich ein Verdienst erwerben, wenn er auch nur ein Dutzend solcher Werke, die von der Volksbühne bisher nicht gespielt wurden, nennen wollte.

Im übrigen bestreitet Ihering, daß ein Drama die Zeit überdauern könne, nur deshalb, weil Menschenschicksal darin bedeutsam gestaltet wäre. Ganz falsch sei es auch, als nebensächlich zu bezeichnen, was das Schicksal des Menschen zum Abrollen bringe.

Da bin ich nun allerdings anderer Auffassung: Das Schicksal eines armen Proletariermädchens, das, wenn es uns eine Zeitungsnotiz mitteilt, für uns gar keine tiefere Bedeutung gewinnt, weil es gar zu alltäglich ist – dieses Schicksal kann durch seine dichterische Gestaltung solche Bedeutung gewinnen, daß es nicht nur uns, sondern noch die Menschen ferner Zeiten packt und erschüttert. Und für diese Erschütterung wird es ziemlich gleich sein, ob dieses Mädchen ihr Schicksal erlitt, indem es in einem revolutionären Kampf auf die Barrikaden stieg, oder im Trott der Alltagsarbeit, die es in Elend und Verzweiflung brachte.

Ihering glaubt endlich, noch betonen zu müssen, daß jede Dichtung aus einer Gesinnung heraus gestaltet werde. Dies habe ich nicht bestritten, es entspricht, wie auch mein Aufsatz erkennen läßt, durchaus meiner Meinung. Was mir aber abwegig scheint, ist die Forderung der Verfechter des sogenannten ›Gesinnungs-‹ oder ›Inhaltstheaters‹, daß nur jene Stücke gespielt werden sollen, die eine stark politisch gebundene und in den gegenwärtigen Zeitverhältnissen begründete Gesinnung deutlich zur Schau stellen.

Indem Ihering ausdrücklich Shakespeare und überhaupt die Klassiker (wenigstens bis zum jungen Schiller einschließlich) auf seiner lebendigen Volksbühne dargestellt haben will, widerspricht er der Theorie dieses Gesinnungstheaters eigentlich selbst; denn es dürfte doch schließlich schwer sein, in den Stücken Shakespeares, die aus einer Gesinnung von 1600 heraus geschrieben sind, überall jenes ›Zeitgefühl‹ herauszuspüren, das sonst von seinen Freunden als Maßstab für den Wert eines Werkes angelegt wird. Erstaunlich vollends, wenn Ihering zwar gegen die Aufführung von Stücken, die in einer Gesinnung von 1600 wurzeln, kein Bedenken hat, wohl aber wenig später erklärt: Hebbels ›Maria Magdalena‹ drücke eine Gesinnung von 1840 aus, und »diese Gesinnung interessiere heute niemanden«.

Solche Auslassungen scheinen mir der beste Beweis gegen das, was heute als ›Gesinnungstheater‹ gefordert wird, der beste Beweis für die Richtigkeit dessen, was ich in meinem Aufsatz gesagt habe: Wohl kann die weltanschauliche Tendenz oder die zeitliche Bedingtheit eines Stückes dieses uns entfremden und zu totem Ballast machen. Damit ein Stück für uns lebendig ist, bedarf es aber keiner Tendenz oder ›Gesinnung‹, die uns auf die gegenwärtigen sozialen und politischen Probleme hinweist und zu ihnen positiv Stellung nimmt. Hier ist vielmehr entscheidend das Menschliche, die Art und Weise, wie die Schöpferkraft des Dichters uns das Schicksal und die Charaktere seiner Personen bedeutungsvoll gemacht, d. h. über die Sphäre des Individuellen hinaus in eine allgemeinere Sphäre erhoben hat.

Zuschrift eines Arbeiters

Zu dem Streit wegen des ›Menschlich-Großen‹, der in diesen Blättern in Artikeln von Dr. Töwe und Dr. Nestriepke ausgetragen wurde, möchte ich mir erlauben, als Mitglied der Volksbühne aus Arbeiterkreisen auch etwas zu sagen. Insbesondere will ich auf den letzten Artikel von Dr. Nestriepke eingehen. Ich möchte dem Verfasser raten, seine Anschauungen vom ›Menschlich-Großen‹ einmal in einer Versammlung vorzutragen, die entweder von klassenbewußten Arbeitern oder von Arbeitslosen besucht ist. Die einen würden ihm aus ihrer Erkenntnis sagen, die anderen haben es an ihrem eigenen Leibe erfahren, daß es zwei verschiedene Auffassungen von ›Menschlich-Groß‹ gibt. Die eine ist die der Besitzenden, die andere die der Besitzlosen. Wer es durch den Krieg und durch die Revolution noch nicht gelernt hat, der muß einige Monate arbeitslos sein, um all die schönen Reden von dem seelischen Erleben, von dem rein Menschlichen, das alle Menschen auch in der Kunst verbindet, von dem ›Menschlich-Großen‹ in der Kunst, das die Menschen eint, als Phrase zu erkennen. Es läßt sich gar nicht bestreiten, daß es verschiedene Auffassungen von ›Menschlich-Groß‹ gibt, die sich aus der Klassenlage des einzelnen erklären lassen. Wer glaubt, durch die Kunst, durch das ›Menschlich-Große‹ in ihr, eine Brücke über diese beiden Anschauungen schlagen zu können, lebt in einer erträumten Welt. Mit dieser Überbrückung der Gegensätze, sei es auch durch die Kunst, brauche ich mich hier nicht auseinanderzusetzen. Das haben schon andere getan und bewiesen, daß das eine falsche Romantik ist.

Ich bin sowohl in einer politischen Partei als auch in einer Gewerkschaft tätig. Da komme ich täglich mit Arbeitern und Angestellten zusammen, die über ihre

XIII  Claude Debussy, Jeux. Entwurf von Teo Otto
Institut für Theaterwissenschaft der Universität zu Köln

Lage nachdenken. Fürchten Sie nur nicht, daß eine seelische Verarmung eintritt, wenn ein Arbeiter sich etwa nicht ›Maria Magdalena‹ ansehen will! Die seelische Verarmung der Menschen kommt aus ganz anderen Quellen, aus der Rationalisierung der Arbeit, aus der Ausbeutung des Arbeiters, die das letzte aus ihm herausholt. Er kann sich dadurch nicht davor schützen, daß er sich die für die seelische Verfassung des Bürgers zuträglichen Dramen ansieht. Auch das Kunstwerk muß getragen sein von der Ansicht, den Arbeiter über seine Welt aufzuklären und ihm die Probleme der Gegenwart zu vermitteln. Die Angst vor dem Befreiungskampf, die Angst vor der Politik waren von jeher ein Grundfehler des Deutschen. Erfreulicherweise fängt allmählich ein Teil der Arbeiterschaft an, sich von dieser Romantik, die nicht sehen will, was ist, freizumachen. »Aber die Kunst läßt frei von Politik!« rufen die braven Bürger, »sie ist so hoch über dem Alltag, sie hat soviel ›Menschlich-Großes‹, daß sie alle Menschen verbindet.« Darauf sage ich und mit mir die meisten Arbeiter, die für eine neue Kultur kämpfen: Auch die Kunst steht im Zusammenhange mit dem weltanschaulichen Kampf. Sie kann in der Zeit des politischen Befreiungskampfes gar nicht anders als politisch sein.

Dr. Nestriepke hat in seinem Artikel der Angst Ausdruck gegeben, daß sich nichtkommunistische Arbeiter über die rote Fahne mit dem Sowjetstern auf der Bühne aufregen könnten. Das müssen ziemlich merkwürdige Arbeiter sein, die die russische Sowjetfahne nicht vertragen können. Sie regen sich ja auch nicht darüber auf, wenn etwa die amerikanische Flagge gezeigt wird, obwohl Amerika ein hochkapitalistisches Land ist. In Rußland werden die Interessen der Arbeiterschaft wahrlich besser wahrgenommen, als in Amerika und als auch in Deutschland. Darum haben revolutionäre Arbeiter, selbst wenn sie nicht kommunistisch sind, keine Angst vor der Sowjetfahne. Schließlich ist die Hauptsache im Theater nicht allein die Dichtung; auch das Publikum gehört zum Theater. Wenn ein Theater daher mit der Arbeiterschaft rechnet, kommt es nicht darauf an, daß eine Dichtung wortgetreu aufgeführt wird. Der Dichter ist meist schon längst tot, wenn er aufgeführt wird. Lebte er, so würde er sich freuen, wenn ein großer Regisseur sein Werk so »lebendig« macht, zurechtrückt für ein kulturhungriges Publikum. Auch Schiller und Goethe haben ja die griechische ›Klassik‹ wieder modernisiert. Dafür werden sie heute verhimmelt.

Schließlich heißt es, Form und Inhalt in der Kunst durcheinanderwerfen, wenn man die Feststellung einer Tendenz vergleicht mit einer aufdringlichen Dekoration. Es ist nicht nur die hohe Form, durch die das Kunstwerk verdeutlicht wird. Vielmehr ist der Inhalt, die Tendenz, der eigentliche Kern der Dichtung, wenigstens für die moderne Arbeiterschaft das wichtigste.

Wenn die Volksbühne also Wert darauf legt, klassenbewußte Arbeiter in ihren Reihen zu haben, so darf sie nicht die Weltanschauung des ›Menschlich-Großen‹ in den Mittelpunkt stellen, sie darf nicht die zunehmende seelische Verarmung der Arbeiterschaft beklagen und glauben, daß romantische und historische Klassikeraufführungen ein Gegenmittel sind. Sie muß Mut haben zur Gegenwart und zum Bekenntnis, jenen Mut, mit dem die Gründer der Volksbühne sich gegen die Polizeischikane und gegen eine reaktionäre Meute durchgesetzt haben. Diese Gründer hatten allerdings nichts mit einer verschwommenen Gemeinschaftskultur zu tun.

*Herbert Mehling*

›Der neue Weg‹ 56. Jahrgang, 16. April 1927
Der Fall Piscator

Wir haben schon in der vorigen Nummer des ›Neuen Weg‹ die Auseinandersetzungen gebucht, die in der weiten Öffentlichkeit über die Kunstpolitik der ›Berliner Volksbühne‹ laut wurden. (Siehe unseren Artikel »Gesinnungstheater oder Kunsttheater« in Nr. 7 des ›Neuen Weg‹.) Die Ereignisse der letzten Zeit haben erwiesen, daß die Besucherorganisation der Berliner Volksbühne in zwei feindliche Lager geteilt ist, die entschlossen sind, sich mit allen Mitteln zu bekämpfen. Es ist nicht Aufgabe der Genossenschaft Deutscher Bühnenangehörigen, sich in diesen Streit der Weltanschauungen einzumischen. Wir konnten aber nicht an der Tatsache vorübergehen, daß die verantwortliche Leitung des Volksbühnenverbandes, also gewissermaßen die Zentrale des ganzen Reiches, der auch die Berliner Volksbühne angeschlossen ist, sich gelegentlich in eine Interessengemeinschaft mit dem Bühnenvolksbund einläßt, die durchaus nicht als eine gesunde und tragfähige Gemeinschaft angesehen werden kann. Der Volksbühnenverband hat stets betont, daß er sich wirtschaftlich nur erhalten will, um kulturell wichtige Theaterprobleme zu lösen und zu fördern. Dieses Programm muß kompromittiert werden, wenn er, wie es z. B. im Falle Blachetta geschah, mit einem Mann zusammenarbeitet, der zwar ein Liebling und Schützling des Bühnenvolksbundes ist, dem aber alle, die mit ihm künstlerische und geschäftliche Berührung hatten, die unumgänglich nötigen Fähigkeiten zur künstlerischen und sozialen Führung eines ordentlichen Theaterunternehmens absprechen.

Nun ist die Volksbühne in neue Schwierigkeiten geraten. Es handelt sich um den Fall Erwin Piscator. Erwin Piscator hat für die Berliner Volksbühne das Schauspiel ›Gewitter über Gottland‹ von Ehm Welk inszeniert. Nach der Uraufführung übergab der Vorstand der Volksbühne der Öffentlichkeit die nachfolgende Erklärung:

»Der Vorstand der Volksbühne E. V. sieht in der Art der Inszenierung des mit seiner Zustimmung zur Aufführung im Theater am Bülowplatz erworbenen Schauspiels ›Gewitter über Gottland‹ von Ehm Welk einen Mißbrauch der Freiheit, die er aus grundsätzlichen Erwägungen den mit der künstlerischen Führung der Volksbühnenhäuser betrauten Persönlichkeiten einräumt. Das Stück Ehm Welks, dessen Annahme nicht wegen einer bestimmten Tendenz, sondern wegen seiner dichterischen Werte erfolgte – selbstverständlich unter voller Würdigung der inneren Beziehungen seines Stoffes zu Problemen der Gegenwart –, fand durch die Inszenierung Erwin Piscators, dessen künstlerische Bedeutung anerkannt wird, eine tendenziös-politische Um- und Ausgestaltung, zu der keinerlei innere Notwendigkeit vorhanden war. Der Vorstand der Volksbühne E. V. stellt ausdrücklich fest, daß die Auswertung des Werkes zu einer einseitigen politischen Propaganda ohne sein Wissen und ohne seinen Willen erfolgt ist und daß diese Art der Inszenierung im Widerspruch mit der grundsätzlichen Neutralität der Volksbühne steht, die zu wahren er verpflichtet ist. Er hat bereits Maßnahmen getroffen, um seiner Auffassung von den Aufgaben der Volksbühne die notwendige Geltung zu sichern.«

Auf die Erklärung des Vorstandes und die Maßnahmen der Direktion stellte Piscator der Presse eine ›Gegenerklärung‹ zur Verfügung, die folgenden Text hatte:

»Die Art meiner Inszenierung von ›Gewitter über Gottland‹ ist kein Mißbrauch der Freiheit, die der künstlerischen Führung der Volksbühne eingeräumt ist. Die festgestellten und anerkannten inneren Beziehungen des Stoffes zu Problemen der Gegenwart (Ehm Welk schreibt selbst: das Schauspiel spielt nicht nur um 1400) fanden einen zeitgemäßen künstlerischen Ausdruck. Ich bestreite, daß meine Inszenierung lediglich eine tendenziöse Wirkung hat, und behaupte, daß sowohl für die Verbindung des Films mit der Sprechbühne als auch für die dramaturgische Idee, die den Inhalt des Films bildete, absolut künstlerische Gesichtspunkte maßgebend waren, die von dem Vorstand der Volksbühne selbst wie auch von einem großen Teil der Presse und dem größten Teil des Publikums anerkannt wurden. Ich stehe nach wie vor zu meiner Inszenierung, die als Gesamtwerk gedacht war und aufzufassen ist. Die Stellungnahme des Vorstandes gegen den eigenen Regisseur, ein in der Theatergeschichte wohl einzig dastehender Fall, wird nunmehr gekrönt durch die eigenmächtige Verstümmelung meiner Inszenierung, durch Fortlassen aller wesentlichen Filmteile. Ich muß diesen Maßnahmen des Vorstandes meine Einwilligung versagen. Für künftige Aufführung von ›Gewitter über Gottland‹ lehne ich hiermit die Verantwortung ab.«

Prüft man diese beiden Erklärungen objektiv und genau, so muß man urteilen, daß Piscator als künstlerischer Arbeitnehmer der Volksbühne im Recht ist. Die Theaterleitung (Direktor Holl) hätte die Pflicht gehabt, sich vor der Aufführung des Stückes über dessen Inszenierung zu informieren und etwaige Überschreitungen des künstlerischen Prinzips der Volksbühne zu verhindern. Wir billigen den Standpunkt des Vorstandes der Volksbühne, daß sie ihren künstlerischen Vertrauensleuten volle Freiheit gewährt. Der Vorstand hätte aber dieses Prinzip auch nach der Aufführung befolgen müssen. Er hätte demnach wohl das Recht gehabt, die Aufführungen des Stückes einzustellen, nicht aber einen Teil des Gesamtkunstwerkes wegzulassen und somit das zu verschulden, was er nach seiner Behauptung stets vermeiden will, nämlich: einen Eingriff in die künstlerische Gestaltungsfreiheit des Künstlers.

Wir streiten nicht darüber, ob durch Piscators Regiewerk nur eine Einmischung in die Diskussion von politischen Fragen bekundet werden sollte oder nicht, oder ob eine solche Einmischung überhaupt erlaubt ist. Wir vertreten nur den Standpunkt des Künstlers als eines Arbeitnehmers, der verlangen muß, daß die ihm vorgesetzten Stellen der Theaterleitung die Sorgfalt walten lassen, deren Anwendung ihnen eben nach der Art ihres Amtes obliegt. Indem die Genossenschaft Deutscher Bühnenangehörigen diesen Standpunkt mit Nachdruck vertritt, betont sie, daß ihr, der Wächterin über die geordneten Arbeitsverhältnisse ihrer Mitglieder, keine andere Entscheidung möglich ist. Die Genossenschaft lehnt es ab, in den Streit der Ideen einzugreifen, sie muß sich aber mit Energie dagegen verwahren, daß die Interessen eines künstlerischen Arbeitnehmers von dem Arbeitgeber so gröblich verletzt werden. Die politische Stellung Piscators kommt für die Genossenschaft nicht in Betracht. Die Genossenschaft treibt keine Parteipolitik, sie schützt nur sozial und wirtschaftlich die Arbeitnehmer beim Theater. Sie würde sich ebenso schützend an die Seite eines Mannes gestellt haben, der sich zu entgegengesetzten Ideen bekannt hätte, und dem das nämliche Unrecht wie Erwin Piscator geschehen wäre.

*Denkschrift der Volksbühne vom 21. Februar 1930*

Angesichts der Erörterungen über eine Schließung der ehemals Krollschen Oper (Oper am Platz der Republik) hält es der Vorstand der Volksbühne E. V. für seine Pflicht, die für eine Beschlußfassung zuständigen Stellen noch einmal ausdrücklich darauf hinzuweisen, daß eine Stillegung dieser Oper unbestreitbar vertraglich sichergestellte Rechte der Volksbühne E. V. vernichten würde.

Die Volksbühne E. V. war es, die im Jahre 1919 den

Gedanken eines Um- und Ausbaues der ehemals Krollschen Oper faßte; *sie* ließ die Pläne entwerfen, setzte sie gegen manche Widerstände durch, *sie* nahm die Bauarbeiten unter Einsatz ihrer gesamten Mittel in Angriff. Jahrelang zahlten ihre Mitglieder, ganz überwiegend Arbeiter, kleine Angestellte und Beamte, besondere Zuschläge zu ihren Vorstellungsbeiträgen und brachten in anderer Weise empfindliche Opfer im Interesse des Baues. Erst als der Umbau weit gefördert war, zwang die Inflation die Leitung der Volksbühne E. V., einer Abänderung des ursprünglichen abgeschlossenen Vertrages zuzustimmen, durch die sich der Staat gegen Beschaffung der noch benötigten Mittel zum Herrn über Haus und Betrieb machen konnte.

Die bei Abschluß dieses Vertrages von der Volksbühne E. V. fertiggestellten Bauarbeiten repräsentierten nach den Berechnungen des bauleitenden Architekten, die jederzeit vorgelegt werden können, einen heutigen Bauwert von rund 3 Millionen Mark. Die Volksbühne E.V. überließ diesen Bauwert der preußischen Staatsverwaltung für eine Barabfindung von 100 000 Mark und die Zusicherung zur Abtragung einiger von der Volksbühne E.V. für den Bau eingegangener Verpflichtungen in Gesamthöhe von 113 423 Mark.

Die Volksbühne hätte selbstverständlich das Haus nicht hergegeben, sie hätte sich nie und nimmer mit einer so geringfügigen Abfindung einverstanden erklärt, wenn der Staat ihr nicht zugleich für 25 Jahre vertraglich gesicherte, unantastbare Rechte an dem Betrieb des neuen Hauses eingeräumt hätte. Sie bestanden in der rechtsgültigen Verpflichtung des Staates, der Volksbühne für die Dauer dieser ganzen 25 Jahre allwöchentlich einige tausend Plätze in der neu errichteten Oper zu besonders günstigen Bedingungen zu überlassen.

Der Vertrag formuliert selbst diejenigen Fälle, in denen es der Preuß. Staatsverwaltung erlaubt sein soll, die Lieferung der Plätze einzustellen, ohne daß die Volksbühne E.V. Entschädigungsansprüche erheben darf. Das geschieht im Paragraph 12, wo es heißt: »Unterbleiben die Veranstaltungen infolge höherer Gewalt, Kriegsunruhen, Krankheitsepidemien, behördlicher Anordnung, Streik, Brandschäden, Einstellung des Staatstheaterbetriebes oder aus ähnlichen Ursachen, so hat die Volksbühne E.V. keinen Anspruch auf Schadloshaltung gegen den Staat.«

»Einstellung des Staatstheaterbetriebes« kann selbstverständlich nur heißen: Aufgabe aller Berliner Staatstheater. Hätte der Vertrag etwas anderes besagen wollen, so hätte er zweifellos eine Wendung einfügen müssen, wie diese: Einstellung der Bewirtschaftung des Hauses – zum wenigsten: völlige oder teilweise Stillegung des Staatstheaterbetriebes. Dem aber hätte sich die Volksbühne natürlich aufs entschiedenste widersetzt, denn damit hätte ja der Staat das Recht erlangt, sich eigenmächtig jederzeit der auf 25 Jahre übernommenen Verpflichtungen zu entledigen. Auch Entstehungsgeschichte des Vertrages und Verlauf der Verhandlungen beweisen eindeutig, daß an eine bloße Stillegung der Krolloper, die damals nicht einmal ein selbständiger Betrieb war, von keiner Seite, auch nicht von Vertretern der Staatsverwaltung gedacht wurde.

In diesem Zusammenhang ist auch das Urteil des Schiedsgerichts, das im Frühjahr 1929 über die von der Staatsverwaltung geforderte Erhöhung der Platzvergütungen der Volksbühne zu entscheiden hatte, zu erwähnen. Die Forderung der Staatsverwaltung wurde damit begründet, daß sich seit Abschluß des Vertrages die wirtschaftlichen Verhältnisse verändert hätten und daß sich der Aufwand, insbesondere durch die Umstellung der Krolloper zu größerer Selbständigkeit, erhöht hätte. Mit Rücksicht auf diese Umstellung billigte das Schiedsgericht der Staatsverwaltung $1/4$ der geforderten Erhöhung zu, – jedoch mit der ausdrücklichen Erklärung, daß damit das volle Aequivalent für die erhöhten Aufwendungen, und zwar für die ganze Dauer des Vertrages gegeben sei. Darin ist mittelbar ganz unzweideutig ausgedrückt, daß für das Schiedsgericht eine Einstellung des Betriebes – auch von dieser Möglichkeit wurde im Verlauf der Verhandlungen gesprochen – völlig *ausschied*.

Schließlich sei auf die Rede verwiesen, die der Herr Finanzminister in der 112. Sitzung des Landtages, am 13. Dezember 1929, hielt. Wörtlich heißt es dort: »Es ist nicht Schuld der Staatsregierung, wenn hier in Berlin eine dritte Oper eröffnet worden ist ... daß der preußische Staat die historische Oper Unter den Linden nicht aufgeben kann, darüber kann m. E. kein Zweifel bestehen. Aber auch bei der Krolloper sind gewisse Verpflichtungen des Staats rechtlicher und auch verbaler Natur vorhanden. Die Krolloper ist das einzige Institut, abgesehen von der Landesbühnen-Organisation, in dem der Preuß. Staat heute soziale Kunstpflege treibt ...«. Also noch vor wenigen Monaten hat der Herr Finanzminister selbst ausdrücklich die Rechte der Volksbühne an dem Kroll-Betrieb anerkannt!

Sollte trotz dieser Rechte der Volksbühne versucht werden, den Betrieb der Oper am Platz der Republik einzustellen, so würde sich der Vorstand der Volksbühne E.V. unter allen Umständen gezwungen sehen, seine Ansprüche im Prozeßwege durch Anrufung des Schiedsgerichts zu verfechten.

Die Leitung der Volksbühne E.V. kann sich auch nicht damit abfinden, daß ihr zwar die Weiterlieferung der im Vertrag mit der Staatsverwaltung sichergestellten Plätze zugesichert wird, daß aber diese Plätze in einem anderen Hause, etwa der Städtischen Oper in Charlottenburg, gestellt werden. Die Volksbühne E.V. sieht bei der Eingliederung ihrer Vorstellungen in den Betrieb jedes anderen Hauses Schwierigkeiten hinsichtlich der Platzzuweisung wie hinsichtlich des Repertoires voraus. Sie muß auch betonen, daß kein anderes Haus nach seiner Lage und vor allem seiner inneren Ausgestaltung, Platzanordnung usw. in gleicher Weise wie das nach ihren Plänen errichtete Gebäude am Platz der Republik den Anforderungen an ein würdiges Volkstheater entspricht; vor allem aber fällt ins Gewicht, daß die Volksbühne E.V. mit dem Haus am Platz der Republik verwachsen ist und daß ihre Verdrängung daraus einer Entwurzelung gleichkommen würde.

Der Vorstand der Volksbühne E.V. möchte schließlich nicht verfehlen, darauf hinzuweisen, daß die von der Preuß. Staatsverwaltung durch den Vertrag mit der Volksbühne E.V. übernommenen Verpflichtungen keineswegs eine ungebührliche Belastung der öffentlichen Kassen darstellen. Gewiß muß bei jeder Karte, die in der Oper am Platz der Republik der Volksbühne E.V. überlassen wird, ein staatlicher Zuschuß gezahlt werden. Aber selbst wenn man davon absieht, daß die Volksbühne E.V. in der Überlassung hoher Bauwerte für eine minimale Summe gewissermaßen große Vorauszahlungen leistete, selbst wenn man lediglich die zur Zeit gezahlte Vergütung von 2 Mark je Platz zu Grunde legt, beträgt der Staatszuschuß für jeden Besucher der Volksbühne E.V. nur etwa 2,75 Mark; dagegen wird aus öffentlichen Mitteln für jeden Besucher der Lindenoper, der seinen Platz an der Kasse kauft, ein Betrag von 4 Mark zugeschossen. Das bereits erwähnte Schiedsgericht stellt dies – bei einer damals noch gültigen Vergütung der Volksbühne E.V. von nur 1,75 Mark je Platz – mit folgenden Worten fest: »Jeder Opernbetrieb erfordert nach den bisherigen Erfahrungen einen Zuschuß. Nach den eigenen Errechnungen des Klägers (d. h. der Preuß. Staatsverwaltung) beträgt der Zuschuß für den Platz der Volksbühne E.V. 3 Mark, d. h. rund 33 1/3 % weniger als der für einen Platz in der Staatsoper Unter den Linden, der fast 4 Mark beträgt.«

Daß aber gewisse Aufwendungen des Staates für eine gerade nach sozialen Gesichtspunkten aufgebaute Kunstpflege, wie sie in der Abgabe von Vorstellungen an die Volksbühne E.V. zum Ausdruck kommt, Aufgabe der Staatsverwaltung ist, sei wiederum mit einem Zitat aus den Entscheidungsgründen des Schiedsgerichtes belegt: »Nun weist der Kläger (d. h. die Preuß. Staatsverwaltung) ... darauf hin, daß die Linden-Oper den Zweck erfüllt, als Anstalt edelster Kunstpflege im Interesse der Allgemeinheit geführt zu werden. Dem Staate liegt aber nach Artikel 148 der Reichsverfassung auch die Pflicht der sozialen Kunstpflege ob ... Beide Pflichten sind gleichwertig.«

Die Staatsregierung hat seinerzeit die Übernahme der im Umbau befindlichen Krollschen Oper vor dem Landtag und vor der Öffentlichkeit gerade damit begründet, daß eine soziale Kunstpflege erforderlich sei. Auch bei den Entscheidungen des Landtages spielte dieser Gesichtspunkt eine wichtige Rolle. Wie würde sich mit der damaligen Stellungnahme von Regierung und Abgeordneten der verschiedensten Parteien eine jetzt erfolgende Stillegung des Betriebes am Platz der Republik vereinbaren lassen?

Die Volksbühne bestreitet nicht die Pflicht der zuständigen Stellen, bei der gegebenen Wirtschaftslage weitgreifende Maßnahmen zur Verminderung der staatlichen Theaterzuschüsse zu treffen. Aber die Leitung der Volksbühne E.V. glaubt, daß diese Maßnahmen nicht die Weiterführung gerade der Oper am Platz der Republik gefährden dürfen. Nicht aus Unverständnis für die Schwierigkeiten der Staatsregierung, nicht in kleinlicher Prestigepolitik, sondern aus ihrer Verpflichtung heraus, die kulturellen Interessen der minderbemittelten Bevölkerung Berlins zu vertreten, muß die Volksbühne verlangen, daß ihre Rechte an der ehemals Krollschen Oper unangetastet bleiben, und daß die mit diesem Haus aufs engste verbundene soziale Kunstpflege des Preuß. Staates keinen Abbau erfährt oder auf weniger leistungsfähige Schultern abgewälzt wird.

Im nachfolgenden unterbreitet der Vorstand der Volksbühne E.V. zur Ermöglichung genauer Nachprüfung der Rechtsverhältnisse den Wortlaut des ganzen zwischen der Volksbühne und der Generalverwaltung der Staatstheater am 30. April 1923 abgeschlossenen Vertrages.

Der Vorstand der Volksbühne E.V.
gez. Baake, Konski, Seidel

*›Vorwärts‹ vom 11. Juli 1930*

Volksbühne, Stadt und Kroll

Der Magistrat hat der Stadtverordnetenversammlung eine Vorlage zugehen lassen, in der um die Bewilligung eines zinslosen Darlehens an die Volksbühne in Höhe von 170 000 M. nachgesucht wird.

Diese Mitteilung erschien in zahlreichen Blättern mit Überschriften wie »Die Volksbühne fordert neues Darlehen« oder »Neue Finanznot der Volksbühne«. Die Blätter, die solche Überschriften wählten, haben nur übersehen, daß es sich um eine Summe handelt, die der Volksbühne schon vor etwa einem Jahre ausgezahlt wurde.

Wenn manche Zeitungen die Mitteilungen zum Anlaß nahmen, auch wieder in gehässigen Bemerkungen über die Finanzwirtschaft der Volksbühne herzufallen, so kann man nur sagen: Wo gibt es sonst ein Theaterunternehmen, von dem das fertiggebracht wird, was die Volksbühne leistet? Wo besteht sonst eine Bühne, die einen gleich würdigen Spielplan und gleich wertvolle

Aufführungen bietet, tagaus, tagein neun Zehntel der Plätze zu einem Einheitspreis von 1,70 M. abgibt und in keinem Jahre mehr als 170 000 M. aus öffentlichen Mitteln in Anspruch nimmt? Die beiden staatlichen Schauspielhäuser in Berlin verschlingen alljährlich einen Zuschuß von nahezu 1,5 Millionen Mark.

Daß die Stadt der Volksbühne in den letzten drei Jahren die Möglichkeit bot, ihr verhältnismäßig geringes Defizit zu decken, ist eigentlich eine Selbstverständlichkeit. Schlimm genug, daß die Beträge bisher nur als Darlehen, nicht als glatter Zuschuß zur sozialen Kunstpflege gegeben wurden! Wenn ein Kunstunternehmen städtische Förderung verdient, so gewiß die Volksbühne!

Seitdem vor etwa einem Jahr die jetzt in den Zeitungen herumspukenden 170 000 M. gezahlt wurden, hat die Volksbühne keine Anträge auf Bewilligung von Geldmitteln an die Stadt gestellt. Das erklärt sich sicherlich nicht daraus, daß die Leitung der Volksbühne inzwischen ein Mittel gefunden hätte, ihr Theater ohne Defizit zu führen. Dergleichen ist bei den heutigen Verhältnissen für ein künstlerisch ernstes und zugleich der sozialen Kunstpflege dienendes Theater ein Unding. Vielleicht sieht die Volksbühne aber eine Möglichkeit, die weiteren Fehlbeträge ihres Theaters auf andere Weise auszugleichen.

Es ist in diesen Tagen auch mancherlei von den Verhandlungen zwischen Staat, Volksbühne und Stadt über die Schließung des Kroll-Betriebes und die Verlegung der dortigen Volksbühnenvorstellungen in die Städtische Oper (evtl. auch in die Linden-Oper) geschrieben worden. Die Verhandlungen sind tatsächlich inzwischen ziemlich weit gediehen. Man darf erwarten, daß sie im Herbst zu einem alle Teile einigermaßen befriedigenden Abschluß gelangen, wenngleich vorerst noch gewisse Schwierigkeiten aus dem Wege zu räumen sind.

Zweifellos ist es in mancher Hinsicht zu bedauern, wenn an ihrem Ende die Einstellung der Kroll-Oper stehen sollte. Gerade auch in der Leitung der Volksbühne, wo man sich ja lange genug mit allem Nachdruck gegen ihre Schließung gewehrt hat, wird das keiner verkennen. Wenn sich die Leitung der Volksbühne gleichwohl bereit erklärt, die ihr vertraglich zustehenden Vorstellungen in die anderen Berliner Opernhäuser zu verlegen, so müssen da immerhin sehr gewichtige Gründe mitsprechen.

Wie wir wissen, fällt vor allem ins Gewicht, daß der Volksbühne keine Aufgabe ihres noch über 20 Jahre laufenden Vertrages über die Vorstellungen der Krolloper zugemutet wird. Die Volksbühne soll sich lediglich mit einer zeitweiligen Suspendierung dieses Vertrages abfinden. Außerdem sollen alle wesentlichen, für die Volksbühne vorteilhaften Bestimmungen des Kroll-Vertrages auf die Ersatzvorstellungen Anwendung finden. Man verlangt also nicht etwa, daß die Volksbühne für die Vorstellungen der Städtischen Oper mehr bezahlt, sie erhält auch bei diesen alle denkbaren Sicherungen für hervorragende Leistungen usw.

Daneben spielt für die Volksbühne sicherlich die Tatsache eine entscheidende Rolle, daß ihr bei einer zeitweiligen Suspendierung des Kroll-Vertrages die Möglichkeit erwächst, eine größere Abgeltung zu verlangen. Die Volksbühne hat seinerzeit dem preußischen Staat, als sie ihm die Krolloper abtrat, Bauwerte in Höhe von etwa 3 Millionen Goldmark übereignet, während sie nur 200 000 Mark in bar zur Abdeckung gewisser Verpflichtungen bekam. Dafür behielt die Volksbühne weitgehende Rechte hinsichtlich der Benutzung des Hauses. Werden diese nun aufgehoben, so ist eine weitere Abgeltung nicht mehr als recht und billig.

Das Geschrei, das eine gewisse Presse noch jedesmal erhoben hat, wenn die Volksbühne genötigt war, den Zuschußbedarf des eigenen Hauses von der Stadt Berlin zu erbitten, muß den Leitern der Volksbühne die Aussicht auf jene staatliche Abgeltung für die Bauaufwendungen bei Kroll besonders lockend machen. Sie würde die Möglichkeit schaffen, in absehbarer Zeit das Theater am Bülowplatz wieder ganz aus eigenen Kräften zu erhalten.

Nun haben besorgte Freunde der Krolloper mahnend den Finger erhoben: begibt sich die Volksbühne da nicht in eine große Gefahr? Wenn der Staat Geld gibt, wird er doch auch seine Verwendung kontrollieren wollen. Er wird ein Aufsichtsrecht über euren eigenen Theaterbetrieb verlangen! Und ähnliches mehr.

In den bisherigen Verhandlungen der Volksbühne hat noch nie jemand auch nur andeutungsweise davon gesprochen, daß der Staat im Falle einer finanziellen Entschädigung der Volksbühne ein Recht der Mitwirkung bei der Verwendung dieser Summe haben müßte. Eine solche Forderung würde ja auch nur lächerlich wirken. Es ist ganz selbstverständlich, daß der Vorstand der Volksbühne sie ablehnen würde. Im gleichen Augenblick wäre an einen Verzicht der Volksbühne auf die volle Erfüllung des derzeitigen Kroll-Vertrages nicht mehr zu denken.

Die Volksbühne hat bei den heutigen Verhältnissen keinen leichten Stand. Die wirtschaftliche Situation, in der sich die werktätige Bevölkerung befindet, macht es so gut wie unmöglich, die Einnahmen aus dem Theaterbesuch zu steigern. Die Finanznot der Stadt und die Haltung gewisser Parteien lassen auch städtische Subventionen schwer erreichbar erscheinen. Da muß wohl oder übel nach anderen Auswegen gesucht werden. Ein Austausch der Kroll-Vorstellungen gegen Aufführungen der Städtischen und der Lindenoper ist am Ende noch nicht der schlechteste Ausweg.

Man kann nur die Achseln zucken, wenn ein Kommunistenblatt daraufhin über einen »schmählichen Verrat«

der Volksbühne zetert. Im übrigen wird man guttun, sich ein endgültiges Urteil über die Kroll-Frage und den hier von der Volksbühnenleitung eingenommenen Standpunkt erst dann zu bilden, wenn mit voller Klarheit feststeht, was beabsichtigt wird, was die Volksbühne opfern soll und was sie dafür erhält.

*Material zur Beurteilung des Vergleichs zwischen Staatsverwaltung und Volksbühne für den Fall einer Schließung der Kroll-Oper,*
*Zusammengestellt im Auftrage des Vorstandes der Volksbühne E.V., Berlin, März 1931 (Broschüre)*

I. Die Sachlage

Der Haushaltsausschuß des Landtages hat mit 15 gegen 14 Stimmen einen Antrag Lauscher und Gen. angenommen: »Das Staatsministerium wird beauftragt, die Staatsoper am Platz der Republik beim Abschluß der Spielzeit 1931 zu schließen.« Alles spricht dafür, daß auch das Plenum diesem Antrag zustimmen wird. Die von den Freunden der Kroll-Oper entfaltete lebhafte Propaganda stößt sich an den finanziellen Schwierigkeiten des Staates und dem darauf begründeten Widerspruch des Finanzministers. Wohl wird neuerdings behauptet, daß man die Kroll-Oper auf neuer Grundlage künftig mit einem Zuschuß von nur 400 000 Mark werde führen können. Die Berechnungen unvoreingenommener Fachleute führen jedoch zu einem wesentlich anderen Ergebnis.

Wird aber die Kroll-Oper geschlossen, so bedeutet das für den Staat die Notwendigkeit, sich mit der Volksbühne auseinanderzusetzen, die vertraglich gesicherte Rechte an der Kroll-Oper hat. Nach langen Verhandlungen wurde im Dezember 1930 zwischen den Vertretern der Regierung und den Vertretern der Volksbühne ein Vergleich zur Ablösung dieser Rechte geschlossen. Der Vergleich fand im Haushaltsausschuß des Landtages auch die Zustimmung der Mehrheit. In den Verhandlungen des Plenums ist die endgültige Entscheidung noch nicht gefallen, nachdem die Abstimmung am 6. März ein beschlußunfähiges Haus ergab. Immerhin bewies die Tatsache, daß die Abgeordneten der Rechtsparteien zusammen mit den Kommunisten die Beschlußunfähigkeit herbeiführten, bewiesen vollends die Debatten, daß die Regierungsvorlage auf starken Widerstand stößt. Die zum Thema gehaltenen Reden ergaben aber auch, daß diese Ablehnung des mit der Volksbühne geschlossenen Vergleichs zu einem guten Teil auf irrige Voraussetzungen zurückgeht.

Aus diesem Grunde soll im nachfolgenden versucht werden, den ganzen Tatbestand noch einmal aufzurollen.

II. Der Vertrag vom April 1923

Die derzeitigen Rechte der Volksbühne an der Kroll-Oper stützen sich auf einen Vertrag vom April 1923. Dieser Vertrag regelt zunächst die Fertigstellung der damals im Umbau befindlichen ehemals Krollschen Oper und legt fest, daß das Staatstheater in dem fertiggestellten Haus alljährlich während einer zehnmonatigen Spielzeit Opernvorstellungen zu veranstalten habe. Es heißt dann weiter: »Der Staat verpflichtet sich, der Volksbühne für jede Vorstellung an Sonn- und Festtagen sowie an Sonnabenden 800, an den übrigen Wochentagen 1200 Plätze, im gleichen Verhältnis verteilt auf sämtliche Platzgattungen, zur Verfügung zu stellen... Als Vergütung der Plätze für die Abendvorstellungen wird der Betrag des Stundenlohnes einschließlich Teuerungs- und Sonderzuschlages eines 24jährigen ledigen Handwerkers in Berlin nach dem Tarif für staatliche Verwaltungsarbeiter je Platz festgesetzt... Die Volksbühne ist verpflichtet, die bezeichneten Plätze zu den vorgesehenen Bedingungen abzunehmen. Die Vergütung für die Vorstellungen ist wöchentlich nachträglich zu leisten. Gerät die Volksbühne mit Erfüllung ihrer Zahlungsverpflichtungen länger als einen Monat in Verzug, so ist der Staat nach erfolgter Mahnung durch eingeschriebenen Brief zur fristlosen Kündigung dieses Vertrages berechtigt...« (siehe S. 149).

Dieser Vertrag wurde im Dezember 1923 durch einen Nachtragsvertrag ergänzt. Dessen entscheidende Sätze lauten: »Die Vergütung (für die Plätze) wird, wenn zwei Drittel des von der Volksbühne erhobenen Vorstellungsbeitrages höher sind als der Stundenlohn, auf zwei Drittel dieses Beitrages (zur Zeit 80 Pfennig bei einem Vorstellungsbeitrag von 1,20 Mark) erhöht... Bei Vergebung von Plätzen an andere Besucherorganisationen müssen die Vergütungen um 25 Prozent, wenn es sich um den Bühnenvolksbund handelt, um 15 Prozent höher sein, als die von der Volksbühne zu zahlenden Vergütungen.«

Außerdem erfuhren die Festlegungen des Vertrages auf Grund mündlicher Vereinbarungen mehrfach Abänderungen. Sie bezogen sich in der Hauptsache auf die Bezahlung der Plätze. Da die Kosten des Betriebes weit höher wurden, als zunächst errechnet war, trat die Staatsverwaltung immer wieder an die Volksbühne mit dem Ersuchen heran, die Vergütung für die Plätze über den vereinbarten Stundenlohn hinaus zu steigern. Die Volksbühne kam diesen Wünschen mehrfach entgegen und erhöhte schließlich ihre Zahlung für jeden Platz auf 1,75 Mark, während zur gleichen Zeit der Stundenlohn eines gelernten Handwerkers einschließlich aller Zuschläge nur etwa 1,- Mark ausmachte. Die Volksbühne weigerte sich dann freilich, erneutem Drängen auf Erhöhung der Preise (gefordert wurde eine Bezahlung jedes Platzes mit 3,- Mark) nachzukommen. In dieser Situation rief die Staatsverwaltung das im Vertrag von 1923 vorgesehene Schiedsgericht an (Herbst 1928). Das Schiedsgericht setzte die Preisvergütung auf 2,- Mark fest. Es betonte aber zugleich auch, daß damit für 5 Jahre jede weitere Forderung auf Preiserhöhung ausgeschlossen werde. Die Entscheidung stützte sich wesentlich auf die Tatsache, daß die Staatsverwaltung in den Jahren nach Vertragsabschluß das Kroll-Theater aus einer Dependance des Staatstheaters Unter den Linden in einen selbständigen Opernbetrieb verwandelt habe. Diese Umwandlung sei zwar ohne Zutun der Volksbühne erfolgt; aber die Staatsverwaltung habe doch als eine Art ›Geschäftsführer ohne Auftrag‹ im Interesse der Volksbühne gehandelt. Im übrigen trat das Schiedsgericht weitgehend der Auffassung der Volksbühne bei, so daß von den entstandenen Kosten auch vier Fünftel der Staatskasse aufgebürdet wurden, nur ein Fünftel der Volksbühne.

Weitere Änderungen des Vertrages bezogen sich auf die Zuteilung der Plätze. Während des Umbaus der Oper Unter den Linden trat die Staatsverwaltung an den Vorstand der Volksbühne mit dem Ersuchen heran, 1. damit einverstanden zu sein, daß die Volksbühne nicht mehr an sämtlichen Vorstellungen beteiligt würde, sondern an einzelnen Tagen eine entsprechend größere Anzahl von Plätzen erhalte; 2. einzuwilligen, daß an Stelle der ihr vertraglich zustehenden gut 300 000 Plätze jährlich nur etwa 200 000 bis 220 000 geliefert würden. Auch hier willigte die Volksbühne ein.

III. Vorgeschichte des Vertrages von 1923

Die Volksbühne war es, die 1919 den Plan faßte, die ehemals Krollsche Oper in ein würdiges Volkstheater umzuwandeln. Die Kroll-Oper befand sich damals in einem ruinenhaften Zustand, sie war zuletzt als Lazarett benutzt und dann ganz der Verwahrlosung überlassen worden. Der Staat selbst besaß keine Möglichkeit, eine Erneuerung des Hauses vorzunehmen. Die Volksbühne aber, gestützt auf einen außerordentlichen Zustrom neuer Mitglieder, verfügte über genügend Mittel, um einen Um- und Ausbau wagen zu können.

Die Verhandlungen mit dem Kultusministerium führten zum Abschluß eines ersten Vertrages, datiert vom 5. April 1920, der folgendes vorsah: Der Staat überläßt Grundstück und Gebäude der Volksbühne für 25 Jahre zum Gebrauch. Die Volksbühne verpflichtet sich, im Einverständnis mit der Staatsverwaltung und unter ständiger Kontrolle ihrer Beauftragten das verfallene Gebäude in ein modernes Theater mit wenigstens 2000 Plätzen umzubauen und dafür mindestens 4 Millionen Mark aufzuwenden (Papiermark – nach damaligem Kurs etwa 280 000 Goldmark). Der Bau geht nach 25 Jahren ohne Entschädigung in den Besitz des Staates über, kann aber auch schon früher, d. h. nach 10, 15 oder 20 Jahren, von ihm gegen anteilige Übernahme der Umbaukosten angefordert werden. Die Volksbühne verpflichtet sich, in dem von ihr zu verwaltenden und zu bewirtschaftenden Hause allabendlich und an den Sonntagnachmittagen Vorstellungen zu veranstalten, und zwar an vier Abenden jeder Woche Schauspielaufführungen, an drei Abenden Opernaufführungen, unter Heranziehung der Ensembles des Staatlichen Schauspielhauses am Gendarmenmarkt und der Staatsoper Unter den Linden. Die Volksbühne hat an die Staatsverwaltung für die Überlassung des Hauses und zur Abgeltung allgemeiner Unkosten jährlich 900 000 Mark (= 130 000 Goldmark) zu zahlen und außerdem die Unkosten der Vorstellungen auf Grund der für die Bespielung des neuen Hauses erforderlichen Neuengagements beim Personal der beiden staatlichen Bühnen zu vergüten. Steigen die Kosten für diese Neuengagements, so erhöht sich der zunächst auf 800 000,- Papiermark (= 120 000,- Goldmark) errechnete Betrag. Die Volksbühne hat die Pflicht pünktlicher Bezahlung und geht bei Rückständen aller Rechte verlustig. Für Streitigkeiten aus dem Vertrag ist ein Schiedsgericht zuständig (siehe S. 145).

Nach Abschluß dieses Vertrages wollte die Volksbühne sofort mit dem Bau beginnen. Hier ergaben sich jedoch unerwartete Schwierigkeiten. Die von dem Erbauer des Theaters am Bülowplatz, Oscar Kaufmann, entworfenen und von der Staatsverwaltung gebilligten Pläne stießen auf den Widerspruch der sog. Berliner Verschönerungs-Kommission, die sich auf den Standpunkt stellte, das alte Kroll-Haus sei ein historisches Gebäude, und infolgedessen dürfe seine Fassade keine Änderung erfahren. Er bedurfte langwieriger Verhandlungen und einer durchgreifenden Umänderung der Pläne, bis die Bedenken der Verschönerungs-Kommission aus dem Weg geräumt waren. Dann wieder nahm die Prüfung der Baupläne durch die Städtische Hochbauverwaltung eine über alles Erwarten gehende Zeit in Anspruch. Dabei war wohl nicht ohne Einfluß die Tatsache, daß eine für die Verschönerungs-Kommission wie für die Baubehörden maßgebende Persönlichkeit vor dem Kriege selbst einmal Pläne für einen Neubau der Kroll-Oper entworfen hatte, die aber nicht zur Durchführung gelangt waren und noch weniger wegen ihrer enormen Kosten von der Volksbühne übernommen werden konnten.

Die Verzögerung des Baubeginns bewirkte, daß die Volksbühne mit ihren Bauarbeiten mitten in die Inflation hineingeriet. Die Volksbühne tat alles, um das plötzliche Hinaufschnellen der Löhne und Preise auszugleichen; nicht nur, daß sie ihre gesamten Reserven einsetzte: sie erhob von ihren Mitgliedern auch mit jedem Beitrag, also zwölfmal jährlich, besondere ›Baukostenzuschläge‹, die zeitweise ein Drittel der Beitragshöhe

XIV  Wolfgang Amadeus Mozart, Die Hochzeit des Figaro, 1. Bild. Entwurf von Teo Otto
Sammlung Frau Teo Otto, Zürich

erreichten; sie gab überdies unter Einsatz einer großen Propaganda Teilschuldverschreibungen an ihre Mitglieder aus, denen sie planmäßige Rückzahlung und gute Verzinsung verhieß. Endlich suchte die Volksbühne ihre Mittel durch Darlehen bei der Stadtbank, bei der Preußischen Zentral-Boden-Kredit-A.-G. und bei der Großen Volksoper A.-G. zu verstärken.

Tatsächlich gelang es der Volksbühne auch, mit diesen Mitteln den Bau weit zu fördern. Indessen nahm die Inflation einen solchen Umfang an, daß die Volksbühne sich im Herbst 1922 doch am Ende ihrer Kräfte sah. In dieser Situation trat die Große Volksoper A.-G., die damals mit starkem Erfolg im Theater des Westens spielte, mit verlockenden Angeboten an die Volksbühne heran. Sie verwies auf ein ihr zur Verfügung stehendes Dollar-Kapital und erklärte, mit Hilfe dieser Summe den Bau zu Ende führen zu wollen, wenn ihr dafür die Bespielung des Hauses überlassen würde. Gegen ein solches Abkommen, das auch in den Kreisen der Volksbühne auf gewisse Bedenken stieß, wandte sich aber die Staatsverwaltung. Um es auszuschalten, erklärten sich die zuständigen Ministerien ebenfalls bereit, der Volksbühne durch darlehnsweise Hergabe von Mitteln die Fertigstellung des Kroll-Umbaus zu ermöglichen, wenn die Volksbühne das Haus nach seiner Vollendung sofort, also nicht erst nach 25 Jahren, dem Staat überließe. Die Volksbühne erklärte sich damit einverstanden, wenn der Staat die von ihr bis dahin im Interesse des Baues aufgenommenen Schulden bei der Stadtbank, bei der Preußischen Zentral-Boden-Kredit-A.-G. und bei der Großen Volksoper A.-G. bezahlte, wenn ihr außerdem für den sonstigen Einsatz von Mitteln eine Entschädigung gewährt werde, und wenn ihre Mitglieder die Möglichkeit erhielten, für 25 Jahre zu besonders billigen Bedingungen die Vorstellungen im Kroll-Haus zu besuchen. Der Staat übernahm es, die in Papiermark kontrahierten Schulden der Volksbühne mit 113 423,27 Goldmark zu bezahlen, gab ferner der Volksbühne eine Abgeltung von 100 000,- Goldmark und vereinbarte mit ihr den Vertrag, der im April 1923 unterzeichnet wurde.

IV. Der Vertrag von 1923 als Teil einer Abfindung

Zweifellos war beim Abschluß des Vertrages von 1923 für die Staatsbehörden der Wunsch von Bedeutung, die Kroll-Oper in den Dienst der sozialen Kunstpflege zu stellen. Dies wirkte sich besonders in der Festlegung der gleitenden Skala für die Bezahlung der Plätze durch die Volksbühne nach dem Tariflohn eines Arbeiters aus. Indessen wäre die Staatsregierung den Wünschen der Volksbühne gewiß nicht in dem Maße, wie es geschah, entgegengekommen, wäre der Volksbühne mit dem Vertrag nicht auch eine Abgeltung für ihre beim Umbau der Kroll-Oper gebrachten finanziellen Opfer zu bieten gewesen.

Die Volksbühne erhielt für die Mittel, die sie in den Bau hineingesteckt hatte, wie bereits erwähnt, insgesamt 213 423,27 Goldmark. Sie übergab dem Staat aber im November 1922, d. h. zu jenem Zeitpunkt, da der Staat die Aufbringung der Baukosten in Gestalt von ›Darlehen‹ an die Volksbühne übernahm und diese nur noch als Treuhänderin des Staates den Bau weiterführte, Bauwerte von 1,8 bzw. 3,2 Millionen Goldmark. Genaueres darüber ergibt ein Gutachten, das von dem technischen Leiter des Baues, dem Architekten Hubert Geilgens, auf Veranlassung der Volksbühne erstattet und dann der Staatsverwaltung zugeleitet wurde, ohne daß es dort Widerspruch gefunden hätte. Das Gutachten führt zunächst aus, daß der Wert der im November 1922 vorliegenden Bauleistungen nicht durch eine Umrechnung der Papiermarkbeträge in Goldmark festgestellt werden könne. »Durch die Verwirrung der Inflation waren in den in Frage stehenden Jahren Materialpreise und Arbeitslöhne zwar nominell gestiegen, aber ihrem inneren Werte nach, sowohl was die Goldparität anbelangt wie die Kaufkraft, auf Bruchteile der Friedenswerte gesunken.« Das Gutachten versucht dann eine zutreffende Berechnung, indem es von den Kostenanschlägen ausgeht, die im Juni bzw. Juli 1921 aufgestellt wurden. »Der Hauptkostenanschlag wies in der damaligen Währung eine Endsumme von 10 400 000,- Papiermark auf, der besondere Anschlag für die Seitenbühne kam zu Kosten von 2 845 000,- Papiermark, der Anschlag für die Hinterbühne schloß mit Ausgaben von 453 000,- Papiermark, der für das Magazin mit Kosten in Höhe von 220 000,- Papiermark.« Das Gutachten geht dann Posten für Posten der Kostenanschläge durch und stellt fest, in welchem Prozentsatz die bei den einzelnen Posten veranschlagten Arbeiten im November 1922 geleistet waren, um den gleichen Prozentsatz der dafür vorgesehenen Summen einzusetzen. Es würde zu weit führen, alle 38 Posten hier aufzuführen. Die Durchrechnung der einzelnen Posten kommt jedenfalls zu folgendem Ergebnis: »Fertiggestellt waren also bis Ende November 1922 Arbeiten im Werte von

5 900 000,- Mark aus dem Hauptkostenanschlag,
1 705 000,- Mark aus dem Kostenanschlag für
     die Seitenbühne,
400 000,- Mark aus dem Kostenanschlag für
     die Hinterbühne,
200 000,- Mark aus dem Kostenanschlag für
     das Magazin,
8 205 000,- Mark insgesamt.«

Das Gutachten fährt dann fort: »Als die Bauarbeiten errechnet wurden (Mai bis Juni 1921), hatten 100,- Papiermark den Wert von rund 7 Goldmark. Der bis zum November 1922 fertiggestellte Teil der Bauarbeiten ergibt also in der Währung zur Zeit der Fertigstellung der Baukostenanschläge einen Betrag von etwa 574 000,- Goldmark. Diese 574 000,- Mark hatten indessen einen wesentlich höheren Wert, wenn man (wie in einem früheren Teil des Gutachtens ausgeführt) das Verhältnis der Löhne und Materialpreise in der Bauperiode zu den Löhnen und Preisen der Vorkriegszeit berücksichtigt. Um den ›Vorkriegswert‹ der geleisteten Bauarbeiten zu ermitteln, muß für *den* Teil der Summe, der auf Arbeitslöhne entfiel, ein Zuschlag von mindestens 300 Prozent gerechnet werden, für jenen Teil der Bausumme, der zur Materialbeschaffung benutzt wurde, ein Zuschlag von 50 Prozent. Nun war gerade im vorliegenden Falle ein besonders großer Teil der aufgewandten Summen für Arbeitslöhne erforderlich, während für Material verhältnismäßig wenig gebraucht wurde, zumal ein großer Teil von Altmaterial, das im Abriß vorhanden war, verwandt werden konnte. Man kommt der Wahrheit einigermaßen nahe, wenn man annimmt, daß etwa zwei Drittel der Summe, also ein Betrag von rund 382 000 Mark, für Arbeitslöhne verwandt wurde, und ein Drittel der Summe, also rund 191 000 Mark, auf Materialbeschaffung entfiel. Das führt zu einem Vorkriegswert der geleisteten Bauarbeiten von $382\,000 \times 4 = 1\,528\,000$ Mark $+ 191\,000 \times 1{,}5 = 286\,500$ Mark, mit anderen Worten zu einer Gesamtsumme von 1 800 000 Goldmark. Auch diese Summe gibt aber noch nicht den *heutigen* Wert der bis zum November 1922 geleisteten Bauarbeiten wieder; denn der derzeitige Bauindex liegt auf rund 180 Prozent ... Will man also den heutigen Wert der Bauarbeiten bis zum November 1922 ermitteln, so ist es nötig, die Summe von 1 800 000 noch mit 1,8 zu multiplizieren. Das ergibt einen Betrag von mehr als 3 200 000 Mark.«

Bauleistungen im heutigen Werte von 3 200 000 Goldmark fielen dem Fiskus für eine Barzahlung von rund 213 000 Goldmark zu. Es ist klar, daß die Volksbühne einer solchen Abfindung nicht zugestimmt hätte, wenn nicht neben den Barzahlungen noch der Vertrag gestanden hätte, der ihr den Anspruch auf jährlich 300 000 billige Plätze der Kroll-Oper einräumte.

Von Regierungsseite wurde im Landtag erklärt, daß die Volksbühne für den Bau der Kroll-Oper insgesamt 790 000 Goldmark erhalten habe. Das ist richtig, – aber nur dann, wenn man all jene Summen einbezieht (rund 575 000 Mark), die der Volksbühne *nach* dem November 1922 zugeleitet wurden, also in jener Zeit, in der die Volksbühne nur noch auf Wunsch des Staates als dessen Beauftragte die Bauarbeiten fortführte. Als Treuhänder des Staates hat die Volksbühne diese 575 000 Mark für die Beendigung des Baues ausgegeben, ohne daß ein Pfennig davon in ihre Taschen geflossen wäre.

V. Entschädigungsansprüche bei Vertragsauflösung

Wenn der Vertrag vom April 1923 der Volksbühne als Teil einer Abfindung für die beim Bau gemachten Aufwendungen ausgehändigt wurde, so liegt auf der Hand, daß der Vertrag zivilrechtlichen Charakter trägt. Der Wunsch, mit ihm der Idee einer sozialen Kunstpflege zu dienen, war keineswegs von so entscheidender Bedeutung, daß man deshalb den Vertrag lediglich als Ausfluß des staatlichen Hoheitsrechtes werten könnte. Vollends deuten die einzelnen Formulierungen des Vertrages, die Festlegung eines Schiedsgerichts über Streitigkeiten aus dem Vertrag usw. darauf hin, daß die Regierung sich durchaus zivilrechtlich der Volksbühne gegenüber binden wollte. Bei einer Schließung der Kroll-Oper sind die Ansprüche der Volksbühne also genauso zu werten wie die aus jedem anderen Vertrage, der auf zivilrechtlicher Basis geschlossen wurde.

In den Landtagsdebatten ist eingewandt worden, daß der Vertrag keine Gültigkeit mehr beanspruchen könne, weil er unter Voraussetzung der clausula rebus sic stantibus geschlossen sei. Tatsächlich ist aber in dem Vertrag nichts davon bemerkt, daß er nur solange Geltung besitzen solle, wie die beim Vertragsabschluß vorliegenden wirtschaftlichen Verhältnisse bestehen blieben. Dem widerspricht sogar geradezu die Festlegung einer gleitenden Skala für die Bezahlung der Platzpreise. Im übrigen wurde die Frage, ob die clausula rebus sic stantibus auf den Vertrag anwendbar wäre, bereits eingehend durch das Schiedsgericht vom Herbst 1928 geprüft. Die Entscheidung des Schiedsgerichtes geht auf die verschiedenen Reichsgerichtsurteile, die sich mit der clausula rebus sic stantibus beschäftigen, ein, um festzustellen, daß nach der Judikatur des obersten Gerichts nur »bei einer ganz besonderen und ganz ausnahmsweisen Umgestaltung und Änderung der Verhältnisse, wie sie durch den Krieg eingetreten sei«, die Klausel geltend gemacht werden könne. Die Entscheidung betont dann, daß sich die Verhältnisse während der Dauer des Vertrages keineswegs »ganz besonders oder ausnahmsweise allgemein verändert« hätten. »Sie haben« – so heißt es im Urteil des Schiedsgerichts – »einen normalen Verlauf genommen. Wenn der Zuschuß zu dem Betrieb der Kroll-Oper gegenüber 1925 zunächst um 74 Prozent, im folgenden Jahr um 180 Prozent, im Jahre 1927 um 245 Prozent, 1928 um 318 Prozent im Verhältnis zu den bei Eröffnung der Oper erforderlichen Zuschüssen gestiegen ist, wie der Kläger (d. h. der Staat) behauptet, so ist diese Steigerung nach Abschluß der Inflationszeit auf Maßnahmen des Klägers (d. h. der Staatsverwaltung) zurückzuführen, nicht auf eine äußere, von seinem Wirken unabhängige Umwandlung der Betriebskosten.«

Gelegentlich hat man auch versucht, die Pflicht des Staates zur Erfüllung des Kroll-Vertrages mit dem Hinweis auf einen § 12 im Vertrage von 1923 zu bestreiten, in dem es heißt: »Unterbleiben die Veranstaltungen (der Kroll-Oper) infolge höherer Gewalt, Kriegsunruhen, Krankheitsepidemien, behördlichen Anordnungen, Streik, Brandschäden, Einstellung des Staatstheaterbetriebes oder aus ähnlichen Ursachen, so hat die Volksbühne keinen Anspruch auf Schadloshaltung.« Aber es ist ganz klar, daß in dieser Aufstellung die Wendung »Einstellung des Staatstheaterbetriebes« ausschließlich eine Stillegung der gesamten Berliner Staatstheater bedeuten kann, eine Stillegung überdies auf Grund höherer Gewalt. Hätten die Vertragspartner ausdrücken wollen, daß schon eine Stillegung des Hauses am Platz der Republik jede Entschädigung der Volksbühne ausschließen sollte, dann würde man gewiß nicht gesagt haben »Einstellung des Staatstheaterbetriebes«, sondern kurzweg »Betriebseinstellung«. Überdies ist wohl auch klar, daß die Vertreter der Volksbühne nie und nimmer einen Passus akzeptiert hätten, der dem Staat die Möglichkeit gab, sich durch willkürliche Stillegung des Betriebes allen Ansprüchen der Volksbühne zu entziehen.

Bleibt die Frage, ob die Volksbühne etwa durch Nichterfüllung ihrer vertraglichen Pflichten dem Staat einen Anlaß gegeben haben könnte, jetzt seinerseits den Vertrag für aufgelöst zu erklären. Davon aber kann keine Rede sein. Soweit der Vertrag abgeändert wurde, geschah dies, wie bereits dargelegt wurde, stets auf Wunsch der Staatsverwaltung, oft genug zum Nachteil der Volksbühne und gegen deren Interessen. Ihren Verpflichtungen zur Zahlung aber kam die Volksbühne stets aufs pünktlichste nach. Wohl konnten im letzten Jahr infolge der gesunkenen Mitgliederzahl von der Volksbühne nicht mehr alle Plätze ausgenutzt werden. Gleichwohl ist die Volksbühne nie einen Pfennig für diese Plätze schuldig geblieben. Auch trifft es nicht zu, daß die Volksbühne etwa – wie im Landtag von einem Redner fälschlich vermutet wurde – einen Teil dieser Plätze dem Bühnenvolksbund abgetreten hätte. Die Plätze, die der Bühnenvolksbund erhielt, bezog er immer unmittelbar von der Generalintendanz; das der Volksbühne zustehende Platzkontingent wurde dadurch nicht berührt.

VI. Die Verhandlungen von 1929–30

Der Plan einer Schließung der Kroll-Oper, der 1929 die Gemüter zu bewegen begann, ging nicht von der Volksbühne aus. Er wurde zunächst im Landtag diskutiert, fand hier vor allem bei den Parteien der Rechten und beim Zentrum lebhafte Befürwortung und führte schließlich zur Annahme eines Antrages Lauscher, der das Staatsministerium beauftragte, alsbald mit der Stadt Berlin in Verhandlungen einzutreten, um eine wesentliche Verringerung des Fehlbetrages der staatlichen Theaterbetriebe zu erreichen. Weiter hieß es: »Um für die Einstellung des Staatstheaterbetriebes in der Kroll-Oper, die bei der gegenwärtigen Lage nicht zu umgehen sein dürfte, die Wege zu ebnen, ist sofort mit der Freien Volksbühne Fühlung zu nehmen und zu versuchen, auf gütlichem Wege die Lösung des zwischen dem Preußischen Staate und dieser Organisation hinsichtlich der Kroll-Oper bestehenden Vertragsverhältnisses herbeizuführen.«

Der Gedanke der Einstellung des Kroll-Betriebes stieß bei der Volksbühne zunächst sogar auf kräftigen Widerspruch. In zahlreichen Veröffentlichungen nahm die Leitung der Volksbühne dagegen Stellung, u. a. ging im Februar 1930 allen Abgeordneten des Landtages eine Denkschrift zu, in der die Volksbühne protestierte.

Indessen fand sich die Volksbühne im Sommer 1930 doch bereit, mit den Vertretern des Staates zu verhandeln. Wesentlich war dabei für sie die Einsicht, daß es auf die Dauer kaum möglich sein würde, angesichts der sich ständig verschlechternden Finanzlage des Staates die Fortführung der Kroll-Oper zu erreichen. Hinzu trat eine wachsende Unzufriedenheit der Mitglieder mit den Leistungen der Kroll-Oper; dabei spielten nicht nur die weitgehenden Bemühungen des Generalmusikdirektors Klemperer um die Pflege jüngster Musik und einen besonderen Darstellungsstil eine Rolle, sondern weit mehr verstimmte eine gewisse Vernachlässigung der Vorstellungen, an denen die Volksbühne beteiligt war. In einem ungewöhnlich hohen Verhältnis wurden hier wenig zugkräftige und längst abgespielte Opern zur Aufführung gebracht; z. B. enthielt der Spielplan für die Volksbühne 1929-30 unter 187 Aufführungen 28mal die recht provinzielle Aufführung der ›Fledermaus‹, 26 mal die ebenso nichtssagende Inszenierung der ›Salome‹, 10mal die unbeliebten Einakter-Abende und 5mal Wiederholungen der gänzlich heruntergespielten chorlosen ›Heimlichen Ehe‹; durchweg Stücke, die in den nicht der Volksbühne zufallenden Vorstellungen fast gar nicht geboten wurden. Oft traten auch im letzten Augenblick Programmänderungen ein, so daß die Besucher des Theaters die von ihnen vorher erworbenen Textbücher nicht benutzen konnten, usw. Sodann wurde die Volksbühne bei ihrer Verhandlungsbereitschaft aber auch durch die immer deutlicher hervortretenden Einwirkungen der Wirtschaftskrise bestimmt. Gerade im Sommer 1930 ergab sich für die Volksbühne die Unmöglichkeit, den Mitgliederbestand des Vorjahres zu halten. Die Volksbühne mußte sich sagen, daß ihr früher oder später aus der Verpflichtung zur Abnahme von mehr als 200 000 oder gar 300 000 Opernplätzen Schwierigkeiten erwachsen könnten.

Schließlich fiel ins Gewicht, daß die von den Vertretern der Staatsregierung zunächst gemachten Angebote außerordentlich weit gingen. Man wünschte von der Volksbühne keineswegs gleich eine völlige Aufgabe ihrer Rechte an der Kroll-Oper, sondern nur die Zustimmung zu einer Suspension des Vertrages auf fünf Jahre. Man stellte für diese Zeit Ersatzvorstellungen der Städtischen Oper in Aussicht, ohne Erhöhung der bei Kroll gezahlten Platzgebühren, und zwar Vorstellungen mit insgesamt etwa 100 000 Plätzen, genausoviele, wie die Volksbühne wünschte. Man war außerdem geneigt, der Volksbühne für jedes Jahr der Vertragssuspension eine Entschädigungssumme von nicht weniger als 300 000 Mark zu zahlen.

Im Verlauf der Verhandlungen erfuhren diese Vorschläge allerdings verschiedene Abänderungen. Dabei wirkten sich zunächst die Schwierigkeiten aus, mit der Stadt zu einer Verständigung zu kommen. Die Stadt lehnte zwar nicht grundsätzlich die Abgabe von Plätzen an die Volksbühne ab, aber sie stellte die Bedingung, daß die Volksbühne dann auch in der Oper Unter den Linden Vorstellungen erhalten müsse. Die Volksbühne erklärte sich damit einverstanden. Da ergaben sich neue Schwierigkeiten, weil die Stadt für die Bereitstellung von Plätzen sehr hohe Zuschüsse des Staates verlangte. Das führte zu Vorschlägen der zuständigen Ministerien, die Volksbühne solle sich ganz auf die Linden-Oper beschränken oder auch damit einverstanden sein, daß sie die ihr in Aussicht gestellten Plätze bei Gastvorstellungen der Linden-Oper in dem sonst stillzulegenden Haus am Platz der Republik erhalte. In jedem Fall blieb noch der Vorschlag einer nur zeitweisen Suspension des Kroll-Vertrages mit einer jährlichen Entschädigung von 300 000 Mark für die Zeit der Suspension. Wieder gab die Volksbühne ihre Zustimmung. Aber schon kamen auch neue Vorschläge. Jetzt wurde plötzlich gewünscht, daß die Volksbühne ganz auf den Kroll-Vertrag verzichte. Zugleich wurde das Angebot einer jährlichen Entschädigung von 300 000 Mark zugunsten sehr viel niedrigerer Summen zurückgezogen. Es würde zu weit führen, alle Stadien der folgenden Verhandlungen durchzugehen. Es muß genügen festzustellen: Die Vertreter des Staates schränkten die der Volksbühne zunächst unterbreiteten Vorschläge noch mehrfach ein. Die Unterhändler der Volksbühne waren natürlich bemüht, diese Einschränkungen nach Möglichkeit abzuwehren, sahen sich aber doch veranlaßt, den Wünschen der Staatsregierung immer wieder nachzugeben, bis ihnen eine äußerste Grenze erreicht schien. In dieser Situation wurde der Vergleich formuliert, der im Dezember 1930 vorbehaltlich der Zustimmung des Landtages vom Finanz- und vom Kultusminister unterzeichnet wurde, und über den jetzt der Landtag zu entscheiden hat.

Dieser Vergleich sieht im wesentlichen vor: Die Volksbühne verzichtet auf alle Ansprüche an die Kroll-Oper. Sie erhält dafür eine Abfindung in Höhe von 100 000 Mark jährlich bis zu dem Tage, an dem der Kroll-Vertrag von 1923 sein Ende erreichen würde. Die drei ersten und die drei letzten Jahresraten im Gesamtbetrage von 600 000 Mark werden der Volksbühne sofort beim Abschluß des Vertrages ausgezahlt. Die restlichen dreizehn Jahresraten von je 100 000 Mark können vom Staat durch Zahlung zweier Pauschalen von je 450 000 Mark im Jahre 1932 und 1933 abgegolten werden. Die Verpflichtung des Staates zu Zahlungen an die Volksbühne erlischt, wenn die Volksbühne die ihr obliegende soziale Kunstpflege nicht mehr erfüllt. Ferner erhält die Volksbühne für fünf Jahre geschlossene Vorstellungen der Oper Unter den Linden, und zwar mit jährlich 54 000 Plätzen zum Preise von 2 Mark zuzüglich 0,30 Mark Garderobengebühren. Die Volksbühne ist verpflichtet, diese Plätze abzunehmen und zu bezahlen. Gerät die Volksbühne mit ihren Zahlungen länger als einen Monat in Verzug, so ist der Staat zur fristlosen Kündigung dieses Vertragsteiles berechtigt. Dem Staat bleibt die Möglichkeit, die der Volksbühne zufallenden Vorstellungen auch in einem anderen staatlichen Opernstheater oder in der Städtischen Oper zu liefern. Jedoch kann die Volksbühne in diesem Falle die Lieferung einer erhöhten Zahl von Plätzen in geschlossenen Vorstellungen (bis zu 108 000) verlangen. Die Wahl der für die Volksbühne zu spielenden Stücke erfolgt durch die Leitung der Staatstheater. Vor der Entscheidung hat eine Beratung mit der Volksbühne stattzufinden.

VII. Unzulässige Begünstigungen der Volksbühne?

Die von den Regierungsvertretern mit der Volksbühne geführten Verhandlungen waren zweifellos immer von einer Anerkennung der Bemühungen der Volksbühne um soziale Kunstpflege getragen. Sie erfolgten in dem Wunsch, diese Bemühungen nach Möglichkeit zu unterstützen. Zu keinem Zeitpunkt wurden darüber jedoch die Interessen des Staates, insbesondere auch seine fiskalischen Interessen, vernachlässigt. Ja, die Haltung der Staatsvertreter erweckte bei den Wortführern der Volksbühne oft genug den Eindruck, daß man die finanziellen und sonstigen Vorteile des Staates gegenüber seiner Verpflichtung zur Förderung der sozialen Kunstpflege viel zu hoch bewertete. Es gab genug Zeiten, in denen infolgedessen innerhalb der leitenden Körperschaften der Volksbühne eine höchst gereizte Stimmung gegen die Ministerien herrschte. Die Verhandlungen hatten denn auch nicht selten kritische Situationen zu überwinden. Es bedurfte oft langwieriger und schwieriger Unterhandlungen, um die immer wieder aufklaffenden Gegensätze auszugleichen. Schon die Erinnerung an dieses ständige zähe Ringen zwischen Volksbühne und Staatsverwaltung muß den im Landtag erhobenen Vorwurf einer Begünstigung der Volksbühne durch die Regierung absurd erscheinen lassen.

Diesem Vorwurf widersprechen aber auch die tatsächlichen Ergebnisse der Verhandlungen. Der erste Vertrag zwischen Staat und Volksbühne, abgeschlossen im April 1920, brachte dem Staat zunächst den Vorteil, daß in einer Zeit, da ihm die Mittel und Möglichkeiten zum Umbau der Kroll-Oper völlig fehlten, die Volksbühne den Ausbau des verfallenden Hauses zu einem modernen Volkstheater übernahm. Der Staat erhielt die Möglichkeit, diesen Ausbau ganz nach seinen Wünschen zu regeln, und er gewann nach 25 Jahren das Recht zur entschädigungslosen Besitzergreifung des erneuerten Gebäudes. Der Staat erhielt außerdem die Zusicherung einer für die damalige Zeit nicht unbeträchtlichen Miete (¹/₃ der von der Volksbühne jährlich zu zahlenden 900 000 Mark für die allgemeinen Unkosten des Staates bei der Bespielung des Hauses). Schließlich stellte ihm der Vertrag die Möglichkeit einer rationelleren Ausnutzung der von ihm für das Haus am Gendarmenmarkt und die Linden-Oper verpflichteten Ensembles in Aussicht; die in jenem Vertrag mit der Volksbühne vorgesehenen Vorstellungen hätten nur eine verhältnismäßig geringe Vermehrung des vorhandenen Personals erfordert, andererseits dem Staat eine angemessene, bei steigenden Unkosten wachsende Bezahlung gesichert. Dieser Vertrag war auch unter fiskalischem Gesichtspunkt keineswegs ein ›schlechtes Geschäft‹ für den Staat.

Es folgte die Situation vom November 1922, da die Volksbühne sich außerstande erklärte, den Bau zu Ende zu führen. Es wäre ein Wahnsinn gewesen, das zu zwei Dritteln fertiggestellte Gebäude unvollendet zu lassen. Die Staatsverwaltung mußte aber auch Bedenken haben, das Haus der Großen Volksoper zu überantworten, die sich bereit erklärte, für die Volksbühne einzuspringen. Die Festsetzung der Großen Volksoper in der Kroll-Oper hätte dem Staatlichen Opernhaus eine gefährliche Konkurrenz geschaffen. Andererseits eröffnete sich für die Staatsverwaltung die Möglichkeit, das Gebäude am Platz der Republik nicht erst in 25 Jahren, sondern sofort zur freien Verfügung zu erhalten. Die an die Volksbühne als Entschädigung zu zahlenden Summen waren denkbar minimal; sie bedeuteten nur einen Bruchteil des Wertes, den der Staat übernahm. Allerdings mußte der Volksbühne nun ein neuer Vertrag gegeben werden, der für den Staat ein größeres Risiko und die Notwendigkeit gewisser Zuschüsse bedeutete. Aber auch dieser Vertrag konnte nicht als bedenkliche Belastung des Staates erscheinen. Die Beschränkung des Repertoires des neuen Hauses auf Opernvorstellungen versprach gegenüber dem Abkommen von 1920 sogar manchen Vorteil. Das neue Abkommen eröffnete dem Staat überdies die Möglichkeit, aus dem Kroll-Betrieb noch wesentliche Kasseneinnahmen im freien Kartenverkauf zu erzielen. Auch bei dem Vertrag von 1923 kam also der Staat – wenigstens auf der Basis der damaligen Berechnungen der Kosten der zweiten Oper – durchaus zu seinem Recht.

Nun trifft allerdings zu, daß die Kosten des zweiten Opernbetriebes nachher viel höher wurden, als zunächst gedacht war. Die Staatsverwaltung versäumte aber keineswegs, im Rahmen des Möglichen diese Mehrausgaben auf die Volksbühne abzuwälzen. Obgleich die Volksbühne für die ständige Erhöhung der Zuschüsse nicht verantwortlich zu machen war, obgleich die Abstandnahme von Serienaufführungen, wie sie der Vertrag von 1923 vorsah, gegen den Wunsch der Volksbühne erfolgte, und obgleich vollends die Verselbständigung der zweiten Oper unter Berufung des Herrn Generalmusikdirektors Klemperer nicht etwa auf Veranlassung der Volksbühne erfolgte, wurde doch Jahr für Jahr von der Volksbühne eine höhere Bezahlung der Opernplätze verlangt. In außerordentlich zähen Verhandlungen wurden diese Forderungen durchgefochten, schließlich sogar, wie erwähnt, unter Anrufung eines Schiedsgerichtes.

Als dann die Regierung 1930 den Plan einer Schließung der Kroll-Oper aufgriff, war auch das alles andere eher als eine Begünstigung der Volksbühne, die sich aufs lebhafteste gegen den Gedanken der Schließung wehrte. Vollends war die Art und Weise, in der man mit der Volksbühne verhandelte, keineswegs von dem Wunsch diktiert, der Volksbühne auf Kosten des Staates zu helfen. In einer Weise, die von den Vertretern der Volksbühne oft höchst unangenehm empfunden wurde, waren vielmehr die Unterhändler des Staates bemüht, die Entschädigungsansprüche der Volksbühne und sogar die ersten von den Ministerien selbst gemachten Abfindungsangebote mehr und mehr herabzudrücken.

Tatsächlich stellt denn auch vom fiskalischen Gesichtspunkt aus der Vertrag vom Dezember 1930 keinen geringen Erfolg dar. Er sichert dem Staat die Möglichkeit ganz großer Ersparnisse. Er verpflichtet zwar den Fiskus, während eines Zeitraumes von 19 Jahren 1,9 Millionen oder während eines Zeitraumes von drei Jahren 1,5 Millionen Mark zu zahlen. Hinzu treten für fünf Jahre noch Zuschüsse für je 54 000 verbilligte Plätze Unter den Linden; schätzt man den zu leistenden Zuschuß je Platz auf 4 Mark, so stellt dies eine nochmalige Belastung von etwa 1 Million dar. Auf der anderen Seite aber entfällt die Notwendigkeit, noch 19 Jahre hindurch den Zuschuß für 300 000 oder wenigstens für 220 000 Plätze in der Kroll-Oper aufzuwenden. Schätzt man diesen Zuschuß je Platz auf 3 Mark, so ergibt sich hier eine Summe von mehr als 17 Millionen bzw. von 12,5 Millionen Mark. Man kann aber auch sagen, daß durch das neue Abkommen mit der Volksbühne die Verpflichtung hinfällig wird, für 19 Jahre jährlich 1,5 bis 2 Millionen Mark Zuschüsse für die Kroll-Oper als Ganzes zu leisten, daß also Einsparungen von 30 bis 40 Millionen Mark herbeigeführt werden.

Die Abgabe von etwa 36 geschlossenen Vorstellungen der Linden-Oper an die Volksbühne – bei freier Bestimmung der Tage durch die Generalintendanz der Oper – kann weder dem Ansehen der Linden-Oper schaden, noch ihre Einnahmen wesentlich beeinträchtigen. Ebensowenig ist eine Belastung der künstlerischen Arbeit zu befürchten. Die Volksbühne kann die für sie zu spielenden Stücke nicht bestimmen, d. h. sie muß sie aus dem vorhandenen Repertoire nach den Vorschlägen der Generalintendanz nehmen. Die im Vertrag vorgesehene Beratung hat lediglich den Zweck zu verhindern, daß für die Volksbühne Werke gespielt werden, die vielleicht von den zu einer Vorstellung geladenen Mitgliedern bereits einige Zeit vorher gesehen wurden, und ähnliche Fehlgriffe auszuschalten.

Vollends sichert der Vertrag ebenso wie die früheren der Staatsverwaltung jederzeit das Recht, bei Zahlungsrückständen der Volksbühne alle Verpflichtungen abzustreifen.

VIII. Spekulation auf finanzielle Schwierigkeiten der Volksbühne

Die Volksbühne hat ihre Verpflichtungen aus dem Vertrag von 1923, wie bereits betont wurde, bisher stets genauestens erfüllt. Die Volksbühne ist gewillt, diesen Vertrag, solange er in Geltung bleibt, auch weiterhin zu erfüllen.

Gewiß, die Volksbühne befindet sich zur Zeit in einer schwierigen Lage. Schon die letzten Jahre brachten ihr Verluste an Mitgliedern, hauptsächlich infolge des Auftretens gewisser Konkurrenzeinrichtungen, insbesondere des Reibaro-Abonnements und der Gesellschaft der Rundfunkfreunde. Immerhin konnte noch 1929-30 ein Mitgliederstand von 86 000 gehalten werden. Dann aber machten sich die Auswirkungen der Anfang 1930 einsetzenden schweren Wirtschaftskrise bemerkbar. Es ist zwar unrichtig, daß sie den Mitgliederstand auf 34 000 herabgedrückt hätte; die Volksbühne stellt es jedem frei, sich an Hand ihrer Kartothek und ihrer Abrechnungen zu überzeugen, daß sie auch heute noch 56 000 Mitglieder zählt. Indessen bedeutete doch auch der Rückgang der Mitgliederzahl auf 56 000 empfindliche Ausfälle an Einnahmen. Sie wurden besonders dadurch zu einer Gefahr für die Volksbühne, daß bei Aufstellung des sog. Organisationsplanes, d. h. bei Festlegung der Spielzeit und des Etats für das eigene Theater sowie bei der Mietung von Vorstellungen anderer Bühnen im Frühjahr 1930 noch mit dem Fortbestand einer Mitgliederzahl von 80 bis 90 000 gerechnet wurde. Ergebnis: Die Volksbühne muß im laufenden Spieljahr auch zahlreiche Plätze bezahlen, die leer bleiben und für die ihr deshalb keine Einnahmen aus Mitgliederbeiträgen zufließen.

Gleichwohl ist es falsch, aus diesen Schwierigkeiten der Volksbühne den Schluß zu ziehen, daß sie nicht mehr imstande sein werde, den Kroll-Vertrag von 1923 zu erfüllen, und daraufhin zu sagen: Warten wir also den ›Vertragsbruch‹ der Volksbühne ab, um so die Möglichkeit zur Schließung der Kroll-Oper ohne jede Abfindung der Volksbühne zu erhalten.

Die Ausfälle der Volksbühne an Mitgliederbeiträgen konnten zum guten Teil ausgeglichen werden durch einen ungewöhnlich günstigen Absatz von Plätzen im freien Kassenverkauf des eigenen Theaters bei den großen Erfolgen der letzten Zeit (›Defraudanten‹, ›Liliom‹). Außerdem gelang es der Volksbühne, zu günstigen Bedingungen, einen ansehnlichen Kredit zu erreichen. (Die im Landtag aufgestellte Behauptung, daß die Volksbühne für ein Darlehen der Arbeiterbank in Höhe von 200 000,- Mark 20 000,- Mark Provision zahlen müsse, beruht auf einem Mißverständnis. Die Volksbühne hat überhaupt kein Darlehen empfangen, sondern lediglich die Möglichkeit eines Kredites bis zur Höhe von 200 000,- Mark erhalten. Sie hat der Arbeiterbank dafür von ihren Forderungen an den Fiskus 220 000 Mark verpfändet. Selbstverständlich hat die Arbeiterbank aber Besitzrecht an dieser verpfändeten Summe lediglich in dem Maße, in dem die Volksbühne ihren Kredit in Anspruch genommen hat. Die Volksbühne zahlt für den Kredit lediglich sechs Prozent Zinsen und eine Provision in Höhe von einem viertel Prozent des höchsten in Anspruch genommenen Saldos.)

Schließlich darf daran erinnert werden, daß die Volksbühne Eigentümerin eines nur mit 900 000 Mark belasteten Hauses ist, bei dem allein der Grund und Boden 1913 mit rund 2 Millionen Mark bezahlt wurde. Gewiß muß es der Volksbühne erwünscht sein, zur Überwindung der Schwierigkeiten der laufenden Spielzeit eine größere Summe als Abfindung für die Aufgabe ihrer Rechte aus dem Kroll-Vertrag in die Hand zu bekommen. Doch besitzt sie sehr wohl die Möglichkeit, auch ohne diese Abfindung durchzuhalten.

Dann würde allerdings noch die Schwierigkeit bleiben, ständig 220 000 Plätze der Kroll-Oper abzunehmen und zu vergüten. Doch auch diese Schwierigkeit scheint dem Vorstand der Volksbühne keineswegs unüberwindlich. Er sieht die Möglichkeit, durch gewisse Änderungen des heutigen Volksbühnensystems Zehntausende neuer Mitglieder zu gewinnen, die unter Ausnutzung der neugeschaffenen günstigen Bedingungen die Gelegenheit zum billigen Besuch der Kroll-Oper-Vorstellungen ausnützen würden. Die Leitung der Volksbühne verkennt freilich nicht, daß hier auch eine gewisse Gefahr vorhanden ist, – eine Gefahr vor allem für die künftige gesunde Wirtschaftsbasis der Kroll-Oper. Die neuen Maßnahmen der Volksbühne zur möglichst weitgreifenden Gewinnung von Opernfreunden müßten den unmittelbaren Kartenabsatz der Kroll-Oper, also die Tageskasse, stark beeinträchtigen. Die Differenz zwischen Einkünften und Ausgaben der Kroll-Oper könnte noch größer werden als bisher, der Zuschußbedarf höher. Erwünscht würde das selbstverständlich auch vom Standpunkt der Volksbühne nicht sein, die bei Fortführung des Vertrages mit der Kroll-Oper an einer gesunden Grundlage des Betriebes interessiert wäre.

IX. Schlußwort

Die Volksbühne kämpft nicht gegen die Fortführung der Kroll-Oper. Die Entscheidung darüber bleibt den staatlichen Organen überlassen.

Sollten diese aber im Hinblick auf die erheblichen – bei Fortführung des Vertrages mit der Volksbühne vom April 1923 wahrscheinlich noch wachsenden – Zuschüsse zu dem Beschluß kommen, den Kroll-Betrieb einzustellen, so kann das nicht geschehen ohne angemessene Entschädigung der Volksbühne. Die Volksbühne ist nach der Überzeugung ihrer Leiter bei dem mit der Staatsverwaltung vereinbarten Vergleich, der jetzt der Entscheidung des Landtages unterliegt, in ihrem Entgegenkommen an die staatlichen Interessen bis an die äußerste Grenze gegangen. Man darf mit Sicherheit annehmen, daß das Schiedsgericht, das bei Ablehnung des Vergleichs nach dem Vertrag von 1923 über die Ansprüche der Volksbühne zu befinden hätte, eine für die Volksbühne sehr viel günstigere Entscheidung treffen würde. Aber die Leitung der Volksbühne möchte im Hinblick auf das alte und auch für die Zukunft erhoffte freundschaftliche Zusammenarbeiten zwischen den Staatsbehörden und der größten gemeinnützigen Besucherorganisation alles vermeiden, was die Gegensätze verschärfen könnte, und hat deshalb trotz mancher inneren Widerstände dem Vergleich vom Dezember 1930 zugestimmt.

Sie ist so sicher, daß jeder bei genauer Kenntnis der Sachlage und vorurteilsfreiem Urteil ihre Rechte anerkennen muß, daß sie zur Förderung einer raschen und reibungslosen Erledigung der ganzen Angelegenheit nichts Besseres weiß als eine wahrheitsgemäße Klarlegung aller Verhältnisse, wie sie hier versucht wurde.

Die Tatsachen mögen für sich sprechen!

# Preußischer Landtag
# Hauptausschuß · Plenum · Untersuchungsausschuß Krolloper

*Die Dokumentation der Verhandlungen über die Krolloper, die in den Sitzungen des Preußischen Landtages und zweier seiner Ausschüsse geführt worden sind, stammt aus den vom Landtag herausgegebenen, gedruckten stenographischen Berichten. Exemplare befinden sich im Geheimen Staatsarchiv (Stiftung Preußischer Kulturbesitz), Berlin-West. Sie erschienen seinerzeit unmittelbar nach den Sitzungen und waren der Öffentlichkeit jederzeit zugänglich. Die Berichte über die Verhandlungen im Plenum und im eingesetzten Untersuchungsausschuß Krolloper erscheinen wörtlich, gleichsam in Dialogform, wogegen die Berichte über die Diskussionen im Hauptausschuß in indirekter Rede – also Protokollform – abgefaßt sind.*

*Die hier mitgeteilten Auszüge sind den Originaltexten gegenüber natürlich zusammengezogen und stark gekürzt. Trotzdem sind sie teilweise sehr ausführlich und enthalten viel Ballast (Wiederholungen, Abschweifungen etc.). Aber sie geben gerade darin Zeitbilder, sie veranschaulichen politische, behördliche und individuelle Denk- und Verhaltensweisen, von denen aus die Vorgänge, die Winkelzüge wie die offenherzigen Aussagen zu verstehen sind.*

*Überraschend ist, wieviel Unsicherheit und Improvisation in den Aussagen zum Ausdruck kommt. Ein Teil ist wirkliche Unsicherheit, die mit der Strapazierung des Gedächtnisses zusammenhängt, ein Teil ist aber auch Taktik, die Festlegungen vermeiden möchte, wieder ein anderer Teil hängt damit zusammen, daß die Entwirrung der Vorgänge höchst kompliziert war und daß befriedigende Lösungen sich als unmöglich erwiesen. Allzu offene Darstellungen werden meistens vermieden. Um so mehr kann man zwischen den Zeilen lesen oder – geradezu – hören.*

*Taktische Rücksichten spielen bei den kommunistischen Abgeordneten, die ohnehin isoliert waren, keine Rolle, daher nennen sie sehr oft die Dinge beim Namen. Das ist der Grund, weshalb die Voten des kommunistischen Abgeordneten Schulz-Neukölln in extenso wiedergegeben sind.*

*Da die Hauptakteure in einem großen Teil der Berichte persönlich auftreten, da sie sich im Frage- und Antwortspiel und in der Diskussion spontan äußern, enthalten die Aufzeichnungen höchst aufschlußreiches Material zu ihrem Wesensbild, von dem aus wieder Licht auf die Vorgänge, ja auch auf die künstlerische Denkweise fällt.*

*Der Bericht des 26. Ausschusses (Untersuchungsausschuß Krolloper), der samt beigelegten Verträgen, Akten und zusätzlichen Äußerungen 565 engbedruckte Spalten umfaßt, enthält in gewisser Weise die ganze Geschichte der Ereignisse von den Anfängen an. Nirgends ist besser in die Verflechtungen hineinzusehen, durch die das künstlerische Ziel erdrosselt wurde. Als Methode war die Einsetzung dieses Ausschusses erbärmlich. Denn als er am 5. März 1931 eingesetzt wurde, war das Schicksal der Krolloper durch Absprachen längst besiegelt, wenn auch die endgültige Entscheidung des Parlaments erst später, sogar erst wenige Tage nach der praktischen Schließung, das heißt der letzten Vorstellung am 3. Juli 1931 getroffen worden ist.*

*Die bei den Landtags- und Ausschußberichten verwendeten Parteiabkürzungen lauten:*

*DF = Deutsche Fraktion, Dn = Deutschnationale Volkspartei, D ST = Deutsche Staatspartei (früher Demokratische Partei), DVp = Deutsche Volkspartei, KP = Kommunistische Partei, Nat. Soz. DAP = Nationalsozialistische Deutsche Arbeiter-Partei, Soz.-Dem. P. = Sozialdemokratische Partei, WP = Wirtschaftspartei, Z = Zentrum.*

*Aus der Hauptausschußsitzung des Preußischen Landtags vom 14. Oktober 1929*

*Ministerialrat Dr. Seelig* macht darauf aufmerksam, daß die staatliche Theaterkunstpflege durchaus den breiten Massen zugute komme. Von den etwa 450 000 Personen, die jährlich die Krolloper besuchten, gehörten etwa 400 000 als Mitglieder der Volksbühne und des Bühnenvolksbundes der werktätigen Bevölkerung an. Ähnlich sei das Verhältnis im Schillertheater. Alle Zuschüsse, die die verschiedenen Städte von der Landesbühne erhielten, würden nur unter der Bedingung gegeben, daß die Städte die soziale Kunstpflege, also die Interessen der minderbemittelten Bevölkerung, berücksichtigten. Der Aufstieg der Volksbühne und des Bühnenvolksbundes, von denen erstere sich mit etwa 70 bis 80 % aus der Arbeiterschaft rekrutiere, beweise, daß die soziale Kunstpflege durch den Staat wirksam sei.

Die Verhältnisse in Kassel hätten sich durchaus günstig entwickelt. Diese günstige Entwicklung habe schon unter dem früheren Intendanten Bekker eingesetzt. Die Steigerung des Abonnements sei durch Senkung der Preise erzielt worden. Wiesbaden, das jetzt unter der Leitung des Intendanten Bekker stehe, habe einen überaus anregenden Spielplan. Dort werde künstlerisch und fleißig gearbeitet. Die wirtschaftlichen Verhältnisse des Theaters seien stabil. Zurzeit sei in Wiesbaden ein kleiner Rückgang im Besuch und eine geringe Abnahme des Abonnements zu verzeichnen; das habe jedoch seiner Ansicht nach keine symptomatische Bedeutung.

Man müsse berücksichtigen, daß es Zeiten gebe, in denen es für ein Theater vom theatertechnischen Standpunkt aus besser sei, vom Abonnement abzusehen und das Schwergewicht auf die Kasseneinnahmen zu legen. Die Staatsoper wie auch das Schauspielhaus hätten solche Zeiten früher einmal gehabt. Als sich dann die Besucherverbände, die Abonnementseinrichtungen anderer Theater und die Billettorganisationen gebildet hätten, zu denen neuerdings z. B. die Rundfunkhörerorganisation hinzugekommen sei, und je mehr sich dann das Abonnementswesen bei den Privattheatern ausgebildet hätte, habe auch die Generalintendanz auf das Abonnement zurückgegriffen.

Über die mit dem Antrage Nr. 2235 verbundenen rechtlichen Fragen habe er sich bereits im Unterausschuß geäußert. Der Kultusminister habe zu dem Antrag noch nicht Stellung genommen; er (Redner) könne daher zu dem Antrag selbst auch keine nähere Erklärung abgeben.

Das Ziel des Antrages Nr. 2 Ziffer 1 sei im wesentlichen bereits insofern erfüllt, als Generalintendant Tietjen am 29. Juli des Jahres mit der Aufsicht über die Staatstheater in Kassel und Wiesbaden betraut, ferner nicht nur zum Generalintendanten der Staatsopern in Berlin ernannt, sondern auch zum obersten Chef der Verwaltung bestellt worden sei. Generalintendant Tietjen habe zu diesem Zweck schon in der vorigen Spielzeit die Stellung des früheren Verwaltungsdirektors übernommen. Der Generalintendant der Schauspiele habe die selbständige künstlerische Leitung und insoweit die Verfügung über seinen Etatanteil.

Die Anregungen, die die Oberrechnungskammer in ihrer Denkschrift gebe, seien gewiß dankenswert, es habe aber eigentlich dieser Anregungen in den wesentlichen Punkten nicht bedurft; denn die Ministerien hätten bereits im Laufe der vergangenen Jahre dieselben Gedanken, die in der Denkschrift der Oberrechnungskammer niedergelegt seien, gründlich und ständig nachgeprüft und überall, wo es zweckmäßig und vorteilhaft gewesen sei, durchgeführt. Man müsse bedenken, daß es beim Theater kein Allheilmittel für alle Zeiten gebe, sondern daß man sich den jeweiligen Zeiten elastisch anpassen müsse; das gelte z. B. für die Abonnementsgestaltung, die Kassenpreisgestaltung usw.

Der von der Oberrechnungskammer angedeutete Gedanke, die Krolloper aufzugeben, um Ersparnisse zu erzielen, müsse schon daran scheitern, daß der bekannte 25jährige Vertrag mit der Volksbühne innegehalten werden müsse. Die gesamte wirtschaftliche und künstlerische Lage der Krolloper habe eine erfreuliche Entwicklung genommen. Das sei, abgesehen von den künstlerischen Maßnahmen, die im Laufe der Zeit dort getroffen worden seien, gerade der Verbindung mit der Volksbühne und anderen Besucherorganisationen zuzuschreiben. Zum ersten Male in der Geschichte hätten sich Parlament und Regierung zusammengefunden, um auf dem Gebiete der Oper eine ausschließlich der sozialen Kunstpflege dienende Einrichtung zu schaffen; auch das müsse man berücksichtigen, wenn man an die Frage herangehe, ob man die Krolloper eingehen lassen solle, um das Defizit der Staatstheater zu verringern. Man müsse auch in Betracht ziehen, daß die Oper Unter den Linden zwei Jahre lang nicht habe bespielt werden können, um die finanzielle Entwicklung der Lage der Staatstheater richtig zu beurteilen.

*Generalintendant Tietjen* bemerkt zunächst, daß er das Interesse des Parlaments für die Staatstheater, wie es in diesem Unterausschuß zutage tritt, nur aufrichtig begrüßt. Er wünscht, daß der Ausschuß in Permanenz bleibt und mithilft, die Lage zu verbessern. Die Kabinettsfrage, um die sich alles dreht, ist: Wie die Ausgaben gesenkt, vielmehr aber noch, wie die Einnahmen gesteigert werden können. Denn die Relation in jedem Theateretat ist immer nur auf der Einnahmenseite zu suchen; die Ausgaben sind bis auf die variablen Solistengagen in den Hauptkunstgruppen eines großstädtischen Opernbetriebes, beim Orchester, das beamtet ist, beim Chor und Ballett wie beim technischen Personal, das nur zum Teil beamtet ist, soweit alle Etatsteigerungen der letzten Jahre in Frage kommen, der Zwangsläufigkeit des Tarifwesens unterworfen.

Der Plan eines Zusammengehens mit der Städtischen Oper und damit die Erreichung einer Planwirtschaft ist längst in Angriff genommen, und zwar ist eine Gemeinschaft dahin geschlossen worden, daß in weitgehendstem Maße vice versa ein Austausch von Personal und Ausstattungsgegenständen usw. erfolgt, welches Verfahren erhebliche Ersparnisse einbringt. In erster Linie soll aber eine Gemeinschaft hinsichtlich der Beschäftigung erster und schwer zu bekommender Kräfte geschaffen werden. Hinsichtlich der Lindenoper muß vor allen Dingen berücksichtigt werden, daß sie vor kaum einem Jahr wieder in Betrieb genommen worden ist und das Haus erst in jeder Hinsicht hergerichtet werden mußte. Seit Wiedereröffnung der Lindenoper mußten sämtliche gespielten Werke neu einstudiert werden, und man hat, technisch gesprochen, dort nur Premieren, was eine Riesenleistung bedeutet, die nur bei völliger Hingabe des gesamten Personals zu bewältigen gewesen ist. Zur Zeit ist ein Stamm von 34 Opern bereit; 50 bis 60 müssen es aber mindestens sein. Die Städtische Oper hat 82.

Wenn die Lindenoper noch nicht auf dem erstrebten Niveau ist, so muß das zum Teil mit den bereits geschilderten Schwierigkeiten (Einziehen in das neue Haus mit vier nackten Wänden) entschuldigt werden. Vergessen darf man auch nicht, daß wir doch wohl noch unter der Nachwirkung der ehemaligen Dollarwirtschaft stehen. Zu den Inszenierungen muß gesagt werden, daß bei den Regisseuren ein Übereifer, sich selbst bemerkbar zu machen, festzustellen ist. Es werden zu diesem Zweck oft sehr hohe Mittel angefordert; er (der Redner) hat ab und zu rücksichtslos zusammenstreichen müssen. Zu beklagen ist, daß seinerzeit der für eine Oper berechnete Funduseat vom Finanzministerium etwas gewaltsam für 2 Häuser zerschnitten worden ist. Es steht also derselbe Betrag jetzt für die doppelte Zahl von Inszenierungen zur Verfügung. Für die Lindenoper allein hat die Summe von 300 000 RM aufgewendet werden müssen, um die notwendigsten Einrichtungen zu beschaffen (Rundhorizont, Fußbodenbelag, Stellagen, Installationen u. dgl.). Diese Summe ist also nicht als laufender Bedarf anzusehen, sondern sozusagen als Mittel zum Einzug in eine neue Wohnung; es wird mehrere Jahre dauern, bis diese Wohnung so eingerichtet ist, daß man aus den Kinderkrankheiten, die jedes neue Haus mit sich bringt, heraus ist.

Die Krolloper soll ausschließlich eine Ensemblebühne sein und auch vor allem ein Institut für staatliche soziale Kunstpflege bleiben, das erzieherisch und erbaulich wirken soll. Dieser besonderen Aufgabe soll in jeder Hinsicht Rechnung getragen werden; danach ist der Spielplan einzurichten. In der Krolloper soll ohne Stars gearbeitet werden. In dieser Hinsicht befindet sich der Redner in einem gewissen Gegensatz zu Dr. Seelig. Die Vertragsgestaltung bei der Krolloper kann als günstig bezeichnet werden.

Im allgemeinen soll, wie bereits von Vorrednern gefordert, die Ensemblebildung angestrebt und nur mit einer kleinen Gruppe von Prominenten gearbeitet werden. Wenn von den Herren Weissermel und Buchhorn bemängelt worden ist, daß einzelne Opern trotz der mit der Städtischen Oper bestehenden Arbeitsgemeinschaft von beiden Bühnen fast zur selben Zeit aufgeführt worden sind, so muß man dabei bedenken, daß nur 50 bis 55 gangbare Opern vorhanden sind, die vom Publikum immer wieder verlangt werden. Leider stehen, kassentechnisch gesprochen, die veristischen Werke im Vordergrund. Allerdings gibt es auch Ewigkeitswerte, die bei Mozart, Beethoven und Wagner zu suchen sind, bei denen die Erfahrung glücklicherweise gezeigt hat, daß sie jahraus jahrein in allen Häusern gleichzeitig aufgeführt werden können. Zum Beispiel hat sich der ›Figaro‹ Bruno Walters finanziell glänzend ausgewirkt, trotzdem der ›Figaro‹ Kleibers gleichzeitig aufgeführt wurde. Ebenso hat die Neuinszenierung der ›Zauberflöte‹ im Lindenhaus der alten Aufführung dieses Werkes mit den Schinkelschen Dekorationen im Charlottenburger Hause keinen Abbruch getan, wie umgekehrt die Neuinszenierung des ›Fidelio‹ unter Walter in der Städtischen Oper die Einnahmen des ›Fidelio‹ bei Kroll und im Lindenhaus nicht geschmälert hat. Bei Wagner, der in der vergangenen Spielzeit in der Neuinszenierung seiner sämtlichen Werke eine Renaissance erlebt hat, merkt man bei unausgesetzten Doppelaufführungen, wie zum Beispiel bei den ›Meistersingern‹, kassentechnisch überhaupt nicht, daß die gleiche Oper am Schwesterninstitut gegeben wird. Von den moderneren Komponisten ist Strauss am zugkräftigsten; hierbei ist bereits eine Teilung vorgenommen worden, indem in der Städtischen Oper ›Ariadne‹ und ›Elektra‹, bei Kroll ›Salome‹ und alle anderen Werke im Lindenhaus aufgeführt werden. Im übrigen wird eine Spezialisierung angestrebt dahingehend, daß das Krollhaus geeignete Werke für seine eigentliche Mission sozialer Kunstpflege, also auch Spielopern, führen, nebenbei in vernünftigen Grenzen die Versuchsbühne für interessante Neuerscheinungen sein soll, die Lindenoper aber das repräsentative Haus sein muß, das auf Totalität in der Spielplangestaltung sieht, denn sie soll nicht nur eine Staatsoper für Berlin, sondern ein Musterinstitut für das ganze Reich werden. Die bisher gehandhabte Spielplangestaltung in der Städtischen Oper, die eine Ergänzung des Lindenhauses bedeutet, hat sich bewährt.

*Aus der Hauptausschußsitzung des Preußischen Landtags vom 28. Februar 1930*

*Der Berichterstatter Abg. Grebe (Z)* weist einleitend darauf hin, daß der Kern des Theaterproblems in diesem Jahre die Unterstützung und die Aufrechterhaltung der Theater im Lande und besonders in den Grenzgebieten sei. Daß der Finanzminister die Hergabe von Mitteln zu diesem Zwecke verweigere, sei bekannt. Die Hoffnung, die man bisher gehegt habe, bei den einzelnen Staatstheatern Ersparnisse zu erzielen, um solche Mittel zu gewinnen, habe sich als trügerisch erwiesen; so zeige der diesjährige Haushaltsplan, daß allein bei den Staatstheatern in Berlin die Einnahmen um 679 556 RM zurückgegangen und die Ausgaben um 504 900 RM gestiegen seien, daß also gegenüber dem vorjährigen Haushaltsplan eine Verschlechterung von rund 1 200 00 RM eingetreten sei. Unter diesen Umständen bleibe, wenn man zu dem erstrebten Ziele kommen wolle, nichts anderes übrig, als eines der Staatstheater zu schließen, und das könne nach Lage der Sache nur die Kroll-Oper sein. Nach der dem Ausschuß von der Staatstheaterverwaltung überreichten Übersicht über die Einnahmen und Ausgaben der Berliner Staatstheater im Haushaltsjahr 1930 erfordere die Kroll-Oper einen Zuschuß von 1 839 201 RM. Würde also die Kroll-Oper geschlossen, so würde diese bedeutende Summe gespart und für die Theaterpflege im Lande verwendet werden können. Sollte man zu dem Beschluß kommen, die Kroll-Oper eingehen zu lassen, so würde die Frage zu klären sein, ob der seinerzeit zwischen der Staatstheaterverwaltung und der Volksbühne geschlossene Vertrag gekündigt werden könne. Dieser Vertrag könne nach dem darin enthaltenen § 12 aufgehoben werden, wenn der Staat den »Staatstheaterbetrieb« einstelle. Es müsse also geprüft werden, ob unter ›Staatstheaterbetrieb‹ der Betrieb von Theatern durch die Staatsregierung überhaupt oder lediglich der Betrieb der staatlichen Kroll-Oper zu verstehen sei. Er bitte um eine Erklärung der Regierung zu diesen Fragen.

Allgemeine Aussprache

*Abg. Dr. Lauscher* (Z) führt folgendes aus: Wenn man in dem preußischen Haushaltsplan für das Rechnungsjahr 1930 mit allen seinen Kümmerlichkeiten und Unzulänglichkeiten herumgeblättert habe und dann schließlich das Kapitel ›Staatliche Theater‹ betrachte, so könne man beinahe glauben, auf einer Insel der Seligen gelandet zu sein, die von der Not der Zeit nichts wisse und nichts empfinde. Die staatlichen Theater machten sich um ihr Riesendefizit, das mit jedem Jahr höher anschwelle, keine Sorge, brauchten das auch nicht zu tun, denn der Staat trage ja die Kosten für sie. Der Staat, der die allervordringlichsten Aufgaben notleiden lasse und notleiden lassen müsse, nehme gleichmütig das Defizit der Staatstheater in Höhe von 9,2 Millionen auf sich; für die Staatstheater in Berlin allein bringe der Staat einen Zuschuß von 6,2 Millionen auf.

Der Staat leiste sich allein in seiner Hauptstadt vier Staatstheater. Es gebe keinen anderen Staat in der Welt, der sich einen solchen Luxus gestatte. Nun sei es wohl richtig, daß der Staat, der Kulturstaat sein wolle, gemeinnützige Theaterpflege treiben und zu diesem Zwecke Aufwendungen machen müsse. Es gehe aber nicht an, daß er in seiner Hauptstadt das Theater in einem mehr als ungewöhnlichem Maße pflege und die Theater draußen im Lande ihrem Schicksal überlasse; denn in sozialer Hinsicht habe der Staat dem ganzen Lande gegenüber die gleichen Verpflichtungen.

Auf theaterkulturellem Gebiet habe der Staat vor allen Dingen die Aufgabe, durch Aufführungen großen und vorbildlichen Stiles dem Lande und dem Volke deutschen Geist und deutsche Kultur eindrucksvoll vor Augen zu stellen.

Es sei unerträglich, daß der Staat, wie aus der von der Staatstheaterverwaltung vorgelegten Übersicht hervorgehe, allein für die Kroll-Oper in Berlin 1,8 Millionen opfere, während er der Landesbühnenorganisation für die Versorgung sämtlicher preußischer Theater im ganzen nur 1,2 Millionen zur Verfügung stelle. Das Defizit der Kroll-Oper bewege sich durchaus in der Linie des Defizits aller Staatstheater, werde also wohl nicht überwunden werden können. Nun sage man, an diesem Zustande könne nichts geändert werden, da ein Vertrag zwischen dem Staat und der Volksbühne bestehe, wonach der Staat verpflichtet sei, der Volksbühne die Kroll-Oper für soziale Kunstpflege zur Verfügung zu stellen. Dieser Vertrag laufe bis zum Jahre 1944 und sichere der Volksbühne jährlich 200 000 Eintrittskarten für alle Platzkategorien zum Eintrittspreise von je zwei Mark zu. Die Folge davon sei, daß nicht genügend Geld für die Landesbühnenorganisation vorhanden sei, daß also die Theater draußen im Lande mehr oder weniger zugrundegehen müßten. Bereits jetzt stünden die Theater in Aachen, Koblenz, Trier, Saarbrücken, Flensburg, Königsberg und Breslau unmittelbar vor der Notwendigkeit, ihren Betrieb einzustellen.

Unter diesen Umständen müsse ernsthaft geprüft werden, ob der Vertrag zwischen dem Staat und der Volksbühne einen unentrinnbaren Zwang darstelle oder ob es irgendeine Möglichkeit gebe, diesen Vertrag aufzulösen. Seine politischen Freunde seien der Auffassung, daß der Vertrag sehr wohl gelöst werden könne. Er persönlich habe den Vertrag in allen seinen Einzelheiten genau durchgelesen, und er müsse sagen, daß er über die Sorglosigkeit erstaunt gewesen sei, mit der in diesem Vertrage gewichtige Interessen des Staates behandelt worden seien. Nicht einmal eine Kündigungsfrist sei in dem Vertrage vorgesehen: im Jahre 1923, also in der Zeit der höchsten Inflation, in der kein Mensch die zukünftige wirtschaftliche Entwicklung habe voraussehen können, in der man sich in einem Komplex von Illusionen befunden habe, habe sich der Staat auf volle 25 Jahre gebunden. Nun gebe es aber in dem Vertrage einen § 12, in dem die Fälle aufgezählt würden, in denen der Staat von dem Vertrage zurücktreten könne, ohne daß die Volksbühne Regreßansprüche gegen ihn geltend machen könne. Als einer dieser Fälle werde die ›Einstellung des Staatstheaterbetriebes‹ bezeichnet. Diejenigen, die für die Aufrechterhaltung des Vertrages seien, suchten diese Bestimmung dahin auszulegen, daß der Staat nur dann von dem Vertrage entbunden sei, wenn er etwa den Betrieb seiner sämtlichen Theater eingestellt habe. Diese Auslegung sei verwunderlich. An keiner Stelle des Vertrages sei die Gesamtheit der Staatstheater ins Auge gefaßt, sondern es sei immer nur die

Rede von dem Staatstheater am Platze der Republik. Richtig sei, daß die Kroll-Oper seinerzeit ein Annex der Oper Unter den Linden gewesen sei, heute sei jedoch die Kroll-Oper ein solcher Annex zweifellos nicht mehr, und insofern seien die Grundlagen und Voraussetzungen des Vertrages nachträglich mit beiderseitiger stillschweigender Zustimmung geändert worden. Seiner Meinung nach könne diese Vertragsbestimmung also nur dahin ausgelegt werden, daß der Staat sich dem Vertrage mit der Volksbühne solange nicht entziehen könne, als er überhaupt in der Kroll-Oper Aufführungen veranstalte; die Worte »Einstellung des Staatstheaterbetriebes« könnten also nur bedeuten: Einstellung des Betriebes der Kroll-Oper durch den Staat. Gebe also der Staat die Kroll-Oper auf, so sei er ohne weiteres von dem Vertrage mit der Volksbühne entbunden.

In dem § 12 des Vertrages heiße es ferner, daß der Staat »aus ähnlichen Gründen«, zum Beispiel wegen öffentlicher Kalamität, Streik, Brandschaden usw. von seinen Verpflichtungen der Volksbühne gegenüber befreit werde. Seiner Meinung nach sei als eine solche Kalamität zweifellos die Tatsache aufzufassen, daß der Staat in eine Situation geraten sei, die es ihm nicht mehr gestattet, seine dringendsten Aufgaben zu erfüllen; er erinnere an die Zustände in der Anatomie in Königsberg und vieles andere. Wenn der Staat also seinen wichtigsten Verpflichtungen nicht mehr nachkommen könne, so sei das gewiß ein Grund, ähnlich denen, aus welchen er ohne weiteres von dem Vertrage zurücktreten könne.

Er denke nun aber nicht daran, in rücksichtsloser Weise über die Belange der Volksbühne – und übrigens auch des Bühnenvolksbundes, der allerdings ohne Vertragssicherung und nicht zu so günstigen Bedingungen wie die Volksbühne mit Vorstellungen der Kroll-Oper beliefert werde – zur Tagesordnung überzugehen. Er denke sich die Sache vielmehr folgendermaßen: Das Staatsministerium sollte versuchen, den Vertrag mit der Volksbühne auf gütlichem Wege zu lösen, also nicht etwa sofort die Entscheidung des Schiedsgerichts anrufen, das in dem Vertrage für Konfliktsfälle vorgesehen sei, obwohl er davon überzeugt sei, daß die Entscheidung nicht zuungunsten des Staates ausfallen würde. Das Staatsministerium sollte ferner mit der Stadt Berlin in Verhandlungen darüber eintreten, daß Berlin die Städtische Oper in Charlottenburg für Zwecke der gemeinnützigen Theaterpflege zur Verfügung stelle, so daß also die Städtische Oper die Funktionen der Kroll-Oper übernehmen würde. Bei diesen Verhandlungen sollte das Staatsministerium darauf achten, daß die Wünsche der Volksbühne soweit wie möglich berücksichtigt würden, daß aber auch die staatlichen Interessen gewahrt blieben.

Daß die Stadt Berlin verpflichtet sei, sich an der gemeinnützigen Theaterpflege zu beteiligen, stehe außer Zweifel. Alle anderen deutschen Städte leisteten Zuschüsse für ihre in Staatstheater umgewandelten früheren Hoftheater; so trügen München, Dresden, Stuttgart, Karlsruhe und andere Städte 30 bis 50 % der Ausgaben dieser Theater. Berlin dagegen trage nicht einen Pfennig zu den Betriebskosten der Staatstheater bei. Dafür nun, daß die Stadt Berlin vom Staate nicht zu Aufwendungen für die Staatstheater herangezogen werde, zeige sie sich in der Weise erkenntlich, daß sie mit ihrer Charlottenburger Oper, einem kostspieligen Prominentenbetriebe, der Staatsoper Unter den Linden die empfindlichste Konkurrenz mache. Auf diese Weise wälze Berlin seine sozialen Verpflichtungen einfach auf den Staat ab. Das könnte man nicht länger verantworten. Würde die Stadt Berlin sich nunmehr bereitfinden, die Charlottenburger Oper für die Zwecke der gemeinnützigen Theaterpflege zur Verfügung zu stellen, so würden ihr Staatsmittel nach den Grundsätzen der Landesbühnenorganisation gewährt werden können.

Man könne nicht einwenden, daß die Volksbühne einen Anspruch auf einen Weiterbetrieb der Kroll-Oper habe, weil sie ihr Vermögen in den Bau hineingesteckt habe. Denn man müsse bedenken, daß die Volksbühne den von ihr begonnenen Bau mit entwertetem Papiergeld bezahlt habe, daß der Bau also so gut wie kostenlos ausgeführt worden sei, daß sie den Bau zudem nicht hätte zu Ende führen können, wenn nicht der Staat eingesprungen wäre. Außerdem habe der Staat der Volksbühne zum Schluß eine Zahlung geleistet, durch die sie sich für abgefunden erklärt habe. Schließlich sei die Funktion der Kroll-Oper nicht an das Gebäude der Kroll-Oper gebunden, sondern sie könne auch auf ein anderes Opernhaus übertragen werden. Wenn der Betrieb der Kroll-Oper eingestellt würde, so würde das Gebäude für andere Zwecke, zum Beispiel als Konzerthaus ersten Ranges eine mustergültige Verwendung finden können.

Schließlich erklärt Redner, er glaube, mit seiner Anregung einen Weg gewiesen zu haben, auf dem man das Defizit der Staatstheater beseitigen und gleichzeitig der Landesbühnenorganisation die Mittel zuführen könnte, die notwendig seien, um die Theater draußen im Lande am Leben zu erhalten.

*Aus der Hauptausschußsitzung des Preußischen Landtags vom 17. Dezember 1930*

*Der Berichterstatter Abg. Lauscher (Z)* trägt folgendes vor: Die große Finanznot des Staates habe den Landtag veranlaßt, sich einmal gründlicher als früher um die Staatstheater zu kümmern. Das Ergebnis sei gewesen, daß der Landtag ein in unheimlichem Tempo fortschreitendes Defizit bei den Staatstheatern festgestellt habe.

Daraufhin habe der Landtag die Frage geprüft, was geschehen könne, um diese Entwicklung aufzuhalten und das Defizit auf ein erträgliches Maß herabzudrücken. Hierbei habe der Landtag auch Erwägungen darüber angestellt, ob es überhaupt zu verantworten sei, daß der Preußische Staat allein in Berlin 4 Theater unterhalte. Das sei ein Luxus, den sich kein anderer europäischer Kulturstaat leiste. Hinzu komme, daß Preußen eine Reihe elementarster Bedürfnisse nicht befriedigen könne; schon aus diesem Grunde sei es nicht zu rechtfertigen, daß es in seiner Hauptstadt vier Theater betreibe.

Die Oper Unter den Linden als Objekt von Sparmaßnahmen ins Auge zu fassen, nachdem sie erst zwei Jahre vorher mit einem ungeheuren Kostenaufwand umgebaut worden sei, habe ernsthaft nicht in Betracht gezogen werden können. Es wäre eine Selbstdesavouierung von Regierung und Parlament gewesen, die Oper Unter den Linden über Bord zu werfen.

Man habe daher die Frage geprüft, ob nicht die Kroll-Oper abgebaut werden könne. Die Kroll-Oper sei lediglich als Filialbetrieb der Oper Unter den Linden gedacht gewesen und habe dazu dienen sollen, das Defizit dieser Oper zu verringern. Unter der Hand habe sich aber die Kroll-Oper zu einem vollständig selbständigen Betriebe entwickelt, und sie sei dann die Straße aller Staatstheater gegangen, nämlich die Straße eines ständig wachsenden Defizits.

Nun habe man sich mit der Frage beschäftigt, wie man sich dieser zweiten Staatsoper entledigen könne. Ein scheinbar unüberwindliches Hindernis hierbei sei der am 30. April 1923 zwischen der Volksbühne und dem Staate abgeschlossene Vertrag gewesen, der durch eine Reihe von Sonder- und Nachtragsabkommen geändert oder ergänzt worden sei. Er könne wohl sagen, daß dieser Vertrag als ein Monstrum angesehen werden müsse und vom Standpunkte einer gewissenhaften Vertretung der Staatsinteressen unter gar keinen Umständen hätte abgeschlossen werden dürfen. Der Vertrag sei in der Zeit der höchsten Inflation geschlossen worden, und in dieser Zeit, in der niemand habe klar sehen können, habe der Staat die Verpflichtung übernommen, der Volksbühne 25 Jahre lang jährlich 356 000 Plätze in der Kroll-Oper zu liefern; später sei dann diese Zahl auf 210 000 herabgesetzt worden. Diese Plätze seien zu einem Preise abgegeben worden, der in gar keinem Verhältnis zu den Selbstkosten der Theaterverwaltung gestanden habe.

Nach langen Überlegungen habe dann der Hauptausschuß am 1. März d. J. den Antrag Nr. 4276 angenommen, demzufolge das Staatsministerium alsbald mit der Stadt Berlin in Verhandlungen habe eintreten sollen mit dem Ziele, daß die Stadt Berlin die gemeinnützige Theaterpflege, wie sie bisher in der Kroll-Oper geübt worden sei, übernehme und für diesen Zweck die Städtische Oper zur Verfügung stelle; ferner sei das Staatsministerium beauftragt worden, auf gütlichem Wege die Lösung des zwischen dem Staate und der Volksbühne bestehenden Vertrages herbeizuführen, um für die Einstellung der Kroll-Oper die Wege zu ebnen. Über das Ergebnis seiner Verhandlungen habe das Staatsministerium dem Landtage bis zum 1. Juni d. J. Bericht erstatten sollen. Dieser Termin sei nicht eingehalten worden. Das Staatsministerium könne aber für sich geltend machen, daß die Stadt Berlin die größten Schwierigkeiten bei den Verhandlungen bereitet habe, daß sie Forderungen gestellt habe, die der Staat bei seiner heutigen Finanzlage unmöglich habe erfüllen können, und daß die Verhandlungen daher hätten abgebrochen werden müssen. Die Verhandlungen mit der Volksbühne hätten zu dem Vertrage geführt, der dem Ausschuß nunmehr auf der Drucksache Nr. 5618 vorliege.

Nach dem neuen Vertrage werde zunächst der Vertrag vom 30. April 1923 außer Kraft gesetzt. Als Entschädigung für ihren Verzicht auf die Rechte aus dem alten Vertrage solle die Volksbühne für die Dauer des alten Vertrages, also bis zum Jahre 1949, jährlich je 100 000 M erhalten. Da das Defizit der Kroll-Oper jährlich fast 2 Millionen Mark betragen habe und dieses Defizit nach den Beobachtungen, die man habe machen müssen, wahrscheinlich noch steigen würde, bedeute diese Zahlung für den Staat eine wesentliche Besserung, nämlich eine Herabsetzung der früheren Leistungen auf 5 %. Die Volksbühne habe also ein Entgegenkommen gezeigt, das ernsthaft gewürdigt werden müsse. Die Zahlung solle in der Weise erfolgen, daß sofort 600 000 M, also der Betrag für 6 Jahre, und in den Jahren 1934 bis 1946 am 1. April jeden Jahres 100 000 M gezahlt würden. Der Staat solle berechtigt sein, die Zahlung für die Jahre 1934 bis 1946 am 1. April 1932 und am 1. April 1933 mit je 450 000 M, also mit zusammen 900 000 M, zu tilgen. Das sei noch nicht die Hälfte des Defizits der Kroll-Oper in einem einzigen Jahre. Er persönlich habe in den langen Verhandlungen des Hauptausschusses stets den Standpunkt eingenommen, daß der Landtag für die soziale Theaterpflege in Berlin dasselbe aufbringen müsse, was für die Bühnen draußen im Lande im Rahmen der Landesbühnenorganisation geleistet werde; man dürfe Berlin nicht schlechter und nicht besser behandeln als das übrige Land. Da nun die Bereitstellung von 100 000 M jährlich für ein notleidendes Theater in den Grenzgebieten keine Seltenheit sei, so könne man auch der Volksbühne eine solche Summe zukommen lassen. Die Leistungen des Staates auf Grund des neuen Vertrages könnten also nicht als übertrieben bezeichnet werden.

*Schulz (Neukölln) Abg. (KP)* ist der Auffassung, daß die Volksbühne den Zweck ihrer Gründung völlig vergessen habe. Als proletarische Organisation sei sie geschaffen worden, und nunmehr lasse sie sich als Instrument des kapitalistischen Staates zur Verwirrung des Klassenbewußtseins der Arbeiter gebrauchen. Und die Sozialdemokratische Partei, die selbst stets behaupte, daß die Volksbühne eine proletarische Organisation sei, fördere und schütze diese Organisation nicht etwa, sondern wolle sie im Gegenteil übers Ohr hauen. Das gehe aus der Bemerkung des Abgeordneten König hervor, daß der Staat mit dem vorliegenden Vertrage ein gutes Geschäft mache.

Die Frage, was künftig aus der Kroll-Oper werden solle, sei außerordentlich wichtig. Aber hierzu habe sich der Abgeordnete König nach der Direktive, die der Berichterstatter gegeben habe, nicht geäußert. Als die Abgeordnete Frau Dr. Wegscheider vor ein paar Wochen die Stellungnahme der Sozialdemokratie in der Frage der Kroll-Oper vor den Betriebsräten der Staatstheater habe vertreten müssen, habe sie den Arbeitern das Gegenteil von dem gesagt, was die Sozialdemokratie im Parlament sage und vor allem tue. Wenn Frau Dr. Wegscheider den Betriebsratsmitgliedern das gesagt hätte, was der Abgeordnete König hier gesagt habe, so hätte sie wahrscheinlich eine Antwort bekommen, die ihr gewiß sehr unangenehm gewesen wäre. Als dann vor kurzem der vorliegende Vertrag im Plenum beraten worden sei und die Sozialdemokraten, wie übrigens auch die Deutschnationalen, gewußt hätten, daß Mitglieder des Betriebsrates der Staatstheater auf der Tribüne gesessen hätten, hätten sie geschwiegen, um nicht ihre Doppelzüngigkeit in aller Öffentlichkeit zu enthüllen. Der Abgeordnete Koch (Berlin) habe vor den Betriebsräten der Staatstheater mit pastoraler Gewandtheit darzulegen versucht, daß der Beschluß des Landtages bezüglich der Kroll-Oper und der Volksbühne durchaus nicht eine Schließung der Kroll-Oper bedeute. Heute habe der Abgeordnete Koch (Berlin) erklärt, die Frage, was aus den Kräften der Kroll-Oper werden solle, müsse völlig zurücktreten. Damit habe der Abgeordnete Koch (Berlin) die ganze Erbärmlichkeit der Haltung seiner Fraktion enthüllt.

*Der Vorsitzende* ruft den Abgeordneten Schulz (Neukölln) zur Ordnung und bittet ihn, sich des im Ausschuß üblichen Tones zu bedienen.

*Schulz (Neukölln) Abg. (KP)* fügt seiner vorigen Äußerung hinzu, daß das Personal der Staatstheater über die zweideutige Haltung der sozialdemokratischen und deutschnationalen Fraktionsvertreter schon heute nicht mehr im unklaren sei und daß seine Fraktion weiterhin für eine gründliche Aufklärung des Personals sorgen werde.

Auch er, so fährt der Redner fort, sei der Ansicht, daß die Sonder- und Nachtragsabkommen, von denen im § 1 des Vertrages die Rede sei, dem Landtage vorgelegt werden müßten, bevor er endgültig über den Vertrag Beschluß fassen könne.

§ 7 des Vertrages besage, daß der Vertrag rechtswirksam werden solle, wenn die Genehmigung des Landtages erteilt sei. Man glaube offenbar, daß die Mitglieder der Volksbühne kein Recht hätten, sich zu dem Vertrage zu äußern. Es heiße zwar in der Einleitung des Vertrages, daß die Herren Baake und Neft die Vertretung der Volksbühne darstellten, es stehe aber nicht darin, daß diese Herren sich vorbehalten hätten, die Zustimmung der Mitglieder der Volksbühne zu dem Vertrage einzuholen. Es könne doch sein, daß die Mitglieder der Volksbühne nicht lediglich Geldinteressen verfolgten, daß sie die soziale Kunstpflege im Auge hätten. Sollten die Mitglieder der Volksbühne den Vertrag nicht genehmigen, so müßten neue Verhandlungen stattfinden. – Auf einen Zuruf, daß in der Einleitung die Vorstandsmitglieder Baake und Neft als Vertreter der Volksbühne bezeichnet seien, daß also die Volksbühne als durch ihren Vorstand vertreten anzusehen sei, erwidert Redner, daß der Vorstand wohl Verträge abschließen könne, daß diese Verträge aber von den Mitgliedern genehmigt werden müßten. Wenn die Sozialdemokraten wirklich Demokraten seien, müßten sie betonen, daß der Vertrag zunächst einmal den Mitgliedern der Volksbühne zur Kenntnisnahme vorgelegt werden müsse. Ihm sei nicht bekannt, daß die Leitung der Volksbühne mit einem Kreise von Mitgliedern, etwa mit Funktionären des Vereins, in dieser Sache Fühlung genommen habe.

Es sei eine schwere Verletzung der proletarischen Solidarität, daß die Leitung der Volksbühne nicht eine Besprechung mit den Arbeitern und Angestellten der Kroll-Oper herbeigeführt habe, bevor sie den vorliegenden Vertrag mit dem Staate vereinbart habe. Die Leiter der Volksbühne hätten sich eben nur eine Subvention sichern wollen; was aus den Arbeitern und Angestellten werde, sei für sie nicht wichtig gewesen. Nach seinen Informationen könne er sogar mitteilen, daß die Vorstandsmitglieder Nestriepke, Baake und Neft die Betriebsratsmitglieder der staatlichen Theater mehrfach hinters Licht geführt hätten; sie hätten sich verleugnen lassen, wenn Betriebsratsmitglieder oder auch andere Vertreter des Personals sie um eine Unterredung ersucht hätten.

Der Berichterstatter habe erklärt, daß der Vertrag vom Jahre 1923 etwas sehr Ungewöhnliches gewesen sei, daß der Vertrag gegen das Staatsinteresse verstoßen habe, daß er aber den früheren Ministern Dr. Boelitz und Dr. von Richter, die diesen Vertrag abgeschlossen hätten, hieraus keinen persönlichen Vorwurf machen wolle; denn in dem Zahlenrausch der damaligen Zeit habe niemand klar sehen können. Seiner Meinung nach habe es keinen Sinn, einen Vertrag in dieser Weise zu charakterisieren, und dann diejenigen, die ihn abgeschlossen hätten, in Schutz zu nehmen.

Der Generalintendant Tietjen habe zwar bestritten, daß er, wie die Presse gemeldet habe, einen Plan für die Aufrechterhaltung der Kroll-Oper ausgearbeitet habe. Er habe aber zugegeben, daß er gegenüber dem Betriebsrat der Kroll-Oper eine Art Gutachten über die Möglichkeit des Fortbestehens der Kroll-Oper abgegeben habe. Nach dem vorliegenden Vertrage würde aber die Kroll-Oper beseitigt werden. Da nun das Gutachten des Generalintendanten Tietjen die Möglichkeit eröffne, die Kroll-Oper weiterbestehen zu lassen und damit einigen hundert Menschen die Existenz zu sichern, fordere seine Fraktion, daß zunächst dieses Gutachten dem Ausschuß vorgelegt und die Beschlußfassung über den vorliegenden Vertrag zurückgestellt werde. In diesem Sinne habe seine Fraktion die Anträge Nr. 2 und Nr. 3 gestellt. Bei dem Antrage Nr. 3 insbesondere handele es sich darum, daß geprüft werden solle, welche Einsparungen möglich seien; er denke namentlich an die Herabsetzung der Stargagen und ähnlicher hoher Ausgaben. Das Personal sei zu Einschränkungen durchaus bereit. Zu den Beratungen des in dem Antrage vorgesehenen Ausschusses müßten Vertreter des Personals der Staatstheater zugezogen werden. Wenn der Ausschuß zu dem Ergebnis kommen würde, daß bei der Kroll-Oper Einsparungen möglich seien, würden nähere Prüfungen gewiß ergeben, daß auch bei den anderen Staatstheatern Ersparnisse erzielt werden könnten.

*Aus der Sitzung des Preußischen Landtags vom 4. April 1930*

*Koch (Berlin); Abg. (D. nat. V. P.):*
Damit komme ich auf den Inhalt unserer Theaterkultur. Man hört das Losungswort – Herr Jeßner hat selbst unter diesem Wort geschrieben –: wir brauchen ein politisches Theater, ein Zeittheater, in dem alle Zeitfragen erörtert werden.

(Sehr richtig! bei der Soz.-Dem. P.)

So ist z. B. gestern unter Herrn Piscator tertius redivivus im Wallnertheater endlich wieder einmal, um einem dringenden Bedürfnis abzuhelfen, nachdem der Gegenstand schon öfters dramatisiert worden ist, der § 218 des Strafgesetzbuches in schamloser Weise inszeniert worden. Übelste Reportageartikel werden dramatisiert. Was unsere Theater insbesondere auszeichnet und sie zugkräftig machen soll, ist eine ekle, schwüle Erotik und perverse Sexualität aller Art, die dramatisiert wird. Das alles wird dargestellt von Schauspielkräften, von denen wir – wenigstens hier in Berlin – sagen können, daß sie auf einer so hervorragenden Höhe künstlerischen Könnens und Schaffens stehen, daß unser armes Publikum, irregeleitet durch die hochkünstlerische Art der Darstellung, manchmal gar nicht merkt, was an Unmoral und Gemeinheit ihm hier eigentlich vorgesetzt wird. Das alles wird im Stile der ›modernen Sachlichkeit‹ inszeniert.

(Zuruf des Abg. Meier [Berlin])

– Herr Meier, regen Sie sich nicht auf; ich nehme an, daß Sie auch in diesen Theatern noch nicht gewesen sind.

(Heiterkeit bei der Nat.-Soz. D. A.-P. und rechts)

Dies alles wird im Stile ›moderner Sachlichkeit‹ dargestellt, das heißt in dem überstiegenen Stile des Dessauer Bauhauses. Die Bühnen, auch die Staatsbühnen, werden zu Experimentiertheatern herabgedrückt, und die arme Statisterie und Komparserie wird zur Masse Mensch degradiert, die nach dem Rhythmus sich auf dem Theater hin und her, her und hin schiebt. Die Theaterbesucher sehen z. B. in der Städtischen Oper bei dem ›Maschinisten Hopkins‹ die Masse Mensch auf sich losmarschieren, während es in dem Buche des Verfassers heißt: »Wenn nicht der Vorhang fiele, müßte das Publikum den Eindruck haben, daß diese Arbeitermasse direkt ins Parkett hineinmarschiert.«

Zu dem neuen Stile in der Regie gesellt sich ein neuer Stil in der Musik. Warum um alles in der Welt müssen gerade wir Deutschen, wo unsere Kunst und unsere Künstler in Paris schlecht genug behandelt werden, so stark französische Musik pflegen, daß wir hier in Berlin den atonalen modernen Komponisten Milhaud mehr aufführen, als er in Paris aufgeführt wird? Mit Hindemith, einem immerhin noch klassischen Musiker, fing es an. Dann kam Herr Schönberg, Professor für Komposition an der Hochschule, dessen Oper in Frankfurt am Main ausgepfiffen worden ist, dann kam Herr Křenek aus der Tschechoslowakei zu uns mit seiner atonalen Musik, mit ›Jonny spielt auf‹. So ging es und so geht es von Stufe zu Stufe immer weiter. Von dem immerhin noch klassisch wollenden Hindemith hin zu Křenek und Milhaud ist ungefähr derselbe Weg, den Sie, mein lieber, verehrter Freund Meier, und Ihre Freunde bei sich haben sehen müssen. Es ging von der Sozialdemokratie hin zu Spartakus. Das ist die logische Konsequenz.

Was sehen wir in dieser modernen Theaterpolitik? Ein bewußtes Hineinarbeiten in eine gegendeutsche, in eine gegenchristliche Kunstkultur. Es ist ein bewußtes Hinarbeiten auf Zerstörung der christlichen, deutschen Kultur, und Ersatz dieser christlich-deutschen Kultur durch einen jüdischen Pessimismus. Ich weiß, daß viele hochgebildete Juden darunter leiden, daß ihre Stammesgenossen versuchen, in Deutschland eine Kultur hineinzutragen, die durchaus dem widerspricht, was wir als deutsches Wesen bezeichnen. Das Heiligste wird von dieser Afterkunst herabgezogen, und man entblödet sich nicht, in der bildenden Kunst ein Werk wie das des satt-

xv Leoš Janáček, Aus einem Totenhaus, 2. Akt. Entwurf von Caspar Neher
Österreichische Nationalbibliothek, Theatersammlung, Wien

sam oft genannten George Grosz dem deutschen Volke als ein hohes Kunstprodukt aufzuschwatzen; und es gibt Dumme genug, die dieses häßliche Gebilde als ein hohes Kunstwerk ansehen.

(Abg. Schulz [Neukölln]: Und es gibt Narren genug, die das nie verstehen werden!)

Dazu kommt dann ein merkwürdiger Zug unserer Zeit, den ich als den negroiden Zug unserer Zeit bezeichnen möchte. Hier habe ich einen Ausschnitt aus einem gewiß höchst ernsthaften Blatt, dem ›Kunstspiegel‹ des ›Berliner Tageblatts‹, mitgebracht. Ich will ihn gern nachher auf den Tisch des Hauses legen. Darin ist die Büste eines Senegalnegers in Bronze von Sophie Wolff abgebildet, die vom Preußischen Staate gekauft worden ist. Gab es denn kein anderes Kunstwerk von einem modernen Künstler als diese Niggerfratze für den Preußischen Staat zur Aufstellung in seinen Museen, als den Typ eines der Nettoyeurs aus unseren Schützengräben? Die Niggerkultur, die über uns im Jazz hergefallen ist, kennen Sie alle. Jonny mit seiner gestohlenen Geige ist der Typus in der Křenekschen Oper, der da singt:

Da kommt die neue Welt über das Meer gefahren mit Glanz
Und erbt das alte Europa durch den Tanz.

Und anstatt nach unseren schönen, alten, deutschen Rhythmen tanzt jetzt alle Welt in dem Niggerrhythmus, und man empfindet das als einen Fortschritt in der Kultur. Da muß sich einer unserer hervorragendsten Schauspieler in ›Jonny spielt auf‹ als Neger schwarz anstreichen lassen.

(Lachen und Rufe links: Pfui, pfui! Und Othello?! Und Fiesko?! – Große Unruhe)

– Ach, meine Herren, wie nahe müssen Sie bereits dieser modernen Niggerkultur gekommen sein, wenn Sie ›Othello‹ mit ›Jonny spielt auf‹ vergleichen wollen.

(Sehr wahr! rechts – Unruhe und Lachen links)

Man wird über diese Zeit die Überschrift setzen können: »Die jüdisch-negroide Epoche der preußischen Kunst.«

(Lebhafte Zustimmung bei der D.-nat. V.-P. – Lachen und lebhafte Zurufe links)

Und dann noch alles das, was mit der Oper zusammenhängt, das Streichen alles dessen, was das Wesen der romantischen deutschen Oper ausmacht, so im ›Fliegenden Holländer‹, der zu einer Proletenoper herabgewürdigt wird, wo die Spinnerinnen als Proletenfrauen frisiert und angezogen erscheinen und alle Romantik verschwindet und, wie die Rezensenten einmütig sagen, wo der Fliegende Holländer in der Uniform eines Zuchthäuslers oder der Kleidung eines Reisenden mit Schuhcreme oder dergleichen mehr erscheint. Oder ›Carmen‹ bei Kroll, wo der Chor der Zigarettenarbeiterinnen aus schwindsüchtig geschminkten Mädchen besteht.

Alle Romantik ist aus dieser romantischen südlichen Oper verschwunden. Auch Beethovens ›Fidelio‹ ist von Klemperer kubistisch aufgebaut; auch dort keine lebenden Menschen, sondern nur Masse Mensch. Ebenso bei dem romantischen Märchen ›Hoffmanns Erzählungen‹.

So sind wir allmählich in einen Zustand gekommen, den man nicht als einen Fortschritt deutscher Kultur bezeichnen kann, sondern der sich als eine Dekadenz deutscher Kunst charakterisiert. Möge es unter der Führung unseres neuen Kultusministers und des Generalintendanten Tietjen gelingen, mit all dem fremden Wesen aufzuräumen und unsere Staatstheater wieder zu dem zu machen, was sie für die Kunstwelt sein sollten: Musterinstitute für edelste Kunstpflege.

(Bravo! bei der D.-nat. V. P.)

*Präsident Bartels:* Das Wort hat der Herr Abgeordnete König (Potsdam).

*König (Potsdam), Abg. (Soz.-Dem. P.):* Wenn die preußische Kunstverwaltung im Sinne der Darlegungen des Herrn Koch arbeiten wollte, dann würde der Herr Generalintendant Tietjen, den Herr Koch so sehr gelobt hat, genötigt sein, viele Stücke vom Spielplan abzusetzen, weil irgendwo ein Mohr oder Neger auftritt: ›Die Zauberflöte‹, ›Die Afrikanerin‹, ›Othello‹, ›Fiesko‹, ›Oberon‹ usw. Herr Koch, wenn der Herr Minister darüber wachen soll, daß eine bessere Thaterpflege getrieben wird, dann empfiehlt es sich, daß er Sie zum Oberzensor einsetzt und alle Stücke, die Ihnen nicht gefallen, absetzt. Wenn das geschähe, dann würde eine gähnende Leere auf den Bühnen der Theater obwalten. Es steht Ihnen doch frei, sich in Ihren Kreisen produktiv zu betätigen, damit die angeblich schlechten Stücke zurückgedrängt werden. Sie haben aber keinen positiven Vorschlag gemacht, den angeblich vorhandenen Übelständen abzuhelfen.

(Abg. Koch [Berlin]: Sobald wir in der Regierung sind, werden wir es machen! – Lachen bei der Soz.-Dem. P.)

Der Herr Minister hat in seiner Rede darauf hingewiesen, daß der Staat nicht die Kultur schafft, sondern nur ermöglicht. Wenn Sie das anerkennen, dann hätten Sie vollständige Bewegungsfreiheit und könnten auch außerhalb der Regierung produzieren. Ist denn ein Schriftsteller oder Komponist an die Regierung gebunden? Er produziert doch ohne Rücksicht auf das Regierungssystem; ob Deutschnationale oder Sozialdemokraten oder Demokraten regieren, ist für den Künstler gleichgültig. Der Künstler fragt nicht danach, welche Regierung wir augenblicklich haben; er produziert aus seiner inneren Kraft und schafft ein Werk ohne Rücksicht auf die jeweilige Regierung. Also wenn Sie glauben, daß Sie produktiv würden, wenn Sie in der Regierung sitzen, so wird es bald Zeit für Sie, in die Regierung zu gehen, um diese Produktivität und Leistungen zu zeigen.

Nun hat sich der Abgeordnete Koch eingehend mit den Staatstheatern beschäftigt. Es liegen Anträge vor, die Kroll-Oper zu schließen und in diesem Jahr schon 600 000 M abzustreichen. Im Ausschuß habe ich vor diesen Anträgen aus folgendem Grunde gewarnt. Es ist eigenartig, daß man von zwei Staatsopern diejenige schließen will, die in der Hauptsache soziale Kunstpflege treibt, und daß der Staat bei dieser sozialen Kunstpflege an Zuschüssen weniger leistet als bei der repräsentativen Oper Unter den Linden. Denn bei der Kroll-Oper zahlt der Staat, wenn man den Vertrag mit den Volksbühnen berücksichtigt, pro Platz 3 M, wenn man ihn nicht berücksichtigt, 2 M zu, bei der Oper Unter den Linden aber 4,75 M bis 5 M.

(Hört, hört! bei der Soz.-Dem. P.)

Wenn in die Oper Unter den Linden ein Besucher geht und 15 M oder 12 M zahlt, dann muß der Staat für jeden noch 4,75 bis 5 M zuzahlen, bei der Kroll-Oper aber nur 3 M.

(Widerspruch rechts)

Es stimmt genau. Ich habe es im Ausschuß vorgerechnet. Der Zuschuß bei der Oper Unter den Linden beträgt 2 200 000 M, die Oper hat rund 450 000 Plätze zur Verfügung, das macht pro Platz 4,75 bis 5 M. Bei der Kroll-Oper haben wir ungefähr 600 000 Plätze zur Verfügung, und der Staat zahlt 1 800 000 M zu, macht pro Platz genau 3 M. Und nun wollen Sie die an sich billige Oper, die soziale Kunstpflege treibt, zumachen und die teure Oper, die doch nur – das weiß jeder im Hause – hauptsächlich den besitzenden Schichten zur Verfügung steht – die Minderbemittelten und mittleren Schichten kommen in der Oper Unter den Linden nicht zu ihrem Recht, weil da kaum Volksvorstellungen gegeben werden – wollen Sie erhalten. Deshalb ist es unmöglich, die Kroll-Oper von diesem Gesichtspunkt aus zuzumachen.

*Aus der Sitzung des Preußischen Landtags vom 15. 12. 1930*

Wir kommen zum fünften Gegenstande der Tagesordnung:
Beratung des mit der Volksbühne Berlin abgeschlossenen Vertrages wegen der Oper am Platz der Republik – Drucks. Nr. 5618

*Schulz (Neukölln), Abg. (Komm.):* Es ist auffällig, daß sämtliche Fraktionen des Preußischen Landtags, natürlich mit Ausnahme der kommunistischen Fraktion, zu diesem Gegenstand der Tagesordnung nichts zu sagen haben,

(Zurufe rechts)

– meine Herren, Sie sind sonst immer sehr eilig mit der Wortmeldung bei der Hand! –, obgleich dieser Vertrag in der preußischen Theaterpolitik eine sehr bedeutsame Rolle spielt. Dieser Vertrag bedeutet, wenn er angenommen wird, daß der Kroll-Oper das Genick gebrochen werden soll. Dieser Vertrag beweist, daß mit der angeblich »volkstümlichen, sozialen Theaterpolitik« der Preußischen Regierung und der Mehrheitsparteien dieses Hauses endgültig Schluß gemacht wird.

(Hört, hört! bei den Komm.)

Von wirklicher sozialer Theaterpolitik konnte schon in den letzten Jahren keine Rede sein.

(Sehr wahr! bei den Komm.)

Aber die Koalition reißt sich jetzt die Maske vom Gesicht, die sie sich vorgebunden hatte, indem sie immer behauptete: Am Platz der Republik steht das republikanische Opernhaus, durch das die Republik mit volkstümlicher Kunst versorgt wird. Der Vertrag, den die Regierung hier vorgelegt hat, hat ja auch bereits Schatten in den diesjährigen Etat hineingeworfen. Der Vertrag ist noch nicht abgeschlossen, aber der preußische Etatentwurf hat bereits die Mittel für die Kroll-Oper in diesem Jahre gestrichen.

Die Absicht der Regierung ist ganz klar; daran kann kein Zweifel sein. In der Regierung ist der Wille vorhanden, die Kroll-Oper verschwinden zu lassen, und die Mehrheitsparteien haben diesen selben Willen auch bereits in einem früheren Beschluß ausdrücklich bekundet, indem sie nämlich die Regierung aufforderten, mit der Volksbühne Verhandlungen einzuleiten, um den Vertrag der Volksbühne mit dem Staat und mit der Kroll-Oper aufzulösen. Auf diese Weise wollten sie den Weg freibekommen, um die Kroll-Oper hinwegzufegen. Der uns vorliegende Vertrag soll nunmehr den Schlußstrich auf diesem Gebiete ziehen.

Was aber ist die Kroll-Oper nach den Erklärungen der Regierung die ja nur ausgesprochen hat, was die Mehrheitsparteien von der Kroll-Oper hielten, gewesen? Der Theaterreferent im Ministerium, Ministerialrat Dr. Seelig, hat im Unterausschuß für Theaterfragen, den der Hauptausschuß eingesetzt hatte, am 30. April 1929 über die Kroll-Oper und die Berliner Theater folgendes erklärt:

Zugunsten der Berliner Staatstheater gegenüber anderen Bühnen, auch in anderen Ländern, muß angeführt werden, daß nirgends die soziale Kunstpflege in so weitgehendem, ausgiebigem Maße erfüllt wird wie hier. Ich darf daran erinnern, daß die Führung einer besonderen Oper ausschließlich zu Zwecken der sozialen Kunstpflege, wie das bei der Kroll-Oper der Fall ist, sonst nirgends mehr vorkommt.

Wenn die preußische Regierung durch ihren Vertreter stolz verkünden läßt, mit der Kroll-Oper habe sie etwas geschaffen, was nirgends in anderen Ländern Deutschlands – es soll wohl sogar heißen: in den anderen Ländern der Welt – vorhanden ist, dann ist die Regierung nunmehr bereit, diesen eingebildeten Ruhmestitel preiszugeben.

(Sehr richtig! bei den Komm.)

Die Parteien, die zu der Frage der Berliner Opernhäuser in Beschlüssen des Hauptausschusses und der Vollsitzung den Willen ausgedrückt haben, die Kroll-Oper hinwegzuräumen, waren damals im April 1929 bei den Verhandlungen des Unterausschusses für die Theaterfragen noch anderer Meinung, als sie jetzt zu erkennen geben. Ein Vertreter der Deutschen Volkspartei erklärte im Unterausschuß: »Das Sozialtheater solle dem Volke gute und billige Kunst liefern; ein solches Sozialtheater stelle die Kroll-Oper dar.«

(Hört, hört! bei den Komm.)

Und heute ist niemand so eifrig am Werke, die Kroll-Oper zu beseitigen, wie gerade die Herren von der Deutschen Volkspartei. Sie haben durchaus dem Antrage mit zugestimmt, den der Hauptausschuß bei den Etatberatungen und hier die Mehrheit des Landtages gegen unsere Stimmen gutgeheißen hat. Die Herren von der Volkspartei haben diesen Antrag mit unterstützt. Die Auffassung in der Volkspartei hat sich also absolut gewandelt.

Ein anderes Kapitel ist das Verhalten der sozialdemokratischen Fraktion. Die sozialdemokratische Fraktion hat zwar durch Herrn König einige Sätze gegen die Schließung der Kroll-Oper sagen lassen.

Aber in der Sozialdemokratischen Partei herrscht Arbeitsteilung: die einen sagen ja, die andern sagen nein.

(Sehr wahr! und Heiterkeit bei den Komm.)

Die Sozialdemokraten im Preußischen Landtag, die die Gesetze mit beschließen, sagen zunächst zur besseren Wirkung nach außen hin nein; aber die Sozialdemokraten in der Leitung der Volksbühne sagen: Jawohl, schnüren wir der Kroll-Oper den Lebensfaden ab!

(Hört, hört! bei den Komm.)

Denn es sind Sozialdemokraten, die die Leitung der Volksbühne beherrschen. Die Volksbühne ist eine Organisation, die unter ausschließlicher Führung der Sozialdemokratischen Partei steht, und es sind die Sozialdemokraten, die diesen Vertrag mit der Regierung jetzt vereinbart haben, dessen besonderer Zweck ist, die Kroll-Oper zum Erliegen zu bringen.

*Aus der Sitzung dem Preußischen Landtags vom 19. Dez. 1930*

*König (Potsdam), Abg. (Soz.-Dem. P.):* Meine politischen Freunde haben im Frühjahr vorigen Jahres den Antrag abgelehnt, in dem verlangt wurde, Verhandlungen dahin zu führen, daß die Kroll-Oper geschlossen werden soll. Wir sind der Meinung, daß das Ziel der Verhandlungen nicht sein muß, die Kroll-Oper zu schließen, sondern zwischen Städtischer und Linden-Oper ein Übereinkommen zu treffen. Nach unserer Auffassung ist es unmöglich, auf die Dauer Städtische und Linden-Oper nebeneinander bestehen zu lassen. Wir sehen es als die beste Lösung an, daß die Linden-Oper gleichmäßig vom preußischen Staate, von der Stadt Berlin und vom Reich unterhalten wird. Denn auch das Reich hat ein Interesse an der Linden-Oper, wenn es für repräsentative Zwecke Opernvorstellungen haben will. Das wäre eine gute Lösung. Daneben müßte die volkstümliche Oper, die Kroll-Oper erhalten werden. Mit dieser unserer Auffassung sind wir nicht durchgedrungen, sondern der eben erwähnte Antrag ist gegen unsere Stimmen angenommen worden.

Nun stehen wir vor der Frage, ob diesem Vertrage zwischen der Volksbühne und dem Staat zugestimmt werden soll. Herr Abgeordneter Rose hat der Auffassung Ausdruck gegeben, daß die Leistungen der Volksbühne nach diesem Vertrage zu gering seien. Man muß sich aber vergegenwärtigen, daß der Staat, als die Linden-Oper umgebaut wurde, keine Möglichkeit hatte, Vorstellungen in der Linden-Oper zu geben, und daher gezwungen war, von der Volksbühne das Entgegenkommen zu verlangen, Vorstellungen in der Kroll-Oper geben zu können; um das zu ermöglichen, hat die Kroll-Oper auf ihr Recht, 350 000 Plätze zu bekommen, verzichtet und sich auf 210 000 Plätze beschränkt. Das ist nicht geschehen, weil sie nicht so viele Plätze abnehmen konnte, sondern das war ein Entgegenkommen gegen den Staat, der wegen des Umbaus der Linden-Oper sein Personal in der Kroll-Oper spielen lassen mußte. Nur daraus erklärt sich der Rückgang der Zahl der Plätze für die Volksbühne von 350 000 im Jahre auf 210 000. Wenn der Vertrag weiter eingehalten worden wäre, müßte der Staat in der Kroll-Oper 350 000 Plätze zur Verfügung stellen, was zu einem Satze von 3 M je Platz ungefähr 1 Million Mark im Jahre ausmacht. Bei 210 000 Plätzen ergibt sich ein Betrag von 630 000 M im Jahre. Nach dem neuen Vertrage soll der Staat in Zukunft, statt jährlich 600 000 M für die Plätze zu zahlen, der Volksbühne nur 100 000 M im Jahre geben und außerdem auf 5 Jahre in der Linden-Oper 54 000 Plätze zur Verfügung stellen. Rechnen wir den Platz zu einem Durchschnittssatz von 5 M, so hat der Staat, da die Volksbühne 2,30 M für den Platz zahlt, 2,70 M zuzuzahlen. Das macht bei 54 000 Plätzen im Jahre etwa 125- bis 130 000 M. Während er also bisher 630 000 M leisten mußte, leistet er pro Jahr 100 000 M und für die 5 Jahre 125 000 M, das sind 225 000 M.

Also er macht in dieser Hinsicht ein gutes Geschäft; was ja Herr Schulz (Neukölln) neulich sehr übel nahm, daß die Volksbühne in diesem Vertrage dem Staat gegenüber nicht die nehmende, sondern die gebende ist. Das ist der Sinn dieses Vertrages vom Standpunkt der Volksbühne. Wir sind deshalb der Auffassung, daß eine solche noble, entgegenkommende Haltung der Volksbühne allgemein anerkannt werden müßte. Leider erleben wir das Gegenteil.

Zweitens kommt hinzu: Sie klagen bei der Kroll-Oper über den hohen Zuschuß von rund 2 Millionen Mark. Ich habe noch nicht gehört, daß Sie bei der Linden-Oper, wo über 2 400 000 M im Etat vorgesehen sind – in Wirklichkeit ist es wahrscheinlich ein Zuschuß von 2,8 oder 3 Millionen – ein Wort der Klage ausgesprochen hätten. Wir sind der Meinung, daß die Frage, ob die Kroll-Oper nach Abschluß dieses Vertrages erhalten werden kann, ob man die Möglichkeit dazu auf einer anderen Grundlage sieht, geprüft werden muß. Es ist darüber gesprochen worden, daß Generalintendant Tietjen vorgeschlagen habe, durch eine gemeinnützige Gesellschaft mit einem geringen Zuschuß die Sache zu machen unter Einkalkulierung bedeutender Opfer des Personals. Diese Frage ist zu prüfen, ob die Kroll-Oper auf einer anderen Grundlage, in einer anderen Form weitergeführt werden kann. Die Entscheidung fällt nicht heute, sondern im Frühjahr bei der Etatberatung, wenn die Opernfrage beleuchtet wird.

Zum zweiten Gegenstande, der heute berührt worden ist, zu der Zuwendung an die Landesbühnenorganisation hat der Abg. Lauscher als Berichterstatter schon darauf hingewiesen, daß es unumgänglich notwendig ist, die 1 600 000 M ohne 10 % Kürzung auszuzahlen. In den letzten Tagen häuften sich im Lande die Klagen darüber, daß Theater wie z. B. in Osnabrück, Schneidemühl und anderen Orten ihren Betrieb einstellen müssen, weil sie keine Mittel mehr haben. Es ist unbedingt erforderlich, die 1,6 Millionen an die Landesbühne vollständig auszuzahlen, um diese in Not befindlichen Theaterbetriebe zu erhalten. Diese Forderung wird, glaube ich, einstimmig im Hause gebilligt werden.

Meine Freunde stimmen also dem Vertrage zu, und gleichzeitig fordern sie die Auszahlung von 1 600 000 M an die Landesbühne.

*Aus der Sitzung des Preußischen Landtags vom 6. März 1931*

**Schulz (Neukölln), Abg. (Komm.):** Minister Grimme, Herr Dr. Schwering, der Theaterreferent Herr Dr. Seelig und auch Herr Finanzminister Dr. Höpker-Aschoff waren der Auffassung: in Preußen gebe es eigentlich nur ein Institut, das gewissermaßen die ›soziale Kunstpflege‹ als Programmpunkt habe, und das Programm soziale Kunstpflege bedinge eben die Erhaltung und Fortführung der Kroll-Oper. Herr Dr. Seelig, den ich früher bereits einmal zitierte, erklärte am 14. Oktober 1929:

Die gesamte wirtschaftliche und künstlerische Lage der Kroll-Oper habe eine erfreuliche Entwicklung genommen.

Weil die Kroll-Oper in wirtschaftlicher und künstlerischer Hinsicht eine erfreuliche Entwicklung genommen hat, muß sie offenbar geschlossen werden!

(Hört, hört! bei den Komm.)

Das ist Kulturpolitik der Koalition, die hier im Lande regiert.

Die Sozialdemokraten, die Demokraten – oder die verschwindenden Staatsparteiler – die Volkspartei, das Zentrum, sie alle wollen deswegen die Kroll-Oper schließen, weil ihnen das, was sie soziale Kunstpflege nannten, unbequem geworden ist. Das Diktat zur Schließung dieses Instituts geht ganz offen vom Zentrum aus. Das Zentrum redet viel von Kulturpolitik. Der Herr Minister des Innern im Reich, Herr Dr. Wirth, hat gestern im Reichstag eine Rede gehalten, über die die ›Germania‹ unter der dicken Überschrift berichtet: ›Straffere Kulturpolitik‹. Diese Kulturpolitik erläutert dann Herr Dr. Wirth dahin, daß er sagt: dieses geschundene deutsche Volk bedarf der christlichen Barmherzigkeit.

(Zuruf bei den Komm.: Das sieht ihm ähnlich!)

Christliche Barmherzigkeit in Kulturpolitik umgesetzt schließt also den Betrieb eines von bürgerlichen Sachverständigen anerkannten guten Instituts wie die Kroll-Oper. Denn dieses knallige Propagandawort ›straffere Kulturpolitik‹, das die ›Germania‹ bringt, wird gerade durch das Bestreben des Zentrums hart unterstrichen, ein achtbares bürgerliches Kulturinstitut zu zertrümmern.

(Sehr wahr! bei den Komm.)

Und dieses selbe Zentrumsblatt, die ›Germania‹, das von der strafferen Kulturpolitik triumphierend berichtet, die Wirth angekündigt hat, bringt über die Frage des Bühnenvertrages, durch den die Kroll-Oper geschlossen werden soll, heute nicht ein Wort. Es gehört offenbar zu den Selbstverständlichkeiten der Kulturpolitik des Zentrums, gute Theater zu schließen.

Es ist wichtig, hier noch einmal festzustellen und den von Kultur und Kunst redenden Bürgern und Sozialdemokraten in Erinnerung zu rufen, was sie eigentlich nach dem Urteil der Kunstkenner in ihren Reihen betreiben. Ein bürgerliches Blatt schreibt heute über die Kroll-Oper:

Daß aber die Kroll-Oper darüber hinaus – es werden eine Reihe von Vorzügen und Verdiensten der Kroll-Oper vorher aufgezählt – als einzige der drei Berliner

Opernbühnen ihre künstlerische Pflicht gegenüber dem zeitgenössischen Schaffen unbekümmert um Anfechtungen sachlicher und unsachlicher Art erfüllte, das ist eines der schönsten Blätter im Kranze ihrer Verdienste. Erst- und Uraufführungen von Schönberg, Hindemith, Strawinsky, Křenek und Milhaud zeigten, wo der künstlerische Puls des Berliner Opernlebens schlug.

Nach der Auffassung der bürgerlichen Sachverständigen in Kunstfragen schlug der Puls des künstlerischen Lebens auf dem Gebiet der Oper in der Kroll-Oper, nicht in einer anderen Oper Berlins.

(Hört, hört! bei den Komm.)

Von dort aus gingen also die Anregungen auf dem ganzen Gebiet des Opernlebens aus. Dort wurde vorwärtsgetrieben – so sagen alle ernsten bürgerlichen Sachverständigen, auf die ich hier nur hinweise, ohne weitere Zitate anzuführen –.

(Hört, hört! bei den Komm.)

Trotzdem sind alle Bürger einig, und die Sozialdemokraten meinen dasselbe: die Kroll-Oper muß verschwinden. Wir Kommunisten müssen bürgerliches Kulturgut gegen das Bürgertum und S.P.D. verteidigen!

(Hört, hört! bei den Komm.)

Wenn die Deutschnationalen gegen diesen Vertrag opponieren, so nicht deswegen, weil sie die Kroll-Oper etwa erhalten wollen, sondern nur deswegen, weil ihnen der Subventionsvertrag mit den Volksbühnenbürokraten nicht gefällt.

(Sehr richtig! bei den Komm.)

Uns gefällt der Volksbühnenvertrag, der eine Subvention der Volksbühnenbürokratie bedeutet, auch nicht. Wir lehnen ihn ab. Aber darüber hinaus haben wir noch andere Gesichtspunkte, soziale Gesichtspunkte, insbesondere gegenüber dem Schicksal der Hunderte des Opernpersonals. Dieser Gesichtspunkt kommt aber für die Bürger und Sozialdemokraten gar nicht in Betracht.

Nun will ich noch darauf hinweisen, daß sich Herr Höpker-Aschoff einmal in einer Rede, in der er den Haushalt für 1930 hier im Landtag behandelte, auch über die Kroll-Oper ausließ. Herr Höpker-Aschoff, der jetzt so vom Sparsamkeitsteufel gerade gegenüber der Kroll-Oper besessen ist, erklärte in der 112. Sitzung des Landtags:

Daß der preußische Staat die historische Oper Unter den Linden nicht aufgeben kann, darüber kann meines Erachtens kein Streit bestehen. Aber auch bei der Kroll-Oper sind gewisse Verpflichtungen des Staates rechtlicher und auch sozialer Natur vorhanden. Die Kroll-Oper ist das einzige Institut, abgesehen von den Landesbühnenorganisationen, in dem der preußische Staat heute planmäßige Kunstpflege treibt.

(Hört, hört! bei den Komm.)

Wenn also die Kroll-Oper das einzige in Betracht kommende Institut des preußischen Staates ist – die Landesbühne kommt wirklich nicht recht in Betracht –, von seinem Standpunkt, vom Standpunkt der bürgerlich-sozialdemokratischen Mehrheit dieses Hauses, dann müßten Sie gerade die Kroll-Oper erhalten. Tut nichts. Die Kroll-Oper wird verbrannt.

Daß sie gerade jetzt verschwinden soll, gerade in der Zeit, in der wir den 150. Todestag Lessings haben vorübergehen sehen, ist sehr wichtig und sehr interessant, gerade vom theaterpolitischen Standpunkt. Lessing hat, als er sah, daß seine Hamburger Theaterpläne zusammenbrachen, in einem der letzten Briefe seiner ›Hamburgischen Dramaturgie‹ geschrieben:

Der süße Traum, ein Nationaltheater zu gründen, ist schon wieder verschwunden.

Die Hamburger Theaterhoffnungen Lessings waren damit erledigt. Franz Mehring zitiert in seiner Lessing-Legende weiter, daß Lessing auch einmal geschrieben habe, über den »gutherzigen Einfall, den Deutschen ein Nationaltheater zu schaffen, da wir Deutsche noch keine Nation sind«, habe er sich mit ätzendem Sarkasmus geäußert. Der Schwurzeuge, den ich hier angeführt habe, Finanzminister Höpker-Aschoff, und auch das Kultusministerium selber, in dessen Namen Herr Dr. Seelig im Hauptausschuß sprach, haben uns eindringlich auseinandergesetzt: Die Kroll-Oper ist das einzige Institut, in dem vom Staat soziale Kunstpflege getrieben wird. Genau so kurz, wie der Blütentraum Lessings von einem Nationaltheater in Hamburg war, genau so kurz ist der Blütentraum von einer sozialen Kunstpflege des Preußischen Staates.

(Sehr wahr! bei den Komm.)

Da liegen schon die Scherben, und diese Scherben heißen Kroll-Oper.

*Vizepräsident Dr. von Kries:* Das Schlußwort hat der Berichterstatter Herr Abgeordneter Dr. Lauscher.

*Dr. Lauscher, Berichterstatter (Zentr.):* Meine Damen und Herren, das Tatsachenbild ist im Laufe der ja sehr belebten Debatte nach meinem Gefühl nicht aufgehellt, sondern eher verdunkelt worden.

(Zurufe bei den Komm.)

Es ist die einfache und bescheidene Aufgabe des Berichterstatters,

(Abg. Schulz [Neukölln]: Weiter zu verdunkeln!)

dieses Bild von den Übermalungen, an denen auch Herr Schulz sein gut Teil verschuldet hat, zu befreien. Wir sind bei der ganzen Aktion davon ausgegangen, daß dem Defizit der Staatstheaterbetriebe unbedingt im Ausmaß des irgend Möglichen Einhalt getan werden müsse.

(Zuruf des Abg. Schulz [Neukölln])

– Ach Gott, Sie geben für Kulturzwecke ja überhaupt nichts.

(Zuruf bei den Komm.: Pfaffenbäuche mästen, das ist Kultur! – Lebhafte Zurufe und große Unruhe)

– Solche Flegeleien, wie Sie sich immer herausnehmen – –

(Lebhaftes Sehr gut! im Zentr. – Anhaltende große Unruhe)

Ehe Sie über Kulturpolitik und Kulturpflege reden, eignen Sie sich zunächst einmal das Mindestmaß der Lebensgewohnheiten an, die zu einem mittelmäßig gebildeten Menschen gehören.

(Lebhaftes Sehr wahr! – Zuruf des Abg. Schulz [Neukölln])

– Ich werde von Ihnen keine Notiz nehmen. Leben Sie sich in den Kreisen aus, in denen – –

(Erneute Zurufe bei den Komm. – Glocke des Präsidenten)

*Vizepräsident Dr. von Kries* (den Redner unterbrechend): Herr Abgeordneter Schulz, ich bitte diese fortgesetzten Unterbrechungen zu unterlassen.

(Zurufe bei den Komm.)

*Dr. Lauscher, Berichterstatter (Zentr.)* (fortfahrend): Es lohnt sich nicht, Herr Kaspar, auf Ihre Expektorationen, die wir ja mit einer Häufigkeit, die geradezu ein Verhängnis genannt werden darf, in diesem Hause genießen müssen, einzugehen.

(Zuruf bei den Komm.: Jesuitisch! – Lebhafte Gegenrufe und große Unruhe)

Ich wiederhole: was Sie sich herausnehmen, sind Flegeleien und nichts weiter.

(Zuruf bei den Komm.: Und Sie sind ein unverschämter Pfaffe! – Glocke des Präsidenten)

*Vizepräsident Dr. von Kries* (den Redner unterbrechend): Herr Abgeordneter Dr. Lauscher, ich bitte Sie, solche Bemerkungen zu unterlassen. ›Flegeleien‹ ist kein parlamentarischer Ausdruck.

(Große Unruhe und Zurufe im Zentr.: Unerhört! Das ist noch viel zu wenig gesagt!)

*Dr. Lauscher, Berichterstatter (Zentr.)* (fortfahrend): Ich glaube, wenn die Mehrheit des Hauses darüber zu entscheiden hätte, ob ich diese Auslese aus dem Schimpflexikon der Kommunisten hier ruhig hinnehmen soll, dann kann ich dieser Entscheidung ruhig entgegensehen.

(Stürmische Zurufe und anhaltende große Unruhe. – Glocke des Präsidenten)

*Vizepräsident Dr. von Kries* (den Redner unterbrechend): Ich bitte um Ruhe; es ist kein Wort mehr zu verstehen!

*Dr. Lauscher, Berichterstatter (Zentr.)* (fortfahrend): Wir haben damals bei den allerersten Verhandlungen, die über diesen Gegenstand geführt worden sind, erklärt, daß wir es primär für die Aufgabe der Kommune ansehen müssen, gemeinnützige Theaterpflege zu treiben, daß der Staat nur subsidiär hier eingreifen könne und daß kein Grund vorhanden sei, dieses staatliche Eingreifen in der Hauptstadt in stärkerem Maße als in anderen wichtigen und zum Teil gefährdeten Punkten des Staatsgebietes eintreten zu lassen. Auf dieser Basis kamen wir dann zu der Forderung, daß das, was hier in Berlin im Rahmen der volkstümlichen Theaterpflege von Staats wegen geleistet wurde, zu einem entsprechenden Teile der Stadt Berlin überlassen werden müsse. Von dieser Auffassung aus erhielt der Antrag, den im vorigen Jahre eine ganze Reihe von Parteien dieses Hauses gestellt haben und der dann auch angenommen worden ist, die Fassung, daß zunächst mit der Stadt Berlin zu verhandeln sei, um bei ihr durchzusetzen, daß sie die Funktionen des Kroll-Theaters nach der Seite der sozialen Theaterpflege auf die städtischen Bühnen übernehmen solle. Dann wurde weiter gesagt: nachdem die Staatsregierung in dieser Hinsicht die Verhandlungsmöglichkeiten erschöpft habe, solle sie versuchen, im Wege gütlicher Vereinbarung mit der Volksbühne die Lösung des zwischen dieser und dem Staate bestehenden Vertragsverhältnisses zu erreichen, das sich zu einer schweren Belastung des Staates entwickelt hat. Die Staatsregierung hat dann diese Verhandlungen zunächst mit Berlin und dann mit der Volksbühne geführt. Das Ergebnis bei der Stadt Berlin war rein negativ, weil die finanziellen Forderungen der Stadt so hoch waren, daß man nicht daran denken konnte, sie zu erfüllen. Es darf darauf hingewiesen werden, daß sich Berlin im Gegensatz zu allen übrigen früheren deutschen Residenzen konsequent weigert, irgendwelche Zuschüsse zu der Unterhaltung der Staatstheater beizusteuern, während München, Karlsruhe, Dresden, Stuttgart usw. 30, 40, selbst 50% der Zuschüsse für ihre Staatstheater aufbringen. Berlin hat statt dessen sogar einen Konkurrenzbetrieb in der Charlottenburger Oper aufgemacht, der sich gegenüber den beiden staatlichen Opernhäusern unmittelbar als schädigender Wettbewerb erwiesen hat.

Es handelt sich für uns – ich habe das schon bei der allerersten Besprechung des Gegenstandes hervorgehoben – nicht darum, der staatlich subventionierten sozialen Theaterpflege in Berlin ein Ende zu machen, sondern wir haben lediglich den Wunsch, sie auf das Maß zurückzuführen, das auch draußen im Lande im Rahmen der Landesbühne geleistet wird und weiterhin geleistet werden soll. Ich habe die Überzeugung, daß wir diese Grenze jetzt mit dem uns vorliegenden neuen Verträge mit der Volksbühne erreicht haben. Wenn dieser Vertrag genehmigt wird, kann man nicht behaupten, daß der Staat für Berlin unverhältnismäßig mehr tue als für andere Kommunen, die in finanzieller Bedrängnis Theateraufgaben zu erfüllen haben. Das ist meines Erachtens – ich bitte auch Herrn Kollegen Stendel, das überlegen zu wollen – der entscheidende Gesichtspunkt. Wir sind mit diesen Festsetzungen auf dem Boden der Leistung der Landesbühnenorganisation angelangt.

Weiterhin darf ich feststellen, daß die Absicht besteht, diese staatliche Hilfe nicht auf die Volksbühne zu beschränken, sondern sie auch auf den Bühnenvolksbund auszudehnen.

(Abg. Schulz [Neukölln]: Hört, hört!)

– Bitte sehr, ganz selbstverständlich! – Dann darf ich aber noch auf eins aufmerksam machen. Bei der Debatte am 19. Dezember hat z. B. Herr Kollege Rose dagegen polemisiert, daß nun die Volksbühne bis zum Jahre 1949 in der Lindenoper die Zahl von 54 000 Plätzen solle beanspruchen können. Davon ist gar keine Rede, Herr Kollege Rose. Wenn Sie sich den Vertrag genau angesehen hätten, würden Sie festgestellt haben, daß diese Verbindlichkeit nur für die Jahre 1931 bis 1936 übernommen wird. Auch in Ihren Ausführungen, Herr Kollege Stendel, ist nicht hervorgetreten, daß es sich hier um eine im Hinblick auf die Gesamtdauer des Vertrages zeitlich eng bemessene Frist handelt. Sie mögen es nicht beabsichtigt haben, aber Ihre Ausführungen machten jedenfalls den Eindruck, als seien Sie der Meinung, daß parallel neben diesen 54 000 Plätzen in der Lindenoper die Jahresleistung von 100 000 M laufen solle.

(Zuruf des Abg. Stendel)

– Sie haben es so ausgedrückt. Es mag sein, daß Sie es nicht so gemeint haben. Jedenfalls liegen die Dinge so, daß nur für fünf Jahre die Vorstellungen zugebilligt werden.

Nun muß ich weiter feststellen, daß alle die Parteien, die im vorigen Jahre den Antrag gestellt haben, der von mir an erster Stelle unterschrieben war, von der Voraussetzung und der Absicht ausgegangen sind, die Kroll-Oper zu schließen, weil wir der Überzeugung waren, es gehe nicht an, daß der Staat, der im ganzen übrigen Lande, die Grenzgebiete eingeschlossen, nur 1,2 Millionen für soziale Theaterkultur aufwendet, in Berlin allein für diesen Zweck 5,4 Millionen aufwendet. Es handelte sich darum, hier ein vernünftiges, erträgliches Gleichgewicht herzustellen. Von einem Verrat der Volksbühne an der Kroll-Oper kann da also absolut keine Rede sein. Nicht die Volksbühne, nicht die SPD haben ja diesen Antrag gestellt, die SPD hat ihm auch nicht zugestimmt.

Erst im Laufe der Zeit hat sie ihre Haltung, vielleicht infolge der finanziellen Schwierigkeiten der Volksbühne, geändert. Die sittliche Entrüstung, die gestern gegenüber diesem Wechsel in der Haltung der Sozialdemokratischen Partei zum Ausdruck gekommen ist, verstehe ich nicht. Ich finde, der andere Partner, der Staat, kann es als besonderen Glücksfall buchen, daß auf diese Weise die Gegenseite veranlaßt worden ist, den Wünschen des Staates so weit entgegenzukommen, wie es unter anderen Verhältnissen wahrscheinlich nicht der Fall gewesen wäre. Dann bitte ich zu bedenken: wenn der neue Vertrag nicht akzeptiert wird, läuft der alte weiter, mit anderen Worten, wir sind also weiterhin verpflichtet, der Volksbühne 210 000 Plätze zur Verfügung zu stellen. Daß wir das in der Lindenoper nicht können, ist ganz klar. Wenn wir nur ein Operntheater haben, ist es natürlich nicht möglich, daß wir so weitherzig und freigiebig mit der Bereitstellung von Opernplätzen für eine Besucherorganisation verfahren, wie es früher möglich war. Wenn das aber nicht möglich ist, meine Herren, so seien Sie sich klar darüber: wird der neue Vertrag abgelehnt, läuft der alte weiter, und weil wir ihn in der Lindenoper nicht erfüllen können, muß die Kroll-Oper, die wir doch schließen wollen, weiter spielen. Das ist die naturnotwendige Konsequenz der Dinge.

Dann ist noch eine andere Tatsache festzustellen. Es ist mir tatsächlich ein Rätsel, wie immer wieder – auch gestern wieder – behauptet werden konnte, der andere Vertragspartner sei wortbrüchig geworden, und deswegen sei auch der Staat an den Vertrag nicht weiter gebunden. Die Dinge liegen doch ganz anders. Der Staat hat, als der Umbau der Lindenoper die Unmöglichkeit herbeiführte, in der dortigen Staatsoper zu spielen, die Volksbühne gebeten, auf 150 000 Plätze in der Kroll-Oper zu verzichten und diese für die Linden-Oper freizustellen. Selbst wenn nachher auch die Volksbühne an den Staat mit Wünschen auf Herabsetzung der Zahl der von ihr abzunehmenden pflichtmäßigen Plätze herangetreten wäre, muß ich doch sagen, wäre es über alle Maßen schofel und unfein, wenn man aus diesem Grunde einen Vertragsbruch konstatieren wollte, nachdem man selbst vorher den anderen Partner zu einem Verzicht auf mehr als ein Drittel der Plätze veranlaßt hat.

(Abg. Heidenreich: § 12. Herr Kollege Lauscher: höhere Gewalt!)

– Der Umbau der Staatsoper war wahrhaftig keine höhere Gewalt. Wir haben diesen Umbau vorgenommen und haben jetzt endlich erfahren, was er gekostet hat: 12 157 000 M.

(Hört, hört! im Zentr.)

Meine Fraktion allein hat sich diesem Umbau widersetzt; Sie alle haben dafür gestimmt.

(Widerspruch)

Wenn nun hier höhere Gewalt vorliegen sollte, dann haben Sie, meine Herren von rechts, diese höhere Gewalt geschaffen. In Wirklichkeit ist es also keine höhere Gewalt gewesen.

Meine Damen und Herren, die Debatte hat nichts ergeben, was irgendwie die sachliche Auseinandersetzung im Hauptausschuß um irgendein erhebliches Moment bereichert hat. Die Rechte hat jetzt einen Antrag auf Einsetzung eines Untersuchungsausschusses gestellt. Nun gut, die betreffenden Fraktionen haben die nötige Stimmenzahl, um diesen Wunsch durchzusetzen. Ich nehme an, daß die beteiligten Fraktionen, namentlich die Deutsche Volkspartei, sich darüber klar sind, daß eine der wesentlichsten Aufgaben dieses Untersuchungsausschusses die Feststellung des Verantwortungsmaßes der verantwortlichen Minister sein wird.

(Sehr richtig! im Zentr.)

*Aus den Sitzungsprotokollen des Untersuchungsausschusses Krolloper*

Mitglieder des Ausschusses:
*Sozialdemokratische Partei:* Frau Jensen (Kiel), Frau Jourdan (Frankfurt/Main), König (Potsdam), Meier (Berlin), Frau Oventrop, Dr. Rosenfeld, Zachert;

*Deutschnationale Volkspartei:* Bachem, Jaspert (Frankfurt/Main), Koch (Berlin), Frau Noak (Stettin), Frau Dr. Spohr;

*Zentrumspartei:* Grebe, Dr. Hönig (Liegnitz), Dr. Stahlhofen;

*Kommunistische Partei:* Becker (Wilmersdorf);

*Deutsche Volkspartei:* Dr. Boelitz, Buchhorn, Dr. Rose (Stade) *(Berichterstatter)*;

*Deutsche Fraktion:* Baecker (Berlin) (Vorsitzender), Fischer;

*Deutsche Staatspartei* (bisher Deutsche Demokratische Fraktion): Dr. Bohner;

*Wirtschaftspartei:* Mentz (Berlin).

Abg. Baecker (Berlin) (DF) eröffnet die Sitzung und teilt mit, daß er von seiner Fraktion zum Vorsitzenden bestellt worden sei. Der Ausschuß ist auf Grund des Urantrags Drucks. Nr. 6542 eingesetzt worden. Der Antrag hat folgenden Wortlaut:
*Stendel* und die übrigen Mitglieder der Fraktion der Deutschen Volkspartei;
*Dr. von Winterfeld* und die übrigen Mitglieder der Fraktion der Deutschnationalen Volkspartei;
*Ladendorff* und die übrigen Mitglieder der Fraktion der Reichspartei des deutschen Mittelstandes (Wirtschaftspartei);
*Kube* und die übrigen Mitglieder der Gruppe der Nationalsozialistischen Deutschen Arbeiterpartei:

Das Rechtsverhältnis des Staates gegenüber der Volksbühne ist in den Verhandlungen des Hauptausschusses und der Vollsitzungen nicht genügend geklärt worden.

Der Landtag wolle daher beschließen:

Es ist ein Untersuchungsausschuß von 29 Mitgliedern einzusetzen, der zu prüfen hat,

1. welchen rechtlichen Ursprung und Umfang die staatlichen Verpflichtungen gegenüber der Kroll-Oper haben,
2. welche rechtlichen Verpflichtungen nach Auflösung der Kroll-Oper weiterbestehen,
3. Wer für etwa entstandene Schädigungen des Staates in finanzieller Beziehung verantwortlich zu machen ist.

Berlin, den 5. März 1931.

*Vernehmung des Zeugen Dr. Seelig*

*Vorsitzender:* Sie haben doch bei diesen Dingen von Anfang an mitgewirkt und die Entwicklung des Verhältnisses zwischen Staat und Volksbühne miterlebt. Wollen Sie uns nun bitte zunächst einmal im Zusammenhang so kurz wie möglich darstellen, wie sich die tatsächliche und rechtliche Entwicklung zwischen Staat und Volksbühne gestaltet hat.

*Zeuge Dr. Seelig:* Unser Ausgangspunkt im Kultusministerium nach der Umwälzung war ein doppelter. Einmal gingen wir davon aus, daß die soziale Kunstpflege eine vordringliche und dauernde Aufgabe des Staates sei und daß wir in diesem Sinne auch mit Rücksicht auf das Parlament, bei dem wir die gleiche Anschauung voraussetzten, die Erhaltung der repräsentativen Theater, Opern- und Schauspielhäuser nur dann rechtfertigen könnten, wenn wir auch den großen erwerbstätigen, minderbemittelten Schichten der Bevölkerung Theaterkunst in jeder Hinsicht, auch Opernkunst bieten würden.

Das war der eine Gesichtspunkt. Zum andern gingen wir von der damals und auch vielfach heute noch vorhandenen Anschauung aus, daß es bei einem so großen Apparat und Personal, wie es bei den Staatstheatern in Berlin vorhanden ist, auch wirtschaftlich ein Vorteil sein würde, wenn sie durch ein weiteres größeres Haus ausgenutzt werden könnten. Also von diesen beiden Voraussetzungen gingen wir bei diesem, ich will einmal sagen: Expansionsgedanken, wie er heute zwar umstritten, aber damals nicht nur beim Theater, sondern auch bei der Industrie als selbstverständlich gegolten hat, aus, als die Volksbühne an den Staat mit dem Vorschlag herantrat, die Kroll-Oper, deren damaliger Zustand bekannt ist, ihrerseits umzubauen und die Vorstellungen der Staatstheater in diesem umgebauten Hause entgegenzunehmen. So kam es zu dem ersten Vertrag. Ich darf auf einige Charakteristika, die manchmal vergessen worden sind, hinweisen, daß zwar auch bei dem zweiten Vertrage von 1923 Kroll zunächst als Filialbetrieb vorgesehen war, daß aber im ersten Vertrag von 1920 darin nicht nur die Oper, sondern auch an vier Abenden der Woche das Schauspiel gepflegt werden sollte. Die Volksbühne sollte bauen, und nach 25 Jahren sollte das Haus in das Eigentum des Staates übergehen. Auch eine frühere Übernahmemöglichkeit, und zwar erstmalig nach 10 Jahren, war gegen gewisse Vergütungen vorgesehen, und die Volksbühne sollte Vorstellungen abnehmen, für die der Staat das Personal usw. lieferte. Der Maßstab für die Vergütung war nach den Selbstkosten des Staates berechnet, und schon daraus geht naturgemäß eine gewisse Veränderlichkeit hervor. Ich erinnere hier an die bekannten Vorgänge. Die Volksbühne hatte den Bau zum Teil ausgeführt; er geriet indessen in der Inflationszeit ins Stocken, und nun kam die Idee auf, deren Vater ich war – zuerst wagte ich es nicht, sie auszusprechen, aber ich habe meine Scheu dann doch überwunden –, und ich habe gesagt, daß es aus der Notlage der Volksbühne nur eine Lösung gäbe, daß der Staat das Theater übernähme, weil sich daraus ganz andere Möglichkeiten ergeben würden. Man ist dann schließlich der Volksbühne nähergetreten. Dieser Plan hat zunächst bei der Volksbühne einen sehr niederschmetternden Eindruck gemacht, und ich selber hatte das Gefühl, daß wir eigentlich die Notlage der Volksbühne benutzten, um, wenn ich das einmal drastisch ausdrücken darf, eine Art Raub an ihr vorzunehmen, denn wir nahmen ihr etwas, an dem sie hing, auf das sie Mühen, Sorgfalt und große pekuniäre Opfer der Mitglieder aufgewendet hatte. Es haben dann darüber Verhandlungen stattgefunden, ehe es zu dem zweiten Vertrage von 1923 kam. In diesem Vertrage, der wohl den Hauptgegenstand der Erörterung bilden wird, ist nun eine Veränderung vorgenommen worden, indem zwar der Filialbetrieb immer noch beibehalten, aber in dem Filialbetrieb der Kroll-Oper in der Hauptsache doch nur Opern gespielt werden sollten. Das hing mit den ganzen Vorgängen zusammen, die ja dem Landtag aus zahlreichen Verhandlungen damals bekannt sind, mit den Vorgängen der Großen Volksoper, die ihrerseits das Kroll-Haus aus besonderen Gründen für sich in Anspruch nehmen wollte. Warum der Staat das nicht für möglich hielt, brauche ich hier nicht zu erörtern. Ich darf wohl darauf hinweisen, daß über die Frage Große Volksoper und Volksbühne damals im Landtag mit Vertretern der Fraktionen eingehende Verhandlungen geführt worden sind; ich weiß aber nicht mehr, ob das damals in einem offiziellen Ausschuß geschehen ist, oder ob es ein freier Ausschuß war, in dem die Kulturdelegierten der einzelnen Fraktionen frei zusammengetreten sind. Jedenfalls wurde die Grundfrage: Volksbühne, große Volksoper und Staat in diesem Landtagsausschuß eingehend erörtert.

Im zweiten Vertrage war nun die Änderung vorgesehen, daß nur Opern gegeben werden sollten, das Schauspiel dagegen nur in Sonntagnachmittags-Vorstellungen, was sich dann aber in der Praxis nicht bewährt hat. Bei diesem zweiten Vertrage ist besonders durch mich in zähem Ringen mit der Volksbühne über jede Bedingung gestritten worden, und ich darf wohl auch sagen, daß das Charakteristikum unserer Verhandlungen mit der Volksbühne, insbesondere was meine Person betrifft, darin lag, daß wir von der Voraussetzung ausgingen, daß Staat und Volksbühne zwar ein gleiches Ziel haben, nämlich die soziale Kunstpflege, von der wir damals allgemein annahmen, daß der Staat sie nie aufgeben würde, daß aber nunmehr das fiskalische oder staatliche Interesse von mir in äußerst zähem Ringen der Volksbühne gegenüber jederzeit, vom Anfang der Beziehungen an bis zum letzten Tage, wo das eine Rolle spielte, gewahrt worden ist. So haben dann über eine Reihe von Bedingungen des zweiten Vertrages sehr schwierige Verhandlungen stattgefunden, bei denen ich zwischen den Vertretern der Volksbühne und den Herren im Finanzministerium gewissermaßen hin und her gegangen bin, um das Bestmögliche für den Staat bei der gegebenen Sachlage, die ich eben geschildert habe, herauszuschlagen.

*Vorsitzender:* Haben Sie dann auch in den Verhandlungen mitgewirkt, die zu dem Vertragsentwurf führten, der jetzt dem Landtage vorliegt?

*Zeuge Dr. Seelig:* Ja, da habe ich mitgewirkt, obwohl ich nicht mehr zuständig bin. Zuständig war mittlerweile Herr Kestenberg geworden, Referent ist der Herr Generalintendant selbst. Aber ich habe auch dabei mitgewirkt, Herr Tietjen hat mich manchmal gebeten, und nach der rechtlichen Seite habe ich mich auch darüber geäußert – das wird den Ausschuß besonders interessieren –, ob ich etwa eine Loslösung auf Grund des § 12 nach meinen Wahrnehmungen während der früheren Verhandlungen für möglich hielte. Ich habe bekundet, daß ich es übereinstimmend mit meiner ständigen Auffassung während der Geltung des zweiten Vertrages von 1923 und wie ich sie weiterhin immer festgehalten habe, nicht für möglich halte, daß der Staat seinen Rücktritt vom Vertrage erklärt. Wohl war hier vorgesehen, daß höhere Gewalt – und besonders genannt war die Einstellung des Staatstheaterbetriebes, es war aber auch gesagt ›oder ähnliche Ursachen‹ – zum Rücktritt vom Vertrage berechtige. Unter Einstellung des Staatstheaterbetriebes habe ich wie Herr Ministerialdirektor Nentwig immer nur die Einstellung des gesamten, mindestens des gesamten Staatsopernbetriebes verstanden. Denn damals war ja Kroll überhaupt noch kein selbständiger Opernbetrieb, sondern ein von der Staatsoper Unter den Linden zu bespielender Filialbetrieb.

Was die ähnlichen Ursachen betrifft, so habe ich die Rücktrittsmöglichkeit nicht für gegeben erachtet. Das beruht aber auf Anschauungen von mir, die nun im Grunde kulturpolitische, vielleicht auch finanzpolitische sind. Ich ging immer davon aus, daß dann, wenn man höhere Gewalt in diesem Sinne der ähnlichen Ursachen geltend machen wollte, immer erst alle Möglichkeiten erschöpft sein müßten, auch auf anderen Wegen zu einem Ziel zu kommen, und darunter habe ich nach meiner Anschauung, die ich seit 1920 im Ministerium vertreten habe, zuerst die anderweite Heranholung der Stadt Berlin verstanden. Ich weiß nicht, ob ich das in diesem Zusammenhang kurz ausführen darf. Ich war immer der Meinung, daß, wie wohl auch bei allen deutschen Residenzstädten, eine Verpflichtung der Stadt Berlin vorliege, sich an der Führung der Staatstheater auch mit Mitteln zu beteiligen. Wir haben uns schon bald nach der Umwälzung in diesem Sinne an die Stadt gewendet und damals schon geltend gemacht – das ist ein Gesichtspunkt, der bis in die neuesten Tage, aber, wie ich sagen muß, immer nur platonisch ausgesprochen worden ist –, daß die Hauptstadt zur Beteiligung an der Führung der sozialen Kunstpflege verpflichtet sei, da diese ja ausschließlich der örtlichen Bevölkerung zugute kommt. Zweitens waren es wirtschaftliche Gesichtspunkte, die Hebung des Fremdenverkehrs und überhaupt die ganzen wirtschaftlichen Vorteile, die für die Stadt in Betracht kamen. So haben sich ja die anderen Residenzstädte neuerdings normal mit 35 bis 60 % am Aufwand ihrer jeweiligen Staatstheater beteiligt.

*Vorsitzender:* In § 9 des Vertrages von 1920 steht diese Eventualität ›Schließung des Staatstheaterbetriebes‹ nicht drin, sondern diese ist erst neu hineingebracht in den Vertrag von 1923. Wer hat das veranlaßt?

*Zeuge Dr. Seelig:* Ich kann hier nur eine Annahme, aber keine genaue Erinnerung wiedergeben. Ich nehme an, daß die Verträge im Entwurf vielleicht von der Generalintendanz vorgelegt worden sind und daß sie ihre früheren Verträge und vor allem den Wortlaut der früheren Bühnenverträge zum Ausgangspunkt genommen hat. Denn diese Klausel nähert sich den früher in den Bühnenverträgen – heute ist das anders, seitdem wir das Tarifwerk haben – vorhandenen Umschreibungen des Begriffs ›höhere Gewalt‹ sehr an. Die einzelnen Ursachen, die da beispielsweise angeführt sind, sind dem Bühnenrecht entnommen. Sei es nun, daß die Generalintendanz, sei es, daß wir im Ministerium die Fassung vorgenommen haben, – diese Anlehnung fällt mir auf. Aber ich kann aus meiner Erinnerung heute nicht mehr sagen, wie das damals im einzelnen gemeint war. Insbesondere erinnere ich mich nicht an das, woran Herr Schnitzler früher erklärt hat, sich zu erinnern, daß hier gerade der Fall der Schließung der Kroll-Oper gemeint sei. Das ist mir völlig überraschend gewesen, als ich das vor einigen Monaten, als die Dinge zum erstenmal erörtert wurden, von Herrn Schnitzler gehört habe. Meinem Gedächtnis war das nicht mehr verblieben, wenn es so der Fall war, wie Herr Schnitzler es meinte.

*Vernehmung des Zeugen Nentwig*

*Abg. Koch (Berlin) (Dn):* Herr Ministerialdirektor, ich komme auf die Äußerungen des Herrn Dr. Lauscher zurück, die der Herr Berichterstatter bereits verlesen hat, und zwar nicht bloß auf die Äußerungen im Plenum des Landtags, sondern auch auf die im Hauptausschuß gemachten. In seinem Bericht im Hauptausschuß am 17. Dezember 1930 – 168. Sitzung – sagt Dr. Lauscher:

Der Vertrag vom Jahre 1923 sei von den Ministern Dr. Boelitz und Dr. von Richter unterzeichnet worden, also von Ministern, die nicht der Sozialdemokratischen Partei oder der Zentrumspartei, sondern der Deutschen Volkspartei angehört hätten. Er wollte damit nicht einen persönlichen Vorwurf gegen sie erheben; man müsse eben berücksichtigen, daß man sich damals in einem Zahlenrausch befunden habe und nicht klar habe übersehen können, welche Folgen der Vertrag für die Staatsfinanzen haben würde. Nunmehr sei man genötigt, die unerträgliche Belastung, die dem Staate durch den alten Vertrag erwachsen sei, zu beseitigen. Hierzu biete der neue Vertrag eine gute Handhabe.

Der Herr Berichterstatter hat soeben festgestellt, daß der Vertrag entgegen dieser Äußerung des Herrn Dr. Lauscher nicht von Herrn Dr. Boelitz unterzeichnet ist. Auch Herr Staatssekretär Becker, der spätere Kultusminister, hat diesen Vertrag nicht unterzeichnet. Kann sich Herr Ministerialdirektor Nentwig entsinnen, wie es gekommen ist, daß er selbst ihn unterzeichnet hat? Dieser Vertrag erscheint doch heute als ungeheuer belastend für den Staat. Sie müssen sich doch entsinnen können, ob Sie diesen Vertrag dem Minister oder dem Staatssekretär zur Entscheidung vorgelegt haben.

*Zeuge Nentwig:* Das weiß ich nicht mehr; aber das könnte man aus den Akten ersehen.

*Abg. Koch (Berlin) (Dn):* Es ist mir wesentlich, daß das aus den Akten festgestellt wird, gerade der Behauptung des Herrn Dr. Lauscher wegen, daß die beiden damaligen Minister, Herr Dr. Boelitz und Herr Dr. von Richter, unterzeichnet hätten.

Noch schärfer, als es im Plenum gesagt wurde, ist ferner von Herrn Dr. Lauscher hier im Hauptausschuß in derselben Sitzung ausgeführt worden:

Nun habe man sich mit der Frage beschäftigt, wie man sich dieser zweiten Staatsoper entledigen könne. Ein scheinbar unüberwindliches Hindernis hierbei sei der am 30. April 1923 zwischen der Volksbühne und dem Staate abgeschlossene Vertrag gewesen, der durch eine Reihe von Sonder- und Nachtragsabkommen geändert oder ergänzt worden sei. Er könne wohl sagen, daß dieser Vertrag als ein Monstrum angesehen werden müsse und vom Standpunkte einer gewissenhaften Vertretung der Staatsinteressen unter gar keinen Umständen hätte abgeschlossen werden dürfen. Das ist eine so scharfe Kritik, daß sie in diesem Augenblick, wo wir hören, in welcher Weise der Vertrag zustandegekommen ist, ganz besonders ins Gewicht fällt. Herr Ministerialdirektor, Sie haben diesen Vertrag doch nicht selbst verfaßt, sondern es haben selbstverständlich Ihre Zuarbeiter und Mitarbeiter im Ministerium mitgearbeitet?

*Zeuge Nentwig:* Ja, er ist natürlich nicht nur in unserem Ministerium bearbeitet worden, sondern auch im Finanzministerium. So etwas wird vorher besprochen, und jeder hat seine Wünsche. Es hat auch der Justitiar, der jetzige Ministerialdirektor Dr. Schnitzler, an dem Vertrag mitgearbeitet. Er ist natürlich ganz sorgfältig überlegt und ausgearbeitet worden, und, wie gesagt, ich weiß eben auch nicht mehr, wie es gekommen ist, daß ich diesen Vertrag unterzeichnet habe. Ich glaube beinahe, daß der Herr Minister damals verreist gewesen ist, daß die Sache etwas eilig war und nicht bis zu seiner Rückkehr liegen bleiben konnte und ich sie deshalb unterzeichnet habe und nicht auch, wie es im Finanzministerium geschehen ist, der Herr Minister selber.

*Vorsitzender:* Erklärt sich das unter Umständen daraus, daß immer noch das Finanzministerium federführend war und man deshalb nur dort auf die Unterschrift des verantwortlichen Ministers Wert legte, während das Kultusministerium erst in zweiter Reihe stand?

*Zeuge Nentwig:* Nein, das hätte keine Rolle gespielt.

*Abg. Koch (Berlin) (Dn):* Herr Dr. Lauscher fuhr dann in demselben Zusammenhange fort:

Der Vertrag sei in der Zeit der höchsten Inflation geschlossen worden, und in dieser Zeit, in der niemand habe klar sehen können, habe der Staat die Verpflichtung übernommen, der Volksbühne 25 Jahre lang jährlich 356 000 Plätze in der Kroll-Oper zu liefern; später sei dann diese Zahl auf 210 000 herabgesetzt worden. Diese Plätze seien zu einem Preis abgegeben worden, der in gar keinem Verhältnis zu den Selbstkosten der Theaterverwaltung gestanden habe.

Wenn es überhaupt hier zu diesem Untersuchungsausschuß gekommen ist, so sind es gerade diese Verhältnisse gewesen, über die wir im Hauptausschuß niemals haben Klarheit bekommen können, und ich muß doch fragen, Herr Ministerialdirektor, der Sie ja doch eingehend und gewissenhaft in diesen Dingen gearbeitet haben, wie wir hier aus Ihren Vorträgen sehen: Ist es denn Ihren Mitarbeitern nicht bedenklich gewesen, einen solchen Vertrag zu entwerfen und abzuschließen, aus dem sich jetzt die Konsequenz und die Kritik ergibt, die doch der überaus sachlich und ruhig denkende Herr Kollege Dr. Lauscher sonst immer an sich hat?

*Zeuge Nentwig:* Es geht ja eigentlich über meine Zuständigkeit als Zeuge hinaus, aber ich muß doch sagen: ich finde die Kritik des Herrn Dr. Lauscher etwas zu hart und doch nicht ganz berechtigt. Ich meine, wie ich vorhin schon gesagt habe, daß man diese Dinge wirklich nicht ex nunc ansehen darf, sondern nur ex tunc. Man kann nicht, wie das Herr Dr. Lauscher tut, sagen: in der Inflationszeit ist so ein Vertrag gemacht worden. Es mußte doch etwas geschehen. Deshalb, weil wir eine Inflation hatten, konnten wir doch nicht auf diesem Gebiet wie auf allen möglichen anderen sagen: es muß alles liegen bleiben, und wir müssen warten, bis die Inflation wieder vorbei ist, sondern wir haben uns eben bemüht, trotz der Inflation einen Vertrag zustande zu bringen, von dem wir annahmen, daß er den beiderseitigen Verhältnissen gerecht werde, und wir haben damals natürlich unmöglich voraussehen können, daß sich die wirtschaftlichen Verhältnisse so gestalten würden, wie sie sich schließlich im Jahre 1930 gestaltet haben. Wenn sich die Verhältnisse einigermaßen normal weiterentwickelt hätten, wären diese Schwierigkeiten ja gar nicht entstanden. Und, meine Damen und Herren, ich muß doch auch mal an eins erinnern: wir sind, glaube ich, seitdem alle klüger geworden, und ich erlaube mir, auch die Damen und Herren hier im Landtage da nicht auszunehmen. Wir haben uns früher, was Zahlen anlangt, alle in einer etwas anderen Geistesverfassung befunden, und ich glaube, ich darf daran erinnern, daß gerade wir alten Beamten hier im Landtag mitunter Schwierigkeiten gehabt haben, weil wir versucht haben, die Ausgaben zurückzudrängen, während der Landtag von einer gewissen Ausgabefreudigkeit war. Ich darf namentlich z. B. an die verschiedenen Besoldungsreformen erinnern, wo ich persönlich sogar Schwierigkeiten gehabt habe und von einzelnen Damen und Herren ziemlich unliebenswürdig behandelt worden bin, weil ich versuchte zu verhindern, daß alles immer höher hinaufrutschte. Jetzt sind wir alle anders eingestellt und sehen die Dinge anders an als damals. Heute würden wir wahrscheinlich alle nicht mehr den Mut haben, einen Vertrag über die Kroll-Oper zu machen, da wir es einfach nicht mehr können; denn wir haben auch gelernt, uns noch auf ganz anderen Gebieten einzuschränken.

*Abg. Koch (Berlin) (Dn):* Wir alten Triarier wollen uns keine Vorwürfe machen. Ich mache weder dem damaligen Ministerialdirektor einen Vorwurf, daß er leichtfertig gearbeitet hat, noch den Abgeordneten von damals, besonders denjenigen, denen der Vertrag gar nicht vorgelegen hat und die gar nicht die Möglichkeit hatten, ihn zu prüfen.

*Zeuge Nentwig:* Es hat mir auch ferngelegen, irgendwelche Vorwürfe zu erheben, sondern ich wollte mir nur erlauben, an die etwas andere Einstellung zu erinnern, die wir seit dem Jahre 1929 bekommen haben, wo wir alle viel mehr auf Sparen und Sparsamkeit abgestellt sind, als das leider in den Jahren vorher der Fall war.

*Abg. Koch (Berlin) (Dn):* Leider darf es uns, die wir Geschichte treiben, nicht benommen sein, auf die damalige Zeit zurückblickend zu sagen: Wenn Sie, Herr Ministerialdirektor, gerade von sich persönlich sagen, daß Sie immer zurückgedrängt haben, daß vom Landtag die Ausgaben bewilligt werden, warum ist das damals bei diesem Vertrag nicht geschehen?
Es liegt noch ein anderer Bericht des Hauptausschusses, nämlich der über die 125. und 126. Sitzung vom 28. Februar 1930, vor, wo sich also über ³/₄ Jahre vorher Herr Dr. Lauscher ebenfalls zu diesen Dingen geäußert hat. Da sagt Herr Dr. Lauscher:

> Unter diesen Umständen müsse ernsthaft geprüft werden, ob der Vertrag zwischen dem Staat und der Volksbühne

– das ist der Vertrag von 1923 –

> einen unentrinnbaren Zwang darstelle oder ob es irgendeine Möglichkeit gebe, diesen Vertrag aufzulösen. Seine politischen Freunde seien der Auffassung, daß der Vertrag sehr wohl gelöst werden könne. Er persönlich habe den Vertrag in allen seinen Einzelheiten geprüft und sei über die Sorglosigkeit erstaunt gewesen, mit der in diesem Vertrage gewichtige Interessen des Staates behandelt worden seien.

Das ist vom Vertreter der Zentrumspartei im Hauptausschuß gesagt worden. Das sind so erheblich schwere Vorwürfe in einer Zeit, wo von dem neuen Vertrag, um den es sich jetzt handelt, noch gar nicht die Rede war, daß die Staatsregierung darauf hätte antworten sollen. Wir haben keine genügende Antwort erhalten. Wir wollen infolgedessen historisch prüfen: wie ist das entstanden? Haben Sie jemals unter dem Eindruck gestanden, daß irgendeiner Ihrer Mitarbeiter da eine Schuld auf sich geladen hat? – Ich weiß nicht, wie weit Sie zur Aussage darüber berechtigt sind. Sie sind es bestimmt nach meinem Dafürhalten nicht gewesen. Wer sind diejenigen technischen Arbeiter gewesen, von denen der Herr Berichterstatter vorhin sprach, die diesen Vertrag in seinem ersten Entwurf zuwege gebracht haben? Wir müssen hier im Untersuchungsausschuß einen feststellen, der der Ursprung dieses ganzen Vertrages, den der Herr Abgeordnete Lauscher einer so scharfen Kritik unterworfen hat, ist.

(Zuruf: Wir müssen einen feststellen! – Unruhe)

– Jawohl: wer ist verantwortlich dafür? – Denn der Herr Minister hat ihn nicht unterschrieben, der Staatssekretär hat ihn nicht unterschrieben, der Herr Ministerialdirektor erklärt, er sei nicht schuldig daran, daß hier ein solcher Vertrag gemacht worden ist.

(Zuruf: Was heißt »schuldig?«)

– Das wissen Sie ganz genau! – Schuldig daran, daß wir jetzt 1,6 Millionen Mark bezahlen, wo Herr Abgeordneter Dr. Lauscher doch ausdrücklich mehrere Male festgestellt hat, daß nach Meinung seiner Freunde, der Zentrumsabgeordneten, eine Verpflichtung, der Volksbühne das zu zahlen, überhaupt nicht vorliegt. Darüber wird sich also eine Klarheit nicht ergeben. Vielleicht kann uns Herr Dr. Schnitzler darüber Auskunft geben. Ich bin verpflichtet, darauf hinzuweisen, daß auch in diesem Zusammenhang damals schon, also vor jetzt über einem Jahr, Herr Abgeordneter Dr. Lauscher darauf aufmerksam gemacht hat, daß es unerträglich gewesen ist, daß das Ministerium unter Verletzung des Etatrechts des Landtags einen Vertrag auf 25 Jahre abschloß.

Dann fährt Herr Abg. Dr. Lauscher aber fort – und das ist mir das wichtigste –:

> Nun gebe es aber in dem Vertrage einen §12, in dem die Fälle aufgezählt würden, in denen der Staat von dem Vertrage zurücktreten könne, ohne daß die Volksbühne Regreßansprüche gegen ihn geltend machen könne. Als einer dieser Fälle werde die ›Einstellung des Staatstheaterbetriebes‹ bezeichnet. Diejenigen,

– und nun kommt das, worin Sie in Ihrem Gutachten mit Herrn Abg. Dr. Lauscher divergieren, –

> die für die Aufrechterhaltung des Vertrages seien, suchten diese Bestimmung dahin auszulegen, daß der Staat nur dann von dem Vertrage entbunden sei, wenn er etwa den Betrieb seiner sämtlichen Theater eingestellt habe. Diese Auslegung sei verwunderlich. An keiner Stelle des Vertrages sei die Gesamtheit der Staatstheater ins Auge gefaßt, sondern es sei immer nur die Rede von dem Staatstheater am Platze der Republik. Richtig sei, daß die Kroll-Oper seinerzeit ein Annex der Oper Unter den Linden gewesen sei; heute sei jedoch die Kroll-Oper ein solcher Annex zweifellos nicht mehr, und insofern seien die Grundlagen und Voraussetzungen des Vertrages nachträglich mit beiderseitiger stillschweigender Zustimmung geändert worden. Seiner Meinung nach könne diese Vertragsbestimmung also nur dahin ausgelegt werden,

433

daß der Staat sich dem Vertrage mit der Volksbühne solange nicht entziehen könne, als er überhaupt in der Kroll-Oper Aufführungen veranstalte; die Worte ›Einstellung des Staatstheaterbetriebes‹ können also nur bedeuten: Einstellung des Betriebes der Kroll-Oper durch den Staat.

(Hört, hört!)

Gebe also der Staat die Kroll-Oper auf, so sei er ohne weiteres von dem Vertrage mit der Volksbühne entbunden.

Das ist die Ansicht des Herrn Dr. Lauscher, dessen Ansicht wir auch teilen.

(Abg. Buchhorn: Aber am 19. Dezember 1930 ist die Ansicht anders!)

– Stellenweise scheint es das Gegenteil zu sein, aber im wesentlichen ist es doch wohl dasselbe. Also Herr Dr. Lauscher hat beide Male an diesem Vertrag schärfste Kritik geübt. Er hat sich besonders das erste Mal – das zweite Mal hat er gar nicht mehr davon geredet – in diesem Protokoll darauf festgelegt, daß für den Staat überhaupt keine Verpflichtung einer Entschädigung an die Volksbühne noch bestehe, – aus dem Vertrage von 1923. Herr Ministerialdirektor, darf ich nun bitten, uns mit derselben Klarheit, mit der Sie uns das andere bisher alles gesagt haben, zu sagen: wie kommen Sie zu einem Herrn Abg. Dr. Lauscher entgegengesetzten Standpunkt? – Herr Dr. Lauscher lehnt die Verpflichtung ab, und Sie erkennen diese Verpflichtung in Ihrem Gutachten an, allerdings bedingterweise.

*Zeuge Nentwig:* Wenn Herr Abgeordneter Dr. Lauscher davon gesprochen hat, daß der Vertrag mit großer Sorglosigkeit aufgestellt sei, so muß ich dem ganz entschieden widersprechen. Ich würde es außerordentlich bedauern, wenn nicht von seiten der Staatsregierung dem ganz entschieden widersprochen worden wäre. Diese Verträge mit der Volksbühne, die recht schwierig waren, haben unendliche Mühe gemacht und sind ganz außerordentlich sorgfältig und peinlich durchgesprochen und durchberaten worden. Ein großer Teil der Herren kennt ja wohl Herrn Ministerialdirektor Dr. Schnitzler, der geradezu das Muster eines peinlichen Juristen ist. Ich habe ihn deswegen gerade damals dem Herrn Minister vorgeschlagen, weil mir das von allen Seiten, die ihn kannten, solange er bei der Justiz war, bestätigt worden war. Das hat sich ja auch im Ministerium durchaus bestätigt. Also dem muß ich ganz entschieden widersprechen.

Was nun die Frage des Herrn Abgeordneten Koch nach meiner Stellungnahme zu § 12 des Vertrages anlangt, so ist das ja eigentlich mehr ein Sachverständigengutachten als eine Zeugenaussage. Ich fasse eben im Gegensatz zu Herrn Ministerialdirektor Dr. Schnitzler diese ›Einstellung des Staatstheaterbetriebes‹ dahin auf: nicht Einstellung des Kroll-Betriebes, sondern es soll damit gesagt sein: Einstellung des Staatstheaterbetriebes, d. h. natürlich überhaupt des Opernbetriebes. Wollte man es so auslegen, daß es hieße: nur Einstellung des Kroll-Betriebes, – so würde das ja dem einen Vertragspartner die Möglichkeit geben, einfach einseitig den Vertrag aufzuheben.

(Abg. Stendel: Richtig!)

Aber das ist damals –

(Abg. Koch [Berlin]: Das ist das Gute an dem Vertrag! – Abg. Meier [Berlin]: Damit zeigen Sie, was Sie wollen!)

– das ist damals nicht die Absicht gewesen bei der Aufstellung des Vertrages, und darauf würde die Volksbühne natürlich nicht eingegangen sein. Wir wollten damals nur verhindern, daß der Staat, der ja aus irgendwelchen finanziellen oder sonstigen Gründen vielleicht sagte: ich sehe ein, ich kann die Theater überhaupt nicht mehr weiterführen, das wird mir zu teuer, es ist zu kostspielig, es ergibt auch sonst Schwierigkeiten, es ist auch nicht die Aufgabe des Staates – man kann ja sehr verschieden darüber denken, ob der Staat überhaupt gut daran tut, Theater zu betreiben –, je länger ich damit befaßt worden bin, um so mehr Bedenken habe ich bekommen, ob der Staat wirklich eine geeignete Stelle für einen Theaterbetrieb ist, – kurz, alle solche Möglichkeiten lagen vor, und da wollte ich eben verhindern, daß nun dem Staat gesagt wird: das geht nicht, du mußt deine Opern weiterführen und weiter betreiben, denn die Kroll-Oper ist ja da, du hast da Verpflichtungen, – und das hindert dann überhaupt den Staat, sich darüber schlüssig zu werden, ob er Staatstheater weiterführen will oder nicht. Das ist meine Auffassung gewesen. Ich weiß, Herr Ministerialdirektor Dr. Schnitzler hat eine andere. Wir haben wiederholt darüber gesprochen. Schließlich ist es ja nicht meine Sache, eine Entscheidung zu treffen. Ich habe jedenfalls immer auf diesem Standpunkt gestanden.

*Berichterstatter:* Herr Ministerialdirektor, hat sich nun Ihre Auffassung dadurch geändert, daß der Filialbetrieb nachher in einen selbständigen Betrieb umgewandelt worden ist? Ursprünglich lag es ja vielleicht nahe, die Vertragsbestimmung so aufzufassen, daß bei Aufhebung der Staatsoper natürlich auch der Filialbetrieb folgen müßte.

(Zeuge Nentwig: Natürlich)

Nachdem aber später aus dem Filialbetrieb – doch wohl mit Zustimmung der Volksbühne, möchte ich unterstellen, – ein selbständiger Betrieb geworden ist, gewinnt damit nun nicht doch vielleicht diese Vertragsbestimmung ein anderes Gesicht?

*Vorsitzender:* Können Sie sich besinnen, wann die Meinungsverschiedenheit über die Tragweite des Ausdrucks ›Einstellung des Staatstheaterbetriebs‹ zwischen Ihnen und Herrn Dr. Schnitzler hervorgetreten ist?

*Zeuge Nentwig:* Das war erst später, als es von der Möglichkeit der Einstellung spukte. Wenn die Differenz gleich hervorgetreten wäre, hätten wir eine andere Fassung gewählt. Ich war der Ansicht, daß wir nach dem Vertrage keine Handhabe hätten. Ich habe noch heute früh mit Herrn Dr. Schnitzler gesprochen und muß sagen, daß ich seine Auffassung nicht teile.

*Vorsitzender:* Nach Ihrer Meinung ist 1923 zwischen den Referenten die Frage nicht besprochen worden, welche Tragweite der besagte Ausdruck hat.

*Zeuge Nentwig:* Wenn diese Frage besprochen worden wäre, hätten wir eine andere Fassung gewählt, die nicht zu Meinungsverschiedenheiten Anlaß gibt.

*Berichterstatter:* Nach Abschluß des Vertrags ist Verschiedenes geändert worden. Man hat auf die Schauspiele verzichtet, man hat den Klemperer-Betrieb eingerichtet. Tat man das im Interesse der Volksbühne oder nur im Interesse des Staates?

*Zeuge Nentwig:* Im Interesse beider Teile. Einmal war die Volksbühne mit den künstlerischen Ergebnissen unzufrieden. Auch der Staat war unzufrieden, weil die Einnahmen aus dem freien Verkauf nicht den gehofften Umfang hatten und man glaubte, die Kroll-Oper dadurch mehr in Schwung bringen zu können, daß man ihr einen eigenen Leiter gab. Der Verzicht auf die Schauspiele hing mit den Plänen des Herrn Lange und der Volksoper zusammen, die die Kroll-Oper in ihren Besitz bringen wollte. Sie erklärte, sie würde, wenn sie da hineinkäme, siebenmal Opern spielen und nicht nur viermal, wie das ursprünglich vom Staat vorgesehen war. Da sagte der Staat: was Herr Lange kann, können wir auch; dann können wir den Vertrag so ändern, daß wir auch nur Opern spielen.

*Berichterstatter:* Lag dies im Interesse der besseren Versorgung der Mitglieder der Volksbühne?

*Zeuge Nentwig:* Ja. Aber auch im Interesse des Fiskus, der sich nicht auf diese Weise das Theater aus der Hand spielen lassen wollte.

*Vernehmung des Zeugen Generalmusikdirektor Klemperer*

*Vorsitzender* (nach Belehrung über die Pflichten und Rechte eines Zeugen): Sie haben die Genehmigung zur Aussage erhalten.

*Berichterstatter:* Glauben Sie, daß der Staat seinen Verpflichtungen gegenüber der Volksbühne nicht voll nachgekommen ist? Sie haben gesagt, daß das Verhältnis von beiden Teilen sehr wenig gut gepflegt wurde.

*Zeuge Klemperer:* Ich hatte den Eindruck, daß der Staat mentaliter Verpflichtungen hatte. Ich fand, der Staat hätte die Volksbühne pädagogisch nehmen müssen, er hätte Gelegenheit geben müssen, mit den Vertretern der Volksbühne Fühlung zu nehmen. Ich hätte ein einziges Mal in vierjähriger Tätigkeit mit den Herren zusammengeführt werden müssen. Ich habe Herrn Nestriepke erst vor ein paar Monaten kennengelernt in sehr unangenehmen Unterhaltungen, über die ich Ihnen gleich sehr interessante Enthüllungen geben werde, die kein Mensch bisher weiß. Der Staat hätte gut getan, mich mit diesem Herrn zusammenzuführen und mir zu sagen: deine Ziele und die der Volksbühne sind nicht dieselben; die Volksbühne will im Grunde nichts als gute Mittelstandsküche, du hast große Pläne, deshalb ist es schwer, eine Synthese zu finden – das war immer mein Plan – zwischen den Wünschen der Volksbühne und meinen, wie ich hoffe, hochgerichteten Plänen. Das ist nie geschehen, sondern man hat uns immer voneinander ferngehalten und Geheimverhandlungen geführt. Ich wußte von nichts. Ich hörte nur immer von Zuschriften der Volksbühne, die sich darüber beschwerte, wie entsetzlich dieses Theater sei. Es sei geradezu ein Schandinstitut, in das man überhaupt nicht hineingehen könne!

*Berichterstatter:* Als Sie Operndirektor waren, hatten Sie doch eine gewisse Selbständigkeit?

*Zeuge Klemperer:* Auch nicht die leiseste! Darf ich Ihnen meinen Vertrag vorlesen?

*Berichterstatter:* Darauf kommt es jetzt nicht an. Wenn man ein Amt hat, dann hat man doch auch eine gewisse Bewegungsfreiheit!

*Zeuge Klemperer:* Davon habe ich Gebrauch gemacht, soweit mein Vertrag sie mir ließ.

*Berichterstatter:* Wenn man eine solche Oper leitet, ist es doch selbstverständlich, daß man sich auch mit dem Publikum und, wenn eine Vertretung dieses Publikums vorhanden ist, mit dieser Vertretung unmittelbar in Verbindung setzt.

*Zeuge Klemperer:* Nein, das konnte ich nicht. Ich bin durch meinen Vertrag an die Verschwiegenheit gebunden, von der ich jetzt befreit worden bin. Ich habe nicht das Recht, mit einem Vertreter der Volksbühne zu sprechen. In diesem Falle könnte mir der Vorwurf gemacht werden: das ist Sache des verantwortlichen Generalintendanten! Mit dem habe ich oft gesprochen.

*Berichterstatter:* Sie haben sich also nicht für berechtigt gehalten, an die Volksbühne heranzutreten und deren Wünsche entgegenzunehmen?

*Zeuge Klemperer:* Unter keinen Umständen! Sonst hätte ich den Wünschen des Herrn Generalintendanten präjudiziert.

*Berichterstatter:* Haben Sie nicht dem Intendanten erklärt, daß es doch nützlich wäre, mit der Volksbühne einmal Fühlung zu nehmen?

*Zeuge Klemperer:* Tausendmal! Vor allen Dingen Herrn Kestenberg, der ja doch mit der Volksbühne weiß Gott liiert ist. Ich habe ihm tausendmal gesagt: wir müssen etwas tun, um das Publikum zu gewinnen. Es genügt nicht, immer nur Reißaus zu nehmen, sobald sich jemand beschwert, daß ihm eine Vorstellung nicht gefällt. Es wäre gut, vielleicht einmal Vorträge zu halten. Ich und meine Mitarbeiter haben erklärt: wir sind bereit, einmal einen Einführungsvortrag zu halten. Ich will durchaus nicht etwa behaupten, daß ich mich der Volksbühne gegenüber immer richtig verhalten habe. Ich leugne gar nicht, daß ich Fehler gemacht habe, große Fehler sogar. Die Volksbühne ist ein außerordentlich kompliziertes Gebilde. Es gibt wenig Menschen, die es ganz durchblicken können. Mir ist das bis heute versagt geblieben. Was hätte ich denn tun können? Wir lebten ja damals mit der Linden-Oper in einem Hause. Die Linden-Oper und die Kroll-Oper spielten nebeneinander. Wenn ich sagte: ich will die ›Meistersinger‹ spielen, dann sagte der Generalintendant: Nein! Wenn ich sagte: ich will den ›Rosenkavalier‹ spielen, dann sagte der Generalintendant ebenfalls: Nein! So blieb mir schließlich nur die ›moderne‹ Produktion, auf die ich ja angeblich eingeschworen bin. Ich bin überhaupt nicht eingeschworen, auch nicht auf die moderne Produktion! Nicht einmal hier bin ich eingeschworen! Das ist doch alles toll! Das Verhältnis zwischen dem Staate und der Volksbühne ist völlig ungeklärt, und ich danke Ihnen, daß Sie einen Untersuchungsausschuß gebildet haben, um diese Dinge zu untersuchen und hoffentlich auch zu klären, im Sinne der Wahrheit. Dann werden wir alle sehr zufrieden und Ihnen sehr dankbar sein. Erlauben Sie mir, noch ein paar Worte zu sagen, die diese Dinge näher beleuchten können.

*Abg. Buchhorn (DVp):* Es handelt sich darum, daß in den Schriftstücken, die hier dem Landtag zur Beurteilung der Kroll-Frage vorgelegt worden sind, behauptet worden ist, Sie hätten erklärt, daß die Volksbühne ihren Verpflichtungen nicht nachgekommen ist. Diese Schrift wendet sich gegen Sie. Es ist die Schrift von –
(Zeuge Klemperer: Ich kenne die Schrift.)
– Nun möchte ich fragen ...

*Zeuge Klemperer:* Herr Abgeordneter Buchhorn, ich habe diese meine Meinung nur aus den Äußerungen des Sekretärs Nestriepke bekommen. Ich hatte mit Herrn Nestriepke eine Besprechung in unserem Amtszimmer in der Kroll-Oper, und bei dieser Gelegenheit – ich glaube, es war im Monat November oder Dezember 1930 – lernte ich diesen Herrn zum ersten Male kennen: nach 4jähriger Tätigkeit! Dabei sagte ich: »Herr Nestriepke, ich freue mich, daß ich Sie kennenlerne. Sagen Sie mir doch einmal: Was ist eigentlich an diesem ganzen Pressegewäsch wahr? Wollen Sie durchaus von uns weg oder sind Ihnen die Leistungen der Kroll-Oper so unsympathisch oder ist die finanzielle Lage wirklich so schlecht? Was ist los?« Ich versuchte, die Wahrheit zu ergründen. Darauf sagte er mir ungefähr das, was auch in der Öffentlichkeit bekannt ist: »Die finanzielle Lage ist sehr schlecht. Wir verlieren an Mitgliedern. Wir können nicht mehr.« Jetzt kommt das Wesentliche. Hierauf sagte ich ihm: »Nun, was würde denn anders sein, wenn nun der Staat die Kroll-Oper doch nicht schließt? Ich meine: wenn die Kroll-Oper weiterspielen würde?« – »Ja« – so sagte er; jetzt komme ich darauf, ich hatte es eben vergessen – »man hat uns sehr nahegelegt« – ich möchte übrigens jetzt bemerken: das, was ich jetzt sage, ist nicht wörtlich, es ist nur aus meiner Erinnerung, meine Erinnerung kann mich in Einzelheiten ein bißchen verlassen – er sagte: »Man hat uns von der Regierung gesagt, man wünsche sehr, den Vertrag abzulösen. Wenn wir das nicht täten, dann müßten wir ja bis zum Jahre 1949 erfüllen, und das können wir nicht, weil wir nicht genug Mitglieder haben; es wäre für uns eine Katastrophe, wenn wir bis 1949 gezwungen wären, eventuell 360 000 Plätze abzunehmen, denn schließlich ist der Vertrag auf 360 000 Plätze geschlossen worden, wenn auch durch gütliches Abkommen 220 000 Plätze jetzt nur vereinbart sind; aber auch die 220 000 können wir nicht unterbringen. Deshalb waren wir gezwungen, den Ablösungsvertrag anzunehmen.« Da dachte ich: »Donnerwetter, das ist doch toll, der Mann sagt mir direkt – es war eventualiter –: wenn von ihm die volle Vertragszahl verlangt wird, so kann er nicht erfüllen, und dann bekommt er dafür noch 2 Millionen.« Da hat sich in mir allerdings alles empört, was möglich ist, und das ist bei mir sehr viel.
(Heiterkeit)

Da habe ich mir gesagt: »Halt, diese Geschichte werde ich mal dem Generalintendanten erzählen.« Ich bin dann am nächsten Tage mit Herrn Dr. Curjel zu dem Generalintendanten gegangen und habe gesagt: »Wie können Sie so etwas tun? Wenn ein Partner kommt, der nicht mehr zahlen kann, dann können Sie ihm doch nicht noch Geld dazugeben.« Er sagte: »Sagen Sie das dem Herrn Minister.« Ich sagte: »Bitte sehr.« Wir sind dann zu Herrn Grimme gegangen und haben ihm gesagt: »Woher nehmen Sie das Recht, die Kroll-Oper darum zu schließen, weil Sie sagen, Sie hätten keine Mittel mehr.« Ich unterstellte damals, daß das wahr ist. Heute weiß ich, daß das nicht wahr ist. Heute weiß ich, daß es

XVI   Richard Wagner, Tristan und Isolde, 1. Akt. Entwurf von Ewald Dülberg
Sammlung Frau Teo Otto, Zürich

darum nicht wahr ist, weil die Kroll-Oper nach meinen Zahlen keine Mittel mehr braucht. Da sagte ich: »Wie können Sie, Herr Minister, dann der Volksbühne soviel Geld geben; denn Herr Nestriepke hat gesagt, er könne eventuell gar nicht erfüllen.« Da sagte er: »Das ist eben so.«

(Heiterkeit)

Da sagte ich – damit Sie wissen, wie das alles gekommen ist –: »Nun, Herr Minister, was können wir denn tun? Sie werden doch die Kroll-Oper nicht einfach fallen lassen?« »Ja«, sagte er, »es ist Höpker-Aschoff.« – Ich: »Was ist mit Höpker-Aschoff?« – Er: »Ich habe mir den Mund fußlig geredet, auch bei Herrn Dr. Lauscher, ich habe getan, was ich konnte; reden Sie doch mit den Leuten.« »Gut«, sagte ich, »ich will mit den Leuten reden.« Darauf sagte er: »Gehen Sie in den Landtag, sprechen Sie mit den Abgeordneten.« Ich fuhr mit dem Generalintendanten weg, und da sagte er: »Bitte schön, wir sprechen auch mit den Abgeordneten, vielleicht gehen Sie erst zu Herrn Dr. Bohner, das ist ein liebenswürdiger Mann, der wird Sie empfangen und Sie einführen.« Darauf sagte ich: »Ja, ich habe auch Freunde in der deutschnationalen Gegend. –«

(Heiterkeit)

»Ach«, sagte er, »da haben Sie auch Freunde?« – »Ja«, sagte ich, »ich habe dort auch Freunde,

(Heiterkeit)

und ich möchte dort gern auch Herren besuchen; denn ich höre, daß die Deutschnationalen sehr gegen uns sind, und ich meine, daß es als Staatsangestellter meine Aufgabe ist, die Opposition zu überzeugen; die anderen, die für uns sind, brauche ich nicht zu überzeugen.« Da kam ich in den Landtag, und Herr Dr. Bohner war so freundlich, Herrn Geheimrat Weissermel zu fragen, ob er mich empfangen würde. Herr Geheimrat Weissermel hatte die große Freundlichkeit, mich zu empfangen, und ich habe mich ausführlich mit ihm ausgesprochen. Später hatte ich noch Gelegenheit, Herrn Pfarrer Koch und noch andere Herren des Landtags kennenzulernen. So kamen meine ganzen Beziehungen zum Landtag; denn ich hatte immer wieder den Gedanken: es ist eine Rechtsbeugung und ein Rechtsbruch allerschlimmster Form, wenn man sagt: für die Kroll-Oper haben wir nichts, aber für die Volksbühne noch 2 Millionen. Wo ist denn das Geld für die Kroll-Oper? Non habemus! Aber für die Volksbühne? Wo habt Ihr es da? In der Tasche oder wo sonst? – Ich konnte es nicht ergründen.

Dann bin ich zu Herrn Höpker-Aschoff und zu Herrn Dr. Lauscher gegangen. Das waren zwei große Gegner. Ich bin zunächst zu Herrn Dr. Lauscher gegangen, und Herr Dr. Curjel war Zeuge der Unterredung. Herr Dr. Lauscher hat mich allerdings, ich kann wohl sagen, ganz abfahren lassen. Darauf habe ich gesagt: Ich habe alle meine Rhetorik angewandt, es hat nichts genutzt, ich bin auf Granit gestoßen, und ich habe die Meinung, daß Herr Dr. Lauscher noch andere Gründe hat als rein sachliche. Da bin ich zu Herrn Prälaten Schreiber nach dem Reichstag gegangen und habe ihn gefragt: »Herr Schreiber, sagen Sie mal, liegt gegen mich vom Zentrum eine Aversion vor? Sie können es mir ruhig sagen; ich weiß dann wenigstens, woher der Wind weht.« Er sagte darauf: »Nicht im geringsten, Herr Lauscher behandelt die ganze Frage nur rein sachlich vom finanziellen Standpunkt aus.«

Dann bin ich zu Herrn Höpker-Aschoff gegangen und habe gefragt: »Wie ist das mit den 2 Millionen.« Da kam zunächst die Kontroverse mit dem Addieren und Subtrahieren, und dann sagte er: »Ich habe über Kunst meine ganz bestimmten Ansichten, ich bin z. B. scharfer Antiwagnerianer.« Darauf sagte ich ihm, daß ihm dann doch die Kroll-Oper sehr sympathisch sein müßte, denn wir hätten in der Kroll-Oper nur eine Wagner-Oper auf dem Spielplan. Da bog er das ab und sagte: »Ich habe über Opern meine ganz bestimmten Ansichten, die ich natürlich in meine finanzielle Amtsführung niemals einfließen lasse.« Darauf konnte ich nur sagen: »Das ist mir verständlich, das genügt mir vollkommen«; denn für die Kroll-Oper kann man nur eintreten und Geld bewilligen, wenn man irgendeine Haltung einnimmt. Preußen bezahlt einen Kultusminister hoch – das habe ich ihm nicht gesagt, das sage ich nur jetzt –, und da müßte der Kultusminister eigentlich . . .

(Zurufe)

Darf ich nicht zu Ende sprechen?

*Vorsitzender:* Wenn Sie so gütig sein und nur die sachlichen Dinge erörtern wollen!

*Zeuge Klemperer:* Wenn Sie wissen wollen, wie es mit der Volksbühne ist, muß ich das sagen; aber ich höre auch auf, wenn Sie mir das Wort entziehen. – Der Kultusminister hat nicht Stellung für die Kroll-Oper genommen, er hat mich beauftragt, mit Herrn Höpker-Aschoff zu sprechen, damit ich vielleicht das durchsetze, was ihm nicht gelang, die Erhaltung der Kroll-Oper, die Herr Kultusminister Grimme gern will. Herr Kultusminister Grimme hat mir wörtlich gesagt: »Wir wollen sie halten, aber wir können sie nicht halten, weil Herr Höpker-Aschoff nicht will.« Da habe ich versucht, Herrn Höpker-Aschoff umzustimmen; das ist mir nicht gelungen. Dann habe ich versucht, Herrn Dr. Lauscher umzustimmen, das ist mir auch nicht gelungen, und da habe ich gewußt, woran der Widerstand liegt.

*Abg. Buchhorn (DVp):* Ich weiß jetzt, woher Ihre Überzeugung kommt, weshalb die Volksbühne ihren Verpflichtungen nicht nachkommen kann. Darüber wird morgen Herr Dr. Nestriepke gehört werden.

*Zeuge Klemperer:* Ich habe Ihnen gesagt, was ich sagen konnte; mehr konnte ich nicht sagen. Ich wollte nur noch erklären, daß meine Wissenschaft aus einer Unterhaltung herrührt, und dafür nenne ich als Zeugen den stellvertretenden Operndirektor Hans Curjel.

*Abg. Buchhorn (DVp):* Sie haben heute eingangs Ihrer Darlegungen gesagt, sie wären, als Sie in Ihr Amt hineinkamen, an Händen und Füßen gebunden gewesen. Ich habe im Gegenteil immer die Empfindung gehabt, daß Sie keinen besseren Freund für Ihre Bestrebungen gehabt haben als Herrn Kestenberg, und wenn die Zeitungen richtig berichtet haben, hat Herr Kestenberg gesagt, Sie wären nach Kroll mit einer besonderen Mission berufen worden.

*Zeuge Klemperer:* Bin ich auch. Herr Kestenberg war bis vor einem Jahre mein großer Freund und Protektor. Das ist die reine Wahrheit.

(Zuruf: Die Beobachtung haben wir auch gemacht!)

Herr Kestenberg hat mich im Jahre 1926 in Wiesbaden nach einer Aufführung des Mozartschen ›Don Juan‹, die ihm anscheinend gefallen hat, gefragt, ob ich bereit wäre, die künstlerische oder geistige Leitung der Kroll-Oper, die man die Absicht hätte, nicht mehr als Filialbetrieb zu führen, sondern als selbständiges Institut, zu übernehmen. Da habe ich gesagt: Sehr gern, denn das wäre der Boden, den ich mir immer gewünscht hätte, nicht nur als Dirigent, der für seine Aufführung verantwortlich wäre, tätig zu sein, sondern für das Ganze, damit man aufbauen könne.

*Abg. Buchhorn (DVp):* Warum glauben Sie, daß Herr Kestenberg seit einem Jahre nicht mehr mit Ihnen zusammengegangen ist?

(Zurufe)

*Zeuge Klemperer:* Herr Abg. Buchhorn hat vollkommen recht, er trifft den Punkt, wo der Hase im Pfeffer liegt. – Ich glaube, daß Herr Kestenberg – Sie müssen mich einen Augenblick nachdenken lassen, es ist jetzt furchtbar schwer, das richtig zu sagen, ich will Herrn Kestenberg nicht Unrecht tun, ich habe im Gegenteil sogar, wenn Sie wollen, Gründe der Dankbarkeit gegenüber Herrn Kestenberg; er ist für mich eingetreten, er ist der spiritus rector meines Engagements, er hat mich nach Berlin gebracht und ist derjenige, der von meinen Leistungen etwas hält, und ich kann doch jetzt nicht, möchte ich sagen, gegen ihn vorgehen, sondern ich will die Wahrheit sagen, – bis in die letzten Fasern kann ich es nicht wissen, ich meine, bis in die letzten Gründe und Beweggründe, warum er nicht mehr für die Kroll-Oper eingetreten ist. Ich glaube, es ist der ungeheure Respekt, den das Ministerium für Kunst und Wissenschaft einerseits vor dem Finanzministerium und andererseits vor dem Referenten des Zentrums hat.

*Vernehmung des Zeugen Ministerialdirektor Dr. Schnitzler*

*Vorsitzender* (nach Belehrung des Zeugen): Wollen Sie bitte im Zusammenhang darstellen, was Sie infolge Ihrer unmittelbaren Teilnahme über die ganze Entwicklung des Verhältnisses zwischen der Regierung und der Volksbühne bzw. dem Kroll-Unternehmen wissen. Zunächst möchte ich noch fragen, wie lange Sie im Kultusministerium waren und wann Sie in das Finanzministerium gekommen sind.

*Zeuge Dr. Schnitzler:* Im Juni 1921 bin ich in das Kultusministerium berufen worden, wo ich bis Ende April 1928 blieb. Ende April 1928 bin ich dann in das Finanzministerium berufen worden.

*Vorsitzender:* Nun würde ich bitten, weil das die bisher vernommenen Vertreter der Kunstverwaltung nicht tun konnten, zugleich die finanziellen Gesichtspunkte zu berücksichtigen, soweit Sie dazu in der Lage sind.

*Zeuge Dr. Schnitzler:* Als ich im Juni 1921 in des Kultusministerium berufen wurde, geschah es zu einem besonderen Auftrage, zur Schaffung des Denkmalschutzgesetzes und Naturschutzgesetzes; ich hatte zunächst mit der Theater- und Kroll-Frage überhaupt nichts zu tun. Infolgedessen sind mir auch die Baugeschichte und die ganzen Verhandlungen, die bezüglich des Baues und seiner Finanzierung gepflogen worden sind, unbekannt. 1923 fungierte ich als Justitiar der Kunstabteilung, und mir wurde, soweit ich mich erinnere, der Vertrag von 1923, nachdem er schon abschließend formuliert war, zur Kenntnisnahme zugeleitet. Um den Schwierigkeiten aus dem Wege zu gehen, die sich daraus ergeben konnten, daß wir die Kroll-Oper eventuell nicht mehr halten könnten, habe ich auf die bekannte Klausel im § 12 des Vertrages hingewirkt, wonach der Vertrag – ich kann es nicht wörtlich wiederholen – auch dann sein Ende finden sollte, wenn eine Einstellung des Theaterbetriebes bei Kroll erfolgte.

Diese Mitwirkung geschah natürlich innerhalb der Kunstabteilung, nicht gegenüber der Volksbühne. Die Fassung ›Einstellung des Theaterbetriebs‹ ist später so in den Vertrag gebracht worden, daß sie als ein Unterfall der höheren Gewalt erscheint, was mir persönlich als Justitiar nicht vorgeschwebt hat, sondern mir hat vorgeschwebt, unter Umständen sagen zu können: Wir können die Kroll-Oper nicht halten; wir müssen sie wieder einstellen – und dann sollte der Vertrag hinfällig werden. Dieser Gedanke hat aber in der Fassung nicht den Ausdruck gefunden, den ich gewünscht hätte, so daß später, als die Sache akut wurde, die Einstellung des Theaterbetriebs als ein Unterfall höherer Gewalt behandelt wurde und es deshalb zweifelhaft war, ob der Staat nach dieser Fassung berechtigt wäre, einfach die Kroll-Oper zu schließen und damit von dem Vertrage mit der Volksbühne loszukommen. Das ist die Mitwirkung, die mir im Jahre 1923 persönlich obgelegen hat. Eine weitere Mitwirkung ist mir im Augenblick nicht erinnerlich. Der Vertrag von 1923 ist dann ausgeführt worden, und ich könnte weiter nichts sagen. Als ich dann ins Finanzministerium kam, habe ich mir natürlich die Frage vorgelegt – die Zeiten wurden ja schlecht und immer schlechter –, ob es möglich wäre, auf die Dauer drei Opern in Berlin zu halten. Da ich diese Frage pflichtgemäß verneinen mußte, habe ich, ohne zur kulturellen Bedeutung der Kroll-Oper, die von verschiedenen Seiten behauptet wurde, Stellung nehmen zu wollen, aus rein finanziellen Gründen die Forderung vertreten, und zwar sowohl aus persönlicher Überzeugung als auch natürlich gemäß Anweisung des Herrn Ministers, die Kroll-Oper zu beseitigen.

*Vorsitzender:* Sie wissen ja, daß die Vertreter des Kultusministeriums aus der damaligen Zeit auf einem ganz anderen Standpunkt bezüglich dieser Klausel von der Einstellung des Staatstheaterbetriebs stehen. Diese Meinungsverschiedenheit ist aber wohl erst im vorigen Jahr zur Sprache gekommen, als es sich um die Abfassung des Vertrages von 1930 handelte.

*Zeuge Dr. Schnitzler:* Schon früher, ich glaube, zum erstenmal bei den Etatsverhandlungen des Jahres 1929; da habe ich die Forderung erhoben, die Kroll-Oper zu schließen. Ich habe gesagt: die Handhabe dazu bietet diese Klausel – und da kamen die Meinungsverschiedenheiten auf. Es wurde behauptet, diese Klausel sei nur ein Unterfall der höheren Gewalt. Ich habe es bestritten. Die Meinungsverschiedenheiten fanden ihre Lösung durch die neuen Vereinbarungen mit der Volksbühne.

*Vorsitzender:* Sie haben damals die Klausel vorgeschlagen.

*Zeuge Dr. Schnitzler:* Meines Wissens ja.

*Vorsitzender:* Als Sie damals die Klausel vorgeschlagen hatten, hat da eine Erörterung über die Notwendigkeit und den Sinn dieser Klausel stattgefunden?

*Zeuge Dr. Schnitzler:* Ich habe meines Wissens innerhalb der Abteilung den zuständigen Herren – ich weiß nicht wem – gesagt: Wir müssen uns doch sichern, wenn wir eventuell die Kroll-Oper eines Tages einstellen müssen, und für den Fall muß der Vertrag auch sein Ende haben – und daraufhin ist diese Klausel hineingesetzt worden. Es ist übrigens aus den Akten des Kultusministeriums ersichtlich, daß diese Klausel später eingefügt worden ist. Ich kann die Seite noch bezeichnen.

*Vorsitzender:* Haben Sie damals schon von sich aus an die Möglichkeit einer Einstellung des Kroll-Betriebes rein materiell gedacht, oder haben Sie das nur so als gewissenhafter Jurist in Erwägung gezogen?

*Zeuge Dr. Schnitzler:* Ich kann nicht sagen, ob ich die Erwägung: Wir müssen die Kroll-Oper unter Umständen einmal einstellen – geäußert habe, oder ob es eine innere Erwägung war. Ich habe sowohl als Jurist, weil ich bei Verträgen sehr vorsichtig zu sein pflege, als auch innerlich damals gedacht: ich weiß nicht, ob man die Kroll-Oper auf die Dauer beibehalten kann. Für mich war jedenfalls dieses Motiv bestimmend.

*Vorsitzender:* Ob zwischen Ihnen und anderen Herren aus der Abteilung die Möglichkeit, materiell gesehen, daß vielleicht der Staat eines Tages dazu kommen könnte, erörtert worden ist, können Sie nicht sagen?

*Zeuge Dr. Schnitzler:* Nein. Aber ich habe die Einstellung noch hineingebracht. Man konnte daraus meine Motive erkennen.

*Vorsitzender:* Damals sollte das nur Filialbetrieb sein.

*Zeuge Dr. Schnitzler:* Ja. Da hatte ich persönlich auch einige Zweifel. Ich war aber nicht berufener Sachverständiger, um beurteilen zu können, ob ein Filialbetrieb auf die Dauer möglich wäre, und ich war nicht befugt, diese Zweifel damals geltend zu machen.

*Vorsitzender:* Das hat für Sie keine Rolle gespielt, sondern nur die allgemeine Frage, ob eines Tages der Betrieb eingestellt werden könnte.

*Zeuge Dr. Schnitzler:* Nur die allgemeine Frage hat für mich eine Rolle gespielt.

*Vorsitzender:* Hier ist in den Akten eine handschriftliche Notiz. Ist die von Ihnen?

(Der Zeuge nimmt in das Aktenstück Einsicht)

*Zeuge Dr. Schnitzler:* Die ist von Herrn Dr. Seelig. Damals bekam ich den Vertrag vorgelegt, nachdem er an sich vollkommen fertig abgefaßt war, um als Justitiar nochmals Kenntnis davon zu nehmen. Da habe ich auf diese Formel Wert gelegt.

(Zuruf)

*Vorsitzender:* Hier heißt es wörtlich: »Unterbleibt die Veranstaltung von Aufführungen zufolge Kriegs usw., so hat die Volksbühne...« Darüber steht mit Bleistift: ›Einstellung des Staatstheaterbetriebs‹. Wer hat im endgültigen Vertrag »oder aus ähnlichen Ursachen« hinzugefügt?

*Zeuge Dr. Schnitzler:* Das kann ich nicht mehr sagen.

*Vorsitzender:* Sie haben angeregt, die Einstellung des Staatstheaterbetriebs als Auflösungsgrund einzufügen.

(Zeuge Dr. Schnitzler: Ja)

Sie sind damals der Meinung gewesen, daß das nicht ein Grund höherer Gewalt sein soll, sondern selbständig für sich zum Ausdruck kommen sollte.

*Zeuge Dr. Schnitzler:* Ja, es sollte selbständig sein.

*Vorsitzender:* Weitere Wortmeldungen zur Fragestellung an Herrn Ministerialdirektor Dr. Schnitzler liegen nicht vor. Dann würde ich vorschlagen, daß wir gleich diesen Punkt mit Herrn Ministerialrat Seelig klären.

*Zeuge Dr. Seelig:* Ich habe bei flüchtiger Durchsicht der Akten festgestellt, daß in irgendeinem der Vorentwürfe, der sehr dürftig war, und in dem zunächst nur gesagt war: »Unterbleiben die Veranstaltungen infolge Krieges«, darüber von mir – gleich zahlreichen anderen sonstigen Notizen – die Notiz vorgemerkt war: »Einstellung des Staatstheaterbetriebs«. In diesem Wortlaut! Ich wiederhole, was ich heute morgen schon gesagt habe: ich erinnere mich nicht daran, daß Herr Ministerialdirektor Dr. Schnitzler mir das gesagt hat, auch nicht, wenn er es gesagt hat, mit welchen Worten. Aber nach der ganzen Sachlage, besonders nach meinen Verhandlungen mit der Volksbühne vor und nach diesem Vorgang muß ich es als ganz bestimmt ansehen, daß Herr Ministerialdirektor Schnitzler etwa gesagt hat: »Einstellung des Staatstheaterbetriebs«. Denn wenn gesagt worden wäre: »Einstellung des Krolltheaterbetriebs«, so hätte mir die ganze übrige Fassung des Vertrags, wie sie dann zustande gekommen ist, vollständig unmöglich geschienen. Ich darf daran erinnern, daß ich heute morgen ausgeführt habe, daß allein über die Frage des Preismaßstabs die heftigsten Kämpfe mit der Volksbühne stattgefunden hatten, deren Inhalt dahin ging, daß die Volksbühne für 25 Jahre diesen Preismaßstab gesichert haben wollte, während ich darauf gedrungen habe, es müsse gesagt werden: bei einer Veränderung der Verhältnisse sind wir berechtigt, einen anderen Preismaßstab zu wählen, – daß dann die Volksbühne gesagt hat: »Darüber läßt sich allenfalls dann reden, wenn ihr uns die absolute Sicherheit gebt, daß für mindestens 10 Jahre am Preismaßstab nicht gerüttelt wird«. Diese ganzen Verhandlungen wären ja ohne Sinn gewesen, wenn der Staat berechtigt gewesen wäre, ohne weiteres zu sagen: »Die Veranstaltungen unterbleiben schon dann, wenn der Staat sie nicht mehr macht«. Wenn das bedeuten sollte: »Unterbleiben die Veranstaltungen wegen Einstellung des Krollbetriebes«, so wäre, da damals im wesentlichen nur die Volksbühne, aber noch nicht der Bühnenvolksbund usw. für uns in Betracht kam und im wesentlichen nur die Volksbühne bei Kroll im Filialwege bespielt werden sollte, die Klausel: »Unterbleiben die Veranstaltungen wegen Einstellung des Krollbetriebs« identisch gewesen mit dem Satz: »Unterbleiben die Veranstaltungen, weil der Staat die Veranstaltungen einstellt«. Das hätte nach meiner Überzeugung, die ich aus den gesamten Verhandlungen mit der Volksbühne entnehme, die Volksbühne aufs schärfste abgelehnt.

*Vorsitzender:* Mir scheint, es handelt sich nicht darum, daß die Formel Ihnen vorgeschlagen war. Herr Ministerialdirektor Dr. Schnitzler hat gesagt, daß Sie die Formel vorgeschlagen hätten.

*Zeuge Dr. Seelig:* Ich wiederhole da die Worte, die Herr Ministerialdirektor Dr. Schnitzler hier gesagt hat: »Mit welchen Worten ich dem betreffenden Kollegen das gesagt habe, weiß ich nicht mehr«. Mit ganz denselben Worten und genauso sage ich: »Ich weiß es auch nicht mehr aus der Erinnerung.« Aber ich halte es für ausgeschlossen, daß mir das mit den Worten gesagt worden ist: »Einstellung des Krollbetriebes«. Es kann nur möglich sein, daß mir das mit den Worten gesagt worden ist: »Einstellung des Staatstheaterbetriebs«.

*Vorsitzender:* Das möchte ich ja klarstellen. Es ist bis jetzt immer nur die Rede gewesen, und auch Herr Ministerialdirektor Dr. Schnitzler hat nur von der Formel gesprochen: Einstellung des Staatstheaterbetriebes, aber mit der Auslegung, daß es sich nur auf Kroll beziehen soll, so daß rein grammatisch, möchte ich sagen, eine Ergänzung ›bei Kroll‹ noch angebracht gewesen wäre, um es ganz zweifellos zu machen.

*Zeuge Dr. Schnitzler:* Ich habe nie Zweifel gehabt, daß es sich nur auf Kroll beziehen konnte. Ich finde auch heute noch die Auslegung nicht möglich, daß es sich auch auf die anderen Staatstheater beziehen konnte.

*Vernehmung des Zeugen Dr. Nestriepke*

*Zeuge Dr. Nestriepke:* Immer wieder mußten wir uns gegen die Erhöhung der Preise wehren – nicht aus Engherzigkeit, sondern weil jede Preiserhöhung für uns fast die Gewißheit brachte, daß wieder gewisse Schichten der Mitglieder nicht mehr mitmachen würden oder auch nicht mehr mitmachen konnten. Aber da wir immer Wert darauf gelegt haben, mit der Staatsregierung und der Generalverwaltung in freundlichem Einvernehmen zu arbeiten, und auch den Wunsch der Herren anerkannten, soziale Kunstpflege zu treiben, haben wir doch wieder und wieder schweren Herzens nachgegeben und auf Grund freier Vereinbarungen in die Erhöhung der Preise gewilligt; auf Grund freier Vereinbarung, aber ich muß wohl auch sagen: unter stärkstem Druck des Staatsministeriums. Diese Heraufsetzung der Preise aber, die immer wieder erfolgte, hat uns aufs schwerste geschädigt. Man kann das natürlich nicht an Hand einer Statistik der Mitgliederbewegung beweisen, aber aus zahllosen Briefen und Äußerungen unserer Mitglieder geht hervor, daß ihnen die weitgehende Heraufsetzung der Opernpreise nicht behagte, daß sie Plätze für diese Vorstellungen nicht mehr haben wollten.

Dazu kam, daß im Betrieb der Oper verschiedenes war, was unseren Mitgliedern nicht gefiel. Was uns schon immer beim Opernbetrieb gestört hat, war eine gewisse Nonchalance, mit der unsere Vorstellungen behandelt wurden; jedenfalls bestand dieser Eindruck, solange Klemperer noch nicht da war. Unsere Mitglieder klagten wiederholt darüber, daß für die Vorstellungen der Volksbühne nur eine zweite und dritte Besetzung geboten wurde: Dazu trat früher schon, aber das hat sich wohl in letzter Zeit unter Klemperer noch verstärkt, daß immer wieder Vorstellungen, die angesetzt waren, im letzten Augenblick nicht stattfanden. Unsere Mitglieder kamen abends ins Theater in der Erwartung, z. B. den ›Waffenschmied‹ zu hören, wie auf den Anschlagsäulen gestanden hatte, und statt dessen wurde dann z. B. ›Traviata‹ gegeben.

(Vorsitzender: Das war zu der Zeit, als die Kroll-Oper noch ein Filialbetrieb war?)

– Nein, das ist bis in die letzte Zeit hinein beinahe jeden Monat vorgekommen.

(Abg. Buchhorn: Aber auch während der Zeit, als Kroll noch Filialbetrieb war?)

– Jawohl, das ist immer wieder vorgekommen. Das spielt eine besonders große Rolle für Leute, wie wir sie als Mitglieder haben. Unter unseren Mitgliedern befindet sich ein fester Stamm, der es wirklich ernst mit dem Opernbesuch nimmt; das sind meist Mitglieder, bei denen es auf jeden Pfennig ankommt. Diese Leute – das ergibt sich aus den Briefen, die wir bekommen haben – kaufen sich drei Tage vorher ein Textbuch, das sie eifrig zu Hause studieren usw. Nachdem sie sich so auf die Vorstellung vorbereitet haben, ist es natürlich eine große Enttäuschung für sie, wenn sie nun auf einmal eine andere Oper sehen sollen. Das hat uns immer Schwierigkeiten gemacht.

In der Zeit, in der Herr Klemperer die Kroll-Oper geleitet hat, haben besonders dreierlei Umstände eine große Verstimmung unter unseren Mitgliedern hervorgerufen: erstens die Tatsache, daß das System der häufigen Änderungen des Spielplans und der Verschiebungen von Vorstellungen nicht beseitigt wurde, zweitens der Umstand, daß unseren Mitgliedern ein gewisses Übermaß von Experimenten geboten wurde. Ich persönlich enthalte mich hier des Urteils, aber es ist eine Tatsache, daß die neu aufgeführten Opern bei unseren Mitgliedern vielfach auf Widerstand gestoßen sind. Man muß sich dabei auch vergegenwärtigen, daß unsere Mitglieder im allgemeinen nur zweimal jährlich in die Oper gekommen sind, in einzelnen Jahren auch dreimal. Nun können wir nicht bestimmen, welche Vorstellungen jedes einzelne Mitglied sehen soll. Das ergibt sich zwangsläufig aus dem von der Generalintendanz festgesetzten Spielplan. Unsere Mitgliedskarten schreiben lediglich die Daten der Besuchstage vor, also etwa: 17. Oktober, 31. Januar, 15. März. Welche Werke dann gespielt werden, das entzieht sich unserer Entscheidung.

(Abg. Buchhorn: Sie haben gar keinen Einfluß darauf?)

– Nur insofern, als wir für jeden bestimmten Tag eine Art von Warnungsliste übergeben. In dieser Liste sind die Opern aufgeführt, die die betreffenden Mitglieder in den beiden vorangegangenen Jahren schon einmal gesehen haben. Auf diese Weise soll verhindert werden, daß jemand zweimal dieselbe Oper erhält. Im übrigen haben wir auf die Wahl der freibleibenden Opern, die in der Regel natürlich 70 bis 80 % des Repertoirs ausmachen, keinen Einfluß. Unsere Mitglieder kommen, wie gesagt, nur zwei- bis dreimal in die Oper. Da bekommen sie nun unter Umständen einen Abend, an dem ›Die Geschichte vom Soldaten‹ und ›Oedipus rex‹ gegeben wird. Das zweite Mal hören sie Hindemiths ›Cardillac‹, das dritte Mal ›Neues vom Tage‹. Da haben sie natürlich den Eindruck, daß ihnen dauernd etwas geboten wird, was ihnen nicht eingeht. Jemand, der sich die Vorstellungen aussuchen kann, oder jemand, der die Oper öfter besuchen kann, befindet sich da natürlich in einer ganz anderen Lage.

Das dritte, was unsere Mitglieder an dem Klemperer-Betrieb, wenn ich einmal so sagen darf, verstimmt hat, ist, daß für die Volksbühne überwiegend die abgespielten und gar nicht zugkräftigen Werke aufgeführt wurden. Wir haben z. B. die ›Salome‹ und die ganz provinzielle ›Fledermaus‹ bekommen, ferner ›Die heimliche Ehe‹ und ähnliche Werke, die im allgemeinen Spielplan nur selten erschienen. Diese Stücke machten in manchen Halbjahren 30 bis 35 % des gesamten Spielplans aus. ›Die heimliche Ehe‹ ist eine chorlose Oper. ›Salome‹ dauert nur 1½ Stunden, außerdem kennen viele Mitglieder diese Oper schon von früher her.

(Abg. Buchhorn: Ist niemals Beschwerde beim Ministerium erhoben worden?)

– Wir haben über diese Dinge sehr oft an die Generalintendanz berichtet, zum Teil auch an das Staatsministerium. Wir haben uns insbesondere über die häufigen Änderungen des Spielplans beschwert, teilweise auch Abschriften der Beschwerdebriefe unserer Mitglieder beigegeben. Nach den Strawinsky-Aufführungen haben wir 102 Beschwerdebriefe an Herrn Dr. Curjel weitergegeben. Ich glaube, er hat sie alle einzeln beantwortet. Allerdings haben wir nicht in jedem Einzelfall Beschwerde erhoben; das ist auch bei einem so großen Betrieb gar nicht möglich. Wiederholt haben wir auch Klagen mündlich vorgetragen. Auf unsere Beschwerden über die ständigen Änderungen des Spielplans ist uns mehrfach gesagt worden, man müsse doch anerkennen – wir bestreiten das auch gar nicht –, daß Erkrankungen des Opernpersonals es oft sehr schwer machten, den Spielplan einzuhalten. Aber wir hatten doch nicht selten ein wenig das Gefühl, ohne seine Berechtigung geradezu beweisen zu können, daß man bei einer öffentlichen Vorstellung vielleicht eher Ersatz gefunden hätte als bei unseren Vorstellungen.

Wir sind also mit unserer Oper nicht restlos glücklich gewesen. Das ist schon vor der Berufung des Herrn Klemperer nicht der Fall gewesen, aber während seiner Zeit auch nicht. Ich will noch bemerken: die Berufung des Herrn Klemperer und die Verselbständigung der Kroll-Oper ist ganz ohne unsere Mitwirkung, ja, ohne unsere Kenntnis erfolgt. Wir sind davon geradezu überrascht worden. Wir haben ja auf die Theaterpolitik der Staatsregierung kaum einen Einfluß gehabt. Wir sind vielleicht alle Jahre durchschnittlich einmal mit den Vertretern der Generalintendanz und der Staatsregierung zusammengewesen, um uns über künstlerische Fragen zu unterhalten. In der Regel wurde nur über die Preisfrage unterhandelt.

*Vorsitzender:* Ist Herr Ministerialrat Kestenberg bei Ihnen im Vorstand?

*Zeuge Dr. Nestriepke:* Nein, er gehört dem künstlerischen Ausschuß an und als Mitglied dieses Ausschusses auch der Verwaltung. Er ist aber niemals ein besonders eifriges Mitglied gewesen.

(Abg. Buchhorn: Danach auch nicht im Ministerium?) – Nein, er hat sich auch im Ministerium immer sehr zurückgehalten, soweit Verhandlungen mit uns stattfanden. Herr Professor Kestenberg hat – das muß ich ausdrücklich betonen – in der Volksbühne besonders immer dann Zurückhaltung geübt, wenn irgendwelche Verhandlungen mit dem Staat schwebten. Der beste Beweis – ich habe mir das herausgesucht – ist die Beteiligung des Herrn Kestenberg an den Sitzungen der beiden letzten Jahre, also der Zeit, in der die Verhandlungen über die Auflösung des Kroll-Betriebes schwebten.

*Vorsitzender:* Darauf kommt es weniger an. Man darf doch wohl die Vorstellung haben, daß ein Mann wie Kestenberg, der in Ihrer Organisation doch immerhin eine gewisse Rolle spielt, Vorgänge wie die Berufung des Herrn Klemperer und die Verselbständigung des Kroll-Oper-Betriebes mit den maßgebenden Herren Ihrer Organisation irgendwie hätte durchsprechen müssen?

*Zeuge Dr. Nestriepke:* Ich kann nur feststellen, daß ich von Herrn Kestenberg über die Berufung des Herrn Klemperer nicht unterrichtet worden bin. Ob er sich privatim mit einem unserer Vorstandsmitglieder darüber unterhalten hat, kann ich nicht sagen. Der Vorstand ist jedenfalls in keiner Weise offiziell befragt worden. Es ist denkbar, daß Herr Professor Kestenberg uns von der Berufung Mitteilung gemacht hat, nachdem die Dinge im Ministerium bereits erledigt waren. Jedenfalls waren wir sehr erstaunt, da wir vollendeten Tatsachen gegenüberstanden. Wir haben es natürlich begrüßt, daß der Versuch gemacht wurde, den Betrieb auf eine bessere Basis zu stellen. Das ist aber nicht etwa auf unsere Veranlassung geschehen. Das hat ja auch das später zur Regelung der Preisfrage eingesetzte Schiedsgericht entschieden. Es hat zwar gesagt, die Verselbständigung der Kroll-Oper lege uns die Verpflichtung auf, noch etwas zu unseren Zahlungen zuzulegen, hat aber andererseits betont, die Staatsregierung habe als Geschäftsführer ohne Auftrag gehandelt, d. h. im Interesse der Volksbühne, aber nicht auf unseren Wunsch und Willen.

*Vernehmung des Zeugen stellvertretender Direktor der Kroll-Oper Dr. Curjel*

Der Zeuge wird belehrt.

*Abg. Stendel (DVp):* Herr Klemperer hat bei seiner Vernehmung hier vor dem Ausschuß geäußert, es habe eines Tages eine Unterhaltung zwischen Ihnen, Herrn Klemperer und Herrn Dr. Nestriepke stattgefunden. Bei dieser Gelegenheit sollen Sie auch darauf zu sprechen gekommen sein, wie es mit den Verpflichtungen der Volksbühne gegenüber dem Staat stünde. Herr Klemperer hat hier nun erzählt, Herr Dr. Nestriepke hätte dabei erklärt: wenn der Staat die Volksbühne zwänge, die alte Zahl von 326 000 Plätzen abzunehmen, dann würde das eine Katastrophe für die Volksbühne bedeuten, und Herr Klemperer bezog sich dabei auf Sie als Zeugen, der das mitangehört hätte. Können Sie uns über dieses Gespräch etwas mitteilen?

*Zeuge Dr. Curjel:* Dazu muß ich auf eine Unterredung zurückgreifen, die ich mit Herrn Dr. Nestriepke, nachdem uns der Wunsch des Landtages, die Kroll-Oper zu schließen, bekanntgeworden war, gehabt habe. Diese Unterredung fand im Juni 1930 in der Volksbühne am Bülowplatz im Büro des Herrn Dr. Nestriepke statt. In dieser Unterredung habe ich Herrn Dr. Nestriepke gefragt, ob nicht seitens der Volksbühne irgend etwas gegen die Schließung unternommen werden könnte. Herr Dr. Nestriepke erklärte, die Leitung der Volksbühne hätte dazu getan, was sie hätte tun können, sie sei aber jetzt nicht mehr in der Lage, irgend etwas zu tun, was den Landtag veranlassen würde, seinen Beschluß zu ändern.

Eine zweite Unterredung mit einem führenden Mitglied der Volksbühnen-Leitung fand dann im Oktober 1930 in folgendem Zusammenhange statt. Wir hatten die Oper ›Neues vom Tage‹ von Hindemith gegeben. Die Volksbühne hatte dagegen Beschwerde erhoben; wir hatten Herrn Staatssekretär a. D. Baake zu einer Besprechung in das Amtszimmer des Herrn Klemperer gebeten. Diese Besprechung fand statt zwischen Herrn Baake, Herrn Klemperer und mir. Da fiel zum ersten

Mal von Herrn Baake das Wort: Die Volksbühne ist in Not; wir können uns nicht mehr im Sinne unserer früheren Bestrebungen um kulturelle und um derartige, sagen wir kunsterzieherische Fragen kümmern, wie Herr Klemperer und ich sie aufgeworfen hätten, ›an unserem Bette sitzt die Not‹; es tut uns furchtbar leid, daß wir von diesem Gesichtspunkt aus unsere Wünsche äußern und unsere Maßnahmen treffen müssen. Herr Klemperer und ich waren damals aufs äußerste bestürzt, daß diese Not der Volksbühne so stark betont wurde, und ich nahm Gelegenheit, Herrn Dr. Nestriepke später – etwa nach 14 Tagen oder drei Wochen – zu bitten, zu einer Besprechung zu mir in mein Amtszimmer zu kommen. Bei dieser Besprechung sollte es sich nicht um irgendwelche Einzelfragen des Spielplanes handeln, sondern eigentlich nur um die Frage, ob nicht ein Weg gefunden werden könnte, von der Volksbühne und der Leitung der Kroll-Oper aus die Oper weiter zu führen. Diese Unterredung vollzog sich zuerst so, daß über den Spielplan bzw. über die Fehler, die im Spielplan gemacht worden waren, gesprochen wurde. Diese Fehler wurden sowohl von Herrn Klemperer wie von mir durchaus loyal eingestanden. Dann kam das Gespräch auf das Grundsätzliche, wobei dann die Frage erörtert wurde, ob nicht eine Abänderung der bisherigen Kartenabnahme erfolgen könnte; eine interimistische Regelung gleichsam. Schließlich wurde der springende Punkt berührt. Herr Dr. Nestriepke wurde – ich kann nicht sagen, ob von Herrn Klemperer oder von mir – gefragt: wieso kommt es eigentlich, daß die Volksbühne sich zuerst enthusiastisch für die Kroll-Oper eingesetzt hatte? Das war ungefähr jetzt vor einem Jahr, als zum ersten Male die Wünsche des Landtags auf Schließung der Kroll-Oper in die Öffentlichkeit gedrungen waren; damals schrieb Herr Dr. Nestriepke noch selber z. B. in der ›B. Z.‹, es wäre nicht daran zu denken, daß die Volksbühne die Kroll-Oper aufgeben und aufopfern würde. Wir fragten also Herrn Dr. Nestriepke: wie ist es möglich, daß die Volksbühne jetzt plötzlich ihren Widerstand gegen diese Absichten aufgibt, im Gegenteil noch weitergeht und sich mit einer Auflösung der Kroll-Oper einverstanden erklärt? Herr Dr. Nestriepke gab meines Erinnerns die Antwort: Ja, wir können das nicht mehr, Sie wissen ja, die wirtschaftlichen Schwierigkeiten haben zu einem Mitgliederschwund geführt. Darauf wurden die Ursachen des Mitgliederschwundes nochmals besprochen: a) die allgemeine Wirtschaftskrise, b) gewisse Gegensätze in der Volksbühne selbst, c) Spielplanwünsche in den Kreisen der Volksbühne – also die Unzufriedenheit, von der ich eingangs geredet habe. Schließlich haben wir im Verlaufe dieses Gesprächs Herrn Dr. Nestriepke immer weiter und dringlicher gefragt: Ja, warum können Sie da nicht einen Ausweg finden? – worauf er meiner Erinnerung nach, nicht dem Wortlaut, sondern dem Sinne nach gesagt hat: Das können wir gar nicht, es kann doch sein, daß der Staat seine vollen Forderungen anmeldet, und wenn der Staat das tut, dann sind wir überhaupt nicht in der Lage, diese Forderungen zu erfüllen. Ich betone dabei, daß ich nicht weiß, ob das Wort ›katastrophal‹ oder die Worte gefallen sind: »Wir sind am Ende«. Zweifellos habe ich ganz deutlich in Erinnerung – das werden Sie gleich sehen, wenn ich das weiter ausführe, denn das blieb natürlich bei uns am stärksten haften –, daß uns eine Erklärung gegeben wurde: wir können nicht mehr, wir sind einfach nicht mehr in der Lage. Die Erklärung ging sogar noch weiter insofern, als er sagte: Selbst bei unserem jetzigen Mitgliederstande wird es uns sehr schwer, wenn nicht vielleicht unmöglich werden, die 220 000 Plätze, die wir bisher abgenommen haben, weiter abzunehmen. Das schien uns an sich wohl überraschend, aber durchaus verständlich aus folgenden Gründen. Als die Volksbühne den Vertrag von 1923 abschloß, hatte sie einen Mitgliederbestand von 140 000 oder 150 000 Mitgliedern. Dieser Mitgliederbestand schwand auf 50 000 bis 60 000. Wenn bei einem Mitgliederbestand von 150 000 Mitgliedern jedes Mitglied etwa zweimal in die Oper geschickt wurde, so wurden ungefähr die 320 000 Plätze gebraucht. Wenn die Mitgliederzahl herunterging, bedeutete das, wenn man weiterhin die große Zahl von Plätzen abnehmen wollte, eine bedeutende Belastung des einzelnen Mitgliedes, weil es nicht nur zwei, sondern gegebenenfalls vier oder fünf Vorstellungen hätte abnehmen und bezahlen müssen.

Ich fasse also die Aussage über diesen Punkt noch einmal zusammen. Es war sowohl Herrn Generalmusikdirektor Klemperer wie mir eine Überraschung, daß die Lage der Volksbühne von dem Generalsekretär der Volksbühne derart skeptisch und pessimistisch angesehen wurde. Es besteht kein Zweifel, daß Herr Dr. Nestriepke dem Sinn nach sagte: Wir können den Vertrag gar nicht mehr erfüllen. Wir haben im Anschluß daran Herrn Dr. Nestriepke gefragt: Wer hat den Anstoß für die ganze Entwicklung gegeben? Worauf er sagte: Die Volksbühne war es nicht. Wir fragten weiter: Wer war es dann? Herr Dr. Nestriepke erklärte: Darüber kann ich leider nichts sagen. Wir haben uns über die treibenden Kräfte oder Persönlichkeiten Gedanken gemacht, die hier nicht zur Angelegenheit gehören. Wie sehr der Eindruck bei uns feststand, daß Herr Dr. Nestriepke eine 100 %ig pessimistische Äußerung gemacht habe, geht daraus hervor, daß, als wir die Druckschrift ›Material zur Beurteilung des Vergleichs‹ usw. in die Hände bekamen und im letzten Abschnitt lasen, daß die Volksbühne durch Umorganisation in der Lage wäre, trotzdem den vollen Vertrag zu erfüllen, wir natürlich vollkommen überrascht waren und unter uns sagten: Vielleicht gibt es noch eine Möglichkeit, die Krolloper zu erhalten, wenn die Volksbühne jetzt erklärt, neue Wege gefunden zu haben. Ich betone aber, daß zwischen der pessimistischen und äußerst skeptischen Äußerung von Herrn Dr. Nestriepke und dem Erscheinen dieser Schrift ungefähr zwei oder drei Monate vergangen sind. Ich weiß nicht genau, wann die Schrift erschienen ist. Wahrscheinlich kann Herr Dr. Nestriepke darüber Auskunft geben. Auf jeden Fall war in dieser Sitzung – hier täuscht sich Herr Dr. Nestriepke – mit keinem Wort davon die Rede, daß die Volksbühne durch Umorganisation und neue Methoden in der Lage sein würde, den Vertrag zu erfüllen, sondern es war ausschließlich von der Not – deswegen habe ich auf die Besprechung mit Herrn Baake zurückgegriffen – und den sich daraus ergebenden Konsequenzen die Rede.

*Abg. Bachem (Dn):* Nach Ihrer Auffassung schien aber jedenfalls die Möglichkeit zu bestehen, etwa den von Ihnen gemeinten Staatstheaterbetrieb auch wesentlich zu verkleinern? In den Verhandlungen des ersten Tages ist völlig unbestritten dargetan worden, daß der Staat zweifellos das Recht gehabt hätte, eine auch erhebliche Einschränkung dessen, was als Staatstheaterbetrieb im strittigen Sinne gemeint war, vorzunehmen. Schien es nicht denkbar, daß eine Einschränkung auch dahin gegangen wäre, den Filialbetrieb der Kroll-Oper, der sich als unrentabel herausgestellt haben könnte, einzustellen und daß das nur als eine Einschränkung, die durchaus tolerabel gewesen wäre, hätte erscheinen können?

*Zeuge Dr. Nestriepke:* Um die Einschränkungsmöglichkeit zu vermeiden, ist ja das Wort ›Einstellung‹ gebraucht worden.

*Abg. Bachem (Dn):* Wollen Sie damit bestreiten, daß eine weitgehende Einschränkung des Staatstheaterbetriebs hätte vorgenommen werden dürfen?

*Zeuge Dr. Nestriepke:* Der Vertrag blieb unserer Meinung nach in jedem Falle solange in Gültigkeit, bis der Betrieb ganz eingestellt, nicht nur eingeschränkt wurde.

*Vorsitzender:* Wir kommen jetzt zu dem neuen Vertrag von 1930.

*Berichterstatter:* Wie ist es zu diesem neuen Vertrag gekommen, wie haben sich die Verhandlungen abgespielt, welche Unterlagen haben Sie aufgestellt?

*Zeuge Dr. Nestriepke:* Sie wissen, daß zunächst im Landtage über die Schließung der Kroll-Oper gesprochen worden ist und auch ein Auftrag an die Regierung erteilt wurde, Vorbereitungen hierzu zu treffen. Wir haben uns 1929 zunächst gegen den Gedanken der Schließung der Kroll-Oper gesträubt und auch in einem Flugblatt dagegen Stellung genommen, das den Abgeordneten des Landtags zugestellt worden ist. Ich möchte gegenüber einer hier gefallenen Äußerung betonen: wenn wir für die Erhaltung der Kroll-Oper eintraten, dann nicht aus Begeisterung für das Programm oder die Leistungen der Oper, sondern weil wir damals befürchteten, daß man uns bei Schließung der Oper keine Ersatzvorstellungen bieten würde. Wir hatten auch das Gefühl, daß die Schließung der Kroll-Oper für uns ein Prestigeverlust sein würde.

Dann kamen verschiedene Dinge, die uns in unserer strengen Ablehnung wankend machten. Zunächst verschlechterte sich unsere wirtschaftliche Lage; unser Mitgliederbestand ging erheblich zurück, und es wurde die Frage akut, ob wir ohne Schwierigkeiten und ohne Systemänderung noch unsere Plätze vollständig verwerten könnten. Ferner wurde uns vom Kultusministerium mitgeteilt, auch die Herren im Ministerium hätten sich überzeugt, daß die Kroll-Oper nach der Einstellung des Finanzministeriums und des Landtags nicht mehr zu halten sei. Das war für uns von entscheidender Bedeutung, denn wir sahen, daß wir sozusagen allein auf der Flur standen. Wir hatten weiter das Bedürfnis, uns nicht in eine Kampfstellung gegenüber dem Kultusministerium drängen zu lassen. Drittens traten Überlegungen hinzu, die schon immer bei uns lebendig waren und damals aus besonderem Anlaß besonders kräftig wurden: daß die Kroll-Oper unseren Interessen sehr wenig entgegenkomme. Gerade weil wir vor die Notwendigkeit gestellt waren, energisch Mitglieder zu gewinnen, war es uns darum zu tun, bessere Vorstellungen zu bekommen. Diese drei Erwägungen veranlaßten uns, uns zu überlegen, ob wir an unserem ablehnenden Standpunkt festhalten sollten.

Nun eröffnete das Kultusministerium zunächst unserem Vorsitzenden Herrn Baake in einer Besprechung, an der ich nicht teilgenommen habe, daß der Staat bereit sein würde, uns im Falle eines Verzichts auf die Kroll-Oper eine erhebliche Abfindung zu gewähren. Herr Baake berichtete uns, daß nach seiner Meinung ein sehr großer Barbetrag zu erwarten wäre und daß wir außerdem Ersatzvorstellungen in der Städtischen oder der Lindenoper bekommen würden. Das ließ uns den Plan einer Aufgabe unserer Rechte an Kroll einigermaßen sympathisch erscheinen. Immerhin haben wir in den ersten Verhandlungen, die im Kultusministerium offiziell stattfanden, immer noch betont, daß es uns eigentlich nicht vertretbar scheine, die Kroll-Oper ganz zu opfern. Darauf erklärte man sich im Ministerium bereit, eventuell von einer Auflösung des Vertrages abzusehen und mit uns auf der Basis zu verhandeln, daß der Vertrag auf 5 Jahre suspendiert werde. Für diese Zeit wollte man uns eine Abfindung von 300 000 M jährlich zahlen und Plätze in der Städtischen Oper geben. Die Städtische Oper war aber nicht geneigt. Daraufhin wurde vorgeschlagen, eine Vorstellung in der Lindenoper und eine Vorstellung bei Kroll zu geben, wo noch alle Woche einmal gespielt werden sollte. Es wurden auch noch allerlei andere Vorschläge gemacht. Ich glaube, Herr Dr. Hübner leitete die Verhandlungen. Herr Dr. Seelig und Herr Professor Kestenberg waren meistens auch dabei, ferner der Generalintendant; gelegentlich als Vertreter des Finanzministeriums auch Herr du Mesnil.

*Vorsitzender:* Unter Suspension verstehen Sie nur zeitweilige Aufhebung des Vertrages, so daß er nachher wieder in Kraft tritt? Davon war aber nicht die Rede.

*Zeuge Dr. Nestriepke:* Wir verhandelten damals über diesen Vorschlag, weil uns eine Aufgabe unseres Vertrags sehr bedenklich erschien. Wir haben unsere Bedingungen formuliert, insbesondere wie und wann die Ersatzvorstellungen sein müßten. Aber die ersten Angebote des Kultusministeriums wurden offenbar vom Finanzministerium nicht gedeckt. Man lud uns wieder zu Sitzungen ein. Nun wurde gesagt, bei den 5 Jahren könne es nicht bleiben, das sei ein zu großes Risiko, das mache der Landtag nicht mit usw.

Inzwischen hatten wir uns allmählich innerlich umgestellt. Wir waren dem Gedanken nähergekommen, uns vielleicht doch von der Kroll-Oper zu trennen, so daß wir mitgingen, als die völlige Einstellung des Betriebes vorgeschlagen wurde. Wir haben nur gesagt, daß dann ein Ersatz geboten und eine angemessene Abfindung für das gezahlt werden müsse, was wir an Rechten aufgäben und für die Opfer, die wir seinerzeit beim Bau gebracht hätten. Es ist endlos verhandelt worden; es hat wohl ein ganzes Dutzend von Besprechungen stattgefunden. Man hat immer wieder die Vorschläge, mit denen wir uns schon befreundet hatten, zurückgeschraubt und uns eigentlich immer schwierigere Bedingungen auferlegt. Wir waren aber jetzt in einer Lage, die uns die Aufgabe des Vertrags gegen Abfindung und Ersatzvorstellungen sehr sympathisch erscheinen ließ. Dabei wirkten einmal die bekannten wirtschaftlichen Erwägungen mit dann aber auch die Erkenntnis, daß die Lindenoper für unsere Mitglieder eine unverhältnismäßig größere Anziehungskraft ausüben würde. Unsere Mitglieder waren und sind nun einmal über die Leistungen der Kroll-Oper verstimmt. Ob mit Recht oder nicht, mag dahingestellt bleiben. Wir sagten uns: Wenn wir jetzt ankündigen, daß in der Städtischen Oper oder in der Linden-Oper Vorstellungen für die Mitglieder der Volksbühne gegeben werden, so wird das eine große Wirkung ausüben; wir werden mit einem Wachstum des Vereins rechnen können.

*Berichterstatter:* Das Zusammenarbeiten mit der Bühnenleitung und der Volksbühne ist anscheinend nicht sehr eng gewesen. Herr Generalmusikdirektor Klemperer hat neulich schon dargelegt, daß er mit Ihnen oder der Leitung der Volksbühne gar nicht in Verbindung gekommen sei, oder doch erst dann, als der Bruch schon da war. Ich muß das bedauern. Es ist doch eigentlich selbstverständlich, daß die Volksbühne, wenn sie den größten Teil der Zuhörer stellte, auch einmal mit der Leitung des Theaters in Fühlung kam und auf die Leitung einen gewissen Einfluß auszuüben versuchte. Umgekehrt ist es, wie ich Herrn Generalmusikdirektor Klemperer gesagt habe, m. E. eigentlich selbstverständlich, daß ein Operndirektor sich mit den Vertretern der Besucher in Verbindung setzt. Woran hat es gelegen, daß diese Zusammenarbeit gefehlt hat?

*Zeuge Dr. Nestriepke:* An einer Zusammenarbeit hat es vielleicht in Wirklichkeit nicht so gefehlt, wie es den Eindruck machen konnte, sondern an einer Zusammenarbeit mit Herrn Klemperer. Zunächst muß ich bemerken, daß Herr Klemperer ganz ohne unser Zutun berufen worden ist. Dann kam für uns hinzu, daß die für uns gegebene Stelle die Intendanz war. Wir haben unsere Verhandlungen also stets mit Herrn Generalintendanten Tietjen oder mit Herrn Legal geführt. Meistens haben wir an die Generalintendanz geschrieben. Wir haben mit Herrn Tietjen auch mehrfach Besprechungen gehabt. Ich erinnere mich deutlich einer Besprechung, die sich ganz auf künstlerische Dinge bezog, und an der auch Herr Legal beteiligt war. In dieser Sitzung wurde gesagt, solche Aussprachen müßten häufiger stattfinden. Der Wunsch, daß häufiger solche Aussprachen stattfinden möchten, ist jedoch nicht erfüllt worden. Wir bekamen keine Einladungen mehr. Immerhin bestand ein reger Verkehr zwischen uns und der Generalintendanz. Ich kann Ihnen Hunderte von Briefen zeigen, die hin und her gegangen sind. Ich habe, wie ich schon andeutete, Beschwerden aus Mitgliederkreisen weitergegeben, die sich darauf bezogen, daß etwas organisatorisch oder künstlerisch nicht klappte. Meist sind dann auch Antworten gekommen. Schließlich haben wir uns über die Kroll-Oper natürlich auch bei gelegentlichem privatem Zusammentreffen mit den Herren Tietjen oder Legal unterhalten, und vollends ist bei Gelegenheit des Prozesses über die Heraufsetzung der Preise der Plätze das ganze Kroll-Problem von vorne und von hinten erörtert worden. Wir haben damals ausführlich unsere Beschwerden vorgetragen und bessere Leistungen gefordert.

*Vorsitzender:* »Besser« heißt immer: für Ihre Mitglieder geeigneter?

*Zeuge Dr. Nestriepke:* Wir haben Herrn Legal immer wieder erklärt: wir haben nichts dagegen, daß ein etwas lebendiger Zug in die Oper kommt, wir wünschen sogar, daß auch mal etwas Neues gebracht wird, nur muß darauf geachtet werden, daß unsere Mitglieder nicht lediglich neue Sachen vorgesetzt bekommen, sondern daß ihnen auch die alten, bewährten Opern geboten werden.

*Erneute Vernehmung des Zeugen Klemperer*

*Stellv. Vorsitzender:* Sie haben bislang nur immer von einer ›Unrichtigkeit‹ gesprochen. Jetzt haben Sie den Ausdruck ›Demagogie‹ gebraucht. Da sich Herr Nestriepke nicht gegen den Vorwurf verteidigen kann, bitte ich Sie dringend, solche Ausdrücke zu unterlassen. Wir wollen die Dinge in Ruhe zu Ende bringen. Das Temperament ist bei den einzelnen Menschen verschieden; aber ich muß Sie bitten, sachlich und ruhig zu bleiben.

*Zeuge Klemperer:* Ich werde mich bemühen. Sie werden es aber verstehen, daß man, wenn man angegriffen wird, den Wunsch hat, sich zu wehren.

Dann hat Dr. Nestriepke, wie das ja seine Stellung mit sich bringt, scharf Stellung gegen den Spielplan der Kroll-Oper genommen und namentlich gesagt, die Aufführungen im ersten Jahre seien nichts gewesen, das hätte die Volksbühnenmitglieder unmöglich befriedigen können. Ich erlaube mir, den Spielplan des ersten Jahres zu nennen: ›Fidelio‹, ›Don Giovanni‹, ›Luisa Miller‹, ›Triptychon‹, ›Der Freischütz‹, ›Oedipus‹ von Strawinsky – diese Oper vielleicht viermal im ganzen Jahr – und ›Cardillac‹ von Hindemith, – diese Oper im ersten Jahre, glaube ich, zweimal. Man mag noch so kritisch sein, man kann von einem Theater nicht sagen, daß sein Spielplan unpopulär gewesen sei, wenn es so viele klassische und populäre Opern in einem Spieljahr gegeben hat.

Nun hat Herr Nestriepke gesagt, der Aufführungsstil habe ihm nicht gefallen. Das ist ja Geschmacksache. Herr Gerst z. B. hat im ›Tageblatt‹, glaube ich, einen wahren Hymnus auf den ›Fidelio‹ geschrieben und gesagt: das sei das erste Mal gewesen, daß nach den rein ästhetischen Aufführungen der großen Dirigenten eine Aufführung gekommen sei, die das Ethos und nicht die Ästhetik betont habe. Immer wieder kann ich aber nur sagen: am Abend der Kroll-Oper war hellster Enthusiasmus bei den Volksbühnenmitgliedern. Herr Dr. Nestriepke schätzt seine Leute viel niedriger ein, als sie sind. Die Leute wollen ja gar nicht Mittelstandskost vorgesetzt bekommen. Sie sind sehr ehrgeizig; zwischen den Mitgliedern der Volksbühne und dem alten Theaterpublikum ist gar kein Unterschied mehr vorhanden. Wenn man mal eine Majorität entscheiden lassen wollte, dann würde sie sich für ›Tiefland‹ entscheiden, keine künstlerisch sehr hochstehende Oper. Sie würde sich für ›Mignon‹ entscheiden, das ist auch keine sehr gute Oper, sondern eine französische Kitschoper aus der Mitte des vorigen Jahrhunderts; es ist eine Oper, die heute keine Katze mehr interessiert, sondern nur noch die Leute, die einmal ein junges Mädchen in Hosen sehen wollen. Es gibt also gar kein Volksbühnenpublikum. Es gibt ein Publikum, das in seiner Majorität mit sehr viel Mittelmäßigerem und Schlechterem zufrieden ist. Von einem Werke wie ›Figaro‹ ist es sogar begeistert gewesen.

Herr Generalsekretär Dr. Nestriepke hat also unsere Sünden nicht scharf genug vorführen können, aber er mußte ja beweisen, daß er von Kroll wegwollte. Nicht wir haben den Vertrag aufgelöst, sondern die preußische Regierung hat uns gezwungen, und darauf lege ich den entscheidenden Wert, daß wir von unseren Vätern, von unseren Vorgesetzten, von der Regierung verlassen worden sind. Wie ein Vater sein Kind verstößt und mordet, so ist es uns gegangen. Daß die Volksbühne den Wunsch hat, sich von uns zu trennen, das mag man hinnehmen, aber daß die Regierung uns verläßt, das können wir nicht fassen.

Warum hat man mich denn berufen? Herr Dr. Nestriepke hätte ja das Recht gehabt, Einspruch zu erheben. Herr Kestenberg hatte Herrn Dr. Nestriepke gefragt: Erlauben Sie, daß ich Herrn Klemperer berufe? Dann hätte er sagen können: Nein, den kann ich nicht leiden. Herr Kestenberg hatte aber doch den Herren von der Volksbühne gesagt: Wir beabsichtigen, Herrn Klemperer zu berufen! Die Volksbühne hatte eine Zeitung. Herr Dr. Nestriepke sagte zu mir: Wenn ich etwas schreiben wollte, würde er sich sehr freuen. Ich habe gesagt: Furchtbar gern. Dann hat er mich nicht mehr gefragt. So ist alles mit furchtbaren Mißverständnissen vor sich gegangen. Ich behaupte auch heute, daß ich mich mit Herrn Dr. Nestriepke gut hätte verständigen können, daß ich mich mit seinen Mitgliedern hätte verständigen können, aber er wollte das nicht. Er zählte immer nur die Sünden auf und konnte das nicht scharf genug tun. Ich bitte zu beachten: Die Volksbühne war doch unser bester Abnehmer. Herr Dr. Nestriepke sagte: Die Vorstellungen für die anderen waren besser als für die Volksbühne. Wir waren doch ein Verbandstheater. Wie konnten wir es wagen, eine für alle freie Vorstellung zu geben? Wir hatten jeden Tag besetzt: Heute Volksbühne, dann Bühnenvolksbund, Verband der Bücherfreunde usw. Das war auch ganz recht so, denn heute kann man sich nicht darauf verlassen, daß man sonst ein Theater füllen kann.

Die Volksbühne war doch ein selbständiges Theater. Ich erinnere an die Aufführungen von der ›Heimlichen Ehe‹, an die ›Geschichte vom Soldaten‹, ein wundervolles Stück, das die Volksbühne in Berlin unter Scherchen zur Uraufführung gebracht hat. Dann hat man gegen mich gestänkert, weil auch ich es zur Aufführung gebracht habe. Komische Volksbühne!

So geht es weiter! Denken Sie mal, wenn die Volksbühne jetzt in die Lindenoper geht. Ich sage gar nichts gegen die Lindenoper. Man kann ihr, (der Volksbühne), aber nicht das Beste geben, das ist zu teuer. Man muß ihr Opern geben, die sonst nicht viel machen. Es wäre verkehrt, wenn man der Volksbühne die großen Kassenmagneten geben wollte, die die besten Stücke sind. Man wird sie abspeisen, ihr nur das geben, was man kann. Bei uns war sie der Führer, und diese Volksbühne ist so töricht, von uns weggehen zu wollen. Sie hat bei uns ein Leben gehabt wie Gott in Frankreich. Sie will aber nicht der Gott in Frankreich sein, sondern will auf Sesseln sitzen wie die reichen Leute, die Bürger. Dann wird sie auch mal weiterkommen, sagt Herr Dr. Nestriepke.

Ich wende mich gegen die Vorwürfe, die erhoben worden sind. Wir haben verschiedenes gebracht, was sehr gut war. Ich sagte gestern schon, wir haben auch Fehler gemacht. Es ist furchtbar schwer, weil es sich hier um das unbetretendste Gebiet handelt. Das Gebiet der Oper ist ganz unbetreten; man muß suchen, und manchmal findet man was. Vielleicht würde man auch in diesem Jahre etwas gefunden haben. Warum sagt Herr Dr. Nestriepke nicht, daß seine Klienten in ›Figaros Hochzeit‹, in ›Madame Butterfly‹, in ›Perichole‹, ›Falstaff‹ gern gehen? Warum hat er gesagt, er hätte erst zwei Tage vor der Premiere erfahren, was wir geben?

Die Volksbühne hat den Spielplan 10 Tage vorher bekommen. Er wurde durch Telephon vereinbart, es fanden große Kämpfe statt. Erst, wenn die Volksbühne zustimmte, sagten wir: Gut.

Die Volksbühne hat eine Sperrliste herausgegeben – Herr Dr. Nestriepke sagt: Warnungsliste. Nein, es war eine Sperrliste von den Stücken, die sie nicht sehen wollte. Deshalb ist mir unerfindlich, wie man sagen kann, daß die Volksbühne keinen Einfluß gehabt hat. Sie hat den größten Einfluß gehabt. Sie hat einen Einfluß gehabt, wie die alten Abonnenten, die niemals ein Stück zweimal hören sollten. Das ist das dümmste, was man sagen kann. Man sollte die guten Werke zweimal hören, damit man sie kennenlernt. Das ist der Standpunkt des alten Hoftheaters: Niemals zweimal dasselbe, lieber etwas Neues, auch wenn es schlechter ist. Die Volksbühne wollte doch aber eine moderne Institution sein.

*Vernehmung des Zeugen Generalintendant Tietjen*

*Vorsitzender* (nach Belehrung): Ich bitte Sie, möglichst knapp darüber zu berichten, wieweit Sie als Intendant bei der Vertragsabwicklung mit der Volksbühne mitgewirkt haben. Als das Schiedsgericht tagte, waren Sie schon Generalintendant?

*Zeuge Tietjen:* Jawohl.

*Vorsitzender:* Mit dem Abschluß des Vertrages von 1923 haben Sie nichts zu tun gehabt?

*Zeuge Tietjen:* Nein.

*Vorsitzender:* Seit wann sind Sie mit der Angelegenheit der Generalintendanz befaßt worden?

*Zeuge Tietjen:* Ich bin im August 1928 angestellt worden und bekam von Herrn Oberbürgermeister Böß die Erlaubnis, 1927 schon mitzuwirken.

*Berichterstatter:* Haben Sie den selbständigen Betrieb, den Klemperer-Betrieb, mit eingerichtet, oder fanden Sie ihn schon vor?

*Zeuge Tietjen:* Ich bin mit Herrn Klemperer gleichzeitig angestellt worden. Im Herbst 1926 sind der Vertrag von Herrn Klemperer und mein Vertrag getätigt worden, meiner für 1928 mit der Genehmigung Böß, und der Vertrag Klemperer für 1927.

*Vorsitzender:* Sie haben bei dem ersten Vertrag von Herrn Klemperer nicht mitwirken können?

*Zeuge Tietjen:* Ich bin gutachtlich von Herrn Minister Becker gehört worden.

*Berichterstatter:* Sie haben gutachtlich an der Entscheidung mitgewirkt, daß die Kroll-Oper von der Lindenoper getrennt wurde?

*Zeuge Tietjen:* Herr Minister Becker hat mir ein Gutachten von dem damaligen an der dreiköpfigen Intendanz beteiligten Herrn Professor Hörth vorgelegt. Die Intendanz wurde nach dem Ausscheiden von Herrn von Schillings von drei Herren geführt, Hörth, Kleiber und Winter, Herr Professor Hörth vorwiegend für die künstlerische Disposition. Ich kann mich entsinnen, daß Herr Minister Becker mir ein Gutachten vorgelegt hat, das Herr Professor Hörth ausgearbeitet hatte, in dem er sich gegen die Weiterführung des Filialbetriebs wandte und stark eine Verselbständigung, also eine Art Autochthonie im staatlichen Opernwesen Berlins befürwortete. Der Herr Minister hat mich gefragt, ob unter diesen Voraussetzungen ich mich gutachtlich für die Sache aussprechen könne. Das habe ich bestätigt.

*Berichterstatter:* Welche Gründe waren für Sie maßgebend?

*Zeuge Tietjen:* Soweit ich mich entsinne, war damals nach dem alten Vertrag im Krollhaus eine 3- oder 4tägige wöchentliche Bespielung vorgesehen. Das war 1926. Da war das Lindenhaus schon geschlossen. Es ist im Frühjahr 1926 geschlossen worden. Die damalige Opernleitung betrachtete es als eine außerordentliche künstlerische Belastung, wenn der Opernbetrieb weiter filialmäßig betrieben würde. Es kam meines Wissens auch hinzu, daß damals noch regelmäßig Schauspielvorstellungen nach den Verträgen stattfinden mußten, und soviel ich weiß, hat damals sich auch Herr Jeßner über die Dinge geäußert. Jedenfalls waren Schauspieldirektion und Operndirektion sich einig, daß ein künstlerisch wertvoller Betrieb in der Filialbespielung nicht mehr möglich war.

*Berichterstatter:* An sich war die Sache doch wohl nicht

dringlich, weil die Staatsoper Unter den Linden und die Krolloper damals in demselben Hause waren?

*Zeuge Tietjen:* Nein, soviel ich weiß, 1926 noch nicht. Denn Herr Klemperer kam erst 1927. Also die Autochthonie wurde erst im Jahre 1927 aufgerichtet. 1926 zog die Lindenoper in das Krollgebäude über und spielte als Lindenoper mit ihrem Abonnentenstamm weiter und bespielte die Volksbühne im Krollhaus, aber noch filialmäßig gesehen. 1927 kam der autochthone Betrieb, d. h., das Lindenhaus sollte im Frühjahr 1927 schon fertig sein. Da kam der Wassereinbruch, und die Eröffnung wurde monateweise weiter hinausgeschoben. Ich entsinne mich, daß damals gesagt wurde: im Herbst 1927 könnt ihr anfangen. Da sollte dann die Oper am Platz der Republik mit einer gewissen Selbständigkeit spielen, und der andere Betrieb, der Hörth-Betrieb, sollte wieder in das Lindenhaus zurückgehen. Das ging nicht infolge höherer Gewalt. Nun spielten beide Betriebe in dem Haus zusammen, und zwar so, daß der Lindenbetrieb anfing zu spielen und der Krollbetrieb schon probte, und nun mußte man sich verständigen. Die erste Vorstellung von Klemperer fand am 19. November 1927 statt. Es fehlte an Probelokalen, es mußte eine besondere Halle gemietet werden, wo der Klempererbetrieb proben konnte.

*Berichterstatter:* Wann haben Sie Ihren Dienst praktisch angetreten?

*Zeuge Tietjen:* 1927 bereits als Opernintendant. Oper und Schauspiel waren damals noch getrennt; bis zum Ausscheiden meines Kollegen Jeßner waren wir gleichgestellt. Es gab einen Opernintendanten und einen Schauspielintendanten; jeder war etatmäßig verantwortlich für seinen Betrieb.

*Berichterstatter:* Also mit Klemperer zusammen haben Sie die Leitung der Oper in die Hand genommen?

(Zeuge Tietjen: Jawohl.)

Zu welchen Erfahrungen sind Sie gekommen bezüglich der selbständigen Bespielung der Krolloper?

*Zeuge Tietjen:* Verwaltungsmäßig sah die Sache so aus: Klemperer war angestellt als Operndirektor. Neben dieser Tätigkeit kam noch seine Tätigkeit als Generalmusikdirektor, die augenblicklich Gegenstand des Prozesses des Klemperer gegen den Staat ist. Ich bitte, daß ich mich darüber nicht zu äußern brauche, weil der Prozeß noch läuft. Der Operndirektor Klemperer hat damals seinen Betriebsetat bekommen, nach dem er arbeiten durfte. Es besteht immer noch die Meinung, daß die einzelnen staatlichen Häuser in Berlin geschlossene Etats für sich haben. Das ist nicht richtig. Es gibt keinen Krolletat und keinen Lindenetat und keinen Gendarmenmarktetat und keinen Schilleretat; es gibt nur einen Etat für die Berliner Staatstheater. Wir haben gewisse Kontrolletats zum internen Betrieb und zur internen Kontrolle; quasi für uns selbst haben wir solche Etats aufgestellt, die nicht maßgebend sind nach außen als geschlossene Etats. Diese Kontrolletats, die nur in den persönlichen Fonds maßgebend sind für die verantwortlichen Leiter der einzelnen Häuser, nicht in den Sachfonds, – denn die Sachfonds greifen so stark ineinander über, daß sie nicht verteilt werden können, die Werkstätten und was da alles ist, dieser Personaletat – ich nenne ihn Kontrolletat – ist mit Klemperer durchgesprochen worden. Es handelt sich hauptsächlich um Kap. 162 Tit. 13 a und b des Haushalts und umfaßt künstlerische Vorschläge, die in dem Titel Spielleitung vereinigt sind, die Kapellmeister, Regisseure, Souffleure, Inspizienten und die Solisten. Dieser Solistenetat, um den ging es hauptsächlich, wurde mit dem Operndirektor Klemperer genau durchgesprochen, und nach diesem durfte er engagieren, damit das Haus als Betrieb sein Gesicht tragen sollte. Es war unser aller Wunsch, daß das Krollhaus ganz auf Ensemble gestellt werden solle. Das entsprach auch vollkommen den Tendenzen, die Klemperer vertrat im Gegensatz zum Lindenbetrieb, der damals noch unter den starken Nachwirkungen der Inflation, Deflation unter dem Zeichen der Amerikaverträge stand. Diese waren abgeschlossen von Herrn Schillings – bona fide – die Marktlage war damals so. Die Verträge liefen auf lange Zeit. Es war die schlimme Zeit einer Art Staroper. Im Gegensatz dazu sollte die Kroll-Oper ganz auf Ensemble gestellt werden. Das ist auch geschehen. Nach diesem Haushalt hat Klemperer gearbeitet. Ich glaube, es waren ungefähr 450 000 oder 500 000 RM im Solistenetat. Klemperer hat das Ensemble zusammengestellt, die Verträge habe ich alle gezeichnet. Der Betrieb fing am 19. November 1927 an nach einem Repertoire, das er aufgestellt und ich gebilligt hatte. Es ist in den ersten Jahren zu Fehlern gekommen, die auf beiden Seiten erkannt wurden. Es ist ein Irrtum gewesen von der Staatsregierung und von seiten Klemperers, ihn zum Operndirektor zu machen. Dieser Irrtum wurde repariert, indem Klemperer selbst beantragt hat, ihn dieses Postens zu entheben. Im Mai oder Juni 1928 ist der Nachtragsvertrag zustandegekommen, der auch Gegenstand des Prozesses ist, und durch den der Operndirektor Klemperer aufhörte und der Generalmusikdirektor im Herbst 1928 anfing. Der Betrieb lief dann etatrechtlich wie künstlerisch unter der Verantwortung des neuen Operndirektors Legal.

*Berichterstatter:* Es ist behauptet worden, es wäre eine nicht ganz gerechte Verteilung der Lasten zwischen Lindenoper und Kroll-Oper vorgenommen worden; es wäre die Kroll-Oper das Stiefkind der Generalintendanz gewesen, insofern als Kosten auf die Kroll-Oper umgelegt seien, die nicht durch sie entstanden seien, und dadurch sei das finanzielle Ergebnis für die Kroll-Oper verschlechtert worden.

*Zeuge Tietjen:* Ich bedauere, dieser Behauptung mit aller Energie widersprechen zu müssen. Zunächst personell angesehen – ich darf nur die letzte Spielzeit nehmen 1929 und die heutige Spielzeit bis Ende März dieses Jahres. Das im Lindenhaus beheimatete Solopersonal hat 1929 bis 1930 und März 1931 in etwas über 500 Fällen im Kroll-Haus ausgeholfen. Das im Kroll-Haus beheimatete Solopersonal hat in der gleichen Zeit im Lindenhaus nur 170 mal ausgeholfen. Diese Ziffern beweisen, personell gesehen, daß es umgekehrt ist, daß das Lindenhaus in sehr, sehr starkem Maße mitgeholfen hat, das Kroll-Haus zu tragen. Pekuniär gesehen bedaure ich diese Behauptung auch außerordentlich, denn es ist auch hier umgekehrt gewesen. Es ist von vornherein immer unsere Absicht gewesen, und wir haben sie auch durchgeführt, daß dieses Institut staatlicher sozialer Kunstpflege behütet und gehegt wurde, und es ist alles geschehen, um alles das abzuwenden, was nicht immer leicht abzuwenden war. Ich bekenne offen, daß sehr starke Widerstände aus dem Betrieb selbst heraus kamen; ich habe gegen diese Widerstände ankämpfen müssen. Ich habe auch die zunächst nicht ganz leicht zu erfüllenden Wünsche des Herrn Klemperer, ich kann wohl sagen: bedingungslos erfüllt bis zum letzten. Der Lindenbetrieb und damals auch die Städtische Oper, die mir auch unterstand, haben sehr oft einen Pflock zurückstecken müssen, um die Wünsche des Herrn Klemperer zu erfüllen. Summarisch möchte ich also sagen, daß ich dieser Behauptung unbedingt widersprechen muß. Ich kann natürlich auch noch weitere Details ausführen, wenn es gewünscht werden sollte.

*Berichterstatter:* Es ist hier als fraglich hingestellt worden, ob zwischen der Volksbühne und der künstlerischen Leitung des Kroll-Theaters immer die Zusammenarbeit bestanden hat, die erwünscht ist, wenn man eine so große Besucherorganisation hat. Wie hat sich die Zusammenarbeit mit der Volksbühne und den übrigen Besucherorganisationen abgespielt?

*Zeuge Tietjen:* Der Verkehr war stets ein außerordentlich angenehmer, und es ist nie zu irgendwelchen Reibungen gekommen. Wenn hier vielleicht die sogenannte Sperrliste gemeint ist, von der in früheren Sitzungen einmal die Rede gewesen sein soll, so darf ich sagen, daß keine Sperrliste als solche bestanden hat, weder von der Volksbühne noch, wie neulich an dieser Stelle behauptet worden sein soll, eine Sperrliste meinerseits, worüber ich mich vielleicht später noch äußern darf. Zunächst zur sogenannten Sperrliste der Volksbühne! In der Bespielung von Kroll sind Fehler gemacht worden, indem man den Bogen überziehen wollte: Herr Klemperer wollte gleich zu forsch heran, und die Mitglieder der Volksbühne konnten nicht folgen.

(Abg. Buchhorn: In moderner Musik?)

– Jawohl. – Das ist aber nach und nach durch ein Nachgeben repariert worden, indem man, soweit es irgend möglich war, die Wünsche der Volksbühne erfüllt hat. Ich habe für das Kroll-Haus Opern freigegeben, die ich niemals freigegeben hätte, wenn die Mitglieder der Volksbühne nicht hätten folgen können. Die Herren der Leitung haben aber dem damaligen Operndirektor Legal und mir wiederholt gesagt: so geht es nicht weiter; ihr müßt uns Opern geben, die unsere Mitglieder gutieren. So habe ich freigegeben: ›Hoffmanns Erzählungen‹, – ferner ›Carmen‹, was mir besonders schwerfiel, weil diese Oper in den beiden anderen Häusern zu den wenigen Kassenopern gehörte; und bei Kroll spielte ja damals das Kassentechnische nicht die große Rolle, weil eine sehr starke Bespielung stattfand: der Bühnenvolksbund hatte seinen Bedarf stark vergrößert, es war ein Vertrag zustande gekommen, der bis zu 90 Vorstellungen in der Spielzeit vorsah. Jedenfalls mußte der Volksbühne entgegengekommen werden, und so ist das Repertoir zustande gekommen, das man zuletzt im Kroll-Haus gesehen hat, bis zur ›Butterfly‹. Aber es war immer eine freie Vereinbarung, und es war nicht eine sogenannte Sperrliste aufgestellt, sondern es war immer ein Wunsch, der ausgesprochen wurde, dem wir folgten, so daß die Dinge, die aus der Psyche des Herrn Klemperer heraus und aus seiner künstlerischen Kapazität heraus gesehen aufgeführt wurden, sporadisch zwischengestreut wurden, vom ›Oedipus‹ ab über Hindemith bis zu ›Neues vom Tage‹ und was da noch gekommen ist, während das laufende Repertoir, das die Volksbühne und damit auch der Bühnenvolksbund bekam, sich immer mehr den Wünschen dieser Organisation anglich.

Solange es nicht feststand, daß die Kroll-Oper als staatliches Kunstinstitut geschlossen werden sollte, haben wir ein Betriebsgeheimnis gewahrt, das auf einem, publikumsmäßig gesehen, merkwürdigen psychologischen Moment beruht: Wenn ein Haus voll ist, so wirkt das stark auf das Publikum, es zieht volle Häuser nach. Das wird man in der ganzen Welt sehen und beweisen können. Sofern ein Werk herauskommt, und es ist im Zuschauerraum leer, dann ist schon von vornherein eine gewisse fröstelnde Stimmung da; es spricht sich sehr schnell herum, daß es leer war, und das hat auch für die weiteren Aufführungen die entsprechenden negativen Folgen. Es ist also eine Geschäftsgepflogenheit eines jeden Bühnenleiters, dafür zu sorgen, damit kein Kassenschaden entsteht – denn das ist ja die oberste Pflicht –, daß das Haus einigermaßen gefüllt aussieht. Jetzt, nachdem das Schicksal Krolls als staatliches Kunstinstitut entschieden ist, verschweige ich keine Geheimnisse mehr und fühle mich verpflichtet, die Wahrheit zu sagen, wie sie gewesen ist: Im vorigen Jahre war der Besuch der offenen Vorstellungen, vom Etat, von dem Einnahmesoll aus gesehen, katastrophal. Ich darf das durch Ziffern belegen. Wir haben eine Vorstellung gehabt, die Herr Klemperer dirigiert hat und die eine außerordentlich gute Presse gefunden hat: ›Figaros Hochzeit‹. Diese Vorstellung hat im offenen Verkauf –, wenn ich nicht irre, war es am 3. März – 2700 RM eingebracht. Bei allen anderen Vorstellungen, die im offenen Verkauf gegeben worden sind, bewegt sich der Kassenverkauf – ich will keine Mindestziffer nennen – zwischen einigen hundert Mark und 1700 RM. Ich habe also gestopft, ganz bewußt gestopft, und auch die Operndirektion animiert zu stopfen. Natürlich nicht umsonst, sondern gegen sogenannte Steuer. Die Steuergelder, die wir einnahmen, waren im Verhältnis zu den Kasseneinnahmen erheblich, manchmal wesentlich höher als diese. Wenn da einige groteske Dinge herauskommen, dann darf das nicht besonders auffallen. Ich entsinne mich einer ›Fidelio‹-Aufführung, die an sich vorzüglich war; Klemperer am Pult, eine sehr gute Besetzung. Kasseneinnahme etwa 900 RM, Steuer etwa 1500 oder 1600 RM – ich bitte, mich nicht unbedingt auf die Ziffern festzulegen; ich spreche aus meiner Erinnerung –; oder andere Aufführungen: 1000 RM oder 1200 RM Kasse und 1000 RM Steuer. Hätten wir das nicht getan, dann hätte sich schon während der letzten Spielzeit herumgesprochen: Die Kroll-Oper geht schlecht. Sie ging, wenn sie organisiert bespielt wurde und man zusätzlichen Kassenverkauf hatte, gut; denn in den Kontrolletats haben wir die Kroll-Oper ganz bewußt im Einnahmesoll gering belastet. Den Herren wird bekannt sein: nur mit 4200 RM Tagessoll. Es war also die Spanne zwischen dem, was die Organisationen zahlten, und dem Soll gar nicht groß und nicht schwer hereinzubringen.

*Abg. Bachem (Dn):* Zur Frage der Sperrliste, die von der Generalintendantur aufgestellt sein soll, möchte ich sagen: Ich habe Sie so verstanden, daß Sie sie stets auf dem Wege freier Vereinbarung auch für Kroll freigegeben hätten. Ich glaube mich zu entsinnen, daß von anderer Seite gesagt worden ist, daß bis heute noch gewisse angeblich besonders zugkräftige Stücke für Kroll gesperrt seien.

*Zeuge Tietjen:* Wenn ich nach den Zeitungsnachrichten gehen darf – mir ist nichts anderes bekannt –, ist hier gesagt worden, ich hätte Opern wie ›Die Meistersinger‹, ›Aida‹ und ›Rosenkavalier‹ bis jetzt noch gesperrt. Ich darf sagen, daß das entstellt wiedergegeben oder hier entstellt berichtet worden ist. Die Sache war folgendermaßen. Ich habe mit dem derzeitigen stellvertretenden Operndirektor Dr. Curjel, seit der kommissarischen Betrauung Legals mit der Leitung des Schauspielhauses, das Repertoire bis zum Schluß der Spielzeit besprochen. Er war, als ›Tristan‹ in ›Figaros Hochzeit‹ umgeändert wurde, also vielleicht Anfang Februar, bei mir, um mit mir den Rest der Spielzeit festzulegen. Wir haben folgende Reihenfolge vereinbart: ›Perichole‹, ›Falstaff‹ und die Oper ›Totenhaus‹ von Janáček, die immer noch aufzuführen war. Sie ist damals auf meine Veranlassung abgesetzt worden. Es war nicht das Verschulden der Operndirektion; sie war schon bühnenreif vorprobiert. Ferner hatte ich mit Dr. Curjel vereinbart, daß, wenn Mitte Juni noch Zeit übrigbleiben sollte, noch eine Lortzing-Oper zu geben sei. So haben wir das Repertoire festgelegt, und es wurde danach disponiert. Kurz danach kam ein Antrag vom Generalmusikdirektor Klemperer, von dem, glaube ich, Dr. Curjel nichts gewußt hat. Jedenfalls war er, als ich mit ihm darüber sprach, ziemlich erstaunt. Ich möchte nämlich ›Die Meistersinger‹, ›Aida‹ und den ›Rosenkavalier‹ freigeben. Ich habe Dr. Curjel diesen Brief zurückgegeben und gesagt: Ich habe ihn nicht gesehen: wir haben das und das vereinbart. – Jawohl! – Also ist das Repertoire bis zum Schluß der Spielzeit fertig! – Jawohl. – Also nehmen Sie den Spielplan zurück. Das ist meine Ablehnung der Opern.

*Resonanz der Verhandlungen des Kroll-Untersuchungsausschusses in der ›Vossischen Zeitung‹ vom 23. Januar 1931*

Das Ergebnis im Kroll-Ausschuß
Der Krolloper-Untersuchungsausschuß des preußischen Landtags hat gestern beschlossen, seine Beratung mit der Abstimmung über die vom Berichterstatter des Ausschusses und den von den einzelnen Fraktionsvertretern gestellten Anträgen zu beenden, so daß das Plenum des Landtags in seiner nächsten Tagung zwischen dem 7. und 10. Juli ein endgültiges Votum abgeben kann. Der Berichterstatter des Ausschusses, der volksparteiliche Abgeordnete Rose, legte einen Antrag vor, der über die strittige Frage, ob dem Staat wegen der Schließung der Krolloper aus dem Vertrag mit der Volksbühne eine Entschädigungspflicht erwächst, folgendes feststellt:

»Die finanziellen Interessen des Staates sind bei den Abmachungen mit der Volksbühne nicht mit genügender Vorsicht und Sorgfalt und die etatrechtlichen Bestimmungen nicht genügend befolgt worden. Von der Feststellung der Verantwortlichkeit einzelner Beamter für die Schädigung der finanziellen Interessen des Staates hat der Ausschuß abgesehen.

Von den Vertretern der Regierungsparteien, Abg. Greve (Ztr.) und Dr. Bohner (Staatsp.) wird die Annahme des Abfindungsvertrages mit der Volksbühne vom 11. Dezember 1930 empfohlen. Die rechtlichen Verpflichtungen wären andernfalls von dem nach dem Ver-

451

trag vom April 23 einzusetzenden Schiedsgericht festzustellen. Eine Aussicht auf eine günstigere Entscheidung des Schiedsgerichts besteht nicht. Der Ausschuß kann keine Schädigungen feststellen, für die ein einzelner verantwortlich zu machen wäre.

Schließlich hat der volksparteiliche Abgeordnete Stendel einen Antrag eingebracht, in dem darauf hingewiesen wird, daß durch die Zeugenaussagen der Ministerialdirektoren Schulz und Schnitzler sehr starke Bedenken darüber entstanden sind, daß die die Grundlage des Abfindungsvertrages bindende Ansicht, die Staatsregierung sei zur Stillegung der Kroll-Oper nicht berechtigt, ohne daß sie sich Schadensersatzansprüchen der Volksbühne aussetze, richtig ist.

Der Landtag erwartet deshalb vom Staatsministerium, daß es den Sachverhalt an Hand des Ergebnisses der Zeugenaussagen im Kroll-Untersuchungsausschuß nochmals durchprüft und dem Landtag dann das Ergebnis dieser Nachprüfung mitteilt.«

Bei den nun folgenden Plädoyers betonte der Abgeordnete Rosenfeld (Soz.), daß er die Ansicht des Berichterstatters, wonach die Referenten in den Ministerien und nicht der Minister für den Vertrag verantwortlich seien, nicht teilen könne, denn die Referenten hätten nur im Auftrag des Ministers gehandelt. Im übrigen betonte er, daß die Beratungen des Ausschusses nichts ergeben haben, was auf irgendwelche Korruption oder sonstiges eigennütziges Verhalten irgendeines Beamten schließen lasse.

*Aus der Sitzung des Preußischen Landtags am 9. Juli 1931*

*Frau Dr. Wegscheider, Abg. (Soz.-Dem. P.):* Meine Herren und Damen, unsere jetzigen Verhandlungen bilden den Abschluß einer nicht gerade kurzen Periode des Kampfes, der sich hauptsächlich um die Erhaltung oder Schließung der Kroll-Oper gedreht hat. Seit dem Antrage unseres Kollegen Dr. Lauscher, Anfang März 1930, der mit Ausnahme der Kommunisten und uns von allen Parteien angenommen wurde, und der Verhandlungen forderte, die zur Schließung der Kroll-Oper führen sollten, sind wir langsam aber sicher zur Schließung dieser Oper gekommen.

(Zuruf bei den Komm.: »Das haben Sie ja gewollt!«)

– Darauf, Herr Kollege Schulz, brauchen wir wirklich nichts zu erwidern; ich erinnere Sie nur an die Rede, die unser Kollege König am 4. April 1930 noch für die Erhaltung der Kroll-Oper gehalten hat, und Sie wissen ganz genau, daß wir in diesem Falle genau so wie Sie abgestimmt haben.

(Erneuter Zuruf bei den Komm.)

– Unsere Abstimmung kennen Sie, und ich brauche daher auf solche Zwischenrufe nichts zu erwidern.

Die Einsetzung des Ausschusses brauche ich hier wahrhaftig nicht zu verteidigen. Aber ich muß Herrn Stendel und der Frau Kollegin Noack ins Gedächtnis rufen, daß ja nicht die Regierungsparteien diesen Ausschuß gewollt haben, sondern daß er gerade von Ihnen, und zwar deshalb verlangt worden ist, weil Sie glaubten, Sie könnten hier der Staatsverwaltung und ihren beamteten Organen irgendwelche Untreue, um nicht zu sagen: Korruption, nachweisen.

(Sehr richtig! bei der Soz.-Dem. P.)

Zu diesem Zwecke war der Ausschuß berufen, und dazu sind Ausschüsse dieser Art da. Mir ist es sehr schwer verständlich, wie Frau Noack und Herr Stendel behaupten können, daß die Beratungen dieses Ausschusses auch nur das geringste nach dieser Richtung ergeben haben. Selbst der von uns abgelehnte zweite Teil des Antrags des Herrn Berichterstatters hat doch nichts anderes ergeben, als daß eine etwas verschiedene Beleuchtung der inneren Stellung der einzelnen Beamten und der vertragschließenden Parteien zu Ausdrücken in den Verträgen, besonders im zweiten Vertrag, festgestellt worden ist. Da muß man wirklich sagen, Herr Kollege Stendel, daß es sehr unvorsichtig ist, den Beamten des Staates Sorglosigkeit vorzuwerfen, oder gar, wie Frau Kollegin Noack es getan hat, diesen Beamten eine nicht pflichtgemäße Handlungsweise, eine verwerfliche Leisetreterei zum Vorwurf zu machen. Mit solchen Vorwürfen konnte man vielleicht in gewissem Sinne demagogisch operieren, solange man nichts wußte; aber am Ende dieser Erörterungen, nachdem einstimmig beschlossen worden war, daß über die erste Frage, die sich – das hat auch Herr Kollege Grebe betont – aus den bisher schon bekannten Verträgen als die einzige Quelle ergibt, nichts weiter festgestellt werden konnte, können und dürfen solche Anträge gegen Staatsbeamte nicht mehr erfolgen.

(Sehr richtig! bei der Soz.-Dem. P.)

Wenn meine beiden Vorredner, Herr Kollege Stendel und Frau Kollegin Noack, noch immer meinen, daß irgendwie durch Zeugenaussagen erwiesen sei, daß mit den Worten: Schließung des Staatstheaterbetriebes hier die Schließung der Kroll-Bühne gemeint sei, so weise ich Herrn Stendel auf seine eigenen Ausführungen hin, die er im Ausschußbericht doch durchgesehen, also anerkannt hat, in denen er diese Formulierung als nicht klar charakterisiert hat.

Nun ist niemand, Herr Kollege Stendel, weder ein Beamter, der an der Schließung eines Vertrages beteiligt ist, noch auch etwa ein Notar dafür verantwortlich, wenn sich nachträglich Unklarheiten ergeben, sondern nur, wenn ihm nachgewiesen werden kann, daß er eine Kenntnis der Rechtsbestimmungen nicht gehabt oder die Rechtsbestimmungen nicht angewendet hat.

Davon haben selbst Sie nichts gesagt. Der einfachste Menschenverstand muß doch klarstellen: wenn es wie im Artikel 5 des Vertrages heißt, daß die Kroll-Bühne von der Truppe des Staatstheaters bespielt wird, dann ist das Wort Kroll-Bühne eben nicht gleich Staatstheater zu setzen, sondern zum mindesten im Jahre 1923, als Kroll noch Filialbetrieb war, damals, als der Vertrag geschlossen wurde, umfaßte das Wort Staatstheater jedenfalls die Theater, deren Truppe Kroll bespielen sollte. Das war das Lindenhaus, – wobei wir Ihnen zugeben, daß nicht klar festgestellt ist, ob dieser Satz auch das Schauspielhaus, auch das Schiller-Theater umfaßt. Gerade weil nachträglich über diese Dinge Zweifel entstehen konnten, mußte eben im Jahre 1930 ein Vergleich geschlossen werden; man mußte sich einigen.

(Abg. Stendel: Was Sie sagen, steht aber nicht in dem Vertrage!)

– Das steht in dem Vertrage, Artikel 5, und Herr Abgeordneter König hat das auch in den Verhandlungen mitgeteilt. Die Frage, ob die verhandelnden Beamten diese Stelle als unter den Begriff der höheren Gewalt fallend feststellen wollten, ist durch die Ausschußverhandlungen nicht geklärt. Sie kann durch einen Vergleich oder durch ein Schiedsgericht geklärt werden. Und, verehrter Herr Kollege Stendel. Ihr berühmter Dissensus, den Sie feststellen zu müssen glaubten, indem Sie meinten, es sei ja dadurch, daß Kroll nicht mehr Filialbetrieb sei, jetzt nicht mehr klar, welche Bedingungen eigentlich für Kroll im Vertrage festgelegt seien, – dieser Dissensus ist schon dadurch verdächtig in seiner Begründetheit, als er Ihnen Gelegenheit gegeben hat, Philologen als Mitarbeiter bei der Klärung anzugreifen, wenn sie sich in diese Dinge überhaupt einmischten. Herr Kollege Stendel, die Juristen werden besonders stolz auf ihre juristische Eignung, wenn besonders komplizierte und schwierige und dem gesunden Menschenverstand nicht ganz eingehende Dinge erörtert werden.

(Sehr gut! bei der Soz.-Dem. P.)

Infolgedessen wollen wir diesen Dissensus nicht weiter ernst nehmen; er verdient es jedenfalls nicht.

Die große Frage, um die es sich hier handelt, ist die Frage der sozialen Kunstpflege. Jeder der Redner bekennt sich auf seine Art zur sozialen Kunstpflege. Aber mir ist es nicht so vorgekommen, als ob in den Ausschußverhandlungen die ganze Größe, der ganze Ernst dieser Aufgabe überhaupt erfaßt worden wäre. Unter sozialer Kunstpflege kann ich nicht eine Art Wohlfahrtskunstpflege verstehen, in dem Sinne, daß gute, alte, eingespielte Stücke für billiges Geld auch den minderbemittelten Schichten der Bevölkerung zugänglich gemacht werden, sondern ich verstehe unter sozialer Kunstpflege die große, ja die einzig lebendige Aufgabe der Kunst überhaupt, die Kunst, die die Verbindung mit der Gesellschaft, die Staat und Wirtschaft trägt, sucht und findet. Von der Rechtspresse ist gerade der Kroll-Betrieb deswegen schon lange angegriffen worden, weil er soziale Kunstpflege und ein gewisses Experimentieren mit modernen und modernsten Richtungen zu verbinden versuchte, sicherlich eine schwere, große und innerhalb eines einzelnen Theaters nicht immer lösbare Aufgabe. Man hätte meinen sollen, es müsse für Herrn Klemperer, den der preußische Staat an diese wichtigste Stelle seines Kunstinstituts gesetzt hatte, ein dauernder Ansporn sein, dem Staat und der Volksbühne, die zusammen diese Aufgaben haben, zu dienen. Statt dessen, nur zum Teil entschuldbar durch die geschäftliche Unbefangenheit, die bei Künstlern wohl natürlich sein mag, glaubte Herr Klemperer, er könne dadurch, daß er die Volksbühne schädige, den Untergang von Kroll hindern. Er erkannte nicht, daß die reaktionären Bestrebungen darauf hinausgingen, erst Kroll zu schließen und dann auch noch der Volksbühne einen schweren Stoß zu versetzen. Es stand ja nie zur Debatte, ob der Vertrag so ist, wie man ihn heute schließen würde. Wäre das aber die Frage, so müßte man, Herr Kollege Stendel, doch sagen, daß 100 000 RM Staatszuschuß jährlich für eine so große Theaterunternehmung wie die Volksbühne durchaus auch heute noch im Rahmen dessen sind, was der Staat für Kunst tun sollte.

(Sehr richtig! bei der Soz.-Dem. P.)

Wenn Sie mit der Betonung der Summe von 1,9 Millionen den Eindruck erwecken wollen, als würde hier ungeheures Geld den Grenztheatern entzogen, so kann ich mich auch da Herrn Kollegen Grebe anschließen: Dann tun Sie etwas, was nach außen wirken soll, und wovon Sie selbst wissen, daß es nicht wahr ist. Es würde nicht ein Pfennig mehr nach Aachen, an die ostpreußischen oder oberschlesischen Theater gehen, wenn dieser Vertrag nicht bestände.

(Sehr richtig! bei der Soz.-Dem. P.)

Infolgedessen ist für uns der Ausschußbeschluß annehmbar und richtig, der dem Landtag empfiehlt, den schiedlichen Vertrag mit der Volksbühne abzuschließen. So sehr wir bedauern, daß die Kroll-Oper nicht mehr gespielt wird – denn in ihr fing an, sich etwas von der Kunst zu verwirklichen, die wir meinen und denken –, so sehr müssen wir doch sagen: Solange die Volksbühne besteht, wird sie immer wieder das große Echo für die schöpferischen Künstler auf dem Gebiete des Theaters sein, das wir brauchen, um in der schweren wirtschaftlichen und geistigen Krise unserer Zeit gerade in der Form des Theaters, des Dramas und der Oper jene neue Gestaltung zu ermöglichen, ohne die diese geistige Krise endlos und hoffnungslos sein würde.

Wir bitten deshalb den Landtag, den Ausschußantrag anzunehmen.

(Lebhafter Beifall bei der Soz.-Dem. P.)

*Baecker (Berlin), Abg. (D. Frakt):* Meine Damen und Herren, Herr Abg. Schulz (Neukölln) hat geglaubt, doch im Sinne eines gewissen Tadels darauf aufmerksam machen zu müssen, daß ich als Vorsitzender des Kroll-Oper-Ausschusses die Frage an Herrn Dr. Nestriepke nach seinem Kunstprogramm nicht zugelassen habe. Ich glaube, Herr Abg. Schulz (Neukölln) wird nicht bestreiten wollen, daß diese Frage im Rahmen der Untersuchungsausschußaufgaben, die uns vom Landtag gestellt worden waren, schlechterdings nicht zugelassen werden konnte.

(Zuruf bei den Komm.)

Dann möchte ich, da ich mich sonst hinsichtlich der weiteren Materie nur kurz fassen wollte, das Hohe Haus darauf hinweisen, daß der Untersuchungsausschuß zu prüfen hatte, 1. welchen rechtlichen Ursprung und Umfang die staatlichen Verpflichtungen gegenüber der Kroll-Oper haben; 2. welche rechtlichen Verpflichtungen nach Auflösung der Kroll-Oper weiterbestehen; 3. wer für etwa entstandene Schädigungen des Staates in finanzieller Beziehung verantwortlich zu machen ist. Ich kann schlechterdings nicht finden, daß die Frage des Kunstprogramms, das Herr Dr. Nestriepke auch nur etwa bei Kroll verfolgt hat, im Rahmen dieser Aufgaben unterzubringen war. Herr Schulz (Neukölln), Sie werden mir auch zugeben, daß ich die Untersuchung nach der künstlerischen Seite hin weitgehend ermöglicht habe, soweit ich eben glaubte, daß es im Rahmen der uns gestellten Aufgabe zulässig war.

(Zuruf bei den Komm.)

– Aber Abg. Schulz (Neukölln), daß mir Ihre Fragen unbequem gewesen wären, das werden Sie selbst nicht glauben können!

(Zuruf bei den Komm.)

– Herr Abg. Schulz (Neukölln), ich unterstütze weder die SPD., noch Herrn Dr. Nestriepke, noch sonst jemand, sondern nur das, was ich nach meiner eigenen sachlichen Überzeugung beim jeweiligen Gegenstand annehmen muß, und dazu einige Worte.

Ich weiche allerdings nicht unbeträchtlich ab in dem rechtlichen Kernpunkt der Frage von den Ausführungen des Herrn Stendel, wobei ich anerkenne, daß auch Herr Stendel, nachdem wir diese Untersuchung durchgeführt haben, seiner Meinung in viel abgewogenerer Art Ausdruck gegeben hat. Wie liegt der rechtliche Kernpunkt? Es handelt sich darum, ob der Vertrag vom April 1923, auf den sich der Anspruch der Volksbühne gegenüber dem Staat aufbaut, in dem entscheidenden Punkt juristisch anfechtbar ist oder nicht, ob die Worte in dem Artikel 12, daß der Staat nicht mehr zur Entschädigung bei Einstellung des Staatstheaterbetriebes verpflichtet sei, bedeuten solle, daß er dieser Verpflichtung auch dann ledig wäre, wenn er nur den Kroll-Betrieb einstellt. Da ich mich der Auffassung des Herrn Stendel, die auch von anderer Seite vertreten wird, nicht anschließen kann, muß ich einiges dazu sagen. Wenn im § 5 des Vertrages gesagt wird, daß im Kroll-Theater »das Staatstheater« seine Vorstellungen für die Volksbühne zu veranstalten habe – das ist sehr wichtig für die ganze Struktur des Vertrages –, und wenn es im § 12 heißt, daß auch die Einstellung des Staatstheaterbetriebes ein Grund sei, den Staat von seinen Verpflichtungen zu entbinden, so muß ich a priori annehmen, daß das in einem inneren Zusammenhang steht, und daß derselbe Begriff im § 5 und § 12 gemeint sei. Daraus ergibt sich die Vermutung, daß das Staatstheater, das eben anfing, bei Kroll zu spielen, auch im § 12 gemeint ist. Wir haben uns im Ausschuß bemüht, das nach jeder Richtung zu klären. Es kam darauf an, nach allen Seiten festzustellen, wie der Wille der Vertragschließenden gewesen ist, und der Herr Berichterstatter hat mit vollem Recht und absoluter Objektivität seine Thesen unter 2 aufgestellt, daß wir da nur abweichende Ansichten haben feststellen können. Ich bedauere, daß die Regierungsparteien sich nicht entschlossen haben, diese absolut objektiven Feststellungen anzunehmen, die auch ihrem Standpunkt, den sie darauf aufbauen wollten, keinen Eintrag getan hätten. Wir haben nur bei drei Zeugen die Meinung gefunden, daß sie unter der Einstellung des Staatstheaterbetriebes schon die Einstellung bei Kroll allein verstanden hatten; der eine war der jetzige Ministerialdirektor Schnitzler im Finanzministerium, damals Justitiar im Kultusministerium, der an den Verhandlungen selbst wenig beteiligt war, und der in seiner Auffassung von seinem eigenen Ministerium im Stich gelassen wurde. Minister Boelitz hat eine ähnliche Äußerung getan. Ich glaube Herrn Boelitz auf das Wort, daß, wenn er sich der Tragweite der Dinge bewußt gewesen wäre, er seine Unterschrift für den Vertrag nicht gegeben und die Klärung des Passus verlangt hätte. Aber er hat uns sagen müssen: ich habe schließlich darüber hinweggelesen, mir sind diese Dinge nicht ins Bewußtsein hineingetragen worden. Und, Herr Stendel, auch der Ministerialdirektor Schultz, der eine große Rolle in den Verhandlungen gespielt hat, hat auf die Frage: Ist Ihnen damals, was Sie jetzt aus verschiedenen Gründen für Ihre Meinung halten, bewußt gewesen, erklärt: Wenn ich das auf meinen Eid nehmen soll, nein! Und er hat die gleiche Frage, als sie zum zweitenmal gestellt wurde, mit einem glatten Nein beantwortet. Und nun wollen wir die Erklärung suchen, weshalb die Dinge damals so gelaufen sind.

Der Herr Berichterstatter hat beantragt, als These 3 den beteiligten Beamten ein Monitum auszusprechen, indem festgestellt werden sollte, daß sie diesen Vertrag damals nicht mit genügender Voraussicht und Sorgfalt fertiggestellt hätten. Sie wissen, meine Damen und

Herren, daß ich im Ausschuß auch für dieses Monitum eingetreten bin. Aber ich möchte mit aller Entschiedenheit betonen, daß dieses Monitum sich nicht nur auf die beteiligten Beamten bezog, sondern genau so auf dieses Hohe Haus, das damals, als im Jahre 1923 diese Angelegenheit in langen Beratungen im Unterausschuß und dann am 15. Juni auch im Hauptausschuß behandelt wurde, genau den gleichen Mangel an Voraussicht und Sorgfalt gezeigt hat.

(Sehr richtig!)

Woher kommt das? Wir haben ja schon manche Untersuchungsausschüsse im Hohen Hause gehabt, und es hat sich schließlich immer ein Dissensus zwischen den Gruppen ergeben, die sich in der Beurteilung der Dinge widersprachen, weil sich ein Teil der Gruppen nie recht in die Verhältnisse hineinversetzen konnte, die vor Jahren vorlagen, als sich die zur Erörterung stehenden Dinge ereigneten. Das haben wir bei der Raiffeisenbank gehabt, dann bei den Landbundgenossenschaften und ebenso hier bei Kroll. Lassen Sie mich dazu einige erläuternde Worte sagen.

Es ist nicht zutreffend, was einer der Herren Vorredner hier gesagt hat, daß man damals schon eingesehen hätte, daß der Theaterbetrieb bei Kroll eine riskante Sache wäre. Demgegenüber möchte ich darauf hinweisen, daß selbst diejenigen Zeugen – ich berufe mich da namentlich auf Herrn Minister Boelitz –, die in der rechtlichen Frage abwichen, jedenfalls ex post diese Frage anders beurteilt haben und daß eine ganze Reihe von Zeugen übereinstimmend bekundet hat, daß man damals im Jahre 1923 keineswegs geglaubt hat, daß man mit Kroll ein schlechtes Geschäft machen würde. Sondern man war damals im allgemeinen überzeugt, daß man ein gutes Geschäft damit machen würde. Es ist auch daran erinnert worden, daß der letzte preußische Inflationsetat bei den Staatstheatern mit einem Überschuß abgeschlossen hat, und wer sich unter uns noch der Einweihungsfeier von Kroll erinnern kann, der wird wissen, daß damals allgemein die Stimmung herrschte, man werde mit diesem Theater am Platz der Republik gute Geschäfte machen. Daher ist es gekommen, daß sich damals niemand, weder in den Ministerien noch in diesem Hohen Hause, die Frage vorgelegt hat, ob man überhaupt einmal in die Lage kommen würde, ob man diesen Betrieb und überhaupt die soziale Kunstpflege noch werde aufrechterhalten können oder nicht. Nun muß ich sagen, daß niemand, der heute über diese Dinge ganz objektiv urteilen will, in das, was damals vor sich gegangen ist, heute andere Motive und andere Beurteilungen hineinlegen darf, als sie sich aus der damaligen Situation ergaben, und man darf selbstverständlich nicht das, was man, unter den damaligen Verhältnissen gesehen, früher für entschuldbar hielt, nicht heute für **verdammenswert** erklären.

(Sehr richtig!)

Anders steht es mit der Frage, was für Folgerungen wir aus diesem rechtlichen Zustande ziehen wollen, wie ich ihn nach dieser sorgsamen Untersuchung tatsächlich als gegeben ansehen muß. Daraus folgt für mich nur, daß der Staat auch heute gehalten ist, wenn er die Pforten von Kroll schließt, der Volksbühne eine billige Abfindung zu geben, aber billig nach beiden Seiten hin. Denn auch die Volksbühne muß anerkennen, daß der Staat in seiner jetzigen finanziellen Lage gar nicht daran denken kann, der Volksbühne ein so großzügiges und weitgehendes Entgegenkommen zuteil werden zu lassen wie in früheren besseren Jahren, was wohl auch die Damen und Herren von der sozialdemokratischen Fraktion anerkennen müssen.

Darum möchte ich sagen: Wenn uns der Staat einen Vertrag vorgelegt hätte, durch den der Volksbühne, der Lage entsprechend, in der Lindenoper ihre 54 000 oder 56 000 Billetts zugesichert werden statt der früher 220 000 Plätze bei Kroll, dann würde ich darin etwas gesehen haben, was dem Maßstabe der Billigkeit und Gerechtigkeit nicht widerspräche. Wenn weiter der Volksbühne eine gewisse Entschädigung dafür gegeben würde, daß sie nach Ablauf von fünf Jahren überhaupt darauf verzichtet, noch Billetts in der Lindenoper zu bekommen, da das ja für den Staat tatsächlich ein großes Opfer bedeutet, weil die Plätze in der Lindenoper auch anderweitig Absatz finden, was bei Kroll nicht oder jedenfalls nicht sicher der Fall war, dann würde ich auch darin unter Umständen eine billige Abfindung sehen – wie man etwa in der Republik Ministern, die abgehen müssen, ein Übergangsgeld zahlt –, aber nicht berechtigt ist, eine Abfindung für diese ganze lange Reihe von Jahren. Denn auch eine solche Organisation wie die Volksbühne muß natürlich bei solcher Gelegenheit darauf hingewiesen werden, sich nun eine andere Grundlage zu suchen, als sie ihr der Staat hier unter ganz anderen Verhältnissen geboten hat. Wofür ich nun aber gar keine Entschuldigung finde, das ist die einmalige Zahlung von 600 000 RM, die dieser Staat in dieser Finanzlage der Volksbühne nicht nur ohne jede moralische Pflicht, sondern auch ohne jedes moralische Recht dazugegeben hat.

Es ist aber noch etwas hinzugekommen. Ich glaube, auf allen Seiten des Hauses wird die Empfindung herrschen, daß die Vorgänge an jenem Mittwoch vor Himmelfahrt, die sich hier im Hause abgespielt haben, einer ruhigen, sachlichen Auseinandersetzung über die Dinge nicht förderlich gewesen sind. Und ich muß mit Bedauern feststellen, daß das, was damals passiert ist, nicht mehr gut zu machen war, weil wir uns bei den weiteren Verhandlungen mit den Vertretern des Finanzministeriums davon überzeugen mußten, daß es dort am guten Willen fehlte, die Dinge wieder in Ordnung zu bringen, und daß die Dinge durch dieses Haus nicht wieder gutzumachen waren, weil das Haushaltsgesetz dem Finanzminister Vollmachten gibt, die wir gar nicht umstoßen können: ich meine das Verlangen, durch eine etwas bessere Dotierung der Landesbühnen, namentlich der Grenztheater, diese ungeheuerliche Ungerechtigkeit, die zwischen der offiziellen Kunstpflege draußen im Lande und den Millionensubventionen für die Kunstpflege in Berlin besteht, wenigstens einigermaßen aus der Welt zu schaffen. Da können Sie es meinen Freunden nicht verdenken, wenn sie sich auf den Standpunkt stellen: wenn auf der einen Seite das ganze Land draußen kaum mehr als eine Million für seine Kunstpflege kriegen soll, wenn eins der Grenztheater nach dem andern entweder überhaupt schließen oder sich auf einen so kümmerlichen Stand zurückziehen muß, daß man von einer geordneten Kunstpflege nicht mehr sprechen kann, wenn große Striche im Lande, wie z. B. Pommern, für das, was sie sich an künstlerischer Betätigung gerettet haben, vom Staate überhaupt nichts mehr bekommen, dann können wir es nicht verantworten, unsere Hand dazu zu bieten, daß hier einer einzelnen Bühnenorganisation in Berlin unnötig große Entschädigungen für lange Jahre und außerdem noch 600 000 RM auf einem Brett hergegeben werden.

Ich muß mich dahin zusammenfassen, daß wir, nachdem die Dinge so gelaufen sind, jede Verantwortung für diesen Vertrag ablehnen, direkt und indirekt, und uns deshalb nicht an der Abstimmung zu beteiligen gedenken.

*Dr. Bohner, Abg. (D. Staatsp.):* Der Herr Abgeordnete Stendel hat mit großer Klarheit ausgeführt, daß es sich bei der ganzen Angelegenheit um zwei Fragen handelt, erstens nach den Beamten, zweitens nach der Volksbühne. Das Urteil über diese Beamten, die mitgewirkt haben, haben wir in dreifacher Abstufung erhalten. Wir haben sehr vorsichtig vom Berichterstatter ausgeführt bekommen – Spalte 417-18 –, daß die Beamten an sich bessere Fühlung mit dem Parlament hätten halten müssen, und daß er die Vorgänge darauf zurückführt, daß man sich in den Ministerien während des Krieges zum Teil daran gewöhnt habe, das Parlament auszuschalten. Wir haben dann von Herrn Abgeordneten Stendel ausgeführt bekommen, er habe an diesen Verträgen zu tadeln, daß die Formulierungen nicht so genau sind, daß Eindeutigkeit herrscht. Ich habe daraus nur zu folgern, daß Herr Abgeordneter Stendel auch zugeben müßte, daß man sich, wenn diese Formulierungen nicht eindeutig sind, mit der Volksbühne eben nur einigen kann, und daß man es dann am besten nicht auf eine richterliche Entscheidung ankommen ließe, die ja auch auf Grund des Vertrages ausgeschlossen ist. Herr Kollege Stendel, Sie haben doch immer wieder ausgeführt, die Formulierungen seien nicht genau genug. Damit ist doch gesagt, daß die Rechtsfrage für Sie nicht eindeutig gelöst ist, auch wenn Sie sagen, nach Ihrer persönlichen Rechtsauffasung sei es so und so.

(Zuruf des Abg. Stendel)

Es konnten also Zweifel entstehen. Ja, dann ist doch die Rechtslage zweifelhaft.

(Abg. Stendel: Dann ruft man das Gericht an!)

– Nein, denn im Vertrage steht ausdrücklich, daß, wenn Zweifel entstehen, das Schiedsgericht anzurufen ist. Es ist ja auch schon zur Schiedsgerichtsentscheidung in diesen Dingen gekommen.

Dann haben wir das dritte Urteil gehört, und über dieses Urteil war ich aufs äußerste erstaunt. Ich habe Frau Noack in der Unruhe des Hauses nicht genau verstehen können; ich weiß nicht, ob sie gemeint hat, die verantwortlichen Beamten hätten damals nicht bei den Regierungsparteien anecken wollen, oder aber, sie hätten oben bei ihren Aussagen vor dem Ausschuß nicht anecken wollen. Ich nehme an, Frau Noack hat gemeint, sie hätten damals, als die Verträge vorbereitet wurden, nicht anecken wollen. Dann muß ich doch sagen, daß das ein ungeheurer Vorwurf gegen Beamte in sehr wichtigen Staatsstellungen ist, wenn ihnen hier die Rednerin einer großen Fraktion unterstellt, daß sie sich bei ihren Handlungen im wesentlichen davon beeinflussen ließen, nur nicht anzuecken. Ich habe mich um so mehr darüber gewundert, daß Frau Kollegin Noack diese Vorwürfe erhoben hat, als sie wissen muß, daß sie damit Beamten, die ihre eigene politische Gesinnung teilen, den Vorwurf macht, daß sie nicht den Mut hätten, nach ihrer eigenen sachlichen Überzeugung zu handeln, sondern sich davon leiten ließen, ob sie oben anecken oder nicht.

(Zurufe bei der D.-nat. V.-P.)

– Es handelt sich bei den Beamten, die dafür letztlich verantwortlich sind, nicht nur um die Herren Seelig und Kestenberg. Herr Kestenberg hat doch überhaupt nichts damit zu tun gehabt. Herr Kollege Koch, Sie sind Mitglied des Ausschusses gewesen und müßten doch schließlich gesehen haben, welche Beamten vor dem Ausschuß erschienen sind. Ich muß mich dagegen verwahren – schon aus reiner Kollegialität als Beamter –, daß man gegen Beamte solche Vorwürfe erhebt, und ich habe mich gewundert, daß die Rednerin einer Partei wie der deutschnationalen, hier mit solchen Vorwürfen kommen durfte. Dankbar muß ich dagegen die objektiven und vorsichtigen Ausführungen anerkennen, die der Herr Vorsitzende unseres Ausschusses soeben hier im Plenum gemacht hat. Es ist dem nichts hinzuzufügen.

Ich gehe nunmehr zur Volksbühne über. Man hat uns den Vorwurf gemacht, wir hätten uns oben im Ausschuß von politischen Beweggründen leiten lassen. Ich habe sehr oft die Empfindung gehabt – ich teile da die Anschauung von Herrn Kollege Grebe –, daß Sie (nach rechts) aus politischen Gründen den Untersuchungsausschuß beantragt haben,

(sehr richtig! bei der D. Staatsp.)

daß Sie sich weiß Gott welch schönes Material von diesem Ausschuß versprochen haben. Sie haben von vornherein die Volksbühne in ein ganz schiefes Licht gerückt. Die Volksbühne ist nicht einfach eine sozialdemokratische Organisation; es gehören ihr eine ganze Reihe von Leuten an, die sich zu keiner politischen Partei oder zu anderen politischen Parteien als der Sozialdemokratie bekennen. Sogar Parteifreunde von Ihnen sind Mitglieder der Volksbühne. Die Volksbühne einseitig als eine sozialdemokratische Organisation zu bezeichnen, ist eine Art politischer Fälschung, die man nicht begehen darf.

(Abg. Schulz [Neukölln]: Sie müssen sich doch selbst über das amüsieren, was Sie da sagen!)

— Nein, Herr Schulz, wenn ich mich amüsieren will, brauche ich nur an Sie zu denken. — Es ist über den moralischen Anspruch der Volksbühne gesprochen worden. Ja, wenn man sich wie die Vertreterin der deutschnationalen Fraktion auf den Standpunkt stellt, es hätte zur sozialen Kunstpflege für den Staat genügt, wenn er gelegentlich einmal eine Vorstellung zu billigen Preisen gibt, — wenn man noch so naiv ist zu glauben, daß das zur sozialen Kunstpflege genügen könnte, dann wird man allerdings die Leistungen einer Organisation, wie es die Volksbühne ist, nicht würdigen können. Ich meine, daß wir alle daran interessiert sind, wenn breite Teile des Volkes in den geistigen Zusammenhang unseres Volkes hineinwachsen, und ein großer Teil der geistigen Arbeit unseres Volkes ist im Zusammenhang mit dem Theater geleistet worden. Was die Volksbühne geleistet hat, ist nun wieder, daß sie Massen an diese Arbeit herangebracht hat. Die Volksbühne hat doch schließlich nicht nur das Theater, sie hat auch darüber hinaus die Musik gepflegt, hat die breiten Massen zu Goethe, Schiller, Beethoven hingeführt, und diese Werte sind eben nicht so, daß sie ohne jede Bemühung jedem einzelnen zugänglich sind. Wenn Sie sich ein gerechtes Urteil bilden wollten, dann müßten Sie — ich lasse das Juristische beiseite und möchte nur vom Moralischen sprechen — diese Leistungen der Volksbühne anerkennen.

Ich darf vielleicht ein paar Worte dazu sagen, wie man den eigentlichen Zeugen der Volksbühne behandelt hat. Herr Klemperer hat mit der gewissen Überheblichkeit, die ihm sein Können gegeben hat, im Ausschuß dauernd vom Sekretär Nestriepke gesprochen. Ich weiß nicht, ob das sehr geschmackvoll ist, daß ein Mann, der doch musikalischen Geschmack für sich in Anspruch nehmen muß, daß Klemperer in dieser Art von Herrn Nestriepke sprach. Das Eine werden alle Mitglieder des Ausschusses bezeugen können, daß Herr Dr. Nestriepke in außerordentlich klarer Weise seinen Standpunkt vertreten hat. Es war erfreulich, mit welcher Klarheit er seine Zeugenaussagen machte. Das, was andere Zeugen sagten, schien uns zunächst auch genau zu sein. Wir mußten aber feststellen, daß sie uns nachher doch sagten: wir wissen nicht ganz genau, wie das damals gewesen ist. Ich erinnere immer wieder nur daran, daß uns Herr Schultz — das hat auch Herr Kollege Baecker hervorgehoben — gesagt hat: unter Eid kann ich das jetzt nicht aussagen; ich kann nicht von heute über ein damals aussagen usw., und daß darin doch eine gewisse Einschränkung seines Standpunktes lag.

Für mich war im Ausschuß weiter außerordentlich bezeichnend, daß sich der Ausschuß selber scheinbar erst am letzten Tage über seine Aufgabe klar wurde. Als Herr Kollege Grebe und ich feststellen wollten, was sich für rechtliche Verpflichtungen ergäben, da wurde uns auf einmal entgegengehalten: dazu ist der Ausschuß nicht zuständig. Dabei stand doch von vornherein als Frage 2 fest: wir sollten besprechen, welche rechtlichen Verpflichtungen sich bei Schließung der Kroll-Oper ergeben. Als wir uns der Frage widmen wollten, die für uns durchaus nicht angenehm war, da erklärte plötzlich die Volkspartei: »Das dürft Ihr nicht«, und der Herr Berichterstatter hat anerkennen müssen, daß die Fraktion dem Ausschuß in dieser Frage einen nicht gut formulierten Auftrag gegeben hätte. Erst in letzter Stunde hat der Ausschuß von dem Herrn Kollegen König darauf hingewiesen werden müssen, daß im § 5 des berühmten Vertrages vom April 1923 von ›Staatstheater‹ gesprochen wird und daß, wenn im § 12 von der Einstellung des Staatstheaterbetriebes gesprochen werde, das dann doch nur das Staatstheater sein könne, das auch im § 5 gemeint sei. Solche einfachen Dinge, diese einfachen Fragen wurden erst in der letzten Minute gewissermaßen von Herrn König angeschnitten. Vorher hat überhaupt niemand den Vertrag mit dieser Sorgfalt durchgelesen. Wenn man sich so die Arbeit des Ausschusses ansieht, muß man sich wundern, daß überhaupt der Ausschuß eingesetzt werden konnte, und man muß sich fragen, ob sich nicht auch die Antragsteller vorher hätten klarmachen können, welche Aufgaben dem Ausschuß wirklich zugewiesen werden könnten.

Wenn wir dem Vertrag heute unsere Zustimmung geben, so tun wir das, weil wir der Auffassung sind, daß der alte Vertrag gültig ist,

(Abg. Stendel: Gültig?)

der Vertrag, der jetzt läuft, der das Schiedsgericht vorsieht. Wenn wir von dem Vertrag loskommen sollen, wie es dem Landtage zur Pflicht gemacht worden ist, dann dürfte es keine andere Möglichkeit geben, als sich mit der Volksbühne zu einigen. Wir haben zu den beteiligten Ministerien das Zutrauen, daß sie dabei versucht haben, sich mit der Volksbühne so zu einigen, daß sie dem Staate gibt, was des Staates ist, daß aber auch der Volksbühne das wird, worauf sie ein moralisches Recht hat. Ich muß sagen: wer von uns möchte die Verantwortung tragen, eine solche starke und lebendige Bewegung wie die Volksbühne zurückzustoßen? Sie hat doch damals die Aufgabe übernommen, das Kroll-Haus auszubauen, und wir wissen, daß nachher der Staat das Kroll-Haus hat haben wollen und plötzlich sagte: jetzt habe ich alle Rechte und du kannst sehen, wo du bleibst. Wenn wir mit einer lebendigen Kulturbewegung im Volke so handelten, hätten wir überhaupt kein Recht, unsere Kultur ernst zu nehmen und um das Vertrauen zu unserer Kultur in den breiten Massen des Volkes zu werben. Das ist eine Vertrauensfrage, die dann an uns gerichtet wird, und meine Freunde sind entschlossen, dem Vertrage zuzustimmen, weil wir das Vertrauen der breiten Massen zu unserer Kultur in einem so wichtigen Punkte nicht enttäuschen wollen.

(Lebhafter Beifall bei der D. Staatsp.)

*Mentz (Berlin), Abg. (Wirtsch.-P.):* Meine Damen und Herren, der Herr Kollege Dr. Bohner hat durchaus recht, wenn er sagt, daß der Kernpunkt der ganzen Angelegenheit in der Frage zu erblicken ist, ob der Vertrag vom 30. April 1923 in den maßgeblichen Bestimmungen gültig oder ungültig ist. Darüber sind eben die Meinungen verschieden. Kommt man, wie Herr Dr. Bohner, zu dem Ergebnisse, daß er gültig ist, so wird man die Frage der Zahlung einer Entschädigung an die Volksbühne bejahen müssen. Hat man allerdings, wie wir, eine andere Auffassung, so wird man zu der entgegengesetzten Einscheidung kommen müssen. Der § 12 des Vertrages erscheint uns so unmißverständlich, daß für uns eine Subvention an die Volksbühne überhaupt nicht in Frage kommen kann, dies um so weniger, als in der heutigen Zeit der Not beim besten Willen nicht 1,9 Millionen für solche Dinge hingegeben werden können.

Die Vorgeschichte des Vertrages vom 30. April 1923 findet sich in dem Vertrage vom 5. April 1920. In diesem sind Rechte und Pflichten der Parteien verhältnismäßig richtig verteilt. Wenn man bedenkt, daß der Staat damals die Verpflichtung übernahm, die soziale Kunstpflege wesentlich zu unterstützen, so kann man diesen alten Vertrag wohl als verhältnismäßig vernünftig bezeichnen. In ihm übernahm die Volksbühne die Verpflichtung, das Kroll-Theater vollständig umzubauen. Dafür bekam sie die Ermächtigung, 360 000 Plätze im Jahre zu erhalten. Sie erhielt ferner dafür eine Vergütung, die schon damals, während der Inflation, variabel war. Der Staat hatte sich innerhalb von 5, 10 und 20 Jahren ein gewisses Kündigungsrecht vorbehalten. Die Verfügung über das Gebäude verblieb auf Grund des Mietvertrages der Volksbühne.

Dann aber kam der Zeitpunkt, wo die Volksbühne nach der einheitlichen Aussage der Zeugen im Ausschuß den Vertrag einfach nicht mehr erfüllen konnte. Diesen Zeitpunkt hätte das Ministerium selbstverständlich benutzen können, um den ganzen Vertrag auffliegen zu lassen. Das tat das Ministerium nicht, sondern trat in neue Verhandlungen ein. Man muß sagen, daß der Einwand der Volksbühne, sie sei damals in der Lage gewesen, noch besondere Bedingungen zu stellen, völlig unbeachtlich ist. Denn wenn die Volksbühne darauf hinweist, daß sie Auslandsgeld hätte haben können, so ist auch das nicht möglich gewesen. Die Volksbühne stand damals vor dem großen Ereignis, das man ›Pleite‹ nennt. Zu diesem Zeitpunkte mußte die Volksbühne mit dem Staat einen neuen Vertrag schließen, und diese Vereinbarungen sind in dem Vertrage vom 30. April 1923 niedergelegt worden.

Es ist wichtig, was einer der Zeugen im Untersuchungsausschusse deutlich gesagt hat: Dieser ganze Vertrag hatte nicht die Bedeutung eines zivilrechtlichen Vertrages, sondern seine Bedeutung bestand mehr darin, ein gewisses Vertrauensverhältnis zu schaffen. So ist es zu verstehen, daß diese oder jene Formulierung juristisch nicht so scharf gefaßt worden ist, wie man es bei zivilrechtlichen Verträgen als üblich ansieht.

Wägt man aber nunmehr ab, welche Pflichten der Staat in dem Vertrage vom April 1923 übernahm, so sind die Verpflichtungen als ungeheuerlich groß zu bezeichnen. Denn einmal übernahm der Staat das ganze Gebäude und ferner die Verpflichtung, es weiter auszubauen.

(Andauernde große Unruhe – Glocke des Präsidenten)

*Vizepräsident Dr. von Kries* (den Redner unterbrechend): Ich bitte um etwas mehr Ruhe. Die Abstimmungen sind übrigens nicht um 3 Uhr angesetzt, sondern frühestens um 3 Uhr. Erst wird diese Debatte zu Ende geführt. Das sage ich für diejenigen, die nach ihrer Ansicht vielleicht zu früh gekommen sind.

*Mentz (Berlin), Abg. (Wirtsch.-P.) (fortfahrend):* Die Fortsetzung des Baues wurde vom Staat übernommen. Die Volksbühne wurde von allen Unterhaltungskosten freigestellt. Es wurde ihr in § 14 zugesichert, daß ihr alle Lasten abgebürdet würden. Da muß ich schon sagen, daß ich die Aussage des Herrn Ministerialdirektor Nentwig nicht verstanden habe, der es ernst genommen hat, wenn Herr Springer ihm gesagt hat, es sei ihm so, als sei ihm heute am Tage des Vertragsabschlusses 1923 ein Kind gestorben. Die Volksbühne war froh, von dem alten Vertrag los zu sein; sie konnte nicht erfüllen und hätte nach rein zivilrechtlichen Grundsätzen Schadensersatz leisten müssen. Aber anstatt des Schadensersatzes kam der Staat und gab ihr einen neuen Vertrag mit den Vergünstigungen, die ich mir eben erlaubt habe zu zeigen. Da kann nicht mehr die Rede davon sein, daß Opfer gebracht seien, sondern die Opfer, die die Volksbühne gebracht hat, sind ihr in Gold aufgewertet später wieder auf Grund des § 14 erstattet worden. Das einmal von dieser Stelle aus festzustellen, halte ich für meine Pflicht, um endlich einmal dem Märchen entgegenzutreten, das immer von der anderen Seite gebracht wird. Neben allen diesen Abbürdungen hat aber die Volksbühne noch 100 000 M in Gold extra bekommen, ohne daß irgendwie eine Verpflichtung des Staates dafür vorgelegen hätte.

Der springende Punkt bei der ganzen Beratung dieses Gegenstandes ist, was in § 12 mit der Bestimmung gemeint ist: Einstellung des Staatstheaterbetriebes. Der Vertrag vom 30. April 1923 ist zwischen dem Staat und der Volksbühne geschlossen worden. Wenn der Herr Kollege König gemeint hat, deswegen, weil in § 5 stände: die Staatstheater bespielen das Kroll-Theater, könnte man eine Analogie zu § 12 herleiten, so ist das ein vollständiger Fehlschluß. In § 5 soll nur gesagt werden, von wo die Kräfte herzunehmen sein würden, um die Vorstellungen bei Kroll zu ermöglichen. Aber im übrigen schafft der gesamte Vertrag nur Rechte zwischen Staat und der Volksbühne; als Verhandlungsobjekt ist das Kroll-Theater anzusehen. Es ist meines Erachtens eine viel zu weit hergeholte Sache, wenn man heute sagt, daß Begriffe wie Filialbetrieb usw. damals maßgebend gewesen seien. Daß man damals daran gedacht hätte, wie Herr Dr. Nestriepke uns sagt, daß nur die Einstellung des gesamten Theaterbetriebes einen Rücktritt des Staates von diesem Vertrag ermöglicht hätte, widerspricht so den Gewohnheiten und Erfahrungen des Lebens, daß man eigentlich darüber kein Wort verlieren sollte. Deutlich haben sich darüber auch Herr Ministerialrat Schnitzler und Herr Ministerialdirektor Schultz ausgesprochen, die beide genau wie der Herr Minister Boelitz der Meinung gewesen sind, daß seinerzeit tatsächlich lediglich die Einstellung des Kroll-Theaterbetriebes gemeint sein muß. Es ist durchaus verständlich, daß sich der Staat diese Sicherheitsklausel geschaffen hatte; denn er mußte doch einmal damit rechnen – damit muß jeder Vertragschließende rechnen –, daß das, was er leisten will, über seine Kräfte ging. In diesem Sinn ist die heutige Situation aufzufassen. Man muß mit aller Deutlichkeit erklären, daß § 12 unter Einstellung des Theaterbetriebes nur die Einstellung des Kroll-Theaterbetriebs meint, wenn die Verhältnisse, die seinerzeit zur Schaffung des Vertrages führten, nicht mehr vorhanden sind, und die Verpflichtungen nicht mehr erfüllt werden können. Wir müssen es ablehnen, die Art und Weise mitzumachen, in der heute versucht wird, dem Vertrage durch künstliche Konstruktionen eine andere Bedeutung zu unterlegen. Die Volksbühne befindet sich ja heute in einer ähnlichen Lage wie damals. Der Vertrag vom Jahre 1923 löste den Vertrag vom Jahre 1920 ab, weil die Volksbühne nicht mehr zahlungsfähig war. Die Volksbühne ist auch heute finanziell schwach und möchte daher den alten Vertrag durch den Vertrag vom 11. Dezember 1930 ablösen. In dem Vertrage des Jahres 1923 befindet sich leider die Bestimmung, daß ein Schiedsgericht darüber zu entscheiden habe, welche Rechte und Pflichten aus dem Vertrage herzuleiten seien. Der Staat muß ja ein schönes Vertrauen zu seiner eigenen Justiz haben!

(Sehr wahr! bei der Wirtsch.-P.)

Wir haben Staatsgerichte und verlangen von unseren Staatsbürgern, daß sie sie in Anspruch nehmen. Der Staat setzt jedoch in seinen eigenen Verträgen besondere Schiedsgerichte ein. Wir können nur wünschen, daß in Zukunft allein die ordentliche Gerichtsbarkeit in Anspruch genommen wird, und bitten die Staatsregierung, in dieser Richtung bei Abschluß von Verträgen zu verfahren.

Die Volksbühne soll nun 1 900 000 RM als sogenannte Entschädigung bekommen, daneben das Recht, 54 000 Plätze je 2 RM pro Abend in der Lindenoper abzunehmen. Nun, meine Damen und Herren, ein besseres Geschäft könnte die Volksbühne gar nicht machen! Der Ausschuß hatte Gelegenheit, in diesem Falle die Interessen des Staates sorgfältig wahrzunehmen und die objektive Wahrheit zu erforschen. Dasselbe kann man allerdings bei dem Verhalten während der Abstimmung über den Antrag des Herrn Berichterstatters nicht feststellen. Auch ich persönlich hatte den Eindruck, daß lediglich politische Gesichtspunkte entscheidend waren. Der Volksbühne kann kein Gefallen damit getan werden, nach rein politischen Erwägungen behandelt zu werden. Jedenfalls sind wir nicht in der Lage, dem Abschluß eines Geschäftes zuzustimmen, das die Volksbühne auf Kosten der Steuerzahler machen will. Wir werden den Vertrag vom 11. 12. 1930 weiter mit allen uns zur Verfügung stehenden Mitteln bekämpfen.

(Bravo! bei der Wirtsch.-P.)

*Koch* (Berlin), Abg. (D.-nat. V.-P.): Mit tiefem Mitgefühl haben wir die beweglichen Klagen der Frau Kollegin Dr. Wegscheider über das Schmerzenskind der Sozialdemokratie, die Volksbühne, vernommen.

(Zurufe bei der Soz.-Dem. P.)

Ich will den großen Kummer, der der Sozialdemokratie durch die Volksbühne bereitet wird, nicht noch vergrößern, insbesondere, da die Frau Kollegin Noack und die Herren Kollegen Stendel und Schulz (Neukölln) schon harte und lieblose Worte gegen die Volksbühne gesprochen haben. Aber eins kann ich in diesem Augenblick doch nicht verschweigen, nämlich die Tatsache, daß die Volksbühne der Sozialdemokratie den schwersten

Kummer damit macht, daß sie seit Jahrzehnten mit unaufhörlichen Geldforderungen kommt. Es war geradezu ein tragikomischer Augenblick, als wir im Ausschuß beobachten konnten, wie Herr Nestriepke sehr zögernd und allmählich eine Aufzählung der Schulden vornahm, die sich bei der Volksbühne schon wieder angesammelt haben. Da waren zunächst 970 000 RM Hypothekenschulden auf das Grundstück am Bülowplatz, von denen, wie er sagte, sage und schreibe 60 000 RM schon abgezahlt sind.

(Zurufe bei der Soz.-Dem. P.)

Da waren ferner 470 000 RM Schulden bei der Stadt Berlin, die aber, wie vor ein paar Tagen durch einen Beschluß der Stadtverordnetenversammlung festgestellt worden ist, inzwischen schon auf 675 000 RM angewachsen sind. Da waren ferner 220 000 RM bei der Arbeiterbank. Immer wieder und wieder stand Herr Nestriepke, der Vertreter dieses Schmerzenskindes, da mit der bangen Frage – zögernd: Wie sage ich es meinem Vater?

(Heiterkeit rechts)

So kamen die Schulden allmählich heraus.

Aber damit sind Sie sie noch nicht los. Nachdem Sie damals, wie Herr Mentz soeben ausgeführt hat, der Volksbühne soundsoviel Millionen Baukosten gegeben und immer und immer wieder in die Kassen des Staates gegriffen haben, kommen Sie jetzt und wollen die Volksbühne mit 600 000 RM entschädigen. Wofür denn? Ein Anspruch irgendwelcher Art liegt nicht vor. So ist es uns wenigstens in den Ausschußverhandlungen klar geworden.

Mit diesen 600 000 RM sollen aber nicht die dringenden Schulden bezahlt werden, die dem Staat als besonders dringend erscheinen sollten, sondern Herr Nestriepke hat – und das war den Sozialdemokraten augenscheinlich sehr peinlich – erklärt, die Volksbühne denke gar nicht daran, die Schulden bei der Stadt Berlin zu bezahlen.

(Rufe bei der Soz.-Dem. P.: Lauter!)

– Brüllen Sie nur nicht so dazwischen, dann werden Sie meine Worte schon hören!

(Erneuter Zuruf bei der Soz.-Dem. P.: Lauter!)

– Es kommt mir im übrigen gar nicht darauf an, ob Sie mich verstehen oder nicht.

(Zuruf bei der Soz.-Dem. P.: Warum denn nicht?)

– Auch wenn Sie meine Worte hören, verstehen Sie sie ja doch nicht.

(Erneuter Zuruf bei der Soz.-Dem. P.: Warum denn nicht?)

– Das bloße körperliche Hören genügt eben nicht, sondern es gehört auch eine gewisse Intelligenz dazu.

(Lachen und Zurufe bei der Soz.-Dem. P. – Glocke des Präsidenten)

Meine Damen und Herren, in der allerhöchsten Not der Volksbühne möchten Sie nun, daß der Staat wieder einmal in seinen Säckel hineingreift. Dieses neckische Spiel, das Sie seit Jahrzehnten mit der Volksbühne getrieben haben, machen wir von der Rechten nicht mehr mit. Wir machen überhaupt die Art und Weise, wie Sie Kunstpolitik treiben, nicht mit. Wir lassen es uns auch von der Staatsregierung nicht länger gefallen, daß hier im Ausschuß gesagt wird, sie habe leichtfertigerweise Verträge abgeschlossen.

(Zurufe bei der Soz.-Dem. P.)

Zu diesen Verträgen hat auch ein Vertrag gehört, der hier noch nicht genannt worden ist: der Klemperer-Vertrag. Unter Verletzung des Etatrechtes hat der Staat auf 10 Jahre einen Vertrag mit Herrn Klemperer abgeschlossen mit der bescheidenen Gage von 55 000 RM für das Jahr. Klemperer hat nachher mit sich handeln lassen und hat zwei Jahre später seine Gage auf 45 000 RM heruntersetzen lassen – alles ohne Beschluß des Landtags –; aber dafür ist ihm während der Spielzeit ein Winterurlaub von drei Monaten bewilligt worden. Solche Verträge kann man sich nicht gefallen lassen. Die waren unter dem alten Regime einfach unmöglich. Sie sind nur möglich geworden unter dem republikanischen System, wie es sich unter der Führung der Regierungsparteien darstellt.

(Zuruf bei der Soz.-Dem. P.: Wer lacht da?)

Und das macht das Zentrum mit! Ich will Ihnen zwei Zahlen nebeneinanderhalten, die die Parität beleuchten, von der Sie so viel reden. Sie wollen heute dafür sorgen helfen, daß die Volksbühne ihre Schulden bezahlen kann. Die Stadt Berlin hat schon geholfen, dafür zu sorgen: sie hat der Volksbühne 675 000 RM Darlehen gegeben. Dem Bühnenvolksbund, der besonders vom Zentrum gepflegt wird, hat die Stadt Berlin – 100 RM, sage und schreibe: einhundert Mark bewilligt. Also 675 000 RM gegen 100 RM. Parität der Sozialdemokratie im Roten Hause in Berlin! Und zum Danke dafür kommen Sie, meine Damen und Herren vom Zentrum, der im wesentlichen sozialdemokratischen Volksbühne entgegen und helfen ihr, die Schulden zu bezahlen.

Meine Damen und Herren, eine derartige Schuldenwirtschaft und eine derartige Schuldentilgungswirtschaft machen wir Deutschnationalen nicht mit. Wir werden dasselbe Mittel anwenden wie bisher und hoffen, daß die Volksbühne auch diesmal das Nachsehen haben wird.

(Bravo! rechts – Zurufe bei der Soz.-Dem. P.)

*Vizepräsident Dr. von Kries:* Die Besprechung ist geschlossen.

Zu einer persönlichen Bemerkung hat das Wort die Abgeordnete Frau Noack.

*Frau Noack (Stettin), Abg. (D.-nat. V.-P.):* Meine Herren und Damen, Herr Dr. Bohner hat mir, wie mir mitgeteilt worden ist, unterstellt, daß ich Beamte beleidigt hätte. Ich kann nur annehmen, daß Herr Dr. Bohner nicht die Liebenswürdigkeit hatte, meinen Worten genügend Aufmerksamkeit zu schenken. Nach dem unkorrigierten Stenogramm meiner Rede habe ich folgendes gesagt:

Im Anschluß an meine Ausführungen darüber, daß sich Herr Dr. Seelig nicht besinnen konnte und die Äußerung des Herrn Schnitzler, daß sein Rechtsstandpunkt zweifelhaft sei, habe ich gesagt:

Man konnte sich einfach des Gefühls nicht erwehren, daß doch bei den Herren Beamten sehr stark das Gefühl geherrscht hatte, nur ja nicht anzuecken nach der Richtung hin, die augenblicklich den regierenden Parteien angenehm ist.

Es ist ganz klar, daß sich das auf die Aussagen im Ausschuß bezieht, und jede andere Auslegung muß ich ganz energisch zurückweisen.

*Vizepräsident Dr. von Kries:* Wir kommen nunmehr zum siebzehnten Punkt der Tagesordnung:

Abstimmungen

a) über den Bericht des 26. Ausschusses [Untersuchungsausschuß Kroll-Oper] – Drucks. Nr. 7431

b) über den Vertrag mit der Volksbühne wegen der Oper am Platz der Republik und über die dazugehörigen Entschließungsanträge – Drucks. Nr. 5618, 5681, 5693, 5694

Wenn aus dem Hause keine anderen Wünsche laut werden, werde ich über die Feststellungen im ganzen abstimmen lassen.

(Abg. Koch [Berlin]: Ich bitte, über die einzelnen Punkte getrennt abstimmen zu lassen!)

Dann bitte ich die Damen und Herren, die die Ziffer 1 des Antrags des 26. Ausschusses Drucks. Nr. 7431 annehmen wollen, sich zu erheben. – Das ist die Mehrheit; Ziffer 1 ist angenommen.

Dann bitte ich diejenigen, die die Ziffer 2 annehmen wollen, sich zu erheben. – Das ist die Mehrheit; Ziffer 2 ist angenommen.

Ich bitte nun diejenigen, die die Ziffer 3 annehmen wollen, sich zu erheben. – Auch das ist die Mehrheit; Ziffer 3 ist ebenfalls angenommen.

Wir kommen nunmehr zu den Abstimmungen über den Vertrag mit der Volksbühne wegen der Oper am Platz der Republik und über die dazugehörigen Entschließungsanträge, und zwar zunächst zur namentlichen Abstimmung über den Antrag des Hauptausschusses Drucks. Dr. 5681 zu 1, der den Vertrag genehmigt.

Ich fordere die Mitglieder auf, ihre Plätze einzunehmen. Ich bitte die Mitglieder, die den Antrag des Hauptausschusses Drucks. Nr. 5681 zu 1 annehmen wollen, die mit Ja bezeichnete Abstimmungskarte, die ihn ablehnen wollen, die mit Nein bezeichnete Abstimmungskarte den Beisitzern zu übergeben. Ich bitte die Beisitzer, die Abstimmungskarten in die Urnen zu sammeln. – Die Abstimmung ist geschlossen; die Beisitzer werden das Ergebnis feststellen. –

Das Ergebnis der Abstimmung ist folgendes. Es sind im ganzen 229 Karten abgegeben worden. Die Mehrheit beträgt 115. Mit Ja haben gestimmt 227, mit Nein 2. Der Antrag Nr. 5681 zu 1 ist also angenommen.

(Bravo!)

# Klemperer-Prozeß

*Der preußische Minister für Wissenschaft, Kunst und Volksbildung hatte am 24. September 1926 mit Otto Klemperer einen Vertrag abgeschlossen, der Klemperer für die Zeit vom 1. September 1927 bis zum 1. September 1937 als Operndirektor für die Staatsoper am Platz der Republik verpflichtete. Am 24. Juli 1928 wurde der Vertrag abgeändert, indem statt ›Operndirektor‹ ›Generalmusikdirektor‹ gesetzt wurde. Damit verzichtete Otto Klemperer auf Funktion und Verantwortung als Operndirektor, die ab Herbst 1928 auf Ernst Legal übergingen. An der Laufzeit des Vertrages von Klemperer wurde nichts geändert.*

*Als die Existenz der Krolloper bedroht war, das heißt als ihre unmittelbare Schließung bevorstand, führte Klemperer vor dem Berliner Arbeitsgericht einen Prozeß gegen den preußischen Fiskus auf Innehaltung seines Vertrages in der Meinung, dadurch die Weiterführung der Krolloper zu erzwingen. Klemperer wurde in beiden Instanzen abgewiesen.*

*Der Prozeß erregte in der Öffentlichkeit großes Aufsehen. Für die Krolloper brachte er keine neuen Aspekte an den Tag. Er blieb eine persönliche Auseinandersetzung zwischen Klemperer und dem preußischen Staat.*

›Berliner Tageblatt‹ vom 25. März 1931

Klemperer klagt

Vor der vierten Kammer des Arbeitsgerichts, unter Vorsitz von Amtsgerichtsrat Hildebrandt, steht heute Generalmusikdirektor Otto Klemperer als Kläger gegen den preußischen Fiskus. Ein etwas ungewöhnlicher Fall zwischen den anderen Streitigkeiten, die in diesem Raume zu erledigen sind. Eben klagt noch ein Schauspieler gegen eine unbekannte Gastspieldirektion auf Zahlung von vierhundertfünfzig Mark, ein Artist verlangt von einem Varietéunternehmer die Restgage für sich und seine Truppe, und dann erscheint als Arbeitnehmer Generalmusikdirektor Otto Klemperer, als Arbeitgeber Oberregierungsrat Scheffels für den preußischen Fiskus.

Die Präliminarien des Verfahrens sind rasch erfüllt, dazu gehört auch das Knipsen eines Photographen, der einen Generalmusikdirektor auch einmal bei dieser nicht gewohnten Tätigkeit festhalten möchte. »Ich klage auf Vertragserfüllung«, erklärt Klemperer, und der Vertreter des preußischen Staates erwidert ihm, daß man bereit sei, ihn im Falle einer Schließung der Kroll-Oper als ersten Kapellmeister eines anderen Opernhauses zu beschäftigen, schließlich sei ja ein Generalmusikdirektor auch nicht mehr als ein erster Kapellmeister. Dagegen wehrt sich Klemperer, und er wehrt sich auch gegen die Frage des Vorsitzenden, ob er denn eine erhöhte Stellung verlange, und zwar mit der lapidaren Erklärung: »Ich klage auf Vertragserfüllung, mein Vertrag ist eindeutig.«

Klemperer verlangt, auch künftig in jedem Falle als amtierender Generalmusikdirektor anerkannt und beschäftigt zu werden. Dazu erklärt Oberregierungsrat Scheffels, daß es bei den staatlichen Opernhäusern überhaupt keinen amtierenden Generalmusikdirektor gäbe; nur Generalmusikdirektor Kleiber habe in seinem Vertrag, daß ihm kein anderer Kapellmeister übergeordnet sein dürfe. Man müsse im Falle Klemperer einen Unterschied machen zwischen dem Vertrage von 1926, in dem Klemperer eine leitende Stellung zuerkannt war, und dem Vertrage von 1928, in dem Klemperers Rechte wesentlich herabgesetzt worden seien. Diesen zweiten Vertrag wolle der preußische Fiskus einhalten, und man erfährt bei dieser Gelegenheit die immerhin interessante Tatsache, daß schon im Jahre 1928, bei Abschluß dieses zweiten Vertrages mit Klemperer, an eine Schließung der Kroll-Oper gedacht worden ist. Eine leitende Stellung könne, erklärte der Vertreter Preußens, nicht in Frage kommen; denkbar sei nur eine Koordination mit anderen Dirigenten.

Klemperer beginnt dann eine längere Rede mit ganz anderen Auslegungen seines Vertrages. In seinem Vertrag stehe, daß er »die Leitung der Kroll-Oper in vollem Umfange auszuüben« habe, und durch diese Bezeichnung sei ausdrücklich festgelegt, daß die musikalische Führung der Kroll-Oper ausschließlich in seine Hände gelegt worden sei. In seinem ersten Vertrage habe auch gestanden, daß die künstlerischen Maßnahmen des Generalintendanten Tietjen nach Anhörung des Generalmusikdirektors Otto Klemperer zu erfolgen hätten, und in seinem zweiten Vertrage sei diese Klausel dahin abgeändert worden, daß auch der damals eingesetzte Direktor der Kroll-Oper, der jetzige Ernst Legal, keine Maßnahmen treffen dürfe, ohne vorher Klemperer gehört zu haben. »Also«, meint Klemperer ironisch, »gibt es keinen amtierenden Generalmusikdirektor, – man bezweifelt also meine Existenz.«

Um den Begriff des amtierenden Generalmusikdirektors näher festzulegen, macht Klemperer einen längeren Exkurs ins Historische. Er geht bis auf Friedrich Wilhelm IV. zurück, der Spontini und Meyerbeer zu Generalmusikdirektoren ernannt habe, und Klemperer erklärt dazu, daß gerade Spontini, der Leiter der »damals noch nicht umgebauten Linden-Oper«, damit eine Machtposition erhalten habe, die für den gesamten Musikbetrieb von außerordentlicher Bedeutung geworden sei. Das sei ein amtierender Generalmusikdirektor gewesen, zum Unterschied von den Generalmusikdirektoren, die seinerzeit Wilhelm II. ernannt habe: Richard Strauss und Karl Muck, deren Ernennung zu Generalmusikdirektoren lediglich titulare Bedeutung gehabt hätte. Klemperer erinnert auch an einen Fall, in dem er selbst eine Rolle gespielt hat. Das war kurz nach der Revolution, als Max von Schillings Leiter der Staatsoper war und Blech das Institut verlassen hatte, da er nicht genügend Kompetenzen besaß. Damals bat Schillings Klemperer, als Titular-Musikdirektor an die Staatsoper zu kommen, und schon damals habe er dieses Angebot abgelehnt. Erst nach seiner Ablehnung sei der Umschwung eingetreten und Kleiber zum amtierenden Generalmusikdirektor der Staatsoper verpflichtet worden. Damit sei Kleiber damals auch die Leitung der Musikdirektion, die Leitung der gesamten Staatskapelle, übertragen worden, und er, Klemperer, würde ihm jetzt sogar untergeordnet sein, wenn er nicht in seinem Vertrag die ausdrückliche Zusicherung besäße, die Leitung der Kroll-Oper »im vollen Umfange« auszuüben.

Nachdem er so seine eigene Stellung innerhalb der Staatsoper umgrenzt hat, erinnert Klemperer noch an eine Unterredung mit dem Generalintendanten Tietjen aus dem Juli 1930, in der Tietjen erklärt hatte, daß man ihm, Klemperer, doch in keinem Falle, auch bei einer eventuellen Schließung der Kroll-Oper, eine schlechtere Stellung geben würde. Er selbst habe auch nie an eine solche Möglichkeit denken können, da es ja der preußische Staat gewesen sei, in dessen Auftrag er die Kroll-Oper aufgebaut habe, dem er also seine ganze Kraft zur Verfügung gestellt habe. »Es kommen aber immer die Dinge, auf die man nicht kommt«, meint Klemperer schließlich. Aber so überzeugt ist er von seinem Recht, und so klar entwickelt er aus den einzelnen Bestimmungen seines Vertrages die Rechte, die ihm als amtierendem Generalmusikdirektor zustehen, daß er erklären kann: »Ich kann's ja gar nicht verlangen, daß ich amtierender Generalmusikdirektor werde, ich bin's ja schon!« Damit wendet sich Klemperer dann mehr ins Prinzipielle, und mit leicht erhobener Stimme erklärt er dem Richter: »Solange Oper gespielt wird, könne sie nur dann blühen, wenn ein einziger Geist sie leitete«, und er erwähnt die Namen Händel, Gluck, Mozart, Weber und Wagner. Und er wendet sich wieder ins Spezielle, indem er sagt: »Wenn kein amtierender Generalmusikdirektor ist, dann ist keine Oper, wenigstens keine gute Oper.« Bei der Oper gäbe es keine Demokratie, sondern nur eine Autokratie, aber diese mit Verantwortung, und wenn man jetzt an den staatlichen Opernhäusern wieder mehrere Dirigenten mit gleichen Rechten haben wolle, so sei das eine Utopie von Nichtfachleuten. Die Oper brauche einen geistigen Leiter, sie brauche Fachleute. Dabei sei natürlich zu wünschen und zu erstreben, daß der Musiker sich mit dem Finanzmann in der Führung der Oper einige, aber an dieser Einigung sei bestimmt nicht zu zweifeln, wenn es sich um einen vernünftigen Musiker und um einen vernünftigen Finanzmann handele. »Sie wollen nicht, daß ich leitender Generalmusikdirektor bin«, plädierte Klemperer, »sondern daß ich leidender Generalmusikdirektor sein soll! Aber ich habe genug davon!«

In dem nun folgenden Dialog zwischen Scheffels und Klemperer wird weiterhin betont, daß Klemperer seine Stellung als Operndirektor, bei der er auch die Verantwortung für die Verwaltung und die Finanzdinge hatte, doch auf eigenen Wunsch aufgegeben habe. In diesem Zusammenhang entstand der Streit um die Wortverbindung »amtierender Generalmusikdirektor in vollem Umfange«. Scheffels behauptet, es stünde nur in dem Vertrage, daß Klemperer »seine Arbeit in vollem Umfange« zu Verfügung zu stellen habe. Auch Scheffels vertritt die Ansicht, daß in der Oper nur einer Herr sein könne. Aber man hätte ja bei den Berliner Operninstituten den Fachmann, der durchaus in Lage sei, als autoritative künstlerische Persönlichkeit mit den ersten Kapellmeistern gemeinsam die Operninstitute verantwortlich zu leiten: das wäre der Generalintendant Tietjen. Diese Eröffnung setzte Klemperer allerdings ziemlich in Erstaunen, denn er war nicht darauf gefaßt, daß man seine Ausführungen über die Wichtigkeit der künstlerischen Spitze in dieser Weise interpretieren würde. Klemperer warf daraufhin der preußischen Verwaltung vor, sie hätte sich unter diesen Umständen mit den Verträgen der Dirigenten allerdings etwas vertan. Er selbst hätte immer bei den Verhandlungen über die Kosten und Mittel, die der Kroll-Oper zugewendet werden, darauf gesehen, daß aus Gründen der Parität dieses Institut nicht allzu sehr hinter dem repräsentativen Institut der Linden-Oper vernachlässigt würde. Damals habe ihm Ministerialrat Kestenberg aus dem Kultusministerium bei den Vorverhandlungen gesagt: »Schielen Sie nicht nach der Linden-Oper, das geht Sie gar nichts an.« »Ich habe damals nicht geschielt«, sagt Klemperer jetzt, »ich schiele jetzt auch nicht, wo man es von mir verlangt.«

Zum Schluß seiner Ausführungen fragte Klemperer

noch einmal eindringlich nach den Hintergründen, die zur möglichen Schließung der Kroll-Oper führen konnten. Er verstünde nicht, warum die preußische Regierung gewünscht habe, die Kroll-Oper zu schließen, warum sie dieses Haus, das sie mit großen Opfern aufgebaut hat, jetzt nicht mehr haben will. Fachleute hätten nachgewiesen, daß die Kroll-Oper im nächsten Jahre mit nicht mehr als 400 000 Mark Unkosten weitergeführt werden könne. Diese 400 000 Mark könne er selbst »mit dem linken Fuß in der Linden-Oper einsparen«. Das sei eine Kleinigkeit. Als er seinerzeit für die Kroll-Oper engagiert wurde, habe man ihm gesagt: »Sie sollen den ganzen Apparat durchdringen. Sie sollen diesem Apparat Ihr Blut geben.« Jetzt will man ihm in der Linden-Oper nicht weniger als vier Herren auf die Nase setzen, denn die preußische Regierung hat die in der Presse aufgetauchten Gerüchte, daß sie mit Bruno Walter und mit Furtwängler in Verhandlungen stehe, bisher noch nicht dementiert. Klemperer schloß seine temperamentvollen Ausführungen damit, daß er sagte, ich spreche nicht für den Vertrag allein, ich spreche nicht für mein Gehalt, ich spreche für 400 Menschen, die in der nächsten Stunde erwerbslos werden sollen.

Amtsgerichtsrat Hildebrandt stellte schließlich fest, daß an einen Vergleich natürlich im Augenblick nicht zu denken ist und forderte die Parteien auf, die Vorgeschichte der Vertragsänderung von Klemperer aus dem Jahre 1926 noch einmal genau in Schriftsätzen niederzulegen. Der Termin vor der Kammer wurde auf den 11. April vertagt.

›Berliner Tageblatt‹ vom 21. April 1931

Klemperers Klage abgewiesen
Die Künstlerkammer des Arbeitsgerichts unter Vorsitz von Amtsgerichtsrat Hildebrand verkündete gestern nach einstündiger Beratung im Klemperer-Prozeß folgendes Urteil: Die Klage des Generalmusikdirektors Klemperer gegen den preußischen Fiskus wird abgewiesen.

In der Begründung führte Amtsgerichtsrat Hildebrand aus: Das Gericht hatte sich die Frage vorzulegen, was die Parteien gewollt hätten, als sie seinerzeit den Vertrag abgeschlossen haben. Die Beweisaufnahme hat ergeben, daß wichtige Punkte unklar gewesen sind, und daß man bei einer eventuellen Übernahme Klemperers an die Linden-Oper keineswegs die Absicht gehabt hatte, ihm eine übergeordnete Stellung über Generalmusikdirektor Kleiber einzuräumen.

Bei den Zeugenvernehmungen im Klemperer-Prozeß bekundete Ministerialrat Seelig noch, daß er sich im wesentlichen mit Verwaltungsmaßnahmen beschäftigt habe und über das Zustandekommen der Verträge nichts Wesentliches aussagen könne. Ministerialdirektor a. D. Nentwig, der dann vernommen wurde, hatte wegen einer Differenz mit Klemperer an den früheren Verhandlungen nicht persönlich teilgenommen. Direktor Curiel, als von Klemperer benannter Zeuge, bestätigte den Inhalt einer Unterhaltung zwischen Tietjen und Klemperer: Tietjen habe geäußert, daß die Schwierigkeit der Erfüllung von Klemperers Vertrag in der Tatsache läge, daß Kleiber noch ein ganzes Jahr lang Anspruch auf die Erfüllung seines Vertrages habe, nachdem ihm kein anderer Generalmusikdirektor übergeordnet werden darf.

In seinem Plädoyer entschloß sich Klemperer zu einer besonderen Enthüllung der Hintergründe seiner Differenzen. Er nannte die Angelegenheit Kroll-Oper eine ›Dreyfus-Affäre‹: er selbst solle deportiert werden, und zwar nach der Lindenoper, ohne daß ihm gesagt worden wäre, warum. Er sieht die Ursache zu dieser, nach seiner Meinung, ganz unnötigen Maßnahme in einer persönlichen Abneigung des Finanzministers Höpker-Aschoff, dem Klemperers Persönlichkeit antipathisch sei.

Klemperer geht in seinen Enthüllungen noch weiter und behauptet, man mute ihm den Eintritt in ein Institut zu, dessen künstlerische Atmosphäre er nicht verantworten könne.

In einem Hause, in dem die ›Walküre‹ am Montag ohne Streichungen, am Mittwoch aber mit Streichungen gespielt würde, könne er, falls er nicht alleiniger Generalmusikdirektor wäre, sein künstlerisches Gewissen nicht hinreichend betätigen.

# Kampf um Kroll

*Vom Herbst 1930 an war die Existenz der Krolloper akut in Frage gestellt. Die Bedrohung gelangt zunächst sporadisch ins Bewußtsein der Öffentlichkeit. Die Reaktionen kommen aus vielen Teilen Deutschlands, ein Beispiel: die Kundgebung ›Erhaltet die Krolloper‹, die eine Reihe bekannter Bühnenleiter im ›Deutschen Theaterdienst‹ veröffentlichen. Der ›Theaterdienst‹, ein täglich erscheinendes zeitungsartiges Blatt ist eine für die damalige Theatergeschichte ergiebige Quelle.*

*Auf die vereinzelten Appelle zur Erhaltung der Krolloper und die vereinzelten Forderungen ihrer Schließung folgt vom Beginn des Jahres 1931 an eine Flut von journalistischen Meldungen, Gerüchten, Vorschlägen, als handle es sich um eine Haupt- und Staatsaktion.*

*Aus diesen zahllosen Notizen und Artikeln sind hier die wichtigsten Stimmen zusammengestellt, unter denen die von Alfred Einstein und Klaus Pringsheim die substantiellsten sind. Hier erscheint auch der Schauspielkritiker Herbert Ihering, der schon mit einer Broschüre ›Der Volksbühnenverrat‹ auf die verhängnisvolle Entwicklung der Berliner Volksbühne hingewiesen hatte.*

*Unter dem Titel ›Rettet die Krolloper‹ veröffentlicht das ›Tagebuch‹ Stefan Grossmanns Äußerungen pro Kroll von Thomas Mann, Richard N. Coudenhove-Kalergi, Kurt Weill, Igor Strawinsky, Paul Hindemith und Hans Poelzig.*

*Auch Klemperer ergriff das Wort ›In eigener Sache‹ und in einem Artikel über die Frage der drei Opernhäuser.*

*Vom April 1931 an wird es still. Die Presse weiß, daß die Würfel gefallen sind. Aber in den Kritiken über die in den letzten Monaten noch herauskommenden Einstudierungen erklingt immer wieder die Forderung nach Erhaltung der Krolloper.*

*Heinrich Strobel: ›Melos‹ IX, 1930, Seite 143*

### Kroll muß bleiben

Der Kampf um die Krolloper ist in ein entscheidendes Stadium getreten. Vom Zentrum wurde im Hauptausschuß des Landtags der Schlag gegen Kroll geführt. Die Städtische Oper soll die Volksbühne, die bisher einen großen Teil der Krollaufführungen für ihre Abonnenten abnahm, in Zukunft beliefern. Dann kann der Krollbetrieb geschlossen werden. Der Staat hat nur noch eine Oper, eine repräsentative Oper Unter den Linden, die Stadt kann weiter ihren Böß-Ehrgeizen frönen, sie hat ebenfalls ihre Oper. Ein Antrag wurde angenommen, demzufolge Staat und Stadt verhandeln sollen mit dem Ziel, Ersparnisse bei den staatlichen Theaterbetrieben zu erzielen.

Diese Formulierung ist sehr labil. Es steht kein Wort von Kroll darin. Die Gründe sind leicht zu erkennen. Finanziell steht der Schließung der Krolloper ein Vertrag des Staates mit der Volksbühne im Wege. Die Volksbühne begann seinerzeit auf ihre Kosten den Umbau des Krollhauses. Während der Inflation überließ sie den unfertigen Bau dem Staat – gegen eine ganz geringe Barsumme und gegen einen Vertrag, der auf 25 Jahre hinaus der Volksbühne wöchentlich einige tausend verbilligte Plätze bei Kroll garantiert. Nur bei ›Einstellung des Staatstheaterbetriebes‹ erlischt der Anspruch der Volksbühne. Davon ist natürlich nicht die Rede. Also beruft sich die Volksbühne jetzt auf ihr Recht, das unbestreitbar ist. Sie wird den Prozeß nicht scheuen.

Kein zukünftiger Landtagsbeschluß kann sich über diesen eindeutigen juristischen Tatbestand hinwegsetzen. Aber das ist schließlich eine formale Frage. Entscheidend ist die künstlerische Arbeit der Krolloper. Sie braucht an dieser Stelle nicht mehr umrissen zu werden. Klemperer und seine Mitarbeiter leiteten eine neue Periode des Opernheaters ein. Sie machten aus einer prunkvollen, veralteten, musealen Institution eine zeitnahe, lebendige Angelegenheit. Sie setzten die Reinigung und Aktivierung des Opernheaters gegen die Schwerfälligkeit von Publikum und Kritik durch. Heute gibt es keine ernst zu nehmenden Gegner dieser Arbeit mehr. Nicht um die Person Klemperers geht es. Er wird auf jeden Fall in Berlin bleiben. Es geht um den Bestand des Instituts. Die Krolloper hat ihre Atmosphäre und ihr Programm. Sie ist ein geschlossener Körper. Sie wird nicht getragen vom Einzelwillen eines Dirigenten, sie hängt nicht ab von den Launen dieses oder jenes großen Sängers. Sie ist Ausdruck eines künstlerischen Gesamtwillens, der alle Mitwirkenden erfüllt. Diese Leistungen, vom ›Fidelio‹ vor zweieinhalb Jahren bis zur ›Zauberflöte‹, vom ›Ödipus‹ bis zum ›Pauvre Matelot‹ – sie waren nur möglich durch die Hingabe aller an die Idee des Werkes.

Wenn irgendwo, dann manifestiert sich in der Oper am Platz der Republik der Kulturwille des neuen Staates. Hier wurde mit öffentlichen Mitteln produktive Kulturarbeit geleistet, die zugleich sozial ist im Sinne des republikanischen Staatsgedankens. Immer wieder operiert man mit dem Argument: der Staat bevorzuge die private Volksbühne durch seinen Zuschuß in einseitiger Weise. Schenkt er dem wohlhabenden Besucher des Lindenhauses nicht viel mehr durch den höheren Zuschuß?

Berlin kann sich bei der heutigen Situation keine drei Opern leisten. Eine muß fallen. Die Entscheidung kann nicht zweifelhaft sein. Kroll ist ein Körper für sich. Städtische Oper und Lindenoper ähneln sich im Repertoire, in der konservativen Haltung. Kroll muß bleiben. Die schon bestehende Arbeitsgemeinschaft zwischen den beiden anderen Häusern kann bis auf die Vereinigung der Ensembles ausgedehnt werden. Dann hat man ein aktives und ein repräsentatives Operntheater. Die Stadt muß die Lindenoper dafür unterstützen. Welche Freude wird es überdies für die Abonnenten der Stadtoper sein, für diese unverbesserlichen Untertanenseelen, ihr musikalisches Bildungs- und Erbauungspensum in dem durch Traditionen geheiligten Kunsttempel absitzen zu dürfen.

*Kundgebung führender Bühnenleiter: ›Deutscher Theaterdienst‹ vom 29. November 1930*

Erhaltet die Kroll-Oper!

In diesem für die deutsche Kultur so gefährlichen Augenblick würde ich die Schließung eines Kunstinstitutes, wie es die Kroll-Oper ist, für ein großes Unglück halten.
*Franz Ludwig Hörth*
*Direktor der Staatsoper Unter den Linden*

Ich habe mich schon einmal in der Öffentlichkeit darüber geäußert, daß ich das Eingehen der Krolloper für einen wesentlichen Verlust im Kampfe um die Daseinsberechtigung der heutigen Oper überhaupt halten würde. Die Krolloper war es, die an weithin sichtbarer Stelle die ›kulinarische Oper‹ (im Sinne Bert Brechts) aus dem Vegetieren im Schlendrian mißverstandener Tradition zu neuem Leben erweckte; sie war es, welche die um einen neuen Operngeist schwer ringende Provinz mit Mut und Hoffnung erfüllte. Fällt ausgerechnet sie der wirtschaftlichen Not oder gar parteipolitischen Intrigen zum Opfer, dann hat das geistige und künstlerische Neudeutschland, soweit es sich nicht rückwärts orientieren will, eine Position und damit eine Schlacht verloren.
*Hellmuth Götze, Oldenburg.*

Selbstverständlich ist es immer im höchsten Grade bedauerlich, wenn ein namhaftes Kulturinstitut den wirtschaftlichen Schwierigkeiten unserer Zeit zum Opfer fällt, und man sollte sich mit allen Kräften für die Erhaltung der Krolloper einsetzen, wo seit Jahren wertvolle Arbeit für die Zukunft geleistet wird. Die große Bedeutung der Oper am Platze der Republik scheint mir in erster Linie in der Heranbildung unseres künstlerischen Bühnennachwuchses zu liegen. Die vorzugsweise Beschäftigung junger Kräfte hat zur Folge, daß man vorurteilsfreier und frischer an die Lösung von Problemen herangeht als anderswo. So ist mancher beachtenswerte Erfolg erzielt worden, der sich auch in der Provinz förderlich, manchmal bahnbrechend auswirkte. Auch im Interesse des heute schwer bedrängten Standes der Bühnenkünstler möchte ich wünschen und hoffen, daß sich eine Schließung der Krolloper vermeiden läßt.
*Richard Gsell, Dortmund.*

Ich bedaure die beabsichtigte Schließung der Kroll-Oper nicht allein wegen der mit dieser Schließung verbundenen sozialen Härten, sondern vor allem wegen des künstlerischen Verlustes dieses modernen Operninstitutes, dessen Aufführungen musikalisch meist mustergültig und szenisch äußerst interessant waren. Die Kroll-Oper hat häufig den Beweis erbracht, daß die Einheitlichkeit der Vorstellungen durch ihre Abstimmung von Solo, Chor, Bühnenbild, Licht und Kostümen wesentlichere Eindrücke vermitteln kann, als Vorstellungen mit Prominenten, die sich am Abend erstmalig in gewohnter Weise zusammenfinden.

Obwohl ich weit davon entfernt bin, jedem Experiment zu huldigen, empfinde ich den Verlust dieser Ensembleoper für die Metropole Deutschlands sehr, da sie im Gegensatz zu den Bühnen des Auslandes kein Amüsiertheater war. Wir, die jüngeren Theaterleiter der Provinz, die sich seit Jahren für die Neugestaltung des Opern-Repertoires in der Auswählung und Ausdeutung seiner Werke einsetzen, empfinden diesen Verlust doppelt, der ja zweifellos eine Rückwirkung auf unsere Möglichkeiten zur Verwirklichung unserer Absichten haben muß.
*Hanns Hartmann, Chemnitz.*

Die Krolloper schließen, heißt nicht nur eine der repräsentativsten deutschen Opernbühnen vernichten, es bedeutet den Verlust der geistigen und künstlerischen Führerin des heutigen musikalischen Theaters. Diesen Verlust zu riskieren, können wir uns in unserer führerarmen Zeit nicht leisten.
*Herbert Maisch, Mannheim.*

Die Krolloper ist die charakteristischste Opernbühne Berlins. Von ihr aus ist mit Konsequenz und Haltung der Vorstoß zur Erneuerung des Theaters gemacht worden. Die Krolloper einbüßen, bedeutet für das ganze deutsche Theater den Verlust jenes Instituts, in dem mit die Entscheidungen für die neue Formung der Oper gefallen sind. Der Rückschlag wäre ungewöhnlich, denn er würde nichts anderes bedeuten, als daß Berlin es der Provinz allein überlassen würde, das Gesicht des Opern-Theaters der Gegenwart zu formen.

*Hans Meissner, Stettin*

Daß jeder Künstler, der es ehrlich mit der Opernkunst meint, sich mit größtem Nachdruck für die Erhaltung der Krolloper einsetzen muß – darüber braucht hoffentlich nicht diskutiert zu werden. Das sollte um so mehr eine Selbstverständlichkeit sein, als es im Interesse des ganzen deutschen Opernlebens ist – also auch das der eigenen Arbeit andernorts – ein Institut zu erhalten, das den notwendigen, gesunden Wandel der szenischen Erscheinungsform als einen seiner künstlerischen Grundsätze konsequent verficht. (Wobei es vollkommen belanglos ist, wenn diese oder jene Inszenierung im Experimentellen stecken bleibt: das mißglückte Experiment ist immer noch wertvoller als die verstaubte Schablone!) Kein theatralisches Kunstwerk kann auf die Dauer ein uniformes Einheitsgewand vertragen. Die Oper dem Leben erhalten, heißt heute u. a. sie zielbewußt in die Stilumbildung und in den organisch gewandelten Blickpunkt der Generationen stellen. An einer Vielzahl gut und gewissenhaft arbeitender Bühnen hat es in Deutschland nie gefehlt, wohl aber an Bühnen, die den Mut zur Führung, zum folgerichtigen (nicht wahllosen), zeitnahen (nicht ästhetisch orientierten) Experiment hatten. Also: Erhaltet die Krolloper!

Aber es hat keinen Sinn, sich einem falschen Optimismus hinzugeben in dem Glauben, daß diesmal eine noch so große Zahl prominenter Namen mit ihren Warnungen die entscheidenden Instanzen werden umzustimmen vermögen. Dazu ist die wirtschaftliche Situation des Staates zu ernst geworden und dazu müßten auch noch andere Krisensymptome erkannt und beseitigt werden.

Man muß den Fall der Krolloper in ihren tieferen Ursachen verstehen: sie liegt nicht bei der mangelnden Qualität moderner Opern so wenig wie bei den mehr oder minder ›radikalen‹ Künstlern, sie ist eine Krise des Publikums, ein Zeichen kulturreaktionärer Bequemlichkeit in der Einstellung zu zeitgenössischen Kunstproblemen, sie ist ein sehr ernstes Zeichen jener größeren Kulturkrise, die Ihering mit Recht als ›getarnt‹ bezeichnet. Nichts hat mich in diesem Fall mehr betroffen als zwei nüchterne Zahlen: wenn ich recht unterrichtet bin, ist die Zahl der Mitglieder der radikalen Volksbühnensonderabteilung von 20 000 auf 3800 heruntergegangen. Das heißt doch zweifelsohne, daß die Mehrzahl der Volksbühnenbesucher das experimentelle Theater ablehnt, und daß dieses Publikum ohne jedes ernsthafte Kunstinteresse das Unterhaltungstheater will. Kunst war, ist und wird nie die Sache satter und saturierter Menschen sein.

Die abtrünnigen 16 000 – davon bin ich leider überzeugt – würden am liebsten Sudermanns ›Ehre‹ veropert sehen. Die Situation ist in diesem Punkt für den reproduktiven noch gefährlicher als für den schöpferischen Künstler, der schließlich und endlich sein Werk in der Schreibtischschublade einer besseren Zeit entgegenschimmeln lassen kann. Den Opernproduzenten des Krollinstitutes hingegen ist der Boden unter den Füßen entzogen. Ihre wirtschaftliche Stütze ist illusionär geworden. Was also nun? Wer ein Gefühl für die Zeit hat, weiß, daß die geistige Aktionskraft heute ihr Schwergewicht in die politisch radikalen Flügel verschoben hat. Es ist nicht nur die für unser Problem wichtige, sondern die deutsche Schicksalsfrage schlechthin, ob die hier lebendigen Kräfte eine Zeit der finstersten Reaktion oder des Substanz und Form auflösenden Chaos heraufführen (was im Endeffekt dasselbe wäre) oder ob sie bei primärer Bindung an Volk und Tradition trotzdem zukunftfördernde Einstellungen finden werden. Ich bin gläubig genug, das letztere zu erhoffen.

Vielleicht werden wir die uns von Jugend auf vertrauten Begriffe: politische Linke – kultureller Fortschritt, politische Rechte – Reaktionen im Sinn des photographischen Negativs umdenken lernen müssen? Im Augenblick ist mir jedenfalls eine kulturelle Aktion größeren Stils mit der Linken unglaubhaft geworden. Ob die Jugend der Rechten, soweit es das kulturelle Leben der Nation betrifft, sich als aktiver Faktor einordnet, davon scheint mir allein abzuhängen, ob wir überhaupt noch fortschrittlich werden arbeiten können oder ob sich die Lebendigkeit der jungen Kunst für eine Generation in Privatzirkel vergraben muß.

Praktisch für den Fall der Krolloper gesprochen: Stützung, statt allein auf die Volksbühnenorganisation, auf Organisationen in allen Lagern. Hier ein ›Gründungsfieber‹ zu entfachen, kennzeichnet die heutige Notwendigkeit und – die einzige noch mögliche Rettung. Es gilt zu begreifen, daß die soziale Umschichtung von einer geistigen begleitet ist. Nicht die politische Weltanschauung eines Volksteils genügt mehr zur Stützung. In jedem Lager gibt es geistige Komponenten. Diese gilt es heranzuziehen und durch ein freiheitliches, d. h. unpolitisches, Theater zu gewinnen.

*Hans Esdras Mutzenbecher, Stockholm.*

In der allgemeinen Anerkennung, zu der sich die Kroll-Experimentierbühne durchgesetzt hat, liegt ein wesentlicher Wert, nicht allein in dem, was dieses Institut geschaffen hat. Die Anerkennung des Experiments machte die Bahn frei für die Aufnahme der Anregungen in der deutschen Theaterwelt. Gerne ließen sich auch große Theater im modernen Spielplan und Aufführungsstil von der Krolloper den Weg weisen. Wo finden künftig die modernen Komponisten einen so stoßkräftigen Förderer, wenn Klemperer das Haus geschlossen wird? Für die Bedeutung eines neuzeitlichen Spielplans muß der Fortfall dieses Institutes katastrophale Auswirkung haben. Ein Opernspielplan ohne diese Weiterentwicklung ist wie ein müder, alter Mann. Darum: Die Krolloper muß erhalten bleiben! *Erich Pabst, Osnabrück.*

Wenn man von außen her die Situation der Berliner Opernhäuser beurteilen soll, so muß man zunächst von allen finanziellen Momenten absehen. Denn für die Theater außerhalb Berlins, die an den Bühnen der Landeshauptstadt das anregende Vorbild haben sollen, entscheidet nur die Leistung. Und da steht es nun außerhalb jeder Diskussion, daß die Krolloper in ihrer Arbeit so viel wertvolle Anregungen gegeben hat, daß ihr Verlust das Bild des geistigen Berlins wesentlich beeinträchtigen würde. Die Krolloper hat vor allen Dingen wieder bewiesen, daß es die Ensembleleistung ist, die den Wert einer künstlerischen Gestaltung bestimmt, und sie ist in zielbewußter Arbeit diesem Prinzip treu geblieben. Sie hat der Provinz im Idealbild vorgeführt, wie man durch die Zusammenschweißung einer künstlerischen Körperschaft auch ohne Stars Vorbildliches leisten kann, und damit den Weg gewiesen, der für die Provinztheater – wobei Provinz nur ›außerhalb Berlin‹ heißen soll und kein Werturteil beinhaltet – der einzig gangbare ist. Dieses Vorbild, das lebendige Exempel, sollte unter allen Umständen erhalten bleiben.

*Robert Volkner, Prag.*

*Otto Klemperer: ›Berliner Tageblatt‹ vom 27. Jan. 1931*

In eigener Sache

Wenn ich in letzter Stunde für die Kroll-Oper das Wort ergreife, so geschieht es, um vor der Öffentlichkeit Rechenschaft abzulegen. Rechenschaft über das, was angestrebt war, was erreicht wurde und was uns versagt blieb. Bei einer Unternehmung, die auf lange Sicht hinaus gedacht war, muß der möglicherweise bevorstehende jähe Abschluß (nach vier Arbeitsjahren, also nach kaum begonnenem Anfang) den ganzen Aufbau notwendig in falsches und mißverständliches Licht setzen und die Grundidee verschleiern. Wenn ich auch nur im ersten Jahr die Kroll-Oper als Direktor geleitet und seit dem Eintritt des Intendanten Legal ausschließlich als ›Generalmusikdirektor in vollem Umfang‹ amtiert habe (das heißt verantwortlich für die musikalischen Belange aller Vorstellungen des Theaters, nicht nur für die von mir dirigierten Abende), so bleibt mein Name doch mit dem Institut in besonderer Weise verbunden. Dies um so mehr, als die Grundidee auch unter der neuen Leitung nicht verlassen wurde.

Von dieser ›Idee der Kroll-Oper‹ soll hier gesprochen werden. Ich muß etwas ausführlicher und persönlicher werden:

Mein erstes öffentliches Auftreten als Dirigent geschah unter der Aegide Max Reinhardts, der mir im Jahre 1906 vertretungsweise (für Oskar Fried) die Direktion von Offenbachs ›Orpheus‹ anvertraute. Im Mai und Juni dieses Jahres dirigierte ich im Neuen Theater (jetzt Theater am Schiffbauerdamm) etwa fünfzig Aufführungen dieses Werkes als Serie. Mein erster Eindruck des musikalischen Theaters war somit der einer bis ins kleinste musikalisch und szenisch vorbereiteten und ausgearbeiteten Vorstellung, die organisatorisch serienweise genutzt wurde. Der große praktische Sinn der Serie wurde mir schon damals eindeutig klar. Mein Weg führte mich an das Opernrepertoiretheater – schärfster Gegensatz zum Serientheater –, wo alljährlich etwa 40 bis 60 ›stehender‹ Werke, das heißt nahezu probenlos gegebener Stücke, aufgeführt wurden, gemeinhin unterbrochen von einer Reihe sorgfältig vorbereiteter Premieren. Prag, Hamburg, Köln, Straßburg, Wiesbaden – 20 Jahre Erfahrung als Operndirigent lehrten mich, daß dieser Typus des Repertoire- und Betriebstheaters unmöglich als Ganzes bejaht werden kann. Daß es unmöglich verantwortet werden kann, drei bis vier qualitativ hochstehende Aufführungen im Jahr zu machen und das übrige, die überwältigende Mehrzahl der Abende, dem ›grauen Alltag‹ auszuliefern. Wo war ein Ausweg? Wesentliche Verminderung der Spieltage? 1926 aber ging das aus finanziellen Gründen nicht. Da trat 1927 der preußische Kultusminister Dr. Becker mit dem Auftrag an mich heran, Kroll zu übernehmen. Dieses Haus war als eine Art ›Serientheater‹ gedacht. Die Organisationen als ›Verbandstheater‹ (im Gegensatz zum Abonnementstheater) ermöglichte die weit häufigere Wiederholung desselben Werkes. Wenn irgendwo, mußte es hier möglich sein, meine Idee der Oper zu verwirklichen. Die Idee der Oper für ›alle Tage‹, die Idee der All-Tags-Oper. Aber die Mittel waren sehr gering. Man mußte geeignete Mitarbeiter finden, die diese ›Ökonomie‹ künstlerisch ausnutzen konnten. Es gelang. Meine Kollegen Zemlinsky aus Prag, Zweig von der Städtischen Oper, der Maler Dülberg von der Weimarer Kunstschule, der Kunsthistoriker Curjel vom Karlsruher Museum fanden sich mit mir in derselben Idee. Hierzu traten später u. a. als Regisseure Legal, Fehling, Gründgens, Rabenalt, für die Bühnenbilder Neher, Moholy-Nagy, Schlemmer, Reinking und Otto. Das Schicksal kam uns zu Hilfe. Durch den verzögerten Umbau des Lindenhauses hatten wir 1927 zweieinhalb Monate Vorbereitungszeit und konnten in ruhiger Arbeit den Grund zu unserem Aufbau legen. Nie gaben wir mehr als zehn bis zwölf Opern gleichzeitig. Jedes Werk wurde vollständig neu einstudiert und neu ausgestattet. Das schreckliche Leitmotiv des deutschen Opertheaters: ›Wir haben nicht genug Zeit‹, war in unserem Hause endlich überwunden. So konnten wir jeder Inszenierung die Festigkeit geben, die ihr selbst im Alltag und gerade bei der naturgemäß sehr zahlreichen Wiederholung blieb. Diese wirkte sich auch in bezug auf das künstlerische Gesicht des Spielplans fruchtbar aus. Welches Theater konnte sich eine solche Anzahl Wiederholungen von Hauptwerken der Opernliteratur erlauben?

Wir gaben seit unserer Eröffnung (November 1927) ›Freischütz‹ 78 mal, ›Carmen‹ 75 mal, ›Fledermaus‹ 70 mal, ›Giovanni‹ 56 mal, ›Holländer‹ 56 mal, ›Hoffmanns Erzählungen‹ 55 mal, ›Salome‹ 63 mal, ›Fidelio‹ 58 mal.

Diese Aufstellung widerlegt auch alle die Angriffe, die uns als ›zu experimentell‹ charakterisiert haben. Wir gaben Strawinskys ›Oedipus‹ 11 mal, Hindemiths ›Cardillac‹ 19 mal, Schönbergs Opern 4 mal. Jedes Provinztheater räumt der ›Moderne‹ ebenso bescheidenen Raum ein. – Nichts liegt mir ferner, als von der künstlerischen Qualität unserer Aufführungen ein Wort zu sagen. Es steht mir nicht zu. Nur eines wäre noch zu sagen: schon 1927 haben wir ein Theater aufgerichtet, das sich aus künstlerischer Einsicht mit den ökonomischen Prinzipien der Zeit deckte. Wir kannten keine Stargagen und keine ›Prunk- und Rauschoper‹. Wir strebten nach einer ›Spiritualisierung‹ der Oper, nach einer ›Neuen Romantik‹, wie sie die Zeit geistig verlangte und ökonomisch diktierte.

Wir sollen mitten auf dem Wege getroffen werden. Wir haben natürlich Fehler gemacht. Zeiten des Elans wurden von Perioden des Zögerns unterbrochen, wie das bei einem langen Feldzug sein muß. Wir sind mitten auf dem Wege, man will uns die Arbeit aus der Hand nehmen. Sei es drum. Dann muß der ›Nächste‹ das Begonnene fortsetzen. Aber – wann auch immer diese Idee von der Oper wieder aufgenommen werden wird, man wird dort anknüpfen müssen, wo wir nun aufhören sollen. Man kann unser Theater schließen, aber die Idee kann man nicht töten. Die Idee von der Überwindung des Opernrepertoiretheaters durch die Aufrichtung der Oper für alle Tage, der All-Tags-Oper.

*Otto Klemperer: ›Vossische Zeitung‹*
*vom 18. März 1931*

Drei Opernhäuser

Immer und immer wieder taucht die Frage auf, sind nicht drei Opernhäuser für Berlin zu viel? Ich möchte diese Frage nicht beantworten, bevor ich einen historischen Überblick gegeben habe, der beweisen wird, daß Berlin seit 30 Jahren stets drei Opernhäuser gehabt hat.

Kurz nach der Jahrhundertwende hatte Berlin die Königliche Oper Unter den Linden, die Komische Oper unter Gregor und das Königliche Operntheater bei Kroll, das zwar nicht täglich spielte, aber ständig in Betrieb war.

Dieses Theater hatte immer Spezialaufgaben. Hier gastierte das russische Ballett unter Diaghileff, hier absolvierte Angelo Neumann seine ersten großen Stagionen, hier gastierte die Duse. Fortwährend fanden in diesem Operntheater Schauspielvorstellungen des Königlichen Schauspielhauses statt. Auch Opernvorstellungen wurden häufig gegeben, namentlich wenn Reparaturarbeiten an der Königlichen Oper nötig waren. Ich selber erinnere mich, während meiner Studienzeit in Berlin (1902–1907) eine hervorragende ›Don Giovanni‹-Aufführung unter Richard Strauss bei Kroll gehört zu haben (mit Knüpfer als Leporello). Ebenso erinnere ich mich an eine wunderschöne ›Tannhäuser‹-Aufführung unter Leo Blech an derselben Stelle.

Zu den drei Opernhäusern, der Königlichen Oper Unter den Linden, dem Königlichen Operntheater bei Kroll und der Komischen Oper an der Weidendammerbrücke, kam nun immer noch eine Volksoper, die unter verschiedenem Titel auftrat; einmal war sie (wenn ich nicht irre) am Weinbergsweg, hieß National-Theater, einmal war sie im Walhalla-Theater, ein anderes Mal im Belle-Alliance-Theater, hieß Lortzing-Oper (hier war ich selbst im Sommer 1907 mehrere Monate als Assistent von Artur Bodanzky tätig). Als die Komische Oper eingegangen war, entstand die Charlottenburger Oper und eine Reihe von Jahren später die Große Berliner Volksoper. Also wieder drei Opern, sie hießen nun: Staatsoper Unter den Linden, Charlottenburger Oper, Große Berliner Volksoper.

Wie kommt es nun, daß eine Stadt, die dreißig Jahre lang immer drei Opern hatte, die oben gestellte Frage aufwirft? In erster Linie wohl deshalb, weil zur Zeit von drei Opernhäusern zwei Häuser vom preußischen Fiskus und eines von der Kommune betrieben wird, während früher immer private Gründungen dabei waren. Nun, wenn nicht alle Zeichen trügen, gehen wir auch in dieser Hinsicht einer neuen Organisation entgegen. Kroll wird als reine Staatsoper voraussichtlich eingehen, aber als Staatliches Operntheater (d. h. als Operntheater mit staatlicher Subvention) wieder auferstehen.

Nach diesem historischen Exkurs komme ich zum Schluß zur Beantwortung meiner ersten Frage: Sind nicht drei Opernhäuser für Berlin zu viel? Meine Antwort lautet: Ich glaube, daß das Berlin von heute und morgen nicht nur drei Opern füllen kann, sondern drei Opernhäuser nötig hat und allabendlich füllen wird. Allerdings unter einer Bedingung, einer conditio sine qua non: nur dann, wenn alle drei Opernhäuser künstlerisch ersten Ranges sind.

*Vossische Zeitung vom 18. März 1931*

Muß die Krolloper fallen?

Heute wird im Landtag die Anfang März von der Opposition sabotierte Abstimmung über den Abfindungsvertrag der Volksbühne wiederholt. Da die Regierungsparteien im ganzen über 232 Stimmen verfügen, die Beschlußfähigkeitsziffer aber bei einer Gesamtzahl von 450 Abgeordneten 226 beträgt, so dürfen also, falls die Opposition wieder obstruieren sollte, höchstens sechs Abgeordnete der Regierungsparteien fehlen. Weil heute auch über das Berliner Gemeindeverfassungsgesetz abgestimmt wird, hofft man, daß alle Mann antreten werden.

Falls der Ablösungsvertrag auch heute nicht durchgeht, wird die Volksbühne sofort die Einsetzung des Schiedsgerichts beantragen, das der alte Vertrag vorsieht. Alle Vorbereitungen dafür sind schon getroffen. Das Schiedsgericht wird die Höhe der Abfindungssumme festzusetzen haben, die die Volksbühne bei Schließung der Krolloper aus den Rechten des alten Vertrages beanspruchen darf. In dem Schiedsgericht stellt die Regierung wie die Volksbühne je zwei Schiedsrichter, die sich auf den Vorsitzenden einigen. Da die Regierung schon im Abfindungsvertrag den Wert des alten Vertrags durch ihr Angebot zu erkennen gegeben hat, kann die Volksbühne nicht schlecht fahren.

Die Parteien, die die Schließung der Krolloper für unabwendbar halten, berufen sich darauf, daß die Kosten für die Staatstheater in den letzten Jahren eine Höhe erreicht haben, die im Hinblick auf die schlechte Finanzlage einen kräftigen Abbau dringlich erfordert. Dem fortwährenden Geschrei der Rechten nach Aufgabe der Krolloper habe man schließlich nachgegeben. Schon im vorigen Herbst hat bei der Etataufstellung für das neue Geschäftsjahr der Finanzminister keine Etatansätze mehr für die Krolloper, sondern nur einen Abwicklungsfonds für die nach Schließung noch weiter laufenden Ausgaben in Höhe von 1,2 Millionen Mark eingesetzt. Der Etat ist in dieser Gestalt vom Hauptausschuß mit fast allen Stimmen genehmigt worden. Der besondere Antrag des Zentrums auf Schließung der Krolloper, der mit 15 gegen 14 Stimmen angenommen wurde, war im Grunde überflüssig, unterstrich nur noch den Willen des Ausschusses auf Schließung. Und was der Hauptausschuß beschließt, wird vom Plenum gewöhnlich gutgeheißen...

An der bedauerlichen Tatsache, daß ein gerade in letzter Zeit immer mehr zu allgemeiner Anerkennung gelangtes Kunstinstitut stillgelegt werden soll, wird, nach Ansicht der amtlichen Stellen, auch das Bestreben einzelner Abgeordneter nichts ändern. Ausschlaggebend seien nicht kunstfreundliche Gefühlswallungen von Freunden der Krolloper, die es zahlreich in allen Fraktionen gibt, sondern nüchterne, rein finanzielle Erwägungen, die besonders vom Finanzminister Höpker-Aschoff, je länger, je schärfer betont werden. Und noch eins kommt hinzu: Die Krolloper steht in Berlin, die Landtagsabgeordneten vertreten in ihrer überwiegenden Mehrheit aber nicht Berlin, sondern die Provinz.

Der sozialdemokratische Abgeordnete König hat darauf verzichtet, seinen Vorschlag, am Etat der Lindenoper 400 000 Mark zu sparen und sie der Krolloper zu überweisen, als Antrag einzubringen. Die Regierung erklärt nämlich energisch: Staatsgelder sind für Weiterführung der Krolloper nicht vorhanden. Wenn jedoch private Mittel in genügender Höhe aufgebracht werden, kommt eine vielleicht mietfreie Überlassung des Hauses in Frage.

Und weiter sagt die Regierung: Auch bei Schließung der Krolloper müssen die Ausgaben der Staatstheater durch Gagenabbau und sonstige Sparmaßnahmen weiter gesenkt werden. In der Oper hat man mit der Herabsetzung der Konventionsgagen für die Opernstars um 35 Prozent von 1000 Mark auf 650 Mark den Anfang gemacht, alle anderen Gruppen müssen folgen, auch die Schauspieler an den Sprechbühnen. H. G.

*Vossische Zeitung vom 18. März 1931*

Und warum?

Im Grunde ist die Lage also weiter ungeklärt. Werden die 23 Zentrumsabgeordneten, die sich Anfang März der Stimme enthielten, diesmal für den Volksbühnen-Vertrag stimmen? Davon wird alles abhängen. Man hört auch von der Möglichkeit, daß gegen den Vertrag auf Grund des Monopolgesetzes, das die Bevorzugung einer einzelnen Interessentengruppe untersagt, Einspruch erhoben werden soll.

Wenn dennoch die Mehrheit für den Vertrag und damit gegen die Krolloper stimmen sollte, so darf man daraus nicht etwa schließen, daß die Mehrheit des Landtags etwa aus künstlerischen Gründen krollfeindlich ist; es ergibt sich das Paradoxon, daß eigentlich fast niemand etwas gegen das Institut am Platz der Republik hat, und selbst auf der rechten Seite ist ein deutlicher Stimmungsumschwung zu verzeichnen, nachdem sich herausgestellt hat, daß Klemperer gar nicht der Kunstbolschewist und atonale Wüstling ist, als der er, im Anfang vielleicht mit einem Schein von Berechtigung, galt.

Aber die finanziellen Notwendigkeiten... Die finanziellen Gründe sind nicht mehr stichhaltig. Wenn die verantwortlichen Stellen glauben, daß die 400 000 Mark, die Klemperer auf ein Jahr erbittet, um die Umstellung zur Volksoper, die Loslösung aus dem Etat auf solider Basis vorzunehmen, an den anderen Staatstheatern nicht eingespart werden können, so klingt das nicht ganz überzeugend. Sollten im Finanzministerium doch noch andere als rein finanzielle Motive bei der Beurteilung der Kroll-Oper mitspielen? Sind auch die leitenden Stellen des Kultusministeriums und die Generalintendanz der Ansicht, daß die einmalige Einsparung von 400 000 Mark unmöglich ist? Hatten wir unrecht, wenn wir es ablehnten, Tietjen zu den Feinden der Kroll-Oper zu rechnen? Ist es richtig, daß der Generalintendant sich für das neue Volksopern-Projekt selbst eingesetzt hat und wenn ja, warum tritt er nicht mit der Autorität dafür ein, über die der künstlerische Vertrauensmann des zuständigen Ministeriums hoffentlich verfügt?

Denn die Volksoper ist keine schöne Redensart. Vor uns liegt eine Liste von rund 50 Verbänden und Vereinen, die sich durch schriftliche Zusage bereit erklärt haben, ihre Mitglieder für ein Abonnement in der Kroll-Oper zu interessieren, darunter der Volksverband der Bücherfreunde mit 60 000 Mitgliedern, Gesellschaft der Funkfreunde (60 000), Deutsche Buchgemeinschaft (40 000), Reichsbanner (26 000), Deutsche Post- und Telegrafen-Beamten (20 000), Verband deutscher Motorradfahrer (25 000), Verband der Kommunalbeamten (18 000), Berliner Sängerbund (10 000) usw.

Wenn der Landtag heute gegen die Kroll-Oper stimmt, so braucht das also noch nicht zu bedeuten, daß am Platz der Republik keine Oper mehr gespielt werden wird. Hier steht mehr auf dem Spiel als das Interesse der ›Leute vom Bau‹. Und Klemperer ist klug genug, um, solange die Notzeit anhält, auf Experimente zu verzichten. Er wird seinen Geist durchaus auch innerhalb eines Opernrepertoirs verwirklichen können, das nur attraktive Werke bringt; und er hat in diesem Winter schon bewiesen, daß er es kann.  h. mei.

*Alfred Einstein: ›Berliner Tageblatt‹ vom 6. Febr. 1929*

### Werktagsoper

Mein Operntagebuch verzeichnet: Sonnabend, 2. Februar, die drei letzten Bilder der ›Aida‹, Montag, 4., die beiden ersten Akte des ›Tristan‹, beides in der Staatsoper Unter den Linden. Solche gelegentliche Besuche sind nicht erwünscht und beliebt, und noch unerwünschter und unbeliebter sind Berichte darüber, was man bei diesen Gelegenheiten erlebt oder nicht erlebt hat. Um so notwendiger sind sie. Der Kritiker sieht ja die Oper fast nur im Festtagskleid, in der Erregung und Spannung eines außergewöhnlichen Ereignisses, das sich stets vor ungefähr dem gleichen Publikum abspielt, aber er kennt in der Regel nicht die hundert Aufführungen, die als ›Wiederholungen‹ den Hunderttausenden des sogenannten gewöhnlichen und doch des eigentlichen Publikums vorgesetzt werden. Nicht jene ›ersten Abende‹, nicht die ›vernissages‹ geben einen Begriff von dem Standard eines Instituts, sondern gerade der Opernalltag, der Opernwerktag.

Gar keine Rede davon, daß jeden Tag Sonntag sein müßte. Die Hochspannung, die zu erreichen ist, wenn Gipfelung, Vollendung erzielt werden soll, ist nicht jeden Tag zu leisten; man hat es in der Oper mit dem sensibelsten aller Organe, dem Instrument der menschlichen Kehle zu tun, das in Ordnung sein muß; und das ist selbst bei den paar Sängern, die dies Instrument überhaupt beherrschen, unter dreihundert Malen dreißigmal der Fall. Es gibt tausend Unwägbarkeiten, von denen das Glück eines Abends abhängt. Aber etwas müßte an jedem Abend sich ereignen, was den Hörer aus dem Alltag in die Region der Kunst, in die Sphäre des Ungewöhnlichen emporreißt. Dafür hat er sein Billet gelöst, und wenn das Ereignis nicht kommt, wird er sich immer weniger gedrängt fühlen, es zu lösen.

Es liegt mir ganz fern, nun gerade die beiden Vorstellungen, und gerade die Staatsoper Unter den Linden, aufs Korn zu nehmen; ganz fern, eine Reihe von verdienten Künstlern zu kränken, die das Unglück hatten, daß ich ausgerechnet diese paar Akte und Bilder ansehen mußte. Natürlich, die Oper Unter den Linden ist das repräsentativste Kunstinstitut der Stadt, des Staates, des Reiches; es hat die höchsten Verpflichtungen. Aber es ist überall dasselbe, und am Platz der Republik, in der Bismarckstraße läuft der Thespis-Karren genau den gleichen Weg, sind die Symptome genau die gleichen. ›Aida‹: – ein unbekannter Gastdirigent; die Unbekanntheit ist gleichgültig, wenn er seine Sache nur gut machte, aber wir tun ihm nicht unrecht, wenn wir sagen, daß er sie nicht so gut machte wie Blech oder Walter (auch Walter wäre als Gastdirigent denkbar gewesen), nicht so gut, wie die Sache es erforderte – eine bedächtigere Nilszene kann man sich nicht leicht vorstellen. Radames: ein Gast aus Italien, wo nicht bloß Goldorangen glühn, sondern auch niedliche Knödel wachsen, nicht bloß köstliche Nudeln gezogen, sondern auch Kehltöne gepreßt werden, kurz, ein Tenor, der trotz einiger schöner Mitteltöne weder export- noch importreif ist. Tristan – ein hochverdienter Sänger und echter Künstler, den man mit einer solchen Aufgabe nicht mehr behelligen und bloßstellen sollte; Isolde – statt Barbara Kemp, deren Absage mit mathematischer Sicherheit vorherzusagen war, ein Gast aus provinzialer Ferne; Brangäne – eine wackere Sängerin aus den Charlottenburger Gefilden. Dieser zweite Akt des Ausnahmewerkes aller Ausnahmewerke, von Kleiber mit Vorsicht und Indifferenz geleitet – er wird mir ewig in Erinnerung bleiben.

Es ist kein Wunder, daß diese Aufführung des ›Tristan‹ auch Kleiber keinen Spaß machte. Unsere ersten Dirigenten, soweit sie selber da sind, sind Feldherren ohne Soldaten. Sie sind ja selber einen hübschen

Bruchteil des Opernwinters abwesend, alle ohne Ausnahme, und ihr Beispiel wird eifrig nachgeahmt: Denzler war viele Wochen fort, Sebastian ist auf ebensoviele fortgegangen; Unter den Linden werden Aufführungen von Zufallsgastdirigenten, am Platz der Republik die bewußten ›Wiederholungen‹ von den Korrepetitoren geleitet, und wenn diese Gepflogenheit hier auch abgestellt werden soll, – sie hätte niemals herrschen dürfen: man mag sich die Autorität dieser (zugegeben) jugendlichen Genies über Sänger, über ein Orchester vorstellen. Aber vor allem fehlen im Berliner Opernhalbjahr die großen Sänger, und sie fehlen alle zur gleichen Zeit. Sie sind in Amerika oder sonst auf Gastspielfahrten, sie sind bei der Operette oder sonstwo, sie sind nur nicht da, wo sie hingehören. Der Begriff des Ensembles existiert längst nicht mehr, auch nicht am Platz der Republik bei Klemperer, der anfänglich mit Ensemblekunst dem Startum begegnen wollte. Die Zahl der Gastsänger ist nicht mehr zu zählen; Sänger und Sängerinnen können sich eines ›Ehrengastspiels‹ in Berlin rühmen, die in Treuenbrietzen Verwunderung erregen würden; Engagements werden angekündigt, aber nicht eingehalten – wo ist Roswänge geblieben, den wir bitter nötig brauchten, was ist aus der Mihascek geworden? Entdeckt Bruno Walter einen Sänger, so wird er ihm von der ›Konkurrenz‹ weggefischt, weggefiedessert. Das Chaos ist vollkommen: nur mehr ein Operndasein von der Hand in den Mund ist möglich, aber keine echte, wirkliche Arbeit, kein dauernder Aufbau.

So geht es nicht weiter, wenn nicht der ganze Opernkarren Berlins einen erbärmlichen Lauf in den Abgrund nehmen soll. Es gilt nicht nur den Bestand eines Operninstituts, das angeblich in Berlin zu viel sein soll. Es gilt das Opernwesen Berlins überhaupt. Vor allem muß es gelingen, die landflüchtigen Sänger wieder völlig an ihre Institute zu fesseln, und das gelingt, man mag das empörend oder natürlich finden – denn der Sänger ist einfach gezwungen, die Jahre seines vielleicht rasch schwindenden Stimmglanzes zu nützen –, nur durch Geld. An manchen Instituten hat man den Gewinn aus der Opernübertragung durch Rundfunk auf Erhöhung der ›Prominenten‹-Gagen verwendet. Aber in Berlin wird das nicht genügen. Das einzige durchgreifende Mittel, wieder ein großes Ensemble, einen kunstwürdigen Betrieb zu gewinnen, ist eine Fusion der Berliner Opernhäuser – ob bloß der Staatsoper Unter den Linden mit der Städtischen Oper, ob aller drei Häuser ist eine Frage für sich – unter einheitlicher künstlerischer Leitung. Die einheitliche administrative Leitung, die bereits besteht, kann erst dann einen Sinn bekommen. Dann wird man – vielleicht – der amerikanischen, der Operettenkonkurrenz begegnen, die ersten Gesangskräfte, ohne die große Oper nun einmal nicht zustande kommt, durch gesteigerte Gage im Lande, an der Spitze des Ensembles halten können. Dann wird man den grauenhaften Zwang brechen, daß jedes der drei Opernhäuser die gangbarsten Opern führen muß. Es kann in Berlin nur einen ›Ring‹, einen ›Don Giovanni‹, einen ›Figaro‹, eine ›Aida‹ geben, und zwar nur die beste: dieser neue Zwang bedeutet dem Werk und seinem Schöpfer gegenüber eine neue Verantwortlichkeit, die heute notwendiger ist als je. Und erst dann kann mit der provinzialen Notwendigkeit aufgeräumt werden, an jeder Oper ein Repertoire von sechs Dutzend Opern zu führen, von denen ein Dutzend leidlich und die andern fünf recht und schlecht heruntergespielt werden; erst dann kann jede Aufführung so gut werden wie die Erstaufführung. Ganz dringend braucht die Berliner Oper wieder das Schauspielhaus im Gendarmenmarkt – es ist ein Unding, Spieloper und besonders Mozart vor allem in den beiden Riesenstadeln am Tiergarten und in Charlottenburg zu spielen; und was während des Interims des Opernumbaus gegangen ist, muß auch heute wieder gehen.

Ich weiß sehr wohl, welche Schwierigkeiten ernster Art der Verwirklichung dieses Gedankens gegenüberstehen: es hängen mit ihr hundert Vertragsänderungen, hundert organisatorische Fragen zusammen, von der Vereinfachung des Betriebs, die die Vereinheitlichung mit sich bringen wird, bis zur Umwälzung des Platzmietensystems. Ich weiß sehr wohl, wie viel Schreie der Entrüstung der in ihren Kompetenzen Bedrohten sich verlautbaren werden. Diese Schreie werden sich diminuieren, wenn eines schönen Tages ihre Hervorbringer nicht ganz verstummen wollen. Nochmals: es geht um die Opernexistenz Berlins überhaupt. Erst wenn Berlin seine reichen Opernmittel zusammenhält und organisiert, wird es imstande sein, große (und nebenbei einträgliche) Opernkunst zu machen; erst dann werden wir aus dem Opernwerktag wieder herauskommen.

*Alfred Einstein: ›Berliner Tageblatt‹ vom Februar 1931*

Wieder einmal Kroll

Ja, wieder einmal Kroll. Es ist ruhig geworden um die zweite Staatsoper, Berlin ist eine große Stadt und hat andere Sorgen. Aber es ist nicht nur wieder Zeit, darauf hinzudeuten, wie es steht, sondern auch Zeit, daß eine große Gruppe von Menschen, nämlich das Personal der Oper, vom Bühnenarbeiter bis zum Solisten, wissen muß, wie es am 3. August 1931, das ist in wenig mehr als einem halben Jahr, um sie stehen werde.

Die Situation hat sich verändert. Am 17. Dezember vorigen Jahres hat eine Sitzung des Hauptausschusses des preußischen Landtags stattgefunden, in der über die gütliche Lösung des Vertrags des Staates mit der Volksbühne beraten wurde. Ihr folgte zwei Tage später eine Sitzung des Plenums, mit Berichterstattung und Eröffnung der Aussprache – und dem Beschluß, ihre Beendigung zu verlangen, denn es stand ja Weihnachten vor der Tür. Inzwischen ist von neuem die Bildung einer Unterkommission aus Mitgliedern des Hauptausschusses beschlossen worden, deren Vorsitz der Abgeordnete König (Potsdam) führen soll; sie wird am 26. Februar unter der Tagesordnung: Staatstheateretat sich auseinandersetzen.

Über die Frage, wer bei der Lösung des Vertrages gewinnt: der Staat oder die Volksbühne, soll hier nicht gesprochen werden. Es versteht sich ganz von selbst, daß die Volksbühne für den Verzicht auf Rechte, die sie nun einmal besitzt, angemessen entschädigt werden muß. Das Neue der Lage ist nur, daß die Alternative: Volksbühne oder Kroll nicht mehr besteht. Die Verhandlungen im Hauptausschuß sind unter dem Gesichtspunkt geführt worden, daß man den Vertrag mit der Volksbühne lösen müsse, um den Weg für die Auflassung der Kroll-Oper freizumachen. Der Finanzminister hat den Vertragsentwurf dem Landtag mit der Bitte um möglichste Beschleunigung hinübergegeben, da die »Angelegenheit wegen der rechtzeitigen Unterrichtung des Personals der Oper am Platz der Republik und der Fälligkeit der ersten Zahlung äußerst dringend« sei. In der Tat: die Volksbühne schien damals – obwohl sie es bestritt – der ersten Rate von 600 000 Mark sehr zu bedürfen, es war so eine Art von SOS-Ruf. Sie hat sie nicht erhalten und besteht noch heute. Sie hat, dank guten Stücken und guten Schauspielern, ein paar glückliche Monate hinter sich, und wir wünschen nichts mehr, als daß sie weiter Glück haben möchte.

Aber auch die Kroll-Oper hat, dank ›Louise‹ und besonders ›Figaro‹ ein paar glückliche Monate hinter sich. Plötzlich hat sich herausgestellt, daß sie auf künstlerischem wie finanztechnischem Gebiet kaum mehr Feinde hat; ganz ›links‹ hat man errechnet, daß mit ihrer Schließung so gut wie nichts erspart wird, und selbst ganz ›rechts‹ fragt man sich, weshalb gerade das Institut zugesperrt werden soll, das am wenigsten hinter seinem Einnahmesoll zurückbleibt. Der Generalintendant bezeugt seine Sympathie, in dem er – allerdings inoffiziell – einen Finanzplan aufgestellt hat für den Fall der Umwandlung der Kroll-Oper in eine gemeinnützige Opern-G.m.b.H., an der der Staat mit einer Reihe von Privatpersonen sich beteiligt. Aber diese Umwandlung, so möglich und aussichtsreich sie erscheint, ist nur ein letzter Ausweg. Man gebe Kroll vom neuen Spieljahr ab und auf begrenzte Zeit die Chance, unter Ausschaltung der Volksbühne, die sich bei ihrem Mitgliederschwund und bei der Verpflichtung, eine feste Zahl von Karten abzunehmen, mit Recht belastet glaubt, und unter Ausnützung neuer fester Beziehungen zu anderen Organisationen – man gebe ihr die Chance, sich selbst zu erhalten. Der Leser soll hier nicht mit der Berechnung gelangweilt

werden, daß der Zuschuß des Staates dann nur sich wenig über den Ausgaben halten wird, die ihm infolge laufender Verträge, Beamtenverpflichtungen usw. auch bei Schließung der Oper zur Last fallen. Aber er wird mit uns der Meinung sein, daß keine übereilten Entschlüsse gefaßt werden dürfen.

*Max Marschalk: ›Vossische Zeitung‹ vom 14. März 1931*

Klemperers Kampf

Die Schlacht um die Krolloper nähert sich der Entscheidung. Es mehren sich die Stimmen, die eine Schließung des rentabelsten und fleißigsten Berliner Operninstituts bedauern. Der Plan, die Krolloper, gestützt auf private Organisationen, als Volksoper weiterzuführen, darf auf die Unterstützung weiter Kreise und die Förderung durch die Generalintendanz rechnen.

Seit Jahren – seit, ach, wie vielen schon! – kriselt es im Berliner Opernleben. Die Krisen sind bald leicht, bald schwer, in anmutigem Wechsel, und die öffentliche Meinung hört nicht auf, sich mit ihnen zu beschäftigen. Die Situationen verändern sich, und mit ihnen nehmen die öffentlichen Diskussionen immer wieder neue Gestalt an. Aber in der Diskussionen Flucht ist und bleibt die Frage: kann Berlin drei Opernhäuser tragen? der ruhende Pol. Sie wird mit ja und sie wird mit nein beantwortet, und ihre Erörterung war schon aktuell, als Heinz Tietjen vor etwa drei und einem halben Jahr vor Kritikern, die er um sich versammelt hatte, sich den Verneinern beigesellte und unmißverständlich sagte: »Wenn drei Opernhäuser zuviel sind: welches wird dann fallen?«

War also die Schließung der gerade erst eröffneten Staatsoper am Platz der Republik schon damals beschlossen? Und es muß weiter gefragt werden: Ist Tietjen, der damals die Reparationszahlungen als Argument heranzog, bei seiner Meinung geblieben? Er ist der Funktionär des Kultusministeriums, aber auch des Finanzministeriums, und es ist ein offenes Geheimnis, oder es ist eigentlich kein Geheimnis mehr, daß der Finanzminister die feste Absicht hat, die Gründung des Kultusministeriums, ihr Schoßkind sozusagen, die Staatsoper am Platz der Republik, zu liquidieren, und daß sich auch das Kultusministerium selbst aus Gründen, die mit der Volksbühne, ihren Verträgen mit dem Staat und ihrer wirtschaftlichen Notlage zusammenhängen, der Absicht des Finanzministeriums nicht entgegenstellt.

Will der Finanzminister liquidieren, muß er es tun, so dürfen wir nicht nach persönlichen Motiven fahnden, ihm nicht eine Animosität gegen die in der Staatsoper am Platz der Republik vertretene ›Richtung‹ unterschieben und gegen ihren Generalmusikdirektor Otto Klemperer. Wir dürfen auch nicht in den Fehler verfallen, die Schließung des Instituts mit dem heutzutage so beliebten Wort ›Kulturschande‹ in Verbindung zu bringen. Kultur ist ein weiter Begriff; und es gibt schließlich außer der Oper noch andere Kulturfaktoren, die der bedrängte, vor harte Notwendigkeiten gestellte Staat zu berücksichtigen hat.

Es ist nun ein Kampf entbrannt, ein leidenschaftlicher, für die Erhaltung des Instituts, dem Klemperer seinen Charakter gegeben hat. Der Hauptrufer in diesem Kampf ist der genialische Generalmusikdirektor selbst. Er hat uns eine Fülle von Anregungen gegeben, er hat neuen Antrieb und Auftrieb in das stagnierende Berliner Opernleben gebracht; und wenn auch diese oder jene seiner künstlerischen Unternehmungen scharf kritisiert werden mußte, so wird es doch nicht viele seriöse Opernfreunde in Berlin geben, die nicht den lebhaften Wunsch hätten, ihm ein Weiterarbeiten, ein Weiterwirken verbürgt zu sehen. Klemperer hat sich akklimatisiert, er hat sich in den vier Jahren seiner Tätigkeit eingelebt in die spezifisch berlinische Opernatmosphäre, er hat sich geändert, sich gemäßigt; und er ist innerlich frei und mutig genug zu bekennen, daß er Fehler gemacht hat.

Es ist an dieser Stelle öfter darauf hingewiesen worden, daß Klemperer nicht auf dem richtigen Platz steht, daß seine Ideen und die Ideen einer Volksoper nicht in Einklang zu bringen sind. Die Volksbühne, sagen wir allgemeiner: das Volk in seiner großen Masse will und braucht anderes als das, wofür Klemperer eintritt, wofür er seiner Natur, seiner künstlerischen Veranlagung nach eintreten muß.

Es ist eine Bewegung im Gange, eine kämpferische – der Kampf spaltet sich also –, die aus der Staatsoper am Platz der Republik eine richtige Volksoper machen will, eine nicht mehr staatliche, aber doch vom Staate subventionierte. Sie soll sich auf die Vereine und Verbände und Organisationen stützen, dem Bedürfnis der großen Masse der Opernverbraucher Rechnung tragen und dadurch ihr Vertrauen gewinnen. Und wir fragen uns: was soll Klemperer in einer Volksoper dieses Stils? Er ist ein Mann, der milde Konzessionen zu machen, der auf allzu gewagte Experimente zu verzichten bereit ist, nicht aber ein Mann, der sich aufgibt, Verrat übt sozusagen an seinen Idealen. Der Landtag, der über Sein oder Nichtsein der Staatsoper am Platz der Republik zu entscheiden hat, wird es unter diesen Umständen nicht leicht haben, eine Entscheidung zu treffen.

Wie sie auch ausfallen möge: es muß ein Weg gefunden werden, Klemperer dem Berliner Musikleben zu erhalten. Das Kultusministerium hat einen sonderbaren zehnjährigen Vertrag mit ihm geschlossen, einen sonderbaren und ganz ungewöhnlichen. In ihm ist offenbar auch schon die Schließung der Krolloper vorgesehen, die Nichterneuerung des Vertrages mit Erich Kleiber in der alten Form und die Übernahme Klemperers an die Staatsoper Unter den Linden als amtierenden, als funktionellen Generalmusikdirektor. Durch den mit Kleiber abgeschlossenen neuen Vertrag ab 1932 wird tatsächlich dieser Posten frei.

Wenn nun also die Staatsoper am Platz der Republik geschlossen, oder wenn sie in eine Volksoper umgewandelt wird, die Klemperers Verbleiben aus ideellen Gründen unmöglich macht, so müßte er Kleibers Nachfolger werden, oder es müßte ihm zumindesten – wenn Tietjen, wie es heißt, den Posten des amtierenden, des funktionellen Generalmusikdirektors streichen will – ein Posten an der Staatsoper Unter den Linden gesichert werden, der ihm Entschlußfreiheit und Selbständigkeit in der Arbeit sichert bis zu dem Grade, den er braucht, um sich künstlerisch auszuleben.

Kämpft die Staatsoper am Platz der Republik um ihre Existenz, macht die Staatsoper Unter den Linden wichtige Wandlungen durch, so ist auch an der Städtischen Oper, die die größten Erschütterungen im Laufe der Jahre erlitten hat, noch immer keine endgültige Lösung gefunden. Der Aufsichtsrat wird am Montag eine Sitzung haben, in der beraten und beschlossen werden wird, ob Kurt Singer zum Intendanten ernannt werden soll oder nicht. Wie es heißt, sind seine Chancen günstig. Singer hat eine umfangreiche Denkschrift, in der er sich über Vergangenes und Zukünftiges ausläßt, dem Aufsichtsrat überreicht. Es ist interessant zu hören, daß er sich in ihr nicht für eine Fusion, von der die Stadt nichts wissen will, wohl aber für freundnachbarliche Beziehungen, für eine Interessen- und Arbeitsgemeinschaft mit der Staatsoper Unter den Linden einsetzt. Man muß ihm darin zustimmen, daß ein rücksichtsloses Nebeneinanderarbeiten, ein Nebeneinanderarbeiten ohne Fühlungnahme, ohne Aussprache über Spielpläne und dergleichen ein Unding ist.

Eine weitere Stellungnahme zu den Veränderungen und Schicksalen unserer Opernbetriebe wird bald nötig sein.

*Klaus Pringsheim: ›Vorwärts‹ vom 9. Januar 1930*

Das Berliner Opernproblem, Die Republikoper
Gleichsam über Nacht ist das Opernproblem Berliner Stadtgespräch geworden. Ein interner Zwischenfall – die Entlassung eines kontraktbrüchigen Sängers – hat den Anstoß gegeben; in den Lärm, den die Zeitungen (daraus) geschlagen haben, platzte die Faschingsbotschaft der Brüder Rotter. Eine vierte Oper in Berlin, die Brüder Rotter als ›Retter‹? Sie haben, um die Sensation ihres angeblichen Gründungsprojektes wirkungsvoll zu lancieren, die Stunde glücklich gewählt; den Boden, auf dem die unsinnigsten Opernphantasien gedeihen konnten, hat die Entwicklung von Jahren bereitet.

»Es gilt zu erproben, ob im ganzen und in allen Teilen das Gebilde lebensfähig sein wird, das aus Revolution und Inflation, aus den sozialen Wandlungen und wirtschaftlichen Nöten dieses Nachkriegsjahrzehntes hervorgegangen ist, das unsymmetrische Gebilde der staatlich-städtischen Operngemeinschaft. Monate, Jahre des Überganges und der Vorbereitung liegen hinter uns; vor uns: Entscheidung der Berliner Opernzukunft. Entscheidung auf Jahre hinaus; dies Jahr 1928-29 muß sie bringen.« Das stand am 4. September 1928 im ›Vorwärts‹. Entscheidung – das Opernjahr 1928-29 hat keine, oder richtiger, es hat eine negative Entscheidung gebracht: künstlerisch ein durchaus unbefriedigendes, enttäuschendes Gesamtergebnis, doppelt unbefriedigend angesichts der immer schwereren, immer schwerer zu tragenden finanziellen Lasten; doppelt enttäuschend für jene, die von der Organisationsform der großen Arbeitsgemeinschaft das Heil erwartet hatten. Im Zeichen dreifacher Unzulänglichkeit hat die Spielzeit, deren erster Abschnitt heute hinter uns liegt, eingesetzt. Die Erkenntnis, daß es so nicht weitergeht, nicht weiter gehen kann noch darf, läßt sich weder verschleiern, noch durch taktische Erwägungen entkräften. Mit taktischen Maßnahmen, kleinen Ausbesserungen, Umstellungen ist nichts auszurichten; nicht mehr als mit Hoffnungen und Verheißungen. Fundamentale Neugestaltung der Verhältnisse, Umbau und Abbau tun not.

Wo und wie soll die Erneuerung sich vollziehen? fragen wir zunächst, an welchen Punkten grundsätzlich keine Änderung zu wünschen ist. Unser erstes Interesse gilt der Republikoper, der neuen Berliner Volksoper, Arbeiteroper, die sie in zwei Jahren geworden. Unser erstes Interesse – und, fügen wir zum Überfluß hinzu, unsere Zustimmung und unser Vertrauen. Sie soll bleiben, was und wie sie ist; sie darf und wird uns nicht genommen werden. Erste und einzige Theaterschöpfung des republikanischen Staates: stellen wir summarisch fest, daß sie in einem Jahrzehnt staatlicher Theaterpolitik das stärkste Aktivum bedeutet. Kein Wunder, daß ihre Leistungen und Erfolge den Gegnern des neuen Regimes auf die Nerven gehen; kein Wunder, daß, aus den Quellen politischer Opposition gespeist, alle Kritik, die an den Berliner Opernverhältnissen mit Recht zu üben ist, sich einseitig-unsachlich gegen die Republikoper zu wenden sucht.

Stärkster Aktivposten in der staatlich-städtischen Opernbilanz: die Republikoper ist es gewissermaßen auch in finanzieller Hinsicht; an der Riesensumme der jährlichen Gesamtausgaben, an der erschreckenden Höhe der Zuschüsse hat sie unter den drei Berliner Opern den bescheidensten Anteil. Ihr Ausgabenetat ist nicht halb so hoch wie jener der Lindenoper. Was die Einnahmen betrifft, so kann für das laufende Rechnungsjahr (das erst mit dem 31. März abschließt) das Endergebnis noch nicht vorliegen; es wird aller Voraussicht nach für die Republikoper – absolut und im Verhältnis zur Lindenoper – noch günstiger ausfallen als das vorjährige, das in der oppositionellen Presse einen Sturm verlegenen Schweigens ausgelöst hat.

Etwa 2,8 Millionen Mark sind im vorigen Jahr der Lindenoper an staatlichen Zuschüssen gewährt worden, 1,1 Millionen der Republikoper. Stellen wir in Rechnung, daß die Lindenoper rund 1800, die Republikoper rund 2000 Plätze faßt, daß jene also jährlich – das Spieljahr mit 300 Tagen eingesetzt – 540 000, diese 600 000 Besucher aufzunehmen vermag, so ergibt sich pro Abend und Vorstellung in der Lindenoper eine durchschnittliche Subventionierung von mehr als 5 Mark, in der Republikoper von weniger als 2 Mark. Mit anderen Worten, der Besucher der Lindenoper kostet dem Staat beinahe dreimal so viel wie der Besucher der Republikoper. Dieser genießt nur ein Drittel der finanziellen Vergünstigung, die jenem zufließt, und in dieses Drittel ist auch schon der Vorteil der Preisermäßigung eingeschlossen, deren sich die in der Volksbühne organisierten Opernbesucher erfreuen. Die eindeutige Sprache dieser Zahlen zu widerlegen, dürfte den geheimsten Räten der Oberrechnungskammer nicht gelingen.

Es ist nichts weiter als absurdes Geschwätz, wenn immer wieder behauptet wird, an der Defizitwirtschaft der Berliner Opern sei vor allem der Betrieb der Republikoper schuld; oder, wenn immer wieder versucht wird, den bescheideneren Eintrittspreis, den die Volksbühne ihren Mitgliedern durch Vertrag gesichert hat, als unmäßige Belastung der Staatskasse hinzustellen, gar als ungerechte Übervorteilung jener Armen, die die teueren Plätze im Opernhaus Unter den Linden bezahlen. Nicht minder haltlos ist die Unterstellung, durch den Anreiz der billigeren Plätze, den die Volksbühne biete, werde der Lindenoper ein Teil ihrer legitimen Besucher entzogen – noch einmal also der Versuch, nun indirekt, für die insgesamt unbefriedigende Geschäftslage der Berliner Opern die Republikoper verantwortlich zu machen. Jeder Kenner der Verhältnisse weiß, daß die Volksbühne ihre Mitglieder nicht just aus den Kreisen gewinnt, in denen Opernbesuch zu den alten Lebensgewohnheiten und gewohnten Lebensbedürfnissen zählt. Darin besteht ja gerade ihre positive, kulturell fruchtbare Organisationsleistung, daß sie die breiten Massen, denen bislang das Theater verschlossen war, heranholt und als Theaterpublikum heranbildet. Auf dieser Voraussetzung beruht die künstlerische, kunsterzieherische Arbeit der Republikoper, nur unter dieser Voraussetzung kann sie, wie wir es erleben, von Erfolg gekrönt werden.

Über die Arbeit, die hier unter Klemperers und Legals Führung vollbracht wird, sind unsere Leser informiert; nicht nur, was ihren Wert angeht, auch über Richtung, Ziel und Art. Dieses Opterntheater, zugleich Stätte des sozialen und des künstlerischen Fortschritts, ist in Berlin das einzige, in dem ein klar erkanntes Programm klar und konsequent durchgeführt wird. Das drückt sich im Spielplan aus wie im Gesicht jeder einzelnen Aufführung. Hier gibt und gab es von Anfang an keine ›stehenden‹, nämlich schlecht sitzenden Repertoirevorstellungen, nichts von Routine, nichts von der Trägheit, geistigen Bequemlichkeit, traditionellen Gedankenlosigkeit des typischen Repertoirebetriebs. Und der Spielplan? ›Fidelio‹, ›Don Giovanni‹, ›Zauberflöte‹ ›Holländer‹, ›Cardillac‹, ›Oedipus‹..., die größten Werke der Vergangenheit, die stärksten der Gegenwart. Was sind heute in Deutschland die meistgespielten Opern? ›Madame Butterfly‹, ›Tosca‹. Sie geben, so erklären sie entschuldigend das gemeine Sensationsstück, den sentimentalen Kitsch, weil das ›Publikum‹ danach verlangt. Nun, so ist die Republikoper, zu ihrer Ehre sei es ausgesprochen, die einzige in Berlin, die einzige in Deutschland beinahe, deren Publikum auf solchen Konzessionen an den sogenannten Publikumsgeschmack nicht besteht. Und trotzdem unter den Berliner Opernhäusern das bei weitem bestbesuchte. Abend für Abend nahezu ausverkauft bei solchem Spielplan; Abend für Abend solche Aufführungen, wie sie hier Regel sind, vor diesem Publikum: »mit allen Teilen haben wir guten Grund, zufrieden zu sein«. (»Die Krolloper sieht als Konzert- und Kongreßraum einer gewinnbringenden Zukunft entgegen«, schrieb neulich Hugenbergs ›Lokal-Anzeiger‹)

*Klaus Pringsheim: ›Vorwärts‹ vom 13. Januar 1930*

Das Berliner Opernproblem, Repräsentations- und Luxusoper

Alljährlich, wenn der Etat des Preußischen Ministeriums für Wissenschaft, Kunst und Volksbildung zur Beratung steht, werden Stimmen laut, daß endlich ›durchgegriffen‹ werden müsse, um die Kosten der Berliner Staatstheater einzuschränken. Die Stimmen werden lauter und die Kosten werden höher von Jahr zu Jahr. 10 Millionen Mark haben 1928 die Ausgaben betragen, 1927 waren es nicht ganz 9 Millionen, für 1929 – das Rechnungsjahr läuft am 31. März 1930 ab – sind im Etat 11,2 Millionen vorgesehen. Das sind in der Tat beunruhigende Ziffern; doppelt beunruhigend ist ihr, wie man sieht, kontinuierliches Steigen, dem eine entsprechende Aufwärtsentwicklung der jährlichen Zuschüsse entspricht. Dazu kommen noch ein paar Millionen für den Aufwand der Staatstheater in Wiesbaden und Kassel. Dazu kommen noch die Ausgaben für die Organisation der Landesbühnen; ihre Not ist groß, und sie sind durchaus auf staatliche Hilfe angewiesen. Aber –: in Berlin haben wir ja auch noch die Städtische Oper, die im vorigen Jahr insgesamt etwa 2,7 Millionen als tatsächlichen Zuschuß in Anspruch genommen hat. Das ist an sich nicht viel mehr, als große Städte wie Frankfurt oder Köln für ihre Oper ausgeben; immerhin, weitere 2,7 Millionen aus öffentlichen Mitteln – ob aus städtischen oder staatlichen, das bleibt für die Gesamtsumme und für die Gesamtheit am Ende gleichgültig... Nun gewiß, wer will so »kulturfeindlich« erscheinen, sich gegen Aufwendungen zu ereifern, durch die künstlerisch ideale Zwecke gefördert werden sollen? Aber es ist eine kurzsichtige, schlechte Kulturpolitik, durch unnötige Ausgaben die Kritik kulturfeindlicher Kreise herauszufordern.

Von den Ausgaben für die Berliner Staatstheater entfallen etwa drei Viertel auf die beiden Opernhäuser. Zwei Staatsopern – was haben sie zu leisten? Die Aufgaben sind klar geschieden: Volks- und Repräsentationsoper, Arbeiter- und Gesellschaftsoper, die Scheidung entspricht der typischen Gruppierung, Halbierung der Menschheit im Klassenstaat – im Holz- und Polsterklassenstaat, den nun einmal unser Volksstaat bildet. Das Bedürfnis der städtischen Arbeiterschaft nach Opern kann heute unmöglich geleugnet werden, die Bedürfnisfrage, und damit die Frage nach der Notwendigkeit der Republikoper, ist durch deren Besuch eindeutig bejaht. Es dürfte zur Zeit in Deutschland kein Operntheater geben, das einen höheren Prozentsatz seiner Ausgaben durch die Einnahmen ausgleicht. Ein anderes aber ist das Bedürfnis nach einer weltstädtischen Luxus- und Gesellschaftsoper, die jährlich Millionen verschlingt. Zugegeben, daß dies Bedürfnis in Berlin besteht: ist es Staates Sache, es zu befriedigen? Gewiß nicht so unzweifelhaft, wie die Oper als Volksbildungsstätte in den Bereich der staatlichen Kulturaufgaben gehört. Und gewiß nicht ausschließlich Sache des Staates – seit dem Tag, an dem die Stadt Berlin durch die Gründung der Städtischen Oper ihren Willen kundgetan hat, aus eigener Kraft der Reichshauptstadt eine reichsrepräsentative Oper zu geben.

Stärker nicht nur, als die drei Berliner Opernhäuser durch Intendantengemeinschaft, auch stärker als die beiden Staatsopern durch Wirtschafts- und Verwaltungsgemeinschaft sind Stadt- und Lindenoper durch Gemeinsamkeit der Aufgabe verbunden. Das ist gelegentlich der Debatten über die Gestaltung der ›Arbeitsgemeinschaft‹ immer wieder zutage getreten. Beide sollen und wollen dasselbe. Zur Erfüllung des luxuriösen Zweckes wäre es genug, wenn wir eine von beiden – wenn wir... welche von beiden hätten? Es wäre genug und mehr, wenn beide – eine wären.

Die Städtische Oper stellt nicht einen neuen, vom Vorbild der alten Staatsoper und einstigen Hofoper irgendwie abweichenden Theatertyp dar. Auf den Trümmern des Deutschen Opernhauses errichtet, dessen künstlerischen Nachlaß wir nie ganz losgeworden sind, ist sie typische Repertoire-Oper geblieben und geworden wie die Lindenoper. Hier wie dort alle gangbaren Opern von Mozart bis Strauß; hier wie dort die chronische Verlegenheit, durch neue Reize den althergebrachten Spielplan zu beleben und den kreisenden Leerlauf und Zwangslauf seiner Abwechslung zu durchbrechen. Und hier wie dort räumliche Dimensionen, in denen von ›Figaro‹ bis ›Ariadne‹ alle Art intimen Opernspiels sich rettungslos verliert – davon nicht zu reden, daß die heraufkommende Kunstgattung der modernen Kammeroper für Berlin nicht existiert, weil die Viermillionenstadt ihr keine Stätte zu bieten hat. Und hier wie dort im Durchschnitt aller Leistungen ein höchst fragwürdiges Niveau – mit dem Unterschied allerdings, daß in der Städtischen Oper mehr künstlerische Aktivität und Leistungswille fühlbar wird. Und hier wie dort Unzulänglichkeit des künstlerischen Fundamentes: des Sängerensembles. Die Führerfrage, in der Städtischen Oper ungelöst seit dem Ausscheiden Bruno Walters und durch Dirigentengastspiele keinesfalls zu lösen, bleibt in der Lindenoper ungenügend beantwortet, solange Kleiber als Generalmusikdirektor fungieren darf. Nicht all diese Mängel, selbstverständlich, sind unmittelbar auf die ›Arbeitsgemeinschaft‹ zurückzuführen. Doch daß diese in ihrer jetzigen Form keinen Segen gestiftet hat, läßt sich nicht verkennen. Den Wanderbetrieb, richtiger Abwanderungsbetrieb der Stars hat sie nicht zu hemmen vermocht; nicht einmal der Sängeraustausch von Haus zu Haus vollzieht sich ohne administrative Schwierigkeiten –, sei es, daß sie nicht vermieden oder gemacht werden. Von Spielplanwirtschaft kann keine Rede sein. Alles in allem ist es ein lähmender Zustand der Unklarheit und Unbestimmtheit, der festgefahrenen Halbheit, aus der es kein Zurück mehr aber auch kein Vorwärts gibt –, solange nicht auf dem Weg, der zögernd und versuchsweise beschritten worden ist, der entscheidende Durchbruch gewagt wird: der Durchbruch zur Verwaltungseinheit und damit zur Vereinigung auch im Künstlerischen. Ein Opernbetrieb nur, und – letzte, doch dann unausbleibliche Konsequenz – zusammengeschlossen in einem Theater: das Ziel steht unerbittlich klar vor unseren Augen.

Jährlich 300 Opernvorstellungen anstatt 600 wie bisher, wird das für die Kunst und für das Ansehen des Kunstzentrums Berlin ein Verlust sein? Gewiß nicht; schlecht gerechnet 300 könnten im Interesse der Kunst gar nichts Besseres tun, als auszufallen. Doch alles in einem Hause konzentriert, was zur Zeit beide an Kunstwillen, Kunstkräften, -mitteln und -möglichkeiten, an Prominenzen und Attraktionen aufzubieten haben: was das als Gewinn bedeutete, ist kaum zu ermessen. Doch was unter den heute gegebenen Verhältnissen unerfüllbar war; dem einen großen Opernbetrieb ließe sich vielleicht, aus seinen Kräften gespeist, eine Kammeroper angliedern. Und besser jedenfalls, viel besser ein festlich ausverkauftes Haus jeden Tag als zwei, für die ihr Publikum nicht reicht, und mag es noch so weitherzig durch Dienst- und Freikarten gestreckt werden. Endlich aber, welches der beiden Häuser – nur um das Gebäude handelt sich's – wird sich eher ausschalten lassen? Dabei fragt es sich vielleicht, welches sich leichter und vorteilhafter anderweitig verwenden, etwa verpachten ließe –, nur selbstverständlich nicht an einen Unternehmer, der vorhätte, darin auf eigene Faust und Rechnung Konkurrenzoper zu spielen.

Spätere Sorge, ob Oper in der Bismarckstraße oder Unter den Linden. Für das ehemals Königliche Opernhaus, aus dem die Tradition der Hohenzollern sich so schwer austreiben läßt wie der Geist der wilhelminischen Bürokratie, haben wir gewiß keine Vorliebe; aber es verfügt über die modernere, leistungsfähigere Bühnenmaschinerie, der man nur Zeit lassen muß, sich einzuspielen, und, unbestreitbar, über die bessere Akustik... Auch die Zusammenziehung und Verschmelzung der Betriebe wird Zeit brauchen; aber sie wird die öffentliche Hand um ein paar Millionen im Jahr entlasten. Über Art und Umfang der staatlichen und städtischen Beteiligung zu reden, der Beteiligung an der Verwaltung und am Gewinn der Verwaltungsersparnis, erschiene wohl verfrüht. Doch wenn es im Ernst zu dieser gründlichen Neuordnung kommen sollte, vielleicht wäre es für die Reichsregierung ein Anlaß, sich zu besinnen, ob sie in der Reichshauptstadt für repräsentative Zwecke immer auf die Gastfreundschaft Preußens angewiesen bleiben soll. Eine Reichs-, Staats-, Stadtoper in Berlin –, neben dem Volksbildungsinstitut, Volkskunsthaus der Republikoper eine Stätte des künstlerischen Glanzes und der festlichen Repräsentation, das wäre eine Sache, gegen die der grimmigste Spardiktator und der aufrichtigste Arbeiterfreund wohl nichts einzuwenden vermöchte.

*Paul Zschorlich: ›Deutsche Zeitung‹ vom 9. Febr. 1930*

Schluß mit Kroll!

Man munkelt wieder allerlei. Unsere drei Opernhäuser sollen anscheinend nicht zur Ruhe kommen. Ein planmäßiges Arbeiten, ein Verfügungsrecht auf weite Sicht ist ihnen nicht gegönnt. Immer wieder wird das eine oder andere Haus in den Brennpunkt öffentlicher Auseinandersetzungen gerückt, sei es, daß tatsächlich ein krisenhafter Zustand besteht oder daß die Krise von einer gewissenlosen Presse künstlich entfacht wird. Wir erinnern an den vor dem Umbau der Staatsoper Unter den Linden gegebenen mephistophelischen Rat, die altehrwürdige Oper als Konzerthaus auszubauen, oder an die erst unlängst verbreitete, aus den Fingern gesogene, natürlich aber von bestimmten Hintergedanken gespeiste Meldung, maßgebende städtische Persönlichkeiten seien an die Gebrüder Rotter mit dem Angebot herangetreten, ihnen die Städtische Oper auszuliefern.

Diesmal liegt der Fall ein wenig anders. Es handelt sich nicht um bloße Gerüchte und uferlose Pläne, sondern um eine Angelegenheit, deren Bereinigung schon lange genug auf sich warten läßt. Es handelt sich um die Oper am Platz der Republik, um die Krolloper. (Denn kein Berliner hat sich die umständliche Amtsbezeichnung ›Oper am Platz der Republik‹ bis heute zu eigen gemacht, so viel Zeit haben wir nicht, und jedermann spricht nach wie vor von ›Kroll‹). Aber natürlich geht es auch in dieser Auseinandersetzung nicht reinlich zu. Das erwartet ja auch niemand heutzutage.

Im Hauptausschuß des Landtags wurde wieder einmal über das Kapitel Kunstpflege gesprochen. Bei dieser Gelegenheit machte ein Zentrumsabgeordneter einige Ausführungen, die in diesem Ausschuß allerdings überraschen konnten. Er meinte, eine große Oper mit gesellschaftlichem Anstrich sei für die Reichshauptstadt genug, die sozialen Aufgaben der Krolloper könne die Städtische Oper übernehmen und eine dritte Oper sei in Berlin somit überflüssig. Daß dieses dritte Haus die Krolloper sein muß, darüber scheint man sich im Hauptausschuß des Landtags bereits einig zu sein. Also Abbau von Kroll und Entlassung Otto Klemperers und seiner Getreuen! Der Intendant bei Kroll, Ernst Legal, steht ja ohnedies schon mit einem Bein im staatlichen Schauspielhaus.

Ja, wenn das mal so einfach wäre, wie es sich der Zentrumsabgeordnete denkt, der sich wohl eben erst in den Stoff eingearbeitet hat! Ich spreche nicht von dem Wehegeschrei des Solistenensembles bei Kroll, das sich um neue Beschäftigung umtun muß. Denn darüber ist doch wohl kein Zweifel möglich, daß nur ganz wenige Künstler in das Ensemble Unter den Linden oder in die Städtische Oper herübergenommen werden können. Ich spreche auch nicht vom Chor und vom Orchester, die ebenfalls mit einer solchen Übernahme nicht rechnen können, nicht einmal mit einer teilweisen. Aber es laufen doch wohl auch einige längere Verträge. Vor allem ist Otto Klemperer gewiß nicht der Mann, der sich so ohne weiteres abfinden lassen wird, nachdem ihm der verflossene Kultusminister Becker in einer Antwort auf eine kleine Anfrage der Deutschen Fraktion noch im Sommer vorigen Jahres die ›internationale Bedeutung‹ zugesprochen und mit dem Hinweis darauf das Jahresgehalt von 45 000 Mark (bei einem Winterurlaub von drei Monaten!) begründet hat. Jetzt wird sich der Leichtsinn rächen, mit dem man Herrn Klemperer einen mehrjährigen Vertrag bewilligte und für den letzten Endes doch das preußische Kultusministerium verantwortlich zu machen ist. Ja, es erscheint nicht ausgeschlossen, daß Herr Klemperer bei einer Auflösung der Krolloper die Treppe hinauffällt. Die Treppe der Staatsoper nämlich. Da man aber nie wissen kann, wie so etwas ausgeht, so ist es geraten, Vorsorge zu treffen. Und dies geschieht.

Die Ausführungen im Hauptausschuß des Landtags haben wie ein Signal gewirkt und die ganze Klemperer-Garde hat es in ein ›Auf! Marsch, marsch‹ umgesetzt. Zunächst setzte sich, und zwar unmittelbar nach Bekanntwerden der Verhandlungen im Hauptausschuß, ein Mittagsblatt in Bewegung, das sich die Vorhut in solchen Fällen nicht gern nehmen läßt. Einige Stunden später rückte das Gros einiger Abendblätter zum heiligen Krieg für Herrn Klemperer aus. Es sind immer dieselben Blätter und sie sind sofort auf dem Posten, wenn dessen Belange gefährdet erscheinen, ebenso wie sie durch dick und dünn für Bruno Walter einzutreten pflegen. In einem Verbundenheitsgefühl, das jeder Stichprobe standhält, empfinden sie jeden Unwillen und jede Betrübnis, von denen diese beiden Dirigenten erfaßt werden könnten, wie eine eigne Sorge, und man könnte schier gerührt sein von so ausgeprägtem und fast schicksalhaftem Verwandtschaftssinn, wenn man nicht die sehr materiellen Hintergründe kennte. Jedenfalls: die Klemperer-Garde steht bereit und wird sich, wenn der Abbau bei Kroll unvermeidlich sein sollte, mit allen Mitteln dafür einsetzen, daß Klemperer in erster Stellung an der Oper Unter den Linden oder notfalls an der Städtischen Oper aufs neue erscheint. Noch trägt diese Presse schwer an der Enttäuschung des Falles Bruno Walter, den in die Staatsoper hineinzubugsieren ihr eben doch nicht gelungen ist. Um so eifriger wird sie für Klemperer werben, getreu dem Vers im 18. Kapitel der Sprüche Salomos: »Ein verletzter Bruder hält härter denn eine feste Stadt, und Zank hält härter denn der Riegel am Palast.«

Wir greifen ein wenig vor, doch nicht zu sehr, denn es scheint in der Tat, daß die Akten ›Staatsoper am Platz der Republik‹ nun geschlossen werden. Das Institut ist längst überfällig. Nicht nur weil es hoher, nicht zu verantwortender Zuschüsse bedarf, sondern weil es mit seiner Pflege der Opernkunst fast nur Verwirrung hervorgerufen und Schaden angerichtet hat. Mit Schaudern erinnern wir uns der gewissenlosen Entstellung des ›Fliegenden Holländers‹ in diesem Hause, die zu Entrüstungskundgebungen zweier großer Wagnerverbände und zu geharnischten Beschwerden an den preußischen Kultusminister Dr. Becker führte. (Daß ihnen nicht Rechnung getragen wurde, konnte bei der geistigen Einstellung und der parteilichen Gebundenheit Dr. Beckers nicht weiter verwundern.) Wir entsinnen uns auch der Verhunzung von ›Hoffmanns Erzählungen‹ und des ›Freischütz‹. Was die Neuheiten dieser Opernbühne anbetrifft, so waren sie durchweg einem kleinen, engbegrenzten Kreis von Musiklieferanten entnommen, die mit Herrn Klemperer auf Gedeih und Verderb verbunden schienen und wie eine Clique wirkten. Ich nehme einen einzigen aus: Strawinsky, von dem man schließlich doch sagen muß, daß es einem leid tat, ihn in der Gesellschaft zu sehen. Unter dem (auch nach seinem Ausscheiden als Operndirektor) maßgeblichen Einfluß von Klemperer ist die Krolloper ganz einseitigen, zum Teil sogar gemeinschädlichen Tendenzen dienstbar gemacht worden und mit Recht hat seinerzeit der Abgeordnete Dr. Koch im Landtag darauf hingewiesen, daß diese Bühne längst aufgehört habe, im Sinne der Verfassung für die Staatstheater zu Berlin eine ›Musteranstalt im Dienste der Volkskultur‹ zu sein, sondern, daß sie in Wahrheit lediglich als eine Versuchsbühne für bolschewistische Kunstauffassung zu gelten habe. Es kommt hinzu, daß man die Krolloper nur in bedingtem Sinn als ein öffentliches Institut betrachten kann, weil die Öffentlichkeit fast gar keine Notiz von ihr nimmt. Nur in der Form (für den Staat recht kostspieliger) Vereins-Aufführungen konnte sie überhaupt ihr Scheindasein fristen. Der öffentliche Kartenverkauf war immer beschämend gering und konnte sich mit dem der beiden andern Opernhäuser in keiner Weise messen. Selbst in den Erstaufführungen bestand die gute Hälfte der Erschienenen aus Eingeladenen. Nicht wesentlich anders verhält es sich mit den Symphonie-Konzerten unter der Leitung Otto Klemperers. Eine eigentliche Nachfrage nach ihnen besteht gar nicht!

Wiederholt und von verschiedenen Seiten ist eine öffentliche Rechenschaft über die Geschäftsführung bei Kroll verlangt worden. Man wird sich hüten! Vielleicht aber bleibt dem Intendanten Legal diese Bloßstellung seines Instituts nun auch erspart, denn der Hauptausschuß des Landtags scheint sich jetzt doch endlich ermuntert und einmal einen Blick hinter die Kulissen getan zu haben.

Offenbar hat er sich davon überzeugt, daß die Weiterführung dieser Oper nicht mehr verantwortet werden kann. Sie konnte es schon lange nicht. Schon anläßlich der empörenden Darstellung des ›Fliegenden Holländers‹ haben wir darauf hingewiesen, daß sie ihre Daseinsberechtigung verwirkt habe.

Nun wird auch Herr Klemperer endlich einsehen müssen, daß er mit der Umschmeichelung politischer Masseninstinkte auf dem falschen Wege gewesen ist und ›seine‹ Oper nur dem Untergang zugeführt hat. Schluß mit Kroll! sagt nun auch der Hauptausschuß des Landtags. Wir haben diese Parole schon längst ausgegeben.

Man muß in solchen Dingen nur warten können: was innerlich morsch ist, kommt schon zu Fall. Aber selbst wenn ein Haus einstürzt, kann eine Katze bekanntlich noch auf die Vorderpfoten fallen.

*H. Strobel: ›Berliner Börsen-Courier‹ vom 18. Febr. 1930*

Für Kroll!

Die Berliner Opernfrage ist durch die Debatte im Kunstausschuß des Landtags wieder akut geworden. Die wirtschaftliche Situation fordert Konzentration der Theaterbetriebe. Man legt sich die Frage vor: braucht Berlin drei Opernhäuser? Es erfolgt der Vorstoß des Zentrums gegen die Krolloper. Bei früheren Anlässen ging es um die künstlerische Richtung bei Kroll, jetzt geht es um die Wirtschaftlichkeit. Künstlerisch hat sich die Krolloper, hat sich Klemperers Arbeit auf breiter Basis durchgesetzt. Und wirtschaftlich? Kroll arbeitet relativ mit den geringsten Zuschüssen. Es war finanziell immer benachteiligt gegenüber den anderen Häusern, und doch brachte es in den letzten drei Jahren sämtliche entscheidenden Leistungen im Bereich des deutschen Opernwesens.

Die Krolloper hatte keine gesellschaftliche oder kulturelle Tradition. Sie wurde von Klemperer und seinen Mitarbeitern neu aufgebaut. Es kommt heute nicht darauf an, ob die eine Aufführung besser geglückt war als die andere, es kommt nicht auf Einzelheiten an – kein Mensch wird auch die taktischen Fehler leugnen, die gemacht wurden: heute sieht man die Gesamtleistung. In einen schwerfälligen, prunkvoll bequemen Opernbetrieb brachen diese Vorstellungen ein. Was im Schauspiel bereits geleistet, was an einigen Opernvorposten in der Provinz tastend versucht worden war, das wurde an sichtbarer Stelle nun mit äußerster Konsequenz zusammengefaßt und durchgeführt. Klemperers Tat war die Reinigung des musikalischen Theaters vom alten illusionistischen Ballast, von selbstherrlichen Interpretationsallüren. Klemperer stellte sich und seine Helfer unter das Werk. Sein Idealismus übertrug sich auf die Beteiligten. Der einheitliche Wille aller schuf diese Aufführungen. Klemperer machte das Operntheater wieder zu einer aktiven Angelegenheit. Ganz von selbst ergab sich die konsequente Pflege der neuen Werke, vom grandiosen ›Oedipus‹ bis zur Uraufführung von ›Neues vom Tage‹.

Unter den drei Opern hat heute allein das Krollinstitut eindeutige Physiognomie. Das geben auch die Gegner zu. Wenn irgendwo, dann realisiert sich in ihr der kulturelle Wille des neuen Staates. Wenn irgendwo, dann hat der Staat hier produktive Kulturarbeit geleistet. Produktive Kulturarbeit, die allen Bevölkerungsschichten zugute kommt und im höchsten Sinn den sozialen Aufgaben der Republik entspricht. Die Krolloper ist, trotz mancher Mängel, ein Organismus. Es wird nicht möglich sein, ihn auf ein anderes Institut zu verpflanzen, ohne ihn zu zerstören. Es ist falsch, nur von sozialen Verpflichtungen zu sprechen, die in einem anderen Haus eingelöst werden können (wie es der

Ausschußsprecher tat). Soziales und Künstlerisches gehört hier zusammen. Es hat keinen Sinn, Klemperer an einer anderen Stelle dirigieren zu lassen. Eine einzelne hervorragende Vorstellung bedeutet für ihn wenig (ebenso wie durch einen hervorragenden ›Boccanegra‹ nicht der geistige Tiefstand eines Repertoires aufgehoben werden kann). Der aufbauende Wille, der hinter allen Leistungen bei Kroll stand, hinter dem ›Fidelio‹ wie hinter der ›Verkauften Braut‹, die Reinlichkeit des Gesamtniveaus ist entscheidend.

Nicht um die große Persönlichkeit handelt es sich (so wichtig sie ist), es handelt sich um die Erhaltung eines Instituts, in dem sich der Wille dieser Persönlichkeit manifestiert. Man lasse sich nicht von kommunalen Prestigeehrgeizen oder von vagen Rücksichtnahmen zu Entscheidungen drängen, die man ein halbes Jahr später bedauern würde. Hier steht eine künstlerische Arbeit auf dem Spiel, die in die Zukunft wirkt, eine künstlerische Arbeit, die der Wiener Opernreform Gustav Mahlers gleichkommt.


*S. Nestriepke: ›8 Uhr Abendblatt‹ vom 20. Febr. 1930*

Die Opernkrise – Und was soll geschehen?

Kein Zweifel, daß die staatlichen Theater in Berlin heute Zuschüsse verschlingen, die bei der gesamten Wirtschaftslage des Staates nicht gut zu verantworten sind. Es ist also nicht mehr als recht und billig, wenn im Schoß des Landtags ernsthaft über Abbaumaßnahmen beraten wird. Man kann nur hoffen, daß diese Beratungen auch zu positiven Ergebnissen führen.

Der am meisten beachtete Vorschlag geht wohl dahin, eins der drei Berliner Opernhäuser zu schließen. Aber es sollte doch noch ernstlich geprüft werden, ob eine so radikale Maßnahme wirklich notwendig ist. Man übersehe nicht, daß sie für einige hundert Arbeiter und Angestellte eine schwere Notlage schaffen würde. Andererseits würde die Stillegung eines Betriebs keineswegs ein Aufhören der heute dafür erforderlichen Zuschüsse bringen. Soundsoviele Gehälter wären weiter zu zahlen, sowohl für die Beamten in der Verwaltung und im Orchester, wie für Angestellte mit langfristigen Verträgen. Und da alle Einnahmen aufhörten, würde diese Summe mit ihrer ganzen Schwere ins Gewicht fallen. Unter Umständen kämen sogar noch erhebliche Aufwendungen für die Unterhaltung des Hauses in Betracht, weil sich keine rechte Verwertungsmöglichkeit für dieses ergibt. Angenommen aber auch, man fände einen Pächter, der eine Miete entrichtet (wer weiß, wie lange!), so müßte wenigstens damit gerechnet werden, daß der von dem Pächter eröffnete Betrieb sich zu einer Konkurrenz für die verbleibenden Bühnen auswächst. Eine Verwertung des stillgelegten Hauses für Konzertzwecke, gelegentliche Festlichkeiten usw. würde wahrscheinlich nicht einmal die Instandhaltungskosten des Hauses decken; weitere Erträgnisse wären bestimmt nicht zu erwarten.

Eher ließe sich doch erwägen, ob nicht bei Aufrechterhaltung aller drei Opernhäuser namhafte Ersparnisse gemacht werden könnten. Wenn alle beteiligten Stellen den Ernst der Situation erkennen und den entsprechenden Willen zeigen, ist das zweifellos möglich. Selbst wenn man annimmt, daß in der Selbständigkeit und überhaupt im Aufbau der Betriebe alles so bleiben soll wie bisher, darf man wohl sagen, daß Staat wie Stadt imstande wären, alljährlich einige Hunderttausende einzusparen. Aus diesen Hunderttausenden könnten in ein, zwei Jahren Millionen werden. Man kann zweifellos die beiden Opernhäuser des Staates auch führen und auf einer vorbildlichen künstlerischen Höhe halten, wenn einige Regierungsräte, Obersekretäre und Verwaltungsassistenten anderen Behörden zugeführt werden, die Personalbedarf haben, und wenn man den Spielplan mit weniger als 70 Solisten (bei einer Durchschnittsgage von je über 22 000 Mark) bestreitet. Ebenso muß es möglich sein, mit einem Ballett auszukommen, das nicht (von den Ballettschülern ganz abgesehen) mit 55 Personen besetzt ist; auch beim Chor und Orchester lassen sich Einschränkungen vornehmen, wahrscheinlich auch bei den sachlichen Aufwendungen. Schließlich würde die Möglichkeit zu Einsparungen noch ganz außerordentlich wachsen, wenn Staat und Stadt sich entschließen könnten, ihre Opernbetriebe in eine enge Verbindung zu bringen, so daß die vorhandenen Kräfte besser als bisher in allen drei Häusern ausgenutzt werden könnten. Eine Personalunion in der Leitung, irgendwelche papierne Konventionen freilich machen es nicht; es müßte ein völliger Neuaufbau der Verwaltung stattfinden.

Wenn man aber schon annimmt, daß drei Opern für Berlin zu viel sind, daß also eine unbedingt auszuscheiden habe, so bliebe immer noch die Frage, welche. Am häufigsten hört man wohl den Vorschlag, die Kroll-Oper zu schließen. Dies aber wird schon aus rechtlichen Verpflichtungen der Staatsverwaltung unmöglich sein. Wie man weiß, wurde die Oper am Platz der Republik seinerzeit von der Volksbühne erbaut. Und als diese aus Mangel an Mitteln in der Inflationszeit das Haus dem Staat überantwortete, sicherte sie sich für 25 Jahre den Anspruch auf eine bestimmte Anzahl von Plätzen im Haus. Man kann der Volksbühne nicht verdenken, daß sie sich dieses Anrecht sicherstellen ließ, nachdem sie Millionen (und nicht bloß Papiermillionen) in den Bau hineingesteckt hatte, während ihr der Staat wenig über 200 000 Mark vergütete. Der Vertrag mit der Volksbühne zählt ausdrücklich die Fälle auf, in denen der Staat die Lieferung der Vorstellungen einstellen darf. Diese Aufzählung enthält aber nicht die Stillegung des Betriebs; vielmehr tritt die Entbindung der Staatsverwaltung von ihren Lieferungspflichten nur ein, wenn der gesamte Staatstheaterbetrieb in Berlin aufhört. Die Volksbühne ist, wie man hört, nicht gewillt, auf ihren Anspruch zu verzichten. Sie fühlt sich dazu um so weniger bemüßigt, als sie unter Beweis stellen kann, daß ihre Auffassung von der Unauflösbarkeit des Vertrages durch eine Stillegung der ehemals Krollschen Oper auch von namhaften Vertretern der andern Vertragspartei durchaus geteilt wird. Die Volksbühne lehnt es ferner ab, ihre Vorstellungen bei Kroll mit Aufführungen in einem andern Opernhaus zu vertauschen. Und wiederum muß man das verstehen: ganz abgesehen davon, daß jedes andere Haus der Volksbühne Repertoireschwierigkeiten bereiten würde – das Gebäude am Platz der Republik ist nun einmal historisch eine Schöpfung der Volksbühne, sie fühlt sich in ihm heimisch, sie müßte es als eine Art Entwurzelung betrachten, wenn sie ausgebootet würde.

Aber auch von anderen Gesichtspunkten aus scheint die Stillegung der Kroll-Oper keineswegs das zweckmäßigste. Gerade dieses Haus erfordert die geringsten Zuschüsse; ja, es ist interessant genug: der Staat schießt bei jedem der Volksbühne zur Verfügung gestellten Platz nur etwa 2,75 Mark zu, während er bei jedem Platz der Linden-Oper einen Zuschuß von 4 Mark zu leisten hat. Das erklärt sich einmal aus dem geringeren Umfang des Kroll-Betriebs, dann aber auch aus der Tatsache, daß bei den Vorstellungen der Volksbühne das Haus immer wirklich besetzt ist. Hinzu tritt die Tatsache, daß gerade Kroll sich unter der Leitung von Klemperer und Legal zu einem Theater mit eigenem Gesicht und eigenem Leben entwickelt hat. Hier handelt es sich um einen wirklich zukunftsreichen Betrieb – weit mehr als bei den anderen Berliner Opernhäusern.

Bleibt die Frage der Stillegung eines der beiden anderen Opernhäuser. Von diesen wird man das Gebäude Unter den Linden nicht gut aufgeben können zumal nachdem man eben erst 16 Millionen hineingebaut hat. Die Linden-Oper hat ihre Tradition und ihren Ruf, sie hat auch eine besonders zentrale Lage. Die Entscheidung müßte also gegen das Charlottenburger Haus fallen. Die Frage ist freilich ob die Stadt bereit sein wird, auf die Fortführung des Betriebs zu verzichten. Was die künftige Verwertung des Charlottenburger Hauses anbetrifft, so würde sie gewiß nicht leicht sein; aber es wurde bereits gesagt, daß keins der heutigen Opernhäuser im Hinblick auf eine spätere Ausnutzung besonders günstige Chancen bietet.

Das wichtigste ist jedenfalls, daß Vertreter des Staates und der Stadt sich jetzt einmal zusammensetzen; daß man vielleicht auch Sachverständige zu den Beratungen hinzuzieht, die nicht in den jetzigen Betrieben von Staats- und Stadtoper selbst tätig sind; daß dann mit dem Bleistift in der Hand einmal nachgerechnet wird: Welche Ersparnisse lassen sich machen, wenn eine Rationalisierung der Betriebsführung vor allem auch durch eine engere Verbindung der staatlichen Opernhäuser mit der Städtischen Oper stattfindet: welche Ersparnisse würden eintreten, wenn die Städtische Oper aufgegeben würde? Sicherlich handelt es sich bei diesen Beratungen um keine leichte Aufgabe. Aber nur wenn sie stattgefunden haben, wird man zu Beschlüssen kommen können, die sich nachher nicht als Fehlschläge erweisen.

*H. Ihering: im ›Berliner Börsen-Courier‹*
*vom 27. Februar 1930*
Staat und Oper

> Freitag Abend findet im Landtagsausschuß die entscheidende Debatte über das Schicksal der Krolloper statt.

Die Volksbühne hat ein Denkschreiben verschickt, das ihre Rechte auf die Krolloper unzweideutig nachweist. Die Volksbühne hat schon 1919 die alte Krollscheune umzubauen angefangen. Sie hat von ihren Mitgliedern Zuschläge zu den Vorstellungsbeiträgen eingezogen und diese Mittel für Kroll eingesetzt. Sie hat alles getan, den Bau zu beenden, bis erst die Inflation die Hilfe des Staates nötig machte. Die Volksbühne überließ dem Staat den Bauwert von drei Millionen Mark gegen eine Barabfindung von 100 000 Mark und einen 25jährigen Vertrag, der ihr während dieser Zeit allwöchentlich das Recht auf einige tausend Plätze zu besonderen Bedingungen sichert. Die Volksbühne verliert den Anspruch auf Schadloshaltung nur bei ›Einstellung des Staatstheaterbetriebes‹, d. h. also des Staatstheaterbetriebes überhaupt, bei Aufgabe sämtlicher Staatsbühnen. Das Recht der Volksbühne an Kroll ist unbestreitbar.

Es ist demnach juristisch gar nicht möglich, die Krolloper durch einen Landtagsbeschluß zu streichen und die Volksbühnenmitglieder etwa in der Städtischen Oper unterzubringen. Aber selbst wenn kein klarer, unmißverständlicher Vertrag bestände – der Gedanke schon ist zu bekämpfen. Der Gedanke, daß man einfach ein Theater auseinanderreißen und an zwei andere abgeben kann: Klemperer an die Lindenoper, die Volksbühnenmitglieder an die Stadtoper. Dieser Gedanke ist typisch für die bequeme Betrachtungsweise, die überall verschuldet, daß heute Anschauungen und Probleme nie mehr ausgetragen, nie mehr zu Ende gedacht werden, nie mehr zu ihrer eigenen Erfüllung, zu ihrer eigenen Form kommen. Wenn heute eine Idee Zukunft hat, wird sie sofort vom Gegner usurpiert, eingeebnet, abgenutzt; wenn heute ein Plan sich durchzusetzen beginnt, wird er sofort übernommen, verbreitet, erweicht. Die Entkräftung beginnt – die Entkräftung durch Verallgemeinerung, die Schwächung durch den (zu schnellen) Erfolg.

In keiner Zeit sind so viele geistige Unternehmungen entstanden und folgenlos verschwunden. In keiner Zeit ist soviel angefangen und fortgeworfen, in keiner Zeit ist soviel Energie verschwendet und führerlos verstreut worden.

Gerade der Politiker hat den Spürsinn für Folgen und Entwicklung. Gerade des Politikers Sache ist es, den Nutzwert, die Verwendbarkeit auch der geistigen, der künstlerischen Arbeit zu erkennen. Um so erstaunlicher bleibt es, daß eben von Politikern der Vorschlag ausgeht, die Krolloper zu schließen und auf die beiden andern Berliner Opern zu verteilen. Die Krolloper, die heute schon am billigsten arbeitet und in ihrem System die Wirtschaftlichkeit auch für die Zukunft verbürgt. Die Krolloper hat das Starwesen abgebaut. Die Krolloper hat mit dem Aberglauben gebrochen, daß Oper Prunkkunst ist, daß Oper pompösen Aufwand braucht. Ihr Erfolg, auch der finanzielle, ist nicht Zufall, sondern Resultat bewußter Arbeit, ist System, ist Organisation. Ein Landtag, der den Beschluß faßte, die Krolloper zu schließen, würde damit die Desorganisation, das Startum, die Zufallsarbeit, die Unrentabilität beschließen. Gerade die Krolloper ist ein geschlossener Kunstkörper. Stadtoper und Lindenoper sind unfeste Kunstkörper, auf den einzelnen Sänger, auf Gäste, auf Kapellmeister, auf Einzelerfolge angewiesen. Wenn diese beiden Institute enger zusammengefaßt, vereinheitlicht würden, wenn diese beiden Häuser einen gemeinsamen Kunstkörper erhielten, so würde kein Aufbau zerstört, keine Idee verletzt, sondern die Wirtschaftlichkeit, die Rentabilität erhöht und praktische Arbeit geleistet werden. Dazu bedürfte es natürlich einer Zusammenarbeit, einer Vereinbarung zwischen dem preußischen Staat und der Stadt Berlin. Warum sollte sie nicht möglich sein?

Es ist durchaus zu begreifen, daß die Landtagsvertreter gerade der westlichen und östlichen Grenzprovinzen an den Berliner Staatstheatern Abstriche machen wollen. Es wäre untragbar, wenn im Rheinland oder in Breslau und Königsberg wichtige Kulturposten aufgegeben würden. Aber gerade in diesem Zusammenhang ist die Krolloper wichtig. Die Krolloper als Beispiel, wie die Oper modernisiert und verbilligt werden kann. Die Krolloper als stilbildendes, formschaffendes Institut. Die Krolloper als geistiges Opernzentrum, als Führer zur Verwesentlichung und Verwirtschaftlichung des Opernbetriebes. Die Krolloper ist die einzige kunstpolitische Leistung, die der neue Staat vollbracht hat. Das einzige Staatstheater, das diesen Namen verdient. Die einzige Bühne, an der sich künstlerische und pädagogische, geistige und soziale Tendenzen restlos durchdringen. Ein Mittelpunkt, ein Beispiel, eine Kraftquelle. Die Krolloper zeigt in Berlin, wie gerade die bescheidenen Mittel nicht hemmend, sondern fördernd auf die Leistung wirken. Diesen Gedanken auch in der Provinz fruchtbar zu machen, weist sie den Weg. Breslau, Königsberg sollen, wenn nötig, gestützt werden. Aber diesen Aktionen nimmt man den strategischen Mittelpunkt, wenn man das Beispiel für diese Bühnen auslöscht und sie von neuem dem Zufall, dem alten rauschenden Opernbegriff überläßt. Auch Kunstpolitik ist nur rentabel, wenn sie auf lange Sicht arbeitet, wenn sie Mehrjahresprogramme aufstellt. Der ideelle Nutzwert der Krolloper ist heute, und in Zukunft noch mehr, materiell zu steigern – bis ins Reich hinein.

*Josef Buchhorn, M. d. L.: ›Berliner Nachtausgabe‹ vom 1. März 1930*

Der Landtagskampf um die Krolloper
Der Hauptausschuß des Preußischen Landtags berät zur Zeit das Kapitel ›Kunst‹ und dabei die Abteilung: ›Theater‹. Er hat am Freitag drei und mehr Stunden darüber gesessen und sitzt am Sonnabend weiter. Dabei macht er zum erstenmal Ernst mit dem Versuch, der Defizitwirtschaft der Staatstheater ein Ende zu bereiten, indem er Kroll einsparen will. Ein Antrag des Zentrums, dem sich die Deutschnationale, Deutsche Volks-, Wirtschafts, und die Demokratische Partei anschließen, will zunächst ›auf gütlichem Wege‹ die Lösung des zwischen dem preußischen Staate und der Volksbühne bestehenden Vertrages herbeiführen. Wenn das nicht gelingen sollte, wird man andere Wege beschreiten müssen. Denn der Kampf um diese Kestenbergoper am Platz der Republik ist der Beginn unserer gesamtdeutschen Theatererneuerung. Und muß darum durchgeführt werden.

Wir vergessen nämlich über der Last der Stunde die deutsche Zielnotwendigkeit: Erneuerung des deutschen Menschen zum deutschen Nationalbewußtsein, Glaubens- und Willensauffrischung all der Kräfte, die in heiliger Sehnsucht vor die Wiedergewinnung des neuen Tags der Deutschen gesetzt werden müssen. Und da spielt das Theater nicht die unwichtigste Rolle – trotz der inzwischen gesteigerten Bedeutung des Films und des Rundfunks. Ja, mehr als: trotz – gerade deshalb! Denn: große, gewaltige Schicksale, Herzen aufrührende Konflikte, heißer Atem aus Glut und Glauben werden sinnfällig, erschütternd, weckend, bewegend, gestaltend immer noch über die Bretter gehen, die die Welt bedeuten sollen; werden immer noch Hirne und Herzen von den Szenen gepackt, die von Männern gebaut werden, die Berufene, Erlesene, Gottgesandte, Dichter sind, in denen sich die Gesichte der Seher mit dem Fanatismus der Eiferer vereinen.

Die politische Linke kennt die Bedeutung der Bühne, die schallstarke Wellen wirft, die unmittelbarer packen, reißen, zerren, bilden und – verbilden kann.

Darum das Bemühen dieser Linken um ihr Zeittheater, das von ihrem Standpunkt, notgedrungen, Parteitheater sein muß. Weil sie nie abstrakt, sondern nur parteikonkret, nicht ins Ganze, sondern nur ins Persönlich-Kleine denkt. Vorsichtiger im Versuch der Gestaltung bei Jeßner und seinen Artgenossen; robuster bei Piscator und den – Kunstkapitalisten und -snobisten seines Schlages. Dazu: neben dramatisierten Leitartikeln aus den Bezirken des ›Vorwärts‹ und der ›Roten Fahne‹: Umbiegung der über Zeit und Raum erhabenen Klassiker in das Toggemeier (?); ihrer Ideenwelt in die Atmosphäre enghirnigen Bonzenmilieus.

Weil Berlin immer noch pfadzeigend in die Provinz wirkt und – der letzte Schrei aus seinen Musentempeln ein mißtönend Echo weckt, darum sind Berliner Theaterfragen deutsche Theaterfragen. Und dürfen da, wo sie vor dem Zugriff der gesetzgebenden Körperschaften liegen, nicht und nie en bagatelle behandelt werden.

Worum geht es von Etatberatung zu Etatberatung im preußischen Landtag beim Kapitel: Theater der Kampf? Um eine Sanierung der Staatstheater. Nicht nur um eine finanzielle, nein, ebenso sehr um eine künstlerische. Und was war bisher erreicht?! Trotz Ausschuß-, Unterausschuß- und wieder Ausschußberatung?! Nichts!

Warum das finanzielle Defizit? Weil das künstlerische vorangeht. Nur das Theater hat sein Publikum, das ein Programm und im Programm ein Niveau hat.

Daran hat es bei Jeßner gefehlt. Und die Ausnahmen, die an den Fingern herzuzählen sind, bestätigen die Wahrheit der Regel.

Wie das Programm fehlte das Ensemble. Fehlte die von einer innerlich als notwendig und verheißungsvoll empfundenen Gemeinschaftsarbeit getragene Gemeinschaftsidee einer in sich disziplinierten, starken und stolzen, auf ein Willensziel gerichteten Künstlerschar. Vetternwirtschaft und Rücksichtsschwächen verwaschen Kreuzwegklarheit.

Und es fehlte, trotz der gewichtig klingenden Abschiedsworte vom Intendanten-Feldherrnhügel an sein Volk, der Glaube an die bergversetzende Kraft der Kunst der Bühne, wenn sie von einem wohlverstandenen nationalen Pathos getragen wird: Mitgestalter der Zeit und Pfadbereiter neuer deutscher Zukunft zu sein.

Die oft genannten und dennoch nie verstandenen Summen, die die Staatstheater fressen, können einfach nicht mehr ertragen werden. Können es, abgesehen vom Allgemeinen und Besonderen, auch darum nicht, weil wichtige Kulturposten im Grenzland darüber verkümmern müssen. Und Grenzland ist nie zu vergessendes – Notland!

Die Theater in Saarbrücken, Trier, Koblenz, in Breslau, Königsberg und Tilsit, um nur diese zu nennen, sind nicht Theater im landläufigen Sinne, nein: sie sind wichtigste Frontstützen im Ringen um deutsches Neuland der Seele und der Sehnsucht in bessere Zeiten. Sie sind die Zufuhr- und Erneuerungsstätten für den deutschen Geist und Glauben, daß unsere Sendung vor den Völkern Europas weder abgeschlossen sein darf noch kann, nur weil politisch-militärische Unglücksjahre unseren Weg zur inneren Vollendung zur Zeit verschüttet haben. Deshalb gerade müssen neue Blutströme über sie in die gefährdeten Marken getragen werden, muß für sie Geld freigemacht werden, was anderswo verschwendet wird.

Und so, wie ich den Kampf um Kroll sehe, hat dieser Kampf nicht nur eine finanzielle, nicht nur eine künstlerische, sondern (und das vor allem!) nationalpolitische und nationalethische Bedeutung.

Über Kroll: Gesundung der Berliner Staatstheater. Über sie: Gesundung des deutschen Theaters überhaupt!

*Klaus Pringsheim: ›Vorwärts‹ vom 5. April 1930*

Der Anschlag auf die Republikoper

Die bürgerlichen Fraktionen des Landtags haben sich zu einer neuen Attacke gegen die Republikoper zusammengetan. Zu einem Angriff diesmal, der geradewegs nach ihrer Existenz zielt. Oder eigentlich nicht geradewegs; man will aufs Ganze gehen, aber man wagt noch nicht, es offen zu tun. Der vom Zentrum, den Demokraten, der Deutschen Volkspartei, der Wirtschaftspartei und den Deutschnationalen unterzeichnete Antrag (der im gestrigen ›Abend‹ auf Grund telephonischer Übermittlung ungenau wiedergegeben war) fordert, daß der Zuschuß der Landesbühnenorganisation von 1,2 auf 1,8 Mill. Mark erhöht werde; dieser Betrag sei im Etat der Berliner Staatstheater zu ersparen, und zwar sei die entsprechende Kürzung bei den Ausgaben der Republikoper vorzunehmen.

Diesem sonderbaren Antrag, der freilich nicht ganz unerwartet kommt, ist Gen. König in der gestrigen Landtagsdebatte mit aller wünschenswerten Bestimmtheit entgegengetreten, und er hat mit notwendigem Nachdruck darauf hingewiesen, daß die Schließung der Republikoper, auf die es abgesehen ist, keinesfalls in Frage kommen darf. Die Republikoper darf uns nicht genommen werden: das ist hier so oft gesagt und begründet worden, daß es im Augenblick nicht wiederholt zu werden braucht. Erste und einzige Theaterschöpfung des republikanischen Staates, stärkstes Aktivum in einem Jahrzehnt staatlicher Theaterpolitik, so ist sie an dieser Stelle gekennzeichnet worden. Wir wissen längst, daß es keine sachlichen Argumente gibt, mit denen diese Oper, die beste Oper Berlins, bekämpft wird; wir wissen, daß es nur politische Antipathien, kulturreaktionäre Vorurteile sind, die sich immer wieder mit solcher Verbissenheit gegen ihren Bestand richten.

Nein, der Antrag der bürgerlichen Fraktionen kommt

nicht unerwartet, er war durch den Vorstoß, den sie schon vor einem Monat im Hauptausschuß unternommen haben, geschickt vorbereitet. Befremdlich, ungewöhnlich ist die Art des Vorgehens, zu der sie sich nun entschlossen haben. Für einen bestimmten Zweck soll ein Betrag von 600 000 Mark freigemacht, also an einer anderen Stelle des Etats erspart werden; warum überläßt man nicht dem verantwortlichen Ministerium, die Stelle zu suchen und zu finden, an der das Geld sich einsparen ließe. Die Not der Landesbühnen ist groß, und der Wunsch ist berechtigt, dieser Not durch Erhöhung der staatlichen Zuschüsse zu steuern. Man sollte doch erst die Frage prüfen, ob es nicht möglich wäre, aus dem Gesamtetat der vier Staatstheater bei zweckmäßiger Umorganisation, und das könnte selbstverständlich nicht von heute auf morgen geschehen, die gedachte Summe herauszunehmen. Unverständlich, warum das innerhalb eines einzigen unter vier Theaterbetrieben geleistet werden soll, und gerade in dem Opernbetrieb, der ohnehin schon auf dem Grundsatz möglichster Sparsamkeit aufgebaut ist. Die Unklarheit des Spiels, das da getrieben wird, ist allzu durchsichtig. Und obendrein muß jedem, der die Verhältnisse kennt, – müssen wir solche Kenntnis bei den Antragstellern nicht voraussetzen? – ohne weiteres klar sein, daß der Antrag in der Tat völlig undurchführbar ist.

Das Geschäftsjahr des staatlichen Haushalts beginnt jetzt zu laufen; folgerichtig müßten die geforderten Ersparnisse innerhalb dieses Geschäftsjahres erzielt werden. Das ist unter allen Umständen unmöglich. Das Opernjahr, in dem wir uns befinden, endet im Herbst, und die laufenden Verträge müssen eingehalten werden. Aber der verantwortliche Leiter der Staatsopern, Generalintendant Tietjen, verstünde sich schlecht auf die Pflichten und Aufgaben seines Amtes, wenn er im April noch nicht für die nächste Saison vorgesorgt hätte. Soweit nicht mehrjährige Bindungen vorliegen, ist es selbstverständlich, daß zumindest für die Saison 1930-31 alle Dispositionen getroffen sein müssen, und das heißt, daß eine so plötzliche Kürzung des Etats an der Erfüllung vorliegender Verträge scheitern müßte. Mit Recht hat ferner Gen. König an den Vertrag erinnert, durch den auf lange Jahre hinaus der Volksbühne das Recht zusteht, auf die Fortsetzung des Opernbetriebes im Theater am Platz der Republik zu bestehen. Der Staat könnte sich dieser Verpflichtung auch weiterhin nicht entziehen, – der Verpflichtung, in diesem Hause weiterhin Opernvorstellungen zu geben, deren künstlerisches Gesamtniveau eines Staatstheaters würdig ist. Ob dieses Niveau gewahrt bleiben kann, wenn die Ausgaben um mehr als eine halbe Million gesenkt werden, das ist eine Frage, die ohne Zweifel über die Zuständigkeit der Landtagsfraktionen hinausgeht.

Die Kampffront gegen die Republikaner reicht von den Deutschnationalen bis zu den Demokraten. Das ist ein peinlicher Anblick. Haben die bürgerlichen Regierungsparteien das Intrigenspiel nicht durchschaut, in das sie sich da haben verstricken lassen? Es ist schwer verständlich, daß sie sich dazu hergeben, den Kampf gegen die Existenz eines Instituts mitzumachen, das die Aufgabe sozialer Kunstpflege, diese höchste künstlerische Aufgabe des Volksstaates, vorbildlich erfüllt – vorbildlich nicht nur nach unserer Meinung, sondern auch nach dem Urteil ihrer eigenen Presse. Es ist unverständlich, daß die Demokraten ihre eigene liberale Tradition verleugnen und einem künstlerischen Unternehmen ans Leben gehen, das den künstlerischen Fortschritt pflegt. Sind in ihr Fraktionszimmer nicht die Stimmen der Empörung gedrungen, die sich aller Geistigen, aller Fortschrittlichen bemächtigt hat und nicht zur Ruhe kommt, seit die reaktionäre Opposition ihren Feldzug gegen die Republikaner eröffnet hat?

Der bürgerliche Antrag ist undurchführbar. Er sagt nicht aus, was er wirklich meint. Aber das, was mit ihm nur gemeint sein kann, das ist, nicht allein von unserem Standpunkt, unannehmbar: die Schließung der Republikoper. Einstweilen wird ihr durch diesen unvernünftigen Schritt moralischer Schaden zugefügt. Die 600 000 Mark, die für die Landesbühnenorganisation gebraucht werden, und noch viel mehr ließen sich leicht ersparen, wenn der Weg beschritten würde, der hier schon vor Monaten als der einzig gangbare empfohlen worden ist: Zusammenlegung der Lindenoper mit der Städt. Oper. Die republikanischen Parteien sollten sich endlich fragen, ob in der Tat der preußische Staat in derselben Weise wie einst der König von Preußen verpflichtet sei, zu seiner Repräsentation eine kostspielige Luxusoper zu unterhalten, und ob es nicht heute vielmehr die Stadt Berlin ist, der in Berlin solche Repräsentationspflicht vor allem obliegt. Wenn die bevorstehenden Verhandlungen zwischen Staat und Stadt in diesem Sinne geführt werden, vielleicht unter Beteiligung des Reiches, dann werden wir es endlich nicht mehr nötig haben, ein Kunstinstitut zu verteidigen, das seine Unentbehrlichkeit für den preußischen Staat unwiderleglich bewiesen hat: die Republikoper.

›Vorwärts‹ vom 14. November 1930
Das Schicksal der Krolloper

Der Vorstand der Volksbühne hat am Donnerstag das folgende Schreiben an den preußischen Kultusminister gerichtet:
»Sehr geehrter Herr Minister!
Von gewisser Seite wird seit einigen Tagen gegen die Unterfertigung des vereinbarten Abkommens über die Auflösung des Kroll-Vertrages eine lebhafte Propa-

ganda entfaltet. Dabei wird, wie Ihnen bekannt sein dürfte, mit einer Fülle unrichtiger und entstellender Behauptungen gearbeitet. Der Vorstand der Volksbühne E. V. sieht sich deshalb veranlaßt, noch einmal in aller Form folgendes festzustellen:

Die Volksbühne hat für die Erbauung der Oper am Platz der Republik außerordentliche Opfer gebracht. Nach fachmännischer Berechnung hat sie bei der Übergabe des Hauses an die Staatsverwaltung dieser Bauwerte in Höhe von etwa 3 Millionen Mark (in heutiger Währung) übereignet, während sie nur eine Barabgeltung von 218 000 M erhielt. Sie war damit einverstanden, daß ihr als Gegenwert für die verbleibende Summe und aus Gründen sozialer Kunstpflege ein 25 Jahre laufender Vertrag mit dem Anspruch auf die Lieferung einer größeren Anzahl billiger Plätze gegeben wurde.

Nicht von der Volksbühne, sondern von den Vertretern der Staatsverwaltung wurde nun infolge des Landtagsbeschlusses vom 7. Mai 1930 das Verlangen gestellt, daß dieser Vertrag aufgelöst werde. Es ist Ihnen bekannt, daß sich die Volksbühne lange gegen dieses Verlangen gesträubt hat. Schließlich aber hielt sich die Volksbühne verpflichtet, den Wünschen der Staatsverwaltung entgegenzukommen; d. h. sie trat in Verhandlungen über eine Auflösung des Vertrages ein. Es war für alle an der Verhandlung Beteiligten von vornherein selbstverständlich, daß der Volksbühne bei Aufgabe des Anspruchs auf die ihr zustehenden verbilligten Plätze der Kroll-Oper eine namhafte Abfindung gewährt werden müsse. Die Volksbühne hat dabei, wie Ihre Sachbearbeiter bestätigen werden, gewiß keine intransigente Stellung eingenommen. Die von den Vertretern ihres Ministeriums, nicht von den Unterhändlern der Volksbühne, zunächst gemachten Vorschläge für die Ablösung des Vertrages gingen weit über das hinaus, was jetzt vertraglich festgelegt ist. Nicht einmal, sondern mehrmals haben die Vertreter der Volksbühne eingewilligt, daß eine bereits erzielte Verständigung von den Vertretern der Ministerien zuungunsten der Volksbühne abgeändert wurde, weil innerhalb der beteiligten Ministerien oder nach Fühlungnahme mit den Parteien des Landtags Bedenken aufgetaucht waren. Die Volksbühne ist tatsächlich bis an die äußerste Grenze entgegengekommen. Sie muß es nun aber ablehnen, daß die in allen Einzelheiten gründlich durchberatenen und endgültig festgelegten Abmachungen neuerdings angefochten werden.

Der Vorstand der Volksbühne hält sich an die getroffenen Vereinbarungen nur bis zum 20. des Monats gebunden. Wenn bis dahin nicht der Vertrag unterfertigt ist, muß sich die Volksbühne die Freiheit wahren, für eine Auflösung des Vertrages andere, ihr günstigere Bedingungen zu stellen. Selbstverständlich ist sie aber auch damit einverstanden, daß der laufende Vertrag nach wie vor in Kraft und die Kroll-Oper erhalten bleibt.

Es wird in der Polemik gegen die getroffenen Vereinbarungen auch erklärt, daß die Volksbühne gar nicht mehr imstande sei, den Kroll-Vertrag zu erfüllen. Insbesondere hat, wie uns bekannt geworden ist, Herr Generalmusikdirektor Klemperer vor Landtagsabgeordneten wiederholt erklärt, daß Vertreter der Volksbühne selbst ihm die Unmöglichkeit einer Einhaltung der vertraglichen Verpflichtungen seitens der Volksbühne zugegeben hätten. Tatsächlich ist von einem Vertreter der Volksbühne Herrn Klemperer gegenüber nur gesagt worden, daß die Volksbühne bei ihrer zur Zeit durch die Krise verminderten Mitgliederzahl durch die restlose Abnahme der vertraglich vereinbarten Platzzahl in gewisse Schwierigkeiten kommen könne. Von einer Unmöglichkeit der Vertragserfüllung kann gar keine Rede sein.

Die Volksbühne hat in der laufenden Spielzeit, wie Ihnen bekannt ist, alle ihr zufallenden Plätze abgenommen und bis auf den letzten Pfennig bezahlt. Sie ist dazu auch weiterhin in der Lage. Ihr Haus am Bülowplatz stellt einen nur mäßig belasteten Gegenwartswert von 8 Millionen Mark dar.

Für das nächste Spieljahr ist überdies ein neuer Organisationsplan ausgearbeitet, der es der Volksbühne möglich machen würde, ohne jede Zubuße alle 220 000 Plätze zu besetzen, ja, der ihr sogar die Abnahme der urprünglich vertraglich vorgesehenen 350 000 Plätze erlauben würde. Die Leitung der Volksbühne muß allerdings darauf hinweisen, daß sie in diesem Falle auch wieder vertragsgemäß die Beteiligung ihrer Mitglieder an sämtlichen Vorstellungen der Kroll-Oper verlangen müßte, so daß die Abgabe geschlossener Vorstellungen an andere Organisationen usw. in Fortfall kommen müßte. Auch sonst ist darauf hinzuweisen, daß die weitere Durchführung des Kroll-Vertrages die Volksbühne zu organisatorischen Maßnahmen veranlassen würde, die sich für die Finanzen der Kroll-Oper im allgemeinen nicht günstig auswirken dürften. Auf Wunsch ist die Volksbühne jederzeit bereit, diese Feststellungen im einzelnen zu belegen.

Die Volksbühne wird sich erlauben, dieses Schreiben auch der Presse zu übermitteln, damit der Sachverhalt in aller Öffentlichkeit einwandfrei klargestellt wird.«

›Tagebuch‹ vom 15. November 1930

Rettet die Kroll-Oper

Nachdem über die ›Berliner Opernkrise‹ monatelang diskutiert wurde, hat eine finanzministerielle Verlautbarung jetzt den Anschein erweckt, die Würfel seien gefallen, – und zwar für die *schlechteste* Lösung. Da erklärt wurde, in den nächstjährigen preußischen Etat würden Mittel für die *Oper am Platz der Republik* von Regierungs wegen nicht mehr eingesetzt, hat fast die ganze Berliner Presse sich mit der vermeintlichen Tatsache abgefunden, das Schicksal der Kroll-Oper sei nun besiegelt und jeder Versuch, es noch abzuwenden, aussichtslos. Das ist ein Irrtum! Die Entscheidung über ein staatliches Institut steht nicht der Regierung, sondern dem *Landtag* zu, und sie wird kaum früher als bei den kommenden Etatberatungen fallen. Den Kampf um dieses weitaus wertvollste preußische Staatstheater schon aufzugeben, wäre also verfrüht. Angesichts der Bedeutung der Sache haben wir uns an Persönlichkeiten aus verschiedenen Bezirken des geistigen und künstlerischen Lebens gewandt und sie um grundsätzliche Äußerungen gebeten. Hier einige der vorerst eingegangenen Zuschriften:

Wenn von den drei Berliner Opernbetrieben einer der Ungunst der Zeit zum Opfer fallen muß, warum sollte es der sein, der nachweislich den öffentlichen Etat am *wenigsten* belastet, oder in dem, wie Klaus Pringsheim im ›Vorwärts‹ gesagt hat, »materielle Sparsamkeit und geistige Konzentration einander programmatisch bedingen und durchdringen«? Warum? Weil die Kroll-Oper eine starke Position der geistigen und kulturellen Linken, weil sie ein Schnittpunkt der sozialen und der künstlerischen Interessen und also aller sozialen und kulturellen Verstocktheit ein Dorn im Auge ist. Wenn das Problem der Oper heute noch oder wieder eine geistige Angelegenheit und ein Gegenstand geistiger Auseinandersetzung ist, so ist das in erster Linie das Verdienst *dieses* Instituts, und auf charakteristische Weise verbindet es das Konzessionslose, Strenge und Lebendige seines Spielplans mit dem sozialen Zug, das heißt mit dem Bestreben, Volksschichten, die vorwärts und aufwärts drängen, durch seine Preispolitik heranzuziehen und künstlerisch heranzubilden. Das Interesse an seinem Fortbestehen ist also zugleich ein volkstümliches und ein künstlerisches, – wie sollte man es nicht vertreten? Ich weiß nicht, wie die Berliner Opernkrise zu lösen ist, aber daß es nicht auf Kosten der Kroll-Oper geschehen darf, scheint mir gewiß, und viel eher wäre nach meiner Meinung durch weitgehende *Zusammenlegung der beiden anderen Betriebe* die notwendige Ersparnis zu erzielen.  *Thomas Mann*

Persönlichkeiten allein befruchten die Kultur. Eine dieser seltenen Persönlichkeiten, die aus Sehnsucht nach neuen Formen neue Wege suchen, ist Klemperer.

Darum sollte das Wirkungsfeld zur Entfaltung dieses künstlerischen Willens erhalten bleiben.
 *Richard N. Coudenhove-Kalergi*

Gut. Die Kroll-Oper wird geschlossen.

Was bleibt? Ein Opernbetrieb in Charlottenburg, dessen Aufführungsniveau beträchtlich unter dem guter Provinzopern steht und dessen Spielplan immer deutlicher zum Vorkämpfer der musikalischen Reaktionsbewegung wird (Zuschuß etwa 2,8 Millionen aus öffentlichen Geldern), weiterhin die Staatsoper Unter den Linden, die durch ihren Leiter per Rundfunk verkünden läßt, die Oper sehe ihre Hauptaufgabe in der Darbietung von Stimmphänomenen und wolle im übrigen nichts anderes sein als ein ›Prunk- und Schaustück‹ mit ›zauberhaften Dekorationen‹ und schönen Stimmen, und das sei die ›Kulturbedeutung der Oper‹ (Zuschuß etwa 2,5 Millionen aus öffentlichen Geldern).

Was wird zerstört? Nicht das, was die Kroll-Oper – offenbar unter ständigem Druck – heute geworden ist (und was noch immer viel ist, wenn man es mit den Leistungen der beiden anderen Häuser vergleicht), sondern das, was sie 1927 zu werden versprach: das musikalische Theater der lebendigen Gegenwart, das die Oper nicht mehr als museale Angelegenheit behandelte, sondern das seine Aufgabe in der Schaffung und Ausarbeitung eines neuen, dem Empfinden heutiger Menschen entsprechenden Opernstils, einer neuen Form musikalischen Theaters erblickte, ein Theater ohne Stars und Amerika-Urlaube, ein Theater der Arbeit, der Aktivität, der Disziplin.

Es genügt also heute nicht mehr zu verlangen, daß die Kroll-Oper als stärkstes künstlerisches Aktivum des Berliner Opernbetriebs erhalten bleibt, sondern wir müssen gleichzeitig verlangen, daß man ihr die Arbeitsmöglichkeit und die Bewegungsfreiheit gibt, die ihr die Durchführung ihres ursprünglichen Programms ermöglicht.

Denn gerade dieses ursprüngliche Programm ist es, das ihr Weiterbestehen zu einer unbedingten Notwendigkeit macht.  *Kurt Weill*

Schon in Paris, wo eine große Zahl von Künstlern die Entwicklung der Berliner Kroll-Oper mit außerordentlichem Interesse verfolgt, habe ich gehört, daß man beabsichtigt, dieses Operninstitut zu schließen. Jetzt, bei meinem Aufenthalt in Berlin, erfahre ich zu meinem größten Erstaunen, daß wirklich eine Entscheidung gefallen ist, die zur Schließung der Kroll-Oper führt. Ich kann eine solche Maßnahme nicht verstehen und will sie nicht glauben. Ich kenne die Arbeit der Kroll-Oper seit ihrem Bestehen, ich habe zahlreiche Aufführungen meiner Werke gehört, ich habe dort Aufführungen klassischer und anderer, moderner Opern gesehen. Ich hatte nach diesen praktischen Erfahrungen das Gefühl, daß es in Europa *eine* einzige Stelle gab, an der von Grund auf an der so notwendigen Erneuerung der Oper gearbeitet wird, mit ernstestem Willen, bestem Erfolg und mit weitreichender Resonanz. Eine Stelle, zu der man kameradschaftliches Vertrauen haben konnte.

Und dieses von innen heraus lebendige, in seiner Arbeit saubere Institut, diesen einmaligen, nicht wieder zu belebenden Organismus will man umbringen? – – Unmöglich!
*Igor Strawinsky*

Was an kleinen Provinztheatern heute selbstverständlich ist: daß man versucht, die Oper und den Opernbetrieb musikalisch und szenisch neu zu gestalten, das wird in Berlin nicht mehr möglich sein, wenn erst einmal die Kroll-Oper geschlossen ist. Kroll-Oper – das ist mit der Zeit ein fester Begriff geworden, ohne den man sich das Musikleben nicht mehr denken kann. Von den Berliner Opernhäusern ist sie zweifellos dasjenige, dessen Arbeiten im Reiche und im Ausland am bekanntesten sind. Berlin soll eines seiner eigenartigsten und tatkräftigsten Kunstinstitute beraubt werden, ein unglaublicher Entschluß. Mit noch so schön gesungenen und gespielten alten Opern läßt sich auf die Dauer der Opernbetrieb nicht aufrechterhalten; wir müssen ein Theater haben, das ernsthaft bestrebt ist, dem Fortschritt zu dienen. Hoffen wir, daß der hinterwäldlerische Entschluß, die Kroll-Oper zu schließen, besserer Einsicht das Feld räumt.
*Paul Hindemith*

Ich halte es für sehr bedauerlich, wenn aus wirtschaftlichen Gründen gerade der Betrieb abgebaut werden soll, der eine künstlerische Tat bedeutet, der ein ausgesprochenes Gesicht hat, wenn gerade der künstlerische Zusammenhang auseinandergerissen wird, der in Kämpfen aufgebaut, sich durchzusetzen begann.

Und wozu will man das Kroll-Theater sonst verwerten? Soll es für einen anderen Zweck wieder umgebaut werden, um mit großen Mitteln voraussichtlich etwas Halbes zu schaffen?

Denn daß dieses Theater, auch und gerade wirtschaftlich, nur existieren kann als Kulturtheater, durch einen Abonnementaufbau gestützt, leuchtet doch jedem ein. Für ein Theater leichterer Art, das den Instinkten des Durchschnitts entgegenkommt, liegt es dort hinten im Walde bei Moabit völlig unmöglich und wäre von vornherein der Pleite ausgeliefert.

Ist es nicht doch möglich, eine andere Rechnung aufzumachen, die ein in wahrem Sinne künstlerisches Ensemble rettet?

Eine künstlerische Tat ist durch die geschickteste Organisation nicht zu ersetzen, und es ist die schlechteste Kunstpolitik, ein lebendiges Wesen, einen blutvollen Organismus noch so gescheiten rechnerisch-bürokratischen Erwägungen zu opfern.
*Professor Hans Poelzig*

*Petition des Betriebsrates der Preußischen Staatsopern, Berlin, der Genossenschaft Deutscher Bühnenangehörigen, des Deutschen Chorsängerverbandes und Tänzerbundes e.V., des Gesamtverbandes der Arbeitnehmer der öffentlichen Betriebe und des Personen- und Warenverkehrs an den Preußischen Landtag von Anfang Dezember 1930*

Für die Erhaltung der ›Oper am Platz der Republik‹

Anfangs dieses Jahres beschäftigte sich der Landtag und dessen Hauptausschuß mit der Frage der Erhöhung der Staatsmittel für die Preußische Landesbühne. Bei Erörterung der Deckungsfrage stellte sich die Mehrheit des Landtages auf den Standpunkt, daß durch Ersparnisse im Haushalt der Preußischen Staatstheater die für die Preußische Landesbühne notwendigen Mittel aufgebracht werden müßten. Im äußersten Falle sollte die Schließung der ›Oper am Platz der Republik‹ erwogen werden. In diesem Sinne faßte der Landtag am 7. Mai d. J. einen Beschluß, durch den die Regierung beauftragt wurde, zunächst Verhandlungen mit der Stadt Berlin wegen evtl. Übernahme der Volksbühnenbesucher in die Städtische Oper zu verhandeln. Gleichzeitig sollten Verhandlungen mit der Freien Volksbühne aufgenommen werden mit dem Ziel, den Vertrag der Volksbühne mit dem Staat durch friedliche Vereinbarung zu lösen, um damit die Möglichkeit einer Schließung der Krolloper zu schaffen. Die Verhandlungen mit der Stadt Berlin mußten seinerzeit ergebnislos abgebrochen werden, da die Stadt für die Hergabe billiger Eintrittskarten an die Volksbühne eine allzu hohe Entschädigung verlangte. Inzwischen sind die Verhandlungen mit der Freien Volksbühne jedoch fortgesetzt worden und haben zur Niederlegung eines Vertragsentwurfes geführt, der dem Landtag demnächst zur Genehmigung vorgelegt werden wird.

Der oben erwähnte Beschluß vom 7. Mai ist aus dem Motiv heraus erfolgt, im Etat der Staatstheater Ersparnisse zu Gunsten der Preußischen Landesbühne zu machen. Wir haben die Überzeugung gewonnen, daß die von den zuständigen Ministerien nunmehr unterbreiteten Vorschläge keine Lösung im Sinne dieses Beschlusses darstellen und auch den kulturellen, wirtschaftlichen und finanziellen Grundsätzen, die diesen Beschluß herbeiführten, keineswegs Rechnung tragen. Die unterzeichneten Verbände, deren Wirkungsgebiet sich über ganz Deutschland erstreckt, sind jedoch im höchsten Maße daran interessiert, daß die Absicht des Landtags, im Haushalt der Preußischen Staatstheater gemachte Ersparnisse der Preußischen Landesbühne zur Unterstützung der Theater im Lande, insbesondere der Grenztheater, zuzuwenden, unter allen Umständen erfüllt wird.

Daß die von der Regierung beabsichtigte Schließung

der Krolloper mit den sozialen Interessen der Bühnenmitglieder unvereinbar ist, liegt auf der Hand. Durch die Auflösung des Krollopernbetriebes würden annähernd 400 Bühnenangehörige der verschiedenen Gruppen erwerbslos gemacht werden. Wenn auch ein geringer Teil des Orchesterpersonals und des technischen Personals, der Beamtenqualität besitzt, anderweitig untergebracht werden kann, so wird dadurch aus den übrigen staatlichen Theaterbetrieben dieselbe Anzahl von Angestellten brotlos gemacht werden. In der heutigen Zeit, da durch den dauernden Abbau in den deutschen Theaterbetrieben rund 6000 künstlerisch tätige Bühnenmitglieder und eine entsprechende Anzahl von technischem Personal erwerbslos geworden sind, können die wenigsten der durch eine Schließung der Krolloper brotlos werdenden Bühnenmitglieder auf eine Wiedereinstellung in absehbarer Zeit rechnen. Für Musiker und Chorsänger erscheint heute schon eine anderweitige Unterbringung völlig unmöglich. Die Bühnenmitglieder würden daher durch die Schließung des Krollbetriebes in eine geradezu verzweifelte Lage versetzt werden, die durch den Staat verschuldet wäre, von dem doch weitestgehend soziale Rücksichtnahme erwartet werden müßte und von den Mitgliedern beim Abschluß des Engagements auch mit vollem Recht erwartet wurde.

Es darf auch nicht verkannt werden, daß ein Vorgehen des Staates unter Außerachtlassung aller sozialen Rücksichten, wie es beabsichtigt ist, in der heutigen Zeit eine äußerst bedenkliche politische Auswirkung haben muß. Wir erinnern an die Grundsätze, die erst kürzlich die Preußische Regierung der Reichsregierung zur Bekämpfung der Arbeitslosennot unterbreitet und empfohlen hat. Sie gingen dahin, durch Arbeitsstreckung möglichst viel Neueinstellungen Arbeitsloser zu ermöglichen, anstatt das Heer der Arbeitslosen immer mehr zu vergrößern.

Mit diesen Grundsätzen steht die beabsichtigte Schließung der Krolloper in schreiendem Widerspruch. Alle diese Grundsätze werden durch die völlige Aufhebung eines großen staatlichen Betriebes verletzt und verleugnet. Nicht nur von dem Gesichtspunkt aus, daß es sich um Maßnahmen des Staates handelt, die als Vorbild auf die Privatwirtschaft geradezu verheerend wirken müssen, sondern auch im Hinblick auf die besonders schwierigen Verhältnisse des gesamten deutschen Theatergebietes müßte die Schließung der Krolloper als unerträglich betrachtet werden. Auf keinem anderen wirtschaftlichen Gebiet würden derartige radikale Betriebsschließungen durchgeführt werden, ohne daß vorher der Versuch gemacht worden wäre, durch einen organischen Abbau innerhalb des Betriebes die vollständige Stilllegung zu vermeiden. Der letztere Weg ist denn auch von zahlreichen großen deutschen Theaterbetrieben, die sich in äußerster Existenzgefahr befanden, mit Erfolg beschritten worden. Unter Mitwirkung der Angestelltenverbände sind in diesen Betrieben einschneidende Ersparnismaßnahmen innerhalb des Betriebes durchgeführt worden. Nur in ganz wenigen Fällen, welche unbedeutendere Theater betrafen, ist man zum Abbau ganzer Kunstgattungen oder Kürzung der Spielzeit geschritten. Dagegen konnte die völlige Schließung der wichtigeren Kunststätten vermieden werden.

Gerade mit Rücksicht auf die vorerwähnten katastrophalen Auswirkungen, welche die Schließung eines Staatstheaterbetriebes auslösen müßte, muß deshalb erwartet werden, daß ein endgültiger Beschluß im Sinne der Regierungsabsichten unter keinen Umständen gefaßt wird, bevor nicht nochmals alle Möglichkeiten, den Betrieb aufrechtzuerhalten, gewissenhaft geprüft worden sind. Wir sind um so mehr berechtigt, eine solche Forderung aufzustellen, da wir überall, wo es durch die Finanznöte als unerläßlich erschien, die Hand dazu geboten haben, auch zu Lasten unserer eigenen Mitglieder die Weiterführung der Betriebe zu ermöglichen und im Lebensinteresse unserer Mitglieder zu erhalten.

Wir halten uns ferner für verpflichtet, unserer fachlichen Überzeugung Ausdruck zu geben, daß die von einer Schließung der Staatsoper am Platz der Republik erwarteten fiskalischen Vorteile in gar keinem Verhältnis stehen würden zu den eintretenden sozialen Schädigungen, und daß auch die erwarteten wirtschaftlichen Vorteile nicht erzielt werden würden. Wir sind im Gegenteil der Ansicht, daß – auf weite Sicht gesehen – durch die Betriebsauflösung schwere wirtschaftliche, finanzielle, künstlerische und kunstpolitische Nachteile unvermeidlich für den Staat entstehen müßten.

Was die Volksbühne betrifft, auf die der bisherige Betrieb der Krolloper in der Hauptsache aufgebaut war, so schicken wir, um Mißverständnisse auszuschalten, folgendes voraus:

Wir geben offen zu, daß wir der Meinung sind, daß der Volksbühne in ihrer jetzigen Lage vom Staat um ihrer Idee, ihrer praktischen Tätigkeit willen in angemessener Weise geholfen werden muß. Uns erscheint die Volksbühne als ein wertvolles, in der heutigen Zeit unentbehrliches Kulturinstrument der werktätigen Bevölkerung, deren Wirken für den Staat und das Volkswohl ebenso notwendig ist, wie beispielsweise der Bühnenvolksbund als Kulturinstrument des Bürgertums. Man braucht nur festzustellen, wieviele deutsche Theaterbetriebe den durch die Wirtschaftsnot hervorgerufenen schweren Gefahren standzuhalten vermochten, weil sie sich auf die ausgiebige und dauernde Zusammenarbeit mit den großen Besucherorganisationen stützen konnten. Andrerseits glauben wir aber nicht, daß als Bedingung für eine gerechtfertigte Staatshilfe für die Volksbühne die Schließung eines staatlichen Unternehmens, welches etwa 400 Arbeitnehmer beschäftigt, vom Staat gefordert werden darf. Wir sind im Gegenteil der Meinung, daß eine derartige Bedingung irgendwie mit der vom Staat zu wahrenden Würde unvereinbar wäre. Wir glauben, daß die vom Staat der Volksbühne zugedachte Hilfeleistung auch im Rahmen und Umfang der Leistungen der Preußischen Landesbühne im Sinne ihrer sozialen Kunstpflege durchzuführen wäre. Dabei weisen wir wiederholt darauf hin, daß eine höhere Dotierung der Landesbühne für die Parteien des Landtages das maßgebende Motiv war für die Forderung durchgreifender Ersparnismaßnahmen bei den Berliner Staatstheatern.

Bei seinem vorerwähnten Beschluß ging der Landtag von dem durchaus richtigen Grundgedanken aus, daß die Stadt Berlin sich an der sozialen Kunstpflege – besonders durch Bespielung der Besucherverbände – beteiligen müsse. Dabei mag auch der Gedanke eine Rolle gespielt haben, daß das Vorhandensein zweier auf das gleiche künstlerische Programm und System abgestellten Gesellschaftsopern in einer wenn auch noch so großen Stadt nachteilig sein müsse, weil sich die beiden Institute naturgemäß untereinander eine wirtschaftlich und künstlerisch schädliche Konkurrenz machen, was man von einer, sogar von zwei Volksopern im Verhältnis zu einer repräsentativen Gesellschaftsoper niemals behaupten kann. Die Verhandlungen der Regierung mit der Stadt Berlin sind gescheitert, und damit sind die vom Landtage angestrebten Ziele nach den beiden ausschlaggebenden Richtungen hin nicht erreicht. Man braucht sich aber nur vorzustellen, daß die Stadt Berlin angesichts ihrer schwierigen finanziellen Lage sich früher oder später doch zu einer Umgestaltung des städtischen Opernbetriebes im Sinne der sozialen Kunstpflege entschließen müßte, wie sie dem Landtag vorgeschwebt haben mag und wie sie der Kultusminister ausdrücklich gewünscht hat, so hätte der übereilte Abbau der Krolloper erst recht keinen Sinn gehabt.

Die Schließung der Krolloper wäre von verschiedenen Gesichtspunkten aus auf das tiefste zu bedauern und würde einen großen kulturellen Verlust bedeuten. Die Krolloper kann in mehrfacher Hinsicht als ein Musterinstitut angesprochen werden, das sich vor allen deutschen Opernbetrieben durch eine in einheitlichem künstlerischem Geist geschaffene vorbildliche Ensemblekunst auszeichnet. Die Krolloper besitzt heute ein geschlossenes künstlerisches Ensemble, das mit mäßigen Gagen und ohne Stars Ausgezeichnetes leistet. Auf der anderen Seite muß die Krolloper auch als eine vorbildliche Anstalt der sozialen Kunstpflege eingeschätzt werden. In seiner zweiten Etatrede (Dezember 1929) hat der Finanzminister selbst zum Ausdruck gebracht, daß an eine Schließung der Oper am Platz der Republik nicht gedacht werden könne, weil sie neben der Preußischen Landesbühne das einzige Institut sei, dessen sich der Staat für seine Betätigung der sozialen Kunstpflege bedient.

Die Pflege der fortschrittlichen Opernkunst im Krollhause ist freilich Gegenstand scharfer Angriffe gewesen. Es muß zugegeben werden, daß es ein Fehler war, beim Aufbau der Krolloper einerseits der neuen Opernkunst einen vorherrschenden Platz einzuräumen und andrerseits den Betrieb in der Hauptsache auf den Besuch der Volksbühnenmitglieder zu stellen, die zunächst die volkstümliche Opernkunst bevorzugen und zum Verständnis der modernen Oper erst hätten erzogen werden müssen. Eine Umstellung des Spielplanes nach den Ansprüchen des Publikums der Kroll-Oper, wie sie seit Monaten durch den derzeitigen Opernleiter bereits mit sichtbarem Erfolg durchgeführt wird, hätte den Beweis erbringen müssen, daß eine Betätigung beider Kunstrichtungen nebeneinander möglich und zweckmäßig ist und auch finanziell eine günstige Auswirkung verspricht.

Für den Fall der Schließung der Kroll-Oper muß mit Rücksicht auf den noch bis zum Jahre 1937 laufenden Vertrag des Generalmusikdirektors Klemperer zunächst die Frage aufgeworfen werden, ob sich ein Einbau der fortschrittlichen Kunstrichtung der Krolloper in die Oper Unter den Linden mit derem traditionellen Charakter und ihrer repräsentativen Bedeutung überhaupt durchführen läßt. Uns erscheint das mehr als fraglich. Nachdem die Kroll-Oper – wie gesagt – längst nicht mehr die Klemperer-Oper der Anfangszeit ist, sondern sich bereits zu einem volkstümlichen Institut unter Berücksichtigung auch des Unterhaltungsbedürfnisses ihres Publikums umgewandelt hat, müssen die Bedenken, die gegen eine Aufnahme der Publikumsorganisation in die Lindenoper erhoben werden müssen, um so mehr ins Gewicht fallen. Die Lindenoper würde durch die Veranstaltung von Sondervorstellungen zu äußerst ermäßigten Eintrittspreisen schwere Schädigungen erleiden. Ihre gesamte Besuchs- und Preispolitik würde auf das schwerste erschüttert, sobald die Volksbühne und andere Besucherorganisationen, die eine Gleichberechtigung mit der Volksbühne bereits gefordert haben, dort ihren Einzug halten. Das bestehende Abonnement, die normalen Eintrittspreise und der Besuch selbst werden durch die unvermeidliche Vergleichung mit den den Besucherverbänden gewährten Preisermäßigungen auch dann eine schwere Beeinträchtigung erleiden, wenn für die Verbände nur geschlossene Vorstellungen abgegeben werden. Das Problem der Abwanderung der Abonnenten, welches in den Theatern des Reiches eine so bedeutsame Rolle spielt, würde für die staatliche Oper Unter den Linden akut werden.

Für die Erhaltung der Krolloper sprechen neben den kultur- und kunstpolitischen Gesichtspunkten auch solche, die gerade vom Standpunkt einer weitblickenden Finanzverwaltung höchst bedeutsam sein müßten.

Die Krolloper, ganz auf den Gedanken des geschlossenen Ensembles unter Ausschaltung der Starkräfte gestellt, auf der Basis einer hingebungsvollen solidarischen Kunstgesinnung aufgebaut, wirkt als staatliches Institut der sozialen Kunstpflege lebendig und vorbildlich. Sie macht gewissermaßen aus der Armut und Not eine Tugend und einen Vorzug. Sie müßte daher gerade für eine von der Finanzverwaltung beabsichtigte Abbaupolitik als das Musterinstitut für ganz Deutschland erscheinen, sofern man die Gesamtsituation des deutschen Theaterwesens und nicht nur die besondere Lage in Berlin betrachtet, die sich, und zwar aus historischen Gründen und wegen des Dualismus zwischen Staat und Gemeinde bisher nicht im Sinne einer hohen Zweckmäßigkeit entwickelt hat. Wird nach den jetzt vorliegenden Vorschlägen die Krolloper aufgelöst, so zerstört man nicht nur mit Sicherheit die soziale volkstümliche Kunstpflege auf dem Operngebiet und das ihr einzig in Deutschland dienende und in diesem Sinne von dem Herrn Finanzminister selbst anerkannte Institut, sondern man gefährdet auch in höchstem Maße die Zukunft der staatlichen Oper Unter den Linden. Wenn der Staat Preußen ein solches Institut, das im Reiche und im Ausland als in künstlerischer und kunstpolitischer Hinsicht vorbildlich geschätzt wird, zugrundegehen läßt, so würde das die völlige Aufgabe der vom Freistaat Preußen von Anfang an betriebenen Theaterpolitik bedeuten und würde für die Kulturpolitik im ganzen Reich von katastrophaler Bedeutung sein.

Man kann die Situation in Deutschland nicht mit der anderer Länder vergleichen, wo die Existenz führender Kunstinstitute auf dem Mäzenatentum wohlhabender Gesellschaftsschichten aufgebaut ist, die in Deutschland fehlen. Die Kulturentwicklung hat sich in Deutschland gemäß dem Bedürfnis des Volkes und der Gesellschaft und nach der deutschen Eigenart vollzogen; sie ist nicht künstlich gemacht. Sonst hätte das Theater niemals die Bedeutung und den Umfang erlangen können, den es heute im deutschen Volksleben einnimmt.

In welchem Maße die Entwicklung des deutschen Theaterwesens im Auslande als vorbildlich betrachtet wird, geht aus dem Beispiel Englands hervor, das neuerdings nach dem Muster der deutschen Besucherorganisationen den breiten Massen das Theater zu erschließen im Begriff ist und sich erst in den letzten Tagen zur staatlichen Subventionierung einer ganzjährigen Oper entschlossen hat. Auch in zahlreichen anderen Ländern außerhalb Deutschlands hat die Idee der Besucherorganisationen Boden gefaßt und ist in der Verwirklichung begriffen.

Auf der gemeinsamen Plattform, einen staatlichen sozialen Theaterbetrieb als eine Stätte mustergültiger Kunstpflege unter allen Umständen zu erhalten, müßten sich sämtliche Parteien einmütig zusammenfinden – welche auch ihre politischen Ziele sind – wenn ihnen das Wohl des Volkes als höchstes Ziel erscheint.

Das Finanzministerium verspricht sich von der Schließung der Krolloper Ersparungen in Höhe von 1,2 Millionen RM. Von dieser Summe muß beispielsweise abgesetzt werden:

1. Die Jahresquote der an die Volksbühne zu zahlenden Abfindungssumme;
2. die weiterzahlenden Gehälter für abgebaute Beamte des Verwaltungs-, Orchester- und technischen Personals;
3. Ausfall der Honorare für Rundfunkübertragungen aus der Krolloper in Höhe von rund 50 000 RM;
4. die für die Lindenoper entstehenden Mindereinnahmen durch die Aufnahme der Volksbühne und des Bühnenvolksbundes, der bereits die gleichen Vergünstigungen wie die Volksbühne verlangt und auch zugesagt erhalten hat;
5. Ausfall an Garderobeneinnahmen in der Lindenoper durch Übernahme der Besucherorganisationen, der auf mindestens 30 000 RM geschätzt werden muß;
6. weitere Schädigungen der Lindenoper sind bestimmt zu erwarten durch Überlauf der bisherigen Abonnenten zu den Besucherorganisationen, da sich für sie durch diesen Übertritt der Eintrittspreis erheblich vermindert.

In diesem Zusammenhang muß auch darauf aufmerksam gemacht werden, daß der Abonnementsvertrag zwischen der Reibaro und der Staatstheaterverwaltung eine Sperrklausel enthält, die der Generalverwaltung untersagt, anderen Besuchergruppen ähnliche oder bessere Preisvergünstigungen zu gewähren. Es muß stark bezweifelt werden, daß die Reibaro bei Verlängerung des Vertrages auf diese Klausel verzichten wird.

Der Herr Finanzminister hat in seinem Haushaltsvoranschlag Zuschußmittel für einen Betrieb der Krolloper für das nächste Spieljahr nicht eingesetzt. Dagegen ist auf der Einnahmeseite ein Betrag von 300 000 RM aus der Verpachtung des Krollhauses eingestellt worden. Selbst wenn sich in der heutigen Zeit ein seriöser Pächter finden sollte, der bereit ist, eine solch hohe Pachtsumme zu zahlen, würde sich diese Einnahme um die erheblichen Lasten verringern, die dem Staat durch die Bereitstellung des spielfertigen Hauses verbleiben. Bei einer Verpachtung des Krollhauses ist eine Konkurrenz für die Lindenoper unter keinen Umständen zu verhindern. Kein Privatpächter wird es sich nehmen lassen, seinen Spielplan beliebig umzustellen, sobald irgendwelche Enttäuschungen ihm das als zweckmäßig erscheinen lassen. Wenn die Staatsregierung kürzlich durch den amtlichen Preußischen Pressedienst mitteilen ließ, sie werde Vorsorge treffen, daß auch in Zukunft in der Krolloper nur ernst und kulturell wertvolle Kunst gepflegt werde, so würde eine solche Verpflichtung des Pächters nur auf dem Papier stehen. Es kann außerdem nicht eingesehen werden, inwiefern gerade ein ernstes künstlerisches Programm der Lindenoper keine Konkurrenz bereiten könnte.

Die Frage, in welcher Form die Krolloper unter erheblicher Herabminderung der Zuschüsse fortgeführt werden könnte, ist von den unterzeichneten Verbänden in der letzten Zeit eingehend geprüft worden. Die Weiterführung der Krolloper müßte zur Voraussetzung haben:

1. Einräumung eines größeren Raumes für den volkstümlichen Spielplan;
2. Aufnahme der wertvollen Operette, die jedoch nicht in Serienaufführungen gegeben werden sollte;
3. gelegentliche Veranstaltung von Sonderaufführungen, beispielsweise ›Mirakel‹, ›Jedermann‹, ›Ödipus‹ und ähnlichen Werken in hervorragender Inszenierung; Sprechchöre usw.;
4. Aufteilung der Plätze an:
   a) die Volksbühne. Sie sollte nach ihrem jetzigen Bedarf 54 000 Plätze in der Spielzeit zum bisherigen Preise erhalten; ferner das Bezugsrecht auf weitere Plätze zu einem besonders zu vereinbarenden höheren Preise;
   b) den Bühnenvolksbund zu gestaffelten Preisen nach ›Gütegruppen‹;
   c) an den Verband der Funkfreunde, die Buchgemeinschaften und ähnliche Organisationen;
5. Es wäre schließlich eine Vereinbarung der Krollopernfreunde zu bilden, für die ein Sonder-Abonnement aufgelegt werden müßte;
6. Veranstaltung eines Konzertzyklus unter der Direktion Klemperer im Abonnement.

Auch Generalintendant Tietjen hat sich auf unsere Anregung hin mit der Fortführung der Krolloper befaßt und durch Errechnungen festgestellt, daß unter Umständen eine Weiterführung mit einem jährlichen Zuschuß von 900 000 RM durchführbar ist.

Zum Nachweis weiterer Ersparnismöglichkeiten müßte selbstverständlich der Etat sämtlicher preußischer Staatstheater überprüft werden.

Die unterzeichneten Verbände stellen sich für eine Mitarbeit zur Verfügung und erwarten, daß eine Entscheidung über das Schicksal der Oper am Platz der Republik nicht gefällt wird, bevor nicht alle Versuche, die Oper durch Reformen im inneren Betrieb zu erhalten, erschöpft sind. Wir erklären uns ausdrücklich bereit, auf die Personale hinzuwirken, durch Opfer und Einräumungen den Theaterbetrieb retten zu helfen.

Betriebsrat der Preußischen Staatsoper Berlin
  Kammann, Vors.   Torzinsky

Genossenschaft Deutscher Bühnenangehöriger
  Wallauer   Otto

Deutscher Chorsängerverband und Tänzerbund e. V.
  Friedebach   Mette

Gesamtverband der Arbeitnehmer der öffentlichen Betriebe und des Personen- und Warenverkehrs
  Fischer   Lutter

›Berliner Börsen-Courier‹ vom 10. Dezember 1930

Für Kroll

Die Genossenschaft deutscher Bühnenangehöriger, der Deutsche Chorsängerverband und Tänzerbund, der Gesamtverband der Arbeitnehmer der öffentlichen Betriebe und der Betriebsrat der Preußischen Staatsopern haben an die Mitglieder des Preußischen Landtags eine Denkschrift für die Erhaltung der Staatsoper am Platz der Republik gerichtet. Die Denkschrift legt eingehend die Gefahren dar, die eine Schließung des Instituts auf sozialem und künstlerischem Gebiet bedeuten würde.

Die Denkschrift weist ferner nach, daß die vorgesehenen Einsparungen von 1,2 Mill. in Wahrheit infolge weiterlaufender Verpflichtungen gar nicht gemacht werden können. Sie schlägt dann für die verbilligte Weiterführung des Krollbetriebes folgendes u. a. vor: Einräumung eines größeren Raumes für den volkstümlichen Spielplan, Aufnahme der wertvollen Operette, Sonderaufführungen von Stücken wie ›Mirakel‹ oder ›Jedermann‹, Neuaufteilung der Abonnements an Volksbühne, Bühnenvolksbund, Funkfreunde, Buchgemeinschaft, Sonderabonnement für die neu zu bildende Vereinigung der Krollfreunde und Konzertzyklus unter Klemperer.

Diese Vorschläge stellen die Basis dar, auf der zur Zeit tatsächlich über die Weiterführung der Krolloper verhandelt wird. Generalintendant Tietjen errechnet den Zuschußbedarf in diesem Fall auf 900 000 M. Am Montag werden dementsprechende Anträge im Landtag eingebracht und an den Hauptausschuß zur Weiterberatung verwiesen werden.

Es ist selbstverständlich sehr begrüßenswert, daß nunmehr neue Wege gefunden werden, um Kroll zu retten. Aber die künstlerischen Bedenken, die sich gegen die neue Lösung erheben, dürfen nicht verschwiegen werden. Es besteht die Gefahr einer völligen Nivellierung der ursprünglichen Krollidee. Die Denkschrift weist sogar auf die bereits eingetretene »Entklemperung« der Krolloper mit Befriedigung hin. Soll Kroll zu einem farblosen Institut mit lediglich sozialen Verpflichtungen herabgedrückt werden? Dann hätte man es nur wirtschaftlich-organisatorisch, aber nicht künstlerisch gerettet.

*Klaus Pringsheim: ›Vorwärts‹ vom 20. März 1931*

Die Schicksalsstunde der Republikoper

Die Frage steht unmittelbar vor der Entscheidung. Der Landtag hat sie jetzt zu treffen. Ein Antrag des Zentrums liegt vor, der die Auflösung des staatlichen Opernbetriebes fordert. Die parlamentarische Situation wird durch die Angelegenheit des neuen Volksbühnenvertrages kompliziert, nachdem die Abstimmung im Plenum durch die Obstruktion der oppositionellen Parteien von neuem verhindert worden ist. Aber durch die Genehmigung dieses Vertrages würde das Schicksal der Republikoper nicht besiegelt. Es ist daran zu erinnern, daß der Vorstand der Volksbühne vor kurzem, um jeder Art von böswilligem Mißverständnis vorzubeugen, ausdrücklich erklärt hat: »Die Volksbühne kämpft nicht gegen die Fortführung der Krolloper.« Und mit erfreulicher Deutlichkeit hat Genosse König jüngst im Landtag ausgesprochen: daß die sozialdemokratische Fraktion sich selbstverständlich für die Annahme des Vertrages einsetzen werde; daß aber, unabhängig davon, Mittel und Wege gesucht werden müssen, um den Betrieb der Republikoper zu erhalten. Das ist genau der Standpunkt, den wir eingenommen haben, seit die Einheit von Volksbühne und Republikoper in Frage gestellt war. »Für uns werden Republikoper und Volksbühne nie ein Entweder-Oder darstellen, sondern die Forderung eines Sowohl-Als-auch« – schrieb der ›Vorwärts‹ am 1. November des vorigen Jahres. Die Forderung besteht heute wie damals.

Man weiß, welche ideellen und kulturellen Werte auf dem Spiel stehen. Aber mit ideellen und kulturellen Argumenten sind die Gegner nicht zu überzeugen. »Reden wir also nicht mehr von den künstlerischen Leistungen der Republikoper; nicht mehr von dem Vorbild von Ensemblekunst und künstlerischem Gemeinschaftsgeist, das Klemperer und seine Mitarbeiter geschaffen haben; von dem Beispiel der strengen Kunstmoral und des konzessionslosen Ernstes, das hier der ganzen Opernwelt gegeben wird; nicht davon, daß diese Oper die beste von Berlin ist, das fortschrittlichste Operntheater Deutschlands, das erste, das mit der Tradition des alten Hoftheaters, mit dem System der Repertoireschlamperei gebrochen hat, das erste und bahnbrechende Beispiel einer staatlichen Theaterorganisation auf zeitgemäßer Basis... Die Republikoper soll geopfert werden – welchen Erwägungen, welchen Notwendigkeiten?« So haben wir vor fünf Monaten gefragt. Zwingende finanzielle Erwägungen? Es ist nicht wahr, daß die Schließung der Republikoper einer finanziellen Notwendigkeit entspricht. Auch das ist hier festgestellt und ziffernmäßig belegt worden.

Die jährlichen Ausgaben, die zur Zeit der Opernbetrieb erfordert, sind im Haushaltsplan mit 2 108 286 M. beziffert. Diesem Betrag, der von den dauernden Ausgaben abgesetzt worden ist, steht für den gedachten Fall der Schließung ein ›Abwicklungsfonds‹ in Höhe von 1 117 100 M. gegenüber. Dazu kommt als weitere Belastung die Summe, die sich nach der Schließung durch den Ausfall der bisherigen Einnahmen ergeben würde. Für diesen Einnahmeausfall sind 990 565 M. vorgesehen. Der Betrag wäre erheblich höher, wenn nicht für die ersten drei Monate des Rechnungsjahres, 1. April bis 1. Juli, noch mit den normalen Einnahmen gerechnet wäre. Aber auch so ergibt sich:

1 117 100 M. Abwicklung
 990 565 M. Einnahmeausfall
2 107 665 M. Summe
2 108 286 M. Ausgaben bei Fortsetzung des Betriebes
     621 M. Keine Deckung vorhanden

Es darf erlaubt sein, in diesem Augenblick den Differenzbetrag von 621 M. nicht für entscheidend zu halten. So zeigt sich also, daß es nur nötig wäre, auf Grund der Zahlen des neuen Haushalts den alten Opernetat wiederherzustellen, und alle etatrechnerischen Widerstände gegen die Fortführung der Oper wären überwunden.

Aber mit dieser Rechnung sind die im Haushalt eingeschlossenen Möglichkeiten für die Erhaltung der Republikoper noch nicht erschöpft. Tatsächlich soll infolge ihrer Schließung der Betrieb der Lindenoper durch zusätzliche Ausgaben von mehr als einer halben Million Mark belastet werden – durch Ausgaben, die hier schlechthin überflüssig wären und zu der herrschenden und gebotenen Spartendenz in alarmierendem Mißverhältnis stünden. Es ist nicht zuviel gesagt, daß bei der bisher beiden Häusern gemeinsamen Staatskapelle 45 bis 50 beamtete, also unkündbare Kammermusiker – Durchschnittsgehalt 5200 M. – durch die Schließung der Republikoper entbehrlich würden. Und welche Notwendigkeit besteht, den Chor der Lindenoper, wie beabsichtigt ist, um 18 Mitglieder – Durchschnittsgehalt 4125 M. – zu vermehren? Dazu kommt der langjährige Vertrag des Generalmusikdirektors Klemperer. Selbst wenn dessen gegen den Staat angestrengte Klage vom Arbeitsgericht abgewiesen, also der Generalintendanz das Recht zugesprochen würde, ihn künftig in der Lindenoper zu beschäftigen: ganz sicher ist, daß hier neben Kleiber und Blech noch ein Generalmusikdirektor nicht benötigt wird. Die Summe von etwa 350 000 M., die sich nur aus den Positionen Orchester, Chor, Generalmusikdirektor herausholen läßt, wäre ohne Zweifel zweckmäßiger im Betrieb der Republikoper zu verwenden.

Aber da ist noch der neue Solistenetat, der, nur für die Lindenoper, mit 1 188 000 Mark dotiert, das heißt nur etwa um 25 Proz. niedriger ist als gegenwärtig für zwei Häuser. Von 70 Mitgliedern wird das Solopersonal auf 51 reduziert, das durchschnittliche Jahreseinkommen aber um 800 M. erhöht. Das erscheint unverständlich, wenn man sich erinnert, daß eben erst durch die Gagenkonvention des Bühnenvereins die obere Gehaltsgrenze sehr erheblich heruntergesetzt und damit in der Tat der Maßstab für alle Solistengehälter, ausgenommen allenfalls die Klasse der kleinsten Gagen, gesenkt worden ist. Mindestens 200 000 Mark könnten aus diesem Solistenetat für die Republikoper freigemacht werden. Wie dies im einzelnen durchzuführen wäre, braucht freilich unsere Volksvertreter nicht zu kümmern; man müßte nur den Generalintendanten Tietjen ermächtigen, über die für Oper bewilligten Mittel entsprechend zu verfügen.

Während sich also zeigt, daß für die Ausgaben der Republikoper ausreichende Deckung vorhanden ist, wird es auf der anderen Seite möglich sein, durch weitere Organisierung des Besuchs die Einnahmen erheblich zu steigern, also für die Zukunft den tatsächlichen Zuschußbedarf wesentlich zu mindern. Es ist klar, daß es für die Schließung der Republikoper zwingende finanzielle Gründe nicht gibt.

Ist man sich aber darüber klar, welche Folgen sich durch die Schließung in sozialer Hinsicht ergeben würden? Ist man sich klar darüber, daß Hunderte von Familien in das hoffnungslose Elend der Erwerbslosigkeit gestoßen werden sollen? Seit Monaten harrt das gesamte künstlerische und technische Personal mit heroischer Ausdauer der Lösung der Frage entgegen, die für jeden einzelnen die oberste Daseinsfrage bedeutet. 70 Mitglieder des Chors, mehr als 50 nichtbeamtete Orchestermusiker, 17 Solisten, fast alle künstlerischen Vorstände, dazu etwa 100 Männer und Frauen des technischen, des Garderobe- und Hauspersonals – sie alle sind mit der Vernichtung ihrer Existenz bedroht. Denn selbstverständlich kann nicht davon die Rede sein, daß für sie begründete Aussicht bestünde, anderweitig Beschäftigung zu finden. Zu dieser unmittelbaren kommt aber noch eine mittelbare Wirkung, die in der heutigen Zeit durch die Schließung einer Berliner Staatsoper, durch das vom preußischen Staat gegebene Beispiel ausgelöst würde. Die Wirkung dieses Beispiels in der gesamten deutschen Theaterwelt ist in der Tat nicht abzusehen.

Die Schließung der Republikoper brächte dem Staat auch für die Zukunft keine nennenswerte Ersparnis. Die Auflösung des Betriebes läßt sich abwenden, ohne daß die finanziellen Dispositionen des Haushalts davon wesentlich berührt würden. Wird sie dennoch vom Landtag beschlossen, so wird das moralische und soziale Unheil, das daraus resultiert, sich nicht abwehren lassen.

›Vossische Zeitung‹ vom 27. Februar 1931

Kündigung des Krolloper-Personals

Der vom Hauptausschuß des Landtags eingesetzte Unterausschuß zur Prüfung der Lage der Berliner Staatstheater trat am Donnerstag abend unter dem Vorsitz des Abg. König (Soz.) zusammen. Anwesend war Finanzminister Dr. Höpker-Aschoff und neben dem Kunstreferenten des Kultusministeriums Generalintendant Tietjen. Der Berichterstatter, Abg. Grebe, gab einen Überblick zu der Denkschrift der Oberrechnungskammer, die Anregungen für Ersparnisse und für Änderung der Preispolitik gibt. Vom Finanzministerium wurde erklärt, daß die Kroll-Oper von der Regierung als stillgelegt betrachtet wird, und da im Etat keine Kosten für die Kroll-Oper eingesetzt sind, müsse heute, Freitag, mindestens provisorisch eine Kündigung für alle nicht durch längere Verträge gebundenen Angestellten erfolgen. Die endgültige Beschlußfassung über die Kroll-Oper wird erst später durch das Landtagsplenum ausgesprochen werden können, entweder bei der Beratung des mit der Volksbühne neu vereinbarten Ablösungsvertrags oder bei der Etatberatung im März.

Im Verlauf der Beratung kündigte der Abg. Buchhorn (D. Vp.) einen Antrag seiner volksparteilichen Freunde an auf Schließung der Staatlichen Schauspielschule. Aus den dabei erzielten Ersparnissen sollen 50 000 Mark jährlich an das Philharmonische Orchester gezahlt werden.

Der Ausschuß beschäftigte sich dann mit der Abgrenzung der Zuständigkeit für den Intendanten Legal, der unter der Oberleitung des Generalintendanten Tietjen die Leitung der Staatlichen Berliner Schauspielbühnen übernommen hat und weiterführen soll. Generalintendant Tietjen erklärte, daß er unmöglich allein das gesamte Staatstheaterwesen in Berlin, Wiesbaden und Kassel betreuen könne, daß er einen Intendanten für den Berliner Schauspielbetrieb unbedingt nötig habe. Herr Legal arbeite unter seiner Oberleitung, aber bei allen maßgeblichen Verträgen sei er, der Generalintendant, der Hauptverantwortliche. Die Kündigung für das Personal der Kroll-Oper werde heute ausgesprochen werden.

Beschlüsse wurden, wie das bei Unterausschüssen stets der Fall ist, nicht gefaßt. Die Verhandlungen wurden auf Montag abend vertagt. Es soll der Etat der Landesbühnen und die Lage der Staatstheater in Wiesbaden und Kassel durchgesprochen werden.

# Epilog

*In den noch vorhandenen Akten der Preußischen Staatstheater findet sich kein Wort über den Abschluß der in der Krolloper geleisteten Arbeit, auch keine Notiz grundsätzlicher Art über die verfolgten Ziele.*

*Sang- und klanglos wurde zur nächsten Spielzeit ohne die Krolloper übergegangen.*

*Hans Curjel: aus einem beim Südwestdeutschen Rundfunk Frankfurt a. M. im März 1931 gehaltenen Vortrag*

Rückblick

Im Jahre 1927 ist die ›Krolloper‹ zum selbständigen künstlerischen Organismus erhoben worden. Sie stand damals und steht heute noch unter der Gesamtverantwortung des Generalintendanten der preußischen Staatstheater.

Zum künstlerischen Führer wurde Otto Klemperer bestimmt.

Für den Neuaufbau wurden bestimmte Aufgaben gestellt und besondere Voraussetzungen festgelegt.

Von vornherein sollten die finanziellen Mittel in gewissem Rahmen beschränkt bleiben. Es sollte der Beweis erbracht werden, daß auch ohne die in der Oper gewohnte Pracht der Ausstattung, ohne allzugroßen orchestralen und chorischen Aufwand und unter Verzicht auf die prunkhafte Ausstattungsoper die Meisterwerke der Opernliteratur den erhöhten künstlerischen Ansprüchen der Großstadt entsprechend dargestellt werden können.

Voraussetzung war also in erster Linie die Pflege des Ensemble-Geistes, und dieser Stabilität im Ensemble sollte eine gewisse Stabilität des Spielplans entsprechen. Die große Zahl der Stamm-Konsumenten gestattete eine große Zahl von Wiederholungen jedes einzelnen Werkes. Dies bedeutet praktisch, daß das Repertoire sich (im Gegensatz zu den anderen großen Operntheatern Deutschlands, deren Spielplan bis zu 60 Werke umfaßte) mit wenigen Opern begnügen kann. Dies wiederum bedeutet nicht nur eine große finanzielle Entlastung, sondern es ergibt sich aus diesem System vor allem, daß die Vorstellungen selbst durch hohe erreichbare Aufführungsziffern stabil bleiben. Da Klemperer sich stets ebenso für das Ensembleprinzip wie für die Stabilität der jeweiligen Aufführung eingesetzt hatte, war von vornherein eine Übereinstimmung mit seinen theoretischen Forderungen gegeben.

In der ersten Zeit des Bestehens der Krolloper galten für den Spielplan folgende Gesichtspunkte: neben einer kleinen Zahl von Standardwerken der Opernliteratur, wie ›Fidelio‹, ›Don Giovanni‹ oder ›Freischütz‹, sollten unbekannte oder wenigstens seltener gespielte Werke und Beispiele der zeitgenössischen Produktion zur Darstellung gebracht werden. Die Praxis lehrte indessen zweierlei: erstens, daß die organisierten Abnehmer an den unbekannten Werken, auch wenn sie von Smetana oder Puccini waren, wenig Freude hatten; zweitens, daß die zeitgenössischen Werke auf heftigen Widerstand stießen. So kam es im Verlauf der weiteren Einstudierungen zu einer Zurückdrängung der abseits des Standard-Spielplans stehenden Opern und zu einer vorsichtigen Dosierung in bezug auf die zeitgenössischen Werke.

An der Grundlinie der Spielplangestaltung wurde jedoch festgehalten. Sie hieß: der Spielplan stützt sich auf die primären Werke der Opernliteratur aller Zeiten. Was wir als primäre Werke ansahen, werde ich am raschesten und am eindeutigsten erklären können, indem ich die wichtigsten Werke nenne, die vom Jahre 1927 bis zum heutigen Tag aufgeführt worden sind: von Mozart: ›Figaro‹, ›Don Giovanni‹, ›Zauberflöte‹; von Beethoven: ›Fidelio‹; von Weber: ›Freischütz‹; von Wagner: ›Holländer‹; von Rossini: ›Barbier von Sevilla‹; von Verdi: ›Rigoletto‹ und ›Falstaff‹; von Bizet: ›Carmen‹; von Offenbach: ›Hoffmanns Erzählungen‹ und ›Perichole‹; von Smetana: ›Verkaufte Braut‹; von Puccini: ›Butterfly‹; von Strauss: ›Salome‹.

Jedes dieser Werke stellt einen primären kunstgeschichtlichen Typus dar. Jedes ist zugleich die künstlerische Vollendung dieses jeweiligen Typus.

Unter dem gleichen Gesichtspunkt des Primären – in der Überzeugung, daß das Primäre die stärkste künstlerische Intensität in sich trage, die über die Zeiten hinaus ihre Lebendigkeit bewahre –, unter dem gleichen Gesichtspunkt des Primären also wurde die Auswahl etwa folgender Werke getroffen: von Cimarosa: ›Die heimliche Ehe‹ (als dem vollendeten Typus der frühen opera buffa); von Gluck: ›Iphigenie auf Tauris‹ (als dem Typus der barocken Oper); von Auber: ›Die Stumme von Portici‹ (als dem von äußerlichem Prunk noch freien Typ der großen Geschichtsoper); ebenfalls von Auber:

›Der schwarze Domino‹ (als Muster der opéra comique); von Marschner: ›Hans Heiling‹ (als Musterbeispiel der zerfließenden romantischen Oper) usw.

Für die Auswahl aus der zeitgenössischen Produktion waren die gleichen Gesichtspunkte maßgebend. Wie weit es gelungen ist, bei der Auswahl die primären Werke zu treffen, wird sich in späterer Zeit erweisen. Auf jeden Fall schien es uns wichtig und Pflicht, zunächst die Kompositionen der Führer unter den Zeitgenossen zur Diskussion zu stellen und auf die Verlockung kurzfristiger Erfolge zu verzichten. So wurden aufgeführt: von Hindemith: ›Cardillac‹, ›Neues vom Tage‹, und die Kurzoper ›Hin und Zurück‹; von Křenek: drei Einakter und ›Das Leben des Orest‹; von Weill: ›Der Jasager‹; von Strawinsky: ›Die Geschichte vom Soldaten‹, die kurze Lustspieloper ›Mavra‹ und das Opernoratorium ›Oedipus Rex‹; von Schönberg: ›Erwartung‹ und ›Die glückliche Hand‹; von Milhaud: die Dialogoper ›Der arme Matrose‹; von Janáček: die epische Oper ›Aus einem Totenhaus‹.

Die Auswahl für den Spielplan erfolgte bei den Werken historischer Kunst auf Grund der Erkenntnisse, die sich aus historischer und ästhetischer Betrachtung ergeben. Wenn bei den zeitgenössischen Werken der Instinkt für das Primäre, für das Wichtige auch vielleicht eine größere Rolle spielt als bei der Auswahl der Opern älterer Kunst – übrigens ist auch bei deren Bestimmung neben der Erkenntnis die Instinktsicherheit von ausschlaggebender Bedeutung –, so hilft doch der zeitgenössischen Produktion gegenüber nicht weniger die historisch-wissenschaftliche Betrachtungsmethode. Der Blick für das Echte, ich möchte fast sagen Wirkliche ergibt sich aus einer Synthese von Instinkt und Erkenntnis. Von wesentlicher Bedeutung für die Wahl zeitgenössischer Werke ist ihre Beziehung zum allgemeinen Lebensstrom der Zeit, das heißt ihre Relation zum wahrhaft Lebendigen.

Man hat oft behauptet, in der Krolloper wolle man es bei der Darstellung von Opern um jeden Preis anders machen; man suche von vornherein die Dinge auf den Kopf zu stellen, man wolle à tout prix originell sein und experimentieren. Das gesteckte Ziel war jedoch ein völlig anderes: man wollte nichts als möglichst gute Aufführungen zustande bringen. Wenn bei dieser gewiß nicht preziösen Absicht in vielen Fällen Aufführungen sich ergaben, die einen experimentellen Eindruck machten, so liegt der Grund in der Situation, in der sich die Operndarstellung heute überhaupt befindet.

Wir gingen stets von der Überzeugung aus, daß sich – wenn nicht die Oper überhaupt –, so doch gewiß die Operndarstellung im Zustand der Krise befindet. Diese Krise dürfte trotz aller Beschwichtigungsversuche nicht zu leugnen sein.

Der Bewegungsausdruck des Menschen ist Wandlungen unterworfen. Was vor kurzem noch als überzeugend, echt und verständlich erschien, erscheint heute lächerlich, leer und schablonenhaft. Es geht wie mit den Kleidern, die ja nichts anderes sind als der gleichsam fest gewordene Bewegungsumriß. Und wie Kleider, die in der Zeit, in der sie lebendig getragen worden sind, ausgezeichnet gewesen sind, um in Kürze museal oder kostümhaft zu werden, so wird ein Darstellungsstil, der nicht in Relation zum lebendigen Bewegungsausdruck der Zeit steht, zum Panoptikum. Wir sahen also eine wesentliche Aufgabe darin, das Opernpanoptikum durch einen Darstellungsstil zu ersetzen, der zu dem menschlichen Bewegungsausdruck unsrer Zeit in natürlicher und lebendiger Beziehung steht.

In gleicher Weise waren wir bestrebt, von der szenischen Ausgestaltung vom Bühnenbild den abgegriffenen Prunk, die falsche Echtheit und die ausschweifende kunstgewerbliche Phantastik fernzuhalten. Man suchte vom Kern der Werke zu ihrer szenischen Verwirklichung vorzudringen. Vom Kern aus bildet sich die zentrale dramatische Vorstellung, die den Aufführungsstil bestimmt. Es handelte sich also um eine Art dramaturgischer Durcharbeitung, die sich nicht mit der Klärung der dramatischen Logik begnügt; wie beim Schauspiel hat sie zum Hintergrund zu dringen, auf dem der szenische Verlauf sich abzeichnet.

An einigen wenigen Beispielen will ich nun von den Ergebnissen dieser Bestrebungen erzählen, soweit dies ohne die Zuhilfenahme von Abbildungen möglich ist. Wir gaben ›Fidelio‹ in einer Inszenierung des Bühnenmalers Ewald Dülberg. Der blockhaften Monumentalität des Werkes entsprechend verzichtet die Bühne auf jedes genrehafte Detail; sie gibt einen Rahmen von einfachen geometrischen Formen, vor denen sich die Figuren im Kostüm der französischen Revolutionszeit mit aller Schärfe abheben.

Wir gaben den ›Fliegenden Holländer‹ in einer Inszenierung Jürgen Fehlings und Ewald Dülbergs. Die Bühne verzichtete auf jeden formalen Naturalismus. An seine Stelle setzte sie einen Realismus, der die phantastischen Vorgänge der Oper mit letzter Deutlichkeit in Erscheinung treten läßt. In der Kleidung wurde von musealer Kostümierung ebenso abgesehen wie von irgendwelcher ausdrucksmäßiger Übersteigerung; die Gestalten erscheinen in den einfachen Kleidern, die an den nördlichen Meeresküsten natürlich sind: Wollsweater, einfache lange Hosen, bei den Frauen ebensolche schweren Röcke.

Wir gaben Offenbachs Traumoper ›Hoffmanns Erzählungen‹ in der Bühnengestaltung des Konstruktivisten Moholy-Nagy und unter der Regie Ernst Legals. Hier schien uns die natürliche Möglichkeit gegeben, die Traumwelt mit den Mitteln gegenwärtiger Phantastik und Romantik, mit der Phantastik moderner Konstruktion und heutiger Materiale zu verwirklichen. Wir gingen hierbei von der Überzeugung aus, daß Romantik keineswegs ausschließlich mit Biedermeierkostüm verbunden sei, sondern daß sie in allen Zeiten durch bestimmte Mischung der Ausdruckselemente und durch eine bestimmte Sicht – durch die Sicht, die auf phantastischen, irrealen Mischungen beruht – zustande kommt.

Ich schließe diese kurze Beispielreihe mit ein paar Bemerkungen über die Aufführung von ›Figaros Hochzeit‹ ab, die die Krolloper unter der Regie von Gustaf Gründgens, der musikalischen Leitung Klemperers mit den Bühnenbildern Teo Ottos herausbrachte. Die zentrale Vorstellung der Inszenierung ergab sich aus dem Kern des Werkes: die Verwicklungen, die sich aus den Gegensätzen der verschiedenen sozialen Schichten angehörenden Figuren des Spiels ergeben. Darstellung des tollen Tages, der bestimmt wird von den aufeinanderprallenden Leidenschaften, Trieben, Standesvorrechten, Listen und Intrigen. Nichts mehr also von musealem »reizendem« Rokokoschnörkel, nichts mehr von ›entzückend‹ stilechtem Kostüm, keine Dekoration mehr mit üppigem Ornament – nur noch ein recht summarisch gemaltes Schloß, nur noch der von der menschlichen Natur angestiftete Wirbel, nur noch die Musik der sich ablösenden Leidenschaften und Freudenschaften.

Wenn man diese Art der Arbeit als Experiment bezeichnen will, dann ist die Opernarbeit, die sich die Krolloper gesetzt hat, experimentelle Arbeit. Sie ist aber dann zugleich jene besondere Gattung experimenteller Arbeit, die allgemein verständlich ist. Die gemachten Versuche, die den Werken ebenso wie der allgemeinen Verständlichkeit dienten, gingen von einem ethisch verankerten Antrieb aus. Das Ethische mit dem Theatralischen zu verbinden, dies ist stets das Arbeitsziel gewesen.

Die letzte Vorstellung am 3. Juli 1931
H. H. Stuckenschmidt: ›B. Z. am Mittag‹ vom 4. Juli 1931

Es war ein schmerzlicher Abend, dieser letzte ›Figaro‹ in der Staatsoper am Platz der Republik. Nie hatte man die Grausamkeit, mit der heute wirtschaftliche und politische Mächte in Kulturdinge eingreifen, so stark empfunden.

Die Kulturarbeit, die hier geleistet worden ist, kann nicht verloren sein. In einem freieren und wirtschaftlich geordneten Europa wird man sich ihrer erinnern und auf sie zurückgreifen. Aus der Geschichte des modernen Theaters ist sie nicht mehr wegzudenken. Aber das ist kein Trost für ihren Verlust. Es ist vor allem kein Trost für die Künstler, die durch die Schließung der Krolloper brotlos geworden sind.

Die ›Figaro‹-Aufführung gestern abend war in den Grundzügen unverändert. Statt des abwesenden Klemperer dirigierte Zweig, statt Krenn sang Ahlersmeier, statt der Novotna Hertha Faust. Das Publikum war von einer beispiellosen Dankbarkeit, applaudierte fast nach jeder Szene, ließ keinen Sänger unbelohnt.

Nach Schluß der Vorstellung versammelte sich auf der Bühne das Personal des Hauses: Sänger, Chor, Orchester. Aus dem Toben des Beifalls und der Zurufe löste sich dann die Stimme eines Unbekannten, der im Namen der Krollfreunde leidenschaftliche Worte des Dankes und des tiefen Bedauerns sprach. Seine Rede schloß mit drei Hochrufen der gesamten Körperschaft.

Im Namen des Personals dankte, sichtlich bewegt, Dr. Hans Curjel, einer der geistigen Leiter des Instituts.

Dann verloschen die Lichter. Man verließ das Haus ergriffen und bittern Herzens. Eine Epoche europäischer Opernkultur liegt hinter uns.

F. Köppen: ›Berliner Börsen-Courier‹ vom 4. Juli 1931

Eins der interessantesten und ganz gewiß zugleich das beschämendste Kapitel der Berliner Operngeschichte ist beendet. Die Kroll-Oper hat gestern ihre Pforten geschlossen, schließen müssen, weil die preußische Regierung es so wollte. Der korrumpierende Einfall der Politik auf unsere Kunst und Kultur, wie er in unserer Republik vielfach so erschreckend in Erscheinung getreten ist, hat sich nirgends so brutal ausgewirkt wie in den Kämpfen um die Kroll-Oper. Ihr Schicksal hat sich nicht auf Grund irgendwelcher künstlerischer Unterlassungssünden erfüllt, sondern auf Grund ihrer ganz exzeptionellen, mit der Tradition bewußt brechenden künstlerischen Grundsätze und deren Verwirklichung. Institute, die im bewährten Gleise bleiben, werden weiter gehätschelt und gefördert. Die Kroll-Oper, die mit dem Schlendrian brechen wollte, der sich nirgends so fest eingenistet hat wie gerade im Opernbetriebe, hat dran glauben müssen.

Die Stellen, die auf ihren Untergang hingearbeitet haben, verschanzen sich hinter dem heute so nahe liegenden wirtschaftlichen Moment. Sie behaupten, ihre Unterhaltung sei für den preußischen Staat nicht mehr tragbar gewesen. Wir haben schon im Verlauf des Kampfes darauf hingewiesen, daß, da in der Tat die Existenz dreier Opernhäuser in Berlin ein Nonsens sei, es naheliege, das Institut zu opfern, dessen Physiognomie sich mit der eigentlichen Staatsoper, der Unter den Linden, decke: das ist die Städtische Oper, und daß im Interesse einer künstlerischen Vielseitigkeit die nach ganz anderen Grundsätzen geleitete Kroll-Oper erhalten werden müsse. Und wir konnten dieses Argument mit dem wirtschaftlichen unterstützen, daß es nur eines guten Willens bedürfe, ihre Rentabilität zu erhöhen. Wir dürfen daran erinnern, daß, wenn man allein zahlenmäßige Nachweise als ausschlaggebend zulassen wollte, eine Schließung des Staatlichen Schauspielhauses hätte in Erwägung gezogen werden müssen, dessen beschämend minimale Einnahmen eine ganz besonders hohe Subvention nötig machen und den Beweis liefern, daß es für das Theaterpublikum kaum noch vorhanden ist. Aber es erfreut sich trotz alledem nach wie vor der Gunst der zuständigen Behörden, die, während sie hier die Augen geflissentlich vor dem katastrophalen Minus verschließen, mit toller Zahlen-Akrobatik die Überflüssigkeit der Kroll-Oper nachzuweisen und ihre Schließung als unerläßliche Notwendigkeit darzutun für nötig hielten. Der preußische Finanzminister, künstlerisch völlig desinteressiert, wollte ganz einfach den Tod der Kroll-Oper, und das Parlament, das denkbar ungeeignetste Forum für die Behandlung künstlerischer Fragen, ließ sich von den raffinierten Zahlen-Gruppierungen fangen und bestätigte nach langen unerquicklichen Verhandlungen, in denen, soweit das künstlerische Moment überhaupt berücksichtigt wurde, dilettantische Ahnungslosigkeit und parteiische Vorurteile groteske Triumphe feierten, das Todesurteil.

Genug davon! Das beschämendste Kapitel der Berliner Operngeschichte ist beendet. Späteren Historikern muß es vorbehalten bleiben, das ganze Gewirr der Intrigen bloßzustellen, die einer vierjährigen hingebenden, von starken Persönlichkeitswerten getragenen Arbeit, wie sie gerade in der Pflege der Opernkunst eine seltene Ausnahme darstellt, ein von kurzsichtigem, kunstfremdem Bürokratismus diktiertes brutales Ende bereitet haben. Was diese Arbeit für das Berliner Kunstleben dieser Jahre bedeutet hat, das ist von uns gelegentlich jeder einzelnen Aufführung, die zur Diskussion stand, selbst dann stets betont worden, wenn wir der einzelnen Emanation auf Grund unserer Anschauungen nicht zustimmen konnten und uns kritisch distanzieren mußten. Aber immer mußten wir den künstlerischen Ernst und den ehrlichen Willen anerkennen, die Kunst der Opernkdarstellung mit neuem Geiste zu erfüllen und sie aus den Fesseln eines überlieferten Schematismus zu befreien. Wir glauben, dabei stets nach bestem Wissen und Gewissen verfahren zu sein und uns unsere Objektivität bewahrt zu haben. Diese Objektivität zwingt uns auch dazu, unser Bedauern und Befremden darüber auszusprechen, daß der Mann, der dem Institute den Stempel seiner starken, eigenwilligen Persönlichkeit aufgeprägt hat, nicht bis zuletzt an der Spitze seiner Getreuen ausgeharrt, sondern sie, um privaten Verpflichtungen nachzukommen, vorzeitig verlassen hat. Otto Klemperer hätte in diesen letzten Wochen und am gestrigen Abend nicht fehlen dürfen. Seine Anwesenheit hätte uns die Größe des Verlustes noch fühlbarer gemacht.

Auch so wurde sie uns noch einmal fühlbar genug durch die Aufführung von ›Figaros Hochzeit‹, dem letzten Werke, das Klemperer einstudiert hat. Unter den Händen Fritz Zweigs ist die Wiedergabe vielleicht etwas mozartischer geworden und hat manches von den scharfen Konturen verloren, die in der Interpretation Klemperers hie und da befremdeten. Mit Künstlern wie Domgraf-Faßbaender und Ahlersmeyer (der an Krenns Stelle den Grafen sang), der Eisinger, der Heidersbach und Hertha Faust (die an Stelle der Novotna für den Cherubin vielverheißende Mittel einsetzte), sowie mit Marie Schulz-Dornburg und den Herren Abendroth, Henke und Wunderlich in den kleineren Partien erlebte das Werk eine musikalisch und darstellerisch ungemein gelöste und beschwingte Aufführung, die hellen Jubel weckte und jedem der Mitwirkenden reiche persönliche Auszeichnungen eintrug.

Am Schlusse ergriff aus dem Publikum Herr Schmidt-Pauli das Wort, um den Hörern noch einmal die ganze Schwere des künstlerischen Verlustes, den die Schließung der Kroll-Oper bedeutet, zum Bewußtsein zu bringen und dem gesamten Personal den Dank der Berliner Opernfreunde auszusprechen, und Dr. Curjel gab im Namen des Ensembles den Dank an das Publikum zurück, dessen Teilnahme auch in den schwersten Zeiten die Künstler angefeuert hätte, stets ihr Bestes einzusetzen. Dann schloß sich unter andauernden lauten Beifallsstürmen der Vorhang zum letzten Male vor der Bühne der Kroll-Oper.


*Dr. Hofer: ›12 Uhr Mittagblatt‹ vom 4. Juli 1931*

Die Krolloper stirbt

Es war ein denkwürdiges Sterben, dessen Zeuge man gestern abend in der Krolloper wurde. Ein durchaus lebensstarker, beispielhafter künstlerischer Organismus versank plötzlich, wie vom Herzschlag getroffen. Noch einmal war mit ›Figaro‹ gezeigt worden, zu welchen Fortschritten des Darstellungsstiles man sich gerade auf dieser Bühne durchgerungen hatte, noch einmal lebte der eigentümlich intensive Geist dieses Hauses auf, brannte die Flamme leidenschaftlicher Hingabe an das Werk. Unter den Kroll-Inszenierungen, die die Staatsoper übernimmt, ist gerade dieser ›Figaro‹ nicht. Das heißt unklug handeln, denn jeder, der im Kroll-Figaro einmal die Befreiung der Opernbühne von sinnlosem Firlefanz, von Armgeschlenker und Beinpathetik erlebt hat, der wird die traditionelle Inszenierung nicht mehr sehen können. Auch musikalisch war hier ein Höhepunkt dramatischer Wirkung erreicht worden. Fritz Zweig verwaltete das Erbe Klemperers mit feiner Hand. Nennen wir sie noch einmal, die Matadoren dieser Aufführung: Mathieu Ahlersmeier als Graf, Käte Heidersbach als Gräfin, Irene Eisinger als Susanne, Willy

Domgraf-Faßbaender als Figaro, Hertha Faust als Cherubin, in kleineren Rollen Henke, Peters, Abendroth, die Schulz-Dornburg und die Oevrevik.

Der General fiel gestern nicht an der Spitze seiner Truppen. Für ihn trat Hans Curjel ein, der im letzten halben Jahr einen heroischen Kampf um die Krolloper und damit um die Erneuerung der deutschen Oper überhaupt geführt hatte. Man wird ihm diese Arbeit nicht vergessen und man versteht die Erschütterung, die gerade für ihn der Moment des Abschieds brachte. Manch braver Kunstsoldat mußte gestern mit ihm die Waffen strecken, andere haben sich neuen Fahnen verpflichten können. Die Damen Heidersbach, Novotna, Ruziczka, Forbach, die Herren Abendroth und Wirl gehen zur Lindenoper, Irene Eisinger zur Städtischen Oper.

*Klaus Pringsheim: ›Vorwärts‹ vom 4. Juli 1931*

Zum letztenmal Republikoper

Das also war der letzte Abend der Staatsoper am Platz der Republik. Ein Mozart-Abend – ein Ende in Heiterkeit, Schönheit und Kunstreinheit. Diese ›Figaro‹-Aufführung, die Klemperer und Gründgens hier geschaffen haben, zeigt noch einmal, nun unter Fritz Zweigs Leitung, die Republik-Oper auf ihrer einzigartigen, nirgends sonst im heutigen Opern-Berlin erreichten Höhe; zeigt noch einmal, wie sich hier in weniger als vier Jahren ein geistig und gesellschaftlich neuer und wahrhaft zeitgemäßer Typ des Theaters vollendet hat; zeigt noch einmal die deprimierende Sinnlosigkeit der Zerstörung, der hier ein lebendiger, bis zum letzten Tage lebensfähiger, innerlich gesunder, zukunftsstarker Kunstorganismus zum Opfer fällt.

Was die Republikoper uns als künstlerischer, kultureller, sozialer Wert bedeutete, als bestes, modernstes, fortschrittlichstes Opentheater Deutschlands, was dieses hier oft genug ausgesprochen worden. Mit der sozialdemokratischen Fraktion im Landtag haben wir für die Erhaltung der Republikoper gekämpft bis zum letzten Theater an Gipfelleistungen vollbracht hat: das alles ist Augenblick – gekämpft gegen Verstocktheit und Reaktion, die sich hinter wirtschaftlichen Argumenten und finanziellen Kalkulationen verbargen. Das alles gehört nun schon unwiderruflich der Vergangenheit an. Wo gestern noch tätige Gemeinschaft, Arbeit, Erfolg, ein höchstes Maß menschlichen Gelingens zu spüren war, da soll nun ein Stück soziales Massenelend zurückbleiben, Hunderte von Familien, gestoßen in die Hölle der Arbeitslosigkeit ... Ein Zusammenbruch mehr in diesen Zeiten des Abbaues, der katastrophalen Nöte – es gibt vielleicht Menschen, die geneigt sind, das nicht gar so schwer zu nehmen und in der Reihe der Verluste, die fast täglich über uns hereinbrechen, auch diesen mit fatalistischem Gleichmut hinzunehmen. Aber unnötiger ist noch kein Zusammenbruch gewesen, und mit keinem wird so Unwiederbringliches, Unersetzbares niedergerissen. Noch sollen, wie man hört, Kräfte am Werk sein, um den Zusammenbruch doch aufzuhalten; man will versuchen, den Betrieb, der noch unversehrt ist, auf veränderten Grundlagen neu aufzurichten. Noch also bleibt eine Hoffnung; aber die Staatsoper am Platz der Republik, die vom Staat geschaffene Volksoper, Arbeiteroper, hat aufgehört zu bestehen.

Zum Schluß standen sie alle auf der Bühne, alle Mitwirkenden, die Solisten mit den Bühnenarbeitern, Chor und Orchester mit dem Dirigenten; alle, die zusammen die künstlerische Arbeitsgemeinschaft dieses Theaters bildeten, und ihnen jubelten die Zweitausend zu, die den Zuschauerraum füllten, das Publikum, das hier, mitschaffend, ein lebendiger Teil des Ganzen, ein Glied der kunsterfüllten, kunstbegeisterten Einheit geworden war. Die Empörung, die Erbitterung schwieg, die alle fühlen mußten. Es war eine letzte herzliche Huldigung, letzte Kundgebung des Dankes nicht nur für außerordentliche Kunstleistungen, sondern für die hingebende Pflichterfüllung, mit der hier alle bis zur letzten Stunde an ihrem Platz gestanden und mit vollem Einsatz aller Kräfte gewirkt haben. Dieser Dank klang aus einer Ansprache, die ein Besucher – er nannte sich selbst einen unbekannten Soldaten der Republikoper – vom Rang herab in das Haus hielt, das seine Rede immer wieder durch stürmischen Beifall unterbrach. Und der Dank klang von der Bühne zurück aus den schlichten, warmen, ergriffenen Worten Dr. Hans Curjels, der seit Legals Ausscheiden die Republikoper geleitet hat; seiner stillen, unermüdlichen Arbeit, der Suggestion seines unerschütterlichen Willens und Glaubens ist es vor allem zu danken, daß sich das Institut, das zuletzt seiner Führung anvertraut war, bis zum Schluß auf solcher Höhe halten konnte, auf der Höhe dieses Abends, an dem wir von einem großen Werk der deutschen Kunst und Kultur Abschied nehmen mußten. Dieser 3. Juli 1931 – es bleiben unvergeßliche Stunden für alle, die dabei waren; es bleibt für die preußische Hauptstadt ein schwarzer Tag.

*Deutscher Theaterdienst vom 6. und 7. Juli 1931*

Das Ende von Kroll

Matthieu Ahlersmeyer (Graf), Käte Heidersbach (Gräfin), Willy Domgraf-Faßbaender (Figaro), Irene Eisinger (Susanne), Hertha Faust (Cherubin), Marie Schulz-Dornburg (Marcelline), Martin Abendroth (Bartolo), Waldemar Henke (Basilio), Albert Peters (Don Curzio), Hansheinz Wunderlich (Gärtner), Sophie Oevrevik

(Bärbchen), Ilse Wermter, Ilse Pfuhl (Brautjungfern), Alfred Bartolitius (Schreiber), Georg Heckel, Theodor Kiendl (Gerichtsdiener), Teo Otto (Gesamtausstattung), Karl Rankl (Chöre), Olaf Hinz (Inspizient), Zweig (musikalische Leitung), Gustaf Gründgens (Regie). Das sind die Namen der Künstler und Künstlerinnen, die auf dem Theaterzettel jener herrlichen und tieftraurigen Vorstellung zu lesen waren, mit der man am 3. Juli die Staatsoper am Platz der Republik, im Volksmunde seit Jahrzehnten ›Krolloper‹ genannt, schloß. Es war die schönste Aufführung, die man wohl je dort sah. Mit größter Begeisterung waren Künstler und Künstlerinnen dabei und aus dieser Begeisterung entsprangen Höchstleistungen, die eine vollendete Aufführung zur Tat werden ließ. Die Mehrheit der Mitwirkenden wurde seinerzeit gewürdigt, als Klemperer selbst im Januar dieses Werk herausbrachte. Willy Domgraf-Faßbaender – schon damals vortrefflich – ist als Figaro mittlerweile noch mehr in die Rolle hineingewachsen. Man kann sich kaum denken, daß irgendein anderer Künstler ernsthaft mit ihm als Figaro konkurrieren könnte. An Stelle von Fritz Krenn singt Matthieu Ahlersmeyer, diese vortreffliche Neuentdeckung der Krolloper, den Grafen Almaviva, mit vollem Einsatz einer weichen, ungewöhnlich schönen Baritonstimme. Käte Heidersbach, Irene Eisinger, Marie Schulz-Dornburg und die anderen sind aus der Premiere bekannt. Neu ist nur noch Hertha Faust, die an Stelle von Jarmila Novotna den Cherubin sang und einen sensationellen Erfolg einzuheimsen wußte. Wundervoll, ganz wundervoll die Sattheit der Stimme dieser jungen Künstlerin. Sie, soeben nach Nürnberg verpflichtet, hat einen großen künstlerischen Weg vor sich.

Der Jubel des Publikums am Schluß dieser Vorstellung kannte keine Grenzen. 25 Minuten lang applaudierte man, 25 Minuten lang rief man immer wieder die Künstler vor den Vorhang, und als schließlich aller Tradition des Hauses zuwider der Vorhang wieder emporgezogen wurde, holten die Solisten die Chorsänger, die Orchestermitglieder, die Bühnenarbeiter, ja, die Garderobiers auf die Bühne, um ihnen dort für ihre Hilfsarbeit zu danken, die sie jahrelang anonym, dem Publikum unbekannt, und doch so wichtig für den Gesamtbetrieb, geleistet haben. Ein Herr aus dem Publikum sprach Worte des Dankes. Dr. Hans Curjel, einer der geistigen Führer des Unternehmens, der fleißigste und sachlichste Arbeiter im Kampf um seine Erhaltung, dankte namens des Personals. Eine gewisse Hoffnung, Kroll doch noch zu erhalten, ist nach seinen Worten vorhanden. Hoffentlich wird nicht diesmal auch wieder aller Optimismus getäuscht.

Auffallend aber keineswegs mehr überraschend war, daß dieser Schlußaufführung dieses Opernhauses niemand von der Generalintendanz, niemand aus dem Ministerium beiwohnte. Nur Franz Ludwig Hörth, der Chef der Lindenoper, war unter den Zuschauern zu sehen. Generalintendant Tietjen mag vielleicht formell, keineswegs aber stichhaltig durch seinen Aufenthalt in Bayreuth entschuldigt sein. Aber das Ministerium und seine so zahlreichen unbeschäftigten Herren in der Theaterabteilung? Vielleicht haben diese Kunstbeamten mittlerweile doch schon etwas wie ein böses Gewissen zu verspüren gelernt. Das wäre immerhin ein Trost, ein Hoffnungsschimmer.

Sollte Kroll nicht wieder auferstehen, so gilt nun alle Hoffnung der Städtischen Oper. Kroll hat selbst mit seinem Abschiedsabend den Weg nach der Bismarckstraße gewiesen. Diese ›Figaro‹-Inszenierung von Gustaf Gründgens beruht – das wurde damals bereits anläßlich der Premiere festgestellt – bei aller künstlerischen Selbständigkeit in seiner geistigen Entstehungsgeschichte auf dem ›Figaro‹, den vor drei Jahren Carl Ebert als seine erste Operninszenierung in Darmstadt herausbrachte, fußt geistig auf dem Standpunkt, den Ebert seinerzeit in Wort und Schrift vertreten hat, daß auch dieser graziöse Mozart richtig nur als Gesinnungsstück, als musikalisch untermalter Beaumarchais gegeben werden kann. Die Krolloper holte sich damit – es gab dreißig Vorstellungen in fünf Monaten – ihren sensationellsten Erfolg, ebenso wie Darmstadt, das diesen ›Figaro‹ all die Jahre auf dem Spielplan zu halten gezwungen war.

Was Kroll war, muß nun die Stadtoper werden. Bleibt Kroll doch noch erhalten, so wird Berlin zwei moderne Opernhäuser haben. Keineswegs aber wird man von der Stadtoper – das muß hier betont werden – die Wandlung vom musealen zum zeitnahen Opernbetrieb von heute auf morgen erwarten dürfen. Kroll brauchte, obgleich neu aufgebaut, Jahre, um zu wirklich vollendeten Höchstleistungen (›Falstaff‹, ›Figaro‹, ›Butterfly‹, ›Totenhaus‹) zu kommen. Bei der Stadtoper muß mancher umlernen. Das kann unter Umständen noch etwas länger dauern und gebietet Geduld bei Publikum und Presse.

*Kroll-Oper in Zahlen.* 44 Werke wurden in der Zeit vom 19. November 1927 bis zum heutigen 3. Juli, an dem die Kroll-Oper ihre Pforten schließen muß, in diesem Haus gespielt: Beethoven: ›Fidelio‹ 65mal; Smetana: ›Der Kuß‹ 15mal; Verdi: ›Luisa Miller‹ 33mal; Mozart: ›Don Giovanni‹ 55mal; Gounod: ›Arzt wider Willen‹ 19mal; Strawinsky: ›Oedipus Rex‹ 11mal; ›Mavra‹ 3mal, ›Geschichte vom Soldaten‹ 11mal; Wagner: ›Der fliegende Holländer‹ 60mal; Puccini: ›Der Mantel‹ 14mal, ›Schwester Angelika‹ 14mal, ›Gianni Schicchi‹ 32mal; Hindemith: ›Cardillac‹ 19mal; Cimarosa: ›Heimliche Ehe‹ 22mal; Johann Strauß: ›Fledermaus‹ 73mal; Křenek: ›Der Diktator‹ 8mal, ›Das geheime Königreich‹

8mal, ›Schwergewicht‹ 8mal; Weber: ›Der Freischütz‹ 84mal; Richard Strauss: ›Salome‹ 63mal; Bizet: ›Carmen‹ 87mal; Offenbach: ›Hoffmanns Erzählungen‹ 60mal; Gluck: ›Iphigenie auf Tauris‹ 28mal; Hindemith: ›Neues vom Tage‹ 15mal; Ravel: ›Spanische Stunde‹ 15mal; Milhaud: ›Der arme Matrose‹ 17mal: Ibert: ›Angélique‹ 16mal; Marschner: ›Hans Heiling‹ 32mal; Mozart: ›Zauberflöte‹ 46mal; Smetana: ›Die verkaufte Braut‹ 36mal; Křenek: ›Leben des Orest‹ 9mal; Auber: ›Die Stumme von Portici‹ 20mal; Verdi: ›Rigoletto‹ 33mal; Schönberg: ›Erwartung‹ 4mal, ›Glückliche Hand‹ 4mal; Rossini: ›Barbier von Sevilla‹ 27mal; Debussy: ›Jeux‹ (Ballett) 3mal; Hindemith: ›Hin und zurück‹ (Sketsch) 2mal; Charpentier: ›Louise‹ 11mal; Mozart: ›Hochzeit des Figaro‹ 30mal; Puccini: ›Madame Butterfly‹ 26mal; Janáček: ›Aus einem Totenhaus‹ 6mal.

Jede Vorstellung hatte Niveau, jede Leistung war künstlerisch wertvoll. Und das hat man jetzt sinnlos zerschlagen.

*Doch noch Rettung?* Angesichts des unersetzlichen Verlustes, den die Schließung der Kroll-Oper für das geistige Leben unserer Zeit bedeutet, haben Professor Max Reinhardt, Professor Hans Poelzig und Walter von Molo zur Gründung eines ›Vereins der Freunde der Kroll-Oper‹ aufgerufen. Der Verein hat sich vor einigen Tagen konstituiert mit dem Ziel, die Weiterführung der Kroll-Oper in ihrem bisherigen künstlerischen Geist auf neuer organisatorischer Grundlage durchzusetzen. Der Gründungsversammlung wohnten u. a. bei: Reichsminister a. D. Koch-Weser, Geheimrat Justi, Direktor der Nationalgalerie, Reichskunstwart Dr. Redslob, Intendant Dr. Flesch, Vizepräsident der Bühnengenossenschaft Otto, Hans von Benda, Dr. Hans Curjel. Als Vorstand wurden gewählt: Erster Vorsitzender Professor Artur Schnabel, stellvertretender Vorsitzender Klaus Pringsheim, Schatzmeister Alfred Flechtheim, Schriftführer Dr. E. von Naso. Die Verbindung mit dem Ministerium ist bereits aufgenommen.

# Register

In das Register wurden alle an der Arbeit der Krolloper beteiligten Künstler und Rezensenten aufgenommen, ebenso alle Persönlichkeiten aus Politik und Verwaltung, die Anteil an der Gründung und Auflösung des Instituts hatten.

ABENDROTH, Martin 33, 219–222, 224–228, 230, 231, 233, 237, 239, 242, 243, 252, 253, 255, 262, 263, 266, 273, 275, 276, 278, 279–282, 284, 287, 288, 294, 296, 298, 302, 314–316, 330, 382, 497, 498; *Abb. 25, 68*
Adorno, Theodor 72, 380–382
Ahlersmeyer, Mathieu 33, 300, 302, 303, 308, 309, 314–316, 318, 338, 496, 497, 499
Ahrens, Heinrich 185, 186
Albu, Dorothea 234, 302
Anday, Rosette 335
Andrae, Erna 237
Antheil, George 69
Appia, Adolphe 24, 48
d'Arnal, Alexander 182
Auber, Daniel François Esprit 237, 287

BAAKE, Curt 138, 139, 152, 399–401, 419, 443–445
Bab, Julius 137, 139
Bach, Johann Sebastian 319, 326, 327, 329, 330, 335, 337
Bachem, M. d. L. 429, 445, 451
Bachmann, E. 242, 243
Baecker (Berlin), M. d. L. 429, 454–456
Bagarotti, Giovanni 246
Bartolitius, Alfred 267, 275, 279, 302, 303, 308, 314–316
Beaumarchais, Pierre Augustin de 304, 305
Beck, Walter 242, 287
Becker, Carl Heinrich 76, 144, 167, 171–178, 195–197, 201, 213, 214, 431, 448, 468, 478
Becker (Wilmersdorf), M. d. L. 429
Beethoven, Ludwig van 219–225, 319, 321, 323, 327, 332, 334, 336, 338–340, 349, 356
Beidler, Franz 16, 58, 59, 75, 76
Bekker, Paul 24, 60, 140, 169, 203, 362, 363, 414
Benda, Hans von 500
Benjamin, Walter 70, 353–355
Berg, Alban 33, 191, 335
Bie, Oscar 22, 57, 58, 167, 216, 220, 221, 226, 227, 233, 234, 241–244, 262, 263, 272, 273, 278–280, 291, 292, 303–305, 309, 310, 313, 314, 318
Bildt, Paul 243, 244; *Abb. 44*
Bizet, Georges 247–249
Blättermann, Tilly 33, 225–228, 230, 237
Blech, Leo 168, 182, 188, 196
Bloch, Ernst 7, 19, 22, 70–73, 339–344
Boehlke, Paul 246
Boelitz, M. d. L. 429, 431
Bohner, M. d. L. 429, 438, 451, 456–458
Bötel, Bernhard 230, 231, 233, 243, 249, 252, 267, 273, 275, 279, 287, 310–313
Brahms, Johannes 208, 321, 335
Braun, Otto 80, 390–392
Brecher, Gustav 182
Brecht, Bert 299, 331, 371
Brod, Max 314, 318
Brodbeck, Albert 138, 155
Bruckner, Anton 320, 321, 329
Brünker, Th. 155
Buchhorn, Josef, M. d. L. 415, 429, 434, 436, 438, 439, 481, 482
Burger, Ellen 230, 231, 233, 234, 236, 237, 243, 249
Busch, Adolf 323, 325
Busoni, Ferruccio 17, 187, 188, 191, 210, 356, 358, 367, 377

CAVARA, Artur 259, 260, 263, 266, 267, 269, 272–274, 279–281, 284, 287, 288, 294, 296, 297, 302, 314–316, 318, 330; *Abb. 83*
Charpentier, Gustave 300
Chirico, Giorgio de 32, 39, 50, 51, 60, 279–282, 466; *Abb. 21, 71–74*
Cimarosa, Domenico 243
Clasen, Willi 246
Cleve, Fanny 225–228, 230
Cocteau, Jean 232, 235, 273, 324, 344, 347
Coudenhove-Kalergi, Richard N. 80, 486
Curjel, Hans 9–14, 19, 31, 260, 302, 303, 308, 309, 314, 316, 318, 344–350, 369–372, 374, 436, 437, 443, 451, 468, 494–500, *Abb. 10*
Curtius, Ernst Robert 210, 211

DA PONTE, Lorenzo 341
Debussy, Claude 302, 326
Dessau, Paul 69
Diebold, Bernhard 217, 253–255, 264–267, 282–286, 287–289, 305, 306
Ditter, Gotthold 267, 287, 314, 315
Domgraf-Faßbaender, Willy 33, 34, 303–308, 312–316, 318, 497, 499
Dostojewski, Feodor Michailowitsch 314
Dülberg, Ewald 13, 19, 22, 32, 45–52, 57, 59, 210–213, 219, 220, 222–224, 226, 227, 230–234, 236, 237, 239, 240, 242, 252, 253, 255, 258, 263, 275, 276, 278, 287, 288, 365–369, 468, 495; *Abb. 11, 17, 25–40, 47–52, 66–70, 75, 76, 110, 111; Taf. I–V, XVI*

EBERS, Clara 249, 250, 252
Ebert, Carl 244, 246
Einstein, Alfred 59, 217, 225, 226, 232, 233, 237–239, 247, 248, 252, 253, 267–269, 275, 276, 281, 282, 295, 296, 299–303, 306–311, 471–473
Eisinger, Irene 33, 219–222, 224–228, 237, 275, 278, 279, 294, 296–298, 302–304, 306–308, 310–314, 327, 382, 497, 498; *Abb. 25, 29*
Elsner, Maria 310–312
Engel, Johann Carl Ludwig 159, 160
Josef 159
Enster, Deszö 267, 279, 282
Erdmann, Eduard 329
Eyck, Toni van 327

FAUST, Hertha 302, 303, 308, 310, 496, 497, 499
Fehling, Jürgen 32, 52, 252, 253, 255, 258, 361, 468, 495; *Abb. 24*

Fidesser, Hans 33, 219–222, 224–228, 230, 237, 239, 242, 243, 247–250, 275, 276, 278, 300, 302, 325; *Abb. 68*
Fischer, Edwin 327
Fischer, M. d. L. 429
Flechtheim, Alfred 500
Flesch, Carl 500
Forbach, Moje 33–36, 52, 53, 60, 249, 250, 252, 253, 255, 258, 259, 262, 263, 267, 273–275, 279, 280, 282, 284, 289, 291, 292, 294, 498
Freund, Otto 219, 230, 237, 242, 260, 267
Frey, Bianca 279, 287
Furtwängler, Wilhelm 188, 190, 321

GARAVELLO, Augusto 242
Garmo, Tilly de 247–249
Geis, Jacob 52, 243, 244, 246, 361
Gergely, Paul 312, 314
Gerö, Elisabeth 279, 280, 282, 284
Gieseking, Walter 45, 323, 337
Glasenapp, Helmuth von 155
Glaß, Otto 246
Gliese, Rochus 50, 275
Gluck, Christoph Willibald, Ritter von 267, 320, 370, 371
Gnasz, Friedrich 310, 311
Goethe, Johann Wolfgang von 140
Götze, Hellmuth 466
Goll, Iwan 192, 193
Golland, Iso 33, 34, 225–228, 230, 259, 263, 266, 273, 274, 279, 287, 288, 294, 296, 297, 316; *Abb. 83*
Gounod, Charles 230
Grebe, M. d. L. 415, 429, 451
Gregor, Hans 197
Grimme, Adolf 425, 436, 437, 438
Gropius, Walter 20, 69, 360
Gross, Franz 252
Grube, Elisabeth 243, 244, 246
Gründgens, Gustaf 32, 52–56, 59, 273, 274, 302–308, 468, 496, 498; *Abb. 23*
Gsell, Richard 466
Gumbinner, Moritz 157
Guttmann, Wilhelm 249, 250, 252

HAGEMANN, Carl 19, 48
Hainisch, Leopold 310–312
Hammer, Gusta 242, 262, 267
Hammes, Karl 33, 225, 230, 237, 243, 249, 250, 252, 259, 262, 263, 266, 267
Händel, Georg Friedrich 370
Hartmann, Georg 197
Hartmann, Hanns 466

Hauer, Joseph Matthias 69, 325, 332
Haydn, Franz Joseph 325
Heidersbach, Käte 33, 34, 225, 237, 243, 259, 262, 263, 267, 275, 276, 278, 280, 282, 284, 287, 300, 302–304, 306–308, 312–314, 330, 338, 497–499; *Abb. 68*
Heinsheimer, Hans 40, 41
Henke, Waldemar 242, 302, 303, 497, 498
Herlinger, Ruzena 335
Heyn, Piet 237
Hindemith, Paul 20, 45, 69, 70, 80, 237–242, 267–273, 302, 320, 322–324, 326, 327, 330, 331, 335, 337, 348, 359–361, 371, 420, 487; *Abb. 13*
Hinrich, Hans 310, 311
Hofbauer, Rudolf 252
Hofer, Kritiker 497, 498
Hoffmann-Harnisch, Wolfgang 300, 302
Holl, Karl 282, 286
Honegger, Arthur 370
Hönig, M. d. L. 429
Höpker-Aschoff preuß. Finanzminister 425, 426, 438, 470
Hörth, Franz Ludwig 18, 169, 180, 182, 196, 197, 200, 201, 448, 466, 499
Huni-Mihaczek, Felicie 237, 239, 240, 242
Husler, Fred 34, 35

IBERT, Jacques 273, 274
Ihering, Herbert 80, 217, 294, 295, 395, 396, 481, 482

JANÁČEK, Leoš 21, 314–316, 318, 319; *Abb. 12*
Jaspert (Frankfurt/Main), M. d. L. 429
Jensen (Kiel), M. d. L. 429
Jeßner, Leopold 9, 20, 144, 155, 169, 174, 175, 196, 197, 201, 448, 449, 483
Jokl, Ernst 33
Jourdan (Frankfurt/Main), M. d. L. 429
Junk, Walter 233, 234
Justi, Geheimrat, Direktor der Nationalgalerie 500

KAFKA, Franz 344
Kalman, Oskar 219, 220, 222, 224, 225–228, 230, 231, 233, 237, 239, 242, 247
Kalter, Sabine 230, 231, 233, 234, 236, 267, 269, 272
Kandl, Eduard 225, 252, 279, 294, 296–298, 303, 306–308
Kapp, Julius 339
Kaufmann, Oskar 18, 160–162, 164, 165; *Abb. 4*
Kayssler, Friedrich 47
Keith, Jens 302
Kern, Leonhard 247, 273
Keßler, Harry Graf 30, 362
Kestenberg, Leo 17–20, 22, 48, 75, 76, 79, 137, 138, 142, 143, 167, 198, 200, 213, 214, 257, 358–360, 430, 436, 439, 443, 447, 463
Klee, Hanna 252, 302, 303
Kleiber, Erich 187, 188, 196, 197, 201, 335, 336, 448, 463, 474, 477
Klein, César 162, 164
Klemperer, Otto 9–13, 16–21, 23, 24, 29–31, 33, 36, 40, 42, 43, 47, 48, 51, 52, 56, 78–82, 84, 167, 188, 193–195, 196–198, 200–202, 203–207, 211–213, 219 ff., 252–259, 267, 272, 275–278, 279–284, 289–292, 295, 297, 298, 302, 303–307, 312, 313, 319–338, 360–362, 365, 380–382, 408, 435–439, 443, 444, 446, 447, 449, 460, 462–466, 468–471, 473–475, 478–480, 489, 492, 494, 496–498; *Abb. 5, 11, 12, 42*
Klützke, Hanni 310
Koch, Caspar 219, 230, 231, 233, 234, 236, 237
Koch (Berlin), M. d. L. 419, 422, 429, 431–434, 459, 460, 479
Kochhann, Else 252
Koch-Weser, Erich 500
Kölling, Rudolf 232–234, 236
König (Potsdam), M. d. L. 419, 422, 424, 429, 473, 483, 484, 492
Konski, Vorstandsmitglied der Volksbühne 399–401
Köppen, F. 496, 497
Kratina, Valeria 287
Kraus, Karl 37, 60, 310, 312, 352–355
Krebs, Carl 216
Křenek, Ernst 39, 59, 60, 187, 249–252, 268, 279–286, 324, 359, 361, 420, 466
Krenn, Fritz 33, 59, 225–228, 230, 237, 239, 240, 242, 243, 247–249, 252–255, 267, 269, 272, 276, 278–281, 284, 289–292, 302–304, 306–308, 312–314, 466; *Abb. 52, 67, 69*
Kroll, Auguste 159
Johann 16, 157, 159
Kruttge, Eigel 11–14, 42

Kube, M. d. L. 429
Kullmann, Charles 33, 34, 308, 309, 312–314, 338
Kuppinger, Heinrich 225, 230, 237, 239, 242
Kwartin, Klara 247, 248

LABAN, Rudolf von 32, 302
Ladendorff, M. d. L. 429
Laholm, Eyvind 36, 252, 253, 255
Lange, Otto Wilhelm 180, 182, 183–185, 186, 188, 197
Lauscher, M. d. L. 416, 417, 426–429, 431–434, 437, 438
Legal, Ernst 31, 32, 52, 242, 243, 247–250, 252, 259, 262, 264, 265, 267, 269, 272, 273, 275, 279–282, 284, 361, 377, 446, 449, 450, 462, 466, 468, 475, 478, 479, 495; *Abb. 6*
Lehmann, Ernst 279, 287, 310
Leinert, M. d. L. 420
Leschnitzer, Bildhauer 162, 164
Liebermann, Max 20
Linnebach, Georg 161–163
Lion, Ferdinand 237–239, 241
Lipin, Anna 275, 279, 287, 302, 338
List, Emanuel 231, 233, 234, 236
Lorenz, Dolly 249, 250, 267, 279
Lücke, Emil 242, 247
Lully, Jean-Baptiste 370

MAHLER, Gustav 10, 19, 24, 203–205, 208, 321, 322–325, 332, 335, 356, 363–365, 372
Maisch, Herbert 466
Mann, Thomas 80, 486
Marschalk, Max 20, 185, 186, 195–197, 216, 223, 224, 227, 228, 271–274
Marschner, Heinrich 275
Martens, H. 299
Mehling, Herbert 396, 398
Meier (Berlin), M. d. L. 420, 429
Meissner, Hans 467
Melchinger, Siegfried 13, 134
Mendelssohn-Bartholdi, Felix 322, 327
Mentz, M. d. L. 429, 458, 459
Mersmann, Hans 269
Milhaud, Darius 59, 69, 273, 274, 335, 420; *Abb. 15*
Mittler, Franz 311, 353
Moholy-Nagy, László 32, 50, 51, 59, 69, 259, 260, 262–264, 302, 308–310, 374–376, 381, 468; 495; *Abb. 20, 53–60, 90, 95–98;* Taf. VII, VIII
Molo, Walter von 83, 500
Moser, Edith 233, 234, 236

Mozart, Wolfgang Amadeus 225–229, 275–279, 303, 305, 306, 319, 322, 323, 325, 332, 336, 337, 340–344, 370, 371
Muck, Karl 168
Müller, Charlotte 237
Müller, Hans 313
Müller, Traugott 32, 50, 69, 243, 244, 267, 272, 361; *Abb. 41–44, 61–63*
Mutzenbecher, Hans Esdras 467
Muzenbecher, Kurt von 361

NASO, Eckart von 500
Neft, Heinrich 148, 150, 152, 419
Neher, Caspar 32, 50, 52, 54, 59, 69, 247, 248, 258, 273, 274, 314, 316, 318, 361, 382, 468; *Abb. 18, 45, 46, 64, 65, 106–109;* Taf. VI, IX, XV
Nentwig, Ministerialdirektor 430–435, 464
Nestriepke, Siegfried 76, 78, 79, 137, 163, 164, 198, 199, 395, 396, 419, 435, 436, 441–448, 481
Niedecken-Gebhard, Hanns 32, 59, 237, 239, 242, 279, 282, 287, 466
Nikolajewa, Eugenie 302
Noak (Stettin), M. d. L. 429, 456, 461
Novotna, Jarmila 33, 34, 56, 273–276, 278, 279, 287, 288, 290–292, 302–304, 306–309, 498

OEVREVIK, Sophie 302, 303, 310, 311, 498
Offenbach, Jacques 259–267, 310, 311, 352–354
Onégin, Sigrid 325
Osborn, Max 164, 165
Otto, Teo 32, 48–51, 54, 56, 60, 83, 84, 225, 237, 267, 279–282, 289, 291, 292, 294, 300, 302–306, 308, 310–313, 468, 496; *Abb. 19, 71–74, 77, 78, 84–89, 91–94, 99–105;* Taf. X, XIII, XIV
Oventrop, M. d. L. 429

PABST, Erich 468
Pappenheim, Marie 289, 292
Pauly-Dreesen, Rose 33, 219–222, 224, 225, 237, 242, 243, 247–250, 382; *Abb. 25*
Peters, Albert 33, 219–222, 224, 230, 231, 233, 234, 237, 242, 247, 249, 252, 253, 259, 263, 266, 267, 273, 275, 279, 287, 302, 303, 308–313, 498; *Abb. 25, 67*
Pfahl, Margret 273, 274

Pfitzner, Hans 19
Pfuhl, Ilse 310
Philipp, Robert 242
Picasso, Pablo 324
Piscator, Erwin 398, 399, 483
Poelzig, Hans 80, 83, 210, 487, 500
Pohl, Ernst 287
Preetorius, Emil 279
Pringsheim, Klaus 76, 217, 228, 230, 276, 277, 315, 316, 389, 390, 474–477, 483, 484, 491–493, 498, 500
Puccini, Giacomo 237, 308, 309

RABENALT, Arthur Maria 50, 237, 289–292, 294, 296–298, 378–380, 468; *Abb. 81–83*
Räder, Awill 157
Ramuz, Peter 244, 246, 247
Rankl, Karl 32, 259, 263, 267, 269, 275, 279, 280, 282, 287, 300, 303, 308–310, 328, 382
Rappard, Gillis von 327
Ravel, Maurice 273, 274, 302, 323
Redslob, Edwin 500
Reich, Cäcilie 275, 279, 302, 303, 307
Reinhardt, Max 83, 468, 500
Reinhart, Hans 246
Reinking, Wilhelm 50, 294, 296, 298, 468; *Abb. 81–83*
Reuß, Heinrich Erbprinz 361
Reuß, Leo 310–312
Riavez, José 237
Roller, Alfred 363–365
Rose, (Stade) M. d. L. 424, 428, 429, 451
Rosenfeld, M. d. L. 429, 452
Rossini, Gioacchino 294, 296, 305
Roth, Max 219–222, 224, 225, 279, 280, 282, 284
Rüdel, Hugo 32, 219, 221, 222, 252–254
Rühle, Otto 17
Ruziczka, Else 33, 225, 230, 231, 233, 234, 237, 243, 247–250, 252, 259, 262, 263, 267, 273, 275, 279, 280, 282, 287, 288, 308–314, 327, 498
Rychnovsky, Ernst 207–209

SATZ, Natascha 312, 313
Sauer, Franz 237, 242
Schdanow, George 243, 244, 246
Scheffels, Oberregierungsrat 462, 463
Scheithauser, Ferdinand 287
Scherchen, Hermann 334
Schiffer, Marcellus 267, 269, 272
Schikaneder, Emanuel 275, 276, 344

Schillings, Max von 9, 144, 167–175, 179, 180, 184, 187, 193–195
Schlemmer, Oskar 32, 50, 51, 69, 289–292, 376, 377, 468; *Abb. 22, 79, 80;* Taf. XI, XII
Schnabel, Arthur 21, 319, 327, 500
Schnitzler, Heinrich 230–232, 234
Schnitzler, Ministerialdirektor 431, 432, 434, 439–441
Schönberg, Arnold 20, 60, 69, 190, 191, 203, 204, 209, 210, 289–294, 325, 327, 334, 335, 345, 350–352, 377, 378, 420; *Abb. 14*
Schorr, Friedrich 275, 276, 278, 279, 324
Schreker, Franz 20, 204
Schrenk, Walter 246
Schuch, Ernst von 24
Schultz, Heinrich 249, 252, 267
Schultze-Ritter, Hans 269
Schulz (Neukölln), M. d. L. 418, 419, 423, 425
Schulz-Dornburg, Hanns 32, 225, 237
   Marie 33, 34, 225, 230, 231, 233, 234, 242, 243, 249, 252, 253, 273, 275, 279, 280, 282, 284, 294, 296, 298, 300, 302, 303, 307, 310, 312–314, 466, 497, 498
Schützendorf, Leo 273, 274
Schwering, M. d. L. 392, 425
Seelig, Ludwig 19, 76, 137, 141, 155, 167, 200, 393, 413, 415, 423, 425, 426, 430, 431, 441, 464
Seidel, Vorstandsmitglied der Volksbühne 399–401
Sibelius, Jean 323
Singer, Kurt 167–169, 474
Smetana, Friedrich 225, 279
Sommerfeld, Walter 246
Soot, Fritz 314–316, 318
Spohr, M. d. L. 429
Springer, Georg 148, 150
Stahlhofen, M. d. L. 429
Stendel, M. d. L. 428, 429, 443, 452
Stern, Jean 249, 250, 252
Stiedry, Dirigent 168, 195
Strauß, Johann 252
Strauss, Richard 10, 24, 31, 335, 344–346, 366, 370, 382, 469

Strawinsky, Igor 45, 69, 80, 190, 191, 230–237, 243–247, 282, 291, 322, 324, 326–328, 330–332, 336, 359, 361, 370, 371, 479, 486, 487; *Abb. 11*
Strnad, Oskar 50, 249–251
Strobel, Heinrich 22, 34, 38, 45, 46, 57, 217, 218, 224, 225, 248, 249, 255, 256, 258, 259, 269, 296–299, 319–338, 465, 466, 479, 480
Strozzi, Violetta de 237, 239, 242
Strub, Max 33, 44, 45, 327, 337
Stuckenschmidt, Hans Heinz 38, 39, 73, 74, 83, 217, 218, 273–275, 289, 290, 303, 312–315, 496
Stückgold, Grete 267, 269, 272

TALÉN, Björn 242, 243
Terpis, Max 32, 187, 230, 231, 233, 234
Tietjen, Heinz 9, 18–21, 30, 31, 40, 50, 76, 78, 79, 84, 169, 195–197, 200–202, 294, 295, 297, 298, 299, 420, 425, 430, 436, 437, 446, 448–451, 462–464, 471, 473, 474, 491; *Abb. 7*
Tietz, Friedrich 159
Tipolet, Siegfried 302
Töwe, Dr. 139, 396

UNGEWITTER, Wilhelm 246

VELDE, Henry van de 345
Verdi, Giuseppe 225, 287, 312
Volbach, Walter 267
Volkner, Robert 468

WAENTIG, Wilhelm 392–394
Wagener, Margarete 275, 279
Wagner, Richard 140, 252–259, 345, 346, 348, 349, 358, 370, 371, 381, 382
   Siegfried 58, 59
   Wieland 13
Walter, Bruno 18, 24, 188, 197, 253, 254, 306, 478
Weber, Carl Maria von 237
Wegscheider, M. d. L. 419, 452, 453
Weill, Kurt 69, 70, 80, 190–192, 299, 302, 324, 326, 331, 355, 356, 358, 359, 361, 362, 371, 382–384; *Abb. 16*
Weißermel, Geheimrat, M. d. L. 392, 393, 415, 438
Weißmann, Adolf 165, 166, 178–180, 186–190, 205–207, 216, 219, 220, 230–232, 244, 246, 249, 250, 260
Welk, Ehm 398, 399
Wellesz, Egon 187, 370
Westermeyer, K. 290, 291
Wiesengrund-Adorno, Theodor 72, 380–382
Wille, Bruno 137
Winckler-Tannenberg, Friedrich 242, 243
Winter 201, 448
Winterfeld, von, M. d. L. 429
Wirl, Eric 33, 237, 242, 243, 249, 250, 252, 269, 272–275, 279–281, 284, 290–292, 303–307, 310–312, 331, 382, 466, 498
Wischnevskaja, Valentine 259, 260, 263, 267, 279, 287
Witting, Gerhard 310–312
Wohllebe, Walter 32, 230, 233, 234, 237, 239, 242
Wolfsthal, Joseph 33, 321, 326, 330, 332, 334, 336
Wolft, Arthur 155
Woll, Karl 246
Wunderlich, Hans Heinz 275, 279, 303, 308, 310, 312, 497

ZACHERT, M. d. L. 429
Zemlinsky, Alexander von 20, 31, 35, 43, 52, 60, 195, 207–210, 225, 237, 242, 243, 259, 260, 263, 266, 273, 274, 279, 287, 288, 289, 291, 292, 300, 302, 308, 309, 321, 322, 381, 468; *Abb. 9*
Zschorlich, Paul 216, 217, 221–223, 235–237, 239–241, 250–252, 256, 257, 263, 264, 292, 294, 297, 298, 307–309, 311, 312, 477–479
Zweig, Fritz 20, 31, 32, 35, 43, 225, 237, 243, 247–249, 267, 275, 287, 294, 296–298, 302, 310–312, 314, 316, 318, 468, 496–498; *Abb. 8*

Bildnachweis

Folgende Sammlungen und Archive stellten dankenswerterweise Reproduktionsvorlagen zur Verfügung: Märkisches Museum, Berlin: 1, 2; Ullstein Bilderdienst, Berlin: 5, 9, 12, 15; Institut für Theaterwissenschaft der Universität zu Köln: 23; B. Schott's Söhne, Mainz: 13; Arthur Maria Rabenalt, München: 78–81, 83; Peter Dülberg, Stuttgart: 17, 26, 32, 40, 50; Frau Tut Schlemmer, Stuttgart: 22; Österreichische Nationalbibliothek, Wien: 45, 46; Frau Lucia Moholy, Zollikon: 10, 20, 53–55, 58, 96, 97; B. Herbold, Zürich: 27, 29–31, 34–39, 75, 84–86, 88, 89, 91, 92, 102, 110, 111; ferner für die Farbtafeln die angegebenen Besitzer der Werke, die zum Teil die Reproduktion nach den Originalen gestatteten, wofür der Verlag besonders danken möchte. Nicht nachgewiesene Vorlagen entstammen dem ehemaligen Archiv des Autors und dem Verlagsarchiv.